百衲本

宋書

（南朝梁）沈約撰

1

國家圖書館出版社

圖書在版編目(CIP)數據

百衲本宋書:全二册/(南朝梁)沈約撰.—北京:國家圖書館出版社,2014.9(2024.6 重印)

(百衲本二十四史)

ISBN 978-7-5013-5400-9

Ⅰ.①百… Ⅱ.①沈… Ⅲ.①中國歷史—宋國(420~479)—紀傳體 Ⅳ.①K239.110.42

中國版本圖書館 CIP 數據核字(2014)第 168604 號

書　　名	百衲本宋書(全二册)
著　　者	(南朝梁)沈約撰
叢 書 名	百衲本二十四史
責任編輯	陳　卓
重印編輯	張珂卿
出版發行	國家圖書館出版社(北京市西城區文津街 7 號　100034) (原書目文獻出版社　北京圖書館出版社) 010-66114536　63802249　nlcpress@nlc.cn(郵購)
網　　址	http://www.nlcpress.com
印　　裝	河北三河弘翰印務有限公司
版次印次	2014 年 9 月第 1 版　2024 年 6 月第 3 次印刷
開　　本	710×1000　1/16
印　　張	88
書　　號	ISBN 978-7-5013-5400-9
定　　價	280.00 圓

百衲本二十四史影印出版説明

『二十四史』是中國古代各朝被政府納爲正統的二十四部史書的總稱，其上起《史記》，下迄《明史》，記載了從傳説中的五帝時代到清朝初年約四千餘年中政治、經濟、文化等諸多方面的歷史，是我國古代最權威、最詳細的史學著作。

清代最通行的『二十四史』，是乾隆年間刊行的『欽定武英殿本二十四史』，即『殿本』。殿本版式疏朗，刻印精良，但是校勘不够審慎，存在誤字、衍字、缺字甚至整段文字脱失的情況。而且，由於殿本的編纂官皆屬御用史官，不得不爲帝王所左右，史實記録上存在竄改等原因造成的缺憾。晚清時，又出現了由各省官書局刊刻的局本，廣爲流傳，但仍以殿本爲依據，存在不少問題。

二十世紀二十年代起，張元濟先生耗費巨資搜訪宋元善本，通過采用當時最先進的攝影製版技術，歷經多年努力，至一九三六年，終於出齊了整套影印版的『二十四史』。因各書底本多殘缺不全，不得不通過許多版本相互參校、補綴而成，猶如僧侣之『百衲衣』，故名之曰『百衲本二十四史』。其中除《舊五代史》《元史》《明史》以明清時的版本作爲底本外，均以宋元版爲主要底本。百衲本對殿本、局本中的謬誤多有匡正，其對歷史研究的功績有目共睹，影響深巨，被史學界一致公認爲『中國最佳全本正史』，是中國史學史上的一座豐碑，具有極高的版本價值、研究價值和收藏價值。

百衲本二十四史自問世以來，曾數次被影印出版，其中的宣紙綫裝本，因價格不菲，不便學者購藏利用。而縮印本則多存在質量問題，其中質量較好的，當數二十世紀五十年代北京商務印書館的精裝二十四册本。但年代既久，流傳亦少，已屬罕見。爲滿足文史工作者的研究需求，也讓更多的文史愛好者接觸到百衲本二十四史，我社决定將之再度影印出版。

本次影印，將每部正史單獨製作，采取每頁分上下雙欄的形式印製，并爲每部正史編製了分卷目録。需要説明的是，此次我社在編製目録時，爲更好地反映百衲本原貌，充分體現其與殿本、局本等其他系統傳本的差异，原則上均依原書卷端著録，部分保留了原書中使用的簡體字、俗體字及异體字等。對原書中有目無傳或有傳無目等情況，不予改動，僅對極個别處出現的明顯衍、漏、誤字等情況進行了修改。不當之處，請讀者批評指正。

國家圖書館出版社

二〇一四年七月

百衲本宋書目録

宋書目録

禮三

志第七　宋書十七

禮四

志第八　宋書十八

禮五

志第九　宋書十九

樂一

志第十　宋書二十

樂二

志第十一　宋書二十一

樂三

志第十二　宋書二十二

樂四

志第十三　宋書二十三

天文一

志第十四　宋書二十四

天文二

志第十五　宋書二十五

天文三

志第十六　宋書二十六

天文四

志第十七　宋書二十七

符瑞上

志第十八　宋書二十八

符瑞中

志第十九　宋書二十九

符瑞下

志第二十　宋書三十

五行一

志第二十一　宋書三十一

五行二

志第二十二　宋書三十二

五行三

志第二十三　宋書三十三

五行四

志第二十四　宋書三十四

傳第三　宋書四十三

徐羨之　傅亮

檀道濟

傳第四　宋書四十四

謝晦

傳第五　宋書四十五

王鎮惡　檀韶

向靖　劉懷慎

劉粹

傳第六　宋書四十六

趙倫之　到彥之　闕

王懿　張劭

傳第七　宋書四十七

劉懷肅　孟懷玉　弟龍友

劉敬宣　檀祗

傳第八　宋書四十八

朱齡石　弟超石　毛脩之

傅弘之

傳第九　宋書四十九

孫處　蒯恩

劉鍾　虞丘進

傳第十　宋書五十

胡藩　劉康祖

垣護之　張興世

傳第十一　宋書五十一

宗室

長沙景王道憐　臨川烈武王道規　鮑照

營浦侯遵考　從子季連

傳第十二　宋書五十二

庾悅　王誕

謝景仁　弟述　袁湛　弟豹

褚叔度

傳第十三　宋書五十三

張茂度　子永　庾登之　弟炳之

謝方明　江夷

傳第十四　宋書五十四

孔季恭　羊玄保
沈曇慶
傳第十五　宋書五十五
臧燾　徐廣
傅隆
傳第十六　宋書五十六
謝瞻　孔琳之
傳第十七　宋書五十七
蔡廓 子興宗

傳第十八　宋書五十八
王惠　謝弘微
王球
傳第十九　宋書五十九
殷淳 子孚 淡 弟沖　張暢
何偃　江智淵
傳第二十　宋書六十
范泰　王准之
王韶之　荀伯子

傳第二十一　宋書六十一
武三王
廬陵孝獻王義真
江夏文獻王義恭
衡陽文王義季
傳第二十二　宋書六十二
羊欣　張敷
王微
傳第二十三　宋書六十三

王華　王曇首
殷景仁　沈演之
傳第二十四　宋書六十四
鄭鮮之　裴松之
何承天
傳第二十五　宋書六十五
吉翰　劉道産
杜驥　申恬
傳第二十六　宋書六十六

王敬弘　何尚之

傳第二十七　宋書六十七

謝靈運

傳第二十八　宋書六十八

武二王

彭城王義康　南郡王義宣

傳第二十九　宋書六十九

劉湛　范曄

傳第三十　宋書七十

袁淑

傳第三十一　宋書七十一

徐湛之　江湛

王僧綽

傳第三十二　宋書七十二

文九王

南平穆王鑠　建平宣簡王宏

晉熙王昶　始安王休仁

晉平剌王休祐　鄱陽哀王休業

臨慶沖王休倩　新野懷王夷父

巴陵哀王休若

傳第三十三　宋書七十三

顔延之

傳第三十四　宋書七十四

臧質　魯爽

沈攸之

傳第三十五　宋書七十五

王僧達　顔竣

傳第三十六　宋書七十六

朱脩之　宗愨

王玄謨

傳第三十七　宋書七十七

柳元景　顔師伯

沈慶之

傳第三十八　宋書七十八

蕭思話　劉延孫

傳第三十九　宋書七十九

文五王
竟陵王誕　廬江王禕
武昌王渾　海陵王休茂
桂陽王休範
傳第四十　宋書八十
孝武十四王
豫章王子尚　晉安王子勛
松滋侯子房　臨海王子頊
始平孝敬王子鸞　永嘉王子仁

始安王子真　邵陵王子元
淮南王子孟　晉陵孝王子雲
南海哀王子師　淮陽思王子霄
東平王子嗣　武陵王贊
傳第四十一　宋書八十一
劉秀之　顧琛
顧覬之
傳第四十二　宋書八十二
周朗　沈懷文

傳第四十三　宋書八十三
宗越　吳喜
黃回
傳第四十四　宋書八十四
鄧琬　袁顗
孔覬
傳第四十五　宋書八十五
謝莊　王景文
傳第四十六　宋書八十六

殷孝祖　劉勔
傳第四十七　宋書八十七
蕭惠開　殷琰
傳第四十八　宋書八十八
薛安都　沈文秀
崔道固
傳第四十九　宋書八十九
袁粲
傳第五十　宋書九十

傳第五十五　索虜　宋書九十五

傳第五十六　鮮卑　吐谷渾　宋書九十六

傳第五十七　宋書九十七

夷蠻

南夷　扶南國

西南夷　呵羅單國

婆皇國　婆達國

闍婆達國　師子國

天竺迦毗黎國　東夷高句驪國

百濟國　倭國

荆雍州蠻　豫州蠻

傳第五十八　宋書九十八

氐胡

胡大且渠蒙遜張掖

傳第五十九　宋書九十九

二凶

元凶劭　始興王濬

傳第六十　宋書一百

自序

宋書目錄　十八

本紀第一　宋書一

臣沈

武帝上

高祖武皇帝諱裕字德輿小名寄奴彭城縣綏里人漢高帝弟楚元王交之後也交生紅懿侯富富生宗正辟彊辟彊生陽城繆侯德德生陽城節侯安民安民生陽城釐侯慶忌慶忌生陽城肅侯岑岑生宗正平平生東武城令某某生東萊太守景景生明經洽洽生博士弘弘生瑯

邪都尉悝悝生魏定襄太守某某生邪城令亮亮生晉北平太守膺膺生相國掾熙熙生開封令旭孫旭孫生混始過江居晉陵郡丹徒縣之京口里官至武原令混生東安太守靖靖生郡功曹翹是爲皇考高祖以晉哀帝興寧元年歲次癸亥三月壬寅夜生及長身長七尺六寸風骨奇特家貧有大志不治廉隅事繼母以孝謹稱初爲冠軍孫無終司馬安帝隆安三年十一月妖賊孫恩作亂於會稽晉朝衛將軍

謝琰前將軍劉牢之東討牢之請高祖參府軍事十二月牢之至吳而賊緣道屯結牢之命高祖與數十人覘賊遠近會遇賊至衆數千人高祖便進與戰所將人多死而戰意方厲手奮長刀所殺傷甚衆牢之子敬宣疑高祖淹久恐爲賊所困乃輕騎尋之既而衆騎並至賊乃奔退斬獲千餘人推鋒而進平山陰恩遁還入海四年五月恩復入會稽殺衛將軍謝琰十一月劉牢之復率衆東征恩退走牢之屯上虞使高祖戍

句章城句章城既卑小戰士不盈數百高祖常被堅執銳爲士卒先每戰輒摧鋒陷陣賊乃退還浹口于時東伐諸帥御軍無律士卒暴掠甚爲百姓所苦唯高祖法令明整所至莫不親賴焉五年春孫恩頻攻句章高祖屢摧破之恩復走入海三月恩北出海鹽高祖追而翼之築城于海鹽故治賊日來攻城城內兵力甚弱高祖乃選敢死之士數百人咸脫甲冑執短兵並鼓譟而出賊震懼奪氣因其懼而奔之並棄

甲散走斬其大帥姚盛雖連戰剋勝然衆寡不敵高祖獨深慮之一夜偃旗匿衆若已遁者明晨開門使羸疾數人登城賊遥問劉諱所在曰夜已走矣賊信之乃率衆大上高祖乘其懈怠奮擊大破之恩知城不可下乃進向滬瀆高祖復棄城追之海鹽令鮑陋遣子嗣之以吴兵一千請爲前驅高祖曰賊兵甚精吴人不習戰若前驅失利必敗我軍可在後爲聲援不從是夜高祖多設伏兵兼置旗鼓然一處不過數人明日

賊率衆萬餘迎戰前驅既交諸伏皆出舉旗鳴鼓賊謂四面有軍乃退嗣之追奔爲賊所没高祖且戰且退賊盛所領死傷且盡高祖慮不免至向伏兵處乃止令左右脱取死人衣賊謂當走反停疑猶有伏高祖因呼更戰氣色甚猛賊衆以爲然乃引軍去高祖徐歸然後散兵稍集五月孫恩破滬瀆殺吴國内史袁山松死者四千人是月高祖復破賊於婁縣六月恩乘勝浮海奄至丹徒戰士十餘萬劉牢之猶屯山陰京

邑震動高祖倍道兼行與賊俱至于時衆力既寡加以步遠疲勞而丹徒守軍莫有鬭志恩率衆數萬鼓譟登蒜山居民皆荷擔而立高祖率所領奔擊大破之投巘赴水死者甚衆恩以鼓排（音敗）自載僅得還船雖被摧破猶恃其衆力徑向京師樓船高大值風不得進旬日乃至白石尋知劉牢之已還朝廷有備遂走向鬱洲八月以高祖爲建武將軍下邳太守領水軍追恩至鬱洲復大破恩恩南走十一月高祖追恩於滬瀆

及海鹽又破之三戰並大獲俘馘以萬數恩自是饑饉疾疫死者太半自浹口奔臨海元興元年正月驃騎將軍司馬元顯西伐荆州刺史桓玄玄亦率荆楚大衆下討元顯元顯遣鎮北將軍劉牢之拒之高祖參其軍事次溧洲玄至高祖請擊之不許將遣子敬宣詣玄請和高祖與牢之甥東海何無忌並固請不從遂遣敬宣詣玄玄剋京邑殺元顯以牢之爲會稽内史懼而告高祖曰便奪我兵禍其至矣今當北就高

雅於廣陵舉事卿能從我去乎答曰將軍以勁卒數萬望風降服彼新得志威震天下三軍人情都已去矣廣陵豈可得至邪諱當反服還京口耳牢之叛走自縊死何無忌謂高祖曰我將何之高祖曰鎮北去必不免卿可隨我還京口桓玄必能守節北面我當與卿事之不然與卿圖之今方是玄矯情任筭之日必將用我輩也桓玄從兄脩以撫軍鎮丹徒以高祖爲中兵參軍軍郡如故孫恩自奔敗之後徒旅漸散

懼生見獲乃於臨海投水死餘衆推恩妹夫盧循爲主桓玄欲且緝寧東土以循爲永嘉太守循雖受命而寇暴不已五月玄復遣高祖東征時循自臨海入東陽二年正月玄復遣高祖破循於東陽循奔永嘉復追破之斬其大帥張士道追討至于晉安循浮海南走六月加高祖彭城内史桓玄爲楚王將謀簒盜玄從兄衛將軍謙屏人問高祖曰楚王勳德隆重四海歸懷朝廷之情咸謂宜有揖讓卿意以爲

何如高祖既志欲圖玄乃遜辭答曰楚王宣武之子勳德蓋世晉室微弱民望久移乘運禪代有何不可謙喜曰卿謂可爾便當是眞可爾十二月桓玄簒帝位遷天子於尋陽桓脩入朝高祖從至京邑玄見高祖謂司徒王謐曰昨見劉諱風骨不恒蓋人傑也每遊集輒引接慇懃贈賜甚厚高祖愈惡之或說玄曰劉諱龍行虎步視瞻不凡恐不爲人下宜蚤爲其所玄曰我方欲平蕩中原非劉諱莫可付以大事

關隴平定然後當別議之耳玄乃下詔曰劉諱以寡制衆屢摧妖鋒汎海窮追十殄其八諸將力戰多被重創自元帥以下至于將士竝安論賞以叙勳烈先是高祖東征盧循何無忌隨至山陰勸於會稽舉義高祖以爲玄未據極位且會稽遥遠事濟爲難俟其簒逆事著徐於京口圖之不憂不剋至是桓脩還京高祖託以金創疾動不堪步從乃與無忌同船共還建興復之計於是與弟道規沛郡劉毅平昌孟昶

任城魏詠之高平檀憑之琅邪諸葛長民太原
王元德隴西辛扈興東莞童厚之並同義謀時
桓脩弟弘爲征虜將軍青州刺史鎮廣陵道
規爲弘中兵參軍昶爲州主簿乃令毅潛往就
昶聚徒於江北謀起兵殺弘長民爲豫州刺史
刁逵左軍府參軍謀據歷陽相應元德厚之
謀於京邑聚衆攻玄並剋期齊發三年二月
己丑朔乙卯高祖託以遊獵與無忌等收集義
徒凡同謀何無忌魏詠之詠之弟欣之順之檀憑之

憑之從子韶弟祗隆與叔道濟道濟從兄範之
高祖弟道憐劉毅毅從弟藩孟昶昶族弟懷
王河内向彌管義之陳留周安穆臨淮劉蔚從
弟珪之東莞臧熹從弟寶符從子穆生童茂
宗陳郡周道民漁陽田演譙國范清等二十七人
願從者百餘人丙辰詰旦城開無忌服傳詔服
稱詔居前義衆馳入齊聲大呼吏士驚散莫
敢動即斬脩以徇高祖哭甚慟厚加殯斂孟昶
勸弘其日出獵未明開門出獵人昶道規毅等

率壯士五六十人因開門直入弘方噉粥即斬
之因收衆濟江義軍初剋京城脩司馬刁弘率
文武佐吏來赴高祖登城謂之曰郭江州已奉
乘輿反正於尋陽我等並被密詔誅除逆黨
同會今日賊玄之首已當梟於大航矣諸君非
大晉之臣乎今來欲何爲弘等信之收衆而退
毅既至高祖命誅弘毅兄邁先在京師事未
發數日高祖遣同謀周安穆報之使爲内應邁
外雖酬許内甚震懼安穆見其惶駭慮事必

泄乃馳歸時玄以邁爲竟陵太守邁不知所爲
便下船欲之郡是夜玄與邁書曰北府人情云
何卿近見劉諱何所道邁謂玄已知其謀晨起
白之玄驚懼封邁爲重安侯既而嫌邁不執安
穆使得逃去乃殺之誅元德扈興厚之等召桓
謙卞範之等謀拒高祖謙等曰亟遣兵擊之玄
曰不然彼兵速鋭計出萬死若行遣水軍不
足相抗如有蹉跌則彼氣成而吾事敗矣不如
屯大衆於覆舟山以待之彼空行二百里無所

措手銳氣已挫既至忽見大軍必鷩懼駭愕我案兵堅陣勿與交鋒彼求戰不得自然散走此計之上也謙等固請乃遣頓丘太守吳甫之右衛將軍皇甫敷北拒義軍玄自聞軍起憂懼無復爲計或曰劉諱等衆力甚弱豈辦之有成陛下何慮之甚玄曰劉諱足爲一世之雄劉毅家無擔石之儲摴蒱一擲百萬何無忌劉牢之甥酷似其舅共舉大事何謂無成衆推高祖爲盟主移檄京邑曰夫治亂相因理不常泰

狡焉肆虐或值聖明自我大晉陽九屢構隆安以來難結皇室忠臣碎於虎口貞良弊於豺狼逆臣桓玄陵虐人鬼阻兵荊郢肆暴都邑天未亡難凶力繁興踰年之間遂傾皇祚主上播越流幸非所神器沉淪七廟毀墜夏后之罹浞殪有漢之遭莽卓方之於玄未足爲喻自玄篡逆于今歷年亢旱彌時民無生氣加以士庶疲於轉輸文武困於造築父子乖離室家分散豈唯大東有杼軸之悲摽梅有傾筐之塈而已哉

仰觀天文俯察人事此而能久孰有可亡凡在有心誰不扼腕諱等所以叩心泣血不遑啓處者也是故夕寐宵興援獎忠烈潛構崎嶇險過履虎輔國將軍劉毅廣武將軍何無忌鎮北主簿孟昶兗州主簿魏詠之寧遠將軍劉道規龍驤將軍劉藩振威將軍檀憑之等忠烈斷金精貫白日荷戈奮袂志在畢命益州刺史毛璩萬里齊契掃定荊楚江州刺史郭昶之奉迎主上宮于尋陽鎮北參軍王元德等並率部曲保據

石頭揚武將軍諸葛長民收集義士已據歷陽征虜參軍庾賾之等潛相連結以爲內應同力協規所在蜂起即日斬偽徐州刺史安城王脩青州刺史弘首義衆既集文武爭先咸謂不有一統則事無以輯諱辭不獲已遂總軍要庶上憑祖宗之靈下罄義夫之力翦滅遺逆蕩清京輦公侯諸君或世樹忠貞或身荷爵寵而並俛眉猾豎自効莫由顧瞻周道寧不弔乎今日之舉良其會也諱以虛薄才非古人勢接於已

踐之機受任於既頹之運丹誠未宣感慨憤躍
望霄漢以永懷眄山川以增厲授檄之日神馳
賊廷以孟昶爲長史摠攝後事檀憑之爲司馬
百姓願從者千餘人三月戊午朔遇吳甫之於
江乘甫之玄驍將也其兵甚銳高祖躬執長刀
大呼以衝之衆皆披靡即斬甫之進至羅落橋
皇甫敷率數千人逆戰寧遠將軍檀憑之與
高祖各御一隊憑之戰敗見殺其衆退散高祖
進戰彌厲前後奮擊應時摧破即斬敷首初

高祖與何無忌等共建大謀有善相者相高祖
及無忌等並當大貴其應甚近惟云憑之無相
高祖與無忌密相謂曰吾等既爲同舟理無偏
異吾徒咸皆富貴則檀不應獨殊深不解相者
之言至是而憑之戰死高祖知其事必捷玄聞
敷等並沒愈懼使桓謙屯東陵口卞範之屯覆
舟山西衆合二萬己未旦義軍食畢棄其餘
粮進至覆舟山東使丐士張旗幟於山上以爲
疑兵玄又遣武騎將軍庾禕之配以精卒利器

助謙等高祖躬先士卒以奔之將士皆殊死戰
無不一當百呼聲動天地時東北風急因命縱
火煙燗張天鼓譟之音震京邑謙等諸軍一時
土崩玄始雖遣軍置陣而走意已決別使領軍
將軍殷仲文具舟於石頭仍將子姪浮江南走
庚申高祖鎮石頭城立留臺官焚桓温神主
於宣陽門外造晉新主立于太廟遣諸將帥
追玄尚書王嘏率百官奉迎乘輿司徒王謐
與衆議推高祖領揚州固辭乃以謐爲錄尚書

事領揚州刺史於是推高祖爲使持節都督
揚徐兗豫青冀幽并八州諸軍事領軍將軍
徐州刺史先是朝廷承晉氏亂政百司縱弛桓
玄雖欲釐整而衆莫從之高祖以身範物先以
威禁內外百官皆肅然奉職二三日間風俗頓
改且桓玄雖以雄豪見推而一朝便有極位晉
氏四方牧守及在朝大臣盡心伏事臣主之分
定矣高祖位微於朝衆無一旅奮臂草萊之
中倡大義以復皇祚由是王謐等諸人時衆民

望莫不愧而憚焉諸葛長民失期不得發刁逵
執送之未至而玄敗玄經尋陽江州刺史郭昶
之備乘輿法物資之玄收略得二千餘人挾天
子走江陵冠軍將軍劉毅輔國將軍何無忌
振武將軍劉道規率諸軍追討尚書左僕射王
愉愉子荆州刺史綏等江左冠族綏少有重名
以高祖起自布衣甚相凌忽綏桓氏甥亦有自
疑之志高祖悉誅之四月奉武陵王遵爲大將
軍承制大赦天下唯桓玄一祖後不在赦例初

高祖家貧嘗負刁逵社錢三萬經時無以還
逵執録甚嚴王謐造逵見之密以錢代還由是
得釋高祖名微位薄盛流皆不與相知唯謐交
焉桓玄將篡謐手解安帝璽紱爲玄佐命功
臣及義旗建衆並謂謐宜誅唯高祖保持之劉
毅嘗因朝會問謐璽紱所在謐益懼及王愉
父子誅謐從弟諶謂謐曰王駒無罪而義旗誅
之此是翦除勝己以絶民望兄既桓氏黨附名
位如此欲求免得乎駒愉小字也謐懼奔于曲

阿高祖牋白大將軍深相保謐迎還復位光禄
勳丁承之左衛將軍褚粲游擊將軍司馬秀
役使官人爲御史中丞王禎之所糾察謝牋言
辭怨憤承之造司宜藏高祖與大將軍牋白粲
等備位大臣所懷必盡執憲不允自應據理陳
訴而橫興怨忿歸咎有司宜加裁當以清風軌
並免官桓玄兄子歆聚衆向歷陽高祖命輔
國將軍諸葛長民擊走之無忌道規破玄大
將鄭鈴等于桑落洲衆軍進據尋陽加高祖

都督江州諸軍事玄既還荆郢大聚兵衆召水
軍造樓船器械率衆二萬挾天子發江陵浮
江東下與冠軍將軍劉毅等相遇於崢嶸洲衆
鷹下擊大破之玄棄衆復挾天子還復江陵玄
黨殷仲文奉晉二皇后還京師玄至江陵因西
走南郡太守王騰之荆州別駕王康産奉天子
入南郡府初征虜將軍益州刺史毛璩遣從孫
祐之與參軍費恬送弟喪下有衆二百璩弟
子循之時爲玄屯騎校尉誘玄以入蜀至枚回洲

栝與祐之迎射之益州督護馮遷斬玄首傳京
師又斬玄子昇於江陵市初玄敗於崢嶸洲義
軍以爲大事已定追躡不速玄死幾一旬衆軍
猶不至玄從子振逃於華容之浦中招聚逆黨
數千人晨襲江陵城居民競出赴之騰之康産皆被
殺桓謙先匿於沮川亦聚衆以應振爲玄舉哀
立喪廷謙率衆官奉璽綬于安帝無忌道規
既至江陵與桓振戰于靈溪玄黨馮該又設伏
于楊林義軍奔敗退還尋陽兗州刺史辛禺懷

貳會北青州刺史劉該反禺求征該次淮陰又
反禺長史羊穆之斬禺傳首京師十月高祖領
青州刺史甲仗百人入殿劉毅諸軍復進至夏
口毅攻魯城道規攻偃月壘皆拔之十二月諸
軍進平巴陵義熙元年正月毅等至江津破桓
謙桓振江陵平天子反正三月天子至自江陵
詔曰古稱大者天地其次君臣所以列貫三辰
神人代序諒理本於造昧而運周於萬葉故盈
否時襲四靈遞其變王道或昧貞賢拯其危

天命所以永固人心所以攸穆雖夏周中傾賴
靡申之績恭倫載竊寔二代是維或乘資藉號
或業隆異世猶詩書以之休詠記策用爲美談
未有因心撫民而誠發理應援神器於已淪若
在今之盛者也朕以寡昧遭家不造越自遘閔
屬當屯極逆臣桓玄乘釁縱慝窮凶恣虐滔天猾
夏遂誣罔人神肆其篡亂祖宗之基既湮七廟之
饗胥殄若墜淵谷未足斯譬皇度有晉天縱英
哲使持節都督揚徐兗豫青冀幽并江九州諸

軍事鎮軍將軍徐青二州刺史忠誠天亮神武
命世用能貞明協契義夫響臻故順聲一唱二
溟卷波英風振路宸居清翳暨冠軍將軍毅
輔國將軍無忌振武將軍道規舟旗遄邁而元
凶傳首回戈疊揮則荆漢霧廓俾宣元之祚永
固於嵩岱傾基重造再集於朕躬宗廟歆七百
之祐皇基融載新之命念功惟德永言銘懷固
已道冠開闢獨絕終古書契以來未之前聞矣
雖則功高靡尚理至難文而崇庸命德哲王攸

先者將以弘道制治深關盛衰故伊望膺殊命
之錫桓文饗備物之禮況宏徽不世領邈百代
者宜極名器之隆以光大國之盛而領軍謙虛
自衷誠旨屢顯朕重逆仲父乃所以愈彰德美
也鎮軍可進位侍中車騎將軍都督中外諸軍
事使持節徐青二州刺史如故顯祚大邦啓茲
疆宇高祖固讓加録尚書事又不受屢請歸藩
天子不許遣百僚敦勸又親幸公第高祖惶懼
詣闕陳請天子不能奪是月旋鎮丹徒天子重

宋書紀一　十七　石昌

遣大使敦勸又不受乃改授都督荆司梁益寧
雍涼七州并前十六州諸軍事本官如故於是
受命解青州加領兖州刺史盧循浮海破廣州
獲刺史吴隱之即以循爲廣州刺史以其同黨徐
道覆爲始興相二年三月督交廣二州十月高
祖上言曰昔天禍皇室巨狡縱篡臣等義惟舊
隸豫蒙國恩仰契信順之符俯厲人臣之憤雖
社稷之靈抑亦事由衆濟其翼獎忠勤之佐文
武畢力之士敷執在已之謙用虧國體之大輒

攝衆軍先上同謀起義始平京口廣陵二城
臣及撫軍將軍毅等二百七十二人并後赴義
出都緣道大戰所餘一千五百六十六人又輔
國將軍長民故給事中王元德等十人合一千
八百四十八人乞正封賞其西征衆軍須論集
續上於是尚書奏封唱義謀主鎮軍將軍豫
章郡公食邑萬戶賜絹三萬匹其餘封賞各有
差鎮軍府佐吏降故太傅謝安府一等十一月
天子重申前令加高祖侍中進號車騎將軍開

三千四　宋書紀一　十八　馬

府儀同三司固讓詔遣百僚敦勸三年二月高
祖還京師將詣廷尉天子先詔獄官不得受詣
闕陳讓乃見聽旋于丹徒閏月府將駱冰謀作
亂將被執單騎走追斬之誅冰父永嘉太守球
球本東陽郡史孫恩之亂起義於長山故見擢
用初桓玄之敗以桓冲忠貞署其孫胤至是冰
謀以胤爲主與東陽太守殷仲文潛相連結乃
誅仲文及仲文二弟凡桓玄餘黨至是皆誅夷
天子遣兼太常葛籍授公策曰有扈滔天夷

羿乘釁亂節干紀實橈皇極賊臣桓玄怙寵
肆逆乃摧傾華霍倒拔嵩岱五嶽既夷六地
易所公命世英縱藏器待時因心資敬誓雪國
恥慨憤陵夷誠發宵寐既而歲月屢遷神器
已遠忠孝幽寄實貫三靈爾乃介石勝機宣
契畢舉訴蒼天以為正揮義旅而一驅奔鋒數
百勢烈激電百萬不能抗限制路日直植城遂
使衝鯨潰流暴鱗江漢廟勝遠加重氛載滌二
儀廓清三光反照事遂永代功高開闢理微稱

三大八 宋書紀二 十九 王禧

謂義感朕心若夫道為身濟猶靡厥爵況乃誠
德俱深動冠天人者乎是用建茲邦國永祚山
河言念載懷匪云足報往欽哉俾屏余一人長
弼皇晉流風垂祚暉烈無窮其降承嘉策對
敭朕命十二月司徒錄尚書揚州刺史王謐薨
四年正月徵公入輔授侍中車騎將軍開府儀
同三司揚州刺史錄尚書徐兗二州刺史如故表
解兗州先是遣冠軍劉敬宣伐蜀賊譙縱無功而
返九月以敬宣挫退遜位不許乃降為中軍將

軍開府如故初偽燕王鮮卑慕容德僭號於青州
德死兄子超襲位前後屢為邊患五年二月
大掠淮北執陽平太守劉千載濟南太守趙元
驅略千餘家三月公抗表北討以丹陽尹孟昶
監中軍留府事四月舟師發京都泝淮入泗五
月至下邳留船艦輜重步軍進琅邪所過皆
築城留守鮮卑梁父莒城二戍並奔走慕
容超聞王師將至其大將公孫五樓說超
宜斷據大峴刈除粟苗堅壁清野以待之

宋書紀二 二十 毛端

彼僑軍無資求戰不得旬月之間折棰以笞之
耳超不從曰彼遠來疲勞勢不能久但當引令
過峴我以鐵騎踐之不憂不破也豈有預芟苗
稼先自蹙弱邪初公將行議者以為賊聞大軍
遠出必不敢戰若不斷大峴當堅守廣固刈粟
清野以絕三軍之資非唯難以有功將不能自
反公曰我揣之熟矣鮮卑貪不及遠計進利剋
獲退惜粟苗謂我孤軍遠入不能持久不過
進據臨朐退守廣固我一得入峴則人無退心

驅必死之衆向懷貳之虜何憂不剋彼不能清野固守爲諸君保之公既入峴舉手指天曰吾事濟矣六月慕容超遣五樓及廣寧王賀賴盧先據臨朐城既聞大軍至留嬴老守廣固乃悉出臨朐有巨蔑水去城四十里超告五樓曰急往據之晉軍得水則難擊也五樓馳進龍驤將軍孟龍符領騎居前奔往爭之五樓乃退衆軍步進有車四千兩分車爲兩翼方軌徐行車悉張幔御者執矟又以輕騎爲遊軍軍令嚴肅行

伍齊整未及臨朐數里賊鐵騎萬餘前後交至公命兗州刺史劉藩弟并州刺史道憐諮議參軍劉敬宣陶延壽參軍劉懷玉慎仲道索邈等齊力擊之日向昃公遣諮議參軍檀韶直趨臨朐韶率建威將軍向彌參軍胡藩馳往即日陷城斬其牙旗悉虜超輜重超聞臨朐已拔引衆走公親鼓之賊乃大奔超遁還廣固獲超馬僞輦玉璽豹尾等送于京師斬其大將段暉等十餘人其餘斬獲千計明日大軍進廣固即屠

大城超退保小城於是設長圍守之圍高三丈外穿三重塹停江淮轉輸館穀於齊土撫納降附華戎歡悅援才授爵因而任之七月詔加公北青冀二州刺史超大將垣遵遵弟苗並率衆歸順公方治攻具城上人曰汝不得張綱何能爲也綱者超僞尚書郎其人有巧思會超遣綱稱藩於姚興乞師請救興僞許之而實憚公不敢遣綱從長安還泰山太守申宣執送之乃升綱於樓上以示城內城內莫不失色於是

使綱大治攻具超求救不獲綱反見虜轉憂懼乃請稱藩求割大峴爲界獻馬千疋不聽圍之轉急河北居民荷戈負糧至者日以千數録事參軍劉穆之有經略才具公以爲謀主動止必諮焉時姚興遣使告公云慕容見與鄰好又以窮告急今當遣鐵騎十萬逕據洛陽晉軍若不退者便當遣鐵騎長驅而進公呼興使荅曰語汝姚興我定燕之後息甲三年當平關洛今能自送便可速來穆之聞有羌使馳入而

公發遣已去以興所言并答具語穆之穆之尤
公曰常日事無大小必賜與謀之此宜善詳之
云何卒爾便答公所答興言未能威敵正足怒
彼耳若燕未可拔羌救奄至不審何以待之公
笑曰此是兵機非卿所解故不語耳夫兵貴神
速彼若審能遣救必畏我知寧容先遣信命此
是其見我伐燕内已懷懼自張之辭耳九月進
公太尉中書監固讓僞徐州刺史段宏先奔索虜
十月河北歸順張綱治攻具成設諸奇巧飛樓木

三卅 宋書紀二 二十三 蘇

幔之屬莫不畢備城上火石弓矢無所用之六
年二月丁亥屠廣固超踰城走征虜賊曹喬胥
獲之殺其亡命以下納口萬餘馬二千疋送超京
師斬于建康市公之北伐也徐道覆仍有闚闞
之志勸盧循乘虛而出循不從道覆乃至番禺
說循曰本住嶺外豈以理極於此正以劉公難
與爲敵故也今方頓兵堅城之下未有旋日以
此思歸死士掩襲何劉之徒如反掌耳不乘此
機而保一日之安若平齊之後小息甲養衆不

過一二年間必璽書徵君若劉公自率衆至豫
章遣銳師過嶺雖復將軍神武恐必不能當
也今日之機萬不可失既剋都邑傾其根本劉
公雖還無能爲也循從之乃率衆過嶺是月
寇南康廬陵豫章諸郡守皆委任奔走于時
平齊問未至即馳使徵公公之初剋齊也欲停
鎮下邳清盪河洛既而被徵使至即日班師鎮
南將軍何無忌與徐道覆戰于豫章敗績無忌
被害内外震駭朝廷欲奉乘輿北走就公尋知

三卅 宋書紀二 二十四 蘇

賊定未至人情小安公至下邳以船運輜重自
率精銳步歸至山陽聞無忌被害則慮京邑
失守乃卷甲兼行與數十人至淮上問行旅以
朝廷消息人曰賊尚未至劉公若還便無所憂
也公大喜單船過江逕至京口衆乃大安四月
癸未公至京師解嚴息甲撫軍將軍劉毅抗
表南征公與毅書曰吾往習擊妖賊曉其變態
新獲姦利其鋒不可輕宜須裝嚴畢與弟同
舉又遣毅從弟藩往止之毅不從舟師二萬發

自姑孰循之初下也使道覆向尋陽自寇湘中諸郡荆州刺史道規遣軍至長沙爲循所敗逕至巴陵將向江陵道覆聞毅上馳使報循曰毅兵衆甚盛成敗事係之於此宜并力摧之若此克捷天下無復事矣根本既定不憂上面不平也循即日發巴陵與道覆連旗而下別有八艚艦九枚起四層高十二丈公以南蕃覆没表送章綬詔不聽五月劉毅敗績于桑落洲棄船步走餘衆不得去者皆爲賊所擒初循至尋陽聞

公已還不信也既破毅乃審凱入之問並相視失色循欲退還尋陽進平江陵據二州以抗朝廷道覆謂宜乘勝徑進固爭之疑議多日乃見從毅敗問至内外洶擾于時北師始還多創痍疾病京師戰士不盈數千賊既破江豫二鎮戰士十餘萬舟車百里不絕奔敗還者並聲其雄盛孟昶諸葛長民懼寇漸逼欲擁天子過江公不聽昶固請不止公曰今重鎮外傾彊寇内逼人情危駭莫有固志若一旦遷動便自瓦解土

崩江北亦豈可得至設令得至不過延日月耳今兵士雖少自足以一戰若其克濟則臣主同休苟厄運必至我當以死衛社稷横尸廟門遂其由來以身許國之志不能遠竄於草間求活也我計決矣卿勿復言昶恐其不濟乃爲表曰臣諱北討衆並不同唯臣贊諱行計致使彊賊乘間社稷危逼臣之辠也今謹引分以謝天下封表畢乃仰藥而死於是大開賞募投身赴義者一同登京城之科發居民治石頭城建牙誠

嚴時議者謂宜分兵守諸津要公以爲賊衆我寡若分兵屯則測人虛實且一處失利則沮三軍之心今聚衆石頭隨宜應赴既令賊無以測多少又於衆力不分若徒旅轉集徐更論之耳移屯石頭乃柵淮斷查浦既而羣賊大至公策之曰賊若於新亭直進其鋒不可當宜且回避勝負之事未可量也若回泊西岸此成擒耳道覆欲自新亭白石焚舟而上循多疑少決每欲以萬全爲慮謂道覆曰大軍未至孟昶便望風

自裁大勢言之自當計日潰亂今決勝負於一朝既非必定之道且殺傷士卒不如按兵待之公于時登石頭城以望循軍初見引向新亭公顧左右失色既而回泊蔡洲道覆猶欲上循禁之自是衆軍轉集脩治越城築查浦藥園廷尉三壘皆守以實衆冠軍將軍劉敬宣屯北郊輔國將軍孟懷玉屯丹陽郡西建武將軍王仲德屯越城廣武將軍劉默屯建陽門外使寧朔將軍索邈領鮮卑具裝虎班突騎千餘匹皆被練

五色自淮北至于新亭賊並聚觀咸畏憚之然猶冀京邑及三吴有應之者遣十餘艦來拔石頭柵公命神弩射之發輒摧陷循乃止不復攻柵設伏兵於南岸使羸老悉乘舟艦向白石公憂其從白石步上乃率劉毅諸葛長民北出拒之留參軍徐赤特戍南岸命堅守勿動公既去賊焚查浦步上赤特軍戰敗死没有百餘人赤特棄餘衆單舸濟淮賊遂率數萬屯丹陽郡公率諸軍馳歸衆憂賊過咸謂公當徑還拒戰公

先分軍還石頭衆莫之曉解甲息士洗浴飲食之乃出列陳於南塘以赤特違處分斬之命參軍諸葛叔度朱齡石率勁勇千餘人過淮羣賊數千皆長刀矛鋋精甲曜日奮躍争進齡石所領多鮮卑善步矟並結陳以待之賊短兵弗能抗死傷者數百人乃退走會日莫衆亦歸劉毅之敗豫州主簿袁興國反叛據歷陽以應賊琅邪内史魏順之遣將謝寶討斬之興國司馬襲寶順之不救而退公怒斬之順之詠之之弟也

於是功臣震懾莫敢不用命六月更授公太尉中書監加黄鉞受黄鉞餘固辭以司馬庚悅爲建威將軍江州刺史自東陽出豫章七月庚申羣賊自蔡洲南走還屯尋陽遣輔國將軍王仲德廣川太守劉鍾河間太守蒯恩追之公還東府大治水軍皆大艦重樓高者十餘丈盧循遣其大將荀林寇江陵桓謙先於江陵奔羌又自羌入蜀僞主譙縱以爲荆州刺史謙及譙道福率軍二萬出寇江陵適與林會相去

百餘里荆州刺史道規斬謙于枝江破林於江津追至竹町斬之初循之走也公知其必寇江陵登遣淮陵内史索邈領馬軍步道援荆州又遣建威將軍孫季高率衆三千自海道襲番禺江州刺史庾悦至五畝嶠賊遣千餘人據斷嶠道悦前驅鄱陽太守虞丘進攻破之公治兵大辦十月率兖州刺史劉藩寧朔將軍檀韶等舟師南伐以後將軍劉毅監太尉留守府後事皆委焉是月徐道覆率衆三萬寇江陵

荆州刺史道規又大破之斬首萬餘級道覆走還盆口初公之遣索邈也邈在道爲賊所斷道覆敗後方達自循東下江陵斷絶京邑之問傳者皆云已没及邈至方知循走循初自蔡洲南走留其親黨范崇民五千人高艦百餘戍南陵王仲德等聞大軍且至乃進攻之十一月大破崇民軍焚其舟艦收其散卒循廣州守兵不以海道爲防是月建威將軍孫季高乘海奄至而城池峻整兵猶數千季高焚賊舟艦悉

力而上四面攻之即日屠其城循父以輕舟奔始興季高撫其舊民戮其親黨勒兵謹守初公之遣季高也衆咸以海道艱遠必至爲難且分徹見力二三非要公不從勑季高曰大軍十二月之交必破妖虜卿今時當至廣州傾其巢窟令賊奔走之日無所歸投季高受命而行如期尅捷循方治兵旅舟艦設諸攻備公欲御以長算乃屯軍雷池賊揚聲不攻雷池當乘流逕下公知其欲戰且慮賊戰敗或於京江

入海遣王仲德以水艦二百於吉陽下斷之十二月循道覆率衆數萬方艦而下前後相抗莫見舳艫之際公悉出輕利鬬艦躬提幡鼓命衆軍齊力擊之又上步騎於西岸右軍參軍庾樂生乘艦不進斬而徇之於是衆軍並踊騰爭先軍中多萬鈞神弩所至莫不摧陷公中流蹙之因風水之勢賊艦悉泊西岸上軍先備火具乃投火焚之煙爓張天賊衆大敗追奔至夜乃歸循等還尋陽初分遣步軍莫不疑

恇及燒賊艦衆乃悅服召王仲德請還爲前驅留輔國將軍孟懷玉守雷池循聞大軍上欲走向豫章乃悉力柵斷左里大軍至左里將戰公所執麾竿折折幡沈水衆並恇懼公歡笑曰往年覆舟之戰幡竿亦折今者復然賊必破矣即攻柵而進循兵雖殊死戰弗能禁諸軍乘勝奔之循單舸走所殺及投水死凡萬餘人納其降附宥其逼略遣劉藩孟懷玉輕軍追之循收散卒尚有數千人逕還廣州道覆還保

始興公旋自左里天子遣侍中黃門勞師于行所

本紀第一 宋書一

本紀第二 宋書二

武帝中

七年正月己未振旅于京師改授大將軍揚州牧給班劒二十人本官悉如故固辭凡南北征伐戰亡者並列上賻贈尸喪未反遣主師迎接致還本土三月盧循至番禺爲孫季高所破收餘衆南走劉藩孟懷玉斬徐道覆于始興晉自中興以來治綱大弛權門并兼强弱相凌百姓流離不得保其産業桓玄頗欲釐改竟不能行公

既作輔大示軌則豪彊肅然遠近知禁至是會稽餘姚虞亮復藏匿亡命千餘人公誅亮免會稽内史司馬休之天子又申前命公固辭於是改授太尉中書監乃受命奉送黃鉞解冀州交州刺史杜慧度斬盧循傳首京師先是諸州郡所遣秀才孝廉多非其人公表天子申明舊制依舊策試征西將軍荆州刺史道規疾患求歸八年四月改授豫州刺史以後將軍豫州刺

史劉毅代之毅與公俱舉大義興復晉室自謂京城廣陵功業足以相抗雖權事推公而心不服也毅既有雄才大志厚自矜許朝士素望者多歸之與尚書僕射謝混丹陽尹郗僧施並深相結及西鎮江陵豫州舊府多割以自隨請僧施爲南蠻校尉既知毅不能居下終爲異端密圖之毅至西稱疾篤表求從弟兗州刺史藩以爲副貳僞許焉九月藩入朝公命收藩及謝混並於獄賜死自表討毅又假黃鉞率諸軍

西征以前鎮軍將軍司馬休之爲平西將軍荊州刺史兗州刺史道憐鎮丹徒豫州刺史諸葛長民監太尉留府事加太尉司馬丹陽尹劉穆之建威將軍配以實力壬午發自京師遣參軍王鎮惡龍驤將軍蒯恩前襲江陵十月鎮惡剋江陵毅及黨與皆伏誅十一月己卯公至江陵下書曰夫弘斃拯民必存簡恕捨網脩綱雖煩易理江荊彫殘刑政多闕頃年事故綏撫未過遂令百姓疲匱歲月滋甚財傷役困慮不幸生

凋殘之餘而不減舊刻剝徵求不循政道宰莅之司或非良幹未能菲躬儉苟求盈給積習生常漸不知改近因戎役來涉二州踐境親民愈見其瘼思欲振其所急卹其所苦凡租稅調役悉宜以見戶爲正州郡縣屯田池塞諸非軍國所資利入守宰者今一切除之州郡縣吏皆依尚書定制實戶置臺調癸卯梓材庚子皮毛可悉停省別量所出巴陵均折度支依舊兵運原五歲刑已下凡所質錄賊家餘口亦悉原放以

荊州十郡爲湘州公乃進督以西陽太守朱齡石爲益州刺史率衆伐蜀進公太傅揚州牧加羽葆鼓吹班劍二十人九年二月乙丑公至自江陵初諸葛長民貪淫驕橫爲士民所患苦公以其同大義優容之劉毅既誅長民謂所親曰昔年醢彭越今年誅韓信禍其至矣將謀作亂公克期至京邑而每淹留不進公卿以下頻日奉候於新亭長民亦驟出既而公輕舟密至已還東府矣長民到門引前卻人閑語凡平生於

長民所不盡者皆與及之長民甚說已密命左
右壯士丁旿等自幔後出於坐拉焉長民墜牀
又於地毆之死於牀側輿尸付廷尉并誅其弟
黎民旿驍勇有氣力時人爲之語曰勿跋扈付
丁旿先是山湖川澤皆爲豪彊所專小民薪採
漁釣皆責稅直至是禁斷之時民居未一公表
曰臣聞先王制治九土攸序分境畫疆各安其
居在昔盛世人無遷業故井田之制三代以隆
秦革斯政漢遂不改富彊兼并於是爲弊然九

服弗擾所託成舊在漢西京大遷田景之族以
實關中即以三輔爲鄉閭不復係之於齊楚自
永嘉播越爰託淮海朝有匡復之筭民懷思本
之心經略之圖日不暇給是以寧民綏治猶有
未遑及至大司馬桓溫以民無定本傷治爲深
庚戌土斷以一其業于時財阜國豐實由於此
自茲迄今彌歷年載畫一之制漸用頹弛雜居
流寓閭伍弗脩王化所以未純民瘼所以猶在
臣荷重任恥責實深自非改調解張無以濟

治夫人情滯常難與慮始所謂父母之邦以爲
桑梓者誠以生焉終焉敬愛所託耳今所居累
世墳壟成行敬恭之誠豈不與事而至請準庚
戌土斷之科庶子本所弘稍與事著然後率之
以仁義鼓之以威武超大江而跨黃河撫九州
而復舊土則戀本之志乃速由於當年在始暫
勤要終所以能易伏惟陛下垂矜萬民憐其所
失永懷鴻鴈之詩思隆中興之業既委臣以國
重期臣以寧濟若所啓合允請付外施行於是

依界土斷唯徐兗青三州居晉陵者不在斷例
諸流寓郡縣多被併省以公領鎮西將軍豫州
刺史公固讓太傅州牧及班劍奉還黃鉞七月
朱齡石平蜀斬僞蜀王譙縱傳首京師九月封
公次子義眞爲桂陽縣公以賞平齊及定盧循
也天子重申前命授公太傅揚州牧加羽葆鼓
吹班劍二十人將吏百餘敦勸乃受羽葆鼓吹
班劍餘固辭十年息民簡役築東府起府舍平
西將軍荆州刺史司馬休之宗室之重又得江

漢人心公疑其有異志而休之兄子譙王文思在京師招集輕俠公執文思送還休之令自爲其所休之表廢文思并與公書陳謝十一年正月公收休之子文寶兄子文祖並於獄賜死率衆軍西討復加黃鉞領荊州刺史辛巳發京師以中軍將軍道憐監留府事休之上表自陳曰臣聞運不常一治亂代有陽九既謝圮終則泰昔篡臣肆逆皇綱絕紐十世未改鼎祚再隆太尉臣諱威武明斷首建義旗除蕩元凶皇居反正

布衣匹夫匡復社稷南剿盧循北定廣固千載以來功無與等由是四海歸美朝野推崇既位窮台牧權傾人主不能以道處功恃寵驕盈自以酬賞既極便情在無上刑戮逆濫政用暴苛問鼎之迹日彰人臣之禮頓缺陛下四時膳御觸事縣空宮省供奉十不一在皇后寢疾之際湯藥不周手與家書多所求告皆是朝士共所聞見莫不傷懷憤歎口不敢言前揚州刺史元顯第五息法興桓玄之釁逃遠於外王路既開始

得歸本太傅之胤絕而復興凡在有懷誰不感慶諱吞噬之心不避輕重以法興聰敏明慧必爲民望所歸芳蘭既茂內懷憎惡乃妄扇異言無罪即戮大司馬臣德文及王妃公主情計切逼並狼狽請命逆肆禍毒誓不矜許冤酷之痛感動行路自以地卑位重荷恩崇大乃以庶孽與德文嫡婚致茲非偶寔由威逼故衛將軍劉毅右將軍劉藩前將軍諸葛長民尚書僕射謝混南蠻校尉郗僧施或盛勳德胤令望在身皆

社稷輔弼協讚所寄無罪無辜一旦夷滅猜忍之性終古所希臣自惟門戶衰破賴之獲存皇家所重終古難匹是以公私歸馮事盡祗順再授荊州輒苦陳告自以才弱位隆不宜久荷分陝屢求解任必不見聽前經携侍老母半家俱西凡諸子姪悉留京輦臣兄子譙王文思雖年少常人粗免咎悔性好交遊未知防遠羣醜交構爲其風聲譴遂翦戮人士遠送文思臣順其此旨表送章節請廢文思改襲大宗遣息文寶

逆女東歸自謂推誠奉順理不過此豈意譎苞
藏禍心遂見討伐加惡文思構生罪釁羣小之
言遠近噂喈而臣純愚闇信必謂不然尋臣府
司馬張茂度狼狽東歸南平太守檀範之復以
此月三日委郡叛逆尋有審問東軍已上譎今
此舉非有怨憎正以臣王室之幹位居藩岳時
賢既盡唯臣獨存規以翦滅成其篡殺鎮北將
軍臣宗之青州刺史臣敬宣並是譎所深忌憚
欲以次除蕩然後傾移天日於事可易今荊雍

義徒不召而集子來之衆其會如林豈臣無德
所能綏致蓋七廟之靈理貫幽顯輒授文思振
武將軍南郡太守宗之子竟陵太守魯軌進號
輔國將軍臣今與宗之親御大衆出據江津案
甲抗威隨宜應赴今絳旗所指唯譎兄弟父子
而已須剋蕩寇逆尋續馳聞由臣輕弱致譎淩
横上慙俯愧無以厝顔休之府録事參軍韓延
之故吏也有幹用才能公未至江陵密使與之
書曰文思事源遠近所知去秋遣康之送還司

馬軍者推至公之極也而了不遜愧又無表疏
文思經正不反此是天地之不容吾受命西討
止其父子而已彼土僑舊爲所驅逼一無所問
往年郗僧施謝邵任集之等交構積歲專爲劉
毅謀主所以至此卿等諸人一時逼迫本無纖
釁吾處懷期物自有由來今在近路正是諸人
歸身之日若大軍登道交鋒接刃蘭艾吾誠不
分故具示意并示同懷諸人延之報曰承親率
戎馬遠履西畿闔境士庶莫不惟駭何者莫知

師出之名故也今辱來疏始知以譙王前事良
增歎息司馬平西體國忠貞欵愛待物當於古
人中求耳以君公有匡復之勳家國蒙賴推德
委誠每事諮仰譙王往以微事見劾猶自表遜
位況以大過而當嘿然邪但康之前言有所不
盡故重使胡道諮白所懷道未及反已奏表廢之
所不盡者命耳推寄相與之懷正當如此有何
不可便興兵戈自義旗秉權以來四方方伯誰
敢不先相諮疇而逕表天子邪譙王爲宰相所

責文表廢之經正何歸表使何因可謂欲加之罪其無辭乎劉諱足下海內之人誰不見足下此心而復欲欺誑國士天地所不容在彼不在此矣來示言處懷期物自有由來今伐人之君陷人以利真可謂處懷期物自有由來者矣劉藩死於閶闔之明諸葛斃於左右之手甘言詫方伯襲之以輕兵遂使席上靡款懷之士閫外無自信諸侯以是爲得筭良可恥也貴府將佐及朝廷賢德寄性命以過日心企太平久矣吾

誠鄙劣嘗聞道於君子以平西之至德寧可無授命之臣乎未能自投虎口比迹郗任之徒明矣假令天長喪亂九流渾濁當與臧洪遊於地下不復多言公視書歎息以示諸佐曰事人當如此三月軍次江陵初雍州刺史魯宗之常慮不爲公所容與休之相結至是率其子竟陵太守軌會于江陵江夏太守劉虔之邀之軍敗見殺公命彭城內史徐逵之參軍王允之出江夏口復爲軌所敗並没時公軍泊馬頭即日率衆

軍濟江躬督諸將登岸莫不奮踊爭先休之衆潰與軌等奔襄陽江陵平加領南蠻校尉將拜值四廢日佐史鄭鮮之褚叔度王弘傅亮白遷日不許下書曰此州積弊事故相仍民疲田蕪杼軸空匱加以舊章乖昧事役頻苦童耄奪養老稚服戎空戶從役或越紼應召每永懷民瘼宵分忘寢誠宜蠲除苛政弘茲簡惠庶令凋風弊政與事而新寧一之化成於朞月荊雍二州西局蠻府吏及軍人年十二以還六十以上及

扶養孤幼單丁大艱悉仰遣之窮獨不能存者給其長賑府州久勤將吏依勞銓序并除今年租稅四月公復率衆進討至襄陽休之奔羌天子復重申前命授太傅揚州牧劍履上殿入朝不趨贊拜不名加前部羽葆鼓吹置左右長史司馬從事中郎四人封公第三子諱爲北彭城縣公以中軍將軍道憐爲荊州刺史八月甲子公至自江陵奉還黃鉞固辭太傅州牧前部羽葆鼓吹其餘受命朝議以公道尊勳重不宜復

施敬護軍既加殊禮奏事不復稱名以世子爲
兗州刺史十二年正月詔公依舊辟士加領平
北將軍兗州刺史增都督南秦凡二十二州公
以平北文武寡少不宜別置於是罷平北府以
量大府以世子爲豫州刺史三月加公中外大
都督初公平齊仍有定關洛之意值盧循侵逼
故其事不諧荆雍既平方謀外略會羌主姚興
死子泓立兄弟相殺關中擾亂公乃戒嚴北討
加領征西將軍司豫二州刺史以世子爲徐兗

二州刺史下書曰吾倡大義首自本州克復皇
祚遂建勳烈外夷勍敵內清姦軌皆邦人州黨
竭誠盡力之效也情若風霜義貫金石今當奉
辭西旆有事關河弱嗣叨蒙復忝今授情事纏
綿可謂深矣頃軍國務殷刑辟未息眷言懷之
能不多歎其犯皐繫五歲以還可一原遣文武
勞滿未蒙榮轉者便隨班序報公受中外都督
及司州並辭大司馬琅邪王禮敬朝議從之公
欲以義聲懷遠奉琅邪王北伐五月羌僞黃門

侍郎尹沖率兄弟歸順又加公北雍州刺史前
部羽葆鼓吹增班劍爲四十人解中書監八月
丁巳率大衆發京師以世子爲中軍將軍監太
尉留府事尚書右僕射劉穆之爲左僕射領監
軍中軍二府軍司入居東府總攝內外九月公
次于彭城加領徐州刺史先是遣冠軍將軍檀
道濟龍驤將軍王鎮惡步向許洛羌緣道屯守
皆望風降服僞兗州刺史韋華先據倉垣亦率
衆歸順公又遣北兗州刺史王仲德先以水軍

入河仲德破索虜於東郡涼城進平滑臺十月
衆軍至洛陽圍金墉泓弟僞平南將軍洸請降
送于京師修復晉五陵置守衛天子詔曰夫嵩
岱配極則乾道增輝藩岳作屏則帝王成務是
以夏殷資昆彭之伯有周倚齊晉之輔鑒諸前
典儀形萬代翼治扶危靡不由此太尉公命世
天縱齊聖廣淵明燭四方道光宇宙爰自
初迪則投勳王國妖蠻孔熾則功存社稷固以
四維是荷萬邦攸賴者矣暨桓玄僭逆傾蕩四

海公深秉大節靈武霆震弘濟朕躬再造王室每惟勳德銘于厥心遂北清海岱南夷百越荆雍稽服庸岷順軌剋黜方難式遏寇虐及阿衡王猷班序內外仰興絕風傍嗣逸業秉禮以整俗遵王以垂訓聲教遠被無思不洽爰暨木居海處之首被髮彫題之長莫不忘其陋險九譯來庭此蓋播諸徽策靡究其詳者也曩者永嘉不綱諸夏幅裂終古帝居淪胥戎虜永言園陵率土同慕公明發遐慨撫機電征親董侯伯稜

威致討旗旝首塗則八表響震偏師先路則多壘雲徹舊都載清五陵復禮百城屈膝千落影從自篇籍所載生民以來勳德懋功未有若此之盛者也昔周呂佐叡聖之主因三分之形把旄仗鉞一時指麾皆大啓壃宇跨州兼國其在桓文方茲尤儉然亦顯被寵章光錫殊品況乃獨絕百代顧邈前烈者哉朕每弘鑒古訓思遵令圖以公深秉沖挹用闕大禮天人引領于茲歷載況今禹迹齊軌九隩同文司勳抗策普天

增佇遂公高挹大衍愆國章三靈眷屬朕實祇懼便宜顯答羣望允崇盛典其進位相國揔百揆揚州牧封十郡為宋公備九錫之禮加璽綬遠遊冠位在諸侯王上加相國綠綟綬策曰朕以寡昧仰贊洪基夷羿乘釁蕩覆王室越在南鄙遷于九江宗祀絕饗人神無位提挈群凶寄命江滸則我祖宗之業奄墜于地七百之祚翦焉既傾若涉淵海罔知攸濟天未絕晉誕育英輔振厥弛維再造區物興亡繼絕俾昬作明元勳至

德朕實賴焉今將授公典策其敬聽朕命乃者桓玄肆僭滔天泯夏拔本塞源顛倒六位庶僚僶眉四方莫卹公精貫朝日氣凌霄漢奮其靈武大殲羣慝剋復皇邑奉帝歆神此公之節始於勤王者也授律羣后泝流長騖薄伐崢嶸獻捷南郢大憝折首羣逆畢夷三光旋采舊物反正此又公之功也出藩入輔弘茲保弼阜財利用繁殖生民編戶歲滋壃宇日啓導德明刑四境有截此又公之功也鮮卑負衆僭盜三齊狼

噬冀青虔劉沂岱介恃遐阻仍爲邊毒公蒐乘
秣駟負入遠疆衝櫓四臨萬雉俱潰竊號之虜
顯戮司寇拓土三千申威龍漠此又公之功也
盧循妖凶伺隙五嶺乘虛肆逆侵覆江豫旍拂
寰內矢及王城朝野喪沮莫有固志家獻徙卜
之計國議遷都之規公乘轅南濟義形于色嶷
然內湛視嶮若夷攄略運奇英謨不世殄寇窮
蚵喪旗宵遁俾我畿甸拯於將墜此又公之功
也追奔逐北揚旍江濆偏旅浮海指日遄至番
禺之功俘級萬數左里之捷梟潰鳥散元凶遠
迸傳首萬里海南肅清荒服來款此又公之功
也劉毅叛換負釁西夏凌上罔主志肆姧暴附
麗協黨扇蕩王畿公御軌以刑消之不日倉兕
電泝神兵風掃罪人斯得荊衡清晏此又公之功
也譙縱怙亂寇竊一隅王化阻閡三巴淪溺公
指命偏師授以良圖凌波浮湍致屆井絡僭竪
伏鑕梁岷華偃此又公之功也馬休魯宗阻兵
內侮驅率二方連旗稱亂公投袂星言研其上

略江津之師勢踰風電迴旆沔川寔繁震懾二
叛奔迸荊雍來蘇玄澤浸育溫風潛被此又公
之功也永嘉不競四夷擅華五都幅裂山陵幽
辱祖宗懷没世之憤遺氓有匪風之思公遠齊
伊宰納隍之仁近同小白滅亡之恥鞠旅陳師
赫然大號分命羣帥北徇司兗許鄭風靡輦洛
載清僞牧逆藩交臂請罪百年榛穢一朝掃濟
此又公之功也公有康宇內之勳重之以明德
爰初發迹則奇謨冠古電擊彊妖則鋒無前對
聿寧東畿大造黔首若乃草昧經綸化融於歲
計扶危靜亂道固於苞桑辯方正位納之軌度
蠲削煩苛較若畫一淳風美化盈塞宇宙是以
絕域獻琛遐夷納貢王略所宣九服率從雖文
命之東漸西被咎繇之邁于種德何以尚茲朕
聞先王之宰世也庸勳尊賢建侯胙土褒以寵
章崇其徽物所以協輔皇家永隆藩屏故曲阜
光啓遂荒徐宅營丘表海四履有聞其在襄王
亦賴匡霸又命晉文備物光錫惟公道冠前烈

勳高振古而殊典未加朕甚慚焉今進授相國
以徐州之彭城沛蘭陵下邳淮陽山陽廣陵兗州
之高平魯泰山十郡封公爲宋公錫茲玄土苴
以白茅爰定爾居用建冢社昔晉鄭啓藩入作
卿士周邵保傅出揔二南內外之重公實兼之
命使持節太尉尚書左僕射晉寧縣五等男湛
授相國印綬宋公璽紱使持節兼司空散騎常
侍尚書陽遂鄉侯泰授宋公茅土金虎符第一
至第十左竹使符第一至第十左相國位無不

揔禮絕朝班居常之名宜與事革其相國揔百
揆去錄尚書之號上送所假節侍中中外都督
太傅太尉印綬豫章公印策進揚州牧領征西
將軍司豫北徐雍四州刺史如故公紀綱禮度萬
國是式秉介蹈方罔有遷志是以錫公大輅戎
輅各一玄牡二駟公抑末敦本務農重積采蘩
寔殷稼穡惟阜是用錫公袞冕之服赤舄副焉
公閑邪納正移風改俗陶鈞品物如樂之和是
用錫公軒縣之樂六佾之舞公宣美王化導揚

休風華夷企踵遠人胥萃是用錫公朱戶以居
公官方任能網羅幽滯九皐辭野髦士盈朝是
用錫公納陛以登公當軸處中率下以義式遏
寇虐清除苛慝是用錫公虎賁之士三百人公
明罰恤刑庶獄詳允放命干紀罔有攸縱是用
錫公鈇鉞各一公龍驤鳳矯咫尺八紘括囊四
海折衝無外是用錫公彤弓一彤矢百盧弓十
盧矢千公溫恭孝思致虔禋祀忠肅之志儀刑
萬方是用錫公秬鬯一卣圭瓚副焉宋國置丞

相以下一遵舊儀欽哉其祗服往命茂對天休
簡恤庶邦敬敷顯德以終我高祖之嘉命置宋
國侍中黃門侍郎尚書左丞郎隨大使奉迎袍
罕虜乞佛熾盤遣使詣公求効力討羌拜西平
將軍河南公十三年正月公以舟師進討留彭
城公諱鎮彭城軍次留城經張良廟令曰夫盛
德不泯義在祀典微管之歎撫事彌深張子房
道亞黃中照隣殆庶風雲言感蔚爲帝師大拯
橫流夷項定漢固以參軌伊望冠德如仁若乃

神交圯上道契商洛顯晦之間窈然難究源流淵浩莫測其端矣塗次舊沛佇駕留城靈廟荒殘遺象陳昧撫迹懷人慨然永歎過大梁者或佇想於夷門遊九原者亦流連於隨會可改構榱桷脩飾丹青蘋蘩行潦以時致薦以紓懷古之情用存不刊之烈天子追贈公祖爲太常父爲左光祿大夫讓不受二月冠軍將軍檀道濟等次潼關三月庚辰大軍入河索虜步騎十萬營據河津公命諸軍濟河擊破之公至洛陽七

月至陝城龍驤將軍王鎮惡伐木爲舟自河浮渭八月扶風太守沈田子大破姚泓於藍田王鎮惡剋長安生擒泓九月公至長安長安豐全帑藏盈積公先收其彝器渾儀土圭之屬獻于京師其餘珍寶珠玉以班賜將帥執送姚泓斬于建康市謁漢高帝陵大會文武於未央殿十月天子詔曰朕聞先王之莅天下也上則大寶以尊德下則建侯以褒功是以成勳告就文命有玄圭之錫四海來王姬旦饗龜蒙之封夫翼

聖宣績輔德弘猷禮窮元賞寵章希世況明保沖昧獨運陶鈞者哉朕以不德遭家多難雲雷作屯夷羿竊命失位京邑遂播蠻荊艱難卑約制命凶醜相國宋公天縱睿聖命世應期誠貫三靈大節宏發拯朕躬於巢幕迴靈命於已崩固已道窮北面暉格八表者矣及外積全國之勳內累戡黎之伐芟夷强妖之始蘊崇姦猾之源顯仁藏用之道六府孔脩之績莫不雲行雨施能事必舉諒已方軌於三五不容於典策者

焉自永嘉喪師綿踰十紀五都分崩然正朔時暨唯三秦懸隔未之暫賓至令羌虜襲亂淫名三世資百二之易守恃函谷之可關廟算韜略不謀之日久矣公命世撫運闡曜威靈內研諸侯之慮外致上天之罰故能倉兕甫訓則許鄭風偃鉦鉞未指則瀍洛霧披俾舊闕之陽復集萬國之軫東京父老重覩司隸之章俾朕負扆高拱而保大洪烈是用遠鑒前典延即羣謀敬授殊錫光啓壇宇乘馬之制有陋舊章徽稱之

美未窮上爵豈足以顯報懋功允塞民望藩輔
王畿長轡六合者乎寔以公每秉謙德卑不可
踰難進之道以寵爲戚是故降損盛制且有後
命也自玆迄今洪勳彌劭稜威九河魏趙底服
迴轅崤潼連城冰泮遂長驅灞滻懸旍龍門逆
虜姚泓係頸就擒百稔梗穢滌於崇朝祖宗遺
憤雪於一旦涉禹之迹方行天下至于海外罔
有不服功固萬世其寧惟永豈金石雅頌所能
讚揚寔可以告於神明勒銘嵩岱者已朕又聞

之周道方遠則嶽鷟鳴岐二南播德則麟騶呈
瑞自公大號初發爰曁告成靈祥炳煥不可勝
紀豈伊素雉遠至嘉禾近歸而已哉朕每仰鑒
玄應俯察人謀進惟道勳退惟國典豈得遂公
沖挹而久蘊盛策便宜敬行大禮允副幽顯之
望其進宋公爵爲王以徐州之海陵東安北琅
邪北東莞北東海北譙北梁豫州之汝南北潁
川北南頓凡十郡益宋國其相國揚州牧領征
西將軍司豫北徐雍四州刺史如故十一月前

將軍劉穆之卒以左司馬徐羨之代掌留任大
事皆所決於穆之者皆悉以諮公欲息駕長安
經略趙魏會穆之卒乃歸十二月庚子發自長
安以桂陽公義眞爲安西將軍雍州刺史留腹
心將佐以輔之閏月公自洛入河開汴渠以歸
十四年正月壬戌公至彭城解嚴息甲以輔國
將軍劉遵考爲并州刺史領河東太守鎭蒲坂
公解司州領徐冀二州刺史固讓進爵六月受
相國宋公九錫之命令曰孤以寡薄負荷殊重

守位奉藩危溢是懼朝恩隆泰委美推功遂方
軌齊晉擬議　曲雖亮誠守分十稔于今而成
命弗迴百辟胥曁內外庶僚敦勉周至籍運來
之功參休明之迹乘非薄之資同盛德之事監
寐永言未知攸託隆祚之始思覃斯慶其赦國
內殊死以下今月二十三日昧爽以前悉皆原
宥鰥寡孤獨不能自存者人賜粟五斛府州刑
罪亦同蕩然其餘詳依舊准詔崇豫章公太夫
人爲宋公太妃世子中軍將軍副貳相國府以

太尉軍諮祭酒孔季恭爲宋國尚書令青州刺史檀祗爲領軍將軍相國左長史王弘爲尚書僕射其餘百官悉依天朝之制又詔宋國所封十郡之外悉得除用先是安西中兵參軍沈田子殺安西司馬王鎮惡諸將軍復殺安西長史王脩關中亂十月公遣右將軍朱齡石代安西將軍桂陽公義眞爲雍州刺史義眞既還爲佛佛虜所追大敗僅以身免諸將帥及齡石並沒領軍檀祗卒以中軍司馬檀道濟爲中領軍十

二月天子崩大司馬琅邪王即帝位

元熙元年正月詔遣大使徵公入輔又申前命進公爵爲王以徐州之海陵東海北譙北梁豫州之新蔡兗州之北陳留司州之陳郡汝南潁川滎陽十郡增宋國七月乃受命赦國內五歲刑以下遷都壽陽以尚書劉懷愼爲北徐州刺史鎮彭城九月解揚州十二月天子命王冕十有二旒建天子旌旗出警入蹕乘金根車駕六馬備五時副車置旄頭雲罕樂舞八佾設鍾虡

宮縣進王太妃爲太后王妃爲王后世子爲太子王子王孫爵命之號一如舊儀

二年四月徵王入輔六月至京師晉帝禪位于王詔曰夫天造草昧樹之司牧所以陶鈞三極統天施化故大道之行選賢與能隆替無常期禪代非一族貫之百王由來尚矣晉道陵遲仍世多故爰曁元興禍難既積至三光貿位冠履易所安皇播越宗祀墮泯則我宣元之祚永墜于地顧瞻區域翦焉已傾相國宋王天縱聖德

靈武秀世一匡頹運再造區夏固以興滅繼絕舟航淪溺矣若夫仰在璿璣旁穆七政薄伐不庭開復疆宇遂乃三俘僞主開滌五都雕顏卉服之鄉龍荒朔漠之長莫不迴首朝陽沐浴玄澤故四靈效瑞川岳啓圖嘉祥雜遝休應炳著玄象表革命之期華裔注樂推之願代德之符著乎幽顯瞻烏爰止允集明哲夫豈延康有歸咸熙告謝而已哉昔火德既微魏祖底績黃運不競三后肆勤故天之曆數寔有攸在朕雖庸

闇昧於大道永鑒廢興爲日已久念四代之高
義稽天人之至望予其遜位別宮歸禪于宋一依
唐虞漢魏故事詔草既成送呈天子使書之天子
即便操筆謂左右曰桓玄之時天命已改重爲
劉公所延將二十載今日之事本所甘心甲子
策曰咨爾宋王夫玄古權輿悠哉邈矣其詳靡
得而聞爰自書契降逮三五莫不以上聖君四
海止戈定大業然則帝王者宰物之通器君道
者天下之至公昔在上葉深鑒玆道是以天祿

既終唐虞弗得傳其嗣符命來格舜禹不獲全
其謙所以經緯三才澄序彝化作範振古垂風
萬葉莫尚於茲自是厥後歷代彌劭漢既嗣德
於放勛魏亦方軌於重華諒以協謀乎人鬼而
以百姓爲心者也昔我祖宗欽明辰居其極而
明晦代序盈虧有期翦商兆禍非唯一世曾是
弗剋纂伊在今天之所廢有自來矣惟王體上
聖之姿苞二儀之德明齊日月道合四時乃者
社稷傾覆王拯而存之中原蕪梗又濟而復之

自負固不賓干紀放命肆逆滔天竊據萬里靡
不潤之以風雨震之以雷霆九伐之道既敷八
法之化自理豈伊博施於民濟斯黔庶固以義
洽四海道威八荒者矣至於上天垂象四靈效
徵圖讖之文既明人神之望已改百工歌於朝
庶民頌于野億兆抃踊傾佇惟新自非百姓樂
推天命攸集豈伊在予所得獨專是用仰祗皇
靈俯順羣議敬禪神器授帝位于爾躬大胙告
窮天祿永終於戲王其允執其中敬遵典訓副

率土之嘉願恢洪業於無窮時膺休祐以答三
靈之眷望又璽書曰蓋聞天生蒸民樹之以君
帝皇寄世實公四海崇替係於勳德升降存乎
其人故有國必亡十年箸其數代謝無常聖哲
握其符昔在上世三聖係軌疇咨四嶽以弘揖
讓惟先王之有作永垂範於無窮及劉氏致禪
寔堯是法有魏告終亦憲玆典我世祖所以撫
歸運而順人事秉利見而定天保者也而道不
常泰戎夷亂華喪我洛食寓國江表仍遵否運

淪波相因逮于元興遂傾宗祀幸賴神武光天大節宏發匡復我社稷重造我國家惟王聖德欽明則天光大應期誕載明保王室內紓國難外播宏略誅大憝於漢陽逋僭盜於沂渚澄氛西岷肅清南越再靜江湘拓定樊沔若乃永懷區宇思一聲教王師首路則伊洛澄流稜威崤潼則華嶽褰霧偽首銜璧咸陽即序雖彝器所銘詩書所詠庸勳之盛莫之與二也遂偃武脩文誕敷德政八統以馭萬民九職以刑邦國思

兼三王以施四事故能信簪幽顯義感殊方自歷世所賓舟車所暨靡不謳歌仁德抃舞來庭朕每敬惟道勳永察符運天之曆數實在爾躬是以五緯升度屢示除舊之迹三光協數必昭布新之祥圖讖禎瑞皎然斯在加以龍顏英特天授殊姿君人之表煥如日月傳稱惟天為大惟堯則之詩云有命自天命此文王夫或躍在淵者終饗九五之位勳格天地者必膺大寶之業昔土德告沴傳胙于我有晉今曆運改卜永終于茲亦以金德而傳于宋仰四代之休義鑒明昏之定期詢于群公爰逮庶尹咸曰休哉罔違朕志今遣使持節兼太保散騎常侍光祿大夫澹兼太尉尚書宣範奉皇帝璽綬受終之禮一如唐虞漢魏故事王其允荅人神君臨萬國時膺靈祉酬于上天之眷命王奉表陳讓晉帝已遜琅邪王第表不獲通於是陳留王虔嗣等二百七十人及宋臺群臣並上表勸進上猶不許太史令駱達陳天文符瑞數十條群臣又固請王

王乃從之

本紀第二　宋書二

本紀第三　　宋書三

臣沈　約　新撰

武帝下

永初元年夏六月丁卯設壇於南郊即皇帝位柴燎告天策曰皇帝臣諱敢用玄牡昭告皇天后帝晉帝以卜世告終歷數有歸欽若景運以命于諱夫樹君宰世天下為公德充帝王樂推攸集越俶唐虞降暨漢魏靡不以上哲格文祖元勳陟帝位故能大拯黔首垂訓無窮晉自東

遷四維不振宰輔憑依為日已久難棘隆安禍成元興遂至帝三遷播宗祀堙滅諱雖地非齊晉衆無一旅仰憤時難俯悼橫流投袂一援則皇祀克復及危而能持顛而能扶姦宄具殲僭偽必滅誠興廢有期否終有數至於大造晉室撥亂濟民因藉時來實尸其重加以殊俗慕義重譯來庭正朔所暨咸服聲教至乃三靈垂象山川告祥人神協祉歲月滋著是以羣公卿士億兆夷人僉曰皇靈降鑒於上晉朝款誠於下

天命不可以久淹宸極不可以暫曠遂逼羣議恭茲大禮猥以寡德託於兆民之上雖仰畏天威略是小節顧深永懷祗懼若厲敬簡元辰升壇受禪告類上帝用酬萬國之情克隆天保永祚于有宋惟明靈是饗禮畢備法駕幸建康宮臨太極前殿詔曰夫世代迭興承天統極雖遭遇異塗因革殊事若乃功濟區宇道振生民興廢所階異世一揆朕以寡薄屬當艱運藉否終之期因士民之力用獲拯溺匡世撥亂安國寧

民業未半古功參曩烈晉氏以多難仍遘曆運已移欽若前王憲章令軌用集大命于朕躬惟德匪嗣辭不獲申遂祗順三靈饗茲景祚燔柴于南郊受終于文祖猥當與能之期爰集樂推之運嘉祚肇開隆慶惟始思俾休嘉惠茲兆庶其大赦天下改晉元熙二年為永初元年賜民爵二級鰥寡孤獨不能自存者人穀五斛逋租宿債勿復收其有犯鄉論清議贓汙淫盜一皆蕩滌洗除與之更始長徒之身特皆原遣亡官

失爵禁錮奪勞一依舊准封晉帝爲零陵王令
食一郡載天子旌旗乘五時副車行晉正朔郊
祀天地禮樂制度皆用晉典上書不爲表荅表
勿稱詔追尊皇考爲孝穆皇帝皇妣爲穆皇后
尊王太后爲皇太后詔曰夫微禹之感歎深後
昆盛德必祀道隆百世晉氏封爵咸隨運改至
於德參微管勳濟蒼生愛人懷樹猶或勿翦雖
在異代義無泯絕降殺之宜一依前典可降始
興公封始興縣公廬陵公封柴桑縣公各千戶

宋書紀三　三　天錫

始安公封荔浦縣侯長沙公封醴陵縣侯康樂
公可即封縣侯各五百戶以奉晉故丞相王導
太傅謝安大將軍溫嶠大司馬陶侃車騎將軍
謝玄之祀其宣力義熙豫同艱難者一仍本秩
無所減降封晉臨川王司馬寶爲西豐縣侯食
邑千戶庚午以司空道憐爲太尉封長沙王追
封司徒道規爲臨川王尚書僕射徐羨之加鎮
軍將軍右衛將軍謝晦爲中領軍宋國領軍檀
道濟爲護軍將軍中領軍劉義欣爲青州刺史

立南郡公義慶爲臨川王又詔曰夫銘功紀勞
有國之要典慎終追舊在心之所隆自大業創
基十有七載世路迍邅戎車歲動自東徂西靡
有寧日實賴將帥竭心文武盡效寧內拓外迄
用有成威靈遠著寇逆消蕩遂當揖讓之禮猥
饗天人之祚念功簡勞無忘鑒寐凡厥誠勤宜
同國慶其酬賞復除之科以時論舉戰亡之身
厚加復贈乙亥立桂陽公義眞爲廬陵王彭城公
諱爲宜都王第四皇子義康爲彭城王丁丑詔

宋書紀三　四　陳

曰古之王者巡狩省方躬覽民物搜揚幽隱拯
災卹患用能風澤遐被遠至邇安朕以寡闇道
謝前哲因受終之期託兆庶之上鑒寐屬慮思
求民瘼才弱事艱若無津濟夕惕永念心馳遐
域可遣大使分行四方旌賢舉善問所疾苦其
有獄訟虧濫政刑乖愆傷化擾治未允民聽者
者當具以事聞方事之宜無失厥中暢朝廷乃
眷之旨宣下民壅隔之情戊寅詔曰百官事殷
俸薄祿不代耕雖國儲未豐要令公私周濟諸

供納昔減半者可悉復舊六軍見祿粗可不在此例其餘官寮或自本俸素少者亦疇量增之己卯改晉泰始曆爲永初曆秋七月丁亥原放劫賊餘口沒在臺府者諸徙家並聽還本又運舟材及運船不復下諸郡輸出悉委都水別量臺府所須皆別遣主帥與民和市即時裨直不復責租民求辦又停廢虜車牛不得以官威假借又以市稅繁苦優量減降從征關洛殞身戰場幽沒不反者贍賜其家己丑陳留王曹虔嗣

薨辛卯復置五校三將官增殿中將軍員二十人餘在員外戊戌後將軍雍州刺史趙倫之進號安北將軍征虜將軍北徐州刺史劉懷慎進號平北將軍征西大將軍開府儀同三司楊盛進號車騎大將軍甲辰鎮西將軍李歆進號征西將軍平西將軍乞佛熾盤進號安西大將軍征東將軍高句驪王高璉進號征東大將軍鎮東將軍百濟王扶餘映進號鎮東大將軍罷東宮冗從僕射旅賁中郎將官戊申遷神主於太

廟車駕親奉壬子詔曰往者軍國務殷事有權制刧科峻重施之一時今王道惟新政和法簡可一除之還遵舊條反叛淫盜三犯補冶士本謂一事三犯終無悛革主者頃多并數衆事合而爲三甚違立制之旨普更申明八月戊午西中郎將荊州刺史宜都王諱進號鎮西將軍辛酉開亡叛赦限內首出蠲租布二年先有資狀黃籍猶存者聽復本注諸舊郡縣以北爲名者悉除寓立於南者聽以南爲號又制有無

故自殘傷者補冶士實由政刑煩苛民不堪命可除此條罷青州并兗州戊辰詔曰彭沛下邳三郡首事所基情義繾綣事由情獎古今所同彭城桑梓本鄉加隆攸在優復之制宜同豐沛其沛郡下邳可復租布三十年辛未追謚妃臧氏爲敬皇后癸酉立王太子爲皇太子乙亥詔曰朕承曆受終猥饗天命荷積善之祚藉士民之力率由令範先后柢嚴宣訓七廟肇建情敬無違加以儲宮備禮皇基彌固國慶

家禮爰集旬日豈予一人獨荷茲慶其見刑罪無輕重可悉原赦限百日以今爲始先因軍事所發奴僮各還本主若死亡及勳勞破免亦依限還直閏月壬午朔詔曰晉世帝后及藩王諸陵守衛宜便置格其名賢先哲見優前代或立德著節或寧亂庇民墳塋未遠並宜洒掃主者具條以聞丁酉特進左光祿大夫孔季恭加開府儀同三司辛丑詔曰主者處案雖多所諮詳若衆官命議宜令明審自頃或拋稱參詳於文

漫略自今有厝意者皆當指名其人所見不同依舊繼啓又詔曰諸處冬使或遣或不事役宜省可悉停唯元正大慶不在其例郡縣遣冬使詣州及都督府亦停之九月壬子朔置東宮殿中將軍十人員外二十人壬申置都官尚書冬十月辛卯改晉所用王肅祥禫二十六月儀依鄭玄二十七月而後除十二月辛巳朔車駕臨延賢堂聽訟

二年春正月辛酉車駕祠南郊大赦天下丙寅斷金銀塗以揚州刺史廬陵王義眞爲司徒以尚書僕射鎭軍將軍徐羨之爲尚書令揚州刺史丙子南康揭陽蠻反郡縣討破之己卯禁喪事用銅釘罷會稽郡府二月己丑車駕幸延賢堂策試諸州郡秀才孝廉揚州秀才顧練豫州秀才殷朗所對稱旨並以爲著作佐郎戊申制中二千石加公田一頃三月乙丑初限荊州府置將不得過二千人吏不得過一萬人州置將不得過五百人吏不得過五千人兵士不在此

限夏四月己卯朔詔曰淫祠惑民費財前典所絕可並下在所除諸房廟其先賢及以勳德立祠者不在此例戊申車駕於華林園聽訟己亥以左衛將軍王仲德爲冀州刺史五月己酉置東宮屯騎步兵翊軍三校尉官甲戌車駕又幸華林園聽訟六月壬寅詔曰杖罰雖有舊科然職務殷碎推坐相尋若皆有其實則體所不堪文行而已又非設罰之意可籌量輕重爲中否之格車駕又於華林園聽訟甲辰制諸署敕吏四品

以下又府署所得輒罰者聽統府寺行四十杖
秋七月己巳地震八月壬辰車駕又於華林園
聽訟九月己丑零陵王薨車駕三朝率百僚舉
哀于朝堂一依魏明帝服山陽公故事太尉持
節監護葬以晉禮冬十月丁酉詔曰兵制峻重
務在得宜役身死叛輒考傍親流遷彌廣未見
其極遂令冠帶之倫淪陷非所宜革以弘泰去
其密科自今犯罪充兵合舉戶從役者便付營
押領其有戶統及謫止一身者不得復侵濫

服親以相連染己亥以涼州胡大師沮渠蒙遜
爲鎮軍大將軍開府儀同三司涼州刺史癸卯
車駕於延賢堂聽訟以員外散騎常侍應襲爲
寧州刺史
三年春正月甲辰朔詔刑罪無輕重悉皆原降
壬子以前冀州刺史王仲德爲徐州刺史癸丑
以尚書令揚州刺史徐羨之爲司空錄尚書事
刺史如故撫軍將軍江州刺史王弘進號衛將
軍開府儀同三司太子詹事傅亮爲尚書僕射

中領軍謝晦爲領軍將軍乙卯以輔國將軍毛
德祖爲司州刺史乙丑詔曰古之建國教學爲先
弘風訓世莫尚於此發蒙啓滯咸必由之故爰
自盛王迄于近代莫不敦崇學藝脩建庠序自
昔多故戎馬在郊旍旗卷舒日不暇給遂令學
校荒廢講誦蔑聞軍旅日陳俎豆藏器訓誘之
風將墜于地後生大懼於墻面故老竊歎於子
衿此國風所以永思小雅所以懷古今王略遠
届華域載清仰風之士日月以冀便宜傅延胄

子陶獎童蒙選備儒官弘振國學主者考詳舊
典以時施行二月丁丑詔曰豫州南臨江滸北
接河洛民荒境曠轉輸艱遠撫莅之宜各有其
便淮西諸郡可立爲豫州自淮以東爲南豫州
以豫州刺史彭城王義康爲南豫州刺史征虜
將軍劉粹爲豫州刺史又分荊州十郡還立湘
州左衛將軍張紹爲湘州刺史戊寅以徐州之
梁還屬豫州三月上不豫太尉長沙王道憐司
空徐羨之尚書僕射傅亮領軍將軍謝晦護軍

將軍檀道濟竝入侍醫藥羣臣請祈禱神祇上不許唯使侍中謝方明以疾告廟而已丁未以司徒廬陵王義真爲車騎將軍開府儀同三司南豫州刺史上疾瘳己未大赦天下時秦雍流戶悉南入梁州庚申遣綜絹萬匹荆雍州運米委州刺史隨宜賦給辛酉亡命刁彌攻京城得入太尉留府司馬陸仲元討斬之夏四月乙亥封仇池公楊威爲武都王平南將軍楊撫進號安南將軍丁亥以車騎司馬徐琰爲兗州刺史庚寅左光祿大夫開府儀同三司孔季恭薨五月上疾甚召太子誡之曰檀道濟雖有幹略而無遠志非如兄韶有難御之氣也徐羡之傅亮當無異圖謝晦數從征伐頗識機變若有同異必此人也小郤可以會稽江州處之又爲手詔曰朝廷不須復有別府宰相帶揚州可置甲士千人若大臣中任要宜有爪牙以備不祥人者可以臺見隊給之有征討悉配以臺見軍隊行還復舊後世若有幼主朝事一委宰相母后不煩

臨朝仗既不許入臺殿門要重人可詳給班劒癸亥上崩于西殿時年六十七秋七月己酉葬丹陽建康縣蔣山初寧陵上清簡寡欲嚴整有法度未嘗視珠玉輿馬之飾後庭無紈綺絲竹之音寧州嘗獻虎魄枕光色甚麗時將北征以虎魄治金創上大悅命擣碎分付諸將平關中得姚興從女有盛寵以之廢事謝晦諫即時遣出財帛皆在外府內無私藏宋臺既建有司奏東西堂施局脚牀銀塗釘上不許使用直脚牀釘用鐵諸主出適遣送不過二十萬無錦繡金玉內外奉禁莫不節儉性尤簡易常著連齒木履好出神虎門逍遙左右從者不過十餘人時徐羡之住西州嘗幸羡之便步出西掖門羽儀絡驛追隨已出西明門矣諸子旦問起居入閤脫公服止著裙帽如家人之禮孝武大明中壞上所居陰室於其處起玉燭殿與羣臣觀之牀頭有土鄣壁上葛燈籠麻繩拂侍中袁顗盛稱上儉素之德太祖不荅獨曰田舍公得此以

為過矣故能光有天下克成大業者焉

史臣曰漢氏載祀四百比祚隆周雖復四海橫潰而民繫劉氏惵惵黔首未有遷奉之心魏武直以兵威服衆故能坐移天曆鼎運雖改而民未忘漢及魏室衰孤怨非結下晉藉宰輔之柄因皇族之微世擅重權用基王業至於宋祖受命義越前模晉自社廟南遷祿去王室朝權國命遞歸台輔君雖存主威久謝桓溫雄才蓋世勳高一時移鼎之業已成天人之望將改自斯

以後晉道彌昏道子開其禍端元顯成其末釁桓玄藉運乘時加以先父之業因基革命人無異心高祖地非桓文衆無一旅曾不浹旬夷凶翦暴祀晉配天不失舊物誅內清外功格區宇至於鍾石變聲柴天改物民已去晉異於延康之初功實靜亂又殊咸熙之末所以恭皇高遜殆均釋負若夫樂推所歸謳歌所集魏晉採其名高祖收其實矣盛哉

本紀第四 宋書四

沈約

少帝

少帝諱義符小字車兵武帝長子也母曰張夫人晉義熙二年生於京口武帝晚無男及帝生甚悅年十歲拜豫章公世子帝有旅力善騎射解音律宋臺建拜宋世子元熙元年進為宋太子武帝受禪立為皇太子永初三年五月癸亥武帝崩是日太子即皇帝位大赦尊皇太后曰

太皇太后六月壬申以尚書僕射傅亮為中書監司空徐羨之領軍將軍謝晦及亮輔政戊子太尉長沙王道憐薨秋九月丁未有司奏武皇帝配南郊武敬皇后配北郊冬十一月戊午有星孛于營室十二月庚戌魏軍克滑臺明年春正月己亥朔大赦改元為景平元年文武進位二等辛巳祀南郊虜將達奚斤破金墉進圍虎牢毛德祖擊虜敗之虜退而復合拓跋木末又遣平安公涉歸寇青州癸卯河南郡失守乙

卯有星孛于東壁三月丁丑太皇太后崩沮渠
蒙遜土谷渾阿犲並遣使朝貢庚辰爵蒙遜爲
大將軍封河西王以阿犲爲安西將軍沙州刺
史封澆河公辛未富陽人孫法光反寇山陰會
稽太守褚淡之遣山陰令陸劭討敗之三月壬寅
孝懿皇后祔葬于興寧陵是月高麗國遣使朝
貢甲子豫州刺史劉粹遣軍襲許昌殺虜潁川
太守庾龍乙丑虜騎寇高平初虜自河北之敗
請修和親及聞高祖崩因復侵擾河洛之地騷

三百廿五　宋書紀四　二　張亨

然矣夏四月檀道濟北征次臨朐焚虜攻具乙
未魏軍克虎牢執司州刺史毛德祖以歸秋七
月癸酉尊所生張夫人爲皇太后丁丑以旱詔
赦五歲以下罪人冬十月巳未有星孛于氐指
尾貫攝提向大角仲月在危季月掃天倉而後
滅是歲魏主拓跋嗣薨子燾立十二月丙寅省
寧州之江陽犍爲安上三郡合爲宋昌郡二年
春正月癸巳朔日有蝕之廢南豫州刺史廬陵
王義真爲庶人徙新安郡乙未以皇弟義恭爲

冠軍將軍南豫州刺史乙巳大風天有五色雲
占者以爲有兵高麗國遣使貢獻執政使使者
誅義真于新安夏五月江州刺史檀道濟揚州
刺史王弘入朝帝居處所爲多過失乙酉皇太
后令曰王室不造天禍未悔先帝創業弗永棄
世登遐義符長嗣屬當天位不謂窮凶極悖一
至於此大行在殯宇内哀惶幸災肆於悖詞喜
容表於在慼至乃徵召樂府鳩集伶官優倡管
弦靡不備奏珍羞甘膳有加平日採擇媵御産

宋書紀四　三　王鼎

子就宫靦然無怍醜聲四遠及懿后崩背重加
天罰親與左右執紼歌呼推排梓宫抃掌笑謔
殿省備聞加復日夜媟狎羣小慢戲興造千計
費用萬端帑藏空盡人力殫盡刑罰苛虐幽囚
日增居帝王之位好皁隸之役處萬乘之尊悦
厮養之事親執鞭撲毆擊無辜以爲笑樂穿池
築觀朝成暮毀徵發工匠疲極兆民遠近歎嗟
人神怨怒社稷將墜豈可復嗣守洪業君臨萬
邦今廢爲營陽王一依漢昌邑晉海西故事鎮

原闕　實闕幾葉因末葉未編號未能臆定

宋書紀四

四

則創業之君自天所啓守文之主其難乎哉

本紀第四

宋書四

宋書紀四

本紀第五　　宋書五

臣沈　約　新撰

文帝

太祖文皇帝諱義隆小字車兒武帝第三子也晉安帝義熙三年生於京口盧循之難上年四歲高祖使諮議參軍劉粹輔上鎮京城十一年封彭城縣公高祖伐羌至彭城將進路板上行冠軍將軍留守晉朝加授使持節監徐兗青冀四州諸軍事徐州刺史將軍如故關中平定高

祖還彭城又授監司州豫州之淮西兗州之陳留諸軍事前將軍司州刺史持節如故將鎮洛陽仍改授都督荊益寧雍梁秦六州豫州之河南廣平揚州之義成松滋四郡諸軍事西中郎將荊州刺史持節如故永初元年封宜都王食邑三千戶進督北秦并前七州進號鎮西將軍給鼓吹一部又進督湘州是歲入朝時年十四長七尺五寸博涉經史善隸書景平二年七月中少帝廢百官備法駕奉迎入奉皇統行臺至

江陵進璽紱侍中臣琇散騎常侍臣嶷之中書監尚書令護軍將軍建城縣公臣亮左衛將軍臣景仁給事中游擊將軍龍鄉縣侯臣隆越騎校尉都亭侯臣綱給事黃門侍郎臣孔璩之散騎侍郎臣劉思考員外散騎侍郎臣潘盛中書侍郎臣何尚之羽林監封陽縣開國侯臣蕭思話長兼尚書左丞德陽縣侯臣孫康吏部郎中騎都尉臣張茂度儀曹郎中臣徐長琳倉部郎中臣庾俊之都官郎中臣袁洵等上表曰臣聞

否泰相革數窮則變天道所以不諂卜世所以靈長乃者運距陵夷王室艱晦九服之命靡所適歸高祖之業將墜于地賴基厚德深人神同獎社稷以寧有生獲乂伏惟陛下君德自然聖明在御孝悌著於家邦風猷宣於蕃牧是以徵祥雜沓符瑞爥煇宗廟神靈乃睠西顧萬邦黎獻望景託生臣等忝荷朝列豫充將命復集休明之運再覩太平之業行臺止心瞻望城闕不勝喜說鳬藻之情謹詣門拜表以聞上答曰皇

運艱弊數鍾屯夷仰惟崇基感尋國故永慕厥
躬悲慨交集賴七百祚永股肱忠賢故能休否
以泰天人式序猥以不德謬降大命顧己兢悸
何以克堪輒當暫歸朝庭展哀陵寢并與賢彥
申寫所懷望體其心勿為辭費府州佐史並稱
臣請題牓諸門一依宮省上不許甲戌發江陵
八月丙申車駕至京城丁酉謁初寧陵還於中
堂即皇帝位

元嘉元年秋八月丁酉大赦天下改景平二年
為元嘉元年文武賜位二等逋租宿債勿復收

庚子以行撫軍將軍荊州刺史謝晦為撫軍將
軍荊州刺史癸卯司空錄尚書事揚州刺史徐
羨之進位司徒衛將軍江州刺史王弘進位司
空中書監護軍將軍傅亮加左光祿大夫開府
儀同三司撫軍將軍荊州刺史謝晦進號衛將
軍鎮北將軍南兗州刺史檀道濟進號征北將
軍甲辰追尊所生胡婕妤為皇太后謚曰章后
衛將軍南徐州刺史彭城王義康進號驃騎將

軍冠軍將軍南豫州刺史義恭進號撫軍將軍
封江夏王立第六皇弟義宣為竟陵王第七皇
弟義季為衡陽王戊申以豫州刺史劉粹為雍
州刺史驍騎將軍管義之為豫州刺史南蠻校
尉到彥之為中領軍己酉減荊湘二州今年稅
布之半九月丙子立妃袁氏為皇后

二年春正月丙寅司徒徐羨之尚書令傅亮奉
表歸政上始親覽車駕祠南郊大赦天下三月
乙丑左將軍徐州刺史王仲德進號安北將軍

夏五月戊寅特進謝澹卒秋八月甲申以關中
流民出漢川置京兆扶風馮翊等郡乙酉驃騎
將軍南徐州刺史彭城王義康為開府儀同三
司新除司空王弘為車騎大將軍開府儀同三
司以右軍長史江恒為廣州刺史冬十一月癸
酉以前將軍楊玄為征西將軍北秦州刺史

三年春正月丙寅司徒錄尚書事揚州刺史徐
羨之尚書令護軍將軍左光祿大夫傅亮有罪
伏誅遣中領軍到彥之征北將軍檀道濟討荊

州刺史謝晦上親率六師西征大赦天下丁卯
以車騎大將軍江州刺史王弘爲司徒錄尚書
事揚州刺史驃騎將軍南徐州刺史彭城王義
康改爲荆州刺史撫軍將軍南豫州刺史江夏
王義恭改爲南徐州刺史己巳以前護軍將軍
趙倫之爲鎮軍將軍閏月丙戌皇子劭生二月
乙卯繫囚見徒一皆原赦戊午以金紫光祿大
夫王敬弘爲尚書左僕射豫章太守鄭鮮之爲
尚書右僕射建安太守潘城有罪伏誅庚申特

進范泰加光祿大夫是日車駕發京師戊辰到
彥之檀道濟大破謝晦於隱磯丙子車駕自蕪
湖反旆己卯擒晦於延頭送京師伏誅三月辛
巳車駕還宮夏五月乙未以征北將軍南兗州
刺史檀道濟爲征南大將軍江州刺史中領軍
到彥之爲南豫州刺史戊戌以後將軍長沙王
義欣爲南兗州刺史乙巳驃騎大將軍涼州牧
大且渠蒙遜改爲車騎大將軍詔曰夫哲王宰
世廣達四聰猶巡嶽省方採風觀政所以情僞

必審幽遐罔滯王澤無擁九臯有聞者也朕以
寡薄猥纂洪緒雖永念治道志存昧旦願言傅
巖發想宵寐而丘園之秀藏器未臻物情民隱
尚隔視聽乃眷區域輟寢忘食今氛祲祛蕩宇
內寧晏旌賢弘化於是乎始可遣大使巡行四
方其宰守稱職之良閭閻一介之善詳悉列奏
勿或有遺若刑獄不卹政治乖謬傷民害教者
具以事聞其高年鰥寡幼孤六疾不能自存者
可與郡縣優量賑給博採輿誦廣納嘉謀務盡

銜命之旨俾若朕親覽焉丙午車駕臨延賢堂
聽訟六月己未以鎮軍將軍趙倫之爲左光祿
大夫領軍將軍丙寅車駕又於延賢堂聽訟丙
子又聽訟以右衞王華爲中護軍冬十一月戊
寅以梁南秦二州刺史吉翰爲益州刺史驃騎
參軍劉道産爲梁南秦二州刺史己亥以南蠻
校尉劉遵考爲雍州刺史十二月癸丑以中書
侍郎蕭思話爲青州刺史壬戌前吳郡太守徐
佩之謀反及黨與皆伏誅

四年春正月乙亥朔曲赦都邑百里內辛巳車駕親祠南郊二月乙卯行幸丹徒謁京陵三月丙子詔曰丹徒桑梓綢繆大業佽始踐境永懷觸感罔極昔漢章南巡加恩元氏況情義二三有兼曩日思播遺澤酬慰士民其蠲此縣今年租布五歲刑以下皆悉原遣登城三戰及大將家隨宜隱卹丁亥車駕還宮戊子尚書右僕射鄭鮮之卒壬寅禁斷夏至日五絲命縷之屬富陽令諸葛闡之議也夏四月庚戌以廷尉王徽之爲交州刺史五月壬午中護軍王華卒京師疾疫甲午遣使存問給醫藥死者若無家屬賜以棺器六月癸卯朔日有蝕之庚申以金紫光祿大夫殷穆爲護軍將軍

五年春正月乙亥詔曰朕恭承洪業臨饗四海風化未弘治道多昧求之人事鑒寐惟憂加頃陰陽違序旱疫成患仰惟災戒責深在予思所以側身剋念議獄詳刑上荅天譴下恤民瘼羣后百司其各獻讜言指陳得失勿有所諱甲申

車駕臨玄武館閱武戊子京邑大火遣使巡慰賑賜夏四月己亥以南蠻校尉蕭摹之爲湘州刺史戊午以始興太守徐豁爲廣州刺史五月己卯以湘州刺史張邵爲雍州刺史六月庚戌司徒王弘降爲衛將軍開府儀同三司京邑大水己卯遣使檢行賑贍以江夏內史程道惠爲廣州刺史秋八月壬戌特進左光祿大夫范泰卒冬十月甲辰車駕於延賢堂聽訟閏月癸未以右軍司馬劉德武爲豫州刺史辛卯安陸公相周籍之爲寧州刺史十二月庚寅左光祿大夫領軍將軍趙倫之卒是歲天竺國遣使獻方物

六年春正月辛丑車駕親祠南郊癸丑以驃騎將軍荊州刺史彭城王義康爲司徒錄尚書事領平北將軍徐州刺史三月丁巳立皇子劭爲皇太子戊午大赦天下賜文武位一等辛酉以左衛將軍殷景仁爲中領軍夏四月癸亥以尚書左僕射王敬弘爲尚書令丹陽尹臨川王義

慶爲尚書左僕射吏部尚書江夷爲尚書右僕射五月壬辰朔日有蝕之癸巳以新除尚書令王敬弘爲特進左光祿大夫甲午以撫軍司馬劉道濟爲益州刺史乙卯於雍州置馮翊郡七月巳酉以尚書左丞孔默之爲廣州刺史是月百濟王遣使獻方物九月戊午於秦州置隴西宋康二郡冬十月壬申中領軍殷景仁丁艱去職十一月巳丑朔日有蝕之十二月丁亥河南國西河王遣使獻方物

七年春正月癸巳以吐谷渾慕容璝爲征西將軍沙州刺史是月倭國王遣使獻方物三月戊子遣右將軍到彥之北伐水軍入河甲午以前征虜司馬沖爲司州刺史甲寅以前中領軍殷景仁爲領軍將軍夏四月癸未訶羅單國遣使獻方物六月巳卯以冠軍將軍氐楊難當爲秦州刺史秋七月戊子索虜碻磝戍棄城走丙申以平北諮議參軍甄法護爲梁南秦二州刺史戊戌索虜滑臺戍棄城走甲寅林邑國訶羅佗

國師子國遣使獻方物冬十月甲寅罷南豫州并豫州以左將軍竟陵王義宣爲徐州刺史戊午立錢署鑄四銖錢戊寅金墉城爲索虜所陷十一月癸未虎牢城復爲索虜所陷壬辰遣征南大將軍檀道濟北討右將軍到彥之自滑臺奔退十二月辛酉以南兗州刺史長沙王義欣爲豫州刺史司徒司馬吉翰爲司州刺史乙亥京邑火延燒太社北墻兗州刺史竺靈秀有罪伏誅

八年春正月庚寅於交州復立珠崖郡癸巳以左軍將軍申宣爲兗州刺史丁酉征南大將軍檀道濟破索虜於東壽張二月乙卯以平北司馬韋朗爲青州刺史戊午以尚書右僕射江夷爲湘州刺史辛酉滑臺爲索虜所陷癸酉征南大將軍檀道濟引軍還丁丑青州刺史蕭思話棄城走以太子右衛率劉遵考爲南兗州刺史三月甲申車駕於延賢堂聽訟戊申詔曰自頃軍役殷興國用增廣資儲不給百度尚繁宜存

簡約以應事實內外可通共詳思務令節儉夏四月甲寅以衡陽王師阮萬齡爲湘州刺史乙卯以後軍參軍徐遵之爲兗州刺史六月乙丑大赦天下己卯割江南及揚州晉陵郡屬南徐州江北屬兗州以徐州刺史竟陵王義宣爲南兗州刺史司徒司馬吉翰爲徐州刺史閏月庚子詔曰自頃農桑惰業遊食者衆荒萊不闢督課無聞一時水旱便有罄匱不深存務本豐給靡因郡守賦政方畿縣宰親民之主宜思獎訓

導以良規咸使肆力地無遺利耕蠶樹藝各盡其力若有力田殊衆歲竟條名列上揚州旱乙巳遣侍御史省獄訟申調役丙午以左軍諮議參軍劉道産爲雍州刺史秋八月甲辰臨川王義慶解尚書僕射丁未割豫州秦郡屬南兗州冬十二月罷湘州還并荆州

九年春三月庚戌衛將軍王弘進位太保加中書監丁巳征南大將軍江州刺史檀道濟進位司空夏四月乙亥以護軍將軍殷穆爲特進右光禄大夫建昌縣公到彥之爲護軍將軍五月壬申中書監録尚書事衛將軍揚州刺史王弘薨六月甲戌以左軍咨議參軍申宣爲青州刺史分青州置冀州戊寅司徒南徐州刺史彭城王義康改領揚州刺史己卯以司徒參軍崔諲爲冀州刺史壬午以吐谷渾慕容延爲東平將軍吐谷渾拾虔爲平北將軍吐渾輝伐爲鎮軍將軍癸未詔曰益梁交廣境域幽遐治宜物情或多偏擁可更遣大使巡求民瘼置積射彊弩

將軍官乙未以征西將軍沙州刺史吐谷渾慕容瓌爲征西大將軍西秦河二州刺史隴西王北秦州刺史氐楊難當加號征西將軍壬寅以撫軍將軍荆州刺史江夏王義恭爲征北將軍開府儀同三司南兗州刺史前將軍臨川王義慶爲平西將軍荆州刺史南兗州刺史竟陵王義宣爲中書監中軍將軍征虜將軍衡陽王義季爲南徐州刺史秋七月戊辰以尚書王仲德爲鎮北將軍徐州刺史庚午以領軍將軍殷景仁

爲尚書僕射太子詹事劉湛爲領軍將軍甲申河南國西河王遣使獻方物九月妖賊趙廣寇益州陷没郡縣州府討平之冬十一月壬子以少府甄法崇爲益州刺史癸丑於廣州立宋康郡十二月甲戌以右軍參軍李秀之爲交州刺史庚寅立第五皇子紹爲廬陵王江夏王義恭子朗爲南豐縣王

十年春正月甲寅竟陵王義宣改封南譙王鎮北將軍徐州刺史王仲德加領兖州刺史淮南

太守段宏爲青州刺史己未大赦天下孤老六疾不能自存者人賜穀五斛後將軍豫州刺史長沙王義欣進號鎮軍將軍夏四月戊戌青州刺史段宏加冀州刺史封陽縣侯蕭思話爲梁南秦二州刺史五月林邑王遣使獻方物六月乙亥以前青州刺史韋朗爲廣州刺史闍婆州訶羅單國遣使獻方物秋七月戊戌曲赦益梁秦三州於益州立宋寧宋興二郡八月丁丑於青州立太原郡辛巳護軍將軍到彦之卒冬十一月氐楊難當寇漢川丁未梁州刺史甄法護棄城走難當據有梁州

十一年春正月壬午馬大女羣黨數百人寇泰山州郡討平之二月癸酉以交阯太守李耽之爲交州刺史夏四月梁秦二州刺史蕭思話破氐楊難當梁州平五月丁卯曲赦梁南秦二州劍閣北戊寅以大沮渠茂虔爲征西大將軍涼州刺史是月京邑大水六月丁未省魏郡是歲林邑國扶南國訶羅單國遣使獻方物

十二年春正月辛酉大赦天下辛未車駕親祠南郊癸酉封黄龍國主馮弘爲燕王夏四月乙酉尚書僕射殷景仁加中護軍丙辰詔曰周宗以寧寔由多士漢室之隆亦資得人朕寐寤樂賢爲日已久而則哲難階明揚莫効用令遺才在野管庫虛朝永懷前載慚德深矣夫舉爾所知宣尼之篤訓貢士任官先代之成准便可宣敕內外各有薦舉當依方銓引以觀厥用是夜京都地震六月丹楊淮南吴興義興大水京邑

乘船已酉以徐豫南兗三州會稽宣城二郡米數百萬斛賜五郡遭水民是月斷酒師子國遣使獻方物秋七月乙酉闍婆娑達國扶南國竝遣使獻方物八月壬申於益州立南晉壽新巴西三郡乙亥原遭水郡諸逋負九月蜀郡賊張尋爲寇冬十一月以右軍行參軍苟道覆爲交州刺史

十三年春正月癸丑上有疾不朝會三月已未司空江州刺史檀道濟有罪伏誅庚申大赦天

下以中軍將軍南譙王義宣爲鎮南將軍江州刺史夏五月戊辰鎮北將軍徐兗二州刺史王仲德進號鎮北大將軍庚辰以征北司馬王方俳爲兗州刺史六月高麗國武都王遣使獻方物秋七月已未零陵王太妃薨追崇爲晉皇后葬以晉禮八月庚寅尚書僕射中護軍殷景仁改爲護軍將軍九月癸丑立第二皇子濬爲始興王第三皇子諱爲武陵王

十四年春正月辛卯車駕親祠南郊大赦天下文武賜位一等孤老六疾不能自存者人賜穀五斛二月壬子以步兵校尉劉道真爲梁南秦二州刺史夏四月丁未以輔國將軍周籍之爲益州刺史秋八月戊午以尚書金部郎中徐森之爲交州刺史冬十二月辛酉停賀雪河南國西河王訶羅單國竝遣使獻方物

十五年春二月丁未以平東將軍吐谷渾慕容延爲鎮西將軍秦河二州刺史夏四月甲辰燕王年遣使獻方物立皇太子妃殷氏賜王公以

下各有差已巳以倭國王珍爲安東將軍五月已丑特進右光祿大夫殷穆卒辛卯鎮北大將軍徐州刺史王仲德卒壬辰以右衞將軍劉遵考爲徐兗二州刺史秋七月辛未地震甲戌以陳南頓二郡太守徐循爲寧州刺史八月辛丑以左衞將軍趙伯符爲徐兗二州刺史甲寅以始興內史陸徽爲廣州刺史丁巳以兗州刺史王方俳爲青冀二州刺史是歲武都王河南國高麗國倭國扶南國林邑國竝遣使獻方物

十六年春正月戊寅車駕於北郊閱武庚寅司徒録尚書事揚州刺史彭城王義康進位大將軍領司徒餘如故征北將軍開府儀同三司南兖州刺史江夏王義恭進位司空刺史如故特進左光禄大夫王敬弘開府儀同三司癸巳復分荆州置湘州二月己亥以南徐州刺史衡陽王義季爲安西將軍荆州刺史丁未以始興王濬爲湘州刺史癸亥割梁州之巴西梓潼宕渠南漢中南秦州之南安懷寧凡六郡屬益州

分長沙江夏郡立巴陵郡屬湘州夏四月丁巳以鎮南將軍江州刺史南譙王義宣爲征北將軍南徐州刺史平西將軍臨川王義慶爲衛將軍江州刺史六月己酉隴西吐谷渾慕容延改封河南王癸丑以吐谷渾拾寅爲平西將軍吐谷渾繁𤸫爲撫軍將軍秋八月庚子立第四皇子鑠爲南平王閏月乙未鎮軍將軍豫州刺史長沙王義欣薨戊戌復分豫州之淮南爲南豫州癸卯以左衛將軍劉遵考爲豫州刺史戊申以湘州刺史始興王濬爲南豫州刺史武陵王諱爲湘州刺史冬十二月乙亥皇太子冠大赦天下是歲武都王河南王林邑國高麗國並遣使獻方物

十七年夏四月戊午朔日有蝕之五月癸巳領軍將軍劉湛母憂去職秋七月壬寅以征虜諮議參軍杜驥爲青州刺史壬子皇后袁氏崩八月徐兖青冀四州大水己未遣使撿行賑卹九月壬子葬元皇后於長寧陵冬十月戊午前丹

楊尹劉湛有罪及同黨伏誅大赦天下文武賜爵一級以大將軍領司徒録尚書事揚州刺史彭城王義康爲江州刺史大將軍如故以司空南兖州刺史江夏王義恭爲司徒録尚書事戊寅衛將軍臨川王義慶以本號爲南兖州刺史尚書僕射護軍將軍殷景仁爲揚州刺史僕射如故十一月丙戌以尚書劉義融爲領軍將軍祕書監徐湛之爲中護軍丁亥詔曰前所給揚南徐二州百姓田糧種子兖兩豫青徐諸州比年

所寬租穀應督入者悉除半今半有不收處都原之凡諸逋債優量申減又州郡估税所在市調多有煩刻山澤之利猶或禁斷役召之品遂及稚弱諸如此比傷治害民自今咸依法令務盡優允如有不便即依事別言不得苟趣一時以乖隱卹之旨主者明加宣下稱朕意焉癸丑尚書僕射揚州刺史殷景仁卒十二月癸亥以光祿大夫王球爲尚書僕射戊辰以南豫州刺史始興王濬爲揚州刺史湘州刺史武陵王諱

爲南豫州刺史南平王鑠爲湘州刺史是歲武都王河南王百濟國遣使獻方物

十八年春二月乙卯以豫章太守庾登之爲江州刺史夏五月壬申衞將軍南兗州刺史臨川王義慶征北將軍南徐州刺史南譙王義宣並開府儀同三司癸巳於交州置宋熙郡是月沔水泛溢六月戊辰遣使巡行賑贍辛未領軍將軍劉義融卒秋七月戊戌以徐兗二州刺史趙伯符爲領軍將軍冬十月辛亥以巴東建平二郡太守臧質爲徐兗二州刺史乙卯省南徐州之南燕濮陽南廣平郡十一月戊子尚書僕射王球卒己亥以丹陽尹孟顗爲尚書僕射氐楊難當又寇漢川十二月癸亥遣龍驤將軍裴方明與梁秦二州刺史劉眞道討之十二月晉寧太守爨松子反叛寧州刺史徐循討平之是歲肅特國高麗國蘇靡黎國林邑國並遣使獻方物

十九年正月乙巳詔曰夫所因者本聖哲之遠

教本立化成教學之爲貴故詔以三德崇以四時用能納諸義方致之軌度盛王祖世咸必由之永初受命憲章弘遠將陶鈞庶品混一殊風有詔典司大啓庠序而頻遘屯夷未及修建永瞻前猷思敷鴻烈今方隅乂寧戎夏慕嚮廣訓冑子實維時務便可式遵成規闡揚景業夏四月甲戌以久疾愈始奉初祠大赦天下五月庚寅梁秦二州刺史劉眞道龍驤將軍裴方明破氐楊難當仇池平閏月京邑雨水丁巳遣使巡

行賑卹六月壬午以大沮渠无諱為征西大將
軍涼州刺史秋七月以梁秦二州刺史劉眞道
為雍州刺史龍驤將軍裴方明為梁南秦二州
刺史甲戌晦日有蝕之冬十月甲申芮芮國遣
使獻方物己亥以晉寧太守周萬歲為寧州刺
史十二月丙申詔曰冑子始集學業方興自微
言泯絕逝將千祀感事思人意有慨然奉聖之
胤可速議繼襲於先廟地特為營造依舊給祠
直令四時饗祀闕里往經寇亂黌校殘毀弁下

魯郡修復學舍採召生徒昔之賢哲及一介之
善猶或衛其丘壟禁其芻牧況尼父德表生民
功被百代而墳塋荒蕪荆棘弗翦可蠲墓側數
戶以掌洒掃魯郡上民孔景等五戶居近孔子
墓側蠲其課役供給洒掃并種松栢六百株是
歲婆黃國遣使獻方物
二十年春正月於臺城東西開萬春千秋二門
二月甲戌江州刺史庾登之為中護軍庚申以
廬陵王紹為江州刺史仇池為索虜所沒甲申

車駕於白下閱武三月辛亥安西將軍荆州刺
史衡陽王義季進號征西大將軍以巴西梓潼
二郡太守申坦為梁南秦二州刺史夏四月甲
午立第六皇子誕為廣陵王五月癸丑中護軍
庾登之卒秋七月癸丑以楊文德為征西將軍
北秦州刺史封武都王辛酉以南蠻校尉蕭思
話為雍州刺史甲子前雍州刺史劉眞道梁南
秦二州刺史裴方明有罪下獄死八月癸未以
廷尉陶愍祖為廣州刺史冬十二月庚午以始

興內史檀和之為交州刺史壬午詔曰國以民
為本民以食為天故一夫輟稼饑者必及倉廩
既實禮節以興自頃在所貧罄家無宿積賦役
暫偏則人懷愁墊歲或不稔而病乏比室誠由
政德弗孚以臻斯弊抑亦耕桑未廣地利多遺
宰守微化導之方萌庶忘勤分之義永言弘濟
明發載懷雖制令亟下終莫懲勸而坐望滋殖
庸可致乎有司其班宣舊條務盡敦課遊食之
徒咸令附業考覈勤惰行其誅賞觀察能殿嚴

加黜陟古者躬耕帝籍敬供粢盛仰瞻前王思遵令典便可量處千畝考卜元辰朕當親率百辟致禮郊甸庶幾誠素將被斯民是歲河西國高麗國百濟國倭國並遣使獻方物是歲諸州郡水旱傷稼民大饑遣使開倉賑卹給賜糧種

二十一年春正月己亥南徐南豫州揚州之浙江西並禁酒大赦天下諸逋債在十九年以前一切原除去歲失收者疇量申減尤弊之處遣使就郡縣隨宜賑卹凡欲附農而種糧匱乏者並加給貸營千畝諸統司役人賜布各有差戊

午衛將軍臨川王義慶薨辛酉以太子詹事劉義宗爲南兗州刺史二月庚午以領軍將軍趙伯符爲豫州刺史己丑司徒錄尚書事江夏王義恭進位太尉領司徒庚寅以右衛將軍沈演之爲中領軍辛卯立第七皇子宏爲建平王甲午以廣陵王誕爲南兗州刺史夏四月晉陵延陵民徐耕以米千斛助卹饑民五月壬戌以尚書何尚之爲中護軍諮議參軍劉道錫爲廣州刺史六月連雨水丁亥詔曰霖雨彌日水潦爲患百姓積儉易致乏匱二縣官長及營署部司各隨統檢實給其柴米必使周悉秋七月丁酉揚州刺史始興王濬加中軍將軍南豫州刺史武陵王諱加撫軍將軍乙巳詔曰比年穀稼傷損淫亢成災亦由播殖之宜尚有未盡南徐兗豫及揚州浙江西屬郡自今悉督種麥以助闕乏速運彭城下邳郡見種委刺史貸給徐豫土多稻田而民間專務陸作可符二鎮履行舊陂

相率修立并課墾闢使及來年凡諸州郡皆令盡勤地利勸導播殖蠶桑麻紵各盡其方不得但奉行公文而已八月戊辰征西大將軍荊州刺史衡陽王義季爲征北大將軍開府儀同三司南兗州刺史征北將軍徐州刺史南譙王義宣爲車騎將軍荊州刺史南兗州刺史廣陵王誕爲南徐州刺史九月甲辰以大沮渠安周爲征西將軍涼州刺史封河西王冬十月己卯以左軍將軍徐瓊爲兗州刺史大將軍參軍申恬

爲冀州刺史
二十二年春正月辛卯朔改用御史中丞何承天元嘉新曆壬辰撫軍將軍南豫州刺史武陵王諱改爲雍州刺史湘州刺史南平王鑠爲南豫州刺史二月辛巳以侍中王僧朗爲湘州刺史甲戌立第八皇子禕爲東海王第九皇子昶爲義陽王夏六月辛亥以南豫州刺史南平王鑠爲豫州刺史秋七月己未以尚書僕射孟顗爲尚書左僕射中護軍何尚之爲尚書右僕射

雍州刺史武陵王諱討緣沔蠻移一萬四千餘口於京師乙酉征北大將軍南兖州刺史衡陽王義季改爲徐州刺史九月乙未開酒禁冬十月起湖熟廢田千頃十二月乙未太子詹事范曄謀反及黨與皆伏誅丁酉免大將軍彭城王義康爲庶人庚戌以前豫州刺史趙伯符爲護軍將軍
二十三年春正月丁巳以長沙內史陸徽爲益州刺史庚申尚書左僕射孟顗去職遷漢州流民於沔次二月癸卯以左衛將軍劉義賓爲南兖州刺史三月索虜寇兖豫青冀刺史申恬破之夏四月丁未大赦天下六月癸未朔日有蝕之交州刺史檀和之伐林邑國剋之秋七月辛未以散騎常侍杜坦爲青州刺史八月癸卯揭陽赭賊攻建安郡燔燒城府九月己卯車駕幸國子學策試諸生荅問凡五十九人冬十月戊子詔曰庠序興立累載胄子肄業有成近親策試觀濟濟之美緬想洙泗永懷在昔諸生荅問

多可採覽教授之官並宜沾賚賜帛各有差十二月丁酉以龍驤司馬蕭景憲爲交州刺史是歲大有年築北堤立玄武湖築景陽山於華林園
二十四年春正月甲戌大赦天下文武賜位一等繫囚降宥諸逋負寬減各有差孤老六疾不能自存人賜穀五斛蠲建康秣陵二縣今年田租之半三月壬申護軍將軍趙伯符遷職夏五月甲戌青州刺史杜坦加冀州刺史六月京邑

疫癘丙戌使郡縣及營署部司普加履行給以
醫藥是月以貨貴制大錢一當兩秋七月乙卯
以林邑所獲金銀寶物班賚各有差八月乙未
征北大將軍徐州刺史衡陽王義季薨癸卯以
南兖州刺史劉義賓爲徐州刺史九月己未以
中領軍沈演之爲領軍將軍辛未以太子詹事
徐湛之爲南兖州刺史冬十月壬午豫章胡誕
世反殺太守桓隆之前交州刺史檀和之南還
至豫章因討平之壬辰以建平王宏爲中護軍

十一月甲寅立第十皇子渾爲汝陰王
二十五年春正月戊辰詔曰比者冰雪經旬薪
粒貴踊貧弊之室多有窘罄可檢行京邑二縣
及營署賜以柴米二月庚寅詔曰安不忘虞經
世之所同治兵教戰有國之恒典故服訓明恥
然後少長知禁頃戎政雖脩而號令未審今宣
武場始成便可剋日大習衆軍當因校獵肄武
講事閏月己酉大蒐于宣武場三月庚辰車駕
校獵夏四月乙巳新作閶闔廣莫二門改先廣

莫門曰承明開陽曰津陽乙卯以撫軍將軍雍
州刺史武陵王諱爲安北將軍徐州刺史癸亥
以右衛將軍蕭思話爲雍州刺史五月己卯罷
大錢當兩六月庚戌零陵王司馬元瑜薨庚申
安北將軍徐州刺史武陵王諱加兖州刺史丙
寅車騎將軍荊州刺史南譙王義宣進位司空
秋七月壬午左光祿大夫王敬弘薨八月己酉
以撫軍參軍劉秀之爲梁南秦二州刺史甲子
立第十一皇子諱爲淮陽王九月辛未以尚書

右僕射何尚之爲尚書左僕射領軍將軍沈演
之遷職吳興太守劉遵考爲領軍將軍
二十六年春正月辛巳車駕親祠南郊二月己
亥車駕陸道幸丹徒謁京陵三月丁巳詔曰朕
違北京二十餘載雖云密邇瞻塗莫從今因四
表無塵時和歲稔復獲拜奉舊塋展罔極之思
饗讌故老申追遠之懷固以義兼於桑梓情加
於過沛永言慷慨感慰兼深宜聿宣仁惠覃被
率土其大赦天下復丹徒縣僑舊今歲租布之

半行所經縣獨田租之半二千石官長竝勤勞王務宜有沾錫登城三戰及大將戰亡墜沒之家老病單弱者普加贍䘏遣使巡行百姓問所疾苦孤老鰥寡六疾不能自存者人賜穀五斛遣使祭晉故司空忠肅公何无忌之墓乙丑申南北沛下邳三郡復又詔曰京口肇祥自古著符近代衿帶江山表裏華甸經塗四達利盡淮海城邑高明土風淳壹苞總形勝實唯名都故能光宅靈心克昌帝業頃年岳牧遷回軍民徙

三百二十四　宋書紀五　二十九

散廛里廬宇不逮往日皇基舊鄉地兼蕃重宜令殷阜式崇形望可募諸州樂移者數千家給以田宅并蠲復五月丙寅詔曰吾生於此城及盧循肆亂害流茲境先帝以桑梓根本寔同休戚復以蒙稚猥同艱難情義繾綣夷險兼備舊物遺蹤猶存心目歲月不居逝踰三紀時人故老與運零落眷惟既往倍深感歎可搜訪于時士庶文武今尚存者具以名聞人身已亡而子孫見在優量賜賚之車駕水路發丹徒壬午至

京師丙戌婆皇國壬辰婆達國竝遣使獻方物秋七月辛未以江州刺史廬陵王紹爲南徐州刺史廣陵王誕爲雍州刺史八月巳酉以中護軍建平王宏爲江州刺史癸丑以南豐王朗爲湘州刺史冬十月廣陵王誕改封隨郡王甲辰以中軍將軍揚州刺史始興王濬爲征北將軍開府儀同三司南徐兗二州刺史南徐州刺史廬陵王紹爲揚州刺史

二十七年春正月辛未制交寧二州假板郡縣

三百十五　宋書紀五　三十

俸祿聽依臺除辛卯百濟國遣使獻方物二月辛丑右將軍豫州刺史南平王鑠進號平西將軍辛巳索虜寇汝南諸郡陳頓二郡太守鄭琨汝陽潁川二郡太守郭道隱委守走索虜攻懸瓠城行汝南郡事陳憲拒之以軍興減百官俸三分之一三月乙丑淮南太守諸葛闡求減俸祿同內百官於是州及郡縣丞尉竝悉同減戊寅罷國子學乙酉以新除吏部尚書蕭思話爲護軍將軍夏四月壬子安北將軍徐兗二州刺

史武陵王諱降號鎮軍將軍六月丁酉侍中蕭斌爲青冀二州刺史秋七月庚午遣寧朔將軍王玄謨北伐太尉江夏王義恭出次彭城總統諸軍乙亥索虜碻磝戍委城走冬閏月癸亥玄謨攻滑臺不克爲虜所敗退還碻磝辛未雍州刺史隨王誕遣軍攻弘農城克之丙戌又克關城十一月戊子索虜陷鄒山魯陽平二郡太守崔邪利沒甲午隨王誕所遣軍又攻陝城克之癸卯左軍將軍劉康祖於壽陽尉武戍與虜戰敗見殺丁未大赦天下十二月戊午內外纂嚴乙丑冗從僕射胡崇之太子積弩將軍臧澄之建威將軍毛熙祚於盱眙與虜戰敗並見殺庚午虜偽主率大衆至瓜步壬午內外戒嚴

二十八年春正月丙戌朔以寇逼不朝會丁亥索虜自瓜步退走丁酉攻圍盱眙城是月寧朔將軍王玄謨自碻磝退還歷下二月丙辰索虜自盱眙奔走癸酉詔曰獫狁孔熾難及數州睠言念之鑒寐興悼凶羯㾪挫迸跡遠奔彫傷之

民宜時振理凡遭寇賊郡縣令還復居業封屍掩骼賑贍饑流東作方始務盡勸課貸給之宜事從優厚其流寓江淮者並聽即屬幷蠲復稅調甲戌太尉領司徒江夏王義恭降爲驃騎將軍開府儀同三司辛巳鎮軍將軍徐兗二州刺史武陵王諱降號北中郎將壬午車駕幸瓜步是日解嚴三月乙酉車駕還宮壬辰征北將軍始興王濬解南兗州庚子以輔國將軍臧質爲雍州刺史戊申徐州刺史武陵王諱爲南兗州刺史甲寅護軍將軍蕭思話爲撫軍將軍徐兗二州刺史夏四月癸酉婆達國遣使獻方物索虜偽寧南將軍魯爽中書郎魯秀歸順戊寅以爽爲司州刺史五月乙酉亡命司馬順則自號齊王據梁鄒城丁巳婆皇國戊戌河南王並遣使獻方物己巳驃騎將軍江夏王義恭領南兗州刺史戊申以尚書左僕射何尚之爲尚書令太子詹事徐湛之爲尚書僕射護軍將軍壬子以後將軍隨王誕爲安南將軍廣州刺史六月

壬戌以北中郎將武陵王諱爲江州刺史以振武將軍秦郡太守劉興祖爲青冀二州刺史秋七月甲辰安東將軍倭王倭濟進號安東大將軍八月癸亥梁鄒平斬司馬順則冬十月癸亥高麗國遣使獻方物十一月壬寅曲赦二兗徐豫青冀六州是冬徙彭城流民於瓜步淮西流民於姑孰合萬許家

二十九年春正月甲午詔曰經寇六州居業未能仍值災澇饑困荐臻可速符諸鎮優量救卹

今農事行興務盡地利若須田種隨宜給之二月庚申虜帥拓跋燾死庚午立第十二皇子休仁爲建安王夏四月戊午訶羅單國遣使獻方物以驃騎參軍張永爲冀州刺史五月甲午罷湘州幷荆州以始興臨賀始安三郡屬廣州丙申詔曰惡稔身滅戎醜常數虐虜窮凶著於自昔未勞資斧已伏天誅子孫相殘親黨離貳關洛僞帥並懷內款河朔遺民注誠請効拯溺蕩穢今其會也可符驃騎司空二府各部分所統

東西應接歸義建績者隨勞酬獎是月京邑雨水六月己酉遣部司巡行賜樵米給船撫軍將軍蕭思話率衆北伐以征北從事中郎劉瑀爲益州刺史秋七月壬辰汝陰王渾改封武昌王淮陽王諱改封湘東王丁酉省大司農太子僕廷尉監官八月丁卯蕭思話攻碻磝不拔退還九月丁亥以平西將軍吐谷渾拾寅爲安西將軍秦河二州刺史己丑撫軍將軍徐兗二州刺史蕭思話加冀州刺史兗州如故冬十月癸亥

司州刺史魯爽攻虎牢不拔退還十一月壬寅揚州刺史廬陵王紹薨十二月辛未以驃騎將軍南兗州刺史江夏王義恭爲大將軍南徐州刺史錄尚書事如故

三十年春正月戊寅以司空荆州刺史南譙王義宣爲司徒中軍將軍揚州刺史以南兗州幷南徐州庚辰以領軍將軍劉遵考爲平西將軍豫州刺史壬午以征北將軍南徐州刺史始興王濬爲衛將軍荆州刺史戊子江州刺史武陵

王諱統衆軍伐西陽蠻癸巳以豫州刺史南平王鑠爲撫軍將軍領軍將軍青徐州饑二月壬子遣運部賑卹甲子上崩于含章殿時年四十七謚曰景皇帝廟曰中宗三月癸巳葬長寧陵世祖踐祚追改謚及廟號

史臣曰太祖幼年特秀顧無保傅之嚴而天授和敏之姿自禀君人之德及正位南面歷年長久綱維備舉條禁明密罰有恒科爵無濫品故能內清外晏四海謐如也昔漢氏東京常稱建

武永平故事自兹厥後亦每以元嘉爲言斯固盛矣授將遣師乖分闔之命才謝光武而遥制兵略至於攻日戰時莫不仰聽成旨雖覆師喪旅將非韓白而延寇慼境抑此之由及至言漏衾衽難結商竪雖禍生非慮蓋亦有以而然也嗚呼哀哉

本紀第五　宋書五

本紀第六　宋書六

梁　沈約　新撰

孝武帝

世祖孝武皇帝諱駿字休龍小字道民文帝第三子也元嘉七年秋八月庚午生十二年立爲武陵王食邑二千戶十六年都督湘州諸軍事征虜將軍湘州刺史領石頭戍事十七年遷使持節都督南豫豫司雍并五州諸軍事南豫州刺史將軍如故猶戍石頭二十一年加督秦

州進號撫軍將軍明年徙都督雍梁南北秦四州荆州之襄陽竟陵南陵順陽新野隨六郡諸軍事寧蠻校尉雍州刺史持節將軍如故自晉氏江左以來襄陽未有皇子重鎮時太祖欲經略關河故有此授尋給鼓吹一部二十五年改授都督南兖徐兖青冀幽六州豫州之梁郡諸軍事安北將軍徐州刺史持節如故北鎮彭城尋領兖州刺史始興王濬爲南兖州上解督南兖二十七年坐汝陽戰敗降號鎮軍將軍

又以索虜南侵降爲北中郎將二十八年進督
南兗州南兗州刺史當鎮山陽尋還都督江州
荆州之江夏豫州之西陽晉熙新蔡四郡諸軍
事南中郎將江州刺史持節如故時緣江蠻爲
寇太祖遣太子步兵校尉沈慶之等伐之使上
總統衆軍三十年正月上出次西陽之五洲會
元凶弒逆以上爲征南將軍加散騎常侍上率
衆入討荆州刺史南譙王義宣雍州刺史臧質
並舉義兵四月辛酉上次溧洲癸亥冠軍將軍

柳元景前鋒至新亭脩建營壘甲子賊劭親
率衆攻元景大敗退走丙寅上次江寧丁卯大
將軍江夏王義恭來奔奉表上尊號戊辰上
至于新亭己巳即皇帝位大赦天下文武賜爵
一等從軍者二等贓汙清議悉皆盪除高年鰥
寡孤幼六疾不能自存人賜穀五斛逋租宿債
勿復收長徒之身優量降宥崇改太祖號謚以
大將軍江夏王義恭爲太尉錄尚書六條事南
徐州刺史庚午以荆州刺史南譙王義宣爲中

書監丞相錄尚書六條事揚州刺史安東將軍
隨王誕爲衛將軍開府儀同三司荆州刺史雍
州刺史臧質爲車騎將軍開府儀同三司江州
刺史征虜將軍沈慶之爲領軍將軍撫軍將軍兗
冀二州刺史蕭思話爲尚書左僕射壬申以征虜
將軍王僧達爲尚書右僕射改新亭爲中興亭
五月甲戌輔國將軍申坦克京城乙亥輔國將
軍朱脩之克東府丙申克定京邑劭及始興王
濬諸同逆並伏誅庚辰詔曰天步艱難國道用

否雖基構永固而氣數時愆朕以眇身奄承皇
業奉尋曆命鑒寐震懷萬邦風政人治之
本感念陵替若疚在心可分遣大使巡省方俗
是日解嚴辛巳車駕幸東府城甲申尊所生
路淑媛爲皇太后乙酉立妃王氏爲皇后戊子
以左衛將軍柳元景爲雍州刺史壬辰以太尉
江夏王義恭爲太傅領大司馬甲午曲赦京邑
二百里內并蠲今年租稅戊戌以撫軍將軍南
平王鑠爲司空建平王宏爲尚書左僕射東海

王褘爲撫軍將軍新除尚書左僕射蕭思話還職六月壬寅以驃騎參軍垣護之爲冀州刺史甲辰以山陽太守申恬爲青州刺史丙午車駕還宮初置殿門及上閤屯兵以江夏內史朱脩之爲平西將軍雍州刺史御史中丞王曇生爲廣州刺史戊申以新除雍州刺史柳元景爲護軍將軍己酉以司州刺史魯爽爲南豫州刺史庚戌以梁南秦二州刺史劉秀之爲益州刺史太尉司馬龐秀之爲梁南秦二州刺史衛軍

司馬徐遺寶爲兗州刺史寧朔將軍王玄謨爲徐州刺史衛將軍隨王誕進號驃騎大將軍尚書右僕射王僧達還職丹陽尹褚湛之爲尚書右僕射丙辰以侍中南譙王世子恢爲湘州刺史丁亥詔曰興王立訓務弘治節輔臣佐時勤獻政要仰惟聖規每存茲道猥以眇躬屬承景業闡揚遺澤無廢厥心夫量入爲出邦有恒典而經給之宜多違常度兵役糜耗府藏散減外內衆供未加損約非所以聿遵先旨欽奉遺圖

自今諸可薄己厚民去煩從簡者悉宜施行以稱朕意庚申詔有司論功班賞各有差辛酉安西將軍西秦河二州刺史吐谷渾拾寅進號鎮西大將軍開府儀同三司庚午還分南徐立南兗州辛未改封南譙王義宣爲南郡王隨王誕爲竟陵王義宣次子宜陽侯愷爲宜陽縣王閏月壬申以領軍將軍沈慶之爲鎮軍將軍南兗州刺史癸酉以護軍將軍柳元景爲領軍將軍丙子遣兼散騎常侍樂詢等十五人巡行風

俗甲申蠲尋陽西陽郡租布三年甲午丞相南郡王義宣改爲荊湘二州刺史驃騎大將軍荊州刺史竟陵王誕改爲揚州刺史南蠻校尉王僧達爲護軍將軍是月置衛尉官秋七月辛丑朔日有蝕之甲寅詔曰世道未夷惟憂在國夫使群善畢舉固非一才所議況以寡德屬衰薄之期夙宵寅想永懷待且王公卿士凡有嘉謀善政可以維風訓俗咸達乃誠無或依隱辛酉詔曰百姓勞弊徭賦尚繁言念未乂宜崇約損凡用

非軍國宜悉停功可省細作并尚方雕文靡巧
金銀塗飾事不關實嚴爲之禁供御服膳減
除遊侈水陸捕採各順時月官私交市務令優
衷其江海田池公家規固者詳所開弛貴戚競
利悉皆禁絶戊戌以右衛將軍宗慤爲廣州刺
史己巳司空南平王鑠薨八月辛未武皇帝舊
役軍身嘗在齋内人身猶存者普賜解戸乙
亥尚書左僕射建平王宏加中書監中軍將軍
丁亥以沛郡太守垣閬爲寧州刺史撫軍司馬

費沈爲梁南秦二州刺史甲午護軍將軍王僧
達遷職九月丁巳以前尚書劉義綦爲中護軍
壬戌新亭戰亡者復同京城劭黨南海太守蕭
簡據廣州反丁卯輔國將軍鄧琬討平之冬
十月癸未車駕於閱武堂聽訟十一月丙午以
左軍將軍魯秀爲司州刺史丙辰停臺省衆
官朔望問訊丙寅高麗國遣使獻方物十二月
甲戌省都水臺罷都水使者官置水衡令官癸
未以將置東宮省太 子率更令步兵翊軍校尉

旅賁中郎將冗從僕射左右積弩將軍官中
庶子中舍人庶子舍人洗馬各減舊員之半
孝建元年春正月己亥朔車駕親祠南郊改元
大赦天下壬寅以丹陽尹蕭思話爲安北將軍
徐州刺史甲辰護軍將軍劉義綦還職以尚
書令何尚之爲左光禄大夫護軍將軍戊申詔
曰首食尚農經邦本務貢士察行寧朝當道
内難甫康政訓未洽衣食有仍耗之弊選造
無觀國之美昔衛文勤民高宗恭默卒能收

賢巖穴大殷季年朕每側席疚懷無忘鑒寐
凡諸守莅親民之官可詳申舊條勸盡地利力
田善蓄者在所具以名聞褒甄之科精爲其格
四方秀孝非才勿舉獻答允值即就銓擢若
止無可採猶賜除署若有不堪酬奉虛竊榮薦
遣還田里加以禁錮尚書百官之元本庶績之
樞機丞郎列曹局司有在而頃事無巨細悉歸令
僕非所以衆材成構羣能濟業者也可更明體
制咸責厥成糾覈勤惰嚴施賞罰壬戌更鑄

四銖錢丙寅立皇子子業爲皇太子賜天下爲父後者爵一級孝子順孫義夫節婦粟帛各有差是月起正光殿二月庚午豫州刺史魯爽車騎將軍江州刺史臧質丞相荆州刺史南郡王義宣兗州刺史徐遺寶舉兵反乙亥撫軍將軍東海王禕遷職己卯領軍將軍柳元景加撫軍將軍壬午曲赦豫州辛卯左衛將軍王玄謨爲豫州刺史癸巳玄謨進據梁山丙申以安北司馬夏侯祖歡爲兗州刺史三月癸亥内外戒嚴

辛丑以安北將軍徐州刺史蕭思話爲安南將軍江州刺史撫軍將軍柳元景即本號爲雍州刺史癸卯以太子左衛率龐秀之爲徐州刺史徐遺寶爲夏侯祖歡所破棄衆走丙寅以輔國長史明胤爲冀州刺史夏四月戊辰以後將軍劉義綦爲湘州刺史甲申以平西將軍雍州刺史朱脩之爲安西將軍荆州刺史丙戌鎮軍將軍南兗州刺史沈慶之大破魯爽於歷陽之小峴斬爽癸巳進慶之號鎮北大將軍封第十六皇弟休倩爲東平王末拜薨五月甲寅義宣等攻梁山王玄謨大破之己未解嚴癸亥以吴興太守劉延孫爲尚書右僕射六月戊辰臧質走至武昌爲人所斬傳首京師甲戌撫軍將軍柳元景進號撫軍大將軍鎮北大將軍沈慶之並開府儀同三司丙子以征西將軍武昌王渾爲雍州刺史癸未分揚州立東揚州分荆湘江豫州立郢州罷南蠻校尉戊子省録尚書事庚寅義宣於江陵賜死秋七月丙申朔日有蝕

之丙辰大赦天下文武賜爵一級逋租宿債勿復收辛酉於雍州立建昌郡以會稽太守義陽王昶爲東揚州刺史八月庚午撫軍大將軍柳元景復爲領軍將軍本號如故壬申以游擊將軍垣護之爲徐州刺史壬辰以安西司馬梁坦爲梁南秦二州刺史九月丙申以彊弩將軍尹懷順爲寧州刺史丁酉左光禄大夫何尚之解護軍將軍甲辰加尚之特進丙午以安南將軍江州刺史蕭思話爲鎮西將軍郢州刺史冬十月戊

寅詔曰仲尼體天降德維周興漢經緯三極冠冕百王爰自前代咸加褒述典司失人用闕宗祀先朝遠存遺範有詔緝立世故妨道事未克就國難頻深忠勇奮厲實憑聖義大教所敦永惟兼懷無忘待且可開建廟制同諸侯之禮詳擇爽塏厚給祭秩丁亥以祕書監東海王禕爲撫軍將軍江州刺史於郢州立安陸郡十一月癸卯復立都水臺置都水使者官是歲始課南徐州僑民租

二年正月壬寅以冠軍將軍湘東王諱爲中護軍二月己丑婆皇國遣使獻方物丙寅以鎮北大將軍南兖州刺史沈慶之爲左光祿大夫開府儀同三司辛巳以尚書右僕射劉延孫爲南兖州刺史三月辛亥以吳興太守劉遵考爲湘州刺史壬子以行征西將軍楊文智爲征西將軍北秦州刺史夏四月壬申河南國遣使獻方物壬午以豫章太守檀和之爲豫州刺史五月戊戌以湘州刺史劉遵考爲尚書右僕射前軍司馬垣閎爲交州刺史庚子以輔國將軍申坦爲徐兖二州刺史癸卯以右衛將軍顧覬之爲湘州刺史丁未以金紫光祿大夫王偃爲右光祿大夫六月甲子以國哀除釋大赦天下庚辰以曲江縣侯王玄謨爲豫州刺史秋七月癸巳立第十三皇弟休祐爲山陽王第十四皇弟休茂爲海陵王第十五皇弟休業爲鄱陽王戊戌鎮西將軍蕭思話卒己酉以益州刺史劉秀之爲郢州刺史槃槃國遣使獻方物甲寅以義興

太守到元度爲益州刺史八月庚申雝州刺史武昌王渾有罪廢爲庶人自殺辛酉以南兖州刺史劉延孫爲鎮軍將軍雝州刺史斤陁利國遣使獻方物三吳民饑癸酉詔所在賑貸丙子詔曰諸苑禁制綿遠有妨肆業可詳所開弛假與貧民壬午以新除豫州刺史王玄謨爲青冀二州刺史青州刺史申恬爲豫州刺史甲申以右衛將軍檀和之爲南兖州刺史九月丁亥車駕於軍武場閱武庚戌詔曰國道再屯艱虞畢

集朕雖寡德終膺鴻慶惟新之祉寔深百王而惠宥之令未殊常渥永言勤慮寤寐載懷在朕受命之前凡以辠徙放悉聽還本犯釁之門尚有存者子弟可隨才署吏冬十月壬午太傅江夏王義恭領揚州刺史驃騎大將軍揚州刺史竟陵王誕爲司空南徐州刺史中書監尚書左僕射中軍將軍建平王宏爲尚書令將軍如故十月戊子中護軍湘東王諱遷職鎮軍將軍劉延孫爲護軍將軍青冀二州刺史王玄謨爲雍

州刺史甲午以大司馬垣護之爲青冀二州刺史辛亥高麗國遣使獻方物十二月癸亥以前交州刺史蕭景憲爲交州刺史

三年春正月庚寅立第十八皇弟休範爲順陽王第十九皇弟休若爲巴陵王戊戌立第二皇子子尚爲西陽王辛丑車駕親祠南郊壬子立皇太子妃何氏甲寅大赦天下二月癸亥右光祿大夫王偃卒甲子以廣州刺史宗慤爲平西將軍豫州刺史丁卯以新除御史中丞王翼爲

廣州刺史丁丑始制朔望臨西堂接羣下受奏事壬午內外官有田在近道聽遣所給吏僮附業三月癸丑以西陽王子尚爲南兗州刺史閏月戊午尚書右僕射劉遵考遷職癸酉鄱陽王休業薨庚辰停元嘉三十年以前兵工考剔夏五月辛酉制荊徐兗豫雍青冀七州統內家有馬一匹者蠲復一丁壬戌以右衛將軍劉瑀爲益州刺史六月上於華林園聽訟秋七月太傅江夏王義恭解揚州丙子以南兗州刺史西陽

王子尚爲揚州刺史祕書監建安王休仁爲南兗州刺史八月戊戌以北軍中郎諮議參軍費淹爲交州刺史丁未以尚書吏部王琨爲廣州刺史九月壬戌以丹陽尹劉遵考爲尚書左僕射冬十月癸未以尋陽太守張悅爲益州刺史丙午太傅江夏王義恭進位太宰領司徒丁未領軍將軍柳元景加驃騎將軍尚書令建平王宏加中書監衞將軍撫軍將軍江州刺史東海王禕進號平南將軍十一月癸丑淮南太守袁

景有皐𢊍市十二月丙午以侍中孔靈符爲郢州刺史

大明元年春正月辛亥朔改元大赦天下賜高年孤疾粟帛各有差庚午護軍將軍劉延孫遷職右衛將軍湘東王諱爲中護軍京邑雨水辛未遣使檢行賜以樵米二月己亥復親民職公田褰廣寬兖州三月壬戌制大臣加班劒者不得入宮城門梁州獠求内屬立懷漢郡夏四月京邑疾疫丙申遣使按行賜給醫藥死而無收

斂者官爲斂𣏟庚子省湘州宋建郡并臨賀五月吳興義興大水民饑乙卯遣使開倉賑卹癸酉於華林園聽訟乙亥以左衛將軍沈曇慶爲徐州刺史輔國將軍梁瑾葱爲河州刺史宕昌王六月己卯以前太子步兵校尉劉祗子歆繼南豐王朗辛巳以長水校尉山陽王休祐爲東揚州刺史丁亥休祐改爲湘州刺史以丹楊尹顔竣爲東揚州刺史秋七月辛未土斷雍州諸僑郡縣八月戊戌於兖州立陽平郡

郡壬寅於華林園聽訟甲辰司空南徐州刺史竟陵王誕改爲南兖州刺史太子詹事劉延孫爲鎮軍將軍南徐州刺史冬十月丙申詔曰旒纊之道有孚於結繩日昃之勤已切於姬后況世弊教淺歲月澆季朕雖𠢕力寓内未明求衣而識狹前王務廣昔代永言菲德其愧良深朝咨野怨自達者寡惠民利公所昧寔衆自今百辟庶尹下民賤隸有懷誠抱志擁鬱衡閭失理負謗未聞朝聽者皆聽躬自申奏

小大以聞朕因聽政之日親對覽焉甲辰以百濟王餘慶爲鎮東大將軍十二月丁亥順陽王休範改封桂陽王戊戌於華林園聽訟

二年春正月辛亥車駕祀南郊壬子詔曰去歲東土多經水災春務已及宜加優課糧種所須以時貸給丙辰復郡縣田秩并九親祿俸壬戌詔曰先帝靈命初興龍飛西楚歲紀浸遠感往纏心奉迎文武情深常隸思弘殊澤以申永懷吏身可賜爵一級軍戶免爲平民二月

丙子詔曰政道未著俗弊尚深豪家侈兼并貧弱困窘存闕衣裳没無歛櫬朕甚傷之其明敕守宰勤加存卹賻贈之科速爲條品乙酉以金紫光祿大夫褚湛之爲尚書左僕射丙戌中書監尚書令衛將軍建平王宏以本號開府儀同三司中書監如故丁酉驃騎將軍柳元景以本號開府儀同三司甲辰散騎常侍義陽王昶爲中軍將軍三月丁未中書監尚書令衛將軍建平王宏薨乙卯以田農要月太官停役牛丁

卯上於華林園聽訟癸酉以寧朔將軍劉季之爲司州刺史夏四月甲申立皇子子綏爲安陸王甲午以海陵王休茂爲雍州刺史辛丑地震五月戊申復西陽郡六月戊寅增置吏部尚書一人省五兵尚書丁亥左光祿大夫何尚之加開府儀同三司戊子以金紫光祿大夫羊玄保爲右光祿大夫丙申詔曰往因師旅多有逋亡或連山染逆懼致軍憲或辭役憚勞苟免刑罰雖約法從簡務思弘宥恩令驟下而逃伏猶

多豈習愚爲性估惡難反將在所長吏宣導乖方可普加寬申咸與更始秋七月甲辰彭城民高闍等謀反伏誅癸亥以右衛將軍顏師伯爲青冀二州刺史八月乙酉河南王遣使獻方物丙戌中書令王僧達有罪下獄死己丑以彊弩將軍杜叔文爲寧州刺史交州刺史費淹爲廣州刺史南海太守垣閎爲交州刺史甲午以寧朔將軍沈僧榮爲兗州刺史九月癸卯於華林園聽訟壬戌以寧朔將軍劉道隆爲徐州刺

史襄陽大水遣使通行賑贍庚午置武衛將軍武騎常侍官冬十月甲午以中軍將軍義陽王昶爲江州刺史乙未高麗國遣使獻方物十一月壬子揚州刺史西陽王子尚加撫軍將軍十二月己亥諸王及妃主庶姓位從公者喪事聽設凶門餘悉斷閏月庚子詔曰夫山處巖居不以魚鼈爲禮頃歲多虞軍調繁切違方設賦本濟一時而主者玩習遂爲常典杶榦瑶琨任土作貢積羽羣輕終致深弊永言弘革無

替朕心凡寰衞貢職山淵採捕皆當詳辨產殖考順歲時勿使牽課虛懸睽忤氣序庶簡約之風有孚於品性惠敬之訓無漏於幽仄庚申上於華林園聽訟壬戌林邑國遣使獻方物是冬索虜寇青州刺史顏師伯頻大破之

三年春正月丁亥割豫州梁郡屬徐州己丑以驃騎將軍領軍將軍柳元景爲尚書令尚書右僕射劉遵考爲領軍將軍丙申婆皇國遣使獻方物二月乙卯以揚州所統六郡爲王畿以

東揚州隸揚州時欲立司隸校尉以元凶已立乃止撫軍將軍揚州刺史西陽王子尚從爲揚州刺史甲子復置廷尉監官幷州饑三月甲申原田租布各有差庚寅以義興太守垣閬爲兗州刺史壬辰中護軍湘東王諱遷職以中書令東海王禕爲衞將軍護軍將軍癸巳太宰江夏王義恭加中書監夏四月癸卯上於華林園聽訟丙午以建寧太守苻仲子爲寧州刺史乙卯司空南兗州刺史竟陵王誕有罪貶爵誕不受命據廣陵城反殺兗州刺史垣閬以始興公沈慶之爲車騎大將軍開府儀同三司南兗州刺史討誕甲子上親御六師車駕出頓宣武堂司州刺史劉季之反叛徐州刺史劉道隆討斬之秋七月己巳克廣陵城斬誕悉誅城內男丁以女口爲軍賞是日解嚴辛未大赦天下尚方長徒奚官奴婢老疾者悉原放孝子順孫義夫節婦賜粟帛各有差王畿下貧之家與近行頓所由並蠲租一年丙子以丹揚尹劉秀之

爲尚書右僕射丙戌分淮南北復置二豫州以新除車騎大將軍開府儀同三司南兗州刺史沈慶之爲司空刺史如故戊子以衞將軍護軍將軍東海王禕爲南豫州刺史衞將軍如故江州刺史義陽王昶爲護軍將軍冠軍將軍桂陽王休範爲江州刺史癸巳以前左衞將軍王玄謨爲郢州刺史八月丙申詔曰近北討文武於軍亡沒或殞身矢石或癘疾死亡並盡勤王事而斂槥卑薄可普更賻給務令豐厚已

酉以車騎長史庾深之爲豫州刺史甲子詔曰昔姬道方凝刑法斯厝漢德初明犴圄用簡良由上一其道下淳其性今民澆俗薄誠淺僞深重以寡德弗能心化故知方者鮮趣辟寔繁向因巡覽見二尚方徒隷嬰金屨校既有矜復加國慶民和獨隔凱澤益以慙焉可詳所原宥九月己巳詔曰夫五辟三刺自古所難巧法深文在季彌甚故沿情察訟魯師致捷市獄勿擾漢史飛聲廷尉遠邇疑讞平決攸歸而一蹈幽

國動逾時歲民嬰其困吏容其私自今囚至辭具並即以聞朕當悉詳斷庶無留獄若繁文滯劾證遠遐廣必須親察以盡情狀自後依舊聽訟壬辰於玄武湖北立上林苑冬十月丁酉詔曰古者薦鞠青壇聿祈多慶分繭玄郊以供純服來歲可使六宫妃嬪修親桑之禮庚子鎮軍將軍南徐州刺史劉延孫進號車騎將軍戊申河西國遣使獻方物庚戌以河西王大沮渠安周爲征虜將軍涼州刺史十一月己巳高麗

國遣使獻方物肅愼國重譯獻楛矢石砮西域獻舞馬十二月戊午上於華林園聽訟辛酉置謁者僕射官

四年春正月辛未車駕祠南郊甲戌宕昌王奉表獻方物乙亥車駕躬耕藉田大赦天下尚方徒繫及逋租宿債大明元年以前一皆原除力田之民隨才敘用孝悌義順賜爵一級孤老貧疾人穀十斛藉田職司優沾普賚百姓乏糧種隨宜貸給吏宣勸有章者詳加褒進壬

午以北中郎司馬柳叔仁爲梁南秦二州刺史左將軍荆州刺史朱脩之進號鎮軍將軍庚寅立第三皇子子勛爲晉安王第六皇子子房爲尋陽王第七皇子子項爲歷陽王第八皇子子鸞爲襄陽王二月庚子侍中建安王休仁爲湘州刺史乙未以員外散騎侍郎費景緒爲寧州刺史三月甲子以冠軍將軍巴陵王休若爲徐州刺史丁卯以安陸王子綏爲郢州刺史癸酉以徐州刺史劉道隆爲青冀二州刺史

索虜寇北陰平孔堤太守揚歸子擊破之甲申皇后親桑于西郊夏四月癸卯以南琅邪隸王畿丙午詔昔鈇衣御寓眎甘示節土簋臨天飭儉昭度朕綈帛之念無忘于懷雖深詔有司省游務實而歲用兼積年量虛廣宜以捐豊從損允稱約心四時供限可詳減太半庶裘絺順典有偃民華篡組傷工無競壥市辛酉詔曰都邑節氣未調疫癘猶衆言念民瘼情有矜傷可遣使存問并給醫藥其死亡者隨宜卹贍五

月庚辰於華林園聽訟乙酉以徐州之梁郡還屬豫州丙戌尚書左僕射褚湛之卒以撫軍長史劉思考爲益州刺史庚寅以南下邳并南彭城郡秋七月甲戌左光祿大夫開府儀同三司何尚之薨八月壬寅宕昌王遣使獻方物己酉以晉安王子勛爲南兖州刺史雍州大水甲寅遣軍部賑給九月辛未以冠軍將軍垣護之爲豫州刺史甲守上於華林園聽訟丁亥改封襄陽王子鸞爲新安王冬十月庚寅遣新除司空

沈慶之討沿江蠻壬辰制郡縣減祿并先充公限十一月戊辰改細作署令爲左右御府令丙戌復置大司農官十二月乙未上於華林園聽訟辛巳車駕幸廷尉寺凡囚繫咸悉原遣索虜遣使請和丁未車駕幸建康縣原放獄囚

倭國遣使獻方物

五年春正月丁卯以宕昌王梁唐子爲河州刺史二月癸巳車駕閱武詔曰昔人稱人道何先於兵爲首雖淹紀勿用忘之必危朕以聽覽餘

閒因時講事坐作有儀進退無爽軍幢以下普量班錫頃化弗能孚而民未知禁逭役違調起觸刑網凡諸逃亡在今昧爽以前悉皆原赦巳滯囹圄者釋還本役其逋負在大明三年以前一賜原停自此以還鰥貧疾老詳所申減伐蠻之家蠲租稅之半近籍改新制在所承用殊謬寔多可普更符下聽以今爲始若先已犯制亦同蕩然甲寅加右光祿大夫羊玄保特進夏四月癸巳改封西陽王子尚爲豫章王丙申加尚

書令柳元景左光祿大夫開府儀同三司戊戌詔曰南徐兗二州去歲水潦傷年民多困窶逋租未入者可申至秋登丙午雍州刺史海陵王休茂殺司馬庾深之舉兵反義成太守薛繼考討斬之甲寅以第九皇子子仁爲雍州刺史五月癸亥制帝室朞親朝官非祿官者月給錢十萬丙辰車駕幸閱武堂聽訟六月丙午以護軍將軍義陽王昶爲中軍將軍壬子分廣陵置沛郡省東平郡并廣陵秋七月丙辰詔曰雨水猥降街衢泛溢可遣使巡行窮弊之家賜以薪粟丁卯高麗國遣使獻方物庚午曲赦雍州八月戊子立第九皇子子仁爲永嘉王第十一皇子子眞爲始安王以北中郎參軍費伯弘爲寧州刺史己丑詔曰自靈命初基聖圖重遠參正樂職感神明之應崇殖禮囿奮至德之光聲寔同和文以均節化調其俗物性其情故臨經式奠煥乎烱發道喪世屯學落年永獄訟微衰息之術百姓忘退素之方今息警夷嶂恬波河渚

棧山航海鄉風慕義化民成俗茲時篤矣來歲可脩葺庠序旌延國冑寅制方鎮所假白板郡縣年限依臺除食祿三分之一不給送故衛將軍東海王禕以本號開府儀同三司九月甲寅朔日有食之丁卯行幸琅邪郡因繫悉原遣甲戌移南豫州治淮南于湖縣丁丑以冠軍將軍尋陽王子房爲南豫州刺史閏月戊子皇太子妃何氏薨丙申初立馳道自閶闔門至于朱雀門又自承明門至于玄武湖壬寅改封歷陽王子頊爲臨海王冬十月甲寅以車騎將軍南徐州刺史劉延孫爲尚書左僕射領護軍將軍尚書右僕射劉秀之爲安北將軍雍州刺史以冠軍將軍臨海王子頊爲廣州刺史乙卯以東中郎將新安王子鸞爲南徐州刺史十一月壬辰詔曰王畿內奉京師外表衆夏民勢務廣宜思簡惠可遣尚書就加詳檢并與守宰平治庶獄其有疑滯具以狀聞丁酉增置少府丞一人十二月壬申以領軍將軍劉遵考爲尚書右僕

射甲戌制天下民户歲輸布四疋庚辰以太常
王玄謨爲平北將軍徐州刺史
六年春正月己丑湘州刺史建安王休仁加平
南將軍辛卯車駕親祠南郊是日又宗祀明堂
大赦天下孝子順孫義夫悌弟賜爵一級慈姑
節婦及孤老六疾賜帛五匹穀十斛下四方旌
賞茂異其有懷眞抱素志行清白恬退自守不
交當世或識通古今才經軍國奉公廉直高譽
在民具以名奏乙未置五官中郎將左右中郎

將官二月乙卯復百官禄三月庚寅立第十三
皇子子元爲邵陵王壬寅以倭國王世子興爲
安東將軍乙巳改豫州南梁郡爲淮南郡舊淮
南郡并宣城丁未輔國將軍征虜長史廣陵太
守沈懷文有辠下獄死四月庚申原除南兖州
大明三年以前逋租新作大航門五月丙戌置
凌室脩藏冰之禮壬寅太宰江夏王義恭解領
司徒六月辛酉尚書右僕射護軍將軍劉延孫
卒秋七月庚辰以荆州刺史朱脩之爲領軍將

軍廣州刺史臨海王子頊爲荆州刺史甲申地
震戊子以輔國將軍王翼之爲廣州刺史辛卯
以西陽太守檀翼之爲交州刺史乙未立第十
九皇子子雲爲晉陵王八月癸亥原除雍州大
明四年以前逋租乙亥置清臺令九月戊寅制
沙門致敬人主戊子以前金紫光禄大夫宗愨
爲中護軍乙未尚書右僕射劉遵考爲尚書左
僕射丹楊尹王僧朗爲尚書右僕射冬十月丁
巳以山陽王休祐子士弘繼鄱陽哀王休業上

林苑内民庶丘墓欲還合葬者勿禁十一月己
卯陳留王曹虔秀薨辛巳以尚書令柳元景爲
司空尚書令如故
七年春正月癸未詔曰春蒐之禮著自周令講
事之語書于魯史所以昭宣德度示民軌則今
歲稔氣榮中外寧晏當因農隙葺是舊章可
克日於玄武湖大閲水師并巡江右講武校獵
丁亥以尚書右僕射王僧朗爲太常衛將軍顔
師伯爲尚書右僕射己丑以尚書令柳元景爲

驃騎大將軍開府儀同三司庚寅以南兖州刺史晉安王子勛爲江州刺史癸巳割吳郡屬南徐州二月甲寅車駕廵南豫南兖二州丙辰詔曰江漢楚望咸秩周禋禮九疑於盛唐祀蓬萊於渤海皆前載流訓列聖遺式霍山是曰南嶽實維國鎮韞靈呈瑞肇光宋道朕駐蹕于野有事岐陽瞻睇風雲徘徊以想可遣使奠祭丁巳車駕校獵于歷陽之烏江己未車駕登烏江縣六合山庚申割歷陽秦郡置臨江郡壬寅詔曰

三·卅四 宋紀六 二十八 王才

朕受天慶命十一年於兹矣憑七廟之靈獲上帝之力禮横四海威震八荒方巡三湘而奠衡嶽次九河而檢云岱今恢覽功成省風畿表觀民六合蒐校長洲騰沙飛礫平嶽盪海戲晉合亭鐃鉦協節獻卮如禮饁獸頒郊耇舉王公之觴廣納士民之壽八風循通卿雲叢聚盡天罄瑞率宇竭歡思散大極之泉以福兆方之外可大赦天下行幸所無出今歲租布其逋租餘債勿復收賜民爵一級女子百戶牛酒刺守邑

宰及民夫從蒐者普加洽賚又詔曰朕弱年操製出牧阿維承政宣風荐歷年紀國步中阻治戎江甸雖夷情義寔繫于懷今或練蒐訓旅涉兹境閭故邑耆舊在目罕存年世未遠殲亡太半撫迹惟事傾慨兼著太宗獎故晉陽洽恩世祖流仁濟畿暢澤永言往猷思廣前賚可蠲歷陽郡租輸三年遣使巡慰問民疾苦鰥寡孤老六疾不能自存者厚賜粟帛高年加以羊酒凡一介之善隨才銓貫前國名臣及府州佐吏

三〇三 宋書本紀六 二十九 兆

量所沾錫人身已往施及子孫壬申車駕還宫夏四月甲寅以領軍將軍朱脩之爲特進丙辰以尚書湘東王諱爲領軍將軍甲子詔曰自非臨軍戰陳一不得專殺其罪甚重辟者皆如舊先上須報有司嚴加聽察犯者以殺人罪論五月乙亥撫軍將軍揚州刺史豫章王子尚進號車騎將軍輔國將軍始安王子眞爲廣州刺史丙子詔曰自今刺史守宰動民興軍皆須手詔施行唯邊隅外警及姦釁內發變起倉

卒者不從此例六月甲辰以北中郎司馬柳元
怙爲梁南秦二州刺史戊申芮芮國高麗國遣
使獻方物戊辰以秦郡太守劉德願爲豫州刺
史七月乙亥征東大將軍高麗王[illegible]連進號車
騎大將軍開府儀同三司秋七月丙申詔曰前
詔江海田池與民共利歷歲未久浸以弛替名
山大川往往占固有司嚴加檢糾申明舊制八
月丁巳詔曰昔匹婦含怨山焦北鄙嫠妻哀慟
臺傾東國良以誠之所動在微必著感之所震

雖厚必崩朕臨察九野志深待旦弗能使爛然
成章各如其節遂令炎精損河陽偏不施歲
云不稔咎實朕由太官供膳宜從貶撤近道刑
獄當親料省其王畿內及神州所統可遣尚書
與所在共詳畿外諸州委之刺史并詳省律令
思存利民其考讁貿襲在大明七年以前一切
勿治尤弊之家開倉賑給乙丑立第十六皇子
子孟爲淮南王第十八皇子子産爲臨賀王車
駕幸建康秣陵縣訊獄囚九月已卯詔曰近炎

精亢序苗稼多傷今二麥未晚甘澤頻降可
下東境郡勤課墾殖尤弊之家量貸麥種戊
子詔曰昔周王驤跡寔窮四溟漢帝鸞彰風遍
五嶽皆所以上對幽靈下理民土自天昌替馭
臨宮創圖禮代天鬱世貿興毀皇家造宋日
月重光琁璣得序五星順命而戎車歲動陳詩
義闕朕聿含五光奄一天下忠盡寶戒之規以
塞謀危之路當巡時省方觀察風俗外詳考舊
典以副側席之懷庚寅南徐州刺史新安王子鸞爲

兼司徒乙未車駕幸廷尉訊獄囚丙申立第十
七皇子子嗣爲東平王冬十月壬寅太子冠賜
王公以下帛各有差戊申車駕巡南豫州詔曰
朕巡幸所經先見百年者及孤寡老疾並賜粟
帛獄繫刑罪並親聽訟其士庶或怨鬱危滯受
抑吏司或隱約潔立負擯州里皆聽進朕前面
自陳訴若忠信孝義力田殖穀一介之能一藝
之美悉加旌賞雖秋澤頻降而夏旱嬰弊可即
開行倉並加賑賜癸丑行幸江寧縣訊獄囚車

騎將軍揚州刺史豫章王子尚加開府儀同三司癸亥衛將軍開府儀同三司東海王禕爲司空中軍將軍義陽王昶加開府儀同三司丙寅詔曰賞慶刑威奄國彝軌黜幽升明闢寓恒憲故採言聆風式觀侈質褒爵加地於是乎在今類帝宜社觀巡江甸因覲嶽守躬求民瘼思弘明試之典以申考績之義行幸所經莅民之職功宜於聽即加甄賞若廢務亂民隨愆議罰主者詳察以聞己巳車駕校獵於姑熟十一月丙

子曲赦南豫州殊死以下巡幸所經詳減今歲田租乙酉詔遣祭晉大司馬桓溫征西將軍毛璩墓上於行所訊溧陽永世丹陽縣囚癸巳車駕習水軍於梁山有白爵二集華蓋有司奏改大明七年爲神爵元年詔不許乙未原放行獄徒繫東諸郡大獄壬寅遣使開倉貸卹聽受雜物當租十二月丙午行幸歷陽甲寅大赦天下南豫州別署敕繫長徒一切原散其兵期考襲讁戍悉停歷陽郡女子百戶牛酒高年孤疾賜帛十匹蠲郡租十年己未太宰江夏王義恭加尚書令於博望梁山立雙闕癸亥車駕至自歷陽

八年春正月甲戌詔曰東境去歲不稔宜廣商貨遠近販鬻米者可停道中雜稅其以仗自防悉勿禁癸未安北將軍雍州刺史劉秀之卒戊子以平南將軍湘州刺史建安王休仁爲安南將軍江州刺史晉安王子勛爲鎮軍將軍雍州刺史徐州刺史新安王子鸞爲撫軍將軍領

司徒刺史如故輔國將軍江夏王世子伯禽爲湘州刺史二月辛丑特進朱脩之卒壬寅詔曰去歲東境偏旱田畝失收使命來者多至乏絕或下窮流冗頓伏街巷朕甚閔之可出倉米付建康秣陵二縣隨宜贍恤若溫拯不時以至捐棄者嚴加糾劾乙巳以鎮軍將軍湘東王諱爲鎮北將軍徐州刺史平北將軍徐州刺史王玄謨爲領軍將軍夏閏五月辛丑以前御史中丞蕭惠開爲青冀二州刺史壬寅太宰江夏王義

恭領太尉特進右光禄大夫羊玄保卒庚申帝崩於玉燭殿時年三十五秋七月丙午葬丹陽秣陵縣巖山景寧陵

史臣曰役己以利天下堯舜之心也利己以及萬物中主之志也盡民命以自養桀紂之行也觀大明之世其將盡民命乎雖有周公之才之美猶終之以亂何益哉

本紀第六　宋書六

本紀第七　宋書七

臣沈　約　新撰

前廢帝

前廢帝諱子業小字法師孝武帝長子也元嘉二十六年正月甲申生世祖鎮尋陽子業留京邑三十年世祖入伐元凶被囚侍中下省將見害者數矣卒得無恙世祖踐祚立爲皇太子始未之東宮中庶子二率並入直永福省大明二年出東宮四年講孝經於崇正殿七年加元服八年閏五月庚申世祖崩其日太子即皇帝

位大赦天下太宰江夏王義恭解尚書令加中書監驃騎大將軍柳元景加尚書令甲子置錄尚書太宰江夏王義恭錄尚書事驃騎大將軍柳元景加開府儀同三司丹陽尹永嘉王子仁爲南豫州刺史六月辛未詔曰朕以眇身夙紹洪業敬御天威欽對靈命仰遵凝緒日鑒前圖寔可以拱默守成詒風長世而寶位告始萬寓改屬惟德弗明昧于大道思宣睿範引茲簡

恤可具詢執事詳訪民隱凡曲令密文繁而作
治關市僦稅事施一時而姦吏舞文妄興威福
加以氣緯舛玄偏頗滋甚宜其寬徭輕憲以救
民切御府諸署事不須廣雕文篆刻無施於
今悉宜并省以酬氓願藩王貿貨壹皆禁斷
外便具條以聞戊寅以豫州之淮南郡復爲南
梁郡復分宣城還置淮南郡庚辰以南海太
守袁曇遠爲廣州刺史秋七月己亥鎮軍將
軍雍州刺史晉安王子勛改爲江州刺史中護

軍宗慤爲安西將軍雍州刺史鎮北將軍徐
州刺史湘東王諱爲護軍將軍中軍將軍義陽
王昶爲征北將軍徐州刺史庚戌婆皇國遣使
獻方物崇皇太后曰太皇太后皇后曰皇太后
乙卯罷南北二馳道孝建以來所改制度還依
元嘉丙辰追崇獻妃爲獻皇后乙丑撫軍將軍
南徐州刺史新安王子鸞解領司徒八月丁卯
領軍將軍王玄謨爲鎮北將軍南徐州刺史新
安王子鸞爲青冀二州刺史己巳以青冀二州

刺史蕭惠開爲益州刺史己未皇太后崩京師
雨水庚子遣御史與官長隨宜賑卹九月辛丑
護軍將軍湘東王諱爲領軍將軍癸卯以尚書
左僕射劉遵考爲特進右光祿大夫乙卯文穆
皇后祔葬景寧陵冬十月甲戌太常建安王
休仁爲護軍將軍戊寅輔國將軍宋越爲司
州刺史庚辰原除揚南徐州大明七年逋租十
二月乙酉以尚書右僕射顏師伯爲尚書左僕射
壬辰以王畿諸郡爲揚州以揚州爲東揚州癸

巳以車騎將軍揚州刺史豫章王子尚爲司徒
揚州刺史去歲及是歲東諸郡大旱甚者米
一升數百京邑亦至百餘餓死者十有六七孝
建以來又立錢署鑄錢百姓因此盜鑄錢轉
僞小商貨不行
永光元年春正月乙未朔改元大赦天下乙巳
省諸州臺傳戊午以領軍將軍湘東王諱爲衛
將軍南豫州刺史護軍將軍建安王休仁爲
領軍將軍祕書監山陽王休祐爲豫州刺史左

衞將軍桂陽王休範爲中護軍南豫州刺史尋陽王子房爲東揚州刺史二月乙丑減州郡縣田禄之半庚寅鑄二銖錢三月甲辰罷臨江郡五月己亥割郢州隨郡屬雍州丙午以後軍司馬張牧爲交州刺史八月己巳左軍長史劉道隆爲梁南秦二州刺史乙亥安西將軍雍州刺史宗慤卒壬午衞將軍豫州刺史湘東王諱改爲雍州刺史尚書令驃騎大將軍柳元景加南豫州刺史秋八月辛酉越騎校尉戴法興有罪

賜死庚午以尚書左僕射顏師伯爲尚書僕射吏部尚書王景文爲尚書右僕射癸酉帝自率宿衞兵誅太宰江夏王義恭尚書令驃騎大將軍柳元景尚書僕射顏師伯廷尉劉德願改元爲景和元年文武賜位二等以領軍將軍建安王休仁爲安西將軍雍州刺史衞將軍湘東王諱還爲南豫州刺史甲戌司徒揚州刺史豫章王子尚領尚書令射聲校尉沈文秀爲青州刺史左軍司馬崔道固爲冀州刺史乙亥詔曰

昔凝神佇逸磻溪讚道湛慮思才傅巖毗化朕位御三極風澄萬寓賁鈇電斷正卯斯戮思所以仰宣遺烈俯弘景祚每結夢庖鼎瞻言板築有劬日昃無忘昧旦可甄訪郡國招聘閭部其有孝性忠節幽居遯棲信誠義行廉正表俗文敏博識幹事治民務加旌舉隨才引擢庶官克順彞倫咸叙主者精加詳括稱朕意焉以始興公沈慶之爲太尉鎮北將軍青冀二州刺史王玄謨爲領軍將軍庚辰以石頭

城爲長樂宮東府城爲未央宮罷東揚州幷揚州甲申以北邸爲建章宮南第爲長揚宮以冠軍將軍邵陵王子元爲湘州刺史丙戌原除吳吳興義興晉陵琅邪五郡大明八年以前逋租己丑復立南北二馳道九月癸巳車駕幸湖熟奏鼓吹戊戌車駕還宮庚子以南兖州刺史永嘉王子仁爲南徐州刺史丹陽尹始安王子眞爲南兖州刺史辛丑撫軍將軍南徐州刺史新安王子鸞免爲庶人賜死丙午以兖州

刺史薛安都爲平北將軍徐州刺史丁未衞將軍湘東王諱加開府儀同三司特進右光祿大夫劉遵考爲安西將軍南豫州刺史寧朔將軍殷孝祖爲兗州刺史戊申以前梁南秦二州刺史柳元怙復爲梁南秦二州刺史己酉車駕討征北將軍徐州刺史義陽王昶內外戒嚴昶奔于索虜辛亥右將軍豫州刺史山陽王休祐進號鎮西大將軍甲寅以安西長史袁顗爲雍州刺史戊午以左民尚書劉思考爲益州刺史是

日解嚴車駕幸瓜步開百姓鑄錢冬十月癸亥曲赦徐州丙寅車駕還宮以建安王休仁爲護軍將軍己卯東陽太守王藻下獄死以宮人謝貴嬪爲夫人加虎賁靸戟鸞輅龍旂出警入蹕實新蔡公主也乙酉以鎮北大將軍豫州刺史山陽王休祐爲鎮軍大將軍開府儀同三司十一月壬辰寧朔將軍何邁下獄死新除太尉沈慶之薨壬寅立皇后路氏四廟奏樂赦揚南徐二州護軍將軍建安王休仁加特進左光祿大夫

中護軍桂陽王休範遷職丁未皇子生少府劉勝之子也大赦天下贓汙淫盜悉皆原除賜爲父後者爵一級壬子以特進左光祿大夫護軍將軍建安王休仁爲驃騎大將軍開府儀同三司戊午南平王敬猷廬陵王敬先安南侯敬淵並賜死時帝凶悖日甚誅殺相繼內外百司不保首領先是訛言云湘中出天子帝將南巡荊湘二州以厭之先欲誅諸叔然後發引太宗與左右阮佃夫王道隆李道兒密結

帝左右壽寂之姜產之等十一人謀共廢帝戊午夜帝於華林園竹林堂射鬼時巫覡云此堂有鬼故帝自射之壽寂之懷刀直入姜產之爲副帝欲走寂之追而殞之時年十七太皇太后令曰司徒領護軍八座子業雖曰嫡長少稟凶毒不仁不孝著自髫齔孝武棄世屬當辰曆自梓宮在殯喜容靦然天罰重離歡恣滋甚逼以內外維持忍虐未露而凶慘難抑一旦肆禍遂縱戮上宰殄害輔臣子鸞兄弟先帝鍾愛

含怨既往枉加屠酷昶茂親作扞橫相徵討新
蔡公主逼離夫族幽置深宮詭云薨殞襄事甫
尔喪禮頓釋昏酣長夜庶事傾遺朝賢舊勳
棄若遺土管絃不輟珍羞備膳詈辱祖考以爲
戲謔行游莫止淫縱無度肆宴園陵規圖發掘
誅剪無辜籍略婦女建樹僞豎莫知誰息拜嬪
立后慶過恒典宗室密戚遇若婢僕鞭捶陵曳
無復尊卑南平一門特鍾其酷反天滅理顯暴
萬端苛罰酷令終無紀極夏桀殷辛未足以

宋書紀七　八　何

譬闔朝業業人不自保百姓遑遑手足靡厝行
穢禽獸罪盈三千高祖之業將泯七廟之享幾
絕吾老疾沈篤每規禍鴆憂煎漏刻氣命無幾
開闢以降所未嘗聞遠近思奮十室而九衞將
軍湘東王體自太祖天縱英聖文皇鍾愛寵冠
列藩吾早識神睿特兼常禮潛運宏規義士
投袂獨夫既殞懸首白旗社稷再興宗祏永固
人鬼屬心大命允集且勳德高邈大業攸歸宜
遵漢晉纂承皇極主者詳舊典以時奉行未

亡人餘年不幸嬰此百艱永尋情事雖存若殞
當復奈何當復奈何葬廢帝丹陽秣陵縣南郊
壇西帝幼而狷急在東宮每爲世祖所責世祖
西巡子業啓參承起居書迹不謹上詰讓之子
業啓事陳謝上又答曰書不長進此是一條耳
聞汝素都懈怠狷戾日甚何以頑固乃尔邪初
踐阼受璽紱悖然無哀容始猶難諸大臣及
戴法興等既殺法興諸大臣莫不震懾於是又
誅羣公元凱以下皆被毆捶牽曳內外危懼殿

三十六四　宋書紀七　九　宋七

省騷然初太后疾篤遣呼帝帝曰病人間多
鬼可畏那可往太后怒語侍者將刀來破我腹
那得生如此寧馨兒及太后崩後數日帝夢太
后謂之曰汝不孝不仁本無人君之相子尚愚
悖如此亦非運祚所及孝武險虐滅道怨結人
神兒子雖多並無天命大運所歸應還文帝之
子其後湘東王紹位果文帝子也故帝聚諸叔
京邑慮在外爲患山陰公主淫恣過度謂帝曰
妾與陛下雖男女有殊俱託體先帝陛下六宮

萬數帝妾唯駙馬一人事不均平一何至此帝乃爲主置面首左右三十人進爵會稽郡長公主秩同郡王侯湯沐邑二千戶給鼓吹一部加班劍二十人帝每出與朝臣常共陪輦主以吏部郎褚淵皃美就帝請以自侍帝許之淵侍主十日備見逼迫誓死不回遂得免帝所幸閹人華願兒官至散騎常侍加將軍帶郡帝少好講書頗識古事自造世祖誄及雜篇章往往有辭采以魏武帝有發丘中郎將摸金

校尉乃置此二官以建安王休祐領之其餘事迹分見諸列傳

史臣曰廢帝之事行箸于篇若夫武王數殷紂之釁不能紲其萬一霍光書昌邑之過未足舉其毫釐假以中才之君有一于此足以霣社殘宗汚宮瀦廟況揔斯惡以萃一人之體乎其得亡亦爲幸矣

本紀第七　宋書七

本紀第八　宋書八

明帝

臣沈約新撰

太宗明皇帝諱彧字休炳小字榮期文帝第十一子也元嘉十六年十月戊寅生二十五年封淮陽王食邑二千戶二十九年改封湘東王元凶弒立以爲驍騎將軍加給事中世祖踐祚爲秘書監遷冠軍將軍南蘭陵下邳二郡太守領右頭戍事孝建元年徙爲南彭城東海二郡太守

將軍如故鎮京口其年徵爲中護軍二年遷侍中領游擊將軍三年徙衞尉侍中如故又爲左衞將軍衞尉如故大明元年轉中護軍衞尉如故三年爲都官尚書領游擊將軍衞尉如故七年遷領軍將軍八年出爲使持節都督徐兖二州豫州之梁郡諸軍事鎮北將軍徐州刺史給鼓吹一部其年徵爲侍中護軍將軍未拜復爲領軍將軍侍中如故永光元年又出爲使持節散騎常侍都督南豫豫司江四州揚

州之宣城諸軍事衛將軍南豫州刺史鎮姑孰
又徙爲都督雍梁南北秦四州郢州之竟陵諸
軍事寧蠻校尉雍州刺史持節常侍將軍如
故未拜復本位尋以本號開府儀同三司廢帝
景和末上入朝被留停都廢帝誅害宰輔殺
戮大臣恒慮有圖之者疑畏諸父並拘之殿內
遇上無禮事在文諸王傳遂收上付廷尉一宿
被原將加禍害者前後非一既而害上意定明
旦便應就禍上先已與腹心阮佃夫李道兒等

密共合謀于時廢帝左右常慮禍及人人有
異志唯有直閤將軍宋越譚金童太一等數
人爲其腹心並虓虎有幹力在殿省久衆並畏
服之故莫敢動是夕越等並外宿佃夫道兒因
結壽寂之等殞廢帝於後堂十一月二十九日
夜也事定上未知所爲建安王休仁便稱臣奉
引升西堂登御坐召見諸大臣于時事起倉
卒上失履跣至西堂猶著烏帽坐定休仁呼主
衣以白帽代之令備羽儀雖未即位凡衆事悉

稱令書施行己未司徒揚州刺史豫章王子尚
山陰公主並賜死宋越譚金童太一謀反伏誅
十二月庚申朔令書以司空東海王禕爲中書
監太尉鎮軍將軍江州刺史晉安王子勛進號
車騎將軍開府儀同三司癸亥以新除驃騎大
將軍建安王休仁爲司徒尚書令揚州刺史鎮軍
將軍開府儀同三司山陽王休祐進號驃騎大
將軍荊州刺史崇憲衛尉桂陽王休範爲鎮北
將軍南徐州刺史乙丑改封安陸王子綏爲江

夏王
泰始元年冬十二月丙寅上即皇帝位詔曰高
祖武皇帝德洞四瀛化綿九服太祖文皇帝以
大明定基世祖孝武皇帝以下武寧亂日月所
照梯山航海風雨所均削衽襲帶所以業固盛
漢聲溢隆周子業凶嚚自天忍悖成性人面
獸心見於鄙日反道敗德著自比年其狎侮五
常怠棄三正矯誣上天毒流下國實開闢所
未有書契所未聞再罹遏密而無一日之哀齊

斬在躬方深北里之樂虎兕難匣憑河必彰遂
誅滅上宰窮釁逆之酷虐害國輔究孥戮之刑
子鸞同生以昔憾殄殪敬猷兄弟以睚眥殲夷徵
逼義陽將加屠膾陵辱戚藩褫禮楚妃主奪立左
右竊子置儲肆酗于朝宣淫于國事穢東陵行
汙飛走積釁罔極日月滋深比遂圖犯玄宮志
窺題湊將肆梟鏡之禍騁商頓之心又欲鴆毒
崇憲虐加諸父事均宮闈聲遍國都鳴梟小
豎莫不寵暱朝廷忠誠必也戮挫收權之旨虓

虎結轍掠奪之使白刃相望百僚危氣首領無
有全地萬姓崩心妻子不復相保所以鬼哭山
鳴星鉤血降神器殆於馭索景祚危於綴旒
朕假寐凝憂泣血待旦慮大宋之基於焉而泯
武文之業將墜于淵賴七廟之靈藉八百之慶
巨猾斯殄鴻沴時褰皇綱絕而復紐天緯缺而
更張猥以寡薄屬承乾統上緝三光之重俯顧
庶民之艱業業矜矜若履冰谷思與億兆同此
維新可大赦天下改景和元年爲泰始元年賜

民爵二級鰥寡孤獨不能自存者穀人五斛逋
租宿債勿復收犯鄉論清議贓汙淫盜並悉洗
除長徒之身特賜原遣亡官失爵禁錮舊勞一
依舊典其昏制謬封並皆刊削己巳以安西將
軍南豫州刺史劉遵考爲特進右光祿大夫輔
國將軍歷陽南譙二郡太守建平王景素爲南
豫州刺史庚午以荊州刺史臨海王子頊爲鎮
軍將軍徐州刺史永嘉王子仁爲中軍將軍左
衛將軍劉道隆爲中護軍辛未改封臨賀王

子產爲南平王晉熙王子輿爲廬陵王壬申以
尚書左僕射王景文爲尚書僕射新除中護軍
劉道隆卒壬午詔曰朕戡亂寧民屬膺景祚
鴻制初造葦道惟新而國故頻罹仁澤偏壅每
鑒寐疚心罔識攸濟巡方問俗弘政所先可分
遣大使廣求民瘼考守宰之良採衡閭之善
若獄犴淹枉傷民害教者具以事聞鰥寡孤獨
癃殘六疾不能自存者郡縣優量賑給貞婦孝
子高行力田詳悉條奏務詢輿誦廣納嘉謀每

盡皇華之旨俾若朕親覽焉乙亥追尊所生沈婕妤曰宣皇太后後軍將軍垣閎爲司州刺史前右將軍長史殷琰爲豫州刺史丙子詔曰皇室多故糜費滋廣且久歲不登公私歉弊方刻意從儉弘濟時艱政道未孚慨愧兼積太官供膳可詳所減撤尚方御府雕文篆刻無益之物一皆蠲省務存簡約以稱朕心戊寅崇太后爲崇憲皇太后立皇后王氏鎮軍將軍江州刺史晉安王子勛舉兵反鎮軍長史劉琬爲其謀主

雍州刺史袁顗率衆赴之辛巳驃騎大將軍前荆州刺史山陽王休祐改爲江州刺史荆州刺史臨海王子頊即留本任加領軍將軍王玄謨鎮軍將軍壬午車駕謁太廟甲申後將軍郢州刺史安陸王子綏進號征南將軍右將軍會稽太守尋陽王子房進號安東將軍前將軍荆州刺史臨海王子頊進號平西將軍子綏子房子頊並不受命舉兵同逆戊子新除中軍將軍永嘉王子仁爲護軍將軍

二年春正月己丑朔以軍事不朝會庚寅以金紫光祿大夫王僧朗爲左光祿大夫開府儀同三司壬辰驃騎大將軍江州刺史山陽王休祐改爲南豫州刺史鎮歷陽鎮軍將軍領軍將軍王玄謨爲車騎將軍江州刺史平北將軍徐州刺史薛安都進號安北將軍安都亦不受命癸巳以左衛將軍巴陵王休若爲鎮東將軍新除安東將軍尋陽王子房爲撫軍將軍司徒左長史袁愍孫爲領軍將軍甲午中外戒嚴司徒建

安王休仁都督征討諸軍事統衆軍南討以青州刺史劉祗爲南兗州刺史丙申以征虜司馬申令孫爲徐州刺史義陽内史龐孟虬爲司州刺史申令孫孟虬及豫州刺史殷琰青州刺史沈文秀冀州刺史崔道固湘州行事何慧文廣州刺史袁曇遠益州刺史蕭惠開梁州刺史柳元怙並同叛逆兗州刺史殷孝祖入衛京都仍遣孝祖前鋒南伐甲辰加孝祖撫軍將軍丙午車駕親御六師出頓中興堂辛亥驃騎大將軍南豫

州刺史山陽王休祐改爲豫州刺史統衆軍西
討吴郡太守顧琛吴興太守王曇生義興太守
劉延熙晉陵太守袁摽山陽太守程天祚並舉
兵反鎮東將軍巴陵王休若統衆軍東討壬子
崇憲皇太后崩是日軍主任農夫劉懷珍平定
義興永世縣民史逸宗據縣爲逆殿中將軍陸
攸之討平之丙辰以新除左光祿大夫開府儀
同三司王僧朗爲特進左光祿大夫如故二月
乙丑僧朗卒尚書僕射王景文父憂去職曲赦

吴吴興義興晉陵四郡吏部尚書蔡興宗爲尚
書左僕射吴興太守張永右軍將軍齊王東討
平晉陵癸未曲赦浙江東五郡丁亥鎮東將軍
巴陵王休若進號衛將軍建武將軍吴嘉公率
諸軍破賊於吴吴興會稽平定三郡同逆皆伏誅
輔國將軍齊王前鋒北討輔國將軍劉勔前鋒
南討賊劉胡領衆四萬據赭圻三月庚寅撫軍
將軍沈攸之代爲南討前鋒賊衆稍盛袁顗頓
鵲尾聯營迄至濃湖衆十餘萬壬辰以新除太

子詹事張永爲青兾二州刺史丙申鎮北將軍
南徐州刺史桂陽王休範摠統北討諸軍事丁
酉以尚書劉思考爲徐州刺史戊戌興壽陽王
子房爵爲松滋縣侯乙巳以奉朝請鄭黒爲司
州刺史辛亥鎮北將軍南徐州刺史桂陽王休
範領南兖州刺史壬子斷新錢專用古錢癸丑
原赦揚南徐二州囚繫凡逋亡一無所問夏四
月壬午以散騎侍郎明僧暠爲青州刺史五月
壬辰以輔國將軍沈攸之爲雍州刺史丁酉曲

赦豫州丁未新除尚書僕射王景文爲中軍將軍
以青兾二州刺史張永爲鎮軍將軍庚戌以寧
朔將軍劉乘民爲兾州刺史甲寅葬崇憲皇太
后於攸寧陵冠軍將軍益州刺史蕭惠開進號
平西將軍六月辛酉鎮軍將軍張永領徐州刺
史京師雨水丁卯遣殿中將軍檢行賜卹以左
軍將軍垣恭祖爲梁南秦二州刺史秋七月己
丑鎮北將軍南徐兖二州刺史桂陽王休範進
號征北大將軍辛卯鎮軍將軍徐州刺史張永

改爲南兗州刺史丁酉以仇池太守楊僧嗣爲北秦州刺史武都王壬寅以男子時朗之爲北豫州刺史乙巳龍驤將軍劉道符平山陽辛亥人以義軍主鄭叔舉爲北豫州刺史鎭軍將軍南兗州刺史張永復領徐州刺史甲寅復以冀州刺史崔道固爲徐州刺史八月己卯司徒建安王休仁率衆軍大破賊斬僞尚書僕射袁顗進討江郢荊雍湘五州平定之晉安王子勛安陸王子綏臨海王子頊邵陵王子元並賜死同

黨皆伏誅諸將軍帥封賞各有差甲申以護軍將軍永嘉王子仁爲平南將軍湘州刺史九月乙酉曲赦江郢荊雍湘五州守宰不得離職壬辰驃騎大將軍豫州刺史山陽王休祐改爲荊州刺史分豫州立南豫州癸巳六軍解嚴大赦天下賜民爵一級甲午以中軍將軍王景文爲安南將軍江州刺史戊戌以車騎將軍江州刺史王玄謨爲左光祿大夫開府儀同三司護軍將軍庚子以建安王休仁世子伯融爲豫州

刺史辛丑衞將軍巴陵王休若即本號爲雍州刺史雍州刺史沈攸之爲郢州刺史庚戌以太子左衞率建平王景素爲南兗州刺史十月乙卯永嘉王子仁始安王子眞淮南王子孟南平王子產廬陵王子輿松滋侯子房並賜死丁卯以郢州刺史沈攸之爲中領軍與張永俱北討庚午以吳郡太守顧顗之爲湘州刺史戊寅立皇子昱爲皇太子曲赦揚徐二州以輔國將軍劉勔爲廣州刺史左軍將軍張世爲豫州刺史十一月甲

申以安成太守劉襲爲郢州刺史壬辰詔曰治崇簡易化疾繁侈遠關隆替明著軌跡者也朕拯斯墜運屬此屯極仍之以凋耗因之以師旅而識昧前王務艱昔代俾夫舊賦既繁爲費彌廣監寐萬務每思弘革方欲緩繇優調愛民爲先有司詳加寬惠更立科品其方物職貢各順土宜出獻絓貢蔵依時令凡諸蠹俗妨民之事趣末違本之業雕華靡麗奇器異技並嚴加裁斷務歸要實左右尚方御府諸署供御制造咸

存儉約庶淳風至敎微遵太古阜財興讓少敦
季俗又詔曰矢機詢政立敎之攸本舉賢聘逸
弘化之所基故負鼎進策殷代以康釋釣作輔
周祚斯乂朕甫承大業訓道未敷雖側席忠規
竚夢巖築而良圖莫薦奇士弗聞永鑒通古
無忘宵寐今藩隅克晏敷化維始屢懷存治
寔望箴闕王公卿尹羣僚庶官其有嘉謀直獻
匡俗濟時咸切事陳奏無或依隱若乃林澤貞
栖丘園耿潔博洽古今敦崇孝讓四方在任可

明書搜揚具即以聞隨就褒立以建平王景素
子延年爲新安王以新除左光祿大夫開府儀
同三司王玄謨爲車騎將軍南豫州刺史丙申
制使東土經荒流散並各還本蠲眾調二年十
二月己未以尚書金部郎劉善明爲冀州刺史
乙丑詔曰近衆藩稱乱多染釁科或誠係本朝
事緣逼迫混同證錮良以悵然夫天道尚仁德
刑並用雷霆時至雲雨必解朕眷言靜念思弘
風澤凡應禁削皆從原蕩其文武堪能隨才

銓用辛未以新除廣州刺史劉勔爲益州刺史
前巴西梓潼二郡太守費混爲廣州刺史劉緬
克壽陽豫州平辛巳以輔國將軍劉靈遺爲梁
南秦二州刺史薛安都要引索虜張永沈攸
之大敗於是遂失淮北四州及豫州淮西地
三年春正月庚子以農役將興太官停宰牛癸
卯曲赦豫南豫二州衞將軍巴陵王休若降號
鎭西將軍閏月庚午京師大雨雪遣使巡行賑
賜各有差戊寅以游擊將軍垣閎爲益州刺史

二月甲申以御史中丞羊南爲廣州刺史是日
車駕爲戰亡將士舉哀己丑以鎭西司馬劉亮
爲梁南秦二州刺史索虜寇汝陰太守張景遠
擊破之丙申曲赦青冀二州三月丙子以尚書
左僕射蔡興宗爲安西將軍郢州刺史戊寅
以冠軍將軍王玄載爲徐州刺史寧朔將軍崔
平爲兗州刺史夏四月癸巳以前司州刺史鄭
黑爲司州刺史乙未冠軍將軍北秦州刺史楊
僧嗣進號征西將軍庚子立桂陽王休範第二

子德副爲廬陵王立侍中劉韞第二子銑爲南
豐王丙午安西將軍蔡興宗降號平西將軍五
月丙辰宣太后崇寧陵禁内墳瘞遷徙者給
葬直蠲復家丁戊午以車騎將軍南豫州刺史
王玄謨爲左光禄大夫開府儀同三司辛酉罷
南豫州并豫州壬戌以太子詹事袁粲爲尚
書僕射六月乙酉以侍中劉韞爲湘州刺史秋
七月壬子以左光禄大夫開府儀同三司王玄
謨爲特進左光禄大夫護軍將軍薛安都子伯

令略據雍州四郡刺史巴陵王休若討斬之八
月丁酉詔曰古者衡虞置制蝝蚳不收川澤産
育登器進御所以繁阜民財養遂生德頃商
販逐末競早争新折未實之菓收豪家之利
籠非膳之翼爲戲童之資豈所以還風尚本捐
華務實宜修道布仁以革斯蠹自今鱗介羽
毛肴核衆品非時月可採器味所須可一皆
禁斷嚴爲科制壬寅以中領軍沈攸之行南兖
州刺史率衆北討癸卯詔曰法網之用期世而

行寬恵之道因時而布況朕尚德戡亂依仁馭
俗宜每就弘簡以隆至治而頻罹兵革繇賦未
休軍民巧僞興事甚多蹈刑入憲諒非一科至
乃假名戎伍竊爵私庭因戰散亡託懼逃役且
往諸淪逼雖經累宥逋竄之黨猶爲寔繁宵
言永懷良兼矜疚思所以重播王澤覃被區
宇可大赦天下加新除左光禄大夫王玄謨車
騎將軍丙午遣吏部尚書褚淵慰勞緣淮將
帥隨宜量賜戊申以新除右衛將軍劉勔爲豫

州刺史九月癸丑鎮西將軍雍州刺史巴陵王
休若進號衛將軍平西將軍郢州刺史蔡興宗
進號安西將軍乙卯以越騎校尉周寧民爲兖
州刺史戊午以皇后六宮以下雜衣千領金釵千
枚班賜北征將士庚申前將軍兼冀州刺史崔
道固進號平北將軍甲子曲赦徐兖青冀四州
冬十月壬午改封新安王延年爲始平王戊子
芮芮國遣使獻方物辛丑復郡縣公田鎮西大
將軍西秦河二州刺史吐谷渾拾寅進號征西

大將軍十一月立建安王休仁第二子伯猷爲江夏王改封義陽王昶爲晉熙王乙卯分徐州置東徐州以輔國將軍張讜爲刺史高麗國百濟國遣使獻方物十二月庚辰以寧朔將軍劉休賔爲兗州刺史

四年春正月己未車駕親祠南郊大赦天下庚午衛將軍巴陵王休若降號左將軍乙亥零陵王司馬勗薨二月辛丑以前龍驤將軍常珍奇爲平北將軍司州刺史珍奇子超越爲北冀州

刺史乙巳右光祿大夫車騎將軍護軍將軍王玄謨薨三月己未以游擊將軍劉懷珍爲東徐州刺史戊辰以軍司馬劉靈遺爲梁南秦二州刺史譙南太守孫奉伯爲交州刺史交州人李長仁據州叛妖賊攻廣州殺刺史羊希龍驤將軍陳伯紹討平之夏四月己卯復減郡縣田租之半東海王禕改封廬江王山陽王休祐改封晉平王改晉安郡爲晉平郡辛丑芮芮國及河南王並遣使獻方物甲辰以豫章太守張辯爲

廣州刺史五月乙未曲赦廣州癸亥以行雎州刺史巴陵王休若行湘州刺史會稽太守張永爲雎州刺史湘州刺史劉韞爲南兗州刺史秋七月乙巳朔以吳郡太守王琨爲中領軍丙辰始平王延年薨己未以侍中劉韞爲中護軍庚申以驍騎將軍齊王爲南兗州刺史八月戊子以南康相劉勃爲交州刺史辛卯分青州置東青州以輔國將軍沈文靖爲東青州刺史丁酉安南將軍江州刺史王景文進號鎮南將軍

九月丙辰以驃騎長史張悅爲雎州刺史戊辰詔曰夫愆有小大憲隨寬猛故五刑殊用三典異施而降辟次網便暨鉗撻求之法科差品滋遠朕務存欽卹每有矜貸尋劫制科罪輕重同之大辟即事原情未爲詳衷自今凡竊執官仗拒戰邏司或攻剽亭寺及害吏民者凡此諸條悉依舊制五人以下相逼奪者可特賜黥刖投畀四遠仍用代殺方古爲優全命長戶施同造物庶簡惠之化有孚群萌好生之

德無漏幽品庚午曲赦揚南徐兖豫四州冬十
月癸酉朔日有蝕之發諸州兵北討南康建安
安成宣城四郡普不同南逆並不在徵發之例
甲戌割揚州之義興郡屬南徐州
五年春正月癸亥車駕躬耕藉田大赦天下
賜力田爵一級二月丙申分豫州揚州立南豫
州以太尉廬江王褘爲車騎將軍開府儀同三
司南豫州刺史三月乙卯於南豫州立南義陽
郡丙寅車駕幸中堂聽訟己巳河南王遣使

獻方物夏四月辛未割雍州隨郡屬郢州乙
酉割豫州義陽郡屬郢州郢州西陽郡屬豫州
戊子以寧朔將軍崔公烈爲兖州刺史戊戌新
除給事黄門侍郎杜幼文爲梁南秦二州刺史
六月辛未晉平王休祐子宣曜爲南平王壬申
以安西將軍郢州刺史蔡興宗爲鎮東將軍癸
酉以左衛將軍沈攸之爲郢州刺史以軍興已
來百官斷俸並給生食丁丑車騎將軍南豫州
刺史廬江王褘免官爵戊寅以左將軍行湘州

刺史巴陵王休若爲征南將軍湘州刺史壬午
罷南豫州丙戌以新除給事黄門侍郎劉亮爲
益州刺史秋七月己酉以輔國將軍王亮爲徐州
刺史東莞太守陳伯紹爲交州刺史甲寅以山
陽太守李靈謙爲兖州刺史壬戌改輔國將軍
爲輔師將軍八月己丑以右將軍行豫州刺史
劉勔爲平西將軍豫州刺史壬辰以海陵太守
劉崇智爲冀州刺史九月甲寅立長沙王纂子
延之爲始平王戊午中領軍王琨遷職己未詔

曰夫箕穎之操振古所貴沖素之風哲王攸重
朕屬横流之會接難晦之辰龕暴剪亂日不
暇給今雖關隴猶霭區縣澄氛偃武修文於是
乎在思崇廉耻用靜馳薄固已物色載懷寢
興於歎其有貞栖隱約自事衡樊鑿坏遺榮負
釣辭聘志恬江海行高塵俗者在所精加搜括
時以名聞將賁園矜德茂昭厥禮羣司各舉所
知以時授爵乙丑以新除平西將軍豫州刺史
劉勔爲中領軍冬十月丁卯朔日有蝕之十一

月丁未索虜遣使獻方物閏月戊子驃騎大將軍荆州刺史晉平王休祐以本號爲南徐州刺史征南將軍湘州刺史巴陵王休若爲征西將軍荆州刺史輔師將軍孟陽爲兖州刺史義陽太守呂安國爲司州刺史十二月戊戌司徒建安王休仁解揚州刺史己未以征北大將軍南徐州刺史桂陽王休範爲中書監中將軍揚州刺史吳興太守建平王景素爲湘州刺史輔師將軍建安王世子融爲廣州刺史庚申分荆

宋書紀八 二十

益州五郡置三巴校尉

六年春正月乙亥初制閒二年一祭南郊閒一年一祭明堂二月壬寅司徒建安王休仁爲太尉領司徒癸丑皇太子納妃甲寅大赦天下巧注從軍不在赦例班賜各有差三月乙亥中護軍劉襲卒丁丑以太子詹事張永爲護軍將軍夏四月癸亥立第六皇子燮爲晉熙王五月丁丑以前軍將軍陳胤宗爲徐州刺史丁亥以冠軍將軍吐谷渾拾虔爲平西將軍戊子奉朝請孔玉爲寧州刺史六月己亥以第五皇子智井繼東平沖王休倩庚子以侍中劉韞爲撫軍將軍雍州刺史前將軍郢州刺史沈攸之進號鎮軍將軍揚州刺史桂陽王休範爲征南大將軍江州刺史癸卯以鎮南將軍江州刺史王景文爲尚書左僕射揚州刺史尚書僕射袁粲爲尚書右僕射己未改臨賀郡爲臨慶郡追改東平王休倩爲臨慶沖王七月丙戌第五皇子智井薨九月乙丑中領軍劉勔加平北將軍戊寅立總明觀徵學士以充之置東觀祭酒癸

宋書紀八 二十二

未以第八皇子智渙繼臨慶沖王休倩冬十月辛卯立第九皇子贊爲武陵王乙巳以前右軍馬訖爲北雍州刺史己酉車駕幸東堂聽訟十一月己巳高麗國遣使獻方物十二月癸巳以邊難未息制父母陷異域悉使婚宦戊戌以始興郡爲宋安郡丙辰護軍將軍張永遷職

七年春正月甲戌置散騎奏舉郎二月癸巳征南大將軍荆州刺史巴陵王休若進號征西大將軍開府儀同三司戊戌置百梁隴蘇永寧安

昌富昌南流郡又分廣交州三郡合九郡立越州已亥以前將軍劉康爲平東將軍妖寇宋逸攻合肥殺汝陰太守王穆之郡縣討平之甲寅驃騎大將軍開府儀同三司南徐州刺史晉平王休祐薨戊午以征西大將軍荊州刺史巴陵王休若爲征北大將軍南徐州刺史湘州刺史建平王景素爲荊州刺史三月辛酉索虜遣使獻方物壬戌芮芮國遣使奉獻夏四月辛丑減天下死罪一等凡勑繫悉遣之甲辰於南兗

州置新平郡癸丑金紫光祿大夫張永領護軍五月戊午司徒建安王休仁有罪自殺辛酉以寧朔長史孫超之爲廣州刺史尚書左僕射揚州刺史王景文以刺史領中書監庚午以尚書右僕射袁粲爲尚書令新除吏部尚書褚淵爲尚書左僕射辛未監吳郡王僧虔行湘州刺史丙戌追免晉平王休祐爲庶人六月丁酉以征南大將軍江州刺史桂陽王休範爲驃騎大將軍南徐州刺史征北大將軍巴陵王休若

爲車騎大將軍江州刺史甲辰芮芮國遣使獻方物秋七月丁巳罷散騎奉舉郎乙丑新除車騎大將軍江州刺史巴陵王休若薨桂陽王休範以新除驃騎大將軍還爲江州庚午以第三皇子準爲撫軍將軍辛未以太子詹事劉秉爲南徐州刺史戊寅以寧朔將軍沈懷明爲南兗州刺史乙酉於冀州置西海郡八月戊子第八皇子躋繼江夏文獻王義恭庚寅以疾愈大赦天下冀州刺史劉崇智加青州刺史戊戌立

第三皇子準爲安成王九月辛未以越騎校尉周寧民爲徐州刺史冬十月戊午百濟國遣使獻方物十二月丁酉分豫州南兗州立南豫州以歷陽太守王玄載爲南豫州刺史

泰豫元年春正月甲寅朔上有疾不朝會以疾患未瘥故改元賜孤老貧疾粟帛各有差戊午皇太子會萬國於東宮并受貢計二月辛丑以給事黃門侍郎王瞻爲司州刺史三月癸丑朔林邑國遣使獻方物已未中書監揚州

刺史王景文卒夏四月辛卯以撫軍司馬蔡那
爲益州刺史癸巳以右衛將軍張興爲雍州刺
史己亥上大漸驃騎大將軍江州刺史桂陽王
休範進位司空尚書右僕射褚淵爲護軍將軍
中領軍劉勔加尚書右僕射鎮東將軍蔡興宗
爲征西將軍開府儀同三司荊州刺史鎮軍將
軍郢州刺史沈攸之進號安西將軍詔曰朕自
臨御億兆仍屬戎寇雖每存弘化而惠弗覃
遠軍國凋弊刑訟未息今大漸維危載深矜

歎可緩徭優調去繁就約因改之宜詳有簡衷
務以愛民爲先以宣朕遺意袁粲褚淵劉勔蔡
興宗沈攸之同被顧命是日上崩于景福殿時
年三十四五月戊寅葬臨沂縣莫府山高寧陵
帝少而和令風姿端雅早失所生養於太后宮
內大明世諸弟多被猜忌唯上見親常侍路
太后醫藥好讀書愛文義在藩時撰江左以
來文章志又續衛瓘所注論語二卷行於世
及即大位四方反叛以寬仁待物諸軍帥有父

兄子弟同逆者並授以禁兵委任不易故衆爲
之用莫不盡力平定天下逆黨多被全其有才
能者並見授用有如舊臣才學之士多蒙引進
參侍文籍應對左右於華林園芳堂講周易常
自臨聽末年好鬼神多忌諱言語文書有禍敗
凶喪及疑似之言應回避者數百千品有犯必
加辜戮改騧爲邊瓜亦以騧字似禍字故也以南苑
借張永云且給三百年期訖更啓其事類皆如此
宣陽門民間謂之白門上以白門之名不祥甚

諱之尚書右丞江謐嘗誤犯上變色曰白汝家
門謐稽顙謝久之方釋太后停屍漆牀先出東
宮上嘗幸宮見之怒甚免中庶子官職局以之
坐者數十人內外常慮犯觸人不自保宮內禁
忌尤甚移牀治壁必先祭土神及文士爲文
詞祝策如大祭饗奏始泰豫之際更忍虐好
殺左右失旨忤意往往有斮刳斷截者時經
略淮泗軍旅不息荒弊積久府藏空竭內
外百官並日料祿奉而上奢費過度務爲

彫侈每所造制必爲正御三十副御次副又各三十須一物輒造九十枚天下騷然民不堪命其餘事迹列見衆篇親近讒慝翦落皇枝宋氏之業自此衰矣

史臣曰聖人立法垂制所以必稱先王蓋由遺訓餘風足以貽之來世也太祖負扆南面實有君人之懿焉經國之義雖弘而隆家之道不足彭城王照不窺古本無卓爾之姿徒見昆弟之義未識君臣之禮冀以此家情行之國道主猜

而猶犯恩薄而未悟致以呵訓之微行遂成滅親之大禍開端樹隙垂之後人雖天倫之重義殊凡戚而中人以下情由恩變至於易衣而出分苦而食與夫別宮異門形疎事隔者宜有降矣太宗因易隙之情據已行之典翦落洪枝願不待慮既而本根無庇幼主孤立神器以勢弱傾移靈命隨樂推回改斯蓋履霜有漸堅冰自至所從來遠也

本紀第八　宋書八

本紀第九　宋書九

臣沈　約　新撰

後廢帝

廢帝諱昱字德融小字慧震明帝長子也大明七年正月辛丑生於衞尉府太宗諸子在孕皆以周易筮之即以所得之卦爲小字故帝字慧震其餘皇子亦如之泰始二年立爲皇太子三年始制太子改名昱安車乘象輅六年出東宮又制太子元正朝賀服衮冕九章衣泰豫元年

四月己亥太宗崩庚子太子即皇帝位大赦天下尚書令袁粲護軍將軍褚淵共輔朝政乙巳以護軍將軍張永爲右光祿大夫撫軍將軍安成王爲揚州刺史己酉特進右光祿大夫劉遵考改爲左光祿大夫五月丁巳以吳興太守張岱爲益州刺史戊辰緣江戍兵老疾者悉聽還班劒依舊入殿六月壬辰詔曰夫興王經制寔先民隱方求廣教刑於四維朕以眇躬夙膺寶歷永言民政未接聽覽眷言乃顧無忘鑒寐可

遣大使分行四方觀採風謠問其疾苦令有咈民
法不便俗者悉各條奏若守宰威恩可紀廉勤
允著依事騰聞如獄訟誣枉職事紕繆情公存私
害民利已者無或隱昧廣納芻輿之議博求獻
藝之規巡省之道務令精洽深簡行識俾若朕
親覽焉又詔曰夫寢夢期賢往誥垂美物色
求良前書稱盛朕以沖昧嗣膺寶業思仰述聖
猷勉弘政道興言多士常想得人可普下牧守
廣加搜採其有孝友聞族義讓光閭或匿名屠

釣隱身耕牧足以整厲澆風扶益淳化者凡厥
蕃咸無遺逸虛輪佇帛侯聞嘉薦京師雨水
詔賑卹二縣貧民乙巳尊皇后曰皇太后立皇
后江氏秋七月戊辰崇拜帝所生陳貴妃為皇
太妃閏月丁亥罷宋安郡還屬廣興己丑割南
豫州南汝陰郡屬西豫州西豫州廬江郡屬豫
州甲辰以新除征西將軍開府儀同三司荊州
刺史蔡興宗為中書監光祿大夫安西將軍郢
州刺史沈攸之為鎮西將軍荊州刺史南徐州

刺史劉秉為平西將軍郢州刺史新除太常建
平王景素為鎮軍將軍南徐州刺史八月戊午
新除中書監左光祿大夫開府儀同三司蔡興宗
薨冬十月辛卯撫軍將軍劉韞有罪免官辛未
護軍將軍褚淵母憂去職十一月己亥新除平西將
軍郢州刺史劉秉為尚書左僕射辛丑護軍將
軍褚淵還攝本任芮芮國高麗國遣使獻方物
十二月索虜寇義陽丁巳司州刺史王瞻擊破之
元徽元年春正月戊寅朔改元大赦天下壬寅

詔曰夫緩法昭恩裁風茂典蠲憲貸眚訓俗彝
義朕臨馭宸樞肅制垠寓式存寬簡思孚矜惠
令開元肆宥萬品惟新凡茲流斥宜均弘洗自
元年以前貽罪徙放者悉聽還本二月乙亥以
晉熙王燮為郢州刺史三月丙申以撫軍長史
何恢為廣州刺史婆利國遣使獻方物戊戌以
前淮南太守劉靈遺為南豫州刺史夏五月辛
卯以輔師將軍李安民為司州刺史丙申河南
王遣使獻方物六月壬子以越州刺史陳伯紹

為交州刺史乙卯特進左光祿大夫劉遵考卒
壽陽大水己未遣殿中將軍賑卹慰勞丙寅以
左軍將軍孟次陽為兗州刺史秋七月丁丑散
騎常侍領長廣長水校尉何翌之上所撰諫
林上自虞舜下及晉武凡十二卷八月辛亥詔
曰分方正俗著自虞典川谷異制煥乎姬典故
井遂有辨閭伍無雜用能七教克宣八政斯序
雖綿代殊軌沿革異儀或民懷遷俗或國尚興
徙漢陽列燕代之豪關西職齊楚之族並通籍

新邑即居成舊消金行委御禮樂南移中州黎
庶襁負揚越聖武造運道一閎區貽長世之規
申土斷之制而夷險相因盈晦遞襲歲饉凋
流戎役情散違鄉寓境漸至繁積宜式遵鴻軌
以為永憲庶阜俗昌民反風定保夷胥山之險
澄瀚海之波括河圖於九服振王軌於五都矣
祕書丞王儉表上所撰七志三十卷京師旱甲
寅詔曰比元序愆度留熏耀晷有傷秋稼方
黔民瘼朕以眇疢未弘政道囹圄尚繁枉滯猶

積夕厲晨矜毋惻于懷尚書令可與執法以下
就訊眾獄使冤訟洗遂困弊昭蘇頒下州郡咸
令無壅癸亥鎮軍將軍南徐州刺史建平王景
素進號鎮北將軍庚午陳留王曹銑薨九月壬
午詔曰國賦氓稅蓋有恒品往屬戎難務先軍
實徵課之宜或乖昔准湘江二州糧運偏積調
役既繁庶徒彌擾因循權政容有未革民單
力弊歲月愈甚永言矜歎情兼宵寐可遣使
到所明加詳察其輸違舊令役非公限者並即蠲

改具條以聞丁亥立衡陽王嶷子伯玉為南平王
冬十月壬子以撫軍司馬王玄載為梁南秦二州
刺史癸酉割南兗州之鍾離豫州之馬頭又分秦
郡梁郡歷陽置新昌郡立徐州十一月丙子以散
騎常侍垣閎為徐州刺史丁丑尚書令袁粲母
喪去職十二月癸卯朔日有蝕之乙巳司空江
州刺史桂陽王休範進位太尉尚書令袁粲還
攝本任加號衛將軍癸亥立前建安王世子伯
融為始安縣王丙寅河南王遣使獻万物

二年春正月庚子以右光祿大夫張永爲征北將軍南兗州刺史二月己巳加護軍將軍褚淵中軍將軍三月癸酉以左衛將軍王寬爲南豫州刺史夏四月癸亥詔曰頃列爵叙勳銓榮酬義條流積廣又各淹闕歲往事留理至通壅在所參差多違甄飭賞未均洽每疚厥心可悉依舊准竝下注職五月壬子太尉江州刺史桂陽休範舉兵反庚寅內外戒嚴加中領軍劉勔鎮軍將軍加右衛將軍齊王平南將軍前鋒南討

出屯新亭征北將軍張永屯白下前南兗州刺史沈懷明戍石頭衛將軍袁粲中軍將軍褚淵入衛殿省壬辰賊奄至攻新亭壘齊王拒擊大破之越騎校尉張敬兒斬休範賊黨杜黑蠡丁文豪分軍向朱雀航劉勔拒賊敗績力戰死之右軍將軍王道隆奔走遇害張永潰於白下沈懷明自石頭奔散戊午撫軍典籤茅恬開東府納賊賊入屯中堂羽林監陳顯達擊大破之丙申張敬兒等破賊於宣陽門莊嚴寺小市進平

東府城梟擒羣賊賞賜封爵各有差丁酉詔京邑二縣埋藏所殺賊并戰亡者復同京城是日解嚴大赦天下文武賜位一等戊戌原除江州逋債其有課非常調役爲民蠹者悉皆蠲停詔曰頃國賦多騫公儲罕給近治戎雖淺而軍費已多廩藏虛罄難用馭遠宜矯革淫長務在節儉其供奉服御悉就減撤雕文靡麗廢而勿脩凡諸游費一皆禁斷外可詳爲科格荊州刺史沈攸之南徐州刺史建平王景素郢州刺史晉

熙王燮湘州刺史王僧虔雍州刺史張興世竝舉義兵赴京師己亥以第七皇弟友爲江州刺史芮芮國遣使獻方物六月庚子以平南將軍齊王爲中領軍鎮軍將軍南兗州刺史癸卯晉熙王燮遣軍剋尋陽江州平戊申以淮南太守任農夫爲豫州刺史右將軍南豫州刺史王寬進號平西將軍壬戌改輔師將軍還爲輔國秋七月庚辰立第七皇弟友爲邵陵王辛巳以撫軍司馬孟次陽爲兗州刺史乙酉鎮西將軍荊

州刺史沈攸之進號征西大將軍鎮北將軍徐州刺史建平王景素進號征北將軍並開府儀同三司征虜將軍郢州刺史晉熙王爕進號安西將軍前將軍湘州刺史王僧虔進號平南將軍八月辛酉以征虜行參軍劉延祖爲寧州刺史九月壬辰以游擊將軍呂安國爲兖州刺史丁酉以尚書令新除衞將軍袁粲爲中書監即本號開府儀同三司領司徒加護軍將軍褚淵尚書令撫軍將軍揚州刺史安成王進號車騎

將軍冬十月庚申以新除侍中王蘊爲湘州刺史甲子以游擊將軍陳顯達爲廣州刺史十一月丙戌御加元服大赦天下賜民男子爵一級爲父後及三老孝悌力田者爵二級鰥寡孤獨篤癃不能自存者穀五斛年八十以上加帛一匹大酺五日賜王公以下各有差十二月癸亥立第八皇弟躋爲江夏王第九皇弟贊爲武陵王

三年春正月辛巳車駕親祠南郊明堂三月丙寅河南王遣使獻方物己巳以車騎將軍張敬兒爲雍州刺史其日京師大水遣尚書郎官長檢行賑賜閏月戊戌詔曰頃民俗滋弊國度未殷歲時屢薦編戶不給且邊虞尚警儀賓彌繁永言夕惕寢興增疚思弘豐耗之制以惇約素之風庶偫蓄拯民以康治道太官珍膳御府麗服諸所供擬一皆減撤可詳爲其格務從簡衷夏四月遣尚書郎到諸州檢括民戶窮老尤貧者蠲除課調丁壯猶有生業隨宜寬申貲財足以充限者督令洗畢丙戌車駕幸中堂聽訟六

月癸未北國使至兼司徒袁粲尚書令褚淵並固讓秋七月庚戌以粲爲尚書令壬戌以給事黃門侍郎劉懷珍爲豫州刺史八月庚子加護軍將軍褚淵中書監九月丙辰征西大將軍河南王吐谷渾拾寅進號車騎大將軍冬十月丙戌高麗國遣使獻方物十二月乙丑以冠軍將軍姚道和爲司州刺史

四年春正月己亥車駕躬耕籍田大赦天下賜力田爵一級貸貧民糧種壬子以梁南秦二州刺史

王玄載爲益州刺史二月壬戌以步兵校尉范栢年爲梁南秦二州刺史丁卯加金紫光祿大夫王琨特進夏五月以寧朔將軍武都王楊文度爲北秦州刺史乙未尚書右丞虞玩之表陳時事曰天府虛散垂三十年江荆諸州稅調本少自頃以來軍募多乏其穀帛所入折供文武豫兗司徐開口待哺西北戎將裸身求衣委輸京都蓋爲寡薄天府所資唯有淮海民荒財單不及曩日而國度引費四倍元嘉二衞臺坊

人力五不餘一都水材官朽散十不兩存備豫都庫材竹俱盡東西二堈塼瓦雙匱敕令給賜悉仰交市尚書省舍日就傾頹第宅府署類多穿毀視不遑救知不暇及尋所入定調用恒不周既無儲畜理至空盡積弊累耗鍾於今日昔歲奉敕課以揚徐衆逋凡入米穀六十萬斛錢五千餘萬布絹五萬匹雜物在外賴此相贍故得推移即今所懸轉多興用漸廣深懼供奉頓闕軍器輟功將士飢怨百官奪祿罥府謝雕麗

之器土木停緹紫之容國戚無以賸勳求無以給如愚管所慮不月則歲矣經國遠謀臣所不敢言朝夕祗勤心存於匪懈起伏震遂事屬冒聞伏願陛下留須臾之鑒垂永代之計發不世之詔施必行之典則氓祇齊懽高卑同泰帝優詔答之庚戌以驍騎將軍曹欣之爲徐州刺史六月乙亥加鎭軍將軍齊王尚書左僕射秋七月戊子征北將軍南徐州刺史建平王景素據京城反巳丑內外纂嚴遣驍騎將軍任農夫領軍將軍

黃回北討鎭軍將軍齊王揔統衆軍曲赦南徐州始安王伯融都鄉侯伯猷賜死辛卯豫州刺史殷佛榮統前鋒馬步衆軍甲午軍主左軍將軍張保戰敗見殺黃回等至京城與景素諸軍戰連破之乙未剋京城斬景素同逆皆伏誅其日解嚴丙申大赦天下封賞各有差原京邑二縣元年以前逋調辛丑以武陵王贊爲南徐州刺史八月丁卯立第十皇弟翽爲南陽王第十一皇弟嵩爲新興王第十二皇弟禧爲始建王庚

午以給事黃門侍郎阮佃夫爲南豫州刺史乙酉以行青冀二州刺史劉善明爲青冀二州刺史九月丁亥割郢州之隨郡屬司州戊子驍騎將軍高道慶有罪賜死己丑車騎將軍揚州刺史安成王進號驃騎大將軍開府儀同三司安西將軍郢州刺史晉熙王燮進號鎮西將軍冬十月辛酉以吏部尚書王僧虔爲尚書右僕射宕昌王梁彌機爲安西將軍河涼二州刺史丙寅中書監護軍將軍褚淵毋憂去職十一月庚戌

詔攝本任

五年春二月壬申以建寧太守柳和爲寧州刺史四月甲戌豫州刺史阮佃夫步兵校尉申伯宗朱幼謀廢立佃夫幼下獄死伯宗伏誅五月己亥以左軍將軍沈景德爲交州刺史驃騎將軍全景文爲南豫州刺史丙午以屯騎校尉孫曇瓘爲越州刺史六月甲戌誅司徒左長史沈勃散騎常侍杜幼文游擊將軍孫超之長水校尉杜叔文大赦天下七月戊子夜帝殞於仁壽殿時年十五己丑皇太后令曰衛將軍領軍中書監八座昱以冢嫡嗣登皇統庶其體識日弘社稷有寄豈意窮凶極悖自幼而長善無細而不達惡有大而必蹈前後訓誘常加隱蔽險戾難移日月滋甚棄冠毀冕長襲戎衣犬馬是狎鷹隼是愛皁歷軒殿之中韝紲宸扆之側至乃單騎遠郊獨宿深野手揮矛鋋躬行刳斮白刃爲弄器斬害爲恒務捨交戟之衛委天畢之儀趨步闤闠酣謌鄽肆宵遊忘反宴寢營舍

奪人子女掠人財物方筴所不書振古所未聞沈勃儒士孫超功臣幼文兄弟並豫勳効四人無罪一朝同戮飛鏃鼓劍孩稚無遺屠裂肝腸以爲戲謔投骸江流以爲懽笑又淫費無度帑藏空竭橫賦關河專充別蓄黔庶嗷嗷厝生無所吾與其所生每厲以義方遂謀酖毒將騁凶忿沈憂假日慮不終朝自昔辛癸爰及幽厲方之於此未譬萬分民怨既深神怒已積七廟阽危四海褫氣廢昏立明前代令範況乖滅義反

道天人所棄釁深牧野理絶桐宮故密令蕭領
軍潛運明略幽顯協規普天同泰驃騎大將軍
安成王體自太宗天挺淹叡風神凝遠德映在
田地隆親茂皇曆攸歸億兆係心含生屬望宜
光奉祖宗臨享萬國便依舊典以時奉行未亡
人追往傷懷永言感絶太后又令曰昱窮凶極
暴自取灰滅雖曰罪招能無傷悼棄同品庶顧
所不忍可特追封蒼梧郡王葬丹陽秣陵縣郊
壇西初昱在東宮年五六歲時始就書學而惰

業好嬉戲主師不能禁好緣漆帳竿去地丈餘
如此者半食久乃下年漸長喜怒乖節左右有
失旨者輒手加撲打徒跣蹲踞以此爲常主師
以白太宗上輒敕昱所生嚴加捶訓及嗣位內畏
太后外憚諸大臣猶未得肆志自加元服變態
轉興內外稍無以制三年秋冬間便好出遊行
太妃每乘青篾車隨相檢攝昱漸自放恣太妃
不復能禁單將左右棄部伍或十里二十里或
入市里或往營署日暮乃歸四年春夏此行彌

數自京城剋定意志轉驕於是無日不出與左
右人解僧智張五兒恒相馳逐夜出開承明門
夕去晨反晨出暮歸從者並執鋋矛行人男女
及犬馬牛驢值無免者民間擾懼晝日不敢開
門道上行人殆絶常著小袴褶未嘗服衣冠或
有忤意輒加以虐刑有白梃數十枚各有名號
鍼椎鑿鋸之徒不離左右嘗以鐵椎椎人陰破
左右人見之有斂眉者昱大怒令此人袒胛正
立以矛刺胛洞過於耀靈殿上養驢數十頭所

自乘馬養於御牀側先是民間訛言謂太宗不
男陳太妃本李道兒妾道路之言或云道兒子
也昱每出入去來常自稱劉統或自號李將軍
與右衞翼輦營女子私通每從之遊持數千
錢供酒肉之費阮佃夫腹心人張羊爲佃夫所
委信佃夫敗叛走後捕得昱自於承明門以車
轢殺之杜延載沈勃杜幼文孫超皆躬運矛鋋
手自臠割執幼文兄叔文於玄武湖北昱馳馬
執矟自往刺之制露車一乘其上施篷乘以出

入從者不過數十人羽儀追之恒不及又各慮禍亦不敢追尋唯整部伍別在一處瞻望而已凡諸鄙事過目則能鍛鍊金銀裁衣作帽莫不精絶未嘗吹箎執管便韻天性好殺以此爲懽一日無事輒慘慘不樂内外百司人不自保殿省憂遑夕不及旦齊王順天人之心潛圖廢立與直閤將軍王敬則謀之七月七日昱乘露車從二百許人無復鹵簿羽儀往青園尼寺晚至新安寺就曇度道人飲酒醉夕扶還於仁壽殿東阿氈幄中卧時昱出入無恒省内諸閤夜皆不閉且羣下畏相逢值無敢出者宿衛並逃避内外無相禁攝王敬則先結昱左右楊玉夫楊萬年吕欣之湯成之陳奉伯張石留羅僧智鍾千載嚴道福雷道賜戴昭祖許啓戚元寶盛道泰鍾千秋王天寶公上延孫俞成錢道寶馬敬之陳寶直吳璩之劉印魯唐天寶俞孫等二十五人謀共取昱其夕敬則出外玉夫見昱醉熟無所知乃與萬年同入氈幄内以昱防身刀斬

之奉伯提昱首依常行法稱敕開承明門出以首與敬則馳至領軍府以首呈齊王王乃戎服率左右數十人稱行還開承明門入昱他夕每開門門者震懾不敢視至是弗之疑齊王既入曉乃奉太后令奉迎安成王

史臣曰喪國亡家之主雖適末同途發軫或異也前廢帝卑遊褻幸皆龍駕帝飾傳警淸路蒼梧王則藏璽懷紱魚服忘反危冠短服匹馬孤征至於殞身覆祚其理若一媯夏之隆質文異尚亡國之道其亦然乎

本紀第九　　宋書九

本紀第十　宋書十

臣沈約　新撰

順帝

順皇帝諱準字仲謀小字智觀明帝第三子也
泰始五年七月癸丑生七年封安成王食邑三
千戶仍拜撫軍將軍置佐史廢帝即位爲揚州
刺史元徽二年進號車騎將軍都督揚南豫二
州諸軍事給鼓吹一部刺史如故四年又進號
驃騎大將軍開府儀同三司班劒三十人都督

刺史如故元徽五年七月戊子夜廢帝殞奉迎王
入居朝堂壬辰即皇帝位昇明元年改元大赦
天下賜文武位二等甲午鎮軍將軍齊王出鎮
東城輔政作相丙申詔曰露臺息構義光漢德
雉裘焚制事隆晉道故以檢奢軌化敦儉馭俗
頃甸服未靜師旅連年委畜屢空勞藏莫偃而
丹臒之飾糜耗難訾寶賂之費徵賦靡計今車
服儀制寔宜約損使徽章有序勿得侈溢可罷
省御府二署凡工麗彫鐫傷風毀治一皆禁斷

庚永昭憲則弘茲始政征西大將軍荆州刺史
沈攸之進號車騎大將軍開府儀同三司尚書
左僕射中領軍鎮軍將軍南兗州刺史齊王爲
司空錄尚書事驃騎大將軍刺史如故中書令
衛將軍開府儀同三司撫軍將軍劉秉爲尚書
令加中軍將軍安西將軍郢州刺史晉熙王燮
爲撫軍將軍揚州刺史南陽王翽爲郢州刺史
辛丑尚書右僕射王僧虔爲尚書僕射右衛將
軍劉韞爲中領軍金紫光祿大夫王琨爲右光

祿大夫給司空齊王錢五百萬布五千匹癸卯
車駕謁太廟丙午以安西參軍明慶符爲青冀
二州刺史武陵王贊爲郢州刺史新除郢州刺
史南陽王翽爲湘州刺史司空南兗州刺史齊
王改領南徐州刺史征虜將軍李安民爲南兗
州刺史雍州大水八月壬子遣使賑卹蠲除稅
調以驃騎長史劉澄之爲南豫州刺史山陽太
守千天寶新吳縣子秦立有辠下獄死戊午改
平準署辛酉 以宣城太守李靈謙爲兗州刺史

癸亥司空袁粲鎮石頭丁卯原除元年以前逋調僨郡縣祿田戊辰崇拜帝所生陳昭華爲皇太妃庚午司空長史謝朏衛軍長史江斆中書侍郎褚炫武陵王文學劉俁入直殿省參侍文義齊王固讓司空庚辰以爲驃騎大將軍開府儀同三司九月巳丑詔曰昔聖王既沒淳風巳衰龜書永湮龍圖長祕故三代之末德刑相擾世淪物競道陂人詖然猶正士比轂奇才接軫朕襲運金樞纂靈瑶極負扆巡政日晏忘疲永

言興替望古盈慮姬夏典載猶傳緗帙漢魏餘文布在方冊故元封興茂才之制地節勑獨行之品振維務本存乎得人今可宣下州郡搜揚幽仄摽采鄉邑隨名薦上朕將親覽甄其茂異庶野無遺彥永激遐芬巳酉廬陵王暠薨冬十一月巳酉倭國遣使獻方物丙午員外散騎侍郎胡羨生行越州刺史以交州刺史沈景德爲廣州刺史十二月丁巳以驍騎將軍王廣之爲徐州刺史車騎大將軍荆州刺史沈攸之舉兵

反丁卯録公齊王入守朝堂侍中蕭嶷鎮東府戊辰內外纂嚴巳巳以郢州刺史武陵王贊爲安西將軍荆州刺史征虜將軍雍州刺史張敬兒進號鎮軍將軍右衛將軍黄回爲平西將軍郢州刺史督諸軍前鋒南討征虜將軍吕安國爲湘州刺史都官尚書王寬加平西將軍庚午新除左衛將軍齊王世子奉新除撫軍將軍揚州刺史晉熙王燮鎮尋陽之盆城壬申以驍騎將軍周槃龍爲廣州刺史是日司徒袁粲據石

頭反尚書令劉秉黄門侍郎劉述冠軍王藴率衆赴之黄回及輔國將軍孫曇瓘屯騎校尉王宜興輔國將軍任候伯左軍將軍彭文之密相響應中領軍劉韞直閤將軍卜伯興在殿內同謀録公齊王誅韞等於省內軍主蘇烈王天生薛道淵戴僧靜等陷石頭斬粲於城內秉述藴踰城走追擒之竝伏誅其餘無所問豫州刺史劉懷珍雍州刺史張敬兒廣州刺史陳顯達竝舉義兵司州刺史姚道和梁州刺史范栢年湘

州行事庚佩玉擯撥懷貳甲戌大赦天下乙亥以尚書僕射王僧虔爲尚書左僕射新除中書令王延之爲尚書右僕射吳郡太守劉遐據郡反輔國將軍張瓌討斬之閏月辛巳屯騎校尉王宜興有辠伏誅癸巳沈攸之攻圍郢城前軍長史柳世隆固守攸之弟登之作亂於吳興吳興太守沈文季討斬之己亥内外戒嚴假録公齊王黃鉞辛丑寧朔將軍北秦州刺史武都王楊文度進號征西將軍乙巳録公齊王出頓新亭

二年春正月沈攸之遣將公孫方平據西陽辛酉建寧太守張謨擊破之丁卯沈攸之自郢城奔散己巳華容縣民斬送之左將軍豫州刺史劉懷珍進號平南將軍辛未鎮軍將軍雍州刺史張敬兒克江陵斬攸之子光琰荆州平同逆皆伏誅丙子解嚴以新除侍中柳世隆爲尚書右僕射是日録公齊王旋鎮東府丁丑以江州刺史邵陵王友爲安南將軍豫州刺史左衛將軍齊王世子爲江州刺史侍中蕭嶷爲領軍鎮

軍將軍雍州刺史張敬兒進號征西將軍平西將軍郢州刺史黃回進號鎮西將軍二月庚辰以尚書左僕射王僧虔爲尚書令尚書右僕射王延之爲尚書左僕射癸未録公齊王加授太尉衛將軍褚淵爲中書監司空甲申曲赦荆州丙戌撫軍將軍揚州刺史晉熙王燮進號中軍將軍開府儀同三司戊子蠲雍州緣沔居民前被水災者租布三年辛卯郢州刺史新除鎮南將軍黃回爲鎮北將軍南兗州刺史南兗州刺史李安民爲郢州刺史癸巳以山陰令傅琰爲益州刺史丙申左軍將軍彭文之有辠下獄死行湘州事任候伯殺前湘州行事庚佩玉傳首京邑三月庚戌以廣州刺史周槃龍爲司州刺史輔國將軍劉悛爲廣州刺史丙子給太尉齊王羽葆鼓吹夏四月己卯以游擊將軍垣崇祖爲兗州刺史辛卯新除鎮北將軍南兗州刺史黃回有辠賜死甲午輔國將軍淮南宣城二郡太守蕭映行南兗州刺史五月戊午倭國王武

遣使獻方物以武爲安東大將軍輔國將軍行湘州事任候伯有辠伏誅六月己丑以前新會太守趙超民爲交州刺史丁酉以輔國將軍楊文弘爲北秦州刺史武都王八月辛卯太尉齊王表斷奇飾麗服凡十有四條乙未以江州刺史齊王世子爲領軍將軍撫軍將軍丙申以領軍蕭嶷爲江州刺史九月乙巳朔日有蝕之丙午加太尉齊王黃鉞都督中外諸軍事太傅領揚州牧劒履上殿入朝不趨贊拜不名置左右

長史司馬從事中郎掾屬各四人中軍將軍揚州刺史晉熙王燮爲司徒戊申行南兗州刺史蕭映爲南兗州刺史甲寅給太傅齊王三望車己未芮芮國遣使獻方物癸酉武陵內史張澹有辠下獄死冬十月丁丑寧朔將軍淮南宣城二郡太守蕭晃爲豫州刺史孫曇瓘先逃亡己卯擒獲伏誅壬寅立皇后謝氏減死辠一等五歲刑以下悉原十二月壬子立故武昌太守劉琨息頒爲南豐縣王癸亥臨澧侯劉晃謀反晃及黨與皆伏誅甲子改封南陽王翽爲隨郡王改隨陽郡十二月丙戌皇后見于太廟戊子高麗國遣使獻方物

三年春正月甲辰以江州刺史蕭嶷爲鎮西將軍荊州刺史尚書左僕射王延之爲安南將軍江州刺史安西長史蕭順之爲郢州刺史乙卯太傅齊王表諸負官物質役者悉原除辛亥以驍騎將軍王玄邈爲梁南秦二州刺史領軍將軍撫軍將軍齊王世子加尚書僕射進號中軍

大將軍開府儀同三司丙辰加太傅齊王前部羽葆鼓吹丁巳詔太傅府依舊辟召以征西將軍雍州刺史張敬兒爲護軍將軍新除給事黃門侍郎蕭諱爲雍州刺史二月丙子安南將軍南豫州刺史邵陵王友薨三月癸卯朔日有蝕之甲辰崇太傅爲相國總百揆封十郡爲齊公備九錫之禮加璽紱遠游冠位在諸王上加相國綠綟綬其驃騎大將軍揚州牧南徐州刺史如故丙午以中軍大將軍諱爲南豫州刺史齊

公世子副貳相國緑綟綬庚戌臨川王緈謀反
緈及黨與皆伏誅丁巳以齊國初建給錢五百
萬布五千匹絹千匹夏四月壬申進齊公爵為
齊王增封十郡甲戌安西將軍武陵王贊薨丙
戌命齊王冕十有二旒建天子旌旗出警入蹕
乘金根車駕六馬備五時副車置旄頭雲罕樂
儛八佾設鍾簴宮縣進世子為太子王子王女
王孫爵命之號壹如舊儀辛卯天禄永終禪位
于齊壬辰帝遜位于東邸既而遷居丹陽宮齊

王踐阼封帝為汝陰王待以不臣之禮行宋正
朔上書不為表答表不為詔建元元年五月己
未徂于丹陽宮時年十三謚曰順帝六月乙酉
葬于遂寧陵
史臣曰聖王膺籙自非接亂承微則天曆不至
也自三五以來受命之主莫不乘淪亾之極然
後將樂推之運水德遷謝其來久矣豈止於區
區[illegible]揖禪而已哉

[illegible]第十　宋書十

志第一　宋書十一

臣沈約新撰

律

志序

左史記言右史記事事則春秋是也言則尚書
是也至於楚書鄭志晉乘楚杌之篇皆所以照
述前史俾不泯於後司馬遷制一家之言始區
別名題至乎禮儀刑政有所不盡乃於紀傳之
外𠜂立八書片文隻事鴻纖備舉班氏因之靡

違前式網羅一代條流遂廣律曆禮樂其名不
變以天官為天文改封禪為郊祀易貨殖平準
之稱革河渠溝洫之名綴孫卿之辭以述刑法
采孟軻之書用序食貨劉向鴻範始自春秋劉
歆七略儒墨異部朱贛博采風謠尤為詳洽
固並因仍以為三志而禮樂疏簡所漏者多
典章事數百不記一天文雖為該舉而不言
天形致使三天之說紛然莫辨是故蔡邕於
朔方上書謂宜載述者也漢興接阬儒之後

之後典墳殘缺耆生碩老常以亡逸為慮劉歆七略固之藝文蓋為此也河自龍門東注橫被中國每漂決所漸寄重災深堤築之功勞役天下且關洛高塏地少川源是故鎬酆潦潏咸入禮典漳滏鄭白之饒溝渠沾溉之利皆民命所祖國以為天溝洫立志亦其宜也世殊事改於今可得而略竊以班氏律曆前事已詳自楊偉改創景初而魏書闕志及元嘉重造新法大明博議回改自魏至宋宜入今書班固禮

樂郊祀馬彪祭祀禮儀蔡邕朝會董巴輿服並各立志夫禮之所苞其用非一郊祭朝饗匪云別事旗章服物非禮而何今揔而裁之同謂禮志刑法食貨前說已該隨流派別附之紀傳樂經殘缺其來已遠班氏所述政抄舉樂記馬彪後書又不備續至於八音眾器並不見書雖略見世本所闕猶眾爰及雅鄭謳謠之節一皆屏落曾無槩見郊廟樂章每隨世改雅聲舊典咸有遺文又案今鼓吹鐃哥雖

有章曲樂人傳習口相師祖所務者聲不先訓以義今樂府鐃哥校漢魏舊曲曲名時同文字永異尋文求義無一可了不知今之鐃章何代曲也今志自郊廟以下凡諸樂章非淫哇之辭並皆詳載天文五行自馬彪以後無復記錄何書自黃初之始徐志肇義熙之元今以魏接漢式遵何氏然則自漢高帝五年之首冬暨宋順帝昇明二年之孟夏二辰六沴甲子無差聖帝哲王咸有瑞命之紀蓋所以神明寶

位幽贊禎符欲使逐鹿弭謀窺覦不作握河括地綠文赤字之書言之詳矣爰逮道至天而甘露下德洞地而醴泉出金芝玄秬之祥朱草白烏之瑞斯固不可誣也若夫衰世德爽而嘉應不息斯固天道茫昧難以數推亦由明主居上而震蝕之災不弭百靈咸順而懸象之應獨違今立符瑞志以補前史之闕地理參差事難該辨魏晉以來遷徙百計一郡分為四五一縣割成兩三或昨屬荊豫今隸司兗朝為零桂之士

夕爲盧九之民去來紛擾無暫止息版籍爲之渾淆職方所不能記自戎狄内侮有晋東遷中土遺氓播徙江外幽并冀雍兖豫青徐之境幽淪寇逆自扶莫而裹足奉首免身於荆越者百郡千城流寓比室人佇鴻鴈之哥士蓄懷本之念莫不各樹邦邑思復舊井旣而民單戶約不可獨建故魏邦而有韓邑齊縣而有趙民且省置交加日回月徙寄寓遷流迄無定託邦名邑號難或詳書大宋受命重啓邊隙淮北五州翦

爲寇境其或奔亾播遷復立郡縣斯則元嘉泰始同名異實今以班固馬彪二志晋宋起居凡諸記註悉加推討隨條辨析使悉該詳百官置省備有前說尋源討流於事爲易元嘉中東海何承天受詔纂宋書其志十五篇以續馬彪漢志其證引該博者即而因之亦由班固馬遷共爲一家者也其有漏闕及何氏後事備加搜采隨就補綴焉淵流浩漫非孤學所盡足蹇途遙豈短策能運雖斟酌前史備覩妍嗤而愛嗜異情取捨殊意毎含毫握簡杼軸忘飡終不足與班左並馳董南齊轡庶爲後之君子削藁而已焉

黃帝使伶倫自大夏之西阮隃之陰取竹之嶰谷生其竅厚均者斷兩節間而吹之以爲黃鍾之宫制十二管以聽鳳鳴以定律呂夫聲有清濁故協以宫商形有長短故檢以丈尺器有大小故定以斛斗質有輕重故平以鈞石故虞書曰乃同律度量衡然則律呂宫商之所由生也

夫樂有器有文有情有官鍾鼓干戚樂之器也屈伸舒疾樂之文也論倫無患樂之情也欣喜歡愛樂之官也是以君子反情以和志廣樂以成敎故能情深而文明氣盛而化神和順積中而英華發外故曰樂者心之動也聲者樂之象也周禮曰乃奏黃鍾哥大呂舞雲門以祀天神乃奏太蔟哥應鍾舞咸池以祭地祇四望山川先祖各有其樂又曰圜鍾爲宫黃鍾爲徵姑洗爲羽雷鼓雷鼗孤竹之管雲和之琴瑟雲

門之舞冬日至於地上之圜丘奏之若樂六變則天神皆降可得而禮矣地祇人鬼禮亦如之其可以感物興化若此之深也道始於一一生二二生三三而九故黃鐘之數六分而爲雌雄十二鐘鐘以三成故置一而三之凡積分十七萬七千一百四十七爲黃鐘之實故黃鐘位子主十一月下生林鐘林鐘之數五十四主六月上生太蔟太蔟之數七十二主正月下生南呂南呂之數四十八主八月上生姑洗姑洗之數

六十四主三月下生應鐘應鐘之數四十三主十月上生蕤賓蕤賓之數五十七主五月上生大呂大呂之數七十六主十二月下生夷則夷則之數五十主七月上生夾鐘夾鐘之數六十七主二月下生無射無射之數四十五主九月上生中呂中呂之數六十主四月極不生（極不生鐘律不能復相生）宮生徵徵生商商生羽羽生角角生姑洗姑洗生應鐘不比於正音故爲和（姑洗三月應鐘十月不與正音比故爲和和徙聲也）應鐘生蕤賓蕤賓不比於正音

故爲繆（繆音相干也周律故有繆和爲武王伐紂七音也）日冬至音比林鐘浸以濁日夏至音比黃鐘浸以清以十二月律應二十四時甲子中呂之徵也丙子夾鐘之羽也戊子黃鐘之宮也庚子無射之商也壬子夷則之角也古人爲度量輕重皆生乎天道黃鐘之律長九寸物以三生三三九三九二十七故幅廣二尺七寸古之制也音以八相生故人長八尺尋自倍故八尺而爲尋有形即有聲音之數五以五乘八五八四十尺爲匹匹者中

人之度也一匹爲制秋分而禾穮定（穮禾穗芒也）穮定而禾孰律之數十二故十二穮而當一粟一粟而當一寸律以當辰音以當日日之數十故十寸而爲尺十尺爲丈其以爲重十二粟而當一分十二分而當一銖十二銖而當半兩衡有左右因而倍之故二十四銖而當一兩天有四時以成一歲因而四之四四十六故十六兩而一斤三月而一時三十日一月故三十斤而爲一鈞四時而一歲故四鈞而一石其

爲音也一律而生五音十二律而爲六十音因而六之六六三十六故三百六十音以當一歲之日故律曆之數天地之道也下生者倍以三除之上生者四以三除之楊子雲曰聲生於日謂甲已爲角乙庚爲商丙辛爲徵丁壬爲羽戊癸爲宮律生於辰謂子爲黃鍾丑爲大呂之屬聲以情質質正也各以其行本情爲正也律以和聲當以律管鍾均和其清濁之聲聲律相協而八音生協和宮商角徵羽謂之五聲金石匏革絲竹土木謂之八音聲和音諧是謂五樂夫陰陽和則景至律氣應

則灰除是故天子常以冬夏至御前殿合八能之士陳八音聽樂均度晷景候鍾律權土炭効陰陽冬至陽氣應則樂均清景長極黃鍾通土炭輕而衡仰夏至陰氣應則樂均濁景短極蕤賓通土炭重而衡低進退於先後五日之中八能各以候狀聞太史令封上効則和否則占候氣之法爲室三重戶閉塗釁周密布緹幔室中以木爲案每律各一內庳外高從其方位加律其上以葭莩灰布其內端案曆而候之氣至者

次去散人及風所動者其灰聚殿中候用玉律十二唯二至乃候取弘農宜陽縣金門山竹爲灰三代陵遲音律失度漢興北平侯張蒼始定律曆孝武之世置協律之官元帝時郎中京房知五音六十律之數受學於小黃令焦延壽其下生上生終於中呂而十二律畢矣中呂上生執始執始下生去滅終於南事而六十律畢矣夫十二律之變至於六十猶八卦之變至於六十四也宓羲作易紀陽氣之初以爲律法建

日冬至之聲以黃鍾爲宮太蔟爲商沽洗爲角林鍾爲徵南呂爲羽應鍾爲變宮蕤賓爲變徵此聲氣之元五音之正也故各統一日其餘以次運行當日者各自爲宮而商角徵羽以類從焉禮運篇曰五聲六律十二管還相爲宮此之謂也以六十律分一朞之日黃鍾自冬至始及冬至而復陰陽寒燠風雨之占於是生焉房又曰竹聲不可以度調故作準以定數準之狀如瑟長丈而十三弦隱間九尺以應黃鍾之

律九寸中央一弦下有畫分寸以爲六十律清
濁之節房言律詳其術施行於史官候部用
之續漢志具載其律準度數
漢章帝元和元年待詔候鍾律殷彤上言官
無曉六十律以準調音者故待詔嚴崇具以準
法教子男宣願召宣補學官主調樂器詔曰崇
子學審曉律別其族協其聲者審試不得依
託父學以聾爲聰聲微妙獨非莫知獨是莫曉
以律錯吹能知命十二律不失一乃爲能傳崇

學耳試宣十二律其二中其四不中其六不知
何律宣遂罷自此律家莫能爲準靈帝熹平
六年東觀召典律者太子舍人張光等問準意
光等不知歸閱舊藏乃得其器形制如房書猶
不能定其絃緩急音不可以書曉人知之者欲教
而無從心達者體知而無師故史官能辨清濁
者遂絕其可以相傳者唯候氣而已

舊律度　新律度　舊律分　新律分　新律小分十三十六

黃鍾九寸　九寸　十七萬七千一　十七萬七千一

百四十七　百四十七

林鍾六寸　六寸一氂　十一萬八千　十一萬八千二

九十八　百九十六二十五

太簇八寸　八寸二氂　十五萬七千四　十五萬七千八百

百六十四　六十一十四

南呂五寸三　五寸三分六　十萬四千九　十萬五千五

分三氂少彊　氂少彊　百七十六　百七十三

姑洗七寸一分　七寸一分五氂少彊　十三萬九千　十四萬七百六

一氂彊　九百六十八　十二三十八

應鍾四寸七　四寸七分九氂彊　九萬三千三　九萬四千三

百一十二　百五十七

蕤賓六寸三　六寸三分八　十二萬四千　十二萬五千六

分二氂彊　氂少彊　四三十六　八六

大呂八寸四分　八寸四分九　十六萬五千　十六萬七千二

二氂大彊　氂大彊　八百八十八　百七十八三十一

夷則五寸六分　五寸七分弱　十一萬五百　十一萬二千一

一氂大彊　九十二　百八十一二十

夾鍾七寸四　七寸五分八氂　十四萬七千四　十四萬九千

分九氂少強		百五十六	二百四十四九
無射四寸九	五寸九氂半	九万八千三	十万二百九
分九氂半強		百四	十三十四
中呂六寸六	六寸七分七氂	十三万一千七	十三万三千二
分六氂弱		十二	百五十七三千五
黃鍾八寸八	九寸	十七万四千	十七万七千
分八氂弱		七百六十二	一百四十七
		三分之二分二千四百八十四三分之一	

論曰律呂相生皆三分而損益之先儒推十二律從

宋書志一 十二 朱

子至亥每三之凡十七萬七千一百四十七而三約之是爲上生故漢志云三分損一下生林鍾三分益一上生太蔟無射既上生中呂則中呂又當上生黃鍾然後五聲六律十二管還相爲宮今上生不及黃鍾實二千三百八十四九約實一千九百六十八爲一分此則不周九寸之律一分有奇豈得還爲宮乎凡三分益一爲上生三分損一爲下生此其大略猶周天斗分四分之一耳京房不思此意比十二律微有所增方

引而伸之中呂上生執始執始下生去滅至于南事爲六十律竟復不合彌益其疎班氏所志未能通律呂本源徒訓角爲觸徵爲祉陽氣施種於黃鍾如斯之屬空煩其文而爲辭費又推九六欲符劉歆三統之數假託非類以飾其說皆孟堅之妄矣

蔡邕從朔方上書云前漢志但載十律不及六十六律尺寸相生司馬彪皆已志之漢末亡失雅樂黃初中鑄工柴玉巧有意思形器之中多

三十二 宋書志一 十三 廣

所造作協律都尉杜夔令玉鑄鍾其聲清濁多不如法數毀改作玉甚猒之謂夔清濁任意更相訴白於魏王魏王取玉所鑄鍾雜錯更試然後知夔爲精於是罪玉及諸子皆爲養馬士晉太始十年中書監荀勗中書令張華出御府銅竹律二十五具部太樂郎劉秀等校試其三具與杜夔及左延年律法同其二十二具視其銘題尺寸是笛律也問協律中郎將列和辭昔魏明帝時令和承受笛聲以作此律欲使學者別

居一坊哥詠講習依此律調至於都合樂時但識其尺寸之名則絲竹哥詠皆得均合哥聲濁者用長笛長律哥聲清者用短笛短律凡絃哥調張清濁之制不依笛尺寸名之則不可知也勗等奏昔先王之作樂也以振風蕩俗饗神佐賢必協律呂之和以節八音之用是故郊祀朝宴用之有制哥奏分敍清濁有宜故曰五聲十二律還相爲宮此經傳記籍可得而知者也如和對辭笛之長短無所象則率意而作不由曲度

考以正律皆不相應吹其聲均多不諧合又辭先師傳笛別其清濁直以長短工人裁制舊不依律是爲作笛無法而知寫笛造律又令琴瑟哥詠從之爲正非所以稽古先哲垂憲于後者也謹條牒諸律問和意狀如左及依典制用十二律造笛像十二枚聲均調和器用便利講肄彈擊必合律呂況乎宴饗萬國奏之廟堂者哉雖伶夔曠遠至音難精猶宜形古昔以求厥衷合于經禮於制爲詳若可施用請吏部笛上

選竹造作太樂樂府施行平議諸杜夔左延年律可皆留其御府笛正聲下徵各一具皆銘題作者姓名其餘無所施用還付御府毀奏可勗又問和作笛爲可依十二律作十二笛令一孔依一律然後乃以爲樂不和辭太樂東廂長笛正聲已長四尺二寸令當復取其下徵之聲於法聲濁者笛當長計其尺寸乃五尺有餘和昔日作之不可吹也又笛諸孔雖不校試意謂不能得一孔輒應一律也案太樂四尺二寸笛正聲

均應蕤賓以十二律還相爲宮推法下徵之孔當應律大呂大呂笛長二尺六寸有奇不得長五尺餘令太樂郎劉秀鄧昊等依律作大呂笛以示和又吹七律一孔一校聲皆相應然後令郝生鼓箏宋同吹笛以爲雜引相和諸曲和乃辭曰自和父祖漢世以來笛家相傳不知此法而令調均與律相應實非所及也郝生魯基种整朱夏皆與和同又問和笛有六孔及其體中之空爲七和爲能盡名其宮商角徵不孔調與

不調以何檢知和辭先師相傳吹笛但以作曲相語爲某曲當與某指初不知七孔盡應何聲也若當作笛其仰尚方笛工依案舊像訖但吹取鳴者初不復校其諸孔調與不調也案周禮調樂金石有一定之聲是故造鍾磬者先依律調之然後施於廂懸作樂之時諸音皆受鍾磬之均即爲悉應律也至於饗宴殿堂之上無廂懸鍾磬以笛有一定調故諸絃哥皆從笛爲正是爲笛猶鍾磬宜必合於律呂如和所對直

以意造率短一寸七孔聲均不知其皆應何律調與不調無以檢正唯取竹之鳴者爲無法制輒部郎劉秀鄧昊　魏邵等與笛工參共作笛工人造其形律者定其聲然後器象有制音均和協又問和若不知律呂之義作樂音均高下清濁之調當以何名之和辭每合樂時隨哥者聲之清濁用笛有長短假令聲濁者用三尺二笛因名曰此三尺二調也聲清者用二尺九笛因名曰此二尺九調也漢魏相傳施行皆然

案周禮奏六樂乃奏黃鍾哥大呂乃奏太蔟哥應鍾皆以律呂之義紀哥奏清濁而和所稱以二尺三尺爲名雖漢魏用之俗而不典部郎劉秀鄧昊等以律作笛三尺二寸者應無射之律若宜用長笛執樂者曰請奏無射周語曰無射所以宣布哲人之令德示民軌儀也二尺八寸四分四氂應黃鍾之律若宜用短笛執樂者曰請奏黃鍾周語曰黃鍾所以宣養六氣九德也是則哥奏之義當合經禮考之古典於制爲雅

書曰予欲聞六律五聲八音在治七始周禮載六律六同禮記又曰五聲十二律還相爲宮劉歆班固著律曆志亦紀十二律唯京房始創六十律至章帝時其法已亡蔡邕雖追　其言亦曰今無能爲者依案古典及今音家所用六十律者無施於樂謹依典記以五聲十二律還相爲宮之法制十二笛象記注圖側如別省圖不如視笛之了故復重作蔡寘伏孔笛其制云黃鍾之笛正聲應黃鍾下徵應林鍾長二尺

八寸四分四氂有奇周語曰黄鍾所以宣養六氣九德也主聲調法以黄鍾爲宫則姑洗爲角翕笛之聲應姑洗故以四角之長爲黄鍾之笛也其宫聲正而不倍故曰正聲正聲調法黄鍾爲宫第一孔應鍾爲變宫第一孔南吕爲羽第三孔林鍾爲徵第四孔蕤賓爲變徵第五附孔姑洗爲角笛體中聲大蔟爲商笛後出孔也商聲濁於角當在角下而角聲以在體中故上其商孔令在宫上清於宫也然則宫商正也餘聲皆倍也是故從宫以下孔轉下轉濁也此章說笛孔上下太律之名也下章說律吕相生笛之制也正聲調法黄鍾爲宫作黄鍾之笛將求宫孔以姑洗及黄鍾律從笛首下度之盡二律之長而爲孔則得宫聲也宫生徵黄鍾生林鍾也以林鍾之律從宫孔下度之盡律作孔則得徵聲也徵

生商林鍾生太蔟也以太蔟律從徵孔上度之盡律以爲孔則得商聲也商生羽太蔟生南吕也以南吕律度從角孔下度之盡律爲孔則得羽聲也羽生角南吕生洁洗也以洁洗律從羽孔上行度之盡律而爲孔則得角聲也然則出於商孔之上吹笛者左手所不及也從羽孔下行度之盡律而爲孔亦得角聲出於附商孔之下則吹者右手所不逮也故不作角孔推而下之復倍其均是以角聲在笛體中古之制也音家舊法雖一部再倍但令均同適足爲唱和之聲無害於曲均故也周語曰匏竹利制議宜謂便於事用從宜者也角生變宫洁洗生應鍾也上句所謂當爲角孔而出商下者墨點識之以應律也從此點下行度之爲孔則得變宫之聲也變宫生變徵應鍾生蕤賓也以蕤賓律從變宫下度之盡律爲孔則得變徵之聲十二笛之制各以其宫爲主相生之法或倍或半其使事用例皆一者也下徵調法林鍾爲宫第四孔也本正聲黄鍾之徵徵清當在宫上用笛之宜倍令濁下故曰下徵下徵更爲宫者記所謂五聲十二律還相爲宫者然則正聲調清下徵調濁也南吕爲商第三孔本正聲黄鍾之羽今爲下徵之商應鍾爲角第二孔也本正聲黄鍾之變宫今爲下徵之角也黄鍾爲變徵下徵之調林鍾爲宫大吕當變徵而黄鍾笛本無大吕之聲故假用黄鍾以爲變徵也假用之法當變徵之聲則俱發黄鍾及太蔟應鍾三孔黄鍾應濁而太蔟清大吕律在二律之間俱發三孔而微磑䃔之則得大吕變徵之聲矣諸笛下徵調求變徵之法皆如此太蔟爲徵笛後出孔本正聲之商今爲下徵之徵姑洗爲羽笛體中翕聲也本正聲之角今爲下徵之羽也蕤賓爲變宫附孔是也本正聲之變徵也今爲下徵之變宫也然則正聲之調孔轉下轉濁下徵之調孔轉上轉清也清角之

調以洁洗爲宫即是笛體中翕聲也於正聲爲角於下徵爲羽清角之調乃以爲宫而哨吹令清故曰清角唯得爲宛詩謠俗之曲不合雅樂也蕤賓爲商正也林鍾爲角非正也南吕爲變徵非正也應鍾爲徵正也黄鍾爲羽非正也太蔟爲變宫非正也清角之調唯宫商及徵與律相應餘四聲非正者皆濁一律哨吹令清假而用之其例一也凡笛體用角律其長者八之蕤賓林鍾也短者四之其餘十笛皆四角也空中實容長者十六短笛竹宜受八律之黍也若長短大小不合於此或器用不便聲均法度之齊等也然笛竹率上大下小不能均齊必不得已取其聲均合三宫一曰正聲二曰下徵三曰清角二十一變也宫有七聲錯綜用之故二十一變也諸笛例皆一也伏孔四所以便事用也一曰正角出於商上者也二曰倍角近笛下者也三

曰變宮近於宮孔倍令下者也四曰變徵遠於徵孔倍令高者也或倍或半或四分一取則於琴徵也四者皆不作其孔而取其度以應進退上下之法所以協聲均便事用也其本孔隱而不見故曰伏孔
大呂之笛正聲應大呂下徵應夷則長二尺六
寸六分三氂有奇 周語曰元間大 / 呂助宣物也
大蔟之笛正聲應太蔟下徵應南呂長二尺五
寸三分一氂有奇 周語曰大蔟所以 / 金奏贊陽出滯也
夾鍾之笛正聲應夾鍾下徵應無射長二尺四寸
周語曰二間夾鍾 / 出四隙之細也
姑洗之笛正聲應姑洗下徵應應鍾長二尺二

寸三分三氂有奇 周語曰三間中 / 呂宮中氣也
蕤賓之笛正聲應蕤賓下徵應大呂長三尺
九寸九分五氂有奇 周語曰蕤賓所以安靜神 / 人獻酬交酢變宮近孔故
倍半令下便於用 / 也林鍾亦如之
林鍾之笛正聲應林鍾下徵應太蔟長三尺
七寸九分七氂有奇 周語曰四間林鍾和展 / 百事俾莫不任肅純恪
夷則之笛正聲應夷則下徵應夾鍾長三尺六
寸 周語曰夷則所以詠哥九州平民無貳也 / 變宮之法亦如蕤賓體用四角故四分益一也
南呂之笛正聲應南呂下徵應姑洗長三尺三

寸七分 周語曰五間南 / 呂贊陽秀也
無射之笛正聲應無射下徵應中呂長三尺二
寸 周語曰無射所以宣布哲 / 人之令德示民軌儀也
應鐘之笛正聲應應鐘下徵應蕤賓長三尺九
寸九分六氂有奇 周語曰六間應鐘均 / 利器用俾應復也
勗又以魏杜夔所制律呂檢校太樂總章鼓吹
八音與律乖錯始知後漢至魏尺度漸長於古
四分有餘夔依爲律呂故致失韻及部佐箸作
郎劉恭依周禮更積黍起度以鑄新律旣成募

求古器得周時玉律比之不差毫氂又漢世故
鐘以律命之不叩而自應初勗行道逢趙郡商
人縣鐸於牛其聲甚韻至是搜得此鐸以調律
呂焉
晉武帝以勗律與周漢器合乃施用之散騎侍
郎阮咸譏其聲高非興國之音咸亾後掘地得
古銅尺果長勗尺四分時人咸服其妙
元康中裴頠以爲醫方民命之急而稱兩不與
古同爲害特重宜因此改治權衡不見省

黃鍾箱笛晉時三尺八寸元嘉九年太樂令鍾
宗之滅爲三尺七寸十四年治書令史奚縱又
減五分爲三尺六寸五分列和云東箱長笛四尺二寸也太簇
箱笛晉時三尺七寸宗之滅爲三尺三寸七分
縱又減一寸一分爲三尺二寸六分姑洗箱笛晉
時三尺五寸宗之滅爲二尺九寸七分縱又減五
分爲二尺九寸二分蕤賓箱笛晉時二尺九寸
宗之滅爲二尺六寸縱又減二分爲二尺五寸
八分

宋志第一　宋書十一

志第二

臣沈約　新撰

曆上

夫天地之所貴者生也萬物之所尊者人也役
智窮神無幽不察是以動作云爲皆應天地之
象古先聖哲擬辰極制渾儀夫陰陽二氣陶育
羣品精象所寄是爲日月羣生之性章爲五才
五才之靈五星是也曆所以擬天行而序七耀
紀萬國而授人時黃帝使大橈造六甲容成制

曆象羲和占日常儀占月少昊氏有鳳鳥之瑞
以鳥名官而鳳鳥氏司曆顓頊之代南正重司
天北正黎司地堯復育重黎之後使治舊職分
命羲和欽若昊天故虞書曰朞三百有六旬六
日以閏月定四時成歲其後授舜曰天之曆數
在爾躬舜亦以命禹爰及殷周二代皆剏業革
制而服色從之順其時氣以應天道萬物羣生
蒙其利澤三王既謝史職廢官故孔子正春秋
以明司曆之過秦兼天下自以爲水德以十月

爲正服色上黑漢興襲秦正朔北平侯張蒼首言律曆之事以顓頊曆比於六曆所失差近施用至武帝元封七年太中大夫公孫卿壺遂太史令司馬遷等言曆紀廢壞宜改正朔易服色所以明受之於天也乃詔遂等造漢曆選鄧平長樂司馬可及人間治曆者二十餘人方士唐都分天部落下閎運算轉曆其法積八十一寸則一日之分也閎與鄧平所治同於是皆觀星度日月行更以算推如閎平法一月之日二十

九日八十一分日之四十三詔遷用鄧平所造八十一分律曆以平爲太史丞至元鳳三年太史令張壽王上書以爲元年用黃帝調曆令陰陽不調更曆之過詔下主曆使者鮮于妄人與治曆大司農中丞麻光等二十餘人雜候晦朔弦望二十四氣又詔丞相御史大將軍右將軍史各一人雜候上林清臺課諸疏密凡十一家起三年盡五年壽王課疏遠又漢元年不用黃帝調曆效劾壽王逆天地大不敬詔勿劾復候盡

六年太初曆第一壽王曆乃太史官殷曆也壽王再劾不服竟下吏至孝成時劉向總六曆列是非作五紀論向子歆作三統曆以說春秋屬辭比事雖盡精巧非其實也班固謂之密要故漢曆志述之校之何承天等六家之曆雖六元不同分章或異至今所差或三日或二日數時考其遠近率皆六國及秦時人所造其術斗分多上不可檢於春秋下不驗於漢魏雖復假稱帝王祇足以惑時人耳

光武建武八年太僕朱浮上言曆紀不正宜當改治時所差尚微未遑考正明帝永平中待詔楊岑張盛景防等典治曆但改易加時弦望未能綜校曆元也至元和二年太初失天益遠宿度相覺浸多候者皆知日宿差五度冬至之日在斗二十一度晦朔弦望先天一日章帝召治曆編訢李梵等綜核意狀遂下詔書稱春秋保乾圖曰三百年斗曆改憲史官用太初鄧平術有餘分一在三百年之域行度轉差浸以繆

錯琁機不正文象不稽冬至之日日在斗二十二度先立春一日則四分之立春日也而以折獄斷大刑於氣已逆用望平和蓋亦遠矣今改行四分以遵堯順孔奉天之文同心敬授儻獲咸熙於是四分法施行黃帝以來諸曆以爲冬至在牽牛初者皆黜焉和帝永元十四年待詔太史霍融上言官漏刻率九日增減一刻不與天相應或時差至三刻半不如夏曆密其年十一月甲寅詔曰漏所以節時分定昏明昏明長

短起於日去極遠近日道周圜不可以計率分官漏九日增減一刻違失其實以晷景爲刻密近有驗今下晷景漏刻四十八箭其二十四氣日所在并黃道去極晷景漏刻昏明中星並列載于續漢律曆志安帝延光三年中謁者亶誦上書言當用甲寅元河南梁豐言當復用太初尚書郎張衡周興皆審曆數難誦豐或不能對或云失誤衡等參案儀注考往校今以爲九道法最密詔下公卿詳議太尉愷等參

議太初過天一度月以晦見西方元和改從四分四分雖密於太初復不正皆不可用甲寅元與天相應合圖讖可施行議者不同尚書令忠上奏天之曆數不可任疑從虛以非易是亶等遂寢靈帝熹平四年五官郎中馮光沛相上計掾陳晃等言曆元不正故盜賊爲害曆當以甲寅爲元不用庚申乞本庚申元經緯明文詔下三府與儒林明道術者詳議羣臣會司徒府集議議郎蔡邕曰曆數精微術無常是漢興承秦

曆用顓頊元用乙卯百有二歲孝武皇帝始改太初元用丁丑行之百八十九歲孝章帝改從四分元用庚申今光等以庚申爲非甲寅爲是按曆法黃帝顓頊夏殷周魯各自有元光晃所援則殷曆元也昔始用太初丁丑之後六家紛錯爭訟是非張壽王挾甲寅元以非漢曆雜候清臺課在下第太初效驗無所漏失是則雖非圖讖之元而有效於前者也及用四分以來考之行度密於太初是又新元有效於今者也故

延光中亶誦亦非四分言當用甲寅元公卿參議竟不施行且三光之行遲速進退不必若一故有古今之術今術之不能上通於古亦猶古術不能下通於今也又光晃以考靈耀爲本二十八宿度數至日所在錯異不可參校元和二季用至今九十二歲而光晃言陰陽不和姦臣盜賊皆元之咎元和詔書文備義著非羣臣議者所能變易三公從邕議以光晃不敬正鬼薪法詔書勿治辠

何承天曰夫曆數之術若心所不達雖復通人前識無救其爲敝也是以多歷季歲未能有定四分於天出三百季而盈一日積代不悟徒云建曆之本必先立元假言讖緯遂關治亂此之爲蔽亦已甚矣劉歆三統法尤復疏闊方於四分六千餘季又益一日揚雄心惑其說采爲太玄班固謂之最密著于漢志司彪因曰自太初元季始用三統曆施行百有餘季曾不憶劉歆之生不遠太初二三君子言曆幾乎不知而妄言歟

光和中穀城門候劉洪始悟四分於天疏闊更以五百八十九爲紀法百四十五爲斗分造乾象法又制遲疾曆以步月行方於太初四分轉精微矣魏文帝黃初中太史丞韓翊以爲乾象減斗分太過後當先天造黃初曆以四千八百八十三爲紀法一千二百五爲斗分其後尚書令陳羣奏以爲曆數難明前代通儒多共紛爭黃初之元以四分曆久遠疏闊大魏受命宜正

曆明時韓翊首建黃初猶恐不審故以乾象互相參校曆三季更相是非舍本即末爭長短而疑尺丈竟無時而決按三公議皆綜盡曲理殊塗同歸欲使效之璿機各盡其法一季之間得失足定合於事宜奏可明帝時尚書郎楊偉制景初曆施用至于晉宋古之爲曆者鄧平能脩舊制新劉洪始減四分又定月行遲疾楊偉斟酌兩端以立多少之衷因朔積分設差以推合朔月蝕此三人漢魏之善曆者然而洪之遲疾

不可以檢春秋偉之五星大乖於後代斯則洪用心尚踈偉拘於同出上元壬辰故也

魏明帝景初元年改定曆數以建丑之月爲正改其年三月爲孟夏四月其孟仲季月雖與正歲不同至於郊祀迎氣祭祠烝嘗巡狩蒐田分至啓閉班宣時令皆以建寅爲正三年正月帝崩復用夏正楊偉表曰臣攬載籍斷考曆數時以紀農月以紀事其所由來遐而尚矣乃自少昊則玄鳥司分顓頊帝嚳則重黎司天唐帝虞

舜則羲官掌日三代因之則世有日官日官司曆則頒之諸侯諸侯受之則頒于境內夏后之代羲和湎淫廢時亂日則書載胤征由此觀之審農時而重人事者歷代然也逮至周室既衰戰國橫騖告朔之羊廢而不紹登臺之禮滅而不遵閏分乖次而不識孟陬失紀而莫悟大火猶西流而怪蟄蟲之不藏也是時也天子不恊時司曆不書日諸侯不受職日御不分朔人事不恤廢棄農時仲尼之撥亂於春秋託褒貶糺正司曆失閏則譏而書之登臺頒朔則謂之有禮自此以降暨于秦漢乃復以孟冬爲歲首閏爲後九月中節乖錯時月紕繆加時後天蝕不在朔累載相久而不革也至武帝元封七年始乃寤其繆焉於是改正朔更曆數使大才通人造太初曆校中朔所差以正閏分課中星得度以考踈密以建寅之月爲正朔以黃鍾之月爲曆初其曆斗分太多後遂踈闊至元和二年復用四分曆施而行之至于今日考察日蝕率常在

晦是則斗分太多故先密後踈而不可用也是以臣前以制典餘日推考天路稽之前典驗之食朔詳而精之更建密歷則不先不後古今中天以昔在唐帝協日正時允釐百工咸熙庶績也欲使當今國之典禮凡百制度皆韜合往古郁然備足乃改正朔更曆數以大呂之月爲歲首以建子之月爲曆初臣以爲昔在帝代則法曰顓頊曩自軒轅則曆曰黃帝暨至漢之孝武革正朔更曆數改元曰太初因名太初曆今改

元爲景初宜曰景初曆臣之所建景初曆法數
則約要施用則近密治之則省功學之則易知
雖復使研桑心筭隸首運籌重黎司晷羲和察
景以考天路步驗日月究極精微盡術數之極
者皆未如臣如此之妙也是以累代曆數皆疏
而不密自黃帝以來改革不已
壬辰元以來至景初元年丁巳歲積四千四十
六筭上此元以天正建子黃鐘之月爲曆初元
首之歲夜半甲子朔旦冬至

元法萬一千五十八
紀法千八百四十三
紀月二萬二千七百九十五
章歲十九
章月二百三十五
章閏七
通數十三萬四千六百三十
日法四千五百五十九
餘數九千六百七十

周天六十七萬三千一百五十
紀日歲中十二
氣法十二
沒分六萬七千三百一十五
沒法九百六十七
月周二萬四千六百三十八
通法四十七
會通七十九萬一百二十
朔望合數六萬七千三百一十五

入交限數七十二萬二千七百九十五
通周十二萬五千六百二十一
周日日餘二千五百二十八
周虛二千三十一
斗分四百五十五
甲子紀第一
紀首合朔月在日道裏
交會差率四十一萬二千九百一十九
遲疾差率十萬三千九百四十七

甲戌紀第二

紀首合朔月在日道裏

交會差率五十一萬六千五百二十九

遲疾差率七萬三千七百六十七

甲申紀第三

紀首合朔月在日道裏

交會差率六十二萬一百三十九

遲疾差率四萬三千五百八十七

甲午紀第四

紀首合朔月在日道裏

交會差率七十二萬三千七百四十九

遲疾差率一萬三千四百七

甲辰紀第五

紀首合朔月在日道裏

交會差率三萬七千二百四十九

遲疾差率一十萬八千八百四十八

甲寅紀第六

紀首合朔月在日道裏

交會差率十四萬八百五十九

遲疾差率七萬八千六百六十八

交會紀差十萬三千六百一十求其數之所生者置一紀積月以通數乘之會通去之所去之餘紀差之數也以之轉加前紀則得後紀加之未滿會通者則紀首之歲天正合朔月在日道裏滿去之則月在日道表加表滿在裏加裏滿在表

遲疾紀差三萬一百八十求其數之所生者置

一紀積月以通數乘之通周去之餘以減通周所減之餘紀差之數也以之轉減前紀則得後紀不足減者加通周

求次元紀差率轉減前元甲寅紀差率餘則次元甲子紀差率也求次紀如上法也

推朔積月術曰置壬辰元以來盡所求年外所求以紀法除之所得筭外所入紀第也餘則入紀年數年以章月乘之如章歲而一爲積月不盡爲閏餘閏餘十二以其年有閏閏月以無中

氣爲正

推朔術曰以通數乘積月爲朔積分如日法而一爲積日不盡爲小餘以六十去積日餘爲大餘大餘命以紀筭外所求年天正十一月朔日也

求次月加大餘二十九小餘二千四百一十九小餘滿日法從大餘命如前次月朔日也小餘二千一百四十以上其月大也

推弦望加朔大餘七小餘千七百四十四小分一小分滿二從小餘小餘滿日法從大餘大餘滿

六十去之餘命以紀筭外上弦日也又加得望下弦後月朔其月蝕望者定小餘如所近中節間限限數以下者筭上爲日望在中節前後各四日以還者視限數望在中節前後各五日以上者視間限

推二十四氣術曰置所入紀年外所求以餘數乘之滿紀法爲大餘不盡爲小餘大餘滿六十去之餘命以紀筭外天正十一月冬至日也

求次氣加大餘十五小餘四百二小分十一小分滿氣法從小餘滿紀從大餘命如前次氣日也

推閏月術曰以閏餘減章歲餘以歲中乘之滿章閏得一月餘滿半法以上亦得一月數從天正十一月起筭外閏月也閏有進退以無中氣御之

大雪十一月節	限數千二百四十二	間限千二百四十八
冬至十一月中	限數千二百五十四	間限千二百四十五
小寒十二月節	限數千二百三十五	間限千二百二十四
大寒十二月中	限數千二百一十三	間限千一百九十二
立春正月節	限數千一百七十二	間限千一百三十七
雨水正月中	限數千一百一十二	間限千九十三
驚蟄二月節	限數千六十五	間限千二十五
春分二月中	限數千八	間限九百七十九
清明三月節	限數九百五十一	間限九百二十五
穀雨三月中	限數九百	間限八百七十九
立夏四月節	限數八百五十七	間限八百四十
小滿四月中	限數八百二十二	間限八百一十三

芒種五月節	限數八百	間限七百九十九
夏至五月中	限數七百九十八	間限八百
小暑六月節	限數八百五	間限八百一十五
大暑六月中	限數八百二十五	間限八百四十二
立秋七月節	限數八百五十九	間限八百八十三
處暑七月中	限數九百七	間限九百三十五
白露八月節	限數九百六十二	間限九百九十二
秋分八月中	限數千二十一	間限千五十一
寒露九月節	限數千八十	間限千一百七
霜降九月中	限數千一百三十三	間限一百五十七
立冬十月節	限數千一百八十	間限千一百九十八
小雪十月中	限數千二百一十五	間限千二百二十九

推没滅術曰因冬至積日有小餘者加積一以没分乘之以没法除之所得爲大餘不盡爲小餘大餘滿六十去之餘命以紀筭外即去年冬至後没日也

求次没加大餘六十九小餘五百九十二小餘滿没法得一從大餘命如前小餘盡爲滅也

推五行用事日立春立夏立秋立冬者即木火金水始用事日也各減其大餘十八小餘四百八十三小分六餘命以紀筭外各四立之前土用事日也大餘不足減者加六十小餘不足減者減大餘一加紀法小分不足減者減小餘一加氣法

推卦用事日因冬至大餘六其小餘坎卦用事日也加小餘萬九十一滿元法從大餘即中孚用事日也

求次卦各加大餘六小餘九百六十七其四正名因其中曰六其小餘

推日度術曰以紀法乘朔積日滿周天去之餘以紀法除之所得爲度不盡爲分命度從牛前五起宿次除之不滿宿則天正十一月朔夜半日所在度及分也

求次日日加一度分不加經斗除斗分分少退一度

推月度術曰以月周乘朔積日滿周天去之餘以紀法除之所得爲度不盡爲分命如上法則

天正十一月朔夜半月所在度及分也
求次月小月加度二十二分八百六大月又加一日度十三分六百七十九分滿紀法得一度則次月朔夜半月所在度及分也其冬下旬夕在張心署也
推合朔度術曰以章歲乘朔小餘滿通法爲大分不盡爲小分以大分從朔夜半日度分滿紀法從度命如前則天正十一月合朔日月所共合度也

三百八十五　宋書志二　十八

求次月加度二十九大分九百七十七小分四十二小分滿通法從大分大分滿紀法從度經斗除其分則次月合朔日月所共合度也
推弦望日所在度加合朔度七大分七百五小分十微分一微分滿二從小分小分滿通法從大分大分滿紀法從度命如前則上弦日所在度也又加得望下弦後月合也
推弦望月所在度加合朔度九十八大分千二百七十九小分三十四數滿命如前即上弦月所在度也又加得望下弦後月合也
推日月昏明度術曰日以紀法月以月周乘所近節氣夜漏二百而一爲明分日以減紀法月以減月周餘爲昏分各以加夜半如法爲度
推合朔交會月蝕術曰置所入紀朔積分以所入紀交會差率之數加之以會通去之餘則所求年天正十一月合朔去交度分也以通數加之滿會通去之餘則次月合朔去交度分也以朔望合數各加其月合朔去交度分滿會通去

三百九十二　宋書志二　十九

之餘則各其月望去交度分也朔望去交分加朔望合數以下入交限數以上者朔則交會望則月蝕
推合朔交會月蝕月在日道表裏術曰置所入紀朔積分以所入紀下交會差率之數加之倍會通去之餘不滿會通者紀首表天正合朔月在表紀首裏天正合朔月在裏滿會通去之表在裏裏在表
求次月以通數加之滿會通去之加裏滿在表

加表滿在裏先交會後月蝕者朔在表則望在表朔在裏則望在裏先月蝕後交會者看食月朔在裏則望在表朔在表則望在裏交會月蝕如朔望會數以下則前交後會如入交限數以上則前會後交其前交後會近於限數者則豫伺之前月前會後交近於限數者則後伺之後月

求去交度術曰其前交後會者令去交度分如日法而一所得則却去交度也其前會後交者以去交度分減會通餘如日法而一所得則前

去交度餘皆度分也去交度十五以上雖交不蝕也十以下是蝕十以上虧蝕微少光晷相及而已虧之多少以十五爲法

求日蝕虧起角術曰其月在外道先交後會者虧蝕西南角起先會後交者虧蝕東南角起其月在内道先交後會者虧食西北角起先會後交者虧食東北角起虧食分多少如上以十五爲法會交中者蝕盡月蝕在日之衝虧角與上反也

月行遲疾度 損益率 盈縮積分 月行分

一日 十四度十四分 益二十六 盈初
二百八十

二日 十四度十一分 益二十三 盈積分一十一萬
八千五百三十四
一百七十七

三日 十四度八分 益二十 盈積分二十三
萬三千三百九十一
二百七十四

四日 十四度五分 益十七 盈積分三十一
萬四千五百七十一
二百七十

五日 十四度一分 益十三 盈積分三十九
萬二千七十四
三百六十七

六日 十三度十四分 益七 盈積分四十五
萬一千三百四十一
二百六十一

七日　十三度七分　損　盈積分四十八
萬三千二百五十四
二百五十四
八日　十三度一分　損六　盈積分四十八
萬三千二百五十四
二百四十八
九日　十二度十六分　損十　盈積分四十五
萬五千九百
二百四十四

十日　十二度十三分　損十三　盈積分四十一
萬三百一十
二百四十一
十一日　十二度十一分　損十五　盈積分三十五
萬一千四十三
二百三十九
十二日　十二度八分　損十八　盈積分二十八
萬二千六百五十八
二百三十六

十三日　十二度五分　損二十一　盈積分二十萬
五百九十六
二百三十三
十四日　十二度三分　損二十三　盈積分十萬四
千八百五十七
二百三十一
十五日　十二度五分　益二十一　縮初
二百三十三
十六日　十二度七分　益十九　縮積分九萬五
千七百三十九

二百三十五
十七日　十二度九分　益十七　縮積分十八萬
二千三百六十
二百三十七
十八日　十二度十二分　益十四　縮積分二十五
萬九千八百六十三
二百四十
十九日　十二度十五分　益十一　縮積分三十二

二萬三千六百八十九

二十日　十二度分十八　益八　縮積分三十

二百四十三

七萬三千八百三十八

二十百　十三度分三　益四　縮積分四十

二百四十六

一萬三百一十

二百五十

二十二日　十三度分七　損　縮積分四十

二萬八千五百四十六

二百五十四

二十三日　十三度分十二　損五　縮積分四十

一萬八千五百四十六

二十四日　十三度分十八　損十一　縮積分四十

萬五千七百五十一

二百六十五

二十五日　十四度分五　損十七　縮積分三十

五萬五千六百二

二十六日　十四度分十二　損二十三　縮積分二十

二百七十一

七萬八千六百十九

二百七十七

二十七日　十四度分十一　損二十四　縮積分十七

萬三千二百四十二

二百七十八

周日　十四度十三分有小分六百二十六　損二十五有小分六百二十六

縮積分六萬三千八百二十六

二百七十九有小分六百二十六

推合朔交會月蝕入遲疾曆術曰置所入紀朔積分以所入紀下遲疾差率之數加之以通界去之餘滿日法得一日不盡爲日餘命日筭外則所求季天正十一月合朔入曆日也

求次月加一日餘四千四百五十求望加十四日日餘三千四百八十九日餘滿日法成日日滿二十七去之又除餘如周日餘日餘不足除者減

一日加周虛

推合朔交會月蝕定大小余以入曆日乘所入曆損益率以損益盈縮積分爲定積分以章歲減所入曆月行分餘以除之所得以盈減縮加本小餘加之滿日法者交會加時在後日減之不足者交會加時在前日月蝕者隨定大小餘爲日加時入曆在周日者以周日日餘乘縮積分爲定積分以率損乘入曆日餘又以周日日餘乘之以周日日度小分并之以損定積分餘爲後定積分以章歲

減周日月行分餘以周日日餘乘之以周日度小分并之以除後定積分所得以加本小餘如上法

推加時以十二乘定小餘滿日法得一辰數從子起筭外則朔望加時所在辰也有餘不盡者四之如日法而一爲少二爲半三爲太又有餘者三之如日法而一爲強半法以上排成之不滿半法廢弃之以強并少爲少強并半爲半強并太爲太強得二強者爲少弱以之并少爲半弱以之并半爲大弱以之并太爲一辰弱以所在辰命之則

各得其少太半及強弱也其月蝕望在中節前後四日以還者視限數五日以上者視間限定小餘如間限限數以下者以筭上爲日

斗二十六 分四百五十五

牛八

女十二

虛十

危十七

室十六

壁九

北方九十八度 分四百五十五

奎十六

婁十二

胃十四

昴十一

畢十六

觜二

參九

西方八十度
井三十三
鬼四
柳十五
星七
張十八
翼十八
軫十七
南方百一十二度

角十二
亢九
氐十五
房五
心五
尾十八
箕十一
東方七十五度
中節日所在度

日行黃道去極度
日中晷景
晝漏刻
夜漏刻
昏中星
明中星
冬至 十一月中 斗二十一少
百一十五度
丈三尺

四十五
五十五
奎六弱
亢二少強
小寒 十二月節 女二少
百一十三強
丈二尺三寸
四十五分八
五十四分二

婁五半強
氐七強
大寒十二月中虛女半強
百一十大弱
丈一尺
四十六八分
五十三二分
胃十一大強
心半

宋書志二

立春正月節危十太弱
百六少弱
九尺六寸
四十八六分
五十一四分
畢五少弱
尾七半弱
雨水正月中室八太強
百一強

七尺九寸五分
五十八分
四十九二分
參六半弱
箕半弱
驚蟄二月節壁八彊
九十五彊
六尺五寸
五十三三分

宋書志二

四十六七分
井十七少弱
斗初少
春分二月中奎十四少彊
八十九少彊
五尺二寸五分
五十五八分
四十四二分
鬼四

斗十一弱

清明 三月節 胃一半

八十三少弱

四尺一寸五分

五十八三分

四十一七分

星四太

斗二十一半

穀雨 三月中 昴二大

七十七大強

三尺二寸

六十五分

三十九五分

張十七

牛六半

立夏 四月節 畢六太

七十三少弱

二尺五寸二分

六十二四

三十七六

翼十七太

女十少弱

小滿 四月中參四少弱

六十九太

尺九寸八分

六十三九分

三十六一分

角太弱

危太弱

芒種 五月節井十半弱

六十七少弱

尺六寸八分

六十四九分

三十五一分

亢五太

危十四強

夏至五月中井二十五半强
六十七强
尺五寸
六十五
三十五
氐十二少弱
室十二强
小暑六月節柳三太强
六十七太强

尺七寸
六十四分七
三十五分三
尾一太强
奎二太强
大暑六月中星四强
七十
二尺
六十三分八

三十六
尾十五半彊
婁三太
立秋七月節張十二少
七十三半彊
二尺五寸分五
六十二分三
三十七分七
箕九太彊

胃九太弱
處暑七月中翼九半
七十八半彊
三尺三寸分三
六十分二
三十九分八
斗十少
畢三太
白露八月節軫六太

八十四強少
四尺三寸分五
五十七分八
四十二分二
斗二十一強
參五強少
秋分八月中角五弱
九十強半
五尺五寸分二

五十五分二
四十四分八
牛五少
井十六強少
寒露九月節亢八半弱
九十六強太
六尺八寸分五
五十二分六
四十七分四

女七太
鬼三強少
霜降九月中氐十四少強
百二強少
八尺四寸
𠦃分三
卌九分七
虛六太
星三太

立冬十月節尾四半強
百七強少
丈八寸分三
卌八分二
𠦃一分八
危八強
張十五強太
小雪十月中箕一太強
百十一弱

丈一尺四寸

四十六分七

五十三分三

室三強半

翼十五太

大雪 十一月節斗十六

百十三強太

丈三尺五寸六分

四十五分三

五十四分五

壁強半

軫十五少強

右中節二十四氣如術求之得冬至十一月中也加之得次月節加節得其月中中星以日所求爲正置所求年二十四氣小餘四之如法得一爲少不盡少三之如法爲強所以減其節氣昏明中星各定

推五星術

五星者木曰歲星火曰熒惑土曰填星金曰太白水曰辰星凡五星之行有遲有疾有留有逆曩自開闢清濁始分則日月五星聚于星紀發自星紀竝而行天遲疾留逆互相逮及星與日會同宿共度則謂之合從合至合之日則謂之終各以一終之日與一歲之日通分相約終而率之歲數歲則謂之合終歲數歲終則謂之合終合數二率既定則法數生焉以章歲乘合數爲合月法以紀法乘合數爲日度法以章月乘

歲數爲合月分如合月法爲合月數合月之餘爲月餘以通數乘合月數如日法而一爲大餘以六十去大餘餘爲星合朔大餘之餘爲朔小餘以通數乘月餘以合月法乘朔小餘并之以日法乘合月法除之所得星合入月日數也餘以朔通法約之爲入月日以朔小餘減日法餘爲朔虛分以曆斗分乘合數爲星度斗分木火土各以合數減歲數餘以周天乘之如日度法而一所得則行星度數也餘則度餘金水以周

天乘歲數如日度法而一所得則行星度數也
餘則度餘木合終歲數千二百五十五
合終合數千一百四十九
合月法二萬一千八百三十一
日度法二百一十一萬七千六百七
合月數十三
月餘萬一千一百二十二
朔大餘二十三
朔小餘四千九十三

入月日十五
日餘百九十九萬五千六百六十四
朔虛分四百六十六
斗分五十二萬二千七百九十五
行星度三十三
度餘百四十七萬二千八百
火合終歲數五千一百五
合終合數二千三百八十八
合月法四萬五千三百七十二

日度法四百四十萬一千八十四
合月數二十六
月餘二萬三
朔大餘四十七
朔小餘三千六百二十七
入月日十三
日餘三百五十八萬五千二百三十
朔虛分九百三十二
斗分百八萬六千五百四十

行星度五十
度餘百四十一萬二千一百五十
土合終歲數三千九百四十三
合終合數三千八百九
合月法七萬二千三百七十一
日度法七百一萬九千九百八十七
合月數十二
月餘五萬八千一百五十三
朔大餘五十四

朔小餘千六百七十四
入月日二十四
日餘六十七萬五千三百六十四
朔虛分二千八百八十五
斗分百七十三萬三千九十五
行星度十二
度餘五百九十六萬二千二百五十六
金合終歲數千九百七
合終合數二千三百八十五

合月法四萬五千三百一十五
日度法四百三十九萬五千五百五十五
合月數九
月餘四萬三百一十
朔大餘二十五
朔小餘三千五百三十五
入月日二十七
日餘十九萬四千九百九十
朔虛分千二十四

斗分百八萬五千一百七十五
行星度二百九十二
度餘十九萬四千九百九十
水合終歲數一千八百七十
合終合數萬一千七百八十九
合月法二十二萬三千九百九十一
日度法二千一百七十二萬七千一百二十七
合月數一
月餘二十一萬五千四百五十九

朔大餘二十九
朔小餘二千四百一十九
入月日二十八
日餘二千三十四萬千二百六十一
朔虛分二千一百四十
斗分五百三十六萬三千九百九十五
行星度五十七
度餘二千三十四萬四千二百六十一
推五星術曰置壬辰元以來盡所求年以合終

合數乘之滿合終歲數得一名積合不盡名合
餘以合終合數減合餘得一者星合往季得二
者合前往季無所得合其季餘以減合終合數
爲度分金水積合偶爲晨奇爲夕
推五星合月以月數月餘各乘積合餘滿合月
法從月爲積月不盡爲月餘以紀月除積月所
得筭外所入紀也餘爲入紀月副以章閏乘之
滿章月得一爲閏以減入紀月餘以歲中去之
餘爲入歲月命以天正起筭外星合月也其在

閏交際以朔御之
推合月朔以通數乘入紀月滿日法得一爲積
日不盡爲小餘以六十去積日餘爲大餘命以
所入紀筭外星合朔日也
推入月日以通數乘月餘合月法乘朔小餘并
之通法約之所得滿日度法得一則星合入月
日也不滿爲日餘命日以朔筭外入月日也
推星合度以周天乘度分滿日度法得一爲度
不盡爲餘命以牛前五度起筭外星所合度也

求後合月以月數加入歲月以餘加月餘餘滿
合月法得一月月不滿歲中即在其季滿去之
有閏計焉餘爲後季再滿在後二季金水加晨
得夕加夕得晨也
求後合朔以朔大小餘數加合朔月大小餘其
月餘上成月者又加大餘二十九小餘一千四
百一十九小餘滿日法從大餘命如前法
求後入月日以月日日餘加入月日及餘餘
滿日度法得一其前合朔小餘滿其虛分者去

一日後小餘滿二千四百一十九以上去二十
九日不滿去三十日其餘則後合入月日命以朔
求後合度以度數及分如前合宿次命之
木晨與日合伏順十六日九十九萬七千八百
三十二分行星二度百七十九萬五千二百三
十八分而晨見東方在日後順疾日行五十七
分之十一五十七日行十一度順遲日行九分
五十七日行九度而留不行二十七日而旋逆
日行七分之一八十四日退十二度而復留二

十七日復遲日行九分五十七日行九度而復順疾日行十一分五十七日行十一度在日前夕伏西方順十六日九十九萬七千八百三十二分行星二度百七十九萬五千二百三十八分而與日合凡一終三百九十八日百九十九萬五千六百六十四分行星三十三度百四十七萬二千八百六十九分

火晨與日合伏七十二日百七十九萬二千六百一十五分行星五十六度百二十四萬九千

三百四十五分而晨見東方在日後順日行二十三分之十四百八十四日行百一十二度更順遲日行十二分九十二日行四十八度而留不行十一日而旋逆日行六十二分之十七六十二日退十七度而復留十一日復順遲日行十二分九十二日行四十八度而復疾日行十四分百八十四日行百一十二度在日前夕伏西方順七十二日百七十九萬二千六百一十五分行星五十六度百二十四萬九千三百四十五分而與日合凡一終七百八十日三百五十八萬五千二百三十分行星四百一十五度二百四十九萬八千六百九十分

土晨與日合伏十九日三百八十四萬七千六百七十五分半行星二度六百四十九萬一千一百二十一分半而晨見東方在日後順行百七十二分之十三八十六日行六度半而留不行三十二日半而旋逆日行十七分之一百二日退六度而復留不行三十二日半復順日行

十三分八十六日行六度半在日前夕伏西方順十九日三百八十四萬七千六百七十五分半行星二度六百四十九萬一千一百二十一分半而與日合凡一終三百七十八日六十七萬五千三百六十四分行星十二度五百九十六萬二千二百五十六分

金晨與日合伏六日退四度而晨見東方在日後而逆遲日行五分之三十日退六度留不行七日而旋順遲日行四十五分之三十三四

十五日行三十三度而順疾日行一度九十一分
之十四九十一日行百五度而順益疾日行一
度九十一分之二十一九十一日行百一十二度在
日後而晨伏東方順四十二日十九萬四千九
百九十分行星五十二度十九萬四千九百九
十分而與日合一合二百九十二日十九萬四
千九百九十分行星如之
金夕與日合伏順四十二日十九萬四千九百九
十分行星五十二度十九萬四千九百九十分

而夕見西方在日前順疾日行一度九十一分
之二十一九十一日行百一十二度而更順遲日
行一度十四分九十一日行百五度而順益遲
日行四十五分之三十三四十五日行三十三度
而留不行七日而旋逆日行五分之三十日退六
度在日前夕伏西方逆六日退四度而與日合
凡再合一終五百八十四日三十八萬九千九百八
十分行星如之
水晨與日合伏十一日退七度而晨見東方在

日後逆疾一日退一度而留不行一日而旋順
遲日行八分之七八日行七度而順疾日行一
度十八分之四十八日行二十二度在日後晨
伏東方順十八日二千三十四萬四千二百六
十一分行星三十六度二千三十四萬四千二
百六十一分而與日合凡一合五十七日二千
三十四萬四千二百六十一分行星如之
水夕與日合伏十八日二千三十四萬四千二
百六十一分行星三十六度二千三十四萬四

千二百六十一分而夕見西方在日前順疾日
行一度十八分之四十八日行二十二度而更
順遲日行八分之七八日行七度而留不行一
日而旋逆一日退一度在日前夕伏西方逆十
一日退七度而與日合凡再合一終百一十五
日千八百九十六萬一千三百九十五分行星如之
五星曆步術以法伏日度餘加星合日度餘滿
日度法得一從全命如之前得星見日及度餘
也以星行分母乘見度分如日度法得一分不

盡半法以上亦得一而日加所行分分滿其母得一度逆順母不同以當行之母乘故分如故母而一當行分也留者承前逆則減之伏不書度除斗分以行母爲率分有損益前後相御

凡五星行天遲疾留逆雖大率有常至犯守逆順難以術推月之行天猶有遲疾況五星乎唯日之行天有常進退有率不遲不疾不外不内人君德也

求木合終歲數法以木日度法乘一木終之日

內分周天除之即得也

求木合終合數法以木日度法乘周天滿紀法所得獲以周天除之即得五星皆放此也

魏黃初元年十一月小巳卯蔀首巳亥歲十一月巳卯朔旦冬至臣偉上

劉氏在蜀不見改曆常是仍用漢四分法吳中書令闞澤受劉洪乾象法於東萊徐岳字公河故孫氏用乾象曆至于吳亡

晉武帝泰　有司奏王者祖氣而奉其終晉於五行之次應尚金金生於巳事於酉終於丑宜祖以酉日臘以丑日改景初曆爲泰始曆奏可

史臣按鄒衍五德周爲火行衍生在周時不容不知周氏行運且周之爲曆季八百秦氏即有周之建國也周之火木其事易詳且五德更王唯有二家之說鄒衍以相勝立體劉向以相生爲義據以爲言不得出此二家者假使即劉向之說周爲木行秦氏代周改其行運若不相勝

則克木者金相生則木實生火秦氏乃稱水德理非謬然斯則劉氏所證爲不值矣臣以爲張蒼雖是漢臣生與周接司秦柱下備覩圖書且秦雖滅學不廢術數則有周遺文雖不畢在據漢水行事非虛作賈誼取秦云漢土德蓋以是漢代秦詳論二說各有其義張蒼則以漢水勝周火廢秦不班五德賈誼則以漢土勝秦水以秦爲一代論秦漢雖殊而周爲火一也然則相勝之義於事爲長若同蒼黜秦則漢水魏土晉

木宋金若同賈誼取秦則漢土魏木晉金宋火也難者云漢高斷蛇而神母夜哭云赤帝子殺白帝子然則漢非火而何斯又不然矣漢若為火則當云赤帝不宜云赤帝子也白帝子又何義況乎蓋由漢是土德土生火秦是水德水生乎金斯則漢以土為赤帝子秦以水德為白帝子也難者又曰向云五德相勝今復云土為赤帝子何也荅曰五行自有相勝之義自有相生之義不得以相勝廢相生相生廢相勝也相勝者

以土勝水耳相生者直自火子義豈相關崔寔四人月令曰祖者道神黃帝之子曰累祖好遠遊死道路故祀以為道神合祖賦序曰漢用丙午魏用丁未晉用孟月之酉曰莫識祖之所由說者云祈請道神謂之祖有事於道者君子行役則列之於中路喪者將遷則稱名於階庭或云百代遠祖名謚彫滅墳塋不復存於銘表游魂不得託於廟祧故以初歲良辰建華蓋揚綵旌將以招靈爽庶衆祖之來憑云尔

晉江左時侍中平原劉智推三百年斗曆改憲以為四分法三百年而減一日以百五十為度法三十七為斗分飾以浮說以扶其理江左中領軍琅邪王朔之以其上元歲在甲子善其術欲以九萬七千歲之甲子為開闢之始何承天云悼於立意者也景初日中晷景即用漢四分法是以漸就乖差其推五星則甚踈闊晉江左以來更用乾象五星法以代之猶有前却宋太祖頗好曆數太子率更令何承天私撰新

法元嘉二十年上表曰臣授性頑惰少所關解自昔幼年頗好曆數躭情注意迄于白首臣亡舅故秘書監徐廣素善其事有既往七曜曆每記其得失自太和至泰元之末四十許年臣因比歲考校至今又四十載故其踈密差會皆可知也夫圓極常動七曜運行離合去來雖有定勢以新故相涉自然有毫末之差連日累歲積微成著是以虞書著欽若之典周易明治曆之訓言當順天以求合非為合以驗天也漢代雜候清臺以曆

明中星課日所在雖不可見月盈則蝕必當
其衝以月推日則躔次可知焉捨易而不爲
役心於難事此臣所不解也堯典云日永星火
以正仲夏今季夏則火中又宵中星虚以殷仲
秋今季秋則虚中尔來二千七百餘年以中星
檢之所差二十七八度則堯冬至日在須女十
度左右也漢之太初曆冬至在牽牛初復
漢四分及魏景初法同在斗二十一臣以
月蝕檢之則景初今之冬至應在斗十七又

史官受詔以土圭測景考校二至差三日有餘
從來積歲及交州所上檢其增減亦相符驗然
則今之二至非天之二至也天之南日在斗十三四
矣此則十九年七閏數微多差復改法易章
則用算滋繁宜當隨時遷革以取其合案
後漢志春分日長秋分日短差過半刻尋
二分在二至之間而有長短因識春分近夏至
故長秋分近冬至故短也楊偉不悟即用之
上曆表云自古及今凡諸曆

數皆未能並已之妙何此不曉亦何以云是故
臣更建元嘉曆以六百八爲一紀半之爲度法
七十五爲室分以建寅之月爲歲首雨水爲氣
初以諸法閏餘一之歲爲章首冬至從上三日
五時日之所在移舊四度又月有遲疾合朔月
蝕不在朔望亦非曆意也故元嘉皆以盈縮定
其小餘以正朔望之日伏惟陛下允迪聖哲先
天不違劬勞庶政寅亮鴻業究淵思於往籍
探妙旨於未聞窮神知化罔不該覽是以愚臣欣

遇盛明効其管穴伏願以臣所上元嘉法下史
官考其疎密若謬有可採庶或補正闕謬以
備萬分詔曰何承天所陳殊有理據可付外詳
之太史令錢樂之兼丞嚴粲奏曰太子率更令
領國子博士何承天表更改元嘉曆法以月蝕
檢今冬至日在斗十七以土圭測影知冬至已
差三日詔使付外檢署以元嘉十一年被勑使
考月蝕土圭測影檢署由來用偉景初法冬至
至之日日在斗二十一度少檢十一年七月十

六日望月蝕加時在卯到十五日四更二唱丑
初始蝕到四唱蝕既在營室十五度末景初其
日日在軫三度以月蝕所衝考之其日日應在
翼十五度半又到十三年十二月十六日望月蝕
加時在酉到亥初始食到一更三唱蝕既在鬼
四度景初其日日在女三以衝考之其日日應
在牛六度半又到十四年十二月十六日望月
蝕加時在戌之半到二更四唱亥末始蝕到三
更一唱食既在井三十八度景初其日日在斗

二十五以衝考之其日日應在斗二十二度半
到十五年五月十五日望月蝕加時在戌其日
月始生而已蝕光已生四分之一格在斗十六度
許景初其日日在井二十四考取其衝其日日
應在井二十又到十七年九月十六日望月蝕
加時在子之少到十五日未二更一唱始蝕到
三唱蝕十五分之十二格在昴一度半景初其
日在房二以衝考之則其日日在氐十三度半
凡此五蝕以月衝一百八十二度半考之各至

之日日並不在斗二十一度少並在斗十七度
半間悉如承天所上又去十一年起以土圭測
景其年景初法十一月七日冬至前後陰不見
影到十二年十一月十八日冬至其十五日影
極長到十三年十一月二十九日冬至其二十
六日影極長到十四年十一月十一日冬至其
前後並陰不見到十五年十一月二十一日冬
至十八日影極長到十六年十一月二日冬至
其十月二十九日影極長到十七年十一月十

三日冬至其十日影極長到十八年十一月二
十五日冬至二十一日影極長到十九年十一
月六日冬至其三日影極長到二十年十一月
十六日冬至其前後陰不見影尋校前後以
影極長爲冬至並差三日以月蝕檢日所在已
差四度土圭測影冬至又差三日今之冬至乃
在斗十四間又如承天所上又承天法每月朔望
及弦皆定大小余於推交會時刻雖審皆用
盈縮則月有頻三大頻二小比舊法殊爲異舊

日蝕不唯在朔亦有在晦及二日公羊傳所謂
或失之前或失之後愚謂此一條自宜仍舊員外
散騎郎皮延宗又難承天若晦朔定大小餘紀
首值盈則退一日便應以故歲之晦爲新紀之
首承天乃改新法依舊術不復每月定大小餘
如延宗所難太史所上有司奏治曆改憲經國
盛典爰及漢魏屢有變革良由術無常是取協
常時方今皇猷載暉舊域光被誠應綜覈晷度
以播惟新承天曆術合可施用宋二十二季
普用元嘉曆詔可

志第二　宋書十二

宋書志第三

曆下

元嘉曆法

上元庚辰甲子紀首至太甲元年癸亥三千五
百二十三年至元嘉二十年癸未五千七百三
年筭外

元法三千六百四十八

章歲十九　紀法六百八　章月二百三十五

紀月七千五百二十　章閏七　紀日二十二
萬二千七十　度分七十五　度法三百四

氣法二十四　餘數一千五百九十五

歲中十二　日法七百五十二　沒餘三十六

通數二萬二千二百七　通法四十七

沒法三百一十九

月周四千六十四　周天十一萬一千二十五

通周二萬七百二十一　周日日餘四百一十七

周虛三百三十五　會數一百六十

交限數八百五十九　會月九百二十九

朔望合數八十

甲子紀第一　遲疾差一萬七千六百六十三　交會差八百七十七

甲戌紀第二　遲疾差三千四十三　交會差二百七十九

甲申紀第三　遲疾差九千一百四十四　交會差六百二十一

甲午紀第四　遲疾差一萬五千二百四十五　交會差二十二

甲辰紀第五　遲疾差六百二十五　交會差三百六十三

甲寅紀第六　遲疾差六十七百二十六　交會差七百四

推入紀法置上元庚辰盡所求年以元法除之

不滿元法以紀法除之餘不滿紀法入紀年也滿法去之得後紀入甲午紀壬辰歲來至今元嘉二十年歲在癸未二百三十一年筭外

推積月術置入紀年數筭外以章月乘之如章歲爲積月不盡爲閏餘閏餘十二以上其年閏

推朔術以通數乘積月爲朔積分滿日法爲積日不盡爲小餘以六旬去積日不盡爲大餘命以紀筭外所求年正月朔日也

求次月加大餘二十九小餘三百九十九小餘滿日法從大餘即次月朔也小餘三百五十三以上其月大也推弦望法加朔大餘七小餘二百八十七小分三小分滿四從小餘小餘滿日法從大餘命如前上弦日也又加之得望又如之得下弦

推二十四氣術置入紀年筭外以餘數乘之滿度法三百四爲積沒不盡爲小餘六旬去積沒不盡爲大餘命以紀筭外所求年雨水日也求

次氣加大餘十五小餘六十六小分十一小分滿氣法從小餘小餘滿度法從大餘次氣日也雨水在十六日以後者如法減之得立春

推閏月法以閏餘減章歲餘以歲中乘之滿章閏得一數從正月起閏所在也閏有進退以無中氣御之

立春正月節　限數一百九十四　閒數一百九十

雨水正月中　限數一百八十六　閒數一百八十二

驚蟄二月節　限數一百七十七　閒數一百七十二

春分二月中	限數一百六十七	間數一百六十二
清明三月節	限數一百五十八	間數一百五十四
穀雨三月中	限數一百四十九	間數一百四十五
立夏四月節	限數一百四十二	間數一百三十九
小滿四月中	限數一百三十六	間數一百三十四
芒種五月節	限數一百三十三	間數一百三十二
夏至五月中	限數一百三十一	間數一百三十二
小暑六月節	限數一百三十三	間數一百三十四
大暑六月中	限數一百三十六	間數一百三十九
立秋七月節	限數一百四十二	間數一百四十五
處暑七月中	限數一百四十九	間數一百五十三
白露八月節	限數一百五十七	間數一百六十二
秋分八月中	限數一百六十七	間數一百七十二
寒露九月節	限數一百七十七	間數一百八十二
霜降九月中	限數一百八十六	間數一百九十
立冬十月節	限數一百九十四	間數一百九十七
小雪十月中	限數二百	間數二百三
大雪十一月節	限數二百五	間數二百六

冬至十一月中	限數二百七	間數二百六
小寒十二月節	限數二百五	間數二百三
大寒十二月中	限數二百	間數一百九十七

推没滅術因雨水積以没餘乘之滿没法爲大餘不盡爲小餘如前所求年爲雨水前没日也

求次没加大餘六十九小餘一百九十六滿没法從大餘命如前雨水後没日也（雨水前没多在故歲常有五没官以没正之一年常有五没或六没小餘盡爲滅日也）雨水小餘三十九以還雨水六旬後乃有

推土用事法置立春大小餘小分之數減大餘十八小餘七十九小分十八命以紀筭外立春前土用事日也大餘不足加六十小餘不足減大餘一加度法而後減之立夏立冬求土用事皆如上法

推日所在度法以度法乘朔積度不盡爲分命度起室二次宿除之筭外正月朔夜半日在度及分也求次日日加一度經室去度分

推月所在度法以月周乘朔積日周天去之餘滿度法爲積度不盡爲分命度如前正月朔夜

半月所在及度分求次月小月加度二十二分一百三十三大月加度三十五分二百四十五分滿度法成一度命如前次月朔月所在度及分也曆先月法以十六除月行分爲大分如所入遲疾加之經室去度分

推合朔月食術置所求年積月以會數一百六十乘之以所入交會紀差二十二加之滿會月去之餘則其年正月朔去交分也求次月以會數加之滿會月去之求望加合數朔望去交分如合數以下交限數以上朔則交會望則月食

推入遲疾曆法置所求年朔積分所入遲疾差一萬五千二百四十五加之滿通周去之餘滿日得一日不盡爲日餘命日筭外所求年正月朔入曆求次月加一日日餘七百三十四求望加十四日日餘五百七十五半餘滿日法成一日日滿二十七去之除日餘如周日日餘不足減減一日加周虛日滿二十七而日餘不滿周日日餘爲損周日滿去之爲入曆一日

推合朔月食定大小餘法以入曆日餘乘入曆

下損益率入一日益二十五是也以損益盈縮積分值損則損之值益則益之爲定積分以入曆日餘乘列差滿日法盈減縮加差法爲定差法以除定積分所得減加本朔望小餘值盈則減縮則加之爲定小餘加之滿日法合朔月食進一日減之不足減者加日法而後減之則退一日值周日者用日日定數

推加時以十二乘定小餘滿日法得一辰數從子起筭外則朔望加時所在辰也有餘者四之滿日法得一爲少二爲半三爲太半又有餘者三之滿日法得一爲強半法以上排成一不滿半法棄之以強幷少爲少強幷半爲半強幷太爲太強得二者爲小弱以幷少爲半弱以幷半爲太弱以幷太爲一辰弱以所在辰名之

推合朔月食加時滿刻法各以百刻乘定小餘如日法而一不盡什之求分先除夜漏之半即晝漏加時刻及分也晝漏盡又入夜漏在中節前後四日以還者視限數在中節前後五日以上者視閒限數月食加時定小餘不滿數閒數

者皆以筭上爲日

月行遲疾度	損益率
盈縮積分	列差差法
一日十四度十三分	益二十五
盈二	二百六十
二日十四度十一分	益二十三
盈萬八千八百二	二百五十八
三日十四度八分	益二十
盈三萬六千九十六四分	二百五十五
四日十四度四分	益十六
盈五萬一千一百三十六五	二百五十一
五日十三度十八分	益十一
盈六萬三千一百六十八五	二百四十六
六日十三度十三分	益六
盈七萬一千四百四十六	二百四十一
七日十三度七分	益
盈七萬五千九百五十二五	二百三十五
八日十三度二分	損五

盈七萬五千九百五十二四	一百三十
九日十二度十七	損九
盈七萬二千一百九十二三	二百二十六
十日十二度十四分	損十二
盈六萬五千四百二十四三	二百二十三
十一日十二度十一分	損十五
盈五萬六千四百三	二百二十
十二日十二度八分	損十八
盈四萬五千一百二十二	二百一十七
十三日十二度六分	損二十
盈三萬一千五百八十四二	二百一十五
十四日十二度四分	損二十二
盈一萬六千五百四十四二	二百一十三
十五日十二度二分	益二十四
縮一	二百一十一
十六日十二度四分	益二十二
縮一萬八千四十八二	二百一十三
十七日十二度六分	益二十

縮三萬四千五百九十二三　二百一十五

十八日十二度九分　益十七

縮四萬九千六百三十二五　二百一十八

十九日十二度十四分　益十二

縮六萬二千四百一十六六　二百二十三

二十日十三度一分　益六

縮七萬一千四百四十六　二百二十九

二十一日十三度七分　益

縮七萬五千九百五十二五　二百三十五

二十二日十三度十二分　損五

縮七萬五千九百五十二四　二百四十

二十三日十三度十六分　損九

縮七萬二千一百九十二四　二百四十四

二十四日十四度一分　損十三

縮六萬五千四百二十四四　二百四十八

二十五日十四度五分　損十七

縮五萬五千六百四十八三　二百五十二

二十六日十四度八分　損二十

縮四萬二千八百六十四三　二百五十五

二十七日十四度十一分　損二十三

縮二萬七千八百二十四二　二百五十八

周日十四度十三分小分一百三　損二十五定損二百二十四

縮一萬五百二十八定縮九萬三千四百八　二百六十定意差法二千三百九

推合朔度以章歲乘朔小餘滿通法爲大分不盡爲小分以大分從朔夜半日日分滿度命如前正月朔日月合朔所在共合度也

求次月加度二十九大分一百六十一小分

十四小分滿通法從大分大分滿度法從度經室除度分求望加十四度大分二百三十二小分三十半求望月所在度加日度一百八十二分一百八十九小分二十三半

二十四氣日所度

日中晷影

晝漏刻

夜漏刻

昏中星

明中星
雨水 室一大強 八尺二寸八分
五十分五 四十九分五 觜一少強 尾十一強
驚蟄 壁一強 六尺七寸二分 五十二分九 四十七分一
井九半強 箕四少弱
春分 奎七少強 五尺三寸九分 五十五分五 四十四分五
井二十九半強 斗四弱
清明 婁六半 四尺二寸五分 五十八 四十二
柳十二太 斗十四半
穀雨 胃九大弱 三尺二寸五分 六十分三 三十九分七

張十 斗二十五半
立夏 昴十一弱 二尺五寸 六十二分三 四十七分七
翼十大弱 女三少
小滿 畢十五少弱 一尺九寸七分 六十三分九 三十六分一
軫十弱 虛二弱
芒種 井三半弱 一尺六寸九分 六十四分八 三十五分二
角十大弱 危七弱
夏至 井十八少 一尺五寸 六十五 三十五
氐五少弱 室五少強

小暑 鬼一弱 一尺六寸九分 六十四分八 三十五分二
房四太弱 壁六大弱
大暑 柳十二弱 一尺九寸七分 六十三分九 三十六分一
尾八太弱 奎十二大弱
立秋 張五半強 二尺五寸 六十二分三 三十七分七
箕三 胃二大弱
處暑 翼二半 三尺二寸五分 六十分三 三十九分三
斗三半 昴七大弱
白露 翼十七大弱 四尺二寸五分 五十八 四十二

斗十四半弱 畢十六半弱
秋分 軫十五 五尺三寸九分 五十五分五 四十四分五
斗二十五少 井九少強
寒露 亢一少 六尺七寸二分 五十二分九 四十七分一
牛八半強 井二十九弱
霜降 氐七半 八尺二寸八分 五十分五 四十九分五
女十一半弱 柳十一半強
立冬 心二半弱 九尺九寸一分 四十八分四 五十一分六
危二弱 張八大弱

小雪尾十二大强 一丈一尺三寸四分 四十六七分 五十三三分
危十三半强 翼八大强
大雪箕十 一丈二尺四寸八分 四十五六分 五十四四分
室九半强 軫八少强
冬至斗十四强 一丈三尺 四十五 五十五
壁八大强 角七少强
小寒牛三半强 一丈二尺四寸八分 四十五六分 五十四四分
奎十五少 亢九
大寒女十半强 一丈一尺三寸四分 四十六七分 五十三三分

胃四半强 氐十三大强
立春危四 九尺九寸一分 四十八四分 五十一六分
昴九少四 心四强

推五星法

合歲 合數 日度法 室分
木三百四十四 三百一十五 九萬五千七百六十
二萬三千六百二十五
火四百五十九 二百一十五 六萬五千三百六十
一萬六千一百二十五

土三百八十三 三百七十 一十一萬二千四百八十
二萬七千七百五十
金二百六十七 一百六十七 五萬七百六十八
一萬二千五百二十五
水七十九 二百四十九 七萬五千六百九十六
一萬八千六百七十五
木後元丙戌 晉咸和元年 至元嘉二十年
癸未百十八年筭上
火後元乙亥 元嘉十二年 至元嘉二十年

癸未九年筭上
土後元甲戌 元嘉十一年 至元嘉二十年
癸未十年筭上
金後元甲申 晉太元九年 至元嘉二十年
癸未六十年筭上
水後元乙丑 元嘉二年 至元嘉二十年
癸未十九年筭上
推五星法各設其元至所年筭上以合數乘之
滿合歲爲積合不盡曰合餘多者以合數除之

得一星合往年得二合前往年不滿合數其年
木土金則有往年合火有前往年合水一年三合或四合也以合餘減合數
爲度分水度分滿合歲則去之也以周天十一萬一千三十五乘度分
滿日度法爲積度不盡日度餘命度以室二筭
外星合所在度也以合數乘其年内兩水小餘
幷度餘爲日餘滿日度法從積度爲日命以兩
水筭外星合日也求星見日法以法伏日及餘
木則十六日及金是也加星合日及餘滿日度法成一日
命如前星見日也求星見度法以法伏度及餘
木則二度及餘是也加星合度及餘滿日度法成一度命
如前所見日也以星行分母木則二十三見也乘見度
餘滿日度法得一分乃日加所行分木順日行四分分
滿其母成一度逆順母不同木逆分母七也當各乘度
餘留者承前逆則減之伏不盡度經室去分不
足減者破全度五星室分各異若在行分各依室分去之
木初與日合伏十六日日餘四萬一千七百八
十行二度餘七萬七千八百四十七半晨見東
方去日十三度半強順日行二十三分之四一百一十

五日行二十度留不行二十六日而逆日行七
分之一八十四日退十二度又留二十六日順
一百一十五日行二十度夕伏西方日度餘如
初與日合一終三百九十八日日餘八萬三千
五百六十行星三十三度餘五萬九千九百三十五
火初與日合伏七十一日日餘二萬四千八百
一十半行五十四度度餘四萬九千四百三十
晨見東方去日十七度半強順疾日行七分之五一百
八日半行七十七度半小遲日行七分之四一
百二十六日行七十二度而大遲日行七分之
二四十二日行十二度留不行十二日而遲日
行十分之三六十日退十八度又留十二日順
遲四十二日行十二度小疾一百二十六日行七
十二度一百八日半行七十七度半夕伏西方日
度餘如初與日合一終七百七十九日日餘四萬
九千六百二十五行星四百一十四度餘三萬三千
五百除一周定四十九度一萬七千三百七十五
土初與日合伏十八日日餘四千四百八十二半行

二度度餘四萬六千八百四十七半晨見東方去十
五度日半強順日行十二分之一八十四日行七度留不
行三十六日而逆日行十七分之二百二日退六
度又留三十六日順八十四日行七度夕伏西方
日度餘如初與日合一終三百七十八日日餘八千
九百六十五行星十二度度餘九萬三千六百
九十五
金初與日合伏四十一日日餘四萬九千六百八十
四半行半五十一度度餘四萬九千六百八十四

半見西方去日十度順疾日行一度十三分之三九
十一日行一百十二度而小遲日行一度十三分之
二九十一日行一百五度又大遲日行十五分之十
一四十五日行三十三度留不行八日而遲日行
三分之二九日退六度伏西方伏六日退四度而
與日合又六日退四度晨見東方逆九日退六
度又留八日順四十五日行三十三度小疾九十
一日行一百五度大疾九十一日行百一十二度晨
伏東方日度餘如初與日合一終五百八十三

日日餘四萬八千六百一除一周行星定二百
一十八度度餘三萬六千七十六一合二百九
十一日餘四萬九千六百八十四半行星如之
水初與日合伏十七日日餘七萬一千二百一
十半行三十四度度餘七萬一千二百一十半
見西方去日中七度順疾日行一度三分之一十八
二十四度而遲日行七分之五七日行五度留
不行四日夕伏西方伏十一日退六度而與日
合又十一日退六度而晨見東方留四日順遲

七日行五度疾十八日行二十四度晨伏東方
日度餘如初與日合一終一百一十五日日餘六萬
六千七百二十五行星如之一合五十七日日餘七萬
一千二百一十半行星亦如之盈如縮減十六除月行
分日法除盈縮分以減度分盈加縮減
推卦因雨水大小餘加大餘六小餘三百一十
九小餘滿三千六百四十八成日日滿二十七
日餘不足加減不加周虛
元嘉二十年承天奏上尚書今既改用元嘉曆

漏刻與先不同宜應改革按景初曆春分日長秋分日短相承所用漏刻冬至後晝漏率長於冬至前且長短增減進退無漸非唯先法不精亦各傳寫謬誤今二至二分各據其正則至之前後無復差異更增損舊刻參以晷影刪定為經改用二十五箭請臺勒漏郎將考驗施用從之前世諸儒依圖緯云月行有九道故畫作九規更相交錯檢其行次遲疾換易不得順度劉向論九道云青道二出黃道東白道二出黃道

西黑道二出北赤道二出南又云立春春分東從青道立夏夏至南從赤道秋白冬黑各隨其方按日行黃道陽路也月者陰精不由陽路故或出其外或入其內出入去黃道不得過六度入十三日有奇而出出亦十三日有奇而入凡二十七日而一入一出矣交於黃道之上與日相掩則蝕焉漢世劉洪推檢月行作陰陽曆法元嘉二十年太祖使著作令史吳癸依洪法制新術令太史施用之

元嘉曆月行陰陽法

陰陽曆	損益率	兼數
一日	益十七	初
二日（前限餘六百六十五 微分一千七百三八）	益十六	十七
三日	益十五	三十三
四日	益十二	四十八
五日	益八	六十
六日	益四	六十八
七日	益一	七十二
八日	損二	七十三
九日	損六	七十一
十日	損十	六十五
十一日	損十三	五十五
十二日	損十五	四十二
十三日（後限餘二千一十九 微分一千七十九）	損十六	二十七

分日二千六百八十五半損十六大（大者五千三百七十）一分之三千四百七十二十一曆周五萬五千五百一十七半

差率一萬一百九十　微分法一千八百七十八

推入陰陽曆術曰以會月去入紀積月餘以會數乘之以所入紀交會差加之周天乘之滿微分法爲大分不盡爲微分大分滿周天去之餘不滿曆周者爲入陽曆餘皆如月周得一日筭外所求年正月合朔入曆也不盡爲日餘

求次月加二日日餘一千三百三十一微分一千五百九十八如法成日日滿十三去之除日餘如分日陰陽曆竟平入端入曆在前限餘前後限餘後者月行中道

求朔弦望定數各置入遲疾曆盈縮定積分以章歲乘之差法除之所得滿通法爲大分不盡以微分法乘之如法爲微分盈減縮加陰陽日餘盈不足以月周進退日而定以定日餘乘損益兼數爲時如定數

推夜半入曆以差率朔小餘如微分法得一以減入曆餘不足加月周而減之卻一日卻得分日如其分半微分爲小即朔日夜半入曆曆餘小分也

求次日加一日日餘十六小分三百二十小分如會從餘餘滿月周去之又加一日曆竟下日餘滿分日去之于入曆初也不滿分日者值之加餘一千二百九十四小分七百八十九半爲入次曆

求夜半定日以朔小餘減入遲疾曆日餘不足一日卻得周日加餘四百一十七即月夜半入曆日及餘也以日餘乘損益率盈縮積分爲定積分滿通法爲大分不盡以會月乘之如

法爲小分以盈加縮減入陰陽日餘盈不足進退日而定也以定日餘乘損益率如月周以損益兼數爲夜半定數

求昏明數以損益率乘所近節氣夜漏二百而一爲明以減損益率爲昏而以損益夜半數爲昏明定數也

求月去黃道度置加時若昏明定數以十二除之爲度其餘三而一爲少不盡爲強二少弱也所得爲月去黃道度

大明六年南徐州從事史祖沖之上表曰古曆
疎舛頗不精密羣氏糾紛莫審其要何承天所
奏意存改革而置法簡略今已乖遠以臣校之
三覩厥謬日月所在差覺三度二至晷影幾失
一日五星見伏至差四旬留逆進退或移兩宿
分至乖失則節閏非正宿度違天則伺察無準
臣生屬聖辰逮在昌運敢率愚瞽更絜新曆謹
立改易之意有二設法之情有三改者其一以
舊法一章十九歲有七閏閏數爲多經二百年

輒差一日節閏既移則應改法曆紀屢遷寔由
此條今改章法三百九十一年有一百四十四
閏令卻合周漢則將來永用無復差動其二以
堯典云日短星昴以正仲冬以此推之唐代冬
至日今宿之左五十許度漢代之初即用秦曆
冬至日在牽牛六度漢武改立太初曆冬至日
在牛初後漢四分法冬至日在斗二十二晉時
姜岌以月蝕檢日知冬至在斗十七今參以中
星課以蝕望冬至之日在斗十一通而計之未

盈百載所差二度舊法並令冬至日有定處天
數既差則七曜宿度漸與曆舛乖謬既著輒應
改制僅合一時莫能通遠遷革不已又由此條
今令冬至所在歲歲微差卻檢漢注並皆審密
將來久用無煩屢改又設法者其一以子爲辰
首位在正北爻應初九斗氣之端虛爲北方列
宿之中元氣肇初宜在此次前儒虞喜備論其
義今曆上元日度發自虛一其二以日辰之號
甲子爲先曆法設元應在此歲而黃帝以來世

代所用凡十一曆上元之歲莫值此名今曆上
元歲在甲子其三以上元之歲曆中衆條並應
以此爲始而景初曆交會遲疾亦置紀差裁合
朔氣而已條序紛互不及古意今設法日月五
緯交會遲疾悉以上元歲首爲始則合璧之曜
信而有徵連珠之暉於是乎在羣流共源寔精
古法若夫測以定形據以實效縣象著明尺表
之驗可推動氣幽微寸管之候不忒今臣所立
易以取信但深練始終大存整密革新變舊有

約有繁用約之條理不自懼用繁之意顧非謬然何者夫紀閏參差數各有分分之爲體非細不容臣是用深惜豪氂以全求妙之準不辭積累以成永定之制非爲思而莫悟知而不改也竊恐讚有然否每崇遠而隨近論有是非或貴耳而遺目所以竭其管穴俯洗同異之嫌披心日月仰希葵藿之照若臣所上萬一可采伏願頒宣羣司賜垂詳究庶陳錙銖少增盛典

曆法

上元甲子至宋大明七年癸卯五萬一千九百三十九年筭外元法五十九萬二千三百六十五紀法三萬九千四百九十一

章歲三百九十一

章月四千八百三十六　章閏一百四十四

閏法十二　月法十一萬六千三百二十一

日法三千九百三十九　餘數二十萬七千四百四十四

歲餘九千五百八十九

没分三百六十萬五千九百五十一

没法五萬一千七百六十一

周天一千四百四十二萬四千六百六十四

虚分萬四百四十九　行分法二十三

小分法一千七百一十七

通周七十二萬六千八百一十

會周七十一萬七千七百七十七

通法二萬六千三百七十七　差率三十九

推朔術置入上元年數筭外以章月乘之滿章歲爲積月不盡爲閏餘閏餘二百四十七以上其年有閏以月法乘積月滿日法爲積日不盡爲小餘六旬去積日不盡爲大餘大餘命以甲子筭外所求年天正十一月朔也小餘千八百四十九以上其月大

求次月加大餘二十九小餘二千九十餘滿日法從大餘大餘滿六旬去之命如前次月朔也

求弦望加朔大餘七小餘千五百七小分一小分滿四從小餘小餘滿日法從大餘命如前上弦日也

又加得望又加得下弦又加得後月朔也

推閏術以閏餘減章歲餘滿閏法得一月命以天正筭外閏所在也閏有進退以無中氣爲正

推二十四氣術置入上元年數筭外以餘數乘之滿紀法爲積日不盡爲小餘六旬去積日不盡爲大餘大餘命以甲子筭外天正十一月冬至日也

求次氣加大餘十五小餘八千六百二十六小分五小分滿六從小餘小餘滿紀法從大餘命如前次氣日也

求土用事加冬至大餘二十七小餘萬五千五百二十八季冬土用事日也又加大餘九十一小餘萬二千二百七十次土用事日也

推没術以九十乘冬至小餘以減没分滿没法爲日不盡爲日餘命日以冬至筭外没日也

求次没加日六十九日餘三萬四千四百四十二餘滿没法從日次没日也日餘盡爲滅

推日所在度術以紀法乘朔積日爲度實周天去之餘滿紀法爲積度不盡爲度餘命以虚一次宿除之筭外天正十一月朔夜半日所在度也

求次月大月加度三十小月加度二十九入虚去度分

求行分以小分法除度餘所得爲行分不盡爲小分小分滿法從行分行分滿法從度

求次日加一度入虚去行分六小分百四十七

推月所在度術以朔小餘乘百二十四爲度餘又以朔小餘乘八百六十一爲微分微分滿月法從度度餘滿紀法爲度以減朔夜半日所在則

月所在度

求次月大月加度三十五度餘三萬一千八百三十四微分七萬七千九百六十七小月加度二十二度餘萬七千二百六十一微分六萬三千七百三十六入虚去度也

遲疾曆　月行度　損益率　盈縮積分

差法

一日十四 行分十三　益七十　盈初　五千三百四

日	損益率	盈縮積分	月行分
二日十四一十	益六十五	盈百八十四萬二千三百五十六	五千二百七十
三日十四八	益五十七	盈三百五十五萬七百六	五千二百一十九
四日十四四	益四十七	盈五百五萬八千三百	五千一百五十一
五日十三二十	益三十四	盈六百二十九萬七千八百五十七	五千六十六
六日十三七十	益二十二	盈七百二十萬二千六百九十一	四千九百八十一
七日十三一十	益六	盈七百七十七萬二千一百一十一	四千八百七十九
八日十三五	損九	盈七百九十四萬九百五十二	四千七百七十七

日	損益率	盈縮積分	月行分
九日十二二十	損二十四	盈七百七十萬七千四百一十五	四千六百七十五
十日十二六十	損三十九	盈七百七萬二千一百	四千五百七十三
十一日十二一十	損五十二	盈六百三萬五千七	四千四百八十八
十二日十二八	損六十	盈四百六十六萬三千二百	四千四百三十七
十三日十二六	損六十五	盈三百九萬三百三	四千四百三
十四日十二四	損七十	盈百三十八萬三千五百八十	四千三百六十九
十五日十二五	益六十七	縮四十五萬七千六十九	四千三百八十六
十六日十二七	益六十二	縮二百二十三萬七百五十五	四千四百二十

十七日十二十　盈五十五

縮三百八十七萬五十四

四千四百七十一

十八日十二四十　盈四十四

縮五百三十一萬九千三百八十五

四千五百三十九

十九日十二九十　盈三十二

縮六百四十八萬四百四

四千六百二十四

二十日十三一　盈十九

縮七百三十一萬六千六百八

二十一日十三七　盈四

縮七百八十一萬七千九百九十六

四千八百一十一

二十二日十三三十　損十一

縮七百九十一萬七千六百七

四千九百一十三

二十三日十三九十　損二十七

縮七百六十一萬五千四百四十

五千一十五

二十四日十四一　損三十九

縮六百九十萬一千四百九十五

五千一百

二十五日十四六十　損五十二

縮五百八十七萬二千七百三十五

五千一百八十五

二十六日十四十　損六十二

縮四百四十九萬九千一百五十九

五千二百五十三

二十七日十四二十　損六十七

縮二百八十五萬七千七百三十二

五千二百八十七

二十八日十四日十　損七十四

縮百八萬二千三百七十九

五千三百三十一

推入遲疾曆術以通法乘朔積日爲通實通周

去之餘滿通法爲日不盡爲日餘命日筭外天正十一月朔夜半入曆日也

求次月大月加二日小月加一日日餘皆萬一千七百四十六曆滿二十七日日餘萬四千六百三十一則去之

求次日加一日求日所在定度以夜半入曆日餘乘損益率以損益盈縮積分如差率而一所得滿紀法爲度不盡爲度餘以盈加縮減平行度及餘爲定度益之或滿法損之或不足以紀法進退求度行分如上法求次日如所入遲疾加之虛去分如上法

陰陽曆	損益率	兼數
一日	益十六	初
二日	益十五	十六
三日	益十四	三十一
四日	益十二	四十五
五日	益九	五十七
六日	益五	六十六
七日	益一	七十一
八日	損二	七十二
九日	損六	七十
十日	損十	六十四
十一日	損十三	五十四
十二日	損十五	四十一
十三日	損十六	二十六
十四日	損十六	十

推入陰陽曆術置通實以會周去之不滿交數三十五萬八千八百八十八半爲朔入陽曆分各去之爲朔入陰曆分各滿通法得一日不盡爲日餘命日筭外天正十一月朔夜半入曆日也

求次月大月加二日小月加一日日餘皆二萬七百七十九曆滿十三日日餘萬五千九百八十七半則去之陽竟入陰陰竟入陽

求次日加一日求朔望差以二千二十九乘朔小餘滿三百三爲日餘不盡倍之爲小分則朔差數也加一十四日日餘二萬一百八十六小

分百二十五小分滿六百六從日餘日餘滿通
法爲日即望差數也又加之後月朔也
求合朔月食置朔望夜半入陰陽曆日及餘有
半者去之置小分三百三以差數加之小分滿
六百六從日餘日餘滿通法從日日滿一曆去
之命日筭外則朔望加時入曆也朔望加時入
曆一日日餘四千一百九十八小分四百二十
八以下十二日日餘萬一千七百八十八小分
四百八十一以上朔則交會望則月食

三日卄　宋書志三　三十六　趙秀

求合朔月食定大小餘令差數日餘加夜半入
遲疾曆餘日餘滿通法從日則朔望加時入曆
也以入曆餘乘損益率以損益盈縮積分如差
法而一以盈減縮加本朔望小餘爲定小餘益
之或滿法損之或不足以日法進退日
求合朔月食加時以十二乘定小餘滿日法得
一辰命以子筭外加時所在辰也有餘者四之
滿日法得一爲少二爲半三爲太又有餘者三
之滿日法得一爲強以強幷少爲少強幷半爲

半強幷太爲太強得二者爲少弱以幷太爲一
辰弱以前辰名之
求月去日道度置入陰陽曆餘乘損益率如通
法而一以損益兼數爲定定數十二而一爲度
不盡三而一爲少半太又不盡者一爲強二爲
少弱則月去日道數也陽曆在表陰曆在裏

二十四氣日中影　晝漏刻　夜漏刻
昏中星度　明中星度

冬至　一丈三尺　四十五　五十五　八十二行分二十一

大二卄一　小一厂　宋書志三　三十七　一

二百八十三行分八
小寒　一丈二尺四寸三分　四十五六　五十四四分　八十四
二百八十二六
大寒　一丈一尺二寸　四十六七　五十三三　八十六二
二百八十六
立春　九尺八寸　四十八四　五十一六　八十九三
二百七十七三
雨水　八尺一寸七分　五十五　四十九五　九十三
二百七十三七

驚蟄	六尺六寸七分	二百六十八二十	五十二九	四十七一	九十七
春分	五尺三寸七分	二百六十四三	五十五五	四十四五	百二三
清明	四尺二寸五分	二百五十九八	五十八一	四十一九	百六二十一
穀雨	三尺二寸六分	二百五十四四	六十四	三十九六	百一十一三
立夏	二尺五寸三分	二百五十一十一	六十二四	三十七六	百一十四十八
小滿	一尺九寸九分	二百四十八十七	六十三九	三十六一	百一十七十二
芒種	一尺六寸九分	二百四十七二	六十四八	三十五二	百一十九四
夏至	一尺五寸	二百四十六十七	六十五	三十五	百一十九十二
小暑	一尺六寸九分	二百四十七二	六十四分	三十五二	百一十九四

大暑	一尺九寸九分	二百四十八十七	六十三九	三十六一	百一十七十二
立秋	二尺五寸三分	二百五十一十一	六十二四	三十七六	百一十四十八
處暑	三尺二寸六分	二百五十四四	六十四	三十九六	百一十一三
白露	四尺二寸五分	二百五十九八	五十八一	四十一九	百六二十一
秋分	五尺三寸七分	二百六十四三	五十五五	四十四五	百二三
寒露	六尺六寸七分	二百六十八二十	五十二九	四十七一	九十七九
霜降	八尺一寸七分	二百七十三七	五十五	四十九五	九十三
立冬	九尺八寸	二百七十七三	四十八四	五十一六	八十九三
小雪	一丈一尺二寸	二百八十六	四十六七	五十三二	八十六一

大雪　一丈二尺四寸三分　四十五六　五十四四　八十四

求昏明中星各以度數如夜半日所在則中星

二百八十二六

度也

推五星術

木率千五百七十五萬三千八十二

火率三千八十萬四千一百九十六

土率千四百九十三萬三百五十四

金率二千三百六萬一十四

水率四百五十七萬六千二百四

推五星術置度實各以率去之餘以減率其餘如紀法而一爲入歲日不盡爲日餘命以天正朔筭外星合日

求星合度以入歲日及餘從天正朔日積度及餘滿紀法從度滿三百六十餘度分則去之命以虛一筭外星合所在度也

求星見日以術伏日及餘加星合日及餘餘滿紀法從日命如前見日也

求星見度以術伏度及餘加星合度及餘餘滿紀法從度入虛去度分命如前星見度也

行五星法以小分法除度餘所得爲行分不盡爲小分及日加所行分滿法從度留者因前逆則減之伏不盡度從行入虛去行分六小分百四十七逆行出虛則加之

木初與日合伏十六日餘萬七千八百三十二行二度度餘三萬七千五百四晨見東方從日行四分百一十二日（行十九度十一分）留二十八日逆

日行三分八十六日（逆一度五分）又留二十八日從日行四分百一十二日夕伏西方日度餘如初一終三百九十八日日餘三萬五千六百六十四行三十三度度餘二萬五千二百一十五

火初與日合伏七十二日日餘六百八行五十五度度餘二萬八千八百六十五晨見東方從疾日行十七分九十二日（行六十八度）小遲日行十四分九十二日（行五十六度）大遲日行九分九十二日（行三十六度）留十日逆日行六分六十四日（逆十六度十六）

又留十日從遲日行九分九十二日小疾日行十四分九十二日大疾日行十七分九十二日夕伏西方日度餘如初一終七百八十日日餘千二百一十六行四百一十四度度餘三萬二百五十八除一周定行四十九度度餘萬九千八百九

土初與日合伏十七日日餘千三百七十八行一度度餘萬九千三百三十三晨見東方行順日行二分八十四日行七度七分留三十三日行逆日行一分百一十日退四度十八分又留三十三日從日行二分八十四日夕伏西方日度餘如初一終三百七十八日日餘二千七百五十六行十二

度度餘三萬一千七百九十八

金初與日合伏三十九日日餘三萬八千一百二十六行四十九度度餘三萬八千一百二十六夕見西方從疾日行一度五分九十二日行百十二度小遲日行一度四分九十二日行百八度大遲日行十七分四十五日行三十三度六分留九日遲日行十六分退六度六分夕伏西方伏五日退五度而與日合又五日退五度而晨見東方逆日行十六分九日留九日從日遲日行十七分四十五日小疾日行一度四分九十二日大疾日行一度五分九十二日晨伏東方日度餘如初一終五百八十三日日餘三萬六千七百六十一行星如之除一周定行二百十八度度餘二萬六千三百十三合二百九十一日日餘三萬八千一百二十六行星亦如之

水初與日合伏十四日日餘三萬七千一百十五行三十度度餘三萬七千一百一十五夕見西方從疾日行一度六分二十三日二十六度遲日行二十分八日行六度二十二分留二日遲日行十一分二日退二十二分夕伏西方伏八日退八度而與日合又八日退八度晨見

東方逆日行十一分二日留二日從遲日行二十分八日疾日行一度六分二十三日晨伏東方日度餘如初一終百一十五日日餘三萬四千七百三十九行星如之合五十七日日餘三萬七千一百十五行星亦如之

上元之歲歲在甲子天正甲子朔夜半冬至日月五星聚于虛度之初陰陽遲疾並自此始世祖下之有司使內外博議時人少解曆數竟無異同之辯唯太子旅賁中郎將戴法興議以

爲三精數微五緯會始自非深推測窮識晷變豈能刊古革今轉正圭宿案沖之所議每有違舛竊以愚見隨事辨問案沖之新推曆術今冬至所在歲歲微差臣法興議夫二至發斂南北之極日有恒度而宿無改位古曆冬至皆在建星戰國横鶩史官喪紀爰及漢初格候莫審後雜覘知在南斗二十二度元和所用即與古曆相符也逮至景初而終無毫忒書云日短星昴以正仲冬直以月維四仲則中宿常在衛陽羲和所以

正時取其萬世不易也沖之以爲唐代冬至日在今宿之左五十許度遂虛加度分空撤天路其置法所在近違半次則四十五年九月率移一度在詩七月流火此夏正建申之時也定之方中又小雪之節也若冬至審差則豳公火流晷長一尺五寸楚宮之作晝漏五十三刻此詭之甚也仲尼曰丘聞之火伏而後蟄者畢今火猶西流司曆過也就如沖之所誤則星無定次卦有差方名號之正古今必殊典誥之音代不通軌堯之開閉

今成建除今之壽星乃周之鶉尾即時東壁已非玄武軫星頓屬蒼龍誣天背經乃至於此沖之又改章法三百九十一年有一百四十四閏臣法興議夫日有緩急故斗有闊狹古人制章立爲中格年積十九常有七閏晷或虛盈此不可革沖之削閏壞章倍減餘數則一百三十九年二月於四分之料頓少一日七千四百二十九年輒失一閏夫日少則先時閏失則事悖竊聞時以作事事以厚生以此乃生人之大本曆

數之所先愚恐非沖之淺慮妄可穿鑿沖之又命上元日度發自虛一云虛爲北方列宿之中臣法興議沖之既云冬至歲差又謂虛爲北中舍形責影未足爲迷何者凡在天非日不明居地以斗而辯借令冬至在虛則黃道彌遠東北當爲黃鐘之宮室壁應屬玄枵之位虛宿豈得復爲北中乎曲使分至屢遷而星次不改招搖易繩而律呂仍往則七政不以璣衡致齊建時亦非攝提所紀不知五行何居六屬安託沖之

又令上元年在甲子臣法興議夫置元設紀各有所尚或據文於圖讖或取效於當時沖之云羣氏糾紛莫審其會昔黃帝辛卯日月不過顓頊乙卯四時不忒景初壬辰晦無差光元嘉庚辰朔無錯景豈非承天者乎沖之苟存甲子可謂爲合以求天也沖之又令日月五緯交會遲疾悉以上元爲始臣法興議夫交會之元則食既可求遲疾之際非凡夫所測昔賈逵略見其差劉洪觕著其術至於疏密之數莫究其極且

五緯所居有時盈縮即如歲星在軫見超七辰術家既追算以會今則往之與來斷可知矣景初所以紀首置差元嘉兼又各設後元者其並省功於實用不虛推以爲煩也沖之既違天於改易又設法以遂情愚謂此治曆之大過也臣法興議日有八行各成一道月有一道離爲九行左交右疾倍半相違其一終之理日數宜同沖之通同與會周相覺九千四十其陰陽七十九周有奇遲疾不及二帀此則當縮反盈應損

更益沖之隨法興所難辯折之曰臣少銳愚尚專功數術搜練古今博采沈奧唐篇夏典莫不揆量周正漢朔咸加該驗罄策籌之思究疏密之辨至若立負舊誤張衡述而弗改漢時斛銘劉歆詭謬其數此則算氏之劇疵也乾象之弦望定數景初之交度周日匪謂測候不精遂乃乘除翻謬斯又曆家之甚失也及鄭玄闞澤王蕃劉徽並綜數藝而每多疏舛臣昔以暇日撰正衆謬理據炳然易可詳密此臣以俯信偏識

不虛推古人者也按何承天曆二至先天閏移一月五星見伏或違四旬列差妄設當益反損皆前術之乖遠臣曆所改定也既沿波以討其源刪滯以暢其要能使躔次上通晷管下合反以譏詆不其惜乎尋法興所議六條並不造理難之關楗謹陳其目其一日度歲差前法所略臣據經史辨正此數而法興設難徵引詩書三事皆謬其二臣校晷景改舊章法法興立難不能有詰直云恐非淺慮所可穿鑿其三次改方

移臣無此法求術意誤横生嫌貶其四曆上元年甲子術體明整則苟合可疑其五臣其曆七曜咸始上元無隙可乘復云非凡所測其六遲疾陰陽法興所未解誤謂兩率日數宜同凡此衆條或援謬目譏或空加抑絶未聞折正之談厭心之論也謹隨詰洗釋依源徵對仰照天暉敢罄管穴法興議曰夫二至發斂南北之極日有恒度而宿無改位故古曆冬至皆在建星沖之曰周漢之際疇人喪業曲技競設圖緯寔繁或借號帝王以崇其大或假名聖賢以

三又六十七　宋書志三　四十八

神其說是以讖記多虛桓譚知其矯妄古曆舛雜杜預疑其非直按五紀論黃帝曆有四法顓頊夏周並有二術詭異紛然則孰識其正此古曆可疑之據一也夏曆七曜西行特違衆法劉向以爲後人所造此可疑之據二也殷曆日法九百四十而乾鑿度云殷曆以八十一爲日法若易緯非差殷曆必妄此可疑之據三也顓頊曆元歲在乙卯而命曆序云此術設元歲在甲寅此可疑之據四也春秋書食有日朔者凡二十六其所據曆非周則魯以周曆考

之檢其朔日失二十五魯曆校之又失十三二曆並乖則必有一僞此可疑之據五也古之六術並同四分四分之法久則後天以食檢之經三百年輒差一日古曆課今其甚疎者朔後天過二日有餘以此推之古術之作皆在漢初周末理不得遠且却校春秋朔並先天此則非三代以前之明徵矣此可疑之據六也尋律曆志前漢冬至日在斗牛之際度在建星其勢相隣自非帝者有造則儀漏或闕豈能窮密盡微纖毫不失建星

大三又卅八　宋書志三　四十九

之說未足證矣法興議曰戰國横騖史官喪紀爰及漢初格候莫審後雜覘知在南斗二十二度元和所用即與古曆相符也逮至景初終無毫忒沖之曰古術訛雜其詳闕聞乙卯之曆秦代所用必有効於當時故其言可徵也漢武改創檢課詳備正儀審漏事在前史測星辨度理無乖遠今議者所是不實見所非徒爲虛妄辨彼駁此既非通談運今背古所誣誠多偏據一說未若兼今之爲長也景初之法寔錯五緯

今則在衡口至昬義已移日蓋略治朔望無事檢候是以晷漏昏明並即元和二分異景尚不知革日度微差宜其謬矣法興議曰書云日短星昴以正仲冬直以月推四仲則中宿常在衛陽羲和所以正時取其萬代不易也沖之以爲唐代冬至日在今宿之左五十許度遂虛加度分空撤天路沖之曰書以四星昏中審分至者據人君南面而言也且南北之正其詳易准流見之勢中天爲極先儒注述其義僉同而法興以爲書說四

星皆在衛陽之位自在巳地進失向方退非始見迁迴經文以就所執違訓詭情此則甚矣捨午稱巳午上非無星也必據中宿餘宿豈復不足以正時若謂舉中語兼七列者觜參尚隱則不得言昴星雖見當云伏矣奎婁已見復不得言伏見　不得以爲辭則名將何附若中宿之通非允當宜謹檢經旨直云星昴不自衛陽衛陽無自顯之義此談何因而立苟理無所依則可愚辭成說曾泉桑野皆爲明證分至之辨

竟在何日循復再三竊深歎息法興議曰其置法所在近違半次則四十五年九月率移一度沖之曰元和日度法興所是唯徵古曆在建星以今考之臣法冬至亦在此宿斗二十二了無顯證而虛貶臣曆乖差半次此愚情之所駭也又年數之餘有十一月而議云九月涉數每乖皆此類也月盈則食必在日衝以檢日則宿度可辨請據效以課疏密按太史註記元嘉十三年十二月十六日中夜月蝕盡在鬼四度以衝

計之日當在牛六依法興議曰在女七又十四年五月十五日丁夜月蝕盡在斗二十六度以衝計之日當在井三十依法興議曰日在柳二又二十八年八月十五日丁夜月蝕在奎十一度以衝計之日當在角二依法興議曰日在角十二又大明三年九月十五日乙夜月蝕盡在胃宿之末以衝計之日當在氐十二依法興議曰日在心二凡此四蝕皆與臣法符同纖豪不爽而法興所據頓差十度違衝移宿顯然易

覩故知天數漸差則當式遵以為典事驗昭晳豈得信古而疑今法興議曰在詩七月流火此夏正建申之時也定之方中又小雪之節也若冬至審差則豳公火流晷長一尺五寸楚宮之作晝漏五十三刻此詭之甚也沖之曰臣按此議三條皆謬詩稱流火蓋略舉西移之中以為驚寒之候流之為言非始動之辭也就如始說冬至日度在斗二十二則火星之中當在大暑之前豈隣建申之限此專自攻糾非謂矯失夏

小正五月昏大火中此復在衛陽之地乎又謂臣所立法楚宮之作在九月初按詩傳箋皆謂定之方中者室辟昏中形四方也然則中天之正當在室之八度臣曆推之元年立冬後四日此度昏中乃自十月之初又非寒露之日也議者之意蓋誤以周世為堯時度差五十故致此謬小雪之節自信之談非有明文可據也法興議曰仲尼曰丘聞之火伏而後蟄者畢今火猶西流司曆過也就如沖之所誤則星無定次卦

有差方名號之正古今必殊典誥之音時不通軌堯之開閉今成建除今之壽星乃周之鶉尾也即時東壁已非玄武軫星頓屬蒼龍誣天背經乃至於此沖之曰臣以為辰極居中而列曜貞觀羣像殊體而陰陽區別故羽介咸陳則水火有位蒼素齊設則東西可準非以日之所在定其名號也何以明之夫陽爻初九氣始正北玄武七列虛當子位若圓儀辨方以日為主冬至所舍當在玄枵而今之南極乃處東維違體

失中其義何附若南北以冬夏稟稱則卯酉以生殺定號豈得春躔義方秋麗仁域名舛理乖若此之反哉因茲以言固知天以列宿分方而不在於四時景緯環序日不獨守故轍矣至於中星見伏記籍每以審時者蓋以曆數難詳而天驗易顯各據一代所合以為簡易之政也亦猶夏禮未通商典護容豈襲韶節誠天人之道同差則藝之興因代而推移矣月位稱建諒以氣之所本名隨實著非謂斗杓所指近校漢時

已差半次審斗節時其效安在或義非經訓依以成說將緯候多詭偽辭間設乎次隨方名義合宿體分至雖遷而厥位不改豈謂龍火貿處金水亂列名號乖殊之譏抑未詳究至如壁非玄武軫屬蒼龍瞻度察晷實效咸然元嘉曆法壽星之初亦在翼限參校晉注顯驗甚衆天數差移百有餘載議者誠能馳辭騁辯令南極非冬至望不在衝則此談乃可守耳若使日遷次留則無事屢嫌乃臣曆之良證非難者所宜列

也尋臣所執必據經史遠考唐典近徵漢籍讖記碎言不敢依述竊謂循經之論也月蝕檢日度事驗昭著史注詳論文存禁閣斯又稽天之說也堯典四星竝在衛陽今之日度遠準元和誣背之誚寔此之謂法興議曰夫日有緩急故斗有闊狹古人制章立爲中格年積十九常有七閏晷或盈虛此不可革沖之削閏壞章倍減餘數則一百三十九年二月於四分之料頓少一日七千四百二十九年輒失一閏夫日少則先時閏失則事悖竊聞時

以作事事以厚生此乃生民之所本曆數之所先愚恐非沖之淺慮妄可穿鑿沖之曰按後漢書及乾象說四分曆法雖分章設蔀朔自元和而晷儀衆數定於嘉平三年四分志立冬中影長一丈立春中影九尺六寸尋冬至南極日晷最長二氣去至日數既同則中影應等而前長後短頓差四寸此曆景冬至後天之驗也二氣中影日差九分半弱進退均調略無盈縮以率計之二氣各退二日十二刻則晷影之數立冬更短立春更長竝差二

寸二氣中影俱長九尺八寸矣即立冬立春之正日也以此推之曆置冬至後天亦二日十二刻也嘉平三年時曆丁丑冬至加時正在日中以二日十二刻減之天定以乙亥冬至加時在夜半後三十八刻又臣測景歷紀躬辨分寸銅表堅剛暴潤不動光晷明潔纖毫㦬然據大明五年十月十日影一丈七寸七分半十一月二十五日一丈八寸一分太二十六日一丈七寸五分彊折取其中則中天冬至應在十一月三日求其

蚤晚令後二日影相減則一日差率也倍之爲法前二日減以百刻乘之爲實以法除實得冬至加時在夜半後三十一刻在元嘉曆後一日天數之正也量檢竟年則數減均同異歲相課則遠近應率臣因此驗考正章法今以臣曆推之刻如前竊謂至密永爲定式尋古曆法並同四分四分之數久則後天經三百年朔差一日是以漢載四百食率在晦魏代已來遂革斯法世莫之非者誠有效於天也章歲十九其疏尤甚同出前術非見經典

而議云此法自古數不可移若古法雖疏永當循用謬論誠立則法興復欲施四分於當今矣理容然乎臣所未譬也若謂今所革刱違舛失衷者未聞顯據有以矯奪臣法也元嘉曆術減閏餘二直以襲舊分麤故進退未合至於棄盈求正非爲乖理就如議意率不可易則分無增損承天置法復爲違謬節氣蚤晚當循景初二至差三日曾不覺其非橫謂臣曆爲失知日少之先時未悟增月之甚惑也誠未覩天驗豈測曆數之要生民之本諒非率

意所斷矣又法興始云窮識晷變可以刊舊今復謂晷數盈虛不可爲准互自違伐罔識所依若推步不得准天功絕於心目未詳歷紀何因而立案春秋以來千有餘載以食檢朔曾無差失此則日行有恒之明徵也且臣考影彌年窮察毫微課驗以前合若符契孟子以爲千歲之日至可坐而知斯言實矣日有緩急未見其證浮辭虛貶竊非所懼法興議曰沖之既云冬至歲差又謂虛爲北中捨形責影未足爲迷何者凡在天非日不明居地以斗而辨借令冬至

在虛則黃道彌遠東北當爲黃鍾之宮室壁應屬玄枵之位虛宿豈得復爲北中乎曲使分至屢遷而星次不改招搖易繩而律呂仍往則七政不以機衡致齊建時亦非攝提所紀不知五行何居六屬安託沖之曰此條所嫌前牒已詳次改方移虛非中位繁辭廣證自構紛惑皆議者所謬誤非臣法之違設也七政致齊實謂天儀鄭王唱述厥訓明允雖有異說蓋非實義

法興議曰夫置元設紀各有所尚或據文於圖
讖或取効於當時沖之去羣氏糾紛莫審其會
昔黃帝辛卯日月不過顓頊乙卯四時不忒景
初壬辰晦無差光元嘉庚辰朔無錯豈非承
天者乎沖之苟存甲子可謂爲合以求天也沖之
曰夫曆存効密不容殊尚合讖乖說訓義非所
取雖驗當時不能通遠又臣所未安也元值始名
體明理正未詳辛卯之說何依古術詭謬事在
前牒潁名喪實殆非索隱之謂也若以曆合一時

理無久用元在所會非有定歲者今以効明之夏
殷以前載籍淪逸春秋漢史咸書月蝕正朔詳
審顯然可徵以臣歷檢之數皆協同誠無虛設
循密而至千載無殊則雖遠可知矣備閱曩法
疎越寔多或朔差三日氣移七晨未聞可以下
通於今者也元在乙丑前說以爲非正今值甲
子議者復疑其苟合無名之歲自昔無之則推
先者將何從乎歷紀之作幾於息矣夫爲合必
有不合願聞顯據以覈理實法興曰夫交會之

元則蝕既可求遲疾之際非凡夫所測昔賈逵
略見其差劉洪粗著其術至於疎密之數莫究
其極且五緯所居有時盈縮即如歲星在軫見
超七辰術家既追筭以會今則往之與來斷可
知矣景初所以紀首置差元嘉兼又各設後元
者其並省功於實用不虛推以爲煩也沖之既
違天於改易又設法以遂情愚謂此治曆之大
過也沖之曰遲疾之率非出神怪有形可檢有
數可推劉賈能述則可累功以求密矣議又云

五緯所居有時盈縮歲星在軫見超七辰謂應
年移一辰也案歲星之運年恒過次行天七帀
輒超一位代以求之曆凡十法並合一時此數咸
同史注所記天驗又符此則盈次之行自其定
准非爲衍度濫徙頓過其衝也若審由盈縮豈
得常疾無遲夫甄耀測象者必料分析度考往
驗來准以實見據以經史曲辯碎說類多浮詭
甘石之書乖爲矛楯今以一句之經誣一字之謬
堅執偏論以罔正理此愚情之所未厭也筭自

近始衆法可同但景初之二差承天之元寔以
奇偶不協故數無同盡爲遺前設後以從省易
夫建言倡論豈尚矯異蓋令實以文顯言勢可
極也稽元曩歲羣數咸始斯誠術體理不可容
譏而譏者以爲過謬之大者然則元嘉置元雖
七率舛陳而猶紀協甲子氣朔俱終此又過謬
之小者也必當虛立上元假稱曆始歲違名初
日避辰首閏餘朔分月緯七率並不得有盡乃
爲允衷之製乎設法情寔謂意之所安改易違

天未覩理之譏者也法興曰日有八行合成一
道月有一道離爲九行左交右疾倍半相違其
一終之理日數宜同沖之通同與會周相覺九
千四十其陰陽七十九周有奇遲疾不及一帀
此則當縮反盈應損更益沖之曰此議雖游漫
無據然言迹可檢按以日八行譬月九道此爲
月行之軌當循一轍環帀於天理無差動也然
則交會之際當有定所豈容或斗或牛同麗一
度去極應等安得南北無常若日月非例則八

行之說是衍文邪左交右疾語甚未分爲交與
疾對爲舍交即疾若舍交即疾即交在平率入
曆七日及二十一日是也值交蝕既當在盈縮
之極豈得損益或多或少若交與疾對則在交
之衝當爲遲疾之始豈得入曆或深或淺倍半
相違新故所同復摽此句欲以何明臣覽曆書
古今略備至如此說所未前聞遠乖舊準近背
天數求之愚情竊所深惑尋遲疾陰陽不相生
故交會加時進退無常昔術著之久矣前儒言

之詳矣而法興云日數同竊謂議者未曉此意
乖謬自著無假駿辯既云盈縮失衷復不備記
其數或自嫌所執故泛略其說乎又以全爲率
當互因其分法興所列二數皆誤或以八十爲
七十九當縮反盈應損更益此條之謂矣總檢
其議豈但臣曆不密又謂何承天法乖謬彌甚
若臣曆宜棄則承天術益不可用法興所見既
審則應革舠至非景極望非日衝凡諸新說必
有妙辯乎時法興爲世祖所寵天下畏其權既

立異議論者皆附之唯中書舍人巢尚之是沖之之術執據宜用上愛奇慕古欲用沖之新法時大明八年也故須明年改元因此改曆未及施用而宮車晏駕也

志第三

志第四　　宋書十四

臣沈約　新撰

禮一

夫有國有家者禮儀之用尚矣然而歷代損益每有不同非務相改隨時之宜故也漢文以人情季薄國喪革三年之紀光武以中興崇儉七廟有共堂之制魏祖以侈惑宜矯終斂去襲稱之數晉武以丘郊不異二至并南北之祀互相即襲以訖于今豈三代之典不存哉取其應時之變而已且閔子譏古禮退而致事叔孫創漢制化流後昆由此言之任已而不師古秦氏以之致亡師古而不適用王莽所以身滅然則漢魏以來各揆古今之中以通一代之儀司馬彪集後漢衆注以爲禮儀志校其行事已與前漢頗不同矣況三國鼎峙歷晉至宋時代移改各隨事立自漢末剥亂舊章乖弛魏初則王粲衛覬典定衆儀蜀朝則孟光許慈創理制度晉始則荀顗鄭沖詳定晉禮江左則荀崧刁協緝理乖紊其間

名儒通學諸所論敘往往新出非可悉載今抄
魏氏以後經國誕章以備此志云
魏文帝雖受禪于漢而以夏數爲得天故黃初
元年詔曰孔子稱行夏之時乘殷之輅服周之
冕樂則韶舞此聖人集羣代之美事爲後王制
法也傳曰夏數爲得天朕承唐虞之美至於正
朔當依虞夏故事若殊徽號異器械制禮樂
易服色用牲幣自當隨土德之數每四時之季
月服五十八日臘以丑牲用白其飾節旄自當

赤但節幡黃耳其餘郊祀天地朝會四時之服
宜如漢制宗廟所服一如周禮尚書令桓階等
奏據三正周復之義國家承漢氏人正之後當
受之以地正犧牲宜用白今從漢十三月正則犧
牲不得獨改今新建皇統宜稽古典先代以從
天命而告朔犧牲壹皆不改非所以明革命之
義也詔曰服色如所奏其餘宜如虞承唐但臘
日用丑耳此亦聖人之制也明帝即位便有改正
朔之意朝議多異同故持疑不決久乃下詔

曰黃初以來諸儒共論正朔或以改之爲宜或
以不改爲是意取駁異于今未決朕在東宮時
聞之意常以爲夫子作春秋通三統爲後王法
正朔各從色不同因襲自五帝三王以下或父
子相繼同體異德或納大麓受終文祖或尋干
戈從天行誅雖遭遇異時步驟不同然未有不
改正朔用服色表明文物以章受命之符也由
此言之何必以不改爲是邪於是公卿以下博
議侍中高堂隆議曰按自古有文章以來帝王

之興受禪之與干戈皆改正朔所以明天道定
民心也易曰革元亨利貞有孚改命吉湯武革
命應乎天從乎人其義曰水火更用事猶王者
必改正朔易服色也易通卦驗曰王者必改正
朔易服色以應天地三氣三色書曰若稽古帝
舜曰重華建皇授政改朔初高陽氏以十一月
爲正薦玉以赤繒高辛氏以十三月爲正薦玉
以白繒尚書傳曰舜定鐘石論人聲乃及鳥獸
咸變於前故更四時改堯正詩曰一之日觱發

二之日栗烈三之日于耜傳曰一之日周正月二之日殷正月三之日夏正月詩推度災曰如有繼周而王者雖百世可知以前檢後文質相因法度相改三而復者正色也二而復者文質也以前檢後謂軒轅高辛夏后氏漢皆以十三月爲正少昊有唐有殷皆以十二月爲正高陽有虞有周皆以十一月爲正後雖百世皆以前代三而復也禮大傳曰聖人南面而治天下必正度量考文章改正朔易服色殊徽號樂稽曜嘉曰禹將受位天

意大變迅風雷雨以明將去虞而適夏也是以舜禹雖繼平受禪猶制禮樂改正朔以應天從民夏以十三月爲正法物之始其色尚黑殷以十二月爲正法物之牙其色尚白周以十一月爲正法物之萌其色尚赤能察其類能正其本則嶽瀆致雲雨四時和五稼成麟皇翔集春秋十七年夏六月甲子朔日有蝕之傳曰當夏四月是謂孟夏春秋元命苞曰王者受命昭然明於天地之理故必移居處更稱號改正朔易服色以

明天命聖人之寶質文再而改窮明相承周則復始正朔以改則天命顯凡典籍所記不盡於此略舉大較亦足以明也太尉司馬懿尚書僕射衛臻尚書薛悌中書監劉放中書侍郎刁幹博士秦靜趙怡中候中詔季岐以爲宜改侍中繆襲散騎常侍王肅尚書郎魏衡太子舍人黃史嗣以爲不宜改青龍五年山茌縣言黃龍見帝乃詔三公曰昔在庖犧繼天而王始據木德爲群生先代自玆以降服物氏號開元著統者既

膺受命歷數之期握皇靈遷興之運承天改物序其綱紀雖炎黃少昊顓頊高辛唐虞夏后世系相襲同氣共祖猶豫昭顯所受之運著明天人去就之符無不革易制度更定禮樂延群后班瑞信使之煥炳可述于後也至于正朔之事當明示變改以彰異代曷疑其不然哉文皇帝踐阼之初庶事草創遂襲漢正不革其統朕在東宮及臻在位每覽書籍之林總公卿之議夫言三統相變者有明文云虞夏相因

者無其言也曆志曰天統之正在子物萌而赤
地統之正在丑物化而白人統之正在寅物成而
黑但含生氣以微成著故太極運三辰五星於
上元氣轉三統五行於下登降周旋終則又始
言天地與人所以相通也仲尼以大聖之才祖述
堯舜範章文武制作春秋論究人事以貫百
王之則故於三微之月每月稱王以明三正迭相
爲首夫相述堯舜以論三正則其明義豈使近
在殷周而已乎朕以眇身繼承洪緒既不能紹

上聖之遺風揚先帝之休德又使王教之弛者不
張帝典之闕者未補亹亹之德不著亦惡可
已乎今推三統之次魏得地統當以建丑之月
爲正考之羣藝厥義彰矣改青龍五年春三
月爲景初元年孟夏四月服色尚黃犧牲用
白戎事乘黑首之白馬建大赤之旗朝會建大
白之旗去春秋冬孟仲季月雖與歲不同至於郊
祀迎氣礿祀烝嘗巡狩蒐田分至啓閉班宣時
令中氣晚早敬授民事諸若此者皆以正歲斗

建爲節此曆數之序乃上與先聖合符同契重
規疊矩者也今遵其義庶可以顯祖考大造之
基崇有魏惟新之命於戲王公群后百辟卿士
靖康厥職帥意無怠以永天休司徒露布咸
使聞知稱朕意焉案服色尚黃據土行也犧
牲旂旗一用殷禮行殷之時故也周禮巾車職
建大赤以朝大白以即戎此則周以正色之旗
朝以先代之旗即戎魏用殷禮變周之制故建
大白朝大赤即戎也明帝又詔曰以建寅之月

爲正者其牲用玄以建丑之月爲正者其牲
用白以建子之月爲正者其牲用騂此爲牲
色各從其正不隨所祀之陰陽也祭天不嫌
於用玄則祭地不得獨疑於用白也天地用牲
得無不宜異邪更議於是議者各有引據
無適可從又詔曰諸議所依據各參錯若陽
祀用騂陰祀用黝復去祭天用玄祭地用黃如
此用牲之義未爲通也天地至尊用牲當同
以所尚之色不得專以陰陽爲別也今祭皇皇

帝天皇皇后地天地郊明堂宗廟皆宜同
其別祭五郊各隨方色祭日月星辰之類用騂
社稷山川之屬用玄此則尊卑方色陰陽衆
義暢矣三年正月帝崩齊王即位是年十二
月尚書盧毓奏烈祖明皇帝以今年正月棄
離萬國禮忌日不樂甲乙之謂也烈祖明皇帝
建丑之月棄天下臣妾之情於此正日有甚
甲乙今若以建丑正朝四方會群臣設盛樂
不合於禮博士樂祥議正日旦受朝貢群臣

奉贄後五日乃大宴會作樂太尉屬朱誕
議今因宜改之際還修舊則元首建寅於
制爲便大將軍屬劉肇議宜過正一日乃朝
賀大會明令天下知崩亡之日不朝也詔曰省
奏事五內斷絕奈何奈何烈祖明帝以正日棄
天下每與皇太后念此日至心有剝裂不可以
此日朝群辟受慶賀也月二日會又非故也聽
當還夏正月雖違先帝通三統之義斯亦
子孫哀慘永懷又夏正朔得天數者其以建

天數者其以建寅之月爲歲首
晉武帝太始二年九月羣公奏唐堯舜禹
不以易朔改制至於湯武各推行數宣尼答
爲邦之問則曰行夏之時輅冕之制通爲百代
之言蓋期於從政濟治不繫於行運也今大
晉繼三皇之蹤踵舜禹之迹應天從民受禪
有魏宜一用前代正朔服色皆如有虞遵唐
故事於義爲弘奏可孫盛曰仍舊非也且晉
爲金行服色尚赤考之天道其違甚矣及宋

受禪亦如魏晉故事
魏明帝初司空王朗議古者有年數無年號
漢初猶然或有世而改有中元後元元改彌數
後之號不足故更假取美名非古也述春秋之
事曰隱公元年則簡而易知載漢世之事曰建元
元年則後不見宜若古稱元而已明帝不從乃
詔曰先帝即位之元則有延康之號受禪之初
亦有黃初之稱今名年可也於是尚書奏易曰乾
道變化各正性命保合大和乃利貞首出庶物萬國

咸寧宜爲大和元年詔缺七字
周之五禮其五爲嘉嘉缺二字　春秋左氏傳
曰晉侯問襄公年季武子對曰會于沙隨
之歲寡君以生晉侯曰十二年矣是謂一終
一星終也國君十五而生子冠而生子禮也君
可以冠矣大夫盍爲冠具武子對曰君冠必以
祼享之禮行之以金石之樂節之以先君之祧
處之今君在行未可具也請及兄弟之國而
假備焉晉侯許諾還及衛冠于成公之廟

假鐘磬焉禮也賈服說皆以爲人君禮十二
而冠也古尚書說武王崩成王年十三推武
王以庚辰歲崩周公以壬午歲出居東以癸
未歲反禮周公冠成王命史祝辭辭告也是除
喪冠也周公居東未反成王冠弁以開金縢
之書時十六矣是成王年十五服除周公冠之
而後出也按禮傳之文則天子諸侯近十二
遠十五必冠矣周禮雖有服冕之數而無天
子冠文儀禮云公侯之有冠禮夏末造之王

鄭皆以爲夏末上下相亂簒弑由生故作公侯
冠禮則明無天子冠禮之審也大夫又無冠禮
古者五十而後爵何大夫冠禮之有周人年五
十而有賢才則試以大夫之事猶行士禮也故
筮日筮賓冠於阼以著代醮於客位三加彌尊
皆士禮耳然漢氏以來天子諸侯頗采其議志
曰儀從冠禮是也漢順帝冠又兼用曹褒新禮
褒新禮今不存禮儀志又云乘輿初加緇布進
賢次爵弁武弁次通天皆於高廟王公以下初

加進賢而已按此文始冠緇布從古制也冠於
宗廟是也魏天子冠一加其說曰士禮三加加
有成也至於天子諸侯無加數之文者將以踐
阼臨民尊極德備豈得復與士同此言非也夫
以聖人之才猶三十而立況十二之年未及志
學便謂德成無所勸勉非理實也魏氏太子再
加皇子王公世子乃三加孫毓以爲一加再加
皆非也禮詞曰令月吉日又以歲之正以月之
令魯襄公冠以冬漢惠帝冠以三月明無定月

也後漢以來帝加元服咸以正月晉咸寧二年秋閏九月遣使冠汝南王柬此則晉禮亦有非必歲首也禮冠於廟魏以來不復在廟然晉武惠冠太子皆即廟見斯亦擬在廟之儀也晉穆帝孝武將冠先以幣告廟訖又廟見也

晉惠帝之爲太子將冠也武帝臨軒使兼司徒高陽王珪加冠兼光祿勳屯騎校尉華廙贊冠

江左諸帝將冠金石宿設百僚陪位又豫於殿上鋪大牀御府令奉冕幘簪導袞服以授侍中

常侍太尉加幘太保加冕將加冕太尉跪讀祝文曰令月吉日始加元服皇帝穆穆思弘袞職欽若昊天六合是式率遵祖考永永無極眉壽惟期介茲景福加冕訖侍中繫玄紞侍中脫絳紗服加袞服冠事畢太保率羣臣奉觴上壽王公以下三稱萬歲乃退按儀注一加幘冕而已

宋冠皇太子及蕃王亦一加也官有其注晉武帝太始十年南宮王承年十五依舊應冠有司議奏禮十五成童國君十五而生子以明可冠之宜又漢魏遣使冠諸王非古典於是制諸王十五冠不復加命元嘉十一年營道侯將冠詔曰營道侯義綦可克日冠外詳舊施行何禎冠儀約制及王堪私撰冠儀亦皆家人之可遵用者也

魏齊王正始四年立皇后甄氏其儀不存

晉武帝咸寧二年臨軒遣太尉賈充策立后楊氏納悼后也因大赦賜王公以下各

有差百僚上禮太康八年有司奏昏禮納徵大昏用玄纁束帛加珪馬二駟王侯玄纁束帛加璧乘馬大夫用玄纁束帛加羊古者以皮馬爲庭實天子加穀珪諸侯加大璋可依周禮改璧用璋其羊鴈酒米玄纁如故諸侯昏禮加納采吉期迎各帛五匹及納徵馬四匹皆令夫家自備唯璋官爲具之尚書朱整議按魏氏故事王娶妃公主嫁之禮天子諸侯以皮馬爲庭實

天子加以穀珪諸侯加以大璋漢高后制聘后
黄金二百斤馬十二疋夫人金五十斤馬四匹
魏聘后王娶妃公主嫁之禮用絹百九十匹晉
與故事用絹三百匹詔曰公主嫁由夫氏不宜
皆爲備物賜錢使足而已唯給璋餘如故事
成帝咸康二年臨軒遣使兼太保領軍將軍
諸葛恢兼太尉護軍將軍孔愉六禮備物拜
皇后杜氏即日入宮帝御太極殿羣臣畢賀
非禮也王者昏禮禮無其制春秋祭公逆

王后于紀穀梁左氏說與公羊又不同而
漢魏遺事闕略者衆晉武惠納后江左又
無復儀注故成帝將納杜后太常華恒始
與博士參定其儀據杜預左氏傳說主婚
是供其婚禮之幣而已又周靈王求婚於
齊齊侯問於晏桓子桓子對曰夫婦所生若
而人姑姊妹則稱先守某公之遺女若而人
此則天子之命自得下達臣下之荅徑自上
通先儒以爲丘明詳錬其事蓋爲王者婚

娶之禮也故成帝臨軒遣使稱制拜后然其
儀注又不具存康帝建元元年納后褚氏
而儀注陛者不設毛頭殿中御史奏今迎皇
后依昔成恭皇后入宮御物而儀注至尊衮
冕升殿毛頭不設求量處又案昔迎恭皇后
唯作青龍旂其餘皆即御物今當臨軒
遣使而立五牛旂旗毛頭畢罕並出即用
故至今闕詔曰所以正法服升太極者以敬其
始故備其禮也今云何更闕所重而撤法物邪

又恭后神主入廟先帝詔后禮宜有降不宜建
五牛旗而今猶復設之邪既不設五旗則毛頭畢
罕之器易具也又詔曰舊制既難準且於今而備
亦非宜府庫之儲唯當以供軍國之費耳法
服儀飾粗令舉其餘兼副雜器停之及至
穆帝升平元年將納皇后何氏太常王彪
之始更大引經傳及諸故事以正其禮深
非公羊婚禮不稱主人之義又曰王者之於
四海無非臣妾雖復父兄之親師友之賢

皆純臣也夫崇三綱之始以定乾坤之儀安有天父之尊而稱臣下之命以納伉儷安有臣下之卑而稱天父之名以行大禮遠尋古禮無王者此制近求史籍無王者此比於情不安於義不通案咸寧二年納悼皇后時弘訓太后母臨天下而無命戚屬之臣爲武皇父兄主婚之文又考大晉已行之事咸寧故事不稱父兄師友則咸康華恒所上合於舊也臣愚謂今納后儀制宜一依咸康故事

於是從之華恒所定六禮云宜依漢舊及大晉已行之制此恒猶識前事故王彪之多從咸康由此也惟以取婦之家三日不舉樂而咸康群臣賀爲失禮故但依咸寧上禮不復賀也其吉廟六禮版文等儀皆彪之所定也詳推有典制其納采版文璽書曰皇帝咨前太尉參軍何琦渾元資始肇經人倫爰及夫婦以奉天地宗廟社稷謀于公卿咸以宜率由舊典今使使持

節太常彪之宗正綜以禮納采主人曰皇帝嘉命訪婚陋族備數采擇臣從祖弟故散騎侍郎準之遺女未閑教訓衣履若而人欽承舊章肅奉典制前太尉參軍都鄉侯糞土臣何琦稽首再拜承制詔次問名版文曰皇帝曰咨某官某姓兩儀配合承天統物正位于內必俟令族重章舊典今使使持節太常某宗正某以禮問名主人曰皇帝嘉命使者某到重宣

中詔問臣名族臣族女父母所生先臣故光祿大夫雩婁侯禎之遺玄孫先臣故豫州刺史關中侯惲之曾孫先臣安豐太守關中侯叡之孫先臣故散騎侍郎準之遺女外出自先臣故尚書左丞胄之外曾孫先臣故侍中關內侯夷之外孫女年十七欽承舊章肅奉典制次納吉版文曰皇帝曰咨某官某姓人謀龜從僉曰貞吉敬從典禮今使持節太常某宗正某以禮納吉主人曰皇帝嘉命使者某重宣

中詔太卜元吉臣陋族卑鄙憂懼不堪欽承舊
章肅奉典制次納徵版文皇帝曰咨某官某姓
之女有母儀之德窈窕之姿如山如河宜奉宗
廟永承天祚以玄纁皮帛馬羊錢璧以章典禮今
使使持節司徒某太常某以禮納徵主人曰皇帝
嘉命降婚卑陋崇以上公寵以典禮備物典策欽
承舊章肅奉典制次請期版文皇帝曰咨某官
某姓謀于公卿大筮元龜罔有不臧率遵典禮
今使使持節太常某宗正某以禮請期主人曰皇

帝嘉命使某重宣中詔吉日惟某可迎臣欽承舊
章肅奉典制次迎版文皇帝曰咨某官某姓歲
吉月令吉日惟某率禮以迎今使使持節太保某
太尉某以迎主人曰皇帝嘉命使者某重宣中詔
令月吉辰備禮以迎上公宗卿兼至副介近臣百兩
臣螻蟻之族猥承大禮憂懼戰悸欽承舊章肅
奉典制其稽首承詔皆如初荅孝武納王皇
后其禮亦如之其納采問名納吉請期迎皆
用白鴈白羊各一頭酒米各十二斛唯納徵羊

一頭玄纁用帛三匹絳二匹絹二百匹虎皮二
枚錢二百萬玉璧一枚馬六頭酒米各十二斛
鄭玄所謂五鴈六禮也其珪馬之制備物之數
校太康所奏又有不同官有其注古者昏冠皆
有醮鄭氏醮文三首具存宋文帝元嘉十五年
四月皇太子納妃六禮文與納后不異百官上
禮其月壬戌於太極殿西堂叙宴二宮隊主副
司徒征北鎮南三府佐揚兗江三州綱彭城江
夏南譙始興武陵廬陵南豐七國侍郎以上諸

二千石在都邑者並豫會又詔今小會可停妓
樂時有臨川曹太妃服明帝泰始五年十一月有司
奏按晉江左以來太子昏納徵禮用玉一虎皮二未
詳何所準況或者虎取其威猛有彬炳玉以象德
而有潤栗珪璋既玉之美者豹皮義兼炳蔚熊羆
亦昏禮吉徵以類取象亦宜並用未詳何以遺文
晉氏江左禮物多闕後代因襲未遑研考今法章徽
儀方將大備宜憲範經籍稽諸舊典今皇太子昏
納徵禮合用珪璋豹皮熊羆皮與不下禮官詳依

經記更正若應用者爲各用一爲應用兩博
士裴昭明議案周禮納徵玄纁束帛儷皮鄭
玄注云束帛以儀注以虎皮二太元中公主納徵
以虎豹皮各一具豈謂婚禮不辨王公之序故取
虎豹皮以尊革其事乎虎豹雖文而徵禮
所不用熊羆吉祥而婚典所不及珪璋雖美或
爲用各異今帝道弘明徽則光闡儲皇聘
納宜準經誥凡諸僻謬並合詳裁雖禮代不同
文質或異而鄭爲儒宗既有明說守文淺見

蓋有惟疑兼太常丞孫詵議以爲聘幣之
典損益惟義歷代行事取制士婚若珪璋之
用實均璧品采豹之彰義齊虎文熊羆表
祥繁衍攸寄今儲后崇聘禮先訓遠皮玉
之美宜盡暉備禮稱束帛儷皮則珪璋數
合同璧熊羆文豹各應用二長兼國子博
士虞龢議案儀禮納徵直玄纁束帛雜皮
而已禮記郊特牲云虎豹皮與玉璧非虞作
也則虎豹之皮居然用兩珪璧宜仍舊各一

也參詵龢二議不異今加珪璋各一豹熊羆皮
各二以龢議爲允詔可
晉武帝太始十年將聘拜三夫人九嬪有司
奏禮皇后聘以穀珪無妾媵禮贄之制詔曰
拜授可依魏氏故事於是臨軒使使持節兼
太常拜夫人兼御史中丞拜九嬪
漢魏之禮公主居第尚公主者來第成婚司
空王朗以爲不可其後乃革
凡遣大使拜皇后三公及冠皇太子及拜蕃王

帝皆臨軒其儀太樂令宿設金石四廂之樂
於殿前漏上三刻侍中侍臣冗從僕射中謁
者節騎郎虎賁旄頭遮列五牛旗皆入虎
賁中郎將羽林監分陛端門內侍御史謁者
各一人監端門廷尉監平分陛東西中華門
漏上三刻殿中侍御史奏開殿之殿門南止
車門宣陽城門軍校侍中散騎常侍給事
黃門侍郎散騎侍郎升殿夾御座尚書令
以下應階者以次入治禮引大鴻臚入陳九賓

漏上四刻侍中奏外辦皇帝服衮冕之服升太極
殿臨軒南面謁者前北面一拜跪奏大鴻臚臣某稽
首言群臣就位謹具侍中稱制曰可謁者贊拜
在位皆再拜大鴻臚稱臣一拜仰奏請行事侍
中稱制曰可鴻臚舉手曰可行事謁者引護當使者
當拜者入就拜位四廂樂作將拜樂止禮畢
出官有其注舊時歲旦常設葦茭桃梗磔雞於
宮及百寺門以禳惡氣漢儀則仲夏之月設之有
桃卯無磔雞案明帝大脩禳禮故何晏禳祭據

弘治四年　宋書志四　二十二　監生陳澤

雞牲供禳釁之事磔雞宜起於魏也卯本漢所
以輔卯金又宜魏所除也但未詳改仲夏在歲
旦之所起耳宋皆省而諸郡縣此禮往往猶存上
代聘享之禮雖頗見經傳然首尾不全叔孫
通傳載通所制漢元會儀綱紀粗舉施於今
又未周備也魏國初建事多兼闕故黄初三
年始奉璧朝賀何承天云魏元會儀無存者
案何禎許都賦曰元正大饗壇彼西南旗幕
峨峨檐宇弘深王沈正會賦又曰華幄映於飛

雲朱幕張于前庭緜青帷於兩階象紫極
之崢嶸延百辟于和門等尊卑而奉璋此則大
饗悉在城外不在宮内也臣案魏司空王朗奏
事曰故事正月朔賀殿下設兩百華鐙對於二階
之間端門設庭燎火炬端門外設五尺三尺鐙月
照星明雖夜猶晝矣如此則不在城外也何王
二賦本不在洛京何云許都賦時在許昌也王
賦又云朝四國於東巡亦賦許昌正會也晉
武帝世更定元會注今有咸寧注是也傅玄

嘉靖十年刊　宋志四　二十三

元會賦曰考夏后之遺訓綜殷周之典藝
採秦漢之舊儀定元正之嘉會此則兼採
衆代可知矣咸寧注先正一日守宮宿設王
公卿校便坐於端門外大樂鼓吹又宿設四廂
樂及牛馬帷閤於殿前夜漏未盡十刻群
臣集到庭燎起火上賀謁報又賀皇后還
從雲龍東中華門入謁詣東閤下便坐漏
未盡七刻群司乘車與百官及受贄郎
下至計吏皆入詣陛部立其陛衛者如臨

軒儀漏未盡五刻謁者僕射大鴻臚各奏群臣就位定漏盡侍中奏外辦皇帝出鍾鼓作百官皆拜伏太常導皇帝升御座鍾鼓止百官起大鴻臚跪奏請朝賀治禮郎讚皇帝延王登大鴻臚跪讚蕃王臣某等奉白璧各一再拜賀太常報王悉登謁者引上殿當御座皇帝興王再拜皇帝坐復再拜跪置御座前復再拜成禮訖謁者引下殿還故位治禮郎引公特進匈奴南單于子金紫將軍當大鴻臚

西中二千石二千石千石六百石當大行令西皆北面伏大鴻臚跪讚太尉中二千石等奉璧皮帛羔鴈雉再拜賀太常讚皇帝延君登禮引公至金紫將軍上殿當御座皇帝興皆再拜皇帝坐又再拜跪置璧皮帛御座前復再拜成禮訖讚者引下殿還故位王公置璧成禮時大行令並讚殿下中二千石以下同成禮訖以贄授贄郎郎以璧帛付謁者羔鴈雉付太官太樂令跪奏雅樂以次作樂乘黄令乃出車皇帝

罷入百官皆坐晝漏上水六刻諸蠻夷胡客以次入皆再拜訖坐御入三刻又出鍾鼓作謁者僕射跪奏請群臣上御謁者引王公至二千石上殿千石六百石停本位謁者引王詣尊酌壽酒跪授侍中侍中跪置御座前王還自酌置位前謁者跪奏蕃王臣某等奉觴再拜上千萬歲壽侍中曰觴已上百官伏稱萬歲四廂樂作百官再拜已飲又再拜謁者引諸王等還本位陛者傳就席群臣皆跪諸侍中中書令尚書令各於殿上上

壽酒登歌樂升太官令又行御酒御酒升階太官令跪授侍郎侍郎跪進御座前乃行百官酒太樂令跪奏奏登歌三終乃降太官令跪請御飯到陛群臣皆起太官令持羹跪授司徒持飯跪授大司農尚食持案並授侍郎侍郎跪侍御座前群臣就席太樂令跪奏食舉樂太官行百官飯案遍食畢太樂令跪奏請進儛儛以次作鼓吹令又前跪奏請以次進衆伎乃召諸郡計吏前授敕

戒於階下宴樂畢謁者一人跪奏請罷退鍾
鼓作群臣北面再拜出江左更隨事立位大體
亦無異也宋有天下多仍舊儀所損益可知矣
晉江左注皇太子出會者則在三恪下王公上
宋文帝元嘉十一年升在三恪上
魏制蕃王不得朝覲明帝時有朝者皆由特
恩不得以爲常晉太始中有司奏諸侯之國其
王公以下入朝者四方各爲二番三歲而周周
則更始若臨時有解却在明年來朝之後更滿

三歲乃復不得從本數朝禮執璧如舊朝
之制不朝之歲各遣卿奉聘奏可江左王
侯不之國其有授任居外則同方伯刺史二千
石之禮亦無朝聘之制此禮遂廢
正旦元會設白虎樽於殿庭樽蓋上施白虎
若有能獻直言者則發此樽飲酒案禮記
知悼子卒未葬平公飲酒師曠李調侍鼓鍾
杜蕢自外來聞鍾聲曰安在曰在寢杜蕢入
寢歷階而升酌曰曠飲斯又酌曰調飲

斯又酌堂上北面坐飲之降趨而出平
公呼而進之曰蕢曩者爾心或開予是以不與
爾言爾飲曠何也曰子卯不樂知悼子在堂斯
其爲子卯也大矣曠也太師也不以詔是以飲
之也爾飲調何也曰調也君之褻臣也爲一飲
一食忘君之疾是以飲之也爾飲何也曰蕢也宰
夫也唯刀匕是供又敢與知防是以飲也平公曰寡
人亦有過焉酌而飲寡人杜蕢洗而揚觶公
謂侍者曰如我死則必無廢斯爵至于今既畢

獻斯揚觶謂之杜舉白虎樽蓋杜舉之遺
式也畫爲虎宜是後代所加欲令言者猛如
虎無所忌憚也
漢以高帝十月定秦旦爲歲首至武帝雖
改用夏正然朔猶常饗會如元正之儀魏晉
則冬至日受萬國及百寮稱賀因小會其儀
亞於歲旦晉有其注宋永初元年八月詔曰
慶冬使或遣不役宜省今可悉停唯元正大
慶不得廢耳郡縣遣冬使詣州及都督府

者亦宜同停
孫權始都武昌及建業不立郊兆至末年太
元元年十一月祭南郊 其地今秣陵縣南十餘
里郊中是也晉氏南遷立南郊於巳地非禮
所謂陽位之義也宋武大明三年九月尚書右
丞徐爰議郊祀之位遠古蔑聞禮記燔柴於
大壇祭天也兆於南郊就陽位也漢初甘泉河
東禋埋易位終亦徙於長安南北光武紹祚
定二郊洛陽南北晉氏過江悉在北及郊兆之

議紛然不一又南出道狹未議開闡遂於東
南巳地創立丘壇皇宋受命因而弗改且居民
之中非邑外之謂今聖圖重造舊章畢新
南驛開塗陽路脩遠謂宜郊正午以定天位
博士司馬興之傅郁太常丞陸澄並同爰
議乃移郊兆於秣陵牛頭山西正在宮之午地
世祖崩前廢帝即位以郊舊地爲吉祥移還本
處北郊晉成帝世始立本在覆舟山南宋太
祖以其地爲樂游苑移於山西北後以其地

爲北湖移於湖塘西北其地卑下泥濕又移於
白石邨東其地又以爲湖乃移於鍾山北京道
西與南郊相對後罷白石東湖北郊還舊處
南郊皇帝散齋七日致齋三日官掌清者亦
如之致齋之朝御太極殿幄坐著絳紗褾黑介
幘通天金博山冠先郊日未晡五刻夕牲公卿
京兆尹衆官悉壇東就位太祝史牽牲入到
榜廪犧令跪白請省牲舉手曰腯太祝令繞
牲舉手曰充太祝令牽牲詣庖以二陶豆酌

毛血其一奠皇天神座前其一奠太祖神座前
郊之日未明八刻太祝令進饌郎施饌牲用繭
栗二頭群神用牛一頭醴用秬鬯藉用白茅
玄酒一器器用匏陶以瓦樽盛酒瓦圩斟酒璧
用蒼玉蒯席各二不設茵蓐古者席藁晉
江左用蒯車駕出百官應齋及從駕填街
先置者各隨申攝從事上水一刻御服龍袞
平天冠升金根車到壇東門外博士太常
引入到黑攢太祝令跪執匏陶酒以灌地皇

帝再拜興群臣皆再拜伏治禮曰興博士太常引皇帝至南階脫舄升壇詣罍盥黄門侍郎洗爵跪授皇帝執樽郎授爵酌秬鬯授皇帝跪奠皇天神座前再拜興次詣大祖配天神座前執爵跪奠如皇天之禮南面北向一拜伏太祝令各酌福酒合置一爵中跪進皇帝再拜伏飲福酒訖博士太常引帝從東階下還南階謁者引太常升壇亞獻謁者又引光祿升壇終獻訖各降階還本位太祝

送神跪執匏陶酒以灌地興直南行出壇門治禮舉手曰群臣皆再拜伏皇帝盤治禮曰興博士跪曰祠事畢就燎博士太常引皇帝就燎位當壇東階皇帝南向立太祝令以案奉玉璧牲體爵酒黍飯諸饌物登柴壇施設之治禮舉手曰可燎三人持火炬上火發太祝令等各下壇壇東西各二十人以炬投壇火半柴傾博士仰白事畢皇帝出便坐解嚴天子有故則三公行事而太尉初獻其亞獻猶終獻

太常光祿勳也北郊齋夕牲進孰及乘輿百官到壇三獻悉如南郊之禮唯事訖太祝令牲玉饌物詣埳置牲上訖又以一牲覆其上治禮舉手曰可霾二十人俱時下土填埳欲半博士仰白事畢帝出自魏以來多使三公行事乘輿罕出矣魏及晉初儀注雖不具存所損益漢制可知也江左以後官有其注

魏文帝詔曰漢氏不拜日於東郊而旦夕常於殿下東面拜日煩褻似家人之事非事天郊神

之道也黄初二年正月乙亥朝日于東門之外按禮天子以春分朝日於東秋分夕月於西今正月非其時也漢郊祀志帝郊太畤平旦出竹宮東向揖日其夕西向揖月此爲即用郊日不俟二分也明帝太和元年二月丁亥朔朝日于東郊八月己丑夕月于西郊此古禮也白虎通王者父天母地兄日姊月此其義也尚書太傅迎日之詞曰維某年某月上日明光于上下勤施于四方旁作穆穆維予一人某敬拜

迎日于郊吳時郎陳融奏東郊頌吳時亦行此
禮也晉武帝太康二年有司奏春分依舊車
駕朝日寒溫未適可不親出詔曰禮儀宜有
常如所奏與故太尉所撰不同復爲無定制
間者方難未平故每從所奏今戎事弭息唯此
爲大案此詔帝復爲親朝日也此後廢
殷祠皇帝散齋七日致齋三日百官清者
亦如致齋之日御太極殿幄坐著絳紗襈黑
介幘通天金博山冠祠之日車駕出百官應

齋從駕留守填街先置者各依宣攝從事
上水一刻皇帝著平冕龍衮之服升金根車
到廟北門訖治禮謁者各引太樂太常光祿
勳三公等皆入在位皇帝降車入廟脫舄盥
及洗爵訖升殿初獻奠爵樂奏太祝令跪
讀祝文訖進奠神座前皇帝還本位博士
引太尉亞獻訖謁者又引光祿勳終獻凡禘
祫大祭則神主悉出廟堂爲昭穆以安坐不
復停室也晉氏又有陰室四殤治禮引陰室

以次奠爵于饌前其功臣配饗者設坐於庭
謁者奠爵于饌前皇帝不親祠則三公行事
而太尉初獻太常亞獻光祿勳終獻也四時
祭祀亦皆於將祭必先夕牲其儀如郊晉武帝
太始七年四月帝將親祠車駕夕牲而儀注還
不拜詔問其故博士奏歷代相承如此帝曰非
致敬宗廟之禮也於是實拜而還遂以爲制
太康中有司奏議七月一日合朔奠冬烝夕
牲同日可有司行事詔曰夕牲而令有司行事

非也改擇上旬他日案此則武帝夕牲必躬臨
拜而江左以來復止也晉元帝建武元年十月
辛卯即晉王位行天子殷祭之禮非常之事
也孝武太元十一年九月皇女亡及應烝祠中
書侍郎范甯奏案喪服傳有死宮中者
三月不舉祭不別長幼之與貴賤也皇女雖
在嬰孩臣竊以爲疑於是尚書奏使三公行
事昔漢靈帝世立春尚齋迎氣東郊尚書
左丞歐殺陌使於南書寺於是詔書曰議

郎蔡邕博士任敏問可齋祠不得無不宜邕等對曰按上帝之祠無所爲廢宫室至大陌使至微日又寬可齋無疑寧非不知有此議然不從也魏及晋初祭儀雖不具存江左則備矣官有其注

祠大社帝太稷常以歲二月八月二社日祠之太祝令夕牲進孰如郊廟儀司空太常大司農三獻也官有其注周禮王親祭漢以來有司行事

漢安帝元初六年立宗祠於國西北城亥地祠儀比泰社日月將交會太史上合朔尚書先事三日宣攝內外戒嚴摯虞決疑曰凡救蝕者皆著赤幘以助陽也日將蝕天子素服避正殿內外嚴警太史登靈臺伺候日變更伐鼓於門聞鼓音侍臣皆著赤幘帶劍入侍三臺令史以上皆各持劍立其戶前衛尉卿馳繞宫伺察守備周而復始日復常乃皆罷魯昭公十七年六月朔日有蝕之祝史請所由叔孫昭子曰日有蝕天子不舉樂伐鼓於社諸侯用幣於社伐鼓於朝禮也又以赤絲爲繩繫社祝史陳辭以責之社勾龍之神天子之上公故責之合朔官有其注昔漢建安中將王會而太史上言正旦當日蝕朝士疑會不共諮尚書令荀文若諮之時廣平計吏劉邵在坐曰梓慎裨竈古之良史猶占水火錯失天時禮諸侯旅見天子入門不得終禮者四日蝕在一然則聖人垂制不爲變

異豫廢朝禮者或災消異伏或推術謬誤也文若及衆人咸喜而從之遂朝會如舊日亦不蝕劭由此顯名魏史美而書之魏高貴鄉公正元二年三月朔太史奏日蝕而不蝕晋文王時爲大將軍大推史官不驗之負史官荅曰合朔之時或有日掩月或有月掩日月掩日則蔽障日體使光景有虧故謂之日蝕日掩月則日於月上過謂之陰不侵陽雖交無變日月相掩必食之理無術以知是以

嘗禘郊社日蝕則接祭是亦前代史官不
能審蝕也自漢故事以爲日蝕必當於交每
至其時申警百官以備日變故甲寅詔有備
蝕之制無考負之法古來黃帝顓頊夏殷
周魯六曆皆無推日蝕法但有考課踈密
而已負坐之條由本無術可課非司事之罪
乃止晉武帝咸寧三年四年並以正旦合朔
却元會改魏故事也晉元帝太興元年四
月合朔中書侍郎孔愉奏曰春秋日有蝕

之天子伐鼓于社攻諸陰也諸侯伐鼓於朝
臣自攻也案尚書符若日有變便伐鼓於
諸門有違舊典詔曰所陳有正義輒敕外
改之至康帝建元元年太史上元日合朔朝
士復疑應却會與否庾冰輔政寫劉劭議
以示八坐于時有謂劭爲不得禮意荀文
若從之是勝人之一失故蔡謨遂著議非之
曰劭論災消異伏又以愼竈猶有錯失太史
上言亦不必審其理誠然也而云聖人垂制

不爲變異豫廢朝禮此則謬矣災祥之發
所以譴告人君王者所重誡故素服廢樂
退避正寢百官降物用幣伐鼓躬親而救
之夫敬誡之事與其疑而廢之寧愼而行
之故孔子老聃助葬於巷黨以喪不見星
行故日蝕而止柩曰安知其不見星也今史
官言當蝕亦安知其不蝕乎夫子老聃豫
行見星之防而劭寶人狀一聖賢之成規
也魯桓公壬申有災而以乙亥嘗祭春秋譏

之災事既過猶退懼未已故廢宗廟之祭
祝聞天眚將至行慶樂之會於禮乖矣禮
記所云諸侯入門不得終禮者謂日官不豫言
諸侯既入見蝕乃知耳非先聞當蝕而朝會不
廢也別此可謂失其義指劉劭所執者禮記
也夫子老聃巷黨之事亦禮記所言復違而
反之進退無據荀令所善漢朝所從遂使
此言至今見稱莫知其謬後來君子將擬
以爲式故正之云爾於是冰從衆議遂以

却會至永和中殷浩輔政又欲從劉劭議不
却會王彪之據咸寧建元故事又曰禮云諸
侯旅見天子不得終禮而廢者四自謂卒暴
有之非爲存其事而徼幸史官推術繆錯
故不豫廢朝禮也於是又從彪之相承至今
耕籍之禮尚矣漢文帝脩之及昭帝幼即
大位耕於鉤盾弄田明帝永平十五年二月
東巡耕於下邳章帝元和三年正月北巡耕
於懷縣魏三祖皆親耕籍晉武帝太始四

年有司奏始耕祠先農可有司行事詔曰
夫民之大事在祀與農是以古之聖王躬耕
帝籍以供郊廟之粢盛且以訓化天下近代
以來耕籍止於數步中空有慕古之名曾
無供祀訓農之實而有百官車徒之費今
脩千畝之制當與群公卿士躬稼穡之艱難
以帥天下主者詳具其制并下河南處田地
於東郊之南洛水之北平良中水者若無官田
隨宜便換不得侵民人也自此之後其事便

廢史注載多有闕止元皇二帝將脩耕籍
賀循等所上注及裴憲爲胡中所定儀又
未詳允元嘉二十年太祖將親耕以其久廢
使何承天撰定儀注史學生山謙之巳私鳩
集因以奏聞乃下詔曰國以民爲本民以食
爲天一夫輟耕饑者必及倉廩既實禮節
以興自頃在所貧耗家無宿積陰陽暫偏
則人懷愁墊年或不稔而病乏比室誠由政
德未孚以臻斯弊抑亦耕桑未廣地利多

遺宰守微化導之方萌庶忘勤分之義永
言弘濟明發載懷雖制令亟下終莫懲勸
而坐望滋殖庸可致乎有司其班宣舊條
務盡敦課遊食之徒咸令附業考覈勤惰
行其誅賞觀察能殿嚴加黜陟古者從時
脉土以訓農功躬耕帝籍敬供粢盛仰瞻
前王思遵令典便可量處千畝考卜元辰
朕當親率百辟致禮郊甸庶幾誠素奬被
斯民於是斟酌衆條造定圖注先立春

九日尚書宣攝内外各使隨局從事司空大農京尹令尉度宮之辰地八里之外整制千畝開阡陌立先農壇於中阡西陌南御耕壇於中阡東陌北將耕宿設青幕于耕壇之上皇后帥六宮之人生穜稑之種付藉田令耕日太祝以一大牢告祠先農悉如祠帝社之儀孟春之月擇上辛後吉亥日御乘耕根三蓋車駕蒼駟青旂著通天冠青幘朝服青袞帶佩蒼玉蕃王以下至六百石皆青唯三

臺武衛不耕不改服章車駕出衆事如郊廟之儀車駕至藉田侍中跪奏尊降車臨壇大司農跪奏先農已享請皇帝親耕太史令讚曰皇帝親耕三推三反於是群臣以次耕王公五等開國諸侯五推五反孤卿大夫七推七反士九推九反藉田令率其屬耕竟畝灑種即耰禮畢魏氏雖天子耕藉其蕃鎮諸侯並闕百畝之禮晉武帝末有司奏古諸侯耕藉百畝躬秉耒耜以奉社稷宗廟以勸率農功今諸王治國宜脩耕藉之義然未施行宋太祖東耕後乃班下州郡縣悉備其禮焉

周禮王后帥内外命婦蠶於北郊漢則東郊非古也魏則北郊依周禮也晉則西郊宜是與藉田對其方也魏文帝黄初七年正月命中宮蠶于北郊依韋誕后蠶頌則于時漢注已亡更考撰其儀也及至晉氏先蠶多采魏法晉武帝太康六年散騎常侍華嶠

奏先王之制天子諸侯親耕千畝后夫人躬蠶桑今陛下以聖明至仁脩先王之緒皇后體資生之德合配乾之義而教道未先蠶禮尚闕以爲宜依古式備斯盛典詔曰古者天子親籍以供粢盛后夫人躬蠶以備祭服所以聿遵孝敬明教示訓也今籍田有制而蠶禮不脩中間務多未暇崇備今天下無事宜脩禮以示四海其詳依古典及近代故事以參今宜明年施行於是使侍中　粲草定其儀皇后

采桑壇在蠶室西帷宫中門之外桑林在其東先蠶壇在宫外門之外而東南取民妻六人爲蠶母蠶將生擇吉日皇后箸十二笄依漢魏故事衣青衣乘油蓋雲母安車駕六馬女尚書箸貂蟬佩璽陪乘載筐鉤公主三夫人九嬪世婦諸太妃公太夫人公夫人及縣鄉君郡公侯特進夫人外世婦命婦皆步摇衣青各載筐鉤從蠶桑前一日蠶官生蠶箸薄上桑日太祝令以一大牢祠先蠶皇后至

西郊升壇公主以下陪列壇東皇后東面躬桑采三條諸妃公主各采五條縣鄉君以下各采九條悉以桑授蠶母還蠶室事訖皇后還便坐公主以下以次就位設饗賜絹各有差宋孝武大明四年又脩此禮

漢獻帝建安二十二年魏國作泮宫于鄴城南魏文帝黄初五年立太學於洛陽齊王正始中劉馥上疏曰黄初以來崇立大學二十餘年而成者蓋寡由博士選輕諸生避役高門子弟恥非其倫故學者雖有其名而無其實雖設其教而無其功宜高選博士取行爲人表經任人師者掌教國子依遵古法使二千石以上子孫年從十五皆入太學明制黜陟陳榮辱之路不從晉武帝太始八年有司奏太學生七千餘人才任四品聽留詔已試經者留之其餘遣還郡國大臣子弟堪受教者令入學咸寧二年起國子學蓋周禮國之貴遊子弟所謂國子受教於師氏者也太

康五年脩作明堂辟雍靈臺孫休永安元年詔曰古者建國教學爲先所以導世治性爲時養器也自建興以來時事多故吏民頗以目前趨務棄本就末不循古道夫所尚不淳則傷化敗俗其按舊置學官立五經博士覈取應選加其寵禄科見吏之中及將吏子弟有志好者各令就業一歲課試差其品第加以位賞使見之者樂其榮聞之者羨其譽以淳王化以隆風俗於是立學元帝爲

晉王建武初驃騎將軍王導上疏夫治化之本在於正人倫人倫之正存乎設庠序庠序設而五教明則德化洽通彝倫攸敘有恥且格也父子兄弟夫婦長幼之序順而君臣之義固矣易所謂正家而天下定者也故聖王蒙以養正少而教之使化沾肌骨習以成性有若自然日遷善遠罪而不自知行成德立然後裁之以位雖王之嫡子猶與國子齒使知道而後貴其取才用士

咸先本之于學故周禮卿大夫獻賢能之書于王王拜而受之所以尊道而貴士也人知士之所貴由乎道存則退而脩其身脩其身以及其家正家以及於鄉學於鄉以登於朝反本復始各求諸己敦素之業著浮僞之道息教使然也故以之事君則忠用之莅下則仁孟軻所謂未有仁而遺其親義而後其君者也自頃皇綱失統禮教陵替頌聲不興于今二紀傳曰三年

不爲禮禮必壞三年不爲樂樂必崩而況如此其久者乎先進漸忘揖讓之容後生唯聞金革之響干戈日尋俎豆不設先王之道彌遠華僞之風遂滋非所以習民靖俗端本抑末之謂也殿下以命世之資屬當傾危之運禮樂征伐翼成中興將滌穢蕩瑕撥亂反正誠宜經綸稽古建明學校闡揚六藝以訓後生使文武之道墜而復興方今小雅盡廢戎虜扇熾節義陵遲國

恥未雪忠臣義士所以扼腕拊心禮樂政刑當並陳以俱濟者也苟禮義膠固純風載洽則化之所陶者廣而德之所被者大義之所屬者深而威之所震者遠矣由斯而進則可朝服濟河使帝典闕而復補王綱弛而更張饕餮改情獸心革面揖讓而蠻夷服緩帶而天下從得乎其道者豈難也哉故有虞舞干戚而三苗化魯僖作泮宮而淮夷平桓文之霸皆先教而後戰今

若聿遵前典興復教道使朝之子弟並入于學立德出身者咸習之而後通德路開而僞塗塞則其化不肅而成不嚴而治矣選明博脩禮之士以爲之師隆教貴道化成俗定莫尚於斯也散騎常侍戴邈又上表曰臣聞天道之所運莫大於陰陽帝王之至務莫重於禮學是以古之建國教學爲先國有明堂辟雝之制鄉有庠序黌校之儀皆所以抽導幽滯啓廣才思

蓋以六四有困蒙之吝君子大養正之功也昔仲尼列國之大夫耳興禮脩學於洙泗之間四方髦俊斐然向風受業身通者七十餘人自茲以來千載寂漠豈天下小於魯國賢哲乏於曩時厲與不厲故也自頃遭無妄之禍社稷有綴旒之危寇羯飲馬於長江凶狡虎步於萬里遂使神州蕭條鞠爲茂草四海之內人跡不交霸主有旰食之憂黎民懷荼毒之痛戎

首交并于中原何遽籩豆之事哉然三年不爲禮禮必壞三年不爲樂樂必崩況曠載累紀如此之久邪今末進後生目不覩揖讓升降之禮耳不聞鐘鼓管弦之音文章散滅胡馬之足圖讖無復子遺於世此蓋聖達之所深悼有識之所咨嗟也夫治世尚文遭亂尚武文武迭用久長之道譬之天地昏明之術自古以來未有不由之者也今以天下未壹非興

禮學之時此言似是而非夫儒道深奧不可倉卒而成古之俊乂必三年而通一經比須寇賊清夷天下平泰然後脩之則功成事定誰與制禮作樂者哉又貴遊之子未必有斬將搴旗之才亦未有從軍征戍之役不及盛年講肄道義使明珠加瑩磨之功荊璞發采琢之美不亦良乎愚以世喪道久民情玩於所習純風日去華競日彰猶火之消膏而莫

之覺也今天地造始萬物權輿聖朝以神武之德値革命之運蕩近世之流弊繼千載之絕軌篤道崇儒創立大業明主唱之於上宰輔篤之於下夫上之所好下必有過之者焉是故雙劒之節崇而飛白之俗成挾琴之容飾而赴曲之和作君子之德風小人之德草實在所以感之而已臣以闇淺不能遠識格言謂宜以三時之隙漸就經始太興初議欲脩立學校唯周易王氏尚書鄭

氏古文孔氏毛詩周官禮記論語孝經鄭氏春秋左傳杜氏服氏各置博士一人其儀禮公羊穀梁及鄭易皆省不置博士太常荀崧上疏曰臣聞孔子有云才難不其然乎自喪亂以來經學尤寡儒有席上之珍然後能弘明道訓今處學則闕朝廷之秀仕朝則廢儒學之美昔咸寧太康元康永嘉之中侍中常侍黄門之深博道奥通洽古今行爲世表者領國子博士一則應對殿

堂奉酬顧問二則參訓門子以弘儒學三則祠儀二曹及太常之職以得藉用質疑今皇朝中興美隆往初宜憲章令軌祖述前典世祖武皇帝聖德欽明應運登禅受終于魏崇儒興學治致升平經始明堂營建辟雍告朔班政鄉飲大射西閤東序圖書禁籍臺省有宗廟太府金墉故事太學有石經古文先儒典訓賈馬鄭杜服孔王何顏尹之徒章句傳注衆家之學置

博士十九人九州之中師徒相傳學士如林猶是選張華劉寔居太常之官以重儒教傳稱孔子没而微言絕七十子終而大義乖自頃中夏殄瘁講誦遏密斯文之道將墜于地陛下聖哲龍飛闡弘祖烈申命儒術恢崇道教樂正雅頌於是乎在江揚二州先漸聲教學士遺文於今爲盛然方之疇昔猶千之一也臣學不章句才不弘道階緣光寵遂忝非服方之華

寔儒風遐遠思竭駑駘庶增萬分願斯道
隆於百代之上搢紳詠於千載之下伏聞節
省之制皆三分置二博士舊員十有九人今
五經合九人準古計今猶未中半今九以
外猶宜增四願陛下萬機餘暇時垂省覽
周易一經有鄭玄注其書根源誠可深惜
宜爲鄭易博士一人儀禮一經所謂曲禮鄭
玄於禮特明皆有證據宜置鄭儀禮博
士一人春秋公羊其書精隱明於斷獄宜置

博士一人穀梁簡約隱要宜存於世置
博士一人昔周之衰下陵上替臣弒其君子
弒其父上無天子下無方伯善者誰賞
惡者誰罰綱紀亂矣孔子懼而作春秋
諸侯諱妬懼犯時禁是以微辭妙旨義
不顯明故曰知我者其唯春秋罪我者其
唯春秋時左丘明子夏造膝親受無不
精究孔子既沒微言將絕於是丘明退撰
所聞而爲之傳其書善禮多膏腴美

辭張本繼末以發明經意信多奇偉學
者好之儒者稱公羊高親受子夏立於漢
朝辭義清儁斷決明審多可採用董仲
舒之所善也穀梁亦師徒相傳暫立於
漢時劉向父子漢之名儒猶執一家莫肯
相從其書文清約諸所發明或是左氏公
羊所不載亦足有所訂正是以三傳並行
於先代通才未能廢今去聖久遠斯文將墜
與其過廢寧過而立也臣以爲三傳雖同一

春秋而發端異趣案如三家異同之說義則
戰爭之場辭亦劍戟之鋒於理不可得共博
士宜各置一人以傳其學元帝詔曰崧表
如此皆經國大務而爲治所由息馬投戈
猶可講藝今雖日不暇給豈忘本而道存
邪可共博議之有司奏宜如崧表詔曰穀
梁膚淺不足立博士餘如所奏會王敦之
難事不施行成帝咸康三年國子祭酒袁
瓌太常馮懷又上疏曰臣聞先王之教也

崇典訓明禮學以示後生道萬物之性暢
爲善之道也宗周既興文史載煥端委治
於南蠻頌聲逸於四海故延州入聘聞雅音
而嗟咨韓起適魯觀易象而歎息何者立
人之道於此爲首也孔子恂恂道化洙泗孟
軻皇皇誨誘無倦是以仁義之聲于今猶
存禮讓之風千載未泯疇昔陵替喪亂屢
臻儒林之教漸頹庠序之禮有闕國學索
然墳卷莫啓有心之徒抱志無由昔魏武身

弘治四年 宋書志四 五十二 陳澤

親介冑務在武功猶尚息鞍披覽投戈
吟詠以爲世之所須者治之本宜崇況今
陛下以聖明臨朝百官以虔恭莅事朝野
無虞江外靜謐如之何泱泱之風漠焉無聞
洋洋之美墜於聖世乎古人有言詩書
義之府禮樂德之則實宜留心經籍闡明
學義使諷頌之音盈於京室味道之賢
缺 是詠豈不盛哉疏奏帝有感焉由是
議立國學徵集生徒而世尚莊老莫肯用心

儒訓穆帝永和八年殷浩西征以軍興罷
遣由此遂廢征西將軍庾亮在武昌開置
學官教曰人情重交而輕財好逸而惡勞
學業致苦而祿答未厚由捷徑者多故莫
肯用心洙泗邈遠風雅彌替後生放任不復
憲章典謨臨官宰政者務目前之治不
能閑以典誥遂令詩書荒塵頌聲寂漠
仰瞻俯省能乃歎慨自胡夷交侵殆三十
年矣而未革面嚮風者豈威武之用盡

宋書志四 五十三

抑文教未洽不足綏之邪昔魯秉周禮齊
不敢侮范會崇典晉國以治楚魏之君皆
阻帶山河憑城據漢國富民殷而不能保
其強大吳起屈完所以爲歎也由此言之禮
義之固孰與金城湯池季路稱攝乎大國
之間加之以師旅因之以饑饉爲之三年猶欲
行其義方況今江表晏然王道隆盛而不能
弘敷禮樂敦明庠序其何以訓彝倫而來
遠人乎魏武帝於馳騖之時以馬上爲家

逮于建安之末風塵未弭然猶留心遠覽大學興業所謂顛沛必於是眞通才也今使三時既務五教並脩軍旅已整俎豆無廢豈非兼善者哉便處分安學校處所籌量起立講舍參佐大將子弟悉令入學吾家子弟亦令受業四府博學識義通涉文學經綸者建儒林祭酒使班同三署厚其供給皆妙選邦彥必有其宜者以充此舉近臨川臨賀二郡並求脩復

宋志四　五十四

學校可下聽之若非束脩之流禮教所不及而欲階緣免役者不得爲生明爲條制令法清而人貴又繕造禮器俎豆之屬將行大射之禮亮尋薨又廢孝武帝太元元年尚書謝石又陳之曰立人之道曰仁與義翼善輔性唯禮與學雖理出自然必須誘導故洙泗闡弘道之風詩書垂軌教之典敦詩悅禮王化以斯而隆甄陶九流羣生於是乎穆世不常治道亦時亡光武投戈而

習誦魏武息馬以篤學懼墜斯文若此之至也大晉受命值世多阻雖聖化日融而王道未備庠序之業或廢或興遂令陶鑄闕日用之功民性靡素絲之益亹亹玄緒翳焉莫抽臣所以遠尋伏念寤寐永歎者也今皇威遐震戎車方靜將灑玄風於四區導斯民於至德豈可不弘敷禮樂使煥乎可觀請興復國學以訓冑子班下州郡普脩鄉校雕琢琳琅和寶必至大啓群蒙茂茲成德

宋志四　五十五

匪懈于事必由之以通則人競其業道隆學備矣烈宗納其言其年選公卿二千石子弟爲生增造廟屋一百五十五間而品課無章士君子恥與其列國子祭酒殷茂言之曰臣聞弘化正俗存乎禮教輔性成德必資於學先王所以陶鑄天下津梁萬物閑邪納善潛被於日用者也故能疏通玄理窮綜幽微一貫古今彌綸治化且夫子稱回以好學爲本七十希仰以善誘歸宗雅頌之音流詠

千載聖賢之淵範哲王所同風自大晉中
興肇基江左崇明學校脩建庠序公卿子
弟並入國學尋值多故訓業不終陛下以
聖德玄一思隆前美順通居方導達物性
興復儒肆僉與後生自學建彌年而功無可
名憚業避役就存者無幾或假託親疾真
偽難知聲實渾亂莫此之甚臣聞舊制
國子生皆冠族華冑比列皇儲而中者混
雜蘭艾遂令人情恥之子貢去朔之餼羊

仲尼猶愛其禮況名實兼喪面牆一世者乎
若以當今急病未皇斯典權宜停廢若別
一理也若其不然宜依舊準竊謂羣臣內外
清官子姪普應入學制以程課今者見生或
年在扞格方圓殊趣宜聽其去就各從所安
所上謬合乞付外參議烈宗下詔褒納又不
施行朝廷及草萊之人有志於學者莫不
發憤歎息清河人李遼又上表曰臣聞 教
者治化之本人倫之始所以誘達群方 進

德興仁譬諸土石陶冶成器雖復百王殊禮質
文參差至於斯道其用不爽自中華湮沒闕里
荒毀先王之澤寢聖賢之風絕自此迄今將及
百年造化有靈否終以泰河濟夷徙海岱清通
黎庶蒙蘇鳧藻奮化而典訓弗敷雅頌寂蔑久
凋之俗大弊未改非演迪斯文緝熙宏猷將何
以光贊時邕克隆盛化哉事有如賒而急寔此
之謂也亡父先臣回綏集邦邑歸誠本朝以太
元十年遣臣奉表路經闕里過覲孔廟庭宇傾

頓軌式頹弛萬世宗匠忽焉淪廢仰瞻俯慨不
覺涕流既達京輦表求興復聖祀脩建講學至
十四年十一月十七日奉被明詔采臣鄙議敕
下兖州魯郡準舊營飾故尚書令謝石令臣
所須列上又出家布薄助興立故鎮北將軍譙
王恬版臣行北魯縣令賜許供遣二臣薨徂成
規不遂陛下體唐堯文思之美訪宣尼善誘之
勤矜荒餘之凋昧愍聲教之未浹臣愚謂可重符
兖州刺史遂成舊廟蠲復數戶以供掃灑并賜

給六經講立庠序延請宿學廣集後進使油然入道發剖琢之功運仁義以征伐敷道德以服遠何招而不懷何柔而不從所爲者微所弘甚大臣自致身輦轂于今八稔違親轉積夙夜匪寧振武將軍何澹之今震扞三齊臣當隨反裴回天邑感戀罔極乞臣表付外參議又不見省

宋高祖受命詔有司立學未就而崩太祖元嘉二十年復立國子學二十七年廢

魏高貴鄉公甘露二年車駕親率羣司行養老之禮於太學於是王祥爲三老鄭小同爲五更今無其注然漢禮具存也

晉武帝太始六年十二月帝臨辟雍行鄉飲酒之禮詔曰禮儀之廢久矣乃令復講肄舊典賜太常絹百匹丞博士及學生牛酒咸寧三年惠帝元康九年復行其禮

魏齊王正始中齊王每講經使太常釋奠先聖先師於辟雍弗躬親晉惠帝明帝之爲太子及愍懷太子講經竟並親釋奠於太學太子進爵於先師中庶子進爵於顏淵元帝詔曰吾識太子此事祠訖便請王公以下 者昔在洛時嘗豫清坐也成穆孝武三年亦皆親釋奠孝武時以太學在水南縣遠有司議依升平元年於中堂權立行太學于時無復國子生有司奏應須二學生百二十人太學生取見人六十國子生權銓大臣子孫六十人事訖罷奏可釋奠禮畢會百官六品以上元

嘉二十二年太子釋奠采晉故事官有其注祭畢太祖親臨學宴會太子以下悉豫

兵者守國之備孔子曰以不教民戰是謂棄之兵凶事不可空設因蒐狩而習之而凡師出曰治兵入曰振旅皆戰陳之辨鼓鐸鐲鐃之用以教坐作進退疾徐疏數之節遂以蒐田獻禽以祭社仲夏教茇舍如振旅之陳遂以苗田如蒐之法獻禽以享礿仲秋教治兵如振旅之陳以獮田如蒐之法

致禽以祀方仲冬教大閱遂以狩田獻禽以享蒸蒐者蒐索取其不孕者也苗者爲苗除害而已獮者殺也從秋氣所殺多也狩者冬物畢成獲則取之無所擇也漢儀立秋日郊禮畢始揚威武斬牲於郊以薦陵廟名曰貙劉其儀乘輿御戎路白馬朱鬣躬執弩射牲太宰令以獲車送陵廟於是乘輿還宮遣使以束帛賜武官肄孫吳兵法戰陳之儀率以爲常至獻帝建安二

十一年魏國有司奏古四時講武皆於農隙漢西京承秦制三時不講惟十月都試今兵革未偃士民習素可無四時講武但以立秋擇吉日大朝車騎號曰治兵上合禮名下承漢制奏可是冬治兵魏王親金鼓以令進退

延康元年魏文帝爲魏王是年六月立秋治兵于東郊公卿相儀王御華蓋親令金鼓之節

明帝太和元年十月治兵于東郊晉武帝太始四年九年咸寧元年太康四年六年冬皆自臨宣武觀大習衆軍然不自令進退也自惠帝以後其禮遂廢

元帝太興四年詔左右衛及諸營教習依大習儀作鴈羽杖成帝咸和中詔内外諸軍戲兵於南郊之場故其地因名鬬場自後蕃鎮桓庾諸方伯往往閱習然朝廷無事焉太祖在位依故事肄習衆軍兼用漢

魏之禮其後以時講武於宣武堂元嘉二十五年閏二月大蒐於宣武場主胄奉詔列奏申攝克日校獵百官備辦設行宮殿便坐武帳於幕府山南岡設王公百官便坐幔省如常儀設南北左右四行旌門建獲旗以表獲車殿中郎一人典獲車主者二人收禽吏二十四人配獲車備獲車十二兩校獵之官著袴褶有帶武冠者脫冠者上纓二品以上擁刀備槊麾幡三品以

下帶刀皆騎乘將領部曲先獵一日遣屯布圍領軍將軍一人督右甄護軍一人督左甄大司馬一人居中董正諸軍悉受節度殿中郎率獲車部曲在司馬之後尚書僕射都官尚書五兵尚書左右丞都官諸曹郎都令史都官諸曹令史幹蘭臺治書侍御史令史諸曹令史幹督攝糺司校獵非違至日會於宣武場列爲重圍設留守填街位於雲龍門外內官道南以西爲上

設從官位於雲龍門內大官階北小官階南以西爲上設先置官位於行止車門外內官道西外官道東以北爲上設先置官還位於廣莫門外道之東西以南爲上校獵日平旦正直侍中嚴上水一刻奏搥一鼓爲一嚴上水二刻奏搥二鼓爲再嚴殿中侍御史奏開東中華雲龍門引仗爲小駕鹵簿百官非校獵之官著朱服集列廣莫門外應還省者還省留守填街後部從

官就位前部從官依鹵簿先置官先行上水三刻奏搥三鼓爲三嚴上水四刻奏外辦正次直侍中散騎常侍給事黃門侍郎軍校劍履進夾上閤正直侍郎負璽通事令史帶龜印中書之印上水五刻皇帝出著黑介幘單衣乘輦正直侍中負璽陪乘不帶劍殿中侍御史督攝黃麾以內次直侍中次直黃門侍郎護駕在前又次直侍中佩信璽行璽與正直黃門侍郎從護駕

在後不鳴鼓角不得諠譁以次引出警蹕如常儀車駕出馴讚陛者再拜皇太子入守車駕將至威儀倡引先置前部從官就位再拜車駕至行殿前回輦正直侍中跪奏降輦次直侍中稱制曰可正直侍中俛伏起皇帝降輦登御坐侍臣升殿直衛鞁戟虎賁毛頭文衣鶡尾以次列階正直侍中奏解嚴先置從駕百官還便坐幔省帝若躬親射禽變御戎服內外從官以及虎

賁悉變服如校獵儀鞁戟抽鞘以備武
衛黃麾內外從入壘裏列置部曲廣張
甄圍旗鼓相望銜枚而進甄周壘會督
甄令史奔騎號法施令春禽懷孕蒐而
不射鳥獸之肉不登於俎不射皮革齒
牙骨角毛羽不登於器不射甄會大司
馬鳴鼓蹙圍衆軍鼓譟警角至武場止
大司馬屯北旌門二甄帥屯左右旌門殿
中中郎率獲車部曲入次北旌門內之右

皇帝從南旌門入射禽謁者以獲車收載
還陳於獲旗北王公以下以次射禽各送詣
獲旗下付收禽主者事畢大司馬鳴鼓解圍
復屯殿中郎率其屬收禽以實獲車充庖
厨列言統由正厨置尊酒俎肉于中逵以
犒饗校獵衆軍再晡正直侍中量宜奏嚴
從官還著禾服鞁戟復鞘再嚴先置官先還
三嚴後二刻正直侍中奏外辦皇帝著黑介
幘單衣正　次直侍中散騎常侍給事黃門

侍郎軍校進夾御坐正直侍中跪奏還宮
次直侍郎稱制曰可正直侍中俛伏起乘
輿登輦還衛從如常儀大司馬鳴鼓散
屯以次就舍車駕將至威儀唱引留守塡
街先置前部從官就位再拜車駕至殿
前回輦正直侍中跪奏降輦次直侍中
稱制曰可正直侍中俛伏起乘輿降入正
直次直侍中散騎常侍給事黃門侍郎
散騎侍郎軍校從至閤亦如常儀正直侍

中奏解嚴內外百官拜表問訊如常儀
訖罷

志第四　　宋書十四

志第五　　宋書十五

臣沈　約　新撰

禮二

古者天子巡狩之禮布在方策至秦漢巡幸或以厭望氣之祥或以希神仙之應煩擾之役多非舊典唯後漢諸帝頗有古禮焉魏文帝值參分初創方隅事多皇輿亟動略無寧歲蓋應時之務又非舊章也明帝凡三東巡所過存問高年恤人疾苦或賜穀帛有古巡幸之風焉齊

王正始元年巡洛陽賜高年力田各有差晉武帝太始四年詔刺史二千石長吏曰古之王者以歲時巡狩方嶽其次則二伯述職不然則行人巡省撣人誦志故雖幽遐側微心無擁隔人情上通上指遠喻至于鰥寡罔不得所用垂風遺烈休聲猶存朕在位累載如臨深泉夙興夕惕明發不寐坐而待旦思四方水旱災眚爲之怛然勤躬約己欲令事事當宜常恐衆吏用情誠心未著萬機兼猥慮有不周政刑失謬而弗獲備覽百姓有過在予一人惟歲之不易未遑卜征巡省之事人之未乂其何以恤之今使使持節侍中副給事黃門侍郎銜命四出周行天下親見刺史二千石長吏申喻朕心懇誠至意訪求得失損益諸宜觀省政治問人間患苦周典有之曰其萬人利害爲一書其禮俗政事教治刑禁之逆順爲一書其悖逆暴亂作慝犯令爲一書其札喪凶荒厄貧爲一書其康樂和親安平爲一書每國辨異之以反命于王以周知天下之故斯

舊章前訓今率由之還具條奏俾朕昭然鑒于幽遠若親行焉大夫君子其各悉乃心各勸乃事嘉謀令圖苦言至戒與使者盡之無所隱諱方將虛心以俟其勉哉勗之稱朕意焉摯虞新禮議曰魏氏無巡狩故事新禮則巡狩方岳柴望告至設壝宮如禮諸侯之覲者擯及執贄皆如朝儀而不建其旗臣虞案覲禮諸侯覲天子各建其旗章所以殊爵命示等威詩稱君子至止言觀其旂宜定新禮建旗如舊禮然終晉世

巡狩廢矣
宋武帝永初元年詔遣大使分行四方舉善旌
賢問其疾苦元嘉四年二月乙卯太祖東巡丁
卯至丹徒己巳告覲園陵三月甲戌幸丹徒離
宮升京城北顧乙亥饗父老舊勳于丹徒行宮
加賜衣裳各有差蠲丹徒縣其年租布之半繫
囚見徒五歲刑以下悉皆原遣登城三戰及先
大將軍并貴泥關頭敗沒餘口老疾單孤又諸
戰亡家不能自存者並隨宜隱恤二十六年二

月己亥上東巡辛丑幸京城辛亥謁二陵丁巳
會舊京故老萬餘人往還饗勞孤疾勤勞之家
咸蒙衈賚發赦令蠲徭役其時皇太子監國有
司奏儀注
某曹關某事云云被令儀宜如是請爲牋如左
謹關
　右署衆官如常儀
尚書僕射尚書左右丞某甲死罪死罪某事云
云參議以爲宜如是事諾奉行某年月日某曹上

右牋儀準於啓事年月右方關門下
位及尚書官署其言選事者依舊不
經它官
太常主者寺押某署令某甲辭言某事云云求
告報如所稱詳檢相應令聽如所上處事諾明
詳旨申勤依承不得有虧符到奉行年月日起
尚書某曹
右符儀
某曹關太常甲乙啓辭押某署令某甲上言某

事云云請臺告報如所稱主者詳檢相應請聽
如所上事諾別符申攝奉行謹關
年月日
右關事儀準於黃案年月日右方關
門下位年月下左方下附別尚書衆
官署其尚書名下應云奏者今言關
餘皆如黃案式
某曹關司徒長史王甲啓辭押某州刺史丙丁
解騰某郡縣令長李乙書言某事云云請臺告報

如所稱尚書某甲參議以爲所論正如法令報聽

如所上請爲令書如左謹關

右關門下位及尚書署如上儀

司徒長史壬申啓辭押某州刺史丙丁解騰某郡
縣令長李乙書言某事云云州府緣案允值請
臺告報

年月日尚書令某甲上

建康宮無令稱僕射

令日下司徒令報聽如某所上某宜攝行如故

宋書志第五　五

事文書如千里驛行

年月朔日子尚書令某甲下無令稱
僕射

司徒承書從事到上起某曹

右外上事內處報下令書儀

某曹關某事云云令如是請爲令書如右謹關

右關署如前式

令司徒某事云云令如是其下所屬奉行如故事
文書如千里驛行

年月日子下起某曹

右令書自內出下外儀

令書前某官某甲令以甲爲某官如故事

右令書板文準於詔事板文

年月日侍御史某甲受

尚書下云云奏行如故事

右以準尚書敕儀　起某曹

右並白紙書凡內外應關牋之事一準此爲
儀其經官臣者依臣禮

三百四十七

宋書志五　六　沈

拜刺史二千石誡敕文曰制詔云云某動靜屢聞

右若拜詔書除者如舊文其拜令書除
者令代制詔餘如常儀辭闕板文云某官
糞土臣某甲臨官稽首再拜辭制曰右除
糞土及稽首云某官某甲再拜辭以令曰
代制曰某官官臣者稱臣

皇太子夜開諸門墨令銀字棨傳令信

太史每歲上某年曆先立春立夏大暑立秋立
冬常讀五時令皇帝所服各隨五時之色帝升

御坐尚書令以下就席位尚書三公郎以令著錄案上奉以入就席伏讀訖賜酒一卮官有其注傅咸曰立秋一日白路光於紫庭白旂陳於玉階然則其日旂路皆白也

晉成帝咸和五年六月丁未有司奏讀秋令兼侍中散騎侍郎荀弈兼黃門侍郎散騎侍郎曹宇駁曰尚書三公曹奏讀秋令儀注新荒以來舊典未備臣等參議光祿大夫臣華恒議武皇帝以秋夏盛暑常闕不讀令在春冬不廢也夫先

王所以從時讀令者蓋後天而奉天時正服尊嚴之所重今服章多闕如比熱隆赫臣等謂可如恒議依故事闕而不讀詔可六年三月有司奏今月十六日立夏案五年六月三十日門下駁依武皇帝夏闕讀令今正服漸備四時讀令是祗述天和隆赫之道謂今故宜讀夏令奏可宋文帝元嘉六年六月辛酉朔駙馬都尉奉朝請徐道娛上表曰謹案晉博士曹弘之議立秋御讀令上應著緗幘遂改用素相承至今臣淺學管

見竊有惟疑伏尋禮記月令王者四時之服正駕倉龍載赤旂衣白衣服黑玉季夏則黃文極於此無白冠則其屨其舄也且幘又非古服出自後代上附於冠下不屬衣冠固不革而幘宜容異色愚謂應恒與冠同色不宜隨節變綵上令在近謹以上聞如或可採乞付外詳議太學博士荀萬秋議伏尋幘非古者冠冕之服禮無其文案蔡邕獨斷云幘是古卑賤供事不冠人所服又董仲舒止雨書曰其執事皆赤幘知並

不冠之服也漢元始用衆臣率從故司馬彪輿服志曰尚書幘名曰納言迎氣五郊各如其色從章服也自茲相承迄于有晉大宋受命禮制因循斯既歷代成準謂宜仍舊有司奏謹案道娛啓事以土令在近謂幘不宜變萬秋雖云幘宜仍舊而不明無讀土令之文今書舊事于左魏臺雜訪曰前後但見讀春夏秋冬四時令至於服黃之時獨闕不讀今不解其故

魏明帝景初元年十二月二十一日散騎常侍領

太史令高堂隆上言曰黃於五行中央土也王四季各十八日土生於火故於火用事之末服黃三季則否其令則隨四時不以五行爲分也是以服黃無令其後太祖常謂太令三公郎每讀時令皇帝臨軒百僚備位多震悚失常儀宋唯世祖世劉勰太宗世謝緯爲三公郎善於其事人主及公卿竝屬目稱歎勰見宗室傳緯謝綜弟也舊說後漢有郭虞者有三女以三月上辰産二女上巳産一女二日之中而三女竝亡

俗以爲大忌至此月此日不敢止家皆於東流水上爲祈禳自潔濯謂之禊祠分流行觴遂成曲水史臣案周禮女巫掌歲時祓除釁浴如今三月上巳如水上之類也釁浴謂以香薰草藥沐浴也韓詩曰鄭國之俗三月上巳之溱洧兩水之上招魂續魄秉蘭草拂不祥此則其來甚久非起郭虞之遺風今世之度水也月令暮春天子始乘舟蔡邕章句曰陽氣和暖鮪魚時至將取以薦寢廟故因是乘舟禊於名川也論語暮春浴乎沂自上及下古有此禮今三月上巳祓於水濱蓋出此也邕之言然張衡南都賦祓於陽濱又是也或用秋漢書八月祓於霸上劉禎魯都賦素秋二七天漢指隅人胥祓除國子水嬉又是用七月十四日也自魏以後但用三日不以巳也

魏明帝天淵池南設流杯石溝燕群臣晉海西鍾山後流杯曲水延百僚皆其事也官人循之至今

漢文帝始革三年喪制臨終詔曰天下吏民臨三日皆釋服無禁取婦嫁女祠祀飲酒食肉其當給喪事者無跣絰帶無過三寸當臨者皆旦夕各十五舉音服大紅十五日小紅十四日纖七日而釋服文帝以己亥崩乙巳葬其間凡七日自是之後天下遵令無復三年之禮案尸子禹治水爲喪法曰毀必杖哀必三年是則水不救也故使死於陵者葬於陵死於澤者葬於澤桐棺三寸制喪三日然則聖人之於急病必爲權

制也但漢文治致升平四海寧晏廢禮開薄非也宣帝地節四年詔曰今百姓或遭衰絰凶災而吏傜事不得葬傷孝子心自今諸有大父母父母喪者勿傜事得收斂送終盡其子道至成帝時丞相翟方進事父母孝謹母終既葬三十六日除服視事自以爲身備漢相不敢踰國家典章然而原涉行父喪三年顯名天下河閒惠王行母喪三年詔書褒稱以爲宗室儀表薛脩服母喪三年而兄宣曰人少能行之遂兄弟不

同宣卒以此獲譏於世是則喪禮見貴常存矣至漢平帝崩王莽欲眩惑天下示忠孝使六百石以上皆服喪三年及莽母死但服天子弔諸侯之服一弔再會而已而令子新都侯宇服喪三年及元后崩莽乃自服三年之禮事皆姦妄天下疾之漢安帝初長吏多避事棄官乃令自非父母服不得去職是後吏又守職居官不行三年喪服其後又開長吏以下告寧言事者或以爲刺史二千石宜同此制帝從之建光元年尚書

孟布奏定復如建武永平故事絕刺史二千石告寧及父母喪服又從之至桓帝永興二年復令刺史二千石行三年服永壽二年又使中常侍以下行三年服至延熹元年又皆絕之後漢世諸帝不豫並告泰山弘農廬江常山潁川南陽河東東郡廣陵太守禱祠五岳四瀆遣司徒分詣郊廟社稷魏武臨終遺令曰天下尚未安定未得遵古百官臨殿中者十五舉音葬畢便除服其將兵屯戍者不得離部帝以正月

庚子崩辛丑即殯是月丁卯葬葬畢反吉是爲不踰月也諸葛亮受劉備遺詔既崩群臣發喪滿三日除服到葬復如禮其郡國太守相尉縣令長三日便除服此則魏蜀喪制又並異於漢也孫權令諸居任遭三年之喪皆須交代乃去然多犯者嘉禾六年使群臣議立制胡綜以爲宜定大辟之科又使代未至不得告告者抵罪顧雍等同綜議從之其後吳令孟仁聞喪輒去陸遜陳其素得減死一等自此遂絕晉宣帝

崩文景並從權制及文帝崩國内行服三日武帝
亦遵漢魏之典既葬除喪然猶深衣素冠降席
撤膳太宰司馬孚太傅鄭沖太保王祥太尉何
曾司徒領中領軍司馬望司空荀顗車騎將軍
賈充尚書令裴秀尚書僕射武陔都護大將軍
郭建侍中郭綏中書監荀勗中軍將軍羊祜等
奏曰臣聞禮典軌度豐殺隨時虞夏商周咸不
相襲蓋有由也大晉紹承漢魏有革有因期於
足以興化致治而已故未皆得返情素同規上古

三十四 宋書志五 十三 何

也陛下既已俯遵漢魏降喪之典以濟時務而
躬蹈大孝情過乎哀素冠深衣降席撤膳雖武
丁行之於殷世曾閔履之於布衣未足以喻方今
荆蠻未夷庶政未乂萬機事殷動勞神慮豈
遑全遂聖旨以從至情加歲時變易期運忽
過山陵彌遠攀慕永絕臣等以為陛下宜回慮
割情以康時濟治輒敕御府易服内省改坐太官
復膳諸所施行皆如舊制詔曰每感念幽冥而不
得終苴絰於草土以存此痛況當食稻衣錦誠

佹然激切其心非所以相解也吾本諸生家傳
禮來久何心一旦便易此情於所天相從已多
可試省孔子荅宰我之言無事紛紜也言及
悲剥奈何奈何孚等重奏伏讀明詔感以悲
懷輒思仲尼所以抑宰我上聞聖思所以不能
已已甚深甚篤然今水干戈未戢武事未偃
萬機至重天下至衆陛下以萬乘之尊履布衣
之禮服麤席藁水飲疏食殷憂内盈毁悴外
表而躬勤萬機坐而待旦降心接下仄不遑食

三十四 宋書志五 十四 何

所以勞力者如斯之甚是以臣等悚息不寧誠
懼神氣用損以疚大事輒敕有司改坐復常率
由舊典惟陛下察納愚款以慰皇太后之心又詔
曰重覽奏議益以悲剥不能自勝奈何奈何三
年之喪自古達禮誠聖人稱心立衷明恕而行
也神靈日遠無所告訴雖薄於情食旨服美
朕更所不堪也不宜反覆重傷其心言用斷絕
奈何奈何帝遂以此禮終三年後居太后之喪
亦如之

泰始二年八月詔書曰此上旬先帝棄天下日
也便以周年五乃煢煢當復何時壹得敘人子情
邪思慕煩毒欲詣陵瞻侍以盡哀憤主者奏行
備太宰司馬孚尚書令裴秀尚書僕射武陔等
奏陛下至孝蒸蒸哀思罔極衰麻雖除毀頓過
禮疏食麤服有損神和今雖秋節尚有餘暑謁
見山陵悲感摧傷群下竊用悚息平議以爲宜
惟遠體降抑聖情以慰萬國詔曰孤煢忽爾日
月已周痛慕摧感永無逮及欲奉瞻山陵以叙

哀憤體氣自佳耳又已涼便當行不得如所奏也
主者便具行備又詔曰昔者哀適三十日便爲
梓宮所棄遂離衰絰感痛豈可勝言顧漢文
不使天下盡哀亦先帝至謙之志是以自割不
以副諸君子有三年之愛而身禮廓然當見
山陵何心而無服其以衰絰行孚等重奏臣聞
上古喪期無數後世乃有年月之漸漢文帝隨
時之義制爲短喪傳之于後陛下以社稷宗廟
之重萬方億兆之故既從權制釋降衰麻群臣

庶僚吉服今者謁陵以叙哀慕若加衰絰近臣
期服當復受制進退無當不敢奉詔詔曰亦知
不在此麻布耳然人子情思爲欲令哀喪之物
在身蓋近情也群臣自當案舊制期服之義
非先帝意也孚等又奏臣聞聖人制作必從時
宜故五帝殊樂三王異禮此古今所以不同質文
所以迭用也陛下隨時之宜既降心克已俯就
權制既除衰麻而行心喪之禮今復制服義無
所依若君服而臣不服雖先帝厚恩亦未之敢

安也參量平議宜如前奏臣等敢固以請詔曰
患情不能企及耳衣服何在諸君勤勤之至豈
苟相違
泰始四年皇太后崩有司奏前代故事倚廬中
施白縑帳蓐素牀以布巾裹由草軺輦板輿
細犢車皆施縑裏詔不聽但令以布衣車而已
其餘居喪之制一如禮文有司又奏大行皇太后
當以四月二十五日安厝故事虞著衰服既虞
而除其內外官寮皆就朝晡臨位御除服訖各

還所次除衰服詔曰夫三年之喪天下之達禮也受終身之愛而無數年之報奈何葬而便即吉情所不忍也有司又奏世有險易道有洿隆所遇之時異誠有由然非忽禮也方今戎馬未散王事至殷更須聽斷以熙庶績昔周康王始登翌室猶戴冕臨朝降於漢魏既葬除釋諒闇之禮自遠代而廢矣唯陛下割高宗之制從當時之宜敢固以請詔曰攬省奏事益增感剥夫三年之喪所以盡情致禮葬已便除所不堪也當

敘吾哀懷言用斷絶奈何奈何有司又固請詔曰不能篤孝勿以毀傷爲憂也誠知衣服末事耳然今思存草土率常以吉奪之乃所以重傷至心非見念也每代禮典質文皆不同此身何爲限以近制使達喪闕然乎群臣又固請帝流涕久之乃許文帝崇陽陵先開一日遣侍臣侍梓宮又遣將軍校尉當直尉中監各一人將殿中將軍以下及先帝時左右常節給使詣陵宿衛文明皇后　及武元楊后崩天下將吏發哀三日止

泰始元年詔諸將吏二千石以下遭三年喪聽歸終寧庶人復除徭役

太康七年大鴻臚鄭默毋喪既葬當依舊攝職固陳不起於是始制大臣得終喪三年然元康中陳準傅咸之徒猶以權奪不得終禮自茲至今往往以爲成比也晉文帝之崩也羊祜謂玄曰三年之喪自天子達漢文除之毀禮傷義今上有曾閔之性實行喪禮喪禮實行何爲除

服若因此守先王之法不亦善乎玄曰漢文以來世淺薄不能復行國君之喪故因而除之數百年一旦復古恐難行也祜曰且使主上遂服猶爲善乎玄曰若上不除而臣下除此爲但爲父子無復君臣三綱之道虧矣習鑿齒曰傅玄知無君臣之傷教而不知兼無父子爲重豈不蔽哉且漢廢君臣之喪不降父子之服故四海黎庶莫不盡情於其親三綱之道二服恒用於私室而王者獨盡廢之豈所以孝治天下乎詩云猷

之未逺其傳玄之謂也
泰始十年武元楊皇后崩博士張靖議太子宜
依漢文權制割情除服博士陳逵議太子宜令
服重尚書僕射盧欽尚書魏舒杜預奏諒闇之
制乃因自古是以高宗無服喪之文唯稱不言
而已漢文限三十六日魏氏以既虞爲斷皇太子
與國爲體理宜釋服博士段暢承述預旨推引禮
傳以成其說既卒哭太子及三夫人以下皆隨
御除服自漢文用權禮無復　禁歷代遵用之

至晉孝武崩太傅録尚書會稽王道子議山陵
之後通婚嫁不得作樂以一朞爲限宋高祖崩
葬畢吏民至于宫掖悉通樂唯殿内禁
宋武帝永初元年黄門侍郎準之議鄭玄喪
制二十七月而終學者多云得禮晉初用王肅議
祥禫共月遂以爲制江左以來唯晉朝施用搢
紳之士猶多遵玄議宜使朝野一禮詔可
晉惠帝永康元年愍懷太子薨帝依禮服長
子三年群臣服齊衰朞

晉孝武太元二十一年孝武帝崩李太后制
三年之制
宋武帝永初三年武帝崩蕭太后制三年之服
晉惠帝太安元年三月皇太孫尚薨有司奏御
服齊衰朞詔通議散騎常侍謝衡以爲諸侯
之太子誓與未誓尊卑體殊喪服士爲嫡子
長殤謂未誓也已誓則不殤也中書令卞粹
曰太子始生故已尊重不待命誓若行議已誓
不殤則元服之子當斬衰三年未誓而殤則雖

十九當大功九月誓與未誓其爲升降也微斬
與大功其爲輕重也遠而令注云諸侯不降嫡
殤重嫌於無以大功爲重嫡之服大功爲重嫡
之服則雖誓無復有三年之理明矣男能奉衛
社稷女能奉婦道各以可成之年而有已成之事
故可無殤非孩齓之謂也謂殤後者尊之如父
猶無所加而止殤服恐以天子之尊爲無服之殤
行成人之制邪凡諸宜重之殤皆士大夫不加服而
令至尊獨居其重未之前聞也博士蔡克同粹

祕書監摯虞議太子初生舉以成人之禮則殤理除矣太孫亦體君重由位成而服全非以年也天子無服殤之儀絕朞故也於是御史以上旨服齊衰

晉康帝建元元年正月朔晦成恭杜皇后周忌有司奏至尊朞年應改服詔曰君親名教之重也權制出於近代耳於是素服如舊非漢魏之典

晉孝武太元元年崇憲太后褚氏崩后於帝爲從嫂或疑其服太學博士徐恭議資父事君而

敬同又禮傳其夫屬乎父道者妻皆母道也則夫屬君道妻亦后道矣服后宜以資母之義魯譏逆祀以明尊尊今上躬奉康穆哀皇及靖后之祀致敬同於所天豈可敬之以君道而服廢於本親謂應服齊衰朞於是帝制朞服

晉安帝隆安四年太皇太后李氏崩尚書祠部郎徐廣議太皇太后名位允正體同皇極理制備盡情禮彌申陽秋之義母以子貴既稱夫人禮服從正故成風顯夫人之號昭公服三年之喪子於

父之所生體尊義重且禮祖不厭孫宜遂服無屈而緣情立制若嫌明文不存則疑斯從重謂應同於爲祖母後齊衰朞永安皇后無服但一舉哀百官亦一朞詔可

宋文帝元嘉十七年七月壬子元皇后崩兼司徒給事中劉溫持節監喪神虎門設凶門柏歷至西上閤皇太子於東宮崇正殿及永福省並設廬諸皇子未有府第者於西廨設廬

元嘉十七年元皇后崩皇太子心喪三年禮心

喪者有禫無禫禮無成文世或兩行皇太子心喪畢詔使博議有司奏喪禮有禫以祥變有漸不宜便除即吉故其間服以綅縞也心喪已經十三月大祥十五月禫變除禮畢餘一朞不應復有禫宜下以爲永制詔可

孝武孝建三年三月有司奏故散騎常侍右光祿大夫開府儀同三司義陽王師王偃喪逝至尊爲服緦三月成服仍即公除至三月竟未祥當除服與不又皇后依朝制服心喪行喪三十

日公除至祖葬日臨喪當著何服又舊事皇后心喪服終除之日更還著未公除時服然後就除未詳今皇后除心制日當依舊更服爲但釋心制中所著布素而已勒禮官顗正太學博士王應之議尊卑殊制輕重有級五服雖同降厭則異禮天子止降旁親外易緦麻本在服例但衰絰不可以臨朝饗故有公除之議雖釋衰襲冕尚有緦月之制愚謂至尊服三月既竟猶宜除釋又議吉凶異容情禮相稱皇后一月

之限雖過二功之服已釋哀喪所極莫深於尸柩親見之重不可以無服案周禮爲兄弟既除喪以及其葬也反服其服輕喪雖除猶重衰以臨葬舉輕明重則其理可知也愚謂王右光祿祖葬之日皇后宜反齊衰又議喪禮即遠變除漸輕情與日殺服隨時改權禮既行服制已變豈容終除之日而更重服乎案晉太始三年武帝以春除之月欲反重服拜陵頻詔懃懃思申棘心于時朝議譬執亦遂不果愚謂皇后終除之日不宜還著重服直當釋除布素而已太常丞朱膺之議凡云公除非全除之稱今朝臣私服亦有公除猶自窮其本制膺之晉武拜陵不遂反服此時是權制既除衰麻不可以重制耳與公除不同愚謂皇后除心制日宜如舊反服未公除時服以申創巨之情餘同膺之議國子助教蘇瑋生議案三日成服即除及皇后行喪三十日禮無其文若並謂之公除則可粗相依准凡諸公除之設蓋以王制奪禮葬及祥除皆宜反服未有服

之於前不除於後雖有齊斬重制猶爲功緦除喪夫公除暫奪豈可遂以即吉邪愚謂至尊三月服竟故應依禮除釋皇后臨祖及一周祥除並宜反服齊衰尚書令中軍將軍建平王宏議謂至尊緦制終止舉哀而已不須釋服餘同朱膺之議前祠部郎中周景遠議權事變禮五服俱革緦麻輕制不容獨異謂至尊既已公除至三月竟不復有除釋之義其餘同朱膺之義重加研詳以宏議爲允詔可

大明二年正月有司奏故右光祿大夫王偃喪依格皇后服朞心喪三年應再周來二月晦檢元嘉十九年舊事武康公主出適二十五月心制終盡從禮即吉昔國哀再周孝建二年二月其月末諸公主心制終則應從吉于時猶心禫素衣二十七月乃除二事不同領曹郎朱膺之議詳尋禮文心喪不應有禫皇代考驗已爲定制元嘉季年禍難深酷聖心天至喪紀過哀是以出適公主還同在室即情變禮非革舊章今

皇后二月晦宜依元嘉十九年制釋素即吉以

文帝元嘉十五年皇太子妃祖父右光祿大夫殷和喪變除之禮儀同皇后

晉孝武太元十五年淑媛陳氏卒皇太子所生也有司參詳母以子貴贈淑媛爲夫人置家令典喪事太子前衛率徐邈議喪服傳稱與尊者爲體則不服其私親又君父所不服子亦不敢服故王公妾子服其所生母練冠麻衣既葬而除非五服之常則謂之無服從之

宋孝武大明五年閏月皇太子妃薨樟木爲櫬號曰樟宮載以龍輴造陵於龍山置大匠卿斷草司空告后土謂葬曰山塋祔文元皇后廟之陰室在正堂後壁之外北向御服大功九月設位太極東宮堂殿中監黃門侍郎僕射並從服從服者御服衰乃從服他日則否宮臣服齊衰三月其居宮者處寧假

大明五年閏月有司奏依禮皇太后服太子妃小功五月皇后大功九月右丞徐爰參議宮人

從服者若二御哭臨應著衰時從服者悉著衰非其日如常儀太子既有妃朞服詔見之日還著公服若至尊非哭臨日幸東宮太子見亦如之宮臣見至尊皆著朱衣

大明五年閏月有司奏皇太子妃薨至尊皇后並服大功九月皇太后小功五月未詳二御何當得作鼓吹及樂博士司馬興之議案禮齊衰大功之喪三月不從政今臨軒拜授則人君之大典今古既異賒促不同愚謂皇太子妃祔

廟之後便可臨軒作樂及鼓吹右丞徐爰議皇
太子妃雖未山塋臨軒拜官舊不爲礙檀棺在
殯應縣而不作祔後三御樂宜使學官擬禮上
與又議案禮大功至則辟琴瑟誠無自奏之理
但王者體大理絕凡庶故漢文既葬悉皆復吉
唯縣而不樂以此表哀今准其輕重倖其降殺則
下流大功不容撤樂終服夫金石賓饗之禮簫
管鼓吹之儒寔人君之盛典當陽之威飾固亦
不可久廢於朝又禮無天王服嫡婦之文直後學

推貴嫡之義耳既已制服成月虛縣終喪之亦足
以甄崇家正標明禮歸矣爰參議皇太子朞服
內不合作樂及鼓吹

明帝泰始中陳貴妃父金寶卒貴妃制服三
十日滿公除晉穆帝時東海國言哀王薨踰年
嗣王乃來繼不復追服群臣皆已反吉國妃亦
宜同除詔曰朝廷所以從權制者以王事奪之
非爲變禮也婦人傳重義大若從權制義將安
託於是國妃終三年之制孫盛曰廢三年之禮
開偷薄之源漢魏失之大者也今若以丈夫宜
奪以王事婦人可終本服是爲吉凶之儀雜陳
於宮寢緦素之制乖異於內外無乃情禮俱違
哀樂失所乎蕃國寡務宜如聖典可無疑矣

宋文帝元嘉四年八月太傅長沙景王神主隨
子南兗州刺史義興鎮廣陵備所加殊禮下船
及至鎮入行廟大司馬臨川烈武王神主隨子
荊州刺史義慶江陵亦如之

元嘉二十三年七月白衣領御史中丞何承天

奏尚書刺海鹽公主所生母蔣美人喪海鹽公
主先離婚今應成服撰儀注參詳宜下二學禮
官博士議公主所服輕重太學博士顧雅議今
既咸用士禮便宜同齊衰削杖布帶疏履朞禮
畢心喪三年博士周野王議又云今諸王公主咸
用士禮譙王衡陽王爲所生太妃皆居重服則
公主情禮亦宜家中朞服爲允其博士庾遂之
顧測殷明王淵之四人同雅議何惔王羅雲二人
同野王議如所上臺案今之諸王雖行士禮是施

於傍親及自巳以下至於爲帝王所厭猶一依古典又永初三年九月符脩儀亡廣德三主以餘尊所厭猶服大功海鹽公主體自宸極當上厭至尊豈得遂服臺據經傳正文并引事例依源貴失而博士顧雅周野王等捍不肯怗方稱自有宋以來皇子蕃王皆無厭降同之士禮著於故事緦功之服不廢於末戚顧獨叚於所生是申其所輕奪其所重奪其所重豈緣情之謂臺伏尋聖朝受終于晉凡所施行莫不上稽禮文

兼用晉事又太元中晉恭帝時爲皇子服其所生陳氏練冠縓緣此則前代施行故事謹依禮文者也又廣德三公主爲所生母符脩儀服大功此先君餘尊之所廢者也元嘉十三年第七皇子不服曹婕妤止於麻衣此厭乎至尊者也博士既不據古又不依今背違施行見事而多作浮辭自衛乃云五帝之時三王之季文言長子去斬衰除禫杖皆是古禮不少今世博士雖復引此諸條無救於失又詰臺云蕃國得遂其私

情此義出何經記臣案南譙衡陽太妃並受朝命爲國小君是以二王得遂其服豈可爲美人比例尋蕃王得遂者聖朝之所許也皇子公主不得申者由有厭而然也臺登重更責失制不得過十日而復不詶答既被催攝二三日甫輸怗辭雖理屈事窮猶聞義恥服臣聞喪紀有制禮之大經降殺攸宜家國舊典古之諸侯衆子猶以尊厭況在王室而欲同之士庶此之僻謬不俟言而顯太常統寺曾不研却所謂同乎失者亦未得之

宜加裁正弘明國典謹案太學博士顧雅國子助教周野王博士王羅雲顏測殷明何惔王淵之前博士遷貟外散騎侍郎庾邃之等咸蒙抽飾備位前疑既不謹守舊文又不審據前准遂上背經典下違故事率意妄作自造禮章太常臣敬叔位居宗伯問禮所司騰述往反了無研却混同茲失亦宜及咎請以見事並免今所居官解野王領國子助教雅野王初立議乖舛中執捍衍失未違十日之限雖起一事合成三愆羅雲掌

押捍失三人加禁固五年詔叔敬白衣領職餘如奏

元嘉二十九年南平王鑠所生母吳淑儀薨依禮無服麻衣練冠既葬而除有司奏古者與尊者爲體不得服其私親而比世諸侯咸用士禮五服之内悉皆成服於其所生反不得遂於是皇子皆申母服

孝武帝孝建元年六月己巳有司奏故第十六皇弟休倩薨夭年始及殤追贈謚東平沖王服制未有成准輒下禮官詳議太學博士陸澄議案禮有成人道則不爲殤今既追胙土宇遠崇封秩圭黻備典成執大爲典文式昭殤名去矣夫典文垂式元服表身猶以免孺子之制全丈夫之義安有名頒爵首而可服以殤禮有司尋澄議無明證卻使秉正更上澄重議竊謂贈之爲義所追加名器故贈公者便成公贈卿者便成卿贈之以王得不爲王乎然則有在生而封或既没而爵俱受帝命不爲吉凶殊典同備文物豈

以存亡異數今璽策咸秩是成人之禮群后臨哀非下殤之制若喪用成人親以殤服末學含疑未之或辨敢求詳衷如所稱左丞臣羊希參議尋澄議既無畫然前例不合准據案禮子不殤父臣不殤君君父至尊臣子恩重不得以幼年而降又曰尊同則服其親服推此文者旁親自宜服殤所不殤者唯施臣子而已詔可

孝建元年六月湘東國刺稱國太妃以去三十年閏六月二十八日薨未詳周忌當在六月爲取七月勤禮官議正博士丘邁之議案吳商議閏月亡者應以本正之月爲忌謂正閏論雖各有所執商議爲允宜以今六月爲忌左僕射建平王宏謂邁之議不可准據案晉世及皇代以來閏月亡者以閏之後月祥宜以來七月爲祥忌及大明元年二月有司又奏太常鄱陽哀王去年閏三月十八日薨今爲何月末祥除下禮官議正博士傅休議尋三禮喪遇閏月數者數閏歲數者没閏閏在期内故也鄱陽哀王去年

閏三月蓂月次節物則定是四月之分應以今
年四月末爲祥晉元明二帝並以閏二月崩以閏
後月祥先代成准則是今比太常丞庾蔚之議
禮正月存親故有忌日之感四時既已變人情亦
已衰故有二祥之殺是則祥忌皆以同月爲議
而閏亡者明年必無其月不可以無其月而不
祥忌故必宜用閏所附之月閏月附正公羊明
議故班固以閏九月爲後九月月名既不殊天
時亦不異若用閏之後月則春夏永革節候

亦舛設有人以閏臘月亡者若用閏後月爲祥
忌則祥忌應在後年正月祥涉三載既失周朞
之議冬亡而春忌又乖致感之本譬人年末三
十日亡明年末月小若以去年二十九日親尚
存則應用後年正朝爲忌此必不然則閏亡可
知也通關並同蔚之議三月末祥
大明五年七月有司奏故永陽縣開國侯劉叔
子夭喪年始四歲傍親服制有疑太學博士虞
龢領軍長史周景遠司馬朱膺之前太常丞

庾蔚之等議並云宜同成人之服東平沖王服殤
寔由追贈異於已受茅土博士司馬興之議應
同東平殤服左丞荀萬秋等參議南面君國繼
體承家雖則佩觿未關成人得君父名也不容服
殤故云臣不殤君子不殤父推此則知傍親故依殤
制東平沖王已經前議若升仕朝列則爲大成故鄱陽哀
王追贈太常親戚不降愚謂下殤以上身居封
爵宜同成人年在無服之殤以登官爲斷今永
陽國臣自應全服王於旁親宜從殤禮詔景

遠議爲允
後廢帝元徽二年七月有司奏第七皇弟訓養母
鄭脩容喪未詳服制下禮官正議太學博士周
山文議案庶母慈已者小功五月鄭玄云其使
養之命不爲母子亦服庶母慈已之服愚謂第
七皇第宜從小功之制參議並同漢魏廢帝喪
親三年之制而魏世或爲舊君服三年者至晉
泰始四年尚書何禎奏故辟舉綱紀吏不計違適
皆反服舊君齊衰三月於是詔書下其奏所

適無貴賤悉同依古典

魏武以正月崩魏文以其年七月設伎樂百戲是魏不以喪廢樂也晉武帝以來國有大喪未除正會亦廢樂大安元年太子喪未除正會亦廢樂穆帝永和中爲中原山陵未脩復頻年會輒廢樂是時太后臨朝后父褚裒薨元會又廢樂

宋世孝武太元六年爲皇后王氏喪亦廢樂宋大喪則廢樂

漢獻帝建安末魏武帝作終令曰古之葬者必在瘠薄之地其規西原上爲壽陵因高爲基不封不樹周禮冢人掌公墓之地凡諸侯居左右以前卿大夫居後漢制亦謂之陪陵其公卿大臣列將有功者宜陪壽陵其廣爲兆域使足相容魏武以送終制衣服四篋題識其上春秋冬夏日有不諱隨時以斂金珥珠玉銅鐵之物一不得送文帝遵奉無所增加及受禪刻金璽追加尊號不敢開埏乃爲石室藏璽埏首示陵中無金銀諸物也漢禮明器甚多自是皆省矣

文帝黄初三年又自作終制禮國君即位爲椑存不忘亡也壽陵因山爲禮無封無樹無立寢殿造園邑通神道夫葬者藏也欲人之不能見也禮不墓祭欲存亡之不黷也皇后及貴人以下不隨王之國者有終沒皆葬澗西前又已表其處矣此詔藏之宗廟副在尚書祕書三府明帝亦遵奉之明帝性雖崇奢然未遽營陵墓也

晉宣帝豫自於首陽山爲土藏不墳不樹作顧命終制斂以時服不設明器文景皆謹奉成命無所加焉

景帝崩喪事制度又依宣帝故事武帝泰始四年文明王皇后崩將合葬開崇陽陵使太尉司馬望奉祭進皇帝密璽綬於便房神坐魏氏金璽此又儉矣

泰始二年詔曰昔舜葬蒼梧農不易畝禹葬會稽市不改肆上惟祖考清簡之旨外欲移陵十里內居人一切停之江左元明崇儉且百度草

創山陵奉終省約備矣
成帝咸康七年杜后崩詔外官五日一入臨内官
且一入而已過葬虞祭禮畢止有司奏大行皇
后陵所作凶門柏歷門號顯陽端門詔曰門如所
處凶門柏歷大爲煩費停之案蔡謨說以二瓦
器盛死者之祭繫於木表以葦席置於庭中
近南名爲重今之凶門是其象也禮既虞而作
主今未葬未有主故以重當之禮稱爲主道
此其義也范堅又曰凶門非古古有懸重形似

凶門後人出之門外以表喪俗遂行之薄帳即古
弔幕之類也是時又詔曰重壤之下豈宜崇飾
無用陵中唯潔掃而已有司又奏依舊選公卿
以下六品子弟六十人爲挽郎詔又停之
孝武帝太元四年九月皇后王氏崩詔曰終事
唯從儉速又詔遠近不得遣山陵使有司奏選
挽郎二十四人詔停
宋文帝元嘉十七年元皇后崩詔亦停選挽
郎漢儀五供畢則上陵歲歲以爲常魏則無

定禮齊王在位九載始一謁高平陵而曹爽誅
其後遂廢終魏世
晉宣帝遺詔子弟羣官皆不得謁陵於是景文
遵旨至武帝猶再謁崇陽陵一謁峻平陵然遂
不敢謁高原陵至惠帝復止也逮江左初元帝
崩後諸公始有謁陵辭陵之事蓋由眷同友執
率情而舉非洛京之舊也成帝時中宫亦年年
拜陵議者以爲非禮於是遂止以爲永制至穆
帝時褚太后臨朝又拜陵帝幼故也至孝武崩

驃騎將軍司馬道子命曰今雖權制釋服至於
朔望諸節自應展情陵所以一周爲斷於是至
陵變服單衣煩瀆無準非禮意也至安帝元
興元年尚書左僕射桓謙奏曰百僚拜陵起於
中興非晉舊典積習生常遂爲近法尋武皇帝
詔乃不使人主諸王拜陵豈唯百僚謂宜遵奉
於是施行及義熙初又復江左之舊
宋明帝又斷羣臣初拜謁陵而辭如故自元嘉
以來每歲正月輿駕必謁初寧陵復漢儀也世祖

太宗亦每歲拜初寧長寧陵
漢以後天下送死奢靡多作石室石獸碑銘等
物建安十年魏武帝以天下雕弊下令不得厚
葬又禁立碑魏高貴鄉公甘露二年大將軍
參軍太原王倫卒倫兄俊作表德論以述倫遺
美云祇畏王典不得爲銘乃撰錄行事就刊於
墓之陰云爾此則碑禁尚嚴也此後復弛替
晉武帝咸寧四年又詔曰此石獸碑表既私褒
美興長虛僞傷財害人莫大於此一禁斷之其

三九十 宋書志五 三十九 徐滂

犯者雖會赦令皆當毀壞至元帝大興元年有
司奏故驃騎府主簿故恩營葬舊君顧榮求
立碑詔特聽立自是後禁又漸頹大臣長吏人
皆私立義熙中尚書祠部郎中裴松之又議禁
斷於是至今
順帝昇明三年四月壬辰御臨軒遣使奉璽綬
禪位於齊王懸而不樂
宋明帝泰始二年九月有司奏皇太子所生陳
貴妃禮秩既同儲宮未詳宮臣及朝臣並有敬
不妃主在內相見又應何儀博士王慶緒議百僚
內外禮敬貴妃應與皇太子同其東朝臣隸理
歸臣節太常丞虞愿等同慶緒尚書令建安
王休仁議稱禮云妾既不得體君班秩視子爲序
母以子貴經著明文內外致敬貴妃誠如慶緒
議天子姬嬪不容通音介於外雖義可致虔不
應有牋表參詳休仁議爲允詔可
泰豫元年後廢帝即位崇所生陳貴妃爲皇太
妃有司奏皇太妃位亞尊極未詳國親舉哀格

三百卅 宋書志五 四十 沈玢

當一同皇太后爲有降異又於本親朞以下當
猶服與不前曹郎王燮之議案喪服傳妾服君
之黨得與女君同如此皇太妃服宗與太后無
異但太后既以尊降無服太妃儀不應殊故悉
不服也計本情舉哀其禮不異又禮諸侯絕朞
皇太后雖云不居尊極不容輕於諸侯謂本親
朞以下一無所服有慘自宜舉哀親疎之儀準之
太后兼太常丞司馬燮之議禮妾服君之庶子
及女君之黨皆謂大夫士耳妾名雖總而班有

貴賤三夫人九嬪位視公卿大夫猶有貴妾而況天子諸侯之妾爲他妾之子無服既不服他妾之子豈容服君及女君餘親況皇太后妃貴亞相極禮絶群后崇輝盛典有踰東儲尚不服朞太妃豈應有異若本親有慘舉哀之儀宜仰則太后參議以變之議爲允太妃於國親無服故宜緣情爲諸王公主於至尊是朞服者反其太妃王妃三夫人九嬪各舉哀

宋孝武帝孝建三年八月戊子有司奏雲杜國解稱國子檀和之所生親王求除太夫人檢無國子除太夫人先例法又無科下禮官議正太學博士孫豁之議春秋母以子貴王雖爲妾是和之所生案五等之例鄭伯許男同號夫人國子體例王合如國所生太常丞庾蔚之議母以子貴雖春秋明義古今異制因革不同自頃代以來所生蒙榮唯有諸王既是王者之嬪御故宜見尊於蕃國若功高勳重列爲公侯亦有拜太夫人之禮凡此皆朝恩曲降非國

之所求子男妾母未有前比祠部郎中朱膺之議以爲子不得爵父母而春秋有母以子貴當謂傳國君母本先公嬪媵所因藉有由故也始封之身所不得同若殊績重勳恩所特錫時或有之不由司存所議參議以蔚之爲允詔可

大明二年六月有司奏凡侯伯子男世子喪無嗣求進次息爲太子檢無其例下禮官議正博士孫武議案晉濟北侯荀勗長子連卒以次子輯拜世子先代成準宜爲今例博士傅郁議禮記微子立衍商禮斯行仲子舍孫姬典攸貶歷代遵循靡替于舊今胙土之君在而世子卒厥嗣未育非孫之謂愚以爲次子有子自宜紹爲世孫若其未也無容遠捜輕屬承綱繼體傳之有由父在立子允稱情典曹郎諸葛雅之議案春秋傳太世子死有母弟則弟無則立長年均擇賢義均則卜古之制也今長子早卒無嗣進立次息以爲世子取諸左氏理義無違又孫武所據晉濟北侯荀勗長子卒立次子亦近代

成例依文採比竊所允安謂宜開許以爲永制參議爲允詔可

大明十二年十一月有司奏興平國解稱國子袁愍孫母王氏應除太夫人檢無國子除太夫人例下禮官議正太學博士司馬興之議案禮下國卿大夫之妻皆命天子以斯而推則子男之母不容獨異博士程彥議以爲五等雖差而承家事等公侯之母崇號得崇子男於親尊秩宜顯故春秋之義母以子貴固知從子尊與

三百　宋書志五　四十三　展三

國均也彥參議以興之議爲允除王氏爲興平縣開國子太夫人詔可

大明四年九月有司奏陳留國王曹虔季長兄虔嗣早卒季龍襲封之後生子銑以繼虔嗣今依例應拜世子未詳應以銑爲世子爲應立次子錯太學博士王溫之江長議並爲應以銑爲正嗣太常陸澄議並錯右丞徐爰議謂禮後大宗以其不可乏祀諸侯世及春秋成義虔嗣承家傳爵身爲國王雖薨沒無子猶列昭穆立後之日便應即纂國統于時既無承繼虔嗣以次襲紹虔嗣既列廟饗故自與出數而遷豈容蒸嘗無闕橫取他子爲嗣爲人亂嗣又應恭祀先父案禮文公子不得禰諸侯虔嗣無緣降廟既寢銑本長息宜還爲虔季世子詔如爰議

宋文帝元嘉十三年七月有司奏御史中丞劉式之議每至出行未知制與何官分道應有舊科法唯稱中丞專道傳詔荷信詔喚衆官應詔者行得制令無分別他官之文既無盡然

三百九　宋書志五　四十四　展三

定則準承有疑謂皇太子正議東儲不宜與衆同例中丞應與分道揚州刺史丹陽尹建康令並是京輦土地之主或檢校非違或赴救水火事應神速不宜稽駐亦合分道又尋六門則爲行馬之內且禁衛非違並由二衛及領軍未詳京尹建康令門內之徒及公事亦得與中丞分道與有其準參舊儀告報參詳所宜分道聽如臺所上其六門內既非州郡縣部界則不合依門外其尚書令二僕射所應分道亦悉與中

丞同

孝武帝大明六年五月詔立凌室藏冰有司奏季冬之月冰壯之時凌室長率山虞及輿隸取冰於深山窮谷涸陰沍寒之處以納于凌陰務令周密無泄其氣先以黑牡秬黍祭司寒於凌室之北中春之月春分之日以黑羔秬黍祭司寒啓冰室先薦寢廟二廟夏祠用鑑盛冰室一鑑以禦溫氣蠅蚋三御殿及太官膳羞竝以鑑供冰自春分立秋有臣妾喪詔贈祕器自立夏

至立秋不限稱數以周喪事繕制夷盤隨冰借給凌室在樂游苑内置長一人保舉吏二人三公黃閤前史無其義史臣按禮記士韠與天子同公侯大夫則異鄭玄注士賤與君同不嫌也夫朱門洞啓當陽之正色也三公之與天子禮秩相亞故黃其閤以示謙不敢斥天子蓋是漢來制也張超與陳公箋拜黃閤将有日月是也史臣按今朝士詣三公尚書丞郎詣令僕射尚書竝門外下車履度門閫乃納屐漢世朝臣見三公竝拜丞郎見八座皆持板揖事在漢儀及漢舊儀然則竝有敬也陳蕃爲光祿勳范滂爲主事以公儀詣蕃執板入閤至坐蕃不奪滂板滂投板振衣而去郭泰責蕃曰以階級言之滂宜有敬以類數推之至閤宜省然後敬止在門其來久矣

志第五　宋書十五

志卷第六　　宋書十六

臣沈　約　新撰

禮三

國之大事在祀與戎自書契經典咸崇其義而聖人之德莫大於嚴父者也故司馬遷著封禪書班固備郊祀志上紀皇王正祀下録郡國百神司馬彪又著祭祀志以續終漢中興以後其舊制誕章粲然弘備自茲以降又有異同故復撰次云爾

漢獻帝延康元年十一月己丑詔公卿告祠高廟遣兼御史大夫張音奉皇帝璽綬策書禪帝位于魏是時魏文帝繼王位南巡在潁陰有司乃爲壇於潁陰之繁陽故城庚午登壇魏相國華歆跪受璽紱以進於王既受畢降壇視燎成禮而返未有祖配之事魏文帝黄初二年正月郊祀天地明堂是時魏都洛京而神祇兆域明堂靈臺皆因漢舊事四年七月帝將東巡以大軍當出使太常以一特牛告祠南郊自後以爲常及文帝崩太尉鍾繇告謚南郊皆是有事於郊也

明帝太和元年正月丁未郊祀武皇帝以配天宗祀文皇帝於明堂以配上帝是時二漢郊禋之制具存魏所損益可知也

四年八月帝東巡過繁昌使執金吾臧霸行太尉事以特牛祠受禪壇案漢紀章帝詔高邑祠即位壇此雖前代已行之事然爲壇以祀天而壇非神也今無事於上帝而致祀於虚壇未詳所據也

景初元年十月乙卯始營洛陽南委粟山爲圓丘詔曰蓋帝王受命莫不恭承天地以彰神明尊祀世統以昭功德故先代之典既著則禘郊祖宗之制備也昔漢氏之初承秦滅學之後採摭殘缺以備郊祀自甘泉后土雍宫五時神祇兆位多不經見並以興廢無常一彼一此四百餘年廢無禘禮古代之所更立者遂有闕焉曾氏世系出自有虞氏今祀圓丘以始祖帝舜配

號圓丘曰皇皇帝天方丘所祭曰皇皇后地以舜妃伊氏配天郊所祭曰皇天之神以太祖武皇帝配地郊所祭曰皇地之祇以武宣皇后配宗祀皇考高祖文皇帝於明堂以配上帝十二月壬子冬至始祀皇皇帝天于圓丘以始祖有虞帝舜配自正始以後終魏世不復郊祀

孫權初稱尊號於武昌祭南郊告天文曰皇帝臣孫權敢用玄牡昭告皇皇后帝漢饗國二十有四世歷年四百三十行氣數終祿胙運盡普

天弛絕率土分崩孽臣曹丕遂奪神器丕子叡繼世作慝竊名亂制權生於東南遭值期運承乾秉戎志在拯世奉辭行罰舉足爲民羣臣將相州郡百城執事之人咸以爲天意已去於漢漢氏已終於天皇帝位虛郊祀無主休徵嘉瑞前後雜沓曆數在躬不得不受權畏天命敢不敬從謹擇元日登壇柴燎即皇帝位唯爾有神饗之左右有吳永綏天極其後自以居非中土不復修設中年羣臣奏議宜修郊祀權曰郊祀當於中土今非其所重奏曰普天之下莫非王土王者以天下爲家昔周文武郊於酆鎬非必中土權曰武王伐紂即阼於鎬京而郊其所也文王未爲天子立郊於酆見何經典復奏曰伏見漢書郊祀志匡衡奏徙甘泉河東郊於長安言文王郊於酆權曰文王德性謙讓處諸侯之位明未郊也經傳無明文由匡衡俗儒意說非典籍正義不可用也虞喜志林曰吳主糾駮郊祀追貶匡衡凡在見者莫不慨然稱善也何承

天曰案權建號繼天而郊享有闕固非也末年雖一南郊而遂無北郊之禮環氏吳紀權思崇嚴父配天之義追上父堅尊號爲吳始祖如此說則權末年所郊堅配天也權卒後三嗣主終吳世不郊祀則權不享配帝之禮矣

劉備章武元年即皇帝位設壇建安二十六年夏四月丙午皇帝臣備敢用玄牡昭告皇天上帝后土神祇漢有天下曆數無疆曩者王莽篡盜光武皇帝震怒致誅社稷復享今曹操阻兵

安忍子丕載其凶逆竊居神器羣臣將士以爲
社稷墮廢備宜修之嗣武二祖龔行天罰備惟
否德懼忝帝位詢于庶民外及蠻夷君長僉曰
天命不可以不答祖業不可以久替四海不可以
無主率土式望在備一人備畏天之威又懼漢邦
將湮于地謹擇元日與百寮登壇受皇帝璽綬
修燔瘞告類于大神惟大神尚饗祚于漢家永
綏四海
章武二年十月詔丞相諸葛亮營南北郊于

成都
魏元帝咸熙二年十二月甲子使持節侍中太
保鄭沖兼太尉司隸校尉李憙奉皇帝璽綬
策書禪帝位于晉丙寅晉設壇場于南郊柴燎
告類未有祖配其文曰皇帝臣炎敢用玄牡明
告于皇皇后帝魏帝稽協皇運紹天明命以命
炎曰昔者唐堯禪位虞舜虞舜又以禪禹邁德
垂訓多歷年載暨漢德既衰太祖武皇帝撥亂
濟民扶翼劉氏又用受禪于漢粵在魏室仍世

多故幾於顛墜實賴有晉匡拯之德用獲保厥
肆祀弘濟于艱難此則晉之有大造于魏也誕
惟四方之民罔不祗順開國建侯宣禮明刑廓
清梁岷苞懷揚越函夏興仁八紘同軌遐邇馳
義祥瑞屢臻天人協應無思不服肆予憲章三
后用集大命于茲炎惟德不嗣辭不獲命於是
羣公卿士百辟庶僚黎獻陪隸暨于百蠻君長
僉曰皇天鑒下求民之瘼既有成命固非克讓
所得距違天序不可以無統人神不可以曠主

炎虔奉皇運畏天之威敢不欽承休命敬簡元
辰升壇受禪告類上帝以永答民望敷佑萬國
惟明德是饗
泰始二年正月詔曰有司前奏郊祀權用魏禮
朕不慮改作之難今便爲永制衆議紛互遂不
時定不得以時供饗神祀配以祖考日夕歎企
貶食忘安其便郊祀時羣臣又議五帝即天也
王氣時異故殊其號雖名有五其實一神明堂
南郊宜除五帝之坐五郊改五精之號皆同稱

昊天上帝各設一坐而已北郊又除先后配祀帝悉從之二月丁丑郊祀宣皇帝以配天宗祀文皇帝於明堂以配上帝是年十一月有司又議奏古者丘郊不異宜并圜丘方丘於南北郊更修治壇兆其二至之祀合於二郊帝又從之一如宣帝所用王肅議也是月庚寅冬至帝親祠圓丘於南郊自是後圓丘方澤不別立至今矣太康十年十月乃更詔曰孝經郊祀后稷以配天宗祀文王於明堂以配上

帝而周官云祀天旅上帝又曰祀地旅四望四望非地則明堂上帝不得爲天也往者衆議除明堂五帝位考之禮文正經不通且詩敘曰文武之功起於后稷故推以配天焉宣帝以神武刱業既已配天復以先帝配天於義亦不安其復明堂及南郊五帝位

晉武帝太康三年正月帝親郊祀皇太子皇子悉侍祠非前典也

愍帝都長安未及立郊廟而敗

元帝中興江南太興元年始更立郊兆其制度皆太常賀循依據漢晉之舊也三月辛卯帝親郊祀饗配之禮一依武帝始郊故事初尚書令刁協國子祭酒杜夷議宜須旋都洛邑乃修之司徒荀組據漢獻帝居許即便立郊自宜於此修奉驃騎王導僕射荀崧太常華恒中書侍郎庾亮皆同組議事遂施行按元帝紹命中興依漢氏故事宜享明堂宗祀之禮江左不立明堂故闕焉

明帝太寧三年七月始詔立北郊未及建而帝崩故成帝咸和八年正月追述前旨於覆舟山南立之是月辛未祀北郊始以宣穆張皇后配地魏氏故事非晉舊也

康帝建元元年正月將北郊有疑議太常顧和表曰太始中合二至之祀於二郊北郊之月古無明文或以夏至或同用陽復漢光武正月辛未始建北郊此則與南郊同月及中興草刱百度從簡合七郊於一丘憲章未備權用斯禮蓋

時宜也至咸和中議別立北郊同用正月魏承後漢正月祭天以地配而稱周禮三王之郊一用夏正於是從和議是月辛未南郊辛巳北郊帝皆親奉

安帝元興三年三月宋高祖討桓玄走之己卯告義功于南郊是年帝蒙塵江陵未返其明年應郊朝議以為依周禮宗伯攝職三公行事尚書左丞王納之獨曰既殯郊祀自是天子當陽有君存焉稟命而行何所辨也齊之興否豈

如今日之比乎議者又云今宜郊故是承制所得命三公行事又郊天極尊唯一而已故非天子不祀也庶人以上莫不蒸嘗嫡子居外庶子執事禮文炳然未有不親受命而可祭天者又武皇受禪用二月郊元帝中興以三月郊今郊時未過日望輿駕無為欲速而無據使皇輿旋返更不得親奉遂從納之議

晉恭帝元興二年五月遣使奉策禪帝位于宋永初元年六月丁卯設壇南郊受皇帝璽紱柴燎告類策曰皇帝臣諱敢用玄牡昭告皇皇后帝晉帝以卜世告終曆數有歸欽若景運以命于諱夫樹君司民天下為公德充帝王樂推攸集越俶唐虞降暨漢魏靡不以上哲格文祖元勳陟帝位故能大拯黔黎垂訓無窮晉自東遷四維弗樹宰輔焉依為日已久難棘隆安禍成元興遂至帝王遷播宗祀湮滅諱雖地非齊晉衆無一旅仰憤時難俯悼横流投袂一麾則皇祚剋復及危而能持顛而能扶姦宄具殲僭偽

必滅誠否終必泰興廢有期至於撥亂濟民大造晉室因藉時運以尸其勞加以殊俗慕義重譯來款正朔所暨咸服聲教至乃三靈垂象山川告祥人神和協歲月兹著是以羣公卿士億兆夷人僉曰皇靈降鑒於上晉朝款誠於下天命不可以久淹宸極不可以暫曠遂逼羣議恭兹大禮猥以寡德託于兆民之上雖仰畏天威略是小節顧深永懷祗懼若厲敬簡元日升壇受禪告類上帝酬於萬國之嘉望克隆天保永

祚于有宋惟明靈是饗
永初元年皇太子拜告南北郊
永初二年正月上辛上親郊祀
文帝元嘉三年車駕西征謝晦幣告二郊
孝武帝孝建元年六月癸巳八座奏劉義宣臧
質干時犯順滔天作戾連結淮岱謀危宗社
質反之始戒嚴之日二郊廟社皆已遍陳其義
宜爲逆未經同告輿駕將發醜徒冰消質既梟
懸義宣且禽獲二寇俱殄並宜昭告檢元嘉三年

討謝晦之始普告二郊太廟賊既平蕩唯告太
廟太社不告二郊禮官博議太學博士徐宏孫
勃陸澄議禮無不報始既遍告今賊已禽不應
不同國子助教蘇瑋生議案王制天子巡狩歸
假于祖禰又曾子問諸侯適天子告于祖奠于
禰命祝史告于社稷宗廟山川告用牲幣反亦
如之諸侯相見反必告于祖禰乃命祝史告至
于前所告者又云天子諸侯將出必以幣帛皮
圭告于祖禰反必告尋天子諸侯雖事有小大

其禮略鈞告出告至理不得殊鄭云出入禮同其
義甚明天子出征類于上帝推前所告者歸必
告至則宜告郊不復容疑元嘉三年唯告廟社
未詳其義或當以禮記唯云歸假祖禰而無告
郊之辭果立此義彌所未達夫禮記殘缺之書
本無備體折簡敗字多所闕略正應推例求意
不可動必徵文天子反行告社亦無成記何故
告郊獨當致嫌但出入必告蓋孝敬之心既以
告歸爲義本非獻捷之禮今輿駕竟未出宮

無容有告至之文若陳告不行之禮則爲未有
前准愚謂祝史致辭以昭誠信苟其義舛於禮
自可從實而闕臣等參議以應告爲允宜並用
牲告南北二郊太廟太社依舊公卿行事詔可
孝建二年正月庚寅有司奏今月十五日南郊
尋舊儀廟祠至尊親奉以太尉亞獻南郊親
奉以太常亞獻又廟祠行事之始以酒灌地送
神則不灌而郊初灌同之於廟送神又灌議儀
不同於事有疑輒下禮官詳正太學博士王祀

之議案周禮大宗伯佐王保國以吉禮事鬼神祇禋祀昊天則今太常是也以郊天太常亞獻又周禮外宗云王后不與則贊宗伯鄭玄云后不與祭宗伯攝其事又說云君執圭瓚祼尸大宗伯執璋瓚亞獻中代以來后不廟祭則應依禮大宗伯攝亞獻也而今以太尉亞獻鄭注禮月令云三王右司馬無太尉太尉秦官也蓋世代彌久宗廟崇敬攝后事重故以上公亞獻又議履時之思情深於霜露室戶之感有懷於容

聲不知神之所在求之不以一處鄭注儀禮有司云天子諸侯祭於祊而繹繹又祭也今廟祠闕送神之祼將移祭於祊繹明在於留神未得而殺禮郊廟祭殊故灌送有異太常丞朱膺之議案周禮大宗伯使掌典禮以事神爲上職揔祭祀而昊天爲首今太常即宗伯也又尋袁山松漢百官志云郊祀之事太尉掌亞獻光祿掌三獻太常每祭祀先奏其禮儀及行事掌贊天子無掌獻事如儀志漢亞獻之事專由上

可不由秩宗貴官也今宗廟太尉亞獻光祿三獻則漢儀也又賀循制太尉由東南道升壇明此官必預郊祭古禮雖由宗伯然世有因革上司亞獻漢儀所行愚謂郊祀禮重宜同宗廟且太常既掌贊天子事不容兼又尋灌事禮記曰祭求諸陰陽之義也殷人先求諸陽樂三闋然後迎牲則殷人後灌也周人先求諸陰灌用鬯達於淵泉既灌然後迎牲則周人先灌也此謂廟祭非謂郊祠案周禮天官凡祭祀贊王祼將

之事鄭注云祼者灌也唯人道宗廟有灌天地大神至尊不灌而郊未始有灌於禮未詳淵儒注義炳然明審謂今之有灌相承爲失則宜無灌通關八座丞郎博士並同膺之議尚書令建平王宏重參議謂膺之議爲允詔可

大明二年正月丙午朔有司奏今月六日南郊輿駕親奉至時或雨魏世值雨高堂隆謂應更用後辛晉時既出遇雨顧和亦云宜更告徐禪云晉武之世或用丙或用巳或用庚使禮官議

正幷詳若得遷日應更告廟與不博士王燮之議稱遇雨遷郊則先代成議禮傳所記辛日有徵郊特牲曰郊之用辛也周之始郊日以至鄭玄注曰三王之郊一用夏正用辛者取其齋戒自新也又月令曰乃擇元日祈穀于上帝注曰元日謂上辛郊祭天也又春秋載郊有二成十七年九月辛丑郊公羊曰曷用郊用正月上辛哀元年四月辛巳郊穀梁曰自正月至于三月郊之時也以十二月下辛卜正月上辛如不從以

正月下辛卜二月上辛如不從以二月下辛卜三月上辛以斯明之則郊祭之禮未有不用辛日者也晉氏或丙或巳或庚竝有別議武帝以十二月丙寅南郊受禪斯則不得用辛也又太始二年十一月己卯始幷圜丘方澤二至之祀合於二郊三年十一月庚寅冬至祠天郊于圓丘是猶用圓丘之禮非專祈穀之祭故又不得用辛也今之郊饗既行夏時雖得遷却謂宜猶必用辛也徐禪所據或爲未直又案郊特牲曰受

命于祖廟作龜于禰宮鄭玄注曰受命謂告退而卜也則告義在郊非爲告曰今日雖有遷而郊禮不異愚謂不宜重告曹郎朱膺之議案先儒論郊其議不一周禮有冬至日圓丘之祭月令孟春有祈穀于上帝鄭氏說圓丘祀昊天上帝以帝嚳配所謂禘也祈穀祀五精之帝以后稷配所謂郊也二祭異時其神不同諸儒云圓丘之祭以后稷配取其所在名之曰郊以形體言之謂之圓丘名雖有二其實一祭晉武捨鄭

而從諸儒是以郊用冬至日既以至日理無常辛然則晉代中原不用辛日郊如徐禪議也江左以來皆用正月當以傳云三王之郊各以其正晉不改正朔行夏之時故因以首歲不以冬日皆用上辛近代成典也夫祭之禮過時不舉今在孟春郊時未過值雨遷日於禮無違既巳告日而以事不從禋祀重敬謂宜更告高堂隆云九日南郊十日北郊是爲北郊可不以辛也尚書何偃議鄭玄注禮記引易說三王之郊

一用夏正周禮凡國大事多用正歲左傳又啓
蟄而郊則鄭之此說誠有據矣衆家異議或云
三王各用其正郊天此蓋曲學之辯於禮無取
固知穀梁三春皆可郊之月眞所謂膚淺也然
用辛之說莫不必同晉郊庚巳參差未見前徵
愚謂宜從晉遷郊依禮用辛變之以受命作龜
知吉不在日學之密也右丞徐爰議以爲郊禮
用辛有礙遷日禮官祠曹考詳已備何偃據
禮不應重告愚情所同尋告郊剋辰於今宜改

三九 宋書志六 十七 謝

告事而已次辛十日居然展齋養牲在滌無緣
三月謂毛血告牷之後雖有事礙便應有司行
事不容遷郊衆議不同參議宜依經遇雨遷用
後辛不重告若殺牲薦血之後值雨則有司行
事詔可

明帝泰始二年十一月辛酉詔曰朕載新寶命仍
離多難戎車遄駕經略務殷禋告雖備弗獲
親禮今九服旣康百祀咸秩宜聿遵前典郊謁
上帝有司奏檢未有先准黃門侍郎徐爰議虞
稱肆類殷述昭告蓋以創世成功德盛業遠開
統肇基必享上帝漢魏以來聿遵斯典高祖武
皇帝克伐偽楚晉安帝尚在江陵即於京師告
義功于郊兆伏惟太始應符神武英斷王赫出
討戎戒淹時雖司奉弗虧親謁尚闕謹尋晉
武郊以二月晉元禮以三月有非常之慶必有非
常之典不得拘以常祀限以正月上辛愚謂宜
下史官考擇十一月嘉吉車駕親郊奉謁昊天
上帝高祖武皇帝配饗其餘祔食不關今祭尚

三百卅四 宋書志六 十八 王高

書令建安王休仁等同爰議參議爲允詔可

泰始六年五月乙亥詔曰古禮王者每歲郊享
爰及明堂自晉以來間年一郊明堂同日質文
詳略疎數有分自今可間二年一郊間歲一明堂
外可詳議有司奏前兼曹郎虞愿議郊祭宗
祀俱主天神而同日殷薦於義爲黷明詔使圜
丘報功三載一享明堂配帝間歲昭薦詳辰酌
衷寔允懋典緣諮參議並同曹郎王延秀重議
改革之宜實如聖旨前虞愿議蓋是仰述而

巳未顯後例謹尋自初郊間二載明堂間一年第二郊與第三明堂還復同歲愿謂自始郊明堂以後宜各間二年以斯相推長得異歲通闕八座同延秀議後廢帝元徽二年十月丁巳有司奏郊祀明堂還復同日間年一修

漢文帝初祭地祇於渭陽以高帝配武帝立后土祠於汾陰亦以高帝配漢氏以太祖兼配天地則未以后配地也王莽作相引周禮享先妣爲配北郊夏至祭后土以高后配自此始也光武建武中不立北郊故后地之祇常配食天壇山川羣望皆在營內凡千五百一十四神中元年建北郊使司空馮魴告高廟以薄后代呂后配地江左初未立北壇地祇衆神共在天郊也晉成帝立二郊天郊則六十二神五帝之佐日月五星二十八宿文昌北斗三台司命軒轅后土太一天一太微鉤陳北極雨師雷電司空風伯老人六十二神也地郊則四十四神五嶽四望四海四瀆五湖五帝之佐沂山嶽山

白山霍山醫無閭山蔣山松江會稽山錢唐江先農凡四十四也江南諸小山蓋江左所立猶如漢西京關中小水皆有祭秩也二郊所秩官有其注

宋武帝永初三年九月司空羨之尚書令亮等奏曰臣聞崇德明祀百王之令典憲章天人自昔之所同雖因革殊時質文異世所以本情篤教其揆一也伏惟高祖武皇帝允協靈祇有命自天弘日靜之勤立蒸民之極帝遷明德光宅八表太和宜被玄化遐通陛下以聖哲嗣徽道孚萬國祭禮久廢思光鴻烈饗帝嚴親今實宜之高祖武皇帝宜配天郊至於地祇之配雖禮無明文先代舊章每所因循魏晉故典足爲前式謂武敬皇后宜配北郊蓋述懷以追孝躋聖敬於無窮對越兩儀允洽幽顯者也明年孟春有事於二郊請宣攝內外詳依舊典詔可

晉武帝太康二年冬有司奏三年正月立春祠時日尚寒可有司行事詔曰郊祀禮典所重中

閒以軍國多事臨時有所妨廢故每從奏可自
今方外事簡閒唯此爲大親奉禋享固常典也
成帝祠南郊遇雨侍中顧和啓宜還更剋日詔可
漢明帝據月令有五郊迎氣服色之禮因採元
始中故事兆五郊于洛陽祭其帝與神車服各
順方色魏晉依之江左以來未遑修建
宋孝武大明五年四月庚子詔曰昔文德在周
明堂崇祀高烈惟漢汶邑斯尊所以職祭罔愆
氣令斯正鴻名稱首濟世飛聲朕皇考太祖文

皇帝功耀洞元聖靈昭俗內穆四門仁濟羣品
外薄八荒威憺殊俗南腦勁越西髓剛戎裁禮
興稼穡之根張樂協四氣之紀匡飾墳序引無
題之外旌延賢臣盡盛德之範訓深劭農政
高刑厝萬物棣通百神薦祉動協天度下沿
地德故精緯上靈動殖下瑞諸侯軌道河溓海
夷朕仰憑洪烈入子萬姓皇天降祐迄將一紀
思奉揚休德永播無窮便可詳考姬典經始明
堂宗祀先靈式配上帝誠敬克展幽顯咸秩惟

懷永遠感慕崩心有司奏伏尋明堂辟雍制
無定文經記參差傳說乖舛名儒通哲各事
所見或以爲名異實同或以爲名實皆異自漢
暨晉莫之能辨周書云清廟明堂路寢同制鄭
玄注禮義生於斯諸儒又云明堂在國之陽丙
巳之地三里之內至於室宇堂个戶牖達向世
代湮緬難得該詳晉侍中裴頠西都碩學考詳
前載未能制定以爲尊祖配天其義明著廟宇
之制理據未分直可爲殿以崇嚴祀其餘雜碎

一皆除之參詳鄭玄之注差有準據裴頠之奏
竊謂可安國學之南地實丙巳爽塏平暢足以
營建其墻宇規範宜擬則太廟唯十有二間以
應朞數依漢汶上圖儀設五帝位太祖文皇帝
對饗祭皇天上帝雖爲差降至於三載恭祀理
不容異自郊徂宮亦宜共日禮記郊以特牲詩
稱明堂羊牛吉蠲雖同質文殊典且郊有燔柴
堂無禋燎則鼎俎彝簋一依廟禮班行百司搜
材簡工權置起部尚書將作大匠量物商程剋

今秋繕立乃依頠議但作大殿屋雕畫而已無
古三十六戶七十二牖之制六年正月南郊還
世祖親奉明堂祠祭五時之帝以文皇帝配是
用鄭玄議也官有其注
大明五年九月甲子有司奏南郊祭用三牛廟
四時祠六室用二牛明堂肇建祠五帝太祖文
皇帝配未詳祭用幾牛大學博士司馬興之議
案鄭玄注禮記大傳稱孝經郊祀后稷以配天
配靈威仰也宗祀文王於明堂以配上帝配五

帝也夫五帝司方位殊功一牲牢之用理無差
降太祖文皇帝躬成天地則道兼覆載左右
羣生則化洽四氣祖宗之稱不足彰無窮之美
金石之音未能播勳烈之盛故明堂肇修聖悳
所以昭玄極況配宗廟先儒所以得禮情愚管
所見謂宜用六牛博士虞龢議祀帝之名雖五
而所生之實常一五德之帝迭有休王各有所
司故有五室宗祀所主要隨其王而饗焉主一
配一合用二牛祠部郎顏奐議祀之爲義並五

帝以爲言帝雖云五牲牢之用謂不應過郊祭
廟祀宜用二牛
明帝泰始七年十月庚子有司奏來年正月十
八日祠明堂尋舊南郊與明堂同日並告太廟
未審今祀明堂復告與不祠部郎王延秀議案
鄭玄云郊者祭天之名上帝者天之別名也神
無二主故明堂異處以避后稷謹尋郊宗二祀
既名殊實同至於應告不容有異守尚書令袁
粲等並同延秀議

魏明帝世中護軍蔣濟奏曰夫帝王大禮巡狩
爲先昭祖揚禰封禪爲首是以自古革命受符
未有不蹈梁父登泰山刊無竟之名紀天人之
際者也故司馬相如謂有文以來七十二君或
從所繇於前謹遺跡於後太史公曰主上有聖
明而不宣布有司之過也然則元功懿德不刊
山梁之石無以顯帝王之功布生民不朽之觀
也語曰當君而歎堯舜之美譬猶人子對厥所
生譽他人之父今大魏振　王之弊亂拯流遁

之艱危接千載之衰繼百世之廢治自武文至于聖躬所以參成天地之道綱維人神之化上天報應嘉瑞顯祥以比往古其優衍豐隆無所取喻前至於歷世迄今未發大禮雖志在掃盡殘盜蕩滌餘穢未遑斯事若爾三苗堀彊於江海大舜當廢東巡之儀徐夷跳梁於淮泗周成當止岱嶽之禮也且昔歲破吳虜於江漢今茲屠蜀賊於隴右其震蕩內潰在不復滄就當探其窟穴無累於封禪之事也此儀久廢非倉

卒所定宜下公卿廣纂其禮十年考時昭告上帝以副天下之望臣等待罪軍旅不勝大願冒死以聞詔曰聞濟斯言使吾汗出流足自開闢以來封禪者七十餘君爾故太史公曰雖有受命之君而功有不洽是以中間曠遠者千有餘年近數百載其儀闕不可得記吾何德之修敢庶茲乎濟豈謂世無管仲以吾有桓公登泰山之志乎吾不敢欺天也濟之所言華則華矣非助我者也公卿侍中尚書常侍省之而已勿復有所議亦不須答詔也帝雖拒濟議而實使高堂隆草封禪之儀以天下未一不欲便行大禮會隆卒故不行

晉武帝平吳混一區宇太康元年九月庚寅尚書令衛瓘尚書左僕射山濤魏舒尚書劉寔張華等奏曰聖德隆茂光被四表諸夏乂清幽荒率從神策廟筭席卷吳越孫皓稽顙六合為家魏魏之功格于天地宜同古典勤封東嶽告三府太常為儀制瓘等又奏臣聞肇自生民則

有后辟載祀之數莫之能紀立德濟世揮揚仁風以登封泰山者七十有四家其諡號可知者十有四焉沈淪寂寞曾無遺聲者不可勝記自黃帝以前古傳昧略唐虞以來典謨炳著三王代興體業繼襲周道既沒秦氏承之至于漢魏而質文未復大晉之德始自重黎實佐顓頊至于夏商世序天地其在于周不失其緒金德將外世濟明聖外平蜀漢海內歸心武功之盛實由文德至于陛下受命踐阼弘建大業羣生仰

流唯獨江湖沅湘之表凶桀負固歷代不賓神謀獨斷命將出討兵威蹔加數旬蕩定羈其鯨鯢赦其罪逆雲覆雨施八方來同聲教所被達于四極雖黃軒之征大禹遠略周之奕世何以尚今若夫玄石素文底號前載象以姓表言以事告河圖洛書之徵不是過也加以騶虞麟趾衆瑞竝臻昔夏殷以丕崇爲祥周武以烏魚爲美咸曰休哉然符瑞之應備物之盛未有若今之富者也宜宣大典禮中嶽封泰山禪梁

父發德號明至尊享天休篤黎庶勤千載之表播流後之聲俾百代之下莫不興起斯帝王之盛業天人之至望也詔曰今逋寇雖殄外則障塞有警內則民黎未康此盛德之事所未議也瓘等又奏今東漸于海西被流沙大漠之陰日南北戶莫不通屬茫茫禹跡今實過之則天人之道已周巍巍之功已著宜有事梁父修禮地祇登封泰山致誠上帝以答人神之願乞如前奏詔曰今陰陽未和政刑未當百姓未得

其所豈可以勸功告成邪瓘又奏臣聞處帝王之位者必有曆運之期天命之應濟生民之大功者必有盛德之容告成之典無不可誣有不可讓自古道也而明詔謙沖屢辭其禮雖盛德攸在推而未居夫三公職典天地實掌民物國之大事取議於此漢氏封禪非是官也不在其事臣等前奏蓋陳祖考之功天命又應陛下之德合同四海述古考今宜循此禮至於尅定盛月須五府上議然後奏聞請寫詔及奏如前下

議詔曰雖蕩清江表皆臨事者之勞何足以告成方望羣后思隆大化以寧區夏百姓獲乂與之休息斯朕日夜之望無所復下諸府矣勿復爲煩瓘等又奏臣聞唐虞二代濟世弘功之君莫不仰答天心俯協民志登介丘履梁父未有辭焉者蓋不可讓也今陛下勳高百王德無與二茂績宏規巍巍之業固非臣等所能究論而聖旨勞謙屢自抑損時至弗應推美不居闕皇代之上儀塞神祇之款望使大晉之典

謨不同風於三五臣等誠不敢奉詔請如前奏施行詔曰方當共弘治道以康庶績且俟他年無復紛紜也

太康元年冬王公有司又奏自古聖明光宅四海封禪名山著於史籍作者七十四君矣舜禹之有天下巡狩四嶽躬行其道易著觀民省方禮有升中于天詩頌陟其高山皆載在方策文王為西伯以服事殷周公以魯蕃列于諸侯或享于岐山或有事泰山徒以聖德猶得為

其事自是以來功薄而僣其義者不可勝言號諡不泯以至于今況高祖宣皇帝肇開王業海內有截世宗景皇帝濟以大功輯寧區夏太祖文皇帝受命造晉蕩定蜀漢陛下應期龍興混壹六合澤被羣生威震無外昔漢氏失統吳蜀鼎峙兵興以來近將百年地險俗殊民望絕塞以為分外其日久矣大業之隆重光四葉不羈之寇二世而平非聰明神武先天弗違孰能巍巍其有成功若茲者歟臣等幸以千載得遭運會親奉大化目覩太平至公之美誰與為讓宜祖述先朝憲章古昔勒功岱嶽登封告成弘禮樂之制正三雍之典揚名萬世以顯祖宗是以不勝大願敢昧死以聞請告太常具禮儀上復詔曰所議誠前烈之盛事也方今未可以爾便報絕之

宋太祖在位長久有意封禪遣使履行泰山舊道詔學士山謙之草封禪儀注其後索虜南寇六州荒毀其意乃息

世祖大明元年十一月戊申太宰江夏王義恭表曰惟皇天崇稱大道始行揖讓迄于有晉雖聿修前緒而跡淪言廢蔑記於竹素者焉可單書紹乾維建徽號流風聲被絲管自無懷以來可傳而不朽者七十有四君罔仁厚而道滅鮮義澆而德宣鍾律之先曠世綿絕難得而闡丘索著明者尚有遺炳故易稱先天弗違後天奉時蓋陶唐姚姒商姬之主莫不由斯道也是以風化大洽光熙于後炎漢二帝亦踵曩則因百

姓之心聽輿人之頌龍駕帝服鏤玉梁甫昌言
明稱告成上靈况大宋表祥唐虞受終素德山
龍啓符金玉顯瑞異采騰於軫墟紫煙藹於邦
甸錫晃兆九五之徵文豹赴天曆之會誠二祖
之幽慶聖后之寘休道冠軒堯惠深亭毒而
猶執沖約未言封禪之事四海竊以恧焉臣聞
惟皇配極惟帝祀天故能上稽乾式照臨黔首
協和穹昊膺茲多福高祖武皇帝明普月光
振八區拯已溺之晉濟橫流之世撥亂寧民應

宋書志六　三十一

天受命鴻徽洽于海表威稜震乎沙外太祖文
皇帝體聖履仁述業興禮正樂頌作象曆明違
通於神祇玄澤被乎上下仁孝命世叡武英挺
遭運屯否三才湮滅迺龍飛五洲鳳翔九江身
先八百之期斷出人鬼之表慶煙應高牙之建
鳳燿符發迹之辰親翦凶逆躬清昏墋天地革
始夫婦更造豈與彼承業繼緒拓復禹跡車一
其軌書同異文者同年而議哉今龍麟已至鳳
皇已儀比李已實嘉茅已茂雕氣降雰於宮

樹珍露呈味於禁林嘉禾積穟於殿甍連理合
幹於園籞皆耀質離宮植根蘭囿至夫霜毫
玄文素翮頳羽泉河山嶽之瑞草木金石之祥
方載憬塗之謠抗驛絕祖之奏彪炳雜沓粵不
可勝言太平之應茲焉富矣宜其從天人之誠
遵先王之則備萬乘整法駕修封泰山塵玉
岱趾延喬松於東序詔韓岐於西廂麾天閽使
啓關謁紫宮朝太一奏鈞天詠雲門贊揚幽奥超
聲前古豈不盛哉伏願時命宗伯具茲典度詔

宋書志六　三十二

曰太宰表如此昔之盛王永保鴻名常為稱首
由斯道矣朕遭家多難入纂絕孝德薄勳淺
鑒寐崩愧頃麟鳳表禎茅禾兼瑞雖符祥顯
見而惡乎猶深庶仰述朱志拓清中寓禮祇謁神
朕將試哉四年四月辛亥有司奏曰臣聞崇號
建極必觀俗以樹教正位居體必採世以立言
是以重代列聖咸由厥道玄勳上烈融章未分
鳴光委緒歇而罔藏若其顯謚　騰軌則系纓
聲耳采徽略聞聽爰洎姬漢風流尚存遺芬餘榮

綿映紀緯雖年絶世祀代華精華可得騰金繩
奏玉潤鏤迹以爋今鑴德以麗遠而四望埋禋
歌之禮日觀施修封之容豈非神明之業難崇
功基之迹易泯自茲以降訖于季末莫不欲英
弘徽伍詳固洪聲豈徒深默修文淵幽馭世而
已諒以勝非虛奏書匪妄埋擊雨抱神淳蔭復
樹安得紫壇肅祗竹宮載竚散火投郊流星奔
座寶緯初基厥靈命曆德振施維功濟淪象
玄浸紛流華液幽潤規存永馭思詳樹遠太祖
文皇帝以啓遘泰運景望震凝采樂調風集
禮宣虔祖宗相映軌迹重暉聖上臨籙蕃河竚
翔衡漢金波掩照華耀停明運動時來躍飛
風舉澄氛海岱開景中區歇神還靈穎天重
耀儲正凝位於兼明褒嶽蕃華於元列故以祥
映昌基繫發篆素重以班朝待典飾今詳儀
纂綜淪蕪搜騰委逸奏玉郊宮禋珪玄時景集
天廟脉壤祥農節至昕陽川丘夙禮綱威巡馹
表綏中甸史流其詠民挹其風於是涵迹視陰

振聲威響歷代之渠沈　望丙安侯之長賢王
入侍殊生詭氣奉俗還鄉羽族卉儀懷音華狀
邊帛絶書權光施燭天岱發靈宗河開寶崇丘
淪鼎振采泗淵雲皇王嶽擿藻　漢弁角即音
栖翔禁籞衣甲霜咮翾舞川肆榮泉流鏡後昭
河源故以波沸外關雲蒸內澤若其雪趾青毦
玄文朱綠日月郊甸擇木弄音重以榮露騰軒蕭
雲掩閣鎬穎孳萌移華淵禁山輿竚衡雲鶵
竦翼海鰈泳流江茅吐蔭校書之列仰筆以飾
辭濟代之蕃獻邑以待禮豈非神總氣昌物瑞
雲照薦摛軒龜軫　泉渟芳太宰江夏王臣義
恭咀道遵英栖奇麗古該潤圖史施詳闕載表
以功懋往初德耀炎昊升文中岱登牒天關耀
冠榮名摛振聲號而道謙稱首禮以虛挹將使
玄祇缺觀幽瑞乖期梁甫無盛德之容介丘靡
外聞之響加窮泉之野獻八代之駟交木之鄉
莫絶金之楛肅靈重表珍符兼貺伏惟陛下謨
詳淵載衍屬休章依徽聖靈潤色聲業誕辰

稽古肅齊誓列儒僚展采禮官相儀懸業動
音洪鍾竦節陽路整衛正途清禁於是績環珮
端玉藻鳴鳳訏律騰駕蔦流文間綵比象之容昭
明紀數之服徽焯天陣容藻神行翠蓋懷陰羽
華列照乃詔聯事掌祭賓客贊儀金支宿縣
鏞石潤響音命五神以相列闢九關以集靈警衛
兵而開雲先雨祇以灑路霞凝生闕煙起成宮
臺冠丹光壇浮素靄爾乃臨中壇備盛禮天
降祥錫壽固皇根谷動神音山傳稱響然後辨
三十六　宋志六　三十五　李忠
年問老陳詩觀俗歸薦告神奉遺清廟光美之
盛彰乎萬古淵祥之烈溢乎無窮豈不盛歟臣
等生接昌辰肅懋明世束教管闚未足言道且
章志湮微代往淪絕拘採遺文辯明訓誥
遴訪鄒魯草縢書壇玉之禮具竦石繩金
之儀和芝潤瑛鐫璽乾封懼弗軌屬上徽煇
當王則謹奉儀注以聞詔曰天生神物昔王稱
愧況在寡德敢當鴻貺今文軌未一可停此奏
漢獻帝建安十八年五月以河北十郡封魏武

帝爲魏公是年七月始建宗廟于鄴自以諸侯
禮立五廟也後雖進爵爲王無所改易延康元
年文帝繼王位七月追尊皇祖爲大王丁夫人
曰大王后黃初元年十一月受禪又追尊大王曰
大皇帝皇考武王曰武皇帝明帝太和三年六
月又追尊高祖大長秋曰高皇夫人吳氏曰高
皇后並在鄴廟廟所祠則文帝之高祖處士曾
祖高皇祖太皇帝共一廟考太祖武皇帝特一
廟百世不毀然則所祠止於親廟四室也至明
三十五　宋志六　三十六　吳裕
帝太和三年十一月洛京廟成則以親盡遷處士
主置園邑使令丞奉薦而使行太傅太常韓暨
行太廟宗正曹恪持節迎高皇以下神主共一廟
猶爲四室而已至景初元年六月羣公有司始
更奏定七廟之制曰大魏三聖相承以成帝業
武皇帝肇建洪基撥亂夷險爲魏太祖文皇
帝繼天革命應期受禪爲魏高祖上集成大命清
定華夏興制禮樂宜爲魏烈祖更於太祖廟北
爲二祧其左爲文帝廟號曰高祖昭祧其右擬

明帝號曰烈祖穆祧三祖之廟萬世不毀其餘四廟親盡迭遷一如周后稷文武廟祧之禮孫盛魏氏春秋曰夫謚以表行廟以存容皆於既殁然後著焉所以原始要終以示百世者也未有當年而逆制祖宗未終而豫自尊顯昔華樂以厚斂致譏周人以豫凶違禮魏之群司於是乎失正矣文帝甄后賜死故不列廟明帝即位有司奏請追謚曰文昭皇后使司空王朗持節奉策告祠于陵三公又奏曰自古周人歸祖后稷

又特立廟以祀姜嫄今文昭皇后之於後嗣聖德至化豈有量哉夫以皇家世妃之尊神靈遷化而無寢廟以承享祀非以報顯德昭孝敬也稽之古制宜依周禮先妣別立寢廟奏可以太和元年二月立廟于鄴四月洛邑初營宗廟掘地得玉璽方一寸九分其文曰天子羨思慈親明帝爲之改容以太牢告廟至景初元年十二月己未有司又奏文昭皇后廟京師永傳享祀樂舞與祖廟同廢鄴廟

魏文帝黃初二年六月以洛京宗廟未成乃祠武帝於建始殿親執饋奠如家人禮何承天曰案禮將營宮室宗廟爲先庶人無廟故祭於寢帝者行之非禮甚矣

漢獻帝延康元年七月魏文帝幸譙親祠譙陵此漢禮也漢氏諸陵皆有園寢者承秦所爲也說者以爲古前廟後寢以象人君前有朝後有寢也廟以藏主四時祭祀寢有衣冠象生之具以薦新秦始出寢起於墓側漢因弗改陵上稱

寢殿象生之具古寢之意也及魏武帝葬高陵有司依漢立陵上祭殿至文帝黃初三年乃詔曰先帝躬履節儉遺詔省約子以述父爲孝臣以繫事爲忠古不墓祭皆設於廟高陵上殿屋皆毁壞車馬還廄衣服藏府以從先帝儉德之志及文帝自作終制又曰壽陵無立寢殿造園邑自後至今陵寢遂絕

孫權不立七廟以父堅嘗爲長沙太守長沙臨湘縣立堅廟而已權既不親祠直是依後漢奉

南頓故事使太守祠也堅廟又見尊曰始祖廟而不在京師又以民人所發吳芮冢材爲屋未之前聞也於建鄴立兄長沙桓王策廟於朱爵橋南權疾太子所禱即策廟也權卒子亮代立明年正月於宮東立權廟曰太祖廟既不在宮南又無昭穆之序及孫皓初立追尊父和曰文皇帝皓先封烏程侯即改葬和於烏程西山號曰明陵置園邑二百家於烏程立陵寢使縣令丞四時奉祠寶鼎元年遂於烏程分置吳興郡

使太守執事有司尋又言宜立廟京邑寶鼎二年遂更營建號曰清廟遣守丞相孟仁太常姚信等備官僚中軍步騎以靈輿法駕迎神主於明陵親引仁拜送於庭比仁還中吏手詔日夜相繼奉問神靈起居動止巫覡言見和被服顏色如平日皓悲喜悉召公卿尚書詣閣下受賜靈輿當至使丞相陸凱奉三牲祭於近郊皓於金城外露宿明日望拜於東門之外又拜廟薦饗比七日三祭倡伎晝夜娛樂有司奏祭不欲數數則黷宜以禮斷情然後止

劉備章武元年四月建尊號於成都是月立宗廟祫祭高祖已下備紹世而起亦未辨繼何帝爲禰亦無祖宗之號劉禪面縛北地王諶哭於昭烈之廟此則備廟別立也

魏元帝咸熙元年增封晉文帝進爵爲王追命舞陽宣文侯爲晉宣王忠武侯爲晉景王是年八月文帝崩謚曰文王武帝太始元年十二月丙寅受禪丁卯追尊皇祖宣王爲宣皇帝伯考

景王爲景皇帝考文王爲文皇帝宣王妃張氏爲宣穆皇后景王夫人羊氏爲景皇后二年正月有司奏天子七廟宜如禮營建帝重其役詔宜權立一廟於是羣臣奏議上古清廟一宮尊遠神祇逮至周室制爲七廟以辨宗祧聖旨深弘遠跡上世敦崇唐虞舍七廟之繁華遵一宮之尊遠昔舜承堯禪受終文祖遂陟帝位蓋三十載正月元日又格于文祖此則虞氏不改唐廟因仍舊宮可依有虞氏故事即用魏廟奏可

於是追祭征西將軍豫章府君潁川府君京兆府君與宣皇帝景皇帝文皇帝爲三昭三穆是時宣皇未升太祖虛位所以祠六世與景帝爲七廟其禮則據王肅說也七月又詔曰主者前奏就魏舊廟誠亦有準然於祗奉神明情猶未安宜更營造崇正永制於是改創宗廟十一月追尊景帝夫人夏侯氏爲景懷皇后

太康元年靈壽公主修麗祔于太廟周漢未有其準魏明帝則別立廟晉又異魏也六月因廟

陷當改治羣臣又議奏曰古者七廟異所自宜如禮詔又曰古雖七廟自近代以來皆一廟七室於禮無廢於情爲叙亦隨時之宜也其便仍舊至十年乃更改築於宣陽門內窮壯極麗然坎位之制猶如初爾廟成帝率百官遷神主于新廟自征西以下車服導從皆如帝者之儀摯虞之議也至世祖武皇帝崩則遷征西及惠帝崩又遷豫章而惠帝世愍懷太子太子二子哀太孫臧沖太孫尚並祔廟元帝世懷帝殤太子又

被廟號爲陰室四殤懷帝初又策諡武帝楊后曰武悼皇后改葬峻陽陵側別立弘訓宮不列於廟元帝既即尊位上繼武帝於禮爲禰如漢光武上繼元帝故事也是時西京神主堙滅虜庭江左建廟皆更新造尋以登懷帝之主又遷潁川位雖七室其實五世蓋從刁協以兄弟爲世數故也于時百度草創舊禮未備三祖毀主權居別室太興三年將登愍帝之主於是乃定更制還復豫章潁川二主于昭穆之位以同

惠帝嗣武帝故事而惠懷愍三帝自從春秋尊尊之義在廟不替也至元帝崩則豫章復遷然元帝神位猶在愍帝之下故有坎室者十也至明帝崩而潁川又遷猶十室也于時續廣太廟故三遷主並還西儲名之曰祧以準遠廟成帝咸和三年蘇峻覆亂京都溫嶠等入伐立行廟於白石告元帝先后曰逆臣蘇峻傾覆社稷毀棄三正汙辱海內臣亮等手刃戎首龔行天罰惟中宗元皇帝肅祖明皇帝明穆皇后之靈降

驗並有罪剿絶其命翦此羣兇以安宗廟臣等雖
隕首摧軀猶生之年咸康七年五月始作武悼皇
后神主祔于廟配饗世祖成帝崩而康帝承統
以兄弟一世故不遷京兆始十一室也康帝崩京
兆遷入西儲同謂之祧如前三祖遷主之禮故正
室猶十一也穆帝崩而哀帝海西並爲兄弟無
所登降咸安之初簡文皇帝上繼元皇帝世秩
登進於是潁川京兆二主復還昭穆之位至簡
文崩潁川又遷孝武皇帝太元十六年改作太

廟殿正室十六間東西儲各一間合十八間棟
高八丈四尺堂基長三十九丈一尺廣十丈一尺
堂集方石庭以塼尊備法駕遷神主于行廟
征西至京兆四主及太子太孫各用其位之儀
服四主不從帝者之儀是與太康異也諸主既
入廟設脯醢之奠及新廟成帝主還室又設脯
醢之奠十九年二月追尊簡文母會稽太妃鄭
氏爲簡文皇帝宣太后立廟太廟道西及孝武
崩京兆又遷如穆帝之世四祧故事安帝隆安

四年以孝武母簡文李太后帝母宣德陳太后
祔于宣鄭太后之廟
元興三年三月宗廟神主在尋陽已立新主于
太廟權告義事四月輔國將軍何無忌奉送神
主還丙子百官拜迎于石頭戊寅入廟安帝崩
未及禘而天祿終焉
宋武帝初受晉命爲宋王建宗廟於彭城依魏
晉故事立一廟初祠高祖開封府君曾祖武原
府君皇祖東安府君皇考處士府君武敬臧后

從諸侯五廟之禮也既即尊位乃增祠七世右
北平府君六世相國掾府君爲七廟永初初追
尊皇考處士爲孝穆皇帝皇妣趙氏爲穆皇
后三年孝懿蕭皇后崩又祔廟高祖崩神主升
廟猶從昭穆之序如魏晉之制虛太祖之位也廟
殿亦不改構又如晉初之因魏也文帝元嘉初追
尊所生胡婕妤爲章皇太后立廟西晉宣太后
地孝武昭太后明帝宣太后並祔章太后廟
晉元帝大興三年正月乙卯詔曰吾雖上繼世祖

然於懷愍皇帝皆北面稱臣今祠太廟不親執觴酌而令有司行事於情禮不安可依禮更處太常華恒議今聖上繼武皇帝宜準漢世祖故事不親執觴爵又曰今上承繼武帝而廟之昭穆四世而已前太常賀循博士傅純以爲惠懷及愍宜別立廟然臣愚謂廟室當以客主爲限無拘常數殷世有二祖三宗若拘七室則當祭禰而已推此論之宜還復豫章潁川全祠七廟之禮驃騎長史溫嶠議凡言兄弟不相入廟既

非禮文且光武奮劔振起不策名於孝平豫神其事以應九世之讖又古不共廟故別立焉今上以策名而言殊於光武之事躬奉烝嘗於經既正於情又安矣太常恒欲還二府君以全七世嶠謂是宜驃騎將軍王導從嶠議嶠又曰其非子者可直言皇帝敢告某皇帝又若以一帝爲一世則不祭禰反不及庶人於是帝從嶠議悉施用之孫盛晉春秋曰陽秋傳云臣子一例也雖繼君位不以後尊降廢前敬昔魯僖上嗣莊公以友于長幼而升之爲逆準之古義明詔是也

穆帝永和二年七月有司奏十月殷祭京兆府君當遷祧室征西豫章潁川三府君毀主中興之初權居天府在廟門之西咸康中太常馮懷表續奉還於西儲夾室謂之爲祧疑亦非禮今京兆遷入是爲四世遠祖長在太祖之上昔周室太祖世遠故遷有所歸今晉廟宣皇爲主而四祖居之是屈祖就孫也殷祫在上是代太祖

也領司徒蔡謨議四府君宜改築別室若未展者當入就太廟之室人莫敢卑其祖文武不先不窋殷祭之日征西東面處宣皇之上其後遷廟之主藏於征西之祧祭薦不絕護軍將軍馮懷表議禮無廟者爲壇以祭可別立室藏之至殷禘則祭于壇也輔國將軍譙王司馬無忌等議諸儒謂太王王季遷主藏於文武之祧如此府君遷主宜在宣皇帝廟中然今無寢室宜變通而改築又殷祫太廟征西東面尚書郎孫

綽與無忌議同曰太祖雖位始九五而道以從暢替人爵之尊篤天倫之道所以成教本而光百代也尚書郎徐禪議禮去祧爲壇去壇爲墠歲祫則祭之今四祖遷主可藏之石室有禱則祭於壇墠又遣禪至會稽訪處士虞喜喜荅曰漢世韋玄成等以毀主瘞於園魏朝議者云應埋兩階之間且神主本在太廟若今別室而祭則不如永藏又四君無追號之禮益明應毀而無祭於是撫軍將軍會稽王司馬昱尚書劉劭等

奏四祖同居西祧藏主石室禘祫乃祭如先朝舊儀時陳留范宣兄子問此禮宣荅曰舜廟所祭皆是庶人其後世遠而毀不居舜上不序昭穆今四君號猶依本非以功德致禮也若依虞主之瘞則猶藏子孫之所若依夏主之埋則又非本廟之階宜思其變別築一室親未盡則禘祫處宣帝之上親盡則無緣下就子孫之列其後太常劉遐等同蔡謨議博士張憑議或疑陳於太祖者皆目其後毀主憑案古義無別前後之文也禹不先鯀則遷主居太祖之上亦可無疑矣

安帝義熙九年四月將殷祭詔博議遷毀之禮大司馬琅邪王司馬德文議太始之初虛太祖之位而緣情流遠上及征西故世盡則宜毀而宣皇帝正太祖之位又漢光武帝移十一帝主於洛邑則毀主不設理可推矣宜從范宣之言築別室以居四府君之主永藏而不祀也大司農徐廣議四府君嘗處廟室之首歆率土之祭若靈之幽壤於情理未必咸盡謂可遷藏西儲

以爲遠祧而禘饗永絕也太尉咨議參軍袁豹議仍舊無革殷祠猶及四府君情理爲允祠部郎臧燾議四府君之主享祀禮廢則亦神所不依宜同虞主之瘞埋時高祖輔晉與大司馬議同須後殷祀行事改制

晉孝武帝太元十二年五月壬戌詔曰昔建太廟每事從儉約思與率土致力備禮又太祖虛位明堂未建郊祀國之大事而稽古之制闕然便可詳議祠部郎徐邈議圓丘郊祀經典無二

宣皇帝嘗辨斯義而檢以聖典爰及中興備加研極以定南北二郊誠非異學所可輕改也謂仍舊爲安武皇帝建廟六世三昭三穆宣皇帝𢎘基之主寔惟太祖親則王考四廟在上未及遷世故權虛東向之位也兄弟相及義非二世故當今廟祀世數未足而欲太祖正位則違事七之義矣又禮曰庶子王亦禘祖立廟蓋謂支㣧授位則親近必復京兆府君於今六世宜復立此室則宣皇未在六世之上須前世既遷乃

太祖位定爾京兆遷毀宜藏主於石室雖禘祫猶弗及何者傳稱毀主升合乎太祖升者自下之名不謂可降尊就卑也太子太孫陰室四主儲嗣之重升祔皇祖所配之廟世遠應遷然後從食之孫與之俱毀明堂圓方之制綱領已舉不宜闕配帝之祀且王者以天下爲家未必一邦故周平光武無廢於二京也周公宗祀文王漢明配以世祖自非惟新之考孰配上帝邈又曰明堂所祀之神積疑莫辨按易殷薦上帝以配祖考

祖考同配則上帝亦爲天而嚴父之義顯周禮旅上帝者有故告天與郊祀常禮同用四圭故並言之若上帝者五帝經文何不言祀天旅五帝祀地旅四望乎人帝之與天帝雖天人之通謂然五方不可言上帝諸侯不可言大君也書無全證而義容彼此故太始太康二紀之間興廢迭用矣侍中車胤議又曰明堂之制既其難詳且樂主於和禮主於敬故質文不同音器亦殊既茅茨廣夏不一其度何必守其形範而不

知弘本順民乎九服咸寧河朔無塵然後明堂辟雍可崇而修之中書令王珉意與胤同太常孔注議太始開元所以上祭四府君誠以世數尚近可得饗祠非若殷周先世王迹所因也向使京兆爾時在七世之外自當不祭此四王推此知既毀之後則殷禘所絶矣吏部郎王忱議明堂則天象地儀觀之大宜俟皇居反舊然後修之驃騎將軍會稽王司馬道子尚書令謝石同忱議於是奉行一無所改

晉安帝義熙二年六月白衣領尚書左僕射孔安國啓云元興三年夏應殷祠昔年三月皇輿旋軫其年四月便應殷而太常博士徐乾等議云應用孟秋臺尋校自泰和四年相承皆用冬夏乾等既伏應孟冬回復追明孟秋非失御史中丞范泰議今雖既祔之後得以烝嘗而無殷薦之比太元二十一年十月應殷烈宗以其年九月崩至隆安三年國家大吉乃修殷事又禮有喪則廢吉祭祭新主於寢今不設別寢既祔祭於廟故四時烝嘗以寄追遠之思三年一禘以習昭穆之序義本各異三年喪畢則合食太祖遇時則殷無取於限三十月也當是內臺常以限月成舊就如所言有喪可殷隆安之初果以喪而廢矣月數少多復遲速失中至於應寢而修意所未譬安國又啓范泰云今既祔遂祭於廟故四時烝嘗如泰此言殷與烝嘗其本不同既祔之後可親烝嘗而不得親殷也太常劉瑾云章后喪未一周不應祭臣尋外平五年五月

穆皇帝崩其年七月山陵十月殷興寧三年二月哀皇帝崩泰和元年五月海西夫人庾氏薨時爲皇后七月葬十月殷此在哀皇再周之內庾夫人既葬之後二殷策文見在廟又文皇太后以隆安四年七月崩陛下追述先旨躬服重制五年十月殷再周之內不以廢事今以小君之哀而泰更謂不得行大禮臣尋永和十年至今五十餘載用三十月輒殷皆見於注記是依禮五年再殷而泰所言非真難臣乃以聖朝所用遲速失中泰爲憲司自應明審是非君臣所啓不允即當責失奏彈而愆言肆意稽停遂非忘舊請免泰瑾官丁巳詔皆白衣領職於是博士徐乾皆免官初元興三年四月不得殷祠進用十月計常限則義熙三年冬又當殷若更起端則應用來年四月領司徒王謐丹陽尹孟昶議有非常之慶必有非常之禮殷祭舊准不差蓋施於經常爾至於義熙之慶經古莫二雖曰旋幸理同受命愚謂理運惟新於是乎始宜用四

月中領軍謝混太常劉瑾議祫無定日考時致敬且禮意尚簡云年十月祠雖於日有差而情典允備宜仍以爲正太學博士徐乾議三年一祫五年一禘經傳記籍不見補祫之文員外散騎侍郎領著作郎徐廣議尋先事海西公泰和六年十月殷祠孝武皇帝寧康二年十月殷祠若依常去前三十月則應用四月也于時蓋當有故而遷在冬但未詳其事太元元年十月殷祠依常三十月則應用二年四月也是追計辛未歲

十月來合六十月而再殷何邵甫注公羊傳云祫從先君來積數爲限自僖八年至文二年知爲祫祭如此履端居始承源成流領會之節遠因宗本也昔年有故推遷非其常度寧康太元前事可依雖年有曠近之異然追計之理同矣愚謂從復常次者以推歸正之道也左丞劉潤之等議泰元元年四月應殷而禮官唱共建用十月本非正期不應即以失爲始也宜以反初四月爲始當用三年十月尚書奏從王謐議以元年十月爲始也

宋孝武帝孝建元年十二月戊子有司奏依舊今元年十月是殷祠之月領曹郎范泰參議依永初三年例須再周之外殷祭尋祭再周來二年三月若以四月殷則猶在禫內下禮官議正國子助教蘇瑋生議案禮三年喪畢然後祫於太祖又云三年不祭唯天地社稷越紼行事且不禫即祭見譏春秋求之古禮喪服未終固無裸享之義自漢文以來一從權制宗廟朝聘莫

不皆吉雖祥禫空存無綅縞之變烝嘗薦祀不異平日殷祠禮既弗殊豈獨以心憂爲礙太學博士徐宏議三年之喪雖從權制再祥周變猶服縞素未爲純吉無容以祭謂來四月未宜便殷十月則允太常丞臣朱膺之議虞禮云中月而禫是月也吉祭猶未配謂二十七月既禫祭當四時之祭日則未以其妃配哀未忘也推此而言未禫不得祭也又春秋閔公二年吉禘于莊公鄭玄云閔公心懼於難務自尊成以厭

其禍凡二十二月而除喪又不禫云又不禫明禫內不得禘也案王肅等言於魏朝云今權宜存古禮俟畢三年舊說三年喪畢遇禘則禘遇祫則祫鄭玄云禘以孟夏祫以孟秋今相承用十月如宏所上公羊之文如爲有疑亦以魯閔設服因言喪之紀制爾何必全許素冠可吉禘縱公羊異說官以禮爲正亦求量宜郎中周景遠參議永初三年九月十日奏傅亮議權制卽吉御世宜爾宗廟大禮宜依古典則是皇宋開代成準謂博士徐宏太常丞朱膺之議用來年十月殷祠爲允詔可

宋殷祭皆卽吉乃行大明七年二月辛亥有司奏四月應殷祠若事中未得爲得用孟秋與不領軍長史周景遠議案禮記云天子祫禘祫嘗祫烝依如禮文則夏秋冬三時皆殷不唯用冬夏也晉義熙初僕射孔安國啓議自泰和四年相承殷祭皆用冬夏安國又啓永和十年至今五十餘年用三十月輒殷祠博士徐乾據

禮難安國乾又引晉咸康六年七月殷祠是不專用冬夏于時晉朝雖不從乾議然乾據禮及咸康故事安國無以奪之今若來四月未得殷祠遷用孟秋於禮無違參議據禮有證謂用孟秋爲允詔可

晉武帝咸寧五年十一月己酉弘訓羊太后崩宗廟廢一時之祀天地明堂去樂且不上胙升平五年十月己卯殷祠以穆帝崩後不作樂初永嘉中散騎常侍江統議曰陽秋之義去樂卒事是爲吉祭有廢樂也故升平末行之其後太常江逌表穆帝山陵之後十月殷祭從太常丘夷等議撤樂逌等詳今行漢制無特祀之別旣入廟吉禘何疑於樂

史臣曰聞樂不怡故申情於遏密至於諒闇奪服慮政事之荒廢是以秉權通以設變量輕重而降屈若夫奏音之與寢聲非有損益於機務縱復回疑於兩端固宜緣恩而從戚矣

宋世國有故廟祠皆懸而不樂

禮四

宋書十七　　梁　沈約　撰

宋文帝元嘉三年五月庚午以誅徐羨之等雠恥已雪幣告太廟

元嘉三年十二月甲寅西征謝晦告太廟太社晦平車駕旋軫又告

元嘉六年七月太學博士徐道娛上議曰伏見太廟烝嘗儀注皇帝行事畢出便坐三公已上獻太祝送神于門然後至尊還拜百官贊拜乃退謹尋清廟之道所以肅安神也禮曰廟者貌也神靈所馮依也事亡如存若常在也既不應有送神之文自陳豆薦俎車駕至止竝弗奉迎夫不迎而送送而後辭闇短之情實用未達按時人私祠誠皆迎送由於無廟庶感降來格因心立意非王者之禮也儀禮雖太祝迎尸于門此乃延尸之儀豈是敬神之典恐於禮有疑謹以議上有司奏下禮官詳判博士江邃議在始

不迎明在廟也卒事而送節孝思也若不送而辭是舍親也辭而後送是遣神也故孝子不忍違其親又不忍遣神是以祝史送神以成烝嘗之義博士賀道期議樂以迎來哀以送往祭統迎牲而不迎尸詩云鐘鼓送尸鄭云尸神象也與今儀注不迎而後送若合符契博士荀萬秋議古之事尸與今之事神其義一也周禮尸出送于廟門拜尸不顧詩云鐘鼓送尸則送神之義其來久矣記曰迎牲而不迎尸別嫌也尸在門外則疑於臣入廟中則全於君君在門外則疑於君入廟則全於臣是故不出者明君臣之義邃等三人謂舊儀爲是唯博士陳珉同道娛議參詳邃等議雖未盡然皆依擬經禮道娛珉所據難從令衆議不一宜遵舊體詔可

元嘉六年九月太學博士徐道娛上議曰祠部下十月三日殷祠十二日烝祀謹按禘祫之禮三年一五年再公羊所謂五年再殷祭也在四時之間周禮所謂凡四時之間禮也蓋歷歲節

月無定天子諸侯先後弗同禮稱天子祫嘗諸侯烝祫有田則祭無田則薦鄭注天子先祫然後時祭諸侯先時祭然後祫有田者既祭又薦新祭以首時薦以仲月然則大祭四祀其月各異天子以孟月殷仲月烝諸侯孟月嘗仲月祫也春秋僖公八年秋七月禘文公二年八月大事于太廟穀梁傳曰著祫嘗也昭公十五年二月有事于武宮左傳曰禮也又周禮仲冬享烝月令季秋嘗稻晉春烝曲沃齊十月嘗太公此並孟

仲區別不共之明文矣凡祭必先卜日用丁巳如不從進卜遠日卜未吉豈容二事推期而往理无可知尋殷蒸祀重祭薦禮輕輕尚異月重寧反同且祭不欲數數則瀆今隔旬頻享恐於禮爲煩自經緯墳誥都無一月兩獻先儒舊說皆云殊朔晉代相承未審其原國事之重莫大乎祀愚管膚淺竊以惟疑請詳告下議寢不報

元嘉七年四月乙丑有司奏曰禮喪服傳云有死於宮中者則爲之三月不舉祭今禮祀既戒而掖庭有故下太常依禮詳正太學博士江邃袁朗徐道娛陳珉等議參互不同殿中曹郎中領祠部謝元議以爲遵依禮傳使有司行事於義爲安輒重參詳宗廟敬重饗祀精明雖聖情罔極必在親奉然苟曰有疑則情以禮屈无所稱述於義有據請聽如元所上詔可

元嘉十年十二月癸酉太祝令徐閏刺署典宗廟社稷祠祀薦五牲牛羊豕雞並用雄其一種市買由來送雌竊聞周景王時賓起見雄雞自

斷其尾曰雞憚犧不祥今何以用雌求下禮官詳正勒太學依禮詳據博士徐道娛等議稱案禮孟春之月是月也犧牲無用牝如此是春月不用雌爾秋冬無禁雄雞斷尾自可是春月太常丞司馬操議尋月令孟春命祀山林川澤犧牲無用牝若如學議春祠三牲以下便應一時俱改以從月令何以偏在一雞重更勒太學議荅博士徐道娛等又議稱凡宗祀牲牝不一前惟月令不用牝者蓋明在春必雄秋冬可雌非

以山林同宗廟也四牲不改在雞偏異相承來久義或有由誠非末學所能詳究求詳議告報如所稱令參詳閏所稱粗有證據宜如所上自今改用雄雞

孝武帝孝建三年五月丁巳詔以第四皇子出紹江夏王太子叡爲後有司奏皇子出後檢未有告廟先例輒勒二學禮官議正應告與不告者爲告幾室太學博士傅休議禮無皇子出後告廟明文晉太康四年封北海王寔紹廣漢殤王後告于太廟漢初帝各異廟故告不必同自漢明帝以來乃共堂各室魏晉依之今既共堂若獨告一室而闕諸室則於情未安太常丞庾亮之議案禮大事則告祖禰小事則特告禰今皇子出嗣宜告禰廟祠部朱膺之議以爲有事告廟蓋國之常典今皇子出紹事非常均愚以爲宜告賀循去古禮異廟唯謁一室是也既皆共廟而闕於諸帝於情未安謂循言爲允宜在皆告兼右丞殿中郎徐爰議以爲國之大事必告祖禰皇子出嗣不得謂小昔第五皇子承統廬陵備告七廟參議以爰議爲允詔可

大明元年六月己卯朔詔以前太子步兵校尉祇男歆紹南豐王朗有司奏朗先嗣營陽告廟臨軒檢繼體爲舊不告廟臨軒下禮官議正太學博士王𤅢之議南豐昔別開土宇以紹營陽義同始封故有臨軒告廟之禮今歆奉詔出嗣則成繼體先爵猶存事是傳襲不應告廟臨軒祠部郎朱膺之議南豐王嗣爵封已絕聖恩垂矜特詔繼茅土復申義同始封爲之告廟臨軒殿中郎徐爰議營陽繼體皇基身亡封絕恩詔追封錫以一城既始啓建茅土故宜臨軒告廟今歆繼後南豐彼此俱爲列國長沙南豐自應各告其祖豈關太廟事非始封不合臨軒同博士王𤅢之議參詳爰議爲允詔可

大明三年六月乙丑有司奏來七月十五日嘗祠太廟章皇太后廟舆駕親奉而乘舆辭廟親戎太子合親祠與不且今月二十四日第八皇

女夭案禮宮中有故三月不舉祭皇太子入住
上宮於事有疑下禮官議正太學博士司馬興
之議竊惟國之大事在祀與戎皇太子有撫軍
之道而無專御之義戎既如之祀亦宜然案祭
統夫祭之道孫爲王父尸又云祭有昭穆所以
別父子太子監國雖不攝至於宗廟則昭穆實
存謂事不可亂又云有故則使人准此二三太
子無奉祀之道又皇女夭札則實同宮一體之
哀理不得異設令得祀令猶無親奉之義博士

郁議案春秋太子奉社稷之粢盛長子主器出
可守宗廟以爲祭主易彖明文監國之重居然
親祭皇女夭札時既同宮三月廢祭於禮宜停
二議不同尚書參議宜以郁議爲允詔可
大明三年十一月乙丑朔有司奏四時廟祠吉
日已定遇雨及舉哀舊停親奉以有司行事先
下使禮官博議於禮爲得遷日與不博士江長
議禮記祭統君之祭也有故則使人而君不失
其儀鄭玄云君雖不親祭禮無闕君德不損愚

以爲有故則必使人者明無遷移之文苟有司
充事謂不宜改日太常丞陸澄議案周禮宗伯
之職若王不與祭祀則攝位鄭君曰王有故行
其祭事也臣以爲此謂在致齋祭事畢備神不
可瀆齋不可久而王有他故則使有司攝焉晉
太始七年四月世祖將親祠于太廟庚戌車駕
夕牲辛亥雨有司行事此雖非人故蓋亦天硋
也求之古禮未乖周制案禮記孔子荅曾子當
祭而日蝕太廟火如牲至未殺則廢然則祭非

無可廢之道也但權所爲之輕重耳日蝕廟火
變之甚者故乃牲至尚猶可廢推此而降可以
理尋今散齋之內未及致齋而有輕　甚雨日
時展事可以延敬不愆義情無傷正典改擇令
日夫何以疑愚謂散齋而有舉哀若雨可更遷
日唯入致齋及日月逼晚者乃使有司行事耳
又前代司空顧和啓南郊車駕已出遇雨宜遷
日更郊事見施用郊之與廟其敬可均至日猶
遷況散齋邪殿中郎殷淡議曾子問日蝕大廟

火牲未殺則廢縱有故則使人清廟敬重郊禋禮大故廟焚日蝕許以可遷輕哀微故事不合改是以鼷鼠食牛改卜非禮晉世祖有司行事顧司空之改郊月既不見其當時之宜此不足爲准愚謂日蝕廟火天譴之變迺可遷日至於舉哀小故不宜改辰衆議不同參議既有理據且晉氏遷郊宋初遷祠竝有成准謂孟月散齋之中遇雨及舉輕哀宜擇吉更遷無定限數唯入致齋及後仲月節者使有司行事詔可

大明五年十月甲寅有司奏今月八日烝祠二廟公卿行事有皇太子獻妃服前太常丞庾蔚之議禮所以有喪廢祭由祭必有樂皇太子以元嫡之重故主上服妃不以尊降既正服大功愚謂不應祭有故三公行事是得祭之辰非今之比卿卒猶不繹況於太子妃乎博士司馬興之議夫緦則不祭禮之大經卿卒不繹春秋明義又尋魏代平原公主薨高堂隆議不應三月廢祠而猶云殯葬之間權廢事改士亦輟享祠尋此語意非使有司此無服之喪尚以未葬爲廢況皇太子妃及大功未祔者邪上尋禮文下准前代不得烝祠領軍長史周景遠議案禮緦不祭大功廢祠理不俟言今皇太子故妃既未山塋未從權制則應依禮廢烝嘗至尊以大功之服於禮不得親奉非有故之謂亦不使公卿行事右丞徐爰議以爲禮緦不祭蓋惟通議大夫以尊貴降絕及其有服不容復異祭統云君有故使人可者謂於禮應祭君不得齊祭不可

闕故使臣下攝奉不謂君不應祭有司行事也晉咸寧四年景獻皇后崩晉武帝伯母宗廟廢一時之祀雖名號尊崇粗可依准今太子妃至尊正服大功非有故之比既未山塋謂烝祠宜廢尋蔚之等議指歸不殊闕烝爲允過卒哭祔廟一依常典詔可

大明七年二月丙辰有司奏鑾輿巡蒐江左講武校獵獲肉先薦太廟章太后廟并設醖酒公卿行事及獻妃陰室室長行事太學博士虞龢

議檢周禮四時講武獻牲各有所施振旅春蒐則以祭社茇舍夏苗則以享礿治兵秋獮則以祀方大閱冬狩則以享烝案漢祭祀志唯立秋之日白郊事畢始揚威武名曰貙劉乘輿入囿躬執弩以射牲以鹿麑太宰令謁者各一人載獲車馳送陵廟然則春田薦廟未有先准兼太常丞庾蔚之議龢所言是蒐狩不失其時此禮久廢今時龢表晏講武教人又虔供乾豆先薦二廟禮情俱允社主土神司空土官故祭社使

司空行事太廟宜使上公參議蒐狩之禮四時異議禮有損益時代不同今既無復四方之祭三殺之儀曠廢來久禽獲牲物面傷翦毛未成禽不獻太宰令謁者擇上殺奉送先薦廟社二廟依舊以太尉行事詔可

明帝泰豫元年七月庚申有司奏七月嘗祠至尊諒闇之内爲親奉與不使下禮官通議伏尋三年之制自天子達漢文愍秦餘之弊於是制爲權典魏晉以來卒哭而祔則就吉案禮記王制三年不祭唯祭天地社稷爲越紼而行事鄭玄云唯不敢以卑廢尊也范宣難杜預段暢所以闕宗廟祭者皆人理所奉哀戚之情同於生者譙周祭志稱禮身有喪則不爲吉祭緦麻之喪於祖考有服者則亦不祭爲神不饗也尋宫中有故雖在無服亦廢祭三月有喪不祭如或非若三年之内必宜親奉者則應禘序昭穆而今必須免喪然後禘祫故知未祭之意當似可思起居注晉武有二喪兩朞之中竝不自祠亦

近代前事也伏惟至尊孝越姬文情深明發公服雖釋純哀内纏推訪典例則未應親奉有司祗應祭不爲曠仰思從敬竊謂爲允臣等參議甚有明證宜如所上詔可

後廢帝元徽二年十月丙寅有司奏至尊親祠太廟文皇帝太后之日孝武皇帝及昭穆太后雖親非正統而嘗經北面未詳應親執爵與不下禮官議太學博士周山文議案禮尊者尊統上卑者尊統下孝武皇帝於至尊雖親非正統

而祖宗之號列于七廟愚謂親奉之日應執觴
爵昭皇太后既親非禮正宜使三公行事博士
顔夔等四人同山文兼太常丞韓賁議晉景帝
之於世祖肅祖之於孝武皆傍尊也親執觴杓
今孝武皇帝於至尊親惟伯父功列祖宗奉祠
之日謂宜親執按昭皇太后於主上親無名秩
情則疏遠庶母在我猶子祭孫止況伯父之庶
母愚謂昭后觴爵可付之有司前左丞孫緬議
晉世祖宗祠顯宗烈宗肅祖竝是晉帝之伯今

朝明準而初無有司行事之禮愚謂主上親執
孝武皇帝觴爵有懷情敬昭皇太后君母之貴
見尊一時而與章宣二廟同饗閟宮非唯不躬
奉廼宜議其毀廢請且依舊三公行事詔緬議
爲允
宋孝武帝孝建元年十月戊辰有司奏章皇太
后廟毀置之禮二品官議者六百六十三人太
傅江夏王義恭以爲經籍殘僞訓傳異門諒言
之者罔一故求之者尠究是以六宗之辯舛於

兼儒迭毀之論亂於羣學章皇太后誕神啓聖
禮備中興慶流祚胤德光義遠宜長代崇芬奕
葉垂則豈得降侔通倫反遵常典夫議者成疑
寔傍紀傳知一爽二莫窮書旨按禮記不代祭
爰及慈母置辭令有所施穀梁於孫止別主立
祭則親執虔祀事異前志將由大君之宜其職
彌重人極之貴其數特中且漢代鴻風遂登配
祔晉氏明規咸留薦祀遠考史策近因閭見未
應毀之於義爲長所據公羊祗足堅秉安可以

貴等帝王祭從士庶緣情訪制顛越滋甚謂應
同七廟六代乃毀六百三十六人同義恭不毀
散騎侍郎王法施等二十七人議應毀領曹郎
中周景遠重參議義恭等不毀議爲允詔可
大明二年二月庚寅有司奏皇代殷祭無事於
章后廟高堂隆議魏文思后依周姜嫄廟禘祫
及徐邈答晉宣太后殷薦舊事使禮官議正博
士孫武議按禮記祭法置都立邑設廟祧壇墠
而祭之乃爲親疏多少之數是故王立七廟遠

廟爲祧鄭云天子遷廟之主昭穆合藏於祧中袷乃祭之王制曰袷禘鄭云袷合也合先君之主於祖廟而祭之謂之袷三年而夏禘五年而秋袷謂之五年再殷祭又禘大祭也春秋文公二年太事于太廟傳曰毀廟之主陳于太祖未毀廟之主皆升合食太廟傳曰合族以食序以昭穆祭統曰有事于太廟則羣昭羣穆咸在不失其倫今殷祠是合食太祖而序昭穆章太后旣屈於上不列正廟若迎主入太廟旣不敢配

列於正序又未聞於昭穆之外別立爲位若徐邈議今殷祠就別廟奉薦則乖禘袷大祭合食序昭穆之義邈云陰室四殤不同袷就祭此亦其義也喪服小記殤與無後從祖祔食祭法王下祭殤鄭玄云祭適殤於廟之奧謂之陰厭旣從祖食於廟奧是殤有位於奧非就祭別宮之謂今章太后廟四時饗薦雖不於孫止若太廟禘袷獨祭別宮與四時烝嘗不異則非禘大祭之義又無取於袷合食之文謂不宜與太廟同

殷祭之禮高堂隆答魏文思后依姜嫄廟禘袷又不辨袷之義而改袷大饗蓋有由而然耳守文淺學懼乖禮衷博士王燮之議按禘小袷大禮無正文求之情例如有推尋袷之爲名雖在合食而祭典之重於此爲大夫以孝饗親尊愛同極因殷薦太祖亦致盛祀於小廟譬有事於尊者可以及卑故高堂隆所謂獨以袷故而祭之也是以魏之文思晉之宣后雖並不序於太廟而猶均禘於姜嫄其意如此又徐邈所引四

殤不袷就而祭之以爲別饗之例斯其證矣愚謂章皇太后廟亦宜殷薦太常丞孫緬議以爲袷祭之名義在合食守經據古孫武爲詳竊尋小廟之禮肇自近魏晉之所行足爲前準高堂隆以袷而祭有附情敬徐邈引就祭四殤以證別饗孫武據殤祔於祖謂廟有殤位尋事雖同廟而祭非合食且七廟同宮始自後漢禮之祭殤各祔厥祖旣豫袷則必異廟而祭愚謂章廟殷薦推此可知祠部朱膺之議閟宮之祀高堂

隆趙怡竝云周人祫歲俱祫祭之魏晉二代取
則奉薦名儒達禮無相譏非不盡言不忘率由舊
章愚意同王燮之孫緬議詔曰章皇太后追尊
極號禮同七廟豈容獨闕殷薦隔兹盛祠閟宮
遙祫既行有周魏晉從饗式範無替宜述附前
典以宣情敬
明帝泰始二年正月孝武昭太后崩五月甲寅
有司奏晉太元中始正太后尊號徐邈議廟制
自是以來著爲通典今昭皇太后於至尊無親

正特制義服祔廟之禮宜下禮官詳議博士王
略太常丞虞愿議正名存義有國之徽典臣子
一例史傳之明文今昭皇太后正位母儀尊號
允著祔廟之禮宜備彝則母以子貴事炳聖文
孝武之祀既百代不毀則昭后之祔無緣有虧
愚謂神主應入章后廟又宜依晉元皇帝之於
愍帝安帝之於永安后祭祀之日不親執觴爵
使有司行事時太宗宣太后已祔章太后廟長
兼儀曹郎虞龢議以爲春秋之義庶母雖名同

崇號而實異正嫡是以猶考別宮而公子主其
祀今昭皇太后既非所生益無親奉之理周禮
宗伯職云若王不與祭則攝位然則宜使有司行
其禮事又婦人無常秩各以夫氏爲定夫亡以
子爲次昭皇太后即正位在前宣太后追尊在
後以從序而言宜躋新禰于上參詳龢議爲允
詔可
泰始二年六月丁丑有司奏來七月嘗祀二廟
依舊車駕親奉孝武皇帝室至尊親進觴爵及拜

伏又昭皇太后室應拜及祝文稱皇帝諱又皇
后今月二十五日虔見於禰拜孝武皇帝昭皇
太后竝無明文下禮官議正太學博士劉緄議
尋晉元北面稱臣於愍帝烝嘗奉薦亦使有司
行事且兄弟不相爲後著於魯史以此而推孝
武之室至尊無容親進觴爵拜伏其日親進章
皇太后廟經昭皇太后室過前議既使有司行
事謂不應進拜昭皇太后正號久定登列廟祀
詳尋祝文宜稱皇帝諱案禮婦無見兄之典昭

后位居傍尊致虔之儀理不容備孝武昭后二室牲薦宜闕太常丞虞愿議夫烝嘗之禮事存繼嗣故傍尊雖近弟姪弗祀君道雖高臣無祭典按晉景帝之於武帝屬居伯父武帝至祭之日猶進觴爵今上既纂祠文皇於孝武室謂宜進拜而已觴爵使有司行事按禮過墓則軾過祀則下凡在神祇尚或致恭況昭太后母臨四海至尊親曾北面兄母有敬謂宜進拜祝文宜稱皇帝諱尊皇后廟見之禮本脩虔爲義今於

孝武論其嫂叔則無通問之典語其尊卑亦無相見之義又皇后登御之初昭后猶正位在宮敬謁之道久已前備愚謂孝武昭太后二室並不復薦告衆議以愿議爲允詔可

後廢帝元徽二年十月壬寅有司奏昭太后廟毀置下禮官詳議太常丞韓賁議按君母之尊義發春秋庶後饗薦無間周典七廟承統猶親盡則毀況伯之所生而無服代祭稽之前代未見其準都令史殷匪子議昭皇太后不係於祖宗進退宜毀議者云妾祔於妾祖姑祔既必告毀不容異應告章皇太后一室按記云妾祔於妾祖姑無妾祖姑則易牲而祔於女君可也始章太后於昭太后論昭穆而言則非妾祖姑又非女君於義不當伏尋昭太后名位允極昔初祔之始自上祔於趙后即安于西廟並皆幣告諸室古者大事必告又云每事必告禮牲幣雜用檢魏晉以來互有不同元嘉十六年下禮官辨正太學博士殷靈祚議稱吉事用牲凶事用

幣自茲而後吉凶爲判已是一代之成典今事雖不全凶亦未近吉故宜依舊以幣徧告二廟又尋昭太后毀主無義陳列於太祖博士欲依虞主瘞於廟兩階之閒按階閒本以瘞告幣瘞虞主之所昔虞喜云依五經典議以毀主祔於虞主瘞於廟之北牆最爲可據昭太后神主毀之瘞之後上室不可不虛置太后便應上下外之既外之頃又應設脯醢以安神今禮官所議謬略未周遷毀事大請廣詳訪左僕射劉秉等

七人同匪子左丞王謀重參議謂以幣徧告二
廟薤毀殷主於北牆宣太后上室仍設脯醢以
安神匪子議為允詔可
魏明帝太和三年詔曰禮王后無嗣擇建支子
以繼太宗則當纂正統而奉公義何得顧私親
哉漢宣繼昭帝後加悼考以皇號哀帝以外蕃
援立而董宏等稱引亡秦或誤朝議遂尊恭皇
立廟京師又寵蕃妾使比長信僭差無禮人神
弗佑非皐師丹忠正之諫用致丁傅焚如之禍

自是之後相踵行之其令公卿有司深以前代
為誡後嗣萬一有由諸侯入奉大統則當明為
人後之義敢為佞邪導諛君上妄建非正之號
謂考為皇稱妣為后則股肱大臣誅之無赦其
書令策藏之宗廟著于令典是後高貴常道援
立皆不外尊也晉愍帝建興四年司徒梁芬議
追尊之禮帝既不從而左僕射索綝等亦稱引
魏制以為不可故追贈吳王為太保而已元帝
太興二年有司言琅邪恭王宜稱皇考賀循議

云禮典之義子不敢以己爵加其父號帝又從
之二漢此典棄矣
魏明帝有愛女曰淑涉三月而夭帝痛之甚追
封謚為平原懿公主葬於南陵立廟京師無前
典非禮也
宋孝武帝孝建元年七月辛酉有司奏東平沖
王年稚無後唯殤服五月雖不殤君應有主祭
而國是追贈又無其臣未詳毀靈立廟為當它
祔與不輒下禮官詳議太學博士臣徐宏議王

既無後追贈無臣殤服既竟靈便合毀記曰殤
與無後者從祖祔食又曰士大夫不得祔於諸
侯祔於祖之為士大夫者按諸侯不得祔於天
子沖王則宜祔諸祖之廟為王者應祔長沙景
王廟詔可
大明四年丁巳有司奏安陸國土雖建而奠酹
之所未及營立四時薦饗故祔江夏之廟先王
所生夫人當應祠不太學博士傅郁議應廢祭
右丞徐爰議按禮慈母妾母不代祭鄭玄注以

其非正故傳曰子祭孫止又云爲慈母後者爲祖庶母可也注稱緣爲慈母後之義父妾無子亦可命己庶子爲之後也考尋斯義父母妾之祭不必唯子江夏宣王太子體自元宰道戚之胤遭時不幸聖上矜悼降出皇愛嗣承徽緒光啓大蕃屬國爲祖始王夫人載育明懿則一國之正上無所厭哀敬得申既未獲祔享江夏又不從祭安陸即事求情愚以爲宜依祖母有爲後之義謂合列祀于廟二議不同參議以爰議

爲允詔可

大明六年十月丙寅有司奏故晉陵孝王子雲未有嗣安廟後三日國臣從權制除釋朔望周忌應還臨與不祭之日誰爲主太常丞庾蔚之議既葬三日國臣從權制除而釋靈筵猶存朔望及朞忌諸臣宜還臨哭變服衣帢使上卿主祭王既未有後又無三年服者朞親服除之而國尚存便宜立廟爲國之始祖服除之日神主暫祔食祖廟諸王不得祖天子宜祔從祖國廟還居新廟之室未有嗣之前四時饗薦常使上卿主之左丞徐爰參議以蔚之議爲允詔可

大明七年正月庚子有司奏故宣貴妃加殊禮未詳應立廟與不太學博士虞龢議曲禮云天子有后有夫人檀弓云舜葬蒼梧三妃未之從昏義云后之立六宮有三夫人然則三妃即三夫人也后之有三妃猶天子之有三公也按周禮三公八命諸侯七命三公既尊於列國諸侯三妃亦貴於庶邦夫人據春秋傳仲子非魯惠

元嫡尚得考彼別宮今貴妃是秩天之崇班理應立此新廟左丞徐爰議宣貴妃既加殊命禮絕五宮考之古典顯有成據廟堂克構宜選將作大匠參詳以龢爰議爲允詔可

大明七年三月戊戌有司奏新安王服宣貴妃齊衰朞十一月練十三月縞十五月祥心喪三年未詳宣貴妃祔廟應在何時入廟之日當先有祔但入新廟而已若在大祥及禫中入廟者遇四時便祭不新安王在心制中得親奉祭不

太學博士虞龢議春秋傳云祔而作主烝嘗禘
於廟嘗爲吉祭之名大祥及禫未得入廟應在
禫除之後也新安王心喪之內若遇時節便應
吉祭於廟親奉亦在無嫌祔之爲言以後亡者
祔於先廟也小記云諸侯不得祔於天子今貴
妃爵視諸侯居然不得祔於先后又別考新宮
無所宜祔且卒哭之後益無祔理左丞徐爰議
以禮有損益古今異儀雖云卒哭而祔祔而作
主畤之諸侯皆禫終入廟且麻衣縓緣革服於

元嘉昔經變除申情於皇宋況宣貴妃誕育叡
蕃葬加殊禮靈筵廬位皆主之哲王考宮刱祀
不得關之朝廷謂禫除之後宜親執奠爵之禮
若有故三卿行事貴妃上厭皇姑下絕列國無
所應祔參議龢議大體與爰不異宜以爰議爲
允詔可
大明七年十一月癸未有司奏晉陵國刺孝王
廟依廬陵平王等國例一歲五祭二國以王三
卿主祭應同有服之例與不博士顧僧道議禮

記云所祭者亡服則不祭今晉陵王於衡陽小
功宜依二國同廢太常丞庾蔚之議緦不祭者
據主爲言也晉陵雖未有嗣宜依有嗣致服依
闕祭之限衡陽爲族伯緦麻則應祭三月兼左
丞徐爰議嗣王未立將來承襲未知蹤近豈宜
空計服屬以虧祭敬參議以爰議爲允詔可
大明八年正月壬辰有司奏故齊敬王子羽將
來立後未詳便應作主立廟爲須有後之日未
立廟者爲於何處祭祀游擊將軍徐爰議以爲

國無後於制除罷始封之君寔存承嗣皇子追
贈則爲始祖臣不殤君事著前準豈容虛闕烝
嘗以俟有後謂立廟作主三卿主祭依舊通關
博議以爰議爲允令便立廟廟成作主依晉陵
王近例先暫祔廬陵考獻王廟祭竟神主即還
新廟未立後之前常使國上卿主祭
禮云共工氏之霸九州其子句龍曰后土能平
九土故土以爲社周以甲日祭之用日之始也
社所以神地之道地載萬物天垂象取財於地

取法於天是以尊天而親地教人美報焉家主中霤而國主社示本也故言報本反始烈山氏之有天下其子曰農能殖百穀其裔曰柱佐顓頊爲稷官主農事周棄係之法施於人故祀以爲稷禮王爲羣姓立社曰太社王自爲立社曰王社故國有二社而稷亦有二也漢魏則有官社無稷故常二社一稷也晉初仍魏無所增損至太康九年改建宗廟而社稷壇與廟俱徙乃詔曰社實一神其并二社之禮於是車騎司馬

傅咸表曰祭法二社各有其義天子尊事郊廟故冕而躬耕也者所以重孝享之粢盛致殷薦於上帝也穀梁傳曰天子親耕以供粢盛親耕謂自報自爲立社者爲耤而報也國以人爲本人以穀爲命故又爲百姓立社而祈報焉事異報殊此社之所以有二也王景侯之論王社亦謂春祈耤田秋而報之也其論太社則曰王者布下圻内爲百姓立之謂之太社不自立之於京師也景侯此論據祭法大夫以下成羣立社

曰置社景侯解曰今之里社是也景侯解祭法則以置社爲人閒之社矣而別論復以太社爲人間之社未曉此旨也太社天子爲人而祀故稱天子社郊特牲曰天子太社必受霜露風雨夫以羣姓之衆王者通爲立社故稱太社若夫置社其數不一蓋以里所爲名左氏傳盟于清丘之社是也人間之社既已不稱太矣若復不立之京都當安所立乎祭法又曰王爲羣姓立七祀自爲立七祀言自爲者自爲而祀也爲羣

姓者爲羣姓而祀也太社與七祀其文正等說者窮此因云墳籍但有五祀無七祀也按祭五祀國之大祀七者小祀周禮所云祭凡小祀則墨冕之屬也景侯解大厲曰如周杜伯鬼有所歸乃不爲厲今云無二社者稱景侯祭法不謂無二則曰口傳無其文也夫以景侯之明擬議而後爲解而欲以口論除明文如此非但二社當是思惟景侯之後解亦未易除也前被敕尚書召誥社于新邑唯一大牢不二社之明義也

按郊特牲曰社稷太牢必援一牢之文以明社之無二則稷無牲矣說者則曰舉社以明稷何獨不可舉一以明二國之大事在祀與戎若有過而除之不若過而存之況存之有義而除之無據乎周禮封人掌設社壝無稷字今帝社無稷蓋出於此然國主社稷故經傳動稱社稷周禮王祭稷則絺冕此王社有稷之文也封人設壝之無稷字說者以爲略文從可知也謂宜仍舊立二社而加立帝社之稷時成粲議稱景侯

論太社不立京都欲破鄭氏學咸重表以爲如粲之論景侯之解文以此壞大雅云乃立冢土毛公解曰冢土太社也景侯解詩即用此說禹貢惟土五色景侯解曰主者取五色土爲太社封四方諸侯各割其方色王者覆四方也如此太社復爲立京都也不知此論從何出而與解乖上違經記明文下壞景侯之解臣雖頑蔽少長學問不能默已謹復續上劉寔與咸同詔曰社實一神而相襲二位衆議不同何必改作其

使仍舊一如魏制至元帝建武元年又依洛京立二社一稷其太社之祝曰地德普施惠存無疆乃建太社保佑萬邦悠悠四海咸賴嘉祥其帝社之祝曰坤德厚載王畿是保乃建帝社以神地道明祝惟辰景福來造禮左宗廟右社稷歷代遵之故洛京社稷在廟之右而江左又然也吳時宮東門雩門疑吳社亦在宮東與其廟同所也宋仍舊無所改作

魏氏三祖皆親耕藉此則先農無廢享也其禮

無異聞宜從漢儀執事告祠以太牢晉武哀帝並欲藉田而不遂儀注亦闕略

宋文帝元嘉二十一年春親耕乃立先農壇於藉田中阡西陌南高四尺方二丈爲四出陛陛廣五尺外加埒去阡陌各二十丈車駕未到司空大司農率太祝令及衆執事質明以一太牢告祠祭器用祭社稷器祠畢班餘胙於奉祠者舊典先農又常列於郊祭云漢儀皇后親桑東郊苑中蠶室祭蠶神曰苑窳

婦人禺氏公主祠用少牢晉武帝太康九年揚皇后躬桑于西郊祀先蠶壇高一丈方二丈爲四出陛陛廣五尺在採桑壇東南帷宮之外去帷宮十丈皇后未到大祝令質明以一太牢告祠謁者一人監祠畢徹饌班餘胙於從桑及奉祠者

魏文帝黄初二年六月庚子初禮五嶽四瀆咸秩羣祀瘞沈珪璋六年七月帝以舟軍入淮九月壬戌遣使者沈璧于淮禮也

魏明帝太和四年八月帝東巡遣使者以特牛祠中嶽禮也

魏元帝咸熙元年帝行幸長安遣使者以璧幣禮華山禮也

晉穆帝升平中何琦論修五嶽祠曰唐虞之制天子五載一巡狩省時之方柴燎五嶽望于山川徧于羣神故曰因名山升中于天所以昭告神祇饗報功德是以災厲不作而風雨寒暑以時降逮三代年數雖殊而其禮不易五嶽視三

公四瀆視諸侯著在經記所謂有其舉之莫敢廢也及秦漢都西京涇渭長水雖不在祀典以近咸陽故盡得比大川之祠而正立之禮可以闕哉自永嘉之亂神州傾覆兹事替矣唯灊之天柱在王略之内舊臺選百石吏卒以奉其職中興之際未有官守廬江郡常遣大吏兼假四時禱賽春釋寒而冬請冰咸和迄今已復墮替計今非典之祠可謂非一考其正名則淫昏之鬼推其糜費則四人之蠹而山川大神更爲簡

闕禮俗頹紊人神雜擾公以奔蹙漸以滋繁良由頃國家多難日不暇給草建廢滯事有未遑今元憝已殲宜修舊典嶽瀆之域風教所被來蘇之人咸蒙德澤而神祇禋祀未之或甄巡狩柴燎其廢尚矣崇明前典將俟皇輿北旋稽古憲章大釐制度其五嶽四瀆宜遵修之處但俎豆牲牢祝嘏文辭舊章靡記可令禮官作式歸諸誠簡以達明德馨香如斯而已其諸妖孽可但依法令先去其甚俾邪正不瀆不見省

宋孝武帝大明七年六月丙辰有司奏詔奠祭霍山未審應奉使何官用何牲饌進奠之日又用何器殿中郎丘景先議脩祀川嶽道光列代差秩珪璋義昭聯冊但業曠中葉儀漏典文尋姬典事繼宗伯漢載持節侍祠血祭霾沈經垂明範酒脯牢具悉有詳例又名山著珪幣之異大冢有嘗禾之加山海祠霍山以太牢告玉此準酌記傳其可言者也今皇風緬暢輝祀通嶽愚謂宜使以太常持節牲以太牢之具羞用酒

脯時穀禮以赤璋纁幣又鬯人之職凡山川四方用蜃則盛酒當以蠡梧其餘器用無所取說按郊望山瀆以質表誠器尚陶匏藉以茅席近可依準山川以兆宜爲壇域參議景先議爲允令以兼太常持節奉使牲用太牢加以璋幣器用陶匏時不復用脤宜同郊祀以爵獻凡有饌種數一依社祭爲允詔可

晉武帝咸寧二年春久旱四月丁巳詔曰諸旱處廣加祈請五月庚午始祈雨于社稷山川六月戊子獲澍雨此雩禜舊典也

太康三年四月十年二月又如之是後脩之至今

魏文帝黃初二年正月詔曰昔仲尼資大聖之才懷帝王之器當衰周之末無受命之運乃退考五代之禮脩素王之事因魯史而制春秋就太師而正雅頌俾千載之後莫不采其文以述作仰其聖以成謀茲可謂命世大聖億載之師表者也以遭天下大亂百祀隳廢舊居之廟毀

而不脩褒成之後絕而莫繼闕里不聞講頌之聲四時不覩烝嘗之位斯豈所謂崇化報功盛德百代必祀者哉其以議郎孔羨爲宗聖侯邑百戶奉孔子祀命魯郡脩舊廟置百戶吏卒以守衛之

晉武帝太始三年十一月改封宗聖侯孔震爲奉聖亭侯又詔太學及魯國四時備三牲以祀孔子

明帝大寧三年詔給事奉聖亭侯孔亭四時祠

孔子祭直如太始故事亭五代孫繼之博塞無
度常以祭直顧進替慢不祀宋文帝元嘉八年
有司奏奪爵至十九年又授孔隱之兄子熈先
謀逆又失爵二十八年更以孔惠雲爲奉聖侯
後有重疾失爵孝武大明二年又以孔邁爲奉
聖侯邁卒子莽嗣有辠失爵
魏齊王正始二年三月帝講論語通五年五月
講尚書通七年十二月講禮通竝使太常釋奠
以太牢祀孔子於辟雝以顔淵配

晉武帝太始七年皇太子講孝經通咸寧三年
講詩通太康三年講論語通元帝大興三年皇
太子講論語通太子竝親釋奠以太牢祠孔子
以顔淵配成帝咸康元年帝講詩通穆帝升平
元年三月帝講孝經通孝武寧康三年七月帝
講孝經通竝釋奠如故事
穆帝孝武竝權以中堂爲太學
宋文帝元嘉二十二年四月皇太子講孝經通
釋奠國子學如晉故事

漢東海王恭薨明帝出幸津門亭發哀魏時會
喪及使者弔祭用博士杜希議皆去玄冠加以
布巾
魏武帝少時漢太尉橋玄獨先禮異焉故建安
中遣使祠以太牢
文帝黃初六年十二月過梁郡又以大牢祠之
黃初二年正月帝校獵至原陵遣使者以大牢
祠漢世祖

宋文帝元嘉二十五年四月丙辰車駕行幸江
寧經司徒劉穆之墓遣使致祭焉
孝武帝大明三年二月戊申行幸耤田經左光
祿大夫袁湛墓遣使致祭
大明五年庚午車駕行幸經司空殷景仁墓遣
使致祭
大明七年十一月南巡乙酉遣使祭晉司馬桓
溫征西將軍毛璩墓
劉禪景燿六年詔爲丞相諸葛亮立廟於沔陽
先是所居各請立廟不許百姓遂私祭之而言

事者或以爲可立於京師乃從人意皆不納步兵校尉習隆中書侍郎向允等言於禪曰昔周人懷邵伯之美甘棠爲之不伐越王思范蠡之功鑄金以存其象自漢興已來小善小德而圖形立廟者多矣況亮德範遐邇勳蓋季世興王室之不壞實斯人是賴而烝嘗止於私門廟象闕而莫立百姓巷祭戎夷野祀非所以存德念功述追在昔也今若盡從人心則瀆而無典建之京師又逼宗廟此聖懷所以惟疑也愚以

爲宜因近其墓立之於沔陽使屬所以時賜祭凡其故臣欲奉祠者皆限至廟斷其私祀以崇正禮於是從之何承天曰周禮凡有功者祭於大烝故後代遵之以元勳配饗允等曾不是式禪又從之並非禮也

漢時城陽國人以劉章有功於漢爲之立祠青州諸郡轉相放效濟南尤盛至魏武帝爲濟南相皆毀絕之及秉大政普加除翦世之淫祀遂絕至文帝黃初五年十一月詔曰先王制祀所以昭孝事祖大則郊社其次宗廟三神五行名山川澤非此族也不在祀典叔代衰亂崇信巫史至乃宮殿之內戶牖之間無不沃酹甚矣其惑也自今其敢設非禮之祭巫祝之言皆以執左道論著于令明帝青龍元年又詔郡國山川不在祀典者勿祠

晉武帝太始元年十二月詔曰昔聖帝明王脩五嶽四瀆名山川澤各有定制所以報陰陽之功而當幽明之道故也然以道莅天下者其鬼不

神其神不傷人也故史薦而無媿詞是以其人敬慎幽冥而淫祀不作末代信道不篤僭禮瀆神縱欲祈請曾不敬而遠之徒偷以其幸妖妄相扇舍正爲邪故魏朝疾之其按舊禮具爲之制使功著於人者必有其報而妖淫之鬼不亂其間二年正月有司奏春分祠厲殃及禳祠詔曰不在祀典除之

宋武帝永初二年普禁淫祀由是蔣子文祠以下普皆毀絕孝武孝建初更脩起蔣山祠所在

山川漸皆脩復明帝立九州廟於雞籠山大聚
羣神蔣矦宋代稍加爵位至相國大都督中
外諸軍事加殊禮鍾山王蘇矦驃騎大將軍四
方諸神咸加爵秩
漢安帝元初四年詔曰月令仲秋養衰老授几
杖行麋粥方今八月按比方時郡縣多不奉行
雖有麋粥糠秕泥土相和半不可飲食按此詔
漢時猶依月令施政事也

志卷第七

宋書志卷第八

臣沈　約　新撰

禮五

秦滅禮學事多違古漢初崇簡不存改作車
服之儀多因秦舊至明帝始乃修復先典司小
彪輿服志詳之矣魏代唯作指南車其餘雖馬
有改易不足相變晉立服制令辨定衆儀徐廣
車服注略明事昔竝行於今者也故復敘列以
通數代典事

上古聖人見轉蓬始爲輪輪何可載因爲輿任
重致遠流運無極後代聖人觀北斗魁方杓曲
攜龍角爲帝車曲其輈以便駕系本云奚仲
始作車案庖羲畫八卦而爲大輿服牛乘馬以
利天下奚仲乃夏之車正安得始造乎系本之
言非也車服以庸著在唐典夏建旗旂以表貴
賤周有六職百工居其一焉一器而羣工致其巧
車最居多明堂記曰鸞車有虞氏之路也大路
殷路也乘路周路也殷有山車之瑞謂桑根車

豹人制爲大路禮緯曰山車垂句句曲也言不揉治而自曲也周之五路則有玉金象革木五者之飾備於考工記輿方法地蓋圓象天輻以象日月二十八弓以象列宿玉金象者飾車諸末因爲名也革者漆革木者漆木也玉路建太常以祀金路建大旂以賓象路建大赤以朝革路建大白以戎木路建大麾以田黑色夏所尚也秦閱三代之車獨取殷制古曰桑根車秦曰金根車也漢氏因秦之舊亦爲乘輿所謂乘殷

之路者也禮論輿駕議曰周則玉輅最尊漢之金根亦周之玉路也漢制乘輿金根車輪皆朱班重轂兩轄飛軨轂外復有轂施轄其外復設轄施銅毌其中東京賦曰重輪貳轄疏轂飛軨飛軨以赤油爲之廣八寸長注地繫軸頭謂之飛軨也金金薄繆龍爲輿倚較較在箱上㯉文畫藩藩箱也文虎伏軾龍首銜軛鸞雀立衡㯉文畫輈翠羽蓋黃裏所謂黃屋也金華施橑末建太常十二旒畫日月升龍駕六黑馬施十二鸞金爲叉髦

插以翟尾又加犛尾牛尾大如斗置左騑馬軛上所謂左纛輿也路如周王路之制應劭漢官鹵簿圖乘輿大駕則御鳳皇車以金根爲副又五色安車五色立車名五乘建龍旂駕四馬施八鸞餘如金根之制猶周金路也其車各如方色所謂五時副車俗謂爲五帝車也江左則闕矣白馬者朱其鬣安車者坐乘又有建華蓋九重甘泉鹵簿者道車五乘游車九乘在乘輿車前又有象車最在前試橋道晉江左駕猶有之凡

婦人車皆坐乘故周禮王后有安車而王無也漢制乘輿乃有之天子所御駕六其餘副車皆駕四案書稱朽索御六馬逸禮王度記曰天子駕六諸侯駕五卿駕四大夫三士二庶人一楚平王駕白馬梁惠王以安車駕三送淳于髡大夫之儀周禮四馬爲乘毛詩天子至大夫同駕四士駕二表盎諫漢文馳六飛魏時天子亦駕六晉先蠶儀皇后安車駕六以兩騑安車駕五爲副江左以來相承無六駕駕四而已宋孝武大明三年

使尚書左丞荀萬秋造五路禮圖 路通赤旗無
蓋改造依擬金根而赤漆㯶畫玉飾諸末建青
旂十有二旒駕玄馬四施羽葆蓋以祀即以金
根爲金路建大青旂十有二旒駕玄馬四羽葆
蓋以眞象革木路周官輿服志禮圖並不載其
形段並依擬玉路漆㯶畫羽葆蓋象飾諸末建
立赤旂十有二旒以視朝革路建赤旂十有二旒
以即戎木路建赤麾以田象革駕玄木駕赤四
馬舊有大事法駕出五路各有所主不俱出也

大明中始制五路俱出親耕藉田乘三蓋車一名
芝車又名耕根車置耒耜於軾上戎車立乘
夏曰鉤車殷曰寅車周曰元戎建牙麾邪注之
載金鼓羽幢置甲弩於軾上
獵車輞憶輪畫繆龍繞之一名蹋猪車魏文
帝改曰蹋虎車
指南車其始周公所作以送荒外遠使地域平
漫迷於東西造立此車使常知南北鬼谷子云鄭
人取玉必載司南爲其不惑也至于秦漢其制

無聞後漢張衡始復創造漢末喪亂其器不存
魏高堂隆秦朗皆博聞之士爭論於朝云無指
南車記者虛說明帝青龍中令博士馬鈞更
造之而車成晉亂復亡石虎使解飛姚興使令
狐生又造焉安帝義熙十三年宋武帝平長安
始得此車其制如鼓車設木人於車上舉手指
南車雖回轉所指不移大駕鹵簿最先啓行
此車戎狄所制機數不精雖曰指南多不審正
回曲步驟猶須人功正之范陽人祖沖之有巧思

常謂宜更構造宋順帝昇明末齊王爲相命
造之焉車成使撫軍丹陽尹王僧虔御史中丞劉
休試之其制甚精百屈千回未常移變晉代又
有指南舟索虜拓跋燾使工人郭善明造指
南車彌年不就扶風人馬岳又造垂成善明酖
殺之
記里車未詳所由來亦高祖定三秦所獲制如
指南其上有鼓車行一里木人輒擊一槌大駕
鹵簿以次指南

輦車周禮王后五路之卑者也后宮中從容所
乘非王車也漢制乘輿御之或使人輓或駕果
下馬漢成帝欲與班婕妤同輦是也後漢陰就
外戚驕貴亦輦井丹譏之曰昔桀乘人車豈此
邪然則輦夏后氏末代所造也井丹譏陰就乘
人而不云僭上豈貴臣亦得乘之乎未知何代去
其輪傅玄子曰夏曰余車殷曰胡奴周曰輜車
輜車即輦也魏晉御小出常乘馬亦多乘輿
車輿車今之小輿

犢車輧車之流也漢諸侯貧者乃乘之其後
轉見貴孫權去車中八牛即犢車也江左御出
又載儲偫之物漢代賤軺車而貴輜輧魏晉賤
輜輧而貴軺車又有追鋒車去小車蓋加通幰
如軺車而駕馬又以雲母飾犢車謂之雲母車
臣下不得乘時以賜王公晉氏又有四望車今制
亦存又漢制唯賈人不得乘馬車其餘皆乘之
矣除吏赤蓋杠餘則青蓋杠云
周禮王后亦有五路重翟厭翟安車翟車輦

車凡五也漢制太皇太后皇太后皇后法駕乘
重翟羽蓋金根車駕青交路青帷裳雲𣝝畫轅黃
金塗五末蓋爪施金華駕三馬左右騑其法駕
則紫罽輧車桉字林輧車有衣蔽無後轅其有
後轅者謂之輜應劭漢官明帝永平七年光烈
陰皇后葬魂車鸞路青羽蓋駕駟馬旂九斿前
有方相鳳皇車大將軍妻參乘太僕妻御女騎
夾轂此前漢舊制也
晉先蠶儀注皇后乘油畫雲母安車駕六騩馬

騩淺黑色也油畫兩轅安車駕五騩馬為副公
主油畫安車駕三三夫人青交路安車駕三皆
以紫絳罽輧車駕三為副九嬪次婦輧車駕二
宮人輜車駕一王妃公侯特進夫人封君皂交
路安車駕三
漢制貴人公主王妃封君油輧皆駕二右騑而
已漢制太子皇子皆安車朱斑輪倚虎伏鹿
軾黑櫎文畫藩青蓋金華施橑末黑櫎文畫轅
金塗五末皇子為王錫以此乘故曰王青蓋車

皆左右騑駕五旂旂九斿畫降龍皇孫乘緑車亦駕三魏晉之制太子及諸王皆駕四

晉元帝大興三年太子釋奠詔曰未有高車可乘安車高車即立乘車也公及列侯安車朱斑輪倚鹿較伏熊軾黑藩者謂之軒皁繒蓋駕二右騑王公旂八斿侯七斿卿五斿皆降龍公卿中二千石二千石郊陵法駕出皆大車立乘駕四後導從大車駕二右騑也出乘安車其去位致仕皆賜安車四馬中二千石皆皁蓋朱藩銅

五末駕二右騑晉令王公之太子攝命治國者安車駕三旂七斿其侯太子五斿

傳賜故事三公安車駕三特進駕二卿一漢制公列侯中二千石二千石夫人會廟及蠶各乘其夫之安車右騑加皁交路帷裳非公會則乘漆布輜軿銅五末晉武帝太康四年詔依漢故事給九卿朝車駕及安車各一乘傳賜故事尚書令軺車黑耳後戶僕射但後戶無耳中書監令如僕射

漢制乘輿御大駕公卿奉引大僕大將軍參乘備千乘萬騎屬車八十一乘古者諸侯貳車九乘秦滅九國兼其車服故八十一乘也漢遵弗改漢都長安時祠天於甘泉用之都洛陽上原陵又用之大喪又用之法駕則河南尹洛陽令奉引奉車郎御侍中參乘屬車三十六乘凡屬車皆皁蓋赤裏後漢祠天郊用法駕祠宗廟用小駕小駕減損副車也前驅有九游雲罕皮軒鸞旗車皆大夫載之旗者編羽旄列

繫幢傍也金鉦黃鉞黃門鼓車乘輿之後有屬車尚書御史載之最後一車懸豹尾豹尾以前比於省中每出警蹕清道建五旗大僕奉駕條上鹵簿尚書郎侍御史令史皆執注以督整車騎所謂護駕也春秋上陵尤省於小駕直事尚書一人從其餘令史以下皆從行所謂先置也薛綜東京賦注以雲罕九游爲旌旗別名亦不辨其形案魏命晉王建天子旌旗置旄頭雲罕是知雲罕非旌旗也徐廣車服注以爲九

游游車九乘雲罕疑是畢罕詩敘曰齊侯田
獵畢弋百姓苦之畢罕本施游獵遂爲行飾
乎潘岳藉田賦先敘五路九旗次言瓊鈒雲罕若
罕爲旗則岳不應頻句於九旗之下又以其物
匹鈒戟宜是今畢網明矣此説爲得之皮軒以虎
皮爲軒也徐又引淮南子軍正執豹皮以制正其
衆禮記前有士師則載虎皮乘輿豹尾亦其義
類乎五旗者五色各一旗以木牛承其下徐又云
木牛蓋取其負重而安穩也五旗繡罕即禮記

德車結旌不盡飾也戎事乃散之又武車綏旌
垂舒之也史臣案今結旌綏旌同而德車武車之
所不建又木牛之義亦未灼然可曉又案周禮
辨載法物莫不詳究然無相風畢網旄頭之屬
此非古制明矣何承天謂戰國並爭師旅數出懸
烏之設務察風祲宜是秦矣晉武嘗問侍臣
旄頭何義彭推對曰秦國有奇怪觸山截水
無不崩潰唯畏旄頭故虎士服之則秦制也張
華曰有是言而事不經臣謂壯士之怒髮踊衝

冠義取於此摯虞決疑無所是非也徐爰曰
彭張之説各言意義無所承據案天文畢
昴之中謂之天街故車駕以畢罕前引畢方
昴員因其象星經昴一名旄頭故使執之者
冠皮毛之冠也

輕車古之戰車也輪輿洞朱不巾不蓋建矛戟
幢麾罣直弩於軾上駕二射聲校尉司馬吏士
載以次屬車

漢儀曰出稱警入稱蹕説者云車駕出則應稱

警入則應稱蹕也而今俱唱之史臣以爲警者警
戒也蹕者止行也今從乘輿而出者並警戒以
備非常也從外而入乘輿相干者蹕而止之也董
巴司馬彪云諸侯王遮迾出入稱警設蹕

武剛車有巾有蓋在前爲先驅又在輕車之後
爲殿也駕一史記衞青征匈奴以武剛車爲營
是也

漢制大行載轀輬車四輪其飾如金根加施組
連璧交路四角金龍首銜璧垂五采析羽流蘇

前後雲氣畫帷裳㯶文畫曲蕃長與車等太
僕御駕六白駱馬以黑藥灼其身為虎文謂之
布施馬既下馬斥賣車藏城北祕宮今則馬不
虎文不斥賣車則毀也自漢霍光晉安平獻
王賈充王導謝安宋江夏王恭葬以殊禮者皆
大輅黃屋載轀輬車
晉令曰乘傳出使遭喪以上即自表聞聽得白
服乘騾車到副使攝事徐廣車服注傳聞騾
車者犢車裝而馬車轅也又車無蓋者曰科車

晉武帝時護軍將軍羊琇乘羊車司隸校尉
劉毅奏彈之詔曰羊車雖無制猶非素者所
服江左來無禁也
舊有充庭之制臨軒大會陳乘輿車輦旌鼓
於殿庭張衡東京賦云龍路充庭鸞旗拂霓
晉江左廢絕宋孝武大明中修復
上古寢處皮毛未有制度後代聖人見鳥獸毛
羽及其文章與草木華采之色因染絲以作
衣裳為玄黃之服以法乾坤上下之儀觀鳥獸

冠胡之形制冠冕纓蕤之飾虞氏作績采章備
文夏后崇約猶美黻冕容縣陳暮則稱五服
五章皆後王所不得異也周監二代典制詳密故
弁師掌六冕司服掌六服設擬等差各有其序
禮記冠義曰冠者禮之始事之重者也太古布
冠齊則緇之夏曰毋追殷曰章甫周曰委貌此
皆三代常所　周之祭冕繅采備飾故夫子
曰服周之冕以盡美稱之至秦以戰國即天子
位滅去古制郊祭之服皆以袀玄至漢明帝始採

周官禮記尚書諸儒說還備袞冕之服魏明
帝以公卿袞衣黼黻之文擬於至尊復損略之
晉以來無改更也天子禮郊廟則黑介幘平冕
今所謂平　冠也皂表朱綠裏廣七寸長尺二
寸垂珠十二旒以組為纓衣皂上絳下前三幅
後四幅衣畫而裳繡為日月星辰山龍華蟲藻
火粉米黼黻之象凡十二章也素帶廣四寸朱
裏以朱綠裨飾其側中衣以絳緣其領袖赤皮
蔽膝蔽膝古之韠也絳袴絳襪赤舄未元服

者空頂介幘其釋奠先聖則皂紗裙絳中衣絳袴袜黑舄其臨軒亦袞冕也其朝服通天冠高九寸金博山顏黑介幘絳紗裙皂緣中衣其拜陵黑介幘袭單衣其雜服有青赤黃白緗黑色介幘五色紗裙五梁進賢冠遠遊冠平上幘武冠其素服白帢單衣漢儀立秋日貙服緗幘晉哀帝初博士曹弘之等議立秋御讀令不應緗幘求改用素詔從之宋文帝元嘉六年奉朝請徐道娛表不應素幘詔門下詳議

常執宜如舊遂不改

進賢冠前高七寸後高三寸長八寸梁數隨貴賤古之緇布冠也文儒者之所服上公卿助祭於郊廟皆平冕王公八旒卿七旒以組爲纓色如其綬王公衣山龍以下九章也卿衣華蟲以下七章也行鄉射禮則公卿委貌冠以皂絹爲之形如覆杯與皮弁同制長七寸高四寸衣黑而裳素其中衣以皂緣領袖其執事之人皮弁以鹿皮爲之

武冠昔惠文冠本趙服也一名大冠凡侍臣則加貂蟬應劭漢官曰說者以金取堅剛百鍊不耗蟬居高食絜目在腋下貂內勁悍而外溫潤此因物生義非其實也其實趙武靈王變胡而秦滅趙以其君冠賜侍臣故秦漢以來侍臣有貂蟬也徐廣車服注稱其意曰北土寒涼本以貂皮暖額附施於冠因遂變成首飾乎侍中左貂常侍右貂

法冠本楚服也一名柱後一名獬豸說者云獬

豸獸知曲直以角觸不正者也秦滅楚以其君冠賜法官

謁者高山冠本齊服也一名側注冠秦滅齊以其君冠賜謁者魏明帝以其形似通天遠遊乃毀變之

樊噲冠廣九寸制似平冕殿門衞士服之漢將樊噲常持鐵盾鴻門之會項羽欲害漢王乃裂裳以苞盾戴入見羽漢承秦制冠有十三種魏晉以來不盡施用今志其施用者也

幘者古賤人不冠者之服也漢元帝額有壯髮始引幘服之王莽頂禿又加其屋也漢注曰冠進賢者宜長耳今介幘也冠惠文者宜短耳今平巾幘也知時各隨所宜後遂因冠爲別介幘服文吏平上服武官也童子幘無屋者示未成人也又有納言幘後收又一重方三寸又有赤幘騎吏武吏乘輿鼓吹所服救日蝕文武官皆免冠著赤幘對朝服示威武也宋乘輿鼓吹黑幘武冠

漢制祀事五郊天子與執事所服各如方色百官不執事者自服常服以從常服絳衣也

魏秘書監秦靜曰漢氏承秦改六冕之制但玄冠絳衣而已晉名曰五時朝服有四時朝服又有朝服

凡兵事總謂之戎尚書云一戎衣而天下定周禮韋路以即戎又曰兵事韋弁服以韎韋爲弁又以爲衣裳春秋左傳戎服將事又云晉郤至衣韎韋之跗注先儒云韎絳色今時伍伯衣說者云五霸兵戰猶有綬紱冠纓漫胡則戎服非袴褶之制未詳所起近代車駕親戎中外戒嚴之服無定色冠黑帽綴紫摽摽以繒爲之長四寸廣一寸腰有絡帶以代鞶革中官紫摽外官絳摽又有纂嚴戎服而不綴摽行留文武悉同其畋獵巡幸則唯從官戎服帶鞶革文官不下纓武官脫冠宋文帝元嘉中巡幸蒐狩皆如之救宮廟水火亦如之

漢制太后入廟祭神服紺上皂下親蠶青上縹

下皆深衣深衣即單衣也首飾翦氂幗

漢制皇后謁廟服紺上皂下親蠶青上縹下首飾假髻步搖八雀九華加以翡翠晉先蠶儀注皇后十二鑷步搖大手髻衣純青之衣帶綬佩今皇后謁廟服袿襹大衣謂之褘衣公主三夫人大手髻七鑷蔽髻九嬪及公夫人五鑷世婦三鑷公主會見大手髻其長公主得有步搖公主封君以上皆帶綬以采爲組帶各如其綬色公特進列侯夫人卿校世婦二千石命婦年長者

紺繒佐祭則皂絹上下助蠶則青絹上下自皇后至二千石命婦皆以蠶衣爲朝服

劉向曰古者天子至于士王后至于命婦必佩玉尊卑各有其制禮記曰天子佩白玉而玄組綬公侯山玄玉而朱組綬卿大夫水蒼玉而緇組綬士佩瓀玟而緼組綬緼赤黃色綬者所貫佩相承受也上下施韍如蔽膝貴賤亦各有殊五霸之後戰兵不息佩非兵器韍非戰儀於是解去佩韍留其繫襚而已秦乃以采組連結於

襚轉相結受謂之綬漢承用之至明帝始復制佩而漢末又亡絕魏侍中王粲識其形乃復造焉今之佩粲所制也皇后至命婦所佩古制不存今與外同制秦組綬仍又施之

漢制自天子至于百官無不佩刀司馬彪志具有其制漢高祖爲泗水亭長拔劍斬白蛇雋不疑云劍者君子武備張衡東京賦紓黃組腰干將然則自人君至士人又帶劍也自晉代以來始以木劍代刃劍

乘輿六璽秦制也漢舊儀曰皇帝行璽皇帝之璽皇帝信璽天子行璽天子之璽天子信璽此則漢遵秦也初高祖入關得秦始皇藍田玉璽螭虎紐文曰受天之命皇帝壽昌高祖佩之後代名曰傳國璽與斬白蛇劍俱爲乘輿所寶傳國璽魏晉至今不廢斬白蛇劍晉惠帝武庫火燒之今亡晉懷帝沒胡傳國璽沒於劉聰後又屬石勒及石勒弟石虎死胡亂晉穆帝代乃還天府虞喜志林曰傳國璽

自在六璽之外天子凡七璽也漢注曰璽印也首秦以前臣下皆以金玉爲印龍虎紐唯所好秦以來以璽爲稱又獨以玉臣下莫得用漢制皇帝黃赤綬四采黃赤縹紺皇后金璽綬亦如之於禮士綬之色如此後代變古也吳無刻玉工以金爲璽孫皓造金璽六枚是也又有麟鳳龜龍璽馳馬鴨頭雜印今代則闕也

皇太子金璽龜紐纁朱綬四采赤黃縹紺給五時朝服遠遊冠亦有三梁進賢冠佩瑜玉

諸王金璽龜紐纁朱綬四采赤黄縹紺給五時
朝服遠遊冠亦有三梁進賢冠佩山玄玉
郡公金章玄朱綬給五時朝服進賢三梁冠
佩山玄玉太宰太傅太保丞相司徒司空金章
紫綬給五時朝服進賢三梁冠佩山玄玉相國
則緑綟綬三采緑紫紺綟草名也其色緑大司
馬大將軍太尉凡將軍位從公者金章紫綬
給五時朝服武冠佩山玄玉郡侯金章青朱
綬給五時朝服進賢三梁冠佩水蒼玉

驃騎車騎將軍凡諸將軍加大者征鎮安平
中軍鎮軍撫軍前左右後將軍征虜冠軍
輔國龍驤將軍金章紫綬給五時朝服武
冠水蒼玉
貴嬪夫人貴人金章文曰貴嬪夫人貴人之
章紫綬佩于寘玉
淑妃淑媛淑儀脩華脩容脩儀婕妤容華充
華銀印文曰淑妃淑媛淑儀修華修容修儀婕妤
容華充華之印青綬佩五采瓄玉

皇太子妃金璽龜紐纁朱綬佩瑜玉
諸王太妃諸長公主公主封君金印紫綬佩山玄玉
諸王太子金印紫綬五時朝服進賢兩梁冠佩
山玄玉
郡公侯太夫人銀印青綬佩水蒼玉
郡公侯太子銀印青綬給五時朝服進賢兩梁
冠佩水蒼玉
侍中散騎常侍及中常侍給五時朝服武冠
貂蟬侍中左右常侍皆佩水蒼玉

尚書令僕射銅印墨綬給五時朝服納言幘進
賢兩梁冠佩水蒼玉
尚書給五時朝服納言幘進賢兩梁冠佩水
蒼玉
中書監令祕書監銅印墨綟綬給五時朝服進
賢兩梁冠佩水蒼玉
光祿大夫卿尹太子保傅大長秋太子詹事銀章
青綬給五時朝服進賢兩梁冠佩水蒼玉
衛尉則武冠衛尉江左不置宋孝武孝建初

始置不檢晉服制上以九卿皆文冠及進賢兩梁冠非舊也
司隸校尉武尉左右衛中堅中壘驍騎游擊前軍左軍右軍後軍寧朔建威振威奮威揚威廣威建武振武奮武揚武廣武左右積弩彊弩諸將軍監軍銀章青綬給五時朝服武冠佩水蒼玉
領軍護軍城門五營校尉南東西北中郎將銀印青綬給五時朝服武冠佩水

蒼玉
縣鄉亭侯金印紫綬朝服進賢三梁冠
鷹揚折衝輕車揚烈威遠寧遠虎威材官伏波凌江諸將軍銀章青綬給五時朝服武冠
奮武護軍安夷撫軍護軍州郡國都尉奉車駙馬騎都尉諸護軍將兵助郡都尉水衡典虞牧官典牧都尉度支中郎將校

尉都尉司監都尉材官校尉王國中尉宜和伊吾都尉監淮南津都尉銀印青綬五時朝服武冠
州刺史銅印墨綬給絳朝服進賢兩梁冠
御史中丞都水使者銅印墨綬給五時朝服進賢兩梁冠佩水蒼玉
謁者僕射銅印墨綬給四時朝服高山冠佩水蒼玉
諸軍司馬銀章青綬朝服武冠

給事中黃門侍郎散騎侍郎太子中庶子庶子給五時朝服武冠
中書侍郎給五時朝服進賢一梁冠
冗從僕射太子衛率銅印墨綬給五時朝服武冠
虎賁中郎將羽林監銅印墨綬給四時朝服武冠其在陛列及備鹵簿鶡尾絳紗縠單衣鶡鳥似雞出上黨為鳥彊猛鬬不死不止復著鶡尾

北軍中候殿中監銅印墨綬給四時朝服武冠

護匈奴中郎將護羌夷戎蠻越烏丸西域戊己校尉銅印青綬朝服武冠

郡國太守相內史銀章青綬朝服進賢兩梁冠江左止單衣幘其加中二千石者依卿尹

牙門將銀章青綬朝服武冠

騎都督守銀印青綬朝服武冠

尚書左右丞祕書丞銅印黃綬朝服進賢一梁冠

尚書祕書郎太子中舍人洗馬舍人朝服進賢一梁冠

黃沙治書侍御史銀印墨綬朝服法冠

侍御史朝服法冠

關內關中名號侯金印紫綬朝服進賢兩梁冠

諸博士給皁朝服進賢兩梁冠佩水蒼玉

公府長史諸卿尹丞諸縣署令秩千石者銅印墨綬朝服進賢兩梁冠江左公府長史無朝服縣令止單衣幘宋後廢帝元徽四年司徒右長史王儉議公府長史應服朝服曰春秋國語云皃者情之華服者心之文嚴廊盛禮衣冠爲大是故軍國異容內外殊序而自頃承用每有乖違府職掌人教四方是則臣居眦佐志在當官永言先典載懷夕惕按晉令公府長史官品第六銅印墨綬朝服進賢兩梁冠掾屬官品第七朝服進賢一梁冠晉官表注亦與令同而令長史掾屬但著朱服而已此則公違明文積習成謬謂宜依舊制長史

兩梁冠掾屬一梁冠並同備朝服中單韋舄率由舊章若所上蒙允并請班司徒二府及諸儀同三府通爲永准又尋舊事司徒公府領步兵者職僚悉同降朝不領兵者主簿祭酒中單韋舄並備令史以下唯著玄衣今府既開公謹遵此制其或有署臺位者玄服爲疑按令稱諸有兼官皆從重官之例尋內官爲重其署臺位者悉宜著位之服不在玄服之例若署諸卿寺位兼府職者雖三品而卿

寺爲卑則宜依公府玄衣之制服章事重禮
義所先請臺詳服議曹郎中沈俣之議曰制
珪象德損穟因時裁服象功施用隨代車旗
變於商周冠佩革於秦漢豈必殊代襲容改
尚訟物哉夫邊貂假幸侍之首賤幘登尊極
之顛一適時用便隆後制況朱裳以朝緬傾
百祀韋舄不加浩然惟舊服爲定章事成永
則其儉之所秉會非古訓青素相因代有損
益何事棄盛宋之興法追往晉之積典變改

空煩謂不宜革儉又上議曰自頃服章多闕
有違前準近議依令文被報不宜改革又稱
左丞劉議按令文凡有朝服今多闕亡然則
文存服損非唯鉉佐用捨既久即爲舊章如
下旨伏尋皇宋受終每因晉舊制律令條章
同規在昔若事有宜必合懲改則當上關詔
書下由朝議縣諸日月垂則後昆豈得因外
府之乖謬以爲盛宋之興典用晉氏之律令而
謂其儀爲積法哉順違從失非所望於高議申明

舊典何改革之可論又左丞引令史之闕服
以爲鉉佐之明比夫名位不同禮數異等令史
從省或有權宜達官簡略爲失彌重又主簿
祭酒備服於王庭長史掾屬朱衣以就列於是
倫比自成矛盾此而可忍孰不可安將引令以
遵舊臺據失以爲例研詳符旨良所未譬
當官而行何彊之有制令昭然守以無貳俣之
又議雲火從物訟損異儀帝樂五殊王禮三
變豈獨大宋造命必咸仍於晉舊哉夫宗社

疑文庭廟闕典或上降制書下協朝議何乃
鉉府佐屬裳蔽稍改白虎之詔斷宣室之疇
咨乎又許令史之從省咎達官之簡略律苟
可遵固無辨於貴賤規若必等亦何關於
權宜一用一舍彌增其滯且佐非韋舄之職
吏本朝服之官凡在班列罔不如一此蓋前令
違而遂改今制允而長用也爵異服殊寧會
矛盾之譬討論疑制焉取彊弱之辨府執
既革之餘文臺據求行之成典良有期於無

固非所望於行迷參詳並同儉議遂寢
諸軍長史諸卿尹丞獄丞太子保傅詹事丞
郡國太守相內史丞長史諸縣署令長相闕谷
長王公侯諸署令長司理治書公主家僕銅印
墨綬朝服進賢一梁冠江左太子保傅卿尹詹
事丞皁朝服郡丞縣令長止單衣幘
公車司馬太史太醫太官御府內省令太子諸
署令僕門大夫陵令銅印墨綬朝服進賢一梁冠
太子率更家令僕銅印墨綬給五時朝服進賢

兩梁冠
黃門諸署令僕長銅印墨綬四時朝服進賢一
梁冠
黃門冗從僕射監太子寺人監銅印墨綬給四
時朝服武冠
公府司馬諸軍城門五營校尉司馬護匈奴中
郎將護羌戎夷蠻越烏丸戊巳校尉長史司
馬銅印墨綬朝服武冠江左公府司馬無朝服
餘止單衣幘

廷尉正監平銅印墨綬給皁零辟朝服法冠
王郡公侯郎中令大農銅印青綬朝服進賢
兩梁冠
北軍中候丞銅印黃綬朝服進賢一梁冠
太子常從虎賁督校督司馬虎賁督銅印
墨綬朝服武冠
殿中將軍銀章青綬四時朝服武冠宋末不
復給章綬水衡典虞牧官典牧材官州郡國
都尉司馬銅印墨綬朝服武冠

諸謁者朝服高山冠
門下中書通事舍人令史門下主事令史給
四時朝服武冠
尚書典事都水使者參事散騎集書中書尚
書令史門下散騎中書尚書令史錄尚書中
書監令僕省事史祕書著作治書主書主璽
主譜令史蘭臺殿中蘭臺謁者都水使者令
史書令史朝服進賢一梁冠江左凡令史無
朝服

節騎郎朝服武冠其在陛列及備鹵簿著鶡尾絳紗縠單衣

殿中中郎將校尉都尉黄門中郎將校尉殿中太醫校尉都尉銀印青綬四時朝服武冠

關外矦銀印青綬朝服進賢兩梁冠

左右都候閶闔司馬城門候銅印墨綬朝服武冠

王郡公矦中尉銅印墨綬朝服武冠

部曲督護司馬史部曲將銅印朝服武冠司

馬史假墨綬

太中中散諫議大夫議郎郎中舍人朝服進賢二梁冠秩千石者兩梁

城門令史朝服武冠江左凡令史無朝服

諸門僕射佐史東宫門吏皁零辟朝服僕射東宫門吏卻非冠佐史進賢冠

宫内游徼亭長皁零辟朝服武冠

太醫校尉都尉緫章協律中郎將校尉都尉銀印青綬朝服武冠

小黄門給四時朝服武冠

黄門謁者給四時朝服進賢一梁冠朝賀通謁時著高山冠

黄門諸署史給四時朝服武冠

中黄門黄門諸署從官寺人給四時科單衣武冠

殿中司馬及守陵者殿中太醫司馬銅印墨綬給四時朝服武冠

太醫司馬銅印朝服武冠

緫章監鼓吹監司律司馬銅印墨綬朝服鼓吹監緫章協律司馬武冠緫章監司律司馬進賢一梁冠

諸縣署丞太子諸署丞王公矦諸署及公主家丞銅印黄綬朝服進賢一梁冠

太醫丞銅印朝服進賢一梁冠

黄門諸署丞銅印黄綬給四時朝服進賢一梁冠

黄門稱長園監銅印黄綬給四時朝服武冠

諸縣尉關谷塞護道尉銅印黄綬朝服武冠江

左止單衣幘
洛陽卿有秩十銅印青綬朝服進賢一梁冠
宣威將軍以下至裨將軍銅印朝服武冠其以
此官爲刺史郡守若萬人司馬虎賁督以上及
司馬史者皆假青綬
平虜武猛中郎將尉都尉銀印朝服武冠其以
此官爲千人司馬虎賁督以上及司馬史者皆
假青綬
別部司馬軍假司馬銀印朝服武冠

圖像都匠行水中郎將校尉都尉銀印青綬朝
服武冠若非以工伎巧能特加此官者羽林長
郎佩武猛都尉以上印者假青綬別部司馬以
下假墨綬朝服武冠其長郎壯士武弁冠在陛
列及鹵簿服絳縠單衣
陛下甲僕射主事吏將騎廷上五牛旗假使虎
賁在陛列及備鹵簿服錦文衣武冠鶡尾陛長
假銅印墨綬旄頭
羽林在陛列及備鹵簿服絳科單衣上著韋畫

要襦假旄頭
舉輦跡禽前驅田基彊弩司馬守陵虎賁佩武
猛都尉以上印者假青綬別部司馬以下假墨
綬守陵虎賁給絳科單衣武冠
殿中冗從虎賁殿中虎賁及守陵者持鈒戟冗
從虎賁佩武猛都尉以下印者假青綬別部司
馬以下假墨綬絳科單衣武冠
持椎斧武騎虎賁五騎傳詔虎賁殿中羽林及
守陵者太官尚食虎賁稱飯宰人諸官尚食虎

賁佩武猛都尉以上印者假青綬別部司馬以
下假墨綬給絳褠武冠其在陛列及備鹵簿
五騎虎賁服錦文衣鶡尾宰人服離支衣
黃門鼓吹及釘官僕射黃門鼓吹史主事諸
官鼓吹尚書廊下都坐門下守閤殿中威儀
騶虎賁常直殿黃雲龍門者門下左右部虎
賁羽林騶給傳事者諸導騶門下中書守閤
給絳褠武冠南書門下虎賁羽林騶蘭臺五
曹節藏射廊下守閤威儀發符騶都水使者黃

沙廊下守閤謁者録事威儀騶河隄謁者騶諸官謁者騶絳褠武冠給其衣服自如故事大誰士皁科單衣樊噲冠衛士墨布褠却敵冠凡此前衆職江左多不備又多闕朝服諸應給朝服佩玉而不在京都者朝服非護烏丸羌夷戎蠻諸校尉以上及刺史西域戊巳校尉皆不給佩玉其來朝會權時假給會罷輸還凡應朝服者而官不給聽自具之諸假印綬而官不給鞶囊者得自具作其但假

印不假綬者不得佩綬

鞶革古制也漢代著鞶囊者側在腰間或謂之傍囊或謂之綬囊然則以此囊盛綬也或盛或散各有其時乎

朝服一具冠幘各一絳緋袍皁緣中單衣領袖各一領革帶袷袴各一舃袜各一量簪導餉自副四時朝服者加絳絹黃緋青緋皁緋袍單衣各一領五時朝服者加給白絹袍單衣一領

諸受朝服單衣七丈二尺科單衣及褠五丈二尺中衣絹五丈緣皁一丈八尺領袖練一匹一尺絹七尺五寸給袴練一丈四尺縑二丈袜布三尺單衣及褠袷帶縑各一段長七尺江左止給絹各有差宋元嘉末斷不復給至今山鹿犳柱犳白犳施毛狐白領黃豹斑白鼲子渠搜裘步搖八鏁蔽結多服蟬明中櫂白又諸織成衣帽錦帳純金銀器雲母從廣一寸以上物者皆爲禁物

諸在官品令第二品以上其非禁物皆得服之第三品以下加不得服三鏁以上蔽結爵叉假真珠翡翠校飾纓佩雜采衣栝文綺齊繡黼黻離袿袍第六品以下加不得服金鏁綾錦錦繡七緑綺貂豽裘金叉鐶鉺及以金校飾器物張絳帳第八品以下加不得服羅紈綺縠雜色真文騎士卒百工人加不得服大絳紫襈假結真珠璫珥犀瑇瑁越疊以銀飾器物張帳乘犢車履色無過緑青白奴婢

衣食客加不得服白幘倩絳金黄銀叉鐶鈴鑷鉺履色無過純青諸去官及罷免卒不祿物故家人所服皆得從故官之例諸王皆不得私作禁物及罽碧校鞌珠玉金銀錯刻鏤彫飾無用之物

天子坐漆牀居朱屋史臣按左傳丹桓宮之楹何休注公羊亦有朱屋以居所從來久矣漆牀亦當是漢代舊儀而漢儀一不載尋所以必朱必漆者其理有可言焉夫珍木嘉樹其

品非一莫不植根深岨致之未易藉地廣之資因人多之力則役苦費深爲斃滋重是以上古聖王采椽不斲斲之則懼刻桷彫楹莫知其限也哲人縣鑑微遠杜漸防萌知采椽不愜後代之心不斷不爲將來之用故加朱施漆以傳厥後散木凡材皆可入用遠探幽旨將在斯乎

殿屋之爲員淵方井兼植荷華者以厭火祥也

古者貴賤皆執笏其有事則搢之於腰帶所謂搢紳之士者搢笏而垂紳帶也紳垂三尺笏者有事則書之故常簪筆今之白筆是其遺象三臺五省二品文官簪之王公侯伯子男卿尹及武官不簪加內侍位者乃簪之手板則古笏矣尚書令僕射尚書手板頭復有白筆以紫皮裹之名笏朝服肩上有紫生袷囊綴之朝服外俗呼曰紫荷或云漢代以盛奏事負荷以行未詳也

魏文帝黄初三年詔賜漢太尉楊彪几杖待

以客禮延請之日使挾杖入朝又令著鹿皮冠彪辭讓不聽乃使服布單衣皮弁以見傅玄子曰漢末王公名士多委王服以幅巾爲雅是以袁紹崔鈞之徒雖爲將帥皆著縑巾

魏武以天下凶荒資財乏匱擬古皮弁裁縑帛以爲帢合乎簡易隨時之義以色別其貴賤本施軍飾非爲國容也徐爰曰俗說帢本未有歧荀文若巾之行觸樹枝成歧謂之爲善因而弗改通以爲慶弔服巾以葛爲

之形如帢而橫著之古尊卑共服也故漢末妖賊以黃爲巾時謂之黃巾賊今國子太學生冠之服單衣以爲朝服執一卷經以代手板居士野人皆服巾焉

徐爰曰帽名猶冠也義取於蒙覆其首其本纚也古者有冠無幘冠下有纚以繒爲之後世施幘於冠因裁纚爲帽自乘輿宴居下至庶人無爵者皆服之史臣案晉成帝咸和九年制聽尚書八座丞郎門下三省侍郎乘車白帢低幘出入掖門又二宮直官著

烏紗帢然則士人宴居皆著帢矣而江左時野人已著帽士人亦往往而然但其頂員耳後乃高其屋云

古者人君有朝服有祭服有宴服有弔服弔服皮弁疑衰今以單衣黑幘爲宴會服拜陵亦如之以單衣袷爲弔服修敬尊秩亦服之也單衣古之深衣也今單衣裁製與深衣同唯緣帶爲異深衣絹帽以居喪單衣素帢以施吉

晉武帝太始三年詔太宰安平王孚服侍中之服賜大司馬義陽王望袞冕之服四年又詔趙樂安燕王服散騎常侍之服十年賜彭城王袞冕之服

僞楚桓玄將篡亦加安帝母弟太宰琅邪王袞冕服宋興以來王公貴臣加侍中散騎常侍乃得服貂璫也宋孝武孝建元年丞相南郡王義宣二年雍州刺史武昌王渾又有異

圖世祖嫌矦王彊盛欲加減削其年十月己未大司馬江夏王義恭驃騎大將軍竟陵王誕表改革諸王車服制度凡九條表在義恭傳上因諷有司更增廣條目奏曰車服以庸虞書茂典名器愼假春秋明誡是以尚方所制禁嚴漢律諸矦竊服雖親必辠自頃以來下僭彌盛器服裝飾樂舞音容通玩王公達于衆庶上下無辨人志靡一今表之所陳寔允禮度九條之格猶有未盡謹共附益凡二十四條

聽事不得南向坐施帳幷𦚳蕃國官正冬不
得跣登國殿及夾侍國師傳令及油戟公主
王妃傳令不得朱服輿不得重杠鄣扇不得
雉尾劒不得鹿盧形槊毦不得孔雀白鷺夾
轂隊不得絳襖平乘誕馬不得過二匹胡伎
不得綵衣舞伎正冬著褂衣不得莊面蔽花
正冬會不得鐸舞杯柈舞長蹻伎透舒丸
劒博山伎緣大橦伎五案伎自非正冬會奏舞
曲不得舞諸妃主不得著袞帶信幡非臺

省官悉用絳郡縣內史相及封內官長於其
封君既非在三罷官則不復追敬不合稱臣
正宜上下官敬而已諸鎮常行車前後不得
過六隊白直夾轂不在其限刀不得過銅爲
裝諸王女封縣主諸王子孫襲封王王之妃及
封侯者夫人行並不得鹵簿諸王子繼體爲王
者婚姻吉凶悉依諸國公侯之禮不得同皇弟
皇子車輿不得油幢軺車不在其限平乘舫
皆平兩頭作露平形不得擬像龍舟悉不得

朱油帳鑮不得作五花及豎㲪形若先有器物
者悉輸送臺藏書到後二十日期若有竊玩犯
禁者及統司無舉糾並臨時議罪詔可
車前五百者卿行旅從五百人爲一旅漢氏一統
故去其人留其名也
宋孝武孝建二年十一月乙巳有司奏侍中
祭酒何偃議自今臨軒乘輿法服靑華蓋登
殿宜依廟齊以夾御侍中常侍夾扶上殿及應
爲王公興又夾扶畢還本位求詳議曹郎中徐

爰參議宜如省所稱以爲永准詔可
孝建三年五月壬戌有司奏案漢胡廣蔡邕
並云古者諸侯貳車九乘秦滅六國兼其車
服故王者大駕屬車八十一乘尚書御史乘之
最後一車懸豹尾法駕則三十六乘檢晉江左
遠至于今乘輿出行副車相承五乘尚書令
建平王宏參議八十一乘義兼九國三十六乘
無所准並不出經典自邕廣傳說又是從官所
乘非帝者副車正數江左五乘儉不中禮案

周官云上公九命貳車九乘侯伯七命車七乘子男五命車五乘然則帝王十二乘詔可

大明元年九月丁未朔有司奏未有皇太后出行副車定數下禮官議正博士王爕之議周禮后六服五路之數悉與王同則副車之制不應獨異又記云古者后立六宮三夫人九嬪二十七世婦八十一御妻以聽天下之內治天子立六官三公九卿二十七大夫八十一元士以聽天下之外治鄭注云后象王立六宮而居之亦正寢一燕寢

五推所立每與王同禮無降亦明矣皇太后既禮均至極彌不應殊謂並應同十二乘通關爲允詔可

大明四年正月戊辰尚書左丞荀萬秋奏耤田儀注皇帝冠通天冠朱紘青介幘衣青紗袞侍中陪乘奉車郎秉轡案漢輿服志曰通天冠乘輿常服也若斯豈可以常服降千畝邪禮記曰昔者天子爲藉千畝冕而朱紘躬秉耒耜鄭玄注周官司服曰六服同冕尊故也時服雖變冕制不改又潘岳耤田賦云常伯陪乘太僕秉轡推此輿駕耤田宜冠冕璪十二旒朱紘黑介幘衣青紗袞常伯陪乘太僕秉轡宜改儀注一遵二禮以爲定儀詔可

太明四年正月己卯有司奏南郊親奉儀注皇帝初著平天冠火龍黼黻之服還變通天冠絳紗袞廟祠親奉舊儀皇帝初服與郊不異而還變著黑介幘單衣即事乖體謂宜同郊還亦變著通天冠絳紗袞又舊儀乘金根

車今五路既備依禮玉路以祀亦宜改金根車爲玉路詔可

大明六年八月壬戌有司奏漢注儀大駕鹵簿公卿奉引大將軍參乘太僕卿御法駕侍中參乘奉車郎御晉氏江左大駕未立故郊祀用法駕宗廟以小駕至於儀服二駕不異拜陵御服單衣幘百官陪從朱衣而已亦謂之小駕名實乖舛考尋前記大駕上陵北郊周禮宗廟於昊天有降宜以大駕郊祀法駕祠廟小駕上陵如

爲從序今改祠廟爲法駕鹵簿其軍幢多少臨時配衣至尊乘玉路以金路象路革路木路小輦輪御軺衣書等車爲副其餘並如常儀詔可

大明七年二月甲寅輿駕巡南豫兖二州冕服御玉路辭二廟改服通天冠御木路建大麾備春蒐之典

明帝泰始四年五月甲戌尚書令建安王休仁參議天子之子與士齒讓達於辟雝無生

而貴者也既命而尊禮同上公周制五等車服相涉公降王者一等而已王以金路賜同姓諸矦象及革木以賜異姓矦伯在朝卿士亦準斯禮按如此制則東宫應乘金路自晉武過江禮儀疏舛王公以下車服卑雜唯有東宫禮秩崇異上次辰極下絕矦王而皇太子乘石山安車義不見經事無所出禮所謂金玉路者正以金玉飾輅諸末耳左右前後同以漆畫秦改周輅制爲金根通以金薄周匝四面漢魏二晉因

循莫改逮于大明始備五輅金玉二制並類金根造次瞻覩殆無差別若錫之東儲於禮嫌重非所以崇峻陛級表示等威且春秋之義降下以兩臣子之義宜從謙約謂東宮車服宜降天子二等驂駕四馬乘象輅降龍碧旂九葉進不斥尊退不逼下於古酌時於禮爲衷詔可

泰始四年八月甲寅詔曰車服之飾象數是遵故盛皇留範列聖垂制朕近改定五路酌古代今修成六服沿時變禮所施之事各有條敘便可

付外載之典章朕以大冕純玉繅玄衣黃裳乘玉輅郊祀天宗祀明堂又以法冕五綵繅玄衣絳裳乘金路祀太廟元正大會諸侯又以飾冠冕四綵繅紫衣紅裳乘象輅小會宴饗餞送諸侯臨軒會王公又以繡冕三綵繅朱衣裳乘革路征伐不賓講武校獵又以宏冕二綵繅青衣裳乘木輅耕稼饗國子又以通天冠朱紗袍爲聽政之服

泰始六年正月戊辰有司奏被敕皇太子正朝

駕合著袞冕九章衣不儀曹郎丘仲起議案周禮公自袞冕以下鄭注袞冕以至卿大夫之玄冕皆其朝聘天子之服也伏尋古之上公尚得服袞以朝皇太子以儲副之尊率土瞻仰愚謂宜式遵盛典服袞冕九旒以朝賀兼左丞陸澄議服冕以朝實著經典秦除六冕之制至漢明帝始與諸儒還備古章自魏晉以來宗廟行禮之外不欲令臣下服袞冕故位公者毎加侍官今皇太子承乾作副禮絶羣后宜遵聖王之盛典革近代之陋制臣等參議依禮皇太子元正朝賀應服袞冕九章衣以仲起議爲允撰載儀注詔可

後廢帝即位尊所生陳貴妃爲皇太妃輿服一如晉孝武太妃故事唯省五牛旗及赤旂

宋書志卷第八　　宋書十八

宋書志卷第九　　宋書十九

臣沈　約　新撰

樂一

易曰先王作樂崇德殷之上帝以配祖考自黄帝至于三代名稱不同周衰凋缺又爲鄭衛所亂魏文侯雖好古然猶昏睡於古樂於是淫聲熾而雅音廢矣及秦焚典籍樂經用亡漢興樂家有制氏但能記其鏗鏘鼓舞而不能言其義周存六代之樂至秦唯餘韶武而已始皇改周舞曰五行漢高祖改韶舞曰文始以示不相襲也又造武德舞舞人悉執干戚以象天下樂已行武以除亂也故高祖廟奏武德文始五行之舞周又有房中之樂秦改曰壽人其聲楚聲也漢高好之孝惠改曰安世高祖又作昭容樂禮容樂昭容生於武德禮容生於文始五行也漢初又有嘉至樂叔孫通因秦樂人制宗廟迎神之樂也文帝又自造四時舞以明天下之安和蓋樂先王之樂者明有法也樂己所自作者明

有制也孝景采武德舞作昭德舞薦之太宗之廟孝宣采昭德舞爲盛德舞薦之世宗之廟漢諸帝奏文始四時五行之舞焉武帝時河間獻王與毛生等共采周官及諸子言樂事者以著樂記獻八佾之舞與制氏不相殊其内史中丞王定傳之以授常山王禹禹成帝時爲謁者數言其義獻記二十四卷劉向校書得二十三篇然竟不用也至明帝初東平憲王蒼總定公卿之議曰宗廟宜各奏樂不應相襲所以明功德

也承文始五行武德爲大武之舞又制舞哥一章薦之光武之廟漢末大亂衆樂淪缺魏武平荆州獲杜夔善八音常爲漢雅樂郎尤悉樂事於是以爲軍謀祭酒使剏定雅樂時又有鄧静尹商善訓雅樂哥師尹胡能哥宗廟郊祀之曲舞師馮肅服養曉知先代諸舞夔悉總領之遠考經籍近采故事魏復先代古樂自夔始也而左延年等妙善鄭聲惟夔好古存正焉文帝黄初二年改漢巴渝舞曰昭武舞改宗廟安世樂

曰正世樂嘉至樂曰迎靈樂武德樂曰武頌樂昭容樂曰昭業樂雲翹舞曰鳳翔舞育命舞曰靈應舞武德舞曰武頌舞文始舞曰大韶舞五行舞曰大武舞其衆哥詩多即前代之舊唯魏國初建使王粲改作登哥及安世巴渝詩而已明帝太和初詔曰禮樂之作所以類物表庸而不忘其本者也凡音樂以舞爲主自黄帝雲門以下至於周大武皆太廟舞名也然則其所司之官皆曰太樂所以總領諸物不可以一物名

武皇帝廟樂未稱其議定廟樂及舞舞者所執綴兆之制聲哥之詩務令詳備樂官自如故爲太樂太樂漢舊名後漢依讖改太予樂官至是改復舊於是公卿奏曰臣聞德盛而化隆者則樂舞足以象其形容音聲足以發其哥詠故薦之郊廟而鬼神享其和用之朝廷則君臣樂其度使四海之内徧知至德之盛而光煇日新者禮樂之謂也故先王殷薦上帝以配祖考蓋當其時而制之矣周之末世上去唐虞幾二千年

韶箾南籥武象之樂風聲遺烈皆可得而論也由斯言之禮樂之事弗可以已今太祖武皇帝樂宜曰武始之樂武神武也武又跡也言神武之始又王跡所起也高祖文皇帝樂宜曰咸熙之舞咸皆也熙興也言應受命之運天下由之皆興也至於羣臣述德論功建定烈祖之稱而未制樂舞非所以昭德紀功夫哥以詠德舞以象事於文文武爲斌兼秉文武聖德所以章明也臣等謹制樂舞名章斌之舞昔簫韶九奏親

於虞帝之庭武象大武亦振於文武之阼特以顯其德教箸其成功天下被服其光煇習詠其風聲者也自漢高祖文帝各逮其時而爲武德四時之舞上考前代制作之宜以當今成業之美播揚弘烈莫盛於章斌焉樂志曰鐘磬干戚所以祭先王之廟又所以獻酬酳酢也在宗廟之中君臣莫不致敬族長之中長幼無不從和故仲尼答賓牟賈之問曰周道四達禮樂交通傳云魯有禘樂賓祭用之此皆祭禮大享通用

盛樂之明文也今有事於天地宗廟則此三舞宜並以爲薦享及臨朝大享亦宜舞之然後乃合古制事神訓民之道關於萬世其義益明又臣等思惟三舞宜有揔名可名大鈞之樂鈞平也言大魏三世同功以至隆平也於名爲美於義爲當尚書奏宜如所上帝初不許制章斌之樂三請乃許之於是尚書又奏祀圓丘以下武始舞者平冕黑介幘玄衣裳白領袖絳領袖中衣絳合幅袴絳袜黑韋鞮咸熙舞者冠委貌其

餘服如前章斌舞者與武始咸熙舞者同服奏於朝庭則武始舞者武冠赤介幘生絳袍單衣絳領袖皁領袖中衣虎文畫合幅袴白布袜黑韋鞮咸熙舞者進賢冠黑介幘生黃袍單衣白合幅袴其餘服如前奏可史臣案武始咸熙二舞冠制不同而云章斌與武始咸熙同服不知服何冠也侍中繆襲又奏安世哥本漢時哥名今詩哥非往詩之文則宜變改案周禮注云安世樂猶周房中之樂也是以往昔議者以房中

哥后妃之德所以風天下正夫婦宜改安世之
名曰正始之樂自魏國初建故侍中王粲所作
登哥安世詩專以思詠神靈及說神靈鑒享之
意龍襲後又依哥省讀漢安世哥詠亦說高張四
縣神來燕享嘉薦令儀永受厥福無有二南后
妃風化天下之言今思惟往者謂房中爲后妃
之哥者恐失其意方祭祀娛神登堂哥先祖功
德下堂哥詠燕享無事哥后妃之化也自宜依
其事以名其樂哥改安世哥曰享神哥奏可案

宋書志九　六　千

文帝已改安世爲正始而龍襲至是又改安世爲
享神未詳其義王粲所造安世詩今亡龍襲又奏
曰文昭皇后廟置四縣之樂當銘顯其均奏次
第依太祖廟之名號曰昭廟之具樂尚書奏曰
禮婦人繼夫之爵同牢配食者樂不異文昭皇
后今雖別廟至於宮縣樂器音均宜如龍襲議奏
可散騎常侍王肅議曰王者各以其禮制事天
地今說者據周官單文爲經國大體懼其局而
不知弘也漢武帝東巡封禪還祠太一于甘泉

祭后土于汾陰皆盡用其樂言盡用者爲盡用
宮縣之樂也天地之性貴質者蓋謂其器之不
文爾不謂庶物當復減之也禮天子宮縣舞八
佾今祀員丘方澤宜以天子制設宮縣之樂八
佾之舞衛臻繆襲左延年等咸同肅議奏可肅
又議曰說者以爲周家祀天唯舞雲門祭地唯
舞咸池宗廟唯舞大武似失其義矣周禮賓客
皆作備樂左傳王子頹享五大夫樂及徧舞六
代之樂也然則一會之日具作六代樂矣天地

三日卅　宋書志卷九　七　湯

宗廟事之大者賓客燕會比之爲細王制曰庶
羞不踰牲燕衣不踰祭服可以燕樂而踰天地
宗廟之樂乎周官以六律六呂五聲八音六舞
大合樂以致鬼神以和邦國以諧萬民以安賓
客以說遠人夫六律六呂五聲八音皆一時而
作之至於六舞獨分擘而周之所以不厭人心
也又周官韎師掌教韎樂祭祀則帥其屬而舞
之大享亦如之韎東夷之樂也又鞮鞻氏掌四
夷之樂與其聲哥祭祀則次而哥之燕亦如之

四夷之樂乃入宗廟先代之典獨不得用大享及燕日如之者明古今夷夏之樂皆主之於宗廟而後播及其餘也夫作先王樂者貴能包而用之納四夷之樂者美德廣之所及也高皇大皇帝太祖高祖文昭廟皆宜兼用先代及武始大鈞之舞有司奏宜如肅議奏可肅私造宗廟詩頌十二篇不被哥晉武帝太始二年改制郊廟哥其樂舞亦仍舊也漢光武平隴蜀增廣郊祀高皇帝配食樂奏青陽朱明西皓玄冥雲翹

育命之舞北郊及祀明堂並奏樂如南郊迎時氣五郊春哥青陽夏哥朱明並舞雲翹之舞秋哥西皓冬哥玄冥並舞育命之舞季夏哥朱明兼舞二舞章帝元和二年宗廟樂故事食舉有鹿鳴承元氣二曲三年自作詩四篇一曰思齊皇姚二曰六騏驎三曰竭肅雍四曰陟叱根合前六曲以爲宗廟食舉加宗廟食舉重來上陵二曲合八曲爲上陵食舉減宗廟食舉承元氣一曲加惟天之命天之曆數二曲合七曲爲殿

中御食飯舉又漢太樂食舉十三曲一曰鹿鳴二曰重來三曰初造四曰俠安五曰歸來六曰遠期七曰有所思八曰明星九曰清涼十曰涉大海十一曰大置酒十二曰承元氣十三曰海淡淡魏氏及晉荀勗傅玄並爲哥辭魏時以遠期承元氣海淡淡三曲多不通利省之魏雅樂四曲一曰鹿鳴後改曰於赫詠武帝二曰騶虞後改曰巍巍詠文帝三曰伐檀後省除四曰文王後改曰洋洋詠明帝騶虞伐檀文王並左延年

改其聲正旦大會太尉奉璧群后行禮東箱雅樂郎作者是也今謂之行禮曲姑洗箱所奏按鹿鳴本以宴樂爲體無當於朝享往時之失也晉武太始五年尚書奏使太僕傅玄中書監荀勗黄門侍郎張華各造正旦行禮及王公上壽酒食舉樂哥詩詔又使中書郎成公綏亦作張華表曰按魏上壽食舉詩及漢氏所施用其文句長短不齊未皆合古蓋以依詠弦節本有因循而識樂知音足以制聲度曲法用率非凡近

所能改二代三京襲而不變雖詩章詞異興廢隨時至其韻逗曲折皆繫於舊有由然也是以一皆因就不敢有所改易荀勗則曰魏氏哥詩或二言或三言或四言或五言與古詩不類以問司律中郎將陳頎頎曰被之金石未必皆當故勗造晉哥皆爲四言唯王公上壽酒一篇爲三言五言此則華勗所明異旨也九年荀勗遂典知樂事使郭夏宋識等造正德大豫之舞而勗及傅玄張華又各造此舞哥詩勗作新律笛

十二枚散騎常侍阮咸譏新律聲高高近哀思不合中和勗以其異已出咸爲始平相晉又改魏昭武舞曰宣武舞羽籥舞曰宣文舞咸寧元年詔定祖宗之號而廟樂同用正德大豫之舞至江左初立宗廟尚書下太常祭祀所用樂名太常賀循答云魏氏增損漢樂以爲一代之禮未審大晉樂名所以爲異遭離喪亂舊典不存然此諸樂皆和之以鐘律文之以五聲詠之於哥詞陳之於舞列宮縣在下琴瑟在堂八音迭

奏雅樂並作登哥下管各有常詠周人之舊也自漢氏以來依放此禮自造新詩而已舊京荒廢今既散亡音韻曲折又無識者則於今難以意言于時以無雅樂器及伶人省太樂并鼓吹令是後頗得登哥食舉之樂猶有未備明帝太寧末又詔阮孚等增益之成帝咸和中乃復置太樂官鳩習遺逸而尚未有金石也初荀勗既以新律造二舞又更修正鍾磬事未竟而勗薨惠帝元康三年詔其子黃門侍郎藩修定金石以

施郊廟尋值喪亂遺聲舊制莫有記者庾亮爲荆州與謝尚共爲朝廷修雅樂亮尋薨庾翼桓溫專事軍旅樂器在庫遂至朽壞焉晉氏之亂也樂人悉沒戎虜及胡亡鄴下樂人頗有來者謝尚時爲尚書僕射因之以具鍾磬太元中破苻堅又獲樂工楊蜀等閑練舊樂於是四箱金石始備焉宋文帝元嘉九年大樂令鍾宗之更調金石十四年治書令史奚縱又改之語在律曆志晉世曹毗王珣等亦增造宗廟哥詩

然郊祀遂不設樂何承天曰世咸傳吳朝無雅樂案孫皓迎父喪明陵唯云倡伎晝夜不息則無金石登哥可知矣承天曰或云今之神絃孫氏以為宗廟登哥也史臣案陸機孫權誄肆夏在廟雲翹承 機不容虛設此言又韋昭孫休世上鼓吹鐃哥十二曲表曰當付樂官善哥者習哥然則吳朝非無樂官善哥者乃能以哥辭被絲管寧容止以神絃為廟樂而已乎宋武帝永初元年七月有司奏皇朝肇建廟祀廟設雅

樂太常鄭鮮之等八十八人各撰立新哥黃門侍郎王韶之所撰哥辭七首並合施用詔可十二月有司又奏依舊正旦設樂參詳屬三省改太樂諸哥舞詩黃門侍郎王韶之立三十二章合用教試日近宜逆誦習輒申攝施行詔可又改正德舞曰前舞大豫舞曰後舞元嘉十八年九月有司奏二郊宜奏登哥又議宗廟舞事錄尚書江夏王義恭等十二人立議同未及列奏值軍興事寢二十二年南郊始設登哥詔御史

中丞顏延之造哥詩廟舞猶闕孝建二年九月甲午有司奏前殿中曹郎荀萬秋議按禮祭天地有樂者為降神也故易曰雷出地奮豫先王以作樂崇德殷薦之上帝以配祖考周官曰作樂於圜丘之上天神皆降作樂於方澤之中地祇皆出又曰乃奏黃鐘哥大呂舞雲門以祀天神乃奏大蔟哥應鐘舞咸池以祀地祇由斯而言以樂祭天地其來尚矣今郊享闕樂竊以為疑祭統曰夫祭有三重焉獻屬莫重於祼聲莫

重於升哥舞莫重於武宿夜此周道也至於秦奏五行魏舞咸熙皆以用享爰逮晉氏泰始之初傅玄作晉郊廟哥詩三十二篇元康中荀藩受詔成父勗業金石四縣用之郊廟是則承郊廟有樂之證也今廟祠登哥雖奏而象舞未陳懼闕備禮夫聖王經世異代同風雖損益或殊降殺迭運未嘗不執古御今同規合矩方茲休明在辰文物大備禮儀遺逸罔不具舉而況出祇降神輟樂於郊祭昭德舞功有闕於廟享謂

郊廟宜設備樂於是使內外博議驃騎大將軍竟陵王誕等五十一人並同萬秋議尚書左僕射建平王宏議以爲聖王之德雖同剏制之禮或異樂不相沿禮無因襲自寶命開基皇符在運業富前王風通振古朝儀國章並循先代自後晉東遷日不暇給雖大典略備遺闕尚多至於樂號廟禮未該往正今帝德再昌大孝御寓宜討定禮本以昭來葉尋舜樂稱韶漢改文始周樂太武秦革五行眷夫祖有功而宗有德故

漢高祖廟樂稱武德太宗廟樂曰昭德魏制武始舞武廟制咸熈舞文廟則祖宗之廟別有樂名晉氏之樂正德大豫及宋不更名直爲前後二舞依據昔代義舛事乖今宜釐改權稱以凱容爲韶舞宣烈爲武舞祖宗廟樂總以德爲名若廟非不毀則樂無別稱猶漢高文武咸有嘉號惠景二主樂無餘名章皇太后廟依諸儒議唯奏文樂何休杜預范甯注初獻六羽並不言佾者佾則干在其中明婦人無武事也郊祀之

樂無復別名仍同宗廟而已尋諸漢志永至等樂各有義況宜仍舊不改宋及東晉太祝唯送神而不迎神近議者或云廟以居神恒如在也不應有迎送之事意以爲並乖其衷立廟居靈四時致享以申孝思之情夫神升降無常何必恒安所處故祭義云樂以迎來哀以送往鄭注云迎來而樂樂親之來送往而哀哀其享否不可知也尚書有神天又詩云神保遹歸注曰歸於天地也此並言神有去來則有送迎明矣即

周肆夏之名備迎送之樂古以尸象神故儀禮祝有迎尸送尸近代雖無尸豈可闕迎送之禮又傅玄有迎神送神哥辭明江左不迎非舊典也散騎常侍丹陽尹建城縣開國侯顔竣議以爲德業殊稱則干羽異容時無沿制故物有損益至於禮失道傍稱習忘反中興釐運視聽所革先代繆章宜見刊正郊之有樂蓋生周易周官歷代著議莫不援准夫掃地而祭器用陶匏唯質與誠以章天德文物之備理固不然周官

曰國有故則旅上帝及四望又曰四圭有邸以祀天旅上帝兩圭有邸以祀地旅四望四望非地則知上帝非天孝經云郊祀后稷以配天宗祀文王於明堂以配上帝則豫之作樂非郊天地大司樂職奏黃鍾哥大呂舞雲門以祀天神鄭注天神五帝及日月星辰也王者以夏正月祀其所受命之帝於南郊則二至之祀又非天地考之衆經郊祀有樂未見明證宗廟之禮事炳載籍爰自漢元迄乎有晉雖時或更制大抵

相因爲不襲名號而已今樂曲淪滅知音世希改作之事臣聞其語正德大豫禮容具存宜殊其徽號飾而用之以正德爲宣化之舞大豫爲興和之舞庶足以光表世烈悅被後昆前漢祖宗廟處各異主名既革舞號亦殊今七廟合食庭殿共所舞蹈之容不得廟有別制後漢東平王蒼已議之矣又王肅韓祇以王者德廣無外六代四夷之舞金石絲竹之樂宜備奏宗廟愚謂蒼肅祇議合於典禮適於當今左僕射建平

王宏又議竣據周禮孝經天與上帝連文重出故謂上帝非天則易之作樂非爲祭天也按易稱先王以作樂崇德殷薦之上帝以配祖考尚書云肆類于上帝春秋傳曰告昊天上帝凡上帝之言無非天也天尊不可以一稱故或謂昊天或謂上帝或謂昊天上帝不得以天有數稱便謂上帝非天徐邈推周禮國有故則旅上帝以知禮天旅上帝同是祭天言禮天者謂常祀也旅上帝者有故而祭也孝經稱嚴父莫大於

配天故云郊祀后稷以配天宗祀文王於明堂以配上帝既天爲議則上帝猶天益明也不欲使二天之同故變上帝爾周禮祀天之言再見故鄭注以前天神爲五帝後冬至所祭爲昊天竣又云二至之祀又非天地未知天地竟應以何時致享記云埽地而祭器用陶匏旨明所用質素無害以樂降神萬秋謂郊宜有樂事有典據竣又云東平王蒼以爲前漢諸祖別廟是以祖宗之廟可得各有舞樂至於祫祭始祖之廟

則尊用始祖之舞故謂後漢諸祖共廟同庭雖有祖宗不宜入別舞此誠一家之意而未統適時之變也後漢從儉故諸祖共廟猶以異室存別室之禮晉氏以來登哥誦美諸室繼作至於祖宗樂舞何猶不可迭奏苟所詠者殊雖復共庭亦非嫌也魏三祖各有舞樂豈復是異廟邪衆議並同宏祠南郊迎神奏肆夏皇帝初登壇奏登哥初獻奏凱容宣烈之舞送神奏肆夏祠廟迎神奏肆夏皇帝入廟門奏永至皇帝詣東

壁奏登哥初獻奏凱容宣烈之舞終獻奏永安送神奏肆夏詔可孝建二年十月辛未有司又奏郊廟舞樂皇帝親奉初登壇及入廟詣東壁並奏登哥不及三公行事左僕射建平王宏重參議公卿行事亦宜奏登哥有司又奏元會及二廟齋祠登哥依舊並於殿庭設作尋廟祠依新儀注登哥人上殿弦管在下今元會登哥人亦上殿弦管在下並詔可文帝章太后廟未有樂章孝武大明中使尚書左丞殷淡造新哥明帝又自造昭太后宣太后哥詩

後漢正月旦天子臨德陽殿受朝賀舍利從西方來戲於殿前激水化成比目魚跳躍嗽水作霧翳日畢又化成黃龍長八九丈出水遊戲炫燿日光以兩大絲繩繫兩柱頭相去數丈兩倡女對舞行於繩上相逢切肩而不傾

魏晉訖江左猶有夏育扛鼎巨象行乳神龜抃舞背負靈岳桂樹白雪畫地成川之樂焉

晉成帝咸康七年散騎侍郎顧臻表曰臣聞聖

王制樂贊揚治道養以仁義防其邪淫上享宗廟下訓黎民體五行之正音協八風以陶氣以宮聲正方而好義角聲堅齊而率禮弦哥鐘鼓金石之作備矣故通神至化有率舞之感移風改俗致和樂之極末世之伎設禮外之觀逆行連倒頭足入筥之屬皮膚外剝肝心內摧敦彼行葦猶謂勿踐矧伊生民而不惻愴加以四海朝覲言觀帝庭耳聆雅頌之聲目覩威儀之序足以蹋天頭以履地反兩儀之順傷彝倫之大

方今夷狄對岸外御爲急兵食七升忘身赴難過秦之戲日稟五斗方埽神州經略中甸若此之事不可示遠宜下太常纂備雅樂簫韶九成惟新於盛運功德頌聲永箸于來葉此乃詩所以燕及皇天克昌厥後者也雜伎而傷人者皆宜除之流簡儉之德邁康哉之詠清風既行民應如草此之謂也愚管之誠唯垂采察於是除高絙紫鹿跂行鼈食及齊王捲衣笮兒等樂又減其稟其後復高絙紫鹿焉

三〇朴今 宋書志卷第九 二十

宋文帝元嘉十三年司徒彭城王義康於東府正會依舊給伎總章工馮大列相承給諸王伎十四種其舞伎三十六人太常傅隆以爲未詳此人數所由唯杜預注左傳佾舞云諸侯六六三十六人常以爲非夫舞者所以節八音者也八音克諧然後成樂故必以八八爲例自天子至士降殺以兩兩者減其二列爾預以爲一列又減二人至士止餘四人豈復成樂按服虔注傳云天子八八諸侯六八大夫四八士二八其義甚允今諸王不復舞佾其捴章舞伎即古之女樂也殿庭八八諸王則應六八理例坦然又春秋鄭伯納晉悼公女樂二八晉以一八賜魏絳此樂以八人爲列之證也若如議者唯天子八則鄭應納晉二六晉應則絳一六也自天子至士其文物典章尊卑差級莫不以兩未有諸侯既降二列又列輒減二人近降太半非唯八音不具於兩義亦乖杜氏之謬可見矣國典事大宜令詳正事不施行

三十二 宋志九 二三 王歲

民之生莫有知其始也含靈抱智以生天地之間夫喜怒哀樂之情好得惡失之性不學而能不知所以然而然者也怒則爭鬭喜則詠哥夫哥者固樂之始也詠哥不足乃手之舞之足之蹈之然則舞又哥之次也詠哥舞蹈所以宣其喜心喜而無節則流淫莫反故聖人以五聲和其性以八音節其流而故謂之樂能移風易俗平心正體焉昔有娀氏有二女居九成之臺天帝使鷰夜往二女覆以玉筐既而發視之鷰遺

二卵五色北飛不反二女作哥始爲北音禹省南土塗山之女令其妾候禹於塗山之陽女乃作哥始爲南音夏后孔甲田於東陽萯山天大風晦冥迷入民室主人方乳或曰后來是良日也必大吉或曰不勝之子必有殃后乃取以歸曰以爲余子誰敢殃之後析橑斧破斷其足孔甲曰嗚呼有命矣乃作破斧之哥始爲東音周昭王南征殞於漢中王右辛餘靡長且多力振王北濟周公乃封之西翟徙宅西河追思故處

作哥始爲西音此蓋四方之哥也黃帝帝堯之世王化下洽民樂無事故因擊壤之歡慶雲之瑞民因以作哥其後風衰雅缺而妖淫靡漫之聲起周衰有秦青者善謳而薛談學謳於秦青未窮青之伎而辭歸青餞之於郊乃撫節悲歌聲震林木響遏行雲薛談遂留不去以卒其業又有韓娥者東之齊至雝門匱糧乃鬻哥假食既而去餘響繞梁三日不絕左右謂其人不去也過逆旅逆旅人辱之韓娥因曼聲哀哭一里老幼悲愁垂涕相對三日不食遽而追之韓娥還復爲曼聲長哥一里老幼喜躍抃舞不能自禁忘向之悲也乃厚賂遣之故雝門之人善哥哭效韓娥之遺聲衛人王豹處淇川善謳河西之民皆化之齊人綿駒居高唐善哥齊之右地亦傳其業前漢有虞公者善哥能令梁上塵起若斯之類並徒哥也爾雅曰徒哥曰謡凡樂章古詞今之存者並漢世街陌謡謳江南可采蓮烏生十五子白頭吟之屬是也吳哥雜曲並出

江東晉宋以來稍有增廣

子夜哥者有女子名子夜造此聲晉孝武太元中琅邪王軻之家有鬼哥子夜殷允爲豫章時豫章僑人庾僧虔家亦有鬼哥子夜殷允爲豫章亦是太元中則子夜是此時以前人也

鳳將雛哥者舊曲也應璩百一詩云爲作陌上桑反言鳳將雛然則鳳將雛其來久矣將由譌變以至於此乎

前溪哥者晉車騎將軍沈玩所制

阿子及歡聞哥者晉穆帝升平初哥畢輒呼阿子汝聞不語在五行志後人演其聲以爲二曲

團扇哥者晉中書令王珉與嫂婢有情愛好甚篤嫂捶撻婢過苦婢素善哥而珉好捉白團扇故制此哥

督護哥者彭城內史徐逵之爲魯軌所殺宋高祖使府內直督護丁旿收斂殯霾之逵之妻高祖長女也呼旿至閤下自問斂送之事每問輒歎息曰丁督護其聲哀切後人因其聲廣其曲焉

懊憹哥者晉隆安初民間謳謡之曲語在五行志宋少帝更制新哥太祖常謂之中朝曲

六變諸曲皆因事制哥

長史變者司徒左長史王廞臨敗所制

讀曲哥者民間爲彭城王義康所作也其哥云死辠劉領軍誤殺劉第四是也凡此諸曲始皆徒哥既而被之弦管又有因弦管金石造哥以被之魏世三調哥詞之類是也

古者天子聽政使公卿大夫獻詩耆艾修之而後王斟酌焉秦漢闕采詩之官哥詠多因前代與時事既不相應且無以垂示後昆漢武帝雖頗造新哥然不以光揚祖考崇述正德爲先但多詠祭祀見事及其祥瑞而已商周雅頌之體闕焉

鞞舞未詳所起然漢代已施於燕享矣傅毅張衡所賦皆其事也曹植鞞舞哥序曰漢靈帝西園故事有李堅者能鞞舞遭亂西隨段煨先帝聞其舊有技召之堅既中廢兼古曲多謬誤異代之文未必相襲故依前曲改作新哥五篇不

敢充之黃門近以成下國之陋樂焉晉鞞舞哥亦五篇又鐸舞哥一篇幡舞哥一篇鼓舞伎六曲並陳於元會今幡鼓哥詞猶存舞並闕鞞舞即今之鞞扇舞也又云晉初有桮槃舞公莫舞史臣按桮槃今之齊世寧也張衡舞賦云歷七槃而縱躡王粲七釋云七槃陳於廣庭近世文士顏延之云遞間關於槃扇鮑昭云七槃起長袖皆以七槃爲舞也搜神記云晉太康中天下爲晉世寧舞矜手以接桮柈反覆之此則漢世

唯有柈舞而晉加之以柸反覆之也

公莫舞今之巾舞也相傳云項莊劒舞項伯以袖隔之使不得害漢高祖且語莊云公莫古人相呼曰公云莫害漢王也今之用巾蓋像項伯衣袖之遺式按琴操有公莫渡河曲然則其聲所從來已久俗云項伯非也

江左初又有拂舞舊云拂舞吳舞檢其哥非吳詞也皆陳於殿庭揚泓拂舞序曰自到江南見白符舞或言白鳧鳩舞云有此來數十年察其

詞旨乃是吳人患孫晧虐政思屬晉也又有白紵舞按舞詞有巾袍之言紵本吳地所出宜是吳舞也晉俳歌又云皎皎白緒節節爲雙吳音呼緒爲紵疑白紵即白紵鞞舞故二八桓玄將即真太樂遣衆伎尚書殿中郎袁明子啓增滿八佾相承不復革宋明帝自改舞曲哥詞并詔近臣虞龢並作又有西傖羌胡諸雜舞隨王誕在襄陽造襄陽樂南平穆王爲豫州造壽陽樂荆州刺史沈攸之又造西烏飛哥曲並列於樂官哥詞多淫哇不典正

前世樂飲酒酣必起自舞詩云屢舞僊僊是也宴樂必舞但不宜屢爾譏在屢舞不譏舞也漢武帝樂飲長沙定王舞又是也魏晉已來尤重以舞相屬所屬者代起舞猶若飲酒以杯相屬也謝安舞以屬桓嗣是也近世以來此風絕矣

孝武大明中以鞞拂雜舞合之鐘石施於殿庭

順帝昇明二年尚書令王僧虔上表言之并論三調哥曰臣聞風雅之作由來尚矣大者繫乎

興衰其次者著於率舞在於心而木石感鏗鏘奏而國俗移故鄭相出郊辯聲知戚延陵入聘觀樂知風是則音不妄啓曲豈徒奏哥倡既設休戚已徵清濁是均山琴自應斯乃天地之靈和升降之明節今帝道四達禮樂交通誠非寡陋所敢裁酌伏以三古缺聞六代潛響舞詠與日月偕湮精靈與風雲俱滅追餘操而長懷撫遺器而太息此則然矣夫鐘縣之器以雅爲用凱容之制八佾爲體故羽籥擊拊以相諧應季

氏獲誚將在於此今總章舊佾二八之流袿服既殊曲律亦異推今校古皎然可知又哥鐘一肆克諧女樂以哥為稱非雅器也大明中即以宮縣合和鞞拂節數雖會處乖雅體將來知音或譏聖世若謂鐘舞已諧不欲廢罷別立哥鐘以調羽佾止於別宴不關朝享四縣所奏謹依雅則斯則舊樂前典不墜於地臣昔已制哥磬猶在樂官具以副鐘配成一部即義沿理如或可安又今之清商實猶銅雀魏氏三祖風流可

懷京洛相高江左彌重諒以金縣干戚事絕於斯而情變聽改稍復零落十數年間亡者將半自頃家競新哇人尚謠俗務在噍危不顧律紀流宕無涯未知所極排斥典正崇長煩淫士有等差無故不可以去禮樂有攸序長幼不可以共闕故諠醜之製日盛於廛里風味之韻獨盡於衣冠夫川震社亡同靈畢戒哀思靡漫異世齊驩咎徵不殊而欣畏並用竊所未譬也方今塵靜畿中波恬海外雅頌得所寔在茲辰臣以為宜命

典司務勤課習緝理舊聲迭相開曉凡所遺漏悉使補拾曲全者祿厚藝敏者位優利以動之則人思自勸風以靡之可不訓自革反本還源庶可跂踵詔曰僧虔表如此夫鐘鼓既陳雅頌斯辨所以憓感人祇化動翔泳頃自金籥弛韻羽佾未凝正俗移風良在茲日昔阮咸清識王度昭奇樂緒增修異世同功矣便可付外遵詳

樂器凡八音曰金曰石曰土曰革曰絲曰木曰匏曰竹八音一曰金金鍾也鎛也錞也鐲也鐃

也鐸也鍾者世本云黃帝工人垂所造爾雅云大鍾曰鏞書曰笙鏞以間是也中者曰剽音瓢小者曰棧棧音醆晉江左初所得棧鍾是也縣鍾磬者曰筍虡橫曰筍從曰虡蔡邕曰寫鳥獸之形大聲有力者以為鍾虡清聲無力者以為磬虡擊其所縣知由其虡鳴焉鎛如鍾而大

史臣案前代有大鍾若周之無射非一皆謂之鍾鎛之言近代無聞焉

錞錞于也圜如碓頭大上小下今民間猶時有

其器周禮以金錞和鼓
鐲鉦也形如小鍾軍行鳴之以爲鼓節周禮以
金鐲節鼓
鐃如鈴而無舌有柄執而鳴之周禮以金鐃止
鼓漢鼓吹曲曰鐃哥
鐸大鈴也周禮以金鐸通鼓
八音二曰石石磬也世本云紂所造不知紂何代
人爾雅曰形似犂錧以玉爲之大曰毊毊音囂
八音三曰土土塤也世本云暴新所造亦不知
何代人也周畿內有暴國豈其時人乎燒土爲
之大如鵝卵銳上平底形似稱錘六孔爾雅大
者曰嘂嘂音叫小者如雞子
八音四曰革革鼓也鞉也節也大曰鼓小曰朄
又曰應應劭風俗通曰不知誰所造以桴擊之
曰鼓以手搖之曰鞉鼓及鞉之八面者曰雷鼓
雷鞉六面者曰靈鼓靈鞉四面者曰路鼓路鞉
周禮以雷鼓祀天神以靈鼓鼓社祭以路鼓鼓
鬼享鼓長八尺者曰鼖鼓以鼓軍事長丈二尺者

曰鼛鼓凡守備及役事則鼓之今世謂之下鼛
鼛周禮音戚今世音切豉反長六尺六寸者曰
晉鼓金奏則鼓之應鼓在大鼓側詩云應朄縣
鼓是也小鼓有柄曰鞀大鞀謂之鞞月令仲夏
脩鞀鞞是也然則鞀鞞即鞉類也又有鼉鼓焉
節不知誰所造傅玄節賦云黃鍾唱哥九韶興
舞口非節不詠手非節不拊此則所從來亦遠矣
八音五曰絲絲琴瑟也筑也箏也琵琶空侯也
琴馬融笛賦云宓羲造琴世本云神農所造爾
雅大琴曰離二十絃今無其器齊桓曰號鍾楚
莊曰繞梁相如曰焦尾伯喈曰綠綺事出傅玄
琴賦世云焦尾是伯喈琴伯喈傳亦云爾以傳
氏言之則非伯喈也
瑟馬融笛賦云神農造瑟世本宓羲所造爾
雅云瑟二十七絃者曰灑今無其器
筑不知誰所造史籍唯云高漸離善擊筑
箏秦聲也傅玄箏賦序曰世以爲蒙恬所造今
觀其體合法度節究哀樂乃仁智之器豈亡國

之臣所能關思哉風俗通則曰筑身而瑟絃不知誰所改作也

琵琶傅玄琵琶賦曰漢遣烏孫公主嫁昆彌念其行道思慕故使工人裁箏筑爲馬上之樂欲從方俗語故名曰琵琶取其易傳於外國也風俗通云以手琵琶因以爲名杜摯云長城之役弦鼗而鼓之並未詳孰實其器不列四廂

空侯初名坎侯漢武帝賽滅南越祠太一后土用樂令樂人侯暉依琴作坎侯言其坎坎應節

奏也侯者因工人姓爾後言空音訛也古施郊廟雅樂近世來專用於楚聲宋孝武帝大明中吳興沈懷遠被徙廣州造繞梁其器與空侯相似懷遠後亡其器亦絕

八音六曰木木柷也敔也並不知誰所造樂記曰聖人作爲控楬塤篪所起亦遠矣柷如漆筩方二尺四寸深尺八寸中有椎柄連底挏之令左右擊

敔狀如虎伏背上有二十七鉏鋙以竹長尺名曰止橫擽之以節樂終也

八音七曰匏匏笙也竽也笙隨所造不知何代人列管匏內施簧管端宮管在中央三十六簧曰竽宮管在左傍十九簧至十三簧曰笙其它皆相似也竽今亡大笙謂之簧小者謂之和其笙中之簧女媧所造也詩傳云吹笙則簧鼓矣蓋笙中之簧也爾雅曰笙十九簧者曰巢漢章帝時零陵文學奚景於舜祠得笙白玉管後世易之以竹乎

八音八曰竹竹律也呂也簫也管也篪也籥也笛也律呂在律呂志

簫世本云舜所造爾雅曰編二十三管尺四寸者曰言十六管長尺二寸者筊筊音爻凡簫一名籟前世有洞簫其器今亡蔡邕曰簫編竹有底然則邕時無洞簫矣

管爾雅曰長尺圍寸併漆之有底大者曰簥簥音驕中者曰篞小者曰篎篎音妙古者以玉爲管舜時西王母獻白玉琯是也月令均琴瑟

管籥蔡邕章句曰管者形長尺圍寸有孔無底
其器今亡
篪世本云暴新公所造舊志云一曰管史臣案
非也雖不知暴新公何代人而非舜前人明矣
舜時西王母獻管則是已有其器新公安得造
篪乎爾雅曰篪大者尺四寸圍三寸曰沂沂音
銀一名翹小者尺二寸今有胡篪出於胡吹非
雅器也
籥不知誰所造周禮有籥師掌教國子秋冬吹
籥今凱容宣烈舞所執羽籥是也蓋詩所云左
手執籥右手秉翟者也爾雅云籥如笛三孔而
短小爾雅云七孔大者曰產中者曰仲小者曰
箹箹音握
笛案馬融長笛賦此器起近世出於羌中京房
備其五音又稱丘仲工其事不言仲所造風俗
通則曰丘仲造笛武帝時人其後更有羌笛爾
三說不同未詳孰實
笳杜摯笳賦云李伯陽入西戎所造漢舊注曰

箛號曰吹鞭晉先蠶注車駕住吹小箛發吹大
箛箛即笳也又有胡笳漢舊箏笛錄有其曲不
記所出本末
鼓吹蓋短簫鐃哥蔡邕曰軍樂也黃帝岐伯所
作以揚德建武勸士諷敵也周官曰師有功則
愷樂左傳曰晉文公勝楚振旅凱而入司馬法
曰得意則愷樂愷哥雍門周說孟嘗君鼓吹于
不測之淵說者云鼓自一物吹自竽籟之屬非
簫鼓合奏別為一樂之名也然則短簫鐃哥
此時未名鼓吹矣應劭漢鹵簿圖唯有騎執箛
箛即笳不云鼓吹而漢世有黃門鼓吹漢享宴
食舉樂十三曲與魏世鼓吹長簫同長簫短簫
伎錄並云絲竹合作執節者哥又建初錄云務
成黃爵玄雲遠期皆騎吹曲非鼓吹曲此則列
於殿庭者為鼓吹今之從行鼓吹為騎吹二曲
異也又孫權觀魏武軍作鼓吹而還此又應是
今之鼓吹魏晉世又假諸將帥及牙門曲蓋鼓
吹斯則其時謂之鼓吹矣魏晉世給鼓吹甚輕

牙門督將五校悉有鼓吹晉江左初臨川太守謝擒每優輒夢聞鼓吹有人爲其占之曰君不得生鼓吹當得死鼓吹爾擒擊杜弢戰沒追贈長水校尉葬給鼓吹焉謝尚爲江夏太守詣安西將軍庾翼於武昌咨事翼與尚射曰卿若破的當以鼓吹相賞尚射破的便以其副鼓吹給之今則甚重矣

角書記所不載或云出羌胡以驚中國馬或云出吳越舊志云古樂有籟缶今並無史臣按爾

雅籟自是簫之一名耳詩云坎其擊缶毛傳曰盎謂之缶

築城相杵者出自梁孝王孝王築睢陽城方十二里造倡聲以小鼓爲節築者下杵以和之後世謂此聲爲睢陽曲至今傳之

魏晉之世有孫氏善弘舊曲宋識善擊節倡和陳左善清哥列和善吹笛郝索善彈箏朱生善琵琶尤發新聲傅玄著書曰人若欽所聞而忽所見不亦惑乎設此六人生於上世越古今而無儷何但夔牙同契哉案此說則自茲以後皆孫朱等之遺則也

志卷第九　　宋書十九

樂二　臣沈約新撰

蔡邕論叙漢樂曰一曰郊廟神靈二曰天子享宴三曰大射辟雍四曰短簫鐃歌

晉郊祀歌五篇　傅玄造

天命有晉　穆穆明明　我其夙夜
祗事上靈　常于時假　迄用有成
於薦玄牡　進夕其牲　崇德作樂
神祇是聽

右祠天地五郊夕牲歌一篇

宣文烝哉　日靖四方　永言保之
夙夜匪康　光天之命　上帝是皇
嘉樂殷薦　靈祚景祥　神祇降假
享福無疆

右祠天地五郊迎送神歌一篇

天祚有晉　其命惟新　受終于魏
奄有兆民　燕及皇天　懷柔百神
不顯遺烈　之德之純　享其玄牡
式用肇禋　神祇來格　福祿是臻
時邁其猶　昊天子之　祐享有晉
兆民戴之　畏天之威　敬授民時
不顯不承　於猶繹思　皇極斯建
庶績咸熙　庶幾夙夜　惟晉之祺
宣文惟后　克配彼天　撫寧四海
保有康年　於乎緝熙　肆用靖民
爰立典制　爰修禮紀　作民之極
莫匪育始　克昌厥後　永言保之

右饗天地五郊歌三篇

前所作天地郊明堂歌五篇　傅玄造

皇矣有晉　時邁其德　受終于天
光濟萬國　萬國既光　神定厥祥
虔于郊祀　祗事上皇　祗事上皇
百祿是臻　巍巍祖考　克配彼天
嘉牲匪歆　德馨惟饗　受天之祜
神和四暢

右天地郊明堂夕牲歌

於赫大晉　膺天景祥　二帝邁德
宣茲重光　我皇受命　奄有萬方
郊祀配享　禮樂孔章　神祇嘉饗
祖考是皇　克昌厥後　保祚無疆

右天地郊明堂降神歌

整泰壇　祀皇神　精氣感　百靈賓
蘊朱火　燎芳薪　紫煙游　冠青雲
神之體　靡象形　曠無方　幽以清

神之來　光景照　聽無聞　視無兆
神之至　舉歆歆　靈爽協　動余心
神之坐　同歡娛　澤雲翔　化風舒
嘉樂奏　文中聲　八音諧　神是聽
咸潔齋　並芬芳　烹牷牲　享玉觴
神說饗　歆禋祀　祐大晉　降繁祉
胙京邑　行四海　保天年　窮地紀

右天郊饗神歌

整泰折　竢皇祇　衆神感　羣靈儀
陰祀設　吉禮施　夜將極　時未移
祇之體　無形象　潛泰幽　洞忽荒
祇之出　薆若有　靈無遠　天下母
祇之來　遺光景　照若存　終冥冥
祇之至　舉欣欣　舞象德　歌成文
祇之坐　同歡豫　澤雨施　化雲布
樂八變　聲教敷　物咸享　祇是娛
齋既潔　侍者肅　玉觴進　咸穆穆
饗嘉慶　歆德馨　胙有晉　暨羣生
溢九壤　格天庭　保萬壽　延億齡

右地郊饗神歌

經始明堂　享祀匪懈　於皇烈考
光配上帝　赫赫上帝　既高既崇
聖考是配　明德顯融　率土敬職
萬方來祭　常于時假　保祚永世

右明堂饗神歌

宋南郊雅樂登歌三篇　顏延之造

夤威寶命　嚴恭帝祖　表海炳岱

系唐冑楚　靈鑑濬文　民屬叡武
奄受敷錫　宅中拓宇　亘地稱皇
罄天作主　月竁來賓　日際奉土
開元首正　禮交樂舉　六典聯事
九官列序　有牲在滌　有潔在俎
以薦王衷　以答神祜

右天地郊夕牲歌

維聖饗帝　維孝饗親　皇乎備矣
有事上春　禮行宗祀　敬達郊禋

金枝中樹　廣樂四陳　陟配在京
降德在民　奔精照夜　高燎煬晨
陰明浮爍　沈禜深淪　告成大報
受釐元神　月御按節　星驅扶輪
遥興遠駕　燿燿振振

右天地郊迎送神歌

營泰畤　定天衷　思心叡　謀筮從
建表蕝　設郊宮　田燭置　權火通
曆元旬　律首吉　飾紫壇　坎列室
中星兆　六宗秩　乾宇晏　地區謐
大孝昭　祭禮供　牲日展　盛自躬
具陳器　備禮容　形舞綴　被歌鐘
望帝闇　聳神蹕　靈之來　辰光溢
潔粢酌　娭太一　明煇夜　華晢日
祼既始　獻又終　煙鄉邑　報清穹
饗宋德　胙王功　休命永　福履充

右天地饗神歌

宋明堂歌　謝莊造

地紐謐　乾樞回　華蓋動　紫微開
旌蔽日　車若雲　駕六氣　乘絪緼
曄帝京　煇天邑　聖祖降　五靈集
構瑤戺　聳珠簾　漢拂幌　月棲檐
舞綴暘　鐘　融　駐飛景　鬱行風
懋粢盛　潔牲牷　百禮肅　羣司虔
皇德遠　大孝昌　貫九幽　洞三光
神之安　解玉鑾　景福至　萬寓歡

右迎神歌詩　依漢郊祀迎神三言四句一轉韻

雖臺辨朔　澤宮練辰　潔火夕照
明水朝陳　六瑚賁室　八羽華庭
昭事先聖　懷濡上靈　肆夏戒敬
升歌發德　永固鴻基　以綏萬國
右登歌詞　舊四言
維天爲大　維聖祖是言　辰居萬寓
綴漥下國　內靈八輔　外光四瀛
蒿宮仰蓋　日館希旌　複殿留景
重檐結風　刮楹接緯　達嚮承虹

設業設虡　在王庭　肇禋祀
克配乎靈　我將我享　維孟之春
以孝以敬　以立我烝民
右歌太祖文皇帝詞　依周頌體
參映夕　駟照晨　靈乘震　司青春
鴈將向　桐始蕤　柔風舞　暄光遲
萌動達　萬品新　潤無際　澤無垠
右歌青帝詞　三言依木數
龍精初見大火中　朱光北至圭景同

帝在在離寔司衡　水雨方降木槿榮
庶物盛長咸殷阜　恩覃四冥被九有
右歌赤帝辭　七言依火數
履建宅中寓　司繩御四方　裁化遍寒燠
布政周炎涼　景麗條可結　霜明冰可折
凱風扇朱辰　白雲流素節　分至乘結晷
啟閉集恒度　帝運緝萬有　皇靈澄國步
右歌黃帝辭　五言依土數
百川如鏡天地爽且明　雲冲氣舉德盛在素

木葉初下洞庭始揚波　夜光徹地翻霜照懸河
庶類收成歲功行欲寧　浹地奉渥罄宇承秋靈
右歌白帝辭　九言依金數
歲月既晏方馳　靈乘坎德司規
玄雲合晦鳥路　白雲繁亘天涯
雷在地時未光　飭國典閉關梁
四節遍萬物殿　福九域祚八鄉
晨晷促夕漏延　大陰極微陽宣
鵲將巢冰已解　氣濡水風動泉

右歌黑帝辭　六言依水數

蕭禮容　餘樂度　靈方留　景欲暮

開九重　肅五達　鳳參差　龍已沫

雲既動　河既梁　萬里照　四空香

神之車　歸清都　琁庭寂　玉殿虛

睿化凝　孝風熾　顧靈心　結皇思

右送神歌辭　漢郊祀送神亦三言

右天郊饗神歌

魏俞兒舞歌四篇　魏國初建所用後并太祖廟並作之　王粲造

漢初建國家　匡九州　蠻荊震服

五刃三革休　安不忘備武樂脩

宴我賓師　敬用御天　永樂無憂

子孫受百福　常與松喬遊　烝庶德

莫不咸歡柔

右矛俞新福歌

材官選士　劍弩錯陳　應桴蹈節

俯仰若神　綏我武烈　篤我淳仁

自東自西　莫不來賓

右弩俞新福歌

我功既定　庶士咸綏　樂陳我廣庭

式宴賓與師　昭文德　宣武威

平九有　撫民黎　荷天寵

延壽尸　千載莫我違

右安臺新福歌曲

神武用師士素厲　仁恩廣覆　猛節橫逝

自古立功　莫我弘大　桓桓征四國

爰及海裔　漢國保長慶　垂祚延萬世

右行辭新福歌曲

晉宣武舞歌四篇　傅玄造

惟聖皇篇　矛俞第一

惟聖皇德　巍巍光四海　禮樂猶形影

文武為表裏　乃作巴俞　肆舞士

劍弩齊列　戈矛為之始　進退疾鷹鷂

龍戰而豹起　如亂不可亂　動作順其理

離合有統紀

短兵篇　劍俞第二

劒為短兵　其勢險危　疾踰飛電
回旋應規　武節齊聲　或合或離
電發星驚　若景若差　兵法攸象
軍容是儀

軍鎮篇　弩俞第三

弩為遠兵軍之鎮　其發有機
體難動往必速　重而不遲
銳精分鑮　射遠中微　弩俞之樂
壹何奇　變多姿　退若激　進若飛
五聲協　八音諧　宣武象　讃天威

窮武篇　安臺行亂第四

窮武者喪　何但敗北　柔弱亡戰
國家亦廢　秦始徐偃　既已作戒前世
先王鑒其機　脩文整武藝　文武足相濟
然後得光大　亂曰　高則亢
滿則盈　亢必危　盈必傾　去危傾
守以平　沖則久　濁能清　混文武
順天經

晉宣文舞歌二篇　傅玄造

羽籥舞歌

羲皇之初　天地開元　罔昬禽獸
羣黎以安　神農教耕　創業誠難
民得粒食　澹然無所患　黃帝始征伐
萬品造其端　軍駕無常居　是曰軒轅
軒轅既勤止　堯舜匪荒寧　夏禹治水
湯武又用兵　孰能保安逸　坐致太平
聖皇邁乾乾　天下興頌聲　穆穆且明明
惟聖皇　道化彰　潡四海　清三光

萬機理　庶事康　潛龍升　儀鳳翔
風雨時　物繁昌　却走馬　降瑞祥
揚仄陋　簡忠良　百祿是荷　眉壽無疆

羽鐸舞歌

昔在渾成時　兩儀尚未分　陽升垂清景
陰降興浮雲　中和含氣氳　萬物各異羣
人倫得其序　衆生樂聖君　三統繼五行
然後有質文　皇王殊運代　治亂亦繽紛

伊大晉　德兼往古　越犧農　邈舜禹
參天地　陵三五　禮唐周　樂韶武
豈唯簫韶　六代具舉　澤霑地境
化充天寓　聖明臨朝　元凱作輔
普天同樂胥　浩浩元氣　遐哉大清
五行流邁　日月代征　隨時變化
庶物乃成　聖皇繼天　光濟羣生
化之以道　萬國咸寧　受茲介福
延于億齡

晉宗廟歌十一篇　傅玄造

我夕我牲　猗歟敬止　嘉薦孔時
供茲享祀　神鑒厥誠　博碩斯歆
祖考降饗　以虞孝孫之心

右祠廟夕牲歌

嗚呼悠哉　日鑒在茲　以時享祀
神明降之　神明斯降　既祐饗之
祚我無疆　受天之祜　赫赫太上
巍巍聖祖　明明烈考　丕承繼序

右祠廟迎送神歌

經始宗廟　神明戾止　申錫無疆
祗承享祀　假哉皇祖　綏予孫子
燕及後昆　錫茲繁祉

右祠征西將軍登歌

嘉樂肆庭　薦祀在堂　皇皇宗廟
乃祖先皇　濟濟辟公　相予烝嘗
享祀不忒　降福穰穰

右祠豫章府君登歌

於邈先后　實司于天　顯矣皇祖
帝祉肇臻　本支克昌　資始開元
惠我無疆　享祀永年

右祠潁川府君登歌

於惟曾皇　顯顯令德　高明清亮
匪競柔克　保乂命祜　基命惟則
篤生聖祖　光濟四國

右祠京兆府君登歌

於鑠皇祖　聖德欽明　勤施四方

夙夜敬止　載敷文教　載揚武烈
匡定社稷　龔行天罰　經始大業
造創帝基　畏天之命　于時保之

右祠宣皇帝登歌

執競景皇　克明克哲　旁作穆穆
惟祗惟畏　纂宣之緒　耆定厥功
登此儁乂　糾彼群凶　業業在位
帝既勤止　維天之命　於穆不已

右祠景皇帝登歌

於皇時晉　允文文皇　聰明叡智
聖敬神武　萬機莫綜　皇斯清之
虎兕放命　皇斯平之　柔遠能邇
簡授英賢　創業垂統　勳格皇天

右祠文皇帝登歌

日晉是常　享祀時序　宗廟致敬
禮樂具舉　惟其來祭　普天率土
犧樽既奠　清酤既載　亦有和羹
籩羞斯備　烝烝永慕　感時興思

登歌奏舞　神樂其和　祖考來格
祐我邦家　敷天之下　罔不休嘉
肅肅在位　濟濟臣工　四海來格
禮儀有容　鍾鼓振　管絃理
舞開元　歌永始　神胥樂兮
肅肅在位　臣工濟濟　小大咸敬
上下有禮　理管絃　振鼓鍾
舞象德　歌詠功　神胥樂兮
肅肅在位　有來雍雍　穆穆天子

相惟辟公　禮有儀　樂有則

右祠廟饗神歌二篇

晉江左宗廟歌十三篇　曹毗造十一首
王珣造二首

歌高祖宣皇帝　曹毗造

於赫高祖　德協靈符　應運撥亂
釐整天衢　勳格宇宙　化動八區
肅以典刑　陶以玄珠　神石吐瑞

靈芝自敷　肇基天命　道均唐虞

歌世宗景皇帝

景皇承運　纂隆洪緒　皇維重抗
天暉再舉　蠢矣二寇　擾我揚楚
乃整元戎　以膏齊斧　亹亹神算
赫赫王旅　鯨鯢既平　功冠帝宇

歌太祖文皇帝

太祖齊聖　王猷誕融　仁教四塞
天基累崇　皇室多難　嚴清紫宮

威厲秋霜　惠過春風　平蜀夷楚
以文以戎　奄有參墟　聲流無窮

歌世祖武皇帝

於穆武皇　允龔欽明　應期登禪
龍飛紫庭　百揆時序　聽斷以情
殊域既賓　僞吳亦平　晨流甘露
宵映朗星　野有擊壤　路垂頌聲

歌中宗元皇帝

運屯百六　天羅解貫　元皇勃興
網籠江漢　仰齊七政　俯平禍亂
化若風行　澤猶雨散　淪光更燿
金輝復煥　德冠千載　蔚有餘粲

歌肅祖明皇帝

明明肅祖　闡弘帝祚　英風夙發
清暉載路　姦逆縱忒　罔式皇度
躬振朱旗　遂豁天步　宏猷淵塞
高羅雲布　品物咸寧　洪基永固

歌顯宗成皇帝

於休顯宗　道澤玄播　式宣德音
暢物以和　邁德蹈仁　匪神弗過
敷以純風　濯以清波　連理映阜
鳴鳳棲柯　同規放勛　義蓋山河

歌康皇帝

康皇穆穆　仰嗣洪德　爲而不宰
雅音四塞　閑邪以誠　鎮物以默
威靜區宇　道宣邦國

歌孝宗穆皇帝

孝宗夙哲　休音允臧　如彼晨離
燿景扶桑　垂訓華幄　流潤八荒
幽贊玄妙　爰該典章　西平僭蜀
北靜舊疆　高猷遠暢　朝有遺芳

歌哀皇帝

於穆哀皇　聖心虛遠　雅好玄古
大庭是踐　道尚無爲　治存易簡
化若風行　民猶草偃　雖曰登遐
徽音彌闡　愔愔雲韶　盡美盡善

歌太宗簡文皇帝　王珣造

皇矣簡文　於昭于天　靈明若神
周淡如淵　沖應其來　實與其遷
娓娓心化　日用不言　易而有親
簡而可傳　觀流彌遠　求本愈玄

歌烈宗孝武皇帝　王珣造

天鑑有晉　欽哉烈宗　同規文考
玄默允襲　威而不猛　約而能通
神鉦一震　九域來同　道積淮海

雅頌自東　氣陶淳露　化協時雍

四時祠祀歌　曹毗造

肅肅清廟　巍巍聖功　萬國來賓
禮儀有容　鍾鼓振　金石熙
宣兆祚　武開基　神斯樂兮
理管絃　有來斯和　說功德
吐清歌　神斯樂兮　洋洋玄化
潤被九壤　民無不悅　道無不往
禮有儀　樂有式　詠九功
永無極　神斯樂兮

宋宗廟登歌八篇　王韶之造

綿綿遐緒　昭明載融　漢德未遠
堯有遺風　於穆皇祖　永世克隆
本枝惟慶　貽厥靡窮

右祠北平府君登歌

乃立清廟　清廟肅肅　乃備禮容
禮容穆穆　顯允皇祖　昭是嗣服
錫茲蘩祉　聿懷多福

右祠相國掾府君登歌

四縣既序　肅管既舉　堂獻六瑚
庭萬八羽　先王有典　克禋皇祖
不顯洪烈　永介休祐

右祠開封府君登歌

鐘鼓喤喤　威儀將將　溫恭禮樂
敬享曾皇　邁德垂仁　係軌重光
天命純嘏　惠我無疆

右祠武原府君登歌

鑠矣皇祖　帝度其心　永言配命
播茲徽音　思我茂猷　如玉如金
駿奔在陛　是鑑是歆

右祠東安府君登歌

烝哉孝皇　齊聖廣淵　發祥誕慶
景胙自天　德敷金石　道被管弦
有命既集　徽風永宣

右祠孝皇帝登歌

惟天有命　眷求上哲　赫矣聖武

撫運桓撥　功並敷土　道均汝墳
止戈曰武　經緯稱文　鳥龍失紀
雲火代名　受終改物　作我宋京
至道惟王　大業有劭　降德兆民
升歌清廟

右祠高祖武皇帝登歌

奔奔寢廟　奉璋在庭　笙籥既列
犧象既盈　黍稷匪芳　明祀惟馨
樂具禮充　潔羞薦誠　神之格思
介以休禎　濟濟羣辟　永觀厥成

右祠七廟享神登歌（并以歌章太后篇）

世祖孝武皇帝歌　謝莊造

帝錫二祖　長世多祜　於穆睿考
襲聖承矩　玄極弛馭　乾紐墜緒
闢我皇維　締我宋宇　刷定四海
肇構神京　復禮輯樂　散馬墮城
澤牣九有　化浮八瀛　慶雲承掖
甘露飛甍　肅肅清廟　徽徽閟宮

舞蹈象德　笙磬陳風　黍稷非盛
明德惟崇　神其歆止　降福無窮

宣皇太后廟歌

禀祥月輝　毓德軒光　嗣徽媯汭
思媚周姜　母臨萬寓　訓讓紫房
朱紱玉篇　式載瓊芳

晉四箱樂歌三首　傅玄造

天鑒有晉　世祚聖皇　時齊七政
朝此萬方其一　鍾鼓斯震　九賓備禮

宋書志十　二十三

正位在朝　穆穆濟濟其二　煌煌三辰
寔麗于天　君后是象　威儀孔虔其三
率禮無愆　莫匪邁德　儀形聖皇
萬邦惟則其四

右天鑒四章章四句正旦大會行禮歌

於赫明明　聖德龍興　三朝獻酒
萬壽是膺　敷佑四方　如日之升
自天降祚　元吉有徵

右於赫一章八句上壽酒歌

天命大晉　載育羣生　於穆上德
隨時化成其一　自祖配命　皇皇后辟
繼天創業　宣文之績其二　丕顯宣文
先知稼穡　克恭克儉　足教足食其三
既教食之　弘濟艱難　上帝是祐
下民所安其四　天祐聖皇　萬邦來賀
雖安勿安　乾乾匪暇其五　乃正丘郊
乃定冢社　廣廣作宗　光宅天下其六
惟敬朝饗　爰奏食舉　盡禮供御

宋書志十　二十四

嘉樂有序其七　樹羽設業　笙鏞以間
琴瑟齊列　亦有箎塤其八　喤喤鼓鍾
鎗鎗磬管　八音克諧　載夷載簡其九
既夷既簡　其大不繇　風化潛興
如雲如雨其十　如雲之覆　如雨之潤
聲教所暨　無思不順其十一　教以化之
樂以和之　和而養之　時惟邕熙其十二
禮慎其儀　樂節其聲　於鑠皇孫
既和且平其十三

右天命十三章章四句食舉東西箱歌

晉正德大豫二舞歌二篇　傅玄造

天命有晉　光濟萬國　穆穆聖皇
文武惟則　在天斯正　在地成德
載韜政刑　載崇禮教　我敷玄化
臻于中道

右正德舞歌

於鑠皇晉　配天受命　熙帝之光
世德惟聖　嘉樂大豫　保祐萬姓

淵兮不竭　沖而用之　先天弗違
虔奉天時

右大豫舞歌

晉四箱樂歌十七篇　荀勗造

正旦大會行禮歌四篇

於皇元首　群生資始　履端大享
敬御繁祉　肆覲羣后　爰及卿士
欽順則元　允也天子

於皇一章八句　當於赫

明明天子　臨下有赫　四表宅心
惠浹荒貊　柔遠能邇　孔淑不逆
來格祁祁　邦家是若

明明一章八句　當巍巍

光光邦國　天篤其祜　丕顯哲命
顧柔三祖　世德作求　奄有九土
思我皇度　彝倫攸序

邦國一章八句　當洋洋

惟祖惟宗　高朗緝熙　對越在天

駿惠在茲　聿求厥成　我皇崇之
式固其猶　往敬用治

祖宗一章八句　當鹿鳴

正旦大會王公上壽酒歌一篇

踐元辰　延顯融　獻羽觴
祈令終　我皇壽而隆　我皇茂而嵩
本枝奮百世　休祚鍾聖躬

踐元辰一章八句　當觴行

食舉樂東西箱歌十二篇

煌煌七燿　重明交暢　我有嘉賓
是應是貺　邦政既圖　接以大饗
人之好我　式遵德讓

煌煌一章八句　當鹿鳴

賓之初筵　藹藹濟濟　既朝乃宴
以洽百禮　須以位敘　或廷或陛
登儐台燮　亦有兄弟　胥子倍寮
憲茲度楷　觀頤養正　降福孔偕

賓之初筵一章十二句　當於穆

二一九　宋書志卷第十　二十七

答我三后　大業是維　今我聖皇
焜燿前暉　弈世重規　明照九畿
思輯用光　時罔有違　陟禹之跡
莫不來威　天被顯祿　福履是綏

三后一章十二句　當昭昭

赫矣太祖　克廣明德　廓開寓宙
正世立則　變化不經　民無瑕慝
肇業垂統　兆我晉國

赫矣一章八句　當華華

烈文伯考　時惟帝景　夷險平亂
威而不猛　御衡不迷　皇塗煥炳
七德咸宣　其寧惟永

烈文一章八句　當朝宴

猗歟盛歟　先皇聖文　則天作孚
大哉為君　慎徽五典　帝載是蔥
文武發揮　茂建嘉勳　修己濟治
民用寧盼　懷遠燭幽　玄教氛氳
善世不伐　服事參分　德博化隆

宋書志十　二十八　李九

道冒無垠

猗歟一章十六句　當盛德

隆化洋洋　帝命溥將　登我晉道
越惟聖皇　龍飛革運　臨燾八荒
叡哲欽明　配蹤虞唐　封建厥福
駿發其祥　三朝習吉　終然允臧
其臧惟何　撫彼萬方　元侯列辟
四嶽蕃王　時見世享　率茲有常
旅揖在庭　嘉客在堂　宋衞既臻

陳留山陽　我有賓使　觀國之光
貢賢納計　獻璧奉璋　保祐命之
申錫無疆

隆化一章二十八句　當綏萬邦

振鷺于飛　鴻漸其翼　京邑穆穆
四方是式　無競惟人　王綱允敕
君子來朝　言觀其極

振鷺一章八句　當朝朝

翼翼大君　民之攸暨　信理天工

惠康不匱　將遠不仁　訓以淳粹
幽明有倫　俊乂在位　九族既睦
庶邦順比　開元布憲　四海鱗萃
協時正統　殊塗同致　厚德載物
靈心隆貴　敷奏讜言　納以無諱
樹之典象　誨之義類　上教如風
下應如卉　一人有慶　羣萌以遂
我后宴喜　令聞不墜

翼翼一章二十六句　當順天

既宴既喜　翕是萬邦　禮儀卒度
物有其物　揖揖庭燎　喤喤鼓鐘
笙磬詠德　萬舞象功　八音克諧
俗易化從　其和如樂　庶品時邕

既宴一章十二句　當陟天庭

時邕份份　六合同塵　往我祖宣
威靜如鄰　首定荆楚　遂平燕秦
娓娓文皇　邁德流仁　爰造草昧
應乾順民　靈瑞告符　休徵饗震

天地弗違　以和神人　既戡庸蜀
吳會是賓　肅慎率職　楛矢來陳
韓濊進樂　均協清鈞　西旅獻獒
扶南效珍　蠻裔重譯　玄齒文身
我皇撫之　景命惟新

時邕一章二十六句　當參兩儀

愔愔嘉會　有聞無聲　清酤既奠
籩豆既馨　禮充樂備　簫韶九成
愷樂飲酒　酣而不盈　率土歡豫

邦國以寧　王猷允塞　萬載無傾

晉正德大豫二舞歌一篇　荀勗造

嘉會一章十二句

人文垂則　盛德有容　聲以依詠

舞以象功　干戚發揮　節以笙鏞

羽籥雲會　胡宜令蹤　數美盡善

允協時邕　煥炳其章　光平萬邦

萬邦洋洋　承我晉道　配天作享

元命有造　上化如風　民應如草

穆穆斌斌　形于綴兆　文武旁作

慶流四表　無競維烈　永世是紹

正德舞歌

豫順以動　大哉惟時　時邁其仁

世載邕熙　兆我區夏　宜文是基

大業惟新　我皇降之　重光累曜

欽明文思　迄用有成　惟晉之祺

穆穆聖皇　受命既固　品物咸寧

芳烈雲布　文教旁通　篤以淳素

玄化洽暢　被之暇豫　作樂崇德

同美韶護　濬邈幽遐　式遵王度

右大豫舞歌

晉四箱樂歌十六篇　張華造

稱元慶　奉壽觴　后皇延遐祚

安樂撫萬方

右王公上壽詩一章

明明在上　丕顯厥繇　翼翼三壽

蕃后惟休　羣生漸德　六合承流

三正元辰　朝慶萃　華夏奉職貢

八荒覲殊類　瓛冕充廣庭　鳴玉盈朝位

濟濟朝位　言觀其光　儀序既以時

禮文煥以彰　思皇享多祐　嘉樂永無央

九賓在庭　臚讚既通　升瑞奠贄

乃侯乃公　穆穆天尊　隆禮動容

履端承元吉　介福御萬邦

朝享　上下咸雍　崇多儀　繁禮容

舞盛德　歌九功　揚芳烈　播休蹤

皇化洽　洞幽明　懷柔百神　輔祥禎
潛龍躍　雕虎仁　儀鳳鳥　屆游麟
枯蠹榮　竭泉流　菌芝茂　枳棘柔
和氣應　休徵紘　協靈符　彰帝期
綏宇宙　萬國和　昊天成命　賚皇家
賚皇家
世資聖哲　三后在天　啓鴻烈　啓鴻烈
隆王基　率土謳吟　欣戴于時
恒文示象　代氣著期

泰始開元　龍紂在位　四隩同風
燮寧殊類　五韙來備　嘉生以遂
疑庶績　臻大康　申繁祉
肩無疆　本枝百世　繼緒不忘
繼緒不忘　休有烈光　永言配命
惟晉之祥
聖明統世　篤皇仁　廣大配天地
順動若陶鈞　玄化參自然　至德通神明
清風暢八極　流澤被無垠

於皇時晉　弈世齊聖　惟天降嘏
神祇保定　弘濟區夏　允集大命
有命既集　光帝猷　大明重耀
鑑六幽　聲教洋溢　惠滂流
惠滂流　移風俗　多士盈朝
賢俊比屋　敦世心　斷彫反素樸
反素樸　懷庶方　干戚舞階庭
疏狄説遐荒　扶南假重譯　肅慎襲衣裳
雲覆雨施　德洽無疆　旁作穆穆

仁化翔
朝元日　賓王庭　承宸極　當盛明
衍和樂　竭祇誠　仰嘉惠　懷德馨
游淳風　泳淑清　協億兆　同歡榮
建皇極　統天位　運陰陽　御六氣
殷羣生　成性類　王道泱　治功成
人倫序　俗化清　虔明祀　祗三靈
崇禮樂　式儀形
慶元吉　宴三朝　播金石　詠泠簫

奏九夏　舞雲韶　邁德音　流英聲
八紘一　六合寧　六合寧　承聖明
王澤洽　道登隆　綏函夏　摠華戎
齊德教　緄殊風　混殊風　康萬國
崇夷簡　尚敦德　弘王度　表遐則

右食舉東西箱樂詩十一章

於赫皇祖　迪哲齊聖　經緯大業
基天之命　克開洪緒　誕篤天慶
旁濟彝倫　仰齊七政

烈烈景皇　克明克聰　靜封略
定勳功　成民立政　儀形萬邦
式固崇軌　光紹前蹤
允文烈考　濬哲應期　參德天地
比功四時　大亨以正　庶績咸熙
肇啓晉宇　遂登皇基
明明我后　玄德通神　受終正位
協應天人　容民厚下　育物流仁
隮我王道　暉光日新

右雅樂正旦大會行禮詩四章

晉正德大豫二舞歌二篇　張華造

正德舞歌詩

日皇上天　玄鑒惟光　神器周回
五德代章　祚命于晉　世有哲王
弘濟區夏　陶甄萬方　大明垂曜
旁燭無疆　蚩蚩庶類　風德永康
皇道惟清　禮樂斯經　金石在縣
萬舞在庭　象容表慶　協律被聲
軼武超濩　取節六英　同進退讓
化漸無形　大和宣洽　通于幽冥

大豫舞歌詩

惟天之命　符運有歸　赫赫大晉
三后重暉　繼明昭世　光撫九圍
我皇紹期　遂在璿璣　羣生屬命
奄有庶邦　愼徽五典　玄教遐通
萬方同軌　率土咸雍　爰制大豫
宣德舞功　淳化旣穆　王道協隆

仁及草木　惠加昆蟲　億兆夷人
說仰皇風　丕顯大業　永世彌崇

晉四箱歌十六篇　成公綏造

上壽酒　樂未央　大晉應天慶
皇帝永無疆

右詩一章王公上壽酒所用

穆穆天子　光臨萬國　多士盈朝
莫匪俊德　流化罔極　王猷允塞
嘉會置酒　嘉賓充庭　羽旄燿辰極

宋書志卷第十　三十七

鍾鼓振奏清　百辟朝三朝　或或明儀形
濟濟鏘鏘　金振玉聲
禮樂具　宴嘉賓　眉壽胙聖皇
景福惟日新　羣后戾止　有來雝雝
獻酬納贄　崇此禮容　豐肴萬俎
旨酒千鍾　嘉樂盡樂宴　福祿咸攸同
樂哉　天下安寧　道化行
風俗清　簫韶作　詠九成
年豐穰　世泰平　至治哉

樂無窮　元首聰明　股肱忠
澍豐澤　揚清風
嘉瑞出　靈應彰　麒麟見
鳳皇翔　醴泉涌　流中唐
嘉禾生　穗盈箱　降繁祉
胙聖皇　承天位　統萬國
受命應期　授聖德　四世重光
宣開洪業　景克昌　文欽明
德彌彰　肇啓晉邦　流胙無疆

宋書志卷第十　三十八

泰始建元　鳳皇龍興　龍興伊何
享胙萬乘　奄有八荒　化育黎蒸
圖書煥炳　金石有徵　德光大
道熙隆　被四表　格皇穹
奕奕萬嗣　明明顯融
高朗令終　保茲永胙　與天比崇
聖皇君四海　順人應天期　三葉合重光
泰始開洪基　明燿參日月　功化侔四時
宇宙清且泰　黎庶咸雝熙　善哉雝熙

惟天降命　翼仁祐聖　於穆三皇
載德彌盛　總齊璿璣　光統七政
百揆時序　化若神聖　四海同風
興至仁　濟民育物　擬陶鈞
擬陶鈞　垂惠潤　皇皇群賢
峨峨英儁　德化宣　芬芳播來胤
播來胤　垂後昆　清廟何穆穆
皇極闢四門　皇極闢四門　萬機無不綜
娓娓翼翼　樂不及荒　饑不遑食

大禮既行　樂無極
登崑崙　上增城　乘飛龍　升泰清
冠日月　佩五星　揚虹蜺　建彗旌
披慶雲　蔭繁榮　覽八極　游天庭
順天地　和陰陽　序四氣　燿三光
張帝綱　正皇綱　播仁風　流惠康
邁洪化　振靈威　懷萬方　納九夷
朝閶闔　宴紫微
建五旗　羅鍾虡　列四縣　奏韶武

鏗金石　揚旌羽　縱八佾　巴渝舞
詠雅頌　和律呂　于胥樂　樂聖主
化蕩蕩　清風泄　總英雄　御俊傑
開宇宙　埽四裔　光緝熙　美聖哲
超百代　揚休烈　流景胙　顯萬世
皇皇顯祖　翼世佐時　寧濟六合
受命應期　神武膺揚　大化咸熙
廓開皇衢　用成帝基
光光景皇　無競維烈　匡時拯俗

休功蓋世　宇宙既康　九域有截
天命降鑑　啓胙明哲
穆穆烈考　克明克儁　實天生德
誕膺靈運　肇建帝業　開國有晉
載德弈世　垂慶洪胤
明明聖帝　龍飛在天　與靈合契
通德幽玄　仰化清雲　俯育重淵
受靈之祐　於萬斯年

右雅樂正旦大會行禮詩十五章

宋四箱樂歌五篇　　王韶之造

於鑠我皇　禮仁包元　齊明日月
比量乾坤　陶甄百王　稽則黃軒
訏謨定命　辰告四蕃　
將將蕃后　翼翼羣僚　盛服待晨
明發來朝　饗以八珍　樂以九韶
仰祗天顏　厭猷孔昭
法章既設　初筵長舒　濟濟列辟
端委皇除　飲和無盈　威儀有餘

溫恭在位　敬終如初
九功既歌　六代惟時　被德在樂
宣道以詩　穆矣大和　品物咸熙
慶積自遠　告成在茲

右肆夏樂歌四章客入於四箱振作於鑠曲皇帝當陽四箱振作將將曲皇帝入變服四箱振作於鑠將將二曲又黃鍾太簇二箱作法章九功二曲

大哉皇宋　長發其祥　纂系在漢
統源伊唐　德之克明　休有烈光

配天作極　辰居四方
皇矣我后　聖德通靈　有命自天
誕授休禎　龍飛紫極　造我宋京
光宅宇宙　赫赫明明

右大會行禮歌二章姑洗箱作

獻壽爵　慶聖皇　靈祚窮二儀
休明等三光

右王公上壽歌一章黃鍾箱作

明明大宋　緝熙皇道　則天垂化

光定天保　天保既定　肆覲萬方
禮繁樂富　穆穆皇皇　
洋彼流水　朝宗天池　洋洋貢職
抑抑威儀　既習威儀　亦閑禮容
一人有則　作孚萬邦
烝哉我皇　固天誕聖　履端惟始
對越休慶　如天斯久　如日斯盛
介茲景福　永固駿命

右殿前登歌三章別有金石

晨羲載燿　萬物咸覩　嘉慶三朝
禮樂備舉　元正肇始　典章暉明
萬方畢來賀　華裔充皇庭　多士盈九位
俯仰觀玉聲　恂恂俯仰　載爛其煇
鼓鐘震天區　禮容塞皇闈　思樂窮休慶
福履同所歸
五玉既獻　三帛是薦　爾公爾侯
鳴玉華殿　皇皇聖后　降禮南面
元首納嘉禮　萬邦同歡願　休哉

君臣嘉燕　建五旗　列四縣
樂有文　禮無倦　融皇風
窮一變
體至和　感陰陽　德無不柔
繁休祥　瑞徵璧　應嘉鐘
舞靈鳳　躍潛龍　景星見
甘露墜　木連理　禾同穗
玄化洽　仁澤敷　極禎瑞
窮靈符

懷荒裔　綏齊民　荷天祐
靡不賓　靡不賓　長世弘盛
昭明有融　繁嘉慶　繁嘉慶
熙帝載　合氣成和　蒼生欣戴
三靈協瑞　惟新皇代
王道四達　流仁布德　窮理詠乾元
垂訓順帝則　靈化侔四時　幽誠通玄默
德澤被八紘　乾寧軌萬國
皇猷緝　咸熙泰　禮儀煥帝庭

要荒服遐外　被髮襲纓冕　在袵回衿帶
天覆地載　流澤汪濊　聲教布護
德光大
開元辰　畢來王　奉貢職　朝后皇
鳴珩佩　觀典章　樂王度　説徽芳
陶盛化　游太康　丕昭明　永克昌
惟永初　德丕顯　齊七政　敷五典
彝倫序　洪化闡　王澤流　太平始
樹聲教　明皇紀　和靈祇　恭明祀

衍景祚　膺嘉祉
禮有容　樂有儀　金石陳　牙羽施
邁武護　均咸池　歌南風　舞德稱
文武煥　頌聲興
王道純　德彌淑　寧八表　康九服
道禮讓　移風俗　移風俗　永克融
歌盛美　造成功　詠徽烈　邈無窮

右食舉歌十章黃鍾大簇二箱更作黃鍾作晨羲體至和王道開元辰禮有容五曲大簇作五五懷荒裔皇猷緝惟永初王道純王曲

宋前舞後舞歌二篇　王韶之造

於赫景明　天監是臨　樂來伊陽
禮作惟陰　歌自德富　舞由功深
庭列宮縣　陛羅瑟琴　翿籥繁會
笙磬諧音　簫韶雖古　九成在今
道志和聲　德音孔宣　光我帝基
協靈配乾　儀形六合　化穆自然
如彼雲漢　爲章于天　熙熙萬類
陶和當年　擊轅中韶　永世弗騫

右前舞歌一章晉正德之舞蕤賓箱作

假樂聖后　寔天誕德　積美自中
王猷四塞　龍飛在天　儀形萬國
欽明惟神　臨朝淵默　不言之化
品物咸德　告成于天　銘勳是勒
翼翼厥猷　娓娓其仁　順命剏制
因定和神　海外有截　九圍無塵
晃塗司契　垂拱臨民　乃舞大豫
欽若天人　純嘏孔休　萬載彌新

右後舞歌一章晉大豫之舞蕤賓箱作

章廟舞樂歌詞雜歌悉同用太廟詞唯三后別撰　殷淡造

賓出入奏肅成樂歌詞二章

彝承孝典　恭事嚴重　泱天奉賁
鬱壤齊慶　司儀具序　羽容夙彰
分枝颺烈　黼構周張　助實奠軒
酎珍充庭　璆縣凝會　洎朱竚聲
先期選禮　肅若有承　祗對靈祉
皇慶昭膺

尊事威儀　暉容昭敘　迅恭神明
粢盛牲俎　肅肅嚴宮　藹藹崇基
皇靈降祉　百祇具司　戒誠望夜
端列承朝　依微昭旦　物色輕宵
鴻慶遐鬯　嘉薦令芳　翊帝明德
永胙流光

牲出入引牲樂歌詞

維誠潔饗　維孝奠靈　敬芬黍稷
敬滌犧牲　騂繭在豢　載溢載豐

以承宗祀　以肅皇衷　蕭芳四舉
華火周傳　神監孔昭　嘉是柔牷

薦豆呈毛血奏嘉薦樂歌詞

肇禋戒祀　禮容咸舉　六典飾文
九司昭序　牲柔既昭　儀剛既陳
恭滌惟清　敬事惟神　加籩再御
兼俎重薦　節動軒越　聲流金縣
奕奕閟幄　娓娓嚴闈　潔誠夕鑑
端服晨暉　聖靈戾止　翊我皇則

上綏四寓　下洋萬國　永言孝饗
孝饗有容　儐僚贊列　肅肅雝雝

右夕牲歌詞

迎神奏韶夏樂歌詞

閟宮黝黝　復殿微微　璿除肅炤
釭璧彤煇　黼帟神凝　玉堂嚴馨
圜火夕燿　方水朝清　金枝委樹
翠鐙流縣　渟波澄宿　華漢浮天
恭事既夙　虔心有慕　仰降皇靈

俯寧休胙

皇帝入廟北門奏永至樂歌詞

皇明邕矣　孝容以昭　鑾華羽迺
拂漢涵滈　申申嘉夜　翊翊休朝
行金景送　步玉風韶　師承祀則
肅對禋祧

太祝裸地奏登歌樂詞二章

帝容承祀　練時消日　九重徹關
四靈賓室　肅倡函音　庶旌委佾

休靈告饗　嘉薦尚芬　玉瑚飾列
桂簋昭陳　具司選禮　翼翼振振
裸崇祀典　酎恭孝時　禮無爽物
信靡媿詞　精華孚鬯　誠監昭通
外歌翊節　下管調風　皇心履變
敬明尊親　大哉孝德　至矣交神
章皇太后神室奏章德凱容之樂舞歌詞
幽瑞浚靈　表彰嬪聖　翊載徽文
敷光崇慶　上緯纏祥　中維飾詠

永屬煇猷　聯昌景命
昭皇太后神室奏昭德凱容之樂舞歌詞
明帝造
表靈躔象　纘儀緯風　膺華丹爟
登瑞紫宮　訓形霄宇　武彰宸宮
騰芬金會　寫德聲容
宣皇太后神室奏宣德凱容之樂舞歌詞
明帝造
天樞凝燿　地紐儷煇　聯光騰世

炳慶翔機　薰藹中寓　景纏上微
玉頌鏤德　金籥傳徽
皇帝還東壁受福酒奏嘉時之樂舞詞
禮薦洽　福時昌　皇聖膺嘉祐
帝業凝休祥　居極乘景運　宅德瑞中王
澄明臨四表　精華延八鄉　洞海周聲惠
徹寓麗乾光　靈慶纏世祉　鴻烈永無疆
送神奏昭夏之樂舞歌詞二章
大孝備　盛禮豐　神安留　嘉樂充

旋駕聳　汎青穹　延八虛　闢四空
藹流景　肅行風
昭融教　緝風度　戀皇靈　結深慕
解羽縣　輟華樹　背璿除　端玉輅
流汪濊　慶國步
皇帝詣便殿奏休成之樂歌詞
釃醴具登　嘉俎咸薦　饗洽誠陳
禮周樂徧　祝詞罷裸　序容輟縣
蹕動端庭　鑾回嚴殿　神儀駐景

華漢亭虛　入靈案衛　三祇解途
翠蓋燿澄　舉弈疑震　玉鑣息節
金輅懷音　式誠遠孝　底心肅感
追憑皇鑒　思承淵範　神錫懋祉
四緯昭明　仰福帝徵　俯齊庶生

宋書志第十　宋書二十

志第十一　宋書一十一

臣沈約新撰

樂三

但歌四曲出自漢世無弦節作伎最先一人倡三人和魏武帝尤好之時有宋容華者清澈好聲善倡此曲當時特妙自晉以來不復傳遂絕

相和漢舊歌也絲竹更相和執節者歌本一部魏明帝分為二更遞夜宿本十七曲朱生宋識削和等復合之為十三曲

相和

駕六龍　氣出倡　武帝詞

駕六龍乘風而行行四海外路下之八邦歷登高山臨谿谷乘雲而行行四海外東到泰山仙人玉女下來翱游驂駕六龍飲玉漿河水盡不東流解愁腹飲玉漿奉持行東到蓬萊山上至天之門玉闕下引見得入赤松相對四面顧望視正焜煌開玉心正興其氣百道至傳告無窮閉其口但當愛氣壽萬年東

到海與天連神仙之道出窈入冥常當專之心恬憺無所愒欲閉門坐自守天與期氣願得神之人乘駕雲車驂駕白鹿上到天之門來賜神之藥跪受之敬神齊當如此道自來華陰山自以爲大高百丈浮雲爲之蓋仙人欲來出隨風削之雨吹我洞簫鼓瑟琴何誾誾酒與歌戲今日相樂誠爲樂玉女起起儛移數時鼓吹一何嘈嘈從西北來時仙道多駕煙乘雲駕龍鬱何務務遨游八極乃到崐崘之山

西王母側神仙金止玉亭來者爲誰赤松王喬乃德旋之門樂共飲食到黃昏多駕合坐萬歲長宜子孫

游君山甚爲眞確磈砟硌爾自爲神乃到王母臺金階玉爲堂芝草生殿旁東西廂客滿堂主人當行觴坐者長壽遽何央長樂甫始宜孫子常願主人增年與天相守

厥初生　精削　武帝詞

厥初生造化之陶物莫不有終期莫不有終期

聖賢不能免何爲懷此憂願螭龍之駕思想崐崘居思想崐崘居見期於迂怪志意在蓬萊志意在蓬萊周孔聖徂落會稽以墳丘陶陶誰能度君子以弗憂年之暮奈何過時時來微

江南可採蓮　江南　古辭

江南可採蓮蓮葉何田田魚戲蓮葉間魚戲蓮葉東魚戲蓮葉西魚戲蓮葉南魚戲蓮葉北

天地間　度關山　武帝辭

天地間人爲貴立君牧民爲之軌則車轍馬迹經緯四極絀陟幽明黎庶繁息於鑠賢聖總統邦域封建五爵井田刑獄有燔丹書無普赦贖臯陶甫刑何有失職嗟哉後世改制易律勞民爲君役賦其力舜漆食器畔者十國不及唐堯采椽不斲世歎伯夷欲以厲俗侈惡之大儉爲恭德許由推讓豈有訟曲兼愛尚同疏者爲戚

東光乎　東光乎　古辭

東光乎倉梧何不乎倉梧多腐粟無益諸軍糧
諸軍游蕩子蚤行多悲傷

登山有遠望　十五　文帝詞

登山而遠望谿谷多所有楩柟千餘尺衆草之盛茂華葉燿人目五色難可紀雉雊山雞鳴虎嘯谷風起號羆當我道狂顧動牙齒

惟漢二十二世　薤露　武帝詞

惟漢二十二世所任誠不良沐猴而冠帶智小而謀強猶豫不敢斷因狩執君王白虹爲貫日

已亦先受殃賊臣持國柄殺主滅宇京蕩覆帝基業宗廟以燔喪播越西遷移號泣而且行瞻彼洛城郭微子爲哀傷

關東有義士　蒿里行　武帝詞

關東有義士興兵討羣凶初期會孟津乃心在咸陽軍合力不齊躊躇而雁行勢利使人爭嗣還自相戕淮南弟稱號刻璽於北方鎧甲生蟣蝨萬姓以死亡白骨露於野千里無雞鳴生民百遺一念之絶人腸

對酒歌太平時　對酒　武帝詞

對酒歌太平時吏不呼門王者賢且明宰相股肱皆忠良咸禮讓民無所爭訟三年耕有九年儲倉穀滿盈斑白不負戴雨澤如此五穀用成卻走馬以糞其上田爵公侯伯子男咸愛其民以黜陟幽明子養有若父與兄犯禮法輕重隨其刑路無拾遺之私囹圄空虛冬節不斷人耄耋皆得以壽終恩德廣及草木昆蟲

雞鳴高樹顛　雞鳴　古詞

雞鳴高樹顛狗吠深宮中蕩子何所之天下方太平刑法非有貸柔協正亂名黃金爲君門璧玉爲軒闌堂上有雙尊酒作使邯鄲倡劉玉碧青甓後出郭門王舍後有方池池中雙鴛鴦鴛鴦七十二羅列自成行鳴聲何啾啾聞我殿東箱兄弟四五人皆爲侍中郎五日一時來觀者滿道傍黃金絡馬頭熲熲何煌煌桃生露井上李樹生桃傍蟲來齧桃根李樹代桃僵樹木身相代兄弟還相忘

烏生八九子　　烏生　　古詞

烏生八九子端坐秦氏桂樹間唶我秦氏家有游遨蕩子工用睢陽強蘇合彈左手持強彈兩丸出入烏東西唶我一丸即發中烏身烏死魂魄飛揚上天阿母生烏子時乃在南山巖石間唶我人民安知烏子處蹊徑窈窕安從通白鹿乃在上林西苑中射工尚復得白鹿脯哺唶我黃鵠摩天極高飛後宮尚復得烹煑之鯉魚乃在洛水深淵中釣鉤尚得鯉魚口唶我人民生

各各有壽命死生何須復道前後

平陵東　　平陵　　古詞

平陵東松柏桐不知何人劫義公劫義公在高堂下交錢百萬兩走馬兩走馬亦誠難顧見追吏心中惻心中惻血出漉歸告我家賣黃犢

棄故鄉　亦在瑟調東西門行　　陌上桑　　文帝詞

棄故鄉離室宅遠從軍旅萬里客披荊棘求阡陌側足獨窘步路局笮虎豹嗥動雞驚禽失羣鳴相索登南山柰何蹈盤石樹木叢生鬱差錯寢蒿草蔭松柏涕泣雨面霑枕席伴旅單稍稍日零落惆悵竊自憐相痛惜

今有人　　陌上桑　　楚詞鈔

今有人山之阿被服薜荔帶女蘿既含睇又宜笑子戀慕予善窈窕乘赤豹從文貍新夷車駕結桂旗被石蘭帶杜衡折芳拔荃遺所思處幽室終不見天路險艱獨後來表獨立山之上雲何容容而在下杳冥冥羌晝晦東風飄颻神靈雨風瑟瑟木搜搜思念公子徒以憂

駕虹蜺　　陌上桑　　武帝詞

駕虹蜺乘赤雲登彼九疑歷玉門濟天漢至崑崙見西王母謁東君交赤松及羨門受要祕道愛精神食芝英飲醴泉柱杖桂枝佩秋蘭絕人事游渾元若疾風游欻飄飄景未移行數千壽如南山不忘愆

清商三調歌詩　　荀勖撰舊詞施用者

平調

周西　　短歌行　　武帝詞　六解

周西伯昌懷此聖德參分天下而有其二脩奉

貢獻臣節不墜崇侯讒之是以拘繫解一後見赦原賜之斧鉞得使征伐爲仲尼所稱達及德行猶奉事殷論叙其美解二齊桓之功爲霸之首九合諸侯一匡天下一匡天下不以兵車正而不譎其德傳稱解三孔子所歎并稱夷吾民受其恩賜與廟胙命無下拜小白不敢爾天威在顏咫尺解四晉文亦霸躬奉天王受賜珪瓚秬鬯彤弓盧弓矢千虎賁三百人解五威服諸侯師之者尊八方聞之名亞齊桓河陽之會詐稱周王是以

其名紛葩解六

秋風　燕歌行　文帝詞解七

秋風蕭瑟天氣涼草木搖落露爲霜解一羣燕辭歸鵠南翔念君客游多思腸解二慊慊思歸戀故鄉君何淹留寄它方解三賤妾煢煢守空房憂來思君不敢忘解四不覺淚下霑衣裳援瑟鳴弦發清商解五短歌微吟不能長明月皎皎照我牀解六星漢西流夜未央牽牛織女遙相望爾獨何辜限河梁解七

仰瞻　短歌行　文帝詞解八

仰瞻帷幕俯察几筵其物如故其人不存解一神靈倏忽棄我遐遷靡瞻靡恃泣涕連連解二呦呦游鹿銜草鳴麑翩翩飛鳥挾子巢棲解三我獨孤煢懷此百離憂心孔疚莫我能知解四人亦有言憂令人老嗟我白髮生一何早解五長吟永歎懷我聖考曰仁曰壽胡不是保解六

別日　燕歌行　文帝詞解六

別日何易會日難山川悠遠路漫漫解一鬱陶思

君未敢言寄書浮雲往不還解二涕零雨面毀形顏誰能懷憂獨不歎解三耿耿伏枕不能眠披衣出戶步東西解四展詩清歌聊自寬樂往哀來摧心肝悲風清厲秋氣寒羅帷徐動經秦軒解五仰戴星月觀雲間飛鳥晨鳴聲氣可憐留連顧懷不自存解六

對酒　短歌行　武帝詞解六

對酒當歌人生幾何譬如朝露去日苦多解一慨當以忼憂思難忘以何解愁唯有杜康解二青青

子衿悠悠我心但爲君故沈吟至今解三明明如
月何時可輟憂從中來不可斷絶解四呦呦鹿鳴
食野之苹我有嘉賓鼓瑟吹笙解五山不厭高水
不厭深周公吐哺天下歸心解六

清調

晨上　秋胡行　武帝詞

晨上散關山此道當何難晨上散關山此道當
何難牛頓不起車墮谷閒坐槃石之上彈五弦
之琴作爲清角韻意中述煩歌以言志晨上散

關山解一有何三老公卒來在我傍有何三老公
卒來在我傍員揜被裘似非恒人謂卿云何困
苦以自怨徨徨所欲來到此閒歌以言志有何
三老公解二我居崐崘山所謂者眞人我居崐崘
山所謂者眞人道深有可得名山歷觀遨游八
極枕石漱流飲泉沈吟不決遂上升天歌以言
志我居崐崘山解三去去不可追長恨相牽攀去
去不可追長恨相牽攀夜夜安得寐惆悵以自
憐正而不譎辭賦依因經傳所過西來所傳歌以

言志去去不可追＝解四又本晨＝上＝散＝官＝山＝此＝道＝當＝何＝
難＝有＝何＝三＝老＝公＝卒＝來＝在一我＝傍＝我＝居＝崐＝崘＝山＝所＝謂一
眞＝人＝去＝不＝可＝追＝長＝相＝牽＝攀＝

北上　苦寒行　武帝詞解六

北上太＝行＝山＝艱＝哉＝何＝巍＝羊腸
坂詰屈車輪爲之摧解一樹木何蕭＝瑟＝北＝
風＝聲＝正＝悲＝熊羆對我蹲虎豹夾道啼
解二谿谷少＝人＝民＝雪＝落＝何＝霏＝霏
＝延頸長歎息遠行多所懷解三我心何＝佛＝

鬱＝思＝欲＝一＝東＝歸＝水深橋梁絶中
道正裵回解四迷惑失＝徑＝路＝暝＝無＝所
＝宿＝棲＝行＝行日以遠人馬同時飢解五儋
囊＝行＝取＝薪＝斧＝冰＝持＝作＝糜＝
悲彼東山詩悠悠使我哀解六

願登　秋胡行　武帝詞解五

願＝登＝泰＝華山＝神＝人＝共＝遠＝
游＝經歷崐崘山到蓬萊飄颻八極與神人俱
思得神藥萬歲爲期歌以言志願登泰華山解一

天〻地〻何〻長〻久〻人〻道〻居〻之〻
短〻世言伯陽殊不知老赤松王喬亦云得道
得之未聞庶以壽考歌以言志天地何長久二解
明〻明〻日〻月〻光〻何〻所〻不〻光〻
昭〻二儀合聖化貴者獨人不萬國率土莫非
王臣仁義爲名禮樂爲榮歌以言志明明日月
光三解 四〻時〻變〻逝〻去〻晝〻夜〻以〻
成〻歲〻大人先天而天弗違不戚年往世憂
不治存亡有命慮之爲蚩歌以言志四時變逝

去四解 戚〻戚〻欲〻何〻念〻歡〻笑〻意〻
所〻之〻盛壯智惠殊不再來愛時進趣將以
惠誰汜汜放逸亦同何爲歌以言志戚戚欲何
念五解

上謁 董桃行 古詞五解

吾欲上謁從高山山頭危嶮大難遥望五嶽端
黃金爲闕班璘但見芝草葉落紛紛一解 百鳥集
來如煙山獸紛綸麟辟邪其端鵾雞聲鳴但見
山獸援戲相拘攀二解 小復前行玉堂未心懷流

還傳教出門來門外人何求所言欲從聖道求
一得命延三解 教敕凡吏受言采取神藥若水端
白兔長跪擣藥蝦蟇丸奉上陛下一玉柈服此
藥可得仙四解 服爾神藥無不歡喜陛下長生
老壽四面肅肅稽首天神擁護左右陛下長與
天相保守五解

蒲生 塘上行 武帝詞五解

蒲〻生〻我〻池〻中〻其葉何離離傍能行
儀儀莫能縷自知衆口鑠黃金使君生別離一解

念〻君〻去〻我〻時〻獨愁常苦悲想見君
顏色感結傷心脾今悉夜夜愁不寐二解 莫〻用〻
〻豪〻賢〻故〻棄捐素所愛莫用魚肉貴棄
捐蔥與薤莫用麻枲賤棄捐菅與蒯三解 倍〻恩
〻者〻苦〻枯〻蹶船常苦沒教君安息定慎
莫致倉卒念與君一共離別亦當何時共坐復
相對四解 出〻亦〻復〻苦〻愁〻入亦復苦愁
邊地多悲風樹木何蕭〻今日樂相樂延年壽
千秋五解

悠悠　苦寒行　明帝詞五解
悠〻悠〻發〻洛〻都〻并〻我〻征〻東〻行〻征行
彌〻旬屯吹隴阪城一解顧觀故〻壘〻處〻皇〻祖〻
之〻所〻營〻屋室若平昔棟宇無邪傾二解奈何我〻
皇〻祖〻潛〻德〻隱〻聖〻形〻雖沒而不朽書貴
垂休名三解光光我〻皇〻祖〻軒〻燿〻同〻其〻榮〻
遺化布四海八表以肅清四解雖有吳〻蜀〻寇〻
春〻秋〻足〻燿〻兵〻徒悲我皇祖不永享百齡
賦詩以寫懷伏軾淚霑纓五解

瑟調
朝日　善哉行　文帝詞五解
朝日樂相樂酣飲不知醉悲弦激新聲長笛吐
清氣一解弦歌感人腸四坐皆歡說寥寥高堂上
涼風入我室二解持滿如不盈有得者能卒君子
多苦心所愁不但一三解慊慊下白屋吐握不可
失衆賓飽滿歸主人苦不悉四解比翼翔雲漢羅
者安所羈沖靜得自然榮華何足爲五解
上山　善哉行　文帝詞六解

上山采薇薄莫苦饑溪谷多風霜露沾衣一解野
雉羣雊猴猨相追還望故鄉鬱何壘壘二解高山
有崖林木有支憂來無方人莫之知三解人生若
寄多憂何爲今我不樂歲月其馳四解湯湯川流
中有行舟隨波轉薄有似客游五解策我良馬被
我輕裘載馳載驅聊以忘憂六解
朝游　善哉行　文帝詞五解
朝游高臺觀夕宴華池陰大酋奉甘醪狩人獻
嘉禽一解齊倡發東舞秦箏奏西音有客從南來

爲我彈清琴二解五音紛繁會拊者激微吟淫魚乘
波聽踊躍自浮沈三解飛鳥翻翔舞悲鳴集北林
樂極哀情來憀亮摧肝心四解清角豈不妙德薄
所不任大哉子野言弭弦且自禁五解
古公　善哉行　武帝詞七解
古公亶甫積德垂仁思弘一道哲王於豳一解太
伯仲雝王德之仁行施百世斷髮文身二解伯夷
叔齊古之遺賢讓國不用餓殂首山三解智哉山
甫相彼宣王何用杜伯累我聖賢四解齊桓之霸

賴得仲父後任豎刁蟲流出戶解五晏子平仲積
德兼仁與世沈德未必思命解六仲尼之世王國
為君隨制飲酒揚波使官解七
自惜　善哉行　武帝詞解六
自惜身薄祜夙賤罹孤苦既無三徙教不聞過
庭語解一其窮如抽裂自以思所怙雖懷一介志
是時其能與解二守窮者貧賤惋歎淚如雨泣涕
於悲夫乞活安能覩解三我願於天窮琅邪傾側
左雖欲竭忠誠欣公歸其楚解四快人曰為歎抱

情不得敘顯行天教人誰知莫不緒解五我願何
時隨此歎亦難處今我將何照於光耀釋銜不
如雨解六
我徂　善哉行　明帝詞解八
我徂我征伐彼蠻虜練師簡卒爰正其旅解一輕
舟竟川初鴻依浦桓桓猛毅如羆如虎解二發砲
若雷吐氣成雨旄旌指麾進退應矩解三百馬齊
轡御由造父休休六軍咸同斯武解四兼塗星邁
亮茲行阻行日遠西背京許解五游弗淹旬遂

屆揚土奔寇震懼莫敢當御解六虎臣列將怫鬱
充怒淮泗肅清奮揚微所解七運德耀威惟鎮惟
撫反旆言歸告入皇祖解八
赫赫　善哉行　明帝詞解四
赫赫大魏王師徂征冒暑討亂振耀威靈解一汎
舟黃河隨波潺湲通渠回越行路綿綿解二彩旄
蔽日旗旒翳天淫魚瀺灂游戲深淵解三唯塘泊
從如流不為單握揚楚心惆悵歌采薇心綿綿
在淮肥願君速捷蚤旋歸解四

來日　善哉行　古詞解六
來日大難口燥脣乾今日相樂皆當喜歡解一經
歷名山芝草翻翻仙人王喬奉藥一丸解二自惜
袖短內手知寒慚無靈輒以報趙宣解三月沒參
橫北斗闌干親交在門饑不及餐解四歡日尚少
戚日苦多以何忘憂彈箏酒歌解五淮南八公要
道不煩參駕六龍游戲雲端解六
大曲
東門　東門行　古詞解四

出東門不顧歸來入門悵欲悲盎中無斗儲還
視桁上無懸衣解一拔劒出門去兒女牽衣啼它
家但願富貴賤妾與君共餔糜解二共餔糜上用
倉浪天故下爲哉口小兒今時清廉難犯教言
君復自愛莫爲非解三今時清廉難犯教言君復
自愛莫爲非行吾去爲遲平慎行望吾歸解四

西山　　折楊柳行　　文帝詞解四

西山一何高高高殊無極上有两仙僮不欲亦
不食與我一丸藥光耀有五色解一服藥四五日

身體生羽翼輕舉乘浮雲倏忽行萬億流覽觀
四海茫茫非所識解二彭祖稱七百悠悠安可原
老聃適西戎于今竟不還王喬假虚詞赤松垂
空言解三達人識真偽愚夫如妄傳追念往古事
憒憒千萬端百家多迂怪聖道我所觀解四

羅敷　　豔歌羅敷行　　古詞解三

日出東南隅照我秦氏樓秦氏有好女自名爲
羅敷羅敷喜蠶桑采桑城南隅青絲爲籠係桂
枝爲籠鉤頭上倭墮髻耳中明月珠緗綺爲下
帬紫綺爲上襦行者見羅敷下儋捋髭須少年
見羅敷脱帽著帩頭耕者忘其犂鋤者忘其鋤
來歸相怒怨但坐觀羅敷解一使君從南來五馬
立踟蹰使君遣吏往問是誰家姝秦氏有好女
自名爲羅敷羅敷年幾何二十尚不足十五頗
有餘使君謝羅敷寧可共載不羅敷前置詞使
君一何愚使君自有婦羅敷自有夫解二東方千
餘騎夫壻居上頭何用識夫壻白馬從驪駒青
絲繫馬尾黄金絡馬頭腰中鹿盧劒可直千萬

餘十五府小史二十朝大夫三十侍中郎四十
專城居爲人潔白皙鬑鬑頗有須盈盈公府步
冉冉府中趨坐中數千人皆言夫壻殊解三前有豔詞
曲後有趨

西門　　西門行　　古詞解六

出西門步念之今日不作樂當待何時解一夫爲
樂爲樂當及時何能坐愁怫鬱當復來兹解二飲
醇酒炙肥牛請呼心所歡可用解愁憂解三人生
不滿百常懷千歲憂晝短而夜長何不秉燭游

[四解] 自[二]非[二]仙[二]人[二]王[二]子[二]喬[二]計[二]會
[二]壽[二]命[二]難[二]與[二]期[二][五解] 人壽非金石年
命安可期貪財愛惜費但爲後世嗤[六解][一本獨游後行]
[去之如雲除弊車羸馬爲自推無白非以下四十八字]
默默　　折楊柳行　　古詞[四解]
默默施行違厥罰隨事來末喜殺龍逄桀放於
鳴條[一解]祖伊言不用紂頭縣白旄指鹿用爲馬
胡亥以喪軀[二解]夫差臨命絶乃云負子胥戎王
納女樂以亾其由余璧馬禍及虢二國倶爲墟

[三解] 三夫成市虎慈母投杼趨卞和之刖足接予
歸草廬[四解]
園桃　　煌煌京洛行　　文帝詞[五解]
夭夭園桃無子空長虛美難假偏輪不行[一解]淮
陰五行鳥得弓藏保身全名獨有子房大憤不
收褒衣無帶多言寡誠祗令事敗[二解]蘇秦之說
六國以亡傾側賣主車裂固當賢矣陳軫忠而
有謀楚懷不從禍卒不救[三解]禍夫吳起智小謀
大西河何健伏尸何劣[四解]嗟彼郭生古之雅人

智矣燕昭可謂得臣峩峩仲連齊之高士北辭
千金東蹈滄海[五解]
白鵠　　豔歌阿嘗[一曰飛鵠行]　　古詞[四解]
飛來雙白鵠乃從西北來十十五五羅列成行
[一解]妻卒被病行不能相隨五里一反顧六里一
裵回[二解]吾欲銜汝去口噤不能開吾欲負汝去
毛羽何摧頹[三解]樂哉新相知憂來生別離躇躕
顧羣侶淚下不自知[四解]念與君離別氣結不能
言各各重自愛道遠歸還難妾當守空房閉門

下重關若生當相見亡者會黃泉今日樂相樂
延年萬歲期[念與下爲趨曲前有]
碣石　　步出夏門行　　武帝詞[四解]
雲行雨步超越九江之皐臨觀異同心意懷游豫不
知當復何從經過至我碣石心惆悵我東海[臨行至此爲豔]
東臨碣石以觀滄海水何淡淡山島竦峙
樹木叢生百草豐茂秋風蕭瑟洪濤湧起日月
之行若出其中星漢粲爛若出其裏幸甚至
哉歌以言志觀滄海[一解]孟冬十月北風裵回天

氣肅清繁霜霏霏鵾雞晨鳴鴻鴈南飛鷙鳥
潛藏熊羆窟棲錢鎛停置農收積場逆旅正設
以通賈商幸甚至哉歌以詠志冬十月二解鄉土不
同河朔隆寒流澌浮漂舟船行難錐不入地豐藾
深奧水竭不流冰堅可蹈士隱者貧勇俠輕非心
常歎怨戚戚多悲幸甚至哉歌以詠志河朔寒三解
神龜雖壽猶有音時騰蛇乘霧終爲土灰驥老
伏櫪志在千里烈士暮年壯心不已盈縮之期不
但在天養怡之福可得永年幸甚至哉歌以詠

志神龜雖壽四解

何嘗　豔歌何嘗行　古辭五解

何嘗快獨無憂但當飲醇酒炙肥牛一解長兄爲
二千石中兄被貂裘二解小弟雖無官爵鞍馬馺
馺往來王侯長者遊三解但當在王侯殿上快獨
樗蒲六博對坐彈棊四解男兒居世各當努力蹙
迫日暮殊不久留五解少小相觸抵寒苦常相隨忿
恚安足諍吾中道與卿共別離約身奉事君禮
節不可虧上慙滄浪之天下顧黃口小兒奈何復

老心皇皇獨悲誰能知少小下爲趨曲前爲豔

置酒　野田黃雀行空侯引亦用此曲　東阿王詞四解

置酒高殿上親交從我遊中廚辦豐膳烹羊宰
肥牛秦箏何慷慨齊瑟和且柔一解陽阿奏奇舞
京洛出名謳樂飲過三爵緩帶傾庶羞主稱和
金壽賓奉萬年酬二解久要不可忘薄終義所尤
謙謙君子德磬折欲何求盛時不再來百年忽
我遒三解驚風飄白日光景馳西流生存華屋處
零落歸山丘先民誰不死知命復何憂四解

爲樂　滿歌行四解

爲樂未幾時遭世險巇逢此百離伶丁荼毒愁
懣難支遥望辰極天曉月移憂來闐心誰當我
知一解戚戚多思慮耿耿不寧禍福無形唯念古
人遜位躬耕遂我所願以茲自寧自鄙山棲守
此一榮二解莫秋削風起西蹈滄海心不能安攬
衣起瞻夜北斗闌干星漢照我去去自無它奉
事二親勞心可言三解窮達天所爲智者不愁多
爲少憂安貧樂正道師彼莊周遺名者貴子熙

同戲往者二賢名垂千秋解四飲酒歌舞不樂何
須善哉照觀日月日月馳驅轗軻世間何有何
無貪財惜費此一何愚命如鑿石見火居世竟
能幾時但當歡樂自娛盡心極所熈怡安善養
君德性百年保此期頤飲酒上為趣

夏門　步出夏門行一曰隴西行　明帝詞解二

步出夏門東登首陽山譽哉夷叔仲尼稱賢君
子退讓小人爭先惟斯二子于今稱傳林鍾受
謝節改時遷日月不居誰得久存善哉殊復善

弦歌樂情解一商風夕起悲彼秋蟬變形易色隨
風東西乃眷西顧雲霧相連丹霞蔽日采虹帶
天弱水潺潺落葉翩翩孤禽失羣悲鳴其間善
哉殊復善悲鳴在鳴其間解二朝游清泠日莫譽
歸朝游上為豔蹴迫日莫烏鵲南飛繞樹三匝何枝
可依卒逢風雨樹折枝摧雄來驚雌雌獨愁棲
夜失羣侶悲鳴裴回芃芃荆棘葛生綿綿感彼
風人惆悵自憐月盈則沖華不再繁古來之說
譽哉一言蹴迫下為趣

王者布大化　櫂歌行　明帝詞解二

王者布大化配乾稽后祗陽育則陰殺晷景應
度移解一文德以時振武功伐不隨重華儛干戚有
苗服從嫣解二蠢爾吳蜀虜馮江棲山阻哀哀王
士民瞻仰靡依怙解三皇上悼愍斯宿昔奮天怒
發我許昌宮列舟于長浦解四翌日乘波揚棹歌
悲且涼大常拂白日旗幟紛設張解五將抗旄與
鉞燿威於彼方伐皐以弔民清我東南疆將抗下為趣

洛陽行　鴈門太守行　古詞解八

孝和帝在時洛陽令王君本自益州廣漢民小
行宦學通五綸論解一明知法令歷世衣冠從溫
補洛陽令治行致賢擁護百姓子養萬民解二外
行猛政內懷慈仁文武備具料民富貧移惡子
姓名五篇著里端解三傷殺人比伍同皐對門禁
錮矛八尺捕輕薄少年加笞決皐詣馬市論解四
無妄發賦念在理冤敕吏正獄不得苛煩財用
錢三十買繩禮竿解五賢哉賢哉我縣王君臣吏
衣冠奉事皇帝功曹主簿皆得其人解六臨部居

職不敢行恩清身苦體夙夜勞勤治有能名遠近所聞解七天年不遂蚤就奄昏爲君作祠安陽亭西欲令後世莫不稱傳解八

白頭吟　與櫂歌同調　古詞解五

晴如山上雲皎若雲間月聞君有兩意故來相決絕解一平生共城中何嘗斗酒會今日斗酒會明旦溝水頭躞蹀御溝上溝水東西流解二郭東亦有樵郭西亦有樵兩樵相推與無親爲誰驕解三淒淒重淒淒嫁娶亦不啼願得一心人白頭不相離竹竿何嫋嫋魚尾何離蓰男兒欲相知何用錢刀爲齕如五馬啖萁川上高士嬉今日相對樂延年萬歲期一本云詞曰上有紫羅咄咄奈何

楚調怨詩

明月　東阿王詞解七

明月照高樓流光正裵回上有愁思婦悲歎有餘哀解一借問歎者誰自云客子妻夫行踰十載賤妾常獨棲解二念君過於渴思君劇於饑君爲高山柏妾爲濁水泥解三北風行蕭蕭烈烈入吾耳心中念故人淚墮不能止解四浣浮各異路會合當何諧願作東北風吹我入君懷解五君懷常不開賤妾當何依恩情中道絕流止任東西解六我欲竟此曲此曲悲且長今日樂相樂別後莫相忘解七

志第十一　宋書二十一

宋書二十二

臣沈約新撰

樂四

漢鞞舞歌五篇

關東有賢女

章和二年中

樂久長

四方皇

殿前生桂樹

魏鞞舞歌五篇

明明魏皇帝

太和有聖帝

魏曆長

天生烝民

爲君旣不易

魏陳思王鞞舞歌五篇

聖皇篇 當章和二年中

聖皇應曆數　正康帝道休
九州咸賓服　威德洞八幽
三公奏諸公　不得久淹留
蕃位任至重　舊章咸率由
侍臣省文奏　陛下體仁慈
沈吟有愛戀　不忍聽可之
迫有官典憲　不得顧恩私
諸王當就國　璽綬何纍縗
便時舍外殿　宫省寂無人
主上增顧念　皇母懷苦辛

何以爲贈賜　傾府竭寶珍
文錢百億萬　采帛若煙雲
乘輿服御物　錦羅與金銀
龍旗垂九旒　羽蓋參班輪
諸王自計念　無功荷厚德
思一效筋力　糜軀以報國
鴻臚擁節衛　副使隨經營
貴戚並出送　夾道交輜軿
車服齊整設　韡曄耀天精

武騎衛前後　鼓吹簫笳聲
祖道魏東門　淚下霑冠纓
扳蓋因內顧　俛仰慕同生
行行將日莫　何時還闕庭
車輪爲裴回　四馬躊躇鳴
路人尚酸鼻　何況骨肉情

靈芝篇　當殿前生桂樹

靈芝生王地　朱草被洛濱
榮華相晃耀　光采曄若神

古時有虞舜　父母頑且嚚
盡孝於田隴　烝烝不違仁
伯瑜年七十　采衣以娛親
慈母笞不痛　歔欷涕沾巾
丁蘭少失母　自傷蚤孤煢
刻木當嚴親　朝夕致三牲
暴子見陵侮　犯辠以亡形
丈人爲泣血　免戾全其名
董永遭家貧　父老財無遺
舉假以供養　傭作致甘肥
責家塡門至　不知何用歸
天靈感至德　神女爲秉機
歲月不安居　烏乎我皇考
生我既已晚　棄我何期蚤
蓼莪誰所興　念之令人老
退詠南風詩　灑淚滿襟抱

亂曰

聖皇君四海　德教朝夕宣

萬國咸禮讓　百姓家肅虔
庠序不失儀　孝悌處中田
戶有曾閔子　比屋皆仁賢
髫齔無夭齒　黃髮盡其年
陛下三萬歲　慈母亦復然

大魏篇　當漢吉昌

大魏應靈符　天祿方甫始
聖德致泰和　神明爲驅使
左右宜供養　中殿宜皇子

陛下長壽考　羣臣拜賀咸説喜
積善有餘慶　榮祿固天常
衆善塡門至　臣子蒙福祥
無患及陽遂　輔翼我聖皇
衆吉咸集會　凶邪姦惡並滅亡
黄鵠游殿前　神鼎周四阿
玉馬充乘輿　芝蓋樹九華
白虎戲西除　含利從辟邪
騏驎躡足舞　鳳凰拊翼歌

豐年大置酒　玉尊列廣庭
樂飲過三爵　朱顏暴已形
式宴不違禮　君臣歌鹿鳴
樂人舞鼙鼓　百官雷抃贊若驚
儲禮如江海　積善若陵山
皇嗣繁且熾　孫子列曾玄
羣臣咸稱萬歲　陛下長樂壽年
御酒停未飲　貴戚跪東廂
侍人承顏色　奉進金玉觴

此酒亦眞酒　福祿當聖皇
陛下臨軒笑　左右咸歡康
梧來一何遲　羣僚以次行
賞賜累千億　百官並富昌

精微篇

精微爛金石　至心動神明
杞妻哭死夫　梁山爲之傾
子丹西質秦　烏日白角生
鄒羨囚燕市　繁霜爲下零

關東有賢女　自字蘇來卿
壯年報父仇　身沒垂功名
女休逢赦書　白刃幾在頸
俱上列仙籍　去死獨就生
太倉令有辠　遠徵當就拘
自悲居無男　禍至無與俱
緹縈痛父言　何僭西上書
槃桓北闕下　泣淚何漣如
乞得幷姊弟　沒身贖父軀

漢文感其義　肉刑法用除
其父得以免　辯義在列圖
多男亦何爲　一女足成居
簡子南渡河　津吏廢舟舩
執法將加刑　女娟擁櫂前
妾父聞君來　將涉不測淵
畏懼風波起　禱祝祭名川
備禮饗神祇　爲君求福先
不勝釂祀誠　至令犯罰艱

君必欲加誅　乞使知罪愆
妾願以身代　至誠感蒼天
國君高其義　其父用赦原
河激奏中流　簡子知其賢
歸娉爲夫人　榮寵超後先
辯女解父命　何況健少年
黃初發和氣　明堂德教施
治道致太平　禮樂風俗移
刑錯民無枉　怨女復何爲

聖皇長壽考　景福常來儀

孟冬篇　當狡兔

孟冬十月　陰氣厲清　武官誡田
講旅統兵　元龜襲吉　元光著明
蚩尤蹕路　風弭雨停　乘輿啓行
鸞鳴幽軋　虎賁采騎　飛象珥鶡
鐘鼓鏗鏘　簫管嘈喝　萬騎齊鑣
千乘等蓋　夷山塡谷　平林滌藪
張羅萬里　盡其飛走　趯趯狡兔

揚白跳翰　獵以青骹　掩以脩竿
韓盧宋鵲　呈才騁足　噬不盡緤
牽麋掎鹿　魏氏發機　養基撫弦
都盧尋高　搜索猴猨　慶忌孟賁
蹈谷超巒　張目決眥　髮怒穿冠
頓熊扼虎　蹴豹搏貙　氣有餘勢
負象而趨　獲車既盈　日側樂終
罷役解徒　大饗離宮
亂曰

聖皇臨飛軒　論功校獵徒
死禽積如京　流血成溝渠
明詔大勞賜　大官供有無
走馬行酒醴　驅車布肉魚
鳴鼓舉觴爵　鐘擊位無餘
絕綱縱麟麑　弛罩出鳳雛
收功在羽校　威靈振鬼區
陛下長歡樂　永世合天符

晉鼙舞歌五篇

洪業篇　鼙鼓歌當魏曲明明魏皇帝

古曲關東有賢女

宣文翔洪業　盛德在泰和
聖皇應靈符　受命君四海
萬國何所樂　上有明天子
唐堯禪帝位　虞舜惟恭已
恭已正南面　道化與時移
大赦蕩萌漸　文教被黃文
象天則地　體無爲
聰明配日月　神聖參兩儀
雖有三凶類　靜言無所施
象天則地　體無爲
稷契並佐命　伊呂升王臣
蘭芷登朝肆　下無失宿民
聲發響自應　表立景來附
虓虎從羈制　潛龍升天路
備物立成器　變通極其數
百事以時敘　萬機有常度

訓之以克讓　納之以忠恕
群下仰清風　海外同懽慕
象天則地　化雲布
昔日貴雕飾　今尚儉與素
昔日多纖介　今去情與故
象天則地　化雲布
濟濟大朝士　夙夜綜萬機
萬機無廢理　明明降疇咨
臣譬列星景　君配朝日暉

事業竝通濟　功列何巍巍
五帝繼三皇　三王世所歸
聖德應期運　天地不能違
仰之彌已高　猶天不可階
將復御龍氏　鳳皇在庭棲

天命篇　鼙舞歌當魏曲大和有聖帝
古曲章和二年中

聖祖受天命　應期輔魏皇
入則綜萬機　出則征四方

朝廷無遺理　方表寧且康
道隆舜臣堯　積德踰大王
孟度阻窮險　造亂天一隅
神兵出不意　奉命致天誅
赦善戮有罪　元惡宗爲虛
威風震勁蜀　武烈懾彊吳
諸葛不知命　肆逆亂天常
擁徒十餘萬　數來寇邊疆
我皇邁神武　秉鉞鎮雍涼
亮乃畏天威　未戰先仆僵
盈虛自然運　時變固多難
東征陵海表　萬里梟賊淵
受遺齊七政　曹爽又滔天
羣凶受誅殛　百祿咸來臻
黃華應福始　王淩爲禍先

景皇帝　鼙舞歌當魏曲魏歷長　古曲樂久長

景皇帝　聰明命世生　盛德參天地
帝王道　創基旣已難　繼世亦未易

外則夏侯玄　內則張與李　三凶稱逆
亂帝紀　從天行誅　窮其姦宄
過將御其衞　潛謀不得起
罪人咸伏辜　威風震萬里
平衡綜萬機　萬機無不理
召陵桓不君　內外何紛紛
衆小便成羣　蒙昧恣心
治亂不分　叡聖獨斷
濟武常以文　從天惟廢立

掃霓披浮雲　雲霓既已闢
清和未幾間　羽檄首尾至
變起東南藩　儉欽爲長虵
外則馮吴蠻　萬國紛騷擾
戚戚天下懼不安　神武御六軍
我皇秉鉞征　儉欽起壽春
前鋒據項成　出其不意　竝縱奇兵
奇兵誠難御　廟勝實難支
兩軍不期遇　敵退計無施

虎騎惟武進　大戰沙陽陂
欽乃亡魂走　奔虜若雲披
天恩赦有辠　東土放鯨鯢
大晉篇鞞舞歌當魏曲天生烝民古曲四方皇
赫赫大晉　於穆文皇　蕩蕩巍巍
道邁陶唐　世稱三皇五帝　及今重其光
九德克明　文既顯武又章　恩弘六合
兼濟萬方　内舉元凱　朝政以綱
外簡虎臣　時惟鷹揚　靡從不懷
逆命斯亡　仁配春日　威踰秋霜
濟濟多士　同茲蘭芳　唐虞至治
四凶滔天　致討儉欽　罔不肅虔
化感海外　海外來賓　獻其聲樂
竝稱妾臣　西蜀猾夏　僭號方域
命將致討　委國稽服　吴人放命
馮海阻江　飛書告諭　響應來同
先王建萬國　九服爲藩衛　亡秦壞諸侯
序胙不二世　歷代不能復　忽踰五百歲

我皇邁聖德　應期紹典制　分土五等
藩國正封界　莘莘文武佐　千秋遘嘉會
洪業溢區内　仁風翔海外
明君篇鞞舞歌當魏曲爲君既不易
古曲殿前生桂樹
明君御四海　聽鑒盡物情　顧望有譴罰
竭忠身必榮　蘭茝出荒野　萬里升紫庭
茨草穢堂階　埽截不得生　能否莫相蒙
百官正其名　恭已慎有爲　有爲無不成

闇君不自信　羣下執異端　正直罹譖潤
姦臣奪其權　雖欲盡忠誠　結舌不敢言
結舌亦何憚　盡忠爲身患　清流豈不潔
飛塵濁其源　岐路令人迷　未遠勝不還
忠臣立君朝　正色不顧身　邪正不並存
譬若胡與秦　秦胡有合時　邪正各異津
忠臣遇明君　乾乾惟日新　羣目統在綱
衆星拱北辰　設令遭闇主　斥退爲凡民
雖薄供時用　白茅猶可珍　冰霜晝夜結
蘭桂摧爲新　邪臣多端變　用心何委曲
便辟從情指　動隨君所欲　偷安樂目前
不問清與濁　積僞罔時主　養交以持祿
言行恒相違　難蔽其谿谷　昧死射乾沒
覺露則滅族

右五篇鞞舞歌行

鐸舞歌詩二篇

聖人制禮樂篇

昔皇文武邪　彌彌舍善　誰吾時吾
行許帝道　銜來治路萬邪　治路萬邪
赫赫　意黃運道吾
善道明邪金邪　善道　明邪金邪帝邪
近帝武武邪邪　聖皇八音　偶邪尊來
聖皇八音　及來義邪同邪　烏及來義邪
善草供國吾　咄等邪烏　近帝邪武邪
近帝武邪武邪　應節合用　武邪尊邪
應節合用　酒期義邪同邪　酒期義邪
善草供國吾　咄等邪烏　近帝邪武邪

近帝武武邪邪　下音足木　上爲鼓義邪
應衆義邪　樂邪邪延否　已邪烏已禮祥
咄等邪烏　素女有絕其聖烏烏武邪

雲門篇　鐸舞歌行當魏太和時

黃雲門　唐咸池　虞韶武
夏殷濩　刑伐有五　振鐸鳴金
近大武　清歌發倡　刑爲主
聲和八音　協律呂　身不虛動
手不徒舉　應節合度　周其敘

時奏宮商　雜之以徵羽　不厭飡衆目
上從鍾鼓　樂以移風　與德禮相輔
安有失其所
右二篇鐸舞歌行
拂舞歌詩五篇
白鳩篇
翩翩白鳩　再飛再鳴　懷我君德
來集君庭　白雀呈瑞　素羽明鮮
翔庭舞翼　以應仁乾　交交鳴鳩

或丹或黃　樂我君惠　振羽來翔
東壁餘光　魚在江湖　惠而不費
敬我微軀　策我良駟　習我驅馳
與君周旋　樂道亡餘　我心虛靜
我志霑濡　彈琴鼓瑟　聊以自娛
陵雲登臺　浮游太清　扳龍附鳳
日望身輕
濟濟篇
暘飛暘舞　氣流芳　追念三五

大綺黃　去失有　時可行
去來同時　此未央　時冉冉
近桑榆　但當飲酒　爲歡娛
衰老逝　有何期　多憂耿耿
内懷思　淵池廣　魚獨希
願得黃浦　衆所依　恩感人
世無比　悲歌具舞　無極已
獨祿篇
獨祿獨祿　水深泥濁　泥濁尚可

水深殺我　雝雝雙雁　游戲田畔
我欲射雁　念子孤散　翩翩浮萍
得風遥輕　我心何合　與之同并
空牀低帷　誰知無人　夜衣錦繡
誰別僞眞　刀鳴削中　倚牀無施
父冤不報　欲活何爲　猛虎班班
游戲山間　虎欲嚙人　不避豪賢
碣石篇
東臨碣石　以觀滄海　水何澹澹

山島竦峙　樹木叢生　百草豐茂
秋風蕭瑟　洪波湧起　日月之行
若出其中　星漢粲爛　若出其裏
幸甚至哉　歌以詠志　觀滄海
孟冬十月　北風裴回　天氣肅清
繁霜霏霏　鵾鷄晨鳴　鴈過南飛
鷙鳥潛藏　熊羆窟棲　錢鎛停置
農收積場　逆旅整設　以通賈商
幸甚至哉　歌以詠志　冬十月

二百十三　宋志十二　十九

鄉土不同　河朔隆寒　流澌浮漂
舟船難行　錐不入地　豐籟深奧
水竭不流　冰堅可蹈　士隱者貧
勇俠輕非　心常歎怨　戚戚多悲
幸甚至哉　歌以詠志　土不同
神龜雖壽　猶有竟時　騰蛇乘霧
終爲土灰　老驥伏櫪　志在千里
烈士暮年　壯心不已　盈縮之期
不但在天　養怡之福　可得永年

幸甚至哉　歌以詠志　龜雖壽
淮南王篇
淮南王　自尊言　百尺高樓與天連
後園鑿井銀作牀　金瓶素綆汲寒漿
汲寒漿　飲少年　少年窈窕何能賢
揚聲悲歌音絕天　我欲度河河無梁
願化雙黃鵠　還故鄉　還故鄉
入故里　徘徊故鄉　身不已
繁舞寄聲無不泰　徘徊桑梓遊天外

二百十四　宋志十二　二十　陸永

右五篇拂舞行
杯槃舞歌詩一篇
晉世寧　四海平　普天安樂永太寧
四海安　天下歡　樂治興隆舞杯槃
舞杯槃　何翩翩　舉坐翻覆壽萬年
天與日　終與一　左回右轉不相失
箏笛悲　酒舞疲　心中慷慨可健兒
樽酒甘　絲竹清　願令諸君醉復醒
醉復醒　時合同　四坐歡樂皆言工

絲竹音　可不聽　亦舞此槃左右輕
自相當　合坐歡樂人命長　人命長
當結友　千秋萬歲皆老壽
右杯槃舞歌行
巾舞歌詩一篇
吾不見公莫時吾何嬰公來嬰姥時吾哺聲何
爲茂時爲來嬰當思吾明月之上轉起吾何嬰
土來嬰轉去吾哺聲何爲土轉南來嬰當去吾
城上羊下食草吾何嬰下來吾食草吾哺聲汝何

三年針縮何來嬰吾亦老吾平平門淫涕下吾何
嬰何來嬰涕下吾哺聲昔結吾馬客來嬰吾當
行吾度四州洛四海吾何嬰海何來嬰海何來
嬰四海吾哺聲橋西馬頭香來嬰吾洛道吾治
五丈度汲水吾噫邪哺誰當求兒母何意零邪
錢健步哺誰當吾求兒母何吾哺聲三針一發
交時還弩心意何零意弩心遥來嬰弩心哺聲
復相頭巾意何零何邪相哺頭巾相吾來嬰頭巾
母何何吾復來推排意何零相哺推相來嬰推

非母何吾復車輪意何零子以邪相哺轉輪吾
來嬰轉母何吾使君去時意何零子以邪使君
去時使來嬰去時母何吾思君去時意何零子以
邪思君去時思來嬰吾去時母何何吾吾
右公莫巾舞歌行
白紵舞歌詩三篇
高舉兩手白鵠翔　輕軀徐起何洋洋
凝停善睞容儀光　宛若龍轉乍低昂
隨世而變誠無方　如推若引留且行

宋世方昌樂未央　舞以盡神安可忘
愛之遺誰贈佳人　質如輕雲色如銀
袍以光軀巾拂塵　制以爲袍餘作巾
四坐歡樂胡可陳　清歌徐舞降祗神
右一篇
雙袂齊舉鸞鳳翔　羅裾飄颻昭儀光
趨步生姿進流芳　鳴弦清歌及三陽
人生世間如電過　樂時每少苦日多
幸及良辰曜春花　齊倡獻舞趙女歌

羲和馳景逝不停　春露未晞嚴霜零
百草凋殄花落英　蟋蟀吟牖寒蟬鳴
百年之命忽若傾　蚤知迅速秉燭行
東造扶桑游紫庭　西至崐崘戲曾城
右一篇
陽春白日風花香　趨步明玉舞瑶璫
聲發金石媚笙簧　羅袿徐轉紅袖揚
清歌流響繞鳳梁　如矜若思凝且翔
轉眄遺精豔輝光　將流將引雙雁翔

歡來何晚意何長　明君御世永歌倡
右一篇白紵舊新合三篇
宋泰始歌舞曲詞
皇業頌 歌自堯至楚元王高祖世世載聖德　明帝造
皇業沿德建　帝運資勳融
胤唐重盛軌　冑楚載休風
堯舜兆深祥　元王衍遐慶
積善傳上業　胙福啓聖聖
奕㪍隨金祿　登曆昌水命

維宋垂光烈　世美流舞咏
聖祖頌
聖祖惟高德　積勳代晉曆
永建享鴻基　萬古盛音册
叡文纘宸馭　廣運崇帝聲
衍德被仁祉　畱化洽民靈
孝建締孝業　允協天人謀
宇內齊政軌　宙表燭威流
鐘管騰列聖　彝銘貴重猷

明君大雅　虞龢造
明君應乾數　撥亂紐頹基
民慶來蘇日　國頌薰風詩
天步或暫難　列蕃扇迷慝
廟勝敷九代　神謨洞七德
文教洗昏俗　武誼清禮埏
英勳冠帝則　萬壽永衍天
通國風　明帝造
開寶業　資賢昌　謨明盛

实

弼諧光　烈武惟略　景王勳
南康華容　夔政文　猛績爰著
有左軍　三王到氏　文武贊
丞相作輔　屬伊旦　沈柳宗侯
皆殄亂　泰始開運　超百王
司徒驃騎　勳德康　江安謀效
殷誠彰　劉沈承規　功名揚
慶歸我后　胙無疆
天符頌　明帝造

天符革運　世誕英皇　在館神炫
既壯龍驤　六鍾集表　四緯駢光
於穆配天　永休厥祥
明德頌　明帝造
明德孚教　幽符麗紀　山鼎見奇
醴液涵祉　鶼雛燿儀　騶虞游趾
福延億胙　慶流萬祀
帝圖頌
帝圖凝遠　瑞美昭宣　濟流月鏡

鹿毳霜鮮　甘露降和　花雪表年
孝德載衍　芳風永傳
龍躍大雅
龍躍式符　王燿蕃宮　歲淹豫
璽屬嬪中　江波澈映　石柏開文
覩毓花蘂　棲凝景雲　白烏三獲
甘液再呈　嘉穟表沃　連理協成
德充動物　道積通神　宋業允大
靈瑞方臻

淮祥風
淮祥應　賢彥生翼贊中興　致太平
宋世大雅　虞龢造
宋世寧　在泰始　醉酒歡
飽德喜　萬國朝　上壽酒
帝同天　惟長久
治兵大雅　明帝造
王命治兵　有征無戰　巾拂以淨
醜類革面　王儀振旅　載戢在辰

中虛巾拂　四表靜塵

白紵篇大雅　明帝造

在心曰志發言詩　聲成于文被管絲
手舞足蹈欣泰時　移風易俗王化基
琴角揮韻白雲舒　簫韶協音神鳳來
拊擊和節詠在初　章曲乍畢情有餘
文同軌壹道德行　國靖民和禮樂成
四縣庭響美勳英　八列陛倡貴人聲
舞飾麗華樂容工　羅裳皎日袂隨風
金翠列輝蕙麝豐　淑姿委體允帝衷

漢鼓吹鐃歌十八曲　朱鷺曲

朱鷺魚以烏路訾邪鷺何食食茄下不之食不以吐將以問誅一作諫者

思悲翁曲

思悲翁唐思奪我美人侵以遇悲翁也但我思蓬首一作蓋狗逐狡兔食交君梟子五梟母六拉沓高飛莫安宿

艾如張曲

艾而張羅夷於何行成之四時和山出黃雀亦有羅雀以高飛奈雀何為此倚欲誰肯礞室

上之回曲

上之回所中益夏將至行將北以承甘泉宮寒暑德游石關望諸國月支臣匈奴服令從百官疾驅馳千秋萬歲樂無極

翁離曲

擁離趾中可築室何用葺之蕙用蘭擁離趾中

戰城南曲

戰城南死郭北野死不葬烏可食為我謂烏且為客豪野死諒不葬腐肉安能去子逃水深激激蒲葦冥冥梟騎戰鬬死駑馬裴回鳴梁築室何以南梁何北禾黍而穫君何食願為忠臣安可得思子良臣良臣誠可思朝行出攻莫不夜歸

巫山高曲

巫山高高以大淮水深難以逝我欲東歸害梁不為我集無高曳水何梁湯湯回回臨水遠望

泣下霑衣遠道之人心思歸謂之何

上陵曲

上陵何美美下津風以寒問客從何來言從水中央桂樹爲君船青絲爲君笮木蘭爲君櫂黃金錯其間滄海之雀赤翅鴻白鴈隨山林乍開乍合曾不知日月明醴泉之水光澤何蔚蔚芝爲車龍爲馬覽遨游四海外甘露初二年芝生銅池中仙人下來飲延壽千萬歲

將進酒曲

將進酒乘太白辨加哉詩審搏放故歌心所作同陰氣詩悉索使禹良工觀者苦

君馬黃歌

君馬黃臣馬蒼三馬同逐臣馬良易之有騩蔡有赭美人歸以南駕車馳馬美人傷我心佳人歸以北駕車馳馬佳人安終極

芳樹曲

芳樹日月君亂如於風芳樹不上無心溫而鵠三而爲行臨蘭池心中懷我悵心不可匡目不可顧妬人之子愁殺人君有它心樂不可禁王將何似如孫如魚乎悲矣

有所思曲

有所思乃在大海南何用問遺君雙珠玳瑁簪用玉紹繚之聞君有它心拉雜摧燒之摧燒之當風揚其灰從今以往勿復相思相思與君絕雞鳴狗吠兄嫂當知之妃呼豨秋風肅肅晨風颸東方須臾高知之

雉子曲

雉子班如此之于雉梁無以吾翁孺雉子知得雉子高飛止黃鵠蜚之以重王可思雄來蜚從雌視子趨一雉雉子車大駕馬滕被王送行所中堯羊蜚從王孫行

聖人出曲

聖人出陰陽和美人出游九河佳人來騑離哉何駕六飛龍四時和君之臣明護不道美人哉宜天子免甘星筵樂甫始美人子含四海

上邪曲

上邪我欲與君相知長命無絕衰山無陵江水爲竭冬雷震震夏雨雪天地合乃敢與君絕

臨高臺曲

臨高臺以軒下有清水清且寒江有香草目以蘭黃鵠高飛離哉翻關弓射鵠令我主壽萬年收中吾

遠如期曲

遠如期益如壽處天左側大樂萬歲與天無極雅樂陳佳哉紛單于自歸動如驚心虞心大佳

萬人還來謁者引鄉殿陳累世未嘗聞之增壽萬年亦誠哉

石留曲

石留涼陽涼石水流爲沙錫以微河爲香向始谿冷將風陽北逝肯無敢與于楊心邪懷蘭志金安薄北方開留離蘭

魏鼓吹曲十二篇　繆襲造

漢第一曲朱鷺今第一曲初之平言魏也

初之平　義兵征　神武奮　金鼓鳴

邁武德　揚洪名　漢室微　社稷傾

皇道失　桓與靈　閹官熾　羣雄爭

邊韓起　亂金城　中國擾　無紀經

赫武皇　起旌旗　麾天下　天下平

濟九州　九州寧　剏武功　武功成

越五帝　邈三王　興禮樂　定紀綱

普日月　齊暉光

右初之平曲凡三十句句三字

漢第二曲思悲翁今第二曲戰榮陽言曹公也

戰榮陽　汴水陂　戎士憤怒　貫甲馳

陳未成　退徐榮　二萬騎　塹壘平

戎馬傷　六軍驚　勢不集　衆幾傾

白日沒　時晦冥　顧中牟　心屏營

同盟疑　計無成　賴我武皇　萬國寧

右戰榮陽曲凡二十句其十八句句三字二句句四字

漢第三曲艾如張今第三曲獲呂布言曹公東圍臨淮生擒呂布也

獲呂布　戮陳宮　芟夷鯨鯢　驅騁羣雄
囊括天下　運掌中

右獲呂布曲凡六句其三句句三字三句句四字

漢第四曲上之回今第四曲克官渡言曹公與袁紹戰破之於官渡也

克紹官渡　由白馬　僵屍流血　被原野
賊衆如犬羊　王師尚寡　沙塠傍　風飛揚
轉戰不利　士卒傷　今日不勝　後何望

土山地道　不可當　卒勝大捷　震冀方
屠城破邑　神武遂章

右克官度曲凡十八句其八句句四字一句句五字九句句三字

漢第五曲翁離今第五曲舊邦言曹公勝袁紹於官度還譙收藏士卒死亡也

舊邦蕭條　心傷悲　孤魂翩翩　當何依
游士戀故　涕如摧　兵起事大　令願違
傷求親戚　在者誰　立廟置後　魂來歸

右舊邦曲凡十二句其六句句三字六句句四字

漢第六曲戰城南今第六曲定武功言曹公初破鄴武功之定始乎此也

定武功　濟黃河　河水湯湯　旦莫有橫渡
袁氏欲衰　兄弟尋干戈　決漳水　水流滂沱
嗟城中如流魚　誰能復顧室家　計窮慮盡　求來連和
和不時　心中憂戚　賊衆內潰　君臣奔北
拔鄴城　奄有魏國　王業艱難　覽觀古今

可為長歎

右定武功曲凡二十一句其五句句三字三句句六字十二句句四字一句五字

漢第七曲巫山高今第七曲屠柳城言曹公越北塞歷白檀破三郡烏桓於柳城也

屠柳城　功誠難　越度隴塞　路漫漫
北踰岡平　但聞悲風正酸　蹋頓授首　遂登白狼山
神武慹海外　永無北顧患

右屠柳城曲凡十句其三句句三字三

句句四字三句句五字一句六字

漢第八曲上陵今第八曲平南荊言曹公南平荊州也

南荊何遼遼　江漢濁不清　菁茅久不貢
王師赫南征　劉琮據襄揚　賊備屯樊城
六軍廬新野　金鼓震天庭　劉子面縛至
武皇許其成　許與其成　撫其民
陶陶江漢間　普爲大魏臣　大魏臣
向風思自新　思自新　齊功古人

在昔虞與唐　大魏得與均　多選忠義士
爲喉脣　天下一定　萬世無風塵

右平南荊曲凡二十四句其十七句句五字四句句三字三句句四字

漢第九曲將進酒今第九曲平關中言曹公征馬超定關中也

平關中　路向潼　濟濁水　立高墉
鬬韓馬　離羣凶　選驍騎　縱兩翼
虜崩潰　級萬億

右平關中曲凡十句句三字

漢第十曲有所思今第十曲應帝期言曹文帝以聖德受命應運期也

應帝期　於昭我文皇　曆數承天序
龍飛自許昌　聰明昭四表　恩德動遐方
星辰爲垂燿　日月爲重光　河洛吐符瑞
草木挺嘉祥　麒麟步郊野　黃龍游津梁
白虎依山林　鳳凰鳴高岡　考圖定篇籍
功配上古羲皇　羲皇無遺文　仁聖相因循

期運三千歲　一生聖明君　堯授舜萬國
萬國皆附親　四門爲穆穆　教化常如神
大魏興盛　與之爲鄰

右應帝期曲凡二十六句其一句三字二句四字二十二句句五字一句六字

漢第十一曲芳樹今第十一曲邕熙言魏氏臨其國君臣邕穆庶績咸熙也

邕熙　君臣念德　天下治
登帝道　獲瑞寶　頌聲並作

洋洋浩浩　吉日臨高堂　置酒列名倡
歌聲何紆餘　雜笙簧　八音諧
有紀綱　子孫永建萬國　壽考樂無央

右邕熙曲凡十五句其六句句三字三句句四字一句二字三句句五字二句句六字

漢第十二曲上邪今第十二曲太和言魏明帝繼體承統太和改元德澤流布

惟太和元年　皇帝踐阼　聖且仁
德澤爲流布　災蝗一時爲絶息
上天時雨露　五穀溢田疇
四民相率遵軌度　事務徵清
天下獄訟察以情　元首明
魏家如此　那得不太平

右太和曲凡十三句其二句句三字五句句五字三句句四字三句句七字

晉鼓吹歌曲二十二篇　傅玄作

靈之祥　古朱鷺行

靈之祥言宣皇帝之佐魏猶虞舜之事堯也既有石瑞之徵又能用武以誅孟度之逆命也

靈之祥　石瑞章　旌金德　出西方
天命降　授宣皇　應期運　時龍驤
繼大舜　佐陶唐　贊武文　建帝綱
孟氏叛　據南疆　追有扈　亂五帝
吳寇勁　蜀虜彊　交誓盟　連遐荒
宣赫怒　奮鷹揚　震乾威　燿電光
陵九天　陷石城　梟逆命　拯有生

萬國安　四海寧

宣受命　古思悲翁行

宣受命言宣皇帝禦諸葛亮養威重運神兵亮震怖而死

宣受命　應天機　風雲時動　神龍飛
禦葛亮　鎮雍涼　邊境安　民夷康
務節事　勤定傾　覽英雄　保持盈
淵穆穆　赫明明　沖而泰　天之經
養威重　運神兵　亮乃震死　天下寧

征遼東　古艾而張行

征遼東言宣皇帝陵大海之表討滅公孫淵而梟其首也

征遼東　敵大據　威靈邁日域　淵既授首
羣逆破膽　咸震怖　朔北響應　海表景附
武功赫赫　德雲布

宣輔政　古上之回行

宣輔政言宣皇帝聖道深遠撥亂反正網羅文
武之才以定二儀之序也

宣皇輔正　聖烈深　撥亂反正　從天心

網羅文武才　慎厥所生　所生賢　遺教施
安上治民　化風移　肇啓帝基　洪業垂
於鑠明明　時赫戲　功濟萬世　定二儀
定二儀　雲澤雨施　海外風馳

時運多　古擁離行

時運多言宣皇帝致討吴方有征無戰也

時運多難　道教痡　天地變化　有盈虛
蠢爾吴蠻　虎視江湖　我皇赫斯　致天誅
有征無戰　弭其圖　天威横被　震東隅

景龍飛　古戰城南行

景龍飛言景帝克明威教賞從夷逆祚隆無疆
崇此洪基也

景龍飛　御天威　聰鑑玄發　動與神明協機
從之者顯　逆之者滅夷　文敎敷　武功巍
普被四海　萬邦望風　莫不來綏　聖德潛斷
先天弗違　弗違祥　享世永長　猛以致寬
道化光　赫明明　祚隆無疆　帝績惟期
有命既集　崇此洪基

平玉衡　古巫山高行

平玉衡言景皇帝一萬國之殊風齊四海之乖
心禮賢養士而纂洪業也

平玉衡　糾姦回　萬國殊風　四海乖
禮賢養士　羈御英雄思心齊　纂戎洪業
崇皇階　品物咸亨　聖敬日躋　聰鑑盡下情
明明綜天機

文皇統百揆　古上陵行

百揆言文皇帝始統百揆用人有序以敷泰平之

化也

文皇統百揆　繼天理萬方　武皇鎮四寓

英佐盈朝堂　謀言協秋蘭　清風發其芳

洪澤所漸潤　礫石為珪璋　大道侔五帝

盛德踰三王　咸光大　上參天與地

至化無內外　無內外　六合並康乂

並康乂　遘茲嘉會　在昔羲與農

大晉德斯邁　鎮征及諸州　為蕃衛

功濟四海　洪烈流萬世

因時運　古將進酒行

因時運言文皇帝因時運變聖謀潛施解長蛇之交離羣桀之黨以武濟文審其大計以邁其德也

因時運　聖策施　長蛇交解　羣桀離

勢窮奔吳　虎騎厲　惟武進　審大計

時邁其德　清一世

惟庸蜀　古有所思行

惟庸蜀言文皇帝既平萬乘之蜀封建萬國復五等之爵也

惟庸蜀　僭號天一隅　劉備逆帝命

禪亮承其餘　擁衆數十萬　闚隙乘我虛

驛騎進羽檄　天下不遑居　姜維屢寇邊

隴上為荒墟　文皇愍斯民　歷世受罪辜

外謨蕃屏臣　內謀衆士夫　爪牙應指授

腹心同獻良圖　良圖協成文　大興百萬軍

雷鼓震地起　猛勢陵浮雲　逋虜畏天誅

面縛造壘門　萬里同風教　逆命稱妾臣

光建五等　紀綱天人

天序　古芳樹行

天序言聖皇應曆受禪弘濟大化用人各盡其才也

天序　應曆受禪　承靈祜

御羣龍　勒螭虎　弘濟大化

英雋作輔　明明統萬機　赫赫鎮四方

咎繇稷契之疇　協蘭芳　禮王臣

覆兆民　化之如天與地　誰敢愛其身

大晉承運期　古上邪行

大晉承運期言聖皇應籙受圖化象神明也

大晉承運期　德隆聖皇　時清晏

白日垂光　應籙圖陟帝位　繼天正玉衡

化行象神明　至哉道隆虞與唐　元首敷洪化

百寮股肱並忠良　民大康　隆隆赫赫

福祚盈無疆

金靈運　古君馬行

靈運言聖皇踐阼致敬宗廟而孝道施於天下也

金靈運　天符發　聖徵見　參日月　惟我皇

體神聖　受魏禪　應天命　皇之興　靈有徵

登大麓　御萬乘　皇之輔　若貔虎　爪牙奮

莫之禦　皇之佐　贊清化　百事理　萬邦賀

神祇應　嘉瑞章　恭享祀　薦先皇　樂時奏

磬管鏘　鼓淵淵　鍾喤喤　奠尊俎　實玉觴

神歆饗　咸說康　宴孫子　祐無疆　大孝烝烝

德教被萬方

於穆我皇　古雉子行

於穆言聖皇受命德合神明也

於穆我皇　盛德聖且明　受禪君世

光濟羣生　普天率土　莫不來庭

顒顒六合內　望風仰泰清　萬國雍雍

興頌聲　大化洽　地平而天成

七政齊　玉衡惟平　峨峨佐命

濟濟羣英　夙夜乾乾　萬機是經

雖治興　匪荒寧　謙道光

沖不盈　天地合德　日月同榮

赫赫煌煌　燿幽冥　三光克從

於顯天垂景星　龍鳳臻　甘露宵零

肅神祇　祇上靈　萬物欣戴

自天效其成

仲春振旅　古聖人出行

仲春言大晉申文武之教田獵以時也

仲春振旅　大致民　武教於時日新

師執提　工執鼓　坐作從

節有序　盛矣允文允武　蒐田表禡

申法誓　遂圍禁　獻社祭
允矣時明國制　文武並用　禮之經
列車如戰　大教明　古今誰能去兵
大晉繼天　濟羣生

夏苗田　古臨高臺行
苗田言大晉田狩從時爲苗除害也
夏苗田　運將徂　軍國異容
文武殊　乃命羣吏　撰車徒
辨其名號　贊契書　王軍啓八門

行同上帝居　時路建大麾　雲旗翳紫虛
百官象其事　疾則疾徐則徐　回衡旋軫
罷陳敝車　獻禽享祠　烝烝配有虞
惟大晉　德參兩儀　化雲敷

仲秋獮田　古遠期行
仲秋言大晉雖有文德不廢武事從時以殺伐也
仲秋獮田　金德常剛　涼風清且厲
凝露結爲霜　白虎司辰　蒼隼時鷹揚
鷹揚猶尚父　從天以殺伐　春秋時敘
雷霆震威燿　進退由鉦鼓　致禽祀祊
羽毛之用充軍府　赫赫大晉德　芬烈陵三五
敷化以文　雖治不廢武　光宅四海
永享天之祜

從天道　古石留行
從天道言仲冬大閱用武脩文大晉之德配天也
從天道　握神契　三時亦講武事　冬大閱
鳴鐲振鼓鐸　旌旗象虹霓　文制其中　武不窮武
動軍誓衆　禮成而義舉　三驅以宗仁　進止不失其序

兵卒練　將如虎　惟虓虎　氣陵青雲
解圍三面　殺不殄羣　偃旌麾　班六軍
獻享烝　脩典文　嘉大晉　德配天
祿報功　爵俟賢　饗燕樂　受茲百祿
壽萬年

唐堯　古務成行　古曲亾
唐堯言聖皇陟帝位德化光四表也
唐堯咨務成　謙謙德所興　積漸終光大
履霜致堅冰　神明道自然　河海猶可凝

舜禹統百揆　元凱以次升　禪讓應天曆
睿聖世相承　我皇陟帝位　平衡正準繩
德化四表　祥氣見其徵　興王坐俟旦
亡生恬自矜　致遠由近始　覆簣成山陵
披圖按先籍　有其證靈

玄雲　古玄雲行　古曲七

玄雲言聖皇用人各盡其材也

玄雲起山嶽　祥氣萬里會　龍飛何蜿蜿
鳳翔何翩翩　昔在唐虞朝　時見青雲際
今親遊方國　流光溢天外　鶴鳴在後園
清香隨風遠　成湯隆顯命　伊摯來如飛
周文獵渭濱　遂載呂望歸　符合如影響
先天天弗違　輟耕網時網　解褐衿天維
元功配二主　芬馨世所稀　我皇叙羣才
洪烈何巍巍　桓桓征四表　濟濟理萬機
神化感無方　髦才盈帝畿　丕顯惟昧旦
日新孔所咨　茂哉聖明德　日月同光輝

伯益　古黄爵行　古曲七

伯益言赤烏銜書有周公興今聖皇受命神雀來也

伯益佐舜禹　職掌山與川　德侔十六相
思心入無間　智理周萬物　下知衆鳥言
黄雀應清化　翔集何翩翩　和鳴棲庭樹
徘徊雲日間　夏桀爲無道　密網施山阿
酷祝振纖網　當奈黄雀何　殷湯崇天德
去其三面羅　逍遥羣飛來　鳴聲乃復和
朱雀作南宿　鳳皇統羽羣　赤烏銜書至
天命瑞周文　神雀今來遊　爲我受命君
嘉祥致天和　膏澤降青雲　蘭風發芳氣
闔世同其芬

釣竿　古釣竿行　漢鐃歌二十二無釣竿

釣竿言聖皇德配堯舜又有呂望之佐以濟天功治太平也

釣竿何冉冉　甘餌芳且鮮　臨川運思心
微綸沈九淵　太公寶此術　乃在靈秘篇
機變隨物移　精妙貫未然　游魚驚著釣

潛龍飛戾天　戾天安所至　撫翼翔太清
太清一何異　兩儀出渾成　玉衡正三辰
造化賦羣形　退願輔聖君　與神合其靈
我君弘遠略　天人不足幷　天人初幷時
昧昧何芒芒　日月有徵兆　文象興二皇
蚩尤亂生民　黄帝用兵征萬方
逮夏禹而德衰　三代不及虞與唐
我皇聖德配堯舜　受禪即作享天祥
率土蒙祐　靡不肅　庶事康

庶事康　穆穆明明　荷百祿
保無極　永泰平

吴鼓吹曲十二篇　韋昭造

炎精缺者言漢室衰武烈皇帝奮迅猛志念在匡救然而王迹始乎此也漢曲有朱鷺此篇當之第一

炎精缺　漢道微　皇綱弛　政德違
衆姦熾　民罔依　赫武烈　越龍飛
陟天衢　燿靈威　鳴雷鼓　抗電麾
撫乾衡　鎭地機　厲虎旅　騁熊羆
發神聽　吐英奇　張角破　邊韓羈
宛潁平　南土綏　神武章　渥澤施
金聲震　仁風馳　顯高門　啓皇基
統罔極　垂將來

右炎精缺曲凡三十句句三字

漢之季者武烈皇帝悼漢之微痛卓之亂興兵奮擊功蓋海内也漢曲有思悲翁此篇當之第二

漢之季　董卓亂　桓桓武烈　應時運

義兵興　雲旗建　厲六師　羅八陳
飛鳴鏑　接白刃　輕騎發　介士奮
醜虜震　使衆散　劫漢主　遷西館
雄豪怒　元惡僨　赫赫皇祖　功名聞

右漢之季曲凡二十句其十八句句三字二句句四字

攄武師者言大皇帝卒武烈之業而奮征也漢曲有艾如張此篇當之第三

攄武師　斬黃祖　肅夷凶族　革平西夏

炎炎大烈 震天下

右擄武師曲凡六句其三句句三字

三句四字

烏林者言曹操既破荆州從流東下欲來爭鋒

大皇帝命將周瑜逆擊之於烏林而破走也漢

曲有上之回此篇當之第四

曹操北伐 拔柳城 乘勝席卷 遂南征

劉氏不睦 八郡震驚 衆既降 操屠荆

舟車十萬 揚風聲 議者狐疑 慮無成

賴我大皇 發聖明 虎臣雄烈 周與程

破操烏林 顯章功名

右伐烏林曲凡十八句其十句句四

字八句句三字

秋風者言大皇帝説以使民民忘其死漢曲有

擁離此篇當之第五

秋風揚沙塵 寒露霑衣裳 角弓持弦急

鳩鳥化爲鷹 邊垂飛羽檄 寇賊侵界疆

跨馬披介胄 忼慨懷悲傷 辭親向長路

安知存與亡 窮達固有分 志士思立功

邀之戰場 身逸獲高賞 身沒有遺封

右秋風曲凡十五句其十四句句五

字一句四字

克皖城者言曹操志圖并兼而令朱光爲廬江

太守上親征光破之於皖城也漢曲有戰城南

此篇當之第六

克滅皖城 遏寇賊 惡此凶孽 阻姦慝

王師赫征 衆傾覆 除穢去暴 戢兵革

民得就農 邊境息 誅君弔臣 昭至德

右克皖城曲凡十二句其六句句三

字六句句四字

關背德者言蜀將關羽背棄吳德心懷不軌大

皇帝引師浮江而禽之也漢曲有巫山高此篇

當之第七

關背德 作鴟張 割我邑城 圖不祥

稱兵北伐 圍樊襄陽 嗟臂大於股 將受其殃

巍巍吾聖主 叡德與玄通 與玄通 親任呂蒙

泛舟洪氾池　濟涉長江　神武一何桓桓
聲烈正與風翔　歷撫江安城　大據郢邦
虜羽授首　百蠻咸來同　盛哉三比隆
右關背德曲凡二十一句其八句句四字
二句句六字七句句五字四句句三字
通荆門者言大皇帝與蜀交好齊盟中有關羽
自失之愆戎蠻樂亂生變作患蜀疑其眩吳惡
其詐乃大治兵終復初好也漢曲有上陵此篇
當之第八

荆門限巫山　高峻與雲連　蠻夷阻其險
歷世懷不賓　漢王據蜀郡　崇好結和親
申微中情疑　讒夫亂其間　大皇赫斯怒
虎臣勇氣震　蕩滌幽藪　討不恭
觀兵揚炎燿　厲鋒整封疆　整封疆
闡揚威武容　功赫戲　洪烈炳章
邈矣帝皇世　聖吳同厥風　荒裔望清化
化恢弘　煌煌大吳　延胙永未央
右通荆門曲凡二十四句其十七句

句五字四句句三字三句句四字
章洪德者言大皇帝章其大德而遠方來附也
漢曲有將進酒此篇當之第九
章洪德　邁威神　感殊風　懷遠鄰
平南裔　齊海濱　越裳貢　扶南臣
珍貨充庭　所見日新
右章洪德曲凡十句其八句句三字二句
句四字
從曆數者言大皇帝從籙圖之符而建大號也

漢曲有有所思此篇當之第十
從曆數　於穆我皇帝　聖哲受之天
神明表奇異　建號創皇基　聰叡協神思
德澤浸及昆蟲　浩蕩越前代　三光顯精燿
陰陽稱至治　肉角步郊畛　鳳凰棲靈囿
神龜游沼池　圖讖摹文字　黃龍覿鱗
符祥日月記　覽往以察今　我皇多嘉事
上欽昊天象　下副萬姓意　光被彌蒼生
家戶蒙惠賚　風教肅以平　頌聲章嘉喜

大吳興隆　綽有餘裕

右從曆數曲凡二十六句其一句句三字三句句四字二十二句句五字一句六字

承天命者言上以聖德踐位道化至德盛也漢曲有芳樹此篇當之第十一

承天命　於昭聖德　三精垂象　符靈表德
巨石立　九穗植　龍金其鱗　烏赤其色
輿人歌　億夫歎息　超龍升　襲帝服
躬淳懿　體玄嘿　夙興臨朝　勞謙日昃

易簡以崇仁　放遠讒與慝　舉賢才　親近有德
均田疇　茂稼穡　審法令　定品式
考功能　明黜陟　人思自盡　惟心與力
家國治　王道直　思我帝皇　壽萬億
長保天祿　祚無極

右承天命曲凡三十四句其十九句句三字二句句五字十三句句四字

玄化者言上脩文訓武則天而行仁澤流洽天下喜樂也漢曲有上邪此篇當之第十二

玄化象以天　陛下聖真　張皇綱
率道以安民　惠澤宣流而雲布　上下睦親
君臣酣宴樂　激發弦歌揚妙新　脩文籌廟勝
須時備駕巡洛津　康哉泰　四海歡忻
越與三五鄰

右玄化曲凡十三句其五句句五字二句句三字三句句四字三句句七字

今鼓吹鐃歌詞樂人以音聲相傳詁不可復解

大竭夜烏自云何來堂吾來聲烏奚姑悟姑尊盧

聖子黃尊來餽清嬰烏白日為隨來郭吾微令吾
應龍夜烏由道何來直子為烏奚如悟姑尊盧
雞子聽烏虎行為來明吾微令吾
詩則夜烏道祿何來黑洛道烏奚悟如尊爾尊
盧起黃華烏伯遼為國日忠雨令吾
伯遼夜烏若國何來日忠雨烏奚如悟姑尊盧
面道康尊錄龍永烏赫赫福胙夜音微令吾

右四解上邪曲

幾令吾幾令諸韓亂發正令吾

幾令吾諸韓從聽心令吾若里洛何來韓微令
吾尊盧邑盧文盧子路子路爲路雖如文盧炯
烏諸胙微令吾
幾令諸韓或公隨令吾
幾令吾幾諸或言隨令吾黑洛何來諸韓微令
吾尊盧安成隨來免路路子爲吾路奚如文盧
炯烏諸胙微令吾
右九解晚芝田 漢曲有遠期疑是
幾令吾呼曆含居執來隨咄武子邪令烏銜針

相風其右其右
幾令吾呼羣議破萌執來隨吾咄武子邪令烏
令烏令臨入海相風及後
幾令吾呼無公赫吾執來隨吾咄武子邪令烏
無公赫吾姤立諸布始布
右三解艾張曲

鼓吹鐃歌十五篇 何承天義熙中私造

朱路篇

朱路揚和鸞 翠蓋燿金華 玄牡飾樊纓
流旌拂飛霞 雄戟闢曠塗 班劒翼高車
三軍且莫喧 聽我奏鐃歌 清鞞驚短簫
朗鼓節鳴笳 人心惟愷豫 茲音亮且和
輕風起紅塵 渟瀾發微波 逸韻騰天路
穨響結城阿 仁聲被八表 威震振九遐
詹詹介胄士 勗哉念皇家

思悲公篇

思悲公 懷袞衣 東國何悲 公西歸
公西歸 流二叔 幼主既悟 偃禾復

偃禾復 聖志申 營都新邑 從斯民
從斯民 德惟明 制禮作樂 興頌聲
興頌聲 致嘉祥 鳴鳳爰集 萬國康
萬國康 猶弗已 握髮吐餐 下羣士
惟我君 繼伊周 親覩盛世 復何求

雝離篇

雝士多離心 荆民懷怨情 二凶不量德
構難稱其兵 王人銜朝命 正辭糾不庭
上宰宣九伐 萬里舉長旌 樓船掩江濆

駟介飛重英　歸德戒後夫　賈勇尚先鳴
逆徒旣不濟　愚智亦相傾　霜鋒未及染
鄢郢忽已清　西川無潛鱗　北渚有奔鯨
淩威致天府　一戰夷三城　江漢被美化
宇宙歌太平　惟我東郡民　曾是深推誠

戰城南篇

戰城南　衝黃塵　丹旌電烻　鼓靁震
勍敵猛　戎馬殷　横陳亘野　若屯雲
仗大從　應三靈　義之所感　士忘生

長劍擊　繁弱鳴　飛鏑炫晃　亂奔星
虎騎躍　華眊旋　朱火延起　騰飛煙
驍雄斬　高旗搴　長角浮叫　響清天
夷羣寇　殪逆徒　餘黎霑惠　詠來蘇
奏愷樂　歸皇都　班爵獻俘　邦國娛

巫山高篇

巫山高　三峽峻　青壁千尋
深谷萬仞　崇巖冠靈　林冥冥
山禽夜響　晨猿相和鳴　洪波迅澓

載逝載停　悽悽商旅之客　懷苦情
在昔陽九　皇綱微　李氏竊命
宣武耀靈威　蠢爾逆縱　復踐亂機
王旅薄伐　傳首來至京師　古之爲國
惟德是貴　力戰而虛民　鮮不顛墜
矧乃叛戾　伊胡能遂　洛爾巴子
無放肆

上陵者篇

上陵者　相追攀　被服纖麗　振綺紈

攜童幼　升崇巒　南望城闕　鬱槃桓
王公第　通衢端　高甍華屋　列朱軒
臨濬谷　掇秋蘭　士女悠奕　映隰原
指營丘　感牛山　爽鳩旣沒　景君歎
嗟歲聿　游不還　志氣衰沮　玄鬢斑
野莽宿　墳土乾　顧此纍纍　中心酸
生必死　亦何怨　取樂今日　展情懽

將進酒篇

將進酒　慶三朝　備繁禮　薦嘉肴

榮枯換　霜霧交　緩春帶　命朋僚
車等旗　馬齊鑣　懷溫克　樂林濠
士失志　慍情勞　思旨酒　寄游遨
敗德人　甘醇醪　耽長夜　或淫妖
興屢舞　厲哇謠　形傞傞　聲號呶
首既濡　志亦荒　性命夭　國家亾
嗟後生　節酣觴　匪酒辜　孰爲殃

君馬篇

君馬麗且閑　揚鑣騰逸姿

駿足躡流景　高步追輕飛
冉冉六轡柔　奕奕金華暉
輕霄翼羽蓋　長風靡淑旂
願爲范氏驅　雍容步中畿
豈效詭遇子　馳騁趣危機
鉛陵策良駟　造父爲之悲
不怨吳坂峻　但恨伯樂稀
赦彼岐山盜　實濟韓原師
柰何漢魏主　縱情營所私
疲民甘藜藿　廐馬患盈肥
人畜貿厥養　蒼生將焉歸

芳樹篇

芳樹生北庭　豐隆正裵徊
翠潁陵冬秀　紅葩迎春開
佳人閑幽室　惠心婉以諧
蘭房掩綺幌　綠草被長階
日夕游雲際　歸禽命同棲
皓月盈素景　涼風拂中閨

哀弦理虛堂　要妙清且悽
嘯歌流激楚　傷此碩人懷
梁塵集丹帷　微飆揚羅袿
豈怨嘉時莫　徒惜良願乖

有所思篇

有所思思昔人　曾閔子　善養親　和顏色　奉晨昏　至誠烝烝
通明神　鄒孟軻　爲齊卿　稱身受祿　不貪榮　道不用　獨擁楹
三徙教　禮義明　飛鳥集　猛獸附　功成事畢　乃更娶　哀我生
遘凶旻　幼罹荼毒　備艱辛　慈顏絕　見無因　長懷遐慕　託丘墳

雉子游原澤篇

雉子游原澤　幼懷耿介心　飮啄雖勤苦
不願棲園林　古有避世士　抗志清霄岑
浩然寄卜肆　揮櫂通川陰　消搖風塵外
散髮撫鳴琴　卿相非所眄　何況於千金
功名豈不美　寵辱亦相尋　冰炭結六府
憂虞纏胸襟　當世須大度　量已不克任
三復泉流誡　自驚良已深

上邪篇

上邪下難正　衆枉不可矯　音和響必清
端影緣直表　大化揚仁風　齊人猶偃草
聖王既已沒　誰能弘至道　開春湛柔露
代終肅嚴霜　承平貴孔孟　政敝侯申商
孝公明賞罰　六世猶克昌　李斯肆濫刑
秦氏所以亡　漢宣隆中興　魏祖寧三方
譬彼針與石　效疾故稱良　行葦非不厚
悠悠何詎央　琴瑟時未調　改弦當更張
矧乃治天下　此要安可忘

臨高臺篇

臨高臺　望天衢　飄然輕舉　陵太虛
攜列子　超帝鄉　雲衣雨帶　乘風翔
肅龍駕　會瑤臺　清暉浮景　溢蓬萊
濟西海　濯洧盤　佇立雲岳　結幽蘭
馳迅風　遊炎州　願言桑梓　思舊遊
傾霄蓋　靡電旌　降彼天塗　頹窈冥
辭仙族　歸人群　懷忠抱義　奉明君
任窮達　隨所遭　何爲遠想　令心勞

遠期篇

遠期千里客　肅駕候良辰　近命城郭友
具爾惟懿親　高門啓雙闈　長筵列嘉賓
中唐舞六佾　三廂羅樂人　簫管激悲音
羽毛揚華文　金石響高宇　絃歌動梁塵
脩標多巧捷　九劍亦入神　遷善自雅調
成化由清均　主人垂隆慶　群士樂亡身
願我聖明君　邇期保萬春

石流篇

石上流水　湔湔其波　發源幽岫
永歸長河　瞻彼逝者　歲月其偕
子在川上　惟以增懷　嗟我殷憂
載勞寤寐　遘此百罹　有志不遂
行年倏忽　長勤是嬰　永言没世
悼茲無成　幸遇開泰　沐浴嘉運
緩帶安寢　亦又何愠　古之爲仁
自求諸己　虚情遥慕　終於徒已

宋書志第十二　宋書二十二

聖人制禮樂一篇巾舞歌一篇按景祐廣樂記言字訛謬聲辭雜書宋鼓吹鐃歌辭四篇舊史言詁不可解漢鼓吹鐃歌十八篇按古今樂録皆聲辭艷相雜不復可分

志第十三　宋書二十三

臣沈約新撰

天文一

言天者有三家一曰宣夜二曰蓋天三曰渾天而天之正體經無前說馬書班志又闕其文漢靈帝議郎蔡邕於朔方上書曰論天體者三家宣夜之學絶無師法周髀術數具存考驗天狀多所違失惟渾天僅得其情今史官所用候臺銅儀則其法也立八尺圓體而具天地之形以

正黄道占察發斂以行日月以步五緯精微深妙百世不易之道也官有器而無本書前志亦闕而不論本欲寢伏儀下思惟微意按度成數以著篇章辠惡無狀投畀有北灰滅雨絶勢路無由宣問羣臣下及巖穴知渾天之意者使述其義時閹官用事邕議不行漢末吴人陸績善天文始推渾天意王蕃者廬江人吴時爲中常侍善數術傳劉洪乾象曆依乾象法而制渾儀立論考度曰前儒舊說天地之體狀如鳥卵天

包地外猶殼之裹黄也周旋無端其形渾渾然故曰渾天也周天三百六十五度五百八十九分度之百四十五半露地上半在地下其二端謂之南極北極北極出地三十六度南極入地亦三十六度兩極相去一百八十二度半強繞北極徑七十二度常見不隱謂之上規繞南極七十二度常隱不見謂之下規赤道帶天之紘去兩極各九十一度少強黄道日之所行也半在赤道外半在赤道内與赤道東交於角五弱西交於奎十四少強其出赤道外極遠者去赤道二十四度斗二十一度是也其入赤道内極者亦二十四度井二十五度是也日南至在斗二十一度去極百一十五度少強是也日最南去極最遠故景最長黄道斗二十一度出辰入申故日亦出辰入申日晝行地上百四十六度強故日短夜行地下二百一十九度少弱故夜長自南至之後日去極稍近故景稍短日晝行地上度稍多故日稍長夜行地下度稍少故夜

稍短日所在度稍北故日稍北以至於夏至日在井二十五度去極六十七度少強是日最北去極最近景最短黄道井二十五度出寅入戌故日亦出寅入戌日晝行地上二百一十九度少弱故日長夜行地下百四十六度強故夜短自夏至之後日去極稍遠故景稍長日晝行地上度稍少故日稍短夜行地下度稍多故夜稍長日所在度稍南故日出入稍南以至於南至而復初焉斗二十一井二十五南北相覺四十八度春分日在奎十四少強秋分日在角五少弱此黄赤二道之交中也去極俱九十一度少強南北處斗二十一井二十五之中故景居二至長短之中奎十四角五出卯入酉故日亦出卯入酉日晝行地上夜行地下俱百八十度半強故日見之漏五十刻不見之漏五十刻謂之晝夜同夫天之晝夜以日出入爲分人之晝夜以昏明爲限日未出二刻半而明日未入二刻半而昏故損夜五刻以益晝是以春秋分之漏

書五十五刻三光之行不必有常術家以筭求之各有同異故諸家曆法參差不齊洛書甄耀度春秋考異郵皆云周天一百七萬一千里一度爲二千九百三十二里七十一步二尺七寸四分四百八十七分分之三百六十二陸績云天東西南北徑三十五萬七千里此言周三徑一也考之徑一不啻周三率周百四十二而徑四十五則天徑三十二萬九千四百一里一百二十二步二尺二寸一分七十一分分之十周

禮日至之景尺有五寸謂之地中鄭衆說土圭之長尺有五寸以夏至之日立八尺之表其景與土圭等謂之地中今潁川陽城地也鄭玄云凡日景於地千里而差一寸景尺有五寸者南戴日下萬五千里也以此推之日當去其下地八萬里矣日邪射陽城則天徑之半也天體圓如彈丸地處天之半而陽城爲中則日春秋冬夏昏明晝夜去陽城皆等無盈縮矣故知從日邪射陽城爲天徑之半也以句股法言之傍萬

五千里句也立八萬里股也從日邪射陽城弦也以句股求弦法入之得八萬一千三百九十四里三十步五尺三寸六分天徑之半而地上去天之數也倍之得十六萬二千七百八十八里六十一步四尺七寸二分天徑之數也以周率乘之徑率約之得五十一萬二千六百八十七里六十八步一尺八寸二分周天之數也減甄耀度考異郵五十五萬七千三百一十二里有奇一度凡千四百六里百二十四步六寸四

分千萬七千五百六十五分分之萬九千三十九減舊度千五百二十五里二百五十六步三尺三寸二十一萬五千一百三十分分之十六萬七百三十分黃赤二道相與交錯其間相去二十四度以兩儀推之二道俱三百六十五度有奇是以知天體員如彈丸而陸績造渾象其形如鳥卵然則黃道應長於赤道矣績云天東西南北徑三十五萬七千里然則績亦以天形正員也而渾象爲鳥卵則爲自相違背古舊渾

象以二分爲一度凡周七尺三寸半分張衡更制以四分爲一度凡周一丈四尺六寸蕃以古制局小星辰稠概衡器傷大難可轉移更制渾象以三分爲一度凡周天一丈九寸五分四分分之三也御史中丞何承天論渾象體曰詳尋前說因觀渾儀研求其意有以悟天形正員而水周其下言四方者東暘谷日之所出西至濛汜日之所入莊子又云北溟之魚化而爲鳥將徙於南溟斯亦古之遺記四方皆水證也四方

皆水謂之四海凡五行相生於金是故百川發源皆自山出由高趣下歸於注海日爲陽精光耀炎熾一夜入水所經燋竭百川歸注足於補復故旱不爲減浸不爲益徑天之數蕃說近之太中大夫徐爰曰渾儀之制未詳厥始王蕃言虞書稱在璇璣玉衡以齊七政則今渾天儀日月五星是也鄭玄說動運爲機持正爲衡皆以玉爲之視其行度觀受禍是非也渾儀羲和氏之舊器歷代相傳謂之機衡其所由來有原統

矣而斯器設在候臺史官禁密學者寡得聞見穿鑿之徒不解機衡之意見有七政之言因以爲北斗七星構造虛文託之讖緯史遷班固猶尚惑之鄭玄有贍雅高遠之才沈靜精妙之思超然獨見改正其說聖人復出不易斯言矣蕃之所云如此夫候審七曜當以運行爲體設器擬象焉得定其盈縮推斯而言未爲通論設使唐虞之世已有渾儀涉歷三代以爲定準後世聿遵孰敢非革而三天之儀紛然莫辯至揚

雄方難蓋通渾張衡爲太史令乃鑄銅制範衡傳云其作渾天儀考步陰陽最爲詳密故知自衡以前未有斯儀矣蕃又云渾天遭秦之亂師徒喪絕而失其文惟渾天儀尚在候臺案既非舜之璇玉又不載今儀所造以緯書爲穿鑿鄭玄爲博實偏信無據未可承用夫璇玉貴美之名機衡 細之目所以先儒以爲北斗七星天綱運轉聖人仰觀俯察以審時變焉史臣案設器象定其恒度合之則吉失之則凶以之占

察有何不可渾文廢絶故有宣蓋之論其術並疎故後人莫述揚雄法言云或人問渾天於雄雄曰落下閎營之鮮于妄人度之耿中丞象之幾幾乎莫之違也若問天形定體渾儀疎密則雄應以渾義答之而舉此三人以對者則知此三人制造渾儀以圖晷緯問者蓋渾儀之疎密非問渾儀之淺深也以此而推則西漢長安已有其器矣將由喪亂亡失故衡復鑄之乎王蕃又記古渾儀尺度并張衡改制之文則知斯器非衡

始造明矣衡所造渾儀傳至魏晉中華覆敗沈没戎虜績獲舊器亦不復存晉安帝義熙十四年高祖平長安得衡舊器儀狀雖舉不綴經星七曜文帝元嘉十三年詔太史令錢樂之更鑄渾儀徑六尺八分少周一丈八尺二寸六分少地在天內立黃赤二道南北二極規二十八宿北斗極星五分為一度置日月五星於黃道之上置立漏刻以水轉儀昏明中星與天相應十七年又作小渾天徑二尺二寸周六尺六寸

以分為一度安二十八宿中外官以白黑珠及黃三色為三家星日月五星悉居黃道蓋天之術云出周公旦訪之殷商蓋假託之說也其書號曰周髀髀者表也周天之數也其術云天如覆蓋地如覆盆地中高而四隤日月隨天轉運隱地之高以為晝夜也天地相去凡八萬里天地之中高於外衡六萬里地上之高高於天之外衡二萬里也或問蓋天於揚雄揚雄曰蓋哉蓋哉難其八事鄭玄又難其二事為蓋天之學

者不能通也劉向五紀說夏曆以為列宿日月皆西移列宿疾而日次之月宿遲故日與列星昏俱入西方後九十一日是宿在北方又九十一日是宿在東方九十一日在南方此明日行遲於列宿也月生三日日入而月見西方至十五日日入而月見東方將晦日未出乃見東方以此明月行之遲於日而皆西行也向難之以鴻範傳曰晦而月見西方謂之朓朓疾也朔而月見東方謂之側匿側匿遲不敢進也星辰西行史官謂之逆

行此三說夏歷皆違之迹其意好異者之所作也晉成帝咸康中會稽虞喜造安天論以爲天高窮於無窮地深測於不測地有居靜之體天有常安之形論其大體當相覆冒方則俱方圓則俱圓不同之義也喜族祖河間太守聳又立穹天論云天形穹隆當如雞子幕其際周接四海之表浮乎元氣之上而吳太常姚信造昕天論曰嘗覽漢書云冬至日在牽牛去極遠夏至日在東井去極近欲以推日之長短信以太極

三卌　宋書志十三　十　朱

處二十八宿之中央雖有遠近不能相倍今昕天之說以爲冬至極低而天運近南故日去人遠而斗去人近北天氣至故冰寒也夏至極起而天運近北斗去人遠日去人近南天氣至故炎熱也極之立時日行地中淺故夜短天去地高故晝長也極之低時日行地中深故夜長天去地下淺故晝短也然則天行寒依於渾夏依於蓋也按此說應作軒昂之軒而作昕所未詳也凡三說皆好異之談失之遠矣凡天文經星常

宿中外官前史已詳今惟記魏文帝黃初以來星變爲天文志以續司馬彪云

魏文帝黃初三年九月甲辰客星見太微左掖門內占曰客星出太微國有兵喪十月孫權叛命帝自南征前驅臨江破其將呂範等是後累有征役七年五月文帝崩

黃初四年二月癸卯月犯心大星十二月丙子月又犯心大星占曰心爲天王王者惡之七年五月文帝崩

二八十　宋書志第十三　十一　毛增

黃初四年六月甲申太白晝見五年十一月辛卯太白又晝見案劉向五紀論曰太白少陰弱不得專行故以巳未爲界不得經天而行經天則晝見其占爲兵爲喪爲不臣爲更王強國弱小國強是時孫權受魏爵號而稱兵距守七年五月文帝崩八月吳遂圍江夏寇襄陽魏江夏太守文聘固守得全大將軍司馬懿救襄陽斬吳將張霸

黃初四年十一月月暈北斗占曰有大喪赦天

下七年五月文帝崩明帝即位大赦天下
黄初五年十月歲星入太微逆從積百三十九日乃出占曰五星入太微從右入三十日以上人主有大憂一曰有赦至七年五月文帝崩明帝即位大赦天下
黄初六年五月十六日壬戌熒惑入太微至二十六日壬申與歲星相及俱犯右執法至二十七日癸酉乃出占曰從後入三十日以上人主有大憂又日月五星犯左右執法大臣有憂一

曰執法者誅金火尤甚十一月皇子東陽武王鑒薨七年正月驃騎將軍曹洪免爲庶人四月征南大將軍夏侯尚薨五月文帝崩蜀記稱明帝問黄權曰天下鼎立何地爲正對曰當驗天文往熒惑守心而文皇帝崩吳蜀無事此其徵也案三國史並無熒惑守心之文宜是入太微
黄初六年十月乙未有星孛于少微歷軒轅案占孛彗異狀其殃一也爲兵喪除舊布新之象餘災不盡爲旱凶飢暴疾長大見久災深短

小見速災淺是時帝軍廣陵辛丑親御甲胄躋馬觀兵明年五月文帝崩魏明帝太和四年十一月壬戌太白犯歲星占曰太白犯五星有大兵犯列宿爲小兵五年三月諸葛亮以大衆寇天水遣大將軍司馬懿距退
大和五年月熒惑犯房占曰房四星股肱臣將相位也月五星犯守之將相有憂七月車騎將軍張郃追諸葛亮爲其所害十二月太尉華歆薨

太和五年十一月乙酉月犯軒轅大星占曰女主憂十二月甲辰月犯鎮星占曰女主當之六年三月乙亥月又犯軒轅大星青龍二年十一月乙丑月又犯鎮星三年正月太后郭氏崩
大和六年十一月丙寅太白晝見南斗遂歷八十餘日恒見占曰吳有兵明年孫權遣張彌等將兵萬人錫授公孫淵爲燕王淵斬彌等虜其衆
太和六年十一月丙寅有星孛于翼近太微上將星占曰爲兵喪甘氏曰孛彗所當之國是受

其殃翼又楚分孫權封略也明年權有遼東之敗權又自向合肥新城遣全琮征六安皆不克不吾又明年諸葛亮入秦川據渭南司馬懿距之孫權遣陸議諸葛瑾等屯江夏口孫韶張承等向廣陵淮陽權以大衆圍新城以應亮於是帝自東征權及諸將乃退太和六年十二月陳王植薨青龍元年夏北海王蕤薨三年正月太后郭氏崩

明帝青龍二年二月己未太白犯熒惑占曰大兵起有大戰是年四月諸葛亮據渭南吴亦起兵應之魏東西奔命九月亮卒軍退將帥分爭爲魏所破案占太白所犯在南南國敗在北北國敗此宜在熒惑南也

青龍二年三月辛卯月犯輿鬼輿鬼主斬殺占曰民多病國有憂又有大臣憂是年夏大疫冬又大病至三年春乃止正月太后郭氏崩四年五月司徒董昭薨

青龍二年五月丁亥太白晝見積三十餘日以晷度推之非秦魏則楚也是時諸葛亮據渭南司馬懿與相持孫權寇合肥又遣陸議孫韶等入淮沔帝親東征蜀本秦地則爲秦晉及楚兵悉起占

青龍二年七月己巳月犯楗閉占曰天子崩又爲火災三年七月崇華殿災景初三年正月明帝崩

青龍二年十月戊寅月犯太白占曰人君死又爲兵景初元年七月公孫淵叛二年正月遣司馬懿討之三年正月明帝崩

蜀後主建興十二年諸葛亮帥大衆伐魏屯于渭南有長星赤而芒角自東北西南流投亮營三投再還往大還小占曰兩軍相當有大流星來走軍上及墜軍中者皆破敗之徵也九月亮卒于軍營而還羣帥交惡多相誅殘

魏明帝青龍三年六月丁未鎮星犯井鉞四年閏四月乙巳復犯戊戌太白又犯占曰凡月五星犯井鉞悉爲兵起一曰斧鉞用大臣誅景初元年

元年公孫淵叛司馬懿討滅之
青龍三年七月己丑鎮星犯東井四年三月癸卯在參又還犯之占曰填星入井大人憂行近距爲行陰其占大水五穀不成景初元年夏大水傷五穀九月皇后毛氏崩三年正月明帝崩
青龍三年十月壬申太白晝見在尾歷二百餘日恒見占曰尾爲燕燕臣强有兵
青龍四年三月己巳太白與月俱加丙晝見犯太白

景初元年七月辛卯太白又晝見積二百八十餘日占悉同上是時公孫淵自立爲燕王署置百官發兵距守遣司馬懿討滅之
青龍三年十二月戊辰月犯鉤鈐占曰王者憂
景初三年正月明帝崩
青龍四年五月壬寅太白犯畢左股第一星占曰畢爲邊兵又主刑罰九月凉州塞外胡阿畢師侵犯諸國西域校尉張就討之斬首捕虜萬許人

青龍四年七月甲寅太白犯軒轅大星占曰女主憂景初元年皇后毛氏崩
青龍四年十月甲申有星孛于大辰長三尺乙酉又孛于東方十一月己亥彗星見犯宦者天紀星占曰大辰爲天王天下有喪劉向五紀論曰春秋星孛于東方不言宿者不加宿也宦者在天市爲中外有兵天紀爲地震孛彗主兵喪景初元年六月地震九月吳將朱然圍江夏荆州刺史胡質擊走之皇后毛氏崩二年正月討

公孫淵三年正月明帝崩
魏明帝景初元年二月乙酉月犯房第二星占曰將相有憂七月司徒陳矯薨二年四月司徒韓曁薨
景初元年十月丁未月犯熒惑占曰貴人死二年四月司徒韓曁薨八月公孫淵滅
景初二年二月己丑月犯心距星又犯中央大星五月己亥又犯心距星及中央大星閏月癸丑月又犯心中央大星按占大星爲天王前爲

太子後爲皇子犯大星王者惡之犯前星太子有憂犯後星庶子有憂三年正月帝崩太子立卒見廢爲齊王正始四年秦王詢薨

景初二年八月彗星見張長三尺逆西行四十一日滅占曰爲兵喪張周分野洛邑惡之其十月斬公孫淵明年正月明帝崩

景初二年十月甲午月犯箕占曰軍將死正始元年四月車騎將軍黃權薨

景初二年司馬懿圍公孫淵於襄平八月丙寅

夜有大流星長數十丈色白有芒鬣從首山北流墜襄平城東南占曰圍城而有流星來走城上及墜城中者破又曰星墜當其下有戰場又曰凡星所墜國易姓九月淵突圍走至星墜所被斬屠城阬其衆

景初二年十月癸巳客星見危逆行在離宮北騰蛇南甲辰犯宗星已酉滅占曰客星所出有兵喪虛危爲宗廟又爲墳墓客星近離宮則宮中將有大喪就先君於宗廟皆王者崩殞之象也三年正月明帝崩

正始二年五月吳將朱然圍樊城司馬懿率衆距卻之

魏齊王正始元年四月戊午月犯昴東頭第一星其年十月庚寅月又犯昴北頭第四星占曰犯昴胡不安二年六月鮮卑阿妙兒等寇西方燉煌太守王延斬之并二千餘級三年又斬鮮卑大帥及千餘級

正始元年十月乙酉彗星見西方在尾長三丈

拂牽牛犯太白十一月甲子進犯羽林占曰尾爲燕又爲吳牛亦吳越之分太白爲上將羽林中軍兵吳越有兵喪中軍兵動二年五月吳將全琮寇芍陂朱然圍樊城諸葛瑾入沮中吳太子登卒六月司馬懿討諸葛恪於皖恪焚積聚棄城走三年太尉滿寵薨

正始二年九月癸酉月犯輿鬼西北星西北星主金三年二月丁未又犯西南星西南星主布帛占曰有錢令一日大臣憂三年三月太尉滿

寵甍四年正月帝加元服賜羣臣錢各有差
正始四年十月十一月月再犯井鉞是月司馬懿討諸葛恪恪棄城走五年三月曹爽征蜀
正始五年十一月癸巳鎮星犯亢距星占曰諸侯有失國者嘉平元年曹爽兄弟誅
正始六年八月戊午彗星見七星長二尺色白進至張積二十三日滅七年十一月癸亥又見軫長一尺積百五十六日滅九年三月又見昴長六尺色青白芒西南指七月又見翼長二尺進至軫積四十二日滅按占七星張周分野翼軫爲楚昴爲趙魏彗所以除舊布新主兵喪也嘉平元年司馬懿誅曹爽兄弟及其黨與皆夷族京師嚴兵實始翦魏三年誅楚王彪又襲王凌於淮南淮南東楚也幽魏諸王于鄴
正始七年七月丁丑月犯左角占曰天下有兵將軍死九年正月辛亥月犯亢南星占曰兵起一曰軍將死七月乙亥熒惑犯畢距星占曰有邊兵一曰刑罰用嘉平元年曹爽等誅三年王

凌等又誅
正始元年七月癸丑鎮星犯楗閉占曰王者不宜出宮下殿明年車駕謁陵司馬懿奏誅曹爽等天子野宿於是失勢
魏齊王嘉平元年六月壬戌太白犯東井距星二年三月己未又犯占曰國失政大臣爲亂四月辛巳太白犯輿鬼占曰大臣誅一曰兵起三年七月王凌與楚王彪有謀皆伏誅人主遂卑
吳主孫權赤烏十三年五月日北至熒惑逆行入南斗七月犯魁第二星而東漢晉春秋云逆行按占熒惑入南斗三月吳王死一曰熒惑逆行其地有死君太元二年權薨是其應也故國志書於吳而不書於魏也是時王凌謀立楚王彪謂斗中有星當有暴　者以問知星人浩詳詳疑有故欲說其意不言吳有死喪而言淮南楚分吳楚同占當有王者興故凌計遂定
魏齊王嘉平二年十月丙申月犯輿鬼占曰國有憂一曰大臣憂三年四月戊寅月犯東井占

曰軍將死一曰國有憂五月王淩楚王彪等誅
七月皇后甄氏崩
嘉平三年五月甲寅月犯距星占曰將軍死一曰
爲兵是月王淩誅四年三月吳將朱然朱異爲
寇鎮東將軍諸葛誕破走之
嘉平三年七月己巳月犯輿鬼九月乙巳又犯
四年十一月丁未又犯鬼積尸五年七月丙午月
又犯鬼西北星占曰國有憂正元元年李豐等
誅皇后張氏廢九月帝廢爲齊王

齊王嘉平三年十月癸未熒惑犯亢南星占曰
大臣有亂正元元年二月李豐等謀亂誅
嘉平三年十一月癸未有星孛于營室西行積九十
日滅占曰有兵喪室爲後宮後宮且有亂四年二月
丁酉彗星見西方在胃長五丈色白芒南指貫參積二
十日滅五年十一月彗星又見軫長五丈在太微左執法
西東南指積百九十日滅按占胃兗州之分參白虎
主兵太微天子廷執法爲執政孛彗爲兵除舊布新
之象正元元年二月李豐豐弟兗州刺史翼后父光

祿大夫張緝等謀亂皆誅皇后亦廢九月帝廢
爲齊王高貴公代立
嘉平五年六月庚辰月犯箕占曰軍將死正元
元年正月鎮東將軍毌丘儉反兵敗死
嘉平五年六月戊午太白犯角占曰羣臣謀不
成正元元年李豐等謀泄悉誅
嘉平五年七月月犯井鉞正元元年二月李豐
等誅蜀將姜維攻隴西車騎將軍郭淮討破之
嘉平五年十一月癸酉月犯東井距星占曰軍

將死至六年正月鎮東將軍豫州刺史毌丘儉
前將軍揚州刺史文欽反被誅
魏高貴公正元元年十一月有白氣出斗側廣
數丈長竟天王肅曰蚩尤之旗也東南其有亂
乎二年正月毌丘儉等據淮南以叛大將軍司
馬師討平之案占蚩尤旗見王者征伐四方自
後又征淮南西平巴蜀是歲吳王孫亮五鳳元
年斗牛吳越分案占有兵喪除舊布新之象也
太平三年孫綝盛兵圍宮廢亮爲會稽王孫休

代立是其應也故國志又書於吳由是淮南江東同揚州地故于時變見吳楚之分則魏之淮南多與吳同災是以毋丘儉以李爲己應遂起兵而敗又其應也後三年即魏甘露二年諸葛誕又反淮南吳遣朱異救之及城陷誕衆吳兵死沒各數萬人猶前長星之應也

高貴公正元二年二月戊午熒惑犯東井北轅西頭第一星占曰羣臣有家坐罪者甘露元年諸葛誕族滅

吳孫亮太平元年九月壬辰太白犯南斗吳志所書也占曰太白犯斗國有兵大臣有反者其明年諸葛誕反又明年孫綝廢亮吳魏並有兵事也

魏高貴公甘露元年七月乙卯熒惑犯井鉞壬戌月又犯鉞星二年八月壬子歲星犯井鉞九月庚寅歲星又逆行乘鉞星三年諸葛誕夷滅

甘露元年八月辛亥月犯箕占曰軍將死九月丁巳月犯東井占曰軍將死二年諸葛誕誅

甘露二年六月己酉月犯心中央大星景元元年五月高貴公敗

甘露二年十月丙寅太白犯亢距星占曰廷臣爲亂人君憂景元元年有成濟之變

甘露二年十一月彗星見角色白占曰彗見兩角間色白者軍起不戰邦有大喪景元元年高貴公帥左右兵襲晉文王未交戰爲成濟所害

甘露三年三月庚子太白犯東井占曰國失政大臣爲亂是夜歲星又犯東井占曰兵起至景元元年高貴公敗

甘露三年八月壬辰歲星犯輿鬼質星占曰斧質用大臣誅甘露四年四月甲申歲星又犯輿鬼東南星占曰鬼東南星主兵木入鬼大臣誅景元元年高貴公敗殺尚書王經

甘露四年十月丁丑客星見太微中轉東南行歷軫宿積七日滅占曰客星出太微有兵喪景元元年高貴公被害

魏陳留王景元元年二月月犯建星案占月五

星犯建星大臣相譖是後鍾會鄧艾破蜀會譖
艾遂皆夷滅
景元二年四月熒惑入太微犯右執法占曰人
主有大憂又曰大臣憂後四年鄧艾鍾會皆夷
滅五年帝遜位
景元三年十一月壬寅彗星見亢色白長五寸
轉北行積四十五日滅占爲兵喪一曰彗見亢
天子失德四年鍾會鄧艾伐蜀克之會艾反亂
皆誅魏遜天下

二十 宋書志第十三 二十六 李仲

景元四年六月大流星二並如斗見西方分流
南北光照隆隆有聲案占流星爲貴使大者使
大是年鍾鄧克蜀二星蓋二帥之象二帥相背
又分流南北之應鍾會既叛三軍憤怒隆隆有
聲兵將怒之徵也
景元四年十月歲星守房占曰將相有憂一曰
有大赦明年正月太尉鄧艾司徒鍾會並誅滅
特赦益土咸熙二年秋又大赦
陳留王咸熙二年五月彗星見王良長丈餘色

白東南指積十二日滅占曰王良天子御駟彗
星掃之禪代之表除舊布新之象白色爲喪王
良在東辟宿又并州之分也八月晉文王薨十
二月帝遜位于晉
晉武帝太始四年正月丙戌彗星見軫青白色
西北行又轉行占曰爲兵喪軫又楚分也三月
皇太后王氏崩十月吳將施績寇江夏萬彧寇
襄陽後將軍田璋荆州刺史胡烈等破卻之
太始四年七月星隕如雨皆西流占曰星隕爲

二九十三 宋志十三 三十七 蔡

民叛西流吳民歸晉之象也二年吳夏口督孫
秀率部曲二千餘人來降
太始五年九月有星孛于紫宮占如上紫宮天
子內宮十年武元楊皇后崩
太始十年十二月有星孛于軫占曰天下兵起
軫又楚分也咸寧二年六月星孛于氐占曰天
子失德易政氐又兖州分七月星孛大角大角
爲帝坐八月星孛太微至翼北斗三台占曰太
微天子廷大人惡之一曰有徙王翼又楚分也

北斗主殺罰三台為三公三年星孛于胃胃徐州分四月星孛女御女御為後宮五月又孛于東方七月星孛紫宮占曰天下易主五年三月星孛于柳占曰外臣陵主柳又三河分也大角太微紫宮女御並為王者明年吳亡是其應也孛主兵喪征吳之役三河徐兗之兵悉出交戰於吳楚之地吳丞相都督以下梟戮十數偏裨行陣之徒馘斬萬計皆其徵也春秋星孛北則齊魯晉鄭陳宋莒之君並受殺亂之禍星孛東

方則楚滅陳三家田氏分篡齊晉漢文帝末星孛西方後吳楚七國誅滅案太始末至太康初災異數見而晉氏隆盛吳實滅天變在吳可知吳昔漢三年星孛大角項籍以亡漢氏無事此項先主命故也吳晉之時天下横分大角孛而吳亡是與項氏同事後學皆以咸寧災為晉室非也

晉武帝咸寧四年四月蚩尤旗見案星傳蚩尤旗類彗而後曲象旗漢武帝時見長竟天獻帝時又見長十餘丈皆長星也魏高貴時則為白氣案校衆記是歲無長星宜又是異氣後二年傾三方伐吳是其應至武帝崩天下兵又起遂亡諸夏

咸寧四年九月太白當見不見占曰是謂失舍不有破軍必有死王之墓又有亡國是時羊祜表求伐吳上許之五年十一月兵出太白始夕見西方太康元年三月大破吳軍孫晧面縛請死吳國遂亡

晉武帝太康二年八月有星孛于張占曰為兵喪周分野災在洛邑十一月星孛軒轅占曰後宮當之四年三月戊申星孛于西南四年三月癸丑齊王攸薨四月戊寅任城王陵薨五月己亥琅邪王伷薨十一月戊午新都王該薨

太康八年三月熒惑守心占曰王者惡之太熙元年四月乙酉武帝崩

太康八年九月星孛于南斗長數十丈十餘日滅占曰斗主爵禄國有大憂一曰孛于斗王者

疾病臣誅其父天下易政大亂兵起太熙元年四月客星在紫宮占曰爲兵喪太康末武帝耽宴遊多疾病是月乙酉帝崩永平元年賈后誅楊駿及其黨與皆夷三族楊太后亦見殺是年又誅汝南王亮太保衛瓘楚王瑋王室兵喪之應

志第十三　宋書二十三

志第十四　宋書二十四

天文二

臣沈約新撰

晉惠帝元康二年二月天西北大裂按劉向說天裂陽不足地動陰有餘是時人主拱默婦后專制

元康三年四月熒惑守太微六十日占曰諸侯三公謀其上必有斬臣一曰天子亡國是春太白守畢至是百餘日占曰有急令之憂一曰相亡又爲邊境不安是年鎮歲太白三星聚于畢昴占曰爲兵喪畢昴趙地也後賈后陷殺太子趙王廢后又殺之斬張華裴頠遂篡位廢帝爲太上皇天下從此遘亂連禍

元康五年四月有星孛于奎至軒轅太微經三台大陵占曰奎爲魯又爲庫兵軒轅爲後宮太微天子廷三台爲三司大陵有積屍死喪之事明年武庫火西羌反後五年司空張華遇禍賈后廢死魯公賈謐誅又明年趙王倫篡位於是

三王興兵討倫士民戰死十餘萬人
元康六年六月丙午夜有枉矢自斗魁東南行桉占曰以亂伐亂北斗主執殺出斗魁居中執殺者不直象也十月太白晝見後趙王殺張裴廢賈后以理太子之冤因自篡盜以至屠滅以亂伐亂兵喪臣彊之應也

元康九年二月熒惑守心占曰王者惡之八月熒惑入羽林占曰禁兵大起後二年惠帝見廢爲太上皇俄而三王起兵討倫倫悉遣中軍兵相

距累月

晉惠帝永康元年三月妖星見南方中台星坼太白晝見占曰妖星出天下大兵將起台星失常三公憂太白晝見爲不臣是月賈后殺太子趙王倫尋廢殺后及司空張華又廢帝自立於是三王並起迭總天權

永康元年五月熒惑入南斗占曰宰相死兵起斗又吳分也是時趙王倫爲相明年篡位三王興師誅之太安二年石冰破揚州

永康元年八月熒惑入箕占曰人主失位兵起十二月彗出牽牛之西指天市占曰牛者七政始彗出之改元易號之象也天市一名府一名天子旗帝座在其中明年趙王篡位改元尋爲大兵所滅

永康二年二月太白出西方逆行入東井占曰國失政臣爲亂四月彗星見齊分占曰齊有兵喪是時齊王冏起兵討趙王倫倫滅冏擁兵不朝專權淫奓明年誅死

晉惠帝永寧元年自正月至于閏月五星互經天星傳曰日陽君道也星陰臣道也日出則星亡臣不得專也晝而星見午上者爲經天其占爲不臣爲更王今五星悉經天天變所未有也石氏說曰辰星晝見其國不亡則大亂是後台鼎方伯互秉大權二帝流亡遂至六夷彊迭據華夏亦載籍所未有也

永寧元年五月太白晝見占同前條七月歲星守虛危占曰水守虛危有兵憂一曰守虛飢守

危徭役煩下屈竭辰星入太微占曰爲内亂一曰羣臣相殺太白守右掖門占曰爲兵爲亂賊八月戊午鎭星犯左執法又犯上相占曰上相憂熒惑守昴占曰趙魏有災辰星守輿鬼占曰秦有災九月丁未月犯左角占曰人主憂一曰左將軍死天下有兵

二年四月癸酉歲星晝見占曰爲臣彊十月熒惑太白鬭于虛危占曰大兵起破軍殺將虛危又齊分也十二月熒惑襲太白于營室占曰天

下兵起亡君之戒一曰易相初齊王冏定京都因留輔政遂專慠無君是月成都河閒檄長沙王乂討之冏乂交戰攻焚宮闕冏兵敗夷滅又殺其兄上軍將軍寔以下二十餘人太安二年成都攻長沙於是公私飢困百姓力屈

晉惠帝太安二年二月太白入昴占曰天下擾兵大起三月彗星見東方指三台占曰兵喪之象三台爲三公七月熒惑入東井占曰兵起國亂是秋太白守太微上將占曰上將將以兵亡是年冬成都河閒攻洛陽三年正月東海王越執長沙王乂張方又殺之

太安二年八月長沙王奉帝出距二王庚午舍于玄武館是日天中裂爲二有聲如雷三占同元康臣下專僭之象也是時長沙王擅權後成都河閒東海又迭專威命是其應也

太安二年十一月辛巳有星晝隕中天北下有聲如雷案占名曰營首營首所在下有大兵流血明年劉淵石勒攻略并州多所殘滅王浚起燕代引鮮卑攻掠鄴中百姓塗地有聲如雷怒之象也

太安二年十二月庚辰歲星入月中占曰國有逐相十二月壬寅太白犯月占曰天下有兵太安三年正月己卯月犯太白占同青龍熒惑入南斗占同永康是月熒惑又犯歲星占曰有大戰七月左衞將軍陳瞻率衆奉帝伐成都六軍敗績兵逼乘輿九月王浚又攻成都于鄴鄴潰成都王由是喪亡帝還洛張方脅如長安是時天下

盜賊羣起張昌尤盛後二年惠帝崩

晉惠帝永興元年五月客星守畢占曰天子絶嗣一日大臣有誅七月庚申太白犯角亢經房心歷尾箕九月入南斗占曰犯角天下大戰犯亢有大兵人君憂入房心爲兵喪犯尾將軍與民人爲變箕女主憂一曰天下亂入南斗有兵喪一曰將軍爲亂其所犯守又兖豫幽冀揚州之分也是年七月有蕩陰之役九月王浚殺幽州刺史和演攻鄴鄴潰於是兖豫爲天下兵衝陳

敏又亂揚土劉淵石勒李雄等並起微賤跨有州郡皇后羊氏數被幽廢光熙元年惠帝崩終無繼嗣

永興元年七月乙丑星隕有聲二年十月星又隕有聲按劉向說民去其土之象也是後遂亡中夏

永興元年十二月壬寅夜赤氣亘天砰隱有聲二年十月丁丑赤氣見在北方東西竟天占曰並爲大兵砰隱有聲怒之象也是後四海雲擾九服交兵

永興二年四月丙子太白犯狼星占曰大兵起九月歲星守東井占曰有兵井又秦分也是年苟晞破公師藩張方破范陽王虓關西諸將攻河間王顒顒奔走東海王迎殺之

永興二年八月星孛于昴畢占曰爲兵喪昴畢又趙魏分也十月丁丑有星孛于北斗占曰璿璣更授天子出走又曰彊國發兵諸侯爭權是後皆有其應明年惠帝崩

晉惠帝光熙元年四月太白失行自翼入尾箕

占曰太白失行而北是謂返生不有破軍必有屠城五月汲桑攻鄴魏郡太守馮嵩出戰大敗桑遂害東燕王騰殺萬餘人焚燒魏時宮室皆盡

光熙元年五月枉矢西南流占曰以亂伐亂之象也是時司馬越西破河間奉迎大駕尋收繆胤何綏等肆其無君之心天下惡之死而石勒焚其屍　是其應也

光熙元年九月丁未熒惑守心占曰王者惡之己亥填星守房心又犯歲星占曰土守房多禍

喪守心國內亂天下赦又曰填與歲合爲內亂
是時司馬越秉權終以無禮破滅內亂之應也
十一月惠帝崩懷帝即位大赦天下
光熙元年十二月癸未太白犯填星占曰爲內兵
有大戰是後河間王爲東海王越所殺明年正
月東海王越殺諸葛政等五月汲桑破馮嵩殺
東燕王八月苟晞大破汲桑
光熙元年十二月甲申有白氣若虹中天北下
至地夜見五日乃滅占曰大兵起明年王彌起青

徐汲桑亂河北毒流天下
孝懷帝永嘉元年九月辛卯有大星自西南
流于東北小者如外相隨天盡赤聲如雷占曰
流星爲貴使是年五月汲桑殺東燕王騰遂據
河北十一月始遣和郁爲征北將軍鎮鄴而田甄
等大破汲桑斬于樂陵於是以甄爲汲郡太守弟
蘭鉅鹿太守小星相隨小將別帥之象也司馬
越忿魏郡以東平原以南皆黨於桑悉以賞甄
等於是侵略赤地有聲如雷怒之象也

永嘉元年十二月丁亥星流震散案劉向說天
官列宿在位之象小星無名者庶民之類此百
官庶民將流散之象也是後天下大亂百官萬
民流移轉死矣
永嘉二年正月庚午太白伏不見二月庚子始
晨見東方是謂當見不見占同上條其後破軍
殺將不可勝數帝崩虜庭中夏淪覆
永嘉三年正月庚子熒惑犯紫微占曰當有野
死之王又爲火燒宮是時太史令高堂沖奏乘

輿宜遷幸不然必無洛陽五年六月劉曜王彌
入京都燒宮廟帝崩于平陽
永嘉三年鎮星久守南斗占曰鎮星所居者其
國有福是時安東琅邪王始有揚土其年十一
月地動陳卓以爲是地動應也
永嘉三年十二月乙亥有白氣如帶出東南北
方各二起地至天貫參伐占曰天下大兵起四年
三月司馬越收繆胤繆播等又三方雲擾攻戰
不休五年三月司馬越死於甯平城石勒攻破

其衆死者十餘萬人六月京都焚滅帝劫虜庭永嘉五年十月熒惑守心後二年帝崩于虜庭

永嘉六年七月熒惑歲星鎮星太白聚牛女之間裹回進退按占曰牛揚州分是後兩都傾覆而元帝中興揚土是其應也

愍帝建武元年五月癸未太白熒惑合於東井占曰金火合曰爍爲喪是時帝雖劫于平陽天下猶未敢居其虛位災在帝也六月丁卯太白犯太微占曰兵入天子廷王者惡之七月愍帝崩于寇庭天下行服大臨

晉元帝大興元年七月太白犯南斗占曰吳越有兵大人憂二年二月甲申熒惑犯東井占曰兵起貴臣相戮八月己卯太白犯軒轅大星占曰後宮憂乙未太白犯歲星在翼占曰爲兵亂三年四月壬辰枉矢出虛危沒翼軫占曰枉矢所觸天下之所伐翼軫荆州之分也五月戊子太白入太微又犯上將占曰天子自將上將誅六月丙辰太白與歲星合于房占曰爲兵饑九月太白犯南斗占同元年十月己亥熒惑在東井居五諸侯南踟躕留止積三十日占曰熒惑守井二十日以上大人憂守五諸侯諸侯有誅者十二月己未太白入月在斗郭景純曰月屬坎陰府法家也太白金行而來犯之天意若曰刑理失中自毀其法也四年十二月丁亥月犯歲星在房占曰其國兵飢民流亡

永昌元年三月王敦率江荆之衆來攻京都六軍距戰敗績於是殺護軍將軍周顗尚書令刁協驃騎將軍劉隗出奔四月又殺湘州刺史譙王承鎮南將軍甘卓閏十二月元帝崩間一年敦亦梟夷枉矢觸翼之應也十月石他入豫州略城父鉅二縣民以北刺史祖約遣軍追之爲其所沒遂退守壽春

明帝大寧三年正月熒惑逆行入太微占曰爲兵喪王者惡之閏八月帝崩咸和二年蘇峻反攻宮室太后以憂逼崩天子幽劫于石頭遠近兵亂至四年乃息

成帝咸和四年七月有星孛于西北二十三日滅占曰爲兵亂十二月郭默殺江州刺史劉胤荆州刺史陶侃討默明年斬之是時石勒又始僭號

咸和六年正月丙辰月入南斗占曰有兵曰有大赦是月胡賊殺略婁武進二縣民於是遣戍中洲明年胡賊又略南沙海虞民是年正月大赦伐淮南討襄陽平之

咸和六年十一月熒惑守胃昴占曰趙魏有兵

宋書志十四　十二　李仲

八年七月石勒死石虎自立多所殘滅是時雖勒虎僭號而其彊弱常占於昴不關太微紫宫也

咸和八年三月己巳月入南斗與六年占同其年七月石勒死彭彪以譙石生以長安郭權以秦州並歸從於是遣督護高球率衆救彪彪敗球退又石虎石斌攻滅生權咸康元年正月大赦

咸和八年七月熒惑入昴占曰胡王死石虎多所攻滅八月月犯昴占曰胡不安九年六月月又犯昴是時石弘雖襲勒位而石虎擅威橫暴十月廢弘自立遂幽殺之

咸和九年三月己亥熒惑入輿鬼犯積屍占曰兵在西北有没軍死將四月鎮西將軍雍州刺史郭權始以秦州歸從尋爲石斌所滅從其衆於青徐

晉成帝咸康元年二月己亥太白犯昴占曰兵起歲大旱四月石虎掠騎至歷陽朝廷慮其

宋書志十四　十三　王濂

衆也加司徒王導大司馬治兵動衆又遣慈湖牛渚蕪湖三戍五月乃罷是時胡賊又圍襄陽征西將軍庾亮遣寧距退之六月旱

咸康元年八月戊辰熒惑入東井占曰無兵兵起有兵兵止是年夏發衆列戍加王導大司馬以備胡賊

咸康元年三月丙戌月入昴占曰胡王死十一月月犯昴二年八月月又犯昴占同咸和三年石虎發衆七萬四年二月自襲段遼于薊遼奔

敗又攻慕容皝於棘城不剋引退皝追之殺數百人虎留其將麻秋屯令支皝破秋并虜遼殺之

咸康二年正月辛巳彗星夕見西方在奎占曰爲兵喪奎又爲邊兵四年石虎伐慕容皝不剋皝追擊之又破麻秋時皝稱藩邊兵之應也

咸康二年正月辛卯月犯房南第二星占曰將相有憂五年七月丞相王導薨八月太尉郗鑒薨六年正月征西大將軍庾亮薨

咸康二年九月庚寅太白犯南斗因晝見占曰

斗爲宰相又揚州分金犯之死喪象晝見爲不臣又爲兵喪三年石虎僭稱天王四年虎滅段遼而敗於慕容皝皝國藩臣五年王導薨

咸康三年六月辛未有流星大如二斗魁色青赤光耀地出奎中沒婁北案占爲飢五穀不藏是月大旱

咸康三年八月熒惑入輿鬼犯積屍占曰貴人憂

三年八月甲戌月犯東井距星占曰國有憂將死

三年九月戊子月犯建星占曰易相一曰大將死五年丞相王導薨庾冰代輔政太尉郗鑒征西大將軍庾亮薨

咸康三年十一月乙丑太白犯歲星占曰爲兵飢四年二月石虎破幽州遷其人萬餘家李壽殺李期五年胡衆五萬寇沔南略七千餘家而去又騎二萬圍陷邾城殺略五千餘人

咸康四年四月己巳太白晝見在柳占曰爲兵爲不臣七月乙巳月掩太白占曰王者亡地大兵起明年胡賊大寇沔南陷邾城豫州刺史毛寶西

陽太守樊峻皆棄城投江死於是內外戒嚴左衞桓監匡術等諸軍至武昌乃退七年慕容皝自稱爲燕王

咸康四年五月戊午熒惑犯右執法占曰大臣死執政者憂八月太白犯右執法案占五星災同金火尤甚十一月戊子太白犯房上星占曰上相憂五年七月己酉月犯房上星亦同占是月庚申丞相王導薨

咸康五年四月辛未月犯歲星在畢占曰國飢

民流乙未月犯畢距星占曰兵起是夜月又犯歲星在昴及冬有沔南郗城之敗百姓流亡萬餘家

咸康六年二月庚午朔流星大如斗光耀地出天市西行入太微占曰大人當之乙未太白入月占曰人主死四月甲子月犯太白占曰人主惡之八年六月成帝崩

咸康六年三月甲寅熒惑從行犯太微上將星占曰上將憂四月丁丑熒惑犯右執法占曰執法者憂六月乙亥月犯牽牛中央星占曰大將憂是時尚書令何充爲執法有譴欲避其咎明年求爲中書令建元二年庾冰薨皆大將執政之應也是歲正月征西將軍庾亮薨三月而熒惑犯上將九月石虎大將夔安死庾冰後積年方薨豈冰能修德移禍於夔安乎

咸康六年四月丙午太白犯畢距星占曰兵革起一曰女主憂六月乙卯太白犯軒轅大星占曰女主憂七年三月皇后杜氏崩

咸康七年三月壬午月犯房占曰將相憂八年六月熒惑犯房上第二星占曰次相憂建元二年車騎將軍江州刺史庾冰薨是時驃騎將軍何充居內冰爲次相也

咸康七年四月己丑太白入輿鬼占曰兵革起五月太白晝見以晷度推之非秦魏則楚也占曰爲臣彊爲有兵八月辛丑月犯輿鬼占曰人主憂八年六月成帝崩

咸康八年八月壬寅月犯畢赤星占曰下犯上兵革起十月月又掩畢赤星占同己酉太白犯熒惑占曰大兵起其後庾翼大發兵謀伐胡專制上流朝廷憚之

康帝建元元年正月壬午太白入昴占曰趙地有兵又曰天下兵起四月乙酉太白晝見八月丁未太白犯歲星占曰有大兵是年石虎殺其太子邃及其妻子徒屬二百餘人又遣將劉寧寇没狄道又使將張舉將萬餘人屯薊東謀慕容皝

建元元年十一月六日彗星見亢長七尺尾白色

占曰亢爲朝廷主兵喪二年九月康帝崩
建元元年歲星犯天關安西將軍庾翼與兄冰
書曰歲星犯天關占云關梁當澁比來江東無
他故江道亦不艱難而石虎頻年再閉關不
通信使此復是天公憒憒無皂白之徵也
建元二年閏月乙酉太白犯斗占曰爲喪天下
受爵祿九月康帝崩太子立大赦賜爵也
晉穆帝永和元年正月丁丑月入畢占曰兵大
起戊寅月犯天關占曰有亂臣更天子之法五

月辛巳太白晝見在東井占曰爲臣彊秦有
兵六月辛丑入太微犯屏西南占曰輔臣有
免罷者七八月月皆犯畢占同正月己未月犯
輿鬼占曰大臣有誅九月庚戌月又犯畢是年
初庾翼在襄陽七月翼疾將終輒以子爰之爲
荆州刺史代己任爰之尋被廢明年桓溫又輒
率衆伐蜀執李勢送至京都蜀本秦地也
永和二年二月壬子月犯房上星四月丙戌月
又犯房上星占同前八月壬申太白犯左執法

是歲司徒蔡謨被廢
永和三年正月壬午月犯南斗第五星占曰將
軍死近臣去五月壬申月犯南斗第四星因入
魁占曰有兵一曰有大赦六月月犯東井距星
占曰將死國有憂戊戌月犯五諸侯占曰諸侯
有誅九月庚寅太白犯南斗第五星占曰爲喪
兵四年七月丙申太白犯左執法甲寅月犯房
丁巳月入南斗犯第二星乙丑太白犯左執法
占悉同上十月甲戌月犯亢占曰兵起軍將死

十一月戊戌犯上將星三年六月大赦是月陳
逵征壽春敗而還七月氐蜀餘寇反亂益土九
月石虎伐涼州不克
永和四年四月太白入昴五月熒惑入婁犯鎮
星七月太白犯軒轅占在趙及爲兵喪女主憂
其年八月石虎太子宣殺弟韜宣亦死五年正
月石虎僭稱皇帝尋病死是年褚裒北伐喪衆
又尋薨太后素服六年正月朝會廢樂
永和五年四月丁未太白犯東井占曰秦有兵

九月戊戌太白犯左角占曰爲兵十月月犯昴
占曰朝廷有憂軍將死十一月乙卯彗星見于
亢芒西向白長一丈占曰爲兵喪是年八月褚
裒北征兵敗十月關中二十餘壁舉兵歸從石
遇攻没南陽十一月冉閔殺石遵又盡殺胡十
餘萬人於是中土大亂十二月褚裒薨八年劉
顯苻健慕容儁並僭號殷浩北伐敗見廢
永和六年二月辛酉月犯心大星占曰大人憂
人豫州分也丁丑月犯房占曰將相憂三月戊

戌熒惑犯歲星占曰爲戰六月己丑月犯昴占
同上乙未月犯五諸侯占同三年七月壬寅月
始出西方犯左角占曰大將軍死一曰天下有
兵丁未月犯箕占曰軍將死丙寅熒惑犯鉞星
占曰大臣有誅八月辛卯月犯左角太白晝見
在南斗十月犯右執法占並同上七年二月太白
犯昴占同上乙卯熒惑輿鬼犯積屍占曰貴人
憂五月乙未熒惑犯軒轅太白占曰女主憂太
白入畢口犯左股占曰將相當之六月乙亥月

犯箕丙子月犯斗丁丑熒惑入太微犯右執法
八月庚午太白犯軒轅戊子太白犯右執法占
悉同上七年劉顯殺石祗及諸胡帥中土大亂
戎晉十萬數各還舊土互相侵略及疾疫死亡
能達者十二三是年桓温輒以大衆求浮江入
淮北伐朝廷震懼八年豫州刺史謝尚討張遇
爲苻雄所敗殷浩北伐敗被廢十年桓温伐苻
健不克而還
永和八年三月戊戌月犯軒轅大星癸丑月入南

斗犯第二星五月月犯心星四月癸酉月犯房
六月辛巳日未入有流星如三斗魁從辰巳上
東南行曁度推之在箕斗之間蓋燕分也案占
爲營首營首之下流血滂淹七月壬子歲星犯
東井距星占曰内亂兵起八月戊戌熒惑入輿
鬼占曰忠臣戮死丙辰太白入南斗犯第四星
占曰將爲亂一曰丞相免九年二月乙巳入南斗
犯第三星三月戊辰月犯房八月歲星犯輿鬼
東南星占東南星主兵兵起十二月月在東

井犯歲星占曰秦飢民流是時帝主幼沖母后
稱制將相有隙兵革連起慕容儁僭稱大燕攻
伐無已故災異數見殷浩見廢也
永和十年正月乙卯月食昴占曰趙魏有兵癸
酉填星奄鉞星占曰斧鉞用二月甲申月犯心
大星占曰王者惡之四月癸未流星大如斗色
赤黃出織女沒造父有聲如雷占曰燕齊有兵
民流戊午月犯心大星七月庚午太白晝見晷
度推之災在秦鄭九月辛酉太白犯左執法十

一月月奄填星在輿鬼占曰秦有兵十一年三月
辛亥月奄軒轅占同上四月庚寅月犯牛宿南
星占曰國有憂八月己未太白犯天江占曰河
津不通十二年六月庚子太白晝見在東井占
如上己未月犯鉞星七月丁卯太白犯填星在
柳占曰周地有大兵八月癸酉月奄建星九月
戊寅熒惑入太微犯西蕃上將星十一月丁丑熒
惑犯太微東蕃上相十年四月桓温伐符健破
其堯柳衆軍健壁長安温退十二月慕容恪

攻齊十二年八月桓温破姚襄於伊水定周地
十一月齊城陷執段龕殺三千餘人永和末鮮
卑侵略河冀升平元年慕容儁遂據臨漳盡有
幽并青冀之地緣河諸將漸奔散河津隔絕矣
三年會稽王以郗曇謝萬敗績求自貶三等是
時權在方伯九服交兵故讖象仍見
晉穆帝升平元年四月壬子太白入輿鬼丁亥月
奄東井南轅西頭第二星占曰秦地有兵一曰
將死六月戊戌太白晝見在軫占同上軫楚分

也壬子月犯畢占曰爲邊兵七月辛巳熒惑犯
天江占曰河津不通十一月歲星犯房壬午月
奄歲星在房占曰民飢一曰豫州有災二年二
月辛卯填星犯軒轅大星甲午月犯東井閏月
乙亥月犯歲星在房占悉同上五月丁亥彗出
天船在胃度中彗爲兵喪除舊布新出天船外
夷侵一曰爲大水六月辛酉月犯房八月戊午
熒惑犯填星在張占曰兵大起張三河分十月
己未太白犯哭星十二月枉矢自東南流于西

北其長半天三年正月壬辰熒惑犯楗閉案占
人主憂三月乙酉熒惑逆行犯鉤鈐案占王者
惡之月犯太白在昴占曰人君死一曰趙地有
兵朝廷不安六月太白犯東井七月乙酉熒惑
犯天江丙戌太白犯輿鬼占悉同上戊子月犯
牽牛中央大星占曰牽牛天將也犯中央星大
將軍死八月丁未太白犯軒轅大星甲子月犯
畢大星占曰爲邊兵一曰下犯上庚午太白犯
填星在太微中占曰王者惡之二年五月關中

氐帥殺符生立堅十二月慕容俊入屯鄴八月
安西將軍豫州刺史謝弈薨三年十月諸葛攸
舟軍入河敗績豫州刺史謝萬入潁衆潰而歸
除名爲民十一月司徒會稽王以二鎮敗求自貶
三等四年正月慕容俊死子暐代立慕容殺其
尚書令陽騖等五月天下大水五年五月穆帝崩
升平四年正月乙亥月犯牽牛中央大星占曰
大將死六月辛亥辰星犯軒轅占曰女主憂己
未太白入太微右掖門從端門出占曰貴奪勢

一曰有兵又曰出端門臣不臣八月戊申太白犯
氐占曰國有憂丙辰熒惑犯太微西上將九月
壬午太白入南斗口犯第四星占曰爲喪有赦
天下受爵祿十月庚戌天狗見西占曰有大兵
流血十二月甲寅熒惑犯房丙寅太白晝見庚寅
月犯楗閉占曰人君惡之五年正月乙巳填星
逆行犯太微乙丑辰時月在危宿奄太白占曰
天下民靡散三月丁未月犯填星在軫占曰爲
大喪五月壬寅月犯太微庚戌月犯建星占曰大

臣相譖辛亥月犯牽牛宿占曰國有憂五年正
月北中郎將郗曇薨五月穆帝崩哀帝立大赦
賜爵褚后失勢七月慕容恪攻冀州刺史呂護
於野王拔之護奔滎陽是時桓溫以大衆次宛
聞護敗乃退
升平五年六月癸酉月奄氐東北星占曰大將
當之九月乙酉奄畢占曰有邊兵十月丁卯熒
惑犯歲星在營室占曰大臣有匿謀一曰衛地
有兵丁未月犯畢赤星占曰下犯上又曰有邊

兵八月范汪廢隆和元年慕容煒遣傅末波寇
河陰陳祐危逼
晉哀帝興寧元年八月星孛大角亢入天市按
占爲兵喪三年正月皇后王氏崩二月哀帝崩
三月慕容恪攻洛陽沈勁等戰死
興寧元年十月丙戌月奄太白在須女占曰天
下民靡散一曰災在揚州三年洛陽沒其後桓
溫傾揚州資實討鮮卑敗績死亡太半及征袁
眞淮南殘破後氐及東胡侵逼兵役無已

興寧三年正月乙卯月奄歲星在參參益州分
也六月鎮西將軍益州刺史周撫薨十月梁州
刺史司馬勳入益州以叛朱序率衆助刺史周
楚討平之
興寧三年七月庚戌月犯南斗占曰女主憂歲
星犯輿鬼占曰人君憂十月太白晝見在亢占
曰亢爲朝廷有兵喪爲臣彊哀帝是年二月崩
其災皆在海西也明年五月皇后庾氏崩
晉海西太和元年二月丙子月奄熒惑在參占
曰爲内亂一曰參魏地二年正月太白入昴五年
慕容煒爲苻堅所滅司冀幽并四州並屬氐
太和二年八月戊午太白犯歲星在太微三年
六月甲寅太白奄熒惑在太微端門中六年海
西公廢
太和四年二月客星見紫宮西垣至七月乃滅
占曰客星守紫宮臣殺主閏月乙亥月暈軫復
有白暈貫月北暈斗柄三星占曰王者惡之六
年桓溫廢帝

太和四年十月壬申有大流星西下聲如雷案占
流星爲貴使星大者使大明年遣使免袁眞爲
庶人桓溫征壽春眞病死息瑾代立求救於苻
堅溫破氐軍六年壽春城陷聲如雷將士怒
之象也
太和六年閏月熒惑守太微端門占曰天子亡
國又曰諸侯三公謀其上一曰有斬臣辛卯月
犯心大星占曰王者惡之十一月桓溫廢帝并
奏誅武陵王晞文不許溫乃徙之

臣沈　約　新撰

天文三

晉簡文咸安元年十二月辛卯熒惑逆行入太微二年三月猶不退占曰國不安有憂是時帝有桓温之逼恒懷憂慘七月帝崩

咸安二年正月己酉歲星犯填星在須女占曰爲内亂五月歲星形色如太白占曰進退如度姦邪息變色亂行主無福歲星囚於仲夏當

細小而明此其失常也又爲臣強六月太白晝見在七星乙酉太白犯輿鬼占曰國有憂七月帝疾甚詔桓温曰少子可輔者輔之如不可君自取之賴侍中王坦之毁手詔改使如王導輔政故事温聞之大怒將誅坦之等内亂之應也是月帝崩

咸安二年五月丁未太白犯天關占曰兵起六月庾希入京城十一月盧悚入宮並誅滅

晉孝武寧康元年正月戊申月奄心大星案占災在王者則在豫州一曰主命惡之三月丙午月奄南斗第五星占曰大臣有憂憂死亡一曰將軍死七月桓温薨

寧康二年正月丁巳有星孛于女虛經氐亢角軫翼張九月丁丑有星孛于天市十一月癸酉太白奄熒惑在營室占曰金火合爲爍此災皆爲兵喪太元元年五月氐賊苻堅伐涼州七月氐破涼州虜張天錫十一月桓沖發三州軍軍淮泗桓豁亦遣軍備境上

寧康二年閏月己未月奄牽牛南星占曰左將軍死三年五月北中郎將王坦之薨

寧康三年六月辛卯太白犯東井占曰秦地有兵九月戊申熒惑奄左執法占曰執法者死太元元年苻堅破涼州十月尚書令王彪之卒

晉孝武太元元年四月丙戌熒惑犯南斗第三星丙申又奄第四星占曰兵大起中國飢一曰有赦八月癸酉太白晝見在氐氐兗州分野九月熒惑犯哭泣星遂入羽林占曰天子有哭泣事

中軍兵起十一月己未月奄左角占曰天子有兵一曰國有憂三年六月熒惑守羽林占曰禁兵大起九月壬午太白晝見在角兗州分元年五月大赦三年八月氐賊韋鍾入漢中東下苻融寇樊鄧慕容暐圍襄陽氐兗州刺史彭超圍彭城四年二月襄陽城陷賊獲朱序彭超搶彭城獲吉挹彭超等聚廣陵三河衆五萬於是征虜謝石次除中右衛毛安之游擊河間王曇之等次堂邑發丹陽民丁使尹張涉屯衛

京都六月兗州刺史謝玄討賊大破之餘燼皆走是時中外連兵比年荒儉是年又發揚州萬人戍夏口

太元四年十一月丁巳太白犯哭星占曰天子有哭泣事五年七月丙子辰星犯軒轅占曰女主當之九月癸未皇后王氏崩

太元六年十月乙卯有奔星東南經翼軫聲如雷星説曰光迹相連曰流絶迹而去曰奔案占楚地有兵一曰軍破民流十二月氐荊州刺史梁成襄陽太守閻震率衆伐竟陵桓石虔擊大破之生禽震斬首七千獲生萬人聲如雷將帥怒之象也七年九月朱綽擊襄陽拔將六百餘家而還

太元七年十一月太白晝見在斗占曰吳有兵喪八年四月甲子太白又晝見在參占曰魏有兵喪是月桓沖征沔漢楊亮伐蜀並拔城略地八月苻堅自將號百萬九月攻沒壽陽十月劉牢之破堅將梁成斬之殺獲萬餘人謝玄等又

破堅於淝水斬其弟融堅大衆奔潰九年六月皇太后褚氏崩八月謝玄出屯彭城經略中州十年八月苻堅爲其將姚萇所殺

太元十年十二月己丑太白犯歲星占曰爲兵饑是時河朔未一兵連在外冬大饑

太元十一年二月戊申太白晝見在東井占曰秦有兵臣彊六月甲午歲星晝見在胃占曰魯有兵臣彊十二年慕容垂寇東阿翟遼寇河上姚萇假號安定苻登自立隴上呂光竊據涼土

太元十一年三月客星在南斗至六月乃沒占曰有兵一曰有赦是後司雍兖冀常有兵役十二年正月大赦八月又赦

太元十二年二月戊寅熒惑入月占曰有亂臣死相若有戮者一曰女親爲敗天下亂是時琅邪王輔政王妃從兄國寶以姻昵受寵又陳郡人袁悅昧私苟進交遘主相扇揚朋黨十三年帝殺悅於是主相有隙亂階興矣

太元十二年十月庚午太白晝見在斗十三年

閏月戊辰天狗東北下有聲十二月戊子辰星入月在危占曰賊臣欲殺主不出三年必有內惡是月熒惑在角亢形色猛盛占曰熒惑大其常吏且棄其法諸侯亂其政自是後慕容垂翟遼姚萇苻登慕容永並阻兵爭彊十四年正月彭城妖賊又稱號於皇丘劉牢之破滅之三月張道破合鄉圍太山向欽之擊走之是年翟遼又攻沒滎陽侵略陳項于時政事多弊治道陵遲矣

太元十四年十二月熒惑入羽林乙未月犯歲星占並同上十五年翟遼掠司兖衆軍累討弗克鮮卑又跨略并冀七月旱八月諸郡大水兖州又蝗

太元十五年七月壬申有星孛于北河戒經太微三台文昌入北斗長十餘丈八月戊戌入紫微乃滅占曰北河戒一名胡門胡門有兵喪掃太微入紫微王者當之三台爲三公文昌爲將相將相三公有災入北斗彊國發兵諸侯爭權大夫憂十一月太白入羽林占曰天子爲軍自

守有反臣二十一年九月孝武帝崩隆安元年王恭殷仲堪桓玄等並發兵表誅王國寶朝廷從而殺之并斬其從弟緒司馬道子由是失勢禍亂成矣

太元十六年十一月癸巳月奄心前星占曰太子憂是時太子常有篤疾

太元十七年九月丁丑歲星熒惑塡星同在亢氐占曰三星合是謂驚位絕行內外有兵喪與飢改立王公

十八年正月乙酉熒惑入月占曰憂在宮中非賊乃盜也一曰有亂臣若有戮者二十一年九月帝暴崩內殿兆庶宣言夫人張氏潛行大逆于時朝政闇緩不加顯戮但默責而已又王國寶邪狡卒伏其辜

太元十八年二月有客星在尾中至九月乃滅占曰燕有兵喪十九年四月己巳月奄歲星在尾占曰爲飢燕國亡二十年慕容垂遣息寶伐什圭爲圭所破死者數萬人二十一年垂死國遂衰亡

太元十九年十月癸丑太白犯歲星在斗占曰爲飢爲內兵斗吳越分至隆安元年王恭等舉兵顯王國寶之罪朝廷赦之是後連歲水旱民飢

太元二十年六月熒惑入天囷占曰天下飢七月丁亥太白入太微占曰太白入太微國有憂晝見爲兵喪九月有蓬星如粉絮東南行歷女虛至哭星占曰蓬星見不出三年必有亂臣戮死於市十二月己巳月犯楗閉及東西咸占曰楗閉司心腸喉舌東西咸主陰謀是時王國寶交構朝政二十一年九月帝崩隆安元年王恭等舉兵而朝廷戮王國寶王緒又連歲水旱兼三方動衆民飢

太元二十一年三月太白連晝見在羽林占曰有強臣有兵喪中軍兵起四月壬午太白入天囷占曰爲飢六月歲星犯哭星占曰有哭泣事是年九月孝武帝崩隆安元年王恭舉兵脅朝廷於是中外戒嚴戮王國寶以謝之

晉安帝隆安元年正月癸亥熒惑犯哭星占曰有哭事二月歲星熒惑皆入羽林占曰軍兵起四月丁丑太白晝見在東井秦有兵喪是月王恭舉兵內外戒嚴尋殺王國寶等六月羌賊攻洛陽郗恢遣兵救之姚萇死子略代立什圭自號於中山

隆安元年六月庚午月奄太白在太微端門外占曰國受兵乙酉月奄歲星在東壁占曰爲飢衞地有兵八月熒惑守井鉞占曰大臣有誅二

年六月戊辰攝提移戾失常歲星晝見在胃
胃兖州分是年六月郗恢遣鄧啓方等以萬人
殘虜於滑臺滑臺衛地也啓方等敗而還九月
王恭庾楷殷仲堪桓玄等並舉兵表誅王愉司
馬尚之兄弟於是內外戒嚴大發民衆仲堪軍
至尋陽禽江州刺史王愉楷將段方攻尚之於
楊湖爲所敗方死王恭司馬劉牢之反恭恭敗
桓玄至白石亦奔退仲堪還江陵三年冬荆州
刺史殷仲堪爲桓玄所殺

隆安三年閏月太白晝見在羽林丁丑月犯東
上相辛未辰星犯軒轅星占悉同上是年正月
楊佺期破郗恢奪其任殷仲堪又殺之六月鮮
卑攻没青州十月羌賊攻没洛陽桓玄破荆雍
殺殷仲堪楊佺期孫恩聚衆攻没會稽殺內史
王凝之劉牢之東討走之四年七月太皇太后李
氏崩

隆安四年正月乙亥月犯填星在牽牛占曰吴
越有兵喪女主憂二月己丑有星孛于奎長三
丈上至閣道紫宫西蕃入斗魁至三台太微帝
座端門占曰彗拂天子廷閣易主之象經三台
入北斗占同上條六月己未月又犯填星在牽牛
辛酉又犯哭星十月奄歲星在斗河占曰爲飢
十二月戊寅有星孛于貫索天市天津占曰
貴臣獄死內外有兵喪天津爲賊斷王道天下
不通十二月太白在斗晝見至五年正月乙卯
案占災在吴越三月甲寅流星赤色衆多西行
經牽牛虛危天津閣道貫太微紫宫占曰星

者庶民類衆多西流之象徑行天子庭主弱臣
彊諸侯兵不制七月癸亥大角星散搖五色占
曰王者流散丁卯月犯天關占曰王者憂九月
庚子熒惑犯少微又守之占曰處士誅十月戊子
月犯東蕃次相四年五月孫恩復破會稽殺內
史謝琰遣高雅之等討之七月太皇太后李氏
崩十月妖賊大破高雅之於餘姚死者十七八
五年二月孫恩攻句章高祖拒之五月吴郡內
史袁山松出戰爲所殺死者數千人六月孫恩

至京口高祖擊破之恩軍蒲州於是內外戒
嚴營陣屯守柵斷淮　恩遣別將攻廣陵殺三
千餘人恩遁據郁州是月高祖又追破之九月
桓玄表至逆旨陵上十月司馬元顯大治水軍
將以伐玄元興元年正月桓玄東下是月孫恩
在臨海人衆餓死散亡恩亦投水死盧循自稱
征虜將軍領其餘衆略有永嘉晉安之地二月
帝戎服遣西軍丁卯桓玄至姑熟破歷陽司馬
尚之見殺劉牢之降于玄三月玄剋京都殺大

司馬元顯放太傅道子七月大飢人相食浙江
東餓死流亡十六七吳郡吳興戶口減半又流
奔　西者萬計十月桓玄遣將擊劉軌破走
奔　州四年玄遂簒位遷帝尋陽
晉安帝元興元年二月戊子太白犯五諸侯因
晝見四月辛丑月奄辰星七月戊寅熒惑在東
井熒惑犯輿鬼積尸占並同上八月庚子太白犯
歲星在上將東南占曰楚兵飢一曰災在上將丙
寅太白奄右執法九月癸未太白犯進賢占曰

賢者誅十月客星色白如粉絮在太微西至十
二月入太微占曰兵入天子庭二年二月歲星犯
西上將六月甲辰奄斗第四星占曰大臣誅不
出三年八月癸丑太白犯房北第二星九月己
丑歲星犯進賢熒惑犯西上將十月甲戌太白
犯泣星十一月丁丑熒惑犯填星辛巳月犯熒
惑十二月乙巳月奄軒轅第二星占悉同上元
年冬索頭破羌軍二年十二月桓玄簒位放遷
帝右於尋陽以永安何皇后爲零陵君三年

二月高祖盡誅桓氏
元興三年正月戊戌熒惑逆行犯太微西上相
占曰天子戰於野上相死二月甲辰月奄歲星
於左角占曰天下兵起丙辰熒惑逆行在左執
法西北占曰執法者憂四月甲午月奄軒轅第
二星填星入羽林十二月熒惑太白皆犯羽林占
同上是年二月丙辰高祖殺桓脩等三月己未
破走桓玄遣軍西討辛巳誅左僕射王愉及子
荊州刺史綏桓玄劫帝如江陵五月玄下至崢

嶸洲義軍破滅之桓振又攻沒江陵幽劫天子明年正月衆軍攻之振走乘輿乃旋七月永安何皇后崩三月桓振又襲江陵荆州刺史司馬休之敗走是月劉懷肅擊振滅之其年二月巴西人譙縱殺益州刺史毛璩及璩弟西夷校尉瑾踦有西土自號蜀王

晉安帝義熙元年三月壬辰月奄左執法占同上丁酉月奄心前星占曰豫州有災太白犯東井占曰秦有兵四月己卯月犯填星在東壁占

曰其地亡國一曰貴人死七月庚辰太白比晝見在翼軫占曰爲臣強荆州有兵喪己未月奄填星在東壁占曰其國以伐亡一曰民流八月丁巳月犯斗第一星占曰天下有兵一曰大臣憂參案江左來南斗有災則吳越會稽丹陽豫章廬江各隨其星應之淮南失土殆不占耳史闕其說故不列焉

九月戊子熒惑犯少微占曰處士誅庚寅熒惑犯右執法癸卯熒惑犯左執法占並同上十月

丁巳月奄填星營室占同七月十一月丙戌太白奄鉤鈐占曰喉舌臣憂十二月己卯歲星犯天江占曰有兵亂河津不通是年六月索頭寇沛土使僞豫州刺史索度眞戍相縣太傅長沙景王討破走之十一月荆州刺史魏詠之薨二年二月司馬國璠等攻沒弋陽四月羌伐仇池仇池公楊盛擊走之九月益州刺史司馬榮期爲其參軍楊承祖所害時文處茂討蜀屢有功會榮期死乃退三年十二月司徒揚州刺史王

謐薨四年正月太保武陵王遵薨三月左僕射孔安國卒五年高祖討鮮卑弁定舊兗之地

義熙二年二月己丑月犯心後星占曰豫州有災四月癸丑月犯太微西將己未月犯房南第二星己丑歲星犯天江占悉同上五月癸未月犯左角占曰左將軍死天下有兵壬寅熒惑犯氐占曰氐爲宿宮人主憂六月庚午熒惑犯房北第二星八月癸亥熒惑犯斗第五星丁巳犯建星九月壬午熒惑犯哭星又犯泣星占悉同上十

二月丙午月奄太白在危占曰齊亡國一曰彊國君死丁未熒惑太白皆入羽林是年二月甲戌司馬國璠等攻沒弋陽三年正月鮮卑寇北徐州至下邳八月遣劉敬宣伐蜀十二月司徒王謐薨四年正月武陵王遵薨五年鮮卑復寇淮北四月高祖大軍討之六月大戰臨朐城進圍廣固十月什圭爲其子僞清河公所殺六年二月拔廣固禽慕容超阬斬其衆三千餘人

義熙三年正月丙子太白晝見在奎二月庚寅月奄心後星占悉同上癸亥熒惑填星太白辰星聚於奎婁從填星也其說見上九年五月己丑太白晝見在參占曰益州有兵喪臣彊八月辛卯熒惑犯辰星翼占曰天下兵起八月己卯太白奄熒惑又犯執法占曰奄熒惑有大兵辛卯熒惑犯左執法九月壬子熒惑犯進賢是年正月丁巳鮮卑寇北徐至下邳八月劉敬宣伐蜀不克而旋四年三月左僕射孔安國卒七月司馬叔璠等攻沒鄒山魯郡太守徐邕破

走之姚略遣衆征佛佛太爲所破五年高祖討鮮卑六年三月妖賊徐道覆殺鎮南將軍江州刺史何無忌於豫章四月妖賊盧循寇湘中巴陵五月丙子循道覆敗撫軍將軍豫州刺史劉毅於桑落洲毅僅以身免丁丑循等至蔡洲遣別將焚京口庚辰賊攻焚査浦査浦戍將距戰不利高祖遣軍渡淮擊大破之司馬國璠寇碭山竺夔討破之七月妖賊南走據尋陽高祖遣劉鍾等追之八月孫季高乘海伐廣州謙之

以蜀衆聚枝江盧循將苟林略華容相去百里臨川烈武王討謙之又討林林退走鄀陽太守虞丘延破賊別帥於上饒九月烈武王使劉遵擊苟林於巴陵斬之桓道兒率蔡猛向大薄又遣劉基討之斬猛十月高祖以舟師南征是時徐道覆率二萬餘人攻荊州烈武王距之戰於江津大破之梟殄其十八九道覆戰船走十一月劉鍾破賊軍於南陵癸丑益州刺史鮑陋卒于白帝譙道福攻沒其衆庚戌孫季高襲廣州

剋之十二月高祖在大雷與賊交戰大破之賊
走左里進擊又破死者十八九賊還廣州劉蕃
等追之七年二月蕃拔始興城斬徐道覆盧循
還番禺攻圍孫季高不能剋走交州交州刺史
杜慧度斬之四月到彥之攻譙道福於白帝拔之
義熙四年正月庚子熒惑犯天江占同上五月丁
未月奄斗第二星占同上壬子填星犯天廩占
曰天下飢倉粟少六月己丑太白犯太微西上將
己卯又犯左執法十月戊子熒惑入羽林占悉

同上五年高祖討鮮卑六年左僕射孟昶仰藥
卒是後南北軍旅運轉不息
義熙五年二月甲子月犯昴占曰胡不安天子
破匈奴四月甲戌熒惑犯辰星在東井占同三
年五月戊戌歲星入羽林占同上九月壬寅月犯
昴占同二月十月熒惑犯氐占同二年閏月丁
酉月犯昴占同二月辛亥熒惑犯鉤鈐占同
元年十二月辛丑太白犯歲星在奎占曰大兵起
魯有兵己酉月奄心大星占曰王者惡之是年

四月高祖討鮮卑什圭爲其子所殺十一月西
虜攻安定姚略自以大衆救之六年二月鮮卑滅
皆胡不安之應也是時鮮卑跨魯地又魯有
兵之應也五月盧循逼郊甸宮衛被甲
義熙六年三月丁卯月奄房南第二星占曰災
在次相己巳又奄斗第五星占曰斗主兵兵起一
曰將軍死太白犯五諸侯占曰諸侯有誅五月甲
子月奄斗第五星占同三月己亥月奄昴占曰
國有憂一曰有白衣之會六月己丑月犯房南第

二星甲午太白晝見占並同上七月己亥月犯輿
鬼占曰國有憂一曰秦有兵八月壬午太白犯軒
轅大星甲申月犯心前星災在豫州丙戌月犯
斗第五星占悉同上五月丁亥月奄牛宿南星
占曰天下有大誅乙未太白犯少微丙午太白在
少微而晝見九月甲寅太白犯左執法丁丑填
星犯畢占曰有邊兵是年三月始興太守徐道
覆反江州刺史何無忌討之大敗於豫章無忌
死之四月盧循寇湘中沒巴陵五月循等大破

豫州刺史劉毅毅僅以身免循率衆逼京畿是月左僕射孟昶懼王威不振仰藥自殺七年二月劉蕃梟徐道覆首杜慧度斬盧循並傳首京都八年六月臨川烈武王道規薨時爲豫州八月皇后王氏崩九月兗州刺史劉蕃尚書僕射謝混伏誅高祖西討劉毅斬之十二月遣益州刺史朱齡石伐蜀九年諸葛長民伏誅林邑王范胡達將萬餘人寇九真九真太守杜慧期距破之七月朱齡石滅蜀

義熙七年四月辛丑熒惑入輿鬼占曰秦有兵一曰雍州有災六月太白晝見在翼占同元年己亥填星犯天關占曰臣謀主庚子月犯歲星在畢占曰有邊兵且飢七月丁卯歲星在參占曰歲星填合爲内亂一曰益州戰不勝亡地五虹見東方占曰天子黜聖人出八月乙未月犯歲星在參占曰益州兵飢太白犯房南第二星十一月丙午太白犯哭泣星占悉同上七月朱齡石剋蜀蜀民尋又反又討滅之八年誅劉蕃謝混滅

劉毅皇后王氏崩九年誅諸葛長民十一年討荊州刺史司馬休之雍州刺史魯宗之破之也

義熙八年正月庚戌月犯歲星在畢占同上七月癸亥月奄房北第二星占同上甲申太白犯填星在東井占曰秦有大兵己未月犯井鉞八月戊申月犯泣星十月辛亥月奄天關占曰有兵十月丁丑填星犯東井占曰大人憂十二月癸卯填星犯井鉞是年八月皇后王氏崩九月誅劉蕃謝混滅劉毅九年三月誅諸葛長民西虜攻羌安定戍剋之十二月朱齡石伐蜀

九年七月朱齡石滅蜀

義熙九年二月丙午熒惑填星皆犯東井占曰秦有兵壬辰歲星熒惑填星太白聚于東井從歲星也熒惑入輿鬼太白犯南河初義熙三年四星聚奎奎婁徐州分是時慕容超僭號於齊侵略徐兗連歲寇抄至于淮泗姚興譙縱僭僞秦蜀盧循木末南北交侵五年高祖北殄鮮卑是四星聚奎之應也九年又聚東井東井

秦分十三年高祖定關中又其應也而縱循羣凶之徒皆已剪滅於是天人歸望建國舊邑徐元熙二年受終納禪皆其徵也星傳曰四星若合是謂太陽其國兵喪並起君子憂小人流五星若合是謂易行有德受慶攻立王者奄有四方無德受罰離其國家滅其宗廟今案遺文所存五星聚者有三周漢以王齊以霸周將伐殷五星聚房齊桓將霸五星聚箕漢高入秦五星聚東井齊則永終侯伯卒無更紀之事是則五星聚有不易行者矣四星聚者

有九漢光武晉元帝並中興而魏宋並更紀是則四星聚有以易行者矣昔漢平帝元始四年四星聚柳張各五日柳張三河分後有王莽赤眉之亂而光武興復於洛晉懷帝永嘉六年四星聚牛女後有劉聰石勒之亂而元皇興復楊土漢獻帝初平元年四星聚心又聚箕尾心豫州分後有董卓李傕暴亂黃巾黑山熾擾而魏武迎帝都許遂以兖豫定是其應也一曰心為天王大兵外殿天下大亂之兆也韓馥以為尾箕燕

興之祥故奉幽州牧劉虞虞既距之又尋滅亡國已非矣尾為燕又為吳此非公孫度則孫權也度偏據僻陋然亦郊祀備物皆為改漢矣建安二十二年四星又聚二十五年而魏文受禪此為四星三聚而易行矣蜀臣亦引後聚為劉備之應案太元十九年義熙三年九月四星各一聚而宋有天下與魏同也魚豢云五星聚冀方而魏有天下熒惑入輿鬼占曰兵喪太白犯南河占曰兵起後皆有應

五月壬辰太白犯右執法晝見占同上七月庚午月奄鉤鈐占曰喉舌臣憂九月庚午歲星犯軒轅大星已丑月犯左角十年正月丁卯月犯畢占曰將相有以家坐罪者二月己酉月犯房北星五月壬寅月犯牽牛南星乙丑歲星犯軒轅大星占悉同上六月丙申月奄氐占曰將死之國有誅者七月庚辰月犯天關占曰兵起熒惑犯井鉞填犯輿鬼遂守之占曰大人憂宗廟改八月丁酉月奄牽牛南星占同

上九月填星犯輿鬼占曰人主憂丁巳太白入羽林十二月己酉月犯西咸占曰有陰謀十一年二月丁巳月入畢占曰天下兵起一曰有邊兵己卯填星入輿鬼閏月丙午填星又入輿鬼占曰爲旱爲疫爲亂臣五月甲申彗星出天市掃帝座在房心房心宋之分野案占得彗柄者興除舊布新宋興之象癸卯熒惑從行入太微甲辰犯右執法六月己未太白犯東井占曰秦有兵戊寅犯輿鬼占曰國有憂七月辛丑月犯

畢占同上八月壬子月犯氐占同上庚申太白從行從右掖門入太微丁卯奄左執法十一月癸亥月入畢占同上乙未月入輿鬼而暈占曰主憂財寶出一曰暈有赦十二年五月甲申月犯歲星在左角占曰爲飢留房心之間宋之分野與武王伐紂同得歲者王于時晉始封高祖爲宋公六月壬子太白從行入太微右掖門己巳月犯畢占同上七月月犯牛宿占曰天下有大誅十月丙戌月入畢占同上十三年五月丙子月犯

軒轅丁亥犯牽牛癸巳熒惑犯右執法八月己酉月犯牽牛丁卯月犯太微占曰人君憂九月壬辰熒惑犯軒轅十月戊申月犯畢占悉同上月犯箕占曰國有憂甲寅月犯畢占同上乙卯填星犯太微留積七十餘日占曰亡君之戒壬戌月犯太微占同上十一月月於太微奄填星占曰王者惡之十四年三月癸丑太白犯五諸侯占同上四月壬申月犯填星於張占曰天下有大喪五月庚子月犯太微占同上壬子有星

孛于北斗魁中占曰有聖人受命七月甲辰熒惑犯輿鬼占曰秦有兵丁巳月犯東井占曰軍將死癸亥彗星出太微西柄起上相星下芒漸長至十餘丈進歸北斗紫微中台占曰彗出太微社稷亡天下易王入北斗紫微帝宮空一曰天下得聖主八月甲子太白犯軒轅癸酉填星入太微犯右執法因留太微中積二百餘日乃去占曰填星守太微亡君之戒有徙王九月乙未太白入太微犯左執法丁巳月入太微占曰

大人憂十月癸巳熒惑入太微犯西蕃上將仍從行至左掖門内留二十日乃逆行元年三月五日出西蕃上將西三尺許又從還入太微時塡星在太微繞塡星成鉤已其年四月二十七日丙戌從端門出占曰熒惑與塡星鉤已天下更紀甲申月入太微占同上十一年正月高祖討司馬休之魯宗之等潰奔長安五月林邑寇交州交州刺史杜慧度距戰于九眞大爲所敗十三年七月高祖伐羌十月前驅定陜洛十三

年三月索頭大衆緣河爲寇高祖討之奔還其别帥托跋嵩交戰又大破之嵩衆殲焉進復攻關八月擒姚泓司兗秦雝悉平索頭竟懼十四年高祖還彭城受宋公十一月左僕射前將軍劉穆之卒明年西虜寇長安雝州刺史朱齡石諸軍陷沒官軍舍而東十二月安帝崩母弟琅邪王踐阼是曰恭帝

晉恭帝元熙元年正月丙午三月壬寅月犯太微占悉同上乙卯辰星犯軒轅六月庚辰太白犯太微七月月犯歲星己卯月犯太微太白晝見占悉同上自義熙元年至是太白經天者九日有餘從上始華代更王臣民失君之象也是夜太白犯哭星十二月丁巳月太白俱入羽林二年二月庚午塡星犯太微占悉同上元年十月高祖受宋王二年六月晉帝遜位高祖入宮

志第十五　　宋書二十五

臣沈　約　新撰

天文四

宋武帝永初元年十月辛丑熒惑犯進賢占曰進賢官誅十一月乙卯熒惑犯填星於角占曰爲喪大人惡之一曰兵起十二月庚子月犯熒惑於亢占曰爲內亂一曰貴人憂又角爲天門亢爲朝廷三年五月宮車晏駕七月太傅長沙景王道憐薨索頭攻略青司兗三州於是禁兵大出是後司徒徐羡之尚書令傅亮領軍謝晦等廢少帝內亂之應

永初元年十二月甲辰月犯南斗占曰大臣憂三年七月長沙王薨索虜寇青司二州大軍出救

永初二年六月甲申太白晝見占爲兵喪爲臣彊三年五月宮車晏駕尋遣兵出救青司其後徐羡之等秉權臣彊之應也

永初二年六月乙酉熒惑犯氐乙巳犯房占曰氐爲宿宮房爲明堂人主有憂房又爲將相將相有憂氐房又兗豫分三年五月宮車晏駕七月長沙王薨王領兗州也景平元年廬陵王義真廢王領豫州也

永初二年十月太白犯填星於亢亢兗州分又爲鄭占曰大星有大兵金土合爲內兵三年索頭攻略青冀兗三州禁兵大出兗州失守虎牢没

永初三年正月丁卯月犯南斗占同元年一曰女主當之二月辛卯有星孛于虛危向河津埽河鼓占曰爲兵喪五月宮車晏駕明年遣軍救青司二月太后蕭氏崩

永初三年二月壬辰填星犯亢占曰諸侯有失國者民多流亡一曰廷臣爲亂亢兗州分又爲鄭其年索頭攻圍司兗兗州刺史徐琰委守奔敗司州刺史毛德祖距守陷没緣河吏民多被侵略

永初三年三月壬戌月犯南斗占同正月五月丙午犯軒轅占曰女主當之六月辛巳月犯房占曰將相有憂豫州有災癸巳犯歲星於昴占

曰趙魏兵飢其年虜攻略青兗司三州盧陵王義眞廢王領豫州也二月太后蕭氏崩元嘉三年司徒徐羨之等伏誅

永初三年九月癸卯熒惑經太微犯左執法己未犯右執法占悉同上十月癸酉太白犯南斗占曰國有兵事大臣有反者辛巳熒惑犯進賢占曰進賢官誅明年師出救青司景平二年徐羨之等廢帝徙王元嘉三年羨之及傅亮謝晦悉誅

永初三年十一月戊午有星孛于室壁占曰爲兵喪明年兵救青司二月太后蕭氏崩營室内宮象也

永初三年十一月癸亥月犯亢氐占曰國有憂十一月戊戌熒惑犯房房爲明堂王者惡之一曰將相憂景平二年羨之等廢帝因害之元嘉三年羨之等伏誅

少帝景平元年正月乙卯有星孛于東壁南白色長二丈餘拂天苑二十日滅二月太后蕭氏崩十月戊午有星孛于氐北尾長四丈西北指貫攝提向大角東行日長六七尺十餘日滅明年五月羨之等廢帝文帝元嘉元年十月熒惑犯心元嘉三年正月甲寅夜天東南有黒氣廣一丈長十餘丈元嘉六年五月太白晝見經天元嘉七年三月太白犯歲星於奎六月熒惑犯東井輿鬼入軒轅月犯歲星十一月癸未西南有氣上下赤中央黒廣三尺長三十餘丈狀如旌旗十二月丙戌有流星頭如甕尾長二十餘丈大如數十

斛船赤色有光照人面從西行經奎北大星南過至東壁止其年索虜寇青司殺刺史掠居民遣征南大將軍檀道濟討伐經歲乃歸

元嘉八年四月辛未太白晝見在胃五月犯天關東井六月庚子熒惑入東井七月壬戌夜白虹見東方丁丑太白犯上將八月癸未太白入太微右掖門内犯左執法乙未熒惑犯積尸九月丙寅流星大如斗赤色發太微西蕃北行未至北斗没餘光長三丈許十月丙辰金土相犯在

須女月奄天關東井十二月月犯房鉤鈐十年仇池氏寇漢中梁州失戍

元嘉九年正月庚午熒惑入輿鬼三月月犯軒轅四月犯左角歲星入羽林月犯房鉤鈐己丑太白入積尸五月犯軒轅月掩南斗第六星辛酉熒惑入太微右掖門犯右執法七月丙午月蝕左角八月癸未太白犯心前星乙酉犯心明堂星元嘉十年十月有流星大如甕尾長二十餘丈元嘉十一年二月庚子月犯畢入畢口而出

因暈昴畢西及五車東及參三月丙辰太白晝見在參閏月戊寅太白犯五諸侯己丑月入東井犯太白于時司徒彭城王義康專權

元嘉十二年五月壬戌月犯右執法七月壬戌熒惑犯積尸奄上將十月丙午月犯右執法十二月甲申太白犯羽林十七年上將執法皆被誅

元嘉十三年正月庚午月犯熒惑二月月犯太微東蕃第一星十一月辛亥歲星犯積尸十二月戊子熒惑入羽林後年廢大將軍彭城王義康及其黨與凡所收掩皆羽林兵出

元嘉十四年正月有星晡前晝見東北維在井左右黃赤色大如橘月犯東井四月丁未太白犯輿鬼五月丙午太白晝見在太微七月辛卯歲星入軒轅八月庚申熒惑犯上將九月丙戌熒惑犯左執法其後皇后袁氏崩丹陽尹劉湛誅尚書僕射殷景仁薨

元嘉十五年四月己卯月犯氐十月壬戌流星大如鴨子出文昌入紫宮聲如雷十一月癸

未熒惑入羽林丁未月犯東井鉞星其後誅丹陽尹劉湛等

元嘉十六年二月歲星逆行犯左執法五月丁卯太白晝見胃昴間月入羽林太白犯畢歲星左執法七月月會填星八月太白犯軒轅明年皇后袁氏崩熒惑犯太微西上將太白晝見在翼九月熒惑同入太微相犯太白犯左執法熒惑犯右執法十月歲星熒惑相犯在亢十一月熒惑犯房北第一星明年大

將軍義康出徙豫章誅其黨與尚書僕
射揚州刺史殷景仁薨
元嘉十九年九月客星見北斗漸爲彗星至
天苑末滅元嘉二十年二月二十四日乙未有
流星大如桃出天津入紫宮須臾有細流星或
五或三相續又有一大流星從紫宮出入北斗魁
須臾又一大流星出貫索中經天市垣諸流星竝向
北行至曉不可稱數流星占竝云天子之使又占
庶民惟星星流民散之象至二十七年索虜

殘破青兾徐兖南兖豫六州民死太半
元嘉二十二年二月金火木合東井四月月犯
心太白入軒轅七月太白晝見其冬太子詹事
范曄謀反伏誅
元嘉二十三年正月金火相爍其月索虜寇青
州驅略民户
元嘉二十四年正月月犯心大星天星竝西流
多細大不過如雞子尾有長短當有數百至旦
日光定乃止有入北斗紫宮者占流星群趨所

之者兵衆其下有大急又占衆星竝流將軍竝
舉兵隨星所之以應天氣又占流星入紫宮有
喪水旱不調又占流星入北斗大臣有繫者又
占流星爲民大星大臣流小星小民流四月太
白晝見八月征北大將軍衡陽王義季薨豫章
民胡誕世率其宗族破郡縣殺太守及縣令
元嘉二十五年正月火水入羽林月犯歲星太
白晝見經天元嘉二十六年十月彗星入太微
十一月白氣貫北斗二十七年夏太白晝見經

天九月太白犯歲星十月熒惑入太微元嘉二
十八年五月彗星見卷舌入太微逼帝座犯上
相拂屏出端門滅翼軫翼軫荆州分太白晝見犯哭
星三十年太子巫蠱呪詛事覺遂殺害朝臣孝
建元年荆江二州反皆夷滅卷舌呪詛之象彗
之所起是其應也
元嘉二十九年正月太白晝見經天明年東宫
弑逆
孝武孝建元年二月有流星大如月西行其年

豫州刺史魯爽反誅

孝建元年九月壬寅熒惑犯左執法尚書左僕射建平王宏表解職不許

孝建元年十月乙丑熒惑犯進賢星吏部尚書謝莊表解職

孝建二年五月乙未熒惑入南斗十月甲辰又入南斗大明元年夏京師疾疫

孝建三年四月戊戌太白犯輿鬼占曰民多疾明年夏京邑疫疾

孝建三年八月甲午太白入心占曰後九年大飢至大明八年東土大飢民死十二三

大明元年三月癸亥太白在奎南犯歲星占曰有滅諸侯三年司空竟陵王誕反誅

大明元年六月丙申月在東壁掩熒惑占曰將軍有憂期不出三年至三年司空竟陵王誕反

大明二年三月辛未熒惑入東井四月己亥熒惑在東井犯北軒轅第二星井雍州分其年四月海陵王休茂為雍州刺史五年休茂反誅

大明二年七月己巳月掩軒轅第二星十月辛卯月掩軒轅十一月丙戌月又掩軒轅軒轅女主時民間喧言人主帷薄不脩

大明二年十一月庚戌熒惑犯房及鉤鈐壬子熒惑又犯鉤鈐占曰有兵其年索虜寇歷下遣羽林軍討破之

大明三年春正月夜通天薄雲四方生赤氣長三四尺乍沒乍見尋皆消滅占名隧星一曰刀星天下有兵戰鬭流血月入太微犯次將占曰

有反臣死將誅三月月在房犯鉤鈐因蝕占曰人主惡之將軍死三月土守牽牛占曰大人憂疾兵起大赦姦臣賊子謀欲殺主四月犯五諸侯占曰諸侯誅金水合西方占曰兵起五月歲星犯東井鉞占曰斧鉞用大臣誅六月月入南斗占曰大臣大將軍誅南兖州刺史竟陵王誕尋據廣陵反遣車騎大將軍沈慶之領羽林勁兵及豫州刺史宗慤徐州刺史劉道隆衆軍攻戰及屠城城內男女道俗梟斬靡遺將軍宗

越偏用虐刑先刳腸决眼或笞面鞭腹苦酒灌
創然後方加以刀鋸大兵之應也八月月犯太白
太白犯房占曰人君有憂天子惡之熒惑守畢
占曰萬民饑有大兵九月太白犯南斗占曰大
臣有反者九月月在胃而蝕既又於昴犯熒惑
占曰兵起女主當之人主惡之一曰女主憂國王
死民饑十月太白犯哭星占曰人主有哭泣之
聲自後六宮多喪公主薨亡天子舉哀相係
歲大旱民饑

大明四年正月月奄氐占曰太將死又犯房北
第二星占曰有亂臣謀其主二月有赤氣長一
尺餘在太白帝坐北占曰兵起臣欲謀其君五
月月入太微占曰有反臣大臣死六月太白犯
井鉞占曰兵起斧鉞用大臣誅月犯心前星
占曰有亂臣太子惡之月入南斗魁中占曰大
人憂女主惡之七月歲星犯積尸占曰大臣誅
十二月月犯心中央大星占曰大人憂十二月
通天有雲西及東北並生合八所並長四尺乍没

乍見尋消盡占曰天下有兵十二月月犯箕東
北星女主惡之明年雍州刺史海陵王休茂反
太白犯東井雍州兵亂之應也
大明五年正月歲星犯輿鬼積尸占曰大臣誅
主有憂財寶散月入南斗魁中占曰大人憂天
下有兵火土同在須女占曰女主惡之三月月
掩軒轅占曰女主惡之有流星數千萬或長或
短或大或小並西行至曉而止占曰人君惡之
民流亡四月太白犯東井北轅占曰大臣為亂

斧鉞用太白犯輿鬼占曰大臣誅斧鉞用人主
憂六月有流星白色大如甌出王良西南行没
天市中尾長數十丈没後餘光良久占曰天下
亂八月熒惑入東井占曰大臣當之十月歲星
犯太微上將星太白入亢犯南第二星占曰上
將有憂輔臣有誅者人君惡之十月太白入氐
中熒惑入井中占曰王者亡地大赦兵起為飢
月入太微掩西蕃上將犯歲星占曰有反臣死
大星大如斗出柳北行尾十餘丈入紫宫没尾

後餘光良久乃滅占曰天下凶有兵喪天子惡
之十一月月掩心前星又犯大星占曰大人憂
兵起大旱十二月太白犯西建中央星占曰大
臣相譖月犯左角占曰天子惡之後三年孝武
帝文穆皇后相係崩嗣主即位一年誅滅宰輔
將相虐戮朝臣禍及宗室因自受害
大明六年正月月在張犯歲星占曰民飢流亡
月犯心後星占曰庶子惡之二月月掩左角占
曰天子惡之三月熒惑入輿鬼占曰有兵大臣

誅天下多疾疫五月月在張又入太微犯熒惑
占曰國主不安女主憂火犯木翼占曰爲飢爲
旱近臣大臣謀主有星前赤後白大如甌尾長
十餘丈出東壁北西行沒天市啾啾有聲占曰
其下有兵天下亂月掩昴七星占曰貴臣誅天
子破匈奴胡主死歲星犯上將占曰輔臣誅上
將憂六月月入太微犯右執法占曰人主不安
天下大驚主不吉執法誅月犯心後星占曰庶
子惡之七月月犯箕占曰女主惡之八月月入

南斗魁中占曰大臣誅斧鉞用吳越有憂明年
揚南徐州大旱田穀不收民流死亡自後三年
帝后仍崩宰輔及尚書令僕誅戮索虜主死新
安王兄弟受害司徒豫章王子尚薨羽林兵入
三吳討叛逆
大明七年正月夜通天薄雲四方合有八氣蒼
白色長二三丈乍見乍沒名刀星占曰天下有
兵三月月犯心後星占曰庶子惡之四月火犯金
在婁占曰有喪有兵大戰六月月犯箕占曰女

主惡之太白入東井占曰大臣當之太白犯東
井占曰大臣爲亂斧鉞用七月熒惑入東井占
曰兵起大將當之月入南斗魁犯第二星占曰
大人憂吳郡當之太白犯輿鬼占曰兵起大將
誅人主憂財帛出八月月入哭星中間太白犯
軒轅少民星占曰人主憂哭泣之聲民飢流亡
太白入太微占曰近臣起兵國不安熒惑犯鬼
太白犯右執法占曰大臣誅十月金水相犯占
曰天下飢熒惑守軒轅第二星占曰宮中憂有

哀十一月歲星入氐占曰諸侯人君有入宫者
十二月月犯五車占曰天庫兵動後二年帝后
崩大臣將相誅滅皇子被害皇太后崩四方兵
起分遣諸軍推鋒外討
大明八年正月月掩輿鬼占曰大臣誅月入南
斗魁中掩第二星占曰大人憂女主惡之二月
月犯南斗第四星入魁中占曰大人有憂女主當
之豫章受災四月月入南斗魁中犯第三星占
曰大人有憂女主惡之冉楊當之太白入東井

入太微犯執法占曰執法誅近臣起兵國不安
六月歲星犯氐占曰歲大飢有流星大如五斗甌
赤色有光照見人面尾長一丈餘從參北東行
直下經東井過南河沒占曰民飢吳越有兵七
月歲星入氐十月太白守房占曰有兵大喪月
掩食房占曰有喪大飢此後國仍有大喪冉楊
尹顏師伯豫章王子尚死明年昭太后崩四方
賊起王師水陸征伐義興晉陵縣大戰殺傷千計
前廢帝永光元年正月丁酉太白掩牽牛牽牛

越分其月庚申月在虛宿犯太白虛齊地二月甲
甲月入南斗南斗揚州分野又爲貴臣三月庚子月
入輿鬼犯積尸輿鬼主斬戮六月庚午熒惑入東井
東井雝州分其月壬午有大流星前赤後白入紫宫
景和元年九月丁酉熒惑入軒轅在女主大星北
十月熒惑入太微犯西上將十一月丁未太白犯哭
星其月乙卯月犯心心爲天王其年大宰江夏王
義恭尚書令柳元景尚書僕射顏師伯等竝
誅太尉沈慶之薨廬陵王敬先南平王敬猷南安侯

敬淵竝賜死廢帝殞明年會稽太守尋陽王子房
廣州刺史袁曇遠雝州刺史袁顗青州刺史沈
文秀竝反昭太后崩明帝泰始元年十二月己巳太
白入羽林占曰羽林兵動乙亥白氣入紫宫占曰有
喪事明年羽林兵出討昭太后崩
泰始二年正月甲午熒惑逆行在屏西南
占曰有兵在中其月丙申月暈五車通畢
昴占曰女主惡之其月庚子月犯輿鬼占
曰將軍死其月甲寅流星從五車出至紫

宮西蕃没占曰有兵其月丙辰黑氣貫宿占曰王矦有歸骨者三月乙未有流星大小西行不可稱數至曉乃息占曰民流之象四月壬午熒惑入太微犯右執法月在丙子歲星晝見南斗度中占曰其國有軍容大敗其月己卯竟夜有流星百餘西南行一大如甌尾長丈餘黑色從河鼓出又曰有兵其月壬午太白在月南並出東方爲犯占曰有破軍死將王者亡地七月甲午月

犯心心爲宋地其月丙午月犯南斗占曰大臣誅其月乙卯熒惑犯氐氐兖州分野十月辛巳太白入氐占曰春穀貴十一月癸巳太白犯房占曰牛多死其年四方反叛內兵大出六師親戎昭太后崩大將殺孝祖爲南賊所殺尚書右僕射蔡興宗以熒惑犯右執法自解不許九月諸方反者皆平多有歸降者後失淮北四州地彭城兖州並爲虜州没民流之驗也彭城宋分也是春穀貴民

飢明年牛多疾死詔太官停宰牛

泰始三年六月甲辰月犯東井占曰軍將死熒惑犯輿鬼占曰金錢散又曰不出六十日必大赦八月癸卯天子以皇后六宮衣服金釵雜物賜北征將士明年二月護軍王玄謨薨

泰始四年六月壬寅太白犯輿鬼占曰民大疾死不收其年普天大疫

泰始五年二月丙戌月犯左角占曰三年天子惡之三月庚申月犯建星占曰易相十月壬午

月犯畢占曰天子用法誅罰急貴人有死者其月丙申太白犯亢占曰收斂國兵以備北方其年冬建安王休仁解揚州桂陽王休範爲揚州揚州牧前後常宰相居之易相之驗也七年晉平王休祐建安王休仁並見殺時失淮北立戍以備防北虜後三年宮車晏駕

泰始六年正月辛巳月犯左角同前占八月壬辰熒惑犯南斗南斗吳分十一月乙亥月犯東北轅占曰大人當之又曰大臣有誅者二年殺

揚州刺史王景文宮車晏駕
後廢帝元徽三年七月丙申太白入角犯歲星占
曰角爲天門國將有兵事占於角太白與木星
會殺軍在外破軍殺將其月丁巳太白入氐氐爲
天子宿宮太白兵凶之星八月己巳太白犯房北
頭第二星占曰王失德九月癸卯太白犯南斗
第三星占曰大人當之國易政十月丙戌歲星
入氐占曰諸侯人君有來入宮者十一月庚戌
月入太微奄屏西南星占曰貴者失勢四年七

月建平王景素據京口反時廢主凶慝無度五
年七月殞安成王入纂皇祚三年齊受禪
元徽四年三月乙巳朔月犯房北頭第一星進犯鍵
閉星占曰有謀伏甲兵在宗廟中天子不可出
宮下堂多暴事九月甲辰填星犯太微西蕃
占曰立王一曰徙王又曰大人憂時廢帝出入
無度卒以此殞安成王立
元徽五年正月戊申月犯南斗第五星與前
同占四月丁巳熒惑犯輿鬼西北星占曰大人
憂近期六十日遠期六月日又曰人君惡之其月
丙子太白犯輿鬼西北星占曰大赦五月戊申太
白晝見午上光明異常占曰更姓六月壬戌月犯鉤
鈐星占曰有大令其月乙丑月犯南斗第四星
與前同占七月廢帝殞大赦天下後二年齊
受禪
順帝昇明元年八月庚申月入南斗犯第三星
與前同占九月丁亥太白在翼晝見經天占
曰更姓閏十二月癸卯夜月奄南斗第四星

與前同占

志第十六　宋書第二十六

志第十七　宋書二十七

臣沈約新撰

符瑞上

夫體睿窮幾含靈獨秀謂之聖人所以能君四海而役萬物使動植之類莫不各得其所百姓仰之懽若親戚芬若椒蘭故爲旗章輿服以崇之玉璽黄屋以尊之以神器之重推之於兆民之上自中智以降則萬物之爲役者也性識殊品蓋有愚暴之理存焉見聖人利天下謂天下

可以爲利見萬物之歸聖人謂之利萬物力爭之徒至以逐鹿方之亂臣賊子所以多於世也夫龍飛九五配天光宅有受命之符天人之應易曰河出圖洛出書而聖人則之符瑞之義大矣

赫胥燧人之前無聞焉

太昊帝宓犧氏母曰華胥燧人之世有大迹出雷澤華胥履之而生伏犧於成紀蛇身人首有聖德燧人氏没宓犧代之受龍圖畫八卦所謂河出圖者也有景龍之瑞

炎帝神農氏母曰女登遊於華陽有神龍首感女登於常羊山生炎帝人身牛首有聖德致大火之瑞嘉禾生醴泉出

黄帝軒轅氏母曰附寶見大電光繞北斗樞星照郊野感而孕二十五月而生黄帝於壽丘弱而能言龍顔有聖德劾百神朝而使之應龍攻蚩尤戰虎豹熊羆四獸之力以女魃止淫雨天下既定聖德光被羣瑞畢臻有屈軼之草生於

庭佞人入朝則草指之是以佞人不敢進有景雲之瑞有赤方氣與青方氣相連赤方中有兩星青方中有一星凡三星皆黄色以天清明時見於攝提名曰景星黄帝黄服齋于中宫坐于玄扈洛水之上有鳳皇集不食生蟲不履生草或止帝之東園或巢于阿閣或鳴於庭其雄自歌其雌自舞麒麟在囿神鳥來儀有大螻如羊大螾如虹黄帝以土氣勝遂以土德王五十年秋七月庚申天霧三日三夜晝昏黄帝以問天

老力牧容成曰於公何如天老曰臣聞之國安其主好文則鳳皇居之國亂其主好武則鳳皇去之今鳳皇翔於東郊而樂之其鳴音中夷則與天相副以是觀之天有嚴敎以賜帝帝勿犯也乃召史卜之龜燋史曰臣不能占也其問之聖人帝曰已問天老力牧容成矣史北面再拜曰龜不違聖智故燋霧除遊于洛水之上見大魚殺五牲以醮之天乃甚雨七日七夜魚流於海得圖書焉龍圖出河龜書出洛赤文篆字以

授軒轅軒轅接萬神於明庭今寒門谷口是也

帝摯少昊氏母曰女節見星如虹下流華渚既而夢接意感生少昊登帝位有鳳皇之瑞

帝顓頊高陽氏母曰女樞見瑤光之星貫月如虹感己於幽房之宮生顓頊於若水首戴干戈有聖德生十年而佐少昊氏二十而登帝位

帝嚳高辛氏生而駢齒有聖德代高陽氏王天下使鼓人拊鞞鼓擊鍾磬鳳皇鼓翼而舞

帝堯之母曰慶都生於斗維之野常有黃雲覆

覆其上及長觀于三河常有龍隨之一旦龍負圖而至其文要曰亦受天祐眉八彩鬚髮長七尺二寸面銳上豐下足履翼宿既而陰風四合赤龍感之孕十四月而生堯於丹陵其狀如圖及長身長十尺有聖德封於唐夢攀天而上高辛氏衰天下歸之在帝位七十年景星出翼鳳皇在庭朱草生嘉禾秀甘露潤醴泉出日月如合璧五星如連珠廚中自生肉其薄如箑搖動則風生食物寒而不臭名曰箑脯又有草夾階

而生月朔始生一莢月半而生十五莢十六日以後日落一莢及晦而盡月小則一莢焦而不落名曰蓂莢一曰曆莢歸功於舜將以天下禪之乃潔齋脩壇場於河雒擇良日率舜等升首山遵河渚有五老游焉蓋五星之精也相謂曰河圖將來告帝以期知我者重瞳黃姚五老因飛爲流星上入昴二月辛丑昧明禮備至於日昃榮光出河休氣四塞白雲起回風搖乃有龍馬銜甲赤文綠色臨壇而止吐甲圖而去甲似

龜背廣九尺其圖以白玉爲檢赤玉爲泥以黄
金約以青繩檢文曰闓色授帝舜言虞夏殷
周秦漢當授天命帝乃寫其言藏于東序後
二年二月仲辛率羣臣沈璧于洛禮畢退俟
至于下昃赤光起玄龜負書而出背甲赤文
成字止于壇其書言當禪舜遂讓舜帝舜有
虞氏母曰握登見大虹意感而生舜於姚墟目
重瞳子故名重華龍顔大口黑色身長六尺
一寸舜父母憎舜使其塗廩自下焚之舜服

鳥工衣服飛去又使浚井自上塡之以石舜服
龍工衣自傍而出耕於歷夢眉長與髮等及
即帝位蓂莢生於階鳳皇巢於庭擊石拊石
百獸率舞景星出房地出乘黄之馬西王
母獻白環玉玦舜在位十有四年奏鍾石笙筦
未罷而天大靁雨疾風發屋拔木桴鼓播地
鍾磬亂行舞人頓伏樂正狂走舜乃擁璿持
衡而笑曰明哉夫天下非一人之天下也亦乃
見于鍾石笙筦乎乃薦禹於天使行天子事

于時和氣普應慶雲興焉若煙非煙若雲非
雲郁郁紛紛蕭索輪囷百工相和而歌慶雲帝
乃倡之曰慶雲爛兮禮縵縵兮日月光華旦
或旦兮羣臣咸進稽首曰明明上天爛然星陳
日月光華弘予一人帝乃再歌曰日月有常星
辰有行四時從經萬姓允誠於予論樂配天
之靈遷于聖賢莫不咸聽鼚乎鼓之軒乎舞
之精華以竭褰裳去之於是八風脩通慶雲
叢聚蟠龍奮迅於其藏蛟魚踴躍於其淵

龜鼈咸出其穴遷虞而事夏舜乃設壇於河
依堯故事至于下昃榮光休氣至黄龍負圖
長三十二尺廣九尺出于壇畔赤文綠錯其文
言當禪禹

帝禹有夏氏母曰脩己出行見流星貫昴夢
接意感既而吞神珠脩己背剖而生禹於石紐
虎鼻口兩耳參鏤首戴鉤鈐匈有玉斗足文履
已故名文命長有聖德長九尺九寸夢自洗
於河以手取水飲之又有白狐九尾之瑞當堯

之世舜舉之禹觀於河有長人白面魚身出曰吾河精也呼禹曰文命治淫言授禹河圖言治水之事乃退入于淵禹治水既畢天錫玄珪以告成功夏道將興草木暢茂青龍止於郊祝融之神降于崇山乃受舜禪即天子之位洛出龜書六十五字是爲洪範此謂洛出書者也南巡狩濟江中流有二黃龍負舟舟人皆懼禹笑曰吾受命於天屈力以養人生性也死命也奚憂龍哉龍於是曳尾而逝

高辛氏之世妃曰簡狄以春分玄鳥至之日從帝祀郊禖與其妹浴於玄丘之水有玄鳥銜卵而墜之五色甚好二人競取覆以玉筐簡狄先得而吞之遂孕胷剖而生契長爲堯司徒成功於民受封于商後十三世生主癸主癸之妃曰扶都見白氣貫月意感以乙日生湯號天乙豐下銳上皙而有髯句身而揚聲身長九尺臂有四肘是曰殷湯湯在亳能脩其德伊摯將應湯命夢乘船過日月之傍湯乃東至于洛觀帝堯之壇沈璧退立黃魚雙踴黑鳥隨魚止于壇化爲黑玉又有黑龜並赤文成字言夏桀無道湯當代之檮杌之神見于邳山有神牽白狼銜鉤而入商朝金德將盛銀自山溢湯將奉天命放桀夢及天而舔之遂有天下商人後改天下之號曰殷

高辛氏之世妃曰姜嫄助祭郊禖見大人迹履之當時歆如有人道感已遂有身而生男以爲不祥棄之阨巷羊牛避而不踐又送之山林之中會伐林者薦覆之又取而置寒冰上大鳥

來以一翼藉覆之姜嫄以爲異乃收養焉名之曰棄枝頤有異相長爲堯稷官有功於民后稷之孫曰公劉有德諸侯皆以天子之禮待之初黃帝之世讖言曰西北爲王期在甲子昌制命發行誅旦行道及公劉之後十三世而生季歷季歷之十年飛龍盈於殷之牧野此蓋聖人在下位將起之符也季歷之妃曰大任夢長人感已溲于豕牢而生昌是爲周文王龍顏虎肩身長十尺胷有四乳大王曰

吾世當有興者其在昌乎季歷之兄曰太伯知天
命在昌適越終身不反弟仲雍從之故季歷爲
嗣以及昌昌爲西北作邑于豐文王之妃曰大
姒夢商庭生棘太子發植梓樹於闕間化爲松
柏棫柞以告文王文王幣告羣臣與發並拜告夢
季秋之甲子赤爵銜書及豐止于昌戶昌拜稽首受之
其文要曰姬昌蒼帝子亡殷者紂王將畋史編卜之
曰將大獲非熊非羆天遺汝師以佐昌臣太祖史
疇爲禹卜畋得皐陶其兆如此王至于磻谿之水呂

尚釣於涯王下趨拜曰望公七年乃今見光景
于斯尚立變名答曰望釣得玉璜其文要曰
姬受命昌來提撰爾雒鈐報在齊尚出游
見赤人自雒出授尚書曰命曰呂佐昌者子文
王夢日月著其身又鸑鷟鳴於岐山孟春六旬
五緯聚房後有鳳皇銜書游文王之都書又曰
殷帝無道虐亂天下皇命已移不得復久靈祗
遠離百神吹去五星聚房昭理四海文王既沒太子
發代立是爲武王武王駢齒望羊將伐紂至于

孟津八百諸侯不期而會咸曰紂可伐矣武王
不從及紂殺比干囚箕子微子去之乃伐紂度
孟津中流白魚躍入王舟王俯取魚長三尺目
下有赤文成字言紂可伐王寫以世字魚文消
燔魚以告天有火自天止于王屋流爲赤烏烏
銜穀焉穀者紀后稷之德火者燔魚以告天天
火流下應以吉也遂東伐紂勝於牧野兵不血
刃而天下歸之乃封呂望於齊周德既隆草木
茂盛蒿堪爲宮室因名蒿宮武王沒成王少周

公旦攝政七年制禮作樂神鳥鳳皇見蓂莢生
乃與成王觀于河洛沈璧禮畢王退俟至于日
昧榮光並出幕河青雲浮至青龍臨壇銜玄甲
之圖坐之而去禮于洛亦如之玄龜青龍蒼光
止于壇背甲刻書赤文成字周公援筆以世文
寫之書成文消龜墮甲而去其言自周公訖于
秦漢盛衰之符麒麟遊苑鳳皇翔庭成王援琴
而歌曰鳳皇翔兮於紫庭余何德兮以感靈賴
先王兮恩澤湊于胥樂兮民以寧

魯哀公十四年孔子夜夢三槐之間豐沛之邦有赤煙氣起乃呼顏淵子夏往視之驅車到楚西北范氏街見芻兒摘麟傷其左前足薪而覆之孔子曰兒來汝姓爲赤誦名子喬字受紀孔子曰汝豈有所見耶兒曰見一禽巨如羔羊頭上有角其末有肉孔子曰天下已有主也爲赤劉陳項爲輔五星入井從歲星兒發薪下麟示孔子孔子趨而往麟蒙其耳吐三卷圖廣三寸長八寸每卷二十四字其言赤劉當起曰周亡赤氣起大燿

興玄丘制命帝卯金孔子作春秋制孝經既成使七十二弟子向北辰星磬折而立使曾子抱河洛事北向孔子齋戒向北辰而拜告備于天曰孝經四卷春秋河洛凡八十一卷謹已備天乃洪鬱起白霧摩地赤虹自上下化爲黃玉長三尺上有刻文孔子跪受而讀之曰寶文出劉季握卯金刀在軫北字禾子天下服

漢高帝父曰劉執嘉執嘉之母夢赤鳥若龍戲己而生執嘉是爲太上皇帝母名含始是爲昭靈后昭靈后游於洛池有玉雞銜赤珠刻曰玉英吞此者王昭靈后取而吞之又寢於大澤夢與神遇是時靁電晦冥太上皇視之見蛟龍在其上遂有身而生季是爲高帝高帝隆準而龍顏美須頿左股有七十二黑子微時數從王媼武負貰酒醉臥上常有光怪每留飲售輒數倍武負與之輒折其契單父人呂公好相人見高帝謂曰臣少好相人相人多矣無如季相願季自愛臣有息女願爲箕箒妾呂公妻媼怒呂公曰公

常奇此女欲爲貴人沛令善公求不與何妄許劉季呂公曰非女子所知卒與高帝生惠帝魯元公主呂后嘗與兩子居田中有一老公過請飲呂后因饋之食老父相呂后曰夫人天下貴人也令相二子見惠帝曰夫人所以貴者乃此男相魯元公主亦貴老父已去高帝適從傍舍來呂后具言之高帝追問老父老父曰向者夫人兒子之貴皆以君相君貴不可言高帝被飲夜行徑澤中前人反曰有大蛇當道願還高

帝醉曰壯士行何畏乃前拔劒斬蛇蛇分爲兩道開而過後人來者見老嫗守蛇曰向者赤帝子過殺之見者疑嫗爲詐欲笞之忽然不見具以狀告高帝帝心喜秦始皇帝曰東南有天子氣於是東遊以厭之高帝隱於芒碭山澤之間呂后常知其處高帝怪問之對曰季所居上常有雲氣故知之高帝爲沛公入秦五星聚于東井歲星先至而四星從之占曰以義取天下初張良遊於下邳沂水之上有老父來直至良前

而墮其履顧謂良曰孺子下取履良愕然欲毆之以其老乃下取跪進父以足受笑而去良殊大驚父去里所復來曰孺子可教也後五日平明與我會此良怪之跪應曰諾五日良往父已先來怒曰何與長者期而後也五日更與我會此凡三期而良前至老父喜曰不當如是邪即出懷中一卷書與之曰讀之此爲王者師後十三年孺子見我濟北穀城山下黃石即我也旦視其書乃太公兵法良以黃石篇爲佗人說皆不省唯高帝說焉良曰此殆天所授矣五年而成帝業後十三年張良果得穀城山下黃石寶而祠之死與合葬

文帝之母薄姬魏豹爲魏王納之後宮許負相之當生天子魏王豹於是背漢漢高帝擊虜而薄姬輸織室高帝見而美之內於後宮歲餘乃得幸將見幸薄姬言妾昨夢青龍據妾心高帝曰我是也吾爲爾成之一御而生文帝

景帝王皇后初嫁爲金王孫妻母臧兒卜筮曰

當貴乃奪金氏而內太子宮生男男方在身夢日入其懷以告太子太子曰是貴徵也生男是爲武帝

武帝趙婕妤家在河間生而兩手皆拳不可開武帝巡守過河間望氣者言此有奇女天子氣召而見之武帝自披其手即時申得一玉鉤由是見幸號曰拳夫人進爲婕妤居鉤弋宮大有寵十四月生男是爲昭帝號曰鉤弋子武帝曰聞昔堯十四月而生今鉤弋子亦然乃名其門

曰堯毋門
昭帝元鳳三年正月太山萊蕪山南民夜聞訩訩有數千人聲晨往視之見大石自立高丈五尺大三十八圍入地八尺三石爲足立後白烏數千集其旁又上林苑中柳樹斷卧地一朝自起生枝葉蟲齧其葉成文曰公孫病已立陳留襄邑王社忽移至長安博士眭孟占之曰石陰類太山岱宗王者禪代之處將有廢故之家姓公孫名病已從白衣爲天子者時昭帝幼少霍

二九十七　宋書志十七　十五　葉禾

光輔政以孟妖言誅之及昭帝崩昌邑王又廢光立宣帝武帝曾孫本名病已在民間白衣三世如孟言焉
元帝王皇后齊田氏之苗裔祖父翁孺自東平陵徙元城元城建公曰昔春秋沙鹿崩晉史卜之陰爲陽雄土火相乘故沙鹿崩後六百四十五年宜有聖女興其齊田乎今翁孺之徙正值其地日月當之元城郭東有五鹿之墟即沙鹿地後八十年當有貴女興天下翁孺生禁禁妻李氏方任身夢月入其懷生女是爲元后毋許嫁未行所許者輒死卜相者云當大貴遂爲元帝皇后生成帝
初秦始皇世有長人十二身長五丈足跡六尺見於龍西臨洮前史以爲秦亡之徵史臣以爲漢興之符也自高帝至于平帝十二主焉
光武皇帝父爲濟陽令濟陽有武帝行宮常封閉哀帝建平元年十二月甲子夜光武將產乃開而居之時有赤光室中盡明皇考異焉使卜

三十　宋志十七　十六　范華

者王長卜之長辟左右曰此善事不可言是歲有嘉禾生產屋景天中一莖九穗異於凡禾縣界大豐故名光武曰秀時又有鳳皇集濟陽於是畫宮爲鳳皇之象明年方士有夏賀良者上言哀帝云漢家歷運中衰當再受命於是改號爲太初元將元年稱陳聖劉太平皇帝以厭勝之王莽時善望氣者蘇伯阿望光武所居縣春陵城郭喈曰氣佳哉鬱鬱葱葱然莽忌惡漢而錢文有金乃改鑄貨泉以易之既而光武起

於春陵之白水鄉貨泉之文爲白水眞人也初起兵望見家南有火光以爲人持火呼之而光遂盛赫然上屬天有頃不見及在河北爲王郎所逼將南濟滹沱河導吏還云河水流澌無船可渡左右皆恐懼帝更遣王霸視之霸往視如吏言霸慮還以實對驚動衆心乃謬云冰堅可渡帝馳進比至而河冰皆合其堅可乘既渡餘數乘車未畢而冰陷前至下博城西疑所之有一白衣老公在道旁曰努力信都爲長安城守

去比八十里耳言畢失所在遂至信都投太守任光初光武微時穰人蔡少公曰讖言劉秀發兵捕不道卯金脩德爲天子國師公劉子駿名秀少公曰國師公是也光武笑曰何用知非僕道士西門君惠等並云劉秀當爲天子光武平定河北還至中山將軍萬脩得赤伏符言光武當受命羣臣上尊號光武辭前至鄗縣諸生彊華又自長安詣鄗上赤伏符文與脩合羣下又請曰受命之符人應爲大光武又夢乘赤龍登

天乃即位都洛陽營宮闕一夕有門材自至是時琅邪開陽縣城門一夕無故自亡檢所得材即是也遂名其門曰開陽門先是秦穆公時陳倉人掘地得物若羊非羊若猪非猪怪將獻之道逢二僮子謂之曰子知彼乎名爲媼常在地下食死人腦若欲殺之以柏東南枝指之則死矣媼因言曰此二僮子名爲寶得其雄者王得其雌者霸於是陳倉人遂棄媼而逐二僮子二僮子化爲雉飛入林陳倉人以告穆公穆公

發徒大獵得其雌者化而爲石置之汧渭之閒至文公爲之立祠名曰陳寶祠雄南飛集南陽穰縣其後光武興於南陽光武之初興也隗囂擁衆隴右招集英俊而公孫述稱帝於蜀天下雲擾大者連州郡小者據縣邑囂問扶風人班彪曰往者周亡戰國並爭天下分裂數世然後定從横之事復起於今乎將承運迭興在於一人也願先生論之對曰周之廢興與漢異昔周立爵五等諸侯從政本根既微枝葉彊大故其

末流有縱橫之事其勢然也漢家承秦之制郡縣治民主有專己之威臣無百年之柄至於成帝假借外家哀平短祚國嗣三絕禍自上起傷不及下故王氏之貴傾擅朝廷能竊號位而不根於民是以即眞之後天下莫不引領而歎十餘年間中外騷擾遠近俱發假號雲合咸稱劉氏不謀而同辭方今雄桀帶州域者皆無七國世業之資詩云皇矣上帝臨下有赫監觀四方求民之瘼今民皆謳吟思漢向仰劉氏已可知

矣隗囂曰先生言周漢之勢可也至於但見愚民習識劉氏姓號之故而謂漢復興疎矣昔秦失其鹿劉季逐而掎之時民復知漢乎彪既感囂言又愍狂狡之不息乃著王命論以救時難辭曰昔在帝堯之禪曰咨爾舜天之曆數在爾躬舜亦以命禹洎于稷契咸佐唐虞光濟四海弈世載德至于湯武而有天下雖其遭遇異時禪代不同至于應天從民其揆一焉是故劉氏承堯之祚氏族之世著于春秋言據火德而漢

紹之始起沛澤則神母夜號以章赤帝之符由是言之帝王之祚必有明聖顯懿之德豐功厚利積累之業然後精誠通于神明流澤加於生民故能為鬼神所福饗天下所歸往未見運世無本功德不紀而得堀起在此位者也世俗見高祖興於布衣不達其故以為適遭暴亂得奮其劒游說之士至比天下於逐鹿幸捷而得之不知神器有命不可以智力求也悲夫此世之所以多亂臣賊子者也若然者豈徒闇於天道

哉又不覩之於人事矣夫餓饉流隸饑寒道路思有裋褐之褻擔石之畜所願不過一金然終於轉死溝壑何則貧窮亦有命也況乎天子之貴四海之富神明之祚可得而妄據哉故雖遭罹厄會竊其權柄勇如信布彊如梁籍成如王莽然卒潤鑊伏鑕亨醢分裂又況幺麽不及數子而欲闇干天位者乎是故駑蹇之乘不騁千里之塗燕雀之儔不奮六翮之用楶梲之材不荷棟梁之任斗筲之子不秉帝王之重易曰鼎折

足覆公餗不勝其任也當秦之末豪桀共推陳嬰而王之嬰母止嬰曰自吾爲子家婦而世貧賤卒富貴不祥不如以兵屬人事成少受其利不成禍有所歸嬰從其言而陳氏以寧王陵之母亦見項氏之必亡而劉氏之將興也是時陵爲漢將而母獲於楚有漢使來陵母見之謂曰願告吾子漢王長者必得天下子謹事之無有二心遂對漢使伏劍而死以固勉陵其後果定於漢陵爲宰相封侯夫以匹婦之明猶能推事理之致探禍福之機全宗祀於無窮垂册書於春秋而況大丈夫之事乎是故窮達有命吉凶由人嬰母知廢陵母知興審此二者帝王之分決矣蓋在高祖其興也有五一曰帝堯之苗裔二曰體貌多奇異三曰神武有徵應四曰寬明而仁恕五曰知人善任使加之以信誠好謀達於聽受見善如不及用人如由己從諫如從流趨時如嚮赴當食吐哺納子房之册拔足揮洗揖酈生之說寤戍卒之言斷懷土之情高四皓之

[宋書志十七　二十一]

名割肌膚之愛舉韓信於行陣收陳平於亡命英雄陳力羣才畢舉此高祖之大略所以成帝業也若乃靈瑞符應又可略聞矣初劉媼任高祖而夢與神遇震雷晦冥有龍蛇之怪及長多靈異有殊於衆是以王武感物而折契呂公覩貌而進女秦皇東遊以厭其氣呂后望雲而知所處始受命則白蛇分西入關則五星聚故淮陰留侯謂之天授非人力也歷古今之得失驗行事之成敗稽帝王之世運考五者之所謂取舍不厭斯位符應不同斯度而欲昧於權利越次妄據外不量力內不知命則必喪保家之主失天年之壽遇折足之凶伏鈇鉞之誅英雄誠知覺寤畏若禍戒超然遠覽淵然深識收陵嬰之明分絕信布之覬覦距逐鹿之瞽說審神器之有授無貪不可幾爲二母之所笑則福祚流于子孫天祿其永終矣隗囂不納果敗

漢元成世道士言讖者云赤厄三七三七二百一十年有外戚之篡祚極三六當有龍飛之秀

[宋書志十七　二十二]

興復祖宗及莽篡漢漢二百一十年矣莽十八年而敗光武興焉

明帝初生豐下兑上赤色似堯終登帝位

和帝鄧皇后祖父禹佐命光武常曰我將百萬人未嘗妄殺一人子孫當大興后少時相者蘇大見后驚曰此成湯之骨法也貴不可言后嘗夢登梯以手捫天天體蕩蕩正青而滑有若鍾乳者后仰吮之以訊之占夢占夢者曰堯夢攀天而湯夢及天而咶之此皆非常夢也既而入宮遂登尊位

三了卅九 宋書志十七 二十三

安帝未即大位在邸數有神光赤蛇嘉應照曜室內磐紆殿屋牀第之閒後遂入承大統

初桓帝之世有黃星見於楚宋之分遼東殷馗曰後五十年當有真人起於譙沛之閒其鋒不可當靈帝熹平五年黃龍見譙光祿大夫喬玄問太史令單颺曰此何祥也颺曰其國後當有王者興不及五十年亦當復見天事恒象此其徵也內黃殷登默記之其後曹操起於譙是爲魏武帝建安五年於黃星見之歲五十年矣而武帝破袁紹天下莫敵

春秋讖曰代漢者當塗高也漢有周舒者善內學人或問之舒曰當塗高者魏也舒既沒譙周又問術士杜瓊曰周徵君以爲當塗高魏也其義何在瓊曰魏闕名也當塗而高聖人以類言耳又問周曰寧復有所怪邪周曰未達也瓊曰古者名官職不言曹自漢以來名官盡言曹吏言屬曹卒言侍曹此殆天意也周曰魏者大也曹者衆也衆而且大天下之所歸乎建安十八

三了十五 宋書志十七 廿四

年武帝爲公又進爵爲王二十五年武帝薨太子丕嗣爲魏王是爲文帝文帝始生有雲青色圓如車蓋當其上終日望氣者以爲至貴之祥非人臣之氣善相者高元呂曰其貴不可言延康元年三月黃龍又見譙殷登猶存歎曰黃龍見於熹平也單颺云不及五十年亦當復見今四十五年矣颺之言其驗茲乎十月饒安言白虎見八月石邑言鳳凰集又有麒麟見十月漢帝禪位於魏魏王辭讓不受博士蘇林董巴上

言臣聞天之去就固有常分聖人當之昭然不疑故堯捐骨肉而禪有虞終無吝色舜發壟畝而居天下若固有之其相授間不替漏刻天下已傳矣所以急天命明天下不可一日無君今漢期運已終妖異絕之已審陛下受天之命符瑞告徵丁寧詳悉反覆備至雖言語相諭無以代此今既發詔書璽綬未御固執謙讓上稽天命下違民情臣謹按古之典籍參以圖緯魏之行運及天道所在即尊之驗在於今年此月

昭晳分明謹條奏如左唯陛下迁思易慮以時即位顯告上帝布詔天下然後改正朔易服色正大號天下幸甚其所陳事曰天有十二次以為分野王公之國各有所屬周在鶉火魏在大梁歲星行歷凡十二次所在國天子受命諸侯以封周文王始受命歲星在鶉火至武王伐紂十三年歲星復在鶉火故春秋傳曰武王伐紂歲在鶉火又曰歲之所在則我有周之分野也昔光和十七年歲在大梁武王始受命為將

討黃巾是歲改年為中平元年建安元年歲復在大梁始拜大將軍十三年復在大梁始拜丞相今二十五年歲復在大梁陛下受命此魏得歲與周文武受命相應今年青龍在庚子詩推度災曰庚者更也子者茲也聖人制法天下治又曰王者布德於子治成於丑此言今年天更命聖人制法天下布德於民也魏以改制天下與詩協矣顓頊受命歲在豕韋衛居其地亦在豕韋故春秋傳曰衛顓頊之墟也今十月斗之所建則顓頊受命之分

也魏以十月受禪此同符始祖受命之驗也魏之氏族出自顓頊與舜同祖見于春秋世家舜以土德承堯之火今魏亦以土德承漢之火其於行運合於堯舜授受之次魏王猶未許太史丞許芝又上天文祥瑞自建安三年十二月戊辰有新天子氣見於東南到今積二十三年建安十年彗星出庫樓歷犯氐房宿北入天市犯北斗紫微氐為天子宿宮路寢所止房為天子明堂政教之首北斗七星主尊輔象近臣紫微

者北極最尊此除埽漢家之大異也建安十八
年秋歲星鎮星熒惑俱入太微逆行留守帝坐
百有餘日歲星入太微人主改姓鎮星入太微內
有兵亂人主以弱三者漢改姓易代之異也建安
十九年正月白虹貫日易傳曰后妃擅國白虹貫
日建安二十一年五月朔巳亥日蝕建安二十三
年三月孛星晨見東方二十餘日夕出西方犯
歷五車東井五諸侯文昌軒轅太微鋒炎剌帝
坐孛者除舊布新亡惡興聖之異也建安二十

四年二月晦壬子日蝕日者陽精月爲侯王而
以亥子日蝕皆水滅火之異也延康元年九月
十日黃昏時月蝕熒惑過人定時熒惑出營室
宿羽林月爲大臣侯王之象熒惑火精漢氏之
行占曰漢家以兵亡延康元年九月二十日剥卦
天子氣不見皆崩亡之異也熒惑火精行縮日
一度有餘故太史令王昱以爲漢家衰亡之極
熒惑大而赤色光不明赤而小與小星無別皆
赤家衰亡之異也易傳曰上下流通聖賢昌厥

應帝德鳳皇翔萬民喜樂無咎殃易傳又曰
聖人受命厥應鳳皇下天子虜易傳又曰黃龍
見天災將至天子絀聖人出黃龍以戊巳日見
五色文章皆具聖人得天受命黃龍以戊寅見
此帝王受命之符瑞最著明者也易傳又曰聖
人清靜行中正賢人至民從命厥應麒麟來春
秋玉版讖曰代赤者魏公子春秋佐助期曰漢
以許昌失天下故白馬令甘陵李雲上事言許
昌氣見當塗高巳萌欲使漢家防絕萌牙令漢

都許日以微弱當居許昌以失天下當塗高者
魏也魏者象魏兩闕之名當道而高大者也魏
當代漢如李雲之言也春秋佐助期又曰漢以
蒙孫亡說者以蒙孫直漢二十四帝童蒙愚惑
以弱亾漢帝少時名爲董侯名不正蒙亂荒惑
其子孫以弱亾也孝經中黃讖曰日載東紀火
光不橫一聖明聰四百之外易姓而王天下歸功
致太平此魏王之姓諱箸見圖讖也易運期曰
言居東西有午兩日竝光日居下其爲主及爲

輔五八四十黃氣受真人出言午許字兩日昌字漢當以許亡魏當以許昌今際會之期在許是其大效也易運期又曰鬼在山禾女運王天下於是魏王受漢禪柴於繁陽有黃鳥銜丹書集于尚書臺於是改元為黃初漢中平二年洛陽民謠言虎賁寺有黃人觀者日數萬道路斷絕中平元年黃巾賊起云蒼天已死黃天當立此魏氏依劉向自云土德之符也先是周敬王之四十七年宋景公問大夫邢史子臣天道何祥

對曰後五年五月丁亥臣將死死後五年五月丁卯吳將亡亡後五年君將終終後四百年邾王天下皆如其言邾王天下蓋謂魏國之後言四百年則錯疑年代久遠傳記者謬誤

高貴公初生有光氣照燿室屋其後即大位

劉備身長七尺七寸垂手過膝顧自見耳洛書甄燿度曰赤三德昌九世會備合帝際洛書寶予命曰天度帝道備稱皇以統握契百成不敗洛書録運期曰九侯七傑爭民命炊骸道路誰

使主者玄且來備字玄德故云玄且來也孝經鉤命決曰帝三建九會備先是術士周羣言西南數有黃氣直立數丈如此積年每有景雲祥風從璿璣下應之建安二十二年中屢有氣如旗從西竟東中天而行圖書曰必有天子出其方太白熒惑鎮星從歲星又黃龍見犍為武陽之赤水日乃去關羽在襄陽男子張嘉王休獻玉璽備後稱帝於蜀

孫堅之祖名鍾家在吳郡富春獨與母居性至

孝遭歲荒以種瓜為業忽有三少年詣鍾乞瓜鍾厚待之三人謂鍾曰此山下善可作冢葬之當出天子君可下山百步許顧見我去即可葬也鍾去三十步便反顧見三人並乘白鶴飛去鍾死即葬其地地在縣城東冢上數有光怪雲氣五色上屬天衍數里父老相謂此非凡氣孫氏其興矣堅母任堅夢腸出繞吳昌門以告鄰母鄰母曰安知非吉祥也昌門吳郭門也堅生而容貌奇異堅妻吳氏初任子策夢月入其

懷後孕子權又夢日入懷告堅曰昔任策夢月入懷今又夢日入懷何也堅曰日月陰陽之精極貴之象吾子孫其興乎權方頤大口紫髯長上短下漢世有劉琬者能相人見權兄弟曰孫氏兄弟雖各才智明達然祿祚不終唯中弟孝廉形皃奇偉骨體不恒有大貴之表季又最壽爾其識之權時爲孝廉初秦始皇東巡濟江望氣者云五百年後江東有天子氣出於吳而金陵之地有王者之勢於是秦始皇乃改金陵曰秣陵

塹北山以絶其勢至吳又令囚徒十餘萬人掘汙其地表以惡名故曰囚卷縣今嘉興縣也漢世術士言黄旗紫蓋見於斗牛之間江東有天子氣獻帝興平中吳中謠言黄金車班蘭耳開昌門出天子魏文帝黄初三年舉口武昌並言黄龍鳳皇見其年權稱尊號年至七十一而薨權子休初封琅邪王夢乘龍上天顧不見尾後得大位其子被廢

漢元成之世先識之士有言曰魏年有和當有開石於西三千餘里繫五馬文曰討曹及魏之初興也張掖删丹縣金山柳谷有石生焉周圍尋中高一仞蒼質素章有五馬麟鹿鳳皇仙人之象始見於建安形成於黄初文備於太和至青三年柳谷之玄川溢湧石形改易狀似雲龜廣一丈七尺一寸圍五丈八寸立于川西有石馬十二其一仙人騎之其一騎絆其五有形而不善成其五成形又有一牛八卦列宿孛星之象有玉匣開蓋於前有玉玦二玉璜一又有麒麟

鳳皇白虎馬牛於中布列有文字曰上上三天王述大會討大曹金但取之金立中大金馬一疋中正大吉關壽此馬甲寅述水凡三十五字石色蒼而物形及字並白石書之昔起魏明帝惡其文有討曹鑿去爲計以蒼石塞之宿昔而白石滿焉當時稱爲祥瑞班下天下處士張臶曰夫神兆未然不追往事此蓋將來之休徵當今之怪異也既而晉以司馬氏受禪太尉屬程猗說曰夫人者盛之極也金者晉之行也中者物

之會也吉者福之始也此言司馬氏之王天下感德而生應正吉而王之符也猗又爲贊曰皇德遐通實降嘉靈乾生其象坤育其形玄石既表素文以成瑞虎合仁白麟燿精神馬自圖金言其形體正而王中允克明闡壽無疆於萬斯齡

宣帝有狼顧之相能使面正向後而身形不異魏武帝嘗夢有三匹馬在一槽中共食其後宣帝及景文相係爲宰相遂傾曹氏文帝未立世子有意於齊獻王攸武帝時爲中撫軍懼不立以相

皃示裴秀秀言於文帝曰中撫軍振髮籍地垂手過膝天表如此非人臣之相也由是得立及嗣晉位其月襄武縣言有大人相長三丈餘足跡三尺一寸白髮黃單衣黃巾柱杖呼民王始語云今當太平頃之受魏禪

武帝咸寧元年大風吹帝社樹折有青氣出社中占者以爲東莞有天子氣時琅邪武王伷封東莞伷元帝祖也元帝以咸寧二年夜生有光照室室內盡明有白毛生於日角之左眼有精

光燿隨惠帝幸鄴成都王穎殺東安王繇繇元帝叔父也帝懼欲出奔而月明邀候急四衢斷絕不得去有頃天陰風雨大至候者皆休乃得去初武帝伐吳琅邪武王伷率衆出塗中而王渾逼歷陽王濬已次近路孫晧欲降送天子璽綬近越二將而遠送詣伷識者咸怪之吳之未亡也吳郡臨平湖一旦自開湖邊得石函中有小青石刻作皇帝字舊言臨平湖塞天下亂開則天下太平吳人以爲美祥俄而吳滅後元帝

興於江左吳亡後蔣山上常有紫雲數術者亦云江東猶有帝王氣又謠言曰五馬游度江一馬化爲龍元帝與西陽汝南南頓彭城五王過江而元帝升天位讖書曰銅馬入海建業期元帝小字銅環永嘉初元帝以安東將軍鎮建業時歲鎮星辰太白四星聚於牛女之間常裵回進退愍帝建興四年晉陵武進人陳龍在田中得銅鐸五枚柄口皆有龍虎形又有將雛雞雀集其前皆驅去復還至于再三又有鵝三四頭

高飛且鳴周回東西晝夜不下如此者六七日會稽剡縣陳清又於井中得棧鐘長七寸二分口徑四寸其器雖小形制甚精上有古文書十八字其四字可識云會稽徽命豫章有大樟樹大三十五圍枯死積久永嘉中忽更榮茂景純竝言是元帝中興之應初武帝太康三年建鄴有寇餘姚人伍振筮之曰寇已滅矣三十八年揚州有天子至元帝即天位果三十八年先是宣帝有寵將牛金屢有功宣帝作兩口榼一口盛毒酒一口盛善酒自飲善酒毒酒與金金飲之即斃景帝曰金名將可大用云何害之宣帝曰汝忘石瑞馬後有牛乎元帝母夏侯妃與琅邪國小史姓牛私通而生元帝愍帝之立也改毗陵爲晉陵時元帝始霸江揚而戎翟稱制西都微弱干寶以爲晉將滅於西而興於東之符也宋武帝居在丹徒始生之夜有神光照室其夕甘露降于墓樹皇考以高祖生有奇異名爲奇奴皇妣既殂養於舅氏改爲寄奴焉少時誕節

嗜酒自京都還息於逆旅逆旅嫗曰室內有酒自入取之帝入室飲於盎側醉卧地時司徒王謐有門生居在丹徒還家亦至此逆旅逆旅嫗曰劉郎在室內可入共飲酒此門生入室驚出謂嫗曰室內那得此異物嫗遽入之見帝已覺矣嫗密問向何所見門生曰見有一物五采如蛟龍非劉郎門生還以白謐謐戒使勿言而與結厚帝嘗行至下邳遇一沙門沙門曰江表尋當喪亂拯之必君也帝患手創積年沙門出懷中黃散一裹與帝曰此創難治非此藥不能瘳也倏忽不見沙門所在以散傅創即愈餘散帝寶録之後征伐屢被傷通中者數矣以散傅之無不立愈自少至長目中常見二龍在前始尚小及貴轉大晉陵人韋叟善相人相帝曰君貴不可言願無相忘晉安帝義熙初帝始康晉亂而興霸業焉廬江霍山常有鐘聲十二帝將征關洛霍山崩有六鐘出制度精奇上有古文書一百六十字冀州有沙門法稱將死語其弟

子普嚴曰嵩皇神告我云江東有劉將軍是漢
家苗裔當受天命吾以三十二璧鎮金一餅與
將軍爲信三十二璧者劉氏卜世之數也普嚴
以告同學法義法義以十三年七月於嵩高廟
石壇下得玉璧三十二枚黃金一餅漢中城固
縣水際忽有雷聲俄而岸崩得銅鍾十一枚又
華縣民宋耀得嘉禾九穗後二年而受晉禪孔
子河雒讖曰二口建戈不能方兩金相刻發神
鋒空穴無主奇入中女子獨立又爲雙二口建

戈劉字也晉氏　行劉姓又有金故曰兩金相
刻空穴無主奇入中爲寄字女子獨立又爲雙
奴字晉既禪宋太史令駱達奏陳天文符讖曰
去義熙元年至元熙元年十月太白星晝見經
天凡七占曰天下革民更王異姓興義熙元年
至元熙元年十一月朔日有蝕之凡四皆蝕從
上始臣民失君之象也義熙十一年五月三日
彗星出天市其芒埽帝坐天市在房心之北宋
之分野得彗柄者興此除舊布新之徵義熙七

年七月二十五日五虹見于東方占曰五虹見
天子黜聖人出義熙七年八月十一日新天子氣
見東南十二年北定中原崇進宋公歲星裵回
房心之間大火宋之分野與武王克殷同得歲
星之分者應王也十一年以來至元熙元年月
行失道恒北入太微中占月入太微廷王入爲
主十三年十月鎮星入太微積留七十餘日到
十四年八月十日又入太微不去到元熙元年
積二百餘日占鎮星守太微亡君之戒有立王

有徙王十四年五月十七日茀星出北斗魁中
占曰星茀北斗中聖人受命十四年七月二十
九日彗星出太微中彗柄起上相星下芒尾漸
長至十餘丈進埽北斗及紫微中占曰彗星出
太微社稷亡天下易政入北斗帝宮空一占天
下得召人召人聖主也一曰彗孛紫微天下易
主十四年十月一日熒惑從入太微鉤巳至元
年四月二十七日從端門出積屍留二百六日
繞鎮星熒惑與鎮星鉤巳天廷天下更紀十四

年十二月歲太白辰裹回居斗牛之閒經旬斗牛曆數之起占曰三星合是謂改立元熙元年十二月二十四日四黑龍登天易傳曰冬龍見天子亾社稷大人應天命之符金雌詩云大火有心水抱之悠悠百年是其時火宋之分野水宋之德也金雌詩又曰云出而兩漸欲舉短如之何乃相咀交哉亂也當何所唯有隱巖殖禾黍西南之朋困桓父兩云玄字也短者云胙短也巖巖隱不見唯應見谷殖禾谷邊則聖諱炳明也

三司卌 宋書志十七 三十九

易曰西南得朋故能困桓父也劉向讖曰上五盡寄致太平草付合成集羣英前句則陛下小諱後句則太子諱也十一年五月西明門地陷水涌出毀門扉閫西者金鄉之門爲水所毀此金德將衰水德方興之象也太興中民於井中得棧鐘上有古文十八字晉自宣帝至今數滿十八年義熙八年太社生桑明尤著者也夫六允位也漢建安二十五年一百九十六年而禪魏魏自黃初至咸熙二年三十六年而禪晉晉自太始至今元熙二年一百五十六年三代數窮咸以六年少帝即位景平三年四月有五色雲見西方時文帝爲荊州刺史鎮江陵尋即大位文帝元嘉中謠言錢唐當出天子乃於錢唐置戍軍以防之其後孝武帝即大位於新亭寺之禪堂禪之與錢音相近也太宗爲徐州刺史出鎮彭城昭太后賜以大珠鹿盧劒此劒是御服占者以爲嘉祥前廢帝永光初又謠言湘州出天子幼主欲南幸湘川以厭之既而湘東

二乙四十九 宋書志十七 四十 朱仁

王即尊位是爲明帝

史臣謹按冀州道人法稱所云玉璧三十二枚宋氏卜世之數者蓋卜年之數也謂卜世者謬其言耳三十二者二三十則六十矣宋氏受命至於禪齊凡六十年云

志第十七 宋書二十七

志第十八　　宋書二十八

符瑞中　　臣沈約新撰

麒麟者仁獸也牡曰麒牝曰麟不刳胎剖卵則至麕身而牛尾狼項而一角黃色而馬足含仁而戴義音中鍾呂步中規矩不踐生虫不折生草不食不義不飲洿池不入坑穽不行羅網明王動靜有儀則見牡鳴曰逝聖牝鳴曰歸和春鳴曰扶幼夏鳴曰養綏

漢武帝元狩元年十月行幸雍祠五畤獲白麟

漢武帝太始二年三月獲白麟

漢章帝元和二年以來至章和元年凡三年麒麟五十一見郡國

漢安帝延光三年七月麒麟見潁川陽翟

延光三年八月戊子麒麟見潁川陽翟

延光四年正月壬午麒麟見東郡濮陽

漢獻帝延康元年麒麟十見郡國

吳孫權赤烏元年八月武昌言麒麟見又白麟見建業

晉武帝泰始元年十二月麒麟見南郡枝江

晉武帝咸寧五年二月甲午白麟見平原鬲縣

咸寧五年九月甲午麒麟見河南陽城

晉武帝太康元年四月白麟見頓丘

晉愍帝建興二年九月丙戌麒麟見襄平州刺史崔毖以聞

晉元帝大興元年正月戊子麒麟見豫章

晉成帝咸和八年五月己巳麒麟見遼東

鳳凰者仁鳥也不刳胎剖卵則至或翔或集雄曰鳳雌曰凰蛇頭燕頷龜背鼈腹鶴頸雞喙鴻前魚尾青首駢翼鷺立而鴛思首戴德而背負仁項荷義而膺抱信足履正而尾繫武小音中鍾大音中鼓延頸奮翼五光備舉興八風降時雨食有節飲有儀往有文來有嘉遊必擇地飲不妄下其鳴雄曰節節雌曰足足晨鳴曰發明晝鳴曰上朔夕鳴曰歸昌昏鳴曰固常夜鳴曰保長其樂也徘徘徊徊雍雍喈喈

喈唯鳳皇爲能究萬物通天祉象百狀達王道
率五音成九德備文武正下國故得鳳之象一
則過之二則翔之三則集之四則春秋居之五
則終身居之
漢昭帝始元三年十月鳳皇集東海遣使祠其處
漢宣帝太始元年五月鳳皇集膠東
太始四年五月鳳皇集北海
漢宣帝地節二年四月鳳皇集魯羣鳥從之
漢宣帝元康元年三月鳳皇集泰山陳留

元康四年南郡獲威鳳
漢宣帝神爵二年二月鳳皇集京師羣鳥從之
以萬數
神爵四年春鳳皇集京師
神爵四年十月鳳皇十一集杜陵
神爵四年十二月鳳皇集上林
漢宣帝甘露三年二月鳳皇集新蔡羣鳥四面
行列皆向鳳皇立以萬數
漢光武建武十七年十月鳳皇五高八九尺毛

羽五采集潁川郡羣鳥並從行列蓋地數頃留
十七日乃去
漢章帝元和二年以來至章和元年凡三年鳳
皇百三十九見郡國
漢安帝延光三年二月車駕東巡其月戊子鳳
皇集濟南臺縣丞霍收舍樹上賜臺長吳帛十
五匹收二十匹尉半之吏卒人三匹鳳皇所過
亭部無出今年田租賜男子爵人二級
延光三年十月壬午鳳皇集京兆新豐西界槐樹

漢桓帝元嘉元年十一月鳳皇見濟陰已氏
漢靈帝光和四年秋五色大鳥見新城羣鳥隨
之民皆謂之鳳皇
漢獻帝延康元年八月石邑縣言鳳皇集又郡
國十三言鳳皇見
吳孫權黃武五年七月蒼梧言鳳皇見
孫權黃龍元年四月夏口武昌並言鳳皇見
吳孫亮建興二年十一月大鳥五見于春申
吳孫皓寶鼎四年正月西苑言鳳皇集

晉武帝泰始元年十二月鳳皇見上黨高都
泰始元年十二月鳳皇二見河南山陽
泰始元年十二月鳳皇三見馮翊下邽
晉穆帝升平四年二月辛亥鳳皇將九子見鄖鄉之豐城十二月甲子又見豐城衆鳥隨從
升平五年四月己未鳳皇集沔北至于辛酉百姓聚觀之
宋武帝永初元年七月戊戌鳳皇見會稽山陰
文帝元嘉十四年三月丙申大鳥二集秣陵民

王顗園中李樹上大如孔雀頭足小高毛羽鮮明文采五色聲音諧從衆鳥如山雞者隨之如行三十步頃東南飛去揚州刺史彭城王義康以聞改鳥所集永昌里曰鳳皇里
孝武帝孝建元年正月庚申鳳皇見丹徒惕賢亭雙鵠爲引衆鳥陪從征虜將軍武昌王渾以聞
神鳥者赤神之精也知音聲清濁和調者也雖赤色而備五采雞身鳴中五音肅肅雝雝喜則鳴舞樂處幽隱風俗從則至

漢宣帝五鳳三年三月辛丑神鳥集長樂宮東閣樹上又飛下地五采炳發留十餘刻
漢章帝元和中神鳥見郡國
黃龍者四龍之長也不漉池而漁德至淵泉則黃龍游於池能高能下能細能大能幽能冥能短能長乍存乍亡
赤龍河圖者地之符也王者德至淵泉則河出龍圖
漢惠帝二年正月癸酉兩龍見蘭陵人家井中

漢文帝十五年春黃龍見成紀
漢宣帝甘露元年四月黃龍見新豐
漢成帝鴻嘉元年冬黃龍見眞定
漢成帝永始二年癸未黃龍見東萊
漢光武建武十二年六月黃龍見東阿
漢章帝元年以來至章和元年凡三年黃龍四十四見郡國
元和中青龍見郡國
元和中白龍見郡國

漢安帝延光元年八月辛卯黃龍見九真
延光三年九月辛亥黃龍見濟南歷城
延光三年十二月乙未黃龍見琅邪諸縣
延光四年正月壬午黃龍二見東郡濮陽
漢桓帝建和元年二月黃龍見沛國譙
漢桓帝元嘉二年八月黃龍見濟陰句陽又見
金城允街
漢桓帝永光元年八月黃龍見巴郡
漢獻帝延康元年三月黃龍見譙又郡國十三

言黃龍見
魏明帝景初元年二月壬辰山茌縣言黃龍
見蜀
魏明帝青龍元年正月甲申青龍見郟之摩陂
井帝親與羣臣共觀之既而詔畫工圖寫龍潛
而不見
魏少帝正元元年十月戊戌黃龍見鄴井中
魏少帝甘露元年正月辛丑青龍見軹縣井中
凡二

甘露元年六月青龍見元城縣界井中
甘露二年二月青龍見溫縣井中
甘露三年八月甲戌黃龍青龍仍見頓丘冠軍
陽夏縣井中
甘露四年正月黃龍二見寧陵縣井中
魏元帝景元元年十二月甲申黃龍見華縣
井中
景元三年二月青龍見軹縣井中
劉備未即位前黃龍見武陽赤水九日乃去

吳孫權黃武元年三月鄱陽言黃龍見
吳孫權黃龍元年四月夏口武昌並言黃龍見
權因此改元作黃龍牙常在軍中進退視其所
向命胡綜爲賦
吳孫權赤烏五年三月海鹽縣言黃龍見縣井
中二
赤烏十一年雲陽言黃龍見黃龍二又見武陵
吳壽光色炫燿
吳孫休永安四年九月布山言白龍見

永安五年七月始新言黃龍見
永安六年四月泉陵言黃龍見
晉武帝泰始元年十二月青龍二見濟陰定陶
泰始元年十二月青龍見魏郡湯陰
泰始元年十二月黃龍見河南洛陽洛濵
泰始元年十二月白龍二見太原祁
泰始二年七月壬午黃龍見巴西閬中
泰始三年四月戊午有司奏張掖太守焦勝言
玄池縣大柳谷口青龍見

晉武帝咸寧二年六月丙申白龍二見于新興
九原居民井中
咸寧二年十月庚午黃龍二見于漢嘉靈關
咸寧二年十一月癸巳白龍二見須度支部
咸寧五年十一月甲寅青龍見京兆霸城
晉武帝太康元年八月白龍三見
太康三年閏月己丑白龍二見濟南歷城
太康五年正月癸卯青龍二見武庫井中帝親
往觀之

太康六年九月白龍見京兆陰槃
太康九年十二月戊申青龍一見魯國公丘居
民井中
晉惠帝元康七年三月己酉朔成皋縣獄有
龍昇天
宋武帝永初元年七月青龍見義興陽羨
永初元年八月青龍二見南郡江陵
文帝元嘉十三年九月己酉會稽郡西南向曉
忽大光明有青龍騰躍凌雲久而後滅吳興諸

處並以其日同見光景揚州刺史彭城王義康
以聞
元嘉二十一年十月己丑永嘉永寧見黃龍自
雲而下太守臧藝以聞
元嘉二十五年五月丁丑黑龍見玄武湖北苑
丞王世宗以聞
元嘉二十五年五月戊戌黑龍見玄武湖東北
隈揚州野吏張立之以聞
元嘉二十五年八月辛亥黃龍見會稽太守孟

顗以聞
元嘉二十五年廣陵有龍自湖水中升天百姓
皆見
孝武帝孝建二年七月癸丑黄龍見石頭城外
水濵中護軍湘東王諱以聞
孝建三年五月已未龍見臨川郡江州刺史東
海王諱以聞
孝武大明元年五月癸亥黒龍見晉陵占石邮
改邮爲津里

靈龜者神龜也王者德澤湛清漁獵山川從時
則出五色鮮明三百歲游於蕖葉之上三千歲
常游於卷耳之上知存亡明於吉凶禹卑宫室
靈龜見
玄龜書者天符也王者德至淵泉則雒出龜書
魏文帝初神龜出於靈池
吳孫權時靈龜出會稽章安
魏元帝咸熙二年二月甲辰朐䏰縣獲靈龜以
獻

晉長沙王乂坐同産兄楚王瑋事徙封常山後
還復國在常山穿井入地四丈得白玉方三四
尺王下有大石其中有龜長二尺餘時人以爲
復國之祥
宋文帝元嘉十九年四月戊申白龜見吳興餘
杭太守文道恩以獻
元嘉二十年四月辛卯白龜見吳興餘杭揚州
刺史始興王濬以聞
元嘉二十四年十月甲午揚州刺史始興王濬

獲白龜以獻
孝武帝大明三年三月戊子毛龜見宣城廣德
太守張辨以獻
大明四年六月壬寅車駕幸藉田白龜見于千
畝尚書右僕射劉秀之以獻
大明七年八月乙未毛龜見 安王子鸞第獲
以獻
明帝泰始二年八月丙辰朔四眼龜見會稽會
稽太守巴陵王休若以獻

泰始二年八月丙寅六眼龜見東陽長山文如
爻卦太守劉勰以獻
泰始六年九月己巳八眼龜見冥興故鄣太守
褚淵以獻
明帝泰豫元年十月壬戌義興陽羨縣獲毛龜
太守王蘊以獻
龍馬者仁馬也河水之精高八尺五寸長頸有
翼傍有垂毛鳴聲九哀一作音
騰黃者神馬也其色黃王者德御四方則出白

馬朱鬣王者任賢良則見澤馬者王者勞來百
姓則至夏馬騂黑身白鬣尾殷馬駱白身黑鬣
尾周馬騂赤身黑鬣尾
漢章帝元和中神馬見郡國
晉懷帝永嘉六年二月壬子神馬鳴南城門
晉孝武帝泰元十四年六月甲申朔寧州刺史
費統上言所統晉寧之滇池縣舊有河水周回
二百餘里六月二十八日辛亥神馬二匹一白
一黑忽出於河中去岸百步縣民董聰見之

白象者人君自養有節則至
宋文帝元嘉元年十二月丙辰白象見零陵洮陽
元嘉六年三月丁亥白象見安成安復江州刺
史南譙王義宣以聞
漢武帝元狩二年三月南越獻馴象
白狐王者仁智則至
晉成帝咸康八年七月燕王慕容皝上言白狢
見國內
赤熊佞人遠姦猾息則入國

宋文帝元嘉二十年十二月白熊見新安歙縣
太守到元度以獻
九尾狐文王得之東夷歸焉
漢章帝元和中九尾狐見郡國
魏文帝黃初元年十一月甲午九尾狐見甄城
又見譙
白鹿王者明惠及下則至
漢章帝建初七年十月東巡西狩得白鹿於臨平觀
漢章帝元和中白鹿見郡國

漢安帝延光三年六月辛未白鹿見右扶風雝
延光三年七月白鹿見左馮翊
漢桓帝永興元年二月白鹿見張掖
魏文帝黃初元年郡國十九言白鹿及白麋見
晉武帝泰始八年十月白鹿見扶風雝州刺史
嚴詢獲以獻
晉武帝太康元年三月白鹿見零陵泉陵
太康元年五月甲辰白鹿見天水西縣太守劉
辛獲以獻

太康三年七月壬子白鹿見零陵零陵令蔣微
獲以獻
晉惠帝元康元年九月乙酉白鹿見交趾武寧
晉愍帝建武元年五月戊子白鹿見高山縣
晉元帝太興三年正月白鹿二見豫章
太興三年四月白鹿見晉陵延陵
晉元帝永昌元年九月白鹿見江乘縣
晉成帝咸和四年五月甲子白鹿見零陵洮陽
獲以獻

咸和四年七月壬寅長沙郡邏吏黃光於南郡
道遇白鹿驅之不去直來就光追尋光三百餘
步光遂抱取遣吏李堅奉獻
咸和九年八月己未白鹿見長沙臨湘
晉成帝咸康二年七月白鹿見豫章望蔡太守
桓景獲以獻
晉孝武太元十六年三月癸酉白鹿見豫章望
蔡獲以獻
太元十八年五月辛酉白鹿見江乘江乘令田

熙之獲以獻
太元二十年九月丁丑白鹿見巴陵清水山荊
州刺史殷仲堪以獻
晉安帝隆安五年十一月白鹿見長沙荊州刺
史桓玄以聞
宋文帝元嘉五年七月丙戌白鹿見東莞莒縣
峋峨山太守劉玄以聞
元嘉九年正月白鹿見南譙譙縣豫州刺史長
沙王義欣以獻

元嘉十四年白鹿見文鄉
元嘉十七年五月甲午白鹿見南汝陰宋縣太守文道恩以獻
元嘉二十年八月白鹿見譙郡蘄縣太守鄧琬以獻
元嘉二十二年二月白虎見建康縣揚州刺史始興王濬以聞
元嘉二十二年二月辛未白鹿見南康灨縣南康相劉興祖以獻

元嘉二十三年二月戊戌白鹿見交州交州刺史檀和之以獻
元嘉二十三年六月丙辰白鹿見彭城彭城縣征北將軍衡陽王義季獲以獻
元嘉二十七年二月壬辰朔白鹿見濟陰徐州刺史武陵王諱以聞
元嘉二十九年八月癸酉白鹿見鄱陽南中郎將武陵王諱以獻
元嘉三十年十一月壬午白鹿見南琅邪南琅邪太守王僧虔以獻
元嘉三十年十一月癸亥白鹿見武建郡雒州刺史朱脩之以獻
孝武帝孝建三年三月庚子白鹿見臨川西豐縣
孝武帝大明元年四月甲申白鹿見南平
大明二年四月己丑白鹿見桂陽郴縣湘州刺史山陽王休祐以獻
大明三年正月癸巳白鹿見南琅邪江乘南徐

州刺史劉延孫以獻
大明三年三月辛卯白鹿見廣陵新市太守柳元宗以聞
大明五年五月丙寅白鹿見南東海丹徒南徐州刺史劉延孫以獻
大明八年六月甲子白鹿見衡陽郡湘州刺史江夏王世子伯禽以獻
明帝泰始二年二月乙亥白鹿見宣城宣城太守劉韞以聞

泰始五年二月己亥白鹿見長沙湘州刺史劉
韞以獻
泰始六年十二月乙未白鹿見梁州梁州刺史
杜幼文以聞
後廢帝元徽三年二月甲子白鹿見豫州青冀
二州刺史西海太守劉善明以獻
三角獸先王法度修則至 闕
一角獸天下平一則至 闕
六足獸王者謀及衆庶則至 闕

比肩獸王者德及矜寡則至 闕
解豸知曲直獄訟平則至 闕
白虎王者不暴虐則白虎仁不害物
漢宣帝元康四年南郡獲白虎
漢章帝元和二年以來至章和元年凡三年白
虎二十九見郡國
漢安帝延光三年八月戊子白虎二見潁川
陽翟
漢獻帝延康元年四月丁巳饒安縣言白虎見
又郡國二十七言白虎見
吳孫權赤烏六年正月新都言白虎見
赤烏十一年五月鄱陽言白虎仁
晉武帝泰始元年十二月白虎見河南陽翟
泰始元年十二月白虎見弘農陸渾
泰始二年正月己亥白虎見遼東樂浪
泰始二年正月辛丑白虎見天水西
晉武帝咸寧三年二月乙丑白虎見沛國
晉武帝太康元年八月白虎見永昌南罕

太康四年七月丙辰白虎見建平北井
太康十年十月丁酉白虎見犍為
晉成帝咸和八年五月己巳白虎見新昌縣
晉簡文帝咸安二年三月白虎見豫章南昌縣
西鄉石馬山前
晉孝武泰元十四年十一月辛亥白虎見豫
章郡
泰元十九年二月行肇令劉啓期言白虎頻見
泰元十九年二月行温令趙邵言白虎頻見

晉安帝隆安五年十一月襄陽言騶虞見於新野
宋武帝永初元年八月癸巳白虎見枝江
少帝景平元年十月白虎見桂陽耒陽
文帝元嘉十九年十月白虎見弋陽期思二縣
南豫州刺史武陵王諱以聞
元嘉二十五年二月己亥白虎見武昌武昌太
守蔡興宗以聞
元嘉二十五年十一月丁丑白虎見蜀郡二赤
虎道前益州刺史陸徽以聞

元嘉二十六年四月戊戌白虎見南琅邪半陽
山二虎隨從太守王僧達以聞
孝武孝建三年三月壬子白虎見臨川西豐
白狼宣王得之而犬戎服 闕
白麞王者刑罰理則至
晉武帝咸寧元年四月丙戌乙卯白麞見琅邪
趙王倫以獻
咸寧三年七月壬辰白麞見魏郡
晉武帝太康三年八月白麞見梁國蒙梁相解

隆獲以獻
太康五年九月己酉白麞見義陽
太康七年五月戊辰白麞見汲郡
晉成帝咸和九年五月癸酉白麞見吳國吳縣
內史虞潭獲以獻
晉穆帝永和元年八月白麞見吳國吳縣西界
包山獲以獻
永和八年十二月白麞見丹陽永世永世令徐該獲以獻
永和十二年十一月庚午白麞見梁郡梁郡太
守劉遂獲以獻

晉安帝隆安五年十一月白麞見荊州荊州刺
史桓玄以聞
宋少帝景平元年五月癸未白麞見義興陽羡
太守王準之獲以獻
景平二年六月白麞見南郡江陽太守王華獻
之太祖太祖時入奉大統以爲休祥
文帝元嘉五年四月乙巳白麞見汝南武津太
守鄭據獲以獻

元嘉十二年正月白麞見東萊黃縣青冀州刺史王方回以獻

元嘉十九年五月山陽張休宗獲白麞南兗州刺史臨川王義慶以獻

元嘉二十年八月白麞見江夏安陸内史劉思考以獻

元嘉二十五年二月己丑白麞見淮南太守王休獲以獻

元嘉二十五年四月戊午白麞見南琅邪太守王遠獲以獻

元嘉二十五年五月辛未朔華林園白麞生三子皆白園丞梅道念以聞

元嘉二十六年五月丙戌白麞見馬頭豫州刺史南平王鑠以獻

元嘉二十七年正月己丑白麞見濟陰徐州刺史武陵王諱以聞

元嘉二十七年四月癸丑華林園白麞生一白子園丞梅道念以聞

元嘉二十九年六月壬戌白麞見晉陵既陽南徐州刺史始興王濬以獻

孝武帝孝建三年六月癸巳白麞見廣陵南兗州以獻

孝武帝大明元年七月丁丑白麞見東萊曲城縣獲以獻

大明二年正月壬戌白麞見山陽山陽内史程天祚以獻

大明二年二月辛丑白麞見濟北濟北太守殷孝祖以獻

大明五年九月己巳白麞見南陽雍州刺史永嘉王子仁以獻

大明六年四月戊辰白麞見滎陽湘州刺史建安王休仁以獻

大明七年正月庚寅白麞見南陽荊州刺史臨海王子頊以獻

大明七年六月己巳白麞見武陵臨沅太守劉衍以獻

大明七年九月癸未白麞見南陽雎州刺史劉
秀之以獻
明帝泰始三年五月癸酉白麞見南東海丹徒
南徐州刺史桂陽王休範以獻
泰始三年五月己卯白麞見北海都昌青州刺
史沈文秀以獻
泰始五年正月癸卯白麞見汝陰樓煩豫州刺
史劉勔以獻
明帝泰豫元年十月壬戌白麞見義興國山太
守王藴以獻
後廢帝元徽元年正月甲午白麞見海陵寧海
寧海太守孫嗣之以獻
文帝元嘉二十三年五月甲寅東宮隊白從陳
超獲黑麞於肥如縣皇太子以獻
元嘉二十三年十月辛巳東宮將魏榮獲青麞
於秣陵
元嘉十年十二月營城縣民成公會之於廣陵
高郵界獲白麞麂以獻

孝武帝大明元年二月己亥白鹿見會稽諸暨
縣獲以獻
銀麂刑罰得共民不爲非則至 闕
赤兔王者德盛則至 闕
比翼鳥王者德及高遠則至 闕
赤雀周文王時銜丹書來至
晉愍帝建興三年四月癸酉赤雀見平州府舍
宋文帝元嘉二十年五月赤雀集南平郡府內
史臧綽以聞
孝武帝孝建元年五月己亥臨沂縣魯尚斯
軍人於城上獲赤雀太傅假黃鉞江夏王義恭
以獻
福草者宗廟肅則生宗廟之中 闕
蒼烏者賢君修行孝慈於萬姓不好殺生則來
宋孝武帝大明元年五月丁丑蒼烏見襄陽縣
大明二年四月甲申蒼烏見襄陽雍州刺史王
玄謨以獻
甘露王者德至大和氣盛則降

栢受甘露王者耆老見敬則栢受甘露
竹受甘露王者尊賢愛老不失細微則竹箪受
甘露
漢宣帝元康元年三月甘露降未央宮
漢宣帝神雀二年二月甘露降京師
神雀四年春甘露降京師
漢宣帝五鳳二年正月甘露降京師
漢成帝元延四年三月甘露降京師
漢光武建武中元元年五月郡國上甘露降

漢明帝永平十七年五月戊子夜帝夢見光武
帝光烈皇后夢中喜覺悲不能寐明旦上陵百
官胡客悉會太常丞上言其日陵樹葉有甘露
帝令百官采甘露帝自伏御牀視太后粧器奩
中物流涕敕易奩中脂澤之具永平十七年春
甘露仍降京師
漢章帝元和中甘露降郡國
漢安帝延光三年四月丙戌甘露下沛國豐
延光三年七月甘露下左馮翊頻陽

漢桓帝延熹三年四月甘露降上郡
漢桓帝永康元年八月甘露降巴郡
魏文帝初郡國三十七言甘露降
魏少帝甘露元年五月鄴及上洛竝言甘露降
魏元帝咸熙二年四月南深澤縣言甘露降
吳孫權黃武前建業言甘露降
黃武二年五月曲阿言甘露降
吳孫權赤烏元年三月零陵言甘露降
赤烏九年四月武昌言甘露降

吳孫權嘉禾五年三月武昌言甘露降於禮
賓殿
吳孫皓甘露元年四月蔣陵言甘露降
晉武帝泰始十年四月乙亥甘露降西河離石
晉武帝咸寧元年四月丙戌甘露降張掖
咸寧元年五月戊午甘露降清河繹幕
咸寧元年九月甘露降太原晉陽
咸寧二年五月戊子甘露降玄菟郡治
咸寧五年六月戊申甘露降巴郡南充國

晉武帝太康五年三月乙卯甘露降東宮
太康七年四月甘露降京兆杜陵
太康七年五月甘露降魏郡鄴
晉惠帝元康四年五月甘露降樂陵郡
晉愍帝建興元年六月甘露降西平縣
建興三年八月己未甘露降新昌縣
晉愍帝建武元年六月丁丑甘露降壽春
晉元帝太興三年四月甘露降琅邪費
晉明帝泰寧二年正月巴郡言甘露降

晉成帝咸和四年四月甘露降武昌郡閤前柳樹太守詡以聞
咸和六年三月甘露降寧州城內北園榛桃樹刺史以聞
咸和七年四月癸巳甘露降京邑揚州刺史王導以聞
咸和八年四月癸卯甘露降廬江襄安縣蔣胄家
咸和八年四月癸卯甘露降宣城宛陵縣之須里
咸和九年四月甲寅甘露降吳國錢唐縣右鄉康巷之柳樹
咸和九年十二月丙辰甘露降建平陵
咸和九年十二月丁巳甘露降武平陵
晉成帝咸康元年四月癸卯甘露降西堂桃樹
咸康二年三月甲戌甘露降鬱林城內
咸康二年四月甘露降西堂又降尚書都坐桃樹又降會稽永興縣衆官畢賀戊午甘露降會稽山陰縣又降吳興武康縣庚申又降武康
咸康三年四月戊午甘露降殿後桃李樹五月

甘露降義興陽羨縣柞樹東西十四步南北十五步
咸康七年四月丙子甘露降彭城王紘第內衆官畢賀
晉穆帝永和元年三月甘露降廬江郡內桃李樹太守永以聞
永和五年十一月太常劉邵上崇平陵令王昻即日奉行陵內甘露降于玄宮前殿
永和五年十二月己酉甘露降丹陽湖孰縣西

界劉敷墓松樹縣令王恬以聞衆官畢賀

晉簡文帝咸安二年正月甘露降隨郡濟陽縣界桑木沾凝十餘里中

晉孝武帝泰元十二年八月甘露降寧州界內刺史費統以聞

泰元十五年閏月甘露降永平陵

泰元十六年十一月庚午甘露降句陽縣

泰元十七年二月甘露降南海番禺縣楊樹

晉安帝元興二年十月甘露降武昌王成基家竹

元興三年三月己卯甘露降丹徒

元興三年四月己酉甘露降蘭臺

宋武帝永初元年九月庚辰甘露降丹徒現山

永初元年十月庚午甘露降興寧永寧二陵彌冠百餘里

文帝元嘉三年閏正月己丑甘露降吳興烏程太守王韶之以聞

元嘉四年五月辛巳甘露降齊郡西安臨朐城

元嘉四年十一月辛未朔甘露降初寧陵

元嘉四年十一月己丑甘露降南海熙安廣州刺史江桓以聞

元嘉八年五月甘露降南海番禺

元嘉九年十一月壬子甘露降初寧陵

元嘉十一年八月甲辰甘露降費縣之沙里琅邪太守呂綽以聞

元嘉十三年二月丁卯甘露降上明已山

元嘉十三年二月甘露降吳縣武康董道益家園樹

元嘉十三年三月甲午甘露降初寧陵

元嘉十六年三月己卯甘露降廣州城北門楊樹刺史陸徽以聞

元嘉十七年四月丁丑甘露降廣陵永福里梁昌季家樹南兗州刺史江夏王義恭以聞

元嘉十七年甘露降高平金鄉富民郎方三十里中徐州刺史趙伯符以聞

元嘉十七年十一月乙酉甘露降樂游苑

元嘉十八年五月甲申甘露降丹陽秣陵衛將

軍臨川王義慶園楊州刺史始興王濬以聞
元嘉十八年六月甘露降廣陵廣陵孟王秀家
樹南兗州刺史臨川王義慶以聞
元嘉十九年五月丁卯甘露降建康司徒參軍
督護顧後之宅竹柳
元嘉十九年五月乙亥甘露降馬頭濟陽宋慶
之園樹太守荀預以聞
元嘉二十一年甘露降益州府內梨李樹刺史
庾俊之以聞

元嘉二十一年四月甘露頻降樂遊苑
元嘉二十一年四月甘露降彭城綏輿里徐州
刺史臧質以聞
元嘉二十一年四月甘露降義陽平陽太守龐
秀之以聞
元嘉二十二年十一月辛巳甘露降南郡江陵
方城里荊州刺史南譙王義宣以聞
元嘉二十二年十二月丁酉甘露降長寧陵陵
令包誕以聞

元嘉二十三年二月丁未甘露降樂遊苑苑丞
張寶以聞
元嘉二十三年九月丙子甘露降長寧陵陵令
華林以聞
元嘉二十三年十二月庚子甘露降襄陽郡治
雍州刺史武陵王諱以聞
元嘉二十三年十二月辛丑甘露頻降樂遊苑
苑丞何道之以聞
元嘉二十四年二月己亥庚子甘露頻降景陽
山山監張績以聞

元嘉二十四年二月己亥癸卯三月丙辰甘露
頻降景陽山華林園丞陳襲祖以聞
元嘉二十四年三月甲寅甘露降潯陽松滋江
州刺史廬陵王紹以聞
元嘉二十四年四月癸未甘露降潯陽松滋丙
申又降江州城內桐樹丁酉又降城北數里之
中江州刺史廬陵王紹以聞
元嘉二十四年七月乙卯甘露降京師楊州刺

史始興王濬以聞
元嘉二十四年七月甘露降襄城治下无量寺
雍州刺史武陵王誕以聞
元嘉二十四年十月甲午甘露降魏興郡內太
守韋寧民以聞
元嘉二十三年至二十四年十二月甘露頻降
狀如細雪京都及郡國處處皆然不可稱紀
元嘉二十五年十一月庚辰甘露降南郡荆州
刺史南譙王義宣以聞

元嘉二十五年十一月乙未甘露降丹陽秣陵
巖山
元嘉二十六年三月壬午甘露降景陽山華林
園丞梅道念以聞
元嘉二十六年三月庚寅癸巳甘露頻降武昌
江州刺史廬陵王紹以聞
元嘉二十六年四月甲辰丙午戊申甘露頻降
豫章南昌太守劉思考以聞
元嘉二十六年七月甘露降南郡江陵荆州刺

史南譙王義宣以聞
元嘉二十七年四月乙卯丙辰丁巳甘露頻降
豫章南昌戊午午時天氣清明有綵霧映覆郡
邑甘露又自雲降太守劉思考以聞
元嘉二十七年五月甲戌甘露降東海丹徒南
徐州刺史始興王濬以聞
元嘉二十八年二月戊辰甘露降鍾山延賢寺
揚州刺史廬陵王紹以聞
元嘉二十八年二月壬午甘露降徽音殿前果樹

元嘉二十八年二月甘露降合歡殿後香花諸草
孝武帝孝建元年三月丙辰甘露降華林園
孝建二年三月己酉甘露降丹陽秣陵中里路
輿之墓樹
孝建二年三月辛亥甘露降長寧陵松樹
孝建二年三月甘露降襄陽民家梨樹
孝建元年三月戊午甘露降丹陽秣陵尚書謝
莊園竹林莊以聞
孝武帝大明元年四月癸卯甘露降華林園桐樹

大明三年三月己卯甘露降樂游苑梅樹
大明三年三月戊子甘露降宣城郡舍太守張
辯以聞
大明四年正月壬辰甘露降初寧陵松樹
大明四年二月丙申甘露降長寧陵松樹
大明四年二月乙巳甘露降丹陽秣陵龍山丹
陽尹孔靈符以聞
大明五年四月辛亥甘露降吳興安吉大守歷
陽王子頊以聞

大明五年四月乙卯甘露降吳興烏程太守歷
陽王子頊以聞
大明六年二月戊午甘露降建康靈耀寺及諸
苑園及秣陵龍山至于婁湖是日又降句容江
寧二縣
大明七年三月丙申甘露降尋陽松滋太守劉
曖以聞
大明七年四月己未甘露降荆州城内刺史臨
海王子頊以聞

大明七年十二月辛丑朔甘露降吳興烏程令
苟卞之以聞
明帝泰始二年四月己未甘露降上林苑苑令
徐承道以獻
泰始二年四月庚申甘露降華林園園令臧延
之以獻
泰始二年五月己亥甘露降丹陽秣陵縣舍齊
前竹丹陽尹王景文以獻
泰始三年十一月庚申甘露降晉陵晉陵太守

王蘊以聞
泰始三年十一月癸亥甘露降南東海丹徒建
岡徐州刺史桂陽王休範以聞
泰始三年十二月壬午甘露降崇寧陵揚州刺
史建安王休仁以聞
後廢帝元徽四年十一月乙巳甘露降吳興烏
程太守蕭惠明以聞
順帝昇明二年十二月甘露降建康禁中里
昇明二年十一月甘露降南東海武進彭山太

守謝朏以聞

昇明二年十二月甘露降吳興長城下山太守
王奐以聞

感香者王者禮備則常生闕

志第十八　宋書二十八

志第十九　宋書二十九

符瑞下　臣沈約新撰

嘉禾五穀之長王者德盛則二苗共秀於周德
三苗共穗於商德同本異穟於夏德異本同秀

漢宣帝元康四年嘉穀玄稷降于郡國

漢章帝元和中嘉禾生郡國

漢安帝延光二年六月嘉禾生九真百十六本
七百六十八穗

漢桓帝建和二年四月嘉禾生太司農帑

漢桓帝永康元年八月嘉禾生魏郡

魏文帝黃初元年郡國三言嘉禾生

吳孫權黃龍三年十月會稽南平始言嘉禾生

孫權赤烏七年秋宛陵言嘉禾生

晉武帝泰始八年十月瀘水胡王彭護獻嘉禾

晉武帝太康四年十二月嘉禾生扶風雍

太康五年七月嘉禾生豫章南昌

太康八年閏三月嘉禾生東夷校尉園

太康八年九月嘉禾生東萊掖

晉愍帝建興元年八月癸亥嘉禾生襄平縣一莖七穗

建興二年六月嘉禾生平州治三實同蔕

建興三年七月嘉禾生襄平異體同蔕

宋文帝元嘉二年十月嘉禾生潁川陽翟太守垣苗以聞

元嘉九年三月嘉禾生義陽豫州刺史長沙王義欣以獻

元嘉十年八月嘉禾生汝南苞信豫州刺史長沙王義欣以獻

元嘉十一年八月嘉禾一莖九穗生北汝陰太守王玄謨以獻

元嘉二十年六月嘉禾一莖九穗生上庸新安梁州刺史劉道以獻

元嘉二十一年嘉禾生新野鄧縣雍州刺史蕭思話以獻

元嘉二十二年六月嘉禾生藉田一莖九穗

元嘉二十二年七月癸酉嘉禾生平虜陵徐州刺史臧質以獻

元嘉二十二年九月嘉禾生太尉府田太尉江夏王義恭以聞

元嘉二十二年九月嘉禾生揚州東耕田刺史始興王濬以聞

元嘉二十二年嘉禾生華林園百六十穗園丞陳襲祖以聞

元嘉二十二年嘉禾生潁川陽白豫州刺史趙伯符以獻

元嘉二十三年七月乙丑嘉禾旅生藉田藉田令褚熙伯以聞

元嘉二十三年七月庚午嘉禾生丹陽椒唐里揚州刺史始興王濬以聞

元嘉二十三年七月庚辰嘉禾生醴湖屯屯主王世宗以聞

元嘉二十三年八月己酉嘉禾生華林園園丞陳襲祖以聞

元嘉二十三年九月庚申嘉禾生沛郡蕭征北大將軍衡陽王義季以聞
元嘉二十三年嘉禾生江夏汝南荊州刺史南譙王義宣以聞
元嘉二十四年七月乙卯嘉禾旅生華林園及景陽山園丞梅道念以聞太尉江夏王義恭上表曰臣聞居高聽卑上帝之功天且弗違聖王之德故能影響二儀甄陶萬有鑒觀今古採驗圖緯未有道關化虧而禎

物著明者也自皇運受終辰曜交和是以卉木表靈山淵効寶伏惟陛下體乾統極休符襲逮若乃鳳儀西郊龍見東邑海酋獻改緇之羽河祇開俟清之源三代象德不能過也有幽必闡無遠弗屆重譯歲至休瑞月臻前者躬藉南畝嘉穀仍植神明之應在斯尤盛四海既穆五民樂業思述汾陽經始靈囿蘭林甫樹嘉露頻流板築初就祥穟如積太平之符於是乎在臣以寡立承乏槐鉉沐浴芳津預覩冥慶不勝抃儛之情謹上嘉禾甘露頌一篇不足稱揚美烈追用悚汗其頌曰二象攸分三靈樂主齊應合從在今猶古天道誰親唯仁斯輔皇功帝績理冠區宇四民均極我后體茲惟機惟神敬昭文思九族既睦萬邦允釐德以位敘道致雍熙於穆不已顯允東儲王知夙徹嶽茂淵虛因心則哲令問弘敷纖徽下武儷景辰居軒制合宮漢輿未央矧伊聖朝九有已康率由舊典思燭前王乃造陵霄遂作景陽有譪景陽天淵之湀清暑

爽立雲堂特起植類斯育動類斯止極望江波遍對岳峙化德惟達休瑞惟懋誕降嘉種呈祥初構甘露春凝禎穟秋秀 匪烈嗣歲仍富昔在放勳曆莢數朝降及重華倚扇清庖鑠矣皇慶比物競昭倫彼典策被此風謠資臣六蔽任兼兩司旣忝仲袞又慙鄭緇豈忘衡泌樂道明時敢述休祉愧闕令辭
中領軍吉陽縣侯沈演之奏上嘉禾頌曰煥炳禎圖昭晰瑞典運傾方闕時亨始顯緑狀旣章

鳥文斯辯於皇聖辟承物紀遠明兩辰麗昌
輝天衍其一理妙位崇事神業盛淵渥德澤虛
寂道政惕化安心調樂移性王衡從體瑶光
得正臣星垂采景雲立慶其二極仁所被罔幽
不擾至和所感靡況弗彰鸑出丹穴鸎起西
湘白鹿踰海素烏越江結響穹陰儀形鍾陽
其三治人奉天廼勤廼格黛未傚載高廪巳積
嘉禾重穋甘露流液擢秀辰畦揚穎角澤離
穟合豪榮區蔭斥其四盈箱徵殷貫桑表周今

我大宋靈貺絪緼帝終撝謙繹思勿休躬薦
宗廟温恭率由降福以城孝享虔羞其五頒趾
推功登徽獻詔恩覃隱顯賞延荒徼河溓海
夷山華岳燿憬琛𩦷賮兼澤委效日表地外
改服請教其六茂對盛時綏萬屢豐獻獻歸素
秩秩大同上歲諸用下知所從仰式王度俯歌
南風鴻名稱首永保無窮其七

元嘉二十四年八月乙巳嘉禾生魚城内晉陵
南徐州刺史廣陵王誕以聞

元嘉二十五年六月壬寅嘉禾旅生華林園十
株七百穗園丞梅道念以聞

元嘉二十五年六月壬子嘉禾生藉田藉田令
褚熙伯以獻

元嘉二十五年七月壬辰嘉禾生北海青冀二
州刺史杜坦以獻

元嘉二十五年八月丙午嘉禾生太尉江夏王
義恭果園江夏國典書令陳潁以聞

元嘉二十五年八月壬子嘉禾生建康化義里

令丘珍孫以獻

元嘉二十五年八月癸丑嘉禾生華林園園丞
梅道念以獻

元嘉二十五年十一月嘉禾生巴東荆州刺史
南譙王義宣以聞

元嘉二十五年五月癸酉嘉禾生建康禁中里
揚州刺史始興王濬以獻

元嘉二十六年六月甲寅嘉禾生藉田藉田令
褚熙伯以獻

元嘉二十六年七月嘉禾生巴東朐䏰荆州刺
史南譙王義宣以獻
元嘉二十七年十月己丑嘉禾生北海青州刺
史杜坦以聞
元嘉二十八年七月戊戌嘉禾生廣陵邵伯埭
兖州刺史江夏王義恭以聞
孝武帝孝建二年六月癸巳嘉禾二株生江夏
王義恭東田
孝建二年九月己丑朔嘉禾異畝同穎生齊郡

廣饒縣
孝建三年七月庚午嘉禾生吳興武康
孝武帝大明元年五月戊午嘉禾一株五莖生
清暑殿鴟尾中
大明元年八月甲申嘉禾生青州異根同穗
大明三年九月乙亥嘉禾生北海都昌縣青州
刺史顏師伯以聞
大明六年八月辛未嘉禾生樂陵青冀二州刺
史劉道隆以聞

明帝泰始二年七月己酉嘉禾生會稽永興太
守巴陵王休若以獻
漢章帝元和中嘉麥生郡國
晉武帝太康十年六月嘉麥生扶風郡一莖四
穗是歲收三倍
宋文帝元嘉二十三年醴湖屯生嘉粟一莖九
穗屯主王世宗以聞
元嘉二十五年六月壬子嘉黍生耤田耤田令
褚熙伯以獻

吳孫權黃龍三年由拳野稻生改由拳為禾興
吳孫亮五鳳元年交阯稗草化為稻
宋文帝元嘉二十三年吳郡嘉興鹽官縣野稻
自生三十許種揚州刺史始興王濬以聞
元嘉二十八年七月癸卯尋陽柴桑菽粟旅生
彌漫原野江州刺史建平王宏以聞
漢章帝元和中嘉瓜生郡國
漢安帝元初三年三月東平陵有瓜異處共生
八瓜同蒂

漢桓帝建和二年七月河東有嘉瓜兩體共蔕
晉武帝太康三年六月嘉瓜異體同蔕生河南
洛陽輔國大將軍王濬園
晉武帝太康元年十二月戊子嘉瓠生寧州寧
州刺史費統以聞
宋文帝元嘉二十五年四月戊辰嘉瓠生京邑
新園園丞徐道興以獻
孝武帝大明五年五月嘉瓜生建康秣陵里丹
陽尹王僧朗以獻

明帝太始二年八月戊午嘉瓜生南豫州南豫
州刺史山陽王休祐以獻
文帝元嘉七年七月乙酉建康領檐湖二蓮一蔕
元嘉十六年七月壬申華林池雙蓮同榦
元嘉十年七月己丑華林天淵池芙蓉異花同蔕
元嘉十九年八月壬子揚州後池二蓮合華刺
史始興王濬以獻
元嘉二十年五月廬陵郡池芙蓉二花一蔕太
守王淵以聞

元嘉二十年六月壬寅華林天淵池芙蓉二花
一蔕園丞陳襲祖以聞
元嘉二十年夏永嘉郡後池芙蓉二花一蔕太
守臧藝以聞
元嘉二十年七月吳興郡後池芙蓉二花一蔕
太守孔山士以聞
元嘉二十年揚州後池芙蓉二花一蔕刺史始
興王濬以獻
元嘉二十一年六月丙午華林園天淵池二蓮

同榦園丞陳襲祖以聞
元嘉二十年四月樂游苑池二蓮同榦苑丞梅
道念以聞
元嘉二十二年七月東宮玄圃園池二蓮同榦
內監殿守舍人宮勇民以聞
元嘉二十三年六月壬寅華林天淵池芙蓉二
花一蔕園丞陳襲祖以聞
元嘉二十三年六月辛丑太子西池二蓮共榦
池統胡求祖以聞

元嘉二十三年八月己酉魚邑三周池二蓮同榦園丞徐道興以聞

孝武帝孝建二年六月庚寅玄武湖二蓮同榦

孝武帝大明五年耤田芙蓉二花同蔕大司農蕭邃以獻

明帝太始二年八月丙辰五城溴池二蓮同榦都水使者羅僧慜以獻

太始二年八月己未豫州刺史山陽王休祐獻蓮二花一蔕

太始五年六月甲子嘉蓮生湖熟南臺侍御史竺曾度以聞

太始六年六月壬子嘉蓮生東宮玄圃池皇太子以聞

晉武帝太始二年六月壬申嘉柰一蔕十實生酒泉

太始七年六月己亥東宮玄圃池芙蓉二花一蔕皇太子以獻

晉成帝咸和六年鎮西將軍庾亮獻嘉橘一蔕十二實

晉安帝隆安三年武陵臨沅獻安石榴一蔕六實

雲有五色太平之應也曰慶雲若雲非雲若煙非煙五色紛緼謂之慶雲

漢宣帝神爵元年春齋戒之莫神光顯著薦鬯之夕神光交錯或降于天或登于地或從四方來集于壇上

漢章帝元和三年正月車駕北巡以太牢祠北岳山見黃白氣

宋孝武帝大明元年五月壬子紫氣從景陽樓上層出狀如煙回薄良久

明帝太始二年三月丙午黃紫雲從景陽樓出隨風回久乃消華林園令臧延之以聞

太始二年六月己卯日入後有黃白赤白氣東西竟天光明潤澤久乃消

太始四年十一月辛未崇寧陵令上書言自大明八年至今四年二月宣太后陵明堂前後數有光及五色雲又芳香四滿又五采雲在松下

狀如車蓋

太始七年四月戊申夜京邑崇虛館堂前有黃氣狀如寶蓋高十許丈漸有五色道士陸脩靜以聞

白兔王者敬耆老則見

漢光武建武十三年九月南越獻白兔

章帝元和中白兔見郡國

魏文帝黃初中郡國十九言白兔見

晉武帝太始五年七月己亥白兔見北海即墨

即墨長獲以獻

晉武帝咸寧二年十月癸亥白兔二見河南陽翟陽翟令華衍獲以獻

咸寧四年六月白兔見天水

晉武帝太康二年八月壬子白兔見彭城

太康二年十月白兔見趙國平鄉趙王倫獲以獻

太康四年十一月癸未白兔見北地富平

太康八年十二月庚戌白兔見陳留酸棗関內侯成公忠獲以獻

晉穆帝永和十二年九月甲申白兔見鄱陽太守王耆之以獻并上頌一篇

晉穆帝升平三年十二月庚申北中郎將郗曇獻白兔晉海西公泰和九年四月陽穀獻白兔

晉孝武帝太元十五年三月白兔見淮南壽陽

晉安帝義熙二年四月無錫獻白兔

義熙二年四月壽陽獻白兔

宋文帝元嘉六年九月長廣昌陽淳于遵獲白

兔青州刺史蕭思話以獻

元嘉八年閏六月丁亥司徒府白從伊生於淮南繁昌獲白兔以獻

元嘉十三年七月甲戌濟南朝陽王道獲白兔青州刺史段宏以獻

元嘉十四年正月丙申白兔見山陽縣山陽太守劉懷之以獻

元嘉十五年七月壬申山陽師齊獲白兔南兗州刺史江夏王義恭以獻

元嘉二十二年三月白兔見東萊當利青州刺史杜冀以聞
元嘉二十四年七月丁巳白兔見兗州刺史徐瓊以聞
元嘉二十四年七月己酉白兔見東莞太守趙球以獻
元嘉二十七年二月壬辰白兔見竟陵荆州刺史南譙王義宣以獻
元嘉二十七年六月丙午白兔見南汝陰豫州

刺史南平王鑠以獻
孝武帝孝建二年正月庚戌白兔見淮南太守申坦以聞
孝建三年閏二月乙丑白兔見平原獲以獻
孝武大明元年六月庚子白兔見即墨獲以獻
大明六年八月辛未白兔見北海青冀二州刺史劉道隆以獻
大明六年六月乙丑白兔見青冀二州刺史劉道隆以獻

斗殞精王者孝行溢則見 闕
赤烏周武王時銜穀至兵不血刃而殷服
漢章帝元和中赤烏見郡國
吳孫權赤烏元年有赤烏集於殿前
吳孫休永安三年三月西陵言赤烏見
晉元帝永昌二年正月赤烏見暨陽
宋武帝永初二年二月赤烏六見北海都昌
孝武帝大明五年六月戊子赤烏見蜀郡益州刺史劉思考以獻

白燕者師曠時銜丹書來至
漢章帝元和中白燕見郡國
晉惠帝元康元年七月白燕二見酒泉祥福太守索靖以聞
宋文帝元嘉元年七月壬戌白燕集齊郡城游翔庭宇經九日乃去衆燕隨從無數
元嘉十四年白燕集荆州府門刺史臨川王義慶以聞
元嘉十八年六月白燕產丹徒縣南徐州刺史

南譙王義宣以聞
元嘉二十年五月白燕集南平鄉府內內史臧
綽以聞
元嘉二十一年白燕見廣陵南兖州刺史廣陵
王誕以獻
元嘉二十四年五月辛未白燕集司徒府西園
太尉江夏王義恭以聞
元嘉二十五年八月壬子白燕見廣陵城南兖
州刺史徐湛之以聞

元嘉二十六年五月戊寅白燕產衡陽王墓亭
郎中令朱曠之獲以聞
元嘉二十七年五月甲戌白燕產京口南徐州
刺史始興王濬以聞
元嘉二十七年六月壬辰白燕見秣陵丹陽尹
徐湛之以獻
孝武帝大明二年五月乙巳白燕產南郡江陵
民家荊州刺史朱脩之以獻
大明二年五月甲子白燕二產山陽縣舍南兖

州刺史竟陵王誕以獻
大明二年六月甲戌白燕產吳郡城內太守王
翼之以獻
大明三年五月甲申白燕產武陵臨沅民家郢
州刺史孔靈符以聞
大明四年六月乙卯白燕見平昌青州刺史劉
道隆以獻
明帝太始二年六月白燕見零陵獲以獻
金車王者至孝則出　闕

三足烏王者慈孝天地則至
漢章帝元和中三足烏見郡國
象車者山之精也王者德澤流洽四境則
出　闕
白烏王者宗廟肅敬則至
漢桓帝永壽元年四月白烏見商國
晉武帝咸寧五年七月戊辰白烏見齊南隰太
守獲以獻
晉武帝太康元年五月庚午白烏見襄

太康十年五月丁丑白烏見京兆長安
晉惠帝元康元年四月白烏見河南成皋縣令
劉機獲以聞
元康元年五月戊戌白烏見梁國睢陽
元康元年七月辛丑白烏見陳留獲以獻
元康四年十月白烏見鄱陽
晉明帝泰寧二年十一月白烏見京都
泰寧三年三月白烏見吳郡海虞獲以獻羣官
畢賀

晉孝武帝太元十一年八月乙酉白烏集江州
寺庭羣烏翔衛
太元二十一年五月癸卯白烏見吳國獲以獻
宋武帝永初二年六月丁酉白烏見吳郡婁縣
太守孟顗以獻
文帝元嘉二年十一月丙辰白烏見山陽太守
阮寶以聞
元嘉三年三月甲戌丹陽湖孰薛爽之獲白烏
以獻

元嘉十一年六月乙巳吳郡海鹽王說獲白烏
揚州刺史彭城王義康以獻
元嘉十三年三月戊辰義興陽羨令獲白烏太
守劉禎以獻
元嘉十九年五月海陵王文秀獲白烏南兖州
刺史臨川王義慶以獻
元嘉十九年十月白烏產晉陵曁陽僑民彭城
劉原秀宅樹原秀以聞
元嘉二十年七月彭城劉原秀又獲白烏以獻

元嘉二十四年八月乙巳白烏見晉陵南徐州
刺史廣陵王誕以獻
孝武帝大明元年四月甲申白烏見南郡江陵
明帝太始二年六月丁巳白烏見吳郡海鹽太
守顧覬之以獻
太始二年九月壬寅白烏見吳興烏程太守郗
顒以獻
白雀者王者爵祿均則至
漢章帝元和初白雀見郡國

魏文帝初郡國十九言白雀見
晉武帝咸寧元年白雀見梁國梁王肜獲以獻
晉武帝太康二年六月丁卯白雀二見河內南
陽太守阮侃獲以獻
太康二年六月白雀二見河南河南尹向雄獲
以獻
太康七年七月庚午白雀見豫章
太康八年八月白雀見河南洛陽
太康十年五月丁亥白雀見宣尧北門華林園

令孫郡獲以獻
晉愍帝建武元年四月尚書僕射刁協獻白雀
於晉王
晉孝武帝太康十六年十二月白雀見南海增
城縣民吳比屋
晉安帝隆安五年十一月白雀見宜都
晉安帝元興三年六月丙申白雀見豫章新淦
獲以獻
宋文帝元嘉元年七月己巳白雀見齊郡都國

元嘉四年七月乙酉白雀見北海劇
元嘉八年五月辛丑白雀集左衛府
元嘉十一年五月丁丑齊郡西安宗顯獲白雀
青州刺史段宏以獻
元嘉十四年五月甲午白雀集貫縣員外散騎
侍郎顏敬家獲以獻
元嘉十四年白雀二見荊州府客館
元嘉十五年五月辛未白雀集建康都亭里楊
州刺史彭城王義康以聞

元嘉十五年六月白雀見建康定陰里彭城王義康獻
元嘉十五年八月白雀見西陽江州刺史南譙王
義宣以獻
元嘉十七年五月壬寅白雀二集荊州後園刺
史衡陽王義季以聞
元嘉十八年七月吳郡鹽官于玄獲白雀太守
劉禎以獻
元嘉二十年五月乙卯秣陵衛猗之獲白雀丹
陽尹徐湛之以獻

元嘉二十二年四月丙子白雀見東安郡徐州刺史臧質以獻

元嘉二十二年閏五月丙午白雀見華林園員外散騎侍郎長沙王瑾獲以獻

元嘉二十二年六月庚申南彭城蕃縣時佛護獲白雀以獻

元嘉二十四年四月白雀產吳郡鹽官民家太守劉禎以獻

元嘉二十四年六月己亥白雀五集長沙廟長沙死瑾以聞

元嘉二十五年五月丁丑白雀二見京都材官吏黃公歡軍人丁田夫各獲以獻

元嘉二十七年六月乙卯白雀見濟南郡薛榮以獻

元嘉二十八年八月己巳崇義軍人獲白雀一雙太子左率王錫以獻

元嘉二十九年四月癸丑白雀見會稽山陰太守東海王禕獲以獻

孝武帝孝建元年五月己亥臨沂縣魯尚期於城上得白雀太傅假黃鉞江夏王義恭以獻

孝建二年六月丙子左衛軍獲白雀以獻

孝建三年閏三月辛酉黃門侍郎庾徽之家獲白雀以獻

孝建三年五月丁卯白雀見建康獲以獻

孝武帝大明元年四月戊申白雀見尋陽

大明元年五月甲寅白雀二見渤海獲以獻

大明元年五月甲子白雀見建康獲以獻

大明元年六月丁亥白雀見零陵祁陽獲以獻

大明元年七月辛亥白雀見南陽宛獲以獻

大明二年五月丁未白雀見建康揚州刺史西陽王子尚以獻

大明二年六月丁亥白雀見河東定襄縣荊州刺史朱脩之以聞

大明三年四月庚戌白雀見秣陵丹陽尹劉秀之以獻

大明三年五月壬午太宰府崇藝軍人獲白雀

太宰江夏王義恭以獻
大明四年五月辛巳白雀見廣陵侍中潁師伯以獻
大明五年四月庚戌白雀見晉陵太守沈文叔以獻
大明五年五月白雀見尋陽江州刺史桂陽王休範以獻
大明五年五月癸未白雀二見尋陽江州刺史桂陽王休範以獻

大明五年五月癸未白雀二見濟南青州刺史劉道隆以獻
大明五年十月白雀見太原青州刺史劉道隆以獻
大明六年八月辛巳白雀見齊郡青冀二州刺史劉道隆以獻
大明七年四月乙未白雀集廬陵王第廬陵王敬先以獻
大明七年四月乙丑白雀見歷陽太守建平王景素以獻
大明七年五月辛未白雀見汝陰豫州刺史垣護之以獻
大明七年六月白雀見寶成南豫州刺史尋陽王子房以獻
大明七年十月丁卯白雀見建康丹陽尹永嘉王子仁以獻
大明七年十一月車駕南巡隸水師於梁山中江白雀二集華蓋

前廢帝永光元年四月乙亥白雀見會稽東揚州刺史尋陽王子房以獻
永光元年六月丙子白雀見彭城徐州刺史義陽王昶以聞
明帝太始二年七月戊子白雀見虎檻洲都督征討諸軍建安王休仁以聞
太始六年七月壬午白雀二見廬陵吉陽內史江孜以聞
明帝太豫元年六月辛丑白雀見廣州刺史孫

起以獻
後廢帝元徽五年四月己巳白雀二見尋陽柴桑江州刺史邵陵王友以獻
孝武帝大明六年三月丙午青雀見華林園
明帝太始二年九月庚寅青雀見京城內南徐州刺史桂陽王休範以獻
玉馬王者精明尊賢者則出 闕
根車者德及山陵則出 闕
白鳩成湯時來至

魏文帝黃初初郡國十九言白鳩見
吳孫權赤烏十二年八月癸丑白鳩見章安
晉武帝太始八年五月甲辰白鳩二集太廟南門議郎董豐獲以獻
晉武帝太康二年七月白鳩見太僕寺
太康四年十二月白鳩見安定臨涇
太康十年正月乙亥白鳩見河南新城
宋文帝元嘉十八年八月庚午會稽山陰商世寶獲白鳩眼足並赤揚州刺史始興王濬以獻

太子率更令何承天上表曰謹考尋先典稽之前志王德所覃物以應顯是以玄扈之鳳昭帝軒之鴻烈豐宮之雀徵姬文之徽祚伏惟陛下重光嗣服永言祖武洽惠和於地絡燭皇明於天區故能九服混心萬邦含愛貞神降祥方祇薦裕休珍雜沓景瑞畢臻去七月上旬時在昧旦黃暉洞照宇宙開朗徽風協律甘液灑津雖朱晃瑰瑋於運衡榮光圖靈於河紀蔑以尚茲臣不量卑懵竊慕擊轅有作相杵成謳近又

豫白鳩之觀目翫奇偉心懽盛烈謹獻頌一篇野思古拙意及庸陋不足以發揮清英敷讚幽旨瞻前顧後亦各其志謹冒以聞其白鳩頌曰
三極協情五靈會性理感冥符道實玄聖於赫有皇先天配命朝景升躔八維同映休祥載臻榮光播慶宇宙照爛日月光華陶山練澤是生柔嘉回龍表粹離穗合柯翩翩者鳩亦皎其暉理翮台領揚鮮帝畿 匪德莫歸暮從儀鳳棲閣應闈烝哉明后時旦乾乾惟德之崇

其峻如山惟澤之贍其淵如淵禮樂四達頌聲
遐宣窮髮納貢九譯導言伊昔唐萌愛逢慶
祚余生既辰而年之暮提心命耄式歌王度晨
晞永風夕漱甘露思樂靈基不遐有固
元嘉二十四年九月白鳩又見庚戌中領軍沈
演之上表曰臣聞貞裕之美介於盛王休瑞之
臻罔遠哲后故鳴鳳表垂衣之化翔鶴徵解網
之仁陛下道德嗣基聖明纘世教清鳥紀治昌
雲官禮漸同川澤浹朱徽天嘉明懿民樂薰風

星辰以之炳煥日月以之光華神圖祇緯盈觀
閟序白質黑章充牣靈囿應感之符畢臻而因
心之祥未屬以素鳩自遠毨翰歸飛資性閑淑
羽貌鮮麗既聞之先説又親覩嘉祥不勝藻抃
上頌一首辭不稽典分乏采章愧不足式昭皇
慶崇讚盛美蓋率輿誦備之篇末其頌曰有哲
其儀時惟皓鳩性總五教名編素丘殷曆方昌
婉翮來遊漢錄克韡爰降爰休其於顯盛宋徽
慶遐傳聖皇在上道照鴻軒稱施既平孝思永

言人和於地神豫于天其二禮樂孔秩靈物咸昭
白雀集苞丹鳳棲郊文騶儷跡嘉穎擢苗灼灼
縞羽從化馴朝其三豈伊赴林必周之翔豈伊歸
義必商之所惟德是依惟仁是處育景陽嶽濯
姿帝宇其四刑曆頌興理感迭通雉飛越常鷺起
西雝烝然戾止實兼斯容壹茲民聽穆是王風其五
玉羊師曠時來至闕
玉雞王者至孝則至闕
璧流離王者不隱過則至闕

玉英五常並脩則見闕
玄圭水泉流通四海會同則出闕
漢桓帝永興二年四月光祿勳府吏舍夜壁下
有青氣得玉鉤玦各一鉤長七寸三分玦周五
寸四分身中皆雕鏤
晉懷帝永嘉六年二月壬子玉龜出灞水
晉愍帝建興二年十月大將軍劉琨掘地得玉
璽使參軍郎頎奉之歸于京師
建興二年十二月涼州刺史張寔遣使獻行璽

一紐封送璽使關内侯

晉愍帝建武元年三月己酉丹陽江寧民虞由墾土得白麒麟璽一紐文曰長壽萬年獻晉王

晉成帝咸康八年九月廬江舂穀縣留珪夜見門内有光取得玉鼎一枚外圍四寸豫州刺史路永以獻著作郎曹毗上玉鼎頌

晉安帝義熙十二年六月左衛兵陳陽於東府前淮水中得玉璽一枚

宋孝武帝大明元年五月戊寅江乘縣民朱伯

地中得玉璧徑五寸八分以獻

大明四年二月乙巳徐州刺史劉道隆於汴水得白玉戟以獻

明帝泰始五年十月庚辰郢州獲玄璧廣八寸五分安西將軍蔡興宗以獻

後廢帝元徽四年十一月乙巳吳興烏程余山道人慧獲蒼玉璧太守蕭惠開以獻

金勝國平盜賊四夷賓服則出

晉穆帝永和元年二月舂穀民得金勝一枚長五寸狀如織勝明年桓溫平蜀

永和元年三月廬江太守路永上言於舂穀城北見水岸邊有紫赤光取得金狀如印遣主簿李邁表送

吳孫皓天璽元年吳郡言掘地得銀一長尺廣三分刻上有年月字

丹甑五穀豐孰則出 闕

白魚武王度孟津中流入于王舟

宋明帝太始二年十月己巳華林天淵池白魚躍入御舟

漢章帝元和三年正月車駕北巡以太牢具祠北岳有神魚躍出十數

金人王者有盛德則游後池 闕

木連理王者德澤純洽八方合爲一則爲生

漢章帝元和中木連理生郡國

安帝元初三年正月丁丑東平陵樹連理

漢安帝延光三年七月左馮翊衙有木連理

延光三年七月潁川定陵有木連理

漢桓帝建和二年七月河東有木連理
吳孫權黃武四年六月皖口言有木連理
魏文帝黃初初郡國二言木連理
晉武帝泰始元年十二月木連理生遼東方城
泰始二年八月木連理生河南成皐
泰始八年正月木連理生東平范
泰始八年五月甲辰木連理生東平壽張
泰始八年十月木連理生建寧
晉武帝咸寧元年正月木連理生汝陰南頓、

咸寧二年四月木連理生清河靈
咸寧二年六月木連理生燕國
咸寧三年七月壬辰木連理生始平鄠
咸寧四年八月木連理生陳留長垣
咸寧五年木連理生義陽
咸寧五年木連理生樂安臨濟
晉武帝太康元年正月木連理生涪陵永平
太康元年四月木連理生頓丘
太康元年五月木連理二生濟陰乘氏沛國

太康元年七月木連理生馮翊粟邑
太康二年正月木連理生滎陽密
太康二年十月木連理十三生南安源道
太康三年四月木連理生琅邪華
太康三年六月木連理生廣陵海西
太康四年正月木連理生馮翊臨晉蜀郡成都
太康四年十二月木連理生扶風
太康七年三月木連理生河南新安
太康七年六月木連理生始興中宿南鄉范陽

太康八年四月木連理生廬陵東昌
太康八年九月木連理生東萊盧鄉
太康九年九月木連理生陳留浚儀
太康十年十一月木連理生鄱陽鄡鄉
晉武帝太熙元年二月木連理生河南梁
晉惠帝元康元年五月木連理三生成都臨邛
元康元年七月辛丑梁國内史任式上言武平
界有柞櫟二樹合爲一體連理
晉愍帝建興二年三月庚辰木連理生朱提

建興二年三月木連理二生益州雙栢

建興二年六月木連理生襄平

晉愍帝建武元年閏月乙丑木連理生嵩山

建武元年八月甲午木連理生汝陰

建武元年十一月木連理生武昌大將軍王敦以聞晉王

建武元年十一月癸酉木連理生汝陰太守以聞

晉元帝太興元年七月戊辰木連理生武昌大將軍王敦以聞

太興三年十一月木連理生零陵永昌

晉成帝咸和八年五月己巳木連理生昌黎咸和

咸康三年三月庚戌木連理生平州世子府治故園中

咸康七年十二月吳國內史王恬上言木連理生吳縣沙里

晉穆帝永和五年二月癸丑臨海太守藍田侯述言郡界木連理

晉孝武帝寧康三年六月辛卯江寧縣建興里僑民留康家樹異本連理

晉孝武帝太元十一年四月壬申琅邪費有榆木異根連理相去四尺九寸

太元十八年十月戊午臨川東興令惠欣之言縣東南溪傍有白銀樹芳靈樹李樹竝連理

太元十九年正月丁亥華林園延賢堂西北李樹連理

太元二十一年正月丙子木連理生南康雩都縣社後

晉安帝隆安三年十一月木連理生汝陽太守垣苗以聞

元興元年正月木連理生泰山武陽

宋文帝元嘉八年四月乙亥東莞莒縣松樹連理太守劉玄以聞

元嘉八年八月木連理生東安新泰縣

元嘉九年六月木連理生營陽泠道太守殷肅以聞

元嘉十二年二月丁卯南郡江陵庾和園甘樹

連理荆州刺史臨川王義慶以獻
元嘉十二年三月馬頭濟陽柞樹連理豫州刺
史長沙王義欣以聞
元嘉十四年二月宮內螽斯堂前梨樹連理豫
州刺史長沙王義欣以聞
元嘉十四年南郡江陵兖禕之園甘李二連理
元嘉十五年二月太子家令劉徵園中林檎樹
連理徵以聞
元嘉十七年七月武昌崇讓鄉程僧愛家候風

宋書志十九　卅八

木連理江州刺史臨川王義慶以聞
元嘉十七年十月尋陽弘農祐幾湖芙蓉連理
臨川王義慶以聞
元嘉十八年十二月木連理生歷陽劉成之家
南豫州刺史武陵王諱以聞
元嘉二十年七月盱眙考城縣柞樹二株連理
南兗州刺史臨川王義慶以聞
元嘉二十年八月木連理生汝陰豫州刺史劉
遵考以聞

元嘉二十一年木連理生歷陽烏江南豫州刺
史武陵王諱以聞
元嘉二十一年木連理生晉陵無錫南徐州刺
史南譙王義宣以聞
元嘉二十二年七月辛巳南頓櫟連理豫州刺
史趙伯符以聞
元嘉二十二年九月木連理生建康建康令張
永以聞
元嘉二十二年木連理生武昌江州刺史盧陵

宋書志十九　三十九

王紹以聞
元嘉二十三年二月辛亥木連理生南陰柔縣
太守以聞
元嘉二十三年木連理生淮南當塗揚州刺史
始興王濬以聞
元嘉二十四年二月壬午臨川王第梨樹連理
臨川王爗以聞
元嘉二十四年七月壬子晉陵無錫穀櫟樹連
理南徐州刺史廣陵王誕以聞

元嘉二十四年七月乙卯木連理生會稽諸曁揚州刺史始興王濬以聞會稽太守羊玄保上改連理所生處康亭村爲木連理

元嘉二十四年七月乙卯臨川王第梨樹連理臨川王燁以聞

元嘉二十五年四月戊辰木連理生晉陵南徐州刺史廣陵王誕以聞

元嘉二十八年正月戊子木連理生尋陽柴桑又生州城內江州刺史建平王宏以聞

元嘉二十九年十月丁未木連理生南琅邪太守劉成以聞

孝武帝孝建二年三月己酉木連理生南郡江陵荆州刺史朱脩之以聞

孝建三年五月木連理生北海都昌冀州刺史垣護之以聞

孝建三年七月癸未木連理生歷陽歷陽太守袁敳以聞

孝武帝大明元年正月乙亥木連理生高平

大明元年二月壬寅華林園雙橘樹連理

大明元年九月乙丑華林園梨樹連理

大明元年十月丁丑朔木連理生豫章南昌

大明二年四月辛丑木連理生汝南豫州刺史宗愨以聞

大明三年九月甲午木連理生丹陽秣陵材官將軍范悅時以聞

大明四年三月丁亥木連理生華林園曜靈殿北

大明四年四月壬子木連理生華林園日觀臺北

大明四年六月戊戌木連理生會稽山陰揚州刺史西陽王子尚以聞

大明五年閏九月木連理生邊城豫州刺史垣護之以聞

大明五年十二月戊寅淮南松木連理豫州刺史尋陽王子房以聞

大明六年二月乙丑木連理生晉陵南徐州刺史新安王子鸞以聞

大明六年四月戊辰木連理生營陽湘州刺史

建安王休仁以聞
大明六年八月乙丑木連理生彭城城內徐州刺史王玄謨以聞
大明七年正月己酉珊瑚連理生鬱林始安太守劉勔以聞
明帝泰始二年七月木連理生丹陽秣陵
泰始四年三月庚戌太子西池冬生樹連理園丞周禽猗以獻
泰始六年四月景午木連理生會稽永興太守

蔡興宗以聞
泰始六年十二月壬辰木連理生豫章南昌太守劉愔之以聞
泰始七年二月戊寅木連理生吳郡錢唐太守王延之以聞
昇明二年木連理生豫州界內史劉懷珍以聞
比目魚王者德及幽隱則見 闕
珊瑚鉤王者恭信則見 闕
芝草王者慈仁則生食之令人度世

漢武帝元封二年甘泉宮內產芝九莖連葉
漢宣帝元康四年金芝九莖產于函德殿銅池中
漢明帝永平十七年春芝生前殿
漢明帝建和元年四月芝草生中黃藏府
宋從帝昇明二年宣城山中生紫芝一株在所獲以獻
明月珠王者不盡介鱗之物則出
漢高后景帝時會稽人朱仲獻三寸四寸珠
漢章帝元和中郡國獻明珠

巨鬯三禺之禾一稃二米王者宗廟脩則出
黃帝時南夷乘白鹿來獻鬯
漢章帝元和中秬秠生郡國
華平其枝正平王者有德則生德剛則仰德弱則低
漢章帝元和中華平生郡國
平露如蓋以察四方之政其國不平則隨方而傾 闕
蓂莢一名歷莢夾階而生一日生一葉從朔而

生望而止十六日日落一莢若月小則一莢萎
而不落堯時生階 闕
蓂莆一名倚扇狀如蓬大枝葉小根根如絲轉
而成風殺蠅堯時生於廚 闕
朱草草之精也世有聖人之德則生
漢光武建武元年五月京師有赤草生水涯
魏文帝初朱草生文昌殿側
漢章帝元和中朱草生郡國
宋文帝元嘉十一年朱草生蜀郡郫縣王之家

益州刺史甄法崇以聞
景星大星也狀如半月於晦朔助月爲明 闕
賓連闊達生於房室王者御后妃有節則生 闕
渠搜禹時來獻裘 闕
浪井不鑿自成王者清靜則應 闕
西王母舜時來獻白環白琯 闕
越常周公時來獻白雉象牙 闕
漢平帝元始元年正月越常重譯獻白雉一黑
雉二詔三公薦宗廟

漢光武建元十三年九月南越獻白雉
漢章帝元和中白雉見郡國
漢桓帝永康元年十一月白雉見西河
漢獻帝延康元年四月丁巳饒安縣言白雉見
又郡國十九言白雉見
晉武帝咸寧元年四月丁巳白雉見安豐松滋
咸寧元年十二月丙午白雉見梁國睢陽梁王
彤獲以獻
咸寧三年十一月白雉見渤海饒安相阮温獲

以獻
晉武帝太康元年庚戌白雉見中山
晉愍帝建興三年十二月戊午白雉見襄平
建興三年十二月戊午白雉見
安帝義熙七年五月白雉見豫章南昌
宋文帝元嘉五年五月庚辰白雉見東莞莒縣
太守劉玄以聞
元嘉十六年二月白雉見陳郡豫州刺史長沙
王義欣以獻

元嘉十八年二月癸亥白雉見南汝陰宋縣太
守文道恩以獻
元嘉二十年六月白雉見高平方與縣徐州刺
史臧質以獻
元嘉二十六年三月戊寅白雉見東安沛郡各
一徐兖二州刺史武陵王獲以獻
孝武帝大明二年三月己巳白雉雌雄各一見
海陵南兖州刺史竟陵王誕以獻
大明五年十二月白雉見泰郡南兖州刺史晉

安王子勛以獻
大明八年二月丁卯白雉見南郡江陵荆州刺
史臨海王子玉以獻
前廢帝永光元年正月丙午白雉見渤海青
州刺史王玄謨以獻
永光元年三月甲午朔白雉見新蔡豫州刺史
劉德願以獻
黄銀紫玉王者不藏金玉則黄銀紫玉光見深山
宋明帝泰始二年八月於赭圻城南得紫玉一

段圍三尺二寸長一尺厚七尺太宗攻爲二爵
以獻武文二廟
玉女天賜妾也禮含文嘉曰禹卑宫室盡力溝
洫百穀用成神龍女降 闕
地珠王者不以財爲寶則生珠 闕
天鹿者純靈之獸也五色光耀洞明王者道備
則至 闕
角端者日行萬八千里又曉四夷之語明君聖
主在位明達方外幽遠之事則奉書而至 闕

周印者神獸之名也星宿之變化王者德盛則
至 闕
飛菟者神馬之名也日行三萬里禹治水勤勞
歷年救民之害天應其德而至 闕
澤獸黄帝時巡狩至於東濱澤獸出能言達知萬
物之精以戒於民爲時除害賢君明德幽遠則
來 闕
麟者幽隱之獸也有明王在位則來爲時辟除
災害 闕

騕褭者神馬也與飛菟同亦各隨其方而至以
明君德也闕
同心鳥王者德及遐方四夷合同則至闕
趹蹄者后土之獸自能言語王者仁孝於國則
來禹治水而至闕
紫達王者仁義行則見闕
小鳥生大鳥王者土地開闢則至闕
河精者人頭魚身師曠時所受讖也闕
延嬉王者孝道行則至闕

大貝王者不貪財寶則出闕
威蕤王者禮備則生於殿前闕
醴泉水之精也甘美王者脩理則出
漢光武建武中元元年五月醴泉出京師及郡
國飲醴泉者痼病皆愈獨眇者蹇者不差
魏文帝初郡國三言醴泉出
宋文帝元嘉十二年衡陽湘鄉醴泉出縣庭荊
州刺史臨川王義慶以聞
孝武帝孝建三年九月甲戌細仗隊省井泉

春夏深不盈尺忽至一丈有五色水清澄醴味
汲引不窮
孝武帝大明二年三月壬子北汝陰樓煩平地
出醴泉豫州刺史宗慤以聞
明帝泰豫元年四月乙酉會稽山陰思義醴泉
出太守蔡興宗以聞
日月揚光日者人君象也人君不假臣下之權
則日月揚光明闕
芝英者王者親近耆老養有道則生

漢章帝元和中芝英生郡國
碧石者玩好之物棄則至闕
玉甕者不汲而滿王者清廉則出
山車者山藏之精也不藏金玉山澤以時通山
海之饒以給天下則山成其車闕
雞駭犀王者賤難得之物則出闕
陵出黑丹王者脩至孝則出闕
神鼎者質文之精也知吉知凶能重能輕不炊
而沸五味自生王者盛德則出

漢武帝元鼎元年五月五日得鼎汾水上
漢明帝永平六年三月廬江太守獻寶鼎出王
雒山雒或作雄
漢章帝建初七年十月車駕西巡至槐里右扶
風禁上美陽得銅器於岐山似酒尊詔在道晨
夕以爲百官熱酒
漢和帝永元元年竇憲征匈奴於漢北酒泉得
仲山甫鼎容五斗
吳孫權赤烏十二年六月戊戌寶鼎出臨平湖

又出東部酃縣
吳孫皓寶鼎元年八月在所言得大鼎
晉愍帝建興二年十二月晉陵武進縣民陳龍
在田中得銅鐸五枚
晉成帝咸和元年十月辛卯宣城春穀縣山岸
崩獲石鼎重二斤受斛餘
晉成帝咸康五年豫章南昌民掘地得銅鍾四
枚太守褚裒以獻
晉穆帝升平五年二月乙未南掖門有馬足陷
地得銅鍾一枚
宋文帝元嘉十三年四月辛丑武昌縣章山水
側自開出神鼎江州刺史南譙王義宣以獻
元嘉十九年九月戊申廣陵肥如石梁澗中出
石鍾九口大小行次引列南向南兗州刺史臨
川王義慶以獻
元嘉二十一年十二月新陽獲古鼎於水側有
篆書四十二字雍州刺史蕭思話以獻
元嘉二十二年豫章豫寧縣出銅鍾江州刺史

廣陵王紹以獻
孝武帝孝建三年四月丁亥臨川宜黃縣民田
中得銅鍾七口内史傅徽以獻
孝建三年四月甲辰晉陵延陵得古鍾六口徐
州刺史竟陵王誕以獻
孝武帝大明七年六月江夏蒲圻獲銅路鼓四
面獨足郢州刺史安陸王子綏以獻
明帝泰始四年二月丙申豫章望蔡獲古銅鍾
高一尺七寸圍二尺八寸太守張辯以獻

泰始五年五月壬戌豫章南昌獲古銅鼎容斛七斗江州刺史王景文以獻

泰始七年六月甲寅義陽郡獲銅鼎受一斛并蓋並隱起鏤豫州刺史段仏榮以獻

從帝昇明二年九月建寧萬歲山澗中得銅鍾長二尺一寸豫州刺史劉懷珍以獻

漢宣帝元康二年夏神雀集雍

元康三年春神雀集泰山

宣帝元康二年春五色雀以萬數飛過屬縣

元康四年三月神雀五采以萬數飛過集長樂未央北宮高寢甘泉泰畤殿元康四年神雀仍集

漢宣帝五鳳三年正月神雀集京師

漢明帝永平十七年春神雀五色集京師

漢章帝元和中神雀見郡國

宋文帝元嘉二十二年白鵲見新野鄧縣雍州刺史蕭思話以聞

元嘉二十六年五月癸酉白鵲見建康崇孝里揚州刺史始興王濬以獻

孝武帝大明七年三月辛巳白鵲見汝南安陽太守申令孫以獻

晉惠帝永嘉元年五月白鼠見東宮皇太子獲以獻

宋明帝泰始三年二月壬寅白鼠見樂安青州刺史沈文秀以獻

漢昭帝始元元年二月黃鵠下建章宮太液池中

漢章帝元和二年正月車駕東巡柴祭岱宗禮

畢黃鵠三十從西南來經祠壇上東北過

漢武帝太初三年二月五日行幸東海獲赤鴈

魏文帝初鑊中生赤魚

孫權時神雀巢朱雀門

孫皓天璽元年臨海郡吏伍曜在海水際得石樹高三尺餘枝莖紫色詰屈傾靡有光采山海經所載玉碧樹之類也

晉武帝泰始二年六月壬申白鵠見酒泉延壽延壽長王音以獻

晉成帝咸和九年五月癸酉白鸞見吳國錢塘内史虞潭以獻

安帝義熙元年南康雩都嵩山有金雞青黃色飛集巖間

宋文帝元嘉二十二年湘州刺史南平王鑠獻赤鸚鵡

孝武帝大明三年正月丙申媻皇國獻赤白鸚鵡各一

宋文帝元嘉二十四年十月甲午揚州刺史始興王濬獻白鸚鵡

孝武帝大明五年正月丙子交州刺史垣閎獻白孔雀

明帝泰始三年五月乙亥白鴝鵒見京兆雎州刺史巴陵王休若以獻

漢桓帝延熹九年四月濟陰東郡濟北平原河水清

宋文帝元嘉二十四年二月戊戌河濟俱清龍驤將軍青冀二州刺史杜坦以聞

文帝元嘉二十五年五月征北長史廣陵太守范邈上言所領輿縣前有大浦控引潮流水常淤濁自比以來源流清潔纖鱗呈形古老相傳以爲休瑞

孝武帝孝建三年九月濟河清冀州刺史垣護之以聞

孝武帝大明五年九月庚戌河濟俱清平原太守申纂以聞

明帝泰始元年二月丙寅揚淮水清潔有異於常州治中從事史張緒以聞

漢光武建武初野繭穀充給百姓其後耕蠶稍廣二事漸息

吳孫權黃龍三年夏野蠶繭大如卵

宋文帝元嘉十六年宣城宛陵廣野蠶成繭大如雉卵彌漫林谷年年轉盛

孝武帝大明三年五月癸巳宣城宛陵縣石亭山生野蠶三百餘里太守張辯以聞

孝武帝大明三年十一月己巳肅慎氏獻楛矢

石砮高麗國譯而至

大明五年正月戊午元日花雪降殿庭時右衛將軍謝莊下殿雪集衣還白上以爲瑞於是公卿並作花雪詩史臣按詩云先集爲霰韓詩曰霰英也花葉謂之英離騷云秋菊之落英左思云落英飄颻是也然則霰爲花雪矣草木花多五出花雪獨六出

明帝泰始二年五月甲寅儲中獲石栢長三尺二寸廣三尺五寸揚州刺史建安王休仁以獻

泰始三年十一月乙卯盱眙獲石栢寧朔將軍段榮以獻

漢和帝在位十七年郡國言瑞應八十餘品帝讓而不宣

志第十九　宋書二十九

志第二十　宋書三十

臣沈　約　新撰

五行一

昔八卦兆而天人之理著九疇序而帝王之應明雖可以知從德獲自天之祐違道陷神聽之罰然未詳舉徵效備考幽明雖時列鼎雉庭穀之異然而未究者衆矣至於鑒悟後王多有所闕故仲尼作春秋具書祥眚以驗行事是則九疇陳其義於前春秋列其效於後也逮至伏生

創紀大傳五行之體始詳劉向廣演鴻範休咎之文益備故班固斟酌經傳詳紀條流誠以一王之典不可獨闕故也夫天道雖無聲無臭然而應若影響天人之驗理不可誣司馬彪纂集光武以來以究漢事王沈魏書志篇闕凡厥災異但編帝紀而已自黃初以降二百餘年覽其災妖以考之事常若重規沓矩不謬前說又高堂隆郭景純等據經立辭終皆顯應闕而不序史體將虧今自司馬彪以後皆撰次論序斯亦

班固遠采春秋舉遠明近之例也又按言之不從有介蟲之孽劉歆以爲毛蟲視之不明有蠃蟲之孽劉歆以爲羽蟲按月令夏蟲羽秋蟲毛宜如歆說是以舊史從之五行精微非末學所究凡已經前議者並即其言以釋之未有舊説者推準事理以俟來哲

五行傳曰田獵不宿飲食不享出入不節奪民農時及有姦謀則木不曲直謂木失其性而爲災也又曰皃之不恭是謂不肅厥咎狂厥罰恒

雨厥極惡時則有服妖時則有龜孽時則有雞禍時則有下體生上之痾時則有青眚青祥惟金沴木班固曰蓋工匠爲輪矢者多傷敗及木爲變怪皆爲不曲直也

木不曲直

魏文帝黃初六年正月雨木冰按劉歆說木不曲直也劉向曰冰者陰之盛木者少陽貴臣象也此人將有害則陰氣脅木木先寒故得雨而冰也是年六月利成郡兵蔡方等殺太守徐質據郡反多所脅略幷聚亡命遣二校尉與青州刺史共討平之太守古之諸侯貴臣有害之應也一說以木冰爲甲兵之象是歲既討蔡方又八月天子自將以舟師征吳戎卒十餘萬連旍數百里臨江觀兵

晉元帝太興三年二月辛未雨木冰後二年周顗戴淵刁協劉隗皆遇害與春秋同事是其應也一曰是後王敦攻京師又其象也

晉穆帝永和八年正月乙巳雨木冰是年殷浩

北伐明年軍敗十年廢黜又曰荀羨殷浩北伐桓溫入關之象也

晉孝武帝太元十四年十二月乙巳雨木冰明年二月王恭爲北蕃八月庚楷爲西蕃九月王國寶爲中書令尋加領軍將軍十七年殷仲堪爲荊州雖邪正異規而終同摧滅是其應也一曰苻堅雖敗關河未一丁零鮮卑侵略司兖賓揚勝扇逼梁雝兵役不已又其象也

吳孫亮建興二年諸葛恪征淮南行後所坐聽

事棟中折恪妄興徵役奪民農時作爲邪謀傷國財力故木失其性致毀折也及旋師而誅滅於周易又爲棟橈之凶也

晉武帝太康五年五月宣帝廟地陷梁折八年正月太廟殿又陷改作廟築基及泉其年九月遂更營新廟遠致名材雜以銅柱陳勰爲匠作者六萬人十年四月乃成十一月庚寅梁又折按地陷者分離之象梁折者木不曲直也孫盛曰于時後宮殿有孽火又廟梁無故自折先是

帝多不豫益惡之明年帝崩而王室頻亂遂亡天下

晉惠帝太安二年成都王穎使陸機率衆向京師擊長沙王乂軍始引而牙竿折俄而戰敗機被誅穎尋奔潰卒賜死初河間王顒謀先誅長沙廢太子立穎長沙知之誅其黨卞粹等故穎來伐機又以穎得遐邇心將爲漢之代王遂委質於穎爲犯從之將此皆姦謀之罰木不曲直也

王敦在武昌鈴下儀仗生華如蓮花狀五六日而萎落此木失其性而爲變也干寶曰鈴閣尊貴者之儀鈴下主威儀之官今狂花生於枯木又在鈴閣之間言威儀之富榮華之盛皆如狂花之發不可久也其後終以逆命沒又加戮是其應也一說此花孽也於周易爲枯楊生華

桓玄始篡龍旂竿折玄田獵出入不絕昏夜飲食恣奢土木妨農又多姦謀故木失其性也夫旂所以擬三辰章著明也旂竿之折高明去矣在

位八十日而敗

宋明帝泰始二年五月丙午南瑯邪臨沂黃城山道士盛道度堂屋一柱自然夜光照室內此木失其性也或云木腐自光

廢帝昇明元年吳興餘杭舍亭禾蕈樹生李實禾蕈樹民間所謂胡頹樹

貌不恭

魏文帝居諒闇之始便數出遊獵體貌不重風尚通脫故戴凌以直諫抵罪鮑勛以迕旨極刑

天下化之咸賤守節此貌之不恭也是以享國不永後祚短促春秋魯昭君居喪不哀在慼而有嘉容穆叔謂之不度後終出奔蓋同事也

魏尚書鄧颺行步施縱筋不束體坐起傾倚若無手足此貌之不恭也管輅謂之鬼躁鬼躁者凶終之徵後卒誅死

晉惠帝元康中貴遊子弟相與爲散髮倮身之飲對弄婢妾逆之者傷好非之者負譏希世之士恥不與焉蓋胡翟侵中國之萌也豈徒伊川

之民一被髮而祭者乎

晉惠帝元康中賈謐親貴數入二宮與儲君遊戲无降下心又常同弈棊爭道成都王穎厲色曰皇太子國之儲貳賈謐何敢無禮謐猶不悛故及於禍

齊王冏既誅趙倫因留輔政坐拜百官符敕臺府淫醟專驕不一朝覲此狂恣不肅之容也天下莫不高其功而慮其亡也冏終弗改遂至夷滅

太元中人不復著帩頭頭者元首帩者令髮不垂助元首爲儀飾者也今忽廢之若人君獨立無輔以至危亡也其後桓玄篡位

舊爲屐者齒皆達褊上名曰露卯太元中忽不徹名曰陰卯其後多陰謀遂致大亂

晉安帝義熙七年晉朝拜授劉毅世子毅以王命之重當設饗宴親請吏佐臨視至日國僚不重白默拜於廐中王人將反命毅方知大以爲恨免郎中令劉敬叔官識者怪焉此墮略嘉禮

不肅之妖也

陳郡謝靈運有逸才每出入自扶接者常數人民間謠曰四人挈衣裙三人捉坐席是也此蓋不肅之咎後坐誅

宋明帝泰始中幸臣阮佃夫勢傾朝廷室宇豪麗車服鮮明乘車常偏向一邊違正立執綏之體時人多慕效此亦貌不恭之失也時偏左之化行方正之道廢矣

後廢帝常單騎遊遨出入市里營寺未嘗御輦

輦終以殞滅

恒雨

魏明帝太和元年秋數大雨多暴雷電非常至殺鳥雀案楊阜上疏此恒雨之罰也時帝居喪不哀出入弋獵無度奢侈繁興奪民農時故木失其性而恒雨爲災也

太和四年八月大雨霖三十餘日伊洛河漢皆溢歲以凶饑

孫亮太平二年二月甲寅大雨震電乙卯雪大

寒案劉歆說此時當雨而不當大大雨恒雨之罰也於始震電之明日而雪大寒又恒寒之罰也劉向以爲既已震雷則雪不當復降皆失時之異也天戒若曰爲君失時賊臣將起先震雷而後雪者陰見間隙起而勝陽逆殺之禍將及也亮不悟尋見廢此與春秋魯隱同也

晉武帝泰始六年六月大雨霖甲辰河洛沁水同時竝溢流四千九百餘家殺二百餘人沒秋稼千三百六十餘頃晉武太康五年七月任城梁國暴雨害豆麥太康五年九月南安霖雨暴雪折樹木害秋稼魏郡淮南平原雨水傷秋稼是秋魏郡西平郡九縣霖雨暴水霜傷秋稼

晉惠帝永寧元年十月義陽南陽東海霖雨淹害秋麥

晉成帝咸康元年八月乙丑荆州之長沙攸醴陵武陵之龍陽三縣雨水浮漂屋室殺人傷損秋稼

宋文帝元嘉二十一年六月京邑連雨百餘日

大水

孝武帝大明元年正月京邑雨水

大明五年七月京邑雨水

大明八年八月京邑雨水

明帝太始二年六月京邑雨水

順帝昇明三年四月乙亥吳郡桐廬縣暴風雷電揚砂折木水平地二丈流漂居民

服妖

魏武帝以天下凶荒資財之匱始擬古皮弁

裁縑帛爲白帢以易舊服傅玄曰白乃軍容非國容也干寶以爲縞素凶喪之爲帢毁辱之言也蓋革代之後攻殺之妖也初爲白帢橫縫其前以别後名之曰顔俗傳行之至晉永嘉之間稍去其縫名無顔帢而婦人束髮其緩彌甚紒之堅不能自立髮被于額目出而已無顔者愧之言也覆額者慚之貌其緩彌甚言天下忘禮與義放縱情性及其終極至乎大恥也永嘉之後二帝不反天下愧焉魏明帝著繡帽被縹紈

半袖嘗以見直臣楊阜阜諫曰此於禮何法服邪帝默然近服妖也縹非禮之色褻服不貳今之人主親御非法之章所謂自作孽不可禳也帝既不享永年身没而禄去王室後嗣不終遂亡天下

魏明帝景初元年發銅鑄爲巨人二號曰翁仲置之司馬門外案古長人見爲國亡長狄見臨洮爲秦亡之禍始皇不悟反以爲嘉祥鑄銅人以象之魏法亡國之器而於義竟無取焉蓋服妖也

魏尚書何晏好服婦人之服傅玄曰此服妖也夫衣裳之制所以定上下殊内外也大雅云玄袞赤舄鉤膺鏤鍚歌其文也小雅云有嚴有翼共武之服詠其武也若内外不殊王制失叙服妖既作身隨之亡末嬉冠男子之冠桀亡天下何晏服婦人之服亦亡其家其咎均也

吴婦人之脩容者急束其髮而劘角過于耳蓋其俗自操束太急而廉隅失中之謂也故吴之風俗相驅以急言論彈射以刻薄相尚居三年

之喪者往往有致毁以死諸葛患之著正交論雖不可以經訓整亂蓋亦救時之作也孫休後衣服之制上長下短又積領五六而裳居一二干寶曰上饒奢下儉逼上有餘下不足之妖也至孫晧果奢暴恣情於上而百姓彫困於下卒以亡國是其應也

晉興後衣服上儉下豐著衣者皆厭褄蓋裹君衰弱臣放縱下掩上之象也陵遲至元康末婦人出兩襠加乎脛之上此内出外也爲車乘

者苟貴輕細又數變易其形皆以白蔑為純古喪車之遺象乘者君子之器蓋君子立心無恒事不崇實也干寶曰及晉之禍天子失柄權制寵臣下掩上之應也永嘉末六宮才人流徙戎翟內出外之應也及天下亂擾宰輔方伯多負其任又數改易不崇實之應也

晉武帝泰始後中國相尚用胡牀貊盤及為羌煮貊炙貴人富室必置其器吉享嘉會皆此為先太康中天下又以氈為絈頭及絡帶衿口

百姓相戲曰中國必為胡所破也氈産於胡而天下以為絈頭帶身衿口胡既三制之矣能無敗乎干寶曰元康中氐羌反至于永嘉劉淵石勒遂有中都自後四夷迭據華土是其應也

晉武帝太康後天下為家者移婦人於東方空萊北庭以為園囿干寶曰夫王朝南向正陽也后北宮位太陰也世子居東宮位少陽也今居內於東是與外俱南面也亢陽無陰婦人失位而干少陽之象也賈后讒戮愍懷俄而禍敗

亦及

昔初作履者婦人貟頭男子方頭貟者順從之義所以別男女也晉太康初婦人皆履方頭此去其貟從與男無別也

太康之中天下為晉世寧之舞手接柸槃反覆之歌曰晉世寧舞柸槃夫樂生人心所以觀事故記曰總干山立武王之事也發揚蹈厲太公之志也武亂皆坐周召之治也又曰其治民勞者舞行綴遠其治民逸者舞行綴近今接柸槃

於手上而反覆之至危也柸槃者酒食之器也而名曰晉世寧者言晉世之士偷苟於酒食之間而其知不及遠晉世之寧猶柸槃之在手也

晉惠帝元康中婦人之飾有五兵佩又以金銀瑇瑁之屬為斧鉞戈戟以當笄　干寶曰男女之別國之大節故服物異等贄幣不同今婦人而以兵器為飾又妖之大也遂有賈后之事終以兵亡天下

元康中婦人結髮者既成以繒急束其環名

曰棢子紒始自中宫天下化之其後賈后果害
太子

元康中天下始相傚爲鵃杖以柱掖其後稍施其鐏住則植之夫木東方之行金之臣也杖者扶體之器鵃其頭者尤便用也必傍柱掖者傍救之象也王室多故而元帝以蕃臣樹德東方維持天下柱掖之應也至社稷無主海内歸之遂承天命建都江外獨立之應也

元康末至太安間江淮之城有敗編自聚于道

多者或至四五十量干寳甞使人散而去之或投林草或投坑谷明日視之悉復如故民或云見狸銜而聚之亦未察也寳説曰夫編者人之賤服最處于下而當勞辱下民之象也敗者疲斃之象也道者地理四方所以交通王命所由往來也故今敗編聚於道者象下民罷病將相聚爲亂絶四方而壅王命之象也在位者莫察太安中發壬午兵百姓嗟怨江夏男子張昌遂首亂荆楚從之者如流於是兵革歲起天下因之遂大破壞此近服妖也

晉孝懷永嘉以來士大夫竟服生箋單衣遠識者怪之竊指擿曰此則古者繐衰之布諸侯大夫所以服天子也今無故畢服之殆有應乎其後遂懷愍晏駕不獲厥所

晉元帝太興以來兵士以絳囊縛紒紒在首莫上焉周易乾爲首坤爲囊坤臣道也晉金行赤火色金之賊也以朱囊縛紒臣道上侵之象也到永昌元年大將軍王敦舉兵内攻六軍散潰

舊爲羽扇柄刻木象其骨形羽用十取全數也晉中興初王敦南征始改爲長柄下出可捉而減其羽用八識者尤之曰夫羽扇翼之名也創爲長柄者執其柄制羽翼也以八改十者將以未備奪已備也是時爲衣者又上短帶至于掖著帽者以帶縛項下逼上上無地也下袴者直幅爲口無殺下大失裁也尋有兵亂三年而再攻京師晉海西初嗣位迎官忘設豹尾識者以爲不終之象近服妖也

於府北園内爲酒鑪列肆使姬人
酤鬻酒肴如裨販者數遊其中身自買易因醉
寓寢動連日夜漢靈帝嘗若此干寶以爲君將
失位降在皂隸之象也道子卒見廢徙以庶
人終
桓玄篡立殿上施絳綾帳鏤黄金爲顔四角金
龍銜五色羽葆流蘇羣下竊相謂曰頗類輀車
此服妖也
晉末皆冠小冠而衣裳博大風流相倣輿臺成
俗識者曰此禪代之象也永初以後冠還大云
宋文帝元嘉六年民間婦人結髮者三分髮抽
其鬟直向上謂之飛天紒始自東府流被民庶
時司徒彭城王義康居東府其後卒以陵上
徙廢
孝武帝世豫州刺史劉德願善御車世祖嘗使
之御畫輪幸太宰江夏王義恭第德願挾牛
杖催世祖云日暮宜歸又求益僦車世祖甚懽
此事與漢靈帝西園蓄私錢同也

二十七十　宋書志二十　十六　沈壽

孝武世幸臣戴法興權亞人主造白頭履世人
莫不倣之其時貴進之俗大行方格之風盡矣
明帝初司徒建安王休仁統軍赭圻制烏紗帽
反抽帽裙民間謂之司徒狀京邑翕然相尚休
仁後果以疑逼致禍
龜孽
晉惠帝永熙初衛瓘家人炊飯墮地盡化爲螺
出足起行螺龜類近龜孽也干寶曰螺被甲兵
象也於周易爲离离爲戈兵明年瓘誅

二五十九　宋志二十　七　金滋

鷄禍
魏明帝景初二年廷尉府中有雌鷄變爲雄不
鳴不將干寶曰是歲晉宣帝平遼東百姓始有
與能之議此其象也然晉三后並以人臣終不
鳴不將又天意也
晉惠帝元康六年陳國有鷄生雄鷄無翅既大
墜坑而死王隱曰雄鷄胤嗣象坑地事爲母象賈
后誣殺愍懷殆其應也
晉惠帝太安中周玘家有雌鷄逃承霤中六七

曰而下六翼鳴將獨毛羽不變其後有陳愍之事愍雖控制江表終無綱紀文章殆其象也卒爲玘所滅雞禍見玘家又天意也

晉元帝太興中王敦鎮武昌有雌雞化爲雄天戒若曰雌化爲雄臣陵其上其後王敦再攻京師

晉孝武大元十三年四月廣陵高平閻嵩家雄雞生無右翅彭城到象之家雞無右足京房易傳曰君用婦人言則雞生妖

晉安帝隆安元年八月琅邪王道子家青雌雞化爲赤雄不鳴不將後有桓玄之事具如其象

隆安四年荊州有雞生角角尋墮落是時桓玄始擅西夏狂慢不肅故有雞禍角兵象尋墮落者暫起不終之妖也

晉安帝元興二年衡陽有雌雞化爲雄八十日而冠萎衡陽桓玄楚國封略也後篡位八十日而敗徐廣以爲玄之象也

宋文帝元嘉十二年華林園雌雞漸化爲雄後孝武即位皇太后令行于外亦猶漢宣帝時雌雞爲雄至哀帝時元后與政也

明帝泰始中興東遷沈法符家雞有四距

青眚青祥

晉武帝咸寧元年八月丁酉大風折太社樹有青氣出焉此青祥也占曰東莞當有帝者明年元帝生是時帝大父武王封東莞由是徙封琅邪孫盛以爲中興之表晉室之亂武帝子孫無子遺社樹折之應又恒風之罰也

晉惠帝元康中洛陽南山有虫作聲曰韓屍屍識者曰韓氏將死也言屍屍者盡死意也其後韓謐誅而韓族殲焉此青祥也

金沴木

魏文帝黃初七年正月幸許昌許昌城南門無故自崩帝心惡之遂不入還洛陽此金沴木木動也五月宮車晏駕京房易傳曰上下咸悖厥妖城門壞

晉元帝太興二年六月吳郡米廪無故自壞是

歳大饑死者數千

晉明帝太寧元年周延自歸王敦既立宅宇而所起五間六架一時躍出墮地餘桁猶亘柱頭此金沴木也明年五月錢鳳謀亂遂族滅延而湖孰尋亦爲墟矣

晉安帝元興元年正月丙子司馬元顯將西討桓玄建牙揚州南門其東者難立良久乃正近沴妖也尋爲桓玄所禽

元興三年五月樂賢堂壞天意若曰安帝嚚眊不及有樂賢之心故此堂見沴也

晉安帝義熙九年五月乙酉國子聖堂壞

宋文帝元嘉十七年劉斌爲吳郡郡堂屋西頭鴟尾無故落地治之未畢東頭鴟尾復落頃之斌誅

志第二十　宋書三十

志第二十一　宋書三十一

臣沈約　新撰

五行二

五行傳曰好戰攻輕百姓飾城郭侵邊境則金不從革謂金失其性而爲災也又曰言之不從是謂不乂厥咎僭厥罰恒陽厥極憂時則有詩妖時則有介蟲之孽時則有犬禍時則有口舌之痾時則有白眚白祥惟木沴金介蟲劉歆傳以爲毛蟲

金不從革

魏世張掖石瑞雖是晉氏之符命而於魏爲妖好攻戰輕百姓飾城郭侵邊境魏氏三祖皆有其事劉歆以爲金石同類石圖發非常之文此不從革之異也晉定大業多斅曹氏石瑞文大討曹之應也

魏明帝青龍中盛脩宮室西取長安金狄承露槃折聲聞數十里金狄泣於是因留霸城此金失其性而爲異也

吳時歷陵縣有巖穿似印咸云石印封發天下太平孫皓天璽元年印發又陽羨山有石穴長十餘丈皓初僭武昌宮有遷都之意是時武昌爲離宮班固云離宮與城郭同占飾城郭之謂也寶鼎三年皓出東關遣丁奉至合肥建衡三年皓又大舉出華里侵邊境之謂也故令金失其性卒面縛而吳亡

晉惠帝永興元年成都伐長沙每夜戈戟鋒有火光如縣燭此輕民命好攻戰金失其性而爲

變也天戒若曰兵猶火也不戢將自焚成都不悟終以敗亾

晉懷帝永嘉元年項縣有魏豫州刺史賈逵石碑生金可采此金不從革而爲變也五月汲桑作亂羣寇飈起

晉清河王覃爲世子時所佩金鈴忽生起如粟者康王母疑不祥毀棄之及後爲惠太子不終于位卒爲司馬越所殺

晉元帝永昌元年甘卓將襲王敦既而中止及還家多變怪照鏡不見其頭此金失其性而爲妖也尋爲敦所襲遂夷滅

石虎時鄴城鳳陽門上金鳳皇二頭飛入漳河

晉海西太和中會稽山陰縣起倉鑿地得兩大船滿中錢錢皆輪文大形時日向莫鑿者馳以告官官夜遣防守甚嚴至明旦失錢所在唯有船存視其狀悉有錢處

晉安帝義熙初東陽太守殷仲文照鏡不見其頭尋亦誅翦占與甘同

宋後廢帝元徽四年義熙晉陵二郡並有霹靂車墜地如青石草木燋死

言之不從

魏齊王嘉平初東郡有謠言云白馬河出妖馬夜過官牧邊鳴呼衆馬皆應明日見其迹大如斛行數里還入河楚王彪本封白馬兗州刺史令狐愚以彪有智勇及聞此言遂與王淩謀共立之遣人謂曰天下事未可知願王自愛彪答曰知厚意事泄淩愚被誅彪賜死此言不從之

罰也詩云民之譌言寧莫之懲
劉禪嗣位譙周引晉穆侯漢靈帝命子事譏之曰先主諱備其訓具也後主諱禪其訓授也若言劉已具矣當授與人甚於穆侯靈帝之祥也蜀果亾此言之不從也
劉備卒劉禪即位未葬亦未踰月而改元爲建興此言之不從也習鑿齒曰禮國君即位踰年而後改元者緣臣子之心不忍一年而有二君也今可謂亟而不知禮矣君子是以知蜀之不

能東遷也後又降晉吳孫亮晉惠帝宋元凶亦然亮不終其位惠帝號令非已元凶尋誅言不從也
魏太和中姜維歸蜀失其母魏人使其母手書呼維令反并送當歸以譬之維報書曰良田百頃不計一畝但見遠志無有當歸維卒不免
魏明帝景初元年有司奏帝爲烈祖與太祖高祖並爲不毀之廟從之按宗廟之制祖宗之號皆身沒名成乃正其禮故唯功赫天壤德邁前王未有豫定之典此蓋言之不從失之甚者也後二年而宮車晏駕焉於是統微政逸
吳孫休世烏程民有得困疾及差能以響言者言於此而聞於彼自其所聽之不覺其聲之大也自遠聽之如人對言不覺聲之自遠來也聲之所往隨其所向遠者不過十數里其鄰人有責息於外歷年不還乃假之使爲責讓懼以禍福負物者以爲鬼神即償倒畀之其人亦不自知所以然也言不從之咎也

魏世起安世殿晉武帝後居之安世武帝字也
晉武帝每延羣臣多說平生常事未嘗及經國遠圖此言之不從也何曾謂子遵曰國家無貽厥之謀及身而已後嗣其殆乎此子孫之憂也自永熙後王室漸亂永嘉中天下大壞及何綏以非辜被誅皆如曾言
趙王倫廢惠帝於金墉城改號金墉爲永安宮帝尋復位而倫誅
晉惠帝永興元年詔廢太子覃還爲清河王

立成都王穎爲皇太弟猶加侍中大都督領丞相備九錫封二十郡如魏王故事案周禮傳國以胤不以勳故雖公旦之聖不易成王之嗣所以遠絕覬覦永壹宗祧後代遵履改之則亂今擬非其實僭差已甚且既爲國副則不應復開封土兼領庶職此言之不從進退乖爽故帝既播越穎亦不終是其咎也後猶不悟又立懷帝爲皇太弟懷終流弑不永厥祚又其應也語曰變古易常不亂則亡此之謂乎

晉惠帝太安中周玘於陽羨起宅始成而邊戶有聲如人嘆咤者玘亡後家誅滅此近言不從也

晉元帝太興四年吳郡民訛言有大蟲在紵中及樗樹上齧人即死晉陵民又言曰見一老女子居市被髮從肆人乞飲自言天帝令我從水門出而我誤由蟲門若還天帝必殺我如何於是百姓共相恐動云死者已十數也西及京都諸家有樗紵者伐去之無幾自止

晉元帝永昌元年寧州刺史王遜遣子澄入質將渝濮雜夷數百人京邑民忽訛言寧州人大食人家小兒親有見其蒸煮滿釜甑中者又云失兒皆有主名婦人尋道拊心而哭於是百姓各禁錄小兒不得出門尋又言已得食人之主官當大航頭大杖考竟而日有四五百人晨聚航頭以待觀行刑朝廷之士相問者皆曰信然或言郡縣文書已上王澄大懼檢測之事了無形民家亦未嘗有失小兒者然後知其訛言也

此二事干寶云未之能論

永昌二年大將軍王敦下據姑孰百姓訛言行蟲病食人大孔數日入腹入腹則死治之有方當得白犬膽以爲藥自淮泗遂及京都數日之間百姓驚擾人人皆自云已得蟲病又云始在外時當燒鐵以灼之於是翕然被燒灼者十七八矣而白犬暴貴至相請奪其價十倍或有自云能行燒鐵者賃灼百姓日得五六萬憊而後已四五日漸靜說曰夫裸蟲人類而人爲之主

今云蟲食人言本同臭類而相殘賊也自下而上斯其逆也必入腹者言害由中不由外也犬有守禦之性白者金色而膽用武之主也帝王之運五霸會於戌戌主用兵金者晉行火燒鐵以治疾者言必去其類而來火與金合德共治蟲害也案中興之際大將軍本以腹心受伊呂之任而元帝末年遂攻京邑明帝誅闇又有異謀是以下逆上腹心內爛也及錢鳳沈充等逆兵四合而爲王師所挫踰月而不能濟北中郎將劉遐及淮陵內史蘇峻率淮泗之衆以救朝廷故其謠言首作於淮泗也朝廷卒以弱制強罪人授首是用白犬膽可救之效也

晉海西時庾晞四五年中喜爲挽歌自摇大鈴爲唱使左右齊和又燕會輒令倡妓作新安人歌儛離別之辭其聲悲切時人怪之後亦果敗

晉海西公太和以來大家婦女緩鬢傾髻以爲盛飾用髮既多不恒戴乃先作假髻施於木上

呼曰假頭人欲借名曰借頭遂布天下自此以來人士多離事故或云失頭首或以草木爲之假頭之言此其先兆也

晉孝武泰元中立內殿名曰清暑少時而崩時人曰清暑者反言楚聲也果有哀楚之聲有人曰非此之謂豈可極言乎讖云代晉者楚其在玆乎及桓玄篡逆自號曰楚

泰元中小兒以兩鐵相打於土中名曰鬬族後王國寶王孝伯一姓之中自相攻擊也

桓玄出鎮南州立齋名曰蟠龍後劉毅居此齋蟠龍毅小字也

桓玄初改年爲大亨遐邇讙言曰二月了故義謀以仲春發也玄篡立又改年爲建始以與趙王倫同又易爲永始永始復是王莽受封之年也始徙司馬道子于安成晉主遜位出永安宮封晉主爲平固王琅邪王德文爲石陽公並使住尋陽城識者皆以爲言不從之妖也厥咎僭

晉興何曾薄太官御膳自取私食子劭又過之

而王愷又過劭王愷羊琇之疇盛致聲色窮珍極麗至元康中夸恣成俗轉相高尚石崇之侈遂兼王何而儷人主矣崇既誅死天下尋亦淪喪僭踰之咎也

恒陽

魏明帝太初二年五月大旱元年以來崇廣宮府之應也又是春晉宣帝南禽孟達置二郡張郃西破諸葛亮驕馬謖亢陽自大又其應也京房易傳曰欲德不用茲謂張厥災荒其旱陰雲

不雨變而赤煙四際衆出過時茲謂廣其旱不生上下皆蔽茲謂陽其旱天赤三月時有雹殺飛禽上緣求妃茲謂僭其旱三月大溫亾雲君高臺府茲謂犯陰侵陽其旱萬物根死數有火災庶位踰節茲謂僭其旱澤物枯爲火所傷

太和五年三月自去冬十月至此月不雨辛巳大雩是春諸葛亮寇天水晉宣王距郤之亢陽動衆又是時三隅分據衆出多過時也春秋說曰傷二穀謂之不雨

魏齊王正始元年二月自去冬十二月至此月不雨去歲正月明帝崩二月曹爽白嗣主轉晉宣王爲太傅外示尊崇內實欲令事先由己是時宣王功蓋魏朝欲德不用之應也

魏高貴鄉公甘露三年正月自去秋至此月旱時晉文王圍諸葛誕衆出過時之應也初壽春秋夏常雨潦常淹城而此旱踰年城陷乃大雨咸以爲天亾

吳孫亮五鳳二年大旱民饑是歲閏月魏將文

欽以淮南衆數萬口來奔孫峻又破魏將曹珍于高亭三月朱異襲安豐不克七月城廣陵東海二郡十二月以馮朝爲監軍使者督徐州諸軍軍士怨叛此亢陽自大勞民失衆之罰也其役彌歲故旱亦竟年

吳孫皓寶鼎元年春夏旱是時皓遷都武昌勞民動衆之應也

晉武帝太始七年五月閏月旱大雩是春孫皓出華里大司馬望帥衆次于淮北四月北地胡

寇金城西平涼州刺史牽弘出戰敗沒
太始八秊五月旱是時帝納荀勗邪説留賈充不復西鎮而任愷稍疏上下皆蔽之應也又秊熹魯芝李胤等並在散職近欲德不用之謂也
太始九秊自正月旱至于六月祈宗廟社稷山川癸未雨去九月吳西陵督步闡據城來降遣羊祜統楊肇等衆八萬救迎闡十二月陸抗大破肇軍攻闡滅之
三十五
太始十秊四月旱去秊秋冬釆擇卿校諸葛沖等女是春五十餘人入殿簡選又取小將吏女數十人母子號哭於宮中聲聞于外行人悲酸是殆積陰生陽之應也

晉武帝咸寧二秊五月旱大雩及社稷山川至六月乃澍雨
晉武帝太康二秊自去冬旱至此春平吳亢陽動衆自大之應也
太康三秊四月旱乙酉詔司空齊王攸與尚書廷尉河南尹録訊繫囚事從蠲宥

太康五秊六月旱此秊正月天陰解而復合劉毅上疏曰必有阿黨之臣姧以事君者當誅而不赦也帝不荅是時荀勗馮紞僭作威福亂朝尤甚
太康六秊三月青涼幽冀郡國旱
太康六秊六月濟陰武陵旱傷麥
太康七秊夏郡國十三旱
太康八秊四月冀州旱
二四五
太康九秊夏郡國三十三旱

太康九秊六月扶風始平京兆安定旱傷麥
太康十秊二月旱
晉武帝太熙元秊二月旱自太康以後雖正人滿朝不被親仗而賈充荀勗楊駿馮紞等迭居要重所以無秊不旱者欲德不用上下皆蔽庶位踰節之罰也
晉惠帝元康元秊七月雝州大旱殞霜疾疫關中飢米斛萬錢
元康七秊七月秦雝二州大旱故其秊氐羌反

叛雍州刺史解系敗績是年正月周處盧播等
復敗關西震亂交兵彌歲至是飢疫荐臻戎晉
並困朝廷不能振詔聽相賣鬻
元康七年九月郡國五旱
晉惠帝永寧元年自夏及秋青徐幽并四州旱
是年春三王討趙王倫六旬之中大小數十戰
死者十餘萬人十二月郡國十二又旱
晉懷帝永嘉三年五月大旱襄平縣梁水淡淵
竭河洛江漢皆可涉是年三月司馬越歸京都

遣兵入宮收中書令繆播等九人殺之此僭踰
之罰也又四方諸侯多懷無君之心劉淵石勒
王彌李雄之徒賊害民命流血成泥又其應也
永嘉五年自去冬旱至此春去歲十二月司馬
越棄京都以大衆南出多將王公朝士及以行
臺自隨斥黜禁衛代以國人宮省蕭然無復君
臣之節矣
晉陽秋云愍帝在西京旱傷荐臻無注記年
月也

晉愍帝建武元年六月揚州旱去年十二月淳
于伯宛死其年即旱而太興元年六月又旱干
寶曰殺伯之後旱三年是也案前漢殺孝婦則
旱後漢有囚亦旱見謝見理並獲雨澍此其類
也班固曰刑罰妄加羣陰不附則陽氣勝故其
罰恒陽
建武元年四月趙允等悉衆禦寇五月祖逖攻
譙其冬周訪討杜曾又衆出之應也
晉元帝太興四年五月旱是時王敦彌僭之釁

漸著又去歲蔡豹祖逖等並有征役
晉元帝永昌元年大旱是年三月王敦有石頭
之變二宮陵辱大臣誅死僭踰無上故旱尤
甚也
永昌元年閏十一月京都大旱川谷並竭
晉明帝太寧三年自春不雨至于六月去年秋
滅王敦元陽動衆自大之應也
晉成帝咸和元年秋旱是時庾太后臨朝稱制
羣臣奏事稱皇太后陛下此婦人專王事言不

從而僭踰之罰也與漢鄧太后同事
咸和二年夏旱
咸和五年五月旱去年殄蘇峻之黨此春又討
郭默滅之亢陽動衆之應也
咸和六年四月旱去年八月石勒遣郭敬寇襄
陽南中郎將周撫奔武昌十月李雄使李壽寇
建平建平太守楊謙奔宜都此正月劉徵略婁
縣於是起衆警備
咸和八年七月旱

咸和九年自四月不雨至于八月
晉成帝咸康元年六月旱是時成帝沖弱不親
萬機內外之政委之將相此僭踰之罰故連歲
旱也至四年王導固讓太傅復子明辟是後不
旱殆其應也時天下普旱會稽餘姚特甚米直
五百民有相鬻
咸康二年三月旱
咸康三年六月旱
晉康帝建元元年五月旱是時宰相專政方伯

擅重兵又與咸康初同事也
晉穆帝永和元年五月旱有司奏依董仲舒術
徙市開水門遣謁者祭太社是時帝在繈抱褚
太后臨朝如明穆太后故事
永和五年七月不雨至于十月是年二月征北
將軍褚裒遣軍伐沛納其民以歸六月又遣西
中郎將陳逵進據壽陽自以舟師二萬至于下
邳喪其前驅而還逵亦退
永和六年閏月旱是春桓溫以大衆出夏口上

疏欲以舟軍北伐朝廷駐之蕭敬盜涪西蠻校
尉采壽敗績
晉穆帝升平三年十二月大旱此冬十月北中
郎將郗曇帥萬餘人出高平經略河兗又遣將
軍諸葛悠以舟軍入河敗績西中郎將謝萬次
下蔡衆潰而歸
升平四年十二月大旱
晉哀帝隆和元年夏旱是時桓溫強恣權制朝
廷僭踰之罰也又去年慕容恪圍冀州刺史呂

護桓温出次兖陵范汪袁眞竝北伐衆出過時也

晉海西泰和四年十二月凉州春旱至夏

晉簡文帝咸安二年十月大旱民飢是時嗣主幼冲桓温陵僭

晉孝武帝寧康元年二月旱是時桓温入覲高平陵闔朝致拜踰僭之應也

寧康三年冬旱先是氐賊破梁益州刺史楊亮周仲孫奔退明年威遠將軍桓石虔擊姚萇墊

江破之退至五城益州刺史竺瑤帥衆戍巴東

晉孝武帝太元四年六月大旱去歲氐賊圍南中郎將朱序於襄陽又圍揚威將軍戴遁於彭城桓嗣以江州之衆次郡援序北府發三州民配何謙救遁是春襄陽順陽魏興城皆没賊遂略淮南向廣陵征虜將軍謝石率水軍次涂中兖州刺史謝玄督諸將破之

太元八年六月旱夏初桓沖征襄陽遣冠軍將軍桓石虔進據樊城朝廷又遣宣城内史胡彬次峽石爲沖聲勢也

太元十年七月旱饑初八年破苻堅九年諸將略地有事徐豫楊亮趙統攻討巴河是年正月謝安又出鎮廣陵使子琰進次彭城

太元十三年六月旱去歲北府遣戍胡陸荆州經略河南是年郭銓置戍野王又遣軍破黃淮

太元十五年七月旱是春丁零略兖豫鮮卑冠河上朱序桓不才等北至太行東至滑臺踰時攻討又戍石門

太元十七年秋旱至冬是時茹千秋爲驃騎咨議竊弄主相威福又丘尼乳母親黨及婢僕之子階緣近習臨民領衆又在所多上春竟囚不以其辜建康獄吏枉暴尤甚此僭踰不從寃濫之罰也

晉安帝隆安四年五月旱去冬桓玄迫殺殷仲堪而朝廷即授以荆州之任司馬元顯又諷百僚悉使敬己此皆陵僭之罰也

隆安五年夏秋大旱十二月不雨去年夏孫恩

入會稽殺內史謝琰此年夏略吳又殺內史袁山松軍旅東討衆出過時

晉安帝元興元年七月大饑九月十月不雨是年正月司馬元顯以大衆將討桓玄旣而玄至殺元顯五月又遣東征孫恩餘黨十月北討劉軌

元興二年六月不雨冬又旱是時桓玄奢僭十二月遂簒位

元興三年八月不雨是時王旅四伐西夏未平

晉安帝義熙六年九月不雨是時王師北討廣固疆理三州

義熙八年十月不雨是秋王師西討劉毅分遣伐蜀

義熙十年九月旱十二月又旱井瀆多竭

宋文帝元嘉二年夏旱

元嘉四年秋京都旱

元嘉八年五月揚州諸郡旱

元嘉十九年二十年南兗豫州旱

元嘉二十七年八月不雨至二十八年三月時索虜南寇

孝武帝大明七年八年東諸郡大旱民飢死者十六七先是江左以來制度多闕孝武帝立明堂造五輅是時大發徒衆南巡校獵盛自矜大故致旱災

後廢帝元徽元年八月京都旱

詩妖

魏明帝太和中京師歌兜鈴曹子其唱曰其奈汝曹何此詩妖也其後曹爽見誅曹氏遂廢

魏明帝景初中童謠曰阿公阿公駕馬車不競阿公東渡河阿公東還當奈何及宣王平遼東歸至白屋當還鎮長安會帝疾篤急召之乃乘追鋒車東渡河終翦魏室如童謠之言也

魏齊王嘉平中有謠曰白馬素羈西南馳其誰乘者朱虎騎朱虎者楚王彪小字也王淩令狐愚聞此謠謀立彪事發淩等伏誅彪賜死

吳孫亮初童謠曰吁汝恪何若若蘆葦單衣篾

鈎絡於何相求揚子閣揚子閣者反語石子堈也鈎落鈎帶也及諸葛恪死果以葦席裹身篾束其要投之石子堈後聽恪故吏收斂求之此堈云

孫亮初公安有白鼉鳴童謠曰白鼉鳴龜背平南郡城中可長生守死不去義無成南郡城可長生者有急易以逃也明年諸葛恪敗弟融鎮公安亦見襲融刮金印龜服之而死鼉有鱗介甲兵之象又曰白祥也

孫休永安二年將守質子羣聚嬉戲有異小子忽來言曰三公鋤司馬如又曰我非人熒惑星也言畢上升仰視若曳一匹練有頃沒干寶曰後四年而蜀亡六年而魏廢二十一年而吳平於是九服歸晉魏與吳蜀並爲戰國三公鋤司馬如之謂也

孫皓初童謠曰寧飲建業水不食武昌魚寧還建業死不止武昌居皓尋遷都武昌民泝流供給咸怨毒焉

孫皓遣使者祭石印山下妖祠使者因以丹書巖曰楚九州渚吳九州都揚州士作天子四世治太平矣皓聞之意益張曰從大皇帝至朕四世太平之主非朕復誰恣虐踰甚尋以降亡近詩妖也

孫皓天紀中童謠曰阿童復阿童銜刀游渡江不畏岸上虎但畏水中龍晉武帝聞之加王濬龍驤將軍及征吳江西衆無過者而王濬先定秣陵

晉武帝太康後江南童謠曰局縮肉數橫目中國當敗吳當復又曰宮門柱且莫朽吳當復在三十年後又曰雞鳴不拊翼吳復不用力于時吳人皆謂在孫氏子孫故竊發亂者相繼按橫目者四字自吳亡至晉元帝興幾四十年皆如童謠之言元帝懦而少斷局縮肉直斥之也干寶云不知所斥諱之也

太康末京洛始爲折楊柳之歌其曲始有兵革苦辛之詞終以禽獲斬截之事是時三楊貴盛

而族滅太后廢黜而幽死
晉惠帝永熙中河内温縣有人如狂造書曰光
光文長大戟爲牆毒藥雖行戟還自傷又曰兩
火沒地哀哉秋蘭歸形街郵路人爲歎及楊駿
居内府以戟爲衛死時又爲戟所害楊太后被
廢賈后絶其膳八日而崩葬街郵亭北百姓哀
之兩火武帝諱蘭楊后字也
永熙中童謡曰二月末三月初荆筆楊版行詔
書宮中大馬幾作驢楊駿初專權楚王尋用事

故言荆筆楊版也二人不誅則君臣禮悖故云
幾作驢
晉惠帝元康中京洛童謡曰南風起吹白沙遥
望魯國何嵯峩千歲髑髏生齒牙又曰城東馬
子莫嚨哅比至三月纏汝髮南風賈后字也白
晉行也沙門太子小名也魯賈謐國也言賈后
將與謐爲亂以危太子而趙王因釁咀嚼豪賢
以成篡奪也是時愍懷頽失衆望卒以廢黜不
得其死

元康中天下商農通著大鄣日童謡曰屠蘇鄣
日覆兩耳當見瞎兒作天子及趙王篡位其目
實眇焉趙王倫既篡洛中童謡曰虎從北來鼻
頭汗龍從南來登城看水從西來何灌灌數月
而齊王成都河間義兵同會誅倫按成都西藩
而在鄴故曰虎從北來齊東藩而在許故曰龍
從南來河間水區而在關中故曰水從西來齊
留輔政居宮西有無君之心故言登城看也
晉惠帝太安中童謡曰五馬游度江一馬化爲

龍後中原大亂宗蕃多絶唯琅邪汝南西陽南
頓彭城同至江表而元帝嗣晉矣
司馬越還洛有童謡曰洛中大鼠長尺二若不
蚤去大狗至及苟希將破汲桑又謡曰元超兄
弟大落度上桑打椹爲苟作由是越惡希奪其
兗州隙難遂構
晉愍帝建興中江南歌謡曰訇如白阬破合集
持作甒揚州破換敗吳興覆瓿甊按白者晉行
阬器有口屬瓮瓦質剛亦金之類也訇如白阬

破者言一都傾覆王室大壞也合集推作毱者
言元皇帝鳩集遺餘以主社稷未能克復中原
偏王江南故其喻小也及石頭之事六軍大潰
兵人抄掠京邑爰及二宮其後三年錢鳳復攻
京邑阻水而守相持月餘日焚燒城邑井堙木
刋矣鳳等敗退沈充將其黨還吴興官軍踵之
蹹籍郡縣充父子授首黨與誅者以百數所謂
揚州破換敗吴興覆瓿甊瓿甊瓦器又小於毱也
晉明帝太寧初童謡歌曰惻力惻力放馬山側

大馬死小馬餓高山崩石自破及明帝崩成帝
幼爲蘇峻所逼遷于石頭御膳不足高山崩言
峻尋死石峻弟蘇石也峻死後石據石頭尋爲
諸公所破也
晉成帝之末民間謡曰磕磕何隆隆駕車入梓
宫少日而宫車晏駕
晉成帝咸康二年十二月河北謡語曰麥入土
殺石虎後如謡言
庾亮初出鎮武昌出石頭百姓於岸上歌曰庾
公上武昌翩翩如飛鳥庾公還揚州白馬牽旐
旐又曰庾公初上時翩翩如飛鳥庾公還揚州
白馬牽流蘇後連徵不入及薨還都葬
庾義在吴郡吴中童謡曰寧食下湖荇不食上
湖蓴庾吴没命喪復殺王領軍無幾而庾義王
洽相繼亡
晉穆帝升平中童子輩忽歌於道曰阿子聞曲
終輒云阿子汝聞不無幾而穆帝崩太后哭曰
阿子汝聞不

升平末民間忽作廉歌有扈謙者聞之曰廉者
臨也歌云白門廉宫廷廉内外悉臨國家其大
諱乎少時而穆帝晏駕
晉哀帝隆和初童兒歌曰升平不滿斗隆和那
得久桓公入石頭陛下徒跣走帝聞而惡之復
改年曰興寧民復歌曰雖復改興寧亦復無
聊生哀帝尋崩升平五年穆帝崩不滿斗不
至十年也
晉海西公太和中民歌曰青青御路楊白馬紫

游轜涉非皇太子那得甘露漿白者金行馬者國族紫為奪正之色明以紫間朱也海西公尋廢三子非海西子並死縊以馬轜死之明日南方獻甘露

太和末童謠云犁牛耕御路白門種小麥及海西被廢處吳民犁耕其門前以種小麥如謠言

晉海西公生皇子百姓歌云鳳皇生一雛天下莫不喜本言是馬駒今定成龍子其歌甚美其旨甚微海西公不男使左右向龍與內侍接生

子以為己子

桓石民為荆州鎮上明民忽歌曰黃曇子曲終又曰黃曇英揚州大佛來上明頃之而石民死王忱為荆州黃曇子乃是王忱之字也忱小字佛大是大佛來上明也

太元末京口謠曰黃雌雞莫作雄父啼一旦去毛衣衣被拉颯棲尋王恭起兵誅王國寶旋為劉牢之所敗也

司馬道子於東府造土山名曰靈秀山無幾而孫恩作亂再踐會稽會稽道子所封靈秀恩之字也

庾楷鎮歷陽民歌曰重羅犁重羅犁使君南上無還時後楷南奔桓玄為玄所誅

殷仲堪在荆州童謠曰芒籠目繩縛腹殷當敗桓當復無幾而仲堪敗桓玄有荆州

王恭鎮京口舉兵誅王國寶百姓謠云昔年食白飯今年食麥麩天公誅謫汝教汝捻嚨喉嚨喉喝復喝京口敗復敗昔年食白飯言得志也

今年食麥麩麩麤穢其精已去明將敗也天公將加譴謫而誅之也捻嚨喉氣不通死之祥也敗復敗丁寧之辭也恭尋死京都大行咳疾而喉並喝焉

王恭在京口民間忽云黃頭小人欲作賊阿公在城下指縛得又云黃頭小人欲作亂賴得金刀作蕃扞蕃公字上恭字頭也小人恭字下也尋如謠者言焉

晉安帝隆安中民忽作懊惱歌其曲中有草生

可擥結女兒可擥抱之言桓玄既篡居天位義旗以三月二日埽定京都玄之宮女及逆黨之家子女伎妾悉爲軍賞東及甌越北流淮泗皆人有所獲焉時則草可結事則女可抱信矣

桓玄既篡童謡曰草生及馬腹烏啄桓玄目及玄敗走至江陵五月中誅如其期焉桓玄時民謡語云征鐘落地桓迸走征鐘至穢之服桓四體之下稱玄自下居上猶征鐘之厠歌謡下體之詠民口也而云落地墜地之祥迸走之言其驗明矣

司馬元顯時民謡詩云當有十一口當爲兵所傷木亘當北度走入浩浩鄉又云金刀既以刻娓娓金城中此詩云襄陽道人竺曇林所作多所道行於世孟顗釋之曰十一口者玄字象也木亘桓也桓氏當悉走入關洛故云浩浩鄉也金刀劉也倡義諸公皆多姓劉娓娓美盛皃也

桓玄得志童謡曰長干巷巷長干今年殺郎君明年斬諸桓及玄走而諸桓悉誅焉郎君司馬元顯也

元顯也

晉安帝義熙初童謡曰官家養蘆化成荻蘆生不止自成積其時官養盧龍寵以金紫奉以名州養之已極而不能懷我好音舉兵内伐遂成讎敵也蘆生不止自成積及盧龍作亂時人追思童謡惡其有成積之言識者曰芟夷蘊崇之又行火焉是草之窮也伐斫以成積又以爲薪亦蘆荻之終也其盛既極亦將芟夷而爲積焉龍既窮其兵勢盛其舟艦卒以滅亡僵屍如

積焉

盧龍據有廣州民間謡云蘆生漫漫竟天半後擁有上流數州之地内逼京輦應天半之言

義熙三年中小兒相逢於道輒舉其兩手曰盧健健次曰鬬嘆鬬嘆末復曰翁年老翁年老當時莫知所謂其後盧龍内逼舟艦蓋川健健之謂也既至查浦屢剋期欲與官鬬鬬嘆之應也

昔温嶠令郭景純卜己與庾亮吉凶景純云元吉嶠語亮景純每筮當是不敢盡言吾等與

國家同安危而曰元吉事有成也於是協同討
滅王敦翁年老羣公有期頤之慶知妖逆之徒
自然消殄也其時復有謠言曰盧橙橙逐水流
東風忽如起那得入石頭盧龍果敗不得入
石頭
苻堅中童謠曰阿堅連壑三十年後若欲敗時
當在江湖邊後堅敗於淝水在僞位凡三十年
苻堅中謠語云河水清復清苻詔死新城堅爲
姚萇所殺死於新城

苻堅中歌云魚羊田斗當滅秦魚羊鮮也田斗
畢也堅自号秦言滅之者鮮畢也其羣臣諫堅
令盡誅鮮畢堅不從及淮南敗還爲慕容沖所
攻亡奔姚萇身死國滅
毛蟲之孽
晉武帝太康六年南陽送兩足虎此毛蟲之孽
也識者爲其文曰武形有虧金虎失儀聖主應
天斯異何爲言兆亂也京房易傳曰足少者下
不勝任也干寶曰虎者陰精而居于陽金獸也
南陽火名也金精入火而失其形王室亂之妖
也六水數言水數既極火慝得作而金受其敗
也至元康九年始殺太子距此十四年二七十
四火始終相乘之數也自帝受命至愍懷之廢
凡三十五年
太康九年荆州獻兩足獾
太康七年十一月丙辰四角獸見于河間河間
王顒獲以獻角兵象也董仲舒以四國爲四方
之象後河間王數連四方之兵作爲亂階殆其
應也

晉懷帝永嘉五年偃鼠出延陵此毛蟲之孽也
郭景純筮之曰此郡東之縣當有妖人欲稱制
者亦尋自死矣其後吳興徐馥作亂殺太守袁
琇馥亦時滅是其應也
晉成帝咸和六年正月丁巳會州郡秀孝於樂
賢堂有麏見於前獲之孫盛曰夫秀孝天下之
彥士樂賢堂所以樂養賢也晉自喪亂以後風
教凌夷秀無策試之才孝乏四行之實麏興於

前或斯故乎
晉哀帝隆和元年十月甲申有麞入東海第百姓讙言曰主入東海第識者怪之及海西廢爲東海王先送此第
晉孝武太元十三年四月癸巳祠堂畢有兔行廟堂上兔野物也而集宗廟之堂不祥莫甚焉
宋文帝元嘉二十四年二月雍州送六足麞刺史武陵王表爲祥瑞此毛蟲之孽
宋順帝昇明元年象三頭度蔡洲暴稻穀及園野

三百十一　宋書志二十二　三十四　蔣佛老

犬禍
公孫淵家有犬冠幘絳衣上屋此犬禍也屋上元陽高危之地天戒若曰淵元陽無上僭自尊高狗而冠者也及自立爲燕王果爲魏所滅
京房易傳曰君不正臣欲篡厥妖狗出朝門
魏侍中應璩在直廬欻見一白狗問衆人無見者又踰年卒近犬禍也
諸葛恪征淮南歸將朝會犬銜引其衣恪曰犬不欲我行乎還坐有頃復起犬又銜衣乃令逐犬遂升車入而被害
晉武帝太康九年幽州有犬鼻行地三百餘步
晉惠帝元康中吳郡婁縣民家聞地中有犬聲掘視得雌雄各一還置窟中覆以磨石宿昔失所在元帝太興中吳郡府舍又得二物頭如此其後太守張茂爲吳興兵所殺案夏鼎志曰掘地得狗名曰賈尸子曰地中有犬名曰地狼同實而異名也

三百七十　宋書志二十二　三十五　徐年

晉惠帝永興元年丹陽內史朱逵家犬生三子皆無頭後爲揚州刺史曹武所殺
晉孝懷帝永嘉五年吳郡嘉興張林家狗人言云天下人餓死
晉安帝隆安初吳郡治下狗恒夜吠聚高橋上人家狗有限而吠聲甚衆或有夜出覘之者云一狗假有兩三頭皆前向亂吠無幾孫恩亂於吳會
桓玄將拜楚王已設拜席群官陪位玄未及出

有狗來便其席萬衆雖候莫不驚怪玄性猜暴竟無言者逐狗改席而已

宋武帝永初二年京邑有狗人言

文帝元嘉二十九年吳興東遷孟慧度婢蠻與狗通好如夫妻彌年

孝武孝建初顔竣爲左衛於省内聞犬子聲在地中掘焉得烏犬子養之後自死

明帝初晉安王子勛稱僞號於尋陽柴桑有狗與女人交三日不分離

明帝泰始中秣陵張僧護家犬生豕子

白眚白祥

晉武帝太康十年洛陽宮西宜秋里石生地中始高三尺如香鑪形後如偃人盤薄不可掘案劉向說此白眚也明年宮車晏駕王宮始騷卒以亂亡京房易傳曰石立如人庶人爲天下雄此近之矣

晉成帝咸康初地生毛近白眚也孫盛以爲民勞之異是後胡滅而中原尚化將相皆甘心焉於是方鎮屢革邊戍仍遷皆擁帶部曲動有万數其間征伐徵賦役無寧歲天下擾動民以疲怨

咸康三年六月地生毛

晉孝武太元二年五月京都地生毛至四年而氐賊攻襄陽圍彭城向廣陵征戍仍出兵連不解

太元十四年四月京都地生毛是時苻堅滅後經略多事

太元十七年四月地生毛

晉安帝隆安四年四月乙未地生毛或白或黑

晉安帝元興三年五月江陵地生毛是後江陵見襲交戰者數矣

晉安帝義熙三年三月地生白毛

義熙十年三月生白毛明年王旅西討司馬休之又明年北埽關洛

魏明帝青龍三年正月乙亥隕石于壽光按左氏傳隕石星也劉歆說曰庶民惟星隕

於宋者象宋襄公將得諸侯而不終也秦始皇時有隕石班固以為石陰類又白祥臣將危君是後司馬氏得政

晉武帝太康五年五月丁巳隕石于温及河陽各二

太康六年正月隕石于温三

晉成帝咸和八年五月星隕于肥鄉一

咸和九年正月隕石于涼州

呉孫亮五鳳二年五月陽羨縣離里山大石自立按京房易傳曰庶士為天子之祥也其說曰石立於山同姓平地異姓干寶以為孫晧承廢故之家得位其應也或曰孫休見立之祥也

晉惠帝元康五年十二月有石生于宜年里

晉惠帝永康元年襄陽郡上言得鳴石撞之聲聞七八里

晉惠帝太安元年丹陽湖熟縣夏架湖有大石浮二百步而登岸民驚譟相告曰石來干寶曰尋有石冰入建業

晉武帝太始八年五月蜀地雨白毛此白祥也是時益州刺史皇甫晏冒暑伐汶山胡從事何旅固諫不從牙門張弘等因衆之怨誣晏謀逆害之京房易傳曰前樂後憂厥妖天雨羽又曰邪人進賢人逃天雨毛其易妖曰天雨毛羽貴人出走三占皆應也

晉惠帝永寧元年齊王冏舉義軍軍中有小兒出於襄城繁昌縣年八歲髮體悉白頗能卜於洪範則白祥也

晉車騎大將軍東嬴王騰自并州遷鎮鄴行次眞定時久積雪而當門前方數尺獨消釋騰怪而掘之得玉馬高尺許口齒缺騰以馬者國姓上送之以為瑞然論者皆云馬而無齒則不得食妖祥之兆衰亡之徵案占此白祥也是後騰為汲桑所殺而晉室遂亡

宋文帝元嘉中徐湛之為丹楊尹夜西門內有氣如練西南指長數十丈又白光覆屋良久而轉歇乃消此白祥也

前廢帝景和元年鄧琬在尋陽種紫花皆白
眚也

木沴金

魏齊王正始末河南尹李勝治聽事有小材激墮檛受符石虎項斷之此木沴金也勝後旬日而敗

晉惠帝元康八年三月郊禖壇石中破爲二此木沴金也郊禖壇者求子之神位無故而自毀太子將危之妖也明年愍懷廢死

晉孝武帝太元十年四月謝安出鎮廣陵始發石頭金鼓無故自破此木沴金之異也天戒若曰安徒揚經略之聲終無其實鉦鼓不用之象也八月以疾還是月薨

志第二十一　宋書三十一

志第二十二　宋書三十二

五行三

臣沈約新撰

五行傳曰棄法律逐功臣殺太子以妾爲妻則火不炎上謂火失其性而爲災也又曰視之不明是謂不哲厥咎舒厥罰恆燠厥極疾時則有草妖時則有蠃蟲之孽時則有羊禍時則有目痾時則有赤眚赤祥惟水沴火蠃蟲劉歆傳以爲羽蟲

火不炎上

魏明帝太和五年五月清商殿災初帝爲平原王納河南虞氏爲妃及即位不以爲后更立典虞車工卒毛嘉女是爲悼皇后后本仄微非所宜升以妾爲妻之罰也

魏明帝青龍元年九月洛陽宮鞠室災

二年四月崇華殿災延于南閣繕復之至三年七月此殿又災帝問高堂隆此何咎也於禮寧有祈禳之義乎對曰夫災變之發皆所以明教誡也

唯率禮脩德可以勝之易傳曰上不儉下不節孽火燒其室又曰君高其臺天火爲災此人君苟飾宮室不知百姓空竭故天應之以旱火從高殿起也案舊占災火之發皆以臺榭宮室爲誡今宜罷散民役務從節約清埽所災之處不敢於此有所營造蓬蒿嘉禾必生此地以報陛下虔恭之德不從遂復崇華殿改曰九龍以郡國前後言龍見者九故以爲名多棄法度疲民逞欲以妾爲妻之應也

吳孫亮建興元年十二月武昌端門災改作端門又災內殿案春秋魯雉門及兩觀災董仲舒以爲天意欲使定公誅季氏若曰去其高顯而奢僭者也漢武帝世遼東高廟災其說又同今此與二事頗類也且門者號令所出殿者聽政之所是時諸葛恪秉政而矜慢放肆孫峻摠禁旅而險害終著武昌孫氏尊號所始天戒若曰宜除其貴要之首者恪果喪衆殄民峻授政於綝綝廢亮也或曰孫權毀徹武昌以增太初宮諸葛恪有遷都意更起門殿事非時宜故見災也京房易傳曰君不思道厥妖火燒宮

吳孫亮太平元年二月朔建業火人火之也是秋孫綝始秉政矯以亮詔殺呂據滕胤明年又輒殺朱異棄法律逐功臣之罰也

吳孫休永安五年二月白虎門北樓災六年十月石頭小城火燒西南百八十丈是時嬖人張布專擅國勢多行無禮而韋昭盛冲終斥不用兼遣蔡戰等爲使驚擾州郡致使交阯反亂是

其咎也

吳孫皓建衡二年三月大火燒萬餘家死者七百人案春秋齊火劉向以爲桓公好內聽女口妻妾數更之罰也皓制令詭暴蕩棄法度勞臣名士誅斥甚衆後宮萬餘女謁數行其中隆寵佩皇后璽者又多矣故有大火

晉武帝太康八年三月乙丑震災西閣楚王所止坊及臨商觀牕

十年四月癸丑崇賢殿災十二月庚辰含章鞠

室脩成堂前廡內坊東屋煇章殿南閣火時有上書者曰漢王氏五侯兄弟迭任今楊氏三公並在大位天變屢見竊爲陛下憂之楊珧由是乞退是時帝納馮紞之間廢張華之功聽楊駿之讒離衛瓘之寵此逐功臣之罰也明年宮車晏駕其後楚王承竊發之旨戮害二公身亦不免震災其坊又天意乎

晉惠帝元康五年閏月庚寅武庫火張華疑有亂先固守然後救災是以累代異寶王莽頭孔

子履漢高斷白蛇劒及二百萬人器械一時蕩盡是後愍懷見殺殺太子之罰也天戒若曰夫設險擊柝所以固其國儲積戎器所以戒不虞今冢嗣將傾社稷將泯禁兵無所復施皇旅又將誰衛帝后不悟終喪四海是其應也張華閻纂皆曰武庫火而氐羌反太子見廢則四海可知矣

元康八年十一月高原陵火是時賈后凶恣賈謐擅朝惡積罪稔宜見誅絕天戒若曰臣妾之不可者雖親貴莫比猶宜忍而誅之如吾燔高原陵也帝旣眊弱而張華又不納裴頠劉卞之謀故后遂與謐誣殺太子也干寶云高原陵火太子廢其應也漢武帝世高園便殿火董仲舒對與此占同

晉惠帝永康元年帝納皇后羊氏后將入宮衣中忽有火衆咸怪之太安二年后父玄之以成都之逼憂死永興元年成都遂廢后處之金墉城而殺其叔父同之是後還立立而復廢者四又詔賜死荀藩表全之雖末還在位然憂逼折

辱終古未聞此孽火之應

晉惠帝永興二年七月甲午尚書諸曹火延崇禮闥及閣道夫百揆王化之本王者棄法律之應也清河王覃入爲晉嗣不終于位又殺太子之罰也

晉孝懷帝永嘉四年十一月襄陽火死者三千餘人是時王如自號大將軍司雍二州牧衆四五萬攻略郡縣以爲己邑都督力屈嬰城自守賊遂攻逼襄陽此下陵上陽失節火災出也

晉元帝太興中王敦鎮武昌武昌火起興衆救之救於此而發於彼東西南北數十處俱應數日不絶班固所謂濫炎妄起雖興師不能救之之謂也干寶曰此臣而君行亢陽失節之災也

晉元帝永昌二年正月癸巳京都大火三月饒安東光安陵三縣火燒七千餘家死者萬五千人

晉明帝太寧元年正月京都火是時王敦威侮朝廷多行無禮内外臣下咸懷怨毒極陰生陽故有火災與董仲舒說春秋陳火同事也

晉穆帝永和五年六月震災石虎太武殿及兩廂端門光爛照天金石皆盡火月餘乃滅是年四月石虎死矣其後胡遂滅亡

晉海西太和中郗愔爲會稽六月大旱災火燒數千家延及山陰倉米數百萬斛炎烟蔽天不可撲滅

晉孝武帝寧康元年三月京都風火大起是時桓溫入朝志在陵上少主踐位人懷憂恐此與太寧火同事

晉孝武帝太元十年正月立國子學學生多頑嚚因風放火焚房百餘間是後考課不厲賞黜無章有育才之名無收賢之實書云知人則哲此不哲之罰先兆也

太元十三年十二月乙未延賢堂災丙申螽斯則百堂及客館驃騎庫皆災于時朝多弊政衰陵日兆不哲之罰皆有象類主相不悟終至亂亡云

晉安帝隆安二年三月龍舟二乘災是水沴火也

晉安帝元興元年八月庚子尚書下舍曹火

元興三年盧循攻略廣州刺史吳隱之閉城固守是年十月壬戌夜大火起時民人避寇盈滿城内隱之懼有應賊但務嚴兵不先救火由是府舍焚燒蕩盡死者萬餘人因遂散潰悉爲賊擒殆與襄陽火同占也

晉安帝義熙四年七月丁酉尚書殿中吏部曹火

義熙十一年京都所在大行火災吳界尤甚火

防甚峻猶自不絕王引時爲吳郡白日在聽事上見天上有一赤物下狀如信幡徑集路南人家屋上火即復大發弘知天爲之災不罪火主

宋文帝元嘉五年正月戊子京邑大火

元嘉七年十二月乙亥京邑火延燒大社北墻

元嘉二十九年三月壬午京邑大火風雷甚壯

後廢帝元徽三年正月己巳京邑大火

元徽三年三月戊辰京邑大火燒二岸數千家

恒燠

庶徵之恒燠劉向班固以冬亡冰及霜不殺草應之京房易傳又曰夏則暑殺人冬則物華實

吳孫亮建興元年九月桃李華孫權世政煩賦重民彫於役是時諸葛恪始輔政息校官原逋責除關梁崇寬厚此舒緩之應也一說桃李寒華爲草妖或屬華孽

魏少帝景元三年十月桃李華自高貴弒死之後晉文王深樹恩德事崇優緩此其應也

晉穆帝永和九年十二月桃李華是時簡文輔

政事多弛略舒緩之應也

宋順帝昇明元年十月於潛桃李柰結實

草妖

漢獻帝建安二十五年春正月魏武帝在洛陽將起建始殿伐濯龍樹而血出又掘徙梨根傷亦血出帝惡之遂寢疾是月崩蓋草妖又赤祥也是歲魏文帝黃初元年也

吳孫亮五鳳元年六月交阯稗草化爲稻昔三苗將亡五穀變種此草妖也其後亮廢

蜀劉禪景耀五年宮中大樹無故自折譙周憂之無所與之言乃書柱曰衆而大其之會具而授若何復言曹者衆也魏者大也衆而大天下其當會也具而授如何復有立者乎蜀果亡如周言此草妖

吳孫皓天璽元年吳郡臨平湖自漢末穢塞是時一夕忽開除無草長老相傳此湖塞天下亂此湖開天下平吳尋亡而九服爲一

吳孫皓天紀三年八月建業有鬼目菜生工黃狗

家依縁棗樹長丈餘莖廣四尺厚二分又有黄菜生工吴平家高四尺如枇杷形上圓徑一尺八寸莖廣五寸兩邊生葉緑色東觀案圖名鬼目作芝草黄菜作平慮草遂以狗爲侍芝郎平爲平慮郎皆銀印青綬干寶曰明年晉平吴王濬止舡正得平渚姓名顯然指事之徵也黄狗者吴以土運承漢故初有黄龍之瑞及其季年而有鬼目之妖託黄狗之家黄稱不改而貴賤大殊天道精微之應也

晉惠帝元康二年春巴西郡界竹生花紫色結實如麥外皮青中赤白味甘

元康九年六月庚子有桑生東宫西廂日長尺餘甲辰枯死此與殷太戊同妖太子不能悟故至廢戮也班固稱野木生朝而暴長小人將暴居大臣之位危亡國家象朝將爲墟也是後孫秀張林尋用事遂至大亂

晉惠帝永康元年四月丁巳立皇孫臧爲皇大孫五月甲子就東宫桑又生於西廂明年趙倫簒位鴆殺臧此與愍懷同妖也

永康元年四月壯武國有桑化爲柏是月張華遇害

晉孝懷帝永嘉三年冬項縣桑樹有聲如解材民謂之桑林哭案劉向說桑者喪也又爲哭聲不祥之甚是時京師虚弱胡冠交逼司馬越無衞上國之心四年冬委而南出至五年春薨于此城石勒邀其衆圍而射之王公以下至庶人死者十餘萬人又剖越棺焚其尸是敗也中原

無所請命洛京尋没桑哭之應也

永嘉六年五月無錫縣有四株茱萸樹相樛而生狀若連理先是郭景純筮延陵偃鼠遇臨之益曰後當復有妖樹生若瑞而非辛螫之木也儻有此東南數百里必有作逆者其後徐馥作亂此草妖也郭以爲木不曲直

永嘉六年七月豫章郡有樟樹久枯是月忽更榮茂與昌邑枯社復生同占懷帝不終其祚元帝由支族興之應也

晉明帝太寧元年九月會稽剡縣木生如人面是後王敦稱兵作逆禍敗無成漢哀靈之世並有此妖而人貌備具故其禍亦大今此但人面而已故其變亦輕

晉成帝咸和六年五月癸亥曲阿有柳樹倒地六載是月忽復起生咸和九年五月甲戌吳雄家有死榆樹是日因風雨起生與漢上林斷柳起生同象初康帝爲吳王于時雖改封琅邪而猶食吳郡爲邑是帝越正體饗國之象也曲阿

先亦吳地象見吳邑雄舍又天意也

晉哀帝興寧三年五月癸卯盧陵西昌縣脩明家有死栗樹是日忽起生時孝武年四歲而簡文居蕃四海宅心及得位垂統則祚隆孝武識者竊曰西昌脩明之祥帝諱實應之矣是與漢宣帝頗同象也

晉海西太和元年涼州楊樹生松天戒若曰松不改柯易葉楊者柔脆之木此永久之業將集危亡之地是後張天錫降氏

晉孝武太元十四年六月建寧銅樂縣枯木斷折忽然自立相屬京房易傳曰棄正作淫厥妖木斷自屬妃后有專木仆乃立是時治道方僻多失其正其後張夫人專寵及帝崩兆庶歸咎張氏焉

晉安帝元興三年荆江二界生竹實如麥

晉安帝義熙二年九月揚州營揚武將軍陳蓋家有苦蕒菜莖高四尺六寸廣三尺二寸此殆與吳終同象也

義熙中宮城上御道左右皆生蒺藜草妖也蒺藜有棘不可踐而行生宮牆及馳道天戒若曰人君拱嘿不能聽政雖居宸極猶若空宮雖有御道未嘗馳騁皆生蒺藜若空廢也

義熙八年太社生薰樹于壇側黨於文尚黑宋水德將王之符也

羽蟲之孽

魏文帝黃初四年五月有鵜鶘鳥集靈芝池案劉向說此羽蟲之孽又青祥也詔曰此詩人所

謂汙澤者也曹詩刺恭公遠君子近小人今豈
有賢智之士處于下位否則斯鳥胡為而至哉
其博舉天下雋德茂才獨行君子以答曹人之
刺於是楊彪管寧之徒咸見薦舉此謂覩妖
知懼者也雖然不能優容亮直而多溺偏私矣
京房易傳曰辟退有德厥妖水鳥集于國中
黄初末宮中有鷰生鷹口爪俱赤此與商紂宋
隱同象
景初元年又有鷰生鉅鷇於衛國涓桃里李
蓋家形若鷹吻似燕案劉向說此羽蟲之孽又赤
眚也高堂隆曰此魏室之大異宜防鷹揚之臣於
蕭牆之内其後晉宣王起遂有魏室
漢獻帝建安二十三年禿鶖鳥集鄴宮文昌
殿後池明年魏武王薨
魏文帝黄初三年又集雒陽芳林園池七年又
集其夏文帝崩景初末又集芳林園池前世再
至輒有大喪帝惡之其明年崩
蜀劉禪建興九年十月江陽至江州有鳥從江

南飛渡江北不能達墮水死者以千餘是時諸
葛亮連年動衆志吞中夏而終死渭南所圖不
遂又諸將分爭頗喪徒旅鳥北飛不能達墮水
死皆有其象也亮竟不能過渭又其應乎此
與漢楚國烏鬬墮泗水粗類矣
魏明帝青龍三年戴鵀巢鉅鹿人張臶博學
有高節不應袁紹高幹之命魏太祖辟亦不
至優游嘉遁門徒數百太守王肅雅敬焉時
年百餘歲謂門人曰戴鵀陽鳥而巢于門陰
此凶祥也乃援琴歌詠作詩一首旬日而卒按

占羽蟲之孽也
魏明帝景初元年陵霄闕始構有鵲巢其上
鵲體白黑雜色此羽蟲之孽又白黑祥也帝以
問高堂隆對曰詩云惟鵲有巢惟鳩居之今
興起宮室而鵲來巢此宮室未成身不得居
之之象天意若曰宮室未成將有他姓制御之不
可不深慮於是帝改容動色
吳孫權赤烏十二年四月有兩烏銜鵲墮東館

權使領丞相朱據燎鵲以祭案劉歆說此羽
蟲之孽又黑祥也視不明聽不聰之罰也是時
權意溢德衰信讒好殺二子將危將相俱殆
覩妖不悟加之以燎昧道之甚者也明年太子和
廢魯王霸賜死朱據左遷陸議憂卒是其應
也東館典教之府鵲巢東館又天意乎
吳孫權太元二年正月封前太子和爲南陽王
遣之長沙有鵲巢其帆檣和故宮僚聞之皆憂
慘以爲檣末傾危非久安之象是後果不得其死

吳孫亮建興二年十一月大鳥五見于春申吳人
以爲鳳皇明年改元爲五鳳漢桓帝時有五色
大鳥司馬彪云政治衰缺無以致鳳乃羽蟲孽耳
孫亮未有德政孫峻驕暴方甚此與桓帝同
事也案瑞應圖大鳥似鳳而爲孽者非一疑皆
是也
吳孫皓建衡三年西苑言鳳皇集以之改元義
同於亮
晉武帝泰始四年八月翟雉飛上閶闔門趙倫

既篡洛陽得異鳥莫能名倫使人持出周旋城
邑匝以問人積日宮西有小兒見之逆自言曰
服留鳥翳持者即還白倫倫使更求小兒至又
見之將入宮密籠鳥閉兒戶中明日視悉不見
此羽蟲之孽又妖之甚者也
趙倫篡位有鶉入太極殿雉集東堂按太極東
堂皆朝享聽政之所而鶉雉同日集之者天意
若曰不當居此位也詩云鶉之彊彊鵲之奔奔
人之無良我以爲君其此之謂乎昔殷宗感雉

雊懼而脩德倫覩二物曾不知戒故至滅亡也
晉孝懷帝永嘉元年二月洛陽東北步廣里地
陷有鵝出蒼色者飛翔沖天白者止焉此羽蟲
之孽又黑白祥也董養曰步廣周之狄泉盟會
地也白者金色蒼爲胡象其可盡言乎是後劉
淵石勒相繼擾華懷愍二帝淪滅非所
晉孝懷帝世周玘家有鵝在籠中而頭斷籠外
玘亡後家誅
晉明帝太寧三年八月庚戌有鳥二蒼黑色翼

廣一丈四尺其一集司徒府射而殺之其一集市北家人舍亦獲焉此羽蟲之孽又黑祥也閏月戊子帝崩後有蘇峻祖約之亂

晉成帝咸和二年正月有五鶌鳥集殿庭此又白祥也是時庾亮苟違衆謀將召蘇峻有言不從之咎故白祥先見也三年二月峻果作亂宮室焚毀化爲汙萊其應也

晉成帝咸康八年七月白鷺集殿屋是時康帝始即位此不永之祥也後涉再朞而帝崩劉向

曰野鳥入處宮室將空張瓘在涼州正朝放隼雀諸鳥出手便死左右放者悉飛去

晉孝武帝太元十六年正月鵲巢太極東頭鴟尾又巢國子學堂西頭十八年東宮始成十九年正月鵲又巢其西門此殆與魏景初同占學堂風教所聚西門金行之祥也

晉安帝義熙三年龍驤將軍朱猗戍壽陽婢炊飯忽有羣鳥集竈競來啄噉婢驅逐不去有獵狗咋殺烏鵲餘者因共啄狗即死又噉肉唯餘

骨存五年六月猶死

宋武帝永初三年臨軒拜徐羨之爲司徒百僚陪位有二野鸛集太極鴟尾鳴呼

少帝景平二年春鸛巢太廟西鴟尾驅去復還

文帝元嘉二年春有江鷗鳥數百集太極殿前小階內明年誅徐羨之等

羊禍

晉成帝咸和二年五月司徒王導廐羊生無後足此羊禍也京房易傳曰足少者下不勝任也明年蘇峻入京都導與成帝俱幽石頭僅乃免身是其應也

宋孝武帝大明七年東平郡獻三角羊羊禍也

赤眚赤祥

公孫淵時襄平北市生肉長圍各數尺有頭目口喙無手足而動搖此赤眚也占曰有形不成有體無聲其國滅亡淵尋爲魏所誅

吳戍將鄧嘉殺豬祠神治畢縣之忽見一人頭往食肉嘉引弓射中之咋咋作聲繞屋三日近

赤祥也後人白嘉謀比叛闔門被誅京房易妖曰山見葆江于邑邑有兵狀如人頭赤色臭諸葛恪將見誅盥洗水血臭侍者授衣衣亦臭此近赤祥也

晉武帝太康七年十一月河陰有赤雪二頃此赤祥也後涉四載而帝崩王宮遂亂

晉惠帝元康五年三月吕縣有流血東西百餘步此赤祥也元康末窮凶極亂僵尸流血之應也干寶以爲後八載而封雲亂徐州殺傷數萬

人是其應也

晉惠帝永康元年三月尉氏雨血夫政刑舒緩則有常燠赤祥之妖此歲正月送愍懷太子幽于許宮天戒若曰不宜緩恣姦人將使太子冤死惠帝愚眊不悟是月愍懷遂斃於是王室釁成禍流天下淖齒殺齊閔王日天雨血沾衣天以告也此之謂乎京房易傳曰歸獄不解茲謂追非厥咎天雨血茲謂不親民有怨心不出三年無其宗人又曰佞人祿功臣戮天雨血

晉愍帝建興四年十二月丙寅丞相府斬督運令史淳于伯血逆流上柱二丈三尺此赤祥也是時後將軍褚裒鎮廣陵丞相揚聲北伐伯以督運稽留及役使臧罪依征軍法戮之其息訢稱伯督運事訖無所稽乏受賕役使罪不及死兵家之勢先聲後實實是屯戍非爲征軍自四年以來運漕稽停皆不以軍興法論僚佐莫之理及有此變司直彈劾衆官元帝又無所問於是頻旱三年干寶以爲冤氣之應也郭景純曰

血者水類同屬於坎坎爲法家水平潤下不宜逆流此政有咎失之徵也

志第二十二　宋書三十二

志第二十三　宋書三十三

五行四　臣沈約新撰

五行傳曰簡宗廟不禱祠廢祭祀逆天時則水不潤下謂水失其性而爲災也又曰聽之不聰是謂不謀厥罰恒寒厥極貧時則有鼓妖時則有豕禍時則有魚孽時則有耳痾時則有黑眚黑祥惟火沴水魚孽劉歆傳以爲介蟲之孽謂蝗屬也

水不潤下

魏文帝黃初四年六月大雨霖伊洛溢至津陽城門漂數千家流殺人初帝卽位自鄴遷洛營造宮室而不起宗廟太祖神主猶在鄴嘗於建始殿饗祭如家人之禮終黃初不復還鄴而貞丘方澤南北郊社稷等神位未有定所此簡宗廟廢祭祀之罰也京房易傳曰顓事者加誅罰絕理厥災水其水也雨殺人已隕霜大風天黃饑而不損茲謂泰厥大水水殺人避遏有德茲謂狂厥水水流殺人也已水則地生蟲歸獄不解茲謂追非厥水寒殺人追誅不解茲謂不理厥水五穀不收大敗不解茲謂皆陰厥水流入國邑隕霜殺穀

吳孫權赤烏八年夏茶陵縣鴻水溢出流漂二百餘家十三年秋丹楊故鄣等縣又鴻水溢案權稱帝三十年竟不於建業創七廟但有父堅一廟遠在長沙而郊禋禮闕嘉禾初羣臣奏宜郊祀又弗許末年雖一南郊而北郊遂無聞焉

且三江五湖衡霍會稽皆吳楚之望亦不見秩反禮羅陽妖神以求福助天意若曰權簡宗廟不禱祠廢祭祀示此罰欲其感悟也

太元元年又有大風涌水之異是冬權南郊疑是鑒咎徵乎還而寢疾明年四月薨一曰權時信納譖訴雖陸議勳重子和儲貳猶不得其終與漢安帝聽讒免楊震廢太子同事也且赤烏中無年不用兵百姓愁怨八年秋將軍馬茂等又圖逆云

魏明帝景初元年九月淫雨過常冀兗徐豫四州水出沒溺殺人漂失財産帝自初卽位便淫奢極欲多占幼女或奪士妻崇飾宮室妨害農戰觸情恣欲至是彌甚號令逆時饑不損役此水不潤下之應也

吳孫亮五鳳元年夏大水亮卽位四年乃立權廟又終吳世不上祖宗之號不脩嚴父之禮昭穆之數有闕亮及休皓又並廢二郊不秩羣神此簡宗廟不祭祀之罰也又是時孫峻專政陰

勝陽之應乎

吳孫休永安四年五月大雨水泉涌溢昔歲作浦里塘功費無數而田不可成士卒死叛或自賊殺百姓愁怨陰氣盛也休又專任張布退盛沖等吳人賊之之應也

吳孫休永安五年八月壬午大雨震電水泉涌溢

晉武帝太始四年九月青徐兗豫四州大水七年六月大雨霖河洛伊沁皆溢殺二百餘人帝卽尊位不加三后祖宗之號太始二年又除明堂南郊五帝坐同稱昊天上帝一位而已又省先后配地之禮此簡宗廟廢祭祀之罰與漢成帝同事一日昔歲及此年藥蘭泥白虎文秦涼殺刺史胡烈牽弘遣田璋討泥又司馬望以大衆次淮北禦孫皓內外兵役西州饑亂百姓愁怨陰氣盛也咸寧初始上祖宗號太哭初還復五帝位

晉武帝咸寧元年九月徐州水二年七月癸亥河南魏郡暴水殺百餘人八月荊州郡國五大

水去年采擇良家子女露面入殿帝親簡閱務在姿色不訪德行有蔽匿者以不敬論搢紳愁怨天下非之陰盛之應也

咸寧三年六月益梁二州郡國八暴水殺三百餘人七月荊州大水九月始平郡大水十月青徐兗豫荊益梁七州又水是時賈充等用事日盛而正人疏外者多

咸寧四年七月司冀兗豫荊揚郡國二十大水

晉武帝太康二年六月泰山江夏大水泰山流

三百家殺六千餘人江夏亦殺人是時平吳後王濬爲元功而詆劾妄加荀賈爲無謀而並蒙重賞收吳姬五千納之後宫此其應也

太康四年七月司豫徐兖荆揚郡國二十大水傷秋稼壞屋室有死者

太康六年三月青凉幽冀郡國十五大水

太康七年九月西方安定等郡國八大水

太康八年六月郡國八大水

晉惠帝元康二年有水災

元康五年五月潁川淮南大水六月城陽東莞大水殺人荆揚徐兖豫五州又大水是時帝即位已五載猶未郊祀烝嘗亦多不身親近簡宗廟廢祭祀之罰也班固曰王者即位必郊祀天地望秩山川若乃不敬鬼神政令違逆則霧水暴至百川逆溢壞鄉邑溺人民水不潤下也

元康六年五月荆揚二州大水按董仲舒說水者陰氣盛也是時賈后亂朝寵樹賈郭女主專政之應也

元康八年五月金墉城井水溢漢成帝時有此妖班固以爲王莽之象及趙倫簒位即此應也倫廢帝於此城井溢所在又天意乎

元康八年九月荆揚徐兖冀五州大水是時賈后暴戾滋甚韓謐驕猜彌扇卒害太子旋亦禍滅

元康九年四月宫中井水沸溢

晉惠帝永寧元年七月南陽東海大水是時齊王冏秉政專恣陰盛之應

晉惠帝大安元年七月兖豫徐冀四州水時將相力政無尊主心

晉孝懷帝永嘉四年四月江東大水是時王導等潛懷翼戴之計陰氣盛也

晉元帝大興三年六月大水是時王敦內懷不臣傲佷作威後終夷滅

大興四年七月大水明年有石頭之敗

晉元帝永昌二年五月荆州及丹揚宣城吳興壽春大水

晉明帝太寧元年五月丹陽宣城吳興壽陽大水是時王敦疾害忠良威權震主尋亦誅滅

晉成帝咸和元年五月大水是時嗣主幼沖母后稱制庾亮以元舅民望決事禁中陰勝陽也

咸和二年五月戊子京都大水是冬蘇峻稱兵都邑塗炭

咸和四年七月丹楊宣城吳興會稽大水是冬郭默作亂荆豫共討之半歲乃定

咸和七年五月大水是時帝未親務政在大臣

陰勝陽也

晉成帝咸康元年八月長沙武陵大水是年三月石虎掠騎至歷陽四月圍襄陽於是加王導大司馬集徒旅又使趙胤路永劉允之陳光五將軍各帥衆戍衛百姓愁怨陰氣盛也

晉穆帝永和四年五月大水是時幼主沖弱母后臨朝又將相大臣各爭權政與咸和初同事也

永和五年五月大水

永和六年五月大水

永和七年七月甲辰夜濤水入石頭死者數百人去年殷浩以私忿廢蔡謨遐邇非之又幼主在上而殷桓交惡選徒聚甲各崇私權陰勝陽之應也一說濤入石頭江右以爲兵占是後殷浩桓溫謝尚荀羨連年征伐

晉穆帝升平二年五月大水是時桓溫權制朝廷征伐是專

升平五年四月大水

晉海西太和六年六月京都大水平地數尺浸

及太廟朱雀大航纜斷三艘流入大江丹楊晉陵吳國吳興臨海五郡又大水稻稼蕩沒黎庶饑饉初四年桓溫北伐敗績十喪其九五年又征淮南踰歲乃克百姓愁怨之應也

晉簡文帝咸安元年十二月壬午濤水入石頭明年妖賊盧悚率其屬數百人入殿略取武庫三庫甲仗游擊將軍毛安之討滅之

晉孝武帝太元三年六月大水是時孝武幼弱政在將相

太元五年大水去年氐賊攻没襄陽又向廣陵於是遁徙江淮民悉令南渡三州失業道殣相望謝玄雖破俱難等自後征戍不已百姓愁怨之應也

太元六年六月荆江揚三州大水

太元十年夏大水初八年破符堅自後有事中州役無已歲兵民愁怨之應也

太元十三年十二月濤水入石頭明年丁零鮮卑寇擾司兖鎮戍西北疲於奔命

太元十五年七月兖州大水是時緣河紛爭征戍勤悴

太元十七年六月甲寅濤水入石頭毁大航漂船舫有死者京口西浦亦濤入殺人永嘉郡潮水涌起近海四縣人民多死後四年帝崩而王恭再攻京師京師亦發大衆以禦之

太元十九年七月荆州彭城大水傷稼

太元二十一年五月癸卯大水是時政事多弊兆庶非之

太元二十年荆州彭城大水

晋安帝隆安三年五月荆州大水去年殷仲堪舉兵向京都是年春又殺郗恢陰盛作威之應也仲堪尋亦敗亡

隆安五年五月大水是時司馬元顯作威陵上又桓玄擅西夏孫恩亂東國陰勝陽之應也

晋安帝元興二年十二月桓玄簒位其明年二月庚寅夜濤水入石頭是時貢使商旅方舟萬計漂敗流斷骸胔相望江右雖有濤變未有若

斯之甚三月義軍克京都玄敗走遂夷滅

元興三年二月己丑朔夜濤水入石頭漂没殺人大航流敗

晋安帝義熙元年十二月己未濤水入石頭

義熙二年十二月己未夜濤水入石頭明年駱球父環潛結桓胤殷仲文等謀作亂劉稚亦謀反凡所誅滅數十家

義熙三年五月丙午大水

義熙四年十二月戊寅濤水入石頭明年王旅北

討鮮卑
義熙六年五月丁巳大水乙丑盧循至蔡洲
義熙八年六月大水
義熙九年五月辛巳大水
義熙十年五月丁丑大水戊寅西明門地穿涌水
出毀門扉及限七月乙丑淮北災風大水殺人
義熙十一年七月丙戌大水淹漬太廟百官赴救
明年王旅北討關河
宋文帝元嘉五年六月京邑大水七年右將軍到

彥之率師入河
元嘉十一年五月京邑大水十三年司空檀道
濟誅
元嘉十二年六月丹陽淮南吳吳興義興五郡
大水京邑乘船
元嘉十八年五月江水汎溢沒居民害苗稼明
年右軍將軍裴方明率雍梁之衆伐仇池
元嘉十九年二十年東都諸郡大水
元嘉二十九年五月京邑大水

孝武帝孝建元年八月會稽大水平地八尺後
二年虜寇青冀州遣羽林軍卒討伐
孝武帝大明元年五月吳興義興大水
大明四年八月雍州大水
大明四年南徐南兗州大水
後廢帝元徽元年六月壽陽大水
順帝昇明元年七月雍州大水甚於關羽樊城時
昇明二年二月於潛翼異山一夕五十二處水出流
漂居民七月丙午朔濤水入石頭居民皆漂沒

恒寒
庶徵之恒寒劉歆以爲大雨雪及未當雨雪而
雨雪及大雨雹隕霜殺菽草皆常寒之罰也京
房易傳曰有德遭險茲謂逆命厥異寒誅罰過
深當燠而寒盡六日亦爲雹害正不誅茲謂養
賊寒七十二日殺飛禽道人始去茲謂傷其寒
物無霜而死涌水出戰不量敵茲謂辱命其寒
雖雨物不茂
吳孫權嘉禾三年九月朔隕霜傷穀按劉向

訛誅罰不由君出在臣下之象也是時校事呂壹專作威福與漢元帝時石顯用事隕霜同應班固書九月二日陳壽言朔皆明未可以傷穀也壹後亦伏誅京房易傳曰興兵妄誅茲謂亡法厥災霜夏殺五穀冬殺麥誅不原情茲謂不仁其霜夏先大雷風冬先雨乃隕霜有芒角賢聖遭害其霜附木不下地佞人依刑茲謂私賊其霜在草根土隙間不教而誅茲謂虐其霜反在草下

嘉禾四年七月雨雹又隕霜案劉向說雹者陰脅陽是時呂壹作威用事詆毀重臣排陷無辜自太子登以下咸患毒之而壹反獲封侯寵異與春秋公子遂專任雨雹同應也漢安帝信讒多殺無辜亦雨雹董仲舒曰凡雹皆為有所脅行專壹之政故也

吳孫權赤烏四年正月大雪平地深三尺鳥獸死者太半是年夏全琮等四將軍攻略淮南襄陽戰死者千餘人其後權以讒邪數責讓陸議議憤恚致卒與漢景武大雪同事也

赤烏十一年四月雨雹是時權聽讒將危太子其後朱據屈晃以迕意黜辱陳象以忠諫族誅而太子終廢此有德遭險誅罰過深之應也

晉武帝太始六年冬大雪

太始七年十二月大雪明年有步闡楊肇之敗死傷甚衆

太始九年四月辛未隕霜是時賈充親黨比周用事與魯定公漢元帝時隕霜同應也

晉武帝咸寧三年八月平原安平上黨泰郡霜害三豆

咸寧三年八月河間暴風寒冰郡國五隕霜傷穀是後大舉征兵馬隆又帥精勇討涼州

咸寧五年五月丁亥鉅鹿魏郡雨雹傷禾麥辛卯雁門雨雹傷秋稼

咸寧五年六月庚戌汲郡廣平陳留滎陽雨雹丙辰又雨雹損傷秋麥千三百餘頃壞屋百三十餘間癸亥安定雨雹七月丙申魏郡又雨雹

閏月壬子新興又雨雹八月庚子河東弘農又雨雹兼傷秋稼三豆

晉武帝太康元年三月河東高平霜雹傷桑麥四月河南河内河東魏郡弘農雨雹傷麥豆五月東平平陽上黨雁門濟南雨雹傷禾麥三豆

太康元年四月庚午畿内縣二及東平范陽縣雨雹癸酉畿内縣五又雨雹是時王濬有大功而權戚互加陷抑帝從容不斷陰脅陽之應也

太康二年二月辛酉隕霜于濟南琅邪傷麥壬申琅邪雨雪傷麥三月甲午河東隕霜害桑

太康二年五月丙戌城陽章武琅邪庚寅河東樂安東平濟陰弘農濮陽齊國頓丘魏郡河内汲郡上黨雨雹傷禾稼

太康二年六月郡國十六雨雹

太康三年十二月大雪

太康五年七月乙卯中山東平雨雹傷秋稼

太康五年七月甲辰中山雨雹九月南安大雪折木

太康六年二月東海霜傷桑麥

太康六年三月戊辰齊郡臨菑長廣不其等四縣樂安梁鄒等八縣琅邪臨沂等八縣河間易城等六縣高陽北新城等四縣隕霜傷桑麥

太康六年六月滎陽汲郡雁門雨雹

太康八年四月齊國天水二郡隕霜十二月大雪

太康九年正月京都大風雨雹發屋拔木四月隴西隕霜

太康十年四月郡國八隕霜

晉惠帝元康二年八月沛及湯陰雨雹

元康三年四月滎陽雨雹弘農湖華陰又雨雹深三尺是時賈后凶淫專恣與春秋魯桓夫人同事陰氣盛也

元康五年六月東海雨雹深五寸十二月丹楊雨雹

元康五年十二月楊建大

元康六年三月東海隕霜殺桑麥

元康七年五月魯國雨雹七月秦雍二州隕霜

殺稼

元康九年三月旬有八日河南滎陽潁川隕霜傷禾五月雨雹是時賈后凶躁滋甚是冬遂廢愍懷

晉惠帝永寧元年七月襄城雨雹是時齊王冏專政十月襄城河南高平平陽風雹折木傷稼

晉惠帝光熙元年閏八月甲申朔霰雪劉向曰盛陽雨水湯熱陰氣脅之則轉而爲雹盛陰雨雪凝滯陽氣薄之則散而爲霰今雪非其時此聽不聰之應也

晉孝懷帝永嘉元年十二月冬雪平地三尺

永嘉七年十月庚午大雪

晉愍帝建興元年十一月戊午會稽大雨震雹己巳夜赤氣曜於西北是夕大雨震電庚午大雪案劉向說雷以二月出八月入此月雷電者陽不閉藏也既發泄而明日便大雪皆失節之異也是時劉載僭號平陽李雄稱制於蜀九州幅裂西京孤微爲君失時之象

晉元帝太興二年三月丁未成都風雹殺人

太興三年三月海鹽郡雨雹是時王敦陵上

晉元帝永昌二年十二月幽冀并三州大雪

晉明帝太寧元年十二月幽冀并州大雪

太寧二年四月庚子京都大雨雹燕雀死

太寧三年三月丁丑雨雹癸巳隕霜四月大雨雹是年帝崩尋有蘇峻之亂

晉成帝咸和六年三月癸未雨雹是時帝幼弱政在大臣

咸和九年八月成都雪其日李雄死

晉成帝咸康二年正月丁巳皇后見于太廟其夕雨雹

晉康帝建元元年八月大雪是時政在將相陰氣盛也與春秋魯昭公時季孫宿專政同事劉向曰凡雨陰也雪又雨之陰也出非其時迫近象也

晉穆帝永和三年八月冀方大雪人馬多凍死

永和五年六月臨漳暴震電雨雹大如升

永和十年五月涼州雪明年八月枹罕護軍張瓘帥宗混等攻滅張祚更立張曜第玄靚京房易傳曰夏雪戒臣爲亂

永和十一年四月壬申朔雪十二月戊午靁己未靁是時帝幼母后稱制政在大臣

晉穆帝升平二年正月大雪

晉孝武帝太元二年四月己酉雨雹十二月大雪是時帝幼弱政在將相

太元十二年四月己丑雨雹是時有事中州兵

役連歲

太元二十年五月癸卯上虞雨雹

太元二十一年四月丁亥雨雹是時張夫人專幸及帝暴崩兆庶尤之

太元二十一年十二月連雪二十三日是時嗣主幼沖冢宰專政

晉安帝隆安二年三月己卯雨雹是秋王恭殷仲堪入伐終皆誅

晉安帝元興二年十二月酷寒過甚是時桓玄簒位政事煩苛是其應也晉氏失在舒　女則反之劉向曰周衰無寒歲秦滅無燠年此之謂也

元興三年正月甲申霰雪又靁靁霰不應同日失節之應也二月義兵起玄敗

元興三年四月丙午江陵雨雹是時安帝蒙塵

晉安帝義熙元年四月壬申雨雹是時四方未一鉦鼓日戒

義熙五年三月己亥雪深數寸

義熙五年五月癸巳溧陽雨雹九月己丑廣陵雨雹明年盧循至蔡州

義熙五年九月己丑廣陵雨雹

義熙六年正月丙寅又雪

義熙六年五月壬申雨雪

義熙八年四月辛未朔雨雹六月癸亥雨雹大風發屋是秋誅劉蕃等

義熙十年四月辛卯雨雹

宋文帝元嘉九年春京都雨雹溧陽盱眙尤甚

傷牛馬殺禽獸
元嘉十八年三月雨雹二十五虜寇青州
元嘉二十五年正月積雪冰寒
元嘉二十九年五月盱眙雨雹大如雞卵三十年
國家禍亂兵革大起
孝武帝大明元年十二月庚寅大雪平地二尺餘
明年虜侵冀州遣羽林軍北討
明帝泰始五年四月壬辰京邑雨雹
後廢帝元徽三年五月乙卯京邑雨雹

雷震
魏明帝景初中洛陽城東橋洛水浮橋桓楹同
日三處俱震尋又震西城上候風木飛鳥時勞
役大起帝尋晏駕
吳孫權赤烏三年夏雷震宮門柱又擊南津大橋
桓楹
孫亮建興元年十二月朔大風震雹是月又雷
雨義同前說亮終廢
晉武帝太康六年十二月甲申朔淮南郡震雹

太康七年十二月己亥毗陵雷電南沙司鹽都
尉戴亮以聞
太康十年十二月癸卯廬江建安雷電大雨
晉惠帝永康元年六月癸卯震崇陽陵標西南
五百步標破為七十片是時賈后陷害鼎輔寵
樹私戚與漢桓帝時震憲陵寢同事也后終誅滅
晉惠帝永興二年十月丁丑雷電
晉懷帝永嘉四年十月震電
晉元帝永昌二年七月丙子朔雷震太極殿柱

永昌二年十一月會稽吳郡雨震電
晉明帝太寧元年七月丙子朔震太極殿柱
晉成帝咸和元年十月己巳會稽郡大雨震電
咸和三年六月辛卯臨海大雷破郡府內小屋
柱十枚殺人
咸和三年九月二日立冬會稽震電
咸和四年十二月吳郡會稽震電
咸和四年十二月丹楊震電
晉穆帝永和七年七月壬午雷雨震電

晉穆帝升平元年十一月庚戌雷乙丑又雷
升平五年十月庚午雷發東南
晉孝武帝太元五年六月甲寅雷震含章殿四柱
太元五年十二月雷聲在南方
太元十四年七月甲寅震宣陽門西柱
晉安帝隆安二年九月壬辰雨雷
晉安帝元興三年永安皇后至自巴陵將設儀
導入宮天雷震人馬各一俱殪
晉安帝義熙四年十一月辛卯朔西北疾風癸

丑雷
義熙五年六月丙寅震太廟破東鴟尾徹壁柱
義熙六年正月丙寅雷又雷
義熙六年十二月壬辰大雷
義熙九年十一月甲戌雷乙丑又雷
宋文帝元嘉四年十一月癸丑雷
元嘉五年六月丙寅震太廟破東鴟尾徹壁柱
元嘉六年正月丙寅雷且雪
元嘉七年十月丙子雷

元嘉八年十二月庚辰雷
元嘉九年十一月甲戌雷且雪
元嘉十四年震初寧陵口標四破至𣏌十七年
廢大將軍彭城王義康骨肉相害自此始也
前廢帝景和元年九月甲午雷震
明帝泰始二年九月辛巳雷震
泰始四年十月辛卯雷震
泰始四年十一月癸卯朔雷震
泰始五年十一月乙巳雷震

泰始六年十一月庚午雷
後廢帝元徽三年九月戊戌雷
元徽二年九月丁未雷
元徽三年九月戊午雷震
元徽三年十月辛未雷甲戌又雷
從帝昇明三年二月二十四日丙申震建陽門
鼓妖
晉惠帝元康九年三月有聲若牛出許昌城十
二月廢太子幽于許宮按春秋晉文公柩有聲

如牛劉向以為鼓妖其說曰聲如此怒象也將有急怒之謀以生兵甲之禍此其類也明年賈后遣黃門孫慮殺太子擊以藥杵聲聞于外

蘇峻在歷陽外營將軍鼓自鳴如人弄鼓者峻手自斫之曰我鄉土時有此則城空矣俄而作亂夷滅此聽不聰之罰鼓妖先作也

石虎末洛陽城西北九里石牛在青石趺上忽鳴喚聲聞四十里虎遣人打落兩耳及尾鐵釘釘四脚

晉孝武太元十五年三月已酉朔東北有聲如雷案劉向說以為雷當託於雲猶君託於臣無雲而雷此君不恤下下民將叛之象也及帝山陵而天下漸亂孫恩桓玄交陵京邑

吳興長城縣夏架山有石鼓長丈餘面徑三尺所下有盤石為足鳴則聲如金鼓三吳有兵晉安帝隆安中大鳴後有孫靈秀之亂

魚孽

魏齊王嘉平四年五月有二魚集于武庫屋上此魚孽也王肅曰魚生於淵而亢於屋介鱗之物失其所也邊將其殆有棄甲之變乎後果有東關之敗干寶又以為高貴公兵禍之應二說皆與班固旨同

晉武帝太康中有鯉魚二見武庫屋上干寶曰武庫兵府魚有鱗甲亦兵類也魚既極陰屋上太陽魚見屋上象至陰以兵革之禍干太陽也至惠帝初誅楊駿廢太后矢交館閣元康末賈后謗殺太子尋亦誅廢十年間母后之難再興是其應也自是禍亂構矣京房易妖曰魚去水飛入道路兵且作

蝗蟲

魏文帝黃初三年七月冀州大蝗民饑案蔡邕說蝗者在上貪苛之所致也是時孫權歸從帝因其有西陵之役舉大衆襲之權遂背叛

晉武帝太始十年六月蝗是時荀賈任政疾害公直

晉孝懷帝永嘉四年五月大蝗自幽并司冀

于秦雖草木　馬毛鬛皆盡是時天下兵亂
殲生民存亡所繫唯司馬越苟晞而已而競爲
暴刻經略無章
晉愍帝建興四年六月大蝗去歲胡寇頻攻北
地馮翊麴允等悉衆禦之是時又禦劉曜爲曜
所破西京遂潰
晉元帝太興元年六月蘭陵合鄉蝗害禾稼乙
未東莞蝗蟲縱廣三百里害苗稼
太興元年七月東海彭城下邳臨淮四郡蝗蟲

二百六十六　宋書志二十三　二七　范

害禾豆
太興元年八月冀青徐三州蝗食生草盡至于
二年是時中州淪喪暴亂滋甚
太興二年五月淮陵臨淮淮南安豐廬江諸郡
蝗食秋麥
太興三年五月癸丑徐州及揚州江西諸郡蝗
吳民多餓死去年王敦并領荆州苛暴之釁自
此興矣又是年初徐州刺史蔡豹帥衆伐周撫
晉孝武帝太元十五年八月兗州蝗是時丁零

寇兗豫鮮卑逼河南征戍不已
太元十六年五月飛蝗從南來集堂邑縣界害
苗稼是年春發取江州兵營甲士二千人家口
六七千人配護軍及東宮後尋散亡殆盡又邊
將連有征役
豕禍
吳孫皓寶鼎元年野豕入右司馬丁奉營此豕
禍也後奉見遣攻穀陽無功及皓怒斬其導軍
及舉大衆北出奉及萬彧等相謂曰若至華里

二百九十五　宋書志二十三　二八　范

不得不各自還也此謀泄奉時雖已死皓追討
穀陽事殺其子溫家屬皆遠徙豕禍之應也龔
遂曰山野之獸來入宮室宮室將空又其象也
晉孝懷帝永嘉中壽春城內有豕生兩頭而不
活周馥取而觀之時通數者竊謂曰夫豕北方
之畜胡狄象也兩頭者無上也生而死不遂也
天意若曰勿生專利之謀將自致傾覆也周馥
不悟遂欲迎天子令諸侯俄爲元帝所敗是其
應也石勒亦尋渡淮百姓死者十八九

晉武帝建武元年有豕生八足聽不聰之罰也
京房易傳曰凡妖作各象其類足多者所任邪
也是後有劉隗之變
晉成帝咸和六年六月錢塘民家豭豕生兩子
皆人面如胡人狀其身猶豕京房易妖曰豕生
人頭豕身者邑且亂亡此豭豕而產異之甚者也
晉孝武帝太元十年四月京都有豕一頭二身
八足十三年京都民家豕產子一頭二身八足
並與建武同妖也是後宰相沈酗不恤朝政近

習用事漸亂國綱至於大壞也

黑眚黑祥

晉孝懷帝永嘉五年十二月黑氣四塞近黑
祥也
宋文帝元嘉二十六年三月辛京口有黑氣暴
起占有兵明年虜南寇至瓜步飲馬于江

火沴水

晉武帝太康五年六月任城魯國池水皆赤如
血案劉向說近火沴水也聽之不聰之罰也京
房易傳曰淫於色賢人潛國家危厥異水流赤
晉穆帝升平三年二月涼州城東池中有火四
年四月姑臧澤水中又有火此火沴水之妖也
明年張天錫殺中護軍張邕邕執政臣也
晉安帝元興二年十月錢塘臨平湖水赤桓玄
諷吳郡使言開除以為己瑞俄而玄敗

志第二十三

志第二十四

五行五

五行傳曰治宮室飾臺榭内淫亂犯親戚侮父兄則稼穡不成謂土失其性而爲災也又曰思心不叡是謂不聖厥咎霿厥罰恒風厥極凶短折時則有脂夜之妖時則有華孽時則有牛禍時則有下體生上之痾時則有黄眚黄祥時則有金木水火沴土班固曰不言惟而獨曰時則有者非一衝氣所沴明其異大也華孽劉歆傳以爲嬴蟲之孽謂螟螣屬也

稼穡不成

吳孫晧時常歲無水旱苗稼豐美而實不成百姓以饑闔境皆然連歲不已吳人以爲傷露非也按劉向春秋説曰水旱當書水旱而曰大無麥禾者土氣不養稼穡不成此其義也晧初遷都武昌尋還建業又起新館綴飾珠玉壯麗過甚破壞諸宮增脩苑囿犯暑妨農官民疲怠月令季夏不可以興土功晧皆冒之此治宮室飾臺榭之罰與春秋魯莊公三築臺同應也班固曰無水旱之災而草木百穀不熟皆爲稼穡不成

晉穆帝永和十年三麥不登至關西亦然自去秋至是夏無水旱無麥者如劉向説也又俗云多苗而不實爲傷又其義也

恒風

魏齊王正始九年十一月大風數十日發屋折樹十二月戊子晦尤甚動太極東閤

魏齊王嘉平元年正月壬辰朔西北大風發屋折木昏塵蔽天按管輅説此爲時刑大風執政之憂也是時曹爽區瞀自專驕僭過度天戒數見終不改革此思心不叡恒風之罰也後踰旬而爽等滅京房易傳曰衆逆同志至德乃潜厥異風其風也行不解物不長雨小而傷政悖德隱茲謂亂厥風先風不雨大風暴起發屋折木守義不進茲謂眊厥風與雲俱起折五穀莖臣易上政茲謂不順厥風大飈發屋賦斂不理茲

謂禍厥風絶經紀止即温温即蟲蝝尊封茲謂不統厥風疾而樹不摇穀不成辟不思道利茲謂無澤厥風不摇木旱無雲傷禾公常於利茲謂亂厥風微而温生蟲蝗害五穀棄正作淫茲謂惑厥風温螟蟲起害有益人之物侯不朝茲謂叛厥風無恒地變赤雨殺人

吳孫權太元元年八月朔大風江海涌溢平地水深八尺拔高陵樹二株石碑蹉動吳城兩門飛落按華覈對役繁賦重區䝉不䘏之罰也明年權薨

吳孫亮建興元年十二月丙申大風震電是歲魏遣大衆三道來攻諸葛恪破其東興軍二軍亦退明年恪又攻新城喪衆太半還伏誅

吳孫休永安元年十一月甲午風四轉五復蒙霧連日是時綝一門五侯權傾吳主風霧之災與漢五侯丁傅同應也十二月丁卯夜又大風發木揚沙明日綝誅

晉武帝太始五年五月辛卯朔廣平大風折木

晉武帝咸寧元年五月下邳廣陵大風壞千餘家折樹木

咸寧元年五月甲申廣陵司吾下邳大風折木

咸寧三年八月河間大風折木

晉武帝太康二年五月濟南大風折木傷麥

太康二年六月高平大風折木發壞郎閣四十餘區

太康八年六月郡國八大風

太康九年正月京都風雹發屋拔木後二年宮車晏駕

晉惠帝元康四年六月大風雨拔樹

元康五年四月庚寅夜暴風城東渠波浪七月下邳大風壞廬舍九月雁門新興太原上黨災風傷稼明年氐羌反叛大兵西討

元康九年六月飈風吹賈謐朝服飛數百丈明年謐誅

元康九年十一月甲子朔京都連大風發屋折木十二月太子廢

晉惠帝永康元年二月大風拔木三月愍懷被
害已卯喪柩發許還洛是日大風雷電幰蓋飛裂
永康元年四月張華第舍飈風折木飛繒軸六七
是月華遇害
永康元年十一月戊午朔大風從西北來折木
飛石明年正月趙王倫篡位
晉惠帝永興元年正月癸酉祠太廟災風暴起
塵沙四合其年四月倫伏辜
晉元帝永昌元年七月丙寅大風拔木屋瓦

皆飛
永昌元年八月暴風壞屋拔御道柳樹百餘株
其風縱橫無常若風自八方來者十一月宮車
晏駕
晉成帝咸康四年三月壬辰成都大風發屋折
木四月李壽襲殺李期
晉康帝建元元年七月庚申晉陵吳郡災風
晉穆帝升平元年八月丁未策立皇后何氏是
日疾風

升平五年正月戊戌朔疾風
晉海西公泰和六年二月大風迅急
晉孝武帝寧康元年三月戊申朔暴風迅起從
丑上來須臾轉從子上來飛沙揚礫
晉孝武帝太元元年二月乙丑朔暴風折木
太元元年閏三月甲子朔暴風疾雨俱至發屋
折木
太元二年六月長安大風拔苻堅宮中樹其後
堅再南伐身戮國亡

太元四年八月乙未暴風
太元十二年正月壬午夜暴風
太元十二年正月甲辰大風拔木
太元十七年六月乙未大風折木
晉安帝元興二年二月甲辰大風雨大航門屋
瓦飛落明年桓玄篡位由此門入
元興二年正月桓玄遊大航南飄風飛其輧輗
蓋三月玄敗
元興二年五月江陵大風折木是月桓玄敗於

崢嶸洲身亦屠裂
元興三年十一月丁酉大風江川多死者
晉安帝義熙四年十一月辛卯朔西北疾風起
義熙五年閏十月丁亥大風發屋明年盧循至
蔡州
義熙六年五月壬申大風拔北郊樹樹幾百年
也琅邪揚州二射堂倒壞是日盧循大艦漂沒甲
戌又風發屋折木是冬三師南討
義熙十年四月已丑朔大風拔木

義熙十年六月辛亥大風拔木明年西討司馬
休之
宋少帝景平二年正月癸亥朔旦暴風發殿庭
會翻揚數十丈五月帝廢
文帝元嘉二十六年二月庚申壽陽驟雨有回
風雲霧廣三十許步從南來至城西回散滅當
其衝者室屋樹木摧倒
元嘉二十九年三月大風拔木飛瓦
元嘉三十年正月大風拔木雨凍殺牛馬雷電

晦冥二月宮車晏駕
孝武帝大明七年風吹初寧陵隧口左標折鍾
山通天臺新成飛倒散落山澗明年閏五月帝崩
前廢帝永光元年正月乙未朔京邑大風
明帝泰始二年三月丙申京邑大風
泰始二年四月甲子京邑大風
泰始二年五月丁未京邑大風
泰始二年五月乙酉京邑大風
泰始二年九月乙巳京邑大風

後廢帝元徽二年七月甲子京邑大風
元徽三年三月丁卯京邑大風
元徽三年六月甲戌京邑大風
元徽四年十一月辛卯京邑大風
元徽五年三月庚寅京邑大風發屋折木
元徽五年六月甲寅京邑大風
夜妖
魏高貴鄉公正元二年正月戊戌大風晦暝行
者皆頓伏近夜妖也劉向曰正晝而暝陰爲陽臣

制君也時晉景王討毋丘儉是日始廢
魏元帝景元三年十月京都大震晝晦此夜妖也班固曰夜妖者雲風並起而杳冥故與常風同象也劉向春秋說云天戒若曰勿使大夫世官將令專事冥晦明年魯季友卒果世官而公室卑矣魏此妖晉有天下之應也
晉孝武帝太元十三年十二月乙未大風晦暝其後帝崩而諸侯違命干戈內侮權奪於元顯禍成於桓玄是其應也

嬴蟲之孽

晉孝武咸寧元年七月郡國螟九月青州又螟
咸寧元年七月郡國有青蟲食禾稼
咸寧四年司冀兗豫荊揚郡國皆螟
晉武帝太康四年會稽彭蜞及蟹皆化爲鼠甚衆覆野大食稻爲災
太康九年八月郡國二十四螟螟說與蝗同是時帝聽讒詐
太康九年九月蟲傷稼

晉惠帝元康二年九月帶方含資提奚南新長岑海冥列口蟲食禾葉蕩盡
晉惠帝永寧元年七月梁益涼三州螟是時齊王冏秉政貪苛之應也
永寧元年十月南安巴西江陽太原新興北海青蟲食禾葉甚者十傷五六
永寧元年十二月郡國八螟

牛禍

晉武帝太康九年幽州塞北有死牛頭語近牛

禍也是時帝多疾病深以後事爲念而託付不以至公思心瞀亂之應也師曠曰怨讟動於民則有非言之物而言又其義也
晉惠帝太安中江夏張騁所乘牛言曰天下方亂乘我何之騁懼而還犬又言曰歸何蚤也尋後牛又人立而行騁使善卜者卦之謂曰天下將有兵亂爲禍非止一家其年張昌反先略江夏騁爲將帥於是五州殘亂騁亦族滅京房易妖曰牛能言如其言占吉凶易萌氣樞曰人君

不好士走馬被文繡犬狼食人食則有六畜祅言時天子諸侯不以惠下爲務又其應也

晉愍帝建武元年曲阿門牛生犢一體兩頭

元帝太興元年武昌太守王諒牛生子兩頭八足兩尾共一腹三年後死又有牛生一足三尾皆生而死按司馬彪說兩頭者政在私門上下無別之象也京房易傳曰足多者所任邪也足少者下不勝任也其後皆有此應

晉元帝太興四年十二月郊牛死按劉向說春

秋郊牛死曰宣公區瞀昏亂故天不饗其祀元帝中興之業實王導之謀也劉隗探會主意以得親幸導見疏外此區瞀不叡之禍也

晉成帝咸和二年五月護軍牛生犢兩頭六足是冬蘇峻作亂

咸和七年九德民袁榮家牛產犢兩頭八足二尾共身京房易傳殺無辜則牛生妖

桓玄之國在荆州詣刺史殷仲堪行至鶴穴逢一老公驅青牛形色瓌異桓玄即以所乘牛易取乘至零陵涇溪駿駃非常因息駕飲牛牛徑入江水不出玄遣人覘守經日無所見

宋文帝元嘉三年司徒徐羡之大兒喬之行欲入廣莫門牛徑將入廷尉寺左右禁捉不能禁入方得出明日被收

元嘉二十九年晉陵送牛角生右脅長八尺明年二月東宮爲禍

孝武帝大明三年廣州刺史費淹獻三角水牛

黄眚黄祥

蜀劉備章武二年東伐二月自秭歸進屯夷道六月秭歸有黄氣見長十餘里廣數十丈後踰旬備爲陸議所破近黄祥也

魏齊王正始中中山王周南爲襄邑長有鼠從穴出語曰王周南爾以某日死南不應鼠還穴後至期更冠幘皁衣出語曰周南汝日中當死又不應鼠復入斯須更出語如向日適欲日中鼠入復出出復入轉更數語如前日適中鼠曰周南汝不應我復何道言絶顛蹶而死即失衣冠

取視俱如常鼠案班固說此黃祥也是時曹爽秉政競爲比周故鼠作變也

宋孝武大明七年春太湖邊忽多鼠其年夏水至悉變成鯉魚民人一日取轉得三五十斛明年大飢

晉元帝太興四年八月黃霧四塞埃氣蔽天案楊宣對近土氣亂之祥也

晉元帝永昌二年正月癸巳黃霧四塞

晉穆帝永和七年三月涼州大風拔木黃霧下

塵是時張重華納讒出謝艾爲酒泉太守而所任非其人至九年死嗣子見弒是其應也京房易傳曰聞善不予茲謂不知厥異黃厥咎聾厥災不嗣黃者有黃濁氣四塞天下蔽賢絕道故災至絕世也

晉安帝元興元年十月丙申朔黃霧昏濁不雨

宋文帝元嘉十八年秋七月天有黃光洞照于地太子率更令何承天謂之榮光太平之祥上表稱慶

地震

吳孫權黃武四年江東地連震是時權受魏爵命爲大將軍吳王改元專制不脩臣迹京房易傳曰臣事雖正專必震董仲舒劉向並云臣下彊盛將動而害之應也

魏明帝青龍二年十一月京都地震從東來隱隱有聲屋瓦搖

魏明帝景初元年六月戊申京都地震是秋吳將朱然圍江夏荊州刺史胡質擊退之又公孫

淵自立爲燕王改年置百官明年討平之

吳孫權嘉禾六年五月江東地震

赤烏二年正月地又再震是時呂壹專政步騭上疏曰伏聞校事吹毛求瑕趣欲陷人成其威福無臯無辜橫受重刑雖有大臣不見信任如此天地焉得無變故嘉禾六年赤烏二年地連震動臣下專政之應也冀所以驚悟人主可不深思其意哉壹後卒敗

魏齊王正始二年十一月南安郡地震

正始三年七月甲申南安郡地震十二月魏郡
地震
正始六年二月丁卯南安郡地震是時曹爽專
政遷太后于永寧宮太后與帝相泣而别連年
地震是其應也
吳孫權赤烏十一年二月江東地仍震是時權
聽讒尋黜朱據廢太子
蜀劉禪炎興元年蜀地震時宦人黄皓專權按
司馬彪説奄宦無陽施猶婦人也此皓見任之
應與漢和帝時同事也是冬蜀亾

晉武帝太始五年四月辛酉地震是年冬新平
氐羌叛明年孫皓大遣衆入渦口叛虜寇秦涼
刺史胡烈蘇愉並爲所害
太始七年六月丙申地震武帝世始於賈充終
於楊駿阿黨昧利苟專權寵終喪天下由是也
末年所任轉敝亦一年六震是其應也褒叔
則曰晉德所以不比隆堯舜者以有賈充諸人
在朝

晉武帝咸寧二年八月庚辰河南河東平阿地震
咸寧四年六月丁未陰平廣武地震甲子陰平
廣武地又震
晉武帝太康二年二月庚申淮南丹楊地震
太康五年正月壬辰地震
太康六年七月己丑地震
太康七年七月南安犍爲地震八月京兆地震
太康八年五月壬子建安地震七月陰平地震
八月丹楊地震

太康九年正月會稽丹楊吳興地震四月辛酉
長沙南海等郡國八地震七月至于八月地又
四震其三有聲如雷
太康十年十二月己亥丹楊地震
晉武帝太始元年地震
晉惠帝元康元年十二月辛酉京都地震
元康四年二月蜀郡山崩殺人上谷上庸遼東
地震五月壬子壽春山崩洪水出城壞地墜方
三十丈六月壽春大雷震山崩地坼家人陷死

上庸郡亦如之八月上谷地震水出殺百餘人
居庸地震廣三十六丈長八十四丈水出大饑
上庸四處山崩地陷廣三十丈長百三十丈水
出殺人十月京都地震十一月滎陽襄城汝陰
梁國南陽地皆震十二月京都又震是時賈后
亂朝據權專制終至禍敗之應也漢鄧太后攝
政時郡國地震李固以為地陰也法當安靜今
乃越陰之職專陽之政故應以震此同事也京
房易傳曰無德專祿茲謂不順厥震動丘陵涌

水出又曰小人剝廬厥妖山崩茲謂陰乘陽弱
勝彊又曰陰背陽則地裂父子分離夷羌叛去
元康五年五月丁丑地震六月金城地震
元康六年正月丁丑地震
元康八年正月丙辰地震
晉惠帝太安元年十月地震是時齊王冏專政
太安二年十二月丙辰地震是時長沙王乂專政
晉孝懷帝永嘉三年十月荆湘二州地震時司
馬越專政

永嘉四年四月兗州地震
晉愍帝建興二年四月甲辰地震是時幼主在
上權傾於下四方雲擾兵亂不息
建興三年六月丁卯長安地震
晉元帝太興元年四月西平地震涌水出十二
月廬陵豫章武昌西陵地震山崩干寶曰王敦
陵上之應
太興二年五月癸丑祁山地震山崩殺人是時
相國南陽王保在祁山稱晉王不終之象也

太興三年四月庚寅丹楊吳郡晉陵地震其年
南平郡山崩出雄黃數千斤
晉成帝咸和二年三月益州地震四月己未豫
章地震是年蘇峻作亂
咸和九年三月丁酉會稽地震是時政在臣下
晉穆帝永和元年六月癸亥地震是時嗣主幼
沖母后稱制政在臣下所以連年地震
永和二年十月地震
永和三年正月丙辰地震

永和四年十月己未地震
永和五年正月庚寅地震
永和九年八月丁酉京都地震有聲如雷
永和十年正月丁酉地震有聲如雷雞雉鳴呴
永和十一年四月乙酉地震五月丁未地震
晉穆帝升平五年八月涼州地震
晉哀帝隆和元年四月甲戌地震是時政在將
相人主南面而已
隆和元年四月丁丑涼州地震浩亹山崩張天

錫降亾之象也
隆和二年二月庚寅江陵地震是時桓溫專征
晉海西太和元年二月涼州地震水涌
晉簡文帝咸安二年十月辛未安成地震
晉孝武帝寧康元年十月辛未地震是時嗣主
幼沖政在將相
寧康二年七月甲午涼州地震山崩
晉孝武帝太元二年閏月壬午地震五月丁丑
地震

太元十一年六月己卯地震是後緣河諸將連
歲兵役
太元十五年三月己酉朔夜地震
太元十七年六月癸卯地震十二月己未地又
震是時羣小弄權天下側目
太元十八年正月癸亥朔地震二月乙未地震
晉安帝隆安四年九月癸酉地震是時幼主沖
昧政在臣下
晉安帝義熙四年正月壬子夜地震有聲十月

癸亥地震
義熙五年正月戊戌夜尋陽地震有聲如雷明
年盧循下
義熙八年自正月至四月南康廬陵地四震明
年王旅西討荆益
宋文帝元嘉七年四月丙辰地震時遣軍經略
司兗
元嘉十二年四月丙辰京邑地震
元嘉十五年七月辛酉地震

元嘉十六年地震
孝武帝大明二年四月辛丑地震
大明六年七月甲申地震有聲自河北來魯郡山搖地動彭城城女牆四百八十丈墜落屋室傾倒兗州地裂泉涌二年不已其後虜主死兗州刺史夏侯祖權卒
明帝泰始二年四月地震
泰始四年七月己酉東北有聲如雷地震
明帝泰豫元年閏七月甲申東北有聲如雷地震

後廢帝元徽二年四月戊申地震
元徽五年五月戊申地震七月帝殞
宋文帝元嘉二十五年青州城南地遠望見地中如水有影人馬百物皆見影中積年乃滅
山崩地陷裂
吳孫權赤烏十三年八月丹楊句容及故章寧國諸山崩鴻水溢按劉向說山陽君也水陰民也天戒若曰君道崩壞百姓將失其所也與春秋梁山崩漢齊楚衆山發水同事也夫三代命祀祭不越望吉凶禍福不是過也吳雖帝其實列國災發丹楊其天意矣國主山川山崩川竭亡之徵也後二年而權薨二十六年而吳亡
魏元帝咸熙三年二月太行山崩此魏亡之徵也其冬晉有天下
晉武帝太始三年三月戊子太行山崩
太始四年七月泰山崩墜三里此晉之咎徵也至帝晏駕而祿去王室懷愍淪胥於北元帝中

興於南是其應也京房易傳曰自上下者爲崩厥應泰山之石顛而下聖王受命人君虜
晉武帝太康五年丙午宣帝廟地陷
太康六年三月南安新興縣山崩涌水出
太康七年七月朱提之大瀘山崩震壞郡舍陰平之仇池崖隕
太康八年七月大雨殿前地陷方五尺深數丈
晉惠帝元康四年五月壬子地陷方三十丈殺人史闕其處

元康四年八月居庸地裂廣三十丈長百三十丈水出殺人

晉孝懷帝永嘉元年三月洛陽東北步廣里地陷

永嘉三年八月乙亥鄄城城無故自壞七十餘丈司馬越惡之遷于濮陽此見沴之異也越卒陵上終亦受禍

永嘉三年七月戊辰當陽地裂三所所廣三丈長二百餘步京房易傳曰地坼裂者臣下分離

不肯相從也其後司馬越苟晞交惡四方牧伯莫不離散王室遂亾

永嘉三年十月宜都夷道山崩

永嘉四年四月湘東酃黑石山崩

晉元帝太興四年八月常山崩水出滹沱盈溢大木傾拔

晉成帝咸和四年十月柴桑廬山西北崖崩十二月劉胤為郭默所殺

晉惠帝元康九年六月夜暴雷雨賈謐齋屋柱陷入地壓謐牀帳此木沴土土失其性不能載也明年謐誅

晉惠帝光熙元年五月范陽地然可以爨此火沴土也是時禮樂征伐自諸侯出

晉安帝義熙八年三月壬寅山陰有聲如雷地陷深廣各四尺

義熙十年五月戊寅西明門地穿涌水出毀門房及限此水沴土也

五行傳曰皇之不極是謂不建厥咎眊厥罰恒

陰厥極弱時則有射妖時則有龍蛇之孽時則有馬禍時則有下人伐上之痾時則有日月亂行星辰逆行

常陰

吳孫亮太平三年自八月沈陰不雨四十餘日是時將誅孫綝謀泄九月戊午綝以兵圍宮廢亮為會稽王此常陰之罰也

吳孫皓寶鼎元年十二月太史奏久陰不雨將有陰謀皓深驚懼時陸凱等謀因其謁廟廢之

及出畱平領兵前驅凱語平平不許是以不果
晧既肆虐群下多懷異圖終至降亾
宋後廢帝元徽三年四月連陰不雨
元徽三年八月多陰後二廢帝殞
射妖
蜀車騎將軍鄧芝征涪陵見玄猿緣山手射中之猿拔其箭卷木葉塞其創芝曰嘻吾違物之性其將死矣俄而卒此射妖也一曰猿母抱子芝射中之子爲拔箭取木葉塞創芝歎息投弓水中自知當死矣
晉恭帝之爲琅邪王時好奇戲嘗閉一馬於門內令人射之欲觀幾箭而死左右有諫者曰馬國姓也而令射之不祥甚矣於是乃止而馬已被十許箭矣此蓋射妖也俄而桓玄簒位
龍蛇之孽
魏明帝青龍元年正月甲申青龍見郟之摩陂井中凡瑞興非時則爲妖孽況困於井非嘉祥矣魏以改年非也晉武不賀是也于寶曰自

明帝終魏世青龍黃龍見者皆其主廢興之應也魏土運青木色也而不勝于金黃得位青失位之象也青龍多見者君德國運內相剋伐也故高貴公卒敗于兵案劉向說龍貴象而困井中諸侯將有幽執之禍也魏世龍莫不在井此居上者逼制之應高貴公著潛龍詩即此旨也
魏高貴公正元元年戊戌黃龍見于鄴井中
魏高貴公甘露元年正月辛丑青龍見軹縣井中六月乙丑青龍見元城縣界井中
甘露二年二月青龍見温縣井
甘露三年黃龍青龍仍見頓丘冠軍陽夏縣界井中
景元元年二月青龍見軹縣井中
吴孫晧天冊中龍乳於長沙民家啖雞雛京房易妖曰龍乳人家王者爲庶人其後晧降
晉武帝咸寧二年六月丙申白龍二見于九原井中
晉武帝大康五年正月癸卯二龍見于武庫井

中帝見龍有喜色百寮將賀劉毅獨表曰昔龍漦夏庭禍發周室龍見鄭門子產不賀帝荅曰朕德政未脩未有以膺受嘉祥遂不賀也孫盛曰龍水物也何與於人子產言之當矣但非其所處實爲妖災夫龍以飛翔顯見爲美則潛伏幽處非休祥也漢惠帝二年兩龍見蘭陵井中本志以爲其後趙王幽死之象也武庫者帝王威御之器所寶藏也室宇邃密非龍所處後七年蕃王相害二十八年果有二胡僭竊神器勒

虎二逆皆字曰龍此之表異爲有證矣史臣案龍爲休瑞而屈於井中前史言之已詳但兆幽微非可臆斷故五行符瑞兩存之

晉愍帝建興二年十一月枹罕羌妓產一龍子色似錦文嘗就母乳遙見神光少得就視

晉武帝咸寧中司徒府有二大蛇長十許丈居聽事平橑上數年而人不知但怪府中數失小兒及豬犬之屬後一蛇夜出傷於刃不能去乃覺之發徒攻擊移時乃死夫司徒五教之府此皇極不建故蛇孽見之漢靈帝時蛇見御座楊賜以爲帝溺於色之應也魏氏宮人猥多晉又過之宴游是湎此其孽也詩云惟虺惟蛇女子之祥

晉惠帝元康五年三月癸巳臨菑有大蛇長十餘丈負二小蛇入城北門經從市漢城陽景王祠中不見天戒若曰齊方有劉章定傾之功若不厲節忠慎又將蹈章失職奪功之辱也齊王冏不悟雖建興復之功而以驕陵取禍負二小

蛇出朝市皆有象類也

晉明帝太寧初武昌有大蛇常居故神祠空樹中每出頭從人受食京房易妖曰蛇見於邑不出三年有大兵國有大憂其後討滅王敦及其黨與

馬禍

晉武帝大熙元年遼東有馬生角在兩耳下長三寸按劉向說此兵象也及帝晏駕之後王室毒於兵禍是其應也京房易傳曰臣易上政厥

妖馬生角又有天子親伐馬生角呂氏春秋曰人君失道馬有生角

晉惠帝元康元年十二月皇太子將釋奠太傅趙王倫驂乘至南城門馬止力士推之不能動倫入軺車乃進此馬禍也天戒若曰倫不知義方終爲亂逆非傅導行禮之人倫不悟故亾

元康九年十一月戊寅冬有牝騮馬驚奔至廷尉訊堂悲鳴而死是殆愍懷冤死之象也見廷尉訊堂又天意乎

晉孝懷帝永嘉六年二月神馬鳴南城門

晉元帝太興二年丹楊郡吏濮陽楊演馬生駒兩頭自頸前別生而死按司馬彪說政在私門二頭之象也是後王敦陵上

晉成帝咸康八年五月甲戌有馬色赤如血自宣陽門直走入于殿前盤旋走出尋逐莫知所在巳卯帝不豫六月崩此馬禍又赤祥也張重華在涼州將誅其西河相張祚祚厩馬數十疋同時悉皆無後尾

晉安帝隆安四年十月梁州有馬生角刺史郭銓送示都督桓玄案劉向說馬不當生角由玄不當舉兵向上也覩災不悟故至夷滅

人痾

魏文帝黃初初清河宋士宗母化爲鼈入水

魏明帝太和三年曹休部曲兵奚農女死復生時人有開周世冢得殉葬女子數日而有氣數月而能語郭太后愛養之又太原民發冢破棺棺中有一生婦人問其本事不知也視其墓木

可三十歲案京房易傳至陰爲陽下人爲上晉宣王起之象也漢平帝獻帝並有此異占以爲王莽曹操之徵公孫淵炊有小兒蒸死甑中其後夷滅

吳孫亮建興二年諸葛恪將征淮南有孝子著衰衣入其閤詰問荅曰不自覺入也時中外守備亦悉不見衆皆異之及還果見殺恪已被害妻在室使婢沃盥聞婢血臭又眼目視瞻非常妻問其故婢蹷然躍起頭至棟攘臂切齒曰諸

葛公乃爲峻所殺

吳孫休永安四年安吳民陳焦死七日復穿冢出干寶曰此與漢宣帝同事烏程侯皓承廢故之家得位之祥也

吳孫晧寶鼎元年丹楊宣騫母年八十因浴化爲元黿兄弟閉戶衛之掘堂上作大坎實水其中元黿入坎戲一二日恒延頸外望伺戶小開便輪轉自躍入于遠潭遂不復還與漢靈帝時黃氏母事同吳亡之象也

魏元帝咸熙二年八月襄武縣言有大人見長三丈餘跡長三尺二寸髮白著黃巾黃單衣柱杖呼民王始語曰今當太平尋晉代魏

晉武帝太始五年元城人年七十生角案漢志說殆趙王倫簒亂之象也

晉武帝咸寧二年二月琅邪人顏畿病死棺斂已久家人咸夢畿謂已曰我當復生可急開棺遂出之漸能飲食屈申視瞻不能行語也二年復死其後劉淵石勒遂亡晉室

晉惠帝元康中安豐有女子周世寧年八歲漸化爲男至十七八而氣性成此劉淵石勒蕩覆晉室之妖也漢哀帝獻帝時竝有此異皆有易代之兆京房傳曰女子化爲丈夫茲謂陰昌賤人爲王丈夫化爲女子茲陰勝陽厥咎亡

晉惠帝永寧初齊王冏唱義兵誅除亂逆乘輿反正忽有婦人詣大司馬門求寄產門者詰之婦人曰我截齊便去耳是時齊王冏匡復王室天下歸功識者爲其惡之後果斬戮

永寧元年十二月甲子有白頭公入齊王冏大司馬府大呼有大兵起不出甲子旬冏殺之明年十二月戊辰冏敗即甲子旬也

晉惠帝太安元年四月癸酉有人自雲龍門入殿前北面再拜曰我當作中書監即收斬之干寶曰夫禁庭尊祕之處今賤人徑入而門衛不覺者宮室將虛而下人踰之之妖也是後帝北遷鄴又西遷長安盜賊蹈藉宮闕遂亡天下

晉惠帝世梁國女子許嫁已受禮娉尋而其夫

戍長安經年不歸女家更以適人女不樂行其
父母逼強不得已而去尋得病亡後其夫還問
女所在其家具說之其夫徑至女墓不勝哀情
便發冢開棺女遂活因與俱歸後婿聞之詣官
爭之所在不能決祕書郎王導議曰此是非常
事不得以常理斷之宜還前夫朝廷從其議
晉惠帝世杜錫家葬而婢誤不得出後十餘年
開冢祔葬而婢尚生其始如瞑有頃漸覺問之
自謂當一再宿耳初婢之埋年十五六及開冢

更生猶十五六也嫁之有子
晉惠帝光熙元年會稽謝眞生子大頭有鬚兩
鼽反向上有男女兩體生便作丈夫聲經日一死
晉惠懷之世京洛有兼男女體亦能兩用人道
而性尤淫案此亂氣之所生也自咸寧太康之
後男寵大興甚於女色士大夫莫不尚之天下
皆相放效或有至夫婦離絕怨曠妒忌者故
男女氣亂而妖形作也
元帝太興初又有女子陰在腹上在揚州性亦

淫京房易妖曰人生子陰在首天下大亂在腹
天下有事在背天下無後
晉孝懷帝永嘉元年吳郡吳縣萬祥婢生子
鳥頭兩足馬蹄一手無毛黃色大如枕
晉愍帝建興四年新蔡縣吏任僑妻胡年二十
五產二女相向腹心合同自胷以上臍以下各
分此蓋天下未一之妖也時內史呂會上言案
瑞應圖異根同體謂之連理異苗同穎謂之嘉
禾草木之異猶以爲瑞今二人同心易稱二人

同心其利斷金嘉徵顯見生於陝東之國斯蓋
四海同心之瑞不勝喜踊謹畫圖以上時有識
者哂之
晉中興初有女子其陰在腹當臍下自中國來
江東性甚淫而不產京房易妖曰人生子陰在
首天下大亂在腹天下有事在背天下無後
晉元帝太興三年十二月尚書騶謝平妻生女
墮地濞濞有聲須臾便死鼻目皆在頂上面
處如項口有齒都連爲一胷如鼈手足爪如鳥

尒皆下句京房易妖曰人生他物非人所見者
皆爲天下大兵後二年有石頭之敗
晉明帝太寧二年七月丹楊江寧侯紀妻死三
日復生
晉成帝咸寧四年十一月辛丑有何一人詣南
止車門自列爲聖人所使錄付光祿外部檢問
是東海郯縣呂暢辭語落漠髡鞭三百遣
咸康五年四月下邳民王和僑居暨陽息女可
年二十自云上天來還得讖瑞印綬當母天下

宋書志二十四　三十五　李澄

晉陵太守以爲妖收付獄至十一月有人持柘
杖絳衣詣止車門口列爲聖人使求見天子門
候受辭列姓呂名錫去王和女可右足下有七
星星皆有毛長七寸天今命可爲天下母奏聞
即伏誅并下晉陵誅可
晉康帝建元二年十月衛將軍營督過望所
領兵陳瀆女臺有文在足曰天下之母炙之逾
明京都讙譁有司收繫以聞俄自建康縣獄亡去
石虎末大武殿前所圖賢聖人像人頭忽悉縮

入肩中
晉孝武帝寧康初南郡州陵女人唐氏漸化爲
丈夫
晉安帝義熙七年無錫人趙朱年八歲一旦暴
長八尺髭鬚蔚然三日而死
義熙中東陽人黃氏生女不養埋之數日於土
中啼取養遂活
義熙末豫章吳平人有二陽道重累生
晉恭帝元熙元年建安人陽道無頭正平本下

宋書志二十四　三十六

作女人形體
宋文帝元嘉十七年劉斌爲吳郡婁縣有一
女忽夜乘風雨恍忽至郡城内自覺去家正炊
頃衣不沾濡曉在門上求通言我天使也斌令前
因曰府君宜起迎我當大富貴不爾必有凶禍
斌問所以來亦不自知也謂是狂人以付獄符
其家迎之數日乃得去後二十日許斌誅
孝武帝大明中張暢爲會稽郡妾懷孕兒於腹
中啼聲聞於外暢尋死

大明末荆州武寧縣人楊始歡妻於腹中生女
兒此兒至今猶存
明帝泰豫元年正月巨人見太子西池水上跡
長三尺餘
後廢帝元徽中南東莞徐坦妻懐孕兒在腹中
有聲
元徽中暨陽縣女人於黃山穴中得二卵如斗
大剖視有人形
魏文帝黃初四年三月宛許大疫死者萬數
二五十五 宋書志二十四 三十七 港
魏明帝青龍二年四月大疫
青龍三年正月京都大疫
吳孫權赤烏五年大疫
吳孫亮建興二年四月諸葛恪圍新城大疫死
者太半
吳孫晧鳳皇二年疫
晉武帝太始十年大疫吳土亦同
晉武帝咸寧元年十一月大疫京都死者十萬人
晉武帝太康三年春疫

晉惠帝元康二年十一月大疫
元康七年五月秦雍二州疾疫
晉孝懐帝永嘉四年五月秦雍州饑疫至秋
永嘉六年大疫
晉元帝永昌元年十一月大疫死者十二三河
朔亦同
晉成帝咸和五年五月大饑且疫
晉穆帝永和九年五月大疫
晉海西太和四年冬大疫
三十二 宋書志二十四 三十八
晉孝武帝太元五年五月自冬大疫至于此夏
多絶戶者
晉安帝義熙元年十月大疫發赤班乃愈
義熙七年春大疫
宋文帝元嘉四年五月京都疾疫
孝武帝大明元年四月京邑疾疫
大明四年四月京邑疾疫
日蝕
魏文帝黃初二年六月戊辰晦日有蝕之有司

奏免太尉詔曰灾異之作以譴元首而歸過股肱豈禹湯罪己之義乎其令百官各虔厥職後有天地眚勿復劾三公

黄初三年正月丙寅朔日有蝕之十一月庚申晦又日有蝕之

黄初五年十一月戊申晦日有蝕之後二年宫車晏駕

魏明帝太和初太史令許芝奏日應蝕與太尉於靈星祈禳帝詔曰蓋聞人主政有不得則天

懼之以灾異所以譴告使得自脩也故日月薄蝕明治道有不當者朕即位以來既不能光明先帝聖德而施化有不合於皇神故上天有以寤之宜勵政自脩以報於神明天之於人猶父之於子未有父欲責其子而可獻盛饌以求免也今外欲遣上公與太史令具禳祠於義未聞也羣公卿士其各勉脩厥職有可以補朕不逮者各封上之

魏明帝太和五年十一月戊戌晦日有蝕之

太和六年正月戊辰朔日有蝕之見及曆

魏明帝青龍元年閏月庚寅朔日有蝕之

魏齊王正始元年七月戊申朔日有蝕之無紀

正始三年四月戊戌朔日有蝕之無紀

正始六年四月壬子日有蝕之十月戊寅朔又日有蝕之

正始八年二月庚午朔日有蝕之是時曹爽專政丁謐鄧颺等轉改法度會有日蝕變詔羣臣問得失蔣濟上疏曰昔大舜佐治戒在比周周公輔政慎於其朋齊侯問灾晏子對以布惠魯

君問異臧孫答以緩役塞變應天乃實人事濟旨譬甚切而君臣不悟終至敗亾矣

正始九年正月乙未朔日有蝕之

魏齊王嘉平元年二月己未日有蝕之

魏高貴公甘露四年七月戊子朔日有蝕之

甘露五年正月乙酉朔日有蝕之按谷永說正朝尊者惡之京房占曰日蝕乙酉君弱臣強司馬將兵反征其王五月有成濟之變

魏元帝景元二年五月丁未朔日有蝕之
景元三年三月己亥朔日有蝕之
晉武帝太始二年七月丙午晦日有蝕之
太始七年五月庚辰日有蝕之
太始八年十月辛未朔日有蝕之
太始九年四月戊辰朔日有蝕之
太始十年三月癸亥日有蝕之
晉武帝咸寧元年七月甲申晦日有蝕之
咸寧三年正月丙子朔日有蝕之

晉武帝太康四年三月辛丑朔日有蝕之
太康六年八月丙戌朔日有蝕之
太康七年正月甲寅朔日有蝕之乙亥詔曰比年灾異屢發邦之不臧實在朕躬震蝕之異其咎安在將何施行以濟其愆太尉亮司徒舒司空瓘遜位弗許
太康八年正月戊申朔日有蝕之
太康九年六月庚子朔日有蝕之後二年宮車晏駕

晉惠帝元康九年十月甲子朔日有蝕之
晉惠帝永康元年四月辛卯朔日有蝕之
晉惠帝永寧九年閏三月丙戌朔日有蝕之
晉惠帝光熙元年正月戊子朔日有蝕之寡者惡之七月乙酉朔又日有蝕之既占曰日蝕盡不出三月國有凶十一月宮車晏駕十二月壬午朔又日有蝕之
晉孝懷帝永嘉元年十一月戊申日有蝕之
永嘉二年正月丙午朔日有蝕之

永嘉六年二月壬子朔日有蝕之明年帝崩于平陽
晉愍帝建興四年六月丁巳朔日有蝕之十一月帝爲劉曜所虜十二月乙卯朔又日有蝕之明年帝崩于平陽
晉元帝太興元年四月丁丑朔日有蝕之
晉明帝太寧三年十一月癸巳朔日有蝕之
晉成帝咸和二年五月甲申朔日有蝕之
晉成帝咸康元年十月乙未朔日有蝕之

咸康七年二月甲子朔日有蝕之

咸康八年正月己未朔日有蝕之正朝尊者惡之六月宫車晏駕

晉穆帝永和七年正月丁酉朔日有蝕之

永和十二年十月癸巳朔日有蝕之

晉穆帝升平四年八月辛丑朔日有蝕之不盡如鉤明年宫車晏駕

晉哀帝隆和元年十二月戊午朔日有蝕之

晉海西公太和三年三月丁巳朔日有蝕之

太和五年七月癸酉朔日有蝕之明年廢爲海西公

晉孝武帝寧康三年十月癸酉朔日有蝕之

晉孝武帝太元四年閏月己酉朔日有蝕之

太元六年六月庚子朔日有蝕之

太元九年十月辛亥朔日有蝕之

太元十七年五月丁卯朔日有蝕之

太元二十年三月庚辰朔日有蝕之明年宫車晏駕海西時有此變又曰臣有蔽主明者

晉惠帝永興元年十一月黑氣分日

晉惠帝光熙元年五月癸巳日散光流如血所照皆赤甲午又如之占曰君道失明

晉孝懷帝永嘉元年十一月乙亥黃黑氣掩日所炤皆黃案河圖占曰日薄也其說曰凡日蝕皆於晦朔有不於晦朔者爲日薄雖非日月同宿時陰氣盛掩薄日光也占類蝕

永嘉二年二月癸卯白虹貫日青黃暈五重占曰白虹貫日近臣不亂則諸侯有兵破亡其

地明年司馬越殺繆播等暴蔑人主五年胡破京都帝遂見虜一說王者有兵圍之象

永嘉五年三月庚申日散光如血下流所照皆赤日中有若飛鷰者

晉愍帝建武元年正月庚子白虹彌天三日竝照日有重暈左右兩珥占曰白虹兵氣也三四五六日俱出竝爭天下兵作王立亦如其數又曰三日竝出不過三旬諸侯爭爲帝

晉安帝隆安四年六月庚辰朔日有蝕之

晉安帝元興二年四月癸巳朔日有蝕之
晉安帝義熙三年七月戊戌朔日有蝕之
義熙十年九月己巳朔日有蝕之七月辛亥晦日有蝕之
義熙十三年正月甲戌朔日有蝕之明年宮車晏駕
晉恭帝元熙元年十一月丁亥朔日有蝕之
宋少帝景平二年二月癸巳朔日有蝕之
文帝元嘉四年六月癸卯朔日有蝕之

元嘉六年五月壬辰朔日有蝕之十一月己丑朔又日有蝕之不盡如鉤蝕時星見晡方没河北地闇
元嘉十二年正月乙未朔日有蝕之
元嘉十七年四月戊午朔日有蝕之
元嘉十九年七月甲戌晦日有蝕之
元嘉二十三年六月癸未朔日有蝕之
元嘉三十年七月辛丑朔日有蝕之既星辰畢見
孝武帝孝建元年七月丙戌朔日有蝕之既列宿粲然
孝武帝大明五年九月甲寅朔日有蝕之
明帝泰始四年八月丙子朔日有蝕之十月癸酉又日有蝕之
泰始五年十月丁卯朔日有蝕之
後廢帝元徽元年十二月癸卯朔日有蝕之
順帝昇明二年九月乙巳朔日有蝕之
昇明三年三月癸卯朔日有蝕之

吳孫權赤烏十一年二月白虹貫日時地又頻震權發詔深戒懼天眚
晉武帝太始五年七月甲寅日暈再重白虹貫之
晉武帝太康元年正月己丑朔五色氣冠日自卯至酉占曰君道失明丑主斗牛斗牛為吳地是時孫晧淫暴四月降
晉惠帝元康九年正月日中有若飛鷰者數月乃消王隱以為愍懷廢死之徵也
晉惠帝永康元年十月乙未日闘黃霧四塞

占曰不及三年下有拔城大戰
晋惠帝永寧元年九月甲申日有黑子按京房
占黑者陰也臣不掩君惡令下見百姓惡君日
重暈天下有立王暈而珥天下有立侯故陳卓
曰當有大慶天下其參分乎三月而江東改元
朔胡亦改元朔跨曹劉疆宇於是兵連積世
晋元帝太興四年三月癸亥日有黑子辛亥帝
親録訊囚徒
晋元帝永昌元年十一月辛卯日有黑子

晋明帝太寧元年正月己丑朔日暈無光癸巳
黃霧四塞占曰君道失明臣有陰謀是時王敦
陵上卒伏其辜
晋成帝咸寧元年七月白虹貫日
咸康八年正月壬申日中有黑子丙子乃滅
晋海西公太和四年四月戊辰日暈厚密白虹
貫日中
太和六年三月辛未白虹貫日日暈五重十一
月桓温廢帝張重華在涼州日暴赤如火中有

三足烏形見分明數旦乃止
晋安帝元興元年二月甲子日暈白虹貫日明
年桓玄篡位
晋安帝義熙元年五月庚午日有采珥
義熙十一年日在東井有白虹十餘丈在南干
日依司馬彪說則災在分野羌亡之象也
晋恭帝元熙二年正月壬辰日暈東西有直珥
各一丈白氣貫之交匝
晋孝懷帝永嘉五年三月丙申夜月蝕既丁

酉夜又蝕既占曰月蝕既盡夫人憂又曰其國
貴人死
安帝義熙九年十二月辛卯朔旦猶見東方按
占謂之側匿
宋文帝元嘉二十九年十一月巳卯朔日始出
色赤如血外生牙塊暈不負明年二月宮車
晏駕
孝武帝大明七年十一月日始出四五丈色赤
如血未沒四五丈亦如之至于八年春凡三謂

日死閏五月帝崩
後廢帝元徽三年三月乙亥日未没數丈日色紫赤無色
元徽五年三月庚寅日暈五重又重生二直一抱一背
文帝元嘉中有兩白虹見宣陽門外
後廢帝元徽二年八月壬子夜白虹見
元徽四年正月己酉白虹貫日
從帝昇明元年九月乙未夜白虹見東方

志第二十四

志第二十五

州郡一

揚州
南徐州
徐州
南兗州
兗州

唐堯之世置十有二牧及禹平水土更制九州冀州堯都土界廣遠濟河爲兗州海岱爲青州海岱及淮爲徐州淮海爲揚州荆及衡陽爲荆州荆河爲豫州華陽黑水爲梁州黑水西河爲雍州自虞至殷無所改變周氏既有天下以徐并青以梁并雍分冀州之地以爲幽并漢初又立徐梁二州武帝攘卻胡越開地斥境南置交趾北置朔方改雍曰涼改梁曰益凡爲十三州而司隸部三輔三河諸郡東京無復朔方改交趾曰交州凡十二州司隸所部如故及三國鼎

時吳得揚荊交三州蜀得益州魏氏猶得九焉吳又分交爲廣魏末平蜀又分益爲梁晉武帝太康元年天下一統凡十有六州後又分涼雍爲秦分荊揚爲江分益爲寧分幽爲平而爲二十矣自夷狄亂華司冀雍涼青并兗豫幽平諸州一時淪沒遺民南渡竝僑置牧司非舊土也江左又分荊爲湘或離或合凡有揚荊湘江梁益交廣其徐州則有過半豫州唯得譙城而已及至宋世分揚州爲南徐徐州爲南兗揚州之

江西悉屬豫州分荊爲雍分荊湘爲郢分荊爲司分廣爲越分青爲冀分梁爲南北秦太宗初索虜南侵青冀徐兗及豫州淮西竝皆不守自淮以北化成虜庭於是於鍾離置徐州淮陰爲北兗而青冀二州治贛榆之縣今志大較以大明八年爲正其後分派隨事記列內史侯相則以昇明末爲定焉地理參差其詳難舉寔由名號驟易境土屢分或一郡一縣割成四五四五之中亟有離合千回百改巧曆不筭尋校推求未易精悉今以

班固馬彪二志太康元康定戶王隱地道晉世起居永初郡國何徐州郡及地理雜書互相考覆且三國無志事出帝紀雖立郡時見而置縣不書今唯以續漢郡國校太康地志參伍異同用相徵驗自漢至宋郡縣無移改者則注云漢舊其有回徙隨源甄別若唯云某無者則此前皆有也若不注置立史闕也

揚州刺史前漢刺史未有所治（它州同）後漢治歷陽魏晉治壽春晉平吳治建業成帝咸康四年

僑立魏郡（別見）肥鄉（別見）元城（漢舊縣晉屬陽平）三縣後省元城又僑立廣川郡（別見）領廣川一縣宋初省爲縣隸魏郡江左又立高陽（別見）堂邑（別見）二郡高陽領北新城（別見）博陸（博陸縣霍光所封而二漢無晉屬高陽）二縣堂邑領堂邑一縣後省堂邑并高陽又省高陽并魏郡竝隸揚州寄治京邑文帝元嘉十一年省以其民併建康孝建元年分揚州之會稽東陽新安永嘉臨海五郡爲東揚州大明三年罷州以其地爲王畿以南臺侍御史部諸郡如從

事之部傳焉而東揚州直云揚州八年罷主鐵
復立揚州揚州還爲東揚州前廢帝永光元年
省東揚州并揚州順帝昇明三年改揚州刺史
曰牧領郡十領縣八十戶一十四萬三千二百
九十六口一百四十五萬五千六百八十五

丹楊尹秦鄣郡治今吳興之故鄣縣漢初屬吳
國吳王濞反敗屬江都國武帝元封二年爲丹
楊郡治今宣城之宛陵縣晉武帝太康二年分
丹楊爲宣城郡治宛陵而丹楊移治建業元帝

太興元年改爲尹領縣八戶四萬一千一十口
二十三萬七千三百四十一

建康令本秣陵縣漢獻帝建安十六年置
縣孫權改秣陵爲建業晉武帝
平吳還爲秣陵太康三年分秣
陵之水北爲建業愍帝即位避
帝諱改爲建康

秣陵令其地本名金陵秦始皇改本治去
京邑六十里今故治邨是也晉

安帝義熙九年移治京邑在鬬場
恭帝元熙元年省揚州府禁防參
軍縣移治其處

丹楊令漢舊縣

江寧令晉武帝太康元年分秣陵立
臨江縣二年更名

永世令吳分溧陽爲永平縣晉武帝
太康元年更名惠帝世度屬義興
尋復舊義興又有平陵縣董覽吳

地誌云晉分永世太康永寧地誌
並無疑是江左立文帝元嘉九年
以併永世溧陽二縣

溧陽令漢舊縣吳省爲屯田晉武
帝太康元年復立

湖熟令漢舊縣吳省爲典農都尉
晉武帝太康元年復立

句容令漢舊縣

會稽太守秦立治吳漢順帝永建四年分會稽

爲吴郡會稽移治山陰領縣十户五萬二千二百
二十八口三十四萬八千一十四去京都水一千三百
五十五陸同
山陰縣令漢舊縣
永興令漢舊餘暨縣吴更名
上虞令漢舊縣
餘姚令漢舊縣
剡令漢舊縣
諸曁令漢舊

始寧令何承天志漢末分上虞立賀
續會稽記云順帝永建四年分上虞
南鄉立續漢志無晉太康三年地志有
句章令漢舊縣
鄮令漢舊縣
鄞令漢舊縣
吴郡太守分會稽立孝武大明七年度屬南徐
八年復舊領縣十二户五萬四百八十八口四十二
萬四千八百一十二去京都水六百七十陸五百

二十
吴令漢舊縣
婁令漢舊縣
嘉興令此地本名長水秦改曰由拳吴孫
權黄龍四年由拳縣生嘉禾改
曰禾興孫皓父名和又改名曰
嘉興
海虞令晉武帝太康四年分吴縣之虞鄉立
海鹽令漢舊縣吴記云本名武原鄉秦以

爲海鹽縣
鹽官令漢舊縣吴記云鹽官本屬嘉興吴立
爲海昌都尉治此後改爲縣非也
錢唐令漢舊縣
富陽令漢舊縣本曰富春孫權黄武四年
以爲東安郡七年省晉簡文鄭
太后諱春孝武改曰富陽
新城令浙江西南名爲桐溪吴立爲新城
縣後并桐廬晉太康地志無

張勃云晉末立疑是太康末立尋
復省也晉成帝咸和九年又立
建德令吳分富春立
桐廬令吳分富春立
壽昌令吳分富春立
新昌縣晉武帝太康元年更名
吳興太守孫皓寶鼎元年分吳丹楊立領縣
十戶四萬九千六百九口三十一萬六千一百七十
三去京都水九百五十陸五百七十

烏程令漢舊縣先屬吳
東遷令晉武帝太康三年分元程立
後廢帝元徽四年更名東安順帝
昇明元年復舊
武康令吳分烏程餘杭立永安縣晉
武帝太康元年更名
長城令晉武帝太康三年分烏程立
原鄉令漢靈帝中平二年分故鄣立
故鄣令漢舊縣先屬丹楊

安吉令漢靈帝中平二年分故鄣立
餘杭令漢舊縣先屬吳
臨安令吳分餘杭爲臨水縣晉武帝太康
元年更名
於潛令漢舊縣先屬丹楊
淮南太守秦立爲九江郡兼得廬江豫章漢高
帝四年更名淮南國分立豫章郡文帝又分爲
廬江郡武帝元狩元年復爲九江郡治壽春縣
後漢徙治陰陵縣魏復曰淮南徙治壽春晉武

帝太康元年復立歷陽別見當塗逡遒諸縣二
年復立鍾離縣別見竝二漢舊縣也三國時江淮
爲戰爭之地其間不居者各數百里此諸縣竝
在江北淮南虛其地無復民戶吳平民各還本
故復立焉其後中原亂胡寇屢南侵淮南民多
南度成帝初蘇峻祖約爲亂於江淮胡寇又大
至民南度江者轉多乃於江南僑立淮南郡及
諸縣晉末遂割丹楊之于湖縣爲淮南境宋孝
武大明六年以淮南郡併宣城宣城郡徙治于

湖八年復立淮南郡屬南豫州明帝泰始三年還屬揚州領縣六戶五千三百六十二口二萬五千八百四十去京都水一百七十陸一百四十

于湖令晉武帝太康二年分丹楊縣立本吳督農校尉治

當塗令晉成帝世與逡道俱立爲僑縣晉末分于湖爲境

繁昌令漢舊名本屬頴川魏分頴川爲襄城又屬焉晉亂襄城郡以此縣屬淮南割于湖爲境

襄垣令其地本無湖無湖縣漢舊縣至于晉末立襄垣縣屬上黨上黨民南過江立僑郡縣寄治無湖後省上黨郡爲縣屬淮南文帝元嘉九年省上黨縣并襄垣

定陵令漢舊名本屬襄城後割無湖爲境

逡遒令漢作逡遒晉作逡道後分無湖爲境

宣城太守晉武帝太康元年分丹楊立領縣十戶一萬一百二十口四萬七千九百九十二去京都水五百八十陸五百

宛陵令漢舊縣

廣德令何志云漢舊縣二漢志並無疑是吳所立

懷安令吳立

寧國令吳立

宣城令漢舊縣

安吳令吳立

涇令漢舊縣

臨城令吳立

廣陽令漢舊縣曰陵陽子明得仙於此縣山故以爲名晉成帝杜皇后諱陵咸康四年更名

石城令漢舊縣

東陽太守本會稽西部都尉吳孫晧寶鼎元

年立領縣九户一萬六千二十二口十萬七千九百六十五去京都水一千七百陸同

長山令漢獻帝初平二年分烏傷立

太末令漢舊縣

烏傷令

永康令赤烏八年分烏傷上浦立

信安令漢獻帝初平三年分太末立曰新安晉武帝太康元年更名

吴寧令漢獻帝興平二年孫氏分諸

暨立

豐安令漢獻帝興平二年孫氏分諸暨立

定陽令漢獻帝建安二十三年孫氏分信安立

遂昌令孫權赤烏二年分太末立曰平昌晉武帝太康元年更名

臨海太守本會稽東部都尉前漢都尉治鄞後漢分會稽為吴郡疑是都尉徙治章安也孫亮太平二年立領縣五户三千九百六十一口二萬四千二百二十六去京都水二千一十九陸同

章安令續漢志故治閩中地光武更名晉太康記本鄞縣南之回浦鄉漢章帝章和中立未詳孰是

臨海令吴分章安立

始豐令吴立曰始平晉武帝太康元年更名

寧海令何志漢舊縣按二漢志晉太康地

樂安令晉康帝分始豐立

永嘉太守晉明帝太寧元年分臨海立領縣五户六千二百五十口三萬六千六百八十去京都水二千八百陸二千六百四十

永寧令漢順帝永建四年分章安東甌鄉立或云順帝永和三年立

安固令吴立曰羅陽孫皓改曰安陽晉武帝太康元年更名

松陽令吴立
樂成令晉孝武康寧二年分永寧立
横陽令晉武帝太康四年以横藇船
屯爲始陽仍復更名
新安太守漢獻帝建安十三年孫權分丹楊立
曰新都晉武帝太康元年更名領縣五戶一萬
二千五十八口三萬六千六百五十一去京都水一
千八百六十陸一千八百
始新令孫權分歙立

遂安令孫權分歙爲新定縣晉武帝
太康元年更名
歙令漢舊縣
海寧令孫權分歙爲休陽縣晉武
帝太康元年更名分歙置諸縣之
始又分置黎陽縣大明八年省併
海寧黟令漢舊縣
南徐州刺史晉永嘉大亂幽冀青并兖州及
徐州之淮北流民相率過淮亦有過江在晉陵
郡界者晉成帝咸和四年司空郗鑒又徙流民
之在淮南者於晉陵諸縣其徙過江南及留在
江北者並立僑郡縣以司牧之徐兖二州或治
江北江北又僑立幽冀青并四州安帝義熙七
年始分淮北爲北徐淮南猶爲徐州後又以幽
冀合徐青并合兖武帝永初二年加徐州曰南
徐而淮北但曰徐文帝元嘉八年更以江北爲
南兖州江南爲南徐州治京口割揚州之晉陵
兖州之九郡僑在江南者屬焉故南徐州備有

徐兖幽冀青并揚七州郡邑永初二年郡國志
又有南沛南下邳廣平廣陵盱眙鍾離八郡南
沛廣陵海陵山陵盱眙鍾離割屬南兖南下邳
併南彭城廣平併南泰山今領郡十七縣六十
三戶七萬二千四百七十二口四十二萬六百
四十去京都水二百四十陸二百南東海太守
東海郡別見 晉元帝初割吴郡海虞縣之北境爲東
海郡立郯朐利城三縣而祝其襄賁等縣寄治
曲阿穆帝永和中郡移出京口郯等三縣亦寄

治於京文帝元嘉八年立南徐以東海爲治下郡以丹徒屬焉郯利城竝爲實土永初郡國有襄賁（別見）祝其厚丘（竝漢舊名）西隰（何江左立）四縣文帝元嘉十二年省厚丘併襄賁何徐無厚丘餘與永初郡國同其襄賁祝其西隰是徐志後所省也領縣六戶五千三百四十二口三萬三千六百五十八

郯令漢舊名文帝元嘉八年分丹徒之峴西爲境

丹徒令本屬晉陵古名朱方後名谷陽秦改曰丹徒孫權嘉禾三年改曰武進晉武帝太康三年復曰丹徒

武進令晉武帝大康二年分丹徒曲阿立毗陵宋孝武大明末度屬此

朐令漢舊名晉江左僑立宋孝武世分郯西界爲土

利城令漢舊名晉江左僑立宋文帝世與郡俱爲實土

南琅邪太守（琅邪郡別見）晉亂琅邪國人隨元帝過江千餘戶太興三年立懷德縣丹楊雖有琅邪相而無此地成帝咸康元年桓溫領郡鎮江乘之蒲洲金城上求割丹楊之江乘縣境立郡又分江乘地立臨沂縣永初郡國有陽都（前漢屬城陽後漢晉太康地屬琅邪）費即丘（竝別見）三縣竝割臨沂及建康爲土費縣治宮城之北元嘉八年省即丘併陽都十五年省費併建康臨沂孝武大明五年省陽都併臨沂今領縣二戶二千七百八十九口一萬八千六百九十七去州水二百陸一百去京都水一百六十

臨沂令漢舊名前漢屬東海後漢晉屬琅邪

江乘令漢舊縣本屬丹楊吳省爲典農都尉晉武帝太康元年復立

晉陵太守吳時分吳郡無錫以西爲毗陵典農校尉晉武帝太康二年省校尉立以爲毗陵郡治丹徒後復還毗陵東海王越世子名毗而東海國故食毗陵永嘉五年帝改爲晉陵始自

毗陵徙治丹徒太興初郡及丹徒縣悉治京口
郗鑒復徙還丹徒安帝義熙九年復還晉陵本
屬揚州文帝元嘉八年度屬南徐領縣六戶一
萬五千三百八十二口八萬一百一十三去州
水一百七十五陸同去京都水四百陸同

晉陵令本名延陵漢改曰毗陵後與郡俱
改

延陵令晉武帝太康二年分曲阿之延陵鄉立

無錫令漢舊縣吳省晉武帝太康元年
復立

南沙令本吳縣司鹽都尉署吳時名沙中
吳平後立暨陽縣割屬之晉成
帝咸康七年罷鹽署立以為
南沙縣

曲阿令本名雲陽秦始皇改曰曲阿吳嘉
禾三年復曰雲陽晉武帝太康
二年復曰曲阿

暨陽令晉武帝太康二年分無錫毗
陵立

義興太守晉惠帝永興元年分吳興之陽羨丹
楊之永世立永世尋還丹楊本揚州明帝泰始
四年度南徐領縣五戶一萬三千四百九十六口
八萬九千五百二十五去州水四百陸同去都水
四百九十陸同

陽羨令漢舊縣

臨津令故屬陽羨立郡分立

義鄉令故屬長城陽羨立郡分立

國山令故屬陽羨立郡分立

綏安令武帝永初二年分宣城之廣
德吳興之故鄣長城及陽羨義鄉
五縣立

南蘭陵太守蘭陵郡別見領縣二戶一千五百九十三
口一萬六百三十四

蘭陵令別見

承令別見文帝元嘉十二年以合鄉縣併
承永初郡國何徐並無合鄉縣

南東莞太守（東莞郡別見，永初郡國又有蓋縣，別見）
領縣三，戶一千四百二十四，口九千八百五十四。
莒令（別見）
東莞令（別見）文帝元嘉十二年以蓋縣
併此
姑幕令，漢舊名。
臨淮太守，漢武帝元狩六年立，光武以併東海。
明帝永平十五年復分臨淮之故地爲下邳郡。
晉武帝太康元年復分下邳之淮南爲臨淮
郡，治盱眙。江左僑立。永初郡國又有盱眙縣，何徐
無。領縣七，戶三千七百一十，口二萬二千八百
八十六。

海西令，前漢屬東海，後漢、晉屬廣陵。
射陽令，前漢屬臨淮，後漢屬廣陵，
三國時廢，晉武帝太康元年復立。
廣陵令，前漢屬泗水，後漢屬廣陵，三
國時廢，晉武帝太康二年又立，屬
廣陵。

淮浦令，前漢屬臨淮，後漢屬下邳，
晉太康地志屬廣陵。
淮陰令，前漢屬臨淮，後漢屬下邳，
晉太康地志屬廣陵。
東陽令，前漢屬臨淮，後漢屬廣陵，
晉太康地志屬臨淮。
長樂令，本長樂郡（別見），并合爲縣。
淮陵太守，本淮陵縣，前漢屬臨淮，後漢屬下邳，晉屬
臨淮。惠帝永寧元年以爲淮陵國。永初郡國又有下
相（前漢屬臨淮，後漢屬下邳，晉太康地志屬臨淮）、廣陽（廣陽漢高立爲燕國，昭帝更名，光武省併上谷，和帝永元八年復立，魏晉復爲燕國。前漢廣陽縣，後漢無，晉復有此也）二縣。令領縣
三，戶一千九百五十，口一万六百三十。

司吾令，前漢屬東海，後漢屬下邳，晉
太康地志屬臨沂。後廢帝元徽
五年五月改名桐梧，順帝昇明元
年復舊。
徐令，前漢屬臨淮，後漢屬下邳，晉太
康地志屬臨淮。

陽樂令漢舊名本屬遼西文帝元嘉十三年以下相併陽樂

南彭城太守彭城郡別見江左僑立晉明帝又立南下邳郡成帝又立南沛郡文帝元嘉中分南沛爲北沛屬南兗而南沛猶屬南徐孝武大明四年以二郡竝併南彭城領縣十二戶一萬一千七百五十口六萬八千一百六十三

呂令別見

武原令漢舊名

傅陽令漢舊名

蕃令別見義旗初免軍戶立遂誠縣武帝永初元年改從舊名

薛令別見義旗初免軍戶爲建熙縣永初元年改從舊名

開陽令前漢屬東海章帝建初五年屬琅邪晉僑立猶屬琅邪安帝度屬彭城

杼秋令漢舊名

洨令前漢屬梁後漢晉屬沛

下邳令別見本屬南下邳

北陵令本屬南下邳二漢無晉太康地志屬下邳本名陵而廣陵郡舊有陵縣晉武帝太康二年以下邳之陵縣非舊土而同名改爲北陵

僮令別見本屬南下邳南下邳有良城縣別見文帝元嘉十二年併僮

南清河太守清河郡別見領縣四戶一千八百四十九口七千四百四

清河令別見

東武城令別見

繹幕令別見

貝丘令別見

南高平太守高平郡別見永初郡國又有鉅野昌邑二縣竝漢舊名今領縣三戶一千七百一十八口九千七百三十一

金鄉令別見
湖陸令前漢曰湖陵漢章帝更名
高平令別見文帝元嘉十八年以鉅野
併高平
南平昌太守平昌郡別見 領縣四戶二千一百七十
八口一万一千七百四十一
安丘令別見
新樂令二漢無魏分平原爲樂陵郡
屬冀州而新樂縣屬焉晉江左

立樂陵郡及諸縣後省以新樂
縣屬此
東武令別見
高密令別見江左立高密國後爲南高密
郡文帝元嘉十八年省爲高密縣屬此
南濟陰太守二漢晉屬兖州前漢初屬梁國
景帝中平六年別爲濟陰國宣帝甘露二年
更名定陶國後還曰濟陰永初郡國又有句
陽定陶二縣漢並舊名今領縣四戶一千六百五

十五口八千一百九十三
城武令別見
冤句令漢舊名
單父令前漢屬山陽
城陽令漢舊名
南濮陽太守本東郡屬兖州晉武帝咸寧
二年以封子允以東不可爲國名東郡有
濮陽縣故曰濮陽國濮陽漢舊名也允改
封淮南還曰東郡趙王倫篡位廢太孫臧

爲濮陽王王尋廢郡名遂不改永初郡國
又有鄄城縣二漢屬濟陰晉太康地志屬濮陽也今領縣二戶
二千二十六口八千二百三十九
廩丘令前漢及晉太康地志有廩丘縣
後漢無文帝元嘉十二年以鄄城
併廩丘
榆次令漢舊名至晉屬太原
南太山太守太山郡別見 永初郡國有廣平二漢
武帝征和子國宣帝五鳳二年改爲廣平
年立爲平併鉅鹿魏分鉅鹿魏郡復爲廣

光武建武十三年省咸康四年平江左僑立晉成帝省後又立寄治丹徒
領廣平易陽易陽二漢屬趙晉太康地志屬廣平曲周前漢晉太
屬廣平作曲周後漢屬鉅鹿康地志屬廣平作曲周梁三縣文帝八年
省廣平郡爲廣平縣屬南太山今領縣三戶
二千四百九十九口一萬三千六百
南城令別見
武陽令別見
廣平令前漢屬廣平後漢屬鉅鹿
晉太康地志屬廣平

宋書志二十五　二十六

濟陽太守晉惠分陳留爲濟陽國領縣二戶
一千二百三十二口八千一百九十二
考城令前漢曰留屬梁國章帝更
名屬陳留太康地志無
鄄城令別見
南魯郡太守魯郡別見又有樊縣前漢屬東平後太康地志屬任
漢晉城也今領二戶一千二百一十一口六千八百一
十八
魯令別見

西安令漢舊名本屬齊郡齊郡過江
僑立後省以西安配此文帝元嘉
十八年以樊併西安永初郡國無
西安縣
徐州刺史後漢治東海郯縣魏晉宋治彭
城明帝世淮北沒寇僑立徐州治鍾離泰
豫元年移治東海朐山後廢帝元徽元年
分南兗州之鍾離豫州之馬頭又分秦郡
之頓丘梁郡之穀孰歷陽之酇立新昌郡

宋志二十五　二十七

置徐州還治鍾離令先列徐州舊郡於前
以新割係舊領郡十二縣三十四戶二万三
千四百八十五口十七万五千九百六十
七今領縣三縣九彭城去京都水一千三百
六十陸一千
彭城太守漢高立爲楚國宣帝地節元年
改爲彭城郡黃龍元年又爲楚國章帝還
爲彭城領縣五戶八千六百二十七口四万
一千二百三十一

彭城令漢縣
呂令漢舊縣
蕃令漢舊縣屬魯晉惠帝元康中度蕃音
皮漢末太傅陳蕃子逸爲魯相改音
薛令漢舊縣屬魯晉惠帝元康中度留
令漢舊縣
沛郡太守秦泗水郡漢高更名舊屬豫州江左
改配領縣三戶五千二百九口二万五千一百
七十去州陸六十去京都一千
蕭令漢舊縣
相令漢舊縣
沛令漢舊縣
下邳太守前漢本臨淮郡武帝立明帝改爲下
邳晉武帝分下邳之淮南爲臨淮而下邳如故
領縣三戶三千九十九口一万六千八十八去州水二
百陸二百八十去京都水一千一百六十陸八百
下邳令前漢屬東海後漢晉太康地志屬下邳
良成令前漢屬東海後漢晉太康地志屬下邳

僮令前漢屬臨淮後漢晉太康地志屬下邳
蘭陵太守晉惠帝元康元年分東海立領縣
三戶三千一百六十四口一万四千五百九十七去州
陸二百去京都水一千六百陸一千三百
昌慮令漢舊縣
承令漢舊縣
合鄉令漢舊縣
東海太守秦郯郡漢高更名明帝失淮北僑立
青州於贛榆縣泰始七年又立東海縣屬東海
郡又割贛榆置鬱縣立西海郡並隸僑青州領
縣二戶二千四百十一口一万三千九百四十一去州水
一千陸八百去京都水一千陸六百七十
襄賁令漢舊縣
贛榆令前漢屬琅邪後漢屬東海魏
省晉武帝太康元年復立
東莞太守晉武帝泰始元年分琅邪立咸寧三年
復以合琅邪太康十年復立領縣三戶八百八十七口
七千三百二十去州陸七百去京都水二千陸一千四百

莒令前漢屬城陽後漢屬琅邪孝武大明五年
改爲長
諸令前漢屬城陽後漢屬琅邪晉太康地志屬城陽
東莞令漢舊縣
東安太守東安故縣名前漢屬城陽後漢屬琅
邪晉太康地志屬東莞晉惠帝分東莞立領縣
三戶一千二百八十五口一萬七百五十五去州陸
七百去京都陸一千三百
蓋令前漢屬琅邪後漢屬太山晉太康地志
屬樂安孝武大明五年改爲長

新泰令魏立屬太山
發干令漢舊名屬東郡太康地志無江左來配
琅邪太守秦立領縣二戶一千八百一十八口
八千二百四十三去州陸四百去京都水一千
五百陸一千一百
費令前漢屬東海後漢屬泰山晉太康地
志屬琅邪
即丘令前漢屬東海後漢晉太康地

志屬琅邪
淮陽太守晉安帝義熙中土斷立領縣四戶二
千八百五十五口一萬五千三百六十三去州
水六百陸五百去京都水七百陸五百五十
角城令晉安帝義熙中土斷立
晉寧令故屬濟岷流寓來配
宿預令晉安帝立
上黨令本流寓郡併省來配
陽平太守陽平本縣名屬東郡魏分東郡及魏
郡為陽平郡故屬司州流寓來配永初郡國又

有廪丘縣別置令領縣三戶一千七百二十五口
一萬三千三百三十
館陶令漢舊名
陽平令漢舊名
濮陽令本流寓郡併省來配
濟陰太守漢景帝立屬兗州流寓徐土因割地為
境領縣三戶二千三百五口一萬一千九百二十八
睢陵令前漢屬臨淮後漢屬下邳孝

武大明元年度
定陶令漢舊名孝武大明五年改爲
長頓丘令屬頓丘流寓割配
北濟陰太守孝武建元元年昇立領縣三戶九
百二十七口三千八百十
城武令前漢屬山陽後漢晉太康地
志屬濟陰
豐令漢舊名屬沛孝武大明元年復
立

離狐令前漢屬東郡後漢晉太康地
志屬濟陰
鍾離太守本屬南兗州晉安帝分立案漢九江
郡晉淮南郡有鍾離縣即此地也領縣三戶三
千二百七十二口一萬七千八百三十二去京
都陸六百二十水一千三十
燕縣令別見故屬東燕流寓因配
朝歌令本屬河內晉武帝分河內爲
汲又屬焉流寓因配

樂平令前漢曰清屬東郡章帝更名晉
太康地志無流寓因配
馬頭太守屬南豫州故淮南當塗縣地晉安
帝立因山形立名領縣三戶二千三百三十口一
万二千三百十去京都水一千七百五十陸六
百七十
虞縣令漢舊名屬梁郡流寓因配
零縣令晉安帝立
濟陽令故屬濟陽流寓因配
昌太守後廢帝元徽元年立

頓丘令二漢屬東郡魏屬陽平晉武帝
泰始二年分淮陽置頓丘郡頓
丘縣又屬焉江左流寓立屬秦先
有沛縣元嘉八年併頓丘後廢
帝元徽元年度屬此
穀熟令前漢無後漢晉屬梁永初郡
國何徐志並屬南梁後廢帝元
徽元年度

贊令漢屬沛晉屬譙文帝元嘉八年自南譙度屬歷陽後廢帝元徽元年度屬此

南兗州刺史中原亂北州流民多南渡晉成帝立南兗州寄治京口時又立南青州及并州武帝永初元年省并併南兗文帝元嘉八年始割江淮間爲境治廣陵永初郡國領十四郡南高平南平昌南濟陰南濮陽南泰山濟陽南魯山郡今並屬徐州又有東燕郡江左分濮陽所立

也領燕縣(前漢曰南燕後漢曰燕並屬東郡太康地志屬濮陽)白馬平昌考城凡四縣文帝元嘉十八年省考城併燕十八年省東燕縣屬南濮陽後又省東燕縣南東平郡領范蛇丘歷城凡三縣高密郡領淳于黔陬營陵夷安凡四縣南齊郡領安西臨菑凡二縣南平原郡領平原高唐茌平(並別見)凡三縣濟岷郡(江左立)領營城晉寧(江左立)凡二縣雁門郡(漢舊郡)領樓煩(別見)陰館(前漢作觀後漢晉作館也)廣武(前漢屬太原後漢晉太康地志屬雁門也)崞馬邑(並漢舊名)凡五縣凡七郡二十三縣並省屬南徐州諸僑郡縣何志又有鍾離雁門平原東平北沛五郡鍾離今屬徐州雁門領樓煩陰館廣武三縣平原領茌平臨菑營城平原四縣東平原領范朝陽歷城三縣沛領符離蕭相沛四縣(符離漢舊縣餘並別見)凡十四縣起居注元嘉十一年以南兗州東平之平陸併范壽張併朝陽平原之濟岷晉寧併營城(先是省濟岷郡爲縣)高康併茌平按此五縣元嘉十一年所省則平陸壽張疑在永初郡國志而無此二縣未詳徐志有南東平郡領

范朝陽歷城樓煩陰觀廣武茌平營城臨菑平原十縣則是雁門平原併東平也孝武大明五年以東平併廣陵宋又僑立新平北淮陽北濟北下邳東莞五郡元嘉二十八年南兗州徙治盱眙三十年省南兗州併南徐其後復立還治廣陵徐志領郡九縣三十九戶三萬一千一百一十五口十五萬九千三百六十二宋末領郡十一縣四十四去京都水二百五十陸一百八十

廣陵太守漢高六年立屬荊國十一年更屬吳

景帝四年更名江都國武帝元狩三年更名廣陵舊屬徐州晉武帝太康三年治淮陰故城後又治射陽（射陽別見）江左治廣陵永初郡國又有輿（前漢屬臨淮後漢省臨淮屬廣陵文帝元嘉十三年并江都也）肥如路眞定新市五縣（縣並二漢舊名肥如屬遼西路屬上黨眞定前漢屬眞定後漢省眞定屬常山晉亦屬常山新市永初郡國云四縣本屬遼西則是晉末處西僑郡省併廣陵也何有肥如新市徐與今同也）今領縣四戶七千七百四十四口四萬五千六百一十三

廣陵令漢舊縣

海陵令前漢屬臨淮後漢晉屬廣陵三國時廢晉武帝太康元年復立

高郵令漢舊縣三國時廢晉武帝太康元年復立

江都令漢舊縣三國時廢晉武帝太康六年復立江左又省併輿縣元嘉十三年復立以併江都

海陵太守晉安帝分廣陵立永初郡國屬徐州領縣五戶三千六百二十六口二萬一千六百六十去州水一百三十陸同去京都水三百九十陸同

建陵令晉安帝立

臨江令晉安帝立

如臯令晉安帝立

寧海令晉安帝立

蒲濤令晉安帝立

臨澤令明帝大豫元年立

山陽太守晉安帝義熙中土斷分廣陵立案漢景帝分梁爲山陽非此郡也永初郡國屬徐州領縣四戶二千八百一十四口二萬二千四百七十去州水三百陸同去京都水五百陸同

山陽令射陽縣境地名山陽與郡俱立

鹽城令舊曰鹽瀆前漢屬臨淮後漢晉屬廣陵三國時廢晉武帝太康二年復立晉安帝更名

東城令晉安帝立

左鄉令晉安帝立

盱眙太守盱眙本縣名前漢屬臨淮後漢屬下邳晉屬臨淮晉安帝分立領縣五戶一千五百一十八口六千八百二十五去州水四百九

十陸二百九去京都水七百陸五百
考城令別見
陽城令晉安帝立
直瀆令晉安帝立
信都令信都雖漢舊名其地非也地
在河北宋末立
睢陵令前漢屬臨淮後漢屬下邳晉
太康地志無宋末立

秦郡太守晉武帝分扶風爲秦國中原亂其民
南流寄居堂邑堂邑本爲縣前漢屬臨淮後漢
屬廣陵晉又屬臨淮晉惠帝永興元年分臨淮
淮陵立堂邑郡安帝改堂邑爲秦郡永初郡國
屬豫州元嘉八年度南兗永初郡國又領臨塗
晉宋立平丘漢舊屬陳留晉太康地志無外黃漢舊名屬陳留沛睢丘
浚儀頓丘別見凡七縣何無睢丘外黃平丘沛徐
又無浚儀元嘉八年以沛併頓丘後廢帝元徽
元年割頓丘屬新昌領縣四戶三千三百三十
三口一萬五千二百九十六去州水二百四十

一陸一百八十去京都水一百五十陸一百四十
秦令本屬秦國流寓立文帝元嘉八年
以臨塗併秦以外黃併浚儀
孝武孝建元年以浚儀併秦
義成令江左立
尉氏令漢舊名屬陳留文帝元嘉八年
以平丘併尉氏
懷德令孝武大明五年立又以歷陽之
烏江并此爲二縣立臨江郡

前廢帝永光元年省臨江郡
懷德即住郡治烏江還本也
南沛太守沛郡別見何志云北沛新立徐云南沛永
初郡國又有符離洨並別見竹邑前漢曰竹李音曰今邑也後漢
曰竹邑至晉並屬沛杼秋前漢屬梁後漢晉太康地志屬沛四縣杼秋治
無錫餘並治廣陵文帝元嘉十二年以北沛郡
竹邑并杼秋何徐並無此二縣不詳起居注孝
武大明五年分廣陵爲沛郡治肥如縣時無復
肥如縣當是肥如故縣處也二漢晉太康地志

竝無肥如縣沛郡宜是大明五年以前省其時
又立也今領縣三戸一千一百九口一萬二千
九百七十
蕭縣令別見
相縣令別見
沛縣令別見
新平太守明帝泰始七年立
江陽令郡同立
海安令郡同立

北淮太守宋末僑立
晉寧令別見
宿預令別見
甬城令別見
北濟陰太守濟陰郡別見宋失淮北僑立
廣平令前漢臨淮有廣平縣後漢以後無
定陶令別見
陽平令別見
上黨令別見

寃句縣別見
館陶令別見
北下邳太守下邳郡別見宋失淮北僑立
潼縣令別見
下邳令別見
寧城令別見
東莞太守東莞郡別見宋失淮北僑立
莒縣令別見
諸縣令別見
東莞令別見

栢人令漢舊名屬趙國宋失淮北僑立
兗州刺史後漢治山陽昌邑魏晉治廩丘武帝
平河南治滑臺文帝元嘉十三年治鄒山又寄
治彭城二十年省兗州分郡屬徐冀州三十年
六月復立治瑕丘二漢山陽有瑕丘縣永初郡國有東郡
陳留濮陽三郡而無陽平郡領白馬別見涼城二漢
東郡有聊城縣晉大康地志無疑此是東燕別見三縣陳留郡領酸
棗漢舊縣小黃雝丘白馬襄邑尉氏六縣郡縣竝別見

濮陽郡領濮陽廩丘（並別見）二縣宋末失淮北僑
立兗州寄治淮陰（淮陰別見）兗州領郡六縣三十一
戶二萬九千三百四十口一十四萬五千五百
八十一
泰山太守漢高立永初郡國又有山茌（別見）萊蕪
（漢舊名）太原（本郡僑立此縣）三縣而無鉅平縣今領縣八
戶八千一百七十七口四萬五千五百八十一
去州陸八百去京都陸一千八百
奉高令漢舊縣
鉅平令漢舊縣
嬴令漢舊縣
牟令漢舊縣
南城令前漢屬東海後晉屬泰山
武陽令漢舊縣
梁父令漢舊縣
博令漢舊縣
高平太守故梁國漢景帝中六年分爲山陽國
武帝建元五年爲郡晉武帝泰始元年更名永

初郡國及徐並又有任城縣（前漢東平章帝元和元年分東平爲任城又屬焉晉亦屬任城江左省郡爲縣也）後省今領縣六戶六千
三百五十八口二萬一千一百一十二去州陸
二百二十去京都陸一千三百三十宋明帝泰
始五年僑立於淮南當塗縣界領高平金鄉二
縣其年又立睢陵縣
高平令前漢名橐章帝更
方與令漢舊縣
金鄉令前漢無後漢晉有
鉅野令漢舊縣
平陽令漢舊縣曰南平陽
亢父令漢舊縣舊屬任城
魯郡太守秦薛郡漢高后更名本屬徐州光武
改屬任城江左屬兗州領縣六戶四千六百三
十一口二萬八千三百七去州陸三百五十去
京都一千一百
鄒令漢舊縣
汶陽令漢舊縣

魯令漢舊縣
陽平令孝武大明元年立
新陽令孝武大明中立
卞令明帝泰始二年立
東平太守漢景帝分梁爲濟東國宣帝更名領縣五戶四千一百五十九口一萬七千二百九十五去州水五百陸同去京都水二千陸一千四百宋末又僑立於淮陰
無鹽令漢舊縣

平陸令漢舊縣
須昌令前漢屬東郡後漢晉太康地志屬東平
壽昌令春秋時曰良前漢曰壽良屬東郡光武改曰壽張屬東平
范令漢舊縣四縣並治郡下
陽平太守魏分魏郡立文帝元嘉中流寓來屬後省孝武大明元年復立領縣五戶二千八百五十七口一萬一千二百七十一

館陶令漢舊名寄治無鹽
樂平令魏立屬陽平後漢東郡有樂平非也寄治下平陸
元城令漢舊寄治無鹽
平原令別見孝武大明中立
頓丘令別見孝武大明中立
濟北太守漢和帝永元二年分泰山立永初郡國有臨邑二漢屬東郡晉太康地志屬濟北東阿二漢屬東郡晉無二縣孝武大明元年省應在何志而無未詳領縣三戶三千一百五十八口一萬七千三去州陸七百去京都水二千陸一千五百宋末又僑立於淮陽

蛇丘令前漢屬泰山後漢晉太康地志屬濟北
盧令前漢屬泰山後漢晉太康地志屬濟北
穀城令前漢無後漢屬東郡晉太康地志屬濟北

志第二十五

志第二十六

臣沈約新撰

州郡二

南豫州

豫州

江州

青州

冀州

司州

南豫州刺史晉江左胡寇強盛豫部殲覆元帝永昌元年刺史祖約始自譙城退還壽春成帝咸和四年僑立豫州庾亮爲刺史治蕪湖咸康四年毛寶爲刺史治邾城六年荆州刺史庾翼鎮武昌領豫州八年庾懌爲刺史又鎮蕪湖穆帝永和元年刺史趙胤鎮牛渚二年刺史謝尚鎮蕪湖四年進壽春九年尚又鎮歷陽十一年進馬頭升平元年刺史謝弈戍譙哀帝隆和元年刺史袁眞自譙退守壽春簡文咸安元年刺

史桓沖戍姑孰太元十年刺史朱序戍馬頭十
二年刺史桓石虔戍歷陽安帝義熈二年刺史
劉毅戍姑孰宋武帝欲開拓河南綏定南豫土
九年割揚州大江以西大靈以北悉屬豫州豫基
址因此而立十三年刺史劉義慶鎮壽陽永初
二年分淮東爲南豫州治歷陽淮西爲豫州
文帝元嘉七年又分五年割揚州之淮南宣
城又屬焉徙治姑孰明帝泰始二年又合而
以淮南宣城還揚州九月又分還治歷陽三

年五月又合四年以揚州之淮南宣城爲南
豫州治宣城五年罷時自淮以西悉没寇矣
七年復分歷陽淮陰南譙南兖州之臨江立
南豫州泰豫元年以南汝陰度屬豫州豫州
之廬江度屬南豫州按淮東自永初至于大
明便爲南豫雖乍有離合而分立居多爰自
泰始甫失淮西復於淮東分立兩豫今南豫
以淮東爲境不復於此更列二州覽者按此
以淮東爲境推尋便自得泰始兩豫分域也

也徐志領郡十三縣六十一戸三萬七千六百
二口二十一萬九千五百今領郡九縣九十一去
京都水一百六十
歷陽太守晉惠帝永興元年分淮南立屬揚州
安帝割屬豫州永初郡國唯有歷陽烏江龍亢
三縣何徐又有酇雍丘二縣今領縣五戸三千
一百五十六口一萬九千四百七十
歷陽令漢舊縣屬九江
烏江令二漢無晉書有烏江太康地志

屬淮南
龍亢令漢舊名屬沛郡晉太康地志屬
譙江左流寓立
雍丘令漢舊名屬陳留流寓立先屬秦
山郡文帝元嘉八年度
酇令漢屬沛晉太康地志屬譙流寓立
文帝元嘉八年度
南譙太守譙郡別見晉孝武太元中於淮南僑立郡
縣後割地志咸實土郡國又有酇縣何徐無今

領縣六戶四千四百三十二口二萬二千三百五十八去州水五百四十陸二百七十去京都水七百陸五百

山桑令前漢屬沛後漢屬汝南晉太康地志屬譙

酇令漢屬沛晉太康地志屬譙

銍令漢屬沛晉太康地志屬譙

扶陽令前漢屬沛後漢晉太康地志並無

蘄令別見

城父令前漢屬沛後漢屬汝南晉太康地志屬譙

廬江太守漢文帝十六年分淮南國立光武建武十三年又省六安國以併焉領縣三戶一千九百九口一萬一千九百九十七去州水二千七百二十陸四百七十去京都水一千一百陸六百三十一

灊令漢舊縣

舒令漢舊縣

始新令永初郡國何並無徐有始新左縣明帝泰始三年立

南汝陰太守汝陰郡別見江左立領縣五戶二千七百一口一萬九千五百八十五去州陸三百去京都水一千陸五百三十

汝陰令別見所治即二漢晉合肥縣後省

慎令漢屬汝南太康地志屬汝陰

宋令別見

陽夏令前漢屬淮陽後漢屬陳晉太康

地志陳令屬梁無復此縣又晉地志惠帝永康中復立永初郡國何並屬南梁徐志屬此

安陽令別見永初郡國何並屬南梁徐屬此

南梁太守梁郡別見晉孝武太元中僑立於淮南安帝始有淮南故地屬徐州武帝永初二年還南豫孝武大明六年廢屬西豫改名淮南八年復舊永初郡國又有虞陽夏安豐三縣並別見何徐無安豐又有義昌而並無寧陵縣今領縣九戶

六千二百十二口四万二千七百五十四去州水一
千八百陸五百去京都水一千七百陸七百
雎陽令漢舊名孝武大明六年改名
壽春八年復舊前廢帝永光
有義寧寧昌二縣併雎陽所治
即二漢晉壽春縣後省
蒙令䎼
虞令漢舊名
穀孰令漢舊名

陳令前漢屬淮陽後漢屬陳晉太康
地志屬梁
義寧長何無徐有宋末又立
新汲令漢舊名屬潁川
崇義令永初郡國荒人始立
寧陵䎼徐志後所立
晉熙太守晉安帝分廬江立領縣五户一千五
百二十一口七千四百九十七去州陸八百無水
去京都水一千二百無陸

水去京都水一千二百無陸
懷寧令晉安帝立
新治令晉安帝立
陰安令漢舊名屬魏郡晉太康地志屬頓丘
南樓令永初郡國何徐志無
太湖左縣長文帝元嘉二十五年以豫部
蠻民立太湖吕亭二縣晉熙後
省明帝大始二年復立

弋陽太守本縣名屬汝南魏文帝分立領縣六
户三千二百七十五口二萬四千二百六十二
去州陸一千一百去京都水闕
期思令漢舊縣
弋陽令漢舊縣
安豐令舊郡晉安帝併爲縣
樂安令新立
茹由令新立
安豐太守魏文帝分廬江立江左僑立晉安帝
省爲縣屬弋陽宋末復立

安豐令前漢地理志無後漢屬盧江

松滋令別見

汝南太守別見

上蔡侯相別見

平輿令別見

北新息令別見

陽令眞陽陽別見

安城令別見

南新息令別見

臨汝令漢舊名

陽安令別見

西平令別見

瞿陽令別見

安陽令別見

新蔡太守別見

鮦陽令別見

固始令別見

新蔡令別見

東苞信令別見

西苞信令徐志西豫唯一苞信疑是後僑

立所分

東郡太守別見永初郡國無萇平谷陽而有扶溝

別見何無陽夏扶溝徐無陽夏

項令別見

西華令別見

陽夏令別見

萇平令別見

父陽令別見

南頓太守別見帖治陳郡

南頓令別見

和城令別見

潁川太守別見

邵陵令別見

臨潁令別見

曲陽令別見

西汝陰太守永初郡國何徐並無此郡

汝陰令別見
安城令別見
樓煩令別見
宋令別見
汝陽太守別見
汝陽令別見
武津令
陳留太守別見永初郡國無浚儀封丘而有酸棗何徐無封丘尉氏

浚儀令別見
小黃令別見
雝丘令別見
白馬令別見
襄邑令別見
封丘令漢舊名
尉氏令別見
南陳左郡太守少帝景平中省此郡以宋民度屬南梁汝陰郡而永初郡國無末詳孝建二年以蠻户復立分赤官左縣爲蓼城左縣領縣二
樂疑
大明八年省郡郎名爲縣屬陳左縣
邊城左郡太守文帝元嘉二十五年以豫部蠻民立茹由樂安光城雩婁邊城史水開化邊城七縣屬弋陽郡徐志有邊城兩領雩婁史水開化邊城兩縣大明八年復省爲縣屬弋陽後復立領縣四户四百一十七口二千四百七十九
雩婁令二漢屬廬江晉太康地志云屬安豐
開化令

史水令
邊城令
光城左郡太守永初郡國何徐並無按起居注大明八年省光城左郡爲縣弋陽疑是大明中分弋陽所立八年復省後復立
樂安令
茹由令
光地令此三縣徐志屬弋陽
豫州刺史後漢治譙魏治汝南安成晉平吳後

治陳國晉江左所治已列於前永初郡國何徐
寄治睢陽而郡縣在淮西徐又有邊城别見南
豫州何又有初安綏城二郡初安領新（疑脱一字）懷
德二縣綏城領安昌招遠二縣並云新立徐無
則是徐志前省也領郡十縣四十三户二萬二
千九百一十九口一十五萬八百三十九

汝南太守漢高帝立領縣十一户一萬一千二
百九十一口八萬九千三百四十九去州水一
千陸七百去京都水三千陸一千五百

上蔡令漢舊縣

平樂令漢舊縣

北新息令漢舊縣

慎陽令漢舊縣永初郡國及徐並作眞陽

安成令漢舊縣

南新息令漢舊縣

朗陵令漢舊縣

陽安令漢舊縣

西平令漢舊縣

瞿陽令漢舊縣作濯陽

安陽令漢舊縣晉武太康元年改爲南安陽

新蔡太守晉惠帝分汝陰立今帖治汝南領縣
四户二千七百七十四口一萬九千八百八十
去州陸六百去京都水二千五百陸一千四百

鮦陽令漢舊縣晉成帝咸康二年省併新
蔡後又立

固始令故名寢丘之地也漢光武更名晉
成帝咸康年併新蔡後又立

新蔡令漢舊縣

苞信令前漢無後漢屬汝南晉太康地志
屬汝陰後漢郡國晉太康地志並作褒

譙郡太守何志故屬沛魏明帝分立按王粲詩
旣入譙郡界曠然消人憂是建安中亡非明
帝時立明矣永初郡國無長垣縣今領縣六户
一千四百二十四口七千四百四去州陸道三
百五十去京都水二千陸一千二百

蒙令漢舊縣屬沛

鄲令漢舊縣屬沛
寧陵令前漢屬陳留後漢晉太康地志屬梁
魏令故魏郡流寓配屬
襄邑令
長垣令漢舊縣屬陳留永初郡國無何故
屬陳留徐新配
梁郡太守秦碭郡漢高更名孝武大明元年度
徐州二年還豫領縣二戶九百六十八口五千
五百去州陸一百六十去京都水九百

下邑令漢舊縣何云魏立非也
碭令漢舊縣
陳郡太守漢高立爲淮陽國章帝元和三年更
名晉初併梁王彤薨還爲陳永初郡國有扶溝（前漢屬淮陽後漢晉太康地志屬陳留）陽夏（別見）而無父陽長平領
縣四戶六百九十三口四千一百一十三去州
陸七百六十去京都水一千四百五十
項城令漢舊縣屬汝南晉太康地志屬陳郡
西華令漢舊縣屬汝南晉初省惠帝永康
元年復立屬潁川江左度此
父陽令本苦縣前漢屬陳晉太康地志屬
梁成帝咸康三年更名
長平令前漢屬汝南後漢屬陳晉太康地
志屬潁川
南頓太守故屬汝南晉惠帝分立領縣二戶五
百二十六口二千三百六十五去州七百六十
去京都陸一千四百五十
南頓令漢舊縣何故屬汝陽晉武帝改屬
汝南按晉太康地志王隱地道無汝陽郡

和城令何江左立
潁川太守秦立魏分潁川爲襄城郡晉成帝咸
康二年省襄城還併潁川永初郡國又有許昌（本曰許漢舊縣魏曰許昌）新汲（別見）鄢陵長社潁陰陽翟（四縣並漢舊縣陽翟魏晉屬河南）六縣而無曲陽領縣三戶六百四
十九口二千五百七十九去州一千去京都陸
一千八百
邵陵令漢舊縣屬汝南晉太康地志屬潁川

臨潁令漢舊縣
曲陽令前漢屬東海後漢屬下邳晉太康地志無
汝陽太守晉太康地志王隱地道無此郡應是江左分汝南立晉成帝咸康三年省併汝南後又立領縣二戶九百四十一口四千四百九十五去州二百去京都陸一千四百水三千五百
汝陽令漢舊縣屬汝南何故屬汝陰晉武改屬汝南按晉武分汝南爲汝陰何

所言非也
武津令何不注置立
汝陰太守晉武帝分汝南立成帝咸康二年省併新蔡後復立領縣四戶二千七百四十九口一萬四千三百三十五
汝陽令漢舊縣
宋令前漢名新鄭章帝建初四年徙宋公國於此改曰宋
宋城令漢舊縣

樓煩令漢舊縣屬雁門流寓配屬
陳留太守漢武帝元狩元年立屬兗州中原亂廢晉成帝咸康四年復立永初郡國屬兗州何徐屬豫州永初郡國無浚儀有酸棗別見令領縣四戶百九十六口二千四百一十三寄治譙郡長垣縣界
浚儀令漢舊名
小黃令漢舊名

白馬令漢屬東郡晉太康地志屬濮陽
雎丘令漢舊名
江州刺史晉惠帝太康元年分揚州之豫章鄱陽廬陵臨川南康建安晉安荆州之武昌桂陽安成十郡爲江州初治豫章成帝咸康六年移治尋陽庾懌又治豫章尋還尋陽領郡九縣六十五戶五萬二千三十三口三十七萬七千一百四十七去

京都水一千四百

尋陽太守尋陽本縣名因水名縣水南注江二漢屬廬江吳立蘄春郡尋陽縣屬焉晉武帝太康元年省蘄春郡以尋陽屬武昌改蘄春之安豐爲高陵及邾縣皆屬武昌二年以武昌之尋陽復屬廬江郡惠帝永興元年分廬江武昌立尋陽郡尋陽縣後省領縣三戶二千七百二十口一萬六千八郡既立治

此

柴桑男相二漢屬豫章晉屬武昌漢晉太康地志屬豫章立尋陽郡後割度

松滋伯相前漢屬廬江後漢無晉太康地志屬安豐

安豐縣名前漢無後漢屬廬江晉武帝立爲安豐郡

江左流民寓尋陽僑立安豐松滋二郡遥隷揚州安帝省爲松滋縣尋陽又有弘農縣流寓文帝元嘉十八年省併松滋

豫章太守漢高帝立本屬揚州永初郡國有海昏漢舊縣何志無今領縣十二戶一萬六千一百三十九口一十二萬二千五百七十三去州水六百陸三百五十去京都水一千九百陸二千一百

南昌侯相漢舊縣

新淦侯相漢舊縣

豐城侯相吳立曰富城晉武帝太康元年更名

建城侯相漢舊縣

望蔡子相漢靈帝中平中汝南上蔡民分徙此地立縣名曰上蔡晉武帝太康元年更名

吳平侯相漢靈帝中平中立曰漢平吳更名

永脩男相漢靈帝中平中立

建昌公相漢和帝永元十六年分海昏立
豫寧侯相漢獻帝建安中立吳曰要安晉武帝太康元年更名
康樂侯相吳孫權黃武中立曰陽樂晉武帝太康元年更名
新吳令漢靈帝中平中立
艾侯相漢舊縣
鄱陽太守漢獻帝建安十五年孫權分豫章立治鄱陽縣赤烏八年徙治吳芮故城永初郡國有歷陵縣漢舊縣何志無領縣六戶三千二百四十二口一萬九百五十去州水四百四十去京都水一千八百四十陸二千六十
廣晉令吳立曰廣昌晉武帝太康元年更名
鄱陽侯相漢舊縣
餘干令漢舊縣
上饒男相吳立太康地志有王隱地道無
葛陽令吳立

樂安男相吳立
臨川內史吳孫亮太平二年分豫章東部都尉立領縣九戶八千九百八十三口六萬四千八百五去州水一千一百陸一千二十去京都水二千八百三十陸三千
臨汝侯相漢和帝永元八年立
西豐侯相吳立曰西平晉武帝太康元年更名
新建侯相吳立
永城男相吳立
宜黃侯相吳立
南城男相漢舊縣晉武帝太康元年更曰新南城江左復舊
南豐令吳立
東興侯相吳立
安浦男相吳立
廬陵太守廬陵本縣名屬豫章漢獻帝興平元年孫策分豫章立領縣九戶四千四百五十五

口三萬一千二百七十一去州水二千陸一千
六百去京都水三千六百
石陽子相前漢無後漢有
西昌侯相吳立
東昌子相吳立
吉陽男相吳立
巳丘男相吳立
興平侯相吳立
陽豐男相吳曰陽城晉武帝太康元年

更名
高昌男相吳立
遂興男相吳立曰新興晉武帝太康元
年更名永初郡國無此縣何徐並有
安城太守孫晧寶鼎二年分豫章廬陵長沙立
晉太康地志屬荆州領縣七戶六千一百一十六
口五萬三百二十三去州水三千三百陸三千
六百去京都水三千七百無陸
平都子相前漢曰安平後漢更名屬豫章

新喻侯相吳立
宜陽子相漢舊縣本名宜春屬豫章晉
孝武改名
永新男相吳立
安復侯相漢舊縣本名安成晉武帝太康
元年更名屬長沙
萍鄉侯相吳立
廣興侯相晉太康地志有此縣何云江左
立非也

南康公相晉武帝太康三年以廬陵南部都尉
立領縣七戶四千四百九十三口三萬四千六
百八十四去州水三千七百四十去京都水三
千八十
贛侯相漢舊縣屬豫章
寧都子相吳立曰楊都晉武帝太康元年
更名
雩都侯相漢舊縣屬豫章
平固侯相吳立曰平陽晉武帝太康元

年更名
南康公相吳立曰安南晉武帝太康元年
更名
陂陽男相吳立曰揭陽晉武帝太康五年
以西康揭陽移治故陂陽縣改曰陂
縣然則陂陽先已爲縣矣後漢郡
國無疑是吳所立而改曰揭陽也
南野伯相漢舊縣屬豫章
虔化男相孝武大明五年以虔化屯立

南新蔡太守江左立領縣四戶一千七百三十口八
千八百四十八去州水二百去京都水一千三百
七十陸一千八百八十
苞信令別本作褒信永初郡國作苞信
慎令漢舊名本屬汝南
宋令見徐志云宋樂後復舊
陽唐左縣令孝武大明八年立
建安太守本閩越秦立爲閩中郡漢武帝世閩
越反滅之徙其民於江淮間虛其地後有遁逃

山谷者頗出立爲治縣屬會稽司馬彪云章安
是故治然則臨海亦治地也張勃吳錄云閩越
王治鑄地故曰安閩王治此不應偏以受名蓋
句踐冶鑄之所故謂之冶平閩中有山名湛疑
湛山之鑪鑄劍爲湛鑪也後分冶地爲會稽東
南二部都尉東部臨海是也南部建安是也吳
孫休永安三年分南部立爲建安郡領縣七 疑
戶三千四十二口一萬七千六百八十六去州水
二千三百八十去京都水三千四十並無陸

吳興子相漢末立曰漢興吳更名
將樂子相晉太康地志有
邵武子相吳立曰昭武晉武帝更名
建陽男相晉太康地志有
綏成男相永初郡國何徐並有何徐不
注置立
沙村長永初郡國何徐並有何徐不注
置立
晉安太守晉武帝太康三年分建安立領縣五

戶二千八百四十三口一萬九千八百三十八去
州水三千九百九十去京都水三千五百八十
候官　相前漢無後漢曰東候官屬會稽
原豐令晉武帝太康三年省建安典船
校尉立
晉安男相吳立曰東安晉武帝更名
羅江男相吳立屬臨海晉武帝立晉安
郡度屬
溫麻令晉武帝太康四年以溫麻船屯

立永初郡國無何徐並有
青州刺史治臨淄江左僑立治廣陵安帝義熙五年平廣固北青州刺史治東陽城而僑立南青州如故後省南青州而北青州直曰青州孝武孝建二年移治歷城大明八年還治東陽明帝失淮北於鬱州僑立青州立齊北海西海郡舊州領郡九縣四十六戶四萬五百四口四十萬二千七百二十九去京都陸二千
齊郡太守秦立領縣七戶七千三百四十六口萬四千八百八十九
臨淄令漢舊縣
西安令漢舊縣
安平令六國時其地曰安平二漢魏晉曰東安平前漢屬淄川後漢屬北海魏度屬齊
般陽令前漢屬濟南後漢晉太康地志屬齊
廣饒令漢舊縣
昌國令漢舊縣

益都令魏立
濟南太守漢文帝十六年分齊立晉世濟岷郡云魏平蜀徙蜀豪將家於濟河故立此郡安帝義熙中二斷并濟南案晉太康地志無濟岷郡永初郡國濟南又有祝阿（二漢屬平原晉太康地志無）於陵縣（漢舊）而無朝陽平陵二縣領縣六戶五千五十六口三萬八千一百七十五去州陸四百去京都二千四百

廣城令漢舊縣
朝陽令前漢曰朝陽後漢晉曰東朝陽
二漢屬濟南晉太康地志屬樂安
著令漢舊縣
土鼓令漢舊縣晉無
逢陵令二漢晉無永初郡國何徐有
平陵令漢舊縣至晉並曰東平陵
樂安太守漢高立名千乘和帝永元七年更名
領縣三戶二千二百五十九口一萬四千九百九
十一去州陸一百八十去京都陸一千八百

千乘令漢舊縣
臨濟令前漢曰狄安帝永初二年更名
博昌令漢舊名
高密太守漢文帝分齊爲膠西宣帝太始元年
更名高密光武建武十三年併北海晉惠帝又
分城陽城陽郡前漢有後漢無魏復分北海立宋孝武併北海領縣
六戶二千三百四口一萬三千八百二去州陸二百
去京都陸一千六百

黔陬令前漢屬琅邪後漢屬東萊
晉太康地志屬城陽
淳于令二漢屬北海晉太康地志屬城陽
高密令前漢屬高密後漢屬北海晉
太康地志屬城陽
夷安令前漢屬高密後漢屬北海晉
太康地志屬城陽
營陵令二漢屬北海晉太康地志屬城陽
昌安令漢安帝延光元年立屬高密後漢
屬北海晉太康地志屬城陽

平昌太守故屬城陽魏文帝分城陽立後省晉
惠帝又立領縣五戶二千二百七十口二万五千五十去
州陸二百去京都陸千七百
安丘令二漢屬北海晉太康地志屬琅邪
平昌令前漢屬琅邪後漢屬北海晉太
康地志屬城陽
東武令二漢屬琅邪晉太康地志屬東莞
琅邪令二漢屬琅邪晉太康地志無

朱虛令前漢屬琅邪安帝永初元年
屬北海晉太康地志屬城陽
北海太守漢景帝十二年立領縣六戶三千九百
六十八口三萬五千九百九十五寄治州下
都昌令漢舊縣寄治州下餘依本治
膠東令本膠東國後漢晉太康地志
屬北海
劇令二漢屬北海晉太康地志屬琅邪
即墨令前漢屬膠東後漢晉太康地

志屬北海
下密令前漢屬膠東後漢晉太康地志
屬北海
平壽令漢舊縣
東萊太守漢高帝立領縣七戶一萬一百三十一
口七萬五千一百四十九去州陸五百去京都二
千一百
曲城令漢舊縣
掖令漢舊縣

惤令漢舊縣
盧鄉令漢舊縣
牟平令漢舊縣
當利令漢舊縣
黃令漢舊縣
太原太守秦立屬并州文帝元嘉九年割濟
南太山立領縣三戶二千七百五十七口二万四千
六百九十四去州陸五百去京都一千八百
山茌令漢舊縣屬太山孝武建元年度

濟北
太原令晉安帝義熙中土斷立屬太山
祝阿令別見
長廣太守本長廣縣前漢屬琅邪後漢屬東
萊晉太康地志云故屬東萊起居注咸寧三年以
齊東部縣爲長廣郡領縣四戶二千九百六十六
口二万二十三去州五百去京都一千九百五十
不其令前漢屬琅邪後漢屬東萊晉
太康地志屬長廣

太康地志屬長廣
長廣令前漢屬琅邪後漢屬東萊晉太康地志屬長廣
昌陽令晉惠帝元康八年分長廣縣立
挺令前漢屬膠東後漢屬北海晉太康地志屬長廣

冀州刺史江左立南冀州後省義熙中更立治青州又省文帝元嘉九年又分青州立歷城割土置郡縣領郡九縣五十戶三萬八千七十六口一十八萬一千一去京都陸二千四百

廣川太守本縣名屬信都地理志不言始立景帝二年以爲廣川國宣帝甘露三年復明帝更名樂安安帝延光中改曰安平晉武帝太康五年又改爲長樂廣川縣前漢屬信都後漢屬清河魏屬勃海晉還清河何志廣川江左所立又有蓨縣前漢屬信都後漢晉屬勃海 而無廣川孝武大明元年省廣川之東強前漢屬清河後漢晉江左無 勃海之浮陽高城並漢舊縣 立廣川縣非舊廣川縣也屬廣川郡領縣四戶三千二百五十口二萬三千六百一十四去州陸一百六十去京都陸一千九百八十
廣川令已見前
中水令前後屬涿後漢晉太康地志屬河閒孝武大明七年自河閒割度
武強令何江左立
索盧令何江左立

平原太守漢高帝立舊屬青州魏晉屬冀州領縣八戶五千九百一十三口二萬九千二百六十七

廣宗令前漢無後漢屬鉅鹿晉太康地志屬安平永初郡國何無孝武大明元年復立
平原令漢舊縣
鬲令漢舊縣
安德令漢舊縣
平昌令漢舊縣後漢晉太康地志曰西平昌

般縣令漢舊縣
茌平令前漢屬東郡後漢屬濟北晉太康
地志屬平原
高唐令漢舊縣
清河太守漢立桓帝建和二年改曰甘陵魏復
舊何有重合縣別見領縣七户三千七百九十四
口二萬九千二百七十四去州一百一十去京都陸
一千八百
清河令二漢無晉太康地志有
武城令漢舊縣並曰東武城
繹幕令漢舊縣
貝丘令漢舊縣
零令漢舊縣作靈
鄃令漢舊縣
安次令前漢舊縣屬勃海後漢屬廣陽
晉太康地志屬燕國
樂陵太守晉武帝分平原立舊屬青州今來
屬領縣五户三千一百三口一萬六千六百六

十一去州一百四十去京都陸一千八百
樂陵令漢舊縣故屬平原
陽信令二漢屬勃海晉太康地志屬樂陵
新樂令別見
厭次令前漢曰富平明帝更名屬平原晉
太康地志屬樂陵
溼沃令前後屬千乘後漢無何云魏立當
是魏復立也晉太康地志屬樂陵
魏郡太守漢高帝立二漢屬冀州魏晉屬司
隸江左屬省置宋孝武又僑立何無領縣八户
六千四百五口三萬三千六百八十二
魏令漢舊縣
安陽令晉太康地志有
聊城令漢屬東郡晉屬平原
博平令漢屬東郡晉屬平原
肥鄉令晉太康地志屬廣平
蠡吾令前漢屬涿後漢屬中山晉太康地志
屬高陽孝武始立屬高陽大明七年度此

頓丘令（別見）文帝元嘉二十八年流民歸
順孝武孝建二年立
臨邑令漢屬東郡晉屬濟北孝武孝建
二年與頓丘同立
河間太守漢文帝二年分趙立江左屢省置宋
孝武又僑立何無領縣六戶二千七百八十一口
一萬七千七百七
樂城令漢舊縣
城平令前漢屬勃海後漢晉太康地志

屬河間
武垣令前漢屬涿後漢晉太康地志屬
河間
章武令二漢屬勃海晉太康地志屬章
武江左立屬廣川孝武大明七年度此
南皮令漢舊縣屬勃海孝武始立屬勃
海大明七年度此
阜城令前漢勃海有阜城縣續漢安平
有阜城縣注云故昌成漢信都有
昌成未詳孰是
頓丘太守（別見）江左屢省置孝武又僑立何無領
縣四戶一千二百三十八口三千八百五十一
頓丘令（別見）
衛國令晉太康地志有肥陽令何志以前無
陰安令二漢屬魏
陽平晉屬頓丘
高陽太守高陽前漢縣名屬涿後漢屬河間晉
武帝泰始元年分涿為范陽又屬焉後又分范
陽為高陽江左屢省置孝武又僑立何無領縣

五戶二千二百九十七口一萬四千七百二十五
安平令前漢涿後漢屬安平晉太康地志
屬博陵
饒陽令前漢屬涿續漢安平有饒陽縣注
云故名饒屬涿按地理涿唯有饒陽
縣無饒縣
鄴令漢舊縣屬魏郡江左避愍帝諱改
曰臨漳孝武始立屬魏郡大明七年

度此

高陽令已見

新城令前漢屬中山後漢屬涿晉太康地志高陽並曰北新城

勃海太守漢高帝立屬幽州後漢晉屬冀州江左省置孝武又僑立何無領縣三戶一千九百五口萬二千一百六十六

長樂令晉之長樂郡也疑是江左省爲縣至是又立

脩令別見何志屬廣川徐志屬此

重合令漢舊縣

司州刺史漢之司隸校尉也晉江左以來淪沒戎寇雖永和太元王化暫及太和隆安還復湮陷牧司之任示舉大綱而已縣邑戶口不可具知武帝北平關洛河南底定置司州刺史治虎牢領河南縣漢舊滎陽晉武帝太始元年分河南立弘農郡漢舊實土三郡河南領洛陽河南鞏緱氏新成梁並漢舊縣河陰晉太康地志有陸渾漢舊縣屬弘農晉太康地志屬河南東垣二漢晉太康地志何有東垣縣新安二漢屬弘農晉太康地志屬河東西東垣新立凡十一縣滎陽領京密滎陽卷陽武苑陵中牟開封成皐北漢舊縣屬河南凡九縣弘農領弘農陝宜陽黽池盧氏並漢舊縣曲陽前漢屬東海後漢屬下邳太康地志無凡七縣三郡合二十七縣一萬六千三百六戶又有河內漢舊郡東京兆京兆別見雍州東京兆新立二僑郡河內寄治河南領溫野王軹河陽沁水山陽懷平皐並漢舊名朝歌二漢屬河內晉太康地志屬汲郡晉武太康始始元年立凡十縣東京兆寄治滎陽領長安漢舊縣萬年別見新豐別見藍田別見蒲阪二漢晉太康地志屬河東凡六縣合十六縣

一千九百九十二戶少帝景平初司州復沒北虜文帝元嘉末僑立始汝南尋亦省廢明帝復於南豫州之義陽郡立司州漸成實土焉領郡四縣二十去京都水二千七百陸一千七百

義陽太守魏文帝立後省晉武帝又立太康地志永初郡國何志並屬荆州徐則南豫也明帝泰始五年度郢州後廢帝元徽四年屬州司鎮

縣七戶八千三十一口四萬一千五百九十七
平陽矦相前漢無後漢屬江夏曰平春
晉太康地志屬義陽晉孝武改
鄳令二漢屬江夏晉太康地志屬義陽
竝作鄳音盲永初郡國何竝作鄳
鍾武令前漢屬江夏後漢晉太康地志
無永初郡國屬義陽
寶城令孝武孝建三年分鄳立
義陽令晉太康地志有後省孝武孝建

三年分平陽立
平春令孝武孝建三年分平陽立
環水長永初郡國何徐竝無明帝泰始
三年度屬宋安郡後省宋安還此
宋安本縣名孝武大明八年省義
陽郡所統東隨二左郡立爲宋安
縣屬義陽明帝立爲郡
隨陽太守晉武帝分南陽義陽立義陽國太康
年又分義陽爲隨國屬荆州孝武孝建元年度

屬郢前廢帝永光元年度屬雍明帝泰始五年
還屬郢改爲隨陽後廢帝元徽四年度屬司州
徐志又有華音縣今無領縣四戶四千六百去京
都三千四百八十
隨陽子相漢隨縣屬南陽晉太康地志
屬義陽後隨國與郡俱改
水陽男相徐志有
闕西令別見荆州作厥西宋末新立
西平林令宋末新立

安陸太守孝武孝建元年分江夏立屬郢州後
廢帝元徽四年度司州徐志有安蠻縣永初郡
國何竝無當是何志後所立尋爲郡孝武大明
八年省爲縣屬安陸明帝太始初又立爲左郡
宋末又省領縣二戶六千四十三口二萬五千八
十四去京都水二千三百
安陸公相漢舊縣屬江夏
江夏又有曲陵縣本名石陽吳立晉起
居注太康元年改江夏石陽曰曲

陽明帝泰始六年併安陸

南汝南太守 汝南郡別見

平輿令

北新息令

眞陽令

安城令

南新息令

安陽令 並別見

臨汝令新立

志第二十六

志第二十七

臣沈約撰

州郡三

荊州

郢州

湘州

雍州

梁州

秦州

荊州刺史漢治武陵漢壽魏晉治江陵王敦治武昌陶侃前治沔陽後治武昌王廙治江陵庾亮治武昌庾翼進襄陽復還夏口桓溫治江陵桓沖治上明王忱還江陵此後遂治江陵宋初領郡三十一後分南陽順陽襄陽新野竟陵爲雍州湘川十郡爲湘州江夏武陽屬郢州隨郡義陽屬司州北義陽省凡餘十一郡文帝世又立宋安左郡領拓邊綏慕樂寧慕化仰澤革音歸德七縣後省改汶陽郡又度屬今領郡十二

縣四十八户六萬五千六百四去京都水三千
三百八十
南郡太守秦立漢文帝元年爲臨江國景帝中
元年復故晋武帝太康元年改曰新郡尋復故
宋初領縣九後州陵監利度屬巴陵旌陽文帝
元嘉十八年省併枝江二漢無旌陽見晋太康
地志疑是呉所立凡餘六縣户一萬四千五百
四十四口七萬五千八十七
江陵公相漢舊縣
華容公相漢舊縣晋武太康元年省後

復立
當陽男相漢舊縣
臨沮伯相漢舊縣晋太康永寧地志屬
襄陽後度
編縣男相漢舊縣
枝江侯相漢舊縣
南平内史呉南郡治江南領江陵華容諸縣晋
武帝太康元年分南郡江南爲南平郡治作唐

後治江安領縣四户一萬二千三百九十二口
四萬五千四十九去州水二百五十去京都水
三千五百無陸
江安侯相晋武帝太康元年立
孱陵侯相二漢舊縣屬武陵晋太康地
記屬南平
作唐侯相前漢無後漢屬武陵晋太康
地記屬南平
安南令晋武帝分江安立

天門太守呉孫休永安六年分武陵立充縣有
松梁山山有石石開處數十丈其高以努仰射
不至其上名天門因此名郡元縣後省孝武孝
建元年度郢州明帝泰始三年復舊領縣四户
三千一百九十五去州水一千二百陸六百去
京都水三千五百
澧陽令晋武帝太康四年立
臨澧令晋武帝太康四年立
零陽令漢舊縣屬武陵

漊中令　二漢無晉太康地志有疑是吳立

宜都太守　太康地志王隱地道何志並云吳分南郡立張勃吳錄云劉備立按吳志呂蒙平南郡據江陵陸遜別取宜都獲秭歸枝江夷道縣初權與劉備分荆州而南郡屬備則是備分南郡立宜都非吳立也習鑿齒云魏武平荆州分南郡枝江以西爲臨江郡建安十五年劉備改爲宜都領縣四戶一千八百四十三口三萬四千二百二十去州水三百五十無陸去京都水三千七百三十

夷道令　漢舊縣

佷山男相　前漢屬武陵後漢屬南郡晉武帝太康元年改爲興山後復舊

宜昌令　何志晉武帝立按太康永寧地志並無疑是此後所立

夷陵令　漢舊縣吳改曰西陵晉武帝太康元年復舊

巴東公相　譙周巴記云初平六年荆州帳下司馬趙韙建議分巴郡諸縣漢安以下爲永寧郡建安六年劉璋改永寧爲巴東郡以涪陵縣分立丹興漢葭二縣立巴東屬國都尉後爲涪陵郡晉太康地志巴東屬梁州惠帝太安二年度益州穆帝永和初平蜀度屬荆州永初郡國志無巴渠黽陽二縣領縣七戶一萬三千七百九十五口四萬五千二百三十七去州水一千三百去京都水四千六百八十

魚復侯相　漢舊縣屬巴郡劉備章武二年改爲永安晉武帝太康元年復舊

朐䏰令　漢舊縣屬巴郡

新浦令　何志新立

南浦令　劉禪建興八年十月益州牧閻宇表改羊渠立羊渠不詳何志吳立

漢豐令　何志不注置立太康地志巴東有漢昌縣疑是

巴渠令　何志不注置立

黽陽令　何志不注置立晉末平吳時峽

中立武陵郡有黽陽黚陽縣咸寧元年並省

汶陽太守何志新立先屬梁州文帝元嘉十一年度宋初有四縣後省汶陽縣今領三縣戶九百五十八口四千九百一十四去州水七百陸四百去京都四千一百

僮陽令何志新立

沮陽令何志新立

高安令何志新立

南義陽太守（義陽郡別見）晉末以義陽流民僑立宋初有四縣孝武孝建二年以平陽縣併厥西平陽本爲郡江左僑立魏世分河東爲平陽郡晉末省爲縣今領縣二戶一千六百七口九千七百四十一

厥西令二漢無晉太康地志屬義陽

平氏令漢舊名屬南陽

新興太守魏志建安二十年省雲中定襄五原朔方四郡郡立一縣合爲此郡屬并州晉江左僑立宋初六縣後省雲中（漢舊名屬雲中）孝武孝建二年又省九原縣（漢舊名屬五原）併定襄宕渠（流寓立）併廣牧凡今領縣三戶二千三百一口九千五百八十四

定襄令漢舊名

廣牧男相漢舊名屬朔方

新豐令漢舊名屬京兆僑流立

南河東太守河東郡秦立晉成帝咸康三年征西將軍庾亮以司州僑戶立宋初八縣孝武孝建二年以廣戚（前漢屬沛後漢晉太康地志屬彭城江左流寓立）併聞喜和農（江左立僑郡後併省爲縣）臨汾併松滋安邑併永安（臨汾安邑漢舊名臨汾後屬陽平）令領縣四戶二千四百二十三口一萬四百八十七去州水一百二十去京都水三千五百

聞喜令故曲沃秦改爲左邑漢武帝元鼎六年行幸至此聞南越破改名聞喜

永安令前漢彘縣順帝陽嘉二年更名

後屬平陽

松滋令前漢屬廬江後漢無晉屬安豐疑是有流民寓荆土故立

譙縣令別見譙流民寓立

建平太守吳孫休永安三年分宜都立領信陵興山秭歸沙渠四縣晉又有建平都尉領巫北井泰昌建始四縣晉武帝咸寧元年改都尉爲郡於是吳晉各有建平郡太康元年吳平併合五年省建始縣後復立永初郡國有南陵建始信陵興山永新永寧平樂七縣今並無按太康地志無南陵永新永寧平樂新鄉五縣疑是江左所立信陵興山沙渠疑是吳立建始晉初所立也領縣七戶一千三百二十九口二萬八百一十四去州水陸一千去京都水四千三百八十

巫令漢舊縣

秭歸侯相漢舊縣

歸鄉公相何志故屬秭歸吳分按太康地志云秭歸有歸鄉改夔子國楚滅之而無歸鄉縣何志所言非也

北井令晉太康地志有先屬巴東晉武帝泰始五年度建平

泰昌令晉太康地志有

沙渠令晉起居注太康元年立按沙渠是吳建平郡所領吳平不應方立

不詳

新鄉令

永寧太守晉安帝僑立爲長寧郡宋明帝以名與文帝陵同改爲永寧宋初五縣後省經安晉安帝立孝武孝建二年後以僮陽晉安帝立併長寧綏寧晉安帝立併上黃今領縣二戶一千一百五十七口四千二百七十四去州陸六十去京都三千四百三十

長寧侯相晉安帝立

上黃男相宋初屬襄陽後度二漢晉並無此縣

武寧太守晉安帝隆安五年桓玄以沮漳降蠻

立領縣二戶九百五十八口四千九百一十四

樂鄉令晉安帝立

長林男相晉安帝立

郢州刺史魏文帝黃初三年以荆州江北諸郡爲郢州其年罷并荆非今地吳又立郢州孝武孝建元年分荆州之江夏竟陵隨武陵天門湘州之巴陵江州之武昌豫州之西陽又以南郡之州陵監利二縣度屬巴陵立郢州天門後還荆領郡六縣三十九戶二萬九千四百六十九

口十五萬八千五百八十七去京都水二千一百

江夏太守漢高帝立本屬荆州永初郡國及何志並治安陸此後治夏口又有安陸曲陵曲後別郡領縣七戶五千七十二口二萬三千八百一十

汝南侯相本沙羨土晉末汝南郡民流寓夏口因立爲汝南縣沙羨令漢舊縣吳省晉武太康元年復立治夏口孝武太元三年省併沙陽後以其地爲汝南實土

沌陽子相江左立

孝昌侯相永初郡國何志並無徐志有疑是孝武世所立

惠懷子相江左立

沙陽男相二漢舊縣本名沙羨屬武昌晉武帝太康元年更名又立沙羨而沙陽徙今所治文帝元嘉十六年度巴陵孝武孝建元年度江夏

灄陽子相晉惠帝世安陸人朱伺爲陶侃將求分安陵東界爲此縣

蒲圻男相晉武帝太康元年立本屬長沙文帝元嘉十六年度巴陵孝武孝建元年度江夏

竟陵太守晉惠帝元康九年分江夏西界立何志又有宋縣徐無領縣六戶八千五百九十一口四萬四千三百七十五去州水一千四百去京都水三千四百

萇壽令明帝泰始六年立
竟陵侯相漢舊縣屬江夏
新市子相漢舊縣屬江夏
宵城侯相永初郡國有何徐不注置立
新陽男相永初郡國有何徐不注置立
雲杜侯相漢舊縣屬江夏
武陵太守前漢地理志高帝立續漢郡國志云
秦昭王立名黔中郡高帝五年更名本屬荊州
領縣十戶五千九十口三萬七千五百五十五

去州水一千去京都水三千
臨沅男相漢舊縣
龍陽侯相晉太康地理志何志具立
漢壽伯相前漢立後漢順帝陽嘉三年
更名吳曰吳壽晉武帝復舊
沅南令漢光武建武二十六年立
遷陵侯相漢舊縣
辰陽男相漢舊縣
舞陽令前漢作無陽後漢無晉太康地
志有
酉陽長漢舊縣
黚陽長二漢無晉太康地志有
沅陵令漢舊縣
巴陵太守文帝元嘉十六年分長沙之巴陵蒲
圻下雋江夏之沙陽四縣立屬湘州孝武孝建
元年割南郡之監利州陵度江夏屬郢州二年
又度長寧之綏安屬巴陵何志訖元嘉二十年
巴陵郡以十六年立應在何志而闕領縣四戶

五千一百八十七口二萬五千三百一十六去
州水五百去京都水二千五百
巴陵男相晉武帝太康元年立屬長沙
本領度支校尉立郡省
下雋侯相漢舊縣屬長沙
監利侯相按晉起居注太康四年復立
南郡之監利縣尋復省之言由先
有而被省也疑是吳所立又是吳
所省孝武孝建元年度

州陵侯相漢舊縣屬南郡晉武帝太康
元年復立疑是吳所省也孝武孝
建元年度明帝泰始四年以綏安
縣併州陵
武昌太守晉起居注太康元年改江夏爲武昌
郡領縣三戶二千五百四十六口一萬一千四
百一十一去京都水一千一百
武昌侯相魏文帝黃初三年孫權改鄂
爲武昌

陽新侯相吳立
鄂令漢舊縣屬江夏吳改鄂爲武昌晉
武帝太康元年復立鄂縣而武昌
如故
西陽太守本縣名二漢屬江夏魏立弋陽郡又
屬焉晉惠帝又分弋陽爲西陽國屬豫州宋孝
武孝建元年度郢州明帝太始五年又度豫後
又還郢來初郡國何徐並有弋陽縣今領縣十
戶二千九百八十三口一萬六千一百二十去州
水二百八十去京都水一千七百二十
西陽令漢舊縣屬江夏後屬弋陽
西陵男相漢舊縣屬江夏後屬弋陽
孝寧侯相本軑縣漢舊縣孝武自此伐
逆即位改名
蘄陽令三漢江夏郡有蘄春縣吳立爲
郡晉武帝太康元年省爲蘄春郡
而縣屬弋陽後屬新蔡孝武大明
八年還西陽

義安令明帝泰始二年以來流民立
蘄水左縣長文帝元嘉二十五年以豫
部蠻民立建昌南川長風赤亭魯
亭陽城彭波遷溪東丘東安西安
南安房田希水高坡直水蘄水清
石十八縣屬西陽孝武大明八年
赤亭彭波併陽城其餘不詳何時省
東安左縣長前廢帝永光元年復以西
陽蘄水巴水希水三屯爲縣

建寧左縣長孝武大明八年省建寧左郡爲縣屬西陽徐志有建寧縣當是此後爲郡

希水左縣長

陽城左縣長本屬建寧左郡孝武大明八年省西陽之赤亭陽城彭城三縣併建寧之陽城縣而以縣屬西陽

湘州刺史晉懷帝永嘉元年分荆州之長沙衡陽湘東邵陵零陵營陽建昌江州之桂陽八郡

立治臨湘成帝咸和三年省安帝義熙八年復立十二年又省宋武帝永初三年又立文帝元嘉八年省十七年又立二十九年又省孝武孝建元年又立建昌郡晉惠帝元康九年分長沙東北下雋諸縣立成帝咸康元年省元嘉十六年立巴陵郡屬湘州後度郢領郡十縣六十二戶四萬五千八十九口三十五萬七千五百七十二去京都水三千三百

長沙內史秦立宋初十縣下雋蒲圻巴陵屬巴陵今領縣七戶五千六百八十四口四萬六千二百一十三

臨湘侯相漢舊縣

醴陵侯相後漢立

瀏陽侯相吳立

吳昌侯相後漢立曰漢昌吳更名

羅縣侯相漢舊縣

攸縣子相漢舊縣

建寧子相吳立

衡陽內史吳孫亮太平二年分長沙西部都尉立領縣七戶五千七百四十六口二萬八千九百九十一去州水二百二十去京都水三千七百

湘西令吳立

湘南男相漢舊縣屬長沙

益陽侯相漢舊縣屬長沙

湘鄉男相前漢無後漢屬零陵

新康男相吳曰新陽晉武帝太康元年更名

重安矦相前漢曰鍾武後漢順帝永建
三年更名屬零陵
衡山男相吳立曰衡陽晉惠帝更名
桂陽太守漢高立屬荆州晉惠帝元康元年度
江州領縣六户二千二百一十九口二萬二千
一百九十二去州水一千四百去京都水四千
九百四十
郴縣伯相漢舊縣
耒陽子相漢舊縣

南平令漢舊縣
臨武令漢舊縣
汝城令江左立
晉寧令漢順帝永和元年立曰漢寧吳
改曰陽安晉武帝太康元年改曰
晉寧
零陵内史漢武帝元鼎六年立領縣七户三千
八百二十八口六萬四千八百二十八去州一
千四百去京都水四千八百

泉陵子相漢舊縣
洮陽矦相漢舊縣
零陵子相漢舊縣
祁陽子相吳立明帝泰始初度湘東五
年復舊
應陽男相晉惠帝分觀陽立
觀陽男相吳立
永昌令吳立
營陽太守江左分零陵立領縣四户一千六百

八口二萬九百二十七去州水一千七百一去
京都水五千五百五十
營浦矦相漢舊縣屬零陵
營道矦相漢舊縣屬零陵
舂陵令前漢舊縣舂陵矦徙國南陽省
吳復立屬零陵
泠道令漢舊縣屬零陵
湘東太守吳孫亮太平二年分長沙東部都尉
立晉世七縣孝武太元二十年省酃縣漢舊利陽

新平張勃吳録有此二縣利作梨晉作利音 三縣令領縣五户一
千三百九十六口一萬七千四百五十去州水
陸七百去京都水三千六百
臨烝伯相吳屬衡陽晉太康地志屬湘東
新寧令吳立
茶陵子相漢舊縣屬長沙
湘陰男相後廢帝元徽二年分益陽羅
湘西及巴硤流民立
陰山令陰山乃是漢舊縣而屬桂陽吳
湘東郡有此陰山縣疑是吳所立

邵陵太守吳孫皓寶鼎元年分零陵北部都尉立領
縣七户一千九百一十六口二萬五千五百六十五
去州水七百陸一千三百去京都水四千五百
邵陵子相何志屬長沙按二漢無吳録屬邵陵
武剛令晉武分都梁立
建興男相晉武帝分邵陵立
高平男相吳立晉武帝太康元年改曰南
高平後更曰高平

都梁令漢舊縣屬零陵
邵陽男相吳立曰昭陽晉武改
扶縣令漢舊縣至晉曰夫夷漢屬零陵
晉屬邵陵案今云扶者疑是避桓
温諱去夷夫不可爲縣名故爲扶云
廣興公相吳孫皓甘露元年分桂陽南部都尉立
爲始興郡晉武帝平吳以屬廣州成帝度荊州
宋文帝元嘉二十九年又度廣州三十年復度
湘州明帝泰始六年立岡溪縣割始興之封陽

陽山含洭四縣立宋安郡屬湘州太豫元年復
省岡溪縣改始興曰廣興領縣七户一萬一
千七百五十六户七萬六千三百二十八去州水
二千三百九十去京都水五千
曲江侯相漢舊縣屬桂陽
桂令漢舊縣屬桂陽
陽山侯相漢舊縣後漢曰陰山屬桂陽
吳始興郡無此縣當是晉後立
貞陽侯相漢舊縣名湞陽屬桂陽宋明

帝泰始三年改湞爲貞
含洭男相漢舊縣屬桂陽
始興令吴立
中宿令漢舊縣屬南海吴度
臨慶内史吴分蒼梧立爲臨賀郡屬廣州晉成帝度荆州宋文帝元嘉二十九年度廣州三十年復度湘州明帝改名領縣九戸三千七百一十五口三萬一千五百八十七去州水陸二千八百去京都水陸五千五百七十

臨賀侯相漢舊縣晉太康地志王隱云屬南海而二漢屬蒼梧當是吴所度
馮乘侯相漢舊縣屬蒼梧
富川令漢舊縣屬蒼梧
封陽侯相漢舊縣
興安侯相吴立曰建興晉武帝太康元年更名
謝沐長漢舊縣屬蒼梧
寧新令二漢無當是吴所立屬蒼梧晉武帝太康元年更名
開建令文帝分封陽立宋昌宋興開建武化徃徃生徃音永固綏南七縣後又分開建武化宋昌三縣立宋建郡屬廣州孝武大明元年悉省唯餘開建縣
撫寧令宋末立
始建内史吴孫晧甘露元年分零陵南部都尉立始安郡屬廣州晉成帝度荆州宋文帝元嘉

二十九年度廣州三十年復度湘州明帝改名領縣七戸三千八百三十口二萬二千四百九十去州水二千八十陸二千六百三十去京都水五千五百九十
始安子相漢舊縣屬零陵
熙平令吴立爲尚安晉武改
永豐男相吴立
荔浦令漢舊縣屬蒼梧
平樂侯相吴立

建陵男相吳立屬蒼梧宋末度

樂化左令宋末立

雍州刺史晉江左立胡亡氐亂雍秦流民多南出樊沔晉孝武始於襄陽僑立雍州幷立僑郡縣宋文帝元嘉二十六年割荊州之襄陽南陽新野順陽隨五郡爲雍州而僑郡縣猶寄寓在諸郡界孝武大明中又分實土郡縣以爲僑郡縣境徐志雍州有北上洛北京兆義陽三郡北上洛晉孝武立領上洛北商豐陽陽亭北拒陽

五縣北京兆領北藍田霸城山北三縣並云景平中立義陽云晉安帝立領平氏襄鄉二領酇陽陽亭北拒陽並云安帝立餘縣不注置立今並無此三郡令領郡十七縣六十戶三萬八千九百七十五口十六萬七千四百六十七去京都水四千四百陸二千一百

襄陽公相魏武帝平荊州分南郡編以北及南陽之山都立屬荊州魚豢云魏文帝立永初郡國何志並有宜城漢舊縣屬南郡郡上黃縣並別見徐志

無領縣三戶四千二十四口一萬六千四百九十六

襄陽令漢舊縣屬南郡

中盧令漢舊縣屬南郡

邔縣令漢舊縣屬南郡

南陽太守秦立屬荊州永初郡國有比陽魯陽赭陽西鄂犨葉雉博望八縣並漢舊縣何志無犨雉徐志無比陽魯陽赭陽西鄂博望而有葉餘並同孝武大明元年省葉縣領縣七戶四千七百

二十七口三萬八千一百三十二去州三百六十去京都水四千四百

宛縣令漢舊縣

涅陽令漢舊縣

云陽男相漢舊縣故名育陽晉孝武改

冠軍令漢舊縣武帝分穰立

酇縣令漢舊縣

舞陰令漢舊縣

許昌男相徐志無此後所立本屬潁川

新野太守何志晉惠帝分南陽立永初郡國何志有棘陽別見蔡陽鄧縣並漢舊縣徐無孝武大明元年省蔡陽令領縣五戶四千二百三十五口一萬四千七百九十三去州一百八十去京都水四千五百八十

新野侯相漢舊縣屬南陽文帝元嘉末省孝武大明元年復立

山都男相漢舊縣屬南陽晉太康地志屬襄陽永初郡國及何徐屬新陽

池陽令漢舊名屬馮翊晉太康地志屬京兆僑立亦屬京兆孝武大明中土斷又屬此

穰縣令漢舊縣屬南陽

交木令孝武大明元年立

順陽太守魏分南陽立曰南鄉晉武帝更名成帝咸康四年復立南鄉後復舊永初郡國及何志有朝陽武當酇陰汎陽筑並別見析前漢屬弘農後漢屬南陽脩陽唯見永初郡國凡八縣徐志唯增朝陽朝陽孝武大明元年省領縣七戶四千一百六十三口二萬三千一百六十三

南鄉令前漢無後漢有屬南陽

槐里男相漢舊名屬扶風晉太康地志屬始平僑立亦屬始平大明土斷屬此

順陽侯相前漢曰博山後漢明帝更名屬南陽

清水令前漢屬天水後漢爲天水漢陽無此縣晉太康地志屬略陽僑立

屬始平大明土斷屬此

朝陽令漢舊縣

丹水令前漢屬弘農後漢屬南陽何志魏立非也

鄭縣令漢舊名屬京兆僑立亦屬京兆後度此

京兆太守故秦內史漢高帝元年屬塞國二年更爲渭南郡九年罷復爲內史武帝建元六年

分爲右內史太初元年更爲京兆尹魏改爲京
兆郡初僑立寄治襄陽朱序沒氐孝武太元十
一年復立大明土斷割襄陽西界爲實土雍州
僑郡先屬府武帝永初元年屬州永初郡國有
藍田（漢舊縣）鄭池陽（並別見）南霸城（本霸陵漢舊縣太康地志曰霸
城何志魏）新康五縣何志無新康而有新豐徐無
孝武大明元年省京兆之盧氏藍田霸城縣盧
郎當是何志後所立二漢屬弘農晉太康地志
屬上洛新康疑是晉末所立領縣三戶二千三
百七口九千二百二十三

杜令二漢曰杜陵魏改

鄧縣令漢舊縣屬南陽

新豐令漢舊縣

始平太守晉武帝太始二年分京兆扶風立後
分京兆扶風僑立治襄陽今治武當永初郡國
唯有始平平陽清水（別見）三縣何志有槐里（別見）宋
寧宋嘉（何志新三）三縣而清水始平與永初郡國同
領縣四戶二千七百九十七口五千五百十二

武當侯相漢舊縣屬南陽後屬順陽

始平令魏立

武功令漢舊名故屬扶風晉太康地志
屬始平

平陽子相江左平陽郡民流寓立此

扶風太守故秦內史高帝元年屬雍國二年更
爲中地郡九年罷後爲內史武帝建元六年分
爲右內史太初元年更名爲右扶風僑立治襄
陽今治筑口永初郡國及何志唯有郡魏昌縣
（魏昌魏立屬中山）孝武大明元年省魏昌領縣三戶二
千一百五十七口七千二百九十

筑陽令漢舊縣屬南陽又屬順陽大明
土斷屬此

郿縣令漢舊名屬扶風晉太康地志屬
秦國

汎陽令晉武帝太康五年立屬南鄉仍
屬順陽大明土斷屬此

南上洛太守永初郡國何志雍州並有南上洛

郡寄治魏興今梁州之上洛是也此上洛蓋是何志以後僑立耳今治曰何徐志雍州南上洛晉武帝立北上洛云晉孝武立非也徐有南北陽亭陽安縣不注置立今領縣二户一百四十四口四百七十七

上洛男相別見

商縣令別見

河南太守故秦三川郡漢高帝更名光武都雒陽建武五年改曰河南尹僑立始治襄陽孝武

大明中分沔北爲境永初郡國及何志並又有陽城緱氏縣漢舊名並屬河南徐無此二縣而有僑洛陽漢舊名陽城縣孝武大明元年省洛陽當是何志後立領縣五户三千五百四十一口一萬三千四百七十去州陸三十五

河南令漢舊名

新城令漢舊名

河陰子相魏立

棘陽令漢縣故屬南陽晉太康地志屬

義陽後屬新野大明土斷屬此

襄鄉令前漢無後漢有屬南陽徐志屬義陽當是大明土斷屬此

廣平太守別見江左僑立治襄陽今爲實土永初郡國及何志並又有易陽曲周邯鄲並見在無鄴比陽徐無復邯鄲縣易陽曲周孝武大明元年省邯鄲應是土斷省領縣四户二千六百二十七口六千二百九十三

廣平令漢舊名徐志南度以朝陽縣境立

酇縣令漢舊縣屬南陽後屬順陽

比陽令漢舊縣屬南陽

陰縣令漢舊縣屬南陽

義成太守晉孝武立治襄陽今治均永初郡國又有下蔡平阿縣二縣前漢屬沛後漢屬九江晉太康地志屬淮南何同孝武大明元年省下蔡始亦流寓立也平阿當是何志後省領縣二户一千五百二十一口五千一百一

義成侯相晉孝武立

萬年令漢舊名屬馮翊

馮翊太守故秦内史高帝元年屬塞國二年更名爲河上郡九年罷復爲内史武帝建元六年分爲左内史太初元年更名三輔流民出襄陽文帝元嘉六年立則何志應有而無治襄陽今治郡領縣三疑戶二千七十八口五千三百二十一

鄀縣令漢舊縣屬南郡作若字晉太康地志作鄀永初郡國及何志屬襄陽徐屬此

高陸令晉太康地志屬京兆永初郡國何志竝無孝武大明元年復立

南天水太守天水郡別見徐志本西戎流寓今治嚴州永初郡國何志竝無當是何志後所立又有冀縣漢舊名孝武大明元年省領縣四戶六百八十七口三千一百二十二

華陰令前漢屬京兆後漢魏晉屬弘農

西縣令前漢屬隴西後漢屬漢陽即天水魏晉屬天水

略陽侯相別見

河陽令別見

建昌太守孝建元年刺史朱脩之免軍戶爲永興安寧二縣立建昌郡又立永寧爲昌國郡並寄治襄陽昌國後省徐志建昌又有永寧縣今無領縣二戶七百三十二口四千二百六十四

永興令

安寧男相

華山太守胡人流寓孝武大明元年立今治大隄領縣三戶一千三百九十九口五千三百四十二

華山令與郡俱立

藍田令漢舊名本屬京兆

上黃令本屬襄陽立郡割度

北河南太守晉孝武太元十年立北河南郡後省永初郡國何徐志並無明帝泰始末復立寄治宛中領縣八

新蔡令別見

汝陰令別見

苞信令別見

上蔡令別見

固始令別見

緱氏令別見

新安令別見

洛陽令別見

弘農太守漢武帝元鼎六年立宋明帝末立寄治五壟領縣三

邯鄲令漢舊名屬趙國晉太康地志無此縣

宋書志二十七　三十四

圉縣令前漢屬淮陽後漢屬陳留晉大康地志無此縣

盧氏令別見

梁州刺史禹貢舊州周以梁併雍漢以梁爲益治廣漢雒縣魏元帝景元四年平蜀復立梁州治漢中南鄭而益州治成都李氏據梁益江左於襄陽僑立梁州李氏滅復舊譙縱時又治漢中刺史治魏興縱滅刺史還治漢中之苞中縣所謂南城也文帝元嘉十年刺史甄法護於南城失守刺史蕭思話還治南鄭永初郡國又有宕渠郡北宕渠郡宋起居注元嘉十六年割梁州宕渠郡度益州令益部宕渠郡曰南宕渠何徐並有北宕渠郡唯領宕渠一縣何云本巴西流民今無

漢中太守秦立漢獻帝建安二十年魏武平張魯復漢寧郡爲漢中疑是此前改漢中曰寧也晉地記云孝武太元十五年梁州刺史周表立

宋書志二十七　三十五

又疑是李氏所省李氏平後復立永初郡國又有苞縣作中懷安漢晉何徐並無二縣領縣四戶一千七百八十六口一萬三百三十四

南鄭令漢舊縣

城固令漢舊縣

沔陽令漢舊縣

西鄉令蜀立曰南鄉晉武帝太康二年更名

魏興太守魏文帝以漢中遺民在東垂者立屬

荆州江左還本領縣十三發去州一千二百去京

都水六千七百

西城令漢舊縣屬漢中

郇鄉令本錫縣二漢舊縣屬漢中後屬魏興魏晉世爲郡後省武帝太康五年改爲郇鄉何志晉惠帝立非也

錫縣令前漢長利縣屬漢中後漢省晉武帝太康四年復立屬魏興五年改長利爲錫

廣城令永初郡國何徐竝有不注置立

興晉令魏立曰平陽晉武帝太康元年更名

旬陽令前漢有後漢無晉武帝太康四年復立

上庸令晉太康地志永初郡國徐竝屬上庸何無

長樂令永初郡國何徐竝屬晉昌本屬郡流民

廣昌子相何志屬上庸晉成帝立晉地記武帝太康元年改上庸之廣昌爲庸昌二年省疑是魏所立

安晉令永初郡國何徐屬晉昌本蜀郡流民

延壽令永初郡國何徐屬晉昌本蜀郡流民

宣漢令永初郡國何徐屬晉昌本建平流離民

新興太守永初郡國何徐云新興吉陽東關三縣屬晉昌郡何云晉元帝立本巴漢流民宋末省晉昌郡立新興郡以晉昌之長樂安晉延壽安樂屬魏興郡宣漢屬巴渠郡寧都屬安康郡永初郡國有永安縣何徐無今亦無復新興縣何云巴東夷人今領縣二

吉陽令本益州流民

東關令本建平流民

新城太守故屬漢中魏文帝分立屬荆州江左還本領縣六戶一千六百六十八口七千五百九十四去州陸一千五百去京都水五千三百

房陵令漢舊縣屬漢中太康地志王隱無

綏陽令魏立後改爲秭歸晉武帝太康二年復爲綏陽

昌魏令魏立

祁鄉令何志魏立晉太康地志作沶音祁

閬陽令何志不注置立

樂平令何志不注置立

上庸太守魏明帝太和二年分新城之上庸武陵北巫爲上庸郡景初元年又分魏興之魏陽錫郡之安富上庸爲郡疑是太和後省景初又立也魏屬荆州江左還本永初郡國有上庸廣昌何有廣昌領縣七戶四千五百五十四口二萬六百五十三去州陸二千三百去京都水六千七百

上庸令漢舊縣屬漢中

富安令晉太康地志永初郡國何徐並有

北巫令何志晉武帝立按魏所分新城之巫應即是此縣然則非晉武立明矣

微陽令魏立曰建始晉武帝改

武陵令前漢屬漢中後漢晉太康地志王隱並無

新安令永初郡國何徐有何云本建平流民

吉陽令永初郡國云北吉陽何徐無

晉壽太守晉地記云孝武太元十五年梁州刺史周馥表立何志故屬梓潼而益州南晉壽郡悉有此諸縣永初郡國徐又有南晉壽南興樂南興安縣何無南興樂云南晉壽惠帝立餘並不注置立今領縣四去州陸一千二百去京都水一萬

晉壽令屬梓潼何志晉惠帝立按晉起居注武帝太康元年改梓潼之漢

壽曰晉壽漢壽之名疑是蜀立云

惠帝立非也

白水令漢舊縣屬廣漢晉太康地志屬

梓潼

邵歡令永初郡國何徐並有不注置立

疑是蜀立曰昭歡晉改也

興安令永初郡國何徐並有不注置立

華陽太守徐志新立永初郡國何徐並無寄治州下領縣四戶二千五百六十一口萬五千四百九十四

華陽令

興宋令

宕渠令

嘉昌令徐不注置立

新巴太守晉安帝分巴西立何徐又有新歸縣何云新立令無領縣三戶三百九十三口二千七百四十九

新安令晉安帝立

晉城令晉安帝立

晉安令晉安帝立

北巴西太守何志不注置立宋起居注文帝元嘉十二年於劒南立北巴南郡屬益州今益州無此郡又永初郡國何徐梁州並有北巴西而益州無疑是益部僑立壽省梁州北巴西是晉末所立也永初郡國領閬中漢昌二縣何又有宋昌縣云新立徐無宋昌有宋壽何徐並領縣四令六疑去州一千四百去京都水九千九百

閬中令別見

安漢令別見

南國令即南充國別見

西國令即南充國別見

平周令益州巴西有平州縣

北陰平太守晉太康地志故廣漢屬國都尉何志屬分立永初郡國曰北陰平領陰平綿竹平武資中胄旨五縣何徐直曰陰平領二縣與此同戶五百六口二千一百二十四寄治州下

陰平令前漢後漢屬廣漢屬國名宙底

晉太康地志陰平郡陰平縣注云

宙底當是故宙底爲陰中永初郡

國冑旨縣即宙底也當是後又立此縣而字誤也

平武令蜀立曰廣武晉武帝太康元年

更名

南陰平太守永初郡國唯領陰平一縣徐志無

南字云陰平舊民流寓立唯領懷舊一縣何無

令領縣二戶四百七

陰平令

懷舊令徐志不注置立

巴渠太守何志新立領縣七戶五百口二千一

百八十三

宣漢令別見與郡新立

始興令何志新立

巴渠令何志新立

東關令何志新立

始安令何志新立

下蒲令何志無徐志不注置立

晉興令何志晉安帝立案永初郡國梁

部諸郡唯巴西有此縣不容是此

晉興若是晉安帝時立便應在永

初郡國疑何謬也

懷安太守何志新立領縣二戶四百七口二千三

百六十六寄治州下

懷安令何志新立

義存令何志新立

宋熙太守何徐志新立領縣五戶一千三百八十

五口三千一百二十八去州七百去京都九千八百

興樂令

歸安令

宋安令

元壽令

嘉昌令何志五縣並新立

白水太守永初郡國何並無徐志仇池氐流寓

立有漢昌縣令領縣六戶六百五

新巴令
漢德令
晉壽令
益昌令
興安令
平周令徐志作平州此五縣徐竝不注
置立
南上洛太守晉太康地志分京兆立上洛郡屬
司隸永初郡國何志竝屬雍州僑寄魏興即此

郡也徐志巴氏新立徐志時已屬梁州矣永初
郡國無豐陽而有陽亭何徐有何不注陽亭豐
立領縣六
上洛令前漢屬弘農後漢屬京兆何
云魏立非也
商縣令上洛同
流民令何不注置立
豐陽長永初郡國無何作酆陽新立徐
作豐

渠陽令永初郡國何徐竝作拒陽
義縣令永初郡國何徐竝無
北上洛太守徐志巴新立領縣七戶二百五十四
北上洛令
農陽令
流民令
陽亭令
拒陽令拒字與南上洛不同
商縣令徐志無
西豐令徐志無

安康太守宋末分魏興之安康縣及晉昌之寧
都縣立
安康令二漢安陽縣屬漢中漢末省魏
復立屬魏興晉武帝太康元年更
名何云魏立非也
寧都令蜀郡流民
南宕渠太守永初郡國有宕渠郡領宕渠漢興
宣漢三縣屬梁州元嘉十六年度屬益州非此

南宕渠也何徐梁並無此郡疑是徐志後所立
宕渠令
漢安令
宣漢令
宋康令三縣並新置
懷漢太守孝武孝建二年立領縣三戶四百十九
永豐長
綏來長
預德長

秦州刺史晉武帝太始五年分隴右五郡及涼州金城梁州陰平幷七郡爲秦州治天水冀縣太康三年併雍州惠帝元康七年復立何志晉孝武復立寄治襄陽安帝世在漢中南鄭領郡十四縣四十二戶八千七百三十二口四萬八百八十八
武都太守漢武帝元鼎六年立永初郡國又有河池故道縣並漢舊縣令領縣三戶一千二百七十四口六千一百四十

下辯令漢舊縣
上祿令漢舊縣後省晉武帝太康三年又立
陳倉令漢舊縣屬扶風晉太康地志屬秦國

略陽太守晉太康地志屬天水何志故曰漢陽魏分立曰廣魏武帝更名永初郡國有清水縣別見何徐無領縣三戶一千三百五十九口五千六百五十七

略陽令前漢屬天水後漢陽漢即天水晉太康地志屬略陽雍州南天水益州安固郡又有此縣
臨漢令何志新立
上邽令前漢屬隴西後漢屬漢陽晉太康地志屬天水何志流寓割配
安固太守永初郡國志有安固郡又有南安固郡元嘉十六年度益州今領縣二戶一千五百五口二千四十四

桓陵令別見
南桓陵令永初郡國及何志安固郡唯
領桓陵一縣徐志又有此縣
西京兆太守晉末三輔流民出漢中僑立領縣
三戶六百九十三口四千五百五十二
藍田令別見永初郡國志無
杜令別見
鄠令二漢屬扶風晉太康地志屬始平
南太原太守太原別見何志云故屬幷州流寓割配

永初郡國又有清河別見高堂縣別見青州平原郡作高唐領
縣一戶二百三十三口一千一百五十六
平陶令漢舊名
南安太守何志云故屬天水魏分立永初郡國
無領縣二戶六百二十口三千八十九
桓道令漢舊名屬天水後漢屬漢陽作獂
中陶令何志魏立晉太康地志有
馮翊太守三輔流民出漢中文帝元嘉二年僑
立領縣五戶一千四百九十口六千八百五十四

蓮芍令別見
頻陽令漢舊名
下辯令徐志故屬略陽流寓割配何無
此縣
高陸令二漢魏無晉太康地志有屬京
兆何志流寓割配
萬年令別見
隴西太守秦立文帝元嘉初關中民三千二百
三十六戶歸化六年立令領縣六戶一千五百

六十一口七千五百三十
襄武令漢舊名
臨洮令漢舊名
河關令前漢屬金城後漢晉太康地志
屬隴西
狄道令漢舊名
大夏令漢舊名晉太康地志無
首陽
始平太守別見永初郡國無領縣三戶八百五十

九口五千四百四十一

始平令太康地志有何志晉武帝立而雍州始平郡之始平縣何云魏立按此縣末雖各立本是一縣何爲不同

槐里令別見

宋熈令何無徐新立

金城太守漢昭帝始元六年立永初郡國無何徐領縣二戶三百七十五口一千

金城令漢舊名

榆中令漢舊名

安定太守漢武帝元鼎三年立永初郡國志無領縣二戶六百四十口二千五百一十八

朝那令漢舊名

宋興令何志新立

天水太守漢武元鼎三年立明帝改曰漢陽雍州已有此縣永初郡國無領縣二戶八百九十三口五千二百二十八

阿陽令漢舊名晉太康地志無

新令晉太康地志有何志魏立

西扶風太守扶風郡別有晉末三輔流民出漢中僑立領縣二戶百四十四

郿令別見

武功令別見

北扶風太守孝武孝建二年以秦雍流民立領縣三時又有廣長郡又立成階縣領氐民尋省

武功令別見

華陰令別見

始平縣別見

志第二十七

志第二十八　宋書三十八

臣沈約新撰

州郡四

益州

寧州

廣州

交州

越州

益州刺史漢武帝分梁州立所治別見梁州領郡二十九縣一百二十八戶五萬三千一百四十一口二十四萬八千二百九十三去京都水九千九百七十

蜀郡太守秦立晉武帝太康中改曰成都國後復舊領縣五戶一萬一千九百二口六萬八百七十六

成都令漢舊縣

郫令漢舊縣

繁縣令漢舊縣

鞞縣令二漢晉太康地志並曰牛鞞屬犍爲何志晉穆帝度此

永昌令孝建二年以僑戶立

廣漢太守漢高帝六年立晉太康地志屬梁州領縣六戶四千五百八十六口二萬七千一百四十九去州陸六百去京都水九千九百

雒縣令漢舊縣

什邡令漢舊縣

郪縣令漢舊縣

新都令漢舊縣晉武帝爲王國太康六年省爲縣屬廣漢

陽泉令蜀分綿竹立

伍城令晉武帝咸寧四年立太康六年省七年又立何劉氏立

巴西太守譙周巴記建安六年劉璋分巴郡墊江以上爲巴西郡徐志本南陽冠軍流民寓入蜀漢晉武帝立非也本屬梁州文帝元嘉十六年度何志梁益二州無此郡領縣九戶四千九

百五十四口三萬三千三百四十六
閬中令漢舊縣屬巴郡
西充國令漢書地理志巴郡有充國縣續漢郡國志和帝永元二年分閬中立充國縣二志不同晉太康地志有西南二充國屬巴西
南充國令譙周巴記初平六年分充國爲南充國
安漢令舊縣屬巴郡

漢昌令和帝永元中立
晉興令徐志不注置立
平州令晉武帝太康元年以野民歸化立
懷歸令徐志不注置立
益昌令徐志不注置立
梓潼太守晉太康地志劉氏分廣漢立本屬梁州文帝元嘉十六年度益州永初郡國又有漢德新興徐同徐云新興義熙九年立漢德舊縣案二漢並無漢德縣晉太康地志王隱並有疑是劉氏所立何益梁二州無此郡領縣四戶三千三十四口二萬一千九百七十六
涪令漢舊縣屬廣漢
梓潼令漢舊縣屬廣漢
西浦令徐志義熙九年立
萬安令徐志舊縣二漢晉並無
巴郡太守秦立領縣四戶三千七百三十四口一萬三千一百八十三去州內水一千八百陸五百外水二千二百去京都水六千

江州令漢舊縣
臨江令漢舊縣
墊江令漢舊縣獻帝建安六年度巴西劉禪建興十五年復舊
枳令漢舊縣
遂寧太守永初郡國有何無徐云舊立領縣四戶三千三百二十
巴興令徐志不注置立疑是李氏所立
德陽令前漢無後漢晉太康地志屬

廣漢
廣漢令漢舊縣屬廣漢寧蜀郡復有此
縣未知孰是
晉興令徐志不注置立
江陽太守劉璋分犍爲立中失本土寄治武陽
領縣四戶一千五百二十五口八千二十七
江陽令漢舊縣屬犍爲
綿水令別見
漢安令別見

常安令晉孝武立
懷寧太守秦雍流民晉安帝立本屬南秦文帝
元嘉十六年度益州領縣三戶一千三百一十
五口五千九百五十寄治成都
治平令別見
西平令永初郡國直云西何志故屬天
水名西縣
萬年令漢舊名屬馮翊
寧蜀太守永初郡國有而何無徐云舊立永初

郡國及徐並郡西墊江縣令無領縣四戶一千
六百四十三
廣漢令別見遂寧郡復有此縣
廣都令漢舊縣屬蜀郡
升遷令晉太康地志屬汶山
西鄉令本名南鄉屬漢中晉武太康三
年更名
越嶲太守漢武帝元鼎六年立故邛都國何志
無領縣八戶一千三百四十九

邛都令漢舊縣
新興令永初郡國有
臺登長漢舊縣
晉興長永初郡國有
會無長漢舊縣
卑水長漢舊縣
定莋長漢舊縣
蘇利長漢縣曰蘇禾　曰蘇利
汶山太守晉太康地志漢武帝立孝宣地節三

年合蜀郡劉氏又立領縣二戶一千一百七口六千一百五去州陸一百去京都水一萬

都安矦相蜀立

晏官令何志魏平蜀立晉太康地志無

南陰平太守陰平郡別見永嘉流寓來屬寄治萇楊領縣二戶一千二百四十口七千五百九十七

陰平令別見

緜竹令漢舊縣屬廣漢

犍爲太守漢武帝建元六年開夜郎國立領縣五戶一千三百九十口四千五十七去州陸九十去京都水一萬

武陽令漢舊縣

南安令漢舊縣

資中令漢舊縣

僰道令漢舊縣

治官令晉安帝義熙十年立

始康太守關隴流民晉安帝立領縣四戶一千六十三口四千二百二十六寄治成都

始康令晉安帝立

新城子相晉安帝立

談令晉安帝立

晉豐令晉安帝立

晉熙太守秦州流民晉安帝立領縣二戶七百八十五口三千九百二十五

晉熙令晉安帝立

萇陽令晉安帝立

晉原太守李雄分蜀郡爲漢原晉穆帝更名領縣五戶一千二百七十二口四千九百六十去州陸一百二十去京都水一萬

江原男相漢舊縣屬蜀郡

臨邛令漢舊縣屬蜀郡

晉樂令何志故屬沈黎晉太康地志無沈黎郡及晉樂縣

樅陽令前漢樅縣屬蜀郡後漢屬蜀郡屬國都尉晉太康地志有樅陽縣屬漢嘉

漢嘉令前漢青衣縣屬蜀郡順帝陽嘉二年更名劉氏立爲漢嘉郡晉江右猶爲郡江左省爲縣

宋寧太守文帝元嘉十年免吳營僑立領縣三戶一千三十六口八千三百四十二寄治成都

欣平令與郡俱立

宜昌令與郡俱立

永安令與郡俱立

安固太守張氏於涼州立晉哀帝時民流入蜀僑立此郡本屬南秦文帝元嘉十六年度益州領縣六戶一千一百二十口六千五百五十七去州一百三十去京都水一萬

略陽令別見

桓陵令張氏立

臨渭令晉太康地志屬略陽

清水令別見

下邽令何志漢舊縣案二漢晉並無此縣

興固令何志新立

南漢中太守晉地記孝武太元十五年梁州刺史周瓊表立徐志北漢中民流寓孝武大明三年立起居注本屬梁州元嘉十六年度永初郡國屬梁州領縣與此同以永初郡國及起居檢則是元所立而何志無此郡當是永初以後省大明三年復立也領縣五戶一千八十四口五千二百四十六

南長樂令徐志與郡俱立

南鄭令徐志與郡俱立

南苞中令徐志與郡俱立

南沔陽令徐志與郡俱立

南城固令徐志與郡俱立

北陰平太守徐志本屬秦州文帝元嘉二十六年度永初郡國何志秦梁益並無領縣四戶一千五十三口六千七百六十四

陰平令已見

南陽令徐志本南陽白民流寓立

桓陵令徐志本安固郡民流寓立

順陽令徐志本南陽民流寓立
武都太守別見永初郡國何志益州並無此郡徐志本屬秦州流寓立領縣五户九百八十二口四千四百一
武都令漢舊名
下辯令別見
漢陽令漢舊名
略陽令漢屬略陽郡流寓配
安定令舊安定郡流寓配

新城太守何志新分廣漢立領縣二户七百五十三口五千九百七十一去州闕去京都九千五百三十
北五城令何志新分五城立
懷歸令何志新立
南新巴太守新巴郡別見起居注新巴民流寓文帝元嘉十二年於劒南立何志新立新巴民先屬梁州既立割配領縣六户一千七十口二千六百八十三

新巴令何志晉安帝立
晉城令何志晉安帝立
晉安令何志晉安帝立
漢昌令何志晉安帝立
桓陵令何志晉哀帝立按起居注南新巴元嘉十二年立何云新立則非先有此郡而云此諸縣晉哀帝安帝立不詳
綏歸令何無此徐有不注置立

南晉壽太守梁州元有晉壽文帝元嘉十二年於劒南以僑流立領縣五户一千五十七口一千九百四十三去州一百二十去京都水一萬
晉壽令別見
興安令別見
興樂令二漢魏無晉太康地記云元年更名本曰白馬屬汶山何志漢舊縣檢二漢益部無白馬縣
邵歡令別見

白馬令別見

宋興太守文帝元嘉十年免建平營立領南陵建昌二縣何志無復南陵有南漢建忠徐無建忠有永川何云建忠新立領縣三戶四百九十六口一千九百四十三寄治成都

南漢令何志晉穆帝立故屬漢中流寓來配

建昌令何新立

永川令徐志新立

南宕渠太守徐志本南中民蜀立起居注本屬梁州元嘉十六年度永初郡國梁州有宕渠郡領縣三與此同而無南字何同若此郡元嘉十六年度益則何志應在益部不詳領縣三戶五百四口三千一百二十七

宕渠令二漢晉太康地志屬巴郡

漢興令二漢魏無晉地志有屬興古郡

宣漢令前漢無後漢屬巴郡晉太康地志無

天水太守別見永初郡國何志益州無此郡徐志與今同領縣三戶四百六十一

未興令徐志不注置立

上邽令別見

西縣長別見

東江陽太守何志晉安帝初流寓入蜀今新復舊土爲郡領縣二戶一百四十二口七百四十去州一千五百八十去京都水八千九十

漢安令前漢無後漢屬犍爲晉太原地志屬江陽

緜水令何志晉孝武立

沈黎太守蜀記云漢武元鼎十一年分蜀西部邛莋爲沈黎郡十四年罷案元鼎至六年云十一年非也又二漢晉並無此郡永初郡國有何無徐云舊郡領縣四戶六十五

城陽令徐不注置立

蘭令漢舊縣屬越嶲作闌晉太康地志無

旄牛令前漢屬蜀郡後漢屬蜀郡屬
國都尉晉太康地志屬漢嘉
寧州刺史晉武帝太始七年分益州南中之建
寧興古雲南永昌四郡立太康三年省立南夷
校尉惠帝太安二年復立增牂牁越嶲朱提三
郡成帝咸康四年分牂牁夜郎朱提越嶲四郡
爲安州尋越嶲後還益州今領郡十五縣八十
一戶一萬二百五十三去京都一萬三千三百
建寧太守漢益州郡滇王國劉氏更名領縣十
三戶二千五百六十二

味縣令漢舊縣
同樂令晉武帝立
談槀令漢舊縣屬牂牁晉武帝立
牧麻令漢舊縣作牧靡
漏江令漢舊縣屬牂牁晉武帝立
同瀨長漢舊縣同作銅
昆澤長漢舊縣
新定長晉太康地志有

存駹晉太康地志有
同竝長漢舊縣前漢作同竝屬牂牁晉
武帝咸寧五年省哀帝復立
萬安長江左立
毋單長漢舊縣屬牂牁晉太康地志屬
建寧
新興長江左立
晉寧太守晉惠帝永安二年分建寧西七縣爲
益州郡晉懷帝更名領縣七 疑 戶六百三十七

去州七百三十去京都水一萬三千七百
建伶令漢舊縣屬益州郡晉太康地志屬建寧
連然令漢舊縣屬益州郡晉太康地志屬建寧
滇池令漢舊縣屬益州郡晉太康地志
屬建寧
穀昌長漢舊縣屬益州郡晉太康地志
屬建寧
秦臧長漢舊縣屬益州郡晉太康地志
屬建寧

屬建寧
雙栢長漢舊縣屬益州郡晉太康地志
屬建寧
牂牱太守漢武帝元鼎六年立領縣六戶一千
九百七十去州一千五百去京都水一萬二千
萬壽令晉武帝立
且蘭令漢舊縣云故且蘭晉太康地
志無
故毋斂令漢舊縣

晉樂令江左立
丹南長江左立
新寧長何徐不注置立
平蠻太守晉懷帝永嘉五年寧州刺史王遜分
牂牱朱提建寧立平夷郡後避桓溫諱改領縣
二戶二百四十五去京都水一萬三千
平蠻令漢舊縣屬牂牱故名平夷
鄨邑令漢舊縣屬牂牱
夜郎太守晉懷帝永嘉五年寧州刺史王遜分
牂牱朱提建寧立領縣四戶二百八十八去州一
千去京都水一萬四千
夜郎令漢舊縣屬牂牱
廣談長晉太康地志屬牂牱
談樂長江左立
談栢令漢舊縣屬牂牱
朱提太守劉氏分犍爲立領縣五戶一千一十去
州七百二十去京都水一萬四千六百
朱提令前漢屬犍爲後漢屬犍爲屬

國都尉
堂狼令前漢屬犍爲狼作琅後漢晉太
康地志屬朱提
臨利長江左立
漢陽長前漢屬犍爲後漢無晉太康
地志屬朱提
南秦長本名南昌晉武帝太康元年
更名
南廣太守晉懷帝分朱提立領縣四戶四百四

十去州水二千三百去京都水一萬四百
南廣令漢舊縣屬犍爲晉太康地志屬
朱提
新興令何志不注置立
晉昌令江左立
常迁長江左立
建都太守晉成帝分建寧立領縣六戶一百七
去州二千去京都水一萬五十
新安令晉成帝立

經雲令晉成帝立
永豐令晉成帝立
臨江令晉成帝立
麻應長晉成帝立
遂安長晉成帝立
西平太守晉懷帝永嘉五年寧州刺史王遜分
興古之東立何志晉成帝立非也永初郡國何
志並有西寧縣何云晉成帝立今無領縣五戶
一百七十六去州二千三百去京都水一萬五

千三百
西平令何志晉成帝立
溫江令何志晉成帝立
都陽令何志晉成帝立案晉起居注太
康二年置興古之都唐縣疑是
晉綏長何志晉成帝立
義成長何志晉成帝立案此五縣應與
郡俱立
西河太守晉成帝分河陽立領縣三戶三百六

十九去州二千五百去京都水一萬五千五百
芘蘇令前漢屬益州郡後漢晉太康
地志屬永昌芘作比
成昌令晉成帝立
建安長晉成帝立
東河陽太守晉懷帝永嘉五年寧州刺史王
遜分永昌雲南立永初郡國又有西河陽領楪榆
遂段新豐三縣何徐無（遂段新豐二縣二漢晉並無）領縣二
戶一百五十二去州二千去京都水一萬五千

東河陽令何不注置立疑與郡俱立
楪榆長前漢屬益州郡後漢屬永昌晉
太康地志屬雲南前漢楪作葉
雲南太守晉太康地志云故屬永昌何志劉氏
分建寧永昌立領縣五疑戶三百八十一去州一
千五百去京都水一萬四千五百
雲南令前漢屬益州郡後漢屬永昌晉
太康地志屬雲南
雲平長晉武帝咸寧五年立
東古復長漢屬越嶲晉太康地志屬
雲南竝云姑復永初郡國何竝云
東古復何不注置立
西古復長永初郡國有何不注置立
興寧太守晉成帝分雲南立領縣二戶七百五
十三去州一千五百去京都水一萬四千五百
梇棟令漢舊縣屬益州晉太康地志屬
雲南
青蛉令漢舊縣屬越嶲晉太康地志屬

雲南
興古太守漢舊郡晉太康地志故牂牁何志劉
氏分建寧牂牁立則是後漢末省也領縣六戶
三百八十六去州二千三百去京府水一萬六千
漏臥令漢舊縣屬牂牁
宛暖令漢舊屬牂牁本名宛溫爲桓
溫改
律高令漢舊縣屬益州郡後省晉武
帝咸寧元年分建寧郡脩雲俞元
二縣閒流民復立律高縣脩雲俞
元二縣二漢無
西安令江左立
句町令漢舊縣屬牂牁
南興長江左立
梁水太守晉成帝分興古立領縣七戶四百三
十一去州水三千去京都水一萬六千
梁水令與郡俱立
騰休長漢舊縣屬益州郡晉太康地志

屬興古何志故屬建寧晉武帝從
興古治之遂以屬焉
西隋令漢舊縣屬牂牁晉太康地志屬
興古並作隨
毋掇令漢舊縣屬益州郡晉太康地志
屬興古劉氏改曰西豐晉武帝太
始五年復為毋掇
新豐長何志不注置立
建安長何志不注置立
鐔封長漢舊縣屬牂牁晉太康地志屬

興古
廣州刺史吳孫休永安七年分交州立領郡十
七縣一百三十六戶四萬九千七百二十六口
二十萬六千六百九十四去京都水五千二百
南海太守秦立秦敗尉它王此地至漢武帝元
鼎六年開屬交州領縣十戶八千五百七十四
口四萬九千一百五十七
番禺男相漢舊縣

熙安子相文帝立
增城令前漢無後漢有
博羅男相漢舊縣二漢皆作傅字晉太
康地志作博
酉平令永初郡國有
龍川令舊縣
懷化令晉安帝立
綏寧男相文帝立
高要子相漢舊縣屬蒼梧文帝廢
始昌令文帝立

蒼梧太守漢武帝元鼎六年立永初郡國又有
高要建陵寧新都羅端溪撫寧六縣建陵寧新
吳立都羅晉武分建陵立晉武帝太康元年改
新寧曰寧新端溪見別撫寧始見永初郡國高要
何志無餘與永初郡國同徐志無建陵寧新撫
寧三縣何徐二志並有懷熙一縣思安封興蕩
康僑寧四縣疑是宋末度此也今領縣十一戶
六千五百九十三口萬一千七百五十三去州

水八百去京都水五千五百九十
廣信令漢舊縣
猛陵令漢舊縣
懷熙令文帝立
思安令永初郡國有及何志並屬晉康
徐志度此
封興令永初郡國有及何志並屬晉康
徐志度此
蕩康令永初郡國有及何志並屬晉康

徐志度此
僑寧令永初郡國有及何志並屬晉康
徐志度此
遂成令永初郡國有
丁留令晉武帝太康七年以蒼梧蠻夷
賓服立　作丁溜溜音留
廣陵令永初郡國有
武化令徐志以前無疑是宋末所立
晉康太守晉穆帝永和七年分蒼梧立治元溪

永初郡國治龍鄉何志復龍鄉縣當是晉末立
元嘉二十年前以龍鄉併端溪也永初郡國又
有封興蕩康思安遂安開平縣何志無遂安開
平二縣餘與永初郡國同封興蕩康思安見別遂
安開平應是晉末立元嘉二十年前省今領縣
十四戶四千五百四十七口一萬七千七百一
十去州水五百去京都水五千八百
端溪令漢舊縣何志屬蒼梧徐志屬此
晉化令何志不注置立疑是晉末所立

都城令何志晉初分建陵立今無建陵
縣按太康地志唯有都羅武城縣
樂城令何志無徐志有
賓江令何志無徐志有
説城令何志無徐志有
元溪令晉太康地志屬蒼梧
夫阮令永初郡國有
僑寧令何志云漢舊縣檢二漢地理郡
國無蒼梧又有僑寧縣

安遂令文帝立
永始令文帝立
武定令文帝立
文招令何志無徐志有二文招一屬綏
建一屬晉康
熙寧令何志無徐志有
新寧太守晉穆帝永和七年分蒼梧立永初郡
國有平興永城縣何徐志有永城無平興此二
縣當是晉末立平興當是元嘉二十年以前省

永城當是大明八年以後省何志又有熙寧縣
云新立當是文帝所立徐志無當是元嘉二十
年後省也今領縣十四戶二千六百五十三口一
萬五百一十四去州水六百二十去京都水五
千六百
南興令何志漢舊縣檢二漢地理郡國
晉太康地志竝無永初郡國有
臨允令漢舊縣屬合浦晉太康地志屬
蒼梧何志吳度蒼梧

新興令永初郡國有何志不注置立
博林令永初郡國有何志不注置立
甘東令永初郡國有何志不注置立
單牒令永初郡國有何志不注置立
威平令永初郡國有何志不注置立
龍潭令文帝立
平鄉令文帝立
城陽令文帝立
威化令文帝立
初興令文帝立

撫納令徐志有
歸順令徐志有
永平太守晉穆帝升平五年分蒼梧立永初郡
國有雷鄉盧平貞鄉逋寧開城五縣當是與
郡俱立何志徐無雷鄉貞鄉又有熙平云新立
疑是文帝所立雷鄉貞鄉當是元嘉二十年以
前省盧平逋寧開城當是大明八年以後省今
領縣七疑戶一千六百九口一萬七千二百二去

州水一千二百去京都水五千四百

安沂令永初郡國有何志不注置立

豐城令吳立屬蒼梧永初郡國併安沂當是宋初併何志有當是元嘉中復立

蘇平令永初郡國有何志不注置立徐曰藉平

暾安令永初郡國有何志不注置立

夫寧令永初郡國有何志不注置立

武林令文帝立

鬱林太守秦桂林郡屬尉他武帝元鼎六年復更名永初郡國有安遠程安威定三縣別見中胄歸化五縣中胄疑即桂林之中溜歸化二漢晉太康地志無疑是江左所立何志無中胄歸化餘三縣屬桂林徐志同今領縣十七戶一千一百二十一口五千七百二十七去州水一千六百去京都水七千九百

布山令漢舊縣

領方令漢舊縣吳改曰臨浦晉武復舊

阿林令漢舊縣

鬱平令吳立曰陰平晉武太康元年更名

新邑令吳立

建初令永初郡國有何志不注置立徐同

賓平令永初郡國有何志不注置立

威化令永初郡國有何志不注置立

新林令永初郡國有何志不注置立

龍平令永初郡國有何志不注置立

安始令吳立曰建始晉武帝太康元年更名

懷安令何志吳改末知先何名吳錄地理無懷安縣名太康地志無永初郡國有

晉平令吳立曰長平晉武帝太康元年更名

綏寧令永初郡國併領方何無徐有

歸代令徐志有

中胄令徐志有
建安令宋初郡國有何無徐有
桂林太守本縣名屬鬱林吳孫皓鳳皇三年分
鬱林治武熙縣不知何時徙宋初郡國有常安
夾陽二縣夾陽晉武帝太康元年分龍岡立常
安太康地志有而王隱無何徐並無此二縣今
領縣七戶五百五十八口二千二百五去州水
一千五百七十五去京都水六千八百
中溜令漢舊縣屬鬱林晉太康地志無

龍定令晉武帝太康元年立桂林之龍
岡疑是宋初郡國何徐並云龍定
武熙令本曰武安應是吳立晉武帝太
康元年更名故屬鬱林
陽平令宋初郡國何徐並有何云新置
按晉武帝太康元年立桂林之洋
縣疑是
安遠令晉武帝太康六年立屬鬱林宋
初郡國猶屬鬱林何徐屬此

程安令宋初郡國屬鬱林何徐屬此疑
是江左立
威定令宋初郡國屬鬱何徐屬此疑是
江左立
高凉太守二漢有高凉縣屬合浦漢獻帝建安
二十三年吳分立治思平縣不知何時徙吳又
立高熙郡太康中省併高凉宋世又經立尋省
宋初郡國高凉又有石門廣化長度宋康四縣
何徐並無宋康當是宋初所立元嘉二十年以

前省其餘當是江左所立領縣七戶一千四百
二十九口八千一百二十三去州水一千一百
去京都水六千六百
思平令晉太康地志有
莫陽令晉太康地志有屬高興
平定令何志有不注置立
安寧令吳立
羅州令何志新立
西鞏令何志新立

酓鄉令何志新立

新會太守晉恭帝元熙二年分南海立廣州記云永初元年分新寧立治盆允未詳孰是領縣十二戶一千七百三十九口萬五百九去州三百五十

宋元令永初郡國無文帝元嘉九年割南海新會新寧三郡界上新民立宋安新熙永昌始成招集五縣二十七年改宋安爲宋元

新熙令

永昌令

始成令

招集令

盆允令永初郡國故屬南海何徐同

新夷令吳立曰平夷晉武帝太康元年更名故屬南海

封平令永初郡國云故屬新寧何云故屬南海徐同

封樂令文帝元嘉十二年以盆允新夷二縣界歸化民立

初賓令何志新立

義寧令何志新立

始康令何志新立

東官太守何志故司監都尉晉成帝立爲郡廣州記晉成帝咸和六年分南海立領縣六戶一千三百三十二口一萬五千六百九十六去州水三百七十去京都水五千六百七十

寶安男相永初郡國何徐並不注置立

安懷令永初郡國何徐並不注置立

興寧令江左立

海豐男相永初郡國何徐並不注置立

海安男相吳曰海寧晉武改名太康地志屬高興

欣樂男相本屬南海宋末度

義安太守晉安帝義熙九年分東官立領縣五戶一千一百一十九口五千五百二十二去州

三千五百去京都水八千九百
海陽令何志晉初立晉太康地志無晉
地記故屬東官
綏安令何志與郡俱立晉地記故屬東官
海寧令何志與郡俱立晉地記故屬東官
潮陽令何志與郡俱立晉地記故屬東官
義招令晉安帝義熙九年以東官五營立
宋康太守本高凉西營文帝元嘉九年立領縣
九戶一千五百一十三口九千一百三十一去

州水九百五十去京都水五千九百七十
廣化令晉太康地志有屬高興宋初郡
國屬高凉
單城令何志新立
遂度令何志新立
海隣令何志新立
化隆令何志新立
開寧令何志新立
綏定令何志新立

石門長何志故屬高凉
威覃長徐志有
綏建太守文帝元嘉十三年立孝武孝建元年
有司奏化注宋固綏南宋昌宋泰五縣舊屬綏
建中割度臨賀相去既遠疑還綏建今唯有綏
南餘竝無何徐又新招縣云本屬蒼梧元嘉十
九年改配徐志晉康復有此縣疑誤今領縣七
疑戶三千七百六十四口一萬四千四百九十
一去州 闕

新招令本四會之官細鄉元嘉十三年
分爲縣
化蒙令本四會古蒙鄉元嘉十三年分
爲縣
懷集令本四會之銀屯鄉元嘉十三年
分爲縣
四會男相漢舊縣屬南海
化穆令何志新立
綏南令宋初郡國徐竝無

海昌太守文帝元嘉十六年立何有覃化縣徐無領縣五户一千七百二十四口四千七十四去州水六百五十去京都水五千四百九十四

寧化令徐志新立

威寧令徐志新立

永建令徐志新立

招懷令徐志新立

興定令文帝元嘉九年立屬新會後度此

宋熙太守文帝元嘉十八年以交州流寓立昌

國義懷綏寧新建四縣爲宋熙郡今無此四縣二十七年更名宋隆孝武孝建中復改爲宋熙領縣七户二千八十四口六千四百五十去州水三百四十五去京都水五千二百

平興令徐志新立

初寧令徐志新立

建寧令徐志新立

招興令徐志新立

崇化令徐志新立

熙穆令徐志新立

崇德令徐志新立

寧浦太守晉太康地志武帝太康七年改合浦屬國都尉立廣州記漢獻帝建安二十三年吴分鬱林立治平山縣吴録孫休永安三年分合浦立爲合浦北部尉領平山興道寧浦三縣又云晉分平山爲始定寧浦爲澗陽未詳孰是永初郡國有安廣縣無始定縣何徐並無此郡領縣六

澗陽令晉武帝太康七年立永初郡國作簡陽

興道令晉武帝太康元年以合浦北部營立

連道立吴録有此縣未詳

寧浦令晉太康地記本名昌平武帝太康元年更名吴録有此縣未詳

吴安令吴録無

平山令晉太康地記有

始定令晉太康地記有永初郡國無

晉興太守晉元帝太興元年分鬱林立

晉興
熙注
桂林
增翊
安廣
廣鬱
晉城
鬱陽

樂昌郡
樂昌令
始昌令
宋元令
樂山令
義立令
安樂令

交州刺史漢武帝元鼎六年開百越交趾刺史治龍編漢獻帝建安八年改曰交州治蒼梧廣信縣十六年徙治南海番禺縣及分爲廣州治番禺交州還治龍編領郡八縣五十三戶一萬四百五十三去京都水一萬

交趾太守漢武帝元鼎六年開領縣十二戶四千二百三十三
龍編令漢舊縣
句漏令漢舊縣
朱鳶令漢舊縣
吳興令吳立
西于令漢舊縣
定安令漢舊縣
望海令漢光武建武十九年立
海平令吳立曰軍平晉武改名
武寧令吳立
羸（力知反）婁令漢舊縣
曲昜（音陽）令漢舊縣
南定令吳立曰武安晉武改何志無

武平太守吳孫皓建衡三年討扶嚴夷以其地立領縣六戶一千四百九十去州水二百一十陸

吴錄無晉太康地志有
吴定長吴立
新道長江左立
晉化長江左立
九真太守漢武元鼎六年立領縣十二疑戶二千三百二十八去州水八百去京都水一萬一百八十
移風令漢舊縣故名居風吴更名
胥浦令漢舊縣

松原令晉武帝分建初立
高安令何志晉武帝立太康地志無吴錄晉分常樂立
建初令吴立
常樂令吴立
軍安長何志晉武帝立太康地志無此縣而交趾有軍平縣
武寧令吴立何志武帝立太康地志無此縣而交趾有

都龐長音龍漢舊縣吴錄有晉太康地志無
寧夷長何志晉武帝立太康地志無
津梧長晉武帝分移風立
九德太守故屬九真吴分立何志領縣七今領縣十一戶八百九去州水九百去京都水一萬九百
浦陽令晉武帝分陽遠立
陽遠吴立曰陽成太康二年更名後省
九德令何志吴立

咸驩令漢舊縣
都洨長何志晉武帝分九德立
西安長何志晉武帝立太康地志無吴錄亦無
南陵長何志晉武帝立太康地志無王隱有
越常長何志吴立太康地志無
宋泰令宋末立
宋昌令宋末立

希平令宋末立

日南太守秦象郡漢武元鼎六年更名吳省晉武帝太康三年復立領縣七戶四百二去州水二千四百去京都水一萬六百九十

西卷令漢舊縣作捲

盧容令漢舊縣

象林令漢舊縣

壽泠令晉武太康十年分西卷立

朱吾令漢舊縣

宋書志二十八　四十三　夫

無勞長晉武分比景立

比景長漢舊縣

義昌郡宋末立

宋平郡孝武世分日南立宋平縣後為郡

越州刺史明帝泰始七年立

百梁太守新立

隴蘇太守新立

永寧太守新立

安昌太守新立

富昌太守新立

南流太守新立

臨漳太守先屬廣州

合浦太守漢武帝立孫權黃武七年更名珠官孫亮復舊先屬交州領縣七戶九百三十八去京都水一萬八百

合浦令漢舊縣

徐聞令故屬朱崖晉平吳省朱崖屬合浦

朱官長吳立朱作珠

宋書志二十八　四十四

蕩昌長晉武分合浦立

朱盧長吳立

晉始長晉武帝立

新安長江左立

宋壽太守先屬交州

志第二十八

百衲本

宋書

（南朝梁）沈約撰

2

國家圖書館出版社

宋書志二十九

臣沈　約　新撰

百官上

太宰一人周武王時周公旦始居之掌邦治為六卿之首秦漢魏不常置晉初依周禮備置三公三公之職太師居首景帝名師故置太宰以代之太宰蓋古之太師也殷紂之時箕子為太師周武王時太公為太師周成王時周公為太師周公薨畢公代之漢西京初不置平帝始復置太師官而孔光居焉漢東京又廢獻帝初董卓為太師卓誅又廢魏世不置晉既因太師而置太宰以安平王孚居焉

太傅一人周成王時畢公為太傅漢高后元年初用王陵

太保一人殷太甲時伊尹為太保周武王時召公為太保漢平帝元始元年始用王舜後漢至魏不置晉初復置焉自太師至太保是為三公論道經邦燮理陰陽無其人則闕所以訓護人

主導以德義者

相國一人漢高帝十一年始置以蕭何居之罷丞相何薨曹參代之參薨罷魏齊王以晉景帝為相國晉惠帝時趙王倫愍帝時南陽王保安帝時宋高祖順帝時齊王並為相國自魏晉以來非復人臣之位矣

丞相一人殷湯以伊尹為右相仲虺為左相秦悼武王二年始置丞相官丞奉相助也悼武王子昭襄王始以樗里疾為丞相後又置左右丞相漢高帝初置一丞相十一年更名相國孝惠高后置左右丞相文帝二年復置一丞相哀帝元壽二年更名大司徒漢東京不復置至獻帝建安十三年復置丞相魏世及晉初又廢惠帝世趙王倫篡位以梁王肜為丞相永興元年以成都王穎為丞相愍帝建興元年以琅邪王睿為左丞相南陽王保為右丞相三年以保為相國睿為丞相元帝永昌元年以王敦為丞相轉司徒荀組為太尉以司徒官屬并丞相為留府敦不受成

帝世以王導爲丞相罷司徒府以爲丞相府導
薨罷丞相復爲司徒府宋世祖初以南郡王義宣
爲丞相而司徒府如故
太尉一人自上安下曰尉掌兵事郊祀掌亞獻
大喪則告謚南郊堯時舜爲太尉官漢因之武
帝建元二年省光武建武二十七年罷大司馬
置太尉以代之靈帝末以劉虞爲大司馬而太
尉如故
司徒一人掌民事郊祀掌省牲視濯大喪安梓

宮少昊氏以鳥名官而祝鳩氏爲司徒堯時舜
爲司徒舜攝帝位命契爲司徒契玄孫之孫曰
微亦爲夏司徒周時司徒爲地官掌邦教漢西
京初不置哀帝元壽二年罷丞相置大司徒光
武建武二十七年去大
司空一人掌水土事郊祀掌掃除陳樂器大喪
掌將校復土舜攝帝位以禹爲司空契之子曰
冥亦爲夏司空殷湯以咎單爲司空周時司空
爲冬官掌邦事漢西京初不置成帝綏和元年

更名御史大夫爲大司空哀帝建平二年復爲
御史大夫元壽二年復爲大司空光武建武二十七年
去大字獻帝建安十三年又罷司空置御史大夫
御史大夫郗慮免不復補魏初又置司空
大司馬一人掌武事司主也馬武也堯時棄爲
后稷兼掌司馬周時司馬爲夏官掌邦政項籍
以曹咎周殷竝爲大司馬漢初不置武帝元狩
四年初置大司馬始直云司馬議者以漢有軍
候千人司馬官故加大及置司空又以縣道官有

獄司空又加大王莽居攝以漢無小司徒而定
司馬司徒司空之號竝加大光武建武二十七
年省大司馬以太尉代之魏文帝黃初二年復
置大司馬以曹仁居之而太尉如故
大將軍一人凡將軍皆掌征伐周制王立六軍
晉獻公作二軍公將上軍將軍之名起於此也
楚懷王遣三將入關宋義爲上將漢高帝以韓
信爲大將軍漢西京以大司馬冠之漢東京大
將軍自爲官位在三司上魏明帝青龍三年

晉宣帝自大將軍為太尉然則大將軍在三司下矣其後又在三司上晉景帝為大將軍而景帝叔父孚為太尉奏改大將軍在太尉下後還復舊晉武帝踐阼安平王孚為太宰鄭沖為太傅王祥為太保義陽王望為太尉何曾為司徒荀顗為司空石苞為司馬陳騫為大將軍凡八公同時並置唯無丞相焉有蒼頭字宜禄至漢丞相府每有所關白到閤輒傳呼宜禄以此為常丞相置三長史丞相有疾御史大夫率百僚三旦問

起居及瘳詔遣尚書令若光禄大夫賜養牛上尊酒漢景帝三公病遣中黃門問病魏晉則黃門郎尤重者或侍中也魏武為丞相以來置左右二長史而已漢東京太傅府置掾屬十人御屬一人令史十二人不知皆何曹也自太尉至大將軍車騎驃騎衛將軍皆有長史一人將軍又各置司馬一人太傅不置長史也太尉府置掾屬二十四人西曹主府吏署用事東曹主二千石長吏遷除事戶曹主民戶祠祀農桑

事奏曹主奏議事辭曹主辭訟事法曹主郵驛科程事尉曹主卒徒轉運事賊曹主盜賊事決曹主罪法事兵曹主兵事金曹主貨幣鹽鐵事倉曹主倉穀事黃閤主簿省錄眾事御屬一人令史二十二人御屬主為公御令史則有閤下記室門下令史其餘史闕案掾屬二十四人自東西曹凡十二曹然則曹各置掾屬一人合二十四人也司徒置掾屬三十一人御屬一人令史三十五人司空置掾二十九人御屬一人令史三十一人司空別有

道橋掾其餘張減之號史闕不可得知也漢東京大將軍驃騎將軍從事中郎二人掾屬二十九人御屬一人令史三十人騎衛將軍從事中郎二人掾屬二十人御屬一人令史二十四人兵曹掾史主兵事稟假掾史主稟假又置外刺姦主罪法其領兵外討則營有五部部有校尉一人軍司馬一人部下有曲曲有軍候一人曲下有屯屯有屯長一人若不置校尉則部但有軍司馬一人又有軍假司馬軍假候其別營者

則爲別部司馬其餘將軍置以征伐者府無員職亦有部曲司馬軍候以領兵焉案大將軍以下掾屬與三府張減史闕不可得知其令史御屬者則是同三府也其云掾史者則是有掾而無屬又無令史御屬不同三府也魏初公府職寮史不備書及晉景帝爲大將軍置掾十人西曹東曹戶曹倉曹賊曹金曹水曹兵曹騎兵各一人則無屬矣魏元帝咸熙中晉文帝爲相國相國府置中衛將軍驍騎將軍左右長史司馬從

事中郎四人主簿四人舍人十九人參軍二十二人參戰十一人掾屬三十三人東曹掾屬各一人西曹屬一人戶曹掾一人屬二人賊曹掾一人屬二人金曹掾屬各一人兵曹掾屬各一人騎兵掾二人屬一人車曹掾屬各一人鎧曹掾屬各一人水曹掾屬各一人集曹掾屬各一人法曹掾屬各一人奏曹掾屬各一人倉曹屬二人戎曹屬一人馬曹屬一人媒曹屬一人合爲三十三人散屬九人凡四十二人晉初凡位從公以上置長史西閤

東閤祭酒西曹東曹掾戶曹倉曹賊曹屬各一人加兵者又置司馬從事中郎主簿記室督各一人舍人四人爲持節都督者置參軍六人安平獻王孚爲太宰增掾屬爲十人兵鎧士營軍刺姦五曹皆置屬并前爲十人也楊駿爲太傅增祭酒爲四人掾屬爲二十人兵曹分爲左右法金田集水戎車馬十曹皆置屬則爲二十人趙王倫爲相國置左右長史司馬從事中郎四人參軍二十人主簿記室督祭酒各四人掾屬

四十人東西曹屬其餘十八曹皆置掾則四十人矣凡諸曹皆置御屬令史學幹御屬職錄事也江左以來諸公置長史倉曹掾戶曹屬東西閤祭酒各一人主簿舍人二人御屬二人令史無定員領兵者置司馬一人從事中郎二人參軍無定員加崇者置左右長史司馬從事中郎四人掾屬四人則倉曹增置屬戶曹置掾江左加崇極於此也長史司馬舍人秦官從事中郎掾屬主簿令史前漢官陳湯爲大將軍王鳳從事

中郎是也御屬參軍後漢官孫堅爲車騎參
軍事是也本於府主無敬晉世太原孫楚爲大司
馬石苞參軍輕慢苞始制施敬祭酒晉官也漢吳
王濞爲劉氏祭酒夫祭祀以酒爲本長者主之故
以祭酒爲稱漢之侍中魏之散騎常侍高功者並爲
祭酒焉公府祭酒蓋因其名也長史從事中郎主
吏司馬主將主簿祭酒舍人主閤內事參軍掾屬
令史主諸曹事司徒若無公唯省舍人其府常置
其職寮異於餘府有左右長史左西曹掾屬各一人
餘則同矣餘府有公則置無則省晉元帝爲鎮東大
將軍及丞相置從事中郎無定員分掌諸曹有錄
事中郎度支中郎三兵中郎其參軍則有諮議參
軍二人主諷議事晉江左初置因軍諮祭酒也
宋高祖爲諮議參軍無定員今諸曹則有錄事
記室戶曹倉曹中直兵外兵騎兵長流賊曹刑獄
賊曹城局賊曹法曹田曹水曹鎧曹車曹士曹
集右戶墨曹凡十八曹參軍參軍不署曹者無
定員江左初晉元帝鎮東丞相府有錄事記室

東曹西曹度支戶曹法曹金曹倉曹理曹中
兵外兵騎兵典兵兵曹賊曹運曹禁防典賓鎧
曹田曹士曹騎士車曹參軍其東曹西曹度支
金曹理典兵兵曹賊曹運曹禁防典賓騎士車
曹凡十三曹今闕所餘十二曹也其後又有直
兵長流刑獄城局水曹右戶墨曹七曹高祖爲
相合中兵直兵置一參軍曹則猶二也今小府不
置長流參軍者置禁防參軍蜀丞相諸葛亮
府有行參軍晉太傅司馬越府又有行參軍兼
行參軍後漸加長兼字除拜則爲參軍事府
板則爲行參軍晉末以來參軍事行參軍又
各有除板板行參軍不則長兼行參軍參軍
督護江左置本皆領營有部曲今則無矣公府
長史司馬秩千石從事中郎六百石東西曹掾四
百石他掾三百石屬二百石
特進前漢世所置前後二漢及魏晉以爲加官
從本官車服無吏卒晉惠帝元康中定位令
在諸公下驃騎將軍上

驃騎將軍一人漢武帝元狩二年始用霍去病
爲驃騎將軍漢西京制大將軍驃騎將軍位次
丞相
車騎將軍一人漢文帝元年始用薄昭爲車騎
將軍魚豢曰魏世驃騎爲都督儀與四征同若
不爲都督雖持節屬四征者與前後左右雜號
將軍同其或散還從文官之例則位次三司晉宋
車騎衛不復爲四征所督也
衛將軍一人漢文帝元年始用宋昌爲衛將軍

三號位亞三司漢章帝建初三年始使車騎將
軍馬防班同三司班同三司自此始也漢末奮
威將軍晉江右伏波輔國將軍並加大而儀同
三司江左以來將軍則中鎮撫四鎮以上或加
大餘官則左右光祿大夫以上並得儀同三司
自此以下不得也
持節都督無定員前漢遣使始有持節光武建
武初征伐四方始權時置督軍御史事竟罷建
安中魏武帝爲相始遣大將軍督軍二十一年

征孫權還夏侯惇督二十六軍是也魏文帝黃
初二年始置都督諸州軍事或領刺史三年上
軍大將軍曹眞都督中外諸軍事假黃鉞則總
統外內諸軍矣明帝太和四年晉宣帝征蜀加
號大都督高貴公正元二年晉文帝都督中外
諸軍尋加大都督晉世則都督諸軍爲上監諸
軍次之督諸軍爲下使持節爲上持節次之假
節爲下使持節得殺二千石以下持節殺無官位
人若軍事得與使持節同假節唯軍事得殺犯

軍令者晉江左以來都督中外尤重唯王導等居
之宋氏人臣則無也江夏王義恭假黃鉞假黃
鉞則專戮節將非人臣常器矣
征東將軍一人漢獻帝初平三年馬騰居之
征南將軍一人漢光武建武中岑彭居之
征西將軍一人漢光武建武中馮異居之
征北將軍一人魚豢曰四征魏武帝置秩二千
黃初中位次三公漢舊諸征與偏裨雜號同
鎮東將軍一人後漢末魏武帝居之

鎮南將軍一人後漢末劉表居之
鎮西將軍一人後漢初平三年韓遂居之
鎮北將軍一人
中軍將軍一人漢武帝以公孫敖爲之時爲雜號
鎮軍將軍一人魏以陳羣爲之
撫軍將軍一人魏以司馬宣王爲之
中鎮撫三號比四鎮
安東將軍一人後漢末陶謙爲之
安南將軍一人

安西將軍一人後漢末段煨爲之
安北將軍一人魚豢曰鎮北四安魏黄初太和
中置
平東將軍一人
平南將軍一人
平西將軍一人
平北將軍一人四平魏世置
左將軍
右將軍

前將軍
後將軍
左將軍以下周末官秦漢竝因之光武建武七
年省魏以來復置
征虜將軍漢光武建武中始以祭遵居之
冠軍將軍楚懷王以宋義爲卿子冠軍冠軍之
名自此始也魏正始中以文欽爲冠軍將軍揚
州刺史
輔國將軍漢獻帝以伏完居之宋太宗泰始

四年改爲輔師後廢帝元徽二年復故
龍驤將軍晉武帝始以王濬居之
東中郎將漢靈帝以董卓居之
南中郎將漢獻帝建安中以臨淄侯曹植居之
西中郎將
北中郎將漢建安中以鄢陵侯曹彰居之凡四
中郎將何承天云竝後漢置
建威將軍漢光武建武中以耿弇爲建武大
將軍

振威將軍後漢初宋登爲之
奮威將軍前漢世任千秋爲之
揚威將軍魏置
廣威將軍魏置
建武將軍魏置
振武將軍前漢末王況爲之
奮武將軍後漢末呂布爲之
揚武將軍光武建武中以馬成爲之
廣武將軍晉江左置

鷹揚將軍漢建安中魏武以曹洪居之
折衝將軍漢建安中魏武以樂進居之
輕車將軍漢武帝以公孫賀爲之
揚烈將軍建安中以假公孫淵
寧遠將軍晉江左置
材官將軍漢武帝以李息爲之
伏波將軍漢武帝征南越始置此號以路博德
爲之
凌江將軍魏置自凌江以下則有宣威明威驤

威厲威威厲威寇威虜威戎威武武烈武毅武
奮綏遠綏邊綏戎討寇討虜討難討夷蕩寇蕩
蕩虜蕩難蕩逆殄寇殄虜殄難掃夷掃寇掃虜
掃難掃逆厲武厲鋒虎威虎牙廣野橫野偏將
軍裨將軍凡四十號其威虜漢光武以馬浚居
之虎牙以蓋延居之爲虎牙大將軍橫野以耿
純居之蕩寇漢建安中滿寵居之虎威于禁居
之其餘或是後漢及魏所置今則或置或不自
左右前後將軍以下至此四十號唯四中郎將

各一人餘皆無定員自車騎以下爲刺史又都
督及儀同三司者置官如領兵但云都督不儀
同三司者不置從事中郎置功曹一人主吏在
主簿上漢末官也漢東京司隸有功曹從事史
如諸州治中因其名也功曹參軍一人主佐
記室下户曹上監以下不置咨議記室餘則
同矣宋太宗已來皇子皇弟雖非都督亦置記
室參軍小號將軍爲大郡邊守置佐吏者又置
長史餘則同也

太常一人舜攝帝位命伯夷作秩宗掌三禮即其任也周時曰宗伯是爲春官掌邦禮秦改曰奉常漢因之景帝六年更名曰太常應劭曰欲令國家盛大常存故稱太常前漢常以列侯忠孝敬慎者居之後漢不必列侯也

博士班固云秦官史臣案六國時往往有博士掌通古今漢武建元五年初置五經博士宣成之世五經家法稍增經置博士一人至東京凡十四人易施孟梁丘京氏尚書歐陽大小夏侯詩齊

魯韓禮大小戴春秋嚴顏各一博士而聰明有威重者一人爲祭酒魏及晉西朝置十九人江左初減爲九人皆不知掌何經元帝末增儀禮春秋公羊博士各一人合爲十一人後又增爲十六人不復分掌五經而謂之太學博士也秩六百石

國子祭酒一人

國子博士二人

國子助教十人周易尚書毛詩禮記周官儀禮春秋左氏傳公羊穀梁各爲一經論語孝經爲一經合十經助教分掌國子周舊名周有師氏之職即今國子祭酒也晉初復置國子學以教生徒而隷屬太學焉晉初助教十五人江左以來損其員自宋世若不置學則助教唯置一人而祭酒博士常置也

太廟令一人丞一人並前漢置西京曰長東京曰令領齋郎二十四人

明堂令一人丞一人漢東京初置令宋世

祖大明中置

太祝令一人丞一人掌祭祀讀祝迎送神太祝周舊官也漢西京置太祝令丞武帝太初元年更名曰廟祀漢東京改曰太祝

太史令一人丞一人掌三辰時日祥瑞妖災歲終則奏新曆太史三代舊官周世掌建邦之六典正歲年以序事頒朔于邦國又有馮相氏掌天文次序保章氏掌天文今之太史則并周之太史馮相保章三職也漢西京曰太史

令漢東京有二丞其一在靈臺
太樂令一人丞一人掌凡諸樂事周時爲大司樂漢西京曰太樂令漢東京曰大予樂令魏復爲太樂令
陵令每陵各一人漢舊官也
乘黄令一人掌乘輿車及安車諸馬魏世置自博士至乘黄令並屬太常
光禄勳一人丞一人光明也禄爵也勳功也秦曰郎中令漢因之漢武太初元年更名光禄勳掌三署郎郎執戟衛宫殿門戸光禄勳居禁中如御史有獄在殿門外謂之光禄外部光禄勳郊祀掌三獻魏晉以來光禄勳不復居禁中又無復三署郎唯外宫朝會則以名到焉二臺奏劾則將光禄加禁止解禁止亦如之禁止身不得入殿省光禄主殿門故也宫殿門戸至今猶屬晉哀帝興寧二年省光禄勳并司徒孝武寧康元年復置漢東京三署郎有行應四科者歲舉茂才二人四行二人及三署郎罷省光禄勳

猶依舊舉四行衣冠子弟充之三署者五官署左署右署也各置中郎將以司之郡舉孝廉以補三署郎年五十以上屬五官其次分在左右署凡有中郎議郎侍郎郎中四等無員多至萬人
左光禄大夫
右光禄大夫二大夫晉初置光禄大夫秦時爲中大夫漢武太初元年更名光禄大夫晉初又置左右光禄大夫而光禄大夫如故光禄大夫銀章青綬其重者加金章紫綬則謂之金紫光禄大夫舊秩比二千石
中散大夫王莽所置後漢因之前漢大夫皆無員掌論議後漢光禄大夫三人中大夫二十人中散大夫三十人魏以來復無員自左光禄大夫以下養老疾無職事中散六百石
衛尉一人丞二人掌宫門屯兵秦官也漢景初改爲中大夫後元年復爲衛尉晉江右掌冶鑄領冶令三十九戸五千三百五十冶皆在江北

而江南唯有梅根及冶塘二冶皆屬揚州不屬
衛尉衛尉江左不置宋世祖孝建元年復置舊
一丞世祖增置一丞
廷尉一人丞一人掌刑辟凡獄必質之朝廷與
衆共之之義兵獄同制故曰廷尉舜攝帝位咎
繇作士即其任也周時大司寇爲秋官掌邦刑
秦爲廷尉漢景帝中六年更名大理武帝建元
四年復爲廷尉哀帝元壽二年復爲大理漢東
京初復爲廷尉

廷尉正一人
廷尉監一人正監並秦官本有左右監漢光武
省右猶云左監魏晉以來直云監
廷尉評一人漢宣帝地節三年初置左右評漢
光武省右猶云左平魏晉以來直云評正監評
並以下官禮敬廷尉卿正監秩千石評六百石
廷尉律博士一人魏武初建魏國置
大司農一人丞一人掌九穀六畜之供膳羞者
舜攝帝位命棄爲后稷即其任也周則爲太

府秦治粟内史漢景帝後元年更名大農令
武帝太初元年更名曰大司農晉哀帝末省并
都水孝武世復置漢世丞二人魏以來一人
太倉令一人丞一人秦官也晉江左以來又有東
倉石頭倉丞各一人
導官令一人丞一人掌舂御米漢東京置導
擇也擇米令精也司馬相如封禪書云導一莖
六穗於庖
藉田令一人丞一人掌耕宗廟社稷之田於周

爲甸師漢文帝初立藉田置令丞各一人漢東
京及魏並不置晉武太始十年復置江左省宋
太祖元嘉中又置自太倉至藉田令並屬司農
少府一人丞一人掌市服御之物秦官也漢因
之掌禁錢以給私養故曰少府晉哀帝末省
幷丹陽孝武世復置
左尚方令丞各一人
右尚方令丞各一人並掌造軍器秦官也漢因之於
周則爲玉府晉江右有中尚方左尚方右尚方江

左以來唯一尚方宋高祖踐阼以相府部配臺謂之左尚方而本署謂之右尚方焉又以相府細作配臺即其名置令一人丞二人隸門下世祖大明中改曰御府置令一人丞一人御府二漢世典官婢作褻衣服補浣之事魏晉猶置其職江左乃省焉後廢帝初省御府置中署隸右尚方漢東京太僕屬官有考工令主兵器弓弩刀鎧之屬成則傳執金吾入武庫及織綬諸雜工尚方令唯主作御刀綬劍諸玩好器物而已然則考工令如今尚方尚方令如今中署矣

東冶令一人丞一人

南冶令一人丞一人漢有鐵官晉置令掌工徒鼓鑄隸衛尉江左以來省衛尉度隸少府宋世雖置衛尉冶隸少府如故江南諸郡縣有者或置冶令或置丞多是吳所置

平准令一人丞一人掌染秦官也漢因之漢隸司農不知何世隸少府宋順帝即位避帝諱改曰染署

將作大匠一人丞一人掌土木之役秦世置將作少府漢因之景帝中六年更名將作大匠光武二年省以謁者領之章帝建初元年復置晉氏以來有事則置無則省

大鴻臚掌贊導拜授諸王秦世爲典客漢景帝中六年更名大行令武帝太初元年更名大鴻臚鴻大也臚陳也晉江左初省有事則權置事畢即省

太僕掌輿馬周穆王所置秦因之周官則校人掌馬巾車尚車及置太僕兼其任也晉江左或置或省宋以來不置郊祀則權置太僕執轡事

畢即省

太后十卿各一人應氏漢官曰衛尉少府秦官太僕漢成帝置皆隨太后宮爲號在正卿上無太后乃闕魏改漢制在九卿下晉復舊在同號卿上

大長秋皇后卿也有后則置無則省秦時爲將行漢景帝中六年更名大長秋韋曜曰長秋者

以皇后陰官秋者陰之始取其終而長欲其久也自太常至長秋皆置功曹主簿五官漢東京諸郡有五官掾因其名也漢制卿尹秩皆中二千石丞一千石

尚書古官也舜攝帝位命龍作納言即其任也周官司會鄭玄云若今尚書矣秦世少府遣吏四人在殿中主發書故謂之尚書尚猶主也漢初有尚冠尚衣尚食尚浴尚席尚書謂之六尚戰國時已有尚冠尚衣之屬矣秦時

有尚書令尚書僕射尚書丞至漢初並隸少府漢東京猶文屬焉古者重武官以善射者掌事故曰僕射僕射者僕役於射事也秦世有左右曹諸吏官無職事將軍大夫以下皆得加此官漢武帝世使左右曹諸吏分平尚書事昭帝即位霍光領尚書事成帝初王鳳錄尚書事漢東京每帝即位輒置太傅錄尚書事薨輒省晉康帝世何充讓錄表曰咸康中分置三錄王導錄其一荀崧陸曄各錄六條事然則

似有二十四條若止有十二條則荀陸各錄六條導又何所司乎若導摠錄荀陸分掌則不得復云導錄其一也其後每置二錄輒云各掌六條事又是止有十二條也十二條者不知悉何條晉江右有四錄則四人參錄也江右張華江左庾亮並經關尚書七條則亦不知皆何事也後何充解錄又參關尚書錄尚書職無不摠王肅注尚書納于大麓曰堯納舜於尊顯之官大錄萬機之政也凡重號將軍刺史皆得命曹

授用唯不得施除及加節宋世祖孝建中不欲威權外假省錄大明末復置此後或置或省漢獻帝建安四年以執金吾榮郃為尚書左僕射衛臻為右僕射二僕射分置自此始也漢成帝建始四年初置尚書員四人增丞亦為四人曹尚書其一曰常侍曹主公卿事其二曰二千石曹主郡國二千石事其三曰民曹主吏民上書事其四曰客曹主外國夷狄事光武分二千石曹為二又分客曹為南主客曹北主客曹改

常侍曹爲吏曹凡六尚書減二丞唯置左右二丞而已應劭漢官云尚書令左丞總領綱紀無所不統僕射右丞掌稟假錢穀三公尚書二人掌天下歲盡集課吏曹掌選舉齋祠二千石曹掌水火盜賊詞訟罪法客曹掌羌胡朝會法駕出護駕民曹掌繕治功作監池苑囿吏曹任要多得超遷則漢末曹名及職司又與光武時異世魏世有吏部左民民曹五兵度支五曹尚書晉初有吏部三公客曹駕部屯田度支六曹尚

書武帝咸寧二年省駕部尚書四年又置太康中有吏部殿中五兵田曹度支左民六尚書惠帝世又有右民尚書尚書止於六曹不知此時省何曹也江左則有祠部吏部左民度支五兵合爲五曹尚書宋高祖初又增都官尚書若有右僕射則不置祠部尚書世祖大明二年置二吏部尚書五兵尚書後還置一吏部尚書順帝昇明元年又置五兵尚書

尚書令任總機衡僕射尚書分領諸曹左僕射

領殿中主客二曹吏部尚書領吏部删定三公比部四曹祠部尚書領祠部儀曹二曹度支尚書領度支金部倉部起部四曹左民尚書領左民駕部二曹都官尚書領都官水部庫部功部四曹五兵尚書領中兵外兵二曹昔有騎兵別兵都兵故謂之五兵也五尚書二僕射一令謂之八坐若營宗廟宮室則置起部尚書事畢省

漢成帝之置四尚書也無置郎之文漢儀尚書郎四人一人主匈奴單于營部一人主羌夷吏

民一人主户口墾田一人主財帛委輸匈奴單于宣帝之世保塞内附成帝世單于還北庭矣一郎主匈奴單于也營部則置郎疑是光武時所主匈奴是南單于也漢官云置郎三十六人不知是何帝增員然則一尚書則領六郎也主作文書起立事草初爲郎中滿歲則爲侍郎尚書寺居建禮門内尚書郎入直官供青縑白綾被或以錦縑爲之給帷帳氈褥通中枕太官供食物湯官供餅餌及五熟果實之屬給尚書伯

使一人女侍二人皆選端正妖麗執香爐護衣服奏事明光殿殿以胡粉塗壁畫古賢烈士以丹朱色地謂之丹墀尚書郎口含雞舌香以其奏事答對欲使氣息芬芳也奏事則與黃門侍郎對揖黃門侍郎稱已聞乃出天子所服五時衣以賜尚書令僕而丞郎月賜赤管大筆一雙隃麋墨一丸魏世有殿中吏部駕部金部虞曹比部南主客祠部度支庫部農部水部儀曹三公倉部民曹二千石中兵外兵別兵都兵考功

定科凡二十三郎青龍二年有軍事尚書令陳矯奏置都官騎兵二曹郎合爲二十五曹晉西朝則直事殿中祠部儀曹吏部三公比部金部倉部度支都官二千石左民右民虞曹屯田起部水部左主客右主客駕部車部庫部左中兵右中兵左外兵右外兵別兵都兵騎兵左士右士北主客南主客爲三十四曹郎後又置運曹凡三十五曹晉江左初無直事民屯田車部別兵都兵騎兵左士右士運曹十曹郎而主客中

兵各置一郎而已所餘十七曹也康穆以來又無虞曹二千石二郎猶有殿中祠部吏部儀曹三公比部倉部度支都官左民都部水部主客駕部庫部中兵十八曹郎後又省主客起部水部餘十五曹宋高祖初加置騎兵主客起部水部四曹郎合爲十九曹太祖元嘉十年又省儀曹主客比部騎兵四曹郎十一年又並置十八年增刪定曹郎次在左民曹上蓋魏世之定科郎也三十年又置功論郎次都官之下在刪定

之上太宗世省騎兵今凡二十曹郎以三公比部主法制度支主筭支涖也度景也都官主軍事刑獄其餘曹所掌各如其名漢制公卿御史中丞以下遇尚書令僕丞郎皆車豫相回避臺官過乃得去今尚書官上朝及下禁斷行人猶其制也漢又制丞郎見尚書呼曰明時郎見二丞呼曰左君右君郎以下則有都令史令史書令史書吏幹漢東京尚書令史十八人晉初正令史百二十人書令史百三十人自晉至今或減

或並難以定言漢儀有丞相令史令史蓋前漢
官也晉西朝有尚書都令史朱誕則都令史其
來久矣分曹所掌如尚書也晉西朝八坐丞郎
朝晡詣都坐朝江左唯旦朝而已八坐丞郎初拜
並集都坐交禮遷又解交漢舊制也今唯八坐
解交丞郎不復解交也尚書令千石僕射尚書
六百石丞郎四百石
武庫令一人掌軍器秦官至二漢屬金吾晉初
罷執金吾至今隸尚書庫部

車府令一人丞一人秦官也二漢魏晉並隸太僕
太僕既省隸尚書駕部
上林令一人丞一人漢西京上林中有八丞十二尉
十池監丞尉屬水衡都池監隸少府漢東京曰
上林苑令及丞各一人隸少府晉江左闕宋世祖
大明三年復置隸尚書殿中曹及少府
材官將軍一人司馬一人主工匠土木之事漢左
右校令其任也魏右校又置材官校尉主天下
材木事晉江左改材官校尉曰材官將軍又罷

左校令今材官隸尚書起部及領軍
侍中四人掌奏事直侍左右應對獻替法駕出
則正直一人負璽陪乘殿內門下衆事皆掌之周
公戒成王立政之篇所云常伯即其任也侍中
本秦丞相史也使五人往來殿內東廂奏事故
謂之侍中漢西京無員多至數十人入侍禁中
分掌乘輿服物下至褻器虎子之屬武帝世孔
安國爲侍中以其儒者特聽掌御唾壺朝廷榮
之久次者爲僕射漢東京又屬少府猶無員掌

侍左右贊導衆事顧問應答法駕出則多識
者一人負傳國璽操斬白蛇劍參乘餘皆騎在
乘輿車後光武世改僕射爲祭酒焉漢世與
中官俱止禁中武帝時侍中莽何羅挾刃謀逆
由是侍中出禁外有事乃入事畢即出王莽秉
政侍中復入與中官共止章帝元和中侍中郭
舉與後宮通拔佩刀驚御舉伏誅侍中由是
復出外魏晉以來置四人別加官不主數秩比二
千石

志第二十九　　宋書三十九

志第三十　　宋書四十

百官下　　臣沈　約　新撰

給事黃門侍郎四人與侍中俱掌衆事郊廟臨軒則一人執麾漢百官表奏曰給事黃門無員掌侍從左右漢因之漢東京曰給事黃門侍郎亦無員掌侍從左右關通中外諸王朝見則引王朝坐應劭曰每日莫向青鎖門拜謂之夕郎史臣按劉向與子歆書曰黃門郎顯處也然則

前漢世已爲黃門侍郎矣董巴漢書曰禁門曰黃闥中人主之故號曰黃門令然則黃門郎給事黃闥之内故曰黃門郎也魏晉以來員四人

六百石

公車令一人掌受章奏秦有公車司馬令屬衞尉漢因之掌宫南闕門凡吏民上章四方貢獻及徵詣公車者皆掌之晉江左以來直云公車令

太醫令一人丞一人周官爲醫師秦爲太醫令

至二漢屬少府太官令一人丞一人周官爲膳夫秦爲太官令至漢屬少府

驊騮廐丞一人漢西京爲龍馬長漢東京爲未央廐令魏爲驊騮令自公車令至此隷侍中

散騎常侍四人掌侍左右秦置散騎又置中常侍散騎並乘輿車後中常侍得入禁中皆無員竝爲加官漢東京初省散騎而中常侍因用宦者魏文帝黃初初置散騎合於中常侍謂之散騎常侍始以孟達補之久次者爲祭酒散騎常侍秩比二千石

通直散騎常侍四人魏末散騎常侍又有在員外者晉武帝使二人與散騎常侍通直故謂之通直散騎常侍晉江左置五人員外散騎常侍魏末置無員

散騎侍郎四人魏初與散騎常侍同置魏晉散騎常侍侍郎與侍中黃門侍郎共平尚書奏事江左乃罷通直散騎侍郎四人初晉武帝置員外散騎侍郎四人元帝使二人與散騎侍郎通直故謂之通直散騎侍郎後增爲四人員外散騎侍郎晉武帝置無員

給事中無員漢西京置掌顧問應對位次中常侍漢東京省魏世復置

奉朝請無員亦不爲官漢東京罷省三公外戚宗室諸侯多奉朝請奉朝請者奉朝會請召而已晉武帝亦以宗室外戚爲奉車駙馬騎都尉而奉朝請焉元帝爲晉王以參軍爲奉車都尉掾屬爲駙馬都尉行參軍舍人爲騎都尉皆奉朝請後省奉車騎都尉唯留駙馬都尉奉朝請

永初已來以奉朝請選雜其尚主者唯拜駙馬都尉三都尉竝漢武帝置孝建初奉朝請省駙馬都尉三都尉秩比二千石

中書令一人

中書舍人一人

中書侍郎四人

中書通事舍人四人漢武帝游後廷始使宦者典尚書事謂之中書謁者置令僕射元帝時令弘恭僕射石顯秉勢用事權傾內外成帝改中

書謁者令曰中謁者令罷謁者漢東京省中謁者令而有中宫謁者令非其職也魏武帝爲王置祕書令典尚書奏事又其任也文帝黄初初改爲中書令又置監及通事郎次黄門郎黄門郎已署事過通事乃奉以入爲帝省讀書可晉改曰中書侍郎員四人晉江左初改中書侍郎曰通事郎尋復爲中書侍郎晉初置舍人一人通事一人江左初合舍人通事謂之通事舍人掌呈奏案章後省通事中書差侍郎一人直西省又掌詔命宋初又置通事舍人而侍郎之任輕矣舍人直閣内隸中書其下有主事本用武官宋改用文吏

祕書監一人

祕書丞一人

祕書郎四人漢桓帝延熹二年置祕書監皇甫規與張奐書云從兄祕書它何動静是也應劭漢官曰祕書監一人六百石後省魏武帝爲魏王置祕書令祕書丞祕書典尚書奏事文帝黄初初置中書令典尚書奏事而祕書改令爲監後欲以何楨爲祕書丞而祕書先自有丞乃以楨爲祕書右丞後省掌藝文圖籍周官外史掌四方之志三皇五帝之書即其任也漢西京圖籍所藏有天府石渠蘭臺石室延閣廣内之府是也東京圖書在東觀晉武帝以祕書并中書省監謂丞爲中書祕書丞惠帝復置著作郎一人佐郎八人掌國史周世左史記事右史記言即其任也漢東京圖籍在東觀故使名儒碩學著作東觀撰述國史著作之名自此始也魏世隸中書晉武世繆徵爲中書著作郎元康中改隸祕書後别自爲省而猶隸祕書著作郎謂之大著作專掌史任晉制著作佐郎始到職必撰名臣傳一人宋氏初國朝始建未有合撰者此制遂替矣

領軍將軍一人掌内軍漢有南北軍衞京師武

帝置中壘校尉掌北軍營光武省中壘校尉置北軍中候監五校營魏武爲丞相相府自置領軍非漢官也文帝即魏王位魏始置領軍主五校中壘武衛三營晉武帝初省使中軍將軍羊祜統二衛前後左右驍騎七軍營兵即領軍之任也祜遷罷復置北軍中候北軍中候置丞一人懷帝永嘉中改曰中領軍元帝永昌元年復改曰北軍中候尋復爲領軍成帝世復以爲中候而陶回居之尋復爲領軍領軍今猶有南軍都督

護軍將軍一人掌外軍秦時護軍都尉漢因之陳平爲護軍中尉盡護諸將然則復以都尉爲中尉矣武帝元狩四年以護軍都尉屬大司馬于時爲都尉矣漢書李廣傳廣爲驍騎將軍屬護軍將軍蓋護軍護諸將軍哀帝元壽元年更名護軍都尉曰司寇平帝元始元年更名護軍都尉東京省班固爲大將軍中護軍隸將軍莫府非漢朝列職魏武爲相以韓浩爲護軍史奐爲領軍非漢官也建安十二年改護軍爲中護軍領軍爲中領軍置長史司馬魏初因置護軍主武官選隸領軍晉世則不隸也晉元帝永昌元年省護軍幷領軍明帝大寧二年復置魏晉江左領護各領營兵江左以來領軍不復別營總統二衛驍騎材官諸軍猶別有營也領護資重者爲領軍護軍將軍資輕者爲中領軍中護軍官屬有長史司馬功曹主簿五官受命出征則置參軍

左衛將軍一人

右衛將軍一人二衛將軍掌宿衛營兵二漢魏不置晉文帝爲相國相國府置中衛將軍武帝初分中衛置左右衛將軍以羊琇爲左衛趙序爲右衛二衛江右有長史司馬功曹主簿江左無長史

驍騎將軍漢武帝元光六年李廣爲驍騎將軍魏世置爲内軍有營兵高功者主之先有司馬功曹主簿後省

游擊將軍漢武時韓說爲游擊是爲六軍

左軍將軍
右軍將軍
前軍將軍
後軍將軍魏明帝時有左軍將軍然則左軍魏官也晉武帝初置前軍右軍太始八年又置後軍是爲四軍
左中郎將
右中郎將秦官漢因之與五官中郎將領三署郎魏無三署郎猶置其職晉武帝省宋世祖大明中又置

屯騎校尉
步兵校尉
越騎校尉
長水校尉
射聲校尉五校並漢武帝置屯騎步兵掌上林苑門屯兵越騎掌越人來降因以爲騎也一說取其材力超越也長水掌長水宣曲胡騎長水胡部落右也胡騎屯宣曲觀下韋曜曰長水校尉典胡騎廄近長水故以爲名長水蓋關中小水名也射聲掌射聲士聞聲則射之故以爲名漢光武初改屯騎爲驍騎越騎爲青巾建武十五年復舊漢東京五校典宿衞士自游擊至五校魏晉逮于江左初猶領營兵並置司馬功曹主簿後省二中郎將本不領營也五營校尉秩二千石
虎賁中郎將周官有虎賁氏漢武帝建元三年始微行出遊選材力之士執兵從送期之諸門故名期門無員多至千人平帝元始元年更名曰虎

賁郎置中郎將領之虎賁舊作虎奔言如虎之奔走也王莽輔政以古有勇士孟賁故以奔爲賁比二千石
冗從僕射漢東京有中黃門冗從僕射非其職也魏世因其名而置冗從僕射
羽林監漢武帝太初元年初置建章營騎亦掌從送次期門後更名羽林騎置令丞宣帝令中郎將騎都尉監羽林謂之羽林中郎將漢東京又置羽林左監羽林右監至魏世不改晉罷羽林中

郎將又省一監置一監而已自虎賁至羽林是爲三將哀帝省宋高祖永初初復置江右領營兵江左無復營兵羽林監六百石

積射將軍

彊弩將軍漢武帝以路博德爲彊弩校尉李沮爲彊弩將軍宣帝以許延壽爲彊弩將軍彊弩將軍至東漢爲雜號前漢至魏無積射晉太康十年立射營弩營置積射彊弩將軍主之自驍騎至彊弩將軍先並各置一人宋太宗泰始以來多

以軍功得此官今並無復員

殿中將軍

殿中司馬督晉武帝時殿內宿衛號曰三部司馬置此二官分隷左右二衛江右初員十人朝會宴饗則將軍戎服直侍左右夜開城諸門則執白虎幡監之晉孝武太元中改選以門閥居之宋高祖永初初增爲二十人其後過員者謂之殿中員外將軍員外司馬督其後並無復員

武衛將軍無員初魏王始置武衛中郎將文帝踐阼改爲衛將軍主禁旅如今二衛非其任也晉氏不常置宋世祖大明中復置代殿中將軍之任比員外散騎侍郎

武騎常侍無員漢西京官車駕游獵常從射猛獸後漢魏晉不置宋世祖大明中復置比奉朝請

御史中丞一人掌奏劾不法時御史大夫有二丞其一曰御史丞其二曰御史中丞殿中蘭臺祕書圖籍在焉而中丞居之外督部刺史內領侍

御史受公卿奏事舉劾按章時中丞亦受奏事然則分有所掌也成帝綏和元年更名御史大夫爲大司空置長史而中丞官職如故哀帝建平二年復爲御史大夫元壽二年復爲大司空而中丞出外爲御史臺主名御史長史光武還曰中丞又屬少府獻帝時更置御史大夫自置長史一人不復領中丞也漢東京御史中丞遇尚書丞郎則中丞止車執版揖而丞郎坐車舉手禮之而已不知此制何時省中丞每月二十

五日繞行宮垣白壁史臣按漢志執金吾每月三繞行宮城疑是省金吾以此事併中丞中丞秩千石

治書侍御史掌舉劾官品第六巳上漢宣帝齋居決事令御史二人治書因謂之治書御史漢東京使明法律者爲之天下讞疑事則以法律當其是非魏晉以來則分掌侍御史所掌諸曹若尚書二丞也

侍御史於周爲柱下史周官有御史掌治令亦

其任也秦置侍御史漢因之二漢員竝十五人掌察舉非法受公卿奏事有違失者舉劾之凡有五曹一曰令曹掌律令二曰印曹掌刻印三曰供曹掌齋祠四曰尉馬曹掌官廐馬五曰乘曹掌護駕魏置御史八人有治書曹掌度支運課第曹掌考課不知其餘曹也晉西朝凡有吏曹課第曹直事曹印曹中都督曹外都督曹媒曹符節曹水曹中堅曹營軍曹筭曹法曹凡十三曹而置御史九人晉江左初省課第曹置庫曹掌廐牧牛馬市租後復分庫曹置外左庫内左庫二曹宋太祖元嘉中省外左庫而内左庫直云左庫世祖大明中復置廢帝景和元年又置順帝初省營軍併水曹省筭曹併法曹吏曹不置御史凡十御史焉魏又有殿中侍御史二人蓋是蘭臺遣二御史居殿内察非法也晉西朝四人江左二人秦漢有符節令隸少府領符璽郎符節令史蓋周禮典瑞掌節之任也漢至魏別爲一臺位次御史中丞掌授節銅虎符竹

使符晉武帝太始九年省幷蘭臺置符節御史掌其事焉

謁者僕射一人掌大拜授及百官班次領謁者十人謁者掌小拜授及報章蓋秦官也謁請也應是漢官曰堯以試舜賓于四門是其職也秦世謁者七十人漢因之後漢百官志謁者僕射掌奉引和帝世陳郡向熙爲謁者僕射贊拜殿中音動左右然則又有常侍謁者五人謁者則置三十五人半減西京也二漢竝隸光禄勳魏

世置謁者十人晉武帝省僕射以謁者隸蘭臺
江左復置僕射後又省宋世祖大明中復置秩
比千石
都水使者一人掌舟航及運部秦漢有都水長
丞主陂池灌溉保守河渠屬太常漢東京省都
水置河隄謁者魏因之漢世水衡都尉主上林
苑魏世主天下水軍舟船器械晉武帝省水衡
置都水使者而河隄爲都水官屬有參軍二人
謁者一人令史減置無常員晉西朝有參軍而

無謁者謁者則江左置也懷帝永嘉六年胡入
洛陽都水使者叜濬先出督運得免然則武帝
置職便掌運矣江左省河隄
太子太傅一人丞一人
太子少傅一人丞一人傳古官也文王世子曰
凡三王教世子太傅在前少傅在後竝以輔導
爲職漢高帝九年以叔孫通爲太子太傅位次
太常二漢竝無丞魏世無東宮然則晉氏置丞
也晉武帝太始五年詔太子拜太傅少傅如弟

子事師之禮二傅不得上疏曲敬二傅竝有功
曹主簿五官太傅中二千石少傅二千石
太子詹事一人丞一人職比臺尚書令領軍將
軍詹省也漢西京則太子門大夫庶子洗馬舍
人屬二傅率更令家令僕衛率屬詹事皆秦官
也後漢省詹事太子官屬悉屬少傅而太傅不
復領官屬晉初太子官屬通屬二傅咸寧元年
復置詹事二傅不復領官屬詹事一千石
家令一人丞一人晉世置漢世太子食湯沐邑

十縣家令主之又主刑獄飲食職比廷尉司農
少府漢東京主食官令食官令晉世自爲官不
復屬家令
率更令一人主宮殿門户及賞罰事職如光禄
勳衛尉漢東京掌庶子舍人晉世則不也自漢
至晉家令在率更下宋則居上
僕一人漢世太子五日一朝非入朝日遣僕及
中允旦入請問起居主車馬親族職如太僕宗
正自家令至僕爲太子三卿三卿秩千石

門大夫二人漢東京置職如中郎將分掌遠近表牋秩六百石
中庶子四人職如侍中漢東京員五人晉減爲四人秩六百石
中舍人四人漢東京太子官屬有中允之職在中庶子下洗馬上疑若今中書舍人矣中舍人晉初置職如黃門侍郎
食官令一人職如太官令漢東京官也令屬中庶子庶子四人職比散騎常侍中書監令晉制也漢西京員五人漢東京無員職如三署中郎古者諸侯世子有庶子之官秦因其名也秩四百石
舍人十六人職如散騎中書侍郎晉制也二漢無員掌宿衛如三署中郎
洗馬八人職如謁者秘書制也二漢員十六人太子出則當直者前驅導威儀秩比六百石
太子左衛率七人
太子右衛率二人五率職如三衛秦時直云衛率漢因之主門衛晉初曰中衛率太始分爲左右各領一軍惠帝時愍懷太子在東宮加置前後二率成都王穎爲太弟又置中衛是爲五率江左初省前後二率孝武太元中又置皆有丞晉初置宋世止置左右二率秩舊四百石

太子屯騎校尉
太子步兵校尉
太子翊軍校尉三校尉各七人並宋初置屯騎步兵因臺校尉翊軍晉武帝太康初置始爲臺校尉而以唐彬居之江左省
太子冗從僕射七人宋初置
太子旅賁中郎將十人職如虎賁中郎將宋初置周官有旅賁氏漢制天子有虎賁王侯有旅賁旅衆也
太子左積弩將軍十人
太子右積弩將軍二人漢東京積弩將軍雜號也無左右之積弩魏世至晉江左左右積弩爲臺職領營兵宋世度東宮無復營矣
殿中將軍十人殿中員外將軍二十人宋初置

平越中郎將晉武帝置治廣州主南越
南蠻校尉晉武帝置治襄陽江左初省尋又置
治江陵宋世祖孝建中省
西戎校尉晉初置長史安帝義熙中又置治中
寧蠻校尉晉武帝置治襄陽以授魯宗之
南夷校尉晉武帝置治寧州江左改曰鎮蠻校
尉四夷中郎校尉皆有長史司馬參軍魏晉有
雜號護軍如將軍今猶有鎮蠻安遠等護軍鎮
蠻以加廬江晉熙西陽太守安遠以加武陵內史

刺史每州各一人黃帝立四監以治萬國唐虞
世十二牧是其職也周改曰興秦曰監御史而更
遣丞相史分刺諸州謂之刺史刺之為言猶參
覘也寫書亦謂之刺漢制不得刺尚書事是其刺
史班行六條詔書其一條曰彊宗豪右田宅踰
制以彊陵弱以衆暴寡其二條曰二千石不奉
詔書遵承典制背公向私旁詔守利侵漁百姓
聚斂為姦其三條曰二千石不恤疑獄風厲殺
人怒則加罰喜則任賞煩擾苛暴剝戮黎元

為百姓所疾山崩石裂妖祥譌言其四條曰二
千石選署不平苟阿所愛蔽賢寵頑其五條曰
二千石子弟恃怙榮勢請託所監其六條曰二
千石違公下比阿附豪彊通行貨賂割損正令
歲終則乘傳詣京師奏事成帝綏和元年改為
牧哀帝建平二年復為刺史前漢世刺史乘傳
周行郡國無適所治後漢世所治始有定處止
八月行部不復奏事京師晉江左猶行郡縣詔
東據追遠詩曰先君為鉅鹿太守迄今三紀忝

私為冀州刺史班詔次于郡傳是也靈帝世天
下漸亂豪桀各據有州郡而劉焉劉虞並自九卿出
為益州幽州牧其任漸重矣官屬有別駕從事
史一人從刺史行部治中從事史一人主財穀
簿書兵曹從事史一人主兵事部從事史每郡
各一人主察非法主簿一人錄閤下衆事省署
文書門亭長一人主州正門功曹書佐一人主
選用孝經師一人主試經月令師一人主時節
祠祀律令師一人平律簿曹書佐一人主簿書

典郡書佐每郡各一人主一郡文書漢制也今有別駕從事史治中從事史主簿西曹書佐祭酒從事史議曹從事史部郡從事史自主簿以下置人多少各隨州舊無定制也晉成帝咸康中江州又有別駕祭酒居僚職之上而別駕從事史如故今則無也別駕西曹主吏及選舉事治中主衆曹文書事西曹即漢之功曹書佐也祭酒分掌諸曹兵賊倉戶水鎧之屬揚州無祭酒而主簿治事荊州有從事史在議曹從事史

下大較應是魏晉以來置也今廣州徐州有月令從事若諸州之曹史漢舊名也漢武元封四年令諸州歲各舉秀才一人後漢避光武諱改茂才魏復曰秀才晉江左揚州歲舉二人諸州舉一人或三歲一人隨州大小並對策問晉東海王越爲豫州牧牧置長史參軍庾凱爲長史謝鯤爲參軍此爲牧者則無也牧二千石刺史六百石郡守秦官秦滅諸侯隨以其地爲郡置守丞尉各一人守治民丞佐之郡當邊戍者丞爲長史

晉江左皆謂之丞尉典兵備盜賊漢景帝中二年更名守曰太守尉爲都尉光武省都尉後又往往置東部西部都尉有蠻夷者又有屬國都尉漢末及三國多以諸部都尉爲郡晉成帝咸康七年又省諸郡丞宋太祖元嘉四年復置郡官屬略如公府無東西曹有功曹史主選舉五官掾主諸曹事部縣有都郵門亭長又有主記史催督期會漢制也今略如之諸郡各有舊俗諸曹名號往往不同漢武帝納董仲舒之言

元光元年始令郡國舉孝廉制郡口二十萬以上歲察一人四十萬以上二人六十萬三人八十萬四人百萬五人百二十萬六人不滿二十萬二歲一人不滿十萬三歲一人限以四科一曰德行高妙志節清白二曰學通行修經中博士三曰明習法令足以決疑能案章覆問文中御史四曰剛毅多略遭事不惑明足決斷材任三輔縣令魏初更制口十萬以上歲一人有秀異不拘戶口江左以丹揚吳會稽吳興並大郡歲各舉二人漢

制歲遣上計掾史各一人條上郡内衆事謂之階簿至今行之太守二千石丞六百石

縣令長秦官也大者爲令小者爲長矦國爲相漢制置丞一人尉大縣二人小縣一人五家爲伍伍長主之二五爲什什長主之十什爲里里魁主之十里爲亭亭長主之十亭爲鄉鄉有鄉佐三老有秩嗇夫游徼各一人鄉佐有秩主賦稅三老主教化嗇夫主爭訟游徼主姦非其餘諸曹略同郡職以五官爲廷掾後則無復丞唯

宋書志三十　二十二　可川

建康有獄丞其餘衆職或此縣有而彼縣無各有舊俗無定制也晉江右洛陽縣置六部都尉餘大縣置二人次縣小縣各一人宋太祖元嘉十五年縣小者又省之諸官府至郡各置五百者舊說古君行師從卿行旅從旅五百人也今縣令以上古之諸矦故立四五百以象師從旅從依古義也韋曜曰五百字本爲伍伯伍當也伯道也使之導引當道伯中以驅除也周制五百爲旅帥皆大夫不得卑之如此說也又周禮秋官有條狼氏掌執鞭以趨辟王出入則八人夾道公則六人矦伯則四人子男則二人近之矣名之異爾又漢官中有伯使主爲諸官驅使辟路於道伯中故言伯使此其比也縣令千石至六百石長五百石

漢初王國置太傅掌輔導内史主治民丞相統衆官中尉掌武職分官置職略同京師至景帝懲七國之亂更制諸王不得治國漢爲置吏改丞相曰相省御史大夫廷尉少府宗正博士官

宋書志三十　二十三　明

其大夫謁者諸官長丞皆損其員數後改漢内史爲京兆尹中尉爲執金吾郎中令爲光禄勳而王國如故又太僕爲僕司農爲大農成帝更令相治民如郡太守省内史其中尉如郡尉太傅但曰傅漢東京亦置傅一人王師事之相一人主治民中尉一人主盜賊郎中令一人掌郎中宿衛僕一人治書一人治書本曰尚書後更名治書中大夫無員掌奉使京師及諸國者及禮樂衞士醫工永巷祀禮長各一人郎中無員

魏氏謁者官屬史闕不知次第晉武帝初置師友文學各一人師即傅也景帝諱師改爲傅宋世復改曰師其文學前漢已置也友者因文王仲尼四友之名也改太守爲內史省相及僕有郎中令中尉大農爲三卿大國置左右常侍各三人省郎中置侍郎二人大國又置上軍中軍下軍三將軍次國上軍將軍下軍將軍各一人小國上軍而已典書典祠典衛學官令典書令丞各一人治書四人中尉司馬世子庶子陵廟

牧長各一人謁者四人中大夫六人舍人十人典醫丞典府丞各一人宋氏以來一用晉制雖大小國皆有三軍晉制典書令在常侍下侍郎上江左則侍郎次常侍而典書令居三軍下矣江左以來公國則無中尉常侍三軍侯國又無大農侍郎伯子男唯典書以下又無學官令矣吏職皆以次損省焉晉江右公侯以下置官屬隨國小大無定制也晉江左諸國竝三分食一元帝太興元年始制九分食一

太傅　太保　太宰

太尉　司徒　司空

大司馬　大將軍

諸位從公

右第一品

特進

驃騎車騎衛將軍

諸大將軍

諸持節都督

右第二品

侍中散騎常侍

尚書令僕射尚書

中書監令祕書監

諸征鎮至龍驤將軍

光祿大夫

諸卿尹

太子二傅

大長秋

太子詹事
領護軍
縣侯
右第三品
二衛至五校尉
寧朔至五威五武將軍
四中郎將
刺史領兵者
戎蠻校尉

御史中丞都水使者
鄉侯
右第四品
給事中黃門散騎中書侍郎
謁者僕射
三將積射彊弩將軍
太子中庶子庶子三卿率
鷹揚至陵江將軍
刺史不領兵者

郡國太守內史相
亭侯
右第五品
尚書丞郎
治書侍御史侍御史
三都尉
博士
撫軍以上及持節都督領護長史司馬
公府從事中郎將

廷尉正監評
祕書著作丞郎
王國公三卿師友文學
諸縣署令千石者
太子門大夫
殿中將軍司馬督
雜號護軍
關內侯
右第六品

謁者

殿中監

諸卿尹丞

太子傅詹事率丞

諸軍長史司馬六百石者

諸府參軍

戎蠻府長史司馬

公府掾屬

太子洗馬舍人食官令

諸縣令六百石者

右第七品

內臺正令史

郡丞

諸縣署長

雜號宣威將軍以下

右第八品

內臺書令史

外臺正令史

諸縣署丞尉

右第九品凡新置不見此諸條者隨秩位所視蓋右所定也

志第三十

宋書四十

列傳第一　宋書四十一

后妃　臣沈約新撰

帝祖母號太皇太后母號皇太后妃號皇后漢舊制也晉武帝採漢魏之制置貴嬪夫人貴人是為三夫人位視三公淑妃淑媛淑儀脩華脩容脩儀婕妤容華充華是為九嬪位視九卿其餘有美人才人中才人爵視千石以下高祖受命省二才人其餘仍用晉制貴嬪魏文帝所制夫

人魏武帝初建魏國所制貴人漢光武所制淑妃魏明帝所制淑媛魏文帝所制淑儀脩華晉武帝所制脩容魏文帝所制脩儀魏明帝所制婕妤容華前漢舊號充華晉武帝所制美人漢光武所制世祖孝建三年省夫人脩華脩容置貴妃位比相國進貴嬪位比丞相貴人位比三司以為三夫人又置昭儀昭容昭華以代脩華脩儀脩容又中才人充衣以為散位昭儀漢元帝所制昭容世祖所制昭華魏明帝所制

中才人晉武帝所制充衣前漢舊制太宗泰始元年省淑妃昭華中才人充衣復置脩儀脩容才人良人三年又省貴人置貴姬以備三夫人之數又置昭華增淑容承徽列榮以淑媛淑儀淑容昭華昭儀昭容脩華脩儀脩容為九嬪婕妤容華充華承徽列榮凡五職班亞九嬪美人中才人才人三職為散役其後太宗留心後房擬外百官備位置內職列其名品于後

後宮通尹　準錄尚書

紫極戶主　光興戶主

官品第一　各置一人並銓六宮

後宮列敘　準尚書令銓六宮

紫極中監尹　銓六宮

光興中監尹　銓六宮

宣融戶主　銓六宮

紫極房帥　置一人

光興房帥　置一人

官品第二　各置一人

後宮司儀　準左僕射銓人士
後宮司政　準右僕射銓人士
參議女林　準銀青光祿銓人士
中臺侍御尹　銓六宮
宣融便殿中監尹　銓六宮
采藝房主　銓六宮
南房主　銓六宮
中藏女典　銓六宮
典坊　銓六宮

樂正　銓六宮
內保　銓人士
學林祭酒　銓人士
昭陽房帥　置一人
徽音房帥　置一人
宣融房帥　置一人

官品第三　各置一人

後宮都掌治職　置二人　準左右丞位比尚書銓人士
後宮殿中治職　置一人　準左民尚書銓人士

後宮源典治職　置一人　準祠部尚書銓人士
後宮穀帛治職　置一人　準度支尚書
中傅　置一人　銓人士
後宮校事女史　置一人　銓人士
紫極中監女史　置一人　銓人士
光興中監女史　置一人　銓人士
紫極房參事　置人無定數　銓人士有限外
宣融房參事　置人無定數　銓人士有限外
中臺侍御奏案女史　置一人　銓人士

贊樂女史　置一人　銓人士
中訓女史　置一人　銓人士
女祝史　置一人
紫極中監典　置一人
光興中監典　置一人
典樂帥　置人無定數　有限外
紫極房廉帥祭酒　置一人
光興房廉帥祭酒　置一人
宣融房廉帥祭酒　置一人

官品第四

後官通關參事 置一人
景德房參事 置人無定數 銓人士
采藝房參事 置人無定數 銓人士
南房參事 置人無定數 銓人士
內房參事 置人人 銓人士
校學女史 置一人 銓人士
後宮中房帥 置二人
後宮源典帥 置二人

後官穀帛帥 置二人
中臺帥 置一人
中臺侍御起居帥 置二人
中臺侍御詔誥帥 置二人
斯男房帥 置一人
宣豫房帥 置一人
景德房帥 置一人
采藝房帥 置一人
中藏帥 置一人

內坊帥 置一人
南房帥 置一人
外華房帥 置一人
招慶房帥 置一人
紫極諸房廉帥 置人無定數 有限外
紫極中監省帥 置一人
紫極殿帥 置六人
光興殿帥 置四人
徽音監帥 置一人

徽章監帥 置一人
宣融便殿中監典 置一人
清商帥 置人無定數
總章帥 置人無定數
左西章帥 置人無定數
右西章帥 置人無定數
中廚帥 置一人

官品第五

中臺侍御執衛 置人無定數

中臺侍御監閨帥　置二人
中臺侍御監司帥　置二人
宣融便殿帥　置一人
永巷帥　置一人
後宮都掌内史　置二人
後宮殿中内史　置一人
後宮源典内史　置一人
後宮穀帛内史　置二人
後宮監臨内史　置二人

中臺侍御執法内史　置一人
中臺侍御典内史　置二人
中臺侍御節度内史　置二人
中臺侍御應内史　置六人
紫極房内史　置一人
光興房内史　置一人
助教　置一人
綵製帥　置人無定數
裝飾帥　置人無定數

繡帥　置人無定數
織帥　置人無定數
學林館帥　置一人
宮閨帥　置一人
教堂帥　置人無定數有限外
監解帥　置人無定數
累室帥　置人無定數
行病帥　置人無定數

官品第六

合堂帥　置二人
御清帥　置一人
監夜帥　置一人
諸房禁防　置人無定數
三廂禁防　置三人
諸房廚帥　各置一人
中廚廉　置三人
應閨　置六人
諸應閤　置人無定數

宮闈史　置一人

諸房中掾　官品第七　各置一人

中藏掾　各置二人

紫極供殿直帳　比五品敕吏

光興供殿直帳

總章伎帳

侍御扶侍

主衣　準二衛五品敕吏比六品

供殿左右　紫極置二十人　光興置十人

左右守藏　置四人

典樂人　比諸房禁防

作帳　比王官

供殿給使　紫極置二十人　光興置十人

典殿　置人無定數

紫極三廂給事　比官人　置十人

金堂給使　置五人

宮闈給使　比房　置六人

孝穆趙皇后諱安下邳僮人也祖彪字世範治書侍御史父裔字彥胄平原太守后以晉穆帝升平四年嬪孝皇晉哀帝興寧元年四月二日

生高祖其日后以產疾殂于丹徒官舍時年二十一葬晉陵丹徒縣東鄉練壁里雩山宋初追崇號謚陵曰興寧永初二年有司奏曰大孝之德盛於榮親一人有慶光被萬國是以靈文寵於西京壽張顯於隆漢故平原太守趙裔故洮陽令蕭卓竝外屬尊戚不逮休寵臣等仰述聖思遠稽舊章竝可追贈光祿大夫加金章紫綬裔命婦孫可豫章郡建昌縣君卓命婦趙可吳郡壽昌縣君孫氏東莞人也其年又詔曰

推恩之禮在情所同故内樹宗子外崇后屬爰
自漢魏咸遵斯典外祖趙光祿蕭光祿名器雖
隆茅土未建並宜追封開國縣侯食邑五百戶
於是追封裔臨賀縣侯裔長子宣之仕至江乘
令蚤卒無子以弟孫襲之繼宣之紹封襲之卒
子祖憐嗣齊受禪國除宣之弟倫之自有傳
孝懿蕭皇后諱文壽蘭陵蘭陵人也祖亮字保
祚侍御史父卓字子略洮陽令孝穆后殂孝皇帝
娉后爲繼室生長沙景王道憐臨川烈武王道

規義熙七年拜豫章公太夫人高祖爲宋王又
加太妃之號高祖以十二年北伐仍停彭城壽
陽至元熙二年入朝因受晉禪在外凡五年后
常留東府高祖踐阼有司奏曰臣聞道積者慶
流德洽者禮備故祗敬表於崇高嘉號彰於盛
典伏惟太妃母儀之德化穆不言保翼之訓光
被洪業雖幽明同慶而稱謂未窮稽之前代禮
有恒準宜式遵舊章允副羣望臣等參受宋王
太后號故有司奏猶稱太妃也上以恭孝爲行

奉太后素謹及即大位春秋已高每旦入朝太
后未嘗失時刻少帝即位加崇曰太皇太后景
平元年崩于顯陽殿時年八十一遺令曰孝皇
背世五十餘年古不祔葬且漢世帝后陵皆異
處今可於塋域之内別爲一壙孝皇陵墳本用
素門之禮與王者制度奢儉不同婦人禮有所
從可一遵往式乃開別壙與興寧陵合墳初高
祖微時貧約過甚孝皇之殂葬禮多闕高祖遺
旨太后百歲後不須祔葬至是故稱后遺旨施

行卓初與趙裔俱贈金紫光祿大夫又追封封
陽縣侯妻下邳趙氏封吳郡壽昌縣君卓子源
之襲爵源之見子思話傳
武敬臧皇后諱愛親東莞人也祖汪字山甫尚
書郎父字儁宣乂郡功曹后適高祖生會稽宣
長公主興弟高祖以儉正率下后恭謹不違及
高祖興復晉室居上相之重而后器服麤素不
爲親屬請謁義熙四年正月甲午殂於東城時
年四十八追贈豫章公夫人還葬丹徒高祖臨

崩遺詔留葬京師於是備法駕迎梓宮祔葬初寧陵宋初追贈雋金紫光禄大夫妻高密叔孫氏封永陵平鄉君雋子燾燾弟熹熹子質自有傳

武帝張夫人諱闕不知何郡縣人也義熙初得幸高祖生少帝又生義興恭長公主惠媛永初元年拜爲夫人少帝即位有司奏曰臣聞嚴親敬始所因者本充孝之道由中被外伏惟夫人德苙坤元徽音允劭發祥兆慶誕啓聖明宜崇

極徽號允備盛則從春秋母以子貴之義遵漢晉推尊之典謹上尊號爲皇太后宮曰永樂少帝既廢太后還遷綏隨居吳縣太祖元嘉元年拜營陽王太妃三年薨

少帝司馬皇太妃諱茂英河内温人晉恭帝女也初封海鹽公主少帝以公子尚焉宋初拜皇太子妃少帝即位立爲皇后元嘉元年降爲營陽王妃又爲南豐王太妃十六年薨時年四十七

武帝胡婕妤諱道女淮南人義熙初爲高祖所納生文帝五年被譴賜死時年四十二葬丹徒高祖踐阼追贈婕妤太祖即位有司奏曰臣聞德厚者禮尊慶深者位極故閟宫既構咏歌先妣園陵崇衞聿追來孝伏惟先婕妤柔明塞淵光備六列德昭必範訓洽母儀用能啓祚聖明奄宅四海嚴親莫逮天禄永違臣等遠準春秋近稽漢晉謹上尊號曰章皇太后陵曰熙寧立廟於京師太后兄子元慶位至奉朝請

文帝袁皇后諱齊嬀陳郡陽夏人左光禄大夫

敬公湛之庶女也母本卑賤后年五六歲方見舉後適太祖初拜宜都王妃生子劭東陽獻公主英娥上待后恩禮甚篤袁氏貧薄后每就上求錢帛以贍與之上性節儉所得不過三五万三五十匹後潘淑妃有寵愛傾後宮咸言所求無不得后聞之欲知信否乃因潘求三十万錢與家以觀上意信宿便得因此恚恨甚深稱疾不復見上上每入必他處回避上數掩伺之不能得始興王濬諸庶子問訊后未嘗視也后遂

憤恚成疾元嘉十七年疾篤上執手流涕問
所欲不言后視上良久乃引被覆面崩于顯陽
殿時年三十六上甚相悼痛詔前永嘉太守顏
延之爲哀策文甚麗其辭曰龍輴纚綍容翟
結驂皇塗昭列神路幽嚴皇帝親臨祖饋躬瞻
宵載飾遺儀於組旒想徂音乎珩珮悲黼筵之
移御痛翬褕之重晦降輿客位撤奠殯階乃命
史臣誄德述懷其辭曰倫昭儷昇有物有憑圓
精初鑠方祇始凝昭哉世族祥發慶膺秘儀景

胄圖光玉繩昌輝在陰柔明將進率禮蹈和稱
詩納順爰自待年金聲夙振亦既有行素章增
絢象服是加言觀惟則俾我王風始基嬪德蕙
問川流芳猷淵塞方江泳漢再謠南國伊昔不
造洪化中微用集寶命仰陟天機釋位公宮登
耀紫闈欽若皇姑允迪前徽孝達寧親敬行宗
祀進思才淑傍綜圖史發音在咏動容成紀壹
政穆宣房樂昭理坤則順成星軒潤飾德之所
届惟深必測下節震騰上清朓側有來斯雍

無思不極謂道輔仁司化莫晰象物方臻眡祲
告沴大和既融收華委世蘭殿長陰椒塗弛衛
嗚呼哀哉戒涼在律杪秋即穸霜夜流唱曉月
外䰟八神警引五輅遷迹噭噭儲嗣哀哀列辟
灑零玉墀雨泗丹掖撫存悼亡感今懷昔嗚呼
哀哉南背國門北首山園僕人案節服馬顧轅
遙酸紫蓋眇泣素軒滅綵清都夷體壽原邑野
淪藹戎夏悲嚾來芳可述往駕弗援嗚呼哀哉
策既奏上自益撫存悼亡感今懷昔八字以致

其意焉有司奏謚宣皇后上特詔曰元后生
劭自詳視之馳白太祖此兒形皃異常必破國亡
家不可舉便欲殺之太祖狼狽至后殿户
外手撥幔禁之乃止后亡後常有小小靈應沈
美人者太宗所幸也嘗以非罪見責應賜死從
后昔所住徽音殿前度此殿有五間自后崩後
常閉美人至殿前流涕大言曰今日無罪就死
先后若有靈當知之殿諸窻户應聲豁然開
職掌遽白太祖太祖驚往視之美人乃得釋大

明五年世祖詔曰昔漢道既盛博平煇絶魏國方安嘉憲啓策皆因心所弘酌典沿誥亡外祖親王夫人秉德淑範光啓坤載屬內位闕正攝饋閨庭儀被芳蘭問宣戚里永言感遠思追榮秩宜式傍鴻則敬登徽序乃追贈豫章郡新淦縣平樂鄉君后之所生母也又詔趙蕭臧光祿表敬公平樂郡君墓先未給塋戶加世數已遠胤嗣衰陵外戚尊屬不宜使墳塋蕪穢可各給蠻戶三以供灑埽后父湛之自有傳

文帝路淑媛諱惠男丹楊建康人也以色貌選入後宮生孝武帝拜爲淑媛年既長無寵常隨世祖出蕃世祖入討元凶淑媛留尋陽上卽位遣建平王宏奉迎有司奏曰臣聞曆集周邦徽音充嗣氣淳漢國沙麓發祥昔在上代業隆胙遠未有不敷陰教以闡洪基膺淑慶以載聖哲者也伏惟淑媛柔明內昭徽儀外範合靈初迪則履姬仰燿引訓蕃闈則家邦被德民應惟和神屬惟祉故能誕鐘睿躬用集大命固靈根於既殖融盛烈乎中興載厚化深聲詠允緝宜式諧舊典恭享極號奉尊號曰皇太后宮曰崇憲太后居顯陽殿上於閨房之內禮敬甚寡有所御幸或留止太后房內故民閒讙然咸有醜聲宮掖事祕莫能辨也孝建二年追贈太后父興之散騎常侍興之妻徐氏餘杭縣廣昌鄉君大明四年太后弟子撫軍參軍瓊之上表曰先臣故懷安令道慶賦命乖辰自違明世敢緣衞戍請名之典特乞雲雨微沾灑潤詔付門下有司

承旨奏贈給事中瓊之及弟休之茂之竝超顯職太后頗豫政事賜與瓊之等財物家累千金居處服器與帝子相侔瓊之宅與太常王僧達竝門嘗盛車服衞從造僧達僧達不爲之禮瓊之以訴太后太后大怒告上曰我尚在而人皆陵我家死後乞食矣欲辠僧達上曰瓊之年少自不宜輕造詣王僧達貴公子豈可以此事加辠大明五年太后隨上巡南豫州妃主以下竝從廢帝卽位號太皇太后太宗踐阼號崇憲太

后初太宗少失所生爲太后所攝養世祖盡心
祗事而太后撫愛亦篤及上卽位供奉禮儀不
異舊日有司奏曰夫德敷於內典章必遠化覃
于外徽號宜宣伏惟皇太后懿聖自天母儀允
著義明八遠道變九圍聖明登御景胙攸改皇
太后宜卽前號別居外宮詔曰朕備丁艱罰蚤
嬰孤苦特蒙崇憲太后聖訓撫育劬在蕃閫常
奉藥膳中迫凶威抱懷莫遂今泰運初啓情典
獲申方欲親奉晨昏盡歡閨禁不得如所奏尋

崩時季五十五遷殯東宮門題曰崇憲宮上又
詔曰朕幼集荼蓼夙憑德訓龕戡定業寔資仁
範恩著屯夷有兼常慕夫禮沿情施義循事立
可特齊衰三月以申追仰之心謚曰昭皇太后
葬世祖陵東南號曰脩寧陵先是晉安王子勛
未卒巫者謂宜開昭太后陵以爲厭勝脩復倉
卒不得如禮上性忌慮將來致灾泰始四年夏
詔有司曰崇憲昭太后脩寧陵地大明之世久
所考卜前歲遭諸蕃之難禮從權宜奉營倉卒

未暇營改而塋隧之所山原卑陋頃季穨壞曰
有滋甚恒費脩整終無永固且詳考地形殊乖
相勢朕蚤蒙慈遇情禮兼常思使終始之義載
彰幽顯史官可就巖山左右更宅吉地明審龜
筮須選令辰式遵舊典以禮祔制令中寓雖寧
邊虞未息營就之功務在從簡舉言尋悲情如
切割有司奏北疆未緝戎役是務禮之詳略各
沿時宜臣等參議脩寧陵玄宮補治毀壞權施
油殿暫出梓宮事畢卽窆於事爲允詔可璞之

爲衡陽內史先后卒廢帝景和中以休之爲黃
門侍郎茂之左軍將軍並封開國縣侯邑千戶
又追贈興之侍中金紫光祿大夫謚曰孝侯道
慶散騎常侍光祿大夫開府儀同三司謚曰敬
侯立道慶女爲皇后以休之爲侍中茂之黃門
郎太宗廢幼主欲説太后之心乃下令書曰太
皇太后蚤孤愛遇洽情卽事同於天屬前車騎
咨議參軍路休之前丹楊丞路茂之崇憲密戚
蚤延榮貫並懷所勳宜殊恒飾休之可黃門侍

郎領步兵校尉茂之可中書侍郎太宗未即位故稱令書茂之又遷司徒從事中郎休之桂陽王休範鎮北咨議參軍太宗殺世祖諸子因此陷休之等宥其諸子

孝武文穆王皇后諱憲嫄琅邪臨沂人元嘉二十季拜武陵王妃生廢帝豫章王子尚山陰公主楚王臨淮康哀公主楚佩皇女楚琇康樂公主脩明世祖在蕃后甚有寵上入伐凶逆后留尋陽與太后同還京都立爲皇后大明四季后

率六宮躬桑于西郊皇太后觀禮上下詔曰朕卜祥大昕測辰拂羽爰詔六宮親蠶川室皇太后降鑾從御佇蹕觀禮繅遂旣具玄紞方脩庻儀發椒闈化動中縣妃主以下可量加班錫廢帝卽位尊曰皇太后宮曰永訓其季崩于含章殿時季三十八祔葬景寧陵后父偃字子游晉丞相導玄孫尚嘏之子也母晉孝武帝女鄱陽公主宋受禪封永成君偃尚高祖第二女吳興長公主諱榮男少歷顯官黃門侍郎祕書監侍

中元嘉末爲散騎常侍右衛將軍世祖卽位以后父授金紫光祿大夫領義陽王師常侍如故遷右光祿大夫常侍王師如故偃謙虛恭謹不以世事關懷孝建二季卒時年五十四追贈開府儀同三司本官如故謚曰恭公長子藻位至東陽太守尚太祖第六女臨川長公主諱英媛公主性妒而藻別愛左右人吳崇祖前廢帝景和中主讒之於廢帝藻坐下獄死主與王氏離婚太始初以主適豫章太守庾沖遠未及成禮

而沖遠卒宋世諸主莫不嚴妒太宗每疾之湖孰令袁慆妻以妒忌賜死使近臣虞通之撰妒婦記左光祿大夫江湛孫斆當尚世祖女上乃使人爲斆作表讓婚曰伏承詔旨當以臨海公主降嬪榮出望表恩加典外顧審輶蔽伏用憂惶臣寒門頽族人凡質陋閭閻有對本隔天姻如臣素流室貧業寡季近將冠皆已有室荊釵布帬足得成禮每不自解無偶迄茲謀訪莫尋素族弗問自惟門慶屬降公主天恩所覃容及

醜末懷憂抱惕慮不獲免徵命所當果膺茲舉
雖門泰宗榮於臣非幸仰緣聖貸冒陳愚實自
晉氏以來配尚王姬者雖累經美胄亟有名才
至如王敦懾氣桓溫斂威真長佯愚以求免子
敬灸足以違詔王偃無仲都之質而倮露於北
階何瑀闕龍工之姿而投軀於深井謝莊殆自
同於矇室殷沖幾不免於彊鉏數人者非無才
意而勢屈於崇貴事隔於聞覽吞悲茹氣無所
逃訴制勒甚於僕隸防閑過於婢妾往來出入

人理之常當賓待客朋從之義而令掃轍息駕
無闚門之期廢筵抽席絕接對之理非唯交友
離異乃亦兄弟疏闊第令受酒肉之賜制以動
靜監子荷錢帛之私節其言笑姆妳爭媚相勸
以嚴妒媼競前相諂以急第令必凡庸下才監
子皆葭萌愚豎議舉止則未閑是非聽言語則
謬於虛實姆妳敢恃耆舊唯贊妒忌媼自倡
多知務檢口舌其間又有應答問訊卜筮師母
乃至殘餘飲食詰辨與誰衣被故敝必責頭領

又出入之宜繁省難衷或進不獲前或入不聽
出不入則嫌於欲疏求出則疑有別意召必以
三晡為期遣必以日出為限夕不見晚魄朝不
識曙星至於夜步月而弄琴晝拱袂而披卷一
生之內與此長乖又聲影裁聞則少婢奔迸裾
袂向席則老醜叢來左右整刷以疑寵見嫌賓
客未冠以少容致斥禮則有列媵象則有貫魚
本無嫚嫡之嫌豈有輕婦之誚況今義絕傍和
虔恭正匹而每事必言無儀適設辭輒言輕易

我又竊聞諸主集聚唯論夫族緩不足為急者
法急則可為緩者師更相扇誘本其恒意不可
貸借固實常辭或言野敗去或言人笑我雖家
曰私理有甚王憲發口所言恒同科律王藻雖
復彊佷頗經學涉戲笑之事遂為冤魂褚曖憂
憤用致夭絕傷理害義難以具聞夫螽斯之德
實致克昌專妒之行有妨繁衍是以尚主之門
往往絕嗣駙馬之身通離釁咎以臣凡弱何以
克堪必將毀族淪門豈伊身眚前後嬰此其人

雖衆然皆患彰遐邇事融天朝故吞言咽理無敢論訴臣幸屬聖明矜照由道弘物以典處親以公臣之鄙懷可得自盡如臣門分世荷殊榮足守前基便預提拂清官顯宦或由才外一叨婚戚咸有恩假是以仰冒非空披露丹實非唯止陳一己規全身願寔乃廣申諸門憂患之切伏願天慈照察特賜蠲停使爽雀微羣得保叢蔚蠢物含生自己彌篤若恩詔難降披請不申便當刊膚剪髮投山竄海太宗以此表徧示諸主於是

臨川長公主上表曰妾遭隨奇薄絕於王氏私庭囂戾致此分異今孤疾煢然假息朝夕情寄所鍾唯在一子契闊荼炭持兼憐愍否泰枯榮繫以爲命實願申其門釁還爲母子推遷僶俛未及自聞先朝慈愛鑑妾丹衷若賜使息徽歸第定省仰撰天旨或有可壽今事迫誠切不顧典憲敢緣恩燾觸冒披聞特乞還身王族守養弱嗣雖死之日實甘於生許之藻弟懋昇明末資遷懋弟攸太宰從事中郎蚤卒追贈黃門侍郎弟臻昇明末顯宦

前廢帝何皇后諱令婉廬江灊人也孝建三年納爲皇太子妃大明五年薨于東宮徽光殿時年十七葬　諡曰獻妃上更爲太子置內職二等曰保林曰良娣納南中郎長史太山羊瞻女爲良娣宜都太守袁僧惠女爲保林廢帝即位追崇獻妃曰獻皇后太宗踐阼遷后與廢帝合葬龍山北后父瑀字稚玉晉尚書左僕射澄曾孫也祖融大司農瑀尚高祖少女豫章康長公主

諱欣男公主先適徐喬美容色聰敏有智數太祖世禮待特隆瑀豪競於時與平昌孟靈休東海何勗等並以輿馬驕奢相尚公主與瑀情愛隆密何氏外姻疏戚莫不沾被恩紀瑀歷位清顯至衞將軍大明八年公主薨瑀墓開世祖追贈金紫光祿大夫加散騎常侍子邁尚太祖第十女新蔡公主諱英媚邁少以貴戚居顯宦好犬馬馳逐多聚才力之士有墅在江乘縣界去京師三十里邁每游履輒結駟連騎武士成羣大

明末爲豫章王子尚撫軍咨議參軍加寧朔將軍南濟陰太守廢帝納公主於後宮僞言薨殯殺一婢送出邁第殯葬行喪禮常疑邁有異圖邁亦招聚同志欲因行幸廢立事覺廢帝自出討邁誅之太宗即位追封建寧縣侯食邑五百戶子昊倩嗣齊受禪國除瑀兄子亮孝建初爲桂陽太守丞相南郡王義宣爲逆遣參軍王師壽斷桂陽道似防廣州刺史宗慤收亮斬之官至新安內史亮弟恢廢帝元徽初爲廣州刺史

未之鎮坐國哀朞晦不到免官復起爲都官尚書未拜卒恢弟誕司徒右長史誕弟衍最知名性躁動太宗初爲建安王休仁司徒從事中郎仍除黃門郎未拜竟求轉司徒司馬得司馬復求太子右率拜右率一二日復求侍中旬日之閒求進無已不得侍中以怨詈賜死

文帝沈婕妤諱容　人也納於後宮爲美人生明帝拜爲婕妤元嘉三十年卒時四十葬建康之莫府山世祖即位追贈湘東國太妃

太宗即位有司奏曰昔幽都追遠正邑纏哀緬慕德義敬奉園陵先太妃德履端華徽景明峻風允宸掖訓流國闈鞠聖誕靈番揖鴻祚臣等遠模漢冊近儀晉典謹上尊號爲皇太后下禮官議謚謚曰宣太后陵號曰崇寧以太后弟道慶爲給事中泰始三年卒追贈通直散騎常侍賜爵縣侯又追贈太后父散騎常侍母王氏成樂鄉君

明恭王皇后諱貞風琅邪臨沂人也元嘉二十

五年拜淮陽王妃太宗改封湘東王妃生晉陵長公主伯姒建安長公主伯媛太宗即位立爲皇后上常宮內大集而贏婦人觀之以爲懽笑后以扇障面獨無所言帝怒曰外舍家寒乞今共爲笑樂何獨不視后曰爲樂之事其方自多豈有姑姊妹集聚而贏婦人形體以此爲樂外舍之爲懽適實與此不同帝大怒遣后令起后兄揚州刺史景文以此事語從舅陳郡謝緯曰后在家爲儜弱婦人不知今段遂能剛正如此廢帝即位

尊爲皇太后宮曰弘訓廢帝失德太后每加勗譬
始者猶見順從後狂慝轉甚漸不悅元徽五年五月
五日太后賜帝玉柄毛扇帝嫌其毛柄不華因此欲
加酖害已令太醫煮藥左右人止之曰若行此事官便
應作孝子豈復得出入狡獪帝曰汝語大有理乃止
順帝即位齊王秉權宗室劉晃劉綽卜伯興等有異
志太后頗與相關順帝禪位太后與帝遜于東
邸因遷居丹陽宮拜汝陰王太妃順帝殂於丹
陽更立第京邑建元元年薨于第時年四十四

追加號諡葬以宋后禮父僧朗事別見景文傳
明帝陳貴妃諱妙登丹陽建康人屠家女也世
祖常使尉司採訪民間子女有姿色者太妃家
在建康縣界家貧有草屋兩三間上出行問尉
曰御道邊那得此草屋當由家貧賜錢三万令
起瓦屋尉自送錢與之家人並不在唯太妃在家
時年十二三尉見其容質甚美即以白世祖於
是迎入宮在路太后房內經二三年再呼不見
幸太后因言於上以賜太宗始有寵一年許衰

歇以乞李道兒尋又迎還生廢帝故民中皆呼
廢帝爲李氏子廢帝後每自稱李將軍或自謂
李統太宗即位拜貴妃禮秩同皇太子妃廢帝
踐阼有司奏曰臣聞河龍啓聖理洽民神郊雷
基皇慶爍天地故資敬之道粹古鉻風沿貴之
誼眇代凝則伏惟貴妃含和日晷容表淑星樞徽
音峻古柔光照世聲華帝掖軌秀天嬪景發
皇明祚昌睿命而備物之章未換彝策遠酌
前王允陟鴻典臣等參議謹上尊號曰皇太妃

輿服一如晉孝武帝太后故事置家令一人改
諸國太妃曰太妃（妃音怡）宮曰弘化追贈太妃父金
寶散騎常侍金寶妻王氏永世縣成樂鄉君昇
明初降爲蒼梧王太妃伯父照宗中書通事舍
人叔佡念步兵校尉兄敬元通直郎南魯郡太守
佡念大通貨賄侵亂朝政昇明初賜死
後廢帝江皇后諱簡珪濟陽考城人北中郎長
吏智淵孫女太始五年太宗訪求太子妃而雅信
小數名家女多不合后弱小門無彊廕以上並最

吉故爲太子納之諷朝士州郡令獻物多者將直百金始興太守孫奉伯止獻琴書其外無餘物上大怒封藥賜死既而原之太子即帝位立爲皇后帝既廢降爲蒼梧王妃智淵自有傳

明帝陳昭華諱法容丹陽建康人也太宗晚年痿疾不能内御諸弟姬人有懷孕者輒取以入宫及生男皆殺其母而以與六宫所愛者養之順帝桂陽王休範子也以昭華爲母焉明帝崩昭華拜安成王太妃順帝即位進爲皇太妃順

帝禪位去皇太妃之號

順帝謝皇后諱梵境陳郡陽夏人右光禄大夫莊孫女也昇明二年立爲皇后順帝禪位降爲汝陰王妃莊自有傳

史臣曰飲食男女民之大欲存焉故聖人順民情而爲之度王宫六列士室三等皆司事設防典文曲立若夫義篤閨闈化形邦國古先哲王有以之致治者矣夫后妃專夕配以德升姬嬙並御進非色幸欲使情有覃被愛罔偏流專貞内表妖蠱外息至於降班在四簪珥成行同列者三環珮係纓乃可以爕理陰教輔佐君德宋氏藉晉世令典嬪納有章俔天作儷必四岳之後雖正位天闈禮亢尊極而衰愍易兆恩寡難留一謝屬車之塵永隔青蒲之地是故元后憤終良有以也自元嘉以降内職稍繁椒庭綺觀千門万户而淫糅怪飾變炫無窮自漢氏昭陽之輪奐魏室九華之照曜曾不能槩其万一徒以所選止於軍署之内徵引極乎厮皁之間非

晉氏採擇濫及冠冕也且愛止帷房權無外授戚屬饑賓歲時不過肴漿斯爲美矣及太祖之傾惑潘嬙謀及婦人大明之淪溺殷姬並后匹嫡至使多難起於肌膚弁命行於同産又况進於此者乎以斯言之三代二漢之亡於淫嬖非不幸也

宋書四十一

臣沈約新撰

劉穆之

王弘

劉穆之字道和小字道民東莞莒人漢齊悼惠王肥後也世居京口少好書傳博覽多通爲濟陽江敳所知敳爲建武將軍琅邪内史以爲府主簿初穆之嘗夢與高祖俱泛海忽值大風驚懼俯視船下見有二白龍夾舫既而至一山峯巒聳秀林樹繁密意甚悅之及高祖克京城問何無忌曰急須一府主簿何由得之無忌曰無過劉道民高祖曰吾亦識之即馳信召焉時穆之聞京城有叫譟之聲晨起出陌頭屬與信會穆之視不言者久之既而反室壞布裳爲絝往見高祖高祖謂之曰我始舉大義方造艱難須一軍吏甚急卿謂誰堪其選穆之曰貴府始建軍吏實須其才倉卒之際當略無見踰者高祖笑曰卿能自屈吾事濟矣即於坐受署從平京

邑高祖至始諸大處分皆倉卒立定並穆之所建也遂委以腹心之任動止咨焉穆之亦竭節盡誠無所遺隱時晉綱寬弛威禁不行盛族豪右負勢陵縱小民窮蹙自立無所重以司馬元顯政令違舛桓玄科條繁密穆之斟酌時宜隨方矯正不盈旬日風俗頓改遷尚書祠部郎復爲府主簿記室錄事參軍領堂邑太守以平桓玄功封西華縣五等子義熙三年揚州刺史王謐薨高祖次應入輔劉毅等不欲高祖入議以中領軍謝混爲揚州或欲令高祖於丹徒領州以内事付尚書僕射孟昶遣尚書右丞皮沈以二議咨高祖沈先見穆之具說朝議穆之僞起如廁即密疏白高祖曰皮沈始至其言不可從高祖既見沈且令出外呼穆之問曰卿云沈言不可從其意何也穆之曰昔晉朝失政非復一日加以桓玄篡奪天命已移公興復皇祚勳高萬古既有大功便有大位位大勳高非可持久公今日形勢豈得居謙自弱遂爲守藩之將耶劉孟

諸公與公俱起布衣共立大義本欲匡主成勳
以取富貴耳事有前後故一時推功非爲委體
心服宿定臣主之分也力敵勢均終相吞咀揚
州根本所係不可假人前者以授王謐事出權
道豈是始終大計必宜若此而已哉今若復以
他授便應受制於人一失權柄無由可得而公
功高勳重不可直置疑畏交加異端互起將來
之危難可不熟念今朝議如此宜相酬答必云在我
厝辭又難唯應云神州治本宰輔崇要興喪所

階宜加詳擇此事既大非可懸論便暫入朝共
盡同異公至京彼必不敢越公更授餘人明矣
高祖從其言由是入輔從征廣固還拒盧循常
居幔中畫策決斷衆事劉毅等疾穆之見親每
從容言其權重高祖愈信仗之穆之外所聞見
莫不大小必白雖復閭里言謔塗陌細事皆一
二以聞高祖每得民間委密消息以示聰明皆
由穆之也又愛好賓遊坐客恒滿布耳目以爲
視聽故朝野同異穆之莫不必知雖復親暱短

長皆陳奏無隱人或譏之穆之曰以公之明將
來會自聞達我蒙公恩義無隱諱此張遼所以
告關羽欲叛也高祖舉止施爲穆之皆下節度
高祖書素拙穆之曰此雖小事然宣彼四遠願
公小復留意高祖既不能厝意又稟分有在穆
之乃曰但縱筆爲大字一字徑尺無嫌大既足
有所包且其名亦美高祖從之一紙不過六七
字便滿凡所薦達不進不止常云我雖不及荀
令君之舉善然不舉不善穆之與朱齡石並

便尺牘嘗於高祖坐與齡石答書自旦至中
穆之得百函齡石得八十函而穆之應對無廢
也轉中軍太尉司馬八年加丹陽尹高祖西討
劉毅以諸葛長民監留府總攝後事高祖疑長
民難獨任留穆之以輔之加建威將軍置佐吏
配給實力長民果有異謀而猶豫不能發乃屏
人謂穆之曰悠悠之言皆云太尉與我不平何
以至此穆之曰公泝流遠伐而以老母稚子委
節下若一毫不盡豈容如此邪意乃小安高祖

還長民伏誅十年進穆之前將軍給前軍府年布万匹錢三百万十一年高祖西伐司馬休之中軍將軍道憐知留任而事無大小一決穆之遷尚書右僕射領選將軍尹如故十二年高祖北伐留世子爲中軍將軍監太尉留府轉穆之左僕射領監軍中軍二府軍司將尹領選如故甲仗五十人入居東城穆之內總朝政外供軍旅決斷如流事無壅滯賓客輻輳求訴百端內外諮稟盈堦滿室目覽辭訟手答牋書

耳行聽受口並酬應不相參涉皆悉贍舉又數客暱賓言談賞笑引日亘時未嘗倦苦裁有閑暇自手寫書尋覽篇章校定墳籍性奢豪食必方丈旦輒爲十人饌穆之既好賓客未嘗獨餐每至食時客止十人以還者帳下依常下食以此爲常嘗白高祖曰穆之家本貧賤贍生多闕自叨忝以來雖每存約損而朝夕所須微爲過豐自此以外一毫不以負公十三年疾篤詔遣正直黃門郎問疾十一月卒時年五十八

高祖在長安聞問驚慟哀惋者數日本欲頓駕關中經略趙魏穆之既卒京邑任虛乃馳還彭城以司馬徐羨之代管留任而朝廷大事常決穆之者並悉北諮穆之前軍府文武二万人以三千配羨之建威府餘悉配世子中軍府追贈穆之散騎常侍衛將軍開府儀同三司高祖又表天子曰臣聞崇賢旌善王教所先念功簡勞義深追遠故司勳秉策在勤必書德之休明沒而彌著故尚書左僕射前軍將軍臣穆之爰自布衣

協佐義始內端謀猷外勤庶政密勿軍國心力俱盡及登庸朝右尹司京畿翼新王化敷讚百揆頃戎車遠役居中作扞撫寄之勳實洽朝野方宣讚盛猷緝隆聖世志績未究遠邇悼心皇恩褒述班同三事榮哀兼備寵靈已厚臣伏思尋自義熙草創艱患未弭外虞既殷內難彌結時屯世故靡歲暫寧豈臣以寡乏負荷國重實賴穆之匡翼之益豈唯讜言嘉謀溢于民聽若乃忠規遠畫潛慮密謨造膝詭辭莫見

其際功隱於視聽事隔於皇朝不可稱記所以
陳力一紀克遂有成出征入輔幸不辱命微夫
人之左右未有寧濟其事者矣履謙居寡守
之彌固每議及封賞輒深自抑絕所以勳高當
年而未沾茅社撫事永傷胡寧可昧謂宜加贈
正司追甄土宇俾大賚所及永秩於善人忠正
之烈不泯於身後臣契闊屯泰旋觀始終金蘭
之分義深情密是以獻其乃懷布之朝聽於
是重贈侍中司徒封南昌縣侯食邑千五百

戶高祖受禪思佐命元勳詔曰故侍中司徒
南昌侯劉穆之深謀遠猷肇基王跡勳造大
業誠實匪躬今理運惟新藩屏並肇感事懷
人寔深悽悼可進南康郡公邑三千戶故左
將軍青州刺史王鎮惡荆郢之捷剋翦放命
北伐之勳參跡方叔念勤惟績無忘厥心可
進龍陽縣侯增邑千五百戶謚穆之曰文宣
公太祖元嘉九年配食高祖廟庭二十五年
四月車駕行幸江寧經穆之墓詔曰故侍中

司徒南康文宣公穆之秉德佐命翼亮景業謀
猷經遠元勳克茂功銘鼎彝義彰典策故已
嗣徽前哲宜風後代者矣近因遊踐瞻其塋域
九原之想情深悼歎可致祭墓所以申永懷穆
之三子長子慮之嗣仕至員外散騎常侍卒子
邕嗣先是郡縣爲封國者内史相並於國主稱臣
去任便止至世祖孝建中始革此制爲下官致
敬河東王歆之嘗爲南康相素輕邕後歆之
與邕俱豫元會並坐邕性嗜酒謂歆之曰卿昔

嘗見臣今不能見勸一杯酒乎歆之因斅孫皓
歌答之曰昔爲汝作臣今與汝比肩既不勸汝
酒亦不願汝年邕所致嗜食瘡痂以爲味似
鰒魚嘗詣孟靈休靈休先患灸瘡瘡痂落牀
上因取食之靈休大驚答曰性之所嗜靈休
瘡痂未落者悉褫取以飴邕邕既去靈休與
何勗書曰劉邕向顧見噉遂舉體流血南康國
吏二百許人不問有罪無罪遞互與鞭鞭瘡痂
常以給膳卒子彤嗣大明四年坐刀斫妻奪爵

土以弟彪紹封齊受禪降爲南康縣侯食邑千戶穆之中子式之字延叔通易好士累遷相國中兵參軍太子中舍人黃門侍郎寧朔將軍宣城淮南二郡太守在任贓貨狼藉揚州刺史王弘遣從事檢校從事呼攝吏民欲加辨覆式之召從事謂曰治所還白使君劉式之於國家粍石發分儋數百万錢何有況不偷邪吏民及文章之玄任促事還具白弘弘曰劉式之辯如此奔一日也待停還爲太子右率左衞將軍吳郡太守卒追贈征虜將軍從征關洛有功封德陽縣二等侯謚曰恭侯長子歆世祖初黃門侍郎歆弟衍大明末以爲黃門郎出爲豫章內史晉安王子勛稱僞號以爲中護軍事敗伏誅衍弟瑀字伐琳少有才氣爲太祖所知始興王濬爲南徐州以瑀補別駕從事史爲濬所遇瑀性陵物護前不欲人居巳上時濬征北府行參軍吳郡顧邁輕薄而有才能濬待之甚厚深言密事皆與參之瑀乃折節事邁深布情款家內婦女

閒事言語所不得至者莫不倒寫備說邁以瑀與之款盡深相感信濬所言密事悉以語瑀瑀與邁共進射堂下瑀忽顧左右索單衣幘邁問其所以瑀曰公以家人待卿相與言無所隱而卿於外宣泄致使人無不知我是公吏何得不啓因而白之濬大怒啓太祖徙邁廣州邁在廣州值蕭簡爲亂爲之盡力與簡俱死瑀遷從事中郎領淮南太守元嘉二十九年出爲寧遠將軍益州刺史元凶弒立以爲青州刺史瑀聞問即起義遣軍并送資實於荊州世祖即位召爲御史中丞還至江陵值南郡王義宣爲逆瑀陳其不可言甚切至義宣以爲丞相左司馬俱至梁山瑀猶乘其蜀中船舫又有義宣故部曲潛於梁山洲外下投官軍除司徒左長史明年遷御史中丞瑀使氣尚人爲憲司甚得志彈王僧達云廕籍高華人品冗末朝士莫不畏其筆端尋轉右衞將軍瑀願爲侍中不得謂所親曰人仕宦不出當入不入當出安能長居戶限上

因求益州世祖知其此意許之孝建三年除輔國將軍益州刺史既行甚不得意至江陵與顔竣書曰朱脩之三世叛兵一旦居荆州青油幙下作謝宣明面見向使齊師以長刀引吾下席於吾何有政恐匈奴輕漢耳其年坐奪人妻爲妾免官大明元年起爲東陽太守明年遷吳興太守侍中何偃嘗案玄參伍時望瑀大怒曰我於時望何參伍之有遂與偃絶及爲吏部尚書意彌憤憤族叔秀之爲丹陽尹瑀又與親故書

曰吾家黒面阿秀遂居留安衆處朝廷不爲多士其年疽發背何偃亦發背癰瑀疾已篤聞偃亡懽躍叫呼於是亦卒謚曰剛子子卷南徐州别駕卷弟藏尚書左丞穆之少子貞之中書黄門侍郎太子右衛率寧朔將軍江夏内史卒官子裒始興相以贓貨繫東冶内穆之女適濟陽蔡祐年老貧窮世祖以祐子平南參軍孫爲始安太守

王弘字休元琅邪臨沂人也曾祖導晉丞相祖洽中領軍父珣司徒弘少好學以清恬知名與尚書僕射謝混善弱冠爲會稽王司馬道子驃騎參軍主簿時農務頓息末役繁興弘以爲宜建屯田陳之曰近面所諮立屯田事已具簡聖懷南畝事興時不可失宜早督田畯以要歲功而府資單刻控引無所雖復厲以重勸肅以嚴威適足令囹圄充積而無救於事實也伏見南局諸冶募吏數百雖資以廩贍收入甚微愚謂若回以配農必功利百倍矣然軍器所須

不可都廢今欲留銅官大冶及都邑小冶各一所重其功課一准揚州州之求取亦當無乏餘者罷之以充東作之要又欲二局田曹各立典軍募吏依冶募比例幷聽取山湖人此皆無損於私有益於公者也其中亦應疇量分判番假及給廩多少自可一以委之本曹親局所統必當練悉且近東曹板水曹參軍納之領此任其人頗有幹能自足了其事耳頃年以來斯務弘廢田蕪廩虚實亦由此弘過蒙飾擢志輸短

劾豈可相與寢默有懷弗聞邪至於當否尊自
當裁以遠鑒若所啓謬允者伏願便以時施行
庶歲有務農之勤倉有盈廩之實禮節之興
可以垂拱待也道子欲以爲黃門侍郎珣以其
年少固辭珣頗好積聚財物布在民間珣薨弘
悉燔燒券書一不收責餘舊業悉以委付諸
弟未免喪後將軍司馬元顯以爲諮議參軍加
寧遠將軍知記室事固辭不就道子復以爲諮
議參軍加建威將軍領中兵又固辭時內外多

難在喪者皆不終其哀唯弘固執得免桓玄剋
京邑收道子付廷尉臣吏畏恐莫敢瞻送弘時
尚在喪獨於道側拜攀車涕泣論者稱焉高祖
爲鎮軍召補諮議參軍以功封華容縣五等
矦遷琅邪王大司馬從事中郎出爲寧遠將軍
琅邪內史尚書吏部郎中豫章相盧循寇南康
諸郡弘奔尋陽高祖復命爲中軍諮議參軍
遷大司馬右長史轉吳國內史義熙十一年徵
爲太尉長史轉左長史從北征前鋒已平洛陽

而未遣九錫弘銜使還京師諷旨朝廷時劉穆之
掌留任而旨反從北來穆之愧懼發病遂卒而高
祖還彭城弘領彭城太守宋國初建遷尚書僕射領選
太守如故奏彈謝靈運曰臣聞閑厥有家垂訓大
易作威專戮致誡周書斯典或違刑茲無赦世子左
衛率康樂縣公謝靈運力人桂興淫其嬖妾殺
興江涘弃尸洪流事發京畿播聞遐邇宜加重劾
肅正朝風案世子左衛率康樂縣公謝靈運過蒙
恩獎頻叨榮授聞禮知禁爲日已久而不能防閑

閫閾致茲紛穢罔顧憲軌忿殺自由此而勿治典刑
將替請以見事免靈運所居官上臺削爵土收付
大理治罪御史中丞都亭矦王淮之顯居要任邦之
司直風聲噂沓曾不彈舉若知而弗糾則情法斯
撓如其不知則尸昧已甚豈可復預班清階式
是國憲請免所居官以矦還散輩中內臺舊體
不得用風聲舉彈此事彰赫曝之朝野執憲
蔑聞羣司循舊國典既頽所虧者重臣弘忝承
人乏位副朝端若復謹守常科則終莫之糾政

所以不敢拱默自同秉彝違舊之愆伏須准裁高祖令曰靈運免官而已餘如奏端右簡正風軌誠副所期豈拘常儀自今爲永制十四年遷監江州豫州之西陽新蔡二郡諸軍事撫軍將軍江州刺史至州省賦簡役百姓安之永初元年加散騎常侍以佐命功封華容縣公食邑二千戶三年入朝進號衞將軍開府儀同三司高祖因宴集謂羣公曰我布衣始望不至此傅亮之徒並撰辭欲盛稱功德弘率尒對曰此所

謂天命求之不可得推之不可去時人稱其簡舉少帝景平二年徐羡之等謀廢立召弘入朝太祖即位以定策安社稷進位司空封建安郡公食邑千戶上表固辭曰臣聞趙武稱隨會夫子之家事治言於晉國無隱情臣千載幸會謬荷榮遇雖以智能虛薄政績蔑聞而言無隱情竊所庶幾向令天啓其心預定大策而名編司勳功不見紀固將請不賞之罪懸龍蛇之書豈當稽違成命苟脩小節但無功勤暴之四海進闕君子勞心之謀退微小人勞力之効而聖朝僭賞於上愚臣苟忝於下則爲厚誣當時永貽口實竊財之誚比此爲輕惟塵盛猷虧玷爲大微躬所惜一朝亦盡非唯仰塵國紀實亦俯畏友朋憂心彌疹胡顏靡託且凡人之交尚申知己況在明主可用理干所以敢遂愚狷守之以死乃見許加使持節侍中改監爲都督進號車騎大將軍開府刺史如故徐羡之等以廢弒之罪將見誅弘既非首謀弟曇首又爲上所親

委事將發密使報弘羡之等誅徵弘爲侍中司徒揚州刺史録尚書給班劒三十人上西征謝晦弘與驃騎彭城王義康居守入住中書下省引隊仗出入司徒府權置參軍五年春大旱弘引咎遜位曰臣聞三才雖殊其致則一故世道休明五福攸應政有失德咎徵必顯臣抑又聞之台輔之職論道讚契上佐人主燮理陰陽位以德授則和氣淳穆寇竊非據則譴見于天是以陳平有辭不濫主者之局邴吉停駕犬

懼牛喘之由斯固有國之所同天人之遠旨陛下聖哲御世炎隆寧休徵表祥醴泉踊涌而頃陰陽隔并亢旱成災秋無嚴霜冬無積雪疾厲之氣彌歷四時此豈非任失其人覆餗之咎臣以庸短自畢凡流謬逢嘉運叨恩在昔陛下忘其不腆又重之以今任正位槐鼎統理神州珥貂衣衮總録朝端内外要重頓萃微躬窮極寵貴人臣莫比令德居之猶或難稱矧伊陋昧何以克任此之易了不俟明識但受命之始屬值時

艱六戎親戒憂及社稷誠是臣下致節忘身之時當有何心塵撓聖聽所以僶俛從事循牆馳驅志在宣力慮不及遠既鯨鯢折首西夏底定便宜詭其本懷避賢謝拙而常人偷安日甘一日實亦仰佩天眷未能自已荏苒推遷忽及三載遂令負乘之釁彰著幽明愆伏之災患纏氓庶上缺皇朝緝熙之美下增官謗覆折之災伏念惶赧五情飛散雖日厚顏何以寧處不遠而復大易攸稱小懲大戒細人之福近復之美非

所敢觖懲戒之幸竊懷庶幾今履端惟始朝慶禮畢輒還私門思從家巷庶徽塞天譴少弭謗讟伏願鑒其所守即而許之臨啓愧塞不自宣盡先是彭城王義康爲荊州刺史鎮江陵平陸令河南成粲與弘書曰僕聞軌物設教必隨時制宜世代盈虛亦與之消息夫勢之所處非親不居是以周之宗盟異姓爲後權軸之要任歸二南斯前代之明驀當今之顯轍明公位極台鼎四海具瞻劬勞夙夜義同吐握而總録百揆

兼牧畿甸功實盛大莫之與儔天道福謙宜存挹損驃騎彭城王道德昭備上之懿弟宗本歸源所應推先宜出據列蕃齊光魯衛明公高枕論道燮理陰陽則天下和平災害不作福慶與大宋升降享年與松喬齊久名垂萬代豈不美歟弘本有退志挾粲言由是固自陳請乃降爲衞將軍開府儀同三司六年弘又上表曰臣聞異姓爲後宗周之明義親不在外有國之所先故魯長滕君春秋所美楚出秦業前史垂誡矧

乃茂親明德道光一時述職侯甸朝政弗及而
以庚族庸陋浮華之臣超踰先典居中贊契豈
所以憲章古式緝熙治道驃騎將軍臣義康徽
猷淵邈明德彌劭敷政江漢化被荆南搢紳屬
情想樂當務周旦之寄不謀同詞分陜雖重比
此爲輕臣實空闇階恩踰越俯積素餐仰玷盛
化公私二三無一而可昔孫叔未進優孟見歎
展季在下臧文貽譏況道隆地昵義兼前禮臣
於古人無能爲役負乘竊位萬物謂何雖曰厚

顔胡寧以處斯亾之懼寔疚其心乞解州録
以允民望伏願陛下遠存至公近鑒丹款俯
順朝野改授親賢豈唯下臣獲免大戾凡厥
衆隸孰不慶幸若天眷罔已脫復遲回請出
臣表遠聞外内朝議輿誦或有可擇詔曰省
表遠擬隆周經國之體近述大易卑牧之志
三復沖旨良用憮然公體道淵虛明識經遠
毗翼艱難勳猷光茂俾朕獲辰居垂拱司契
委成豈容高遜總録固辭神州使成務有虧

以重朕之不德邪深存體國所望實亮驃騎親
賢之寄地均旦奭還入内輔參讚機務輒敬從
所執義康由是代弘爲司徒與之分録弘又表
曰近冒表聞披陳愚管實冀天鑒體其至誠
而奉被還詔未蒙酬察徒塵聖覽仰延優旨
顧影慙惶罔識攸厝臣忝荷要重四載于今
旣違前史量力之誡又微古人進賢之美尸位
固寵日積官謗旋觀周行興愧已厚況在親
賢朝野歸德甫思引身曷去能補惟塵大典

虧喪已多不悟天眷之隆復垂恩奬名器弗改
蒙寵如舊感愚自揆茫若無涯臣義康旣揔
録百揆毗讚盛化忝廁下風諮憑有所内朝細務
庶可免竭神州任重望實兼該臣何人斯寇竊
不已爲尔推遷覆敗將及就無人事之愆必有
陰陽之患伏念惟憂疹如疾首不知何理可以
自安但成旨已決渙汗難反加臣懦劣少無此
志進不能抗言陳辭以死自固退不能重璽置
冰鮮食爲膂柢畏天威遂復俛仰至於攝督所

部料綜文案曹局吏役所須不多其餘文武皆爲冗長相府初建或有未充請留職僚同事而已自此以外及諸資實一送司徒臣受恩深重休戚是預義無虛飾苟自貶損伏願聖察特垂許順不令誠訴其見抑奪上又詔曰衛軍表如此司徒宜須事力可順公雅懷割二千人配府資儲不煩事送弘博練治體留心庶事斟酌時宜每存優允與八座丞郎疏曰同位犯法無士人不罪之科然每至詰謫輒有請訴若垂恩

宥則法廢不可行依事糾責則物以爲苦怨宜更爲其制使得憂苦之衷也又主守偷五匹常偷四十匹並加大辟議者咸以爲重宜進主偷十匹常偷五十匹死四十匹降以補兵既得小寬民命亦足以有懲也想各言所懷左丞江奧議士人犯盜贓不及棄市者刑竟自在贓汙淫盜之目清議終身經赦不原當之者足以塞愆聞之者足以鑒誡若復雷同羣小謫以兵役愚謂爲苦符伍雖比屋鄰居至於士庶之際實

自天隔舍藏之罪無以相關奴客與符伍交接有所藏蔽可以得知是以罪及奴客自是客身犯愆非代郎主受罪也如其無奴則不應坐右丞孔默之議君子小人既雜爲符伍不得不以相檢爲義士庶雖殊而理有聞察譬百司居上所以下不必躬親而後同坐是故犯違之日理自關今罪其養子典計者蓋義存戮僕如此則無奴之室豈得宴安但既云復士宜令輸贖常盜四十匹主守五匹降死補兵雖大存寬惠以紓民

命然官及二千石及失節士大夫時有犯者罪乃可戮恐不可以補兵也謂此制可施小人士人自還用舊律尚書王准之議昔爲山陰令士人在伍謂之押符同伍有愆得不及坐士人有罪符伍糾之此非士庶殊制寔使即刑當罪耳夫束脩之胄與小人隔絕防檢無方宜及不逞之士事接羣細既同符伍故使糾之于時行此非唯一處左丞議奴客與鄰伍相關可得檢察符中有犯使及刑坐即事而求有乖實理

有奴客者類多使役東西分散住家者少其有
停者左右驅馳動止所須出門甚寡典計者在
家十無其一奴客坐伍濫刑必衆恐非立法當
罪本旨右丞議士人犯偷不及大辟者宥補兵
雖欲弘士懼無以懲邪乘理則君子違之則小
人制嚴於上猶冒犯之以其宥科犯者或衆使
畏法其心乃所以大宥　　庶異制意所不
同殿中郎謝元議謂　　其本然後其末
可　本所以探士大夫於符　　以檢小人

邪　使受檢於小人邪　　士庶天隔則
士無弘庶之由以不知而押之於伍則是受檢
於小人也然則小人有罪士人無事僕隸何罪而
令坐之若以實相交關貴其聞察則意有未因
何者名實殊章公私異令奴不押符是無名也
民之貲財是私賤也以私賤無名之人豫公家
有實之任公私混淆名實非允由此而言謂不
宜坐還從其主於事爲宜無奴之士不在此例
若士人本檢小人則小人有過已應獲罪而其

奴則義歸戮僕然則無奴之士未合宴安使之
輸贖於事非謬二科所附惟制之本耳此自是
辯章二本欲使各從其分至於求之管見宜附
前科區別士庶於義爲美盜制按左丞議士人
既終不爲兵革幸可同寬宥之惠不必依舊律
於議咸允吏部郎何尚之議按孔右丞議士人
坐符伍爲辠有奴辠奴無奴輸贖既許士庶緬
隔則聞察自難不宜以難知之事定以必知之
法夫有奴不賢無奴不必不賢今多僮者傲然

於王憲無僕者怵迫於時綱是爲恩之所霑恒
在程卓法之所設必加顏原求之鄙懷竊所未
愿謝殿中謂奴不隨主於名分不明誠是有理
然奴僕實與閭里相關今都不問恐有所失意
同左丞議弘議曰尋律令既不分別士庶又士
人坐同伍罹謫者無處無之多爲時恩所宥故
不盡親謫耳吳及義興適有許陸之徒以同符
合給二千石論啓丹書已未問會稽士人云十
數年前亦有四族坐比被責以恃恩獲停而王

尚書云人舊無同伍坐所未之解恐莅任之日偶不值此事故邪聖明御世士人誠不憂至苦然要須臨事論通上干天聽爲紛擾不如近爲定科使輕重有節也又尋甲符制蠲士人不傳符耳令史復除亦得如之共相押領有違糾列了無等衰非許士人閭里之外也諸議云士庶緬絕不相參知則士人犯法庶民得不知若庶民不許不知何許士人不知小民自非超然簡獨永絕塵粃者比門接棟小以爲意終自聞知不

必須日夕來往也右丞百司之言粗是其況如衺陵士人實與里巷關　相知情狀乃當於冠帶小民今謂之士人便無小人之坐署爲小民輒受士人之罰於情於法不其頗歟且都令不及士流士流爲輕則小人令使徵預其罰便事至相糺閭伍之防亦爲不同謂士人可不受同伍之謫耳罪其奴客庸何傷邪無奴客可令輸贖又或無奴僮爲衆所明者官長二千石便當親臨列上依事遣判偷五匹四十匹謂應見優量者實以小吏無知臨財易昧或由疏慢事蹈重科求之於心常有可愍故欲小進匹數寬其性命耳至於官長以上荷蒙祿榮付以局任當正已明憲檢下防非而親犯科律亂法冒利五匹乃已爲弘矣士人無私相偷四十匹理就使至此致以明罰固其宜耳並何容復加哀矜且此輩士人可殺不可謫有如諸論本意自不在此也近聞之道路聊欲共論不呼乃爾難精旣衆議糾紛將不如其已若呼不應停寢謂宜集議

奏聞決之聖旨太祖詔衛軍議爲允弘又上言舊制民年十三半役十六全役當以十三以上能自營私及公故以充役而考之見事猶或未盡體有彊弱不皆稱年且在家自隨力所能堪不容過苦移之公役動有定科循吏隱恤可無其患庸宰守常已有勤劇況值苛政豈可稱言乃有務在豐役增進年齒孤遠貧弱其敝尤深至令依寄無所生死靡告一身之切逃竄求免家人遠討胎孕不育巧避羅憲實亦由之今皇

化惟新四方無事役召之應存乎消息十五至
十六宜爲半丁十七爲全從之其後弘寢疾弘
表屢乞骸骨上輒優詔不許九年進位太保
領中書監餘如故其年薨時年五十四即贈
太保中書監給節加羽葆鼓吹增班劍爲六十
人侍中錄尚書刺史如故謚曰文昭公配食高
祖廟廷其年詔曰乃者三逆煽禍宸運繁有徒爰
初遵養暨于明罰外虞內慮實惟艱難故大
保華容縣公弘故衛將軍華故左光祿大夫

曇首抱義 忠乃情同至籌謀廟堂竭盡
智力經 險簡自朕心國恥既雪尤膺茅土
而竝執謙挹志不命踰故用佇朝典將有後命
盛業不究相係殞落永懷傷歎痛恨無已弘
可增封千戶華曇首封開國縣侯食邑各千戶
護軍將軍建昌公彦之深誠密謨比蹤齊望其
復先食邑以酬忠勳又詔聞王太保家便已匱
乏清約之美同規古人言念始終情增悽歎可
賜錢百万米千斛世祖大明五年車駕遊幸經

弘墓下詔曰故侍中中書監太保錄尚書事揚
州刺史華容文昭公弘德猷光劭鑒識明遠故
散騎常侍左光祿大夫太子詹事豫章文侯
曇首夙尚恬素理心貞正竝綢繆先眷契闊屯
夷內亮王道外流徽譽以國圖令勳民思茂惠
朕薄巡都外瞻覽墳塋永言想慨良深于懷
便可遣使致祭墓所弘明敏有思致旣以民望
所宗造次必存禮法凡動止施爲及書翰儀體
後人皆依倣之謂爲王太保家法雖歷任藩輔

不營財利薨亡之後家無餘業而輕率少威
儀性又褊隘人忤意者輒面加責辱少時嘗
樗蒲公城子野舍及後當權有人就弘求縣
辭訴頗切此人嘗以蒲戲得罪弘詰之曰君
得錢會戲何用祿爲答曰不審公城子野何在
弘默然子錫嗣少以宰相子起家爲員外散
騎歷清職中書郎太子左衛率江夏內史高
自位遇太尉江夏王義恭當朝錫箕踞大坐殆
無推敬卒官子僧亮嗣齊受禪降爵爲侯食

邑五百戶弘少子僧達別有傳弘弟虞廷尉卿虞子深有美名官至新安太守虞弟抑光祿大夫抑弟孺侍中孺弟曇首別有傳弘從父弟練晉中書令珉子也元嘉中歷顯官侍中度支尚書練子釗世祖大明中亦經清職黃門郎臨海王子頊晉安王子勛征虜前軍長史左民尚書太宗初爲司徒左長史隨司徒建安王休仁出赭圻時居母憂加冠軍將軍忤犯休仁出爲始興相休仁恚之不已太宗乃收付廷尉賜死

史臣曰晉綱弛紊其漸有由孝武守文於上化不下及道子昏德居宗憲章墜矣重之以寶國啓亂加之以元顯嗣虐元祖宗之遺典羣公之舊章莫不葉散冰離掃地盡矣主威不樹臣道專行國典人殊朝綱家異編戶之命竭於豪門王府之蓄變爲私藏由是禍基東妖難結天下蕩蕩然王道不絕者若綖高祖一朝創義事屬橫流改亂章布平道尊主卑臣之義定於馬棰之間威令一施內外從禁以建武永平之風變太元隆安之俗此蓋文宣公之爲也爲一代宗臣配饗清廟豈徒然哉

列傳第二　宋書四十二

列傳第三　　宋書四十三

臣沈約新撰

徐羨之

傅亮

檀道濟

徐羨之字宗文東海郯人也祖寧尚書吏部郎江州刺史未拜卒父祚之上虞令羨之少爲王雅太子少傅主簿劉牢之鎮北功曹尚書祠部郎不拜桓脩撫軍中兵曹參軍與高祖同府深

相親結義旗建高祖版爲鎮軍參軍尚書庫部郎領軍司馬與謝混共事混甚知之補琅邪王大司馬參軍司徒左西屬徐州別駕從事史太尉咨議參軍義熙十一年除鷹揚將軍琅邪內史仍爲大司馬從事中郎將如故高祖北伐轉太尉左司馬掌留任以副貳劉穆之初高祖議欲北伐朝士多諫唯羨之默然或問何獨不言羨之曰吾位至二品官爲二千石志願久充今二方已平拓地萬里唯有小羌未定而公寢食

不忘意量乖殊何可輕豫劉穆之卒高祖命以羨之爲吏部尚書建威將軍丹楊尹總知留任甲仗二十人出入轉尚書僕射將軍尹如故十四年大司馬府軍人朱興妻周坐息男道扶年三歲先得癇病周因其病發掘地生埋之爲道扶姑女所告正周棄市刑羨之議曰自然之愛虎狼猶仁周之凶忍宜加顯戮臣以爲法律之外故尚弘物之理母之即刑由子明法爲子之道焉有自容之地雖伏法者當罪而在宥者靡

容愚謂可特申之遐裔從之高祖踐阼進號鎮軍將軍加散騎常侍上初即位思佐命之功詔曰散騎常侍尚書僕射鎮軍將軍丹楊尹徐羨之監江州豫州之西陽新蔡諸軍事撫軍將軍江州刺史華容侯王弘散騎常侍護軍將軍作唐男檀道濟中書令領太子詹事傅亮侍中中領軍謝晦前左將軍江州刺史宜陽侯檀韶使持節雍梁南北秦四州荆州之河北諸軍事後將軍雍州刺史關中侯趙倫之使持節督北徐兗

青三州諸軍事征虜將軍北徐州刺史南城男劉懷愼散騎常侍領太子左衛率新淦侯王仲德前冠軍將軍北青州刺史安南男向彌左衛將軍灄陽男劉粹使持節南蠻校尉佷山子到彥之西中郎司馬南郡宜陽侯張劭參西中郎將軍事建威將軍河東太守資中侯沈林子等或忠規遠謀扶讚洪業或肆勤樹績弘濟艱難經始圖終勳烈惟茂並宜與國同休饗兹大賚羨之可封南昌縣公弘可華容縣公道濟可改

封永脩縣公亮可建城縣公晦可武昌縣公食邑各二千戶韶可更增邑二千五百戶仲德可增邑二千二百戶懷愼彥之各進爵爲侯粹改封建安縣侯並增邑爲千戶倫之可封霄城縣侯食邑千戶劭可封臨沮縣伯林子可封漢壽縣伯食邑六百戶開國之制率遵舊章羨之遷尚書令揚州刺史加散騎常侍進位司空錄尚書事常侍刺史如故羨之起自布衣又無術學直以志力局度一旦居廊廟朝野推服咸謂有

宰臣之望羨沉密寡言不以憂喜見色頗工弈棊觀戲常若未解當世倍以此推之傅亮蔡廓常言徐公曉萬事安異同高祖不豫加班劒三十人宮車晏駕與中書令傅亮領軍將軍謝晦鎮北將軍檀道濟同被顧命少帝詔曰平理獄訟政道所先朕哀荒在疚未堪親覽司空尚書令可率衆官月一決獄帝後失德羨之等將謀廢立而廬陵王義眞輕動多過不任四海乃先廢義眞然後廢帝時謝晦爲領軍以府舍內屋敗

應治悉移家人出宅聚將士於府內鎮北將軍南兗州刺史檀道濟先朝舊將威服殿省且有兵衆召使入朝告之以謀事將發道濟入宿領軍府中書舍人邢安泰潘盛爲內應其日守關道濟領兵居前羨之等繼其後由東掖門雲龍門入宿衛先受處分莫有動者先是帝於華林園爲列肆親自酤賣又開瀆聚土以像破岡埭左右唱呼引船爲樂是夕寢於龍舟在天淵池兵士進殺二人又傷帝指扶帝出東閤收璽綬

羣臣拜辭衛送故太子宫遷於吳郡侍中程道惠勸立第五皇弟義恭羨之不許遣使殺義真於新安殺帝於吳縣時爲帝築宫未成權居金昌亭帝突走出昌門追者以門關擊之倒地然後加害太祖即阼進羨之司徒餘如故改封南平郡公食邑四千户固讓加封有司奏車駕依舊臨華林園聽訟詔曰政刑多所未悉可如先二公推訊元嘉二年羨之與左光禄大夫傅亮上表歸政曰臣聞元首司契運樞成務臣道代

終事盡宣翼冕旒之道理絕於上皇拱已之事不行於中古故高宗不言以三齡爲斷冢宰聽政以再朞爲節百王以降罔或不然陛下聖德紹興負荷洪業億兆顒顒思陶盛化而聖旨謙挹委成羣司自大禮告終鑽燧三改大明佇照遠邇傾屬臣等雖率誠屢聞未能仰感敢藉品物之情謹因蒼生之志伏願陛下遠存周文日昃之道近思皇室締構之艱時攬萬機躬親朝政廣闢四聰博詢庶業則雍熙可臻有生幸甚

上未許羨之等重奏曰近陳寫下情言爲心罄奉被還詔鑒許未回豈惟愚臣秉心有在詢之朝野人無異議何者形風四方寔繫王德一國之事本之一人雖世代不同時殊風異至於主運臣贊古今一揆未有渾心委任而休明可期此之非宜布自遐邇臣等荷遇二世休感以均情爲國至豈容順默重披丹心冒昧以請上猶辭羨之等又固陳曰比表披陳辭誠俱盡詔旨沖遠未垂聽納三復屏營伏增憂歎臣聞克隆

先構幹蠱之盛業昧旦丕顯帝王之高義自皇宋創運英聖有造殷憂未闋艱患仍纏賴天命有底聖明承業時屯國故猶在民心太山之安未易可保昏明隆替繫在聖躬斯誠周詩夙興之辰殷王待旦之日豈得無爲拱已復玄古之風逡巡虛挹徇匹夫之事伏願以宗廟爲重百姓爲心弘大業以嗣先軌隆聖道以增前烈愚瞽所獻情盡於此上乃許之羨之仍遜位退還私第兄子佩之及侍中程道惠吳興太守王韶

之等竝謂非宜敦勸甚苦復奉詔攝任三年正月詔曰民生於三事之如一愛敬同極豈惟名教況乃施侔造物義在加隆者乎徐羨之傅亮謝晦皆因緣之才荷恩在昔擢自無聞超居要重卵翼而長未足以譬永初之季天禍横流大明傾曜四海遏密實受顧託任同負圖而不能竭其股肱盡其心力送往無復言之節事居闕忠貞之効將順靡記匡救蔑聞懷寵取容順成失德雖末因懼禍以建大策而逞其悖心不畏

不義播遷之始謀肆酖毒至止未幾顯行怨殺窮凶極虐荼酷備加顛沛皂隸之手告盡逆旅之館都鄙哀愕行路飲涕故廬陵王英秀明遠徽風夙播魯衛之寄朝野屬情羨之等暴蔑求專忌賢畏逼造構貝錦成此無端罔主蒙上横加流屛矯誣朝旨致茲禍害寄以國命而翦爲仇讎旬月之閒再肆醜毒痛感三靈怨結人鬼自書契以來棄常安忍反易天明未有如斯之甚者也昔子家從弑鄭人致討宋肥無辜蕩澤爲

戮況逆亂倍於往釁情痛深於國家此而可容孰不可忍即宜誅殛告謝存亡而于時大事甫爾異同紛結匡國之勳實著莫大之罪未彰是以遠酌民心近聽輿訟雖欲討亂慮或難圖故忍戚含哀懷恥累載每念人生實難情事未展何嘗不顧影慟心伏枕泣血今逆臣之釁彰暴遐邇君子悲情義徒思奮家讎國恥可得而雪便命司寇肅明典刑晦據有上流或不即罪朕當親率六師爲其遏防可遣中領軍到彦之即

日電發征北將軍檀道濟絡驛繼路符衛軍府州以時收翦已命征虜將軍劉粹斷其走伏罪止元凶餘無所問感惟永往心情崩絕氛霧既袪庶幾治道爾且詔召羨之行至西明門外時謝晦弟皭(子肖反)爲黄門郎正直報亮云殿內有異處分亮馳報羨之羨之回還西州乘內人問訊車出郭步走至新林入陶竈中自刭死時年六十三羨之初不應召上遣中領軍到彦之右衛將軍王華追討羨之死野人以告載尸付

廷尉子喬之尚高祖第六女富陽公主官至竟陵王文學喬之及弟乞奴從誅初羨之年少時嘗有一人來謂之曰我是汝祖羨之因起拜之此人曰汝有貴相而有大厄可以錢二十八文瘞宅四角可以免災過此可位極人臣後羨之隨親之縣住在縣內嘗暫出而賊自後破縣縣內人無免者雞犬亦盡唯羨之在外獲全隨從兄履之爲臨海樂安縣嘗行經山中見異龍長丈餘頭有角前兩足皆具無後足曳尾而行及

拜司空守關將入彗星晨見危南又當拜時雙鶴集太極東鴟尾鳴喚兄子佩之輕薄好利高祖以其姻戚累加寵任爲丹陽尹吳郡太守景平初以羨之秉權頗豫政事與王韶之程道惠中書舍人刑安泰潘盛相結黨與時謝晦久病連灸不堪見客佩之等疑其託疾有異圖與韶之道惠同載詣傅亮稱羨之意欲令亮作詔誅之亮答以爲已等三人同受顧命豈可相殘戮若諸君果行此事便當角巾步出掖門耳佩之等乃止羨之既誅太祖特宥佩之免官而已其年冬佩之又結殿中監茅亨謀反并告前寧州刺史應襲以亨爲兗州襲爲豫州亨密以聞襲亦告司徒王弘佩之聚黨百餘人殺牛犒賜條牒時人並相署置期明年正會於殿中作亂未及數日收斬之

傅亮字季友北地靈州人也祖咸司隸校尉父瑗以學業知名位至安成太守瑗與郗超善超嘗造瑗瑗見其二子迪及亮亮年四五歲超令

人解亮衣使左右持去初無吝色超謂瑗曰卿小兒才名位宦當遠踰於兄然保家傳祚終在大者迪字長猷亦儒學官至五兵尚書永初二年卒追贈太常亮博涉經史尤善文詞初爲建威參軍桓謙中軍行參軍桓玄篡位聞其博學有文采選爲祕書郎欲令整正祕閣未及拜而玄敗義旗初丹楊尹孟昶以爲建威參軍義熙元年除員外散騎侍郎直西省典掌詔命轉領軍長史以中書郎滕演代之亮未拜遭母憂服

闕爲劉毅撫軍記室參軍又補領軍司馬七年遷散騎侍郎復代演直西省仍轉中書黃門侍郎直西省如故高祖以其久直勤勞欲以爲東陽郡先以語迪迪大喜告亮亮不答即馳見高祖曰伏聞恩旨賜擬東陽家貧忝祿私計爲幸但憑廕之願實結本心乞歸天宇不樂外出高祖笑曰謂卿之須祿耳若能如此甚協所望會西討司馬休之以爲太尉從事中郎掌記室以太尉參軍羊徽爲中書郎代直西省亮從征關

絡還至彭城宋國初建令書除侍中領世子中庶子徙中書令領中庶子如故從還壽陽高祖有受禪意而難於發言乃集朝臣宴飲從容言曰桓玄暴篡鼎命已移我首唱大義復興皇室南征北伐平定四海功成業著遂荷九錫今年將衰暮崇極如此物戒盛滿非可久安今欲奉還爵位歸老京師羣臣唯盛稱功德莫曉此意日晚坐散亮還外乃悟旨而宮門已閉亮於是叩扉請見高祖即開門見之亮入便曰臣暫宜

還都高祖達解此意無復他言直云須幾人自送亮曰須數十人便足於是即便奉辭亮既出已夜見長星竟天亮拊髀曰我常不信天文今始驗矣至都即徵高祖入輔永初元年遷太子詹事中書令如故以佐命功封建城縣公食邑二千戶入直中書省專典詔命以亮任總國權聽於省見客神虎門外每旦車常數百兩高祖登庸之始文筆皆是記室參軍滕演北征廣固悉委長史王誕自此後至于受命表策文誥皆

亮辭也演字彥將南陽西鄂人官至黃門郎祕書監義熙八年卒二年亮轉尚書僕射中書令詹事如故明年高祖不意與徐羨之謝晦並受顧命給班劍二十人少帝即位進爲中書監尚書令景平二年領護軍將軍少帝廢亮率行臺至江陵奉迎太祖既至立行門於江陵城南題曰大司馬門率行臺百僚詣門拜表威儀禮容甚盛太祖將下引見亮哭慟甚哀動左右既而問義眞及少帝薨廢本末悲號嗚咽侍側者

莫能仰視亮流汗沾背不能答於是布腹心於
到彥之王華等深自結納太祖登阼加散騎常
侍左光禄大夫開府儀同三司本官悉如故司
空府文武即為左光禄府又進爵始興郡公食
邑四千户固讓進封元嘉三年太祖欲誅亮先
呼入見省內密有報之者亮辭以嫂病篤求暫
還家遣信報徐羡之因乘車出郭門騎馬奔
迪墓屯騎校尉郭泓收付廷尉伏誅時年五十
三初至廣莫門上遣中書舍人以詔書示亮并

謂曰以公江陵之誠當使諸子無恙初亮見世
路屯險著論名曰演慎曰大道有言慎終如始
則無敗事矣易曰括囊無咎慎不害也又曰藉
之用茅何咎之有慎之至也文王小心大雅詠
其多福仲由好勇馮河貽其苦箴虞書箸慎身
之譽周廟銘陛坐之側因斯以談所以保身全
德其莫尚於慎乎夫四道好謙三材忌滿祥萃
虛室鬼瞰高屋豐屋有蔀家之災鼎食無百年
之貲然而徇欲厚生者忽而不戒知進忘退者

曾莫之懲前車已摧後鑾不息乘危以庶安行
險而徼幸於是有顛墜覆亾之禍殘生夭命之
釁其故何哉流弱忘反而以身輕於物也故昔
之君子同名爵於香餌故傾危不及思憂患而
豫防則針石無用洪流壅於涓涓合拱挫於纖
蘖介焉是式色斯而舉悟高鳥以風逝鑒醴酒
而投紱夫豈敝著而後謀通患結而後思復云
爾而已哉故詩曰慎爾侯度用戒不虞言防萌
也夫單以營內喪表張以治外失中齊秦有守

一之敗偏恃無兼濟之功冰炭滌於胷心巖檣
絕於四體夫然故形神偕全表裏寧一營魄內
澄百骸外固邪氣不能襲憂患不能及然可以
語至而言極矣夫以嵇子之抗心希古絕羈獨
放五難之根既拔立生之道無累人患殆乎盡
矣徒以忽防於鍾呂肆言於禹湯禍機發於豪
端逸翮鎩於垂舉觀夫貽書良友則匹厚味於
甘酖　其懼患也若無轡而
乘奔其慎禍也猶履冰而臨谷或振褐高棲揭

竿獨往或保約違豐安于卑位故漆園外楚邑在龜犧商洛遐遯畏此駟馬平仲辭邑殷鑒於崔慶張臨挹滿灼戒乎桑霍若君子覽茲二塗則賢鄙之分旣明全喪之實又顯非知之難愼之惟艱愼也者言行之樞管乎夫據圖揮刃愚夫弗爲臨淵登峭莫不惴慄何則害交故慮篤患切而懼深故詩曰不敢暴虎不敢馮河愼微之謂也故庖子涉族怵然爲戒差之一毫弊猶如此況乎觸害犯機自投死地禍福之具內

充外斥陵九折於邛棘之衝波於呂梁傾側成於俄頃性命哀而莫救嗚呼嗚呼故語有之曰誠能愼之福之根也曰是何傷禍之門爾言愼而已矣亮布衣儒生僥幸際會旣居宰輔兼總重權少帝失德內懷憂懼作感物賦以寄意焉其辭曰余以暮秋之月述職內禁夜淸務隙遊目藝苑于時風霜初戒蟄類尚繁飛蛾翔羽翩翾滿室赴軒幌集明燭者必以燋滅爲度雖則微物矜懷者久之退感莊生異鵲之事與彼同迷

而忘反鑒之道此先師所以鄙智及齊客所以難日論也悵然有懷感物興思遂賦之云爾在西成之暮晷肅皇命於禁中聆蜻蛚於前廡鑒朗月於房櫳風蕭瑟以陵幌霜皚皚而被墉怜鳴蜩之應節惜落景之懷東嗟勞人之萃感何夕永而慮充眇今古以遐念若循環之無終詠倚相之遺短希董生之方融鑽光燈而散袠溫聖哲之遺蹤墳素杳以難暨九流紛其異封領三百於無邪貫五千於有宗考舊聞於前史訪心

跡於汗隆豈夷阻之在運將全喪之由躬遊翰林之彪炳嘉美手於良工辭存麗而去穢旨旣雅而能通雖源流之深浩且揚搉而發蒙習飛蚋飄飄纖蠅緣幌求隙望爓思陵糜蘭膏而無悔赴朗燭而未懲瞻前軌之旣覆忘改轍於後乘匪微物之足悼悵永念而撫膺彼人道之爲貴參二儀而比靈稟淸曠以授氣脩緣督而爲經照安危於心術鏡纖兆於未形有徇末而捨本或耽欲而忘生碎隨侯於微爵捐所重

而要輕利昆蟲之所昧在智士其猶嬰悟雖陵
於莊氏幾鑒濁而迷清仰前脩之懿軌知吾跡
之未并雖宋元之外占曷在予之克明豈知反
之徒爾謂投翰以增情初奉迎大駕道路賦詩
三首其一篇有悔懼之辭曰夙櫂發皇邑有人
祖我舟餞離不以幣贈言重琳球知止道攸貴
懷祿義所尤四牡倦長路君轡可以收張邴結
晨軌疏董頓夕輈東隅誠已謝西景逝不留性
命安可圖懷此作前脩敷衽銘篤誨引帶佩

嘉謀迷寵非予志厚德良未訓撫躬愧疲朽三
省慙爵浮重明照蓬艾萬品同率由忠誥豈假
知式微發直謳亮自知傾覆求退無由又作辛
有穆生董仲道贊稱其見微之美長子演祕書
郎先亮卒演弟悝湛逃亡湛弟都徙建安郡世
祖孝建之中並還京師

檀道濟高平金鄉人左將軍韶少弟也少孤居
喪備禮奉姊事兄以和謹致稱高祖創義道濟
從入京城參高祖建武軍事轉征西討平魯山

禽桓振除輔國參軍南陽太守以建義勳封吳
興縣五等侯盧循寇逆羣盜互起郭寄生等聚
作唐以道濟為揚武將軍天門太守討平之又
從劉道規討桓謙苟林等率厲文武身先士卒
所向摧破及徐道覆來逼道規親出拒戰道濟
戰功居多遷安遠護軍武陵內史復為太尉參
軍拜中書侍郎轉寧朔將軍參太尉軍事以前
後功封作唐縣男食邑四百戶補太尉主簿諮
議參軍豫章公世子為征虜將軍鎮京口道濟

為司馬臨淮太守又為世子西中郎司馬梁國
內史復為世子征虜將軍司馬加冠軍將軍義
熙十二年高祖北伐道濟為前鋒出淮肥所至諸城
戍望風降服進剋許昌獲偽寧朔將軍潁川太
守姚坦及大將楊業至成皋偽兗州刺史韋華
降逕進洛陽偽平南將軍陳留公姚洸歸順凡
拔城破壘俘四千餘人議者謂應悉戮以為京
觀道濟曰伐罪弔民正在今日皆釋而遣之於
是戎夷感悅相率歸之者甚眾進據潼關與諸

軍共破姚紹長安既平以為征虜將軍琅邪內
史世子當鎮江陵復以道濟為西中郎司馬持
節南蠻校尉又加征虜將軍遷宋國侍中領
世子中庶子兗州大中正高祖受命轉護軍加
散騎常侍領石頭戍事聽直入殿省以佐命功
改封永脩縣公食邑二千戶徙為丹陽尹護軍如
故高祖不豫給班劍二十人出監南徐兗之江北
淮南諸郡軍事鎮北將軍南兗州刺史景平
元年虜圍青州刺史竺夔於東陽城夔告急

加道濟使持節監征討諸軍事與王仲德救東
陽未及至虜燒營焚攻具遁走將追之城內無
食乃開窖取久穀窖深數丈出穀作米已經再
宿虜去已遠不復可追乃止還鎮廣陵徐羨
之將廢廬陵王義真以告道濟道濟意不同
屢陳不可不見納羨之等謀欲廢立諷道濟
入朝既至以謀告之將廢之夜道濟入領軍府
就謝晦宿晦其夕竦動不得眠道濟就寢便
熟晦以此服之太祖未至道濟入守朝堂上即位

進號征北將軍加散騎常侍給鼓吹一部進
封武陵郡公食邑四千戶固辭進封又增督青
州徐州之淮陽下邳琅邪東莞五郡諸軍事及
討謝晦道濟率軍繼到彥之彥之戰敗退保
隱圻會道濟至晦本謂道濟與羨之等同誅忽
聞來上人情兇懼遂不戰自潰事平遷都督江
州之江夏豫州之西陽新蔡晉熙四郡諸軍事征
南大將軍開府儀同三司江州刺史持節常侍如
故增封千戶元嘉八年到彥之伐索虜已平河南

尋復失之金墉虎牢並沒虜逼滑臺加道濟都
督征討諸軍事率衆北討軍至東平壽張縣值
虜安平公乙旃眷道濟率寧朔將軍王仲德驍騎
將軍段宏奮擊大破之轉戰至高梁亭虜寧
南將軍濟州刺史壽昌公悉頰庫結前後邀戰
道濟分遣段宏及臺隊主沈虔之等奇兵擊之
即斬悉頰庫結道濟進至濟上連戰二十余日前
後數十交虜衆盛遂陷滑臺道濟於歷城全軍
而反進位司空持節常侍都督刺史並如故還鎮

尋陽道濟立功前朝威名甚重左右腹心並經百戰諸子又有才氣朝廷疑畏之太祖寢疾累年屢經危殆彭城王義康慮宮車晏駕道濟不可復制十二年上疾篤會索虜爲邊寇召道濟入朝既至上閒十三年春將遣道濟還鎮已下船矣會上疾動召入祖道收付廷尉詔曰檀道濟階緣時幸荷恩在昔寵靈優渥莫與爲比曾不感佩殊遇思答万分乃空懷疑貳履霜日久元嘉以來猜阻滋結不義不昵之心附下罔上之事固已暴之民聽

彰於遐邇謝靈運志凶辭醜不臣顯著納受邪說每相容隱又潛散金貨招誘剽猾逋逃必至寔繁弥廣日夜伺隙希冀非望鎮軍將軍仲德往年入朝屢陳此迹朕以其位居台鉉豫班河岳弥縫容養庶或能革而長惡不悛凶慝遂遘因朕寢疾規肆禍心前南蠻行參軍龐延祖具悉奸狀密以啓聞夫君親無將刑茲罔赦況罪釁深重若斯之甚便可收付廷尉肅正刑書事止元惡余無所問於是收道濟及其子

給事黄門侍郎植司徒從事中郎粲太子舍人隱征北主簿承伯祕書郎遵等八人並於廷尉伏誅又收司空參軍薛彤付建康伏法又遣尚書庫部郎顧仲文建武將軍茅亨至尋陽收道濟子夷邕演及司空參軍高進之誅之薛彤進之並道濟腹心有勇力時以比張飛關羽初道濟見收脫幘投地曰乃復壞汝萬里之長城邕子孺乃被宥世祖世爲奉朝請

史臣曰夫彈冠出里結組登朝道申於夷路運

艱於險轍是以古人裴回於出處交戰乎臨岐若其任重於身恩結自主雖復據鼎承劒悠然不以存歿爲懷當二公受言西殿跪承顧託若使死而可再固以赴蹈爲期也及逢權定之機當震主之地甫欲攘抑後禍御蔽身災使桐宮有卒迫之痛淮王非中霧之疾若以社稷爲存亡義異於此但彭城無燕刺之釁而有楚英之戮若使一昆延曆亦未知定終所在也謝晦言不以賊遺君父豈徒言哉

列傳第三　　宋書四十三

列傳第四　　宋書四十四

臣　沈　約　新撰

謝晦

謝晦字宣明陳郡陽夏人也祖朗東陽太守父重會稽王道子驃騎長史兄絢高祖鎮軍長史蚤卒晦初爲孟昶建威府中兵參軍昶死高祖問劉穆之孟昶參佐誰堪入我府穆之舉晦即命爲太尉參軍高祖嘗訊囚其旦刑獄參軍有疾札晦代之於車中一鑑訊牒催促便下相府

多事獄繫殷積晦隨問酬辯曾無違謬高祖奇之即日署刑獄賊曹轉豫州治中從事義熙八年土斷僑流郡縣使晦分判揚豫民戶以平允見稱入爲太尉主簿從征司馬休之時徐逵之戰敗見殺高祖怒將自被甲登岸諸將諫不從怒愈甚晦前抱持高祖高祖曰我斬卿晦曰天下可無晦不可無公晦死何有會胡藩巳得登岸賊退走乃止晦美風姿善言笑眉目分明鬢髮如墨涉獵文義朗贍多通高祖深加愛賞

羣僚莫及從征關洛內外要任悉委之劉穆之
遣使陳事晦往往措異同穆之怒曰公復有還
時不高祖欲以爲從事中郎以訪穆之堅執不
與終穆之世不遷穆之喪問至高祖哭之甚慟
晦時正直喜甚自入閤內參審穆之死問其日
教出轉晦從事中郎宋臺初建爲右衛將軍尋
加侍中高祖受命於石頭登壇備法駕入宮晦
領游軍爲警備遷中領軍侍中如故以佐命功
封武昌縣公食邑二千户二年坐行璽封鎮西

司馬南郡太守王華大封而誤封北海太守球
版免晦侍中尋轉領軍將軍散騎常侍依晉中
軍羊祜故事入直殿省總統宿衛三月高祖不
豫給班劍二十人與徐羨之傳亮檀道濟並侍
醫藥少帝即位加領中書令與羨之亮共輔朝
政少帝既廢司空徐羨之録詔命以晦行都督
荆湘雍益寧南北秦七州諸軍事撫軍將軍領
諸南蠻校尉荆州刺史欲令居外爲援慮太祖至
或別用人故遽有此授精兵舊將悉以配之器

仗軍資甚盛太祖即位加使持節依本位除授
晦慮不得去甚憂惶及發新亭顧望石頭城喜
曰今得脫矣尋進號衛將軍加散騎常侍進封
建平郡公食邑四千户固讓進封又給鼓吹一
部初爲荆州甚有自矜之色將之鎮詣從叔光
祿大夫澹別澹問晦年晦答曰三十三澹笑曰
昔荀中郎年二十七爲北府都督卿比之已爲
老矣晦有愧色至江陵深結侍中王華冀以免
禍二女當配彭城王義康新野侯義賓元嘉

二年遣妻曹及長子世休送女還京邑先是景
平中索虜爲寇覆沒河南至是上欲誅羨之等
并討晦聲言北伐又言拜景陵治裝舟艦傳
亮與晦書曰薄伐河朔事猶未已朝野之慮憂
懼者多又言朝士多諫北征上當遣外監萬幼
宗往相諮訪時朝廷處分異常其謀頗泄三年
正月晦弟黃門侍郎皭馳使告晦晦猶謂不然
呼諮議參軍何承天示以亮書曰計幼宗一二
日必至傅公慮我好事故先遣此書承天曰外

問所聞咸謂西討已定幼宗豈有上理晦尚謂虛妄使承天豫立答詔啓草伐虜宜須明年江夏內史程道惠得尋陽人書言朝廷將有大處分其事已審使其輔國府中兵參軍樂冏封以示晦晦又謂承天曰幼宗尚未至若復二三日無消息便是不復來邪承天答曰詔使本無來理如程所說其事已判豈容復疑晦欲焚南蠻兵籍率見力決戰士人多勸發兵乃立幡戒嚴謂司馬庾登之曰今當自下欲屈卿以三千人

守城備禦劉粹登之曰下官親老在都又素無旅情計二三不敢受此旨晦仍問諸佐戰士三千足守城不南蠻司馬周超對曰非徒守城而已若有外寇可以立勲登之乃曰超必能辦下官請解司馬南郡以授即於坐命超爲司馬建威將軍南義陽太守轉登之爲長史南郡如故太祖誅羨之等及晦子新除祕書郎世休收皭皭子世平兄子著作佐郎紹等樂冏又遣使告晦徐傅二公及皭等並已誅晦先舉羨之亮哀

次發子弟出問既而自出射堂配衣軍旅數從高祖征討備覩經略至是指麾處分莫不曲盡其宜二三日中四遠投集得精兵三萬人乃奉表曰臣階緣幸會蒙武皇帝殊常之眷外聞政事內謀帷幄經綸夷險毗贊王業預佐命之勳膺河山之賞及先帝不豫導揚末命臣與故司徒臣羨之左光祿大夫臣亮征北將軍臣道濟等並升御牀跪受遺詔載貽話言託以後事臣雖凡淺感恩自厲送往事居誠貫幽顯逮營陽失

德自絕宗廟朝野岌岌憂及禍難忠謀協契徇國忘己援登聖朝惟新皇祚陛下馳傳乘流曾不惟疑臨朝殷勤增崇封爵此則臣等赤心已亮於天鑒遠近萬邦咸達於聽者臣等志欲專權不顧國典便當協翼幼主孤背天日豈復虛館七旬仰望鑾旗者哉故廬陵王於營陽之世屢被猜嫌積怨犯上自貽非命天祚明德屬當昌運不有所廢將何以興成人之美春秋之高義立帝清館臣節之所司耿弇不以賊遺

李師顏

君父臣亦何負於宋室邪況釁結閨牆禍成畏逼天下耳目豈伊可誣臣忝居蕃任乃誠匪懈爲政小大必先啓聞糾剔群蠻清夷境內分留弟姪竝侍殿省陛下聿遵先志申以婚姻童稚之目猥荷齒召薦女遣子合門相送事君之道義盡於斯臣羨之總錄百揆翼亮三世年耆乞退屢抗表䟽優旨綢繆未垂順許臣亮管司喉舌恪虔夙夜恭謹一心守死善道此皆皇宋之宗臣社稷之鎮衞而讒人傾覆妄生國釁天

威震怒加以極刑并及臣門同被孥戮雖未知臣道濟問推理即事不容獨存先帝顧託元臣翼命之佐勦於佞邪之手忠貞匪躬之輔不免夷滅之誅陛下春秋方富始覽萬機民之情僞未能鑒悉王弘兄弟輕躁昧進王華猜忌忍害規筭威權先除執政以逞其欲天下之人知與不知孰不爲之痛心憤怨者哉臣等見任先帝垂二十載小心謹愼無纖介之愆伏事甫尒而嬰若斯之罪若非先帝謬於知人則爲陛下未察

愚款臣去歲末使反得朝士及殿省諸將書竝言嫌隙已成必有今日之事臣推誠仰期罔有二心不圖姦回潛遣理順難恃忠賢隕朝愚臣見襲到彥之蕭欣等在近路昔白公稱亂諸梁嬰胄惡人在朝趙鞅入伐臣義均休戚任居分陝豈可顚而不扶以負先帝遺旨輒率將士繕治舟甲須其自送投袂撲討若天祚大宋卜世靈長義師克振中流清蕩便當浮舟東下戮此三豎申理冤恥謝罪闕庭雖伏鑕赴鑊無恨於心伏願陛

下遠尋永初託付之旨近存元嘉奉戴之誠則微臣丹款猶有可察臨表哽慨言不自盡太祖時已戒嚴諸軍相次進路尚書符荊州曰禍福無門逆順有數天道微於影響人事鑒於前圖未有蹈義而福不延從惡而禍不至也故智計之士審敗以立功守正之臣臨難以全節徐羨之傅亮謝晦安忍鴆殺獲罪於天名教所極政刑所取已遠暴四海宣於聖詔羨之父子亮及晦息電斷之初竝即大憲復王室之讎攄義夫之

憤國典澄明人神感悅三姓同罪既擒其二晦
之室屬縲什獄戶苟幽明所怨孤根易拔以順
討逆雖厚必崩然歸死難圖獸困則噬是以
爰整其旅用爲過防京師之衆天下雲集士練
兵精大號響震使持節中領軍佷山縣開國侯
到彥之率羽林選士果勁二萬雲旆首路組甲
曜川使持節散騎常侍都督南徐兗之江北淮
南青州徐州之淮陽下邳琅邪東莞七郡諸軍
事征北將軍南兗州刺史永修縣開國公檀道

濟統勁銳武卒三萬戈船蔽江星言繼發千帆
俱舉萬棹遄征散騎常侍驍騎將軍段宏鐵
馬二千風驅電擊步自竟陵直至鄢郢又命征
虜將軍雍州刺史劉粹控河陰之師衝其巢窟
湘州刺史張劭提湘川之衆直據要害巴蜀杜
荆門之險秦梁絕丹圻之逕雲網四合走伏路
盡然後鑾輿效駕六軍鵬翔警蹕前臨五牛整
旆雖以英布之氣彭寵之資登陴無名授兵誰
御加以西土之人咸沐皇澤東吳將士懷本首丘

必不自陷罪人之黨橫爲亂亡之役置軍則魚
潰嬰城則鳥散其勢然必矣聖上慇懃哀愍其罪
由晦士民何辜是用一分前麾宣示朝旨符到
其即共收擒晦身輕舟護送若巳猖蹶先事阻
衞宜飜然背亂相率歸朝頃大刑所加洪恩曠
洽傅亮三息特蒙全宥晦同產以下羨之諸姪
咸無所染況彼府州文武竝列王職荷國榮任身
雖在外乃心辰極夫轉禍貴速後機則凶遂使
王師臨郊雷電皆至噬臍之恨亦將何及時益

州刺史蕭摹之巴西太守劉道產被徵還始至
江陵晦竝繫縶沒其財貨以充軍資竟陵內史
殷道鸞未之郡以爲諮議參軍以弟遯爲冠軍
竟陵內史總留任兄子世猷爲建威將軍南平
太守劉粹若至周超能破之者即以爲龍驤將
軍雍州刺史晦率二萬發自江陵舟艦列自江
津至于破冢旍旆相照蔽奪日光晦乃歎曰恨
不得以此爲勤王之師自領湘州刺史以張劭
爲輔國將軍劭不受命晦檄京邑曰王室多

故禍難荐臻營陽失德自絕宗廟廬陵王構鬩
有本屢被猜嫌且居喪失禮遐邇所具積怨犯
上自貽非道羣后釋位爰登聖明亂之未乂職
有所係按車騎大將軍王弘侍中王曇首謬蒙
時私叨竊權要弘於永初之始實荷不世之恩
元嘉之讓自謂任遇浮淺進誣先皇委誠之寄
退長嫌隙異同之端曇首往因使下訪以今上
起居不能光揚令德彰於朝聽其言多誣故不
具說王華賊亾之餘賞擢之次先帝常見訪逮

庶有一分可取而華禀性凶猜多所忍害曩者
縱人入城託疾辭事此都士庶咸所聞知以其
所啓及上手答示宗叔獻又令宣告徐傅二公
及周糾使下又令見咨云欲自攬政事求離任
還都并令曇首具述此意又惠觀道人說外人
告華及到彥之謀反不謂無之城內東將數日
之內操戈相待華說數爲秋當所譖常不自安
凡此諸事豈有忠誠冥契若此者邪自以父亾
道側情事異人外絕酒醴而宵飲是恣靦皃

凡厥士庶誰不側目又常歎宰相頓有數
人是何憒憒規總威權不顧國典保祐皇家者雖屠
戮之誅效勤社稷者致殲夷之禍搢紳之徒靡
不忼慨遂矯違詔旨遣到彥之蕭欣之輕舟見
襲即日監利左尉露檄衆軍已至揚子雖以不
武忝荷蕃任國家艱難悲憤兼集若使小人得
志君子道消凡百有殄瘁之哀蒼生深橫流之
懼輒糾勤義徒繕治舟甲舳艫亘川駟介蔽野
武夫鷙勇人百其誠今遣南蠻司馬寧遠將軍

庾登之統參軍事建武將軍建平太守安泰宣
威將軍昭弘宗參軍事宣威將軍王紹之等精
銳一萬前鋒致討南蠻參軍振武將軍魏像統
參軍事宣威將軍陳珍虎旅二千參軍事建威
將軍新興太守賀愔甲卒三千相係取道南蠻
參軍振威將軍郭卓鐵騎二千水步齊舉大軍
三萬駱驛電邁行冠軍將軍竟陵內史河東太
守謝遯建威將軍南平太守謝世猷驍勇一萬
留守江陵分命參軍長寧太守竇應期步騎五

千直出義陽司馬建威將軍行南義陽太守周超之統軍司馬振武將軍胡崇之精悍一萬北出高陽長兼行參軍寧遠將軍朱澹之步騎五千西出雁塞同討劉粹竝趨襄陽奇兵尚速指景齊奮諸賢竝同國恩情兼義烈今誠志士忘身之日義夫著績之秋見機而動望風而不待朂晦至江口到彥之已到彭城洲庾登之據巴陵畏懦不敢進會霖雨連日參軍劉和之曰彼此共有雨耳檀征北尋至東軍方彊唯宜速戰

登之恇怯使小將陳祐作大囊貯茅數千斛懸於颿檣云可以焚艦用火宜須晴以緩戰期晦然之遂停軍十五日乃攻蕭欣於彭城洲中兵參軍孔延秀率三千人進戰甚力欣於陳後擁楯自衛又委軍還船於是大敗延秀又攻洲口柵陷之彥之退保隱圻晦又上表曰臣聞凶邪敗國先代成患讒豎亂朝異世齊禍故趙高矯逼秦氏用傾董卓階亂漢胙伊覆雖哲王宰世大明照臨未能使其漸弗興茲害不作姦臣王

弘等竊弄威權興造禍亂遂與弟華內外影響同惡相成忌害忠賢圖希非望故司徒臣羨之左光祿大夫臣亮橫被酷害并及臣門雖未知征北將軍臣道濟存亾不容獨免遂遣蕭欣到彥之等輕舟見襲姦僞之甚一至於斯羨之及亮或宿德元臣姻婭皇極或任總文武位班三事道濟職惟上將扞城是司皆受遇先朝棟梁一代臣昔因時幸過蒙先眷內闔政事外經戎旅與羨之亮等同被齒盼既經啓王基協濟大

業爰自權輿暨于揖讓誠積雖微仍見紀錄竝蒙丹書之誓各受山河之賞欲使與宋升降傳之無窮及聖體不預穆卜無吉召臣等四人同升御牀顧命領遺委以家國仰奉成旨俯竭股肱忠貞不效期之以死但營陽勳德日絕於天社稷之危憂在託付不有所廢將焉以興乃遠稽殷漢用升聖德陛下順流乗傳不聽張武之疑入邸龍飛非俟宋昌之議斯乃主臣相信天人合契九五當陽化形四海羨之及亮內贊皇

猷臣與道濟分翰于外普天之下孰曰不宜遂
蒙寵授來鎮此方分留弟姪以侍臺省到任以
來首尾三載雖形在遠外心係本朝事無大小
動皆咨啓八州之政罔一專輒尊上之心足貫
幽顯陛下遠述先旨申以婚姻大息世休復蒙
引召是以去年送女遣兒闔家俱下血誠如此
未知所愧而凶狡無端妄生釁禍羨之內誅臣
受外伐顧省諸懷不識何辜天聽邈邈陳訴靡
由弘等既蒙寵任得侍左右自謂勢擅狐鼠理

隔熏擢又以陛下富於春秋始覽政事欲馮陵
恩幸闚望國權親從盤跱規自封殖不除臣等
罔得專權所以交結纔愿成是亂階又惟弘等
所構當以營陽爲言廬陵爲辜又以臣等位高功
同內外膠固陛下信其厚貌忽厥左道三至下機
能不暫惑伏自尋省廢昏立明事非爲己廬陵之
事不由儻人內積蕭牆之釁外行叔段之罰既制
之有主臣何預焉然廬陵爲性輕險悖順不足武
皇臨崩亦有口詔比雖發自營陽實非國禍至於

羨之亮等周旋同體心腹內外政欲戮力皇家
盡忠報王若令臣等頗欲執權不專爲國初廢
營陽陛下在遠武皇之子尚有童幼擁以號令
誰敢非之而泝流三千虛館三月奉迎鑾駕以
遵下武血心若斯易爲可鑒且臣等奉事先朝
十有七年並居顯要世稱恭謹不圖一旦致玆
釁罰夫周公大賢尚有流言之謗伯奇至孝不
免讒慝之禍慈父非無情於仁子明君豈有志
於貞臣姦邪所移勢回山岳況乃精誠微淺而

望求信者哉詩不云乎讒人罔極交亂四國愷
悌君子無信讒言陛下躬覽篇籍研覈是非
覺兆之萌宜應深察臣竊懼王室小有皇甫之
患大有閻樂之禍夙夜慇憂若無首領夫周道
浸微桓文稱伐君側亂國趙鞅入誅況今凶禍
滔天辰極危逼台輔拏戮岳牧傾陷臣才非絳
侯安漢是職人愧博陸肩奉遺旨國難既深家
痛亦竊輒簡徒繕甲軍次巴陵蕭欣窘懾望
風奔迸臣誠短劣在國忘身仰憑社稷之靈俯

厲義勇之氣將長驅電掃直入石頭梟翦元凶誅夷首惡申二公之寃魂寫私門之禍痛然後分歸司寇甘赴鼎鑊雖死之日猶生之年伏惟陛下德合乾元道侔玄極鑒凶禍之無端察貞亮之有本回日月之照發霜電之威梟四凶於廟庭懸三監於絳闕申二台之匪辜明兩藩之無罪上謝祖宗下告百姓遺一乘之使賜咫尺之書臣便勒衆旋旗還保所任須次近路乎復表聞初晦與徐羡之傅亮謀爲自全之計晦據

上流而檀道濟鎮廣陵各有彊兵以制持朝廷羡之亮於中秉權可得持久及太祖將行誅王華之徒咸云道濟不可信太祖曰道濟止於脅從本非事主殺害之事又所不關吾召而問之必異於是詔道濟入朝授之以衆委之西討晦聞羡之等死謂道濟必不獨全及聞率衆來上惶懼無計道濟既至與彥之軍合牽艦緣岸晦始見艦數不多輕之不即出戰至晚因風帆上前後連咽西人離阻無復鬬心臺軍至忌置

洲尾削艦過江晦大軍一時潰散晦夜出投巴陵得小船還江陵初雍州刺史劉粹遣弟竟陵太守道濟與臺軍主沈敞之襲江陵至沙橋周超率萬餘人與戰大破之俄而晦敗問至晦至江陵無它處分唯愧謝周超而已超其夜舍軍單舸詣到彥之降衆散略盡乃攜其弟遯兄子世基等七騎北奔遯肥壯不能騎馬晦每待之行不得速至安陸延頭爲戍主光順之所執順之晦故吏也檻送京師於路作悲人道其詞曰

悲人道兮悲人道之實難哀人道之多險傷人道之寡安懿華宗之冠胄固清流而遠源樹文德於庭戶立操學於衡門應積善之餘祐當履福之所延何小子之凶放實招禍而作愆值革變之大運遭一顧於聖皇參謀猷於剏物贊帝制於宏綱出治戎於禁衛入關言於帷房分河山之珪組繼文武之龜章稟顧命於西殿受遺寄於御牀伊懦劣其無節實懷此而不忘荷隆遇於先主欲報之於後王憂託付之無

効懼愧言於存亡謂繼體其嗣業能增輝於前
光居遏密之未幾越禮度而湎荒普天壞而殞
氣必社稷之淪喪矧吾儕之體國實啓處而匪遑
藉億兆之一志固昏極而明彰諒主尊而民晏
信卜祚之無疆國既危而重構家已衰而載昌
獲扶顛而休否冀世道之方康朝褒功以疏爵
祗命服於西蕃奏簫管之嘈囋擁朱旄之赫煌
臨八方以作鎮響文武之桓桓屬薄弱以爲政實
忘食於日旰豈申甫之敢慕庶惟宋之屏翰甫

逾歷其三稔實周回其未再豈有慮於内
其云哉痛夾輔之二宰竝加辟而靡貸
哀弱息之從禍悲發中而心痗伊荆漢之良彦
逮文武之子民見忠貞而弗亮覩理屈而莫申
皆義槩而同憤咸荷戈而競臻浮舳艫之弈弈
陳車騎之轔轔覩人和與師整謂茲兵其誰陳
庶亾寇之雪怨反涇渭於彝倫齊輕舟於江曲
殄鋭敵其旨湮勤陸徒於白水冦無反於隻輪
氣有捷而益壯威既肅而彌振嗟時哉之不與迋

風雨以踰旬我謀戰而不克彼繼奔其躡塵之
智勇之奇正忽孟明而是遵苟成敗其有數豈
怨天而尤人恨矢石之未竭遂摧師而覆陳誠
得喪之所遭固當之其無吝痛同懷之弱子横
遭罹之殃釁智未窮而事傾力未極而莫振誓
同盡於鋒鏑我怯劣而愆信慙弟姪之何辜實
吾咎之所嬰謂九夷其可處思致免以全生詹
性命之難遂乃窘絀於邊亭亦何怍於天地備
艱危而是丁我聞之於昔誥功彌高而身蹶霍

玄刺而幸免卒傾宗而滅族周嘆貴於獄吏終
下蕃而靡鞠雖明德之大賢亦不免於殘戮懷
今憚而忍人忘向惠而莫復續無賞而震主將
何方以自牧非砯石之圖照孰違禍以取福箸
殷鑑於自古豈獨嘆於季叔能安親而揚名諒
見稱於先哲保歸全而終孝傷在余而皆缺辱
歷世之平素忽盛滿而傾滅惟忝嘗與灑埽痛
一朝而永絶悶其誰而爲之寔孤人之險戾臯
有踰於丘山雖百死其何雪羈角偃兮衡閭親

朋交兮平義雖履尚兮不一隆分好兮情寄俱憚耕兮從祿覩世道兮艱詖規志局兮功名每謂之兮爲易今定謚兮閽棺慙明智兮晉議雖待盡兮爲恥詧厚顔兮靡寘長揖兮數子謝爾兮明智百齡兮浮促終焉兮斟克臥盡兮斧斤理命兮同得世安彼兮非此豈曉分兮辨惑御莊生之達言請承風以爲則周超既降到彥之以參府事劉粹遣參軍沈敞之告彥之沙橋之敗事由周超彥之乃執之先繫曜等猶未即戮

於是與晦遯兄子世基世猷及同黨庾登之孔延秀周超費愔竇應期蔣虔嚴千斯等並伏誅世基絢之子也有才氣臨死爲連句詩曰偉哉橫海鱗壯矣垂天翼一旦失風水翻爲螻蟻食晦續之曰功遂侔昔人保退無智力既涉太行險斯路信難陟晦死時年三十七庾登之殷道鸞何承天並皆原免初河東人商玄石爲晦參軍晦爲逆玄石密欲推西人庾田夫及到彥之從弟爲主田夫等不敢許知玄石獨謀不立遂

爲晦領幢事既平恨本心之不遂投水死太祖嘉之以其子懷福爲衡陽王義季右軍參軍督護晦走左右皆棄之唯有延陵蓋追隨不舍太祖嘉之後以蓋爲長沙王義欣鎮軍功曹督護

史臣曰謝晦坐璽封違謬遂免侍中斯有以見高祖之識治宰臣之稱職也夫舉殲所施事行重釁左黜或用義止輕愆輕愆物之所輕重釁人之所重故斧鉞希行於世徽簡日用於朝雖貴臣細故不以任隆弛法至乎下肅上尊用此

道也自太祖臨務茲典稍違綱以疏行法爲恩息妨德害美抑此之由降及大明傾詖愈甚自非許竊淫私陵犯密諱則左降之科不行於權戚若有身觸盛旨釁非國刑免書裁至弔客固望其門矣由是律無恒條上多弛行綱維不舉而網目隨之所以吉人防箸在微愼大由小蓋爲此云

列傳第四　宋書四十四

列傳第五　宋書四十五

臣沈　約　新撰

王鎮惡
檀韶
向靖
劉懷慎
劉粹

王鎮惡北海劇人也祖猛字景略苻堅僭號關中猛爲將相有文武才北土重之父休爲河東

太守鎮惡以五月五日生家人以俗忌欲令出繼疎宗猛見奇之曰此非常兒昔孟嘗君惡月生而相齊是兒亦將興吾門矣故名之爲鎮惡年十三而苻氏敗亡關中擾亂流寓崤澠之間嘗寄食澠池人李方家方善遇之謂方曰若遭遇英雄主要取萬戸侯當厚相報方答曰君丞相孫人才如此何患不富貴至時願見用爲本縣令足矣後隨叔父曜歸晉客居荆州頗讀諸子兵書論軍國大事騎乘非所長關弓亦甚弱

而意略縱橫果決能斷廣固之役或薦鎮惡於高祖時鎮惡爲天門臨澧令即遣召之既至與語甚異焉因留宿明旦謂諸佐曰鎮惡王猛之孫所謂將門有將也即以爲青州治中從事史行參中軍太尉軍事署前部賊曹拒盧循於查浦屢戰有功封博陸縣五等子高祖謀討劉毅鎮惡曰公若有事西楚請賜給百舸爲前驅義熙八年劉毅有疾求遣從弟兖州刺史藩爲副貳高祖僞許之九月大軍西討轉鎮惡參軍事加

振武將軍高祖至姑孰遣鎮惡率龍驤將軍蒯恩百舸前發其月二十九日也戒之曰若賊知吾上比軍至亦當少日耳政當岸上作軍未辦便下船也卿至彼深加籌量可擊便燒其船艦且浮舸水側以待吾至慰勞百姓宣揚詔旨并赦文及吾與衞軍府文武書罪止一人其餘一無所問若賊都不知消息未有備防可襲便襲今去但云劉兖州上鎮惡受命便晝夜兼行於鵲洲尋陽河口巴陵守風凡四日十月二十二日至豫

章口云江陵城二十里自鎮惡進路揚聲劉兗州上毅謂爲信然不知見襲鎮惡自豫章口捨船步上蒯恩軍在前鎮惡次之舸留一二人對舸岸上豎六七旗下輒安一鼓語所留人計我將至城便長嚴令後有大軍狀又分隊在後令燒江津船艦鎮惡逕前襲城語前軍若有問者但云劉兗州至津戍及百姓皆言劉藩實上晏然不疑未至城五六里逢毅要將朱顯之與十許騎步從者數十欲出江津問是何人答云劉

兗州至顯之馳前問藩在所答云在後顯之既見軍不見藩而見軍人擔彭排戰具望見江津船艦已被燒烟焰張天而鼓嚴之聲甚盛知非藩上便躍馬馳去告毅外有大軍似從下上垂已至城江津船悉被火燒矣行令閉諸城門鎮惡亦馳進軍人緣城得入門猶未及下關因得開大城東門大城内毅凡有八隊帶甲千餘已得戒嚴蒯恩入東門便北回擊射堂前攻金城東門鎮惡入東門便直擊金城西門軍分攻金城内

東從舊將猶有六隊千餘人西將及能細直吏快手復有二千餘人食時就鬭至中晡西人退散及歸降略盡鎮惡入城便因風放火燒大城南門及東門又遣人以詔及赦文并高祖手書凡三函示毅毅皆燒不視金城内亦未信高祖自來有王桓者家在江陵昔手斬桓謙爲高祖所賞拔常在左右求還西迎家至是率十餘人助鎮惡戰下晡聞於金城東門北三十步鑿城作一穴桓便先衆入穴鎮惡自後繼之隨者稍

多因短兵接戰鎮惡軍人與毅東將或有是父兄子弟中表親親者鎮惡令且鬭且共語衆並知高祖自來人情離懈一更許聽事前陣散潰斬毅勇將趙蔡毅左右兵猶閉東西閤拒戰鎮惡慮闇夜自相傷犯乃引軍出繞金城開其南面以爲退路毅慮南有伏兵三更中率左右三百許人開北門突出初毅常所乘馬在城外不得入蒼卒無馬毅便就子肅民取馬肅民不與朱顯之謂曰人取汝父而惜馬不與汝今

自走欲何之奪馬以授毅初出政值鎮惡軍衝
之不得去回衝蒯恩軍軍人鬬已一日疲倦毅
得從大城東門出奔牛牧佛寺自縊死鎮惡
身被五箭射鎮惡手所執矟於手中破折江陵
平後二十日大軍方至署中兵出爲安遠護軍
武陵内史以討劉毅功封漢壽縣子食邑五百
戶蠻帥向博抵根據阮頭屢爲凶暴鎮惡討平
之初行告刺史司馬休之求遣軍以爲聲援休
之遣其將朱襄領衆助鎮惡會高祖西討休之

鎮惡乃告諸將曰百姓皆知官軍已上朱襄等
復是一賊表裏受敵吾事敗矣乃率軍夜下江
水迅急倏忽行數百里直據都尉治既至乃以
竹籠盛石堙塞水道襄軍下夾岸擊之斬襄首
殺千餘人鎮惡性貪既破襄因停軍抄掠諸蠻
不時反及至江陵休之已平高祖怒不時見之
鎮惡笑曰但令我一見公無憂矣高祖尋登城
喚鎮惡鎮惡爲人彊辯有口機隨宜酬應高祖
乃釋休之及魯宗之奔襄陽鎮惡統蒯恩諸

軍水路追之休之等奔羌鎮惡追躡盡境而還
除游擊將軍十二年高祖將北伐轉鎮惡爲咨
議參軍行龍驤將軍領前鋒將發前將軍劉穆
之見鎮惡於積弩堂謂之曰公愍此遺黎志蕩
逋逆昔晉文王委伐蜀於鄧艾今亦委卿以關
中想勉建大功勿孤此授鎮惡曰不剋咸陽誓
不復濟江而還也鎮惡入賊境戰無不捷邵陵許
昌望風奔散破虎牢及栢谷塢斬賊帥趙玄軍
次洛陽僞陳留公姚洸歸順進次澠池造故人

李方家升堂見母厚加酬賚即版授方爲澠池
令遣司馬毛德祖攻僞弘農太守尹雅於蠡城
生擒之仍行弘農太守方軌長驅徑據潼關僞
大將軍姚紹率大衆拒嶮深溝高壘以自固鎮
惡懸軍遠入轉輸不充與賊相持久將士乏
食乃親到弘農督上民租百姓競送義粟軍
食復振初高祖與鎮惡等期若剋洛陽須大
軍至未可輕前既而鎮惡等逕向潼關爲紹所
拒不得進而軍又乏食馳告高祖求遣糧援時

高祖沿河索虜屯據河岸軍不得前高祖呼所遣人開舫北戶指河上虜示之曰我語令勿進而輕佻深入岸上如此何由得遣軍鎮惡既得義祖紹又病死僞撫軍姚讚代紹守險衆力猶盛高祖至湖城讚引退大軍次潼關謀進取之計鎮惡請率水軍自河入渭僞鎮北將軍姚彊屯兵涇上鎮惡遣毛德祖擊破之直至渭橋鎮惡所乘皆蒙衝小艦行船者悉在艦內羌見艦泝渭而進艦外不見有乘行船人北士素無舟

檝莫不驚惋咸謂爲神鎮惡既至令將士食畢便棄船登岸渭水流急倏忽間諸艦悉逐流去時姚泓屯軍在長安城下猶數萬人鎮惡撫慰士卒曰卿諸人並家在江南此是長安城北門外去家萬里而舫乘衣糧並已逐流去豈復有求生之計邪唯宜死戰可以立大功不然則無遺類矣乃身先士卒衆亦知無復退路莫不騰踊爭先泓衆一時奔潰即陷長安城泓挺身逃奔明日率妻子歸降城內夷晉六萬餘戶鎮惡

宣揚國恩撫慰初附號令嚴肅百姓安堵高祖將至鎮惡於灞上奉迎高祖勞之曰成吾霸業者眞卿也鎮惡再拜謝曰此明公之威諸將之力鎮惡何功之有焉高祖笑曰卿欲學馮異也是時關中豐全倉庫殷積鎮惡極意收斂子女玉帛不可勝計高祖以其功大不問也進號征虜將軍時有白高祖以鎮惡既克長安藏姚泓僞輦爲有異志高祖密遣人覘輦所在泓輦飾以金銀鎮惡悉剔取而棄輦於垣側高祖聞之

乃安高祖留第二子桂陽公義眞爲安西將軍雍秦二州刺史鎮長安鎮惡以本號領安西司馬馮翊太守委以扞禦之任時西虜佛佛彊盛姚興世侵擾北邊破軍殺將非一高祖既至長安佛佛畏憚不敢動及大軍東還便寇逼北地義眞遣中兵參軍沈田子距之虜甚盛田子屯劉回堡遣使還報鎮惡鎮惡對田子使謂長史王脩曰公以十歲兒付吾等當各思竭力而擁兵不進寇虜何由得平使還具說鎮惡言田子素與鎮惡

不協至是益激怒二人常有相圖志彼此每相
防疑鎮惡率軍出北地爲田子所殺事在序傳
時年四十六田子又於鎮惡營內殺鎮惡兄基
弟鴻遵淵及從弟昭朗弘凡七人是歲十四年
正月十五日也高祖表曰故安西司馬征虜將
軍王鎮惡志節亮直機略明舉自策名州府屢
著誠績荆南遘釁勢據上流難興彊蕃憂兼內
侮鎮惡輕舟先邁神兵電臨旰食之虞一朝霧
散及王師西伐有事中原長驅洛陽肅清湖陝

大三 三十二 宋書傳五 九 金

入渭之捷指麾無前遂廓定咸陽俘執僞后克
成之効莫與爲疇實扞城所寄國之方邵也近
北虜遊魂寇掠渭北統率衆軍曜威撲討既
還奔還次涇上故龍驤將軍沈田子忽發狂易
奄加刃害忠勳未究受禍不圖痛惜兼至惋悼
無已伏惟聖懷爲之傷惻田子狂悖即已備憲
鎮惡誠著艱難勳參前烈殊績未酬宜蒙追
寵願敕有司議其褒贈於是追贈左將軍青
州刺史高祖受命追封龍陽縣侯食邑千五百

戶謚曰壯侯配食高祖廟廷子靈福嗣位至南
平王鑠右軍諮議參軍靈福卒子述祖嗣述祖
卒子睿嗣齊受禪國除鎮惡弟康留關中及高
祖北伐鎮惡爲前鋒康逃匿田舍鎮惡次潼關
康將家奔之高祖板爲彭城公前將軍行參軍
鎮惡被害康逃藏得免攜家出洛陽到彭城歸
高祖即以康爲相國行參軍求還洛陽視母尋
值關陝不守康與長安徙民張旰醜劉雲等唱
集義徒得百許人驅率邑郭僑戶七百餘家共

大三 三十三 宋書傳五 十 金

保金墉城爲守戰之備時有一人邵平率部曲
及并州乞活一千餘戶屯城南迎亡命司馬文榮
爲主又有亡命司馬道恭自東垣率三千人屯
城西亡命司馬順明五千人屯陵雲臺順明遣
刺殺文榮平復推順明爲主又有司馬楚之屯
柏谷塢索虜野坂戍主黑矟公遊騎在芒上攻
逼交至康堅守六旬宋臺建除康寧朔將軍
河東太守遣龍驤將軍姜 率軍救之諸亡命
並各奔散高祖嘉康節封西平縣男食邑三百戶

進號龍驤將軍迎康家還京邑勸課農桑百姓甚親賴之永初元年卒金墉時年四十九葬於偃師城西追贈輔國將軍無子以兄河西太守基子天祐嗣當太祖元嘉二十七年隨劉康祖伐索虜敗沒子懷祖嗣

檀韶字令孫高平金鄉人也世居京口初辟本州從事西曹主簿輔國司馬高祖建義韶及弟祗道濟等從平京城行參高祖建武將軍事都邑既平爲鎮軍將軍加寧遠將軍東海太守

進號建武將軍遷龍驤將軍秦郡太守北陳留內史以平桓玄功封巴丘縣侯食邑五百戶復參車騎將軍事加龍驤將軍遷騎將中軍諮議參軍加寧朔將軍從征廣固率向彌胡蕃等五十人攻臨朐城克之及圍廣固慕容超夜燒樓當韶圍分降號橫野將軍城陷之日韶率所領先登領北琅邪太守進號寧朔將軍琅邪內史從討盧循於左里又有戰功并論廣固功更封宜陽縣侯食邑七百戶降先封一等爲伯減戶之

半二百五十戶賜祗子臻坐六門內乘輿白衣領職義熙七年號輔國將軍八年丁母憂起爲冠軍將軍明年復爲琅邪內史淮南太守將軍如故鎮姑孰尋進號左將軍領本州大中正十二年遷督江州豫州之西陽新蔡二郡諸軍事江州刺史將軍如故有罪免官高祖受命以佐命功增八百戶并前千五百戶韶嗜酒貪橫所莅無績上嘉其合門從義弟道濟又有大功故特見寵授永初二年卒於京邑時年五十六追贈

安南將軍加散騎常侍子緒嗣緒卒無子國除祗子臻臻卒子遐嗣齊受禪國除祗弟道濟並別有傳

向靖字奉仁小字彌河內山陽人也名與高祖同改稱小字世居京口與高祖少舊從平京城參建武軍事進平京邑板參鎮軍軍事加寧遠將軍京邑雖平而羣寇互起彌與劉蕃孟龍符征破桓歆桓石康石綏於白茅攻壽陽剋之義熙三年遷建武將軍秦郡太守北陳留內史

戍堂邑以平京城功封山陽縣五等侯從征鮮卑大戰於臨朐累月不決彌與檀韶等分軍自間道攻臨朐城彌擐甲先登即時潰陷斬其牙旗賊遂奔走攻拔廣固彌又先登盧循屯據蔡洲以親黨阮賜爲豫州刺史攻逼姑孰彌率譙國內史趙恢討之時輔國將軍毛脩之戍姑孰告急續至彌兼行進討破賜收其輜重除中軍諮議參軍將軍如故盧循退走高祖南征彌爲前鋒於南陵雷池左里三戰並大捷軍還除太

尉諮議參軍下邳太守將軍如故八年轉游擊將軍尋督馬頭淮西諸郡軍事龍驤將軍鎮蠻護軍安豐汝陰二郡太守梁國內史戍壽陽以平廣固盧循功封安南縣男食邑五百戶十年遷冠軍將軍高陽內史臨淮太守領石頭戍事高祖西伐司馬休之以彌爲吳興太守將軍如故明年高祖北伐彌以本號侍從留戍碻磝進屯石門栢谷遷督北青州諸軍事北青州刺史將軍如故高祖受命以佐命功封曲江縣侯食邑

千戶遷太子左衛率加散騎常侍二年卒官時年五十九追贈前將軍彌治身儉約不營室宇無園田商貨之業時人稱之子植嗣多過失不受母訓奪爵更以植次弟植紹封又坐殺人國除植弟柳字玄季有學義才能立身方雅無所推先諸盛流並容之太尉袁淑司空徐湛之東陽州刺史顔竣皆與友善歷始興王濬征北中兵參軍始興內史南康相臧質爲逆召柳至尋陽與之俱下質敗歸降下獄死彌弟劭永初中

爲宣城太守劭弟子亮以私忿殺彌妻施氏託云奴客所殺劭輒於墓所殺亮及彌妾并奴婢七八人匿不聞官爲有司所奏詔無所問元嘉初卒於義興太守

劉懷愼彭城人左將軍懷肅弟也少謹愼質直始參高祖鎮軍騎將軍事振威將軍彭城內史從征鮮卑每戰必身先士卒及克廣固懷愼率所領先登從高祖距盧循於石頭屢戰克捷加輔國將軍義熙八年以本號監北徐州諸軍事

鎮彭城尋加徐州刺史爲政嚴猛境內震肅九年亡命王靈秀爲寇討平之十一年進北中郎將以平廣固盧循功封南城縣男食邑五百戶十三年高祖北伐以爲中領軍征虜將軍衛輦轂坐府中相殺免官雖名位轉優而恭恪愈至每所之造位任不踰已者皆束帶門外下車其謹退類如此宋臺立召爲五兵尚書仍督江北淮南諸軍前將軍南晉州刺史復徵爲度支尚書加散騎常侍高祖遷都壽春留懷慎督北徐兖

青淮北諸軍事中軍將軍徐州刺史以亡命入廣陵城降號征虜將軍永初元年以佐命功進爵爲侯增邑千戶進號平北將軍徵爲五兵尚書加散騎常侍光祿大夫景平元年遷護軍將軍常侍如故特賜班於宗族家無餘財二年卒時年六十一追贈撫軍謚曰肅侯子德願嗣世祖大明初爲游擊將軍領石頭戍事坐受賈客韓佛智貨下獄奪爵士後復爲秦郡太守德願性麤率爲世祖所狎侮上寵姬殷貴妃薨葬畢數

與群臣至殷墓謂德願曰卿哭貴妃若悲當加厚賞德願應聲便號慟撫膺擗踊涕泗交流上甚悅以爲豫州刺史又令醫術人羊志哭殷氏志亦嗚咽他日有問志卿那得此副急淚志時新喪愛姬荅曰我爾白自哭亡妾耳志滑稽善爲諧謔上亦愛狎之德願善御車嘗立兩柱使其中劣通車軸乃於百餘步上振轡長驅未至數尺打牛奔從柱間直過其精如此孝武聞其

能爲之乘畫輪車幸太宰江夏王義恭第德願岸著籠冠短朱衣執轡進止甚有容狀永光中爲廷尉與柳元景厚善元景敗下獄誅懷慎庶長子榮祖少好騎射爲武帝所知及盧循攻逼時賊乘小艦入淮拔柵武帝宣令三軍不得輙射賊榮祖不勝憤怒冒禁射之所中應弦而倒帝益奇焉以戰功參太尉軍事從討司馬休之彭城內史徐逵之敗沒諸將意沮榮祖請戰愈厲

高祖乃解所著鎧以授之榮祖率所領陷陣身
被數創會賊破走加振威將軍尋參世子征虜軍
事領遂成令高祖北伐轉鎮西中兵參軍寧遠
將軍水軍入河與朱超石大破索虜於半城又
攻劉度壘克之高祖大饗戰士謂榮祖曰卿以
寡克衆攻無堅城雖古名將何以過此轉爲太
尉中兵參軍加建威將軍旣破長安姚泓女婿
徐衆率其餘衆連營叛走榮祖與檀道濟等攻
營破之斬首擒馘不可稱計十四年除彭城內

史又補相國參軍其年遣榮祖還都爲世子中
兵參軍永初元年除越騎校尉尋轉右軍將軍
索虜南寇司州刺史毛德祖陷沒榮祖時居父
艱起爲輔國將軍追論半城之功賜爵都鄉侯
榮祖爲人輕財貴義善撫將士然性偏險褊隘
頗失士君子之心領軍將軍謝晦深接待之廢
立之際要榮祖固辭獲免及晦出鎮荆楚欲
請爲南蠻校尉榮祖又固止之其年冬卒德
願弟興祖青州刺史懷愼弟懷默冠軍將軍

江夏內史太中大夫懷默子道球巴東建平二
郡太守道球弟孫登武陵內史孫登子亮世祖
大明守爲武康令時境內多盜鑄錢亮掩討無
不禽所殺以千數太宗泰始初爲巴陵王休若
鎮東中兵參軍北伐南討功冠諸將封順陽縣
侯食邑六百戶歷黃門郎梁益二州刺史在任
廉儉不營財貨所餘公祿悉以還官太宗嘉之
下詔襃美亮在梁州忽服食修道欲致長生迎
武當山道士孫道胤令合仙藥至益州泰豫元

年藥始成而未出火毒孫不聽亮服亮苦欲服
平旦開城門取井華水服至食鼓後心動如刺
中間便絕後人逢見乘白馬將數十人出關西
行共語分明此乃道家所謂尸解者也追贈冠軍
將軍謚曰剛侯孫登弟道隆元嘉二十二年爲
廬江太守世祖舉義棄郡來奔以補南中郎參
軍事加龍驤將軍時世祖分麾下以爲三幢道隆
與中兵參軍王謙之馬文恭各領其一大明中
歷黃門侍郎徐青冀三州刺史前廢帝景和中

以爲右衛將軍永昌縣侯食邑五百戶委以腹
心之任泰始初爲太宗盡力遷衛將軍中護軍
尋賜死事在建安王休仁傳王謙之字休光琅
邪臨沂人晉司州刺史胡之曾孫也世祖初歷
驍騎將軍御史中丞吳興太守以南下之功封
石陽縣子食邑五百戶大明三年卒贈前將軍
謚曰肅子應之嗣大明末爲衡陽內史晉安王
子勛反應之起義拒湘州行事何慧文爲慧文
所殺事在鄧琬傳追贈侍中應之弟雲之順帝

昇明中貴達馬文恭扶風人也亦以功封泉陵縣
子食邑五百戶世祖即位爲游擊將軍頃之卒
劉粹字道沖沛郡蕭人也祖恢持節監河中軍
事征虜將軍粹家在京口少有志幹初爲州從
事高祖克京城參建武軍事從平京邑轉參鎮軍
事尋加建武將軍沛郡太守又領下邳太守復
爲車騎中軍參軍從征廣固戰功居多以義功
封西安縣五等侯軍還轉中軍諮議參軍盧循
逼京邑京口任重太祖時年四歲高祖使粹奉太

祖鎮京城轉游擊將軍遷建威將軍江夏相衛
將軍毅粹族兄也粹盡心高祖不與毅同高祖
欲謀毅衆並疑粹在夏口高祖愈信之及大軍
至粹竭其誠力事平封灄陽縣男食邑五百戶毋
憂去職俄而高祖討司馬休之起粹爲寧朔將
軍竟陵太守統水軍入河明年進號輔國將軍
遷相國右司馬侍中中軍司馬冠軍將軍遷左
衛將軍永初元年以佐命功改封建安縣侯食
邑千戶二年以役使監吏免官尋督江北淮南

郡事征虜將軍廣陵太守三年以本號督豫司
雍并四州南豫州之梁郡弋陽馬頭三郡諸軍
事豫州刺史領梁郡太守鎮壽陽治有政績少
帝景平二年譙郡流離六十餘家叛沒虜趙炅
秦剛等六家悔倍還投陳留襄邑縣頓謀等村
粹遣將苑縱夫討叛戶不及因誅殺謀等三十
家男丁一百三十七人女弱一百六十二口收付
作部粹坐貶號爲寧朔將軍時索虜南寇粹
遣將軍李德元襲許昌殺僞潁川太守庫龍

於是陳留人董邈自稱小黄盟主斬僞征虜將軍
廣州刺史司馬世賢傳首京都太祖即位遷使
持節督雍梁南北秦四州荆州之南陽竟陵順
陽襄陽新野隨六郡諸軍事征虜將軍領寧
蠻校尉雍州刺史襄陽新野二郡太守在任簡
役愛民罷諸沙門二千餘人以補府史元嘉三
年討謝晦遣粹弟車騎從事中郎道濟龍驤
將軍沈敞之就粹自陸道向江陵粹以道濟行
竟陵内史與敞之及南陽太守沈道興歩騎至

沙橋爲晦司馬周超所敗士衆傷死者過半降
號寧朔將軍初晦與粹厚善以粹子曠之爲參
軍粹受命南討一無所顧太祖以此嘉之晦遣
送曠之還粹亦不害也明年粹卒時年五十三
追贈安北將軍持節本官如故曠之嗣官至晉
熙太守曠之卒子琛嗣琛卒無子國除琛弟亮
順帝昇明末尚書駕部郎粹庶長子懷之爲臨
州内史與臧質同逆伏誅粹弟道濟尚書起部
郎王弘車騎從事中郎江夏王義恭撫軍司馬

河東太守仍遷振武將軍益州刺史長史費謙
別駕張熙參軍楊德年等並聚斂興利而道濟
委任之傷政害民民皆怨毒太祖聞之與道濟
詔戒之曰聞卿在任未盡清省又頗爲殖貨若
万一有此必宜改之比傳人情不政緝諧當以法
御下深思自警以副本望道濟雖奉此旨政化如
初有司馬飛龍者自稱晉之宗室晉末走仇池
元嘉九年聞道濟綏撫失和遂自仇池入綿竹
崩動羣小得千餘人破巴興縣殺令王貞之進

攻陰平陰平太守沈法興棄城遁走道濟遣軍
擊飛龍斬之初道濟以五城人帛氐奴梁顯爲參
軍督護費謙固執不與遠方商人多至蜀土資
貨或有直數百万者謙等限布絲綿各不得過
五十斤馬無善惡限蜀錢二万府又立冶一斷
私民鼓鑄而貴賣鐵器商旅吁嗟百姓咸欲爲
亂氐奴既懷恚忿因聚黨爲盜賊其年七月道
濟遣羅習爲五城令氐奴等謀曰羅令是使君
腹心而卿猶有作賊盜不止者一旦發露則爲

禍不測宜結要誓言共相禁檢乃殺牛盟誓俄而
氐奴及趙廣等唱曰官禁殺牛而村中公違法
禁脫使羅令白使君疑吾徒更欲作賊則無餘
類矣因詐言司馬殿下猶在陽泉山中若能共
建大事則功名可立不然立滅不久衆既樂亂
因相率從之得數千人復向廣漢道濟遣參軍
程展會治中李抗之五百人擊之並爲所殺賊
於是逕向涪城巴西人唐頻聚衆應之寧遠將軍
巴西梓潼二郡太守王懷業再遣軍拒之戰敗

失利懷業及司馬南漢中太守韋處伯並棄城
走涪陵太守阮惠江陽太守杜玄起遂寧太守
馮遷聞涪城不守並委郡出奔蜀土僑舊翕
然並反道濟惶懼乃免吴兵三十六營以爲平
氐分立宋興宋寧二郡又招集商賈及免道俗
奴僮東西勝兵可有四千人賊衆數万屯城西
及城北道濟嬰城自守趙廣本以譎詐聚兵頓
兵城下不見飛龍各欲分散廣懼乃將三千人
及羽儀詐其衆去迎飛龍至陽泉寺中謂道人

程道養曰但自言是飛龍則坐享富貴若不從
即日便斬頭道養惶怖許諾道養枹罕人也廣
改名爲龍興號爲蜀王車騎大將軍益梁二州
牧建號泰始元年備置百官以道養弟道助爲
驃騎將軍長沙王鎮涪城廣自號鎮軍帛氐奴
征虜將軍梁顯鎮北將軍同黨大帥張寧秦州
刺史嚴遐前將軍奉道養還成都衆十餘万四
面圍城就道濟索費謙張熙曰但送此人來我
等自不復作賊道濟遣中兵參軍裴方明任浪

之各將千餘人出西門戰皆失利十一月方明
等復出戰破賊營焚其積聚賊黨江陽人楊
孟子領千餘人屯城南道濟參軍梁儁之統南
樓屢與孟子交言因投書曉以禍福要使入城
孟子許諾入見道濟道濟大喜即板爲主簿遣
子爲任克期討賊趙廣知其謀孟子懼將所領
奔晉原晉原太守文仲興與拾合得二千餘人與孟子
并力自固廣遣同黨表玄子攻晉原爲仲興所
殺廣又遣帛氐奴攻之連戰仲興軍敗及孟子

泣死方明復出東門破賊三營斬首數百級賊雖敗已復還合方明復僞出北門仍回軍擊城東大營殺千餘人斬僞僕射蔡滔時天大霧方明等復揚聲出東門而潛自北門出攻城北城西諸營賊衆大潰於是奔散道養收合得七千人還廣漢趙廣以別卒五千餘人還涪城初別駕張熙說道濟令糶太倉穀賊以九月末圍城至十二月末稟粮便盡方明將二千人出城求食爲賊所敗匹馬獨還賊因追之衆復大集方

明夜於城西縋上道濟爲設食饋不能食唯泣涕而已道濟時有疾已篤自力慰勉之曰卿非大丈夫小敗何苦賊勢既衰臺兵垂至但令卿還何憂於賊即減左右數十人配之賊城外云方明已死可來取喪城中大恐道濟夜列炬火方明自出衆見之乃安道濟悉出財物於北射堂令方明募人時城中或傳道濟已亡莫有至者梁儁之說道濟曰將軍氣息綿綿而外論至有同異今軍師屢敗妖寇未殄若一旦不虞

則危禍立至宜稱小損聽左右給使暫出不然敗矣道濟從之即喚左右三十餘人告之曰吾疾久汝等扶侍疲勞今既小損各聽歸家休息喚復還給使既出其父兄皆問使君亡來幾日子弟皆言君漸差誰言亡者傳相告語城內乃安由是應募者一日千餘人十年正月賊衆大至攻逼成都道濟卒梁儁之與方明等及其故舊門生數人共埋尸於後齋使書與道濟相似者爲教命酬答簽疏不異常日故雖母

妻不知也二月道養於毀金橋升壇郊天方就柴燎方明將三千人出擊之賊列陣營前死戰日夕乃大敗臨陣斬僞征虜將軍趙石之等八百餘級道養等退保廣漢是月平西將軍臨川王義慶以揚武將軍巴東太守周籍之即本號督巴西梓潼宕渠遂寧巴郡五郡諸軍事巴西梓潼二郡太守率平西參軍費淡龍驤將軍羅猛二千人援成都廣等屯據廣漢分守郪川連營百數處處屯結籍之與方明及費淡

等攻郫剋之廣等退據郡城傍竹自固羅猛率
隊主王旰等幷力追討張尋自涪城率衆二万
來助廣等方明淡斬竹開逕邀之戰敗退還郫
縣廣等又移營屯箭竿橋方明等破其六營乗
勝追奔逕至廣漢廣等走還涪及五城四月十
日發道濟喪五月方進軍向涪城張尋唐頻渡
水拒戰方明擊破之生擒僞驃騎將軍雍秦二
州刺史司馬龍伸斬之龍伸道助也州吏嚴道
度斬嚴遐首廣等竝奔散涪蜀皆平俄而張尋

攻破陰平復與道養合帛氏奴攻廣漢費淡督
將軍种松等與戰斬其梁州刺史杜承等百餘
級九月益州刺史甄法崇至成都誅費謙之道
濟喪及方明等竝東反道養等領二千餘家逃
于郪山其餘羣賊亦各擁戸藏竄出爲寇盜不
絶十三年六月太祖遣寧朔將軍蕭汪之統軍
討之軍次郪口帛氏奴斬僞衞將軍司馬飛燕
歸降汪之擊破道養道養還入郪山十四年四
月趙廣張尋梁顯各率部曲歸降僞輔國將軍

王道恩斬道養送首餘黨悉平遷趙廣張尋等
於京師十六年廣尋復與國山令司馬敬琳謀
反伏誅先是道濟振武司馬蜀郡太守任蒼之
雖不任軍事事寧以爲正員郎裴方明虎賁中
郎將仍爲義慶平西中兵參軍龍驤將軍河東
太守費淡太子屯騎校尉周籍之後爲益州刺
史粹族弟損字子騫衞將軍毅從父弟也父鎮
之字仲德以毅貴歷顯位閑居京口未嘗應召
常謂毅汝必破我家毅甚憚之每還京未嘗敢

以羽儀入從入鎮之門左光禄大夫徵不就元
嘉二年年九十餘卒於家損元嘉中歷職義興
太守東土殘飢太祖遣揚州治中沈演之東入
賑卹以損綏撫有方稱爲良守官至吴郡太守
追贈太常

史臣曰帝王受命自非以功靜亂以德濟民則
其道莫由也自三代以來醇風稍薄成功濟務
尊出權道雖復負扆南面比號軒犧莫不自謝
風率由霸德高祖屈起布衣非藉民譽義

無曹公英傑之傑之響晉又闕晉氏輔魏之基豈驅
烏合不崇朝而制國命功雖有餘而德未足也
是故王謐以內懼流奔王綏以外侮成釁若非樹
奇功於難立震大威於四海則不能承配天之
心義熙以後大功仍建自桓溫旍旆所臨莫不
獻珍受朔及金墉請吏元勳將舉九命之禮既
行代終之符已及方復觀兵函渭用師天險獨
克之舉振古難稱若使閉門反旆兵散地後
敗責其前功一眚虧其盛業豈復得以黃屋朱

戶為褒晉之貞臣乎及其靈威薄震重關莫
守故知英筭所苞先勝而後戰也王鎮惡推鋒
直指前無彊陣為宋方叔壯矣哉

列傳第五　宋書四十五

列傳第六　宋書四十六

臣沈約　新撰

趙倫之
到彥之闕
王懿
張劭

趙倫之字幼成下邳僮人也武穆皇后之弟幼
孤貧事母以孝稱武帝起兵以軍功封閬中縣
五等侯累遷雍州刺史武帝北伐倫之遣順陽

太守傅弘之扶風太守沈田子出嶢柳大破姚
泓於藍田及武帝受命以佐命功封霄城縣侯
安北將軍鎮軍襄陽少帝即位徵拜護軍元嘉三
年拜鎮軍將軍尋遷左光祿大夫領軍將軍倫
之雖外戚貴盛而以儉素自處性野拙人情世
務多所不解久居方伯頗覺富盛入為護軍貲
力不稱以為見貶光祿大夫范泰好戲謂曰司
徒公缺必用汝老奴我不言汝資地所任要是
外戚高秩次第所至耳倫之大喜每載酒肴詣

泰五年卒子伯符嗣

伯符字潤遠少好弓馬倫之在襄陽伯符爲竟陵太守時竟陵蠻屢爲寇伯符征討悉破之由是有將帥之稱後爲寧遠將軍捴領義徒以居宮城北每有火起及賊盜輒身貫甲冑助郡縣赴討武帝甚嘉之文帝即位累遷徐兗二州刺史爲政苛暴吏人畏之若對虎狼而寇盜遠竄無敢犯境元嘉十八年徵爲領軍將軍先是外監不隷領軍宜相統攝者自有別詔至此始統領焉二十一年轉豫州刺史明年爲護軍將軍

復爲丹陽尹在郡嚴酷吏人苦之或至委叛被録赴水而死典筆吏取筆不如意鞭五十子倩尚文帝第四女海鹽公主初始興王濬以潘妃之寵故得出入後宮遂與公主私通及適倩倩入宮而怒肆詈搏擊引絶帳帶事上聞有詔離婚殺主所生蔣美人伯符慙懼發病卒謚曰肅傳國至孫昌助齊受禪國除

王懿字仲德太原祁人自言漢司徒允弟幽州刺史懋七世孫也祖宏事石季龍父苗事苻堅皆爲二千石仲德少沈審有意略通陰陽解聲律苻氏之敗仲德年十七與兄叡同起義兵與慕容垂戰敗仲德被重創走與家屬相失路經大澤不能前困卧林中忽有青衣童兒騎牛行見仲德問曰食未仲德告飢兒去頃之復來攜食與之仲德食畢欲行會水潦暴至莫知所如有一白狼至前仰天而號號訖銜仲德衣因渡水仲德隨之獲濟與叡相及渡河至滑臺復爲

翟遼所留使爲將帥積年仲德欲南歸乃奔太山遼遣騎追之急夜行忽有炬火前導仲德隨之行百許里乃免晉太元末徙居彭城兄弟名犯晉宣元二帝諱竝以字稱叡字元德北土重同姓謂之骨肉有遠來相投者莫不竭力營贍若不至者以爲不義不爲鄉里所容仲德聞王愉在江南是太原人乃往依之愉禮之甚薄因至姑孰投桓玄值玄篡見輔國將軍張暢言及世事仲德曰自古革命誠非一族然今之起者

恐不足以成大事元德果敢有智略武帝甚知之告以義舉使於都下襲玄仲德聞其謀謂元德曰天下之事不可不密應機務速不在巧遲玄每冒夜出入今若圖之正須一夫力耳事泄元德爲玄所誅仲德奔竄會義軍剋建業仲德抱元德子方回出候武帝帝於馬上抱方回與仲德相對號泣追贈元德給事中封安復縣侯以仲德爲中兵參軍武帝伐廣固仲德爲前鋒大小二十餘戰每戰輒剋及盧循寇逼敗劉毅於

桑落帝北伐始還士卒創痍堪戰者可數千人賊衆十萬舳艫百里奔敗而歸者咸稱其雄衆議並欲遷都仲德正色曰今天子當陽而治明公命世作輔新建大功威震六合妖賊豕突乘我遠征既聞凱入將自奔散今自投草間則同之匹夫匹夫號令何以威物義士英豪當自求其主爾此謀若行請自此辭矣帝悅之以仲德屯越城及賊自蔡洲南走遣仲德追之賊留親黨范崇民五千人高艦百餘城南陵仲德攻之

大破崇民焚其舟艦收其散卒功冠諸將封新淦縣侯義熙十二年北伐進仲德征虜將軍加冀州刺史爲前鋒諸軍事冠軍將軍檀道濟龍驤將軍王鎮惡向洛陽寧朔將軍劉遵考建武將軍沈林子出石門寧朔將軍朱超石胡蕃向半城咸受統於仲德仲德率龍驤將軍朱牧寧遠將軍竺靈秀嚴綱等開鉅野入河乃總衆軍進據潼關長安平以仲德爲太尉諮議參軍武帝欲遷都洛陽衆議咸以爲宜仲德曰非常

之事常人所駭今暴師日久士有歸心固當以建業爲王基俟文軌大同然後議之可也帝深納之使衞送姚泓先還彭城武帝受命累遷徐州刺史加都督元嘉三年進號安北將軍與到彥之北伐大破虜軍諸軍進屯靈昌津司兗既定三軍咸喜仲德獨有憂色曰胡虜雖仁義不足而凶狡有餘今斂戈北歸并力完聚若河氷冬合豈不能爲三軍之憂十月虜於委粟津渡河進逼金墉虎牢洛陽諸軍相繼奔走彥之聞

三城不守欲焚舟步走仲德曰洛陽既陷則虎牢不能獨全勢使然也今賊去我千里滑臺猶有彊兵若便舍舟奔走士卒必散且當入濟至馬耳谷口更詳所宜乃回軍沿濟南歷城步上焚舟弃甲還至彭城仲德與彥之竝免官尋與檀道濟救滑臺糧盡而歸九年又為鎮北將軍徐州刺史明年加領兗州刺史仲德三臨徐州威德著於彭城立佛寺作白狼童子像於塔中以河北所遇也十三年進號鎮北大將軍十五年

卒謚曰桓侯亦於廟立白狼童子壇每祭必祠之子正脩嗣為家僮所殺

張邵字茂宗會稽太守裕之弟也初為晉琅邪內史王誕龍驤府功曹桓玄徙誕於廣州親故咸離弃之惟邵情意彌謹流涕追送時變亂饑饉又饋送其妻子桓玄篡位父敞先為尚書以答事微謬降為廷尉卿及武帝討玄邵白敞表獻誠款帝大說命署其門曰有犯張廷尉者以軍法論後以敞為吳郡太守王謐為揚州召邵

二簿劉毅為亞相愛才好士當世莫不輻湊獨邵不往或問之邵曰主公命世人傑何煩多問劉穆之聞以白帝益親之轉太尉參軍署長流賊曹盧循寇逼京師使邵守南城時百姓臨水望賊帝怪而問邵邵曰若節鉞未反奔散之不暇亦何能觀望今當無復恐耳尋補州主簿邵悉心政事精力絕人及誅劉藩邵時在西州直盧即夜誡衆曹曰大軍當大討可各修舟船倉庫及曉取辦旦日帝求諸簿署應時即至怪

問其速諸曹答曰昨夜受張主簿處分帝曰張邵可謂同我憂慮矣九年世子始開征虜府補邵錄事參軍轉號中軍遷咨議參軍領記室十二年武帝北伐邵請見曰人生危脆必當遠慮穆之若邂逅不幸誰可代之尊業如此苟有不諱事將如何帝曰此自委穆之及卿耳青州刺史檀秪鎮廣陵時滁州結聚亾命秪率衆掩之劉穆之恐以為變將發軍邵曰檀韶據中流道濟為軍首若疑狀發露恐生大變宜且遣慰勞

以觀其意既而祇果不動及穆之卒朝廷恇懼便欲發詔以司馬徐羨之代之邵對曰今誠急病任終在徐且世子無專命宜須北咨信反方使世子出命曰朝廷及太府事悉咨徐司馬其餘啓還武帝重其臨事不撓有大臣體十四年以世子鎮荊州邵諫曰儲貳之重四海所繫不宜處外敢以死請從之文帝爲中郎將荊州刺史以邵爲司馬領南郡相衆事悉決於邵武帝受命以佐命功封臨沮伯分荊州立湘州以邵

爲刺史將署府邵以爲長沙内地非用武之國置署妨人乖爲政要帝從之謝晦反遣書要邵邵不發函馳使呈帝元嘉五年轉征虜將軍領寧蠻校尉雝州刺史加都督初王華與邵有隙及華參要親舊爲之危心邵曰子陵方弘至公必不以私讎害正義是任也華實舉之及至襄陽築長圍修立隄堰開田數千頃郡人賴之富贍丹浙二州蠻屢爲寇邵誘其帥因大會誅之悉掩其徒黨既失信羣蠻所在並起水陸斷

絶子敷至襄陽定省當還都羣蠻伺欲取之會蠕蠕國遣使朝貢賊以爲敷遂執之邵坐降號揚烈將軍江夏王義恭鎮江陵以邵爲撫軍長史持節南蠻校尉坐在雝州營私蓄取贓貨二百四十五萬下廷尉免官削爵土後爲吴興太守卒追復爵邑謚曰簡伯邵臨終遺命祭以菜果葦席爲轜車諸子從焉子敷演敬有名於世敷字景胤生而母亡年數歲問知之雖童蒙便有感慕之色至十歲許求母遺物而散施已盡

唯得一扇乃緘録之每至感思輒開笥流涕見從母悲感嗚咽性整貴風韻端雅好玄言善屬文初父邵使與南陽宗少文談繫象往復數番少文每欲屈握麈尾歎曰吾道東矣於是名價日重武帝聞其美召見奇之曰眞千里駒也以爲世子中軍參軍數見接引累遷江夏王義恭撫軍記室參軍義恭就文帝求一學義沙門會敷赴假江陵入辭文帝令以後車載沙門往謂曰道中可得言晤敷不奉詔上甚不說遷正員

中書郎敷小名查父邵小名梨文帝戲之曰查何如梨敷曰梨爲百果之宗查何可比中書舍人狄當周赳並管要務以敷同省名家欲詣之赳曰彼恐不相容接不如勿往當曰吾等並已員外郎矣何憂不得共坐敷先設二牀去壁三四尺二客就席敷呼左右曰移我遠客赳等失色而去其自標遇如此善持音儀盡詳緩之致與人别執手曰念相聞餘響久之不絶張氏後進皆慕之其源起自敷也遷黄門侍郎始興王

濬後將軍司徒左長史未拜父在吳興亡成服凡十餘日方進水漿葬畢不進鹽菜遂毁瘠成疾伯父茂度每譬止之敷益更感慟絶而復續茂度曰我比止汝而乃益甚自是不復往來朞年而卒孝武即位旌其孝道追贈侍中改其所居爲孝張里敷弟柬襲父封位通直郎柬有勇力手格猛獸元凶以爲輔國將軍孝武至新亭柬出奔墜淮死子式嗣

暢字少微邵兄偉之子也偉少有操行爲晉琅邪王國郎中令從王至洛還京都武帝封藥酒一甖付偉令密加鴆毒受命於道自飲而卒暢少與從兄敷演敬齊名爲後進之秀起家爲太守徐佩之主簿佩之被誅暢馳出奔赴制服盡哀時論美之弟牧嘗爲猘犬所傷醫者云食蝦蟇可療牧難之暢含笑先嘗牧因此乃食由是遂愈累遷太子中庶子孝武鎭彭城暢爲安北長史沛郡太守元嘉二十七年魏主托跋燾南

征太尉江夏王義恭統諸軍出鎭彭城虜衆近城數十里彭城衆力雖多而軍食不足義恭欲棄彭城南歸計議彌日不定時歷城衆少食多安北中兵參軍沈慶之議欲以車營爲函箱陳精兵爲外翼奉二王及妃媛直趨歷城分城兵配護軍將軍蕭思話留守太尉長史何勗不同欲席卷奔鬱州自海道還都二議未決更集羣僚議之暢曰若歷城鬱州可至下官敢不高讚今城内之食人無固心但以關局嚴密不獲走耳若一摇動則潰然奔散雖欲至所在其可

得平今食雖寡然朝夕未至窘乏豈可捨萬全之術而即危亡之道此計必行下官請以頸血汙君馬跡孝武聞暢議謂義恭曰張長史言不可違也義恭乃止魏主既至登城南亞父冢於戲馬臺立氈屋先是隊主蒯應見執其日晡時遣送應至小市門致意求甘蔗及酒孝武遣送酒二器甘蔗百挺求駱駝明日魏主又自上戲馬臺復遣使至小市門志與孝武相見遣送駱駝并致雜物使於南門受之暢於城上與魏尚書

李孝伯語孝伯問君何姓答曰姓張孝伯曰張長史乎暢曰君何得見識孝伯曰君名聲遠聞足使我知城內有具思者嘗在魏義恭使視知是孝伯乃開門餉物魏主又求酒及甘橘孝武又致螺盃雜物南土所珍魏主復令孝伯傳語曰魏主有詔借博具暢曰博具當爲申致有詔之言正可施於彼國何得施之於此孝伯曰以隣國之臣耳孝伯又言太尉鎮軍久闕南信殊當憂邑若遣信當爲護送暢曰此中間道甚多亦

不須煩魏孝伯曰亦知有水路似爲白賊所斷暢曰君著白衣故號白賊也孝伯笑曰今之白賊亦不異黃巾赤眉但不在江南耳又求博具俄送與魏主又遣送氈及九種鹽并胡豉云此諸鹽各有宜白鹽是魏主所食黑者療腹脹氣滿刮取六銖以酒服之胡鹽療目痛柔鹽不用食療馬脊創赤鹽駮鹽臭鹽馬齒鹽四種並不中食胡豉亦中噉又求黃甘并云魏主致意太尉安北何不遣人來問觀我儀貌察我爲人

暢又宣旨答曰魏主形狀才力久爲來往所見李尚書親自銜命不忍彼此不盡故不復遣又云魏主恨向所送馬殊不稱意安北若須大馬當送之脫須蜀馬亦有佳者暢曰安北不乏良駟送在彼意此非所求義恭又送炬燭十挺孝武亦致錦一匹又曰知更須黃甘若給彼軍即不能足若供魏主未當乏絕故不復致孝伯又曰君南土膏粱何爲著屩君且如此將士云何暢曰膏粱之言誠以爲愧但以不武受命統軍

戎陣之間不容緩服魏主又遣就二王借箜篌琵琶等器及碁子孝伯足詞辯亦北土之美暢隨宜應答甚爲敏捷音韻詳雅魏人美之時魏聲云當出襄陽故以暢爲南譙王義宣司空長史南郡太守元凶弑逆義宣發哀之日即便舉兵暢爲元佐舉哀畢改服著黃袴褶出射堂簡人音儀容止衆皆矚目見者皆爲盡命事平徵爲吏部尚書封夷道縣侯及義宣有異圖蔡超等以暢人望勸義宣留之乃解南蠻

校尉以授暢加冠軍將軍領丞相長史暢遣門生荀僧寶下郡因顏竣陳義宣釁狀僧寶有私貨止巴陵不時下會義宣起兵津路斷絕遂不得前義宣將爲逆使嬖人翟靈寶告暢暢陳必無此理請以死保之靈寶還白義宣云暢必不可回請殺以徇衆賴丞相司馬竺超之得免進號撫軍別立軍部以收人望暢雖署文檄飲酒常醉不省其事及義宣敗於梁山暢爲軍人所掠衣服都盡遇右將軍王玄謨乘輿出營暢已

得敗衣遂排玄謨上輿玄謨甚不悅諸將請殺之隊主張榮救之得免執送都下付廷尉見原起爲都官尚書轉侍中孝武宴朝賢暢亦在坐何偃因醉曰張暢信奇才也與義宣作賊而卒無咎苟非奇才安能致此暢曰太初之時誰黃其閤帝曰何事相苦初尚之爲元凶司空及義師至新林門人皆逃尚之父子共洗黃閤故暢以此譏之孝建二年出爲會稽太守卒謚曰宣暢愛弟輯臨終遺命貴輯合墳時議非之弟悅取

有美稱歷侍中臨海王子頊前將軍長史南郡太守晉安王子勛建僞號召拜爲吏部尚書與鄧琬共輔僞政及事敗悅殺琬歸降復爲太子中庶子後拜雍州刺史泰始六年明帝於巴郡置三巴校尉以悅補之加持節輔師將軍領巴郡太守未拜卒暢子浩官至義陽王昶征北諮議參軍浩弟淹黃門郎封廣晉縣子太子左衞率東陽太守逼郡吏燒臂照佛百姓有罪使禮佛贖刑動至數千拜免官禁錮起爲光祿勳與

晉安王子勛同逆軍敗見殺焉

列傳第六　　宋書四十六

臣穆等案高氏小史趙倫之傳下有到彥之傳而此書獨闕約之史法諸帝稱廟號而謂魏爲虜令帝稱帝號魏稱魏主與南史體同而傳末又無史臣論疑非約書然其辭差與南史要故將存焉

列傳第七　　宋書四十七

臣沈　約　新撰

劉懷肅

孟懷玉　懷玉弟龍符

劉敬宣

檀祗

劉懷肅彭城人高祖從母兄也家世貧窶而躬耕好學初爲劉敬宣寧朔府司馬東征孫恩有戰功又爲龍驤司馬費令聞高祖起義棄縣來

奔京邑平定振武將軍道規追桓玄以懷肅爲司馬玄留何澹之郭銓等戍桑落洲進擊破之潁川太守劉統平除高平太守玄既死從子振大破義軍於楊林義軍退尋陽懷肅與江夏相張暢之攻澹之於西塞破之僞鎮東將軍馮該戍夏口東岸孟山圖據魯山城桓仙客守月壘皆連壁相望懷肅與道規攻之躬擐甲胄陷二城馮該走石城生擒仙客義熙元年正月振敗走道規遣懷肅平石城斬馮該及其子山靖子

月神振復襲江陵荆州刺史司馬休之出奔懷肅自雲杜馳赴日夜者行七日而至振勒兵三萬旗幟蔽野躍馬横矛躬自突陳流矢傷懷肅額衆懼欲奔懷肅瞋目奮戰士氣益壯於文士卒爭先臨陣斬振首江陵既平休之反鎮爲懷肅手曰微子之力吾無所歸矣偽輔國將軍符嗣馬孫偽龍驤將軍金符青樂志等屯結軍夏懷肅又討之梟樂志等道規加懷肅督江夏九郡權鎮夏口除通直郎仍爲輔國將軍淮馬歷陽二郡太守二年又領劉毅撫軍司馬軍郡如故以義功封東興縣侯食邑千戶其冬桓石綏司馬國璠陳襲於胡桃山聚衆爲寇懷肅率步騎討破之江淮間群蠻及桓氏餘黨爲亂自請出討既行失旨毅上表免懷肅官三年卒時年四十一追贈左將軍無子弟懷慎以子蔚祖嗣封官至江夏内史蔚祖卒子道存嗣太祖元嘉末爲太尉江夏王義恭諮議參軍世祖伐元凶義軍至新亭道存出奔元凶殺其母以徇前

廢帝景和中爲義恭太宰從事中郎義恭敗以黨與下獄死懷肅次弟懷敬澀訥無才能初高祖產而皇妣殂孝皇帝貧薄無由得乳人議欲不舉高祖高祖從母生懷敬未朞乃斷懷敬乳而自養高祖高祖以舊恩懷敬累見寵授至會稽太守尚書金紫光禄大夫懷敬子眞道爲錢唐令元嘉十三年東土饑上遣揚州治中從事史沈演之巡行在所演之上表曰宰邑敷政必以簡惠成能莅職闡治務以利民著績故王奐見紀於前朱卿流稱於後竊見錢唐令劉眞道餘杭令劉道錫皆奉公卹民恪勤匪懈百姓稱詠訟訴希簡又前翦蕩凶非屢能擒獲災水之初餘杭高堤崩潰洪流迅激勢不可量道錫躬先吏民親執板築塘既還立縣邑獲全經歷諸縣訪覈名實並爲二邦之首最治民之良宰上嘉之各賜穀千斛以眞道爲步兵校尉十四年出爲梁南秦二州刺史十八年氐賊楊難當侵寇漢中眞道率軍討破之而難當寇盜猶不已

太祖遣龍驤將軍裴方明率禁兵五千受眞道
節度十九年方明至武興率太子積弩將軍劉
康祖後軍參軍梁坦陳彌裴肅之安西參軍段
叔文魯尚期始興王國常侍劉僧秀綏遠將軍
馬洗振武將軍王奐之等進次潭谷去皐蘭數
里難當遣其建節將軍符弘祖啖元等固守皐
蘭鎮北將軍符德義於外爲游軍難當子撫
軍大將軍和重兵繼其後方明進擊大破之於
濁水斬弘祖并三千餘級遣康祖追之過皐蘭

二千餘里和又遣德義祖戰康祖又大破之和退
保脩城難當遣建忠將軍楊林振威將軍姚憲
領二千騎就和方明又率諸將攻之和敗走追
至赤亭難當席卷奔叛方明遣康祖直趣百頃僞
丞相楊萬壽等一時歸降難當第二息虎先戍
陰平難當既走虎逃竄民間生禽之送京都斬
于建康市秦州刺史胡崇之西鎮百頃行至濁
水爲索虜所邀擊敗沒以眞道爲建威將軍雍
州刺史方明輔國將軍梁南秦二州刺史方明

辭不拜詔曰往季氏竪楊難當造爲叛亂俛首
者衆其長史楊萬壽建節將軍姚憲情不違順
屢進矢言及凶醜宵遁闔境崩擾建忠將軍呂
訓衛倉儲以俟王師寧朔將軍姜檀果烈懇到
志在宣力濁水之捷厥庸顯然近者協贊義奮
乃心無替洛陽符昭誠係本朝亦同斯舉俘擒
僞將獨克武興推鋒致效隕命寇手並事著屯
險感于予懷宜蒙旌敘榮慰存亡可贈萬壽龍
驤將軍昭武都太守憲補員外散騎侍郎訓駙

馬都尉奉朝請檀征西大將軍司馬仇池太守
宜並内徙可符雒梁二州厚加贍卹呂訓略氏
人呂先子也又詔曰故晉壽太守姜道盛前討
仇池志輸誠力即戎著效臨財能清近先登濁
水殞身鋒鏑誠節俱亮矜悼于懷可贈給事中
賜錢千萬道盛注古文尚書行於世眞道方明
並坐破仇池斷割金銀諸雜寶貨又藏難當善
馬下獄死劉康祖等繫免各有差方明河東人
爲劉道濟振武中兵參軍立功蜀土歷穎川南

平昌太守皆坐贓私免官

孟懷玉平昌安丘人也高祖玩晉河南尹祖淵右光禄大夫父綽義旗後爲給事中光禄勳追贈金紫光禄大夫世居京口高祖東伐孫恩以懷玉爲建武司馬豫義旗從平京城進定京邑以功封鄱陽縣矦食邑千户高祖鎮京口以懷玉爲鎮軍參軍下邳太守義熙三年出爲寧朔將軍西陽太守新蔡内史除中書侍郎轉輔國將軍領丹楊府兵戍石頭盧循逼京邑懷玉於

石頭岸連戰有功爲中軍咨議參軍賊帥徐道覆屢欲以精鋭登岸畏懷玉不敢上及循南走懷玉與衆軍追躡直至嶺表徐道覆屯結始興懷玉攻圍之身當矢石旬月乃陷仍南追循循平又封陽豐縣男食邑二百五十户復爲太尉咨議參軍征虜將軍八年遷江州刺史尋督江州豫州之西陽新蔡汝南潁川司州之松滋六郡諸軍事南中郎將刺史如故時荆州刺史司馬休之居上流有異志故授懷玉此任以防之十一年加持節丁父艱懷玉有孝性因抱篤疾上表陳解不許又自陳弟仙客出繼喪主唯已乃見聽未去任其年卒官時年三十一追贈平南將軍子元卒無子國除懷玉别封陽豐男子慧熙嗣坐廢祭祀奪爵慧熙弟宗嗣竟陵太守中大夫

龍符懷玉弟也驍果有膽氣幹力絶人少好游俠結客於閭里早爲高祖所知既克京城以龍符爲建武參軍江乘羅落覆舟三戰並有功參鎮軍軍事封平昌縣五等子加寧遠將軍

淮陵太守與劉藩向彌征桓歆桓石康破斬之除建威將軍東海太守索虜斛蘭索度真侵邊彭沛騷擾高祖遣龍符建威將軍道憐北討一戰破之追斛蘭至光水溝邊被創奔走高祖伐廣固以龍符爲車騎將軍加龍驤將軍廣川太守統步騎爲前鋒軍達臨朐與賊爭水龍符單騎衝突應手破散即據水源賊遂退走龍符乗勝奔逐後騎不及賊數千騎圍繞攻之龍符奮矟接戰每一合輒殺數人衆寡不敵遂見

害時年三十三高祖深加痛悼追贈青州刺史又表曰故龍驤將軍廣川太守孟龍符忠勇果毅隕身王事宜蒙甄表以顯貞節聖恩嘉悼寵贈方州龍符投袂義初前驅效命推鋒三捷每爲衆先及西剿桓歆北殄索虜朝議爵賞未及施行會今北伐復統前旅臨朐之戰氣冠三軍于時逆徒寔繁控弦掩澤龍符匹馬電躍所向摧靡奮戈深入知死弗吝賊超奔迸依險鳥聚大軍因勢方軌長驅考其庸績豫參濟不竊謂

宜班爵土以褒勳烈乃追封臨沅縣男食邑五百戶無子弟仙客以子微生嗣封太祖元嘉中有罪奪爵徙廣州以微生弟彥祖子佛護襲爵齊受禪國除孝武大明初諸流徙者悉聽還本微生已死子係祖歸京都有筋幹異力能儋負數人入隸羽林爲殿中將軍二年索虜寇青冀世祖遣軍援之係祖自占求行戰於杜梁挺身入陳所殺狼籍遂見殺詔書追贈潁川郡太守

劉敬宣字萬壽彭城人漢楚元王交後也祖建征虜將軍父牢之鎭北將軍敬宣八歲喪母晝夜號泣中表異之輔國將軍桓序鎭蕪湖牢之參序軍事四月八日敬宣見衆人灌佛乃下頭上金鏡以爲母灌因悲泣不自勝序歎息謂牢之曰卿此兒既爲家之孝子必爲國之忠臣起家爲王恭前軍參軍又參會稽世子元顯征虜軍事隆安二年王恭起兵於京口以誅司馬尚之兄弟爲名牢之時爲恭前軍司馬輔國將軍晉陵太守置佐領兵而恭以豪戚自居甚相陵忽

牢之心不能平及恭此舉使牢之爲前鋒太傅會稽王道子與牢之書備言禍福使以兵反恭牢之呼敬宣謂曰王恭昔蒙先帝殊恩今居伯舅之重義心未彰唯兵是縱吾不能審恭事捷之日必能奉戴天子緝穆宰相與不今欲奉國威靈以明逆順汝以爲何如敬宣曰朝廷雖無成康之隆未有桓靈之亂而恭怙亂阻兵志陵京邑大人與恭親無骨肉分非君臣雖共事少時意好不協今日討之於情何有牢之至竹里斬

恭大將顏延遣敬宣率高雅之等還襲恭恭方出城耀軍馳騎橫擊之一時散潰元顯進號後將軍以敬宣為諮議參軍加寧朔將軍三年孫恩為亂東土騷擾牢之自表東討軍次虎疁賊皆死戰敬宣請以騎傍南山趣其後吳賊畏馬又懼首尾受敵遂大敗進平會稽尋加臨淮太守遷後軍從事中郎五年孫恩又入浹口高祖戍句章賊頻攻不能拔敬宣請往為援賊恩於是退遠入海是時四方雲擾朝廷微弱敬宣每

慮艱難未已高祖既累破妖賊功名日盛故敬宣深相憑結情好甚隆元顯進號驃騎敬宣仍隨府轉軍郡如故元顯驕婬縱肆羣下化之敬宣每預燕會未嘗飲酒調戲之來無所酬答元顯甚不說尋進號輔國將軍餘如故元興元年牢之南討桓玄元顯為征討大都督日夜昏酣牢之驟詣門不得相見帝出餞行方遇公坐而已桓玄既至溧洲遣信說牢之牢之以道子昏闇元顯淫凶慮平玄之日亂政方始假手於玄誅除執

政然後乘玄之隙可以得志於天下將許玄降敬宣諫曰方今國家亂擾四海鼎沸天下之重在大人與玄玄藉先父之基據荊南之勢雖無姬文之德實為參分之形一朝縱之使陵朝廷威望既成則難圖也董卓之變將生於今牢之怒曰吾豈不知今日取玄如反覆手但平玄之後令我那驃騎何遣敬宣為任玄板為其府諮議參軍玄既得志害元顯廢道子以牢之為征東將軍會稽太守牢之與敬宣謀共襲玄期以

明旦值尒日大霧府門晚開日旰敬宣不至牢之謂所謀已泄率部曲向白洲欲奔廣陵而敬宣還京口迎家牢之尋求不得謂已為玄所擒乃自縊死敬宣奔喪哭畢即渡江就司馬休之高雅之等俱奔洛陽往來長安各以子弟為質求救於姚興興與之符信令關東募兵得數千人復還至彭城間收聚義故玄遣孫無終討冀州刺史劉軌軌要敬宣雅之等共據山陽破之不剋又進昌平澗戰不利衆各離散乃俱奔鮮

畢慕容德敬宣素曉天文知必有興復晉室者
尋夢丸土服之既覺喜曰丸者桓也桓既吞矣
吾復本土乎乃結青州大姓諸省封并要鮮卑
大帥免逵謀滅德推休之爲主尅日垂發時劉
軌爲德司空大被委任雅之又欲要軌敬宣曰
此公年老吾觀其有安齊志必不動不可告也
雅之以爲不然遂告軌軌果不從謀頗泄相與
殺軌而去至淮泗間會高祖平京口手書召敬
宣左右疑其詐敬宣曰吾固知其然矣下邳不

誘我也即便馳還既至京師以敬宣爲輔國將
軍晉陵太守襲封武岡縣男是歲安帝元興三
年也桓歆率氐賊楊秋寇歷陽敬宣與建威將
軍諸葛長民大破之歆單騎走渡淮斬楊秋於
練固而還遷遷侯威將軍江州刺史敬宣固辭言
於高祖曰雖恥既雪四海清蕩所願反身草澤
以終餘年恩遇不遣遂復僶俛即目所忝已爲
優渥且盤龍無忌猶未遇寵賢二弟位在尚卑
一朝先之必貽朝野之責不許敬宣既至江州

課集軍糧搜召舟乘軍戎要用常有儲擬故
征諸軍雖失利退據因之每即振復其年桓玄
兄子亮自號江州刺史寇豫章亮又遣苻宏寇
廬陵敬宣並討破之初劉毅之少也爲敬宣寧
朔參軍時人或以雄傑許之敬宣曰人非常之
才當別有調度豈得便謂此君爲人豪邪其性
外寬而内忌自伐而尚人若一旦遭逢亦當以
陵上取禍耳毅聞之深以爲恨及在江陵知敬
宣還乃使人言於高祖曰劉敬宣父子忠國既

昧今又不豫義始猛將勞臣方須叙報如敬宣
之比宜令在後若使君不忘平生欲相申起者
論資語事正可爲員外常侍耳聞已授其郡實
爲過優尋知復爲江州尤所駭惋敬宣愈不自
安安帝反正自表解職於是散徹賜給宅宇月
給錢三十萬高祖數引與游宴恩款周洽所賜
錢帛車馬及器服玩好莫與比焉尋除冠軍將
軍宣城内史襄城太守宣城多山縣郡舊立屯
以供府郡費用前人多發調工巧造作器物敬

宣到郡悉罷私屯唯伐竹木治府舍而已亾叛
多首出遂得三千餘戶高祖方大相寵任欲先
令立功義熙三年表遣敬宣率衆五千伐蜀國
子博士周祗書諫高祖曰自義旗之建所征無
不必克此可謂天人交助信順之徵也今大難
已夷君臣俱泰頃五穀轉豐民無饑苦劫盜之
患亦爲弭息此誠漸足無事宜大寧治本蜀賊
宜平六合宜一非爲不爾也古人有言天時不
如地利地利不如人和今往伐蜀萬有餘里泝

流天險動經時歲若此軍直指成都徑禽譙氏
者復是將帥奮威一快之舉耳然益土荒殘野
無青草成都之內殆無孑遺計得彼利與今行
軍之費不足相補也而今往艱險雨雪方降驅
三州三吳之人投之三巴三蜀之土其中疾病
死亾豈可稱計此一疑也賊必不守窮城將決
力戰今我往勞困彼來甚逸若忽使師行不利
人情波駭大勢挫衂此二疑也且千里饋糧士
有饑色況今泝險萬里所在無儲若兵不解運

漕不繼雖韓白之將何以成功此三疑也今云
可征者云彼親離衆叛愚謂不然彼以一匹夫
而能致今日之事若衆力離散亦何以至此官
所遣兵皆烏合受募之人亦必無千人一心有
前無退矣爲治者固先定其內而理其外先安
其近而懷其遠自頃狂狡不息誅戮相繼未可
謂人和也天險如彼未可謂地利也毛脩之家
讎不雪不應以得死爲限劉敬宣蒙生存之恩
亦宜性命仰報今將軍欲驅二死之甘心而忽

國家之重計愚情竊所未安闕門之外非所宜
豫苟其有心不覺披盡不從假敬宣節監征蜀
諸軍事郡如故既入峽分遣振武將軍巴東太
守溫祚以二千人揚聲外水自率益州刺史鮑
陋輔國將軍文處茂龍驤將軍時延祖由墊江
而進敬宣率先士卒轉戰而前達遂寧郡之黃
虎去成都五百里僞輔國將軍譙道福等悉
衆距險相持六十餘日大小十餘戰賊固守不
敢出敬宣不得進食糧盡軍中多疾疫死者太

半引軍還譙縱送毛璩一門諸喪其妻女文處茂母何并諸士人喪柩浮之中流敬宣皆拯接致歸爲有司所奏免官削封三分之一五年高祖伐鮮卑除中軍諮議參軍加冠軍將軍從至臨朐慕容超出軍距戰敬宣與兗州刺史劉藩等奮擊大破之龍驤將軍孟龍符戰没敬宣并領其衆圍廣固屢獻規略盧循逼京師敬宣分領鮮卑虎班突騎置陣甚整循等望而畏之遷使持節督馬頭淮西諸軍郡事鎮蠻護軍淮南

安豐二郡太守梁國內史將軍如故循既走仍從高祖南討轉左衛將軍加散騎常侍敬宣寬厚善待士多伎藝弓馬音律無事不善時尚書僕射謝混自負才地少所交納與敬宣相遇便盡禮著歡或問混曰卿未嘗輕交於人而傾蓋於萬壽何也混曰人之相知豈可以一塗限孔文舉禮太史子義夫豈有非之者邪初敬宣回師於蜀劉毅欲以重法繩之高祖既相任待又何無忌明言於毅謂不宜以私憾傷至公若必

文致爲戮已當入朝以廷議決之毅雖止猶謂高祖曰夫生平之舊豈可孤信光武悔之於龐萌曹公失之於孟卓公宜深慮之毅出爲荆州謂敬宣曰吾忝西任欲屈卿爲長史南蠻豈有見輔意乎敬宣懼禍及以告高祖高祖笑曰但令老兄平安必無過慮出爲使持節督北青州軍郡事征虜將軍北青州刺史領清河太守尋領冀州刺史時高祖西討劉毅豫州刺史諸葛長民監太尉軍事貽敬宣書曰盤龍狼戾專恣

自取夷滅異端將盡世路方夷富貴之事相與共之敬宣報曰下官自義熙以來首尾十載遂忝三州七郡今此杖節常懼福過禍生實思避盈居損富貴之旨非所敢當遣使呈長民書高祖謂王誕曰阿壽故爲不負我也十一年正月進號右將軍司馬道賜者晉宗室之賤屬也爲敬宣參軍至高祖西征司馬休之道賜乃陰結同府辟閭道秀及左右小將王猛子等謀反道賜自號齊王以道秀爲青州刺史規據廣固舉

兵應休之敬宣召道秀有所論因屏人左右悉出戶猛子逡巡在後取敬宣備身刀殺敬宣時年四十五文武佐吏即討道賜猛子等皆斬之先是敬宣未死嘗夜與僚佐宴集空中有放一隻芒屩於坐中墜敬宣食槃上長三尺五寸已經人著耳鼻間並欲壞頓之而敗喪至高祖臨哭甚哀子祖嗣宋受禪國除

檀祗字恭叔高平金鄉人左將軍韶第二弟也少爲孫無終輔國參軍隨無終東征孫恩屢有

戰功復爲王誕龍驤參軍從高祖克京城參建武軍事至羅落檀憑之戰沒之後仍以憑之所領兵配祗京邑既平參鎮軍事加振武將軍隸振武大將軍道規追討桓玄每戰克捷江陵平定道規遣祗征涓洒亡命桓道兒張靖苻嗣等皆悉平之除龍驤將軍秦郡太守北陳留內史又爲寧朔將軍竟陵太守不拜破桓亮於長沙苻宏於湘東武陵內史庾悅疾病道規以祗代悅加寧朔將軍封西昌縣侯食邑千戶五年入爲中書侍郎盧循逼京邑加輔國將軍領兵屯西明門外循退走祗率所領步道援江陵未發遇疾停八年遷右衞將軍出爲輔國將軍宣城內史即本號督江北淮南軍郡事青州刺史廣陵相進號征虜將軍加節十年亡命司馬國璠兄弟自北徐州界聚衆數百潛得過淮因天夜陰闇率百許人緣廣陵城得入叫喚直上聽事祗驚起出門將處分賊射之傷股乃入祗語左右賊乘闇得入欲掩我不備但打五鼓懼曉必

走矣賊聞鼓鳴謂爲曉於是奔散追討殺百餘人祗降號建武將軍十一年進號右衞將軍十二年高祖北伐而亡命司馬寇涂（涂或作滁）中秦郡太守劉基求救分軍掩討即破斬之十四年宋國初建天子詔曰宋國始立內外草創禁旅王要揔司須才右將軍祗可爲宋領軍將軍加散騎常侍祗性矜豪樂在外放恣不願內遷甚不得志發疾不自治其年卒廣陵時年五十一贈散騎常侍撫軍將軍謚曰威侯子獻嗣元熙中卒無

子祇次子勗紹封勗卒子宣明嗣宣明卒子逸嗣齊受禪國除

史臣曰劉敬宣與高祖恩結龍潛義分早合雖興復之始事隔逢迎而深期久要未之或爽隆赫之任義止於人存飾終之數無聞於身後恩禮之有厚薄者將有以乎

列傳第七　宋書四十七

列傳第八　宋書四十八

臣沈約新撰

朱齡石 齡石弟超石

毛脩之

傅弘之

朱齡石字伯兒沛郡沛人也家世將帥祖騰建威將軍吳國內史伯父憲及斌並爲西中郎袁真將佐憲爲梁國內史斌爲汝南內史大司馬桓溫伐真於壽陽真以憲兄弟與溫潛通並殺之齡石父綽逃走歸溫攻戰常居先不避矢石壽陽平真已死綽輒發棺戮尸溫怒將斬之溫弟沖苦請得免綽爲人忠烈受沖更生之恩事沖如父參沖車騎軍事西陽廣平太守及沖薨綽歐血死沖諸子遇齡石如兄弟齡石少好武事頗輕佻不治崖檢舅淮南蔣氏人才儜劣齡石使舅臥於聽事一頭剪紙方一寸帖著舅枕自以刀子懸擲之相去八九尺百擲百中舅雖危懼戰慄爲畏齡石終不敢動舅頭有大瘤齡

右伺舅眠密往刲之舅即死初爲殿中將軍常追隨桓脩兄弟爲脩撫軍參軍在京口高祖克京城以爲建武參軍從至江乘戰齡石言於高祖曰世受桓氏厚恩不容以兵刃相向乞在軍後高祖義而許之事定以鎮軍參軍遷武康令加寧遠將軍喪亂之後武康人姚係祖招聚亡命專爲劫盜所居險阻郡縣畏憚不能討齡石至縣僞與係祖親厚召爲參軍係祖恃其兄弟徒黨彊盛謂齡石必不敢圖己乃出應召齡石

潛結腹心知其居止塗徑乃要係祖宴會叱左右斬之乃率吏人馳至其家掩其不備莫有得舉手者悉斬係祖兄弟殺數十人自是一郡得清高祖又召爲參軍補徐州主簿遷尚書都官郎尋復爲參軍從征鮮卑坐事免官廣固平復爲參軍盧循至石頭領中軍循選敢死之士數千人上南岸高祖遣齡石領鮮卑步矟過淮擊之率厲將士皆殊死戰殺數百人賊乃退齡石既有武幹又練吏職高祖甚親委之盧循平以爲

寧遠將軍寧蠻護軍西陽太守義熙八年高祖西伐劉毅齡石從至江陵九年遣諸軍伐蜀令齡石爲元帥以爲建威將軍益州刺史率寧朔將軍臧熹河間太守蒯恩下邳太守劉鍾龍驤將軍朱林等凡二萬人發自江陵尋加節益州諸軍事初高祖與齡石密謀進取曰劉敬宣往年出黃虎無功而退賊謂我今應從外水往而料我當出其不意猶從內水來也如此必以重兵守涪城以備內道若向黃虎正陊其計今以

大衆自外水取成都疑兵出內水此制敵之奇也而慮此聲先馳賊審虛實別有函書全封齡石署函邊曰至白帝乃開諸軍雖進未知處分所由至白帝發書曰衆軍悉從外水取成都臧熹朱林於中水取廣漢使羸弱乘高艦十餘由內水向黃虎衆軍乃倍道兼行譙縱果備內水使其大將譙道福以重兵戍涪城遣其前將軍秦州刺史侯輝尚書僕射蜀郡太守譙詵等率衆萬餘屯彭模夾水爲城十年六月齡石至彭

模諸將以賊水北城險阻衆多咸欲先攻其南齡石曰不然雖寇在北今屠南城不足以破北若盡銳以拔北壘南城不麾而自散也七月齡石率劉鍾蒯恩等攻城詰朝戰至日昃焚其樓櫓四面並登斬侯輝譙詵仍回軍以麾南城卽時散潰凡斬大將十五級諸營守以次土崩衆軍乃舍船步進龍驤將軍臧熹至廣漢病卒朱林至廣漢復破譙道福別軍乘船陷牛脾城斬其大將譙撫譙縱聞諸處盡敗奔于涪城巴西人王志

斬送僞尚書令馬躭封府庫以待王師道福聞彭模不守率精銳五千兼行來赴聞縱已走道福衆亦散乃逃于獠中巴西民杜瑤縛送之斬于軍門桓謙弟恬隨謙入蜀爲寧蜀太守至是亦斬焉高祖之伐蜀也將謀元帥而難其人乃舉齡石衆咸謂自古平蜀皆雄傑重將齡石資名尚輕慮不辦克諫者甚衆高祖不從乃分大軍之半猛將勁卒悉以配之臧熹敬皇后弟咸服高祖之知人又美齡石之善於其事齡石遣司

馬沈叔任戍涪蜀人侯產德作亂攻涪城叔任擊破之斬產德初齡石平蜀所戮止縱一祖之後產德事起多所連結乃窮加誅剪死者甚衆進號輔國將軍尋進監益州巴西梓潼宕渠南漢中秦州之安固懷寧六郡諸軍事以平蜀功封豐城縣侯食邑千戶十一年徵爲太尉諮議參軍加冠軍將軍十二年北伐遷左將軍本號如故配以兵力守衛殿省劉穆之甚加信仗內外諸事皆與謀焉高祖還彭城以齡石爲相國右司

馬十四年安西將軍桂陽公義眞被徵以齡石持節督關中諸軍事右將軍雍州刺史勑齡石若關右必不可守可與義眞俱歸齡石亦舉城奔走龍驤將軍王敬先戍曹公壘齡石自潼關率餘衆就敬先虜斷其水道衆渴不能戰城陷虜執齡石及敬先還長安見殺時年四十子景符嗣景符卒子祖宣嗣坐輒之封八年不反及不分姑國秩奪爵更以祖宣弟隆紹封齊受禪國除齡石弟超石亦果銳善騎乘雖出自將家

兄弟並開尺牘桓謙爲衛將軍以補行參軍又
參何無忌輔國右軍軍事徐道覆破無忌得超
石以爲參軍至石頭超石説其同舟人乘單舸
走歸高祖高祖甚喜之以爲徐州主簿超石收
迎桓謙身首躬營殯葬遷車騎參軍事尚書
都官郎尋復補中兵參軍寧朔將軍沛郡太守
西伐劉毅使超石率步騎出江陵未至而毅平
及討司馬休之遣冠軍將軍檀道濟及超石步
軍出大薄魯宗之聞超石且至自率軍逆之未

戰而江陵平從至襄陽領新野太守追宗之至
南陽而還義熙十二年北伐超石前鋒入河索
虜托跋嗣姚興之壻也遣弟黄門郎鵝青冀州
刺史安平公乙旃眷襄州刺史托跋道生青州
刺史阿薄干步騎十萬屯河北常有數千騎緣
河隨大軍進止時軍人緣河南岸牽百丈河流
迅急有漂渡北岸者輒爲虜所殺略遣軍裁過
岸虜便退走軍還即復東來高祖乃遣白直隊
主丁旿率七百人及車百乘於河北岸上去水

百餘步爲却月陣兩頭抱河車置七仗士事畢
使竪一白毦虜見數百人步牽車上不解其意
並未動高祖先命超石馳往赴之并齎大弩百
張一車益二十人設彭排於轅上虜見營陣既
立乃進圍營超石先以軟弓小箭射虜虜以衆
少兵弱四面俱至嗣又遣南平公托跋嵩三萬
騎至遂肉薄攻營於是百弩俱發又選善射者
叢箭射之虜衆既多不能制超石初行別齎大
鎚并千餘張矟乃斷矟長三四尺以鎚鎚之一矟

輒洞貫三四虜虜衆不能當一時奔潰臨陣斬
阿薄干首虜退還平城超石率胡藩劉榮祖等
追之復爲虜所圍奮擊盡日殺虜千計虜乃退
走高祖又遣振武將軍徐猗之五千人向越騎城
虜圍猗之以長戟結陣超石赴之未至悉奔走
大軍進克蒲坂以超石爲河東太守戍守之賊
以超石衆少復還攻城超石戰敗退走數日乃及
大軍高祖自長安東還超石常令人水道至彭
城除中書侍郎封興平縣五等侯關中擾亂高

祖遣超石慰勞河洛始至蒲坂值齡石自長安東走至曹公壘超石濟河就之與齡石俱沒爲佛佛所殺時年三十七

毛脩之字敬文滎陽陽武人也祖虎生伯父璩並益州刺史父瑾梁秦二州刺史脩之有大意頗讀史籍荆州刺史殷仲堪以爲寧遠參軍桓玄克荆州仍爲玄佐歷後軍太尉相國參軍解音律能騎射玄甚遇之及篡位以爲屯騎校尉隨玄西奔玄敗於崢嶸洲復還江陵人情離散議欲

西奔漢川脩之誘令入蜀馮遷斬玄於枚回洲脩之力也晉安帝反正於江陵除驍騎將軍下至京師高祖以爲鎮軍諮議參軍加寧朔將軍旬月遷右將軍既有斬玄之謀又伯父並有蜀土高祖欲引爲外助故頻加榮爵及父瑾爲譙縱所殺高祖表爲龍驤將軍配給兵力遣令奔赴又遣益州刺史司馬榮期及文處茂時延祖等西討脩之至宕渠榮期爲參軍楊承祖所殺承祖自稱鎮軍將軍巴州刺史脩之退還白帝承祖自下攻之不拔脩之使參軍嚴綱等收合兵衆漢嘉太守馮遷率兵來會討承祖斬之時文處茂猶在巴郡脩之遣振武將軍張季仁五百兵係處茂等荆州刺史道規又遣奮武將軍原導之領千人受脩之節度脩之遣原導之與季仁俱進時益州刺史鮑陋不肯進討脩之下都上表曰

臣聞在生所以重生實有生理可保臣之情地生途已竭所以未淪於泉壤借命於朝露者以日月貞照有兼映之輝庶憑天威誅夷讎逆自提戈西赴備嘗時難遂使齊斧停柯狡豎假息誠

由經路有暨亦緣制不自己撫影窮號泣望西路益州刺史陋始以四月二十九日達巴東頓白帝以俟廟略可乘之機宜踐投袂之會屢愬臣雖効死寇庭而理絕救援是以束骸載馳訴寃象魏昔宋害申舟楚莊有遺屨之憤況忘家殉國戡有臣門節冠風霜人所矜悼伍員不虧君義而申包不忘國艱俟會佇鋒因時乃發今臣庸踰在昔未蒙肓邁之旗是以仰辰極以希照眷西

士以灑淚也公私懷恥仰望洪恩豈宜遂享名器比肩人伍求情既所不容即實又非所繼但以方杖威靈要須綜攝乞解金紫寵私之榮賜以鷹揚折衝之號臣之於國理無虛請自臣涉道情慮荒越疹毒交纏常慮性命隕越要當躬先士卒身馳賊庭手斬凶醜以攄莫大之釁然後就死之日即化如歸闔門靈爽豈不謝先帝於玄宮高祖哀其情事乃命冠軍將軍劉敬宣率文處茂時延祖諸軍伐蜀軍次黃虎無功而退譙

縱由此送脩之父伯及中表喪口累並得俱還盧循逼京邑脩之服未除起爲輔國將軍尋加宣城內史戍姑孰爲循黨阮賜所攻擊破之循走劉毅還姑孰脩之領毅後軍司馬坐長置吏僮免將軍內史官毅西鎮江陵以爲衞軍司馬輔國將軍南郡太守脩之雖爲毅將佐而深自結高祖高祖討毅先遣王鎮惡襲江陵脩之與諮議參軍任集之等並力戰高祖宥之時遣朱齡石伐蜀脩之固求行高祖慮脩之至蜀必

多所誅殘土人既與毛氏有嫌亦當以死自固故不許還都除黃門侍郎復爲右衞將軍脩之不信鬼神所至必焚除房廟時蔣山廟中有佳牛好馬脩之並奪取之高祖討司馬休之以爲諮議參軍冠軍將軍領南郡相高祖將伐羌先遣脩之復芍陂起田數千頃及至彭城又使營立府舍轉相國右司馬將軍如故時洛陽已平即本號爲河南河內二郡太守行西州事戍洛陽脩治城壘高祖既至案行善之賜衣服玩好當

時計直二千萬先是劉敬宣女嫁高祖賜錢三百萬雜綵千匹時人並以爲厚賜王鎮惡死脩之代爲安西司馬將軍如故值桂陽公義真已發長安爲佛佛虜所邀軍敗脩之與義真相失走將免矣始登一坂坂甚高峻右衞軍人叛走已上坂嘗爲脩之所罰者以戟擲之傷額因墜坂遂爲佛佛所擒佛佛死其子赫連昌爲索虜托跋燾所獲脩之并沒初脩之在洛敬事嵩高山寇道士道士爲燾所信敬營護之故得不死

遷于平城脩之嘗爲羊羹以薦虜尚書尚書以爲絕味獻之於燾燾大喜以脩之爲太官令稍被親寵遂爲尚書光祿大夫南郡公太官令尚書如故其後朱脩之沒虜亦爲燾所寵脩之相得甚歡脩之問南國當權者爲誰朱脩之答云殷景仁脩之笑曰吾昔在南殷尚幼少我得歸罪之日便應巾韝到門邪經年不忍問家消息久之乃訊訪脩之具答并云賢子元矯甚能自處爲時人所稱脩之悲不得言直視良久乃長歎曰嗚

呼自此一不復反初荒人去來言脩之勸誘燾侵邊并教燾以中國禮制太祖甚疑責之脩之後得還具相申理上意乃釋脩之在虜中多畜妻妾男女甚多元嘉二十三年死於虜中時年七十二元矯歷宛陵江乘溧陽令

傅弘之字仲度北地泥陽人傅氏舊屬靈州漢末郡境爲虜所侵失土寄寓馮翊置泥陽富平二縣靈州廢不立故傅氏悉屬泥陽晉武帝太康三年復立靈州縣傅氏還屬靈州弘之高祖晉司徒祗後封靈州公不欲封本縣故祗一門還復泥陽曾祖暢祕書丞沒胡生子洪晉穆帝永和中胡亂得還洪生韶梁州刺史散騎常侍韶生弘之少倜儻有大志爲本州主簿舉秀才不行桓玄將篡新野人庾仄起兵於南陽襲雍州刺史馮該該走弘之時在江陵與仄兄子彬謀殺荊州刺史桓石康以荊州刺史應仄彬從弟宏知其謀以告石康石康收彬殺之繫弘之於獄桓玄以弘之非造謀又白衣無兵衆原不罪義旗

建輔國將軍道規以爲參軍寧遠將軍魏興太守盧循作亂桓石綏自洛甲口自號荊州刺史徵陽令王天恩自號梁州刺史襲西城時韶爲梁州遣弘之討石綏等並斬之除太尉行參軍從征司馬休之署後部賊曹仍爲建威將軍順陽太守高祖北伐弘之與扶風太守沈田子等七軍自武關入偽上洛太守　脫奔走進據藍田招懷戎晉晉人龐斌之戴養胡人康橫等各率部落歸化弘之素善騎乘高祖至長安弘之於姚泓

馳道內緩服戲馬或馳或驟往反二十里中甚有姿制羌胡聚觀者數千人竝驚惋歎息初上馬以馬鞭柄策撾致兩股內及下馬柄孔猶存進爲桂陽公義眞雍州治中從事史除西戎司馬寧朔將軍略陽太守徐師高反叛弘之討平之高祖歸後佛佛偽太子赫連璝率衆三萬襲長安弘之又領步騎五千於池陽大破之殺傷甚衆璝又抄掠渭南弘之又於寡婦人渡破璝獲賊三百掠七千餘口又義眞東歸佛佛傾國

追躡於青泥大戰弘之身貫甲冑氣冠三軍軍敗陷沒佛佛逼令降弘之不爲屈時天寒裸弘之弘之叫罵見殺時年四十二

史臣曰三代之隆畿服有品東漸西被無遺遐荒及漢氏闢土通譯四方風教淺深優劣已遠晉室播遷來宅揚越關朔遙阻隴汧遐荒區甸分其內外山河判其表裏而羌戎雜合久絕聲教固宜待以荒服羈縻而已也若其懷道畏威奉王受職則通以書軌班以王規若負其岨遠屈彊邊壘則岠險閉關御其寇暴桓溫一世英人志移晉鼎自非兵屈西湖戰衄枋頭則光宅之運中季允集高祖無周世累仁之基欲力征以君四海實須外積武功以收天下人望止欲挂旆龍門折衝冀趙跨功桓氏取高昔人地未闢於東晉威獨振於江南然後可以變國情慝民志撫歸運而膺寶策豈不知秦川不足供養百二難以傳後哉至舉咸陽而棄之非失算也此四將藉歸衆難固之情巳至於俱陷爲不幸

矣

列傳第八

列傳第九　　宋書四十九

沈約新撰

孫處

蒯恩

劉鍾

虞丘進

孫處字季高會稽永興人也籍注季高故字行於世少任氣高祖東征孫恩季高義樂隨高祖平定京邑以爲振武將軍封新夷縣五等侯廣固之役先登有功盧循之難於石頭扞柵戍越城查浦破賊於新亭高祖謂季高曰此賊行破應先傾其巢窟令奔走之日無所歸投非卿莫能濟事遣季高率衆三千汎海襲番禺初賊不以海道爲防季高至東衝去城十餘里城内猶未知循守戰士猶有數千人城池甚固季高先焚舟艦悉力登岸會天大霧四面陵城即日克拔循父擬長史孫建之司馬虞旺夫等輕舟奔始興即分遣振武將軍沈田子等討平始興南康臨賀始安嶺表諸郡循於左里奔走而衆力猶盛自嶺道還襲廣州季高距戰二十餘日循乃破走所殺萬餘人追奔至鬱林會病不得窮討循遂得走向交州義熙七年四月季高卒於晉康時年五十三追贈龍驤將軍南海太守封侯官縣侯食邑千户九年高祖念季高之功乃表曰孫季高嶺南之勲已蒙褒贈臣更思惟盧循稔惡一紀據有全成若令根本未拔投奔有所招合餘燼猶能爲虞縣師遠討方勤廟算而季高汎海萬里投命洪流波激電邁指日遄至遂奄定南海覆其巢窟使循進退靡依輕舟遠迸曾不旬月妖凶殲殄蕩滌之功實庸爲大往年所贈猶爲未優愚謂宜更贈一州即其本號庶令忠勲不湮勞臣增厲重贈交州刺史將軍如故子宗世卒子欽公嗣欽公卒子彦祖嗣齊受禪國除

蒯恩字道恩蘭陵承人也高祖征孫恩縣差爲征民充乙士使伐馬芻恩常負大束兼倍餘人

毎捨芻於地歎曰大丈夫彎弓三石柰何充馬
士高祖聞之即給器仗恩大喜自征妖賊常為
先登多斬首級既習戰陣膽力過人誠心忠謹
未嘗有過失甚見愛信於婁縣戰箭中左目
從平京城進定京邑以寧遠將軍領幢隨振武
將軍道規西討虜桓仙客克偃月壘遂平江
陵義熙二年賊張堅據應城及恩擊破之封都
鄉侯從伐廣固又有戰功盧循逼京邑恩戰于
查浦賊退走與王仲德等追破循別將范宗民

於南陵循既走還廣州恩又領千餘人隨劉藩
追徐道覆於始興斬之遷龍驤將軍蘭陵太守
高祖西征劉毅恩與王鎮惡輕軍襲江陵事在
鎮惡傳以本官為太尉長兼行參軍領衆二千
隨益州刺史朱齡石伐蜀至彭模恩所領居前
大戰自朝至日昃勇氣益奮賊破走進平成都
擢為行參軍改封北至縣五等男高祖伐司馬
休之及魯宗之恩與建威將軍徐逵之前進逵
之敗沒恩陳于隄下宗之子軌乘勝擊恩矢下

如雨呼聲震地恩整厲將士置陣堅嚴軌屢衝
之不動知不可攻乃退高祖善其能將軍持重江
陵平定復追魯軌於石城軌棄城走恩追至襄
陽宗之奔羌恩與諸將追討至魯陽關乃還
恩自從征討每有危急輒率先諸將常陷堅破
陣不避艱嶮凡百餘戰身被重瘡高祖録其前
後功勞封新寧縣男食邑五百戶高祖世子為
征虜將軍恩以大府佐領中兵參軍隨府轉中
兵參軍高祖北伐留恩侍衛世子命朝士與之

交恩益自謙損與人語常呼位官而自稱為鄙
人撫待士卒甚有紀綱衆咸親附之遷諮議參
軍轉輔國將軍淮陵太守世子開府又為從事
中郎轉司馬將軍太守如故入關迎桂陽公義
真義真還至青泥為佛佛虜所追恩斷後力
戰連日義真前軍奔散恩軍人亦盡為虜所
執死於虜中子國才嗣國才卒子慧度嗣慧
度卒無子國除
劉鍾字世之彭城彭城人也少孤依鄉人中山

太守劉回共居幼有志力常慷慨於貧賤隆安四年高祖伐孫恩鍾願從餘姚浹口攻句章海鹽婁縣皆摧堅陷陣每有戰功爲劉牢之鎮北參軍督護高祖每有戎事鍾不辭艱劇專心盡力甚見愛信義旗將建高祖版鍾爲郡主簿明日從入京城將向京邑高祖命曰預是彭沛鄉人赴義者並可依劉主簿於是立爲義隊恒在左右通戰皆捷明日桓謙屯于東陵卞範之屯覆舟山西高祖疑賊有伏兵顧視左右正見鍾

謂之曰此山下當有伏兵卿可率部下稍往撲之鍾應聲馳進果有伏兵數百一時奔走桓玄西奔其夕高祖止桓謙故營遣鍾宿據東府轉鎮軍參軍督護桓歆寇歷陽遣鍾助豫州刺史魏詠之討之歆即奔迸除南齊國內史封安縣五等侯自陳情事改葬父祖及親屬十喪高祖厚加資給轉騎長史兼行參軍司馬叔璠與彭城劉謐劉懷玉等自蕃城攻鄒山魯郡太守徐邕失守鍾率軍討平之從征廣固孟龍符

陷没鍾率左右直入取其尸而反除振武將軍中兵參軍代龍符領廣川太守盧循逼京邑徐赤軍違處分敗于南岸鍾率麾下距柵身被重創賊不得入循南走鍾與輔國將軍王仲德追之循先留別帥范宗民以精兵高艦據南陵夾屯兩岸鍾自行覘賊天霧賊鉤得其舸鍾因率左右攻戶賊遽閉戶距之鍾乃徐還與仲德攻崇民崇民敗走鍾追討百里燒其船乘又隨劉藩追徐道覆於始興斬之補太尉行參軍寧

朔將軍下邳太守代孟懷玉領石頭戍事高祖討劉毅鍾率軍繼王鎮惡江陵平定仍隨朱齡石伐蜀爲前鋒由外水至于彭模去成都二百里僞冠軍征討督護譙充等兩岸連營曾樓重柵衆號三萬鍾于時脚疾不能行齡石乃詣鍾謀曰今天時盛熱而賊嚴兵固險攻之未必可拔祇增疲困計其人情恇撓必不久安且欲養鋭息兵以伺其隙隙而乘之乃可捷事然決機兩陳公本有所委卿意謂何鍾曰不然前揚聲

言大衆向内水護道福不敢舍涪城今重軍卒至出其不意蜀人已破膽矣賊今阻兵守險是其懼不敢戰非能持久堅守也因其兇懼盡銳攻之其勢必克鼓行而進成都必不能守矣今若緩兵相守彼將知人虛實涪軍忽并來力距我人情既安良將又集此求戰不獲軍食無資當爲蜀子虜耳齡石從之明日進攻陷其二城斬其大將侯輝譙詵遂平成都以廣固功封永新縣男食邑五百戶遷給事中太尉參軍事龍

驤將軍高陽內史領石頭戍事高祖討司馬休之前軍將軍道憐留鎮東府領屯兵治亭羣盜數百夜襲鍾壘距擊破之時大軍外討京邑擾懼鍾以不能鎮遏降號建威將軍平蜀功應封四百戶男以先有封爵減戶以賜次子敬順高昌縣男食邑百戶尋復本號龍驤將軍十二年高祖北伐復留鎮居守增其兵力又命府置佐史荆州刺史道憐獻名馬三匹并精麗乘具高祖悉以賜

鍾三子十四年遷右衛將軍龍驤將軍如故元熙元年卒時年四十三子敬義嗣敬義官至馬頭太守卒子國重嗣齊受禪國除鍾次子高昌男敬順卒子國須嗣須卒無子國除

虞丘進字豫之東海郯人也少時隨謝玄討苻堅有功封關內侯隆安中從高祖征孫恩戍句章城被圍數十日無日不戰身被數瘡至餘姚呵浦破賊張驃追至海鹽故治及婁縣於蒲濤口與孫恩水戰又被重瘡追恩至鬱州又至石鹿

頭還海鹽大柱瀆戰有功元興元年又從高祖東征臨海於石步固與盧循相守二十餘日二年又從高祖至東陽破徐道覆其年又至臨松穴破賊追至永嘉千江又至安固累戰皆有功三年從平京城定京邑除燕國內史義熙二年除龍驤將軍封龍川縣五等侯從高祖伐廣固於臨朐破賊盧循逼京邑孟昶諸葛長民等建議奉天子過江進廷議不可面折昶等高祖甚嘉之獻計伐樹樹柵石頭除鄱陽太守將軍如故統

馬步十八隊於東道出鄱陽至五畝嶠循遣將英糾
爲上饒令千餘人守故城進攻破之循又遣童敵
之爲鄱陽太守據郡進從餘干步道趣鄱陽敵
之退走追破之斬首數百復隨劉藩至始興討
斬徐道覆八年除寧蠻護軍尋陽太守領文武
二年從征劉毅事平補太尉行參軍尋加振威
將軍九年以前後功封望蔡縣男食邑五百戶
加龍驤將軍討司馬休之又有戰功軍還除輔
國將軍山陽太守宋臺令書除秦郡太守督

陳留郡事將軍如故元熙二年宋王令書以爲高
祖第四子義康右將軍司馬永初二年遷太子右
衛率明年卒官時年六十追論討司馬休之功進
爵爲子增邑三百戶子耕嗣耕卒子龔祖嗣龔
祖卒世寶嗣齊受禪國除

史臣曰詩云無言不訓無德不報此諸將並起自
豎夫出於皁隸芻牧之下徒以心一乎主故能
奮其鱗翼至於推鋒轉戰百死而不顧一生蓋
由其心一也遂饗封侯之報詩人之言信矣

列傳第九　宋書四十九

臣沈　約　新撰

胡藩
劉康祖
垣護之
張興世

胡藩字道序豫章南昌人也祖隨散騎常侍父仲任治書侍御史藩少孤居喪以毀稱太守韓伯見謂藩叔尚書少廣曰卿此姪當以義烈成名州府辟召不就須二弟冠婚畢乃參郗恢征虜軍事時殷仲堪爲荆州刺史藩外兄羅企生爲仲堪參軍藩請假還過江陵省企生仲堪要藩相見接待甚厚藩因說仲堪曰桓玄意趣不常每怏怏於失職節下崇待太過非將來之計也仲堪色不悅藩退而謂企生曰倒戈授人必至之禍若不早規去就後悔無及玄自夏口襲仲堪藩參玄後軍軍事仲堪敗企生果以附從及禍藩轉參太尉將軍相國軍事義旗起玄戰敗將

出奔藩於南掖門捉玄馬控曰今羽林射手猶有八百皆是義故西人一旦捨此欲歸可復得乎玄直以馬鞭指天而已於是奔散相失追及玄於蕪湖玄見藩喜謂張須無曰卿州故爲多士今乃復見王叔治桑落之戰藩艦被燒全鎧入水潛行三十許步方得登岸義軍既迫不復得西乃還家高祖素聞藩直言於殷氏又爲玄盡節召爲員外散騎侍郎參軍軍事從征鮮卑賊屯聚臨朐藩言於高祖曰賊屯軍城外留守必寡今往取其城而斬其旗幟此韓信所以克趙也高祖乃遣檀韶與藩等潛往既至即克其城賊見城陷一時奔走還保廣固累月將拔之夜佐史並集忽有鳥大如鵝蒼黑色飛入高祖帳裏皆駭愕以爲不祥藩起賀曰蒼黑者胡虜之色胡虜歸我大吉之祥也明旦攻城陷之從討盧循於左里頻戰有功封吴平縣五等子除正員郎尋轉寧遠將軍鄱陽太守從伐劉毅毅初當之荆州表求東道還京辭墓去都數十

里不過拜闕高祖出倪塘會之藩勸於坐殺毅高祖不從至是謂藩曰昔從卿倪塘之謀無今舉也又從司馬休之復爲參軍加建武將軍領游軍於江津徐逵之敗没高祖怒甚即日於馬頭岸渡江而江津岸峭壁立數丈休之臨岸置陣無由可登高祖呼藩令上藩有疑色高祖奮怒命左右録來欲斬之藩不受命顧曰藩寧前死耳以刀頭穿岸劣容脚指於是徑上隨之者稍多既得登岸殊死戰賊不能當引退因而乘

之一時奔散高祖伐羌假藩寧朔將軍參太尉軍事統別軍至河東暴風漂藩重艦渡北岸索虜牽得此艦取其器物藩氣厲心憤率左右十二人乘小船逕往河北賊騎五六百見藩來並笑之藩素善射登岸射賊應弦而倒者十許人賊皆奔退悉收所失而反又遣藩及朱超石等追索虜於平城虜騎數重藩及超石所領皆割配新軍不盈五千率厲力戰大破之又與超石等擊姚業於蒲坂超石失利退還藩收超石所

捨資實徐行而及業不敢追高祖還彭城參相國軍事時盧循餘黨與蘇淫賊大相聚結以爲始興相論平司馬休之及廣固功封陽山縣男食邑五百戶少帝景平元年坐守東府開掖門免官尋復其職四年遷建武將軍江夏內史七年徵爲游擊將軍到彦之北伐南兖州刺史長沙王義欣進據彭城藩出戍廣陵行府州事轉太子左衛率十年卒時年六十二謚曰壯侯子隆世嗣官至西陽太守隆世卒子乾秀嗣藩庶

子六十人多不遵法度藩第十四子遵世爲臧質寧遠參軍去職還家與孔熙先同逆謀太祖以藩功臣不欲顯其事使江州以他事收殺之二十四年藩第十六子誕世第十七子茂世率羣從二百餘人攻破郡縣殺太守桓隆之令諸葛和之欲奉庶人義康值交州刺史檀和之至豫章討平之誕世兄車騎參軍新興太守景世景世弟寶世詣廷尉歸罪並徙遠州乾秀奪國世祖初徙者並得還

劉康祖彭城呂人世居京口伯父簡之有志幹爲高祖所知高祖將謀興復收集才力之士嘗再造簡之値有賓客簡之悟其意謂弟虔之曰劉下邳頻再來必當有意既不得共語汝可試往見之既至高祖已克京城虔之即便投義簡之聞之殺耕牛會聚徒衆率以赴高祖簡之歷官至通直常侍少府太尉咨議參軍簡之弟謙之好學撰晉紀二十卷義熙末爲始興相東海人徐道期流寓廣州無士行爲僑舊所陵侮因

刺史謝欣死合率羣不逞之徒作亂攻没州城殺士庶素憾者百餘傾府庫招集亡命出攻始興謙之破走之進平廣州誅其黨與仍行州事即以爲振威將軍廣州刺史後爲太中大夫虔之誕節不營産業輕財好施高祖西征司馬休之魯宗之等遣參軍檀道濟朱超石步騎出襄陽虔之時爲江夏相率府郡兵力出溳城屯三連立橋聚糧以待道濟等積日不至爲宗之子軌所襲衆寡不敵參軍孫長庸流涕勸還軍虔之厲色曰我仗順伐罪理無不克如其不幸命也戰敗見殺追贈梁秦二州刺史封新康縣男食邑五百户康祖虔之子也襲封爲長沙王義欣鎭軍參軍轉員外散騎侍郎便弓馬膂力絶人在閭里不治士業以浮蕩蒱酒爲事每犯法爲郡縣所録輒越屋踰牆莫之能禽夜入人家爲有司所圍守康祖突圍而去並莫敢追因夜還京口半夕便至明旦守門詣府州要職俄而建康移書録之府州執事者並證康祖其夕在京

口遂見無恙前後屢被糾劾太祖以勳臣子每原貸之爲員外郎十年再坐樗蒱戲免轉太子左積弩將軍隨射聲校尉裴方明西征仇池與方明同下廷尉康祖免官頃之世祖爲豫州刺史鎭歷陽以康祖爲征虜中兵參軍既被委任折節自脩轉太子翊軍校尉久之遷南平王鑠安蠻府司馬元嘉二十七年春索虜托拔燾親率大衆攻圍汝南太祖遣諸軍救援康祖總統爲前驅軍次新蔡與虜戰俱前百餘里濟融水

虜衆大至奮擊破之斬僞殿中尚書任城公乞地真去縣鈲四十里燾燒營遁走轉左軍將軍太祖欲大舉北伐康祖以歲月已晚請待明年上以河北義徒並起若頓兵一周沮向義之志不許其年秋蕭斌王玄謨沈慶之等入河康祖率豫州軍出許洛玄謨等敗歸虜引大衆南度南平王鑠在壽陽上虞爲所圍召康祖速反康祖回軍未至壽陽數十里會虜永昌王庫仁眞以長安之衆八萬騎與康祖相及於尉武康祖

凡有八千人軍副胡盛之欲附山依險閒行取至康祖怒曰吾受命本朝清蕩河洛寇今自送不復遠勞王師犬羊雖多實易摧滅吾兵精器練去壽陽裁數十里援軍尋至亦何患而乃結軍營而進虜四面來攻大戰一日一夜殺虜塡積虜分衆爲三且休且戰以騎負草燒車營康祖率厲將士無不一當百虜死者太半會矢中頸死於是大敗舉營淪覆爲虜所殺盡自免者裁數十人虜傳康祖首示彭城面如生胡盛之

爲虜生禽托跋燾寵之常在左右盛之有勇力初爲長沙王義欣鎭軍參軍督護討劫譙郡縣西劫有馬步七十逃隱深榛盛之挺身獨進手斬五十八級二十八年詔曰康祖班師尉武戎律靡忒對衆以寡殲殄太半猛氣雲騰志申力屈没世徇節良可嘉悼宜加甄寵以旌忠烈可贈益州刺史謚曰壯男傳國至齊受禪國除

垣護之字彥宗略陽桓道人也祖敞仕苻氏爲長樂國郎中令慕容德入靑州以敞爲車騎長

史德兄子超襲僞位伯父遵父苗復見委任遵爲尙書苗京兆太守高祖圍廣固遵苗踰城歸降並以爲太尉行參軍太祖元嘉中遵爲員外散騎常侍苗屯騎校尉護之少倜儻不拘小節形狀短陋而氣幹彊果從高祖征司馬休之爲世子中軍府長史兼行參軍永初中補奉朝請元嘉初爲殿中將軍隨到彥之北伐彥之將回師護之爲書諫曰外聞節下欲回師反旆竊所不同何者殘虜畏威望風奔迸八載侵地不戰克復

方當長驅朔漠窮掃遺醜況乃自送無假遠勞宜使竺靈秀速進滑臺助朱脩之固守節下大軍進擬河北則牢洛遊魂自然奔退且昔人有連年攻戰失衆乏糧者猶張膽爭前莫肯輕退況今青州豐穰濟漕流通士馬飽逸威力無損若空棄滑臺坐喪成業豈是朝廷受任之旨彦之不納散敗而歸太祖聞而善之以補江夏王義恭征北行參軍北高平太守以戴禁物繫尚方久之蒙宥又補衡陽王義季征北長流參軍遷宣威將軍鍾

離太守隨王玄謨入河玄謨攻滑臺護之百舸爲前鋒進據石濟石濟在滑臺西南百二十里及虜救至又馳書勸玄謨急攻曰昔武皇攻廣固死沒者亦衆況事殊曩日豈得計士衆傷疲願以屠城爲急不從玄謨敗退不暇報護之護之聞知而虜悉已牽玄謨水軍大艚連以鐵鏁三重斷河欲以絕護之路河水迅急護之中流而下每至鐵鏁以長柯斧斷之虜不能禁唯失一舸餘舸並全留戍靡溝城還爲江夏王義恭驃騎戶曹

參軍戍淮陰加建武將軍領濟北太守率二千人復隨張永攻碻磝先據委粟津虜壯道儁與僞尚書伏連來援碻磝護之拒之賊因引軍東去蕭思話遣護之迎軍至梁山僞尚書韓元興率精騎卒至護之依險拒戰斬其都軍長史甲首數十賊乃退思話將引還誑護之云沈慶之救軍垂至可急於濟口立橋護之揣知其意即分遣白丁思話復令度河戍乞活堡以防衆軍三十年春太祖崩還屯歷下聞世祖入討率所領

馳赴上嘉之以爲督冀州之濟南樂安太原三郡諸軍事寧遠將軍冀州刺史孝建元年南郡王義宣反兗州刺史徐遺寶護之妻弟也遠相連結與護之書勸使同逆護之馳使以聞遺寶時戍湖陸護之留子恭祖守歷城自率步騎襲遺寶道經鄒山破其別戍未至湖陸六十里遺寶焚城西走兗土既定徵爲游擊將軍隨沈慶之等擊魯爽加輔國將軍義宣率大衆至梁山與王玄謨相持柳元景率護之及護之弟詢之柳叔

仁鄭琨等諸軍出鎮新亭玄謨見賊強盛遣司
馬管法濟求救甚急上遣元景等進據南州護
之水軍先發賊遣將龐法起率衆襲姑孰適值
護之鄭琨等至奮擊大破之斬獲及投水死略
盡玄謨馳信告元景曰西城不守唯餘東城衆寡
相懸請退還姑孰更議進取元景不許將悉衆赴
救護之勸分軍援之元景然其計乃以精兵配護
之赴梁山及戰護之見賊以舟艦累水謂玄謨曰
今當以火平之即使隊主張談等燒賊艦風猛

水急賊軍以此奔散梁山平護之率軍追討會
朱脩之以平江陵至尋陽詔還遷督徐兗二州豫
州之梁郡諸軍事寧朔將軍徐州刺史封益陽
縣侯食邑千戶弟詢之驍果有氣力元凶夙聞
其名以副輔國將軍張柬時張超首行大逆亦
領軍隸柬詢之規殺之慮柬宿有此志又測詢
之同否互相觀察會超來論事柬色動詢之覺
之即共定謀遣信召超超疑之不至改宿他所詢
之不知其移逕斫之殺其僕於牀因與柬南奔

柬溺淮死詢之得至時世祖已即位以爲積弩將
軍梁山之役力戰爲流矢所中死追贈冀州刺
史二年護之坐論功挾私免官復爲游擊將軍
俄遷大司馬輔國將軍領南東海太守未拜復
督青冀二州諸軍事寧遠將軍青冀二州刺史
鎮歷城明年進號寧朔將軍進督徐州之東莞
二郡軍事世祖以歷下要害欲移青州并
鎮歷城議者多異護之曰青州北有河濟又多
陂澤非虜所向每來寇掠必由歷城二州并鎮

此經遠之略也北又近河歸順者易近息民患
遠申王威安邊之上計也由是遂定大明二年
徵爲右衛將軍還於道聞司空竟陵王誕於廣
陵反叛護之即率部曲受車騎大將軍沈慶之
節度事平轉西陽王子尚撫軍司馬臨淮太守
明年出爲使持節督豫司二州諸軍事輔國將
軍豫州刺史淮南太守復隸沈慶之伐西陽蠻
護之所莅多聚斂贓貨充積七年坐下獄免官
明年復起爲太中大夫未拜其年卒時年七十

諡曰壯矦前廢帝永光元季追贈冠軍將軍豫州刺史子承祖嗣承祖卒子顯宗嗣齊受禪國除護之次子恭祖勇果有父風太宗泰始初以軍功爲梁南秦二州刺史導子閬元嘉中爲員外散騎侍郎母墓爲東阿寺道人曇洛等所發閬與弟殿中將軍闞共殺曇洛等五人詣官歸辠見原閬大明三季自義興太守爲寧朔將軍兖州刺史爲竟陵王誕所殺追贈征虜將軍刺史如故閬順帝昇明末右衛將軍

張興世字文德竟陵竟陵人也本單名世太宗益爲興世少時家貧南郡宗珍之爲竟陵郡興世依之爲客竟陵舊置軍府以補參軍督護不就白衣隨王玄謨伐蠻每戰輒有禽獲玄謨舊部曲諸將不及也甚奇之興世還都白太祖稱其膽力後隨世祖鎮尋陽以補南中參軍督護入討元凶隸柳元景爲前鋒事定轉員外將軍領從隊南郡王義宣反又隨玄謨出梁山有戰功除建平王宏中軍行參軍領長刀又隸西平

王子尚爲直衛坐從子尚入臺棄仗游走下獄免官復以白衣充直衛大明末除員外散騎侍郎仍除宣威將軍隨郡太守未行太宗即位四方反叛進興世號龍驤將軍領水軍距南賊於赭圻築二城於湖口僞龍驤將軍陳慶領舸於前爲游軍興世率龍驤將軍佼長生董凱之攻克二城因擊慶慶戰大敗投水死者數千人時臺軍據赭圻南賊屯鵲尾相持久不決興世建議曰賊據上流兵彊地勝我今雖相持有餘而

制敵不足今若以兵數千潛出其上因險自固隨宜斷截使其首尾周遑進退疑沮中流一梗糧運自艱制賊之奇莫過於此沈攸之吳喜竝贊其計時豫州刺史殷琰之據壽陽同逆爲劉勔所攻南賊遣龐孟虬率軍助琰劉勔遣信求援甚急建安王休仁欲遣興世救之問沈攸之攸之曰孟虬蟻寇必無能爲遣別將馬步數千足以相制若有意外且以江西餌之上流若據不憂不殄興世之行是安危大機必不可輟乃

遣段佛榮等援動與世欲率所領直取大雷而軍旅未集不足分張會薛索兒平定太宗使張永以步騎五千留戍盱眙餘衆二萬人悉遣南討山陽又尋平徽阮佃夫所領諸軍悉還南伐衆軍大集乃分戰士七千配與世與世乃令輕舸泝流而上旋復回還一二日中輒復如此使賊不爲之備劉胡聞與世欲上笑之曰我尚不敢越彼下取揚州張興世何物人欲輕據我上與世謂攸之等曰上流唯有錢谿可據地既險

要江又甚狹去大衆不遠應赴無難江有洄洑船下必來泊岸有橫浦可以藏船舸二三爲宜乃夜渡湖口至散頭因復回下疑之其夜四更值風仍舉颿直前賊亦遣胡靈秀諸軍於東岸相翼而上與世夕住景江浦宿賊亦不進夜潛遣黄道標領七十舸徑據錢谿營立城柴明旦興世與軍齊集停一宿劉胡自領水步二十六軍平旦來攻將士欲迎擊之興世禁曰賊來尚遠而氣盛矢驟驟既力盡盛亦易衰此曹劌之

所以破齊也令將士不得妄動治城如故俄而賊來轉近舫入洄洑興世乃命壽寂之任農夫率壯士數百擊之衆軍相繼進胡於是敗走斬級數百投水者甚衆胡收軍而下時興世城壘未固司徒建安王休仁慮賊并力更攻錢谿欲分其形勢命沈攸之吳喜佼長生劉靈遺等以皮艦二十攻賊濃湖苦戰連日斬獲千數是日劉胡果率衆軍欲更攻興世未至錢谿數十里袁顗以濃湖之急遽追之錢溪城柴由此得立賊

連戰轉敗與世又遏其糧道尋陽遣運至南陵不敢下賊衆漸饑劉胡乃遣顗安北府司馬僞右軍沈仲玉領千人步取南陵迎接糧運仲玉至南陵領米三十萬斛錢布數十舫豎榜爲城規欲突過行至貴口不敢進遣間信報胡令遣重軍援接與世壽寂之任農夫李安民等三千人至賁口擊之與仲玉相值交戰盡日仲玉走還顗營悉虜其資實賊衆大敗震胡棄軍遁走顗仍亦奔散與世率軍追討與吳喜共平

江陵遷左軍將軍尋爲督豫司二州南豫州六郡諸軍事封作唐縣侯食邑千戶徵爲游擊將軍海道北伐假輔國將軍加節置佐無功而還四年遷太子右衞率又以本官領驍騎將軍與左衞將軍沈攸之參員置五年轉左衞將軍六年中領軍劉勔當鎭廣陵興世權兼領軍泰豫元年爲持節督雍梁南北秦郢州之竟陵隨二郡諸軍事冠軍將軍雍州刺史尋加寧蠻校尉

桂陽王休範反興世遣軍赴朝廷未發而事平進號征虜將軍廢帝元徽三年徵爲通直散騎常侍左衞將軍五年以疾病徙光祿大夫常侍如故順帝昇明二年卒時年五十九追贈本官興世居臨沔水沔水自襄陽以下至于九江二千里中先無洲嶼興世初生當其門前水中一旦忽生洲年年漸大及至興世爲方伯而洲上遂十餘頃父仲子由興世致位給事興世欲將往襄陽愛戀鄉里不肯去嘗謂興世我雖田舍老公樂聞鼓角可送一部行田時吹之興世素恭謹畏法憲譬之曰此是太子鼓角非田舍老公所吹興世欲拜墓仲子謂曰汝衞從太多先人必當驚怖興世減撤而後行興世子欣業當嗣封會齊受禪國除

史臣曰兵固詭道勝在用奇當二帝爭雄天人之分未決南北連兵相距而不得進者半歲矣蓋乃趙壁拔幟之機官度潛師之日至於鵲浦投戈實興世用奇之力也建旆垂組豈徒然哉

列傳第十 宋書五十

列傳第十一　　宋書五十一

臣沈　約　新撰

宗室

長沙景王道憐高祖中弟也初爲國子學生謝琰爲徐州命爲從事史高祖克京城進平京邑道憐常留家侍慰太后桓玄死大將軍武陵王遵承制除員外散騎侍郎尋遷建威將軍南彭城内史時北青州刺史劉該反引索虜爲援清河陽平二郡太守孫全聚衆應之義熙元年索虜托跋開遣僞豫州刺史索度眞大將軍斛斯蘭寇徐州攻相縣執鉅鹿太守賀申進圍寧朔將軍羊穆之於彭城穆之告急道憐率衆救之軍次陵柵斬全進至彭城眞蘭退走道憐率寧孟龍驤將軍孔隆及穆之等追眞蘭走奔相城又追躡至光水溝斬劉該虜衆見殺及赴水死略盡高祖鎭京口進道憐號龍驤將軍又領堂邑太守戍石頭明年加使持節監征蜀諸軍事率冠軍將軍劉敬宣等伐譙縱而文處茂温祚

據險不得進故不果行以義勳封新興縣五等侯四年代諸葛長民爲并州刺史義昌太守將軍内史如故循戍石頭時鮮卑侵逼自彭城以南民皆保聚山陽淮陰諸戍竝不復立道憐請據彭城以漸脩翔朝議以彭城縣遠使鎭山陽進號征虜將軍督淮北軍郡事北東海太守并州刺史義昌太守如故以破索度眞功封新淦縣男食邑五百户從高祖征廣固常爲軍鋒及城陷慕容超將親兵突圍走道憐所部獲之加使持節進號左將軍七年解并州加北徐州刺史移鎭彭城八年高祖伐劉毅徵爲都督兖青二州晉陵京口淮南諸軍郡事兖青州刺史持節將軍太守如故還鎭京口九年甲仗五十人入殿以廣固功改封竟陵縣公食邑千户減先封户邑之半以賜次子義宗十一年進號中軍將軍加散騎常侍給鼓吹一部明年討司馬休之道憐監留府事甲仗百人入殿江陵平以爲都督荆湘益秦寧梁雍七州諸軍驃騎將軍

開府儀同三司鎮護南蠻校尉荆州刺史持節常侍如故北府文武悉配之道憐素無才能言音甚楚舉止施爲多諸鄙拙高祖雖遣將軍佐輔之而貪縱過甚畜聚財貨常若不足去鎮之日府庫爲之空虛高祖平定三秦方思外略徵道憐還爲侍中都督徐兖青三州揚州之晉陵諸軍事守尚書令徐兖二州刺史持節將軍如故元興元年解尚書令進位司空出鎮京口高祖受命進位太尉封長沙王食邑五千戶持節侍

中都督刺史如故永初二年朝正入住殿省先是廬陵王義眞爲揚州刺史太后謂上曰道憐汝布衣兄弟故宜爲揚州上曰寄奴於道憐豈有所惜揚州根本所寄事務至多非道憐所了太后曰道憐年出五十豈當不如汝十歲兒邪上曰車士雖爲刺史事無大小悉由寄奴道憐年長不親其事於聽望不足太后乃無言車士義眞小字也三年春高祖不豫加班劒三十人時道憐入朝留司馬陸仲元居守刀逵子彌爲

亡命率數十人入京城仲元擊斬之先是府史陳𢡟告彌有異謀至是賜錢二十萬除縣令五月宮車晏駕道憐疾患不堪臨喪六月薨年二十五追贈太傅持節侍中都督刺史如故祭禮依晉太宰安平王故事鸞輅九旒黃屋左纛轀輬輓歌二部前後部羽葆鼓吹虎賁班劒百人太祖元嘉九年詔曰古者明王經國司勳有典平章以馭德刑班瑞以疇功烈銘徽庸於鼎彝配祫祀於清廟是以從饗先王義存商

誥祭於大蒸禮著周典自漢迄晉世崇其文王猷既昭幽顯咸秩先皇經緯天地撥亂受終駿命爰集光宅區宇雖聖明淵運三靈允協抑亦股肱翼亮之勤祈父宣力之効故使持節侍中都督南徐兖二州揚州之晉陵京口諸軍事太傅南徐兖二州刺史長沙景王故侍中大司馬臨川烈武王故司徒南康文宣公穆之侍中衛將軍開府儀同三司録尚書事揚州刺史華容縣開國公弘使持節散騎常侍都督江州豫

州西陽新蔡晉熙四郡軍事征南大將軍開府儀同三司江州刺史永脩縣開國公道濟故將軍青州刺史龍陽縣開國矦鎮惡或履道廣流秉德沖邈或雅量高劭風鑒明遠或識唯知正才略開邁咸文德以熙帝載武功以隆景業固以侔蹤姬旦方軌伊邵者矣朕以寡德纂戎鴻緒每惟道勳思遵令典而太常未銘從祀尚闕鑒寐欽屬永言深懷便宜敬是前式憲茲嘉禮勒功天府配祭廟庭俾示徽章垂美長世茂績遠

猷永傳不朽道憐六子義欣義慶義融義宗義賓義綦義欣嗣爲員外散騎侍郎不拜歷中領軍征虜將軍青州刺史魏郡太守將軍如故戍石頭元嘉元年進號後將軍加散騎常侍三年以本號爲南兖州刺史七年到彦之率大衆入河義欣進彭城爲衆軍聲援彦之退敗青齊搔擾將佐慮寇大至勸義欣委鎮還都義欣堅志不動遷使持節監豫司雍并四州諸軍豫州刺史將軍如故給鼓吹一部鎮壽陽于時土境荒

毀人民彫散城郭頹敗盜賊公行義欣綱維補緝隨宜經理劫盜所經立討誅之制境内畏服道不拾遺城府庫藏並皆完實遂爲盛藩彊鎮時淮西江北長吏悉叙勞人武夫多無政術義欣陳之曰江淮左右土瘠民疎頃年以來荐飢相襲百城彫弊於今爲甚綏牧之宜必俟良吏勞人武士不經政術統内官長多非才授東南殷實猶或簡能況賓接荒垂而可輯槩頓闕願勅選部必使任得其人庶得不勞而治芍陂良田萬

餘頃堤堨久壞秋夏常苦旱義欣遣諮議參軍殷肅循行脩理有舊溝引淠水入陂不治積久樹木榛塞肅伐木開榛水得通注旱患由是得除十年進號鎮軍將軍進監爲都督十一年夏入朝太祖厚加恩禮十六年薨時年三十六追贈散騎常侍征西將軍開府儀同三司持節都督刺史如故謚曰成王子悼王瑾字彦瑜官至太子屯騎校尉三十年爲元凶所殺世祖即位追贈散騎常侍子槩早夭槩弟纂字元績嗣

官至步兵校尉順帝昇明三年薨會齊受禪國除
瑾弟祗字彥期大明中爲中書郎太宰江夏王義恭
領中書監服親不得相臨表求解職世祖詔曰昔二王
兩謝俱至崇禮自今三臺五省悉同此例太宗初爲
南兗州刺史都官尚書謀應晉安王子勛爲逆伏誅
祗弟楷祕書郎爲元凶所殺追贈通直郎楷弟瞻晉
安太守與子勛同逆伏誅瞻弟韞字彥文步兵校尉
宣城太守子勛爲亂大衆屯據鵲尾攻逼宣城于時四
方牧守莫不同逆唯韞棄郡赴朝廷太宗嘉其誠以爲

黃門郎太子中庶子侍中加荆湘州南兗州刺史吳興
太守侍中領左軍將軍又改領驍騎將軍撫軍將軍
雍州刺史侍中領右衛將軍改領左衛將軍散騎常
侍中領軍昇明二年謀反伏誅韞人才凡鄙以有宣
城之勳特爲太宗所寵在湘州及雍州使善畫者圖
其出行鹵簿羽儀常自披玩甞以此圖示征西將軍
蔡興宗興宗戲之陽若不解畫者指韞形像問曰
此何人而在輦上韞曰此正是我其庸底如此韞
弟緗武昌太守亦與子勛同逆伏誅緗弟鑒員外

散騎侍郎蚤卒鑑弟勰字彥龢侍中吳興太守
後廢帝元徽元年卒勰弟顥字彥明侍中左衛
將軍冠軍將軍吳興太守未拜元徽四年卒追
贈右將軍顥弟遜東陽太守黃門郎與從弟秉
同逆事敗走白山追禽伏誅義欣弟義慶出繼
臨川烈武王道規義慶弟義融永初元年封桂
陽縣侯食邑千户凡王子爲侯者食邑皆千户
義融歷侍左衛軍領太子中庶子五兵尚書領
軍有質幹善於用短楯元嘉十八年卒追贈車

騎將軍謚曰恭侯子孝侯覬嗣官至太子翊軍
校尉爲元凶所殺世祖即位追贈散騎常侍無
子弟襲以子晃繼封昇明二年與員外散騎侍
郎安成戢仁祖荒人王武連羽林副彭元儁等
謀反國除襲字茂德太子舍人安成太守晉安
王子勛爲逆襲據郡距之遣軍攻圍不能下
太宗嘉之以爲郢州刺史封建陵縣侯食邑五
百户建陵縣屬蒼梧郡以道遠改封臨澧縣侯
太始六年卒於中護軍追贈護軍將軍加散騎

常侍謚曰忠侯襲亦庸鄙在郢州暑月露褌上聽事綱紀正伏閤怪之訪問乃知襲子旻嗣昇明二年改封東昌縣侯與兄晃俱伏誅襲弟彪祕書郎弟寔太子舍人並蚤卒寔弟爽海陵太守義融弟義宗幼爲高祖所愛字曰伯奴賜爵新渝縣男永初元年進爵爲侯歷黃門侍郎太子左衛率元嘉八年坐門生杜德靈放橫打人還第內藏義宗隱蔽之免官德靈雅有姿色爲義宗所愛寵本會稽郡吏謝方明爲郡方明子

惠連愛幸之爲之賦詩十餘首乘流遵歸渚篇是也又爲侍中太子詹事加散騎常侍征虜將軍南兗州刺史二十一年卒追贈散騎常侍平北將軍謚曰惠侯愛士樂施兼好文籍世以此稱之子懷侯玠嗣琅邪秦郡太守爲元凶所殺追贈散騎常侍無子弟秉以子承繼封秉字彥節初爲著作郎歷羽林監越騎校尉中書黃門侍郎太宗泰始初爲侍中頻從左衛將軍丹陽尹太子詹事吏部尚書時宗室雖多材能甚寡

秉少自砥束甚得朝野之譽故爲太宗所委五年出爲前將軍淮南宣城二郡太守不拜還復本任復爲侍中守祕書監領太子詹事未拜遷使持節都督南徐徐兗豫青冀六州諸軍事後將軍南徐州刺史加散騎常侍後廢帝即位改都督郢州豫州之西陽司州之義陽二郡諸軍事郢州刺史持節常侍如故未拜留爲尚書左僕射參選元徽元年領吏部加兵五百人尋領衛尉辭不拜桂陽王休範爲逆中領軍劉勔

出守石頭秉權兼領軍將軍所給加兵自隨入殿二年加散騎常侍丹陽尹解吏部封當陽縣侯食邑千戶與齊王袁粲褚淵分日入直決機事四年遷中書令加撫軍將軍常侍尹如故順帝即位轉尚書令中領軍將軍如故時齊王輔政四海屬心秉知鼎命有在密懷異圖袁粲鎮石頭不識天命沈攸之舉兵反齊王入屯朝堂粲潛與秉及諸大將黃回等謀欲作亂本期夜會石頭旦乃舉兵秉素恇怯騷動擾不自安再餔後便自丹陽郡車載婦女盡室

奔石頭部曲數百赫弈滿道旣至見粲粲驚曰何
遽便來事今敗矣秉曰今得見公萬死亦何恨
從弟中領軍韞直在省內與直閤將軍卜伯興
謀其夜共攻齊王會秉去事覺齊王夜使驍騎
將軍王敬則收韞韞已戒嚴敬則率壯士直前
韞左右皆披靡因殺之伯興亦伏誅粲敗秉踰
城出走於領檐湖見擒與二子承倓並死秉時
年四十五秉妻蕭氏思話女也元徽中朝廷危
殆妻常懼禍敗每謂秉曰君富貴已足故應爲

兒子作計年垂五十殘生何足恡邪秉不能從
秉弟謨奉朝請謨弟遐字彥道亦奉朝請貞
外散騎侍郎與嫡母殷養女雲敷私通殷每禁
之殷暴病卒未大殮口鼻流血疑遐潛加毒害
爲有司所糾世祖徙之始安郡永光中得還太
宗世歷黃門侍郎都官尚書吳郡太守兄秉旣
死齊王遣誅之遐人才甚凡自諱名常對賓客
曰孝武無道枉我殺母其頑騃若此秉當權遐
累求方伯秉曰我在用汝作州於聽望不足遐曰

富貴時則云不可相關從坐之日爲得免不至
是果死焉義宗弟義賓元嘉二年封新野縣侯
六年以新野荒敝改封興安縣侯黃門郎祕書
監左衛將軍位至輔國將軍徐州刺史二十五
年卒追贈後將軍謚曰肅侯子惠侯綜嗣卒子
憲嗣昇明二年齊受禪國除綜弟琨晉平太守
義賓弟義綦元嘉六年封營道縣侯凡鄙無識
知每爲始興王濬兄弟所戲弄濬常謂義綦曰
陸士衡詩云營道無烈心其何意苦阿父如此

義綦曰下官初不識何忽見苦其庸塞可笑類
若此歷右衛將軍湘州刺史孝建二年卒贈平
南將軍謚曰僖侯子長猷嗣官至步兵校尉昇
平三年卒齊受禪國除
臨川烈武王道規字道則高祖少弟也少倜儻
有大意高祖奇之與謀桓玄時桓弘鎮廣陵以
爲征虜中兵參軍高祖克京城道規亦以其日
與劉毅孟昶共斬弘收衆濟江進平京邑玄敗
走晉大將軍武陵王遵承制以道規爲振武將

軍義昌太守與劉毅何無忌追玄玄西走江陵留郭銓何澹之等固守盆口義軍既至賊列艦距之澹之空設羽儀旗幟於一舫而別在它船無忌欲攻羽儀所在衆悉不同曰澹之必不在此舫雖得無益也無忌曰澹之不在此舫固不須言也既不在此則戰士必弱我以勁兵攻之必可禽也禽之之日彼必以爲失其軍主我徒咸謂已得賊帥我勇而彼懼懼而薄之破之必矣道規喜曰此名計也因往彼攻之卽禽此舫

因鼓譟倡曰已斬何澹之賊徒及義軍並以爲然因縱兵賊衆奔敗卽克盆口進平尋陽因復馳進遇玄於崢嶸洲道規等兵不滿萬人而玄戰士數萬衆並憚之欲退還尋陽道規曰不可彼衆我寡强弱異勢今若畏懦不進必爲所乘雖至尋陽豈能自固玄雖竊名雄豪内實恇怯加已經奔敗衆無固心決機兩陳將雄者克昔光武昆陽之戰曹操官渡之師皆以少制多共所聞也今雖才謝古人豈可先爲之弱因麾衆

而進毅等從之大破玄軍郭銓與玄單舸走江陵不復能守欲入蜀爲馮遷所斬義軍遇風不進桓謙桓振復據江陵毅留巴陵道規與無忌俱進攻桓謐於馬頭桓蔚於寵洲皆破之無忌欲乘勝直造江陵道規曰兵法屈申有時不可苟進諸桓世居西楚羣小皆爲竭力振勇冠三軍難與爭勝且可頓兵銳徐以計策縻之不憂不克也無忌不從果爲振所敗乃退還尋陽繕治舟甲復進軍夏口僞鎮軍將軍馮該戍夏口

東岸揚武將軍孟山圖據魯城輔國將軍桓仙客守偃月壘於是毅攻魯城道規攻偃月並克之生禽仙客山圖其夕該遁走進平巴陵謙振遣使求割荆江二州奉歸晉帝不許會南陽太守魯宗之起義攻襄陽僞雍州刺史桓蔚走江陵宗之進至紀南振自往距之使桓謙留守時毅道規已次馬頭馳往襲謙奔走卽日克江陵城振大破宗之而歸聞城已陷亦走無忌翼衛天子還京師道規留夏口江陵之平也道

規推毅爲元功無忌爲次功自居其末進號輔國將軍督淮北諸軍事并州刺史義昌太守如故時荆州湘江豫猶多桓氏餘燼往往屯結復以本官進督江州之武昌荆州之江夏隨郡義陽綏安豫州之西陽汝南潁川新蔡九郡諸軍事隨宜翦撲皆悉平之以義勲封華容縣公食邑三千户遷使持節都督荆寧秦梁雍六州司州之河南諸軍事領護南蠻校尉荆州刺史將軍如故辞南蠻以授殷叔文叔文被誅乃復還

三百二十五　宋書列傳十一　十五　朱

領善於爲治刑政明理士民莫不畏而愛之劉敬瑄征蜀不克道規以督統降爲建威將軍盧循寇逼京邑道規遣司馬王鎮之及揚武將軍檀道濟廣武將軍到彦之等赴援朝廷至尋陽爲賊黨荀林所破循即以林爲南蠻校尉分兵配之使乘勝伐江陵揚聲云徐道覆已克京邑而桓謙自長安入蜀譙縱以謙爲荆州刺史厚加資給與其大將譙道福俱寇江陵正與林會林屯江津謙軍枝江二寇交逼分絶都邑之問

荆楚既桓氏義舊並懷異心道規乃會將士告之曰桓謙今在近畿聞者頗有去就之計吾東來文武足以濟事若欲去者本不相禁因夜開城門達曉不閉衆咸憚服莫有去者雍州刺史魯宗之率衆數千自襄陽來赴或謂宗之未可測道規乃單馬迎之宗之感悦衆議欲使檀道濟到彦之與宗之共擊道規曰盧循擁隔中流扇張同異桓謙荀林更相首尾人懷危懼莫有固心成敗之機在此一舉非吾自行其事不決

三百二十五　宋書列傳十一　十六

乃使宗之居守委以腹心率諸軍攻謙諸將佐皆固諫曰今遠出討謙其勝難必荀林近在江津伺人動靜若來攻城宗之未必能固脫有差跌大事去矣道規曰諸君不識兵機耳荀林愚豎無它奇計以吾去未遠必不敢向城吾今取謙往至便克沈疑之間已自還反謙敗則林破膽豈暇得來且宗之獨守何爲不支數日解南蠻校尉印以授咨議參軍劉遵馳往攻謙水陸齊進謙大敗單舸走欲下就林追斬之還至涌

口林又奔散劉遵率軍追林至巴陵斬之初謙至枝江江陵士庶皆與謙書言城内虛實咸欲謀爲内應至是參軍曹仲宗檢得之道規悉焚不視衆於是大安進號征西將軍先是桓歆子道兒逃于江西出擊義陽郡與盧循相連結循使蔡猛助之道規遣參軍劉基破道兒於大薄臨陳斬猛徐道覆率衆三萬奄至破冢魯宗之已還襄陽追召不及人情大震或傳循已平京師遣道覆上爲刺史江漢士庶感焚書之恩無

復貳志道規使劉遵爲游軍自距道覆於豫章口前驅失利道規壯氣愈厲激揚三軍遵自外横擊大破之斬首萬餘級赴水死者殆盡道覆單舸走還盆口初使遵爲游軍衆咸云今彊敵在前唯患衆少不應割削見力置無用之地及破道覆果得游軍之力衆乃服焉遵字慧明臨淮海西人道規從母兄蕭氏舅也官至右將軍宣城内史淮南太守義熙十年卒追贈撫軍將軍追封監利縣侯食邑七百戶道規進號征西

大將軍開府儀同三司加散騎常侍固辭俄而寢疾改授都督豫章江二州揚州之宣城淮南廬江歷陽安豐堂邑六郡諸軍事豫州刺史持節常侍將軍如故以疾不拜八年閏月薨于京師時年四十三追贈侍中司徒加班劍二十人謚曰烈武公平桓謙功進封南郡公邑五千戶高祖受命贈大司馬追封臨川王食邑如先道規無子以長沙景王第二子義慶爲嗣初太祖少爲道規所養高祖命

紹焉咸以禮無二繼太祖還本而定義慶爲荆州廟主當隨往江陵太祖詔曰褒崇道勲經國之盛典尊親追遠因心之所隆故侍中大司馬臨川烈武王體道欽明至德淵邈叡哲自天孝友光備爰始協規則翼贊景業陵威致討則克剪梟鯨逮妖逆交侵方難孔棘勢踰累棊人無固志王神謨獨運靈武宏發輯寧内外誅覆群凶固已化被江漢勲高微管遠猷侔於二南英雄邁於兩獻者矣朕幼

蒙殊愛德膺特隆豐恩慈訓義深情感永惟
仁範感慕纏懷今當擁移寢祐初祀覃思
崇嘉禮式稱徽章庶以昭宣風度允副幽顯其
追崇丞相加殊禮鸞輅九旒黃屋左纛給節
鉞前後部羽葆鼓吹虎賁班劍百人侍中如故
及長沙太妃檀氏臨川太妃曹氏後薨祭皆給
鸞輅九旒黃屋左纛轀輬車挽歌一部前後部
羽葆鼓吹虎賁班劍百人義慶幼為高祖所知
常曰此我家豐城也年十三襲封南郡公除

給事不拜義熙十二年從伐長安還輔國將軍
北青州刺史未之任徙督豫州諸軍豫州刺史
復督淮北諸軍事豫州刺史將軍竝如故永初
元年襲封臨川王徵為侍中元嘉元年轉散騎
常侍秘書監徙度支尚書遷丹陽尹加輔國
將軍常侍竝如故時有民黃初妻趙殺子婦
遇赦應徙送避孫讎義慶曰案周禮父母之仇
避之海外雖遇市朝闕不及兵蓋以莫大之冤
理不可奪含戚枕戈義許必報至於親戚為戮

骨肉相殘故道乖常憲記無定准求之法外義
以人情且禮有過失之宥律無讎祖之文況趙之
縱暴本由於酒論心即實事盡荒耄之王母
等行路之深讎臣謂此孫忍愧銜悲不違子義
共天同域無虧孝道六年加尚書左僕射八年
太白星犯右執法義慶懼有災禍乞求外鎮太
祖詔譬之曰玄象茫昧既難可了且史家諸占
各有異同兵星王時有所干犯乃主當誅以此
言之益無懼也鄭僕射亡後左執法嘗有變王

光祿至今平安日蝕三朝天下之至忌晉孝
武初有此異彼庸主耳猶竟無他天道輔仁
福善謂不足橫生憂懼兄與後軍各受內外之
任本以維城表裏經之盛衰此懷實有由來之
事設若天必降災寧可千里逃避邪既非遠者
之事又不知吉凶定所若在都則有不測去此
必保利貞者豈敢苟違天邪義慶固求解僕
射乃許之加中書令進號前將軍常侍尹如
故在京尹九年出為使持節都督荊雍益寧

梁南北秦七州諸軍平西將軍荊州刺史荊州居上流之重地廣兵彊資實兵甲居朝廷之半故高祖使諸子居之義慶以宗室令美故特有此授性謙虛始至及去鎮迎送物並不受十二年普使內外羣官舉士義慶上表曰詔書疇咨羣司延及連牧旌賢仄陋拔善幽遐伏惟陛下惠哲光宣經緯明遠皇階藻曜風猷日昇而猶詢衢室之令典遵明臺之叡訓降流慮於管庫紆聖思乎版築故以道邈往載德高前王臣

敢竭虛闇祗承明旨伏見前臨沮令新野庾寔秉真履約愛敬淳深昔在母憂毀瘠過禮今罹父疢泣血有聞行成閨庭孝著鄰黨足以敦化率民齊教軌俗前徵奉朝請武陵龔祈恬和平普貞潔純素潛居研志耽情墳籍亦足鎮息頹競獎勗浮動處士南郡師覺才學明敏操介清修業均井渫志固冰霜臣往年辟為州祭酒未汙其慮若朝命遠暨玉帛遐臻異人間出何遠之有義慶留心撫物州統內官長

親老不隨在官舍者年聽遣五吏餉家先是王弘為江州亦有此制在州八年為西土所安撰徐州先賢傳十卷奏上之又擬班固典叙以述皇代之美十六年改授散騎常侍都督江州之西陽晉熙新蔡三郡諸軍事衞將軍江州刺史持節如故十七年即本號都督南兗州徐兗青冀幽六州諸軍事南兗州刺史尋加開府儀同三司為性簡素寡嗜欲愛好文義才詞雖不多然足為宗室之表受任歷藩無浮淫之過唯

晚節奉養沙門頗致費損少善騎乘及長以世路艱難不復跨馬招聚文學之士近遠必至太尉袁淑文冠當時義慶在江州請為衞軍諮議參軍其餘吳郡陸展東海何長瑜鮑照等並為辭章之美引為佐史國臣太祖與義慶書常加意斟酌鮑照字明遠文辭贍逸嘗為古樂府文甚遒麗元嘉中河濟俱清當時以為美瑞照為河清頌其序甚工其辭曰臣聞善談天者必徵象於人言古者先考績

於今鴻犧以降遐哉邈乎鏤山岳彫篆素昭德
紀勛可謂多矣而史編唐堯之功載格于上下
樂登文王之操稱於昭于天素狐玄玉聿彰符
命朴牛大螾爰定祥曆魚鳥動色禾雉興讓皆
物不盈眥而美溢金石詩人於是不作頌聲爲
之而寢甫非感歟自我皇宋之承天命也仰符
應龍之精俯協河龜之靈君圖帝寶粲爛瑰
英固業光曩代事華前德矣聖上天飛踐極迄
茲二十四載道化周流玄澤汪濊地平天成上

下舍熙文同軌通表裏禔福燿德中區黎庶知
讓觀英遐表夷貉懷惠卹勤秩禮罷露臺之金
紓國振民傾鉅橋之粟約違追僭奢去泰甚撫
無留飲畋不盤樂物色異人優游據正顯不失
心幽無怨氣精炤日月事洞天情故不勞杖斧
之臣號令不嚴而自肅無辱鳳舉之使靈怪不
召而自彰萬里神行飆塵不起農商野廬
邊城偃柝蛩馬南金塡委內府馴象西爵
充羅外囿阿紈綦組之饒衣覆宗國漁鹽杞

梓之利傍贍荒遐士民殷富五陵既有慙德宮
宇宏麗三川莫之能比閭閈有盈歌吹無絕朱輪
疊轍華冕重肩豈徒世無窮人民獲休息朝呼
韓羅酤鐵而已哉是以嘉祥累仍福應尤盛青
丘之狐丹穴之鳥栖阿閣遊禁囿金芝九莖木
木六刃秀銅池發膏畝宜以協調律呂謁薦郊
廟煙霏霧集不可勝紀然而聖上猶昧旦夙
興若有望而未至闕規遠圖如有追而莫及神
明之貺推而弗居也是以琬碑鏐檢盛典蕪而不

治朝神省方大化抑而未許崇文協律之士蘊
儛頌於外坐朝陪宴之臣懷揄揚於內三靈佇
睠九壤注心既有日矣歲宮乾維月躔蒼陸長
河巨濟異源同清澄波萬壑潔瀾千里斯誠
曠世偉觀昭啓皇明者也語曰影從表瑞從
德此其效焉宣尼稱鳳鳥不至河不出圖傳曰
俟河之清人壽幾何皆傷不可見也然則古人
所不見者今殫見之矣孟軻曰千載一聖是旦
暮也豈不大哉夫四皇六帝樹聲長世大寶也

澤浸群生國富刑清鴻德也制禮裁樂惇風遷
俗文教也殊華通鞮束顙絳闕武功也鳴鳥躍
魚滌穢河渠至祥也大寶鴻德文教武功其崇
如此幽明協贊民祇與能厥應如彼唯天爲大
堯實則之皇哉唐哉疇與爲讓抑又聞之勢之
所覃者淺則美之所傳者近道之所感者深則
慶之所流者遠是以豐功韙命潤色勝策盛
德形容藻被歌頌察之上代則奚斯吉甫之
徒鳴玉鑾於前視之中古則相如王褒之屬

施金羈於後絕景揚光清埃繼路班固稱漢
成之世奏御者千有餘篇文章之盛與三代同
風由是言之斯迺臣子舊職國家通義不可
輟也臣雖不敏寧不勉乎世祖以照爲中書
舍人上好爲文章自謂物莫能及照悟其旨
爲文多鄙言累句當時咸謂照才盡實不然
也臨海王子頊爲荊州照爲前軍參軍掌書
記之任子頊敗爲亂兵所殺義慶在廣陵有疾
而白虹貫城野麏入府心甚惡之固陳求還太

祖許解州以本號還朝二十一年薨於京邑時
年四十二追贈侍中司空謚曰康王子哀王燁
字景舒嗣官至通直郎爲元凶所殺追贈散
騎常侍子綽字子流嗣官至步兵校尉昇明
三年反伏誅國除綽弟緒早卒燁弟衍太子
舍人衍弟鏡宣城太守鏡弟穎前將軍穎弟
倩南新蔡太守

遵考高祖族弟也曾祖淳皇曾祖武原令混
之弟官至正員郎祖巘海西令父涓子彭城內

史遵考始爲將軍振武參軍預討盧循封鄉侯
自建威將軍彭城內史隨高祖北伐時高祖諸
子並弱宗室唯有遵考長安平定以督并州
司州之北河東北平陽北雍州之新平安定五
郡諸軍事輔國將軍并州刺史領河東太守鎮
蒲坂關中失守南還除游擊將軍遷冠軍將
軍晉帝遜位居秣陵宮遵考領兵防衛高祖
初即大位下推恩之詔曰遵考服屬之親國戚
未遠宗室無多宜蒙寵爵可封營浦縣侯食

邑五百戶以本號爲彭城沛三郡太守景平元年遷右衛將軍元嘉二年出爲征虜將軍淮南太守明年轉使持節領護軍入直殿省出爲使持節督雍梁南北秦四州荆州之南竟陵順陽襄陽新野隨六郡諸軍征虜將軍寧蠻校尉雍州刺史襄陽新野二郡太守遵考爲政嚴暴聚斂無節五年爲有司所糾上不問赦還都七年除太子右衛率加給事中明年督南徐兗州之江北淮南諸軍事征虜將軍南兗州刺

史領廣陵太守又徵爲侍中領後軍將軍徙太常九年遷右衛將軍加散騎常侍十二年坐厲疾不待對免常侍以侯領右衛明年復本官十五年又領徐州大中正太子中庶子本官如故其年監徐兗二州豫州之梁郡諸軍事前將軍徐兗二州刺史未之鎮留爲侍中領左衛將軍明年出爲使持節監豫司雍并四州南豫州之梁郡弋陽馬頭荆州之義陽四郡諸軍事前將軍豫州刺史領南梁郡太守二十一年坐統

內旱百姓饑詔加賑給而遵考不奉符旨免官起爲散騎常侍五兵尚書遷吳興太守秩中二千石二十五年徵爲領軍二十七年索虜南至瓜步率軍出江上假節置三十年復出爲使持節監豫州刺史元凶弒立進號安西將軍遣外監徐安期仰捷祖防守之遵考斬安期等起義兵應南譙王義宣義宣加遵考鎮西將軍夏侯獻率衆至瓜步承候世祖又坐免官孝建元年魯爽臧質反起爲征虜將軍率衆屯臨沂縣仍

除吳興太守明年徵爲湘州刺史未行遷尚書左僕射三年轉丹楊尹加散騎常侍復爲尚書右僕射領太子右衛率明年又除領軍將軍加散騎常侍五年復還尚書右僕射金紫光祿大夫常侍如故明年轉左僕射常侍如故又領徐州刺史大中正崇憲太僕前廢帝即位遷特進右光祿大夫常侍太僕如故景和元年出督南豫州諸軍事安西將軍南豫州刺史太宗即位以爲侍中特進右光祿大夫領崇憲太僕給親

侍三十人崇憲太后崩太僕解餘如故泰始五季賜几杖大官四時賜珍味疾病太醫給藥固辭几杖後廢帝即位進左光祿大夫餘如故元徽元季卒時季八十二追贈左光祿大夫開府儀同三司侍中如故謚曰元公遵考無才能直以宗室不遠故歷朝顯遇季老有疾失明子澄之順帝昇明末貴達澄之弟琨之爲竟陵王誕司空主簿誕作亂以爲中兵參軍不就繫數十日終不受乃殺之追贈黃門郎詔吏部尚書

謝莊爲之誄遵考從弟思考亦被遇歷朝官極清顯爲豫章會稽太守益徐州刺史凡經十郡三州泰始元季卒於散騎常侍金紫光祿大夫時季七十五追贈特進常侍光祿如故

史臣曰餘妖內侮偏衆西臨荀桓交逼荆楚之勢危矣必使上略未盡一筭或遺則城壞壓境上流之難方結敵資三分有二之形北向而爭天下則我全勝之道未可或知劉武王覽羣才揚盛策一舉鍊勍寇非曰天時抑亦人謀也降不永遂不得與大業

列傳第十一

列傳第十二　　宋書五十二

臣沈　約　新撰

庾悅

王誕

謝景仁 弟述

袁湛 弟豹

褚叔度

庾悅字仲豫潁川鄢陵人也曾祖亮晉太尉祖義吳國內史父准西中郎將豫州刺史悅少爲衞將軍琅邪王行參軍司馬徙主簿轉右長史桓玄輔政領豫州以悅爲別駕從事史遷驍騎將軍玄篡位徙中書侍郎高祖定京邑武陵王遵承制以悅爲寧遠將軍安遠護軍武陵內史以病去職鎮軍府版咨議參軍轉車騎從事中郎劉毅請爲撫軍司馬不就遷車騎中軍司馬從征廣固竭其誠力盧循逼京都以爲督江州豫州之西陽新蔡汝南潁川司州之松滋六郡諸軍事建威將軍江州刺

史從東道出鄱陽循遣將英糾千餘人斷五畝嶠悅破之進據豫章絕循糧援初毅家在京口貧約過常嘗與鄉曲士大夫往東堂共射時悅爲司徒右長史要至京府州僚佐共出東堂毅已先至遣與悅相聞曰身久躓頓營一遊集甚難君如意人無處不可爲適豈能以此堂見讓悅素豪徑前不答毅語衆人並避之唯毅留射如故悅廚饌甚盛不以及毅毅既不去悅甚不歡俄頃亦退毅又相聞曰身今年未得子鵝豈能以殘炙見惠悅又不答盧循平後毅求都督江州以江州內地治民爲職不宜置軍府上表陳之曰臣聞天以盈虛爲道治以損益爲義時否而政不革民凋而事不損則無以救急病於已危拯塗炭於將絕自頃戎車屢駕干戈溢境江州以一隅之地當逆順之衝力弱民慢而器運所繼自桓玄以來驅蹙殘毀至乃男不被養女無對匹逃亡去就不避幽深自非財單力竭無以至此若不曲心矜理有所改移則靡

遺之歎奄焉必及臣謬荷增統傷慨兼懷夫設
官分職軍國殊用牧民以息務爲大武略以濟
事爲先今兼而領之蓋出於權事因藉旣久
遂爲常則江州在腹心之中憑接揚豫藩屏
所倚實爲重複昔胡寇縱逸朔馬臨江抗禦
之宜蓋出權計以溫嶠明達事由一已猶覺其
弊論之備悉今江右區區戶不盈數十萬地不
踰數千里而統司鱗次未獲減息大而言之足
爲國恥況乃地在無軍而軍府猶置文武將佐

資費非一豈所謂經國大情揚湯去火者哉其
州郡邊江民戶遼落加以郵亭嶮闊畏阻風波
轉輸往還常有淹廢又非所謂因其所利以
濟其弊者也愚謂宜解軍府移治豫章處
十郡之中厲簡惠之政比及數年可有生氣
且屬縣凋散亦有所存而役調送迎不得休止
亦謂應隨宜幷減以簡衆費刺史庾悅自臨
州部甚有恤民之誠但綱維不革自非綱目所
理尋陽接蠻宜有防遏可卽州府千兵以助

郡戍於是解悅都督將軍官以刺史移鎭豫章
毅以親將趙恢領千兵守尋陽建威府文武三
千悉入毅府符攝嚴峻數相挫辱悅不得志疽
發背到豫章少日卒時年三十八追贈征虜將
軍以廣固之功追封新陽縣五等男

王誕字茂世琅邪臨沂人太保弘從兄也祖恬
中軍將軍父混太常誕少有才藻晉孝武帝
崩從叔尚書令珣爲哀策文久而未就謂誕曰
猶少序節物一句因出本示誕誕攬筆便益

之接其秋冬代變後云霜繁廣除風回高殿珣
嗟歎清拔因而用之襲爵雉鄉侯拜秘書郎
琅邪王文學中軍功曹隆安四年會稽王世
子元顯開後軍府又以誕補功曹尋除尚書吏
部郎仍爲後軍長史領廬江太守加鎭蠻護軍
轉龍驤將軍琅邪內史長史如故誕結事元
顯嬖人張法順故爲元顯所寵元顯納妾誕爲
之親迎隨府轉驃騎長史將軍內史如故元顯
討桓玄欲悉誅桓氏誕固陳脩等與玄志趣不

同由此得免脩誕甥也及玄得志誕將見誅脩爲之陳請又言脩等得免之由乃徙誕廣州盧循據廣州以誕爲其平南府長史甚賓禮之誕久客思歸乃説循曰下官流遠在此被蒙殊眷士感知己實思報答本非戎旅在此無用素爲劉鎭軍所識情味不淺若得北歸必蒙任寄公私際會思報厚恩愈於停此空移歲月循甚然之時廣州刺史吳隱之亦爲循所拘留誕又曰將軍今留吳公公私非計孫伯符豈不欲留華子魚

但以一境不容二君耳於是誕及隱之並得還除員外散騎常侍未拜高祖請爲太尉諮議參軍轉長史盡心歸奉日夜不懈高祖甚委仗之北伐廣固領齊郡太守盧循自蔡洲南走劉毅固求追討高祖持疑未決誕密白曰公既平廣固復滅盧循則功蓋終古勳無與二如此大威豈可餘人分之毅與公同起布衣一時相推耳今既已喪敗不宜復使立功高祖從其説七年以爲吳國内史毋憂去職高祖征劉毅起爲輔國將軍誕固辭軍號墨絰從行時諸葛長民行太尉留府事心不自安高祖甚慮之毅既平誕求先下高祖曰長民似有自疑心卿詎宜便去誕曰長民知我蒙公垂眄今輕身單下必當以爲無虞乃可以少安其意高祖笑曰卿勇過賁育矣於是先還九年卒時年三十九以南北從征追封作唐縣五等侯子詡宋世子舍人早卒

謝景仁陳郡陽夏人衛將軍晦從叔父也名與高祖同諱故稱字祖據太傅安第二弟父允宣

城内史景仁幼時與安相及爲安所知始爲前軍行參軍輔國參軍事會稽王世子元顯嬖人張法順權傾一時内外無不造門者唯景仁不至年三十方爲著作郎桓玄誅元顯見景仁甚知之謂四坐曰司馬庶人父子云何不敗遂令謝景仁三十方作著作郎玄爲太尉以補行參軍府轉大將軍仍參軍事玄建楚臺以補黃門侍郎及篡位領驍騎將軍景仁博聞強識善敘前言往行玄每與之言不倦也玄出行殷仲文

下範之之徒皆騎馬散從而使景仁陪輦高祖為桓脩撫軍中兵參軍嘗詣景仁諮事景仁與語悅之因留高祖共食食未辦而景仁為玄所召玄性促急俄頃之間騎詔續至高祖屢求去景仁不許曰主上見待要應有方我欲與客共食豈當不得待竟安坐飽食然後應召高祖甚感之常謂景仁是太傅安孫及平京邑入鎮石頭景仁與百僚同見高祖高祖目之曰此名公孫也謂景仁曰承制府須記室參軍今當相屈

以為大將軍武陵王遵記室參軍仍為從事中郎遷司徒左長史出為高祖鎮軍司馬領晉陵太守復為車騎司馬義熙五年高祖以內難既寧思弘外略將伐鮮卑朝議皆謂不可劉毅時鎮姑孰固止高祖以為苻堅侵境謝太傅猶不自行宰相遠出傾動根本景仁獨曰公建桓文之烈應天人之心匡復皇祚芟夷姦逆雖業高振古而德刑未孚宜推亡固存廣樹威略鮮卑密邇壇甸屢犯邊垂伐罪弔民於是乎

在平定之後養銳息徒然後觀兵洛汭脩復園寢豈有坐長寇虜縱敵貽患者哉高祖納之及北伐大司馬琅邪王天子母弟屬當儲副高祖深以根本為憂轉景仁為大司馬司馬專總府任右衛將軍加給事中又遷吏部尚書時從兄混為左僕射依制不得相臨高祖啓依僕射王彪之尚書王劭前例不解職坐選吏部令史邢安泰為都令史平原太守二官共除安泰以令史職拜謁陵廟為御史中丞鄭鮮之所糾白衣

領職八年遷領軍將軍十一年轉右僕射仍轉左僕射景仁性矜嚴整潔居宇淨麗每唾轉唾左右人衣事畢即聽一日澣濯每欲唾左右爭來受高祖雅相重申以婚姻廬陵王義眞妃景仁女也十二年卒時年四十七追贈金紫光祿大夫加散騎常侍葬日高祖親臨哭之甚慟與驃騎將軍道憐書曰謝景仁殞逝悲痛摧割不能自勝汝聞問惋愕亦不可堪其器體淹中情寄實重方欲與之共康時務一旦至此痛惜兼

深往矣柰何當復柰何子恂鄱陽太守恂子穉善吹笙官至西陽太守景仁弟純字景懋初爲劉毅豫州别駕毅鎮江陵以爲衛軍長史南平相王鎮惡率軍襲毅已至城下時毅疾病佐吏皆入參承純參承畢已出聞兵至馳還入府左右引車欲還外解純叱之曰我人吏也逃欲何之乃入及毅兵敗衆散時已暗夜司馬毛脩之謂純曰君但隨僕純不從扶兩人出火光中爲人所殺純孫洗太宗泰始初爲巴陵王休若衛

軍録事參軍山陰令坐事誅述字景先少有志行隨兄純在江陵純遇害述奉純喪還都行至西塞值暴風純喪舫流漂不知所在述乘小船尋求之經純妻庾舫過庾遣人謂述曰喪舫存没已應有在風波如此豈可小船所冒小郎去必無及寧可存亡俱盡邪述號泣答曰若安全至岸當須營理如其已致意外述亦無心獨存因冒浪而進見純喪幾没述號叫呼天幸而獲免咸以爲精誠所致也高祖聞而嘉之臨豫州諷中正以述爲主簿甚被知器景仁愛其第三弟尌而憎述嘗設饌請知高祖希命尌豫坐而高祖召述知景仁夙意又慮高祖命之請急不從高祖馳遣呼述須至乃懽及景仁有疾述盡心營視湯藥飲食必嘗而後進不解帶不盥櫛者累旬景仁深懷感愧轉太尉參軍從征司馬休之封吉陽縣五等侯世子征虜參軍轉主簿宋臺尚

書祠部郎世子中軍主簿轉太子中舍人出補長沙内史有惠政元嘉二年徵拜中書侍郎明年出爲武陵太守彭城王義康驃騎長史領南郡太守先是述從兄曜爲義康長史喪官述代之太祖與義康書曰今以謝述代曜其才應詳練著於歷職故以佐汝汝始親庶務而任重事殷宜寄懷羣賢以盡弼諧之美想自得之不俟吾言也義康入相述又爲司徒左長史轉左衛將軍莅官清約私無宅舍義

康遇之甚厚尚書僕射殷景仁領軍將軍劉湛並與述爲異常之交美風姿善舉止湛每謂人曰我見謝道兒未嘗足道兒述小字也雍州刺史張邵以黷貨下廷尉將致大辟述上表陳邵先朝舊勳宜蒙優貸太祖手詔酬納焉述語子綜曰主上矜邵夙誠將加曲恕吾所謬會故特見酬納耳若此疏迹宣布則爲侵奪主恩不可之大者也使綜對前焚之太祖後謂邵曰卿之獲免謝述有力焉述有心虛疾性理時或

乖謬除吳郡太守以疾不之官病差補吳興太守在郡清省爲吏民所懷十二年卒時年四十六喪還京師未至數十里殷景仁劉湛同乘迎赴望船流涕十七年劉湛誅義康外鎮將行歎曰謝述唯勸吾退劉湛唯勸吾進今述亡而湛存吾所以得罪也太祖亦曰謝述若存義康必不至此三子綜約緯綜有才藝善隸書爲太子中舍人與舅范曄謀反伏誅約亦坐死緯尚太祖第五女長城公主素爲約所憎免死徙廣州

孝建中還京師方雅有父風太宗泰始中至正員郎中

袁湛字士深陳郡陽夏人也祖耽歷陽太守父質琅邪內史並知名湛少爲從外祖謝安所知以其兄子玄之女妻之初爲衞軍行參軍員外散騎通直正員郎中軍功曹桓玄太尉奉軍事入爲中書黃門侍郎出補桓脩撫軍長史義旗建高祖以爲鎭軍諮議參軍明年轉尚書吏部郎司徒左長史侍中以從征功封晉寧

縣五等男出爲高祖太尉長史遷左民尚書從掌吏部出爲吳興太守秩中二千石莅政和理爲吏民所稱入補中書令又出爲吳國內史秩中二千石義熙十二年轉尚書右僕射本州大中正時高祖北伐湛兼太尉與兼司空散騎常侍尚書范泰奉九命禮物拜授高祖高祖沖讓湛等隨軍至洛陽住柏谷塢泰議受使未畢不拜晉帝陵湛獨至五陵致敬時人美之初陳郡謝重王胡之外孫於諸舅禮敬多闕重子絢湛

之甥也甞於公座戲湛湛正色謂曰汝便是兩世無渭陽之情絢有愧色十四年卒官時年四十追贈左光禄大夫加散騎常侍太祖即位以后父追贈侍中以左光禄大夫開府儀同三司謚曰敬公世祖大明三年幸藉田行經湛墓下詔曰故侍中左光禄大夫開府儀同三司晉寧敬公外氏尊戚素風簡正歲紀稍積墳塋浸遠朕近巡覽千畝遥瞻松隧緬惟徽塵感慕增結可遣使祭少申永懷又增守墓五戶子溥溥子栢

卒湛弟豹字士蔚亦爲謝安所知好學博聞多覽典籍初爲著作佐郎衛軍桓謙記室參軍大將軍武陵王遵承制復爲記室參軍其年丹陽尹孟昶以爲建威司馬歲餘轉司徒左西屬遷劉毅撫軍諮議參軍領記室毅時建議大田豹上議曰國因民以爲本民資食以爲天脩其業則教興崇其本則末理寔爲治之要道致化之所階也不敦其本則末業滋章飢寒交湊則廉恥不立當今接篡僞之末值凶荒之餘

爭源既開彫薄彌啓榮利蕩其正性賦斂罄其所資良疇無側趾之耦比屋有困餒之患中間多故日不暇給自巻甲郤馬甫一二年積敝之黎難用克振實仁懷之所矜恤明教之所爰發也然斯業不脩有自來矣司牧之官莫或爲務俗吏庸近猶秉常科依勸督之故典遂民情之屢變譬猶脩隄以防川忘淵丘之改易膠柱於昔弦忽宫商之乖調徒有考課之條而無豪分之益不悟清流在於澄源止輪由乎高閑患生

於本治之於末故也夫設位以崇賢疏爵以命士上量能以審官不取人於浮譽則比周道息游者言歸游子既歸則南畝闢矣分職以任務置吏以周役職不以無任立吏必以非用省冗散者廢則萊荒墾矣器以應用商以通財勦靡麗之巧棄難得之貨則彫僞者賤穀稼重矣耕耨勤悴力殷收寡工商逸豫用淺利深增賈販之税薄疇畝之賦則末技抑而田畯喜矣居位無義從之徒在野靡并兼之黨給賜非可恩致

力役不入私門則游食者反本肆勤自勸游食
省而肆勤衆則東作繁矣窳勿者甄異怠慢者
顯罰明勸課之令峻糾違之官則嬾惰無所容
力田有所望力者欣而惰者懼則穡人勸矣凡
此數事亦務田之端趣也莅之以清心鎮之以
無欲勗之以弗倦奬之以廉謹舍日計之小成
期遠致於莫歲則澆薄自淳心化有漸矣豹善
言雅俗每商較古今兼以誦詠聽者忘疲尋轉
撫軍司馬遷御史中丞鄱陽縣侯孟懷玉上毋

檀氏拜國太夫人有司奏許豹以爲婦人從夫
之爵懷玉父大司農綽見居列卿妻不宜從子
奏免尚書右僕射劉柳左丞徐羨之郎何邵之
官詔並贖論孟昶卒豹代爲丹陽尹義熙七年
坐使從上錢降爲太尉咨議參軍仍轉長史從
討劉毅高祖遣益州刺史朱齡石伐蜀使豹爲
檄文曰夫順德者昌逆德者亡失仁與義難以
求安馮阻負釁鮮克有成詳觀自古隆替有數
故成都不世祀華陽無興國日者王室多故夷

羿遘紛波振塵駭亖及遐裔蕞尔譙縱編戶黔
首同惡相求是崇是長肆反噬於州相播毒害
於民黎俾我西服隔閡皇澤自義風電靡天光
反燀昭晢舊物烟煴區宇以庶務草剏未遑九
伐自尔以來奄延十載而野心不革伺隙乘閒
招聚逋叛共相封殖侵擾我蠻獠搖蕩我疆埵
我是以有治洲之役醜類盡殪匹馬無遺桓謙
折首譙福鳥逝奔伏窠穴引頸待戮當今北狄
露晞南冠埃埽朝風載韙庶績其凝康哉之歌

日熙比屋之隆可詠孫職是經略思一九有眷
彼禹跡願言載懷奉命西行途戾荆郢瞻望巴
漢憤慨交深清江源於濫觴澄氛祲於井絡誅
叛柔遠今也其時即命河閒太守蒯恩下邳太
守劉鍾精勇二萬直指成都龍驤將軍臧熹我
卒二萬進自墊江益州刺史朱齡石舟師三萬
電曜外水分遣輔國將軍索邈漢中之衆濟自
劍道振威將軍朱客子提寧州之銳渡瀘而入
神兵四臨天綱宏掩衡翼千里金鼓萬張組甲

貝冑昱煥波屬華夷百濮雲會胥霧臻以此攻戰誰與爲敵況又奉義而行以順而動者哉今三陜之隘在我境內非有岑彭荊門之險彌入其阻平衢四達實無鄧艾緜竹之艱山川之形抑非曩日攻守難易居然百倍當全蜀之彊士民之富子陽不能自安於庸蜀劉禪不敢竄命於南中荊邯折謀伯約挫鋭故知成敗有數非可智延此皆益土前事當今元龜也盛如盧循疆如容超陵威南海跨制坑岱樓船萬艘掩江蓋

汜鐵馬千羣充原塞隰然廣固之攻陸無完雉左里之戰水靡全舟或顯戮京畿或傳首萬里故知逆順有勢難以力抗斯又目前殷鑑深切箸明者也梁益人士焉明王化雖驅迫一時本非奧主從之謠虐日月增播刑殺非罪死以澤量而待命冦讎之戮斂膃豺狼之吻豈不遡誠南凱延首東雲普天有來蘇之幸而一方懷後予之怨王者之師以仁爲本舍逆取順爰自三驅齊斧所加縱身而已其有衿甲反接自投軍門者一無所問士子百姓削肆安堵審擇吉凶自求多祐大信之明皦若朝日如其迷復姦邪守愚不改火燎孟諸芝艾同爛河決金隄淵丘同體雖欲悔之亦將何及九年卒官時年四十一次年以參伐蜀之謀追封南昌縣五等子子洵元嘉中歷顯官廬陵王紹爲南中郎將江州刺史年少未親政洵爲長史潯陽太守行府州事元嘉末爲吳郡太守元凶弒立加洵建威將軍置佐史會安東將軍隨王誕起義擻洵爲前

鋒加輔國將軍事平頃之卒追贈征虜將軍謚曰貞子長子顗別有傳少子覬好學善屬文有清譽於世官至司徒從事中郎武陵內史番卒洵弟濯揚州秀才蚤卒濯弟淑濯子粲並有別傳

褚叔度河南陽翟人也曾祖裒晉太傅祖歆秘書監父爽金紫光祿大夫長兄秀之字長倩歷大司馬琅邪王從事中郎黃門侍郎高祖鎮西長史秀之妹恭帝后也雖晉氏姻戚而盡心於

高祖還侍中出補大司馬右司馬恭帝即位爲祠部尚書本州大中正高祖受命徙爲太常元嘉元年卒官時年四十七秀之弟淡之字仲源亦歷顯官爲高祖車騎從事中郎尚書吏部郎廷尉卿左衛將軍高祖受命爲侍中淡之兄弟並盡忠事高祖恭帝每生男輒令方便殺焉或誘賂內人或密加毒害前後非一及恭帝遜位居秣陵宮常懼見禍與褚后共止一室慮有酖毒自煑食於牀前高祖將殺不欲遣人入內令

淡之兄弟視褚后褚后出別室相見兵人乃踰垣而入進藥於恭帝帝不肯飲曰佛教自殺者不得復人身乃以被掩殺之後會稽郡缺朝議欲用蔡廓高祖曰彼自是蔡家佳兒何關人事可用佛佛淡之小字也乃以淡之爲會稽太守景平二年富陽縣孫氏聚合門宗謀爲逆亂其支黨在永興縣潛相影響永興令羊恂覺其姦謀以告淡之淡之不信乃以誣人之罪收縣職局於是孫法亮號冠軍大

將軍與孫道慶等攻沒縣邑即用富陽令顧粲爲令加輔國將軍遣僞建威將軍孫道仲孫公喜法殺攻永興永興民灟恭期初與賊同後反善就羊恂率吏民拒戰力少退敗賊用縣人許祖爲令恂逃伏江唐山中尋復爲賊所得使還行縣事賊遂磐據更相樹立遙以劉令司馬文寅爲征西大將軍孫道仲爲征西長史孫道覆爲左司馬與公喜法殺等建旗鳴鼓直攻山陰淡之自假凌江將軍以山陰令陸邵領司馬加振

武將軍前員外散騎常侍王茂之爲長史前國子博士孔欣前員外散騎常侍謝芩之並參軍事召行參軍七十餘人前鎮西諮議參軍孔甯子左光祿大夫孔季恭子山士在艱中皆起爲將軍遣隊主陳願郡議曹掾虞道納二軍過浦陽江願等戰賊遂摧鋒而前去城二十餘里淡之遣陸邵督帶戟公石綝廣武將軍陸允以水軍拒之又別遣行參軍灟恭期率步軍與邵合力淡之率所領出次近郊恭期等與賊戰於

柯亭大破之賊走還永興遣僞寧朔將軍孫倫
領五百人攻錢唐與縣戍軍建武將軍戰於琦
倫敗走還富陽倫因反善殺法步帥等十餘人
送首京都詔遣殿中員外將軍徐卓領千人右
將軍彭城王義康遣龍驤將軍丘顯率衆五百
東討司空徐羨之版揚州主簿沈嗣之爲富陽
令領五百人於吳興道東出竝未至而賊平吳
郡太守江夷輕行之職停吳一宿進至富陽分
別善惡執送頭徙賊餘黨數百家於彭城壽陽

青州諸郡二年淡之卒時年四十五謚曰質子
叔度名與高祖同故以字行初爲太宰琅邪王
參軍高祖車騎參軍事司徒左西屬中軍咨議
參軍署中兵加建威將軍從伐鮮卑盡其誠力
盧循攻查浦叔度力戰有功循南走高祖版行
廣州刺史仍除都督交廣二州諸軍事建威將
軍領平越中郎將廣州刺史桓玄族人開山聚
衆謀掩廣州事覺叔度悉平之義熙八年盧循
餘黨劉敬道窘迫詣交州歸降交州刺史杜慧

度以事言統府叔度以敬道等路窮請命事非
款誠報使誅之慧度不加防録敬道招集亡命
攻破九眞殺太守杜章民慧度討平之叔度輒
貶慧度號爲奮揚將軍惡不先上爲有司所糾
詔原之高祖征劉毅叔度遣三千人過嶠荆州
平乃還在任四年廣營賄貨家財豐積坐免官
禁錮終身還至都凡諸舊及有一面之款無不
厚加贈遺尋除太尉咨議參軍相國右司馬高
祖受命爲右衛將軍高祖以其名家而能竭盡

心力甚嘉之乃下詔曰夫賞不遺勤則勞臣增
勸爵必疇庸故在功咸達叔度南北征討常管
戎要西夏不虞誠著嶺表可封番禺縣男食邑
四百户尋加散騎常侍永初三年出爲使持節
監雍梁南北秦四州之南陽竟陵順陽義
陽新野隨六郡諸軍事征虜將軍雍州刺
史領寧蠻校尉襄陽義成太守在任每以
清簡致稱景平二年卒時年四十四子
恬之嗣官至南琅邪太守恬之卒子昭

嗣昭卒子瑄嗣齊受禪國除叔度第二子寂之著作佐郎早卒子授尚太祖第六女琅邪貞長公主太宰參軍亦早卒秀之弟湛之字休玄尚高祖第七女始安哀公主拜駙馬都尉著作郎哀公主薨復尚高祖第五女吳郡宣公主諸尚公主者並用世冑不必皆有才能湛之謹實有意幹故為太祖所知歷顯位揚武將軍南彭城沛二郡太守太子中庶子司徒左長史侍中左衛將軍左民尚書丹陽尹元凶弒逆以

為吏部尚書復出為輔國將軍丹陽尹統石頭戍事世祖入伐劭自攻新亭壘使湛之率水師俱進湛之因攜二息淵澄輕船南奔淵有一男始生為劭所殺世祖即位以為尚書右僕射孝建元年為中書令丹陽尹坐南郡王義宣諸子逃藏郡堺建康令王與之江寧令沈道源下獄湛之免官禁錮其年復為散騎常侍左衛將軍俄遷侍中左衛如故以久疾拜散騎常侍光祿大夫加金章紫綬頃之復為丹陽尹光祿如故尋為尚書左僕射以南奔賜爵都鄉侯大明四年卒時年五十追贈侍中特進驃騎將軍給鼓吹一部左僕射如故謚曰敬侯子淵庶生宣公主以淵有才表為嫡嗣淵昇明末為司空

史臣曰高祖雖累葉江南楚言未變雅道風流無聞焉尒凡此諸子並前代名家莫不望塵請職負羇先路將由庇民之道邪

列傳第十二　宋書五十二

列傳第十三　宋書五十三

臣沈　約　新撰

張茂度 子永

庾登之 弟炳之

謝方明

江夷

張茂度吳郡吳人張良後也名與高帝諱同故稱字良七世孫爲長沙太守始遷於吳高祖嘉曾祖澄晉光祿大夫祖彭祖廣州刺史父敞侍中尚書吳國內史茂度郡上計吏主簿功曹州命從事史竝不就琅邪王衛軍參軍員外散騎侍郎尚書度支郎父憂不拜服闋爲何無忌鎮南參軍頃之出補晉安太守盧循爲寇覆没江州茂度及建安太守孫蚪之竝受其符書供其調役循走俱坐免官復以爲始興相郡經賊寇廨宇焚燒民物凋散百不存一茂度刱立城寺弔死撫傷收集離散民戶漸復在郡一周徵爲太尉參軍尋轉主簿揚州治中從事史高祖西

伐劉毅茂度居守留州事悉委之軍還遷中書侍郎出爲司馬休之平西司馬河南太守高祖將討休之茂度聞知乘輕船逃下逢高祖於中路以爲錄事參軍太守如故江陵平驃騎將軍道憐爲荆州茂度仍爲咨議參軍太守如故還爲揚州別駕從事史高祖北伐關洛復任留州事出爲使持節督廣交二州諸軍事建武將軍平越中郎將廣州刺史綏靜百越嶺外安之以疾求還復爲道憐司馬丁繼母憂服闋除廷尉轉尚書吏部郎太祖元嘉元年出爲使持節督益寧二州梁州之巴西梓潼宕渠南漢中秦州之懷寧安固六郡諸軍事冠軍將軍益州刺史三年太祖討荆州刺史謝晦詔益州遣軍襲江陵晦已平而軍始至白帝茂度與晦素善議者疑其出軍遲留時茂度弟邵爲湘州刺史起兵應大駕上以邵誠節故不加罪被代還京師七年起爲廷尉加奉車都尉領本州中

正入爲五兵尚書徙太常以脚疾出爲義興太守加秩中二千石上從容謂茂度曰復以西蜀介懷對曰臣若不遭陛下之明墓木拱矣頃之解職還家徵爲都官尚書加散騎常侍固辭以疾就拜光禄大夫加金章紫綬茂度内足於財自絶人事經始本縣之華山以爲居止優遊野澤如此者七年十八年除會稽太守素有吏能在郡縣職事甚理明年卒官時年六十七謚曰恭子茂度同郡陸仲元者晉太尉

玩曾孫也以事用見知歷清資吏部郎右衛將軍侍中吳郡太守自玩洎仲元四世爲侍中時人方之金張二族弟子真元嘉十年爲海陵太守中書舍人狄當爲太祖所信委家在海陵死還葬橋路毁壞不通喪車縣求發民脩治子真不許司徒彭城王義康聞而善之召爲國子博士司徒左西掾州治中臨海東陽太守茂度子演太子中舍人演弟鏡新安太守皆有盛名並早卒鏡弟永

永字景雲初爲郡主簿州從事轉司徒士曹參軍出補餘姚令入爲尚書中兵郎先是尚書中條制繁雜元嘉十八年欲加治撰徙永爲删定郎掌其任二十二年除建康令所居皆有稱績又除廣陵王誕北中郎録事參軍永涉獵書史能爲文章善隷書曉音律騎射雜藝觸類兼善又有巧思益爲太祖所知紙及墨皆自營造上每得永表啓輒執玩咨嗟自歎供御者了不及也二十三年造華林園玄

武湖並使永監統凡諸制署皆受則於永徙爲江夏王義恭太尉中兵參軍越騎校尉振武將軍廣陵南沛二郡太守二十八年又除江夏王義恭驃騎中兵參軍沛郡如故永既有才能所在每盡心力太祖謂堪爲將二十九年以永督冀州青州之濟南樂安太原三郡諸軍事揚威將軍冀州刺史督王玄謨申坦等諸將經略河南攻碻磝城累旬不能拔其年八月七日夜虜開門燒樓及攻車士卒燒死及

爲虜所殺甚衆永即夜撤圍退軍不報告諸將衆軍驚擾爲虜所乘死敗塗地永及申坦並爲統府撫軍將軍蕭思話所收繫於歷城獄太祖以屢征無功諸將不可任責永等與思話詔曰虜既乘利方向盛冬若脫敢送死兄弟父子自共當之耳言及增憤可以示張永申坦又與江夏王義恭書曰早知諸將輩如此恨不以白刃驅之今者悔何所及三十年元凶弒立起永督青州之東安東莞二郡諸軍事輔國

將軍青州刺史司空南譙王義宣起義又板永爲督冀州青州之濟南安樂太原三郡諸軍事輔國將軍冀州刺史永遣司馬崔勳之中兵參軍劉則二軍馳赴國難時蕭思話在彭城義宣慮二人不相諧緝與思話書勸與永坦懷又使永從兄長史張暢與永書曰近有都信具汝刑網之源可謂雖在縲紲而復心無愧矣蕭公平厚先無嫌隙見汝翰迹言不相傷何其滔滔稱人意邪當今世故艱迫

義氣雲起方藉羣賢共康時難當遠慕廉藺在公之德近效平勃忘私之美忽此蔕芥剋申舊情公亦命蕭示以疎達兼令相執共遵此旨事平召爲江夏王義恭大司馬從事中郎領中兵時使百僚獻讜言永以爲宜立諫官開不諱之路講師旅示安不忘危世祖孝建元年臧質反遣永輔武昌王渾鎮京口其年出爲楊州別駕從事史明年召入爲尚書左丞時將士休假年開三番紛紜道路永建議曰臣

聞開兵從稼前王以之兼隙耕戰遞勞先代以之經遠當今化寧萬里文同九服捐金走驥於焉自始伏見將士休假多蒙三番程會既促裝赴在早故一歲之間四馳遥路或失遽春耜或違要秋登致使公替常儲家闕舊粟考定利害宜加詳改愚謂交代之限以一年爲制使正上之念勞未及積遊農之望收功歲成斯則王度無騫民業斯植矣從之大明元年遷黄門侍郎尋領虎賁中郎將本郡中正

三年遷廷尉上謂之曰卿旣與釋之同姓欲使
天下須無寃民加寧朔將軍尚書吏部郎司徒
右長史尋陽王子房冠軍長史四年立明堂永
以本官兼將作大匠事畢遷太子右衛率七年
爲宣貴妃殷氏立廟復兼將作大匠轉右衛將
軍其年世祖南廵自宣城候道東入使永循
行水路是歲旱塗逕不通上大怒免時上寵子
新安王子鸞爲南徐州刺史割吳郡度屬徐
州八年起永爲别駕從事史其年召爲御史

中丞前廢帝永光元年出爲吳興太守遷度
支尚書太宗即位除吏部尚書未拜會四方
反叛復以爲吳興太守加冠軍將軍假節未
拜以將軍假節徙爲吳郡太守率軍東討又
爲散騎常侍太子詹事未拜遷使持節監青
兾幽并四州諸軍事前將軍青兾二州刺史
統諸將討徐州刺史薛安都累戰剋捷破薛
索兒等事在安都傳又遷散騎常侍鎮軍將
軍太子詹事權領徐州刺史又都督徐兖青

兾四州諸軍事又爲使持節都督南兖徐二
州諸軍事南兖州刺史常侍將軍如故時薛
安都據彭城請降而誠心不款太宗遣永與
沈攸之以重兵迎之加督前鋒軍事進軍彭
城安都招引索虜之兵既至士卒離散永狼
狽引軍還爲虜所追大敗復值寒雪士卒離
散永脚指斷落僅以身免失其第四子三年徙
都督會稽東陽臨海永嘉新安五郡諸軍事
會稽太守將軍如故以北討失律固求自貶

降號左將軍永痛悼所失之子有兼常哀服
制雖除猶立靈座飲食衣服待之如生每出
行常别具名車好馬號曰侍從有事輙語左
右報郎君以破薛索兒功封孝昌縣侯食邑
千戶在會稽賔客有謝方童等坐贜下獄死
永又降號冠軍將軍四年遷使持節督雍梁
南北秦四州郢之竟陵隨二郡諸軍事右將
軍雍州刺史未拜停爲太子詹事加散騎常
侍本州大中正六年又加護軍將軍領石頭戍

事給鼓吹一部七年遷金紫光禄大夫尋復領護軍後廢帝即位進右光禄大夫加侍中領安成王師加親信二十人又領本州中正出爲吴郡太守秩中二千石侍中右光禄如故元徽二年遷使持節都督南兖徐青冀益五州諸軍事征北將軍南兖州刺史侍中如故永少便驅馳志在宣力年雖已老至氣未衰優遊閑任意甚不樂及有此授喜悦非常即日命駕還都未之鎮值桂陽王休範作亂永率所領出

屯白下休範至新亭大桁不守前鋒遂攻南掖門永遣人覘賊既返唱云臺城陷矣永衆於此潰散永亦棄軍奔走還先所住南苑以永舊臣不加罪止免官削爵永亦愧歎發病三年卒時年六十六順帝昇明二年追贈侍中右光禄大夫子瓌昇明末達官永弟辯太宗亦見任遇歷尚書吏部郎廣州刺史大司農辯弟岱昇明末吏部尚書

庾登之字元龍潁川鄢陵人也曾祖冰晉司空祖藴廣州刺史父廓東陽太守登之少以强濟自立初爲晉會稽王道子太傅參軍義旗初又爲高祖鎮軍參軍以預討桓玄功封曲江縣五等男參大司馬琅邪王軍事豫州别駕從事史大司馬主簿司徒左西曹屬登之雖不涉學善於世事王弘謝晦江夷之徒皆相知友轉太尉主簿義熙十二年高祖北伐登之擊節驅馳退告劉穆之以母老求郡于時士庶咸憚遠役而登之二三其心高祖大怒

除吏名大軍發後乃以補鎮蠻護軍西陽太守入爲太子庶子尚書左丞出爲新安太守謝晦爲撫軍將軍荆州刺史請爲長史南郡太守仍爲衞軍長史太守如故登之與晦俱曹氏壻名位本同一旦爲之佐意甚不愜到廳㦸唯云即日恭到初無感謝之言每入覲見備持箱囊几席之屬一物不具不坐晦常優容之晦拒王師欲使登之留守登之不許語在晦傳晦敗登之以無任免罪禁錮還家元

嘉五年起爲衡陽王義季征虜長史義季年
少未親政衆事一以委之尋加南東海太守入
爲司徒右長史尚書吏部郎司徒左長史南
東海太守府公彭城王義康專覽政事不欲
自下厝懷而登之性剛每陳己意義康甚不
悅出爲吴郡太守州郡相臨執意無改因其
莅任賦貨以事免官弟炳之時爲臨川内史
登之隨弟之郡優游自適俄而除豫章太守
便道之官登之初至臨川吏民咸相輕侮豫

宋書傳十三　十一

章與臨川接境郡又華大儀迓光赫士人並驚
歎焉十八年遷江州刺史疾篤徵爲中護軍
未拜二十年卒時年六十二即以爲贈子沖
遠太宗鎮姑孰爲衛軍長史卒於豫章太守
追贈侍中
炳之字仲文初爲秘書太子舍人劉粹征北
長史廣平太守兄登之爲謝晦長史炳之往
省之晦時位高權重朝士莫不加敬炳之獨
與抗禮時論健之爲尚書度支郎不拜出補

錢唐令治民有績轉彭城王義康驃騎主簿
未就徙爲揚丞炳之既未到府疑於府公禮
敬下禮官博議中書侍郎裴松之議曰案春
秋桓八年祭公逆王后于紀公羊傳曰女在
國稱女此其稱王后何王者無外其辭成矣
推此而言則炳之爲吏之道定於受命之日
矣其辭已成在無外名器既正則禮亦從之
且今宰牧之官拜不之職未接之民必有其
敬者以既受王命則成君民之義故也吏之

宋傳十三　十二　汝升

被勑猶除者受拜民不以未見闕其禮吏
安可以未到廢其節乎愚懷所見宜執吏禮
從之遷司徒左西屬左將軍竟陵王義宣未
親府板炳之爲諮議參軍衆務悉委焉後將
軍長沙王義欣鎮壽陽炳之爲長史南梁郡
太守轉鎮軍長史太守如故出爲臨川内史
後將軍始興王濬鎮湘州以炳之爲司馬領
長沙内史濬不之任除南太山太守司馬如
故于時領軍將軍劉湛協附大將軍彭城王

義康而與僕射殷景仁有隙凡朝士遊殷氏者不得入劉氏之門獨炳之遊二人之間密盡忠於朝廷景仁稱疾不朝見者歷年太祖常令炳之銜命去來湛不疑也義康出藩湛伏誅以炳之爲尚書吏部郎與右衞將軍沈演之俱參機密頃之轉侍中本州大中正遷吏部尚書領義陽王師内外歸附勢傾朝野炳之爲人彊急而不耐煩賓客干訴非理者忿詈形於辭色素無術學不爲衆望所推性好

潔士大夫造之者去未出戶輒令人拭席洗牀時陳郡殷沖亦好淨小史非淨浴新衣不得近左右士大夫小不整潔每容接之炳之潔反是沖每以此譏焉領選既不緝衆論又頗通貨賄炳之請急還家吏部令史錢泰主客令史周伯齊出炳之宅諮事泰能彈琵琶伯齊善歌炳之因留停宿尚書舊制令史諮事不得宿停外雖有八座命亦不許爲有司所奏上於炳之素厚將恕之召問尚書右僕射何尚

之尚之具陳炳之得失又密奏曰夫爲國爲家何嘗不謹用前典今苟欲通一人慮非哲王御世之長術炳之所行非暧昧而已臣所聞既非一旦又往往眼見事如丘山彰彰若此遂縱而不糾不知復何以爲治晉武不曰明主斷鬲令事遂能奮發華廙見待不輕廢錮累年後起止作城門校尉耳若言炳之有誠於國未知的是何事政當云與殷景仁不失其舊與劉湛亦復不疎且景仁當時事意豈復可蔑朝士

兩邊相推亦復何限縱有微誠復何足掩其惡今賈充勳烈晉之重臣雖事業不勝不聞有大罪諸臣進說便遠出之陛下聖叡反更遲遲於此炳之身上之舋既自藉藉交結朋黨構扇是非實足亂俗傷風諸惡紛紜過於范曄所少賊一事耳伏願深加三思試以諸聲傳普訪諸可顧問者羣下見陛下顧遇既重恐不敢苦相侵傷顧問之日宜布嫌責之旨若不如此亦當不辯有所得失臣蠢既有所啓要

欲盡其心如無可納伏願宥其觸忤之罪時炳之自理不諳臺制令史並言停外非嫌太祖以炳之信受失所小事不足傷大臣尚之又陳曰炳之呼二令史出宿令史諮都令史駱宰宰云不通吏部曹亦咸知不可令史具向炳之說不得停之意炳之了不聽納之非爲不解直是苟相留耳由外悉知此而誣於信受羣情豈了陛下不假爲之辭雖是令史出乃遠虧朝典又不得謂之小事謝晦望實非今者

之疇一事錯誤免侍中官王珣時賢小失桓胤春蒐之謬皆白衣領職況公犯憲制者邪不審可有同王桓白衣例不於任使無損兼可得以爲肅戒孔萬祀居左丞之局不念相當語駱宰云炳之貴要異他尚書身政可得無言耳又云不癡不聾不成姑公敢作此言亦爲異也太祖猶優游之使尚之更陳其意尚之乃備言炳之愆過曰尚書舊有增置幹二十人以元凱丞郎幹之假疾病炳之常取十人私使詢

慰幹闕不得時補近得王師猶不遣還臣令人語之先取人使意常未安今既有手力不宜復留得臣此信方復遣耳大都爲人好率懷行事有諸紜紜不悉可曉臣思張遼之言關羽雖兄弟曹公父子豈得不言觀今人憂國實寡臣復結舌日月之明或有所蔽然不知臣者豈不謂臣有爭競之迹追以悵悵臣與炳之周旋俱被恩接不宜復生厚薄太尉昨與臣言說炳之有諸不可非唯一條遠近相崇畏

震動四海凡短人辦得致此更復可嘉虞秀之門生事之累味珍肴未嘗有乏其外別貢豈可具詳炳之門中不問大小誅求張幼緒幼緒轉無以堪命炳之先與劉德願殊惡德願自持琵琶甚精麗遣之便復款然市令盛馥進數百口材助營宅恐人知作虛買券劉道錫驟有所輸傾南俸之半劉雍自謂得其力助事之如父夏中送甘蔗若新發於州國吏運載樵荻無輟於道諸見人有物鮮或不求聞

劉遵考有材便乞材見好燭盤便復乞之選用不平不可一二太尉又云炳之都無共事之體凡所選舉悉是其意政令太尉知耳論虞秀之作黃門太不政若和故得停太尉近與炳之疏欲用德願兒作州西曹炳之乃啓用爲主簿即語德願德願謝太尉前後漏泄賣恩亦復何極縱不加罪故宜出之士庶忿疾之非直項羽楚歌而已也自從裴劉刑罰以來諸將陳力百倍今日事實好惡可問若赫然發憤顯明法憲

陛下便可閑卧紫闥無復一事也太祖欲出炳之爲丹楊又以問尚之尚之荅曰臣既乏賈生應對之才又謝汲公犯顏之直至於侍坐仰酬每不能盡旰出伏復深思秖有愚滯今之事跡異口同音便是彰著政未測得物之數耳可爲蹈罪負恩無所復少且居官失和未有此比陛下遲遲舊恩未忍窮法爲弘之大莫復過此方復有尹京赫赫之援恐悉心奉國之人於此而息貪狠恣意者歲月滋甚非但虧

點王化乃治亂所由如臣所聞天下論議炳之常塵累日月未見一豪增輝今曲阿在水南恩寵無異而協首郡之榮乃更成其形勢便是老王雅也古人云無賞罰雖堯舜不能爲治也陛下豈可坐損皇家之重迷一凡人事若復在可否之間亦不敢苟陳穴管今之枉直明白灼然而叡王令王反更不悟令賈誼劉向重生豈不慷慨流涕於聖世邪臣昔啓范曄當時亦懼犯觸之尤苟是愚懷所挹政

自不能舒達所謂雖九死而不悔者也謂炳之且外出若能修改在職著稱還亦不難而可得少明國典粗酬四海之誚令愆疊如山榮任不損炳之若復有彰大之罪誰復敢以聞述且自非殊勳異績亦何足塞今日之尤歷觀古今未有衆過藉藉受貨數百萬更得高官厚祿如今者也臣每念聖化中有此事未嘗不痛心疾首設令臣等數人縱橫狠藉復如此不審當復云何㥯之近啓賈充遠鎮

今亦何足分外出恐是榮之良者臣知陛下
不能採臣言故是臣不能盡已之愚至耳今
蒙恩榮者不少臣何爲獨懇懇於斯實是
尊主樂治之意伏願試更垂察又曰臣見劉伯
寵大慷慨炳之所行云有人送張幼緒幼緒語
人吾雖得一縣負三十萬錢庾沖遠乃當送
至新林見縛束猶未得解手苟万秋嘗詣炳
之值一客姓夏侯主人問有好牛不云無問有
好馬不又云無政有佳驢耳炳之便答甚是

所欲客出門遂與相聞索之劉道錫云是炳
之所舉就道錫索嫁女具及祠器乃當百萬
數猶謂不然選令史章龍向臣說亦歎其受
納之過言實得嫁女具銅鑪四人轝乃勝細
葛斗帳等物不可稱數在尚書中令奴酤酃
酒利其百十亦是立臺閣所無不審少簡聖
聽不恐仰傷日月之明臣竊爲之歎息太祖
乃可有司之奏免炳之官是歲元嘉二十五年
也二十七年卒於家時年六十二太祖録其

宿誠追復本官二子季遠弘遠
謝方明陳郡陽夏人尚書僕射景仁從祖弟
也祖鐵永嘉太守父沖中書侍郎家在會稽
謝病歸除黄門侍郎不就爲孫恩所殺追贈
散騎常侍方明隨伯父吴興太守邈在郡孫
恩寇會稽東土諸郡皆響應吴興民胡桀郜
驃破東遷縣方明勸邈避之不從賊至被害
方明逃竄遂免初邈舅子長樂馮嗣之及北
方學士馮翊仇玄達俱往吴興投邈並舍之

郡學禮待甚簡二人並忿愠遂與恩通謀恩
嘗爲嗣之等從者夜入郡見邈衆逼不悟本
欲於吴興起兵事趣不果乃遷於會稽及郜
等攻郡嗣之玄達並豫其謀劉牢之謝琰等
討恩恩走入海嗣之等不得同去方更聚合方
明結邈門生義故得百餘人掩討嗣之等悉禽
手刃之于時荒亂之後吉凶禮廢方明合
門遇禍資産無遺而營舉凶事盡其力用數
月之間葬送並畢平世備禮無以加也頃之孫

恩重没會稽謝琰見害恩購求方明甚急方
明於上虞載母妹奔東陽由黃蘗嶠出鄱陽
附載還都寄居國子學流離險厄屯苦備經
而貞立之操在約無改元興元年桓玄尅京
邑丹楊尹卞範之勢傾朝野欲以女嫁方
明使尚書吏部郎王騰譬說備至方明終不
回桓玄聞而賞之即除著作佐郎補司徒王
謐主簿從兄景仁舉爲高祖中兵主簿方明
事思忠益知無不爲高祖謂之曰愧未有瓜

衍之賞且當與卿共豫章國祿屢加賞賜方
明嚴恪善自居遇雖處闇室未嘗有惰容無
他伎能自然有雅韻從兄混有重名唯歲節
朝宗而已丹楊尹劉穆之權重當時朝野輻
輳不與穆之相識者唯有混方明郗僧施蔡
廓四人而已穆之甚以爲恨方明廓後往造
之大悅白高祖曰謝方明可謂名家駒直置
便自是台鼎人無論復有才用頃之轉從事
中郎仍爲左將軍道憐長史高祖命府內衆

事皆諮決之隨府轉中軍長史尋更加晉陵
太守復爲驃騎長史南郡相委任如初嘗年
終江陵縣獄囚事無輕重悉散聽歸家使過
正三日還到罪應入重者有二十餘人綱紀以
下莫不疑懼時晉陵郡送故主簿弘季盛徐
壽之並隨在西固諫以爲昔人雖有其事或
是記籍過言且當今民情僞薄不可以古義
相許方明不納一時遣之囚及父兄皆驚喜涕
泣以爲就死無恨至期有重罪二人不還方明

不聽討捕其一人醉不能歸遠二日乃反餘一囚
十日不至五官朱千期請見欲白討之方明知
爲囚事使左右謝五官不須入囚自當反囚逡
巡墟里不能自歸鄉村責讓之率領將送遂
竟無逃亡者遠近咸歎服焉遭母憂去職服
闋爲宋臺尚書吏部郎高祖受命遷侍中永
初三年出爲丹楊尹有能名轉會稽太守江東
民戶殷盛風俗峻刻強弱相陵姦吏蜂起符書
一下文攝相續又罪及比伍動相連坐一人犯吏

則一村廢業邑里驚擾狗吠達旦方明深達治體不拘文法闊略苛細務存綱領州臺符攝即時宣下緩民期會展其辦舉郡縣監司不得妄出貴族豪士莫敢犯禁除比伍之坐判久繫之獄前後征伐每兵運不充悉發倩士庶事既寧息皆使還本而屬所刻害或即以補吏守宰不明與奪乖舛人事不至必被抑塞方明簡汰精當各慎所宜雖服役十載亦一朝從理東土至今稱詠之性尤愛惜未甞有所是非

承代前人不易其政有必宜改者則以漸移變使無迹可尋元嘉三年卒官年四十七

子惠連幼而聰敏年十歲能屬文族兄靈運深相知賞事在靈運傳本州辟主簿不就惠連先愛會稽郡吏杜德靈及居父憂贈以五言詩十餘首文行於世坐被徙廢塞不豫榮伍尚書僕射殷景仁愛其才因言次白太祖臣小兒時便見世中有此文而論者云是謝惠連其實非也太祖曰若如此便應通之元嘉七年方爲司徒彭城王義康法曹參軍是時義康治東府城城塹中得古冢爲之改葬使惠連爲祭文留信待成其文甚美又爲雪賦亦以高麗見奇文章並傳於世十年卒時年二十七既早亡且輕薄多尤累故官位不顯無子弟宣竟陵王誕司徒從事中郎臨川內史

江夷字茂遠濟陽考城人也祖晉護軍將軍父敳驃騎諮議參軍夷少自藻厲爲後進之美州辟主簿不就桓玄篡位以爲豫章王文學義

旗建高祖板爲鎮軍行參軍尋行大司馬琅邪王軍事轉以公事免頃之復補主簿豫討桓玄功封南郡州陵縣五等侯孟昶建威府司馬中書侍郎中軍太尉從事中郎征西大將軍道規長史南郡太守尋轉太尉諮議參軍領錄事遷長史入爲侍中大司馬從府公北辟拜洛陽園陵進至潼關還領寧遠將軍琅邪內史本州大中正高祖受命大司馬府琅邪國事一以委焉宋臺初建爲五兵尚書高祖受命

轉掌度支出爲義興太守加秩中二千石以疾去
職尋拜吏部尚書爲吴郡太守營陽王於吴
縣見害夷臨哭盡禮又以兄疾去官復爲丹陽
尹吏部尚書加散騎常侍遷右僕射夷美風
儀善舉止歷任以和簡著稱出爲湘州刺史
加散騎常侍未之職病卒時年四十八遺命薄
斂蔬奠務存儉約追贈前將軍本官如故子
湛别有傳
史臣曰爲國之道食不如信立人之要先質後

文士君子當以體正爲基蹈義爲本然後飾
以藝能文以禮樂苟或難備不若文不足而
質有餘也是以小心翼翼可祗事於上帝嗇
夫喋喋終不離於虎圈江夷謝方明謝弘微王
惠王球學義之美未足以成名而貞心雅體
廷臣所罕及詩云温温恭人惟德之基信矣
列傳第十三

列傳第十四　　宋書五十四

臣沈　約　新撰

孔季恭
羊玄保
沈曇慶

孔靖字季恭會稽山陰人也名與高祖祖諱同
故稱字祖愉晉車騎將軍父誾散騎常侍季恭
始察郡孝廉功曹史著作佐郎太子舍人鎮軍
司馬司徒左西掾未拜遭母憂隆安五年於喪
中被起建威將軍山陰令不就高祖東征孫恩

屢至會稽季恭曲意禮接贍給甚厚高祖後
討孫恩時桓玄篡形已著欲於山陰建義討之
季恭以爲山陰去京邑路遠且玄未居極位不
如待其篡逆事彰釁成惡稔徐於京口圖之不
憂不剋高祖亦謂爲然虞嘯父爲征東將軍會
稽内史季恭初求爲府司馬不得及帝定桓玄
以季恭爲内史使齎封板拜授季恭相值季恭
便舟夜還至即叩扉告嘯父并令掃拂别齋即

便入郡嘯父本爲桓玄所授聞玄敗震懼開門
請罪季恭慰勉使且安所住明旦乃移季恭到
任務存治實敕止浮華翦罰游惰由是寇盜
衰止境內肅清徵爲右衛將軍加給事中不拜
尋除侍中領本國中正從琅邪王大司馬司馬尋
出爲吳興太守加冠軍先是吳興頻喪太守云項
羽神爲下山王居郡聽事二千石至常避之季
恭居聽事竟無害也遷尚書右僕射固讓義熙
八年復督五郡諸軍征虜會稽內史脩飾學校

計課調習十年復爲尚書右僕射加散騎常侍
又讓不拜頃之除領軍將軍加散騎常侍本州
大中正十二年致仕拜金紫光祿大夫常侍如故
是歲高祖北伐季恭求從以爲太尉軍諮祭酒
後將軍從平關洛高祖爲相國又隨府遷宋臺
初建命書以爲尚書令加散騎常侍又讓不受
乃拜侍中特進左光祿大夫辭事東歸高祖餞
之戲馬臺百僚咸賦詩以述其美及受命加開
府儀同三司辭讓累年終以不受永初三年薨

時年七十六追贈侍中左光祿大夫開府儀同
三司子坐歷顯位侍中會稽太守坐小弟駕部
郎道穰逼略良家子女白衣領郡元嘉二十七
年卒官弟靈符元嘉末爲南譙王義宣司空
長史南郡太守尚書吏部郎世祖大明初自侍中
爲輔國將軍郢州刺史入爲丹陽尹山陰縣土
境褊狹民多田少靈符表徙無貲之家於餘姚
鄞鄮三縣界墾起湖田上使公卿博議太宰江
夏王義恭議曰夫訓農脩本有國所同土著之

民習翫日久如京師無田不聞從居他縣尋山陰
豪族富室頃畝不少貧者肆力非爲無處耕起
空荒無救災歉又緣湖居民魚鴨爲業及有居
肆理無樂徙尚書令柳元景右僕射劉秀之尚
書王瓚之顧凱之顏師伯嗣湘東王諱議曰富戶
温房無假遷業窮身寒室必應徙居葺宇疏
皐產粒無待資公則公未易充課私則私卒難
具生計既完畬功自息宜募亡叛通恤及與樂田
者其往經創須粗脩立然後徙居侍中沈懷文

王景文黃門侍郎劉敳郗顒議曰百姓雖不親
農不無資生之路若驅以就田則坐相違奪且鄞
等三縣去治並遠既安之民忽徙他邑新垣未
立舊居已毀去留兩困無以自資謂宜適任民
情從其所樂開宥逋亡且令就業若審成腴壤
然後議遷太常王玄謨議曰小民貧匱遠就荒
疇去舊即新糧種俱闕習之既難勸之未易謂
宜微加資給使得肆勤明力田之賞申怠惰之
罰光祿勳王昇之議曰遠廢之疇方翦荊棘率

課窮乏其事彌難資徙粗立徐行無晚上違議
從其徙民並成良業靈符自丹陽出為會稽太
守尋加豫章王子尚撫軍長史靈符家本豐產
業甚廣又於永興立墅周回三十三里水陸地二
百六十五頃含帶二山又有果園九處為有司
所糾詔原之而靈符答對不實坐以免官後復
舊官又為尋陽王子房右軍長史太守如故愍
實有材幹不存華飾每所涖官政績脩理前廢
帝景和中犯忤近臣為所讒搆遣鞭殺之二子

湛之淵之於都賜死太宗即位追贈靈符金紫光
祿大夫淵之大明中為尚書比部郎時安陸應城
縣民張江陵與妻吳共罵母黃令死黃忿恨自經
死值赦律父子賊殺傷毆父母梟首罵詈棄市
謀殺夫之父母亦棄市值赦免刑補治江陵罵母母
以之自裁重於傷毆若同殺科則疑重用毆傷及罵
科則疑輕制唯有打母遇赦猶梟首無罵母致死
值赦之科淵之議曰夫題里逆心而仁者不入名且
惡之況乃人事故毆傷呪詛法所不原罵詈之致盡

則理無可宥罰有從輕蓋疑失善求之文旨非此
之謂江陵雖值赦恩故合梟首婦本以義愛非天
屬黃之所恨情不在吳原死補治有允正法詔如
淵之議吳免棄市
羊玄保太山南城人也祖楷尚書都官郎父綏中書
侍郎玄保起家楚臺太常博士遭母憂服闋右將軍
何無忌前將軍諸葛長民俱板為參軍並不就除臨安
令劉穆之舉為高祖鎮軍參軍庫部郎永世令復為高
祖太尉參軍轉主簿丹陽丞少帝景平二年入為尚書右丞

轉左丞司徒長史府公王弘甚知重之謂左長史
庾登之吏部尚書王准之曰卿二賢明美朗識會
悟多通然弘懿之望故當共推羊也頃之入爲
黃門侍郎善弈棊棊品第三太祖與賭郡戲勝
以補宣城太守先是劉式之爲宣城立吏民亡叛
制一人不禽符伍里吏送州作部若獲者賞位
二階玄保以爲非宜陳之曰臣伏尋亡叛之由
皆出於窮逼未有足以推存而樂爲此者也今
立殊制於事爲苦臣聞苦節不可貞懼致流弊

昔龔遂譬民於亂繩緩之然後可理黃霸以寬
和爲用不以嚴刻爲先臣愚以謂單身逃役便爲
盡戶今一人不測坐者甚多既憚重負各爲身
計牽挽逃竄必致繁滋又能禽獲叛身類非
謹惜既無堪能坐陵勞吏名器虛假所妨實多
將階級不足供賞服勤無以自勸又尋此制施
一邦而已若其是邪則應與天下爲一若其非
邪亦不宜獨行一郡民離憂患其弊將甚臣忝
守所職懼難遵用致率管穴冒以陳聞由此此

制得停玄保在郡一年爲廷尉數月遷尚書吏
部郎御史中丞衡陽王義季右軍長史南東海
太守加輔國將軍入爲都官尚書左衞將軍加給
事中丹陽尹會稽太守又徙吳郡太守加秩中
二千石太祖以玄保廉素寡欲故頻授名郡爲
政雖無幹績而去後常見思不營財利處家儉薄
太祖嘗曰人仕宦非唯須才然亦須運命每有
好官缺我未嘗不先憶羊玄保元凶弒立爲吏
部尚書領國子祭酒尋加光祿大夫及世祖入

討朝野多南奔劭集群僚橫刀怒曰卿等便可
去矣衆戰懼莫敢言玄保容色不異徐曰臣以
死奉朝劭乃解世祖即位以爲散騎常侍領崇
憲衞尉尋遷金紫光祿大夫又以謹敬見知賜賚
甚厚大明初進位光祿大夫五年遷散騎常侍特
進玄保自少至老謹於祭奠四時珍新未得祠薦
者口不妄嘗八年卒時年九十四謚曰定子戎
有才氣而輕薄少行檢玄保嘗云此兒必亡我
家官至通直郎與王僧達謗議時政賜死死後

世祖引見玄保玄保謝曰臣無日磾之明以此上負上美其言戎二弟太祖並賜名曰咸曰粲謂玄保曰欲令卿二子有林下正始餘風玄保旣善棊而何尚之亦雅好棊吳郡褚胤年七歲入高品及長冠絶當時胤父榮期與臧質同逆胤應從誅何尚之請曰胤弈棊之妙超古冠今魏犨犯令以才獲免父戮子宥其例甚多特乞與其微命使異術不絶不許時人痛惜之玄保兄子希字泰聞少有才氣大明初爲尚書左丞時揚州刺史西陽王子尚上言山湖之禁雖有舊科民俗相因替而不奉熂山封水保爲家利自頃以來頹弛日甚富强者兼嶺而占貧弱者薪蘇無託至漁採之地亦又如兹斯實害治之深弊爲政所宜去絶損益舊條更申恒制有司檢壬辰詔書占山護澤彊盜律論贓一丈以上皆棄市希以壬辰之制其禁嚴刻事旣難遵理與時弛而占山封水漸染復滋更相因仍便成先業一朝頓去易致嗟怨今更刊革立制五條凡是山澤先常熂

爈種養竹木雜果爲林及陂湖江海魚梁鰌鮆場常加功脩作者聽不追奪官品第一第二聽占山三頃第三第四品二頃五十畝第五第六品二頃第七第八品一頃五十畝第九品及百姓一頃皆依定格條上貲簿若先已占山不得更占先占闕少依限占足若非前條舊業一不得禁有犯者水土一尺以上並計贓依常盜律論停除咸康二年壬辰之科從之益州刺史劉瑀先爲右衛將軍與府司馬何季穆共事不平季穆爲尚書令建平王宏所親待屢毀瑀於宏會瑀出爲益州奪士人妻爲妾宏使羊希彈之瑀坐免官瑀恨希切齒有門生謝元伯往來希間瑀令訪訊被免之由希曰此奏非我意瑀卽日到宏門奉牋陳謝云聞之羊希希坐漏泄免官大明末爲始安王子直征虜司馬黃門郎御史中丞泰始三年出爲寧朔將軍廣州刺史希初請女夫鎮北中兵參軍蕭惠徽爲長史帶南海太守太宗不許又請爲東莞太守希旣到鎮長史

南海太守陸法眞喪官希又請惠徽補任詔曰希畢門寒士累世無聞輕薄多釁備彰歷職徒以清刻一介擢授嶺南千上逞欲求訴不已可降號横野將軍初李萬周劉嗣祖籍略廣州事在鄧琬傳太宗以萬周爲步兵校尉加寧朔將軍權行廣州事希既至而萬周等並有異圖希誅之希以沛郡劉思道行晉康太守領軍伐俚思道違節度失利希遣收之思道不受命率所領攻州希遣平越長史鄒琰於朝亭拒戰軍敗見殺思道

進攻州城司馬鄒嗣之拒之西門戰敗又死希踰城走思道獲而殺之府參軍鄒曇叟率數十人襲思道已得入城力不敵又敗東莞太守蕭惠徽率郡文武千餘人攻思道戰敗又見殺時龍驤將軍陳伯紹率軍伐俚還擊思道定之贈希輔國將軍惠徽中書郎嗣之越騎校尉希子崇字伯遠尚書主客郎丁母憂哀毀過禮及聞廣州亂即日便徒跣出新亭不能步涉頓伏江渚門義以小船致之於是進路父葬畢不勝哀卒

沈曇慶吳興武康人侍中懷文從父兄也父發員外散騎侍郎早卒吳興太守王韶之爲之誄焉曇慶初辟主簿州從事西曹主簿長沙王義欣後軍鎮軍主簿遭母憂哀毀致稱本縣令諸葛闡之公解言上服釋復爲主簿義欣又請爲鎮軍記室參軍出爲餘杭令遷司徒主簿江夏王義恭太尉録事參軍尚書右丞時歲有水旱曇慶議立常平倉以救民急太祖納其言而事不行領本邑中正少府揚州治中從事史始興王

濬衛軍長史元凶弒立世祖入討劭遣曇慶還東募人安東將軍隨王誕收付永興縣獄久之被原世祖踐阼除東海王褘撫軍長史入爲尚書吏部郎江夏王義恭大司馬長史南東海太守左衛將軍大明元年督徐兗二州及梁郡諸軍事輔國將軍徐州刺史時殿中員外將軍裴景仁助戍彭城本傖人多悉戎荒事曇慶使撰秦記十卷敍符氏僭僞本末其書傳於世明年復徵爲左衛將軍加給事中領本州大中正三年遷祠部尚書

其年卒時年五十七追贈本官曇慶謹實清正所莅有稱績常謂子弟曰吾處世無才能政圖作大老子耳世以長者稱之

史臣曰江南之為國盛矣雖南包象浦西括邛山至於外奉貢賦內充府實止於荊揚二州自漢氏以來民戶彫耗荊楚四戰之地五達之郊井邑殘亡萬不餘一也自元熙十一年馬休之外奔至于元嘉末三十有九載兵車勿用民不外勞役寬務簡氓庶繁息至餘糧栖畝戶不夜扃蓋東西

三百十七　宋書傳十四　十二　張明

之極盛也既揚部分析境極江南考之漢域惟丹陽會稽而已自晉氏遷流迄於太元之世百許年中無風塵之警區域之內晏如也及孫恩寇亂殲亡事極自此以至大明之季年踰六紀民戶繁育將曩時一矣地廣野豐民勤本業一歲或稔則數郡忘飢會土帶海傍湖良疇亦數十萬頃膏腴上地畝直一金鄠杜之間不能比也荊城跨南楚之富揚部有全吳之沃魚鹽杞梓之利充仞八方絲綿布帛之饒覆衣天下而田家作苦役難利薄亘歲從務無或一日非農而經稅橫賦之資養生送死之具莫不咸出於此穰歲糶賤糶賤則稼苦饑年糴貴糴貴則商倍常平之議行於漢世元嘉十三年東土潦浸民命棘矣太祖省費減用開倉廩以振之病而不凶蓋此力也大明之末積旱成災雖敝同往困而救非昔主所以病未半古死已倍之并命比室口減過半若常平之計興於中年遂切扶患或不至是若籠以平價則官民優議屈當時蓋由於此

一万七十五　宋書傳十四　十三

列傳第十四　宋書五十四

列傳第十五　　宋書五十五

臣沈約　新撰

臧燾

徐廣

傅隆

臧燾字德仁東莞莒人武敬皇后兄也少好學善三禮貧約自立操行爲鄉里所稱晋孝武帝太元中衞將軍謝安始立國學徐兖二州刺史謝玄舉燾爲明教孝武帝追崇庶祖母宣太后議者或謂宜配食中宗燾議曰陽秋之義母以子貴故仲子成風咸稱夫人經云考仲子之宮若配食惠廟則宮無緣別築前漢孝文孝昭太后並繫子爲號祭於寢園不配於高祖孝武之廟後漢和帝之母曰恭懷皇后安帝祖母曰恭愍皇后雖不繫子爲號亦祭於陵寢不配章安二帝此則二漢雖有太后皇后之異至於並不配食義同陽秋唯光武追廢呂后故以薄后配高祖

廟又衞后既廢霍光追尊李夫人爲皇后配孝武廟此非母以子貴之例直以高武二廟無配故耳夫漢立寢於陵自是晋制所異謂宜遠准陽秋考宮之義近摹二漢不配之典尊號既正則罔極之情申別建寢廟則嚴禰之義顯繫子爲稱兼明母貴之所由一舉而允三義固哲王之高致也議者從之頃之去官以母老家貧與弟熹俱棄人事躬耕自業約己養親者十餘載父母喪亡居喪六年以毁瘠著稱服闋除臨沂令義旗建爲太學博士參右將軍何無忌軍事隨府轉鎮南將軍高祖鎮京口與燾書曰頃學尚廢弛後進頽業衡門之內清風輟響良由戎車屢警禮樂中息浮夫近志情與事染豈可不敦崇墳籍敦厲風尚此境人士子姪如林明發搜訪想聞令軌然荆玉含寶要俟開瑩幽蘭懷馨事資扇發獨習寡悟義著周典今經師不遠而赴業無聞非唯志學者鮮或是勸誘未至邪想復弘之參高

祖中軍軍事入補尚書度支郎改掌祠部襲封高陵侯時太廟鴟尾災壽謂著作郎徐廣曰昔孔子在齊聞魯廟災曰必桓僖也今征西京兆四府君宜在毀落而猶列廟饗此其徵乎乃上議曰臣聞國之大事在祀與戎將營宮室宗廟爲首古先哲王莫不致肅恭之誠心盡崇嚴乎祖考然後能流淳化於四海通幽感於神明固宜詳廢興於古典循情禮以求中者也禮天子七廟三昭三穆與太祖而七自考廟

以至祖考五廟皆月祭之遠廟爲祧有二祧享嘗乃止去祧爲壇去壇爲墠有禱然後祭之此宗廟之次親疏之序也鄭玄以爲祧者文王武王之廟王肅以爲五世六世之祖尋去祧之言則祧非文武之廟矣周之祖宗何云去祧爲壇乎明遠廟爲祧者無服之祖也又遠廟則有享嘗之禮去祧則有壇墠之殊明世遠者其義彌疎也若祧是文武之廟宜同月祭於太祖雖推后稷以配天由功德之所始非尊

崇之義每有差降也又禮有以多貴者故傳稱德厚者流光德薄者流卑又云自上以下降殺以兩禮也此則尊卑等級之典上下殊異之文而云天子諸侯俱祭五廟何哉又王祭嫡殤下及來孫而上祀之禮不過高祖推隆恩於下流替誠敬於尊屬亦非聖人制禮之意也是以泰始建廟從王氏議以禮父爲士子爲天子諸侯祭以天子諸侯其尸服以士服故上及征西以備六世之數宣皇雖爲太祖尚在子

孫之位至於殷祭之日未申東向之禮所謂子雖齊聖不先父食者矣今京兆以上既遷太祖始得居正議者以昭穆未足欲屈太祖於卑坐臣以爲非禮典之旨所與太祖而七自是昭穆既足太祖在六世之外非爲須滿七廟乃得居太祖也議者又以四府君神主宜永同於殷祫臣又以爲不然傳所謂毀廟之主陳乎太祖謂太祖以下先君之主也故白虎通云禘祫祭遷廟者以其繼君之體持其統而不絕也豈如四府君在太祖

之前非繼統之主無靈命之瑞非王業之基晉以世近而及今則情禮已遠而當田長饗殷祫永虛太祖之位求之禮籍未見其可昔永和之初大議斯禮于時虞喜范宣並以淵儒碩學咸謂四府君神主無緣永存於百世或欲瘞之兩階或欲藏之石室或欲爲之改築雖所秉小異而大歸是同若宣皇既居群廟之上而四主禘祫不已則大晉殷祭長無太祖之位矣夫理貴有中不必過厚禮與世遷豈可順而不斷故臣子之情雖

篤而靈厲之論彌彰追遠之懷雖切而遷毀之禮爲用豈不有心於加厚顧禮制不可踰爾石室則藏於廟北改築則未知所處虞主所以依神神移則有瘞埋之禮四主若饗祀宜廢亦神之所不依也准傍事例宜同虞主之瘞埋然經典難詳羣言紛錯非臣卑淺所能折中時學者多從壽議竟未施行遷通直郎高祖鎮軍車騎中軍太尉諮議參軍高祖北伐關洛大司馬琅邪王同行除大司馬從事中郎摠留府事義

熙十四年除侍中元熙元年以脚疾去職高祖受命徵拜太常雖外戚貴顯而彌自沖約茅屋蔬飡不改其舊所得奉祿與親戚共之永初三年致仕拜光祿大夫加金章紫綬其年卒時年七十少帝追贈左光祿大夫加散騎常侍長子邃護軍司馬宜都太守少子綽太子中舍人新安太守邃長子謀之尚書都官郎烏程令謀之弟凝之學涉有當世才具與司空徐湛之爲異常之交年少時與北地傅僧祐俱以通家子始

爲太祖所引見時上與何尚之論鑄錢事凝之便干其語上因回與論之僧祐引凝之衣令止凝之大言謂僧祐曰明主難再遇便應正盡所懷上與往復十餘反凝之詞韻銓序兼有理證上甚賞焉歷隨王誕後軍記室錄事欲以爲青州其事不果遷尚書右丞以徐湛之黨爲元凶所殺子賁尚書主客郎徐羨之征西功曹爲攸之盡節事在攸之傳凝之弟潭之亦有美譽太宗世歷尚書吏部郎御史中丞後廢帝元徽中爲左

民尚書卒官濬之弟澄之太子左積弩將軍元
嘉二十七年領軍於盱眙爲索虜所破見殺追
贈通直郎綽子煥順帝昇明中爲武昌太守沈
攸之攻郢城煥棄郡赴之攸之敗伏誅僧祐祖
父弘仁高祖外弟也以中表歷顯官征虜將軍南
譙太守太常卿子邵員外散騎侍郎妻燾女也
生僧祐有吏才再爲山陰令甚有能名末世令
長莫及亦以徐湛之黨爲元凶所殺
徐廣字野民東莞姑幕人也父藻都水使者

兄邈太子前衛率家世好學至廣尤精百家數
術無不研覽謝玄爲州辟廣從事西曹又譙王
司馬恬鎮北參軍晉孝武帝以廣博學除爲
祕書郎校書秘閣增置職僚轉員外散騎侍
郎領校書如故隆安中尚書令王珣舉爲祠部
郎李太后薨廣議服曰太皇太后名位允正體同
皇極理制備盡情禮彌申陽秋之義母以子貴
既稱夫人禮服從正故成風顯夫人之號僖公
服三年之喪子於父之所生體尊義重且祖不

厭孫固宜遂服無屈而緣情立制若嫌明文不
存則疑斯從重謂應同於爲祖母後齊衰三年
服從其議時會稽王世子元顯錄尚書欲使百
僚致敬臺內使廣立議由是內外並執下官禮
廣常爲愧恨焉元顯引爲中軍參軍遷領軍長
史桓玄輔政以爲大將軍文學祭酒義熙初高
祖使撰車服儀注乃除鎮軍諮議參軍領記室
封樂成縣五等侯轉員外散騎常侍領著作郎
二年尚書奏曰臣聞左史述言右官書事乘志

顯於晉鄭陽秋著乎魯史自皇代有造中興晉
祀道風帝典煥乎史策而太和以降世歷三朝
玄風聖迹倏爲疇古臣等參詳宜敕著作郎
徐廣撰成國史詔曰先朝至德光被未著方
策宜流風緬代永貽將來者也便敕撰集六
年遷散騎常侍又領徐州大中正轉正員
常侍時有風雹爲災廣獻書高祖曰風雹
變未必爲災古之聖賢輒懼而修己所以
興政化而隆德教也嘗忝服事宿眷

未忘思遏塵露率誠干習明公初建義旗臣復
宗社神武應運信宿平夷且恭謙儉約虛心匪
懈來蘇之化功用若神頃事故既多刑德並用
戰功殷積報叙難盡萬機繁湊固應難速且小
細煩密群下多懼又穀帛豐賤而民情不勸禁
司互設而劫盜多有誠由俗弊未易整而望深
未易炳追思義熙之始如有不同何者好安願
逸萬物之大趣習舊駭新凡識所不免要當俯
順羣情抑揚隨俗則朝野歡泰具瞻允康矣言

無可採頗矜其愚款之志又轉大司農領著作
郎皆如故十二年晉紀成凡四十六卷表上之
遷秘書監初桓玄篡位安帝出宮廣陪列悲慟
哀動左右及高祖受禪恭帝遜位廣又哀感涕
泗交流謝晦見之謂之曰徐公將無小過廣收
淚答曰身與君不同君佐命興王逢千載嘉運
身世荷晉德實眷戀故主因更歔欷永初元年
詔曰秘書監徐廣學優行謹歷位恭肅可中散
大夫廣上表曰臣年時衰耄朝敬永闕端居都

邑徙增替怠臣墳墓在晉陵臣又生長京口戀
舊懷遠每感暮心息道玄謬荷朝恩忝宰此邑
乞相隨之官歸終桑梓微志獲申殞没無恨許
之贈賜甚厚性好讀書老猶不倦元嘉二年卒
時年七十四荅禮問百餘條用於今世廣子豁
在良吏傳

傳隆字伯祚北地靈州人也高祖咸晉司隸校尉
曾祖晞司徒屬父祖早亡隆少孤又無近屬
單貧有學行不好交游義熙初年四十始為孟

昶建威將軍員外散騎侍郎坐辭兼免後為會
稽征虜參軍家在上虞及東歸便有終焉之志
歷佐三軍首尾八年除給事中尚書僕射丹陽
尹徐羨之置威府以為録事參軍尋轉尚書祠
部郎丹陽丞入為尚書左右丞以族弟亮為僕
射緦服不得相臨徙太子率更令廬陵王義真
車騎咨議參軍出補山陰令太祖元嘉初除司
徒右長史遷御史中丞當官而行甚得司直之
體轉司徒右長史時會稽剡縣民黄初妻趙打

息載妻王死亡遇赦王有父母又息男稱息女
葉依法徙趙二千里外隆議之曰夫禮律之興
蓋本之自然求之情理非從天墮非從地出也
父子至親分形同氣稱之於載即載之於趙雖
云三世爲體猶一未有能分之者也稱雖創巨
痛深固無讎祖之義若稱可以殺趙趙當何以
處載將父子孫祖互相殘戮懼非先王明罰咎
繇立法之本旨也向使日磾之孫砥鋒挺鍔
不與二祖同戴天日則石碏秺侯何得流名

百代以爲美談者哉舊令云殺人父母徙之
二千里外不施父子孫祖明矣趙當避王朞
功千里外耳令亦云凡流徙者同籍親近欲
相隨者聽之此又大通情體因親以教愛者
也趙既流移載爲人子何得不從載從而稱不
行豈名教所許如此稱趙竟不可分趙雖内
愧終身稱當沈痛没齒孫祖之義自不得永
絶事理固然也從之又出爲義興太守在郡
有能名徵拜左民尚書坐正直受節假對人未

至委出白衣領職尋轉太常十四年太祖以新撰
禮論付隆使下意隆上表曰臣以下愚不涉師
訓孤陋閭閻面墻靡識謬蒙詢逮愧懼流汗原
夫禮者三千之本人倫之至道故用之家國君
臣以之親用之婚冠少長以之仁愛夫妻以之
義順用之鄉人友朋以之三益賓主以之敬讓
所謂極乎天播乎地窮高遠測深厚莫尚於禮
也其樂之聲易之八象詩之風雅書之典誥春
秋之微婉勸懲無不本乎禮而後立也其源遠

流廣其體大而義精非夫叡哲大賢孰能明乎
此哉況遭暴秦焚亡百不存一漢興始徵召故
老搜集殘文其體例紕繆首尾脫落難可詳論
幸高堂生頗識舊義諸儒各爲章句之說既明
不獨達所見不同或師資相傳共枝別幹故
聞人二戴俱事后蒼俄已分異盧植鄭玄
偕學馬融人各名家又後之學者未逮曩時
而問難星繁充斥兼兩摛文列錦煥爛
可觀然而五服之本或差哀敬之制舛雜國

典未一於四海家法參駮於縉紳誠宜考詳遠慮以定皇代之盛禮者也伏惟陛下欽明玄聖同規唐虞疇咨四岳興言三禮而伯夷未登微臣竊位所以大懼負乘形神交惡者無忘夙夜矣而復猥充博採之數與聞爰發之求實無以仰酬聖旨萬分之一不敢廢嘿謹率管穴所見五十二事上呈蚩鄙茫浪伏用竦赧明年致仕拜光祿大夫歸老在家手不釋卷博學多通特精三禮謹於奉公常手抄書籍

二十八年卒時年八十三

史臣曰選賢於野則治身業弘求士於朝則飾智風起六經奧遠方軌之正路百家淺末捷至之偏道漢世登士閭黨爲先崇本務學不尚浮詭然後可以俯拾青組顧蔑籝金於是人厲從師之志家競專門之術藝重當時所居一旦成市黌舍暫啓著錄或至萬人是故仕以學成身由義立自魏氏膺命主愛雕蟲家棄章句人重異術又選賢進士不本鄉閭銓衡之寄任歸臺閣以一人之耳目究山川之險情賢否臆斷萬不值一由是仕憑借譽學非爲己崇詭遇之巧速鄙税駕之遲難士自此委笥植經各從所務早往晏退以取世資庠序黌校之士傳經聚徒之業自黃初至于晉末百餘年中儒教盡矣高祖受命議創國學宮車早晏道未及行迄于元嘉甫獲克就雅風盛烈未及曩時而濟濟焉頗有前王之遺典天子鸞旗警蹕清道而臨學館儲后冕旒黼黻北

面而禮先師後生所不嘗聞黃髮未之前覩亦一代之盛也臧燾徐廣傅隆裴松之何承天雷次宗並服膺聖哲不爲雅俗推移立名於世宜矣潁川庾蔚之鴈門周野王汝南周王子河内向琰會稽賀道養皆託志經書見稱於後學蔚之略解禮記并注賀循喪服行於世云

列傳第十五　宋書五十五

列傳第十六　宋書五十六

臣沈　約　新撰

謝瞻
孔琳之

謝瞻字宣遠一名檐字通遠陳郡陽夏人衛將軍晦第三兄也年六歲能屬文爲紫石英讚果然詩當時才士莫不歎異初爲桓偉安西參軍楚臺祕書郎瞻幼孤叔母劉撫養有恩紀兄弟事之同於至親劉弟柳爲吳郡將姊俱行瞻不能違解職隨從爲柳建威長史尋爲高祖鎮軍琅邪王大司馬參軍轉主簿安成相中書侍郎宋國中書黃門侍郎相國從事中郎弟晦時爲宋臺右衛權遇已重於彭城還都迎家賓客輻輳門巷填咽時瞻在家驚駭謂晦曰汝名位未多而人歸趣乃爾吾家素以退爲業不願干豫時事交遊不過親朋而汝遂勢傾朝野此豈門户之福邪乃籬隔門庭曰吾不忍見此及還彭城言於高祖曰臣本素士父祖位不過二千石

弟年始三十志用凡近榮冠臺府位任顯密福過災生其應無遠特乞降黜以保衰門前後屢陳高祖以瞻爲吳興郡又自陳請乃爲豫章太守晦或以朝廷密事語瞻瞻輒向親舊陳說以爲笑戲以絕其言晦遂建佐命之功任寄隆重瞻愈憂懼永初二年在郡遇疾不肯自治幸於不永晦聞疾奔往瞻見之曰汝爲國大臣又總戎重萬里遠出必生疑謗時果有訴告晦反者瞻疾篤還都高祖以晦禁旅不得出宿使瞻居于晉南郡公主婿羊賁故第在領軍府東門瞻曰吾有先人弊廬何爲於此臨終遺晦書曰吾得啓體幸全歸骨山足亦何所多恨弟思自勉厲爲國爲家遂卒時年三十五瞻善於文章辭采之美與族叔昆弟靈運相抗靈運父奐無才能爲祕書郎早年而亡靈運好臧否人物混患之欲加裁折未有方也謂瞻曰非汝莫能乃與晦曜弘微等共遊戲使瞻與靈運登車使商較人物瞻謂之曰祕書早亡談者亦互有同異

靈運默然言論自此衰止弟曜字宣鏡幼有殊行年數歲所生母郭氏久嬰痼疾晨昏温凊河藥捧膳不闕一時勤容戚顔未嘗暫改恐僕役營疾懈倦躬自執勞母爲病畏驚微踐過甚一家尊卑感曜至性咸納屨而行屏氣而語如此者十餘年初爲州主簿中軍行參軍太子舍人俄遷祕書丞自以兄居權貴已蒙超擢固辭不就徐羊之請爲司空長史黄門郎元嘉三年從坐伏誅時年三十一有詔宥其子世平又早卒無

孔琳之字彦琳會稽山陰人祖沈晉丞相掾父殿光禄大夫琳之彊正有志力好文義解音律能彈棊妙善草隸郡命主簿不就後辟本國常侍輕之尉桓玄時議欲廢錢用穀帛琳之議曰洪範八政以貨次食豈不以交易之資爲用之至要者乎若使不以交易百姓用力於爲錢則是妨其爲生之業禁之可也今農自務穀工自務器四民各肆其業何嘗致勤於錢故聖王制無用之貨以通有用之財既無毀敗之費又省運置之苦此錢所以嗣功龜貝歷代不廢者也穀帛爲寶本充衣食今分以爲貨則致損甚多又勞毀於商販之手耗棄於割截之用此之爲敝著於自曩故鍾繇曰巧僞之民競蘊濕穀以要利制薄絹以充資魏世制以嚴刑弗能禁也是以司馬芝以爲用錢非徒豐國亦所以省刑錢之不用由於兵亂積久自至於廢有由而然漢末是也今既用而廢之則百姓頓亡其財今

括囊天下穀以周天下之食或倉庾充衍或糧靡斗儲以相資通則貧者仰富致之之道實假於錢一朝斷之便爲棄物是有錢無糧之民皆坐而饑困此斷錢之立敝也且據今用錢之處不爲貧用穀之處不爲富又民習來久革之必惑語曰利不百不易業況又錢便於穀邪魏明帝時錢廢穀用三十年矣以不便於民乃舉朝大議精力達治之士莫不以宜復用錢民無異情朝無異論彼尚舍穀帛而用錢足以明穀帛

之弊著於已試世謂魏氏不用錢久積累巨萬
故欲行之利公富國斯殆不然昔晉文後舅犯
之謀而先成季之信以為雖有一時之勳不如
萬世之益于時名賢在列君子盈朝大謀天下
之利害將定經國之要術若穀實便錢義不昧
當時之近利而廢永用之通業斷可知矣斯實
由困而思革改而更張耳近孝武之末天下無
事時和年豐百姓樂業便自穀帛殷阜幾乎家
給人足驗之事實錢又不妨民也頃兵革屢興

荒饉荐及飢寒未振實此之由公既援而拯之
大革視聽弘敦本之教明廣農之科敬授民時
各順其業遊蕩知反務末自休固以南畝競力
野無遺壤矣於是以往升平必至何衣食之足
卹愚謂救弊之術無取於廢錢玄又議復肉刑
琳之以為唐虞象刑夏禹立辟蓋淳薄既異致
化實同寬猛相濟惟變所適書曰刑罰世輕世
重言隨時也夫三代風純而事簡故罕蹈刑辟
季末俗巧而務殷故動陷憲網若三千行於叔

世必省踊貴之尤此五帝不相循法肉刑不可
悉復者也漢文發仁惻之意傷自新之路莫由
革古創制號稱刑厝然名輕而實重反更傷民
故孝景嗣位輕之以緩緩而民慢又不禁邪期
于刑罰之中所以見美在昔歷代詳論而未獲
厥中者也兵荒後罹法更多棄市之刑本斬右
趾漢文一謬承而弗革所以前賢恨恨議之而
未辯鍾繇陳羣之意雖小有不同而欲右趾代
棄市若從其言則所活者衆矣降死之生誠為

輕法然人情慎顯而輕昧忽遠而驚近是以盤
盂有銘韋弦作佩況在小人尤其所惑或目所
不覩則忽而不戒日陳于前則驚心駭矚由此
言之重之不必不傷輕之不必不懼而可以全
其性命蕃其產育仁既濟物功亦益衆又今之
所患逋逃為先屢叛不革逃身靡所亦以肅戒
未犯永絕惡原至於餘條宜依舊制豈曰允中
貴獻管穴玄好人附悅而琳之不能順旨是以
不見知遷楚臺五員外散騎侍郎遭母憂去職服

闕除司徒左西掾以父致仕自解時司馬休之爲會稽内史後將軍仍以琳之爲長史父憂去官服闋補太尉主簿尚書左丞揚州治中從事史所居著績衆官獻便宜議者以爲宜修庠序卹典刑審官方明黜陟舉逸拔才務農簡調琳之於衆議之外别建言曰夫璽印者所以辯章官爵立契符信官莫大於皇帝爵莫尊於公侯而傳國之璽歷代迭用襲封之印奕世相傳貴在仍舊無取改作今世唯尉一職獨用一印至

於内外羣官每遷悉改討尋其義私所未達若謂官各異姓與傳襲不同則未若異代之爲殊也若論其名器雖有公卿之貴未若帝王之重若以或有誅夷之臣忌其凶穢則漢用秦璽延祚四百未聞以子嬰身戮國亡而棄之不佩帝王公侯之尊不疑於傳璽人臣衆僚之卑何嫌於即印載籍未聞其說推例自乖其准而終年刻鑄喪功消實金銀銅炭之費不可稱言非所以因循舊貫易簡之道愚謂衆官即用一印無

煩改作若有新置官又官多印少文或零失然後乃鑄則仰裨天府非唯小益又曰凶門柏裝不出禮典起自末代積習生常遂成舊俗爰自天子達于庶人誠行之有由卒革必駭然苟無關於情而有愆禮度存之未有所明去之未有所失固當式遵先典釐革後謬況復兼以游費宜爲民患者乎凡人士喪儀多出閭里每有此須動十數萬損民財力而義無所取至於寒庶則人思自竭雖復室如懸磬莫不傾產殫財所

謂葬之以禮其若此乎謂宜謹遵先典一罷凶門之式表以素扇足以示凶又曰昔事故飢荒米穀綿絹皆貴其後米價登復而絹于今一倍綿絹既貴蠶業者滋雖懃厲兼倍而貴猶不息愚謂致此良有其由昔事故之前軍器正用鎧而已至於袍襖裲襠必俟戰陣實在庫藏求無損毀今儀從直衛及邀羅使命有防衛送迎悉用袍襖之屬非唯一府衆軍皆然綿帛易敗勢不支久又晝以禦寒夜以寢臥曾未周年便自敗

裂每絲縣新登易折租以市又諸府競收勳有千萬積貴不已實由於斯私服爲之難貴官庫爲之空盡愚謂若侍衛所須固不可廢其餘則依舊用鎧小小使命送迎之屬止宜給仗不煩鎧襖用之既簡則其價自降又曰夫不恥惡食唯君子能之肴饌尚奢爲日久矣今雖改張是弘而此風未革所甘不過一味而陳必方丈適口之外皆爲悅目之費富者以之示夸貧者爲之單產衆所同鄙而莫能獨異愚謂宜粗爲其

品使奢儉有中若有不改加以貶黜則德儉之化不日而流遷尚書吏部郎義熙六年高祖領平西將軍以爲長史大司馬琅邪王從事中郎又除高祖平北征西長史遷侍中宋臺初建除宋國侍中出爲吳興太守公事免永初二年爲御史中丞明憲直法無所屈撓奏劾尚書令徐羡之曰臣聞事上以奉憲爲恭臨下以威嚴爲整然後朝典惟明莅衆必肅斯道或替則憲綱其頹臣以今月七日預皇太子正會會畢車去

并猥臣停門待闕有何人乘馬當臣車前收捕驅遣命去何人罵詈收捕諮審欲錄每有公事臣常慮有紛紜語令勿問而何人獨罵不止臣乃使錄何人不肯下馬連叫大喚有兩威儀走來擊臣收捕尚書令省事倪宗又牽威儀手力擊臣下人宗云中丞何得行凶敢錄令公人凡是中丞收捕威儀悉皆縛取臣勑下人一不得鬪凶勢輈張有頃乃散又有羣人就臣車側錄收捕樊馬子互行築馬子頓伏不能還臺臣自

錄非本無對校而宗敢乘勢凶恣篡奪罪身尚書令臣羨之與臣列車紛紜若此或云羨之不禁或云羨之禁而不止縱而不禁既乖國憲禁而不止又不經通陵犯監司凶聲彰赫容縱宗等曾無糾問虧損國威無大臣之體不有準繩風裁何寄羨之内居朝右外司輦轂位任隆重百辟所瞻而不能弘惜朝章肅是風軌致使宇下縱肆凌暴憲司凶赫之聲起自京邑所謂己有短垣而自踰之又宗爲篡奪之主縱不糾問

二三虧違宜有裁貶請免羨之所居官以公還第宗等篡奪之愆已屬掌故御史隨事檢劾詔曰小人難可檢御司空無所問餘如奏羨之任居朝端不欲以犯憲示物時羨之領揚州刺史琳之弟璩之爲治中羨之使璩之解釋琳之停寢其事琳之不許璩之固陳琳之謂曰我觸忤宰相正當罪止一身爾汝必不應從坐何須勤勤邪自是百僚震肅莫敢犯禁高祖甚嘉之行經蘭臺親加臨幸又領本州大中正遷祠

部尚書不治產業家尤貧素景平元年卒時年五十五追贈太常子邈有父風官至揚州治中從事史邈子覬別有傳覬弟道存世祖大明中歷黃門吏部郎臨海王子頊前軍長史南郡太守晉安王子勛建僞號爲侍中行雍州事事敗自殺

史臣曰民生所貴曰食與貨貨以通幣食爲民天是以九棘播於農皇十朋興於上代昔醇民未離情嗜疎寡奉生贍已事有易周一夫躬稼則餘食委室匹婦務織則兼衣被體雖懋遷之道通用濟乏龜貝之益爲功蓋輕而事有譌變隆敝代起昏作役苦故穡人去而從商商子事逸末業流而浸廣泉貨所通非復始造之意於是競收罕至之珍遠蓄未名之貨明珠翠羽無足而馳綵罽文犀飛不待翼天下蕩蕩咸以兼本爲事豐衍則同多稌之資饑凶又減田家之蓄錢雖盈尺既不療於堯年貝或如輪信無救於湯世其蠹病亦已深矣固宜一罷錢貨專

用穀帛使民知役生之路非此莫由夫千匹爲貨事難於懷璧萬斛爲市未易於越鄉斯可使末伎自禁游食知反而年世推移民與事習或庫盈朽貫而高廩未充或家有藏鏹而良疇罕闢若事改一朝廢而莫用交易所寄旦夕無待雖致乎要術而非可卒行先宜削華止僞還淳反古抵璧幽峯捐珠清壑然後驅一世之民反耕桑之路使縑粟羨溢同於水火既而蕩滌圜法銷鑄勿遺立制垂統永傳于後比屋稱

仁豈伊唐世桓玄知其始而不覽其終孔琳之
覩其末而不統其本豈慮有開塞將一往之談
可然乎

列傳第十六　宋書五十六

宋列十六　十三

列傳第十七　宋書五十七

沈約　新撰

蔡廓 子興宗

蔡廓字子度濟陽考城人也曾祖謨晉司徒
祖系撫軍長史父綝司徒左西屬廓博涉羣
書言行以禮起家著作佐郎時桓玄輔晉議
復肉刑廓上議曰夫建封立法弘治稽化必隨
時置制德刑兼施貞一以閑其邪教禁以檢
其慢灑湛露以膏潤厲嚴霜以肅威晞風
者陶和而安恬畏戾者聞憲而警慮雖復質
文迭用而斯道莫革肉刑之設肇自哲王蓋
由曩世風淳民多惇謹圖像既陳則機心冥戢
刑人在塗則不逞改操故能勝殘去殺化隆
無爲季末澆偽法綱彌密利巧之懷日滋恥
畏之情轉寡終身劇役不足止其姦況乎黥
劓豈能反其善徒有酸慘之聲而無濟治之
益至於棄市之條實非不赦之罪事非手殺
考律同歸輕重均科減降路塞鍾陳以之抗

大二百七十　宋書傳十七　乙　徐良

言元皇所爲留愍今茲輔翼讚道邈伊周雖
閑不已之運甫開而遐遺之難未已誠宜明慎
用刑愛民弘育申哀矜以革濫移大辟於支
體全性命之至重恢繁息於將來使將斷之骨
荷更榮於三陽干時之華監商飆而知懼威惠
俱宜感畏偕設全生拯暴於是乎在遷司徒主
簿尚書度支殿中郎通直郎高祖太尉參軍司
徒屬中書黃門郎以方鯁閑素爲高祖所知及
高祖領兗州廓爲別駕從事史委以州任尋除

中軍諮議參軍太尉從事中郎未拜遭母憂性
至孝三年不櫛沐殆不勝喪服闋相國府復板
爲從事中郎領記室宋臺建爲侍中建議以爲
鞫獄不宜令子孫下辭明言父祖之罪虧教傷
情莫此爲大自今家人與囚相見無乞鞫之訴使
民以明伏罪不須責家人下辭朝議咸以爲允
從之世子左衛率謝靈運輒殺人御史中丞王
准之坐不糾免官高祖以廓剛直不容邪枉補
御史中丞多所糾奏百僚震肅時中書令傅亮

任寄隆重學冠當時朝廷儀典皆取定於亮每
諮廓然後施行亮意若有不同廓終不爲屈時
疑揚州刺史廬陵王義眞朝堂班次亮與廓書
曰揚州自應著刺史服耳然謂坐起班次應在
朝堂諸官上不應依官次坐下足下試更尋之
詩序云王姬下嫁於諸侯衣服禮秩不係其夫
下王后一等推王姬下王后一等則皇子居然
在王公之上陸士衡起居注式乾殿集諸皇子
悉在三司上今抄跡如別又海西即位赦文太

宰武陵王第一撫軍將軍會稽王第二大司馬
第三大司馬位既最高又都督中外而次在二
王之下豈非下皇子邪此文今具在也永和中
蔡公爲司徒司馬簡文爲撫軍開府對錄朝政
蔡爲正司不應反在儀同之下而于時位次相
王在前蔡公次之耳諸例甚多不能復具疏揚
州反乃居卿君之下恐此失禮宜改之邪廓答
曰揚州位居卿君之下常亦惟疑然朝廷以位
相次不以本封復無明文云皇子加殊禮齊獻

王爲驃騎孫秀來降武帝欲優異之以秀爲驃騎轉齊王爲鎮軍在驃騎上若如足下言皇子使在公右則齊王本次自尊何敢鎮軍令在驃騎上明知故依見位爲次也又齊王爲司空賈充爲太尉俱録尚書署事常在充後潘正叔奏公羊事于時三録梁王肜爲衛將軍署在太尉隴西王泰司徒王玄沖下近太元初賀新宮成司馬太傅爲中軍而以齊王柔之爲賀首立安帝爲太子止禮徐邈爲郎位次亦以太傅在諸

王下又謂李太后宗正尚書符令以高密王爲首時王東亭爲僕射王徐皆是近世識古今者足下引式乾公王吾謂未可爲據其云上出式乾古傳中彭城王植荀組潘岳嵇紹杜斌然後道足下所疏四王在三司之上反在黄門郎下有何義且四王之下則云大將軍梁王肜車騎趙王倫然後云司徒王戎耳梁趙二王亦是皇子屬尊位齊在豫章王常侍之下又復不道蓋書家亡日疏時事不必存其班次式乾亦是

私宴異於朝堂如今含章西堂足下在僕射下侍中在尚書下耳來示又云曾祖與簡文對録位在簡文下吾家故事則不然今寫如别王姬身無爵位故可得不從夫而以王女爲尊皇子出任則有位有位則依朝復示之班序唯引泰和赦文差可爲言然赦文前後亦參差不同太宰上公自應在大司馬前耳簡文雖撫軍時已授丞相殊禮又中外都督故以本任爲班不以督中外便在公右也今護軍摠方伯而位次

故在持節都督下足下復思之遷司徒左長史出爲豫章太守徵爲吏部尚書廓因北地傅隆問亮選事若悉以見付不論不然不能拜也亮以語録尚書徐羡之羡之曰黄門郎以下悉以委蔡吾徒不復厝懷自此以上故宜共參同異廓曰我不能爲徐干木署紙尾也遂不拜干木羡之小字也選案黄紙録尚書與吏部尚書連名故廓云署紙尾也羡之亦以廓正直不欲使居權要徙爲祠部尚書太祖入奉大統尚書令

傳亮率百僚奉迎廓亦俱行至尋陽遇疾不堪
前亮將進路詣廓別廓謂曰營陽在吳宜厚加
供奉營陽不幸卿諸人有弑主之名欲立於世
將可得邪亮已與羨之議害少帝乃馳信止之
信至已不及羨之大怒曰與人共計議云何裁
轉背便賣惡於人及太祖即位謝晦將之荊州
與廓別屏人問曰吾其免乎廓曰卿受先帝顧
命任以社稷廢昏立明義無不可但殺人二昆
而以北面挾震主之威據上流之重以古推今

自免為難也廓年位並輕而為時流所推重每
至歲時皆束帶到門奉兄軌如父家事小大皆
諮而後行公祿賞賜一皆入軌有所資須悉就
典者請焉從高祖在彭城妻郗氏書求夏服廓
答書曰知須夏服計給事自應相供無容別寄
時軌為給事中元嘉二年廓卒時年四十七高
祖嘗云羊徽蔡廓可平世三公少子興宗
興宗年十歲失父哀毀有異凡童廓罷豫章郡
還起二宅先成東宅與軌廓亡而館宇未立軌

罷長沙郡還送錢五十萬以補宅直興宗年十
歲白母且家由來豐儉必共今日宅價不宜受
也母悅而從焉軌有愧色謂其子淡曰我年六
十行事不及十歲小兒尋喪母少好學以業尚
素立見稱初為彭城王義康司徒行參軍太子
舍人南平穆王冠軍參軍武昌太守又為太子
洗馬義陽王友中書侍郎中書令建平王宏侍
中王僧綽並與興宗厚善元凶弑立僧綽被誅
凶威方盛親故莫敢往興宗獨臨哭盡哀出為

司空何尚之長史又遷太子中庶子世祖踐阼
還先職遷臨海太守徵為黃門郎太子中庶子
轉游擊將軍俄遷尚書吏部郎時尚書何偃疾
患上謂興宗曰卿詳練清濁今以選事相付便
可開門當之無所讓也轉司徒左長史復為中
庶子領前軍將軍遷侍中每正言得失無所顧
憚由是失旨竟陵王誕據廣陵城為逆事平興
宗奉旨慰勞州別駕范義與興宗素善在城內
同誅興宗至廣陵躬自收殯致喪還豫章舊墓

上聞之甚不悅廬陵內史周朗以正言得罪鏁付寧州親戚故人無敢瞻送興宗在直請急詣朗別上知尤怒坐屬疾多日白衣領職尋左遷司空沈慶之長史行兗州事還爲廷尉卿有解士先者告申坦昔與丞相義宣同謀時坦已死子令孫時作山陽郡自繫廷尉興宗議曰若坦昔爲戎首身今尚存累經肆眚猶應蒙宥令孫天屬理相爲隱況人亡事遠追相誣訐斷以禮律義不合關若士先審知逆謀當時即應聞啓

苞藏積年發因私怨況稱風聲路傳實無定主而干黷欺罔罪合極法又有訟民嚴道恩等二十二人事未洗正敕以當訊權繫尚方興宗以訟民本在求理故不加械即若繫尚方於事爲苦又司徒前劾送武康令謝沈及郡縣尉還職司十一人坐仲良鑄錢不禽久已判結又送郡主簿丘元敬等九人或下疾假或去職已久又加執啓事悉見從出爲東陽太守遷安陸王子綏後軍長史江夏內史行郢州事徵還未拜留

爲左民尚書頃之轉掌吏部時上方盛淫宴虐侮羣臣自江夏王義恭以下咸加穢辱唯興宗以方直見憚不被侵媟尚書僕射顏師伯謂議曹郎王耽之曰蔡尚書常免昵戲去人實遠耽之曰蔡豫章昔在相府亦以方嚴不狎武帝宴私之日未嘗相召每至官賭常在勝朋蔡尚書今日可謂能負荷矣太明末前廢帝即位興宗告太宰江夏王義恭應須策文義恭曰建立儲副本爲今日復安用此興宗曰累朝故事莫不

皆然近永初之末營陽王即位亦有文策今在尚書可檢視也不從興宗時親奉璽綬嗣主容色自若了無哀貌興宗出謂親故曰魯昭在戚而有嘉容終之以釁結大臣昭子請死國家之禍其在此乎時義恭錄尚書事受遺輔政阿衡幼主而引身避事政歸近習越騎校尉戴法興中書舍人巢尚之專制朝權威行近遠興宗職管九流銓衡所寄每至上朝輒與令錄以下陳欲登賢進士之意又箴規得失博論朝政義恭

素性恇撓阿順法興常慮失旨聞興宗言輒戰懼無計先是大明世奢侈無度多所造立賦調煩嚴徵役過苦至是發詔悉皆削除由此紫極殿南北馳道之屬皆被毀壞自孝建以來至大明末凡諸制度無或存者興宗於都坐慨然謂顔師伯曰先帝雖非盛德主要以道始終三年無改古典所貴今殯宮始徹山陵未遠而凡諸制度興造不論是非一皆刊削雖復禪代亦不至爾天下有識當以此窺人師伯不能用興宗每

陳選事法興尚之等輒點定回換僅有在者興宗於朝堂謂義恭及師伯曰主上諒闇不親萬機而選舉密事多被刪改復非公筆亦不知是何天子意王景文謝莊等遷授失序興宗又欲爲美選時薛安都爲散騎常侍征虜將軍太子左率殷常爲中庶子興宗先選安都爲左衛將軍常侍如故殷常爲黃門領校太宰嫌安都爲多欲單爲左衛興宗曰率衛相去唯阿之間且已失征虜非乃超越復奪常侍頓爲降貶若

謂安都晚達微人本宜裁抑令名器不輕宜有貫序謹依選體非私安都義恭曰宦宜加超授者殷常便應侍中那得爲黃門而已興宗又曰中庶侍中相去實遠且安都作率十年殷常中庶百日今又領校不爲少也使選令史顔禕之薛慶先等往復論執義恭然後署案既中旨以安都爲右衛加給事中由是大忤義恭及法興等出興宗爲吳郡太守固辭郡執政愈怒又轉爲新安王子鸞撫軍司馬輔國將軍南東海太

守行南徐州事又不拜苦求益州義恭於是大怒上表曰臣聞慎節言語大易有規銓序九流無取裁 若乃結黨連羣譏訴互起街談巷議罔顧聽聞乃撤實憲制所宜禁經之巨蠹侍中祕書監臣彧自表父疾必求侍養聖旨矜體特順所陳改授臣府元僚兼帶軍郡雖臣駑劣府任非輕准之前人不爲屈後京郡本以爲祿不計戶之少多過軼便用無關高下撫軍長史莊滯府累朝每陳危苦內職外守稱未堪依唯王

球昔比賜以優養恩慈之厚不近於薄前新除
呉郡太守興宗前居選曹多不平允瀸渥含宥
恕其不閑改任大郡寵均阿輔仍苦請益州雅
違成命伏尋揚州刺史子尚呉興太守休若並
國之茂戚實衛攸在猶牧守東山竭誠撫莅而
辭擇適情起自庶族遠佐北藩尤無欣荷御史
中丞永昔歲餘愆從恩令授光祿勳臣淹雖曰
代臣累經降黜後效未申以何取進司徒左長
史孔覬前除右衛尋徙今職回換之宜不爲乃

二十四　宋傳十七　十二　陸春

少竊外談謂彧等咸爲失分又聞興宗躬自怨
懟與尚書右僕射師伯疏辭旨甚苦臣雖不見
所聞不虛臣以凡才不應機務謬自幸會受任
三朝進無古人擧賢之美退無在下獻替之績
致茲紛紜伏增慚悚然此源不塞此風弗變將
虧正道塵穢盛猷伏願聖聽賜垂覽察詔曰大
宰表如此省以憮然朕恭承洪緒思弘盛烈而
在朝倰競驅扇成風將何以式揚先德克隆至
化公體國情深保贊攸託便可付外詳議義恭

因使尚書令柳元景奏曰臣義恭表詔書如右
攝曹辨覈尚書表愍孫牒此月十七日詣僕射
顔師伯語次因及尚書蔡興宗有書固辭今授
仍出疏見公乃著數紙不意悉何所道緣此因
及朝士當今聖世不可使人以爲少今牒數之
朝廷處之實得所臣等亦自謂得分常多在門
表愍孫無或措多而愚意欲啓更量出內之宜
芻蕘管見頗在聞徹選令史宣傳密事故因附
上聞亦外人言此令辞慶先列今月十八日往

宋書傳十七　十三

尚書表愍孫論選事愍孫云昨詣顔僕射㕔蔡
尚書疏見示言辭甚苦又云所得亦少主上踐
祚始爾朝士有此人不多物議謂應美用乃更
恨少使咨事便啓録公又謝莊　時未老其疾
以轉差今居此任復爲非宜謂宜中書令才望
爲允又孔覬南士之美所歷已多近頻授即復
回改於理爲屈門下無人此是名選又張求人
地可論其去歲愆戾非爲深罪依其望復門下
一人張淹替忝南下須因休戚雖屢經愆黜

事亦已久謂應秘書監帶授興宗手跡數紙文翰炳然事證明白不假覆辨愍孫任居官人職掌銓裁若有未允則宜顯言而私加許與自相選署託云物論終成虛詭隱末出端還爲矛楯臣聞九官成讓虞風垂則誹主怨時漢罪夙斷況義爲身發言謗朝序亂辟害政混穢大猷紛紜彰謬上延詔旨不有霜准軌憲斯淪請解興宗新附官須事御收付廷尉法獄治罪免愍孫所居官詔曰興宗首亂朝典允當明憲以其昔經近侍未忍盡法可令思愆遠封愍孫竊評自已委咎物議可以子領職除興宗新昌太守郡屬交州朝廷莫不嗟駭先是興宗納何后寺尼智妃爲妾姿貌甚美有名京師迎車已去而師伯密遣人誘之潛往載取興宗迎人不覺及興宗被徙論者並云由師伯師伯甚病之法興等既不欲以徙大臣爲名師伯又欲止息物義由此停行頃之法興見殺尚之被繫義恭師伯誅復起興宗爲臨海王子頊前軍長史輔國將軍南

郡太守行荊州事不行時前廢帝凶暴興宗外甥袁顗爲雍州刺史勸興宗行曰朝廷形勢人所共見在內大臣朝夕難保舅今出居陝西爲八州事顗在襄沔地勝兵強去江陵咫尺水陸通便若朝廷有事可共立桓文之功豈與受制凶狂禍難不測同年而語乎今不去虎口而守此危逼後求復出豈得哉興宗曰吾素門平進與主上甚踈未容有患宮省內外人不自保會應有變若內難得弭外釁未必可量汝欲在外求全我欲居內免禍各行所見不亦善乎時京城危懼衣冠咸欲遠徙後皆流離外難百不一存重除吏部尚書太尉沈慶之深慮危禍閉門不通賓客嘗遣左右范羨詣興宗屬事興宗謂羨曰公閉門絕客以避悠悠請託耳身非有求何爲見拒還造慶之慶之遣羨報命要興宗令往興宗因說之曰先帝雖無功於天下要能定平凶逆在位十一年以道晏駕主上紹臨四海清謐即位正是舉止違衷小小得失耳亦謂

春秋尚富進德可期而比者所行人倫道盡今所忌憚唯在於公百姓喁喁無復假息之望所冀正在公一人而已若復坐視成敗者非唯身禍不測四海重責將有所歸公威名素著天下所服今舉朝遑遑人人危怖指麾之日誰不景從如其不斷旦暮禍及僕不佐賢府黨眷異常故敢盡言願公思為其計慶之曰僕皆前慮不復自保但盡忠奉國始終以之正當委天任命耳加老罷私門兵力頓闕雖有其意事亦無從興

宗曰當今懷謀思奮者非要富貴求功賞各欲免死朝夕耳殿內將帥正聽外間消息若一人唱首則俯仰可定況公威風先著統戎累朝諸舊部曲布在宮省宋越譚金之徒出公宇下並受生成攸之恩仁公家口子弟耳誰敢不從且公門徒義附並三吳勇士宅內奴僮人有數百陸攸之今入東討賊又大送鎧仗在青溪未發攸之公之鄉人驍勇有膽力取其器仗以配衣字下使攸之率以前驅天下之事定矣僕在尚

書中自當率百僚案前世故事更簡賢明以奉社稷昔太甲罪不加民昌邑虐不及下伊尹霍光猶成大事況今蒼生窘急禍百往代乎又朝廷諸所行造民間皆云公悉豫之今若沈疑不決當有先公起事者公亦不免附從之禍車駕屢幸貴第醉酣彌留又聞屏左右獨入閤內此萬世一時機不可失僕荷養深重故吐去梯之言宜詳其禍福慶之曰深感若無已意此事大非僕所能行事至故當抱忠以沒耳頃之慶之

果以見忌致禍時領軍王玄謨大將有威名邑里訛言云已見誅市道喧擾玄謨典籤包法榮者家在東陽興宗故郡民也為玄謨所信見使至興宗因謂曰領軍殊當憂懼法榮曰領軍此日殆不復食夜亦不眠常言收已在門不保俄頃興宗曰領軍憂懼當為方略那得坐待禍至初玄謨舊部曲猶有三千人廢帝頗疑之徹配監者玄謨太息深怨啓留五百人巖山營墓事猶未畢少帝欲獵又悉喚還城巖兵在中堂興

宗勸以此衆舉事曰當今以領軍威名率此爲
朝廷唱始事便立尅領軍雖復失脚自可乘轝
處分禍殆不測勿失事機君還可白領軍如此
玄謨遣法榮報曰此亦未易可行期當不泄君
言太宗踐祚玄謨責所親故吏郭季產女壻韋
希真等曰當艱難時周旋輩無一言相扣發者
季產曰蔡尚書令包法榮所道非不會機但大
事難行爾季產言亦何益玄謨有慙色右衛將
軍劉道隆爲帝所寵信專統禁兵乘輿嘗夜幸

著作佐郎江斅宅興宗馬車從道隆從車後過
興宗謂曰劉公比日思一閑寫道隆深達此旨
掐興宗手曰蔡公勿多言帝每因朝宴捶毆
臣自驃騎大將軍建安王休仁以下侍中袁愍
孫等咸見陵曳唯興宗得免頃之太宗定大事
是夜廢帝橫尸在太醫閤口興宗謂尚書右僕
射王景文曰此雖凶悖要是天下之主宜使喪
粗足若旨如此四海必將乘人時諸方並舉兵
反國家所保唯丹陽淮南數郡其間諸縣或已

應東兵已至永世宮省危懼上集羣臣以謀成
敗興宗曰今普天圖逆人有異志宜鎮以靜以
至信待人比者逆徒親戚布在宮省若繩之以
法則土崩立至宜明罪不相及之義物情既定
人有戰心六軍精勇器甲犀利以待不習之兵
其勢相萬耳願陛下勿憂上從之加游擊將軍
未拜遷尚書右僕射尋領衛尉又領兗州大中
正太宗謂興宗曰諸處未定殷琰已復同逆頃
日人情云何事當濟不興宗曰逆之與順臣無

以辨今商旅斷絕而米甚豐賤四方雲合而人
情更安以此卜之清蕩可必但臣之所憂更在
事後猶羊公言既平之後方當勞聖慮耳尚書
褚淵以手板築興宗興宗言之不已上曰如卿
言赭圻平函送袁顗首敕從登高掖門樓觀之
興宗潸然流涕上不悅事平封興宗始昌縣伯
食邑五百戶固讓不許封樂安縣伯邑三百戶
國秩吏力終以不受時殷琰據壽陽爲逆遣輔
國將軍劉勔攻圍四方既平琰嬰城固守上使

中書爲詔譬琰興宗曰天下既定是琰思過之
日陛下宜賜手詔數行以相弘慰今直中書爲
詔彼必疑謂非真未是所以速清方難也不從
琰得詔謂劉勔詐造果不敢降攻戰經時人乃
歸順先徐州刺史薛安都據彭城反後遣使歸
順天始元年冬遣張永率軍迎之興宗曰安都
遣使歸順此誠不虛今宜撫之以和即安所莅
乃遣須單使及咫尺書耳若以重兵迎之勢必
疑懼或能招引北虜爲患不測叛臣釁重必宜

翦戮則比者所宥亦已弘矣況安都外據彊地
密邇邊關考之國計尤宜馴養如其遂叛將生
旰食之憂彭城嶮固兵強將勇圍之既難攻不
可拔疆塞之虞二三宜慮臣爲朝廷憂之時張
永已行不見從安都聞大軍過淮嬰城自守要
取索虜水戰大敗又值寒雪死者十八九遂失
淮北四州其先見如此初永敗問至上在乾明
欲先召司徒建安王休仁又召興宗謂休仁曰
所慚蔡僕射以敗書示興宗曰我愧卿三年春

出爲使持節都督郢州諸軍事安西將軍郢州
刺史坐詣尚書切論以何始真爲咨議參軍初
不被許後又重陳上怒貶號平西將軍尋又復
號初吳興丘珍孫言論常侵興宗珍孫子景先
人才甚美興宗與之周旋及景先爲鄱陽郡值
晉安王子勛爲逆轉在竟陵爲吳喜所殺母老
女稚流離夏口興宗至郢州親自臨哭致其喪
柩家累令得東還在任三年還鎮東將軍會稽
太守加散騎常侍尋領兵置佐加都督會稽東陽

新安永嘉臨海五郡諸軍事給鼓吹一部會稽多
諸豪右不遵王憲又幸臣近習參半宮省封略山
湖妨民害治興宗皆以法繩之會土全實民物殷
阜王公妃主邸舍相望橈亂在所大爲民患子息
滋長督責無窮興宗悉啓罷省又陳原諸逋負解
遣雜役並見從三吳舊有鄉射禮久不復修興宗
行之禮儀甚整先是元嘉中羊玄保爲郡亦行鄉
射太宗崩興宗與尚書令袁粲右僕射褚淵中領
軍劉勔鎮軍將軍沈攸之同被顧命以興宗爲使

持節都督荆湘雍益梁寧南北秦八州諸軍事征西將軍開府儀同三司荆州刺史加班劒二十人常侍如故被徵還都時右軍將軍王道隆任參内政權重一時躡履到前不敢就席良久方去竟不呼坐元嘉初中書舍人秋當詣太子詹事王曇首不敢坐其後中書舍人王弘爲太祖所愛遇上謂曰卿欲作士人得就王球坐乃當判耳殷劉並雜無所知也若往詣球可稱旨就席球舉扇曰若不得爾弘還依事啓聞帝曰

我便無如此何五十年中有此三事道隆等以興宗彊正不欲使擁兵上流改爲中書監左光禄大夫開府儀同三司常侍如故固辭不拜興宗幼立風槩家行尤謹奉宗姑事寡嫂養孤兄子有聞於世太子左率王錫妻范聰明婦人也有才藻學見與錫弟僧達書詰讓之曰昔謝太傅奉嫂王夫人如慈母今蔡興宗亦有恭和之稱其爲世所重如此妻劉氏早卒一女甚幼外甥袁顗始生彖而妻劉氏亦亡興宗姊即顗母

也一孫一姪躬自撫養年齒相比欲爲婚姻每見興宗輒言此意大明初詔興宗女與南平王敬猷婚興宗以姊生平之懷屢經陳啓答曰卿諸人欲各行己意則國家何由得婚且姊言豈是不可違之處邪舊意既乖彖亦他娶其後彖家好不終顗又禍敗彖等淪廢當時孤微理盡敬猷遇害興宗女無子嫠居名門高胄多欲結姻明帝亦勅適謝氏興宗並不許以女適彖北地傅隆與廓相善興宗修父友敬泰豫元年薨

時年五十八遺令薄葬奏還封爵追贈後授子景玄固辭不受又奏還封表疏十餘上見許詔曰景玄表如此故散騎常侍中書監左光禄大夫開府儀同三司樂安縣開國伯興宗忠恪立朝謀猷宣著往屬時難勳亮帷幄錫珪分壤寔允通誥而懇誠懔訴備彰存沒廉槩素情有絜聲軌景玄固陳先志良以惻然雖彝典宜全而哀款難奪可特申不暝之請永矜克讓之風初興宗爲郢州府參軍彭城顔敬以式卜曰亥年

當作公官有大字者不可受也及有開府之授而太歲在亥果薨於光祿大夫之號焉文集傳於世景玄稚有父風爲中書郎晉陵太守太尉從事中郎昇明末卒

史臣曰世重清談士推素論蔡廓雖業力弘正而年位未高一世名臣風格皆出其下及其固辭銓衡恥爲志屈豈不知選録同體義無偏斷乎良以主闇時難不欲居通塞之任也遠矣哉

列傳第十七　宋書五十七

列傳第十八　宋書五十八

臣沈約新撰

王惠

謝弘微

王球

王惠字令明琅邪臨沂人太保弘從祖也祖劭車騎將軍父默左光祿大夫惠幼而夷簡爲叔父司徒謐所知恬靜不交遊未嘗有雜事陳郡謝瞻才辯有風氣嘗與兄弟羣從造惠談論鋒起文史間發惠時相酬應言清理遠瞻等慙

而退高祖聞其名以問從兄誕誕曰惠後來秀令鄙宗之美也即以爲行太尉參軍事府主簿從事中郎世子建府以爲征虜長史仍轉中軍長史時會稽內史劉懷敬之郡送者傾京師惠亦造別還過從弟球球問向何所見惠曰惟覺即時逢人耳常臨曲水風雨暴至座者皆馳散惠徐起姿制不異常日世子爲荊州惠長史如故領南郡太守不拜宋國初建當置郎中令高

祖難其人謂傅亮曰今用郎中令不可令減袁曜卿也既而曰吾得其人矣乃以惠居之遷世子詹事轉尚書吳興太守少帝即位以蔡廓爲吏部尚書不肯拜乃以惠代焉惠被召即拜未嘗接客人有與書求官者得輒聚置閣上及去職印封如初時談者以廓之不拜惠之即拜雖事異而意同也兄鑒頗好聚斂廣營田業惠意甚不同謂鑒曰何用田爲鑒怒曰無田何由得食惠又曰亦復何用食爲其標寄如此元嘉三年卒

宋書傳十八　二　余

時年四十二追贈太常無子

謝弘微陳郡陽夏人也祖韶車騎司馬父思武昌太守從叔峻司空琰第二子也無後以弘微爲嗣弘微本名密犯所繼内諱故以字行童幼時精神端審時然後言所繼叔父混名知人見而異之謂思曰此兒深中夙敏方成佳器有子如此足矣年十歲出繼所繼父於弘微本緦麻親戚中表素不相識率意承接皆合禮衷義熙初襲峻爵建昌縣侯弘微家素貧儉而所繼豐泰唯受書數千卷國吏數人而已遺財祿秩一不關豫混聞而驚歎謂國郎中令漆凱之曰建昌國祿本應與北舍共之國侯既不措意今可依常分送弘微重違混言乃少有所受混風格高峻少所交納唯與族子靈運瞻曜弘微竝以文義賞會嘗共宴處居在烏衣巷故謂之烏衣之遊混五言詩所云昔爲烏衣遊戚戚皆親姪者也其外雖復高流時譽莫敢造門瞻等才辭辯富弘微每以約言服之混特所敬貴號曰微子謂

三百十四字　宋書傳十八　三

瞻等曰汝諸人雖才義豐辯未必皆惬衆心至於領會機賞言約理要故當與我共推微子常云阿遠剛躁負氣阿客愽而無檢曜恃才而持操不篤晦自知而納善不周設復功濟三才終亦以此爲恨至如微子吾無間然又云微子異不傷物同不害正若年迨六十必至公輔嘗因酣宴之餘爲韻語以獎勸靈運瞻等曰康樂誕通度實有名家韻若加繩染功剖瑩乃瓊瑾宣明體遠識頴達且沈儁若能去方執穆穆三才順

阿多標獨解弱冠纂華胤質勝誡無文其尚又
能峻通遠懷清悟采采摽蘭訊直轡鮮不躓抑
用解偏吝微子基微尚無勸由慕蘭勿輕一簣
少進往將千仞數子勉之哉風流由爾振如不犯
所知此外無所慎靈運等並有誡厲之言唯弘
微獨盡褒美曜弘微兄多其小字也遠即瞻字
靈運小名客兒晉世名家身有國封者起家多
拜員外散騎侍郎弘微亦拜員外散騎琅邪王
大司馬參軍義熙八年混以劉毅黨見誅妻晉

陵公主改適琅邪王練公主雖執意不行而詔
其謝氏離絕公主以混家事委之弘微混仍世
宰輔一門兩封田業十餘處僮業千人唯有二女
年數歲弘微經紀生業事若在公一錢尺帛出入
皆有文簿遷通直郎高祖受命晉陵公主降爲
東鄉君以混得罪前代東鄉君節義可嘉聽還
謝氏自混亡至是九載而室宇脩整倉廩充盈
門徒業使不異平日田疇墾闢有加於舊東鄉
君歎曰僕射平生重此子可謂知人僕射爲不

亡矣中外姻親道俗義舊見東鄉之歸者入門
莫不歎息或爲之涕流感弘微之義也性嚴正
舉止必循禮度事繼親之黨恭謹過常伯叔二
母歸宗兩姑晨夕瞻奉盡其誠敬內或傳語通
訊輒正其衣冠婢僕之前不妄言笑由是尊卑
小大敬之若神太祖鎮江陵宋初封宜都王以琅
邪王球爲友弘微爲文學母憂去職居喪以孝
稱服闋踰年菜蔬不改除鎮西諮議參軍太祖
即位爲黃門侍郎與王華王曇首殷景仁劉湛

等號曰五臣遷尚書吏部郎參預機密尋轉右
衛將軍諸故吏臣佐並委弘微選擬居身清約
器服不華而飲食滋味盡其豐美兄曜歷御史
中丞彭城王義康驃騎長史元嘉四年卒弘微
蔬食積時哀戚過禮服雖除猶不噉魚肉沙門
釋慧琳詣弘微弘微與之共食猶獨蔬素慧琳
曰檀越素既多疾頃者肌色微損即吉之後猶
未復膳若以無益傷生豈所望於得理弘微荅
曰衣冠之變禮不可踰在心之哀實未能已遂

廢食感咽歔欷不自勝弘微少孤事兄如父兄弟友穆之至舉世莫及也弘微口不言人短長而曜好臧否人物曜每言論弘微常以它語亂之六年東宮始建領中庶子又尋加侍中弘微志在素宦畏忌權寵固讓不拜乃聽解中庶子每有獻替及論時事必手書焚草人莫之知上以弘微能膳羞嘗就求食弘微與親故經營既進之後親人問上所御弘微不荅別以餘語酬之時人比漢世孔光八年秋有疾解右衛領

太子右衛率還家議欲解弘微侍中以率加吏部尚書固陳疾篤得免九年東鄉君薨資財鉅萬園宅十餘所又會稽吳興琅邪諸處太傅司空琰時事業奴僮猶有數百人公私咸謂室內資財宜歸二女田宅僮僕應屬弘微弘微一無所取自以私祿營葬混女夫殷叡素好樗蒱聞弘微不取財物乃濫奪其妻妹及伯母兩姑之分以還戲責內人皆化弘微之讓一無所爭弘微舅子領軍將軍劉湛性不堪其非謂弘微曰天下事宜有裁衷卿此不治何以治官弘微笑而不荅或有譏之曰謝氏累世財產充殷君一朝戲責理之不允莫此爲大卿親而不言譬棄物江海以爲廉耳設使立清名而令家內不足亦吾所不取也弘微曰親戚爭財爲鄙之甚今內人尚能無言豈可導之使爭今分多共少不至有乏身死之後豈復見關東鄉君葬混墓開弘微牽疾臨赴病遂甚十年卒時年四十二時有一長鬼寄司馬文宣家云受遣殺弘微弘微疾增劇輒豫告文宣弘微既

死與文宣分別而去弘微臨終語左右曰有二封書須劉領軍至可於前燒之愼勿開也書皆是太祖手勑上甚痛惜之使二衞千人營畢葬事追贈太常子莊別有傳

王球字倩玉琅邪臨沂人太常惠從父弟也父謐司徒球少與惠齊名美容止除著作佐郎不拜尋除琅邪王大司馬行參軍轉主簿豫章公世子中軍功曹宋國建初拜世子中舍人高祖受命仍爲太子中舍人宜都王友轉諮議參軍以

疾去職元嘉四年起爲義興太守從兄弘爲揚
州服親不得相臨加宣威將軍在郡有寬惠之
美徙太子右衛率入爲侍中領冠軍將軍又領本
州大中正從中書令侍中如故遷吏部尚書球公
子簡貴素不交游筵席虛靜門無異客尚書僕
射殷景仁領軍劉湛並執重權傾動內外球雖
通家姻戚未嘗往來頗好文義唯與琅邪顏延
之相善居選職接客甚希不視求官書疏而銓
衡有序朝野稱之本多羸疾屢自陳解遷光祿

大三ㄗ二十六　宋書傳十八　八　洪福

大夫加金章紫綬領廬陵王師兄子履進利爲
行深結劉湛委誠大將軍彭城王義康與劉斌
孔胤秀等並有異志球每訓厲不納自大將軍
從事中郎轉太子中庶子流涕訴義康不願違
離以此復爲從事中郎太祖甚銜之及湛誅之夕
履徒跣告球球命爲取履先溫酒與之謂曰常
日語汝何如履怖懼不得荅球徐曰阿父在汝亦
何憂命左右扶即還齋上以球故履得免死廢
於家十七年球復爲太子詹事大夫王師如故未

拜會殷景仁卒因除尚書僕射王師如故素有
脚疾錄尚書江夏王義恭謂尚書何尚之曰當
今乏才羣下宜加勠力而王球放恣如此恐宜以
法糾之尚之曰球有素尚加又多疾應以淡退求
之未可以文案責也猶坐白衣領職時羣臣詣見
多不即前早踈者或至數十日大臣亦有十餘日
不被見者唯球輒去未嘗肯停十八年卒時年四
十九追贈特進金紫光祿大夫加散騎常侍無子
從孫奐爲後大明末吳興太守

宋書傳十八　九　夫

或人問史臣曰王惠何如荅之曰令明簡又問王
球何如荅曰倩玉淡又問謝弘微何如曰簡而不
失淡而不流古之所謂名臣弘微當之矣

列傳卷第十八　宋書五十八

列傳第十九　宋書五十九

臣沈約　新撰

殷淳 子孚 弟沖 淡

張暢

何偃

江智淵

殷淳字粹遠陳郡長平人也曾祖融祖允並晉太常父穆以和謹致稱歷顯官自五兵尚書爲高祖相國左長史及受禪轉散騎常侍國子祭

酒復爲五兵尚書吳郡太守太祖即位爲金紫光祿大夫領竟陵王師遷護軍又遷特進右光祿大夫領始興王師元嘉十五年卒官時年六十謚曰元子淳少好學有美名少帝景平初爲秘書郎衡陽王文學秘書丞中書黃門侍郎淳居黃門爲清切下直應留下省以父老特聽還家高簡寡慾早有清尚愛好文義未嘗違捨在秘書閣撰四部書目凡四十卷行於世元嘉十一年卒時年三十二朝廷痛惜之子孚有父

風世祖大明末爲始興相官至尚書吏部郎順帝撫軍長史淳弟沖字希遠歷中書黃門郎坐議事不當免復爲太子中庶子尚書吏部郎御史中丞有司直之稱出爲吳興太守入爲度支尚書元凶妃即淳女而沖在東宮爲劭所知遇劭弒立以爲侍中護軍遷司隸校尉沖有學義文辭劭使爲尚書符罪狀世祖亦爲劭盡力世祖剋京邑賜死沖弟淡字夷遠亦歷黃門吏部郎太子中庶子領步兵校尉大明世以文章見知爲當時才士

張暢字少微吳郡吳人吳興太守劭兄子也父禕少有孝行歷宦州府爲琅邪王國郎中令從琅邪王至洛還京都高祖封藥酒一罌付禕使密加酖毒禕受命既還於道自飲而卒暢少與從兄敷演鏡齊名爲後進之秀起家爲太守徐佩之主簿佩之被誅暢馳出奔赴制服盡哀爲論者所美弟牧嘗爲猘犬所傷醫云宜食蝦蟇膾牧甚難之暢含笑先嘗牧因此乃食創亦即愈

州辟從事衡陽王義季征虜行參軍彭城王義康平北主簿司徒祭酒尚書主客郎未拜又除度支左民郎江夏王義恭征北記室參軍晉安太守又爲義季安西記室參軍南義陽太守臨川王義慶衛軍從事中郎揚州治中別駕從事史太子中庶子世祖鎮彭城暢爲安北長史沛郡太守元嘉二十七年索虜托跋燾南侵太尉江夏王義恭總統諸軍出鎮彭泗時燾親率大衆已至蕭城去彭城十數里彭城衆力雖多

而軍食不足義恭欲棄彭城南歸計議彌日不定時歷城衆少食多安北中兵參軍沈慶之建議欲以車營爲函箱陣精兵爲外翼奉二王及妃媛直趨歷城分兵配護軍蕭思話留守太尉長史何勗不同欲席卷奔鬱洲自海道還京都義恭去意已判唯二議未決更集羣僚謀之衆咸遑擾莫有異議暢曰若歷城鬱洲有可致之理下官敢不高讚今城內乏食百姓咸有走情但以關扃嚴固欲去莫從耳若一旦動脚則各

自散走欲至所在何由可得今軍食雖寡朝夕猶未窘罄量其欲盡臨時更爲諸宜豈有捨萬安之術而就危亡之道若此計必用下官請以頸血汙公馬蹄世祖既聞暢議謂義恭曰阿父既爲總統去留非所敢干道民忝爲城主而損威延寇其爲愧恧亦已深矣委鎮奔逃實無顏復奏朝廷期與此城共其存沒張長史言不可異也暢言既堅世祖又贊成其議義恭乃止時太祖遣員外散騎侍郎徐爰乘驛至彭城取米

穀定最爰既去城內遣騎送之燾聞知即遣數百騎急追爰已過淮僅得免初爰去城內聞虜遣追慮爰見禽失米最慮知城內食少義恭憂懼無計猶欲奔走爰既免其日虜大衆亦至彭城燾始至仍登城南亞父冢於戲馬臺立氈屋先是燾未至世祖遣將馬文恭向蕭城爲虜所破文恭走得免隊主蒯應見執至小市門曰魏主致意安北遠來疲乏若有甘蔗及酒可見分時防城隊主梁法念答曰當爲啓聞應乃自陳

蕭城之敗又問應虜主自來不曰來問今何在應舉手指西南又曰士馬多少苔云四十餘萬法念以燾語白世祖世祖遣人苔曰知行路多乏今付酒二器甘蔗百挺聞彼有駱駝可遣送明旦燾又自上戲馬臺復遣使至小市門曰魏主致意安北可暫出門欲與安北相見我亦不攻此城安北何勞苦將士在城上又騾驢駱駝是北國所出今遣送并致雜物又語小市門隊主曰既有餉物君可移度南門受之燾

送駱駝騾馬及貂裘雜飲食既至南門門先閉請籥未出暢於城上視之虜使問是張長史邪暢曰君何得見識虜使苔云君聲名遠聞足使我知暢因問虜使姓苔云我是鮮卑無姓且道亦不可暢又問君居何任苔云鮮卑官位不同不可輒道然亦足與君相敵耳虜使復問何爲匆匆杜門絕橋暢苔曰二王以魏主營壘未立將士疲勞此精甲十萬人思致命恐輕相凌踐故且閉城耳待彼休息士馬然後共治戰塲剋日交

戲虜使曰君當以法令裁物何用發橋復何足以十萬誇人我亦有良馬逸足若雲騎四集亦可以相拒暢曰侯王設嶮何但法令而已邪我若誇君當言百萬所以言十萬者政二王左右素所畜養者耳此城內有數州士庶二徒營伍猶所未論我本鬭智不鬭馬足且冀之北士馬之所生君復何以逸足見誇邪虜使曰不爾城守君之所長野戰我之所長我之恃馬猶如君之恃城耳城內有其思者嘗在北國義恭遣視之

思識是虜尚書李孝伯思因問李尚書吾行塗有勞孝伯曰此事應相與共知思苔緣共知所以有勞孝伯曰感君至意既開門暢屏却人仗出對孝伯并進餉物虜使云貂裘與太尉駱駝騾與安北蒲陶酒雜飲叔姪共嘗燾又乞酒并甘橘暢宣世祖問致意魏主知欲相見常遲面寫但受命本朝過蒙藩任人臣無境外之交恨不暫悉且城守備防邊鎮之常但悅以使之故勞而無怨耳太尉鎮軍得所送物魏主意

知復須甘橘今並付如别太尉以北土寒鄉皮袴褶脫是所須今致魏主螺杯雜粽南土所珍鎮軍今以相致此信未去燾復遣使令孝伯傳語曰魏主有詔語太尉安北近以騎至車兩在後今端坐無爲有博具可見借暢曰博具當爲申啓但向語二王已非遜辭且有詔之言政可施於彼國何得稱之於此孝伯曰詔之與語朕之與我並有何異暢曰若辭以通可如來談既言有所施則貴賤有等向所稱詔非所敢聞孝伯又

曰太尉安北是人臣與非暢曰是也孝伯曰鄰國之君何爲不稱詔於鄰國之臣暢曰君之此稱尚不可聞於中華況在諸王之貴而猶曰鄰國之君邪孝伯曰魏主言太尉鎮軍並皆年少分闊南信殊當憂邑若欲遣信者當爲護送脫須騎者亦當以馬送之暢曰此方間路甚多使命日夕往來不復以此勞魏主孝伯曰亦知有水路似爲白賊所斷暢曰君著白衣故稱白賊邪孝伯大笑曰今之白賊亦不異黃巾赤眉

暢曰黃巾赤眉似不在江南孝伯曰雖不在江南亦不在青徐也暢曰今者青徐實爲有賊但非白賊耳虜使云向借博具何故不出暢曰二王貴遠啓聞難徹孝伯曰周公握髮吐哺二王何獨貴遠暢曰握髮吐飡本施中國耳孝伯曰賓有禮主則擇之暢曰昨見衆賓至門未爲有禮俄頃送博具出因以與之燾又遣人云魏主致意安北程天祚一介常人誠知非宋朝之美近於汝陽身被九創落在殿外我手牽而出之

凡人骨肉分張並思集聚輒已語之但其弟苦辭今令與來使相見程天福謂使人曰兄受命汝陽不能死節各在一國何煩相見燾又送氈各一領鹽各九種并胡豉凡此諸鹽各有所宜白鹽是魏主自所食黑鹽治腹脹氣懣細刮取六銖以酒服之胡鹽治目痛柔鹽不食治馬脊創赤鹽駮鹽臭鹽馬齒鹽四種並不中食胡豉亦中噉黃甘幸彼所豐可更見分又云魏主致意太尉安北何不遣人來至我間彼此之情雖不可

盡要須見我小大知我老少觀我爲人若諸佐不可遣亦可使僮幹來暢又宣旨荅曰魏主形狀才力久爲來往所見李尚書親自銜命不患彼此不盡故不復遣使信又云魏主恨向所送馬殊不稱意安北若須大馬當更送之脫須蜀馬亦有佳者暢曰安北不乏良駟送自彼意非此所求義恭餉燾炬燭十挺世祖亦致錦一匹曰知更須黃甘誠非所吝但送不足周彼一軍向給魏主未應便乏故不復重付燾復求甘

蔗安石榴暢曰石榴出自鄴下亦當非彼所乏孝伯又曰君南土膏粱何爲著屩君而著此使將士云何暢曰膏粱之言誠爲多愧但以不武受命統軍戎陣之間不容緩服孝伯又曰長史我是中州人久處北國自隔華風相去步武不得致盡邊皆是北人聽我語者長史當深得我孝伯又曰永昌王魏主從弟自復常鎮長安今領精騎八萬直造淮南壽春久閉門自固不敢相禦向送劉康祖頭彼之所見王玄謨甚是所悉

亦是常才耳南國何意作如此任使以致奔敗自入此境七百餘里主人竟不能一相拒逆鄒山之險君家所憑前鋒始得接手崔邪利便藏入穴我間諸將倒曳脚而出之魏主賜其生命今從在此復何以輕脫遣馬文恭至蕭縣使望風退撓邪君家民人甚相忿怨云清平之時賦我租帛至有急難不能相拯暢曰知永昌已過淮南康祖爲其所破比有信使無此消息王玄謨南土偏將不謂爲才但以人爲前驅引導耳

大軍未至而河冰向合玄謨量宜反旆未爲失機但因夜回師致戎馬小亂耳我家玄謨斗城陳憲小將魏主傾國累旬不剋胡盛之偏裨小帥衆無一旅始濟融水魏國君臣奔迸僅得免脫滑臺之師無所多愧鄒山小戍雖有微險河畔之民多是新附始慕聖化姦盜未息亦使崔邪利撫之而已今没虜手何損於國魏主自以十萬師而制一崔邪利方復足言邪聞蕭相百姓並依山險聊遣馬文恭以十隊示之耳文恭

謂前以三隊出還走後大營嵇玄敬以百騎至
留城魏軍奔敗輕敵致此亦非所𢘿王境人民
列居河畔二國交兵當平加撫養而魏師入境
肆行殘虐事生意外由彼無道官不負民民何
怨人知入境士百無相拒此自上由太尉神筭次
在鎮軍聖略經國之要雖不豫聞然用兵有機
間亦不容相語孝伯曰魏主當不圍此城自率
衆軍直造瓜步南事若辦彭城不待圍若不捷
彭城亦非所須也我今當南飲江湖以療渴耳

暢曰去留之事自適彼懷若虜馬遂得飲江便
爲無復天道各應反命遲復更悉暢便回還孝
伯追曰長史深自愛敬相去步武恨不執手暢
因復謂曰善將愛冀蕩定有期相見無遠君若
得還宋朝今爲相識之始孝伯曰待此未期燾
又遣就二王借箜篌琵琶箏笛等器及碁子
義恭荅曰受任戎行不齎樂具在此燕會政使
鎮府命妓有弦百條是江南之美今以相致世祖
曰任居方岳初不此經慮且樂人常器又觀前
來諸王贈別有此琵琶今以相與碁子亦付孝
伯言辭辯贍亦北土之美也暢隨宜應荅吐屬
如流音韻詳雅風儀華潤孝伯及左右人並相視
歎息虜尋攻彭城南門并放火暢躬自前戰身
先士卒及燾自瓜步北走經彭城下過遣人語
城內食盡且去須麥熟更來義恭大懼閉門不
敢追虜期又至議欲芟翦苗移民堡聚衆論並
不同復更會議鎮軍録事參軍王孝孫獨曰虜
不能復來既自可保如其更至此議亦不可立百

姓閉在內城饑饉日久方春之月野採自資一入
堡聚餓死立至民知必死何可制邪虜若必來芟
麥無晚四坐默然莫之敢對暢曰孝孫之議實
有可尋鎮軍府典籤董元嗣侍世祖側進曰王
録事議不可奪實如來論別駕王子夏因曰此
論誠然暢斂板白世祖曰下官欲命孝孫彈子夏
世祖曰王別駕有何事邪暢曰芟麥移民可謂
大議一方安危事係於此子夏親爲州端曾無
同異及聞元嗣之言則懽笑酬荅阿意左右何

以事君子夏大慙元嗣亦有慙色議恭之議遂
寢太祖聞暢屢有正議甚嘉之世祖猶停彭城
召暢先反并使履行盱眙城欲立大鎮時虜聲
云當出襄陽故以暢爲南譙王義宣司空長史
南郡太守又欲暢代劉興祖爲青州及彭城都
督竝不果三十年元凶弑逆義宣發哀之日即
便舉兵暢爲元佐居僚首哀容俯仰廕映當時
舉哀畢改服著黃韋袴褶出射堂簡人音姿容
止莫不矚目見之者皆願爲盡命事平徵爲吏

部尚書夷道縣侯食邑千户義宣既有異圖蔡
超等以暢民望勸義宣留之乃解南蠻校尉以
授暢加冠軍將軍領丞相長史暢遣門生茍僧
寶下都因顏竣陳義宣釁狀僧寶有私貨停巴
陵不時下會義宣起兵津徑斷絶僧寶遂不得
去義宣將爲逆遣嬖人翟靈寶誚暢朝廷簡練
舟甲意在西討今欲發兵自衞暢曰必無此理
請以死保之靈寶知暢不回勸義宣殺以殉衆
即遣召暢止于東齋彌日不與相見賴司馬竺

超民保持故獲全免既而進號撫軍別立軍部
以收民望暢雖署文檄而飲酒常醉不省文書
隨義宣東下梁山戰敗義宣奔走暢於兵亂自
歸爲軍人所掠衣服都盡值右將軍王玄謨乘
輿出營暢已得敗衣排玄謨上轝玄謨意甚不
說諸將欲殺之隊主張世營救得免送京師下
廷尉削爵土配左右尚方尋見原復起爲都官
尚書轉侍中代子淹領太子右衞率孝建二季
出爲會稽太守大明元年卒官時年五十顏竣

表世祖張暢遂不救疾東南之秀蚤樹風範聞
問悽愴深切常懷謚曰宣子暢愛弟子輯臨終
遺命與輯合墳子浩官至義陽王昶征北咨議
參軍浩弟淹世祖南中郎主簿世祖即位爲黃
門郎封廣晉縣子食邑五百户太子右衞率東
陽太守逼郡吏燒臂照佛民有罪使禮佛動至
數千拜免官禁錮起爲光禄勳臨川内史太宗
泰始初與晉安王子勛同逆率衆至鄱陽軍敗
見殺暢弟說亦有美稱歷中書吏部郎侍中臨

海王子項前軍長史南郡太守晉安王子勛建僞號於尋陽召爲吏部尚書與鄧琬共輔僞政事敗殺琬歸降事在琬傳復爲太子庶子仍除巴陵王休若衛軍長史襄陽太守四年即代休若爲雍州刺史寧遠將軍復爲休若征西長史南郡太守六年太宗於巴郡置三巴校尉以補之加持節輔師將軍領巴郡太守未拜卒

何偃字仲弘廬江灊人司空尚之中子也州辟議曹從事舉秀才除中軍參軍臨川王義慶平西

府主簿召爲太子洗馬不拜元嘉十九年爲丹陽丞除廬陵王友太子中舍人中書郎太子中庶子時義陽王昶任東官使偃行義陽國事二十九年太祖欲更北伐訪之羣臣偃議曰內幹胡法宗宣詔逮問北伐伏計賊審有殘禍犬羊易亂殲殄非難誠如天旨今雖廟筭無遺而士未精習緣鎮戍充實者寡邊民流散多未附業控引所資取給根本虧根本以殉邊患宜動必萬剋無虞往歲挫傷續以內釁侮亡取亂誠爲沛然然淮泗數州實亦彫耗流傭未歸創痍未起且攻守不等客主形異薄之則勢艱圍之則曠日進退之間姦虞乘起竊謂當今之弊易衂方來之寇不深宜含垢藏疾以齊天道遷始興王濬征北長史南東海太守元凶弒立以偃爲侍中掌詔誥時尚之爲司空尚書令偃居門下父子並處權要時爲寒心而尚之及偃善攝機宜曲得時譽會世祖即位任遇無改除大司馬長史遷侍中領太子中庶子時責百官讜言偃以爲宜重

農卹本并官省事考課以知能否增俸以除吏姦責成良守久於其職都督刺史宜別其任改領驍騎將軍親遇隆密有加舊臣轉吏部尚書尚之去選未五載偃復襲其迹世以爲榮侍中顔竣至是始貴與偃俱在門下以文義賞會相得甚歡竣自謂任遇隆密宜居重大而位次與偃等未殊意稍不悅及偃代竣領選竣愈憤懣與偃遂有隙竣時勢傾朝野偃不自安遂發心悸病意慮乖僻上表解職告醫不仕世祖遇

偃既深備加治療名醫上藥隨所宜須乃得差時上長女山陰公主愛傾一時配偃子戢素好談玄注莊子消搖篇傳於世大明二年卒官時年四十六世祖與顏竣詔曰何偃遂成異世美志長往與之周旋重以姻嫦臨哭傷怨良不能已往矣如何宜贈散騎常侍金紫光祿大夫本官如故謚曰靖子子戢昇明末爲相國左長史

江智淵濟陽考城人湘州刺史夷弟子父僧安太子中庶子智淵初爲著作郎江夏王義恭太

尉行參軍太子太傅主簿隨王誕後軍參軍世父夷有盛名夷子湛又有清譽父子並貴達智淵父少無名問湛禮敬甚簡智淵常以爲恨自非節歲不入湛門及爲隨王誕佐在襄陽誕待之甚厚時谘議參軍謝莊府主簿沈懷文並與智淵友善懷文每稱之曰人所應有盡有人所應無盡無者其江智淵乎元嘉末除尚書庫部郎時高流官序不爲臺郎智淵門孤援寡獨有此選意甚不說固辭不肯拜竟陵王誕複版爲騎軍轉主簿隨府轉司空主簿記室參軍領南濮陽太守遷從事中郎誕將爲逆智淵悟其機請假先反誕事發即除中書侍郎智淵愛好文雅詞采清贍世祖深相知待恩禮冠朝上燕私甚數多命羣臣五三人游集智淵常爲其首同侶未及前輒獨蒙引進智淵每以越衆爲慙未嘗有喜色每從游幸與羣僚相隨見傳詔馳來知當呼己聲動愧恧形於容皃論者以此多之遷驍騎將軍尚書吏部郎上每酣宴輒詬辱羣

臣并使自相嘲訐以爲歡笑智淵素方退漸不會旨嘗使以王僧朗嘲戲其子景文智淵正色曰恐不宜有此戲上怒曰江僧安癡人癡人自相惜智淵伏席流涕由此恩寵大衰出爲新安王子鸞北中郎長史南東海太守加拜寧朔將軍行南徐州事初上寵姬宣貴妃殷氏卒使羣臣議謚智淵上議曰懷上以不盡嘉號甚銜之後車駕幸南山乘馬至殷氏墓羣臣皆騎從上以馬鞭指墓石柱謂智淵曰此上不容有懷字智淵益惶懼大

明七年以憂卒時年四十六子季筠太子洗馬早卒後廢帝即位以后父追贈金紫光祿大夫季筠妻王平望鄉君智淵兄子槩早孤養之如子槩歷黃門吏部郎侍中武陵王北中郎長史南東海太守行南徐州事後廢帝元徽中卒

史臣曰夫將帥者御衆之名士卒者一夫之用坐談兵機制勝千里安在乎蒙楯前驅履腸涉血而已哉山濤之稱羊祜曰大將雖不須筋力軍中猶宜彊健以此爲言則叔子之幹力弱矣杜

預文士儒生射不能穿札身未嘗跨馬一朝統大衆二十餘萬爲平原都督王戎把臂入林亦受專征之寄何必山西猛士六郡良家然後可受脤於朝堂荷推轂之重及虜兵深入徐服恇震非張暢正言則彭汴危矣豈其身扞飛鏑手折雲衝方足使窮揲假命危城載安乎仁者之有勇非爲臆說

列傳第十九　宋書五十九

列傳第二十　宋書六十

臣沈　約　新撰

范泰
王淮之
王韶之
荀伯子

范泰字伯倫順陽山陰人也祖汪安北將軍徐兗二州刺史父甯豫章太守泰初爲太學博士衛將軍謝安驃騎將軍會稽王道子二府參軍

荊州刺史王忱泰外弟也請爲天門太守忱嗜酒醉輒累旬及醒則儼然端肅泰謂忱曰酒雖會性亦所以傷生游處以來常欲有以相戒當卿沈湎措言莫由及今之遇又無假陳說忱嗟久之曰見規者衆矣未有若此者也或問忱曰范泰何如謝邈忱曰茂度慢又問何如殷覬忱曰伯道易忱常有意立功謂泰曰今城池既立軍甲亦充將欲埽除中原以申宿昔之志伯道意銳當令擁戈前驅以君持重欲相委留事何

如泰曰百年逋冠前賢梐屈者多矣功名雖貴
鄙生所不敢謀會恍病卒召泰爲驃騎諮議參
軍遷中書侍郎時會稽王世子元顯專權内外
百官請假不復表聞唯䥫元顯而已泰建言以
爲非宜元顯不納父憂去職襲爵陽遂鄉矦桓
玄輔晉使御史中丞祖台之奏泰及前司徒左
長史王準之輔國將軍司馬珣之竝居喪無禮
泰坐廢徙丹徒義旗建國子博士司馬休之爲
冠軍將軍荆州刺史以泰爲長史南郡太守又

除長沙相散騎常侍竝不拜入爲黄門郎御史
中丞坐議殷祠事謬白衣領職出爲東陽太守
盧循之難泰預發兵千人開倉給稟高祖加泰
振武將軍明年遷侍中尋轉度支尚書時僕射
陳郡謝混後進知名高祖甞從容問混泰名輩
可以比誰對曰王元太一流人也徙爲太常初
司徒道規無子養太祖及薨以兄道憐第二子
義慶爲嗣高祖以道規素愛太祖又令居重道
規追封南郡公應以先華容縣公賜太祖泰議

曰公之友愛即心過厚禮無二嗣諱宜還本屬
從之轉大司馬左長史右衛將軍加散騎常侍
復爲尚書常侍如故兼司空與右僕射袁湛授
宋公九錫隨軍到洛陽高祖還彭城與共登城
泰有足疾特命乘轝泰好酒不拘小節通率任
心雖在公言不異私室高祖甚賞愛之然拙於
爲治故不得在政事之官遷護軍將軍以公事
免高祖受命拜金紫光禄大夫加散騎常侍明
年議建國學以泰領國子祭酒泰上表曰臣聞

風化興於哲王教訓表於至世至説莫先講習
甚樂必寄朋來古人成童入學易子而教尋師
無遠負糧忘艱安親光國莫不由此若能出不
由户則斯道莫從是以明詔爰發已成渙汗學
制既下遠近遵承臣之愚懷少有未達今惟新
告始盛業初基天下改觀有志景慕而置生之
制取少停多闕不來之端非一塗而已臣以家
推國則知所聚不多恐不足以宣大宋之風弘
濟濟之美且謂合選之家雖制所未達父兄欲

其入學理合開通雖小違晨昏所以大弘孝道
不知春秋則所陷或大故趙盾忠而書弒許止
孝而得辜以斯為戒可不懼哉十五志學誠有
其文若年降無幾而深有志尚者何必限以一
格而不許其進邪揚烏豫玄實在弱齒五十學
易乃無大過昔中朝助教亦用二品潁川陳載
已辟太保掾而國子取為助教即太尉淮之弟
所貴在於得才無繫於定品教學不明獎厲不
著今有職閑而學優者可以本官領之門地二

品宜以朝請領助教既可以甄其名品斯亦敦
學之一偶其二品才堪自依舊從事會今生到
有期而學校未立覆簣實望其速回轍已淹其
遲事有以賒而宜急者殆此之謂古人重寸陰
而賤尺璧其道然也時學竟不立時言事者多
以錢貨減少國用不足欲悉市民銅更造五銖
錢泰又諫曰流聞將禁私銅以充官銅民雖失
器終於獲直國用不足其利實多臣愚意異不
寧寢默且聞治國若烹小鮮拯敝莫若務本百

姓不足君孰與足未有民貧而國富本不足而
末有餘者也故囊漏貯中識者不吝反裘負薪
存毛實難王者不言有無諸侯不言多少食祿
之家不與百姓爭利故拔葵所以明治織蒲謂
之不仁是以貴賤有章職分無爽今之所憂在
農民尚寡倉廩未充轉運無已資食者眾家無
私積難以禦荒耳夫貨存貿易不在少多昔日
之貴今者之賤彼此共之其揆一也但令官民
均通則無患不足若使必資貨廣以收國用者

則龜貝之屬自古所行尋銅之為器在用也博
矣鍾律所通者遠機衡所揆者大夏鼎負圖實
冠眾瑞晉鐸呈象亦啓休徵器有要用則貴賤
同資物有適宜則家國共急今毀必資之器而
為無施之錢於貨則功不補勞在用則君民俱
困校之以實損多益少陛下勞謙終日無倦庶
務以身率物勤素成風而頌聲不作板渭不至
者良由基根未固意在遠略伏願思可久之道
賒欲速之情弘山海之納擇芻牧之說則嘉謀日

陳聖慮可廣其亡存心然後苞桑可繫愚誠一
至用忘寢食景平初加位特進明年致仕解國
子祭酒少帝在位多諸愆失上封事極諫曰伏
聞陛下時在後園頗習武備鼓鞞在宮聲聞于
外黷武掖庭之內諠譁省闥之間不聞將帥之臣
統御之主非徒不足以威四夷祇生遠近之怪
近者東寇紛擾皆欲伺國瑕隙今之吳會寧過
二漢關河根本既搖于何不有如水旱成災役
夫不息無寇而戒為費漸多河南非復國有羯

虜難以理期此臣所以用忘寢食而干非其位
者也陛下踐阼委政宰臣實同高宗諒闇之美
而更親狎小人不免近習懼非社稷至計經世
之道王言如絲其出如綸下觀而化疾於影響
伏願陛下思弘古道式遵遺訓從理無滯任賢
勿疑如此則天下歸德宗社惟永詩云一人有
慶兆民賴之天高聽卑無幽不察興衰在於成
敗易曉未有政治在於上而人亂於下者也臣
蒙先朝過遇陛下殊私實欲盡心竭誠少報萬

分而惛耄已及百疾干生便為永違聖顏無復
自盡之路貪及視息陳其狂瞽陛下若能哀其
所請留心覽察則臣夕殞于地無恨九泉少帝
雖不能納亦不加譴徐羨之傅亮等與泰素不
平及廬陵王義真少帝見害泰謂所親曰吾觀
古今多矣未有受遺顧託而嗣君見殺賢王嬰
戮者也元嘉二年表賀元正并陳旱災曰元正
改律品物惟新陛下藉日新以畜德仰乾元
以履祚吉祥集室百福來庭頃旱魃為虐亢陽

愆度通川燥流異井同竭老弱不堪遠汲貧
寡單於負水租輸既重賦稅無降百姓怨咨臣
年過七十未見此旱陰陽并隔則和氣不交豈
惟凶荒必生疾疫其為憂虞不可備序雩禜
之典以誠會事巫祝常祈罕能有感上天之
譴不可不察漢東海枉殺孝婦亢旱三年及祭
其墓澍雨立降歲以有年是以衛人伐邢師興
而雨伏願陛下式遵遠猷思隆高構推忠恕之
愛矜冤枉之獄遊心下民之瘼曆思幽冥之紀

令謗木竪闕諫鼓鳴朝察芻牧之言揔統御之要如此則苞桑可繫危幾無兆斯而災害不消未之有也故夏禹引百姓之罪殷湯甘萬方之過太戊資桑穀以進德宋景藉熒惑以脩善斯皆因敗以轉成往事之昭晰也循末俗者難爲風就正路者易爲雅臣疾患日篤夕不謀朝會及歲慶得一聞達微誠少亮無恨泉壤永違聖顏拜表悲咽遂輕舟遊東陽任心行止不關朝廷有司糾奏之太祖不問也時太祖雖當陽親

覽而羨之等猶秉重權復上表曰伏承廬陵王已復封爵猶未加贈陛下孝慈天至友于過隆伏揆聖心已自有在但司契以不唱爲高冕旒以因寄成用臣雖言不足採誠不亮時但猥蒙先朝忘醜之眷復沾廬陵矜顧之末息晏委質有兼常欵契闊戎陣顛狽艱危厚德無報授命路絕此老臣兼不能自已者也朽謝越局無所逃刑泰諸子禁之表竟不奏三年羨之等伏誅進位侍中左光祿大夫國子祭酒領江夏王師

特進如故上以泰先朝舊臣恩禮甚重以有脚疾起居艱難宴見之日特聽乘轝到坐累陳時事上每優容之其年秋旱蝗又上表曰陛下昧旦丕顯求民之瘼明斷庶獄無倦政事理出群心澤謠民口百姓翕然皆自以爲遇其時也災變雖小要有以致之守宰之失臣所不能究上天之譴臣所不敢誣有蝗之處縣官多課民捕之無益於枯苗有傷於殺害臣聞桑穀時亡無假斤斧楚昭仁愛不禜自瘳卓茂去無知之虫

宋均因有異之虎蝗生有由非所宜殺石不能言星不自隕春秋之旨所宜詳察禮婦人有三從之義而無自專之道周書父子兄弟罪不相及女人被宥由來上矣謝晦婦女猶在尚方始貴後賤物情之所甚苦匹婦一室亦能有所感激臣於謝氏不容有情蒙國重恩寢處思報伏度聖心已當有在禮春夏教詩無一而闕也臣近侍坐聞立學當在入年陛下經略粗建意存民食入年則農功興農功興則田里闕入秋治庠序

入多集遠生二塗並行事不相害夫事多以淹稽爲戒不遠爲患任臣學官竟無微績徒墜天施無情自處臣之區區不望目覩盛化竊慕子囊城郢之心庶免荀偃不瞑之恨臣比陳愚見便是都無可採徒煩天聽愧怍反側書奏上乃原謝晦婦女時司徒王弘輔政泰謂弘曰天下務廣而權要難居卿兄弟盛滿當深存降挹彭城王帝之次弟宜徵還入朝共參朝政弘納其言時旱災未已加以疾疫泰又上表曰頃亢旱

歷時疾疫未已方之常災實爲過差古以爲王澤不流之徵陛下昧旦臨朝無懈治道躬自菲薄勞心民庶以理而言不應致此意以爲上天之於賢君正自殷勤無已陛下同規禹湯引百姓之過言動于心道敷自遠桑穀生朝而殞熒惑犯心而退非唯消災弭患乃所以大啓聖明靈雨立降百姓改瞻應感之來有同影響陛下近當仰推天意俯察人謀升平之化尚存舊典顧思與不思行與不行耳大宋雖揖讓受終未

積有虞之道先帝登遐之日便是道消之初至乃嗣主被殺哲藩嬰禍九服徘徊有心喪氣佐命託孤之臣俄爲戎首天下蕩蕩王道已淪自非神英撥亂反正則宗社非復宋有革命之與隨時其義尤大是以古今異用循方必壅夫道隱於小成欲速或未必達深根固蔕之術未洽於愚心是用猖狂妄作而不能緘默者也臣既頑且鄙不達治宜加之以篤疾重之以惛耄言或非言而復不能無言陛下錄其一毫之誠則

臣不知厝身之所泰博覽篇籍好爲文章愛獎後生孜孜無倦撰古今善言二十四篇及文集傳於世暮年事佛甚精於宅西立祇洹精舍五年卒時年七十四追贈車騎將軍侍中特進王師如故謚曰宣侯長子昂早卒次子暠宜都太守次晏侍中光祿大夫次曄太子詹事謀反伏誅自有傳少子廣淵善屬文世祖撫軍諮議參軍領記室坐曄事從誅

王准之字元曾琅邪臨沂人高祖彬尚書僕射

曾祖彪之尚書令祖臨之父納之並御史中丞
彪之博聞多識練悉朝儀自是家世相傳並諳
江左舊事緘之青箱世人謂之王氏青箱學准
之兼明禮傳贍於文辭起家爲本國右常侍桓
玄大將軍行參軍玄篡位以爲尚書祠部郎義
熙初又爲尚書中兵郎遷參高祖車騎中軍軍
事丹陽丞中軍太尉主簿出爲山陰令有能名
預討盧循功封都亭侯又爲高祖鎮西平北太
尉參軍尚書左丞本郡大中正宋臺建除御史

中丞爲僚友所憚准之父納之祖臨之曾祖彪
之至准之四世居此職准之甞作五言范泰嘲
之曰卿唯解彈事耳准之正色荅猶差卿世載
雄狐坐世子右衛率謝靈運殺人不舉免官高
祖受命拜黄門侍郎永初二年奏曰鄭玄注禮
三年之喪二十七月而吉古今學者多謂得
禮之宜晉初用王肅議祥禫共月故二十五月
而除遂以爲制江左以來唯晉朝施用縉紳之
士多遵玄義夫先王制禮以大順羣心喪也寧

威著自前訓今大宋開泰品物遂理愚謂宜同
即物情以玄義爲制朝野一禮則家無殊俗從
之遷司徒左長史出爲始興太守元嘉二年爲
江夏王義恭撫軍長史歷陽太守行州府之任
綏懷得理軍民便之尋入爲侍中明年徙爲都
官尚書改領吏部性峭急頗失縉紳之望出爲
丹陽尹准之究識舊儀問無不對時大將軍彭
城王義康錄尚書事每歎曰何須高論玄虛正
得如王准之兩三人天下便治矣然寡乏風素

不爲時流所重撰儀注朝廷至今遵用之十年
卒時年五十六追贈太常子輿之征虜主簿
王韶之字休泰琅邪臨沂人也曾祖廙晉驃騎
將軍祖羨之鎮軍掾父偉之本國郎中令韶之
家貧父爲烏程令因居縣境好史籍博涉多聞
初爲衛將軍謝琰行參軍偉之少有志尚當世
詔命表奏輒自書寫泰元隆安時事小大悉撰
錄之韶之因此私撰晉安帝陽秋既成時人謂
宜居史職即除著作佐郎使續後事訖義熙九

年善敘事辭論可觀爲後代佳史遷尚書祠部郎晉帝自孝武以來常居內殿武官主書於中通呈以省官一人管司詔誥任在西省因謂之西省郎傅亮羊徽相代領西省事轉中書侍郎安帝之崩也高祖使韶之與帝左右密加酖毒恭帝即位遷黃門侍郎領著作郎西省如故凡諸詔奏皆其辭也高祖受禪加驍騎將軍本郡中正黃門如故西省職解復掌宋書有司奏東冶士朱道民禽三叛士依例放遣韶之啓曰尚

書金部奏事如右斯誠檢忘一時權制懼非經國弘本之令典臣尋舊制以罪補士凡有十餘條雖同異不紊而輕重實殊至於詐列父母死誣罔父母淫亂破義反逆此四條實窮亂抵逆人理必盡雖復殊刑過制猶不足以塞莫大之罪既獲全首領大造已隆寧可復遂拔徒隸緩帶當年自同編戶列齒齊民乎臣懼此制永行所虧實大方今聖化惟新崇本棄末一切之令宜加詳改愚謂此四條不合加贖罪之恩侍中

褚淡之同韶之三條却宜仍舊詔可又駁員外散騎侍郎王寔之請假事曰伏尋舊制群臣家有情事聽併急六十日太元中改制年賜假百日又居在千里外聽併請來年限合爲二百日此蓋一時之令非經通之旨會稽雖途盈千里未足爲難百日歸休於事自足若私理不同便應自表陳解豈宜名班朝列而久淹私門臣等參議謂不合開許或家在河洛及嶺汙漢者道阻且長猶宜別有條品請付尚書詳爲其制從

之坐璽封謬誤免黃門事在謝晦傳韶之爲晉史序王珣貨殖王廞作亂珣子弘廞子華並貴顯韶之懼爲所陷深結徐羨之傅亮等少帝即位遷侍中驍騎如故景平之年出爲吳興太守羨之被誅王弘入爲相領揚州刺史弘雖與韶之不絕諸弟未相識者皆不復往來韶之在郡常慮爲弘所繩夙夜勤厲政績甚美弘亦抑其私憾太祖兩嘉之在任積年稱爲良守加秩中二千石十年徵爲祠部尚書加給事中坐去郡長

取送故免官十二年又出爲吴興太守其年卒時年五十六七廟歌辭韶之制也文集行於世

子曄尚書駕部外兵郎臨賀太守

荀伯子潁川潁陰人也祖羡驃騎將軍父猗祕書郎伯子少好學博覽經傳而通率好爲雜戲遨遊閭里故以此失清塗解褐爲駙馬都尉奉朝請員外散騎侍郎著作郎徐廣重其才學舉伯子及王韶之並爲佐郎助撰晉史及著桓玄等傳遷尚書祠部郎義熙九年上表曰臣聞

咎繇亡後臧文以爲深歎伯氏奪邑管仲所以稱仁功高可百世不泯濫賞無崇朝宜許故太傅鉅平侯祜明德通賢宗臣莫二勳參佐命功成平吴而後嗣闕然烝嘗莫寄漢以蕭何元功故絕世輒紹愚謂鉅平之封宜同酇國故太尉廣陵公陳準黨翼孫秀禍加淮南竊饗大國因罪爲利值西朝政刑失裁中興復同而不奪今王道惟新豈可不大判臧否謂廣陵之國宜在削除故太保衛瓘本爵菑陽縣公既被橫禍乃

進第秩始贈蘭陵又轉江夏中朝公輔多非理終瓘功德不殊亦無緣獨受偏賞宜復本封以正國章詔付門下前散騎常侍江夏公衛璵上表自陳曰臣乃祖故太保瓘於魏咸熙之中太祖文皇帝爲元輔之日封蕭陽侯大晉受禪進爵爲公歷位太保揔録朝政于時賈庶人及諸王用事忌瓘忠節故楚王瑋矯詔致禍前朝以瓘秉心忠正加以伐蜀之勳故追封蘭陵郡公永嘉之中東海王越食蘭陵換封江夏邑如　徐詠

舊臣高祖散騎侍郎璪之嫡孫纂承封爵宗元皇帝以曾祖故右衛將軍崇承襲逮于臣身伏聞祠部郎荀伯子表欲貶降復封蕭陽矣趙氏之忠寵延累葉漢祖開封誓以山河伏願陛下録既往之勳垂罔極之施乞出臣表付外參詳潁川陳茂先亦上表曰祠部郎荀伯子表臣七世祖太尉準禍加淮南不應濫賞尋先臣以前除買謚封海陵公事在淮南遇禍之前後廣陵雖在擾攘之際臣祖乃始蒙殊遇歷位元

凱後被遠外乃作平州而猶不至除國良以先勳深重百世不泯故也聖明御世英輔係興留無疑議以爲濫賞臣以微弱未齒人倫加始勉視息封爵兼嗣伏願陛下遠録舊勳特垂矜察詔皆付門下並不施行伯子爲世子征虜功曹國子博士妻弟謝晦薦達之入爲尚書左丞出補臨川内史車騎將軍王弘稱之曰沈重不華有平陽侯之風伯子常自矜蔭籍之美謂弘曰天下膏粱唯使君與下官耳宣明之徒不足數也遷散騎常侍本邑大中正又上表曰伏見百官位次陳留王在零陵王上臣愚竊以爲疑昔武王尅殷封神農之後於焦黄帝之後於祝帝堯之後於薊帝舜之後於陳夏後於杞殷後於宋杞陳並爲列國而薊祝焦無聞焉斯則褒崇所承優於遠代之顯驗也是以春秋次序諸侯宋居杞陳之上考之近世事亦有徵晉太始九年詔賜山陽公劉康子弟一人爵關内侯衛公姬署宋侯孔紹子一人駙馬都尉又太始三年

太常上博士劉憙等議稱衛公署於大晉在三恪之數應降稱侯臣以零陵王位宜在陳留之上從之遷太子僕御史中丞莅職勤恪有匪躬之稱立朝正色外内憚之凡所奏劾莫不深相謗毁或延及祖禰示其切直又頗雜嘲戲故世人以此非之出補司徒左長史東陽太守元嘉十五年卒官時年六十一文集傳於世子赤松爲尚書左丞以徐湛之黨爲元凶所殺伯子族弟昶字茂祖與伯子絶服五世元嘉初以文義至中書郎昶子萬秋字元寶亦用才學自顯世祖初爲晉陵太守坐於郡立華林閣置主書主衣下獄免前廢帝末爲御史中丞卒官

史臣曰夫令問令望詩人所以作詠有禮有法前謨以之垂美荀范二王雖以學義自顯而在朝之譽不弘蓋由才有餘而智未足也惜矣哉

列傳第二十

武三王　　臣沈約　新撰

武帝七男張夫人生少帝孫脩華生廬陵孝獻王義眞胡婕妤生文皇帝王脩容生彭城王義康袁美人生江夏文獻王義恭孫美人生南郡王義宣呂美人生衡陽文王義季義宣別有傳

孝獻王義眞美儀貌神情秀徹初封桂陽縣公食邑千户年十二從北征大軍進長安留

守栢谷塢除員外散騎常侍不拜及關中平定高祖議欲東還而諸將行役既久咸有歸願止留偏將不足鎮固人心乃以義眞行都督雍涼秦三州之河東平陽河北三郡諸軍事安西將軍領護西戎校尉雍州刺史太尉諮議參軍京兆王脩爲長史委以關中之任高祖將還三秦父老詣門流涕訴曰殘民不沾王化於今百年矣始覩衣冠方仰聖澤長安十陵是公家墳墓咸陽宫殿數千間是公家室宅捨此欲何之

高祖爲之愍然慰譬曰受命朝廷不得擅留感諸君戀本之意今留第二兒令文武賢才共鎮此境臨還自執義眞手以授王脩令脩執其子孝孫手以授高祖義眞尋除正加節又進督并東秦二州司州之東安定新平二郡諸軍事領東秦州刺史時隴上流人多在關中望因大威復得歸本及置東秦州父老知無復經略隴右固關中之意咸共歎息而佛佛虜寇逼交至沈田子既殺王鎮惡王脩又殺田子義眞年少賜與

左右不節脩常裁減之左右並怨因是白義眞曰鎮惡欲反故田子殺之脩今殺田子是又欲反也義眞乃使左右劉乞等殺脩脩字叔治京兆灞城人也初南渡見桓玄玄知之謂曰君平世吏部郎才脩既死人情離駭無相統一高祖遣將軍朱齡石替義眞鎮關中使義眞輕兵疾歸諸將競斂財貨多載子女方軌徐行虜追騎且至建威將軍傅弘之曰公處分亟進恐虜追擊人也今多將輜重一日行不過十里虜騎追

至何以待之宜棄車輕行乃可以免不從賊追兵果至騎數萬匹輔國將軍蒯恩斷後不能禁至青泥後軍大敗諸將及府功曹王賜悉被俘虜義眞在前故得與數百人奔散日暮虜不復窮追義眞與左右相失獨逃草中中兵參軍段宏單騎追尋緣道叫喚義眞識其聲出就之曰君非段中兵邪身在此宏大喜負之而歸義眞謂宏曰今日之事誠無算略然丈夫不經此何以知艱難初高祖聞青泥敗未得義眞審問有

前至者訪之竝云闇夜奔敗無以知存亡高祖怒甚剋日北伐謝晦諫不從及得宏啓事知義眞已免乃止義眞尋都督司雍秦幷涼五州諸軍建威將軍司州刺史持節如故以段宏爲義眞諮議參軍尋遷宋臺黃門郎領太子右衞率宏鮮卑人也爲慕容超尚書左僕射徐州刺史高祖伐廣固歸降太祖元嘉中爲征虜將軍青冀二州刺史追贈左將軍時義眞將鎮洛陽而河南蕭條未及脩理改除揚州刺史鎮石頭永

初元年封廬陵王食邑三千戶移鎮東城高祖始踐阼義眞意色不悅侍讀學士蔡茂之問其故義眞曰安不忘危休泰何可恃明年遷司徒高祖不豫以爲使持節侍中都督南豫豫雍司秦幷六州諸軍事車騎將軍開府儀同三司南豫州刺史出鎮歷陽未之任而高祖崩義眞聰明愛文義而輕動無德業與陳郡謝靈運琅邪顏延之慧琳道人竝周旋異常云得志之日以靈運延之爲宰相慧琳爲西豫州都督徐羨之

等嫌義眞與靈運延之暱狎過甚故使范晏從容戒之義眞曰靈運空疎延之隘薄魏文帝云鮮能以名節自立者但性情所得未能忘言於悟賞故與之遊耳將之鎮列部伍於東府前旣有國哀義眞所乘舫單素不及母孫脩儀所乘者義眞與靈運延之慧琳等共視部伍因宴舫內使左右剔母舫函道以施己舫而取其勝者及至歷陽多所求索羨之等每裁量不盡與深怨執政表求還都而少帝失德羨之等密謀廢

立則次第應在義眞以義眞輕訬不任主社稷
因其與少帝不協乃奏廢之曰臣聞二叔不咸
難結隆周淮南悖縱禍興盛漢莫不義以斷恩
情爲法屈二代之事殷鑒無遠仁厚之主行之
不疑故共叔不斷幾傾鄭國劉英容養釁廣
難深前事之不忘後王之成鑒也案車騎將軍
義眞凶忍之性爰自稚弱咸陽之酷醜聲遠播
先朝猶以年在紈綺冀其能改厲天屬之愛想聞
革心自聖體不豫以及大漸臣庶憂惶內外屛

氣而縱博酣酒日夜無輟肆口縱言多行無禮
先帝貽厥之謀圖慮經固親敕陛下面詔臣等
若遂不悛必加放黜至言苦厲猶在紙翰而自
茲迄今日月增甚至乃委棄藩屛志還京邑潛
懷異圖希幸非冀轉聚甲卒徵召車馬陵墳未
乾情事猶昨遂篾棄遺旨顯違成規整棹浮舟
以示歸志肆心專己無復諮承聖恩低徊深垂
隱忍屢遣中使苦相敦釋而親對散騎侍郎邢
安泰廣武將軍茅仲思縱其悖罵訕主謗朝此

久播于遠近暴於人聽臣聞原火不撲蔓草難
除青青不伐終致尋斧況憂深患著社稷慮切
請一遵晉朝武陵舊典使顧懷之旨不墜於武
廟全宥之德獲申於昵親仰尋感慟臨啓悲咽
乃廢義眞爲庶人徙新安郡前吉陽令堂邑張
約之上疏諫曰臣聞仁義之在天下若中原之
有菽理感之被萬物故不繫於貴賤是以考叔
反悔誓於及泉壺關復冤魂於湖邑當斯之時
豈無尊卿賢輔或以事迫心違或以道壅謀屈

何嘗不願聞善於輿隸藥石阿氏哉臣雖草
芥備充黔首少不量力頗高殉義之風謂蹈
善於朝聞愈徒生於白首用敢干禁忘戮披
敘丹愚伏惟高祖武皇帝誕茲神武撫運龍興
仰清天步則齊德有虞俯廓九州則侔功大
夏故虔順天人享有萬國雖靈祚脩長聖躬弗
永陛下繼明紹統遐邇一心藩王哲茂四維寧
謐傾耳康哉之詠企踵升平之風竊念廬陵王
少蒙先皇優慈之遇長受陛下睦愛之恩故在心

必言所懷必亮容犯臣子之正道致招驕恣之愆至於天姿夙成實有卓然之美宜在容養錄善奄瑕訓盡義方進退以漸今猥加剝辱幽徙遠郡上傷陛下棠棣之篤下令遠近恇然失圖士庶杜口人爲身計臣伏思大宋之興雖協應符緯而開基造次根條未繁宜廣樹藩戚敦睦以道使兄弟之美比輝魯衛龜策告同胙均七百豈不善哉陛下富於春秋慮未重複忽宏卷之遠筭肆不忍於一朝特顧留神九思重加詢

采上考前代興亡之由中存武皇締構之業下顧蒼生顒顒之望時開曲宥反王都邑選保傅於舊老求四友於髦俊引誘情性導達聰明凡人在苦皆能自厲況王質朗心聰易加訓範且中賢之人未能無過過貴自改罪願自新以武皇之愛子陛下之懿弟豈可以其一眚長致淪棄哉謹昧死詣闕伏地以聞惟願丹誠一經天聽退就斧鑕無愧地下矣書奏以約之爲梁州府參軍尋又見殺景平二年六月癸未羨之等遣使殺

義眞於徙所時年十八元嘉元年八月詔曰前廬陵王靈柩在遠國封墮替感惟拱慟情若貫割王體自至極地戚屬尊豈可令情禮永淪終始無寄可追復先封持遣奉迎并孫脩華謝妃一時俱還言增摧哽三年正月誅徐羨之傅亮等是日詔曰故廬陵王含章履正英哲自然道心内昭徽風遐被遭時多難志匡權逼天未悔禍運鍾屯險羣凶肆醜專竊國柄禍心潛搆釁生不圖朕每永念讎恥含痛内結遵養盡慝情

禮未申今王道旣亨政刑始判宜昭國恩於是乎在可追崇　大將軍王如故爲慰冤魂少申悲憤又詔曰乃者權臣陵縱兆亂基禍故吉陽令張約之抗疏矢言至誠慷慨遂事屈羣醜殞命遐疆志節不申感焉兼至昔關老奏書見紀漢策閻纂獻規荷榮晉代考其忠槩參迹前蹤宜加旌顯式揚義烈可贈以一郡賜錢十萬布百匹義眞無子太祖以第五子紹字休胤爲嗣元嘉九年襲封廬陵王少而寬雅太祖

甚愛之二十年出爲南中郎將江州刺史時年十二二十二年入朝加棨戟進都督江州豫州之西陽晉熙新蔡三郡諸軍事在任七年改授左將軍南徐州刺史給鼓吹一部未之鎭仍還揚州刺史將軍如故索虜至瓜步紹從太子鎭石頭二十九年疾患解職其年薨時年二十一遺令斂以時服素棺周身太祖從之追贈散騎常侍鎭軍將軍開府儀同三司刺史如故無子南平王鑠第三子敬先爲嗣本名敬秀既出繼而紹

妣褚秀之孫女故改焉景和二年爲前廢帝所害追贈中書侍郎謚曰恭王無子太宗泰始元年以世祖第二十一子晉熙王子輿字孝文爲紹嗣封廬陵王爲輔國將軍南高平臨淮二郡太守並未拜爲太宗所殺三年更以桂陽王休範第二子德嗣紹爲建威將軍淮陵南彭城二郡太守後廢帝元徽二年與休範俱伏誅國復絕三年復以臨澧忠侯襲第三子卓字淵華繼紹爲給事中順帝昇明元年薨謚曰元王又無子國除

江夏文獻王義恭幼而明穎姿顔美麗高祖特所鍾愛諸子莫及也飲食寢臥常不離於側高祖爲性儉約諸子食不過五醆盤而義恭愛寵異常求須菓食日中無筭得未嘗噉悉以乞與傍人廬陵諸王未嘗敢求求亦不得景平二年監南豫豫司雍秦并州諸軍事冠軍將軍南豫州刺史代廬陵王義眞鎭歷陽時年十二元嘉元年封江夏王食邑五千戶加使持節進號撫

軍將軍給鼓吹一部三年監南徐兗二州揚州之晉陵諸軍事徐州刺史持節將軍如故進監爲都督未之任太祖征謝晦義恭還鎭京口六年改授散騎常侍都督荆湘雍益梁寧南北秦八州諸軍事荆州刺史持節將軍如故義恭涉獵文義而驕奢不節既出鎭太祖與書誡之曰汝以弱冠便親方任天下艱難家國事重雖曰守成實亦未易隆替安危在吾曹耳豈可不感尋王業大懼負荷今既分張言集未日無由復

得動相規誨宜深自砥礪思而後行開布誠心
厝懷平當親禮國士友接佳流識別賢愚鑒察
邪正然後能盡君子之心收小人之力汝神意爽
悟有日新之美而進德脩業未有可稱吾所以
恨之而不能已已者也汝性編急袁太妃亦說
如此性之所滯其欲必行意所不在從物回改
此最弊事宜應慨然立志念自裁抑何至丈夫
方欲贊世成名而無斷者哉今粗疏十數事汝
別時可省也遠大者豈可具言細碎復非筆可

盡禮賢下士聖人垂訓驕侈矜尚先哲所去豁
達大度漢祖之德猜忌編急魏武之累漢書稱
衛青云大將軍遇士大夫以禮與小人有恩西
門安于矯性齊美關羽張飛任偏同弊行已
舉事深宜鑒此若事異今日嗣子幼蒙司徒便
當周公之事汝不可不盡祗順之理苟有所懷
密自書陳若形迹之間深宜慎護至於爾時安
危天下決汝二人耳勿忘吾言今既進袁太妃供
給計足充諸用此外一不須復有求取近亦具

白此意唯脫應大餉致而當時遇之有所乏汝自
可少多供奉耳汝一月日自用不可過三十萬
若能省此益美西楚府曠常宜早起接對賓
侶勿使留滯判急務訖然後可入問訊既覩顏
色審起居便應即出不須久停以廢庶事也下
日及夜自有餘閑府舍住止園池堂觀略所諳
究計當無須改作司徒亦云爾若脫於左右之
宜須小小回易當以始至一治爲限不煩紛紜
日求新異凡訊獄多決當時難可逆慮此實爲

難汝復不習殊當未有次第訊前一二日取訊
簿密與劉湛輩共詳大不同也至訊日虛懷博
盡慎無以喜怒加人能擇善者而從之美自歸
已不可專意自決以矜獨斷之明也萬一如此
必有大吝非唯訊獄君子用心自不應爾刑獄
不可擁滯一月可再訊凡事皆應慎密亦宜
豫敕左右人有至誠所陳不可漏泄以負忠信
之款也古人言君不密則失臣臣不密則失身
或相讒構勿輕信受每有此事當善察之名器

深宜愼惜不可妄以假人昵近爵賜尤應裁量吾於左右雖爲少恩如聞外論不以爲非也以貴陵物物不服以威加人人不厭此易達事耳聲樂嬉游不宜令過蒱漁獵一切勿爲供用奉身皆有節度奇服異器不宜興長汝嬪侍左右已有數人既始至西未可忽忽復有所納又誡之曰宜數引見佐史非唯臣主自應相見不數則彼我不親不親則無因得盡人人不盡復何由知其衆事廣引視聽既益開博於言事者

又差有地也九年徵爲都督南兖徐兖青冀幽六州豫州之梁郡諸軍事征北將軍開府儀同三司南兖州刺史鎭廣陵時詔内外百官舉才義恭上表曰臣聞雲和倫樂則繁會克諧驊騮騄服則致遠斯效陛下順簡寅化文明在躬王衡既正泰階載一而猶發慮英髦人情仄陋幽谷空同顯著揚歷是以潛虯聳鱗佇利見之期翔鳳弭翼應來儀之感竊見南陽宗炳操履閑遠思業貞純砥節丘園息賓盛世貧約而苦内無

改情軒冕屢招確爾不拔若以蒲帛之聘感以大倫之美庶投竿釋褐翻然來儀必能毗燮九官宣贊百揆尚書金部郎臣徐森之臣府中直兵參軍事臣王天寶並局力允濟忠諒款誠往年逆臣叛逸華陽失守森之全境寧民績章危棘前者經略伊瀍元戎喪旅天寶北勤河朔東據營丘勳勇既昭心事兼竭雖蒙褒敘未盡才宜並可授以邊藩展其志力交阯遼邈累喪藩將政刑每闕撫莅惟艱南中負遠風謠迥

隔蠻獠狡竊邊氓荼炭寔須練實以綏其難謂森之可交州刺史天寶可寧州刺史庶足威懷荒表肅清遐服昔魏戊之賢功存薦士趙武之明事彰管庫臣識愧前良理謝先哲率舉所知仰酬採訪退懼鼓言無足甄獎十六年進位司空明年大將軍彭城王義康有罪出藩徵義恭爲侍中都督揚南徐兖三州諸軍事司徒錄尚書領太子太傅持節如故給班劍二十人置仗加兵明年解督南兖二十一年進太尉領司徒

餘如故義恭旣小心恭慎且戒義康之失雖爲總録奉行文書而已故太祖安之相府年給錢二千萬它物倍此而義恭性奢用常不足太祖又別給錢季千萬二十季領國子祭酒時有獻五百里馬者以賜義恭二十七年春索虜寇豫州太祖因此欲開定河洛其秋以義恭總統羣帥出鎭彭城解國子祭酒虜遂深入徑至瓜步義恭與世祖閉彭城自守二十八年春虜退走自彭城北過義恭震懼不敢追其日民有告虜

驅廣陵民萬餘口夕應宿安王陂去城數十里今追之可悉得諸將竝請義恭又禁不許經宿太祖遣驛至使悉力急追義恭乃遣鎭軍司馬檀和之向蕭城虜先已聞知乃盡殺所驅廣陵民輕騎引去初虜深入上慮義恭不能固彭城備加誡勸義恭答曰臣未能臨瀚海濟居延庶免劉仲奔逃之恥及虜至義恭果走賴衆議得停事在張暢傳降義恭號驃騎將軍開府儀同三司餘悉如故魯郡孔子舊庭有栢樹二十

四株經歷漢晉其大連抱有二株先折倒士人崇敬莫之敢犯義恭悉遣人伐取父老莫不歎息又以本官領南兗州刺史增督南兗豫徐兗青冀司雝秦幽幷十一州諸軍事幷前十三州移鎭盱眙脩治舘宇擬制東城二十九季冬還朝上以御所乘蒼鷹船上迎之遭太妃憂改授大將軍都督揚南徐二州諸軍事南徐州刺史持節侍中録尚書太子太傅如故還鎭東府辭侍中未拜值元凶肆逆其日劭召義恭先是詔

召太子及諸王各有常人處有詐妄致害者至是義恭求常所遣傳詔劭遣之而後入義恭請罷兵凡府內兵仗竝送還臺進位太保進督會州諸軍事服侍中服又領大宗師世祖入討劭疑義恭有異志使入住尚書下省分諸子竝住神虎門外侍中下省劭聞世祖已次近路欲悉力逆之決戰中道義恭慮世祖船乘陋小劭豕突中流容能爲患乃進說曰割棄南岸柵斷石頭此先朝舊法以逸待勞不憂不破也劭從之世祖前

鋒至新亭劭挾義恭出戰恒録在左右故不能
自拔戰敗使義恭於東堂簡將義恭先使人具
舩於東冶渚因單馬南奔始濟淮追騎已至北
岸僅然得免劭大怒遣始興王濬就西省殺義
恭十二子世祖時在新林浦義恭既至上表勸
世祖即位曰臣聞治亂無兆倚伏相因乾靈降
禍二凶極逆深酷巨痛終古未有陛下忠孝自
天赫然電發投袂泣血四海順軌是以諸侯雲
赴數均八百義奮之旅其會如林神祚明德有

所底止而沖居或躍未登天祚非所以嚴重宗
社紹延七百昔張武抗辭代王順請耿純陳款
光武正位況今罪逆無親惡盈釁滿阻兵安忍
戮善崇姦履地戴天畢命俄頃宜早定尊號以
固社稷是平之季寔惟樂推王室之亂天命有
在故抱拜兆於壓璧赤龍表於霄徵伏惟大明
無私遠存家國七廟之靈近哀黔首荼炭之切
時陟帝祚永慰羣心臣負釁嬰罰偷生人壤幸
及寬政待罪有司敢以漏刻視息披露肝膽世

祖即祚授使持節侍中都督揚南徐二州諸軍事
太尉録尚書六條事南徐徐二州刺史給鼓吹
一部班劒二十人又假黃鉞事寧進位太傅領
大司馬增班劒爲三十人以在藩所服玉環大
綬賜之增封二千戶上不欲致禮太傅諷有司
奏曰聖旨謙光尊師重道欲致拜太傅斯誠弘
兹遠風敦闡盛則然周之師保實稱三吏晉因
於魏特加其禮帝道嚴極既有常尊考之史載
未見兹典故卞壼孫楚竝謂人君無降尊之義

遠稽聖典近即羣心臣等參議謂不應有加拜
之禮詔曰闇薄纂統寔憑師範思盡虔恭以承
道訓所奏稽諸往代謂無拜禮據文既明便從
所執世祖立太子東宮文案使先經義恭孝建
元年南郡王義宣臧質魯爽等反加黃鉞白直
百人入六門事平以臧質七百里馬賜義恭又增
封二千戶世祖以義宣亂逆由於彊盛至是欲
削弱王侯義恭希旨乃上表省録尚書曰臣聞
天地設位三極同序皇王化則九官咸事時亮

之績昭於虞典論道之風宣於周載台輔之設坐調陰陽元凱之置宜起壟百揆所以爕鉞矢言侵官是誠陳平乞抗辭匪職丙荅漢承秦後庶僚稍改爵因時變任與世移總錄之制本非舊體列代相沿茲仍未革今皇家中造事遵前文宜憲章先代證文古則停省條錄以依昔典使物競思存人懷勸壹則名實靡紊庸節必紀臣謬典國重虛荷崇位興替宜知敢不輸盡上從其議又與驃騎大將軍竟陵王誕奏曰臣聞佾懸有

數等級異儀珮笏有制卑高殊序斯蓋上哲之洪摹歎世之明訓而時至彌流物無不弊僭侈由俗軌度非古晉代東徙舊法淪落侯牧典章稍與事廣名實一差難以卒變章服崇濫多歷年所今樞機更造皇風載新耗弊未充百用思約宜備品式之律以定損厭之條臣等地居枝昵位參台輔遵正之首請以爵先致貶之端宜從戚始輒因暇日共參愚懷應加省易謹陳九事雖懼匪衷庶竭微款伏願陛下聽覽之餘

薄垂昭納則上下相安表裏和穆矣詔付外詳有司奏曰車服以庸虞書茂典名器慎假春秋明誡是以尚方所制漢有嚴律諸侯竊服雖親必罪降于頃世下僭滋極器服裝飾樂舞音容通於王公達于衆庶上下無辨民志靡壹義恭所陳寔允禮度九條之格猶有未盡謹共附益凡二十四條聽事不得南向坐施帳并藩國官正冬不得跣登國殿及夾侍國師傳令及油戟公主王妃傳令不得朱服輿不得重欄鄣扇不

得雉尾劍不得鹿盧形槊毦不得孔雀白鷺夾轂隊不得絳襖平乘誕馬不得過二匹胡伎不得綵衣舞伎正冬著袿衣不得裝面冬會不得鐸舞柸柈舞長蹻透狹舒劍博山緣大橦升五案自非正冬會奏舞曲不得舞諸妃主不得著緄帶信幡非臺省官悉用絳郡縣內史相及封內官長於其封君既非在三罷官則不復追敬不合稱臣宜止下官而已諸鎮常行車前後不得過六隊白直夾轂不在其限刀不得過

銀銅爲飾諸王女封縣主諸王子孫襲封之王妃及封侯者夫人行並不得鹵簿諸王子繼體爲王者婚葬吉凶悉依諸國公侯之禮不得同皇弟皇子車非軺車不得油幢平乘船皆下兩頭作露平形不得擬象龍舟悉不得朱油帳鉤不得作五花及竪笴形詔可是歲十一月還鎮京口二年春進督東南兗二州其冬徵爲揚州刺史餘如故加入朝不趨贊拜不名劒履上殿固辭殊禮又解持節都督幷侍中義恭撰要記五卷

起前漢訖晉太元表上之詔付祕閣時西陽王子尚有盛寵義恭解揚州以避之乃進位太宰領司徒義恭常慮爲世祖所疑及海陵王休茂於襄陽爲亂乃上表曰古先哲王莫不廣植周親以屛帝宇諸侯受爵亦願永固邦家至有管蔡梁燕致禍周漢上乖顯授之恩下亡血食之業夫善積慶深宜享長久而歷代侯王甚乎匹庶豈異姓皆賢宗室悉不賢由生於深宮不覩稼穡左右近習未值田蘇富貴驕奢自往而至聚毛

折軸遂乃危禍漢之諸王並置傅相猶不得禁逆七國連謀寔由彊盛晉氏列封正足成永嘉之禍尾大不掉終古同疾不有更張則其源莫救日者庶人恃親殆傾王業去歲西寇藉寵幾敗皇基不圖襄楚復生今釁良以地勝兵勇獎成凶惡前事之不忘後事之明兆陛下大明紹祚垂法萬葉臣年衰意塞無所知解忝皇族耆長慙慨內深思表管見裨崇萬一竊謂諸王貴重不應居邊至於華州優地時可暫出旣以有

州不須置府若位登三事止乎長史掾屬若宜鎮御別差扞城大將若情樂沖虛不宜逼以戎事若捨文好武尤宜禁塞僚佐文學足充話言遊梁之徒一皆勿許文武從鎮以時休止妻子室累不煩自隨百僚脩詣宜遵晉令悉須宣令齊到備列賓主之則衡泌之士亦無煩干候貴王器甲於私爲用蓋寡自金銀裝刀劒戰具之服皆應輸送還本曲突徙薪防之有素庶善者無懼惡者止姦時世祖嚴暴義恭慮不見容乃卑辭曲意盡

禮祗奉且便辯善附會俯仰承接皆有容儀每有符瑞輒獻上賦頌陳詠美德大明元年有三春茅生石頭西岸累表勸封禪上大悅三年省兵佐加領中書監以崇藝昭武永化三營合四百三十七戶給府吏增吏僮千七百人合爲二千九百人六年解司徒府太宰府依舊辟召又年給三千匹布七年從巡兼尚書令解中書監八年閏月又領太尉其月世祖崩遺詔義恭解尚書令加中書監柳元景領尚書令入住城內

事無巨細悉關二公大事與沈慶之參決若有軍旅可爲揔統尚書中事委顏師伯外監所統委王玄謨前廢帝即位詔曰揔録之典著自前代孝建始年雖暫是并省而因革有宜理存濟務朕煢獨在躬未涉政道百揆庶務允歸尊德太宰江夏王義恭新除中書監太尉地居宗重受遺阿衡實深憑倚用康庶績可録尚書事本官監太宰王如故侍中驃騎大將軍南兗州刺史巴東郡開國公新除尚書令元景同稟顧誓翼

輔皇家贊業宣風緊公是賴可即本號開府儀同三司領兵置佐一依舊准須丹陽尹侍中領公如故又增義恭班劒爲四十人更申殊禮之命固辭殊禮義恭性嗜不恒日時移變自始至終屢遷第宅與人遊款意好亦多不終而奢侈無度不愛財寶左右親幸者一日乞與或至一二百萬小有忤意輒追奪之大明時資供豐厚而用常不足賒市百姓物無錢可還民有通辭求錢者輒題後作原字善騎馬解音律遊行或

三五百里世祖恣其所之東至吳郡登虎丘山又登無錫縣烏山以望太湖大明中撰國史世祖自爲義恭作傳及永光中雖任宰輔而承事近臣戴法興等常若不及前廢帝狂悖無道義恭元景等謀欲廢立永光元年八月廢帝率羽林兵於第害之并四子時年五十三斷析義恭支體分裂腸胃挑取眼精以蜜漬之以爲鬼目粽太宗定亂令書曰故中書監太宰領太尉録尚書事江夏王道性淵深睿鑒通遠樹聲列藩

宣風鉉德位隆姬輔任屬負圖勤勞國家方熙
託付之重盡心毗導永融雍穆之化而凶醜忌
威奄加冤害夷戮有暴殯穸無聞慣達幽明痛
貫朝野朕蒙險在難含哀莫申幸賴宗祏之靈
克復纂祈天之祚仰惟勳戚震悼于厥心昔梁王
徽庸暨蹕備禮東平好善黃屋在廷況公德猷
弘懋彝典未殊者哉可追崇使持節侍中都督
中外諸軍事丞相領太尉中書監錄尚書事王
如故給九旒鸞輅虎賁班劍百人前後部羽葆

鼓吹轀輬車泰始三年又下詔曰皇基崇建也
剥維難弘啟熙載底績忠果故從饗世祀勤勳
宗彝世祖寧亂定業寔資翼亮故使持節侍中
都督中外諸軍事丞相領太尉中書監錄尚書
事江夏文獻王義恭故使持節侍中都督南豫
江豫三州軍事太尉南豫州刺史巴東郡開國
忠烈公元景故侍中司空始興郡開國襄公慶
之故持節征西將軍雍州刺史洮陽縣開國肅
侯愨或體道沖玄亟化康世或盡誠致效庚難

龕龍逆冝式遵國典陪祭廟庭義恭長子朗字元
明出繼少帝封南豐縣王食邑千戶為湘州刺史
持節侍中領射聲校尉為元凶所殺世祖即位追
贈前將軍江州刺史孝建元年以宗室祗長子
歆繼封祗伏誅歆還本泰始三年更以宗室韞
第二子銑繼封為祕書郎與韞俱死順帝昇明
二年復以宗室琨子績繼封三年薨會齊受禪
國除朗弟叡字元秀太子舍人為元凶所害追
贈侍中謚宣世子大明二年追封安隆王以第

四皇子子綏字寶孫繼封食邑二千戶追諡叡
曰宣王以子綏為都督郢州諸軍事冠軍將軍
郢州刺史進號後軍將軍加持節太宗泰始元
年進號征南將軍改封江夏王食邑五千戶改
叡為江夏宣王子綏未受命與晉安王子勛同
逆賜死七年太宗以第八子躋字仲升繼義恭
為孫封江夏王食邑五千戶後廢帝即位督會
稽東陽新安臨海永嘉五郡諸軍事東中郎將
會稽太守進號左將軍齊受禪降為沙陽縣

公食邑一千五百户謀反賜死㪍弟韶字元和封新吴縣侯官至步兵校尉追贈中書侍郎謚曰列侯韶弟坦字元度平都懷侯坦弟元諒江安愍侯元諒弟元粹興平悼侯坦元諒元粹竝追贈散騎侍郎元粹弟元仁元方元旒元淑元徽與朗等凡十二人竝爲元凶所殺元徽弟伯禽孝建三年生義恭諸子既遇害爲朝廷所哀至是世祖名之曰伯禽以擬魯公伯禽周公旦之子也官至輔國將軍湘州刺史又爲前廢帝

所殺謚曰哀世子又追贈江夏王政謚曰愍伯禽弟仲容封永脩縣侯爲寧朔將軍臨淮濟陽二郡太守仲容弟叔子封永陽縣侯叔子弟叔寶及仲容叔子竝爲前廢帝所殺謚仲容叔子竝曰殤侯

衡陽文王義季幼而夷簡無鄙近之累太祖爲荆州高祖使隨往江陵由是特爲太祖所愛元嘉元年封衡陽王食邑五千户五年爲征虜將軍八年領石頭戍事九年遷使持節都督南徐州諸軍事右將軍南徐州刺史十六年代臨川王義慶都督荆湘雍益梁寧南北秦八州諸軍事安西將軍荆州刺史持節如故給鼓吹一部先是義慶在任值巴蜀亂擾師旅應接府庫空虚義季躬行節儉畜財省用數年間還復充實隊主續豐母老家貧無以充養遂斷不食肉義季哀其志給豐每月白米二斛錢一千并制豐噉肉義季素拙書上聽使餘人書啓事唯自署名而已二十年加散騎常侍進號征西大將軍

領南蠻校尉義季素嗜酒自彭城王義康廢後遂爲長夜之飲略少醒日太祖累加詰責義季引愆陳謝上詔報之曰誰能無過改之爲貴耳此非唯傷事業亦自損性命世中比比皆汝所諳近長沙兄弟皆緣此致故將軍蘇徽耽酒成疾旦夕待盡吾試禁斷并給藥膳至今能立此自是可節之物但嗜者不能立志裁割耳晉元帝人主尚能感王導之諫終身不復飲酒汝既有美尚加以吾意殷勤何至不能慨然深自勉

厲乃復須嚴相割裁坐諸紜紜然後少止者幸
可不至此一門無此酣酒汝於何得之臨書歎
塞義季雖奉此旨酣縱如初遂以成疾上又詔
之曰汝飲積食少而素羸多風常慮至此今果
委頓縱不能以家國爲懷近不復顧性命之重
可歎可恨豈復一條本望能以理自厲未欲相苦
耳今遣孫道胤就楊佛等令晨夕視汝并進止
湯食可開懷虛受愼勿隱避吾飽嘗見人斷酒
無它慊吸蓋是當時甘嗜罔已之意耳今者憂

恒政在性命未暇及美業復何爲吾煎毒至此
邪義季終不改以至於終二十一年爲都督南兗
徐青冀幽六州諸軍事征北大將軍開府儀同三
司南兗州刺史持節常侍如故登舟之日帷帳
器服諸應隨刺史者悉留之荆楚以爲美談二
十二年進督豫州之梁郡遷徐州刺史持節常
侍都督如故明年索虜侵逼北境擾動義季懲
義康禍難不欲以功勤自業無它經略唯飲酒
而已太祖又詔之曰杜驥申恬倉卒之際尚以

弱甲瑣卒徼寇作援彼爲元統士馬桓桓旣不
懷舊發連被意旨猶復逡巡豈唯大乖應赴之
宜實孤百姓之望且匈奴輕漢將自此而始賊
初起逸未知指趨故且裝束兼存觀察耳少日
勢漸可見便應大有經略何合安然遂不敢動
遣軍政欲乘際會拯危急以申威援本無驅馳
平原方幅爭鋒理又山路易馮何以畏首尾迴
弱若謂事理政應如此者進大鎭聚甲兵徒爲
煩耳二十四年義季病篤上遣中書令徐湛之

省疾召還京師未及發薨於彭城時年三十三
太尉江夏王義恭表解職迎喪不許上遣東海
王禕北迎義季喪追贈侍中司空持節都督刺
史如故子恭王嶷字子岐嗣中書侍郎太子中
庶子世祖大明七年薨追贈冠軍將軍豫州刺
史子伯道嗣順帝昇明三年薨其年齊受禪
國除

史臣曰戒懼乎其所不覩恐畏乎其所不聞在
於愼所忽也江夏王高祖寵子位居上相大明

之世親典冠朝屈體降情槃辟於軒檻之上明其爲卑約亦已至矣得使虛朝暴主顧無猜色歷載踰十以尊戚自保及在永光幼主南面公旦之重屬有所歸自謂踐冰之慮已除太山之安可恃曾未云幾而磔體分肌古人以隱微致戒斯爲篤矣

列傳第二十一　宋書六十一

列傳第二十二　宋書六十二

臣沈　約　新撰

羊欣

張敷

王微

羊欣字敬元泰山南城人也曾祖忱晉徐州刺史祖權黃門郎父不疑桂陽太守欣少靖默無競於人美言笑善容止汎覽經籍尤長隸書不疑初爲烏程令欣時年十二時王獻之爲吳興太守甚知愛之獻之嘗夏月入縣欣著新絹帬晝寢獻之書帬數幅而去欣本工書因此彌善起家輔國參軍府解還家隆安中朝廷漸亂欣優游私門不復進仕會稽王世子元顯每使欣書常辭不奉命元顯怒乃以爲其後軍府舍人此職本用寒人欣意貌恬然不以高卑見色論者稱焉欣嘗詣領軍將軍謝混混拂席改服然後見之時混族子靈運在坐退告族兄瞻曰望蔡見羊欣遂易衣改席欣由此益知名桓玄輔

政領平西將軍以欣爲平西參軍仍轉主簿參預機要欣欲自疎時漏密事玄覺其此意愈重之以爲楚臺殿中郎謂曰尚書政事之本殿中禮樂所出卿昔處股肱方此爲輕也欣拜職少日稱病自免屏居里巷十餘年不出義熙中弟徽被遇於高祖高祖謂諮議參軍鄭鮮之曰羊徽一時美器世論猶在兄後恨不識之即板欣補右將軍劉藩司馬轉長史中軍將軍道憐諮議參軍出爲新安太守在郡四年簡惠著稱除

臨川王義慶輔國長史廬陵王義眞車騎諮議參軍並不就太祖重之以爲新安太守前後凡十三年游玩山水甚得適性轉在義興非其好也頃之又稱病篤自免歸除中散大夫素好黃老常手自書章有病不服藥飲符水而已兼善醫術撰藥方十卷欣以不堪拜伏辭不朝覲高祖太祖並恨不識之自非尋省近親不妄行詣行必由城外未嘗入六關元嘉九年卒時年七十三子俊早卒弟徽字敬猷世譽多欣高祖鎮

京口以爲記室參軍掌事八年遷中書郎直西省後爲太祖西中郎長史河東太守子瞻元嘉末爲世祖南中郎長史尋陽太守卒官

張敷字景胤吳郡人吳興太守邵子也生而母沒年數歲問母所在家人告以死生之分敷雖童蒙便有思慕之色年十許歲求母遺物而散施已盡唯得一畫扇乃緘錄之每至感思輒開笥流涕見從母常悲感哽咽性整貴風韻甚高好讀玄書兼屬文論少有盛名高祖見而愛之

以爲世子中軍參軍數見接引永初初遷秘書郎嘗在省直中書令傅亮貴宿權要聞其好學過候之敷臥不即起亮怪而去父邵爲湘州去官侍從太祖版爲西中郎參軍元嘉初爲員外散騎侍郎秘書丞江夏王義恭鎮江陵以爲撫軍功曹轉記室參軍時義恭就太祖求一學義沙門比沙門求見發遣會敷赴假還江陵太祖謂沙門曰張敷應西當令相載及敷辭上謂曰撫軍須一意懷道人卿可以後艑載之道中可

得言晤敷不奉旨曰臣性不耐雜上甚不說遷正員郎中書舍人狄當周赳竝管要務以敷同省名家欲詣之赳曰彼若不相容便不如不往詎可輕往邪當曰吾等竝已員外郎矣何憂不得共坐敷先設二牀去壁三四尺二客就席訓接甚歡既而呼左右曰移我遠客赳等失色而去其自摽遇如此善持音儀盡詳緩之致與人別執手曰念相聞餘響久之不絶張氏後進至今慕之其源流起自敷也遷黃門侍郎始興王

濬後軍長史司徒左長史未拜父在吳興亡報以疾篤敷往奔省自發都至吳興成服凡十餘日始進水漿葬畢不進鹽菜遂毀瘠成疾世父茂度每止譬之輒更感慟絶而復續茂度曰我冀譬汝有益但更甚耳自是不復往未朞而卒時年四十一琅邪顏延之書弔茂度曰賢弟子少履貞規長懷理要清風素氣得之天然言面以來便申忘年之好比雖艱隔成阻而情問無睽薄莫之人冀其方見慰說豈謂中年奄爲長往聞問

悼心有兼但痛足下門教敦至兼實家寶一旦喪失何可爲懷其見重如此世祖即位詔曰司徒故左長史張敷貞心簡立幼樹風規居哀毀滅孝道淳至宜在追甄於以報美可追贈侍中於是改其所居稱爲孝張里無子

王微字景玄琅邪臨沂人太保弘弟子也父孺光祿大夫微少好學無不通覽善屬文能書畫兼解音律醫方陰陽術數年十六州舉秀才衡陽王義季右軍參軍竝不就起家司徒祭酒轉

主簿始興王濬後軍功曹記室參軍太子中舍人始興王友父憂去官服闋除南平王鑠右軍諮議參軍微素無宦情稱疾不就仍除中書侍郎又擬南琅邪義興太守竝固辭吏部尚書江湛舉微爲吏部郎微與湛書曰弟心病亂度非但蹇躄而已此處朝野所共知騶會忽扣華門閭里咸以爲祥怪君多識前世之載天值何其易傾弟受海内駭笑不過如燕石秃鶩邪未知君何以自解於良史邪今雖王道鴻鬯或有激

朗於天表必欲探援潛寶傾海求珠自可卜肆
巫祠之間馬棧牛口之下賞劇孟於博徒拔卜
式於芻牧亦有西戎孤臣東都戍士上窮範馳
之御下盡詭遇之能兼鱗雜襲者必不乏於世
矣且盧於承明署乎金馬皆明察之官又賢於
管庫之末何爲劫勒通家疾病人塵穢難甚之
選將以靖國不亦益闕乎書云任官維賢才而
君擢士先疹廢苋苋棫樸似不如此且弟曠違
兄姊迄將十載姊時歸來終不任輿曳入閤兄

守金城永不堪扶抱就路若不憊疾非性僻而
何比君曰表裏無假長因飛耳也常謂生遭太
公將即華士之戮幸遇管叔必蒙僻儒之養光
武以馮衍才浮其實故棄而不齒諸葛孔明云
來敏亂郡過於孔文舉況無古人之才槩敢干
周漢之常刑彼二三英賢足爲曉治與否恐君
逢此時或亦不免高閣乃復假名不知已者豈
欲自比衛賜邪君欲高斆山公而以仲容見處
徒以挹提禮學本不參選鄙夫瞻彼固不任下

走未知新沓何如州陵耳而作不師古坐亂官
政誣飾蚯蚓冀招神龍如復託以眞素者又不
宜居華留名有宮風俗君亦不至期人如此若
交以爲人賜舉未以巳勞則商販之事又連所
不忍聞也豈謂不肖易擢貪者　誘凡此數者
君必居一焉雖假天口於齊駢藉鬼說於周季
公孫碎毛髮之文莊生縱滉瀁之極終不能舉
其契爲之辭矣子將明魂必靈咍於萬里汝潁
餘彦將拂衣而不朝浮華一開風俗或從此而爽

鬼谷以揣情爲最難何君忖度之輕謬今有此
書非敢叨擬中散誠不能顧影負心純盗虛聲
所以綿絡累紙本不營尚書虎爪板也盛量便
徃來居舍晨省復經周旋加有諸甥亦何得頓
絶慶吊然生平之意自於此都盡君平公云生我
名者殺我身天爵且猶滅名安用吏部郎哉其
舉可陋其事不經非獨搢紳者不道僕妾皆將
咲之忽忽不樂自知壽不得長且使千載知弟
不詐諼耳微既爲始興王濬府吏濬數相存慰

微奉荅牋書輒飾以辭采微爲文古其頗抑投
袁淑見之謂爲訴屈微因此又與從弟僧綽書
曰吾雖無人鑒要是早知弟每共宴語前言何
嘗不以止足爲貴且持盈畏滿自是家門舊風
何爲一旦落漠至此當局苦迷將不然邪詎容
都不先聞或可不知耳衣冠冑胄如吾者甚多
才能固不足道唯不傾側溢詐士頗以此容之至
於規矩細行難可詳料疹疾日滋縱恣益甚人
道所貴廢不復脩幸值聖明兼容置之敎外且

舊恩所及每蒙寬假吾亦自揆疾疹重侵難復
支振民生安樂之事心死久矣所以解日偷存盡
於大布糲粟半夕安寢便以自度血氣盈虛
復稍道長以大散爲和羨美弟爲不見之邪疾廢
居然且事一已上不足敗俗傷化下不至毀辱家
門泊爾尸居無方待化凡此二三皆是事實吾
與弟書不得家中相欺也州陵此舉爲無所因
反覆思之了不能解豈見吾近者諸牋邪良可
怪笑吾少學作文又晚節如小進使君公欲民

不偷每加存飾訓對尊貴不厭敬恭且文詞不
怨思抑揚則流澹無味文好古貴能連類可悲
一往視之如似多意當見居非求志清論所排
便是通辭訴屈邪爾者真可謂真素寡矣其數
旦見客小防自來盈門亦不煩獨舉吉也此輩
乃云語勢所至非其要也弟無懷居今地萬物
初不以相非然魯器齊虛實宜書紳今三署六
府之人誰表裏此內儻疑弟豫有力於素論何
如哉則吾長阨不死終誤盛壯也江不過疆吹

拂吾云是巖穴人巖穴人情所高吾得當此則
雞騖變作鳳皇何爲干飾廉隅秩秩見於面目
所惜者大耳諸舍闔門皆蒙時私此既未易陳
道故常因舍聲不言至兄弟尤爲叨竊臨海頻
煩二郡謙亦越進清階吾高枕家巷遂至中書
郎此足以闔棺矣又前年優旨自弟所宣雖憂
后撫辜人周宣及鰥寡不足過也語皆循檢校
迹不爲虛飾也作人不阿諛無緣頭髮見白稍
學諂詐且吾何以爲足不能行自不得出户頗不耐

風故不可扶曳家本貧餧至於惡衣蔬食設使
盜跖居此亦不能兩展其足妄意珍藏也正令
選官設作此舉於吾亦無劒戟之傷所以懃懃
畏人之多言也管子晉賢乃關人主之輕重此
何容易哉州陵亦自言視明聽聰而返區區飾
吾何辯致而下英俊夫奇士必龍居深藏與蛙
蝦爲伍於勲其猶難之林宗輩不足識也似不
肯賸賸奉牋記彫琢獻文章居家近市廛親戚
滿城府吾猶自知耒陽源輩當平此不飾詐之

與直獨兩不關吾心又何所耿介弟自宜以解
塞群賢矣兼悉怒此言自爾家任兄故能也日
日望弟來屬病終不起何意向與江書粗布胥
心無人可寫比面乃具與弟書便覺成本以當
半日相見吾既惡勞不得多語樞機幸非所長
相見亦不勝讀此書也親屬欲見自可示無急
付手時論者或云微之見舉廬江何偃亦豫其
議慮爲微所咎與書自陳微報之曰卿昔稱吾
於義興吾常謂之見知然復自怪鄙野不參風

流耒有一介孰悉於事何用獨識之也近日何見
綽迗卿書雖知如戲知卿固不能相哀苟相哀之
未知何相期之可論卿少陶玄風淹雅脩暢自是
正始中人吾真庸性人耳自然志操不倍王樂
小兒時尤麤笨無好常從博士讀小小章句竟
無可得口吃不能劇讀遂絶意於尋求至二十
左右方復就觀小說往來者見床頭有數帙書
便言學問試就檢當何有哉乃復持此擬議人
邪尚獨愧咲揚子之褒贍猶恥辭賦爲君子若

吾篆刻非亦甚矣卿諸人亦當尤以此見議或
謂言深博作一段意氣鄙薄人世初不敢然是
以每見世人文賦書論無所是非不解處即日借
問此其本心也至於生平好服上藥起年十二時
病虛耳所撰服食方中粗言之矣自此始信攝
養有徵故門冬昌朮隨時參進寒温相補欲以
扶護危羸見冀白首家貧乏役至於春秋令節
輒自將兩三門生入草采之吾實倦遊醫部頗
曉和藥尤信本草欲其必行是以躬親意在取

精世人便言希仙好異矯慕不羈不同家頗有
駡之者又性知畫繢蓋亦嗚鵠識夜之機盤紆
糾紛或記心目故兼山水之愛一往跡求皆仿像
也不好詣人能忘榮以避權右宜自密應對舉
止因卷慙自保不能勉其所短耳由來有此數
條二三諸賢因復架累致之高塵詠之清覽瓦
礫有資不敢輕厠金銀也而頃年嬰疾沉淪無
已區區之情悁於生存自恐難復而先命猥加
魂氣寒森常人不得作常自處疾苦正亦卧思

已熟謂有記自論既仰天光不夭庶類兼望諸
賢共相哀體而卿首唱誕言布之翰墨萬石之
慎或未然邪好盡之累豈其如此綽大駭歎便
是闔朝見病者吾本僞人加疹意惛一旦聞此
便惶怖矣五六日來復苦心痛引喉狀如匈中悉
腫甚自憂力作此荅無復條貫貴布所懷落漠
不舉卿既不可解立欲便别且當笑微常佳門
屋一間尋書玩古如此者十餘年太祖以其善
筮賜以名著弟僧謙亦有才譽爲太子舍人

遇疾微躬自處治而僧謙服藥失度遂卒微深
自咎恨發病不復自治哀痛謙不能已以書告
靈曰弟年十五始居宿於外不爲察慧之譽獨
沉浮好書聆琴聞操輒有過目之能討測文典
斟酌傳記寒暑未交便卓然可述吾長病或有
小間輒稱引前載不異舊學自爾日就月將著
名邦黨方隆夙志嗣美前賢何圖一旦冥然長
往酷痛煩冤心如焚裂哀尋念平生裁十年中耳
然非公事無不相對一字之書必共詠讀一句之

文無不研賞濁酒忘愁圖籍相慰吾所以窮而
不憂實賴此耳奈何罪酷儻然獨坐憶往年散
發極目流涕吾不舍日夜又恒慮吾羸病豈圖
奄忽先歸冥冥反覆萬慮無復一期音顏髣髴
觸事歷然弟今何在令吾悲窮昔仕京師分張
六旬耳其中三過誤云今日何意不來鐘念懸
心無物能譬方欲共營林澤以送餘年念茲有
何罪戾見此夭酷没於吾手觸事痛恨吾素好
醫術不使弟子得全又尋思不精致有枉過念

此一條特復痛酷痛酷柰何吾罪柰何弟爲志奉親孝事兄順雖僮僕無所叱咄可謂君子不失色於人不失口於人沖和淹通內有皂白舉動尺寸吾每咨之常云兄文骨氣可推英麗以自許又兄爲人矯介欲過宜每中和道此猶在耳萬世不復一見柰何唯十紙手迹封坼儼然至於思戀不可懷及聞吾病肝心寸絕謂當以幅巾薄葬之事累汝柰何反相殯送弟由來意謂婦人雖無子不宜踐二庭此風若行便可家

有孝婦仲長昌言亦其大要劉新婦以刑傷自誓必留供養殷太妃感栢舟之節不奪其志僕射篤順范夫知禮求得左率第五兒廬位有主此必何益冥然之痛爲是存者意耳吾窮疾之人平生意志弟實知之端坐向窻有何慰適正賴弟耳過中未來已自愒望今云何得立自省惛毒無復人理比煩冤困憊不能作刻石文若靈響有識不得吾文豈不爲恨儻意慮不遂謝能思之如狂不知所告辦明書此數紙無

復詞理略道阡陌萬不寫一阿謙何圖至此誰復視我誰復憙我他日寶及者三光割嗜好以祈年今也唯速化耳吾豈復支冥冥中竟復云何弟懷隨和之寶未及光諸文章欲收作一集不知忽忽當辦此不今已成服吾臨靈取常共飲栝酌自釀酒寧有仿像不寃痛寃痛元嘉二十年卒時年二十九僧謙卒後四旬而微終遺令薄葬不設輀旐鼓挽之屬施五尺牀爲靈二宿便毀以嘗所彈琴置牀上何長史來以琴與之

何長史者偃也無子家人遵之所著文集傳於世世祖即位詔曰微棲志貞深文行惇洽生自華宗身安隱素足以貴茲丘園惇是薄俗不幸蚤世朕甚悼之可追贈祕書監

史臣曰燕太子吐一言田先生吞舌而死安邑令戒屠者閔仲叔去而之沛良由內懷耿介峻節不可輕千袁淑笑謔之閒而王微弔詭連牘斯蓋好名之士欲以身爲珪璋皦皦然使塵玷不能加也

列傳第二十二

列傳第二十三　宋書六十三

臣沈約新撰

王華
王曇首
殷景仁
沈演之

王華字子陵琅邪臨沂人太保弘從祖弟也祖薈衛將軍會稽内史父廞太子中庶子司徒左長史居在吳晉隆安初王恭起兵討王國寶時廞丁母憂在家恭檄令起兵廞即聚衆應之以

女爲貞烈將軍以女人爲官屬國寶既死恭檄廞起兵之際多所誅戮至是不復得已因舉兵以討恭爲名恭遣劉牢之擊廞廞敗走不知所在長子泰爲恭所殺華時年十二在軍中與廞相失隨沙門釋曇永逃竄時牢之搜檢覔華甚急曇永使華提衣幞隨後津邏咸疑焉華行遲永呵罵云奴子怠懈行不及我以杖捶華數十衆乃不疑由此得免遇赦還吳少有志行以父

存亡不測布衣蔬食不交游如此十餘年爲時人所稱美高祖欲收其才用乃發廞喪問使華制服服闋高祖北伐長安領鎮西將軍北徐州刺史辟華爲州主簿仍轉鎮西主簿治中從事史歷職著稱太祖征江陵以爲西中郎主簿遷咨議參軍領録事太祖進號鎮西復隨府轉太祖未親政政事悉委司馬張邵華性尚物不欲人在己前邵性豪每行來常引夾轂華出入乘牽車從者不過二三以矯之甞於城内相逢華陽

不知是邵謂左右此鹵簿甚盛必是殿下出行乃下牽車立於道側及邵至乃驚邵白服登城爲華所糾坐被徵華代爲司馬南郡太守行府州事太祖入奉大統以少帝見害疑不敢下華建議曰羨之等受寄崇重未容便敢背德廢主若存慮其將來受禍致此殺害蓋由每生情多寧敢一朝頓懷逆志且三人勢均莫相推伏不過欲握權自固以少主仰待耳今日就徵萬無所慮太祖從之留華總後任上即位以華爲侍

中領驍騎將軍未拜轉右衛將軍侍中如故先是會稽孔甯子爲太祖鎮西咨議參軍以文義見賞至是爲黄門侍郎領步兵校尉甯子先爲高祖太尉主簿陳損益曰隆化之道莫先於官得其才枚卜之方莫若人慎其舉雖復因革不同損益有物求賢審官未之或改師錫僉曰焕乎欽明之誥拔茅征吉著於幽賁之爻晉師有成瓜衍作賞楚乘無入鶩貫不賀今舊命惟新幽人引領韶之盡美已備於振綱武之未盡或

存於理目雖九官之職未可備舉親民之選尤宜在先愚欲使天朝四品官外及守牧各舉一人堪爲二千石長吏者以付選官隨缺敘用得賢受賞失舉任罰夫惟帝之難豈庸識所易然舉爾所知非求多人因百官之明孰與一識之見執咎在己豈容徇物之私今非以選曹所銓果於乖謬衆職所舉必也惟良蓋宜使求賢闢其廣塗考績取其少殿若才實拔羣進宜尚德治阿之宰不必計年免徒之守豈限資秩自

此以還故當才均以資資均以地宰莅之官誠曰吏職然監觀民瘼冀化宣風則隱厚之求急於刀筆能事之功接於德心以此論才行之年歲豈惟政無秕蠹民庇手足而已將使公路日清私請漸塞士多心競仁必由己處士砥自求之節仕子藏交馳之情甯子庸微不識治體冒昧陳愚退懼違謬甯子與華並有富貴之願自羨之等秉權日夜構之於太祖甯子嘗東歸至金昌亭左右欲泊船甯子命去之曰此弑君亭

不可泊也華每閑居諷詠常誦王粲登樓賦曰冀王道之一平假高衢而騁力出入逢羨之等每切齒憤咤歎曰當見太平時不元嘉二年甯子病卒三年誅羨之等華遷護軍侍中如故宋世惟華與南陽劉湛不爲飾讓得官即拜以此爲常華以情事異人未嘗預宴集終身不飲酒有燕不之詣若宜有論事者乘車造門主人出車就之及王弘輔政而弟曇首爲太祖所任與華相埒華嘗謂己力用不盡每歎息曰宰相頓有

數人天下何由得治四年卒時年四十三追贈
散騎常侍衛將軍九年上思誅羡之之功追封
新建縣侯食邑千户謚曰宣侯世祖即位配饗
太祖廟庭子宣侯嗣官至左衛將軍卒子長嗣
太宗泰始二年坐罵母奪爵以長弟終紹封後
廢帝元徽三年終上表乞以封還長許之齊受
禪國除華從父弟鴻五兵尚書會稽太守
王曇首琅邪臨沂人太保弘少弟也幼有業尚
除著作郎不就兄弟分財曇首唯取圖書而已

辟琅邪王大司馬屬從府公修復洛陽園陵與
從弟球俱詣高祖時謝晦在坐高祖曰此君並
膏粱盛德乃能屈志戎旅曇首答曰既從神武
之師自使懦夫有立志晦曰仁者果有勇高祖
悅行至彭城高祖大會戲馬臺豫坐者皆賦詩
曇首文先成高祖覽讀因問弘曰卿弟何如卿
弘答曰若但如臣門户何寄高祖大笑曇首有
識局智度喜愠不見於色閨門之内雍雍如也
手不執金玉婦女不得爲飾玩自非禄賜所及

一毫不受於人太祖爲冠軍徐州刺史留鎮彭
城以曇首爲府功曹太祖鎮江陵自功曹爲長
史隨府轉鎮西長史高祖甚知之謂太祖曰王曇
首沈毅有器度宰相才也汝每事咨之景平中
有龍見西方半天騰上隂五綵雲京都遠近聚
觀太史奏曰西方有天子氣太祖入奉大統上
及議者皆疑不敢下曇首與到彦之從兄華固
勸上猶未許曇首又固陳并言天人符應上乃
下率府州文武嚴兵自衛臺所遣百官衆力不

得近部伍中兵參軍朱容子抱刀在平乘户外
不解帶者數旬既下在道有黄龍出負上所乘
舟左右皆失色上謂曇首曰此乃夏禹所以受
天命我何堪之及即位又謂曇首曰非宋昌獨
見無以致此以曇首爲侍中尋領右衛將軍領
驍騎將軍以朱容子爲右軍將軍誅徐羡之等
平謝晦曇首及華之力也元嘉四年車駕出北
堂嘗使三更竟開廣莫門南臺云應須白虎幡
銀字棨不肯開門尚書左丞羊玄保奏免御史

中丞傅隆以下曇首繼啓曰旣無墨敕又闕幡
棨雖稱上旨不異單刺元嘉年二年雖有再開
門例此乃前事之違今之守舊未爲非禮但旣
據舊使應有疑却本末曾無此狀猶宜反咎其
不請白虎幡銀字棨致門不時開由尚書相承
之失亦合糾正上特無所問更立科條遷太子
詹事侍中如故晦平後上欲封曇首等會讌集
舉酒勸之因拊御牀曰此坐非卿兄弟無復今
日時封詔已成出以示曇首曇首曰近日之事

釁難將成賴陛下英明速斷故罪人斯戮臣等
雖得仰憑天光效其毫露豈可因國之災以爲
身幸陛下雖欲私臣當如直史何上不能奪故
封事遂寢時兄弘録尚書事又爲揚州刺史曇
首爲上所親委任兼兩宮彭城王義康與弘並
録意常怏怏又欲得揚州形於辭旨以曇首居
中分其權任愈不悅曇首固乞吴郡太祖曰豈
有欲建大廈而遺其棟梁者哉賢兄比屢稱疾
固辭州任將來若相申許者此處非卿而誰亦

何吴郡之有時弘久疾屢遜位不許義康謂賓
客曰王公久疾不起神州詎合卧治曇首勸弘
減府兵之半以配義康義康乃悅七年卒太祖
爲之慟中書舍人周起侍側曰王家欲衰賢者
先殞上曰直是我家衰耳追贈左光禄大夫加
散騎常侍詹事如故九年以預誅羨之等謀追
封豫寧縣侯邑千户謚曰文侯世祖即位配饗
太祖廟庭子僧綽嗣別有傳少子僧虔昇明末
爲尚書令

殷景仁陳郡長平人也曾祖融晉太常祖茂散
騎常侍特進左光禄大夫父道裕蚤亡景仁少
有大成之量司徒王謐見而以女妻之初爲劉
毅後軍參軍高祖太尉行參軍建議宜令百官
舉才以所薦能否爲黜陟遷宋臺祕書郎世
子中軍參軍轉主簿又爲驃騎將軍道憐主簿
出補衡陽太守入爲宋世子洗馬仍轉中書侍
郎景仁學不爲文敏有思致口不談義深達理
體至於國典朝儀舊章記注莫不撰録識者知

其有當世之志也高祖甚知之遷太子中庶子
少帝即位入補侍中累表辭讓又固陳曰臣志幹
短弱歷著出處值皇塗隆泰身荷恩榮階牒推
遷日月頻積失在饕餮患不自量而奉聞今授
固守愚心者竊惟殊次之寵必歸器望喉脣之
任非才莫居三省諸躬無以克荷豈可苟順甘
榮不知進退上虧朝舉下貽身咎求之公私未見
其可顧涯審分誠難庶幾踰方越序易以誠懼
所以俯仰周偟無地寧處若惠澤廣流蘭艾同
潤回改前旨曲賜以降階雖實不敏敢忘循命臣

迕違之愆既已屢積寧當徒尚浮采塵黷天聽
丹情悾款仰希照察詔曰景仁退挹之懷有不
可改除黃門侍郎以申君子之請尋領射聲頃
之轉左衛將軍太祖即位委遇彌厚俄遷侍中
左衛如故時與侍中右衛將軍王華侍中驍騎
將軍王曇首侍中劉湛四人並時為侍中俱居
門下皆以風力局幹冠冕一時同外之美近代
莫及元嘉三年車駕征謝晦司徒王弘入居中

書下省景仁長直共掌留任晦平代到彥之為
中領軍侍中如故太祖所生章太后早亡上奉
太后所生蘇氏甚謹六年蘇氏卒車駕親往臨
哭下詔曰朕夙罹偏罰情事兼常每思有以光
隆懿戚少申罔極之懷而禮文遺逸取正無所
監之前代用否又殊故惟疑累年在心未遂蘇
夫人奄至傾殂情禮莫寄追思遠恨與事而深
日月有期將卜窀穸便欲粗依春秋以貴之義
式遵二漢推恩之典但動藉史筆傳之後昆稱

心而行或容未允可時共詳論以求其中執筆
永懷益增感塞景仁議曰至德之感靈啟厥祥
文母俔天實熙皇祚主上聿遵先典號極徽崇
以貴之義禮盡於此蘇夫人階緣戚屬情以事
深寒泉之思寔感聖懷明詔爰發詢求厥中謹
尋漢氏推恩加爵于時承秦之弊儒術蔑如自
君作故罔或前典懼非盛明所宜軌蹈晉監二
代朝政之所因君舉必書哲王之所慎體至公
者懸爵賞於無私奉天統者每屈情以申制所

以作孚萬國貽則後昆臣豫蒙博逮謹露庸短上從之丁母憂葬竟起爲領軍將軍固辭上使綱紀代拜遣中書舍人周赳輿載還府九年服闋遷尚書僕射太子詹事劉湛代爲領軍與景仁素善皆被遇於高祖俱以宰相許之湛尚居外任會王弘華曇首相係亡景仁引湛還朝共參政事湛既入以景仁位遇本不踰已而一旦居前意甚憤憤知太祖信仗景仁不可移奪乃深結司徒彭城王義康欲倚宰相之重以傾

之十二年景仁復遷中書令護軍僕射如故尋復以僕射領吏部護軍如故湛愈忿怒義康納湛言毀景仁於太祖太祖遇之益隆景仁對親舊歎曰引之令入入便噬人乃稱疾解職表疏累上不見許使停家養病發詔遣黃門侍郎省疾湛議遣人若劫盜者於外殺之以爲太祖雖知當有以終不能傷至親之愛上微聞之遷景仁於西掖門外晉鄱陽主第以爲護軍府密邇宮禁故其計不行景仁臥疾者五年雖不見上

而密表去來日中以十數朝政大小必以問焉影迹周密莫有窺其際者收湛之日景仁使拂拭衣冠寢疾既久左右皆不曉其意其夜上出華林園延賢堂召景仁猶稱腳疾小牀輿以就坐誅討處分一皆委之代義康爲揚州刺史僕射領吏部如故遣使者授印綬主簿代拜拜畢便覺其情理乖錯性本寬厚而忽更苛暴問左右曰今年男婚多女嫁多是冬大雪景仁乘輿出聽事觀望忽驚曰當閤何得有大樹既而

曰我誤邪疾轉篤太祖謂不利在州司使還住僕射下省爲州凡月餘卒或云見劉湛爲祟時年五十一追贈侍中司空本官如故謚曰文成公上與荆州刺史衡陽王義季書曰殷僕射疾患少日奄忽不救其識具經遠奉國竭誠周游繾綣情兼常痛民望國器遇之爲難惋歎之深不能已已汝亦同不往矣如何世祖大明五年行幸經景仁墓詔曰司空文成公景仁德量淹正風識明允徽績忠謨夙達先照惠政茂譽寔留民屬近瞻

丘墳感往興悼可遣使致祭子道矜幼而不慧官至太中大夫道矜子恒太宗世為侍中度支尚書屬父疾積久為有司所奏詔曰道矜生便有病無更橫疾恒因愚習惰久妨清序可降為散騎常侍

沈演之字臺臣吳興武康人也高祖充晉車騎將軍吳國内史曾祖勁冠軍陳祐長史戍金墉城為鮮卑慕容恪所陷不屈節見殺追贈東陽太守祖赤黔廷尉卿父叔任少有幹質初為揚

州主簿高祖太尉參軍吳山陰令治皆有聲朱齡石伐蜀為齡石建威府司馬加建威將軍平蜀之功亞於元帥即本號為西夷校尉巴西梓潼郡太守戍涪城東軍既反二郡彊宗侯勤羅奧聚衆作亂四面雲合遂至萬餘人攻城急叔任東兵不滿五百推布腹心衆莫不為用出擊大破之逆黨皆平高祖討司馬休之齡石遣叔任率軍來會時高祖領鎮西將軍命為司馬及軍還以為揚州別駕從事史以平蜀全涪之功封寧新縣男食邑四百四十户出為建威將軍益州刺史以疾還都義熈十四年卒時年五十長子融之嗣卒演之年十一尚書僕射劉柳見而知之曰此童終為令器家世為將而演之折節好學讀老子日百遍以義理業尚知名襲父別爵吉陽縣五等侯郡命主簿州辟從事史西曹主簿舉秀才嘉興令有能名入為司徒祭酒南譙王義宣左軍主簿錢唐令復有政績復為司徒主簿丁母憂起為武康令固辭不免到

縣百許日稱疾去官服闋除司徒左　掾州治中從事史元嘉十二年東諸郡大水民人饑饉吳義興及吳郡之錢唐升米三百以演之及尚書祠部郎江邃竝兼散騎常侍巡行拯䘏許以便宜從事演之乃開倉廩以賑饑民民有生子者口賜米一斗刑獄有疑枉悉制遣之百姓蒙賴轉別駕從事史領本郡中正深為義康所待故在府州前後十餘年後劉湛劉威等結黨欲排廢尚書僕射殷景仁演之雅仗正義與湛等不

同湛因此讒之於義康嘗因論事不合旨義康變色曰自今而後我不復相信演之與景仁素善盡心於朝庭太祖甚嘉之以爲尚書吏部郎十七年義康出藩誅湛等以演之爲右衛將軍景仁尋卒乃以後軍長史范曅爲左衛將軍與演之對掌禁旅同參機密二十年遷侍中右衛將軍如故太祖謂之曰侍中領衛望實優顯此蓋宰相便坐卿其勉之上欲伐林邑朝臣不同唯廣州刺史陸徽與演之贊成上意及平賜羣

臣黃金生口銅器等物演之所得偏多上謂之曰廟堂之謀卿參其力平此遠夷未足多建茅土廓清京都鳴鸞東岱不憂河山不開也二十一年詔曰總司戎政翼贊東朝惟允之舉匪賢莫授侍中領右衛將軍演之清業貞審器思沈濟右衛將軍曅才應通敏理懷清要並美彰出內誠亮在公能克懋厥猷樹績所莅演之可中領軍曅可太子詹事曅懷逆謀演之覺其有異言之太祖曅等尋事發伏誅遷領國子祭酒本州

大中正轉吏部尚書領太子右衛率雖未爲宰相任寄不異也素有心氣疾病歷年上使卧疾治事性好舉才申濟屈滯而謙約自持上賜女伎不受二十六年車駕拜京陵演之以疾不從上還宮召見自勉到坐出至尚書下省暴卒時年五十三太祖痛惜之追贈散騎常侍金紫光祿大夫謚曰貞侯演之昔與同使江邃字玄遠濟陽考城人頗有文義官至司徒記室參軍撰文釋傳於世演之子睦至黃門郎通直散騎常

侍世祖大明初坐要引上左右俞欣之訪評殿省內事又與弟西陽王文學勃忿鬩不睦坐徙始興郡勃免官禁錮勃好爲文章善彈琴能圍棊而輕薄進利歷尚書殿中郎太宗泰始中爲太子右衛率加給事中時欲北討使勃還鄉里募人多受貨賄上怒下詔曰沈勃琴書藝業口有美稱而輕躁耽酒幼多罪愆比奢淫過度妓女數十聲酣放縱無復劑限自恃吳興土豪比門義故脅說士庶告索無已又輒聽募將委役還私

託注病叛遂有數百周旋門生競受財貨少者至万多者千金考計贓物二百餘萬便宜明罰敕法以正典刑故光祿大夫演之昔受深遇忠績在朝尋遠矜懷能無弘律可徙勃西垂令思愆悔於是徙付梁州廢帝元徽初以例得還結事阮佃夫王道隆等復爲司徒左長史爲廢帝所誅順帝即位追贈本官勃弟綂大明中爲著作佐郎先是五省官所給幹僮不得雜役太祖世坐以免官者前後百人綂輕役過差有司奏免世祖詔曰自頃幹僮多不祗給主可量聽行杖得行幹杖自此始也演之兄融之子暢之襲寧新縣男大明中爲海陵王休茂北中郎諮議參軍爲休茂所殺追贈黃門郎子暠嗣齊受禪國除

史臣曰元嘉初誅滅宰相蓋王華孔甯子之力也彼群公義雖往結恩實今疎而任即曩權意非昔主居上六之窮爻當來寵之要轍顛覆所基非待他釁況於廢殺之重其隙易乘乎夫殺

人而取其璧不知在己興累傾物而移其寵不忌自我難持若二子求年亦未知來禍所止也有能戒彼而悟此則所望於來哲

列傳第二十三　　宋書六十三

列傳第二十四　宋書六十四

臣沈　約　新撰

鄭鮮之

裴松之

何承天

鄭鮮之字道子滎陽開封人也高祖渾魏將作大匠曾祖襲大司農父遵尚書郎襲初爲江乘令因居縣境鮮之下帷讀書絕交游之務初爲桓偉輔國主簿先是兗州刺史滕恬爲丁零翟

遼所沒屍喪不反恬子羨仕宦不廢議者嫌之桓玄在荆州使羣僚博議鮮之議曰名教大極忠孝而已至乎變通抑引每事輒殊本而尋之皆是求心而遺跡跡之所乘遭遇或異故聖人或就跡以助教或因跡以成罪屈申與奪難可等齊舉其阡陌皆可略言矣天可逃乎而伊尹廢君君可脅乎而鬻權見善忠可愚乎而箕子同仁自此以還殊實而齊聲異譽而等美者不可勝言而欲令百代之下聖典所闕正斯事於

一朝豈可易哉然立言明理以古證今當使理厭人情如滕羨情事者或終身隱處不關人事或昇朝理務無譏前哲通滕者則以無譏爲證塞滕者則以隱處爲美折其兩中則異同之情可見矣然無譏前哲者厭情之謂也若王陵之母見亨於楚陵不退身窮居終爲杜稷之臣非爲榮也鮑餉蹇諤魏朝亡身爲效觀其志非貪爵也凡此二賢非滕之諭夫聖人立教猶云有禮無時君子不行有禮無時政以事有變通不

可守一故耳若滕以此二賢爲證則恐人人自賢矣若不可人人自賢何可獨許其諸譏者兼在於人不但獨證其事漢魏以来記闕其典尋而得者無幾人至乎大晉中朝及中興之後楊臻則七年不除喪三十餘年不關人事溫公則見逼於王命庾左丞則終身不箸袷高世遠則爲王右軍何驃騎所勸割無有如滕之易者也君以縗麻非爲哀之主無所復言矣文皇帝以東關之役尸骸不反者制其子弟不發婚宦明此孝

子巳不自同於人倫有識巳審其可否矣若其
不爾居宗輔物者但當即聖人之教何所復明
制於其間哉及至永嘉大亂之後王敦復申東
關之制於中興原此是爲國之大計非謂訓範
人倫盡於此也何以言之父讎明不同戴天日
而爲國不可許復讎此自以法奪情即是東
關永嘉之喻也何妨綜理王務者布衣以處之
明教者自謂世非橫流凡士君子之徒無不可
仕之理而雜以情議謂宜在貶裁耳若多引前
事以爲通證則孝子可顧法而不復讎矣文皇
帝無所立制於東關王敦無所明之於中興每
至斯會輒發之於宰物是心可不喻乎且夫求
理當先以遠大若滄海橫流家國同其淪溺若
不仕也則人有餘力人有餘力則國可至乎亡家可
至乎滅當斯時也匹婦猶亡其身況大丈夫哉既其
不然天下之才將無所理滕但當盡陟岵之哀
擬不仕者之心何爲證喻前人以自通乎且名
爲大才之所假而小才之所榮榮與假無常巳有

慙德無欣工進何有情事乎若其不然則工進
無欣何足貴於千載之上邪苟許小才榮其位
則滕不當顧常疑以自居乎所謂柳下惠則可
我則不可也且有生之所宗者聖人聖人之爲
教者禮法即心而言則聖人之法不可改也而
秦以郡縣治天下莫之能變漢文除肉刑莫之
能復彼聖人之爲法猶見改於後王況滕賴前
人而當必通乎若人皆仕未知斯事可俟後聖
與不況仕與不仕各有其人而不仕之所引每
感三年之下見議者弘通情紀每傍中庸又云
若許議滕則恐亡身致命之仕以此而不盡何斯
言之過與夫忠烈之情初無計而後動若計而
後動則懼法不盡命若有不盡則國有常法故
古人軍敗於外而家誅於内苟忠發自内或懼
法於外復有踟蹰顧望之地邪若有功不賞有
罪不誅可致斯喻耳無有名教翼其子弟而子
弟不致力於所天不致力於所天則王經忠不能
救主孝不顧其親是家國之罪人耳何所而稱

乎夫恩宥十世非不隆也功高賞厚非不報也若國憲無負於滕恬則羨之通塞自是名敎之所及豈是勸沮之本乎議者又以唐虞避矣孰知所歸尋言求意將所負者多乎後漢亂而不亡前史猶謂數公之力魏國將建荀令君正色異議董昭不得枕蘇則之鄰賈充受辱於庾純以此而推天下之正義終自傳而不沒何爲發斯歎哉若以時非上皇便不足復言多者則夷齊於㬒望子房於四人亦無所復措其言矣至

於陳平默順避禍以權濟屈皆是衛生免害非爲榮也滕令生無所衛鞭塞巳冥義安在乎昔陳壽在喪使婢丸藥見責鄉閭阮咸居哀騎驢偷婢身勳王朝豈可以阮獲通於前世便無疑於後乎且賢聖抑引皆是究其始終定其才行故雖事有驚俗而理必獲申鄒說葬毋後園而身登宦所以免責以其孝也日磾殺兒無譏以其忠也今豈可以二事是忠孝之所爲便可許殺兒葬毋後園乎不可明矣既其不可便當究定

滕之才行無所多辯也滕非下官鄉親又不周旋才能非所能悉若以滕謀能決敵才能周用此自追蹤古人非議所及若是士流故謂宜如子夏受曾參之誚可謂善矣而子夏無不孝之稱也意之所懷都盡於此自非名理何緣多其往復如其折中裁之居宗桓偉進號安西轉補功曹舉陳郡謝絢自代曰臣聞知賢弗推臧文所以竊位宣子能讓晉國以之獲寧鮮之猥承人乏謬蒙過眷既恩以義隆遂再叨非服知進

之難屢以上請然自退之志未獲暫申夙夜懷冰敢忘其懼伏見行參軍謝絢清悟審正理懷通美居以端右雖未足舒其采章升庸以漸差可以位擬人請乞愚短甘充下列授爲賢敎實副羣望入爲員外散騎侍郎司徒左西屬大司馬琅邪王録事參軍仍遷御史中丞性剛直不阿強貴明憲直繩甚得司直之體外甥劉毅權重當時朝野莫不歸附鮮之盡心高祖獨不屈意於毅毅甚恨焉義熙六年鮮之使治書侍御

史丘洹奏彈毅曰上言傳詔羅道盛輒開戍遂
盜發密事依法棄市奏報行刑而毅以道盛身
有侯爵輒復停宥按毅勳德光重任居次相旣
殺之非己無緣生之自由又奏之於先而弗請
於後閫外出疆非此之謂中丞鮮之於毅舅甥
制不相糺臣請免毅官詔無所問時新制長吏
以父母疾去官禁錮三年山陰令沈叔任父疾
去職鮮之因此上議曰夫事有相權故制有與
奪此有所屈而彼有所申未有理無所明事無

所獲而爲永制者也當以去官之人或容詭託
之事詭託之事誠或有之豈可虧天下之大教
以末傷本者乎且設法蓋以衆苞寡而不以寡
違衆況防杜去官而塞孝愛之實且人情趨於
榮利辭官本非所防所以爲其制者莅官不久
則奔競互生故杜其欲速之情以申考績之實
省父母之疾而加以罪名悖義疾理莫此爲大
謂宜從舊於義爲允從之於是自二品以上父
母沒者墳墓崩毀及疾病族屬輒去並不禁錮

劉毅當鎮江陵高祖會於江寧朝士畢集毅素
好摴蒱於是會戲高祖與毅斂局各得其半積
錢隱人毅呼高祖併之先擲得雉高祖甚不說
良久乃答之四坐傾矚旣擲五子盡黑毅意色
大惡謂高祖曰知公不以大坐席與人鮮之大
喜徒跣繞牀大呌聲聲相續毅甚不平謂之曰
此鄭君何爲者無復甥舅之禮高祖少事戎旅
不經涉學及爲宰相頗慕風流時或言論人皆
依違之不敢難也鮮之難必切至未嘗寬假要

須高祖辭窮理屈然後置之高祖或有時慙恧
變色動容旣而謂人曰我本無術學言義尤淺
比時言論諸賢多見寬容唯鄭不爾獨能盡人
之意甚以此感之時人謂爲格佞自中丞轉司
徒左長史太尉咨議參軍俄而補侍中復爲太
尉咨議十二年高祖北伐以爲右長史鮮之曾
祖墓在開封相去三百里乞求拜省高祖以騎
送之宋國初建轉奉常佛佛虜陷關中高祖復
欲北討行意甚盛鮮之上表諫曰伏思聖略深

遠臣之愚管無所措其意然臣愚見竊有所懷
虜凶狡情狀可見自關中再敗皆是帥師違律
非是內有事故致外有敗傷虜聞殿下親御六
軍必謂見伐當重兵潼關其勢然也若陵威長
驅臣實見其未易若輿駕頓洛則不足上勞聖
躬如此則進退之機宜在孰慮賊不敢乘勝過
陝遠懾大威故也今盡用兵之筭事從屈申遣
師撲討而南夏清晏賊方懼將來求不敢動若
輿駕造洛而反凶醜更生揣量之心必啓邊戎

之患此既必然江南顒顒傾注輿駕忽聞遠伐
不測師之深淺必以殿下大申威靈未還人情
恐懼事又可推往年西征劉鍾危殆前年劫盜
破廣州人士都盡三吳心腹之內諸縣屢敗皆
由勞役所致又聞處處大水加遠師民敝敗散
自然之理殿下在彭城劫盜破諸縣事非偶爾
皆是無賴凶慝凡順而撫之則百姓思安違其
所願必爲亂矣古人所以救其煩穢正在於斯
漢高身困平城呂后受匈奴之辱魏武軍敗赤

壁宣武喪師枋頭神武之功一無所損況偏師
失律無虧於廟堂之上者邪即之事實非敗之
謂唯齡石等可念耳若行也或速其禍反覆思
惟愚謂不煩殿下親征小劫西虜或爲河洛之
患今正宜通好北虜則河南安河南安則濟泗
靜伏願聖鑒察臣愚懷高祖踐阼遷太常都官
尚書鮮之爲人通率在高祖坐言無所隱時人
甚憚焉而隱厚篤實贍卹親故性好游行命駕
或不知所適隨御者所之尤爲高祖所狎上嘗

於內殿宴飲朝貴畢至唯不召鮮之坐定謂群
臣曰鄭鮮之必當自來俄而外啓尚書鮮之詣
神獸門求啓事高祖大笑引入其被親遇如此
永初二年出爲丹楊尹復入爲都官尚書加散
騎常侍以從征功封龍陽縣五等子出爲豫章
太守秩中二千石元嘉三年王弘入爲相舉鮮
之爲尚書右僕射四年卒時年六十四追贈散
騎常侍金紫光祿大夫文集傳於世子愔位至
尚書郎始興太守

裴松之字世期河東聞喜人也祖昧光祿大夫父珪正員外郎松之年八歲學通論語毛詩博覽墳籍立身簡素年二十拜殿中將軍此官直衛左右晉孝武太元中革選名家以參顧問始用琅邪王茂之會稽謝輶皆南北之望舅庾楷在江陵欲得松之西上除新野太守以事難不行拜員外散騎侍郎義熙初爲吳興故鄣令在縣有績入爲尚書祠部郎松之以世立私碑有乖事實上表陳之曰碑銘之作以明示後昆自

非殊功異德無以允應茲典大者道動光遠世所宗推其次節行高妙遺烈可紀若乃亮采登庸績用顯著敷化所莅惠訓融遠述詠所寄有賴鐫勒非斯族也則幾乎僭黷矣俗敝僞興華煩已久是以孔悝之銘行是人非蔡邕制文每有愧色而自時厥後其流彌多預有臣吏必爲建立勒銘寡取信之實刊石成虛僞之常眞假相蒙殆使合美者不貴但論其功費又不可稱不加禁裁其敝無已以爲諸欲立碑者宜悉令

言上爲朝議所許然後聽之庶可以防遏無徵顯彰茂實使百世之下知其不虛則義信於仰止道孚於來葉由是並斷高祖北伐領司州刺史以松之爲州主簿轉治中從事史旣克洛陽高祖敕之曰裴松之廊廟之才不宜久尸邊務今召爲世子洗馬與殷景仁同可令知之于時議立五廟樂松之以妃臧氏廟樂亦宜與四廟同除零陵內史徵爲國子博士太祖元嘉三年誅司徒徐羨之等分遣大使巡行天下通直散

騎常侍袁渝司徒左司掾孔邈使揚州尚書三公郎陸子眞起部甄法崇使荊州員外散騎常侍范雎司徒主簿龐遵使南兗州前尚書右丞孔默使南北二豫州撫軍參軍王歆之使徐州冗從僕射車宗使青兗州松之使湘州尚書殿中郎阮長之使雍州前竟陵太守殷道鸞使益州員外散騎常侍李耽之使廣州郎中殷斌使梁州南秦州前員外散騎侍郎阮園客使交州駙馬都尉奉朝請潘思先使寧州並兼散騎常

侍班宣詔書曰昔王者巡功羣后述職不然則有存省之禮聘覜之規所以觀民立政命事考績上下偕通遐邇咸被故能功昭長世道歷遠年朕以寡闇屬承洪業夤畏在位昧于治道夕惕惟憂如臨淵谷懼國俗陵積民風凋僞眚厲違和水旱傷業雖勤躬庶事思弘攸宜而機務惟殷顧循多闕政刑乖謬未獲具聞豈誠素弗孚使羣心莫盡納隍之愧在予一人以歲時多難王道未壹卜征之禮廢而未脩眷被氓庶無

忘欽恤今使兼散騎常侍渝等申令四方周行邦邑親見刺史二千石官長申述至誠廣詢治要觀察吏政訪求民隱旌舉操行存問所疾禮俗得失一依周典每各爲書還具條奏俾朕昭然若親覽焉大夫君子其各悉心敬事無隋乃力其有咨謀遠圖謹言中誠陳之使者無或隱遺方將敬納良規以補其闕勉哉勗之稱朕意焉松之反使奏曰臣聞天道以下濟光明君德以廣運爲極古先哲后因心溥被是以文思在

躬則時雝自洽禮行江漢而美化斯遠故能衆大哉之休詠廓造周之盛則伏惟陛下神叡玄通道契曠代冕塗華堂衆心八表咨敬敷之未純慮明揚之靡暢清問下民哀此鰥寡渙焉大號周爰四達遠猷形於雅誥惠訓播乎遐陬是故率土仰詠重譯咸說莫不謳吟踊躍式銘皇風或有扶老攜幼稱歡路左誠由亭毒既流故忘其自至千載一時於是乎在臣謬蒙銓任忝廁顯列猥以短乏思純八表無以宣暢聖旨肅

明風化黜陟無序授揚寡聞慚懼屏營不知所措奉二十四條謹隨事爲牒伏見癸卯詔書禮俗得失一依周典每各爲書還具條奏謹依事爲書以繫之後松之甚得奉使之義論者美之轉中書侍郎司冀二州大中正上使注陳壽三國志松之鳩集傳記增廣異聞既成奏上上善之曰此爲不朽矣出爲永嘉太守勤恤百姓吏民便之入補通直爲常侍復領二州大中正尋出爲南琅邪太守十四年致仕拜中散大夫

壽領國子博士進太中大夫博士如故續何承天國史未及撰述二十八年卒時年八十子駰南中郎參軍松之所著文論及晉紀駰注司馬遷史記竝行於世

何承天東海郯人也從祖倫晉右衛將軍承天五歲失父母徐氏廣之姊也聰明博學故承天幼漸訓義儒史百家莫不該覽叔父肹爲益陽令隨肹之官隆安四年南蠻校尉桓偉命爲參軍時殷仲堪桓玄等互舉兵以向朝廷承天懼

禍難未已解職還益陽義旗初長沙公陶延壽以爲其輔國府參軍遣通敬於高祖因除瀏陽令尋去職還都撫軍將軍劉毅鎮姑孰版爲行參軍毅嘗出行而鄢陵縣史陳滿射鳥箭誤中直帥雖不傷人處法棄市承天議曰獄貴情斷疑則從輕昔驚漢文帝乘輿馬者張釋之劾以犯蹕罪止罰金何者明其無心於驚馬也故不以乘輿之重加以異制今滿意在射鳥非有心於中人按律過誤傷人三歲刑況不傷乎微罰可也

出補宛陵令趙恢爲寧蠻校尉尋陽太守請爲司馬尋去職高祖以爲太尉行參軍高祖討劉毅留諸葛長民爲監軍長民密懷異志劉穆之屏人問承天曰公今行濟否云何承天曰不憂西不時判有一慮耳公昔年自左里還入石頭甚脫爾今還宜加重複穆之曰非君不聞此言頃日願丹徒劉郎恐不復可得也除太學博士義熙十一年爲世子征虜參軍轉西中郎中軍參軍錢唐令高祖在壽陽宋臺建召爲尚

書祠部郎與傅亮共撰朝儀永初末補南臺治書侍御史謝晦鎮江陵請爲南蠻長史時有尹嘉者家貧母熊自以身貼錢爲嘉償責坐不孝當死承天議曰被府宣令普議尹嘉大辟事稱法吏葛滕籤母告子不孝欲殺者許之法云謂違犯教令敬恭有虧父母欲殺皆許之其所告惟取信於所求而許之謹尋事原心嘉母辭自求質錢爲子還責嘉雖虧犯教義而熊無請殺之辭熊求所以生之而今殺之非隨所求之謂

始以不孝爲劾終於和賣結刑倚旁兩端毋子俱
罪勝纖法文爲非其條熹所存者大理在難申
但明教爰發矜其愚蔽夫明德慎罰文王所以
恤下議獄緩死中孚所以垂化言情則毋爲子
隱語敬則禮所不及今捨乞宥之評依請殺之
條責敬恭之節於飢寒之隷誠非罰疑從輕寧
失有罪之謂也愚以謂降熹之死以普春澤之
恩赦熊之愆以明子隱之宜則蒲亭雖陋可比
德於盛明豚魚微物不獨遺於今化事未判值

赦並免晦進號衛將軍轉諮議參軍領記室元
嘉三年晦將見討其弟黃門郎皭密信報之晦
問承天曰若果爾卿令我云何承天曰以王者之
重舉天下以攻一州大小既殊逆順又異境外求
全上計也其次以腹心領兵戍於義陽將軍率
衆於夏口一戰若敗即趨義陽以出北境其次
也晦良久曰荊楚用武之國兵力有餘且當決
戰走不晚也使承天造立表檄晦以湘州刺史
張邵必不同已欲遣千人襲之承天以爲邵意

趨未可知不宜便討時邵兄茂度爲益州與晦
素善故晦止不遣兵前益州刺史蕭摹之前巴
西太守劉道産去職還江陵晦將殺之承天盡
力營救皆得全免晦既下承天留府不從及到
彥之至馬頭承天自詣歸罪彥之以其有誠宥
之使行南蠻府事七年彥之北伐請爲右軍録
事及彥之敗退承天以才非軍旅得免刑責以
補尚書殿中郎兼左丞吳興餘杭民薄道舉爲
劫制同籍朞親補兵道舉從弟代公道生等並

爲大功親非應在補謫之例法以代公等母存
爲朞親則子宜隨母補兵承天議曰尋劫制同
籍朞親補兵大功不在例婦人三從既嫁從夫
夫死從子今道舉爲劫若其叔尚存制應補謫
妻子營居固其宜也但爲劫之時叔父已没代
公道生並是從弟大功之親不合補謫今若以
叔母爲朞親令代公隨母補兵既違大功不謫
之制又失婦人三從之道由於主者守朞親之
文不辨男女之異遠嫌畏負以生疑懼非聖朝

恤刑之旨謂代公等毋子竝宜見原故司徒掾
孔邈奏事未御邈已喪殯議者謂不宜仍用邈
名更以見官奏之承天又議曰既沒之名不合
奏者非有它義正嫌於近不祥耳奏事一卻動
經歲時盛明之世事從簡易曲嫌細忌皆應蕩
除承天爲性剛愎不能屈意朝右頗以所長侮
同列不爲僕射殷景仁所平出爲衡陽內史昔
在西與士人多不恊在郡又不公清爲州司所
糾被收繫獄值赦免十六年除著作佐郎撰國

史承天年已老而諸佐竝名家年少潁川荀伯
子嘲之常呼爲妳母承天曰卿當云鳳凰將九
子妳母何言邪尋轉太子率更令著作如故時
丹楊丁況等久喪不葬承天議曰禮所云還葬
當時荒儉一時故許其稱財而不求備丁況三
家數一年中葬輒無棺櫬實由淺情薄恩同於
禽獸者耳竊以爲丁寶等同伍積年未甞勸之
以義繩之以法十六年冬既無新科又未申明
舊制有何嚴切欻然相糾或由鄰曲分爭以興

此言如聞在東諸處比例既多江西淮北尤爲
不少若但謫此三人殆無整肅開其一端則互
相恐動里伍縣司競爲姦利財賂既逞獄訟必
繁懼虧聖明亨鮮之美臣愚謂況等三家且可
勿問因此附定制旨若民人葬不如法同伍當
即糾言三年除服之後不得追相告列於事爲
宜十九年立國子學以本官領國子博士皇太
子講孝經承天與中庶子顏延之同爲執經頃
之遷御史中丞時索虜侵邊太祖訪羣臣威戎

御遠之略承天上表曰伏見北藩上事虜犯青
兗天慈降鑒矜此黎元博逮羣策經綸戎政臣
以愚陋預聞訪及竊尋獫狁告難爰自上古有
周之盛南仲出車漢氏方隆衛霍宣力雖飲馬
瀚海揚旌祁連事難役繁天下騷動委輸負海
貲及舟車凶狡倔強未肯受弱得失報復裁不
相補宣帝末年值其乖亂推亡固存始獲稽服
自晉喪中原戎狄侵擾百餘年間未暇以北虜
爲念大宋啓胙兩燿靈武而懷德畏威

用自款納陛下臨御以來羈縻遵養十餘年中貢譯不絕去歲三王出鎮思振遠圖獸心易駭遂生猜懼背違信約深搆攜隙貪禍恣毒無因自反恐烽燧之警必自此始臣素庸懦才不經武率其管窺謹撰安邊論意及淺末懼無可採若得詢之朝列辨覈同異庶或開引羣慮研盡衆謀短長畢陳當否可見其論曰漢世言備匈奴之策不過二科武夫盡征伐之謀儒生講和親之約課其所言互有遠志加塞漠之外胡敵掣肘

必未能摧鋒引日規自開張當由往年冀土之民附化者衆二州臨境三王出藩經略既張宏圖將舉士女延望華夷慕義故昧於小利且自矜侈外示餘力內堅僞衆今若務存遵養許其自新雖未可羈致北闕猶足鎮靜邊境然和親事重當盡廟筭誠非愚短所能究言若追蹤衛霍瀚海之志時事不等致功亦殊寇雖習戰未久又全據燕趙跨帶秦魏山河之險終古如一自非大田淮泗內實青徐使民有贏儲野有積穀然後分命方召

總率虎旅精卒十萬使一舉盪夷則不足稍勤王師以勞天下何以言之今遺黎習亂志在偷安非皆恥爲左衽遠慕冠冕徒以殘害剝辱視息無寄故繈負歸國先後相尋虜既不能校勝循理攻城略地而輕兵掩襲急在驅殘是其所以速怨召禍滅亡之日今若遣軍追討報其侵暴大翦幽冀屠城破邑則聖朝愛育黎元方濟之以道若但欲撫其歸附伐罪弔民則駿馬奔走不肯來征徒與巨費無損於彼復奇兵深入殺

敵破軍苟陵患未盡則困獸思鬬報復之役將遂無已斯秦漢之末策輪臺之所悔也安邊固守於計爲長臣以安邊之計備在史策李牧言其端嚴尤申其要大略舉矣曹孫之霸才均智敵江淮之間不居各數百里魏舍合肥退保新城江陵移民南涘濡須之戍家停羨溪及表陵之屯民夷散雜晉宣王以爲宜從江南以北岸曹爽不許果亡柤中此皆前代之殷鑒也何者斥候之郊非畜牧之地非耕桑之邑故堅壁清

野以俟其來整甲繕兵以乘其敝雖時有古今勢有強弱保民全境不出此塗要而歸之有四一曰移遠就近二曰浚復城隍三曰纂偶車牛四曰計丁課仗良守疆其土田驍帥振其風略蒐獮宣其號令俎豆訓其廉恥縣爵以縻之設禁以威之徭稅有程寬猛相濟比及十載民知義方然後簡將授奇揚旌雲朔風卷河冀電埽嵩恒燕弧折卻代馬摧足秦首斬其右臂吳蹄絕其左肩銘功於燕然之阿饗徒於金微之曲

冦雖亂亡有徵昧弱易取若天時人事或未盡符抑銳俟機宜審其筭若邊戍未增星居布野勤惰異教貧富殊資疆場之民多懷彼此虜在去就不根本業難可驅率易在振蕩又狡虜之性食肉衣皮以馳騁為儀容以游獵為南畝非有車輿之安宮室之衛櫛風沐雨不以為勞露宿草寢維其常性勝則競利敗不羞走彼來或驟而此已奔疲且今春踰濟既獲其利乘勝忸忕未虞天誅比及秋末容更送死萃騎蟻聚輕

兵烏集竝踐禾稼焚爇閭井雖邊將多略未審何以禦之若盛師連屯廢農必衆馳車奔駟起役必遲散金行賞損費必大換土客戍怨曠必繁孰若因民所居竝脩農戰無動衆之勞有扞衛之實其為利害優劣相懸也一曰移遠就近以實內地今青兗舊民冀州新附在界首者二萬家此冦之資也今悉可內徙青州民移東萊平昌北海諸郡太山以南南至下邳左沭右沂田良野沃西阻蘭陵北阨大峴四塞之內其號

險固民性重遷闇於圖始無虜之時喜生咨怨今新被鈔掠餘懼未息若曉示安危居以樂土宜其歌抃就路視遷如歸二曰浚復城隍以增阻防舊秋冬收斂民人入保所以警備暴客使防衛有素也古之城池處處皆有今雖頹毀猶可脩治粗計戶數量其所容新徙之家悉著城內假其經用為之閭伍納稼築場還在一處婦子守家長吏為師丁夫匹婦春夏佃牧冦至之時一城千室堪戰之士不下二千其餘羸弱猶

能登陣敵譟十則圍之兵家舊說戰士二千足
抗羣虜三萬矣三曰纂偶車牛以飾戎械計千
家之資不下五百耦牛爲車伍伯兩參合鉤連
以衛其衆設使城不可固平行趨險賊所不能
干既已族居易可檢括號令先明民知夙戒有
急徵發信宿可聚四曰計丁課仗勿使有闕千
家之邑戰士二千隨其便能各自有仗素所服
習銘刻由己還保輸之於庫出行請以自衛弓
幹利鐵民不辦得者官以漸充之數年之內軍

用粗備矣臣聞軍國異容施於封畿之內兵農
並脩在於疆埸之表攻守之宜皆因其習任其
怯勇山陵川陸之形寒暑温凉之氣各由本性
易則害生是故戍申作師遠屯清濟功費既重
詹怨亦深以臣料之未若即用彼衆之易也管
子治齊寄令在民商君爲秦設以耕戰終申威
定霸行其志業非苟任强實由有數梁用走卒
其邦自滅齊用技擊厥衆亦離漢魏以來茲制
漸絶蒐田非復先王之禮治兵徒逞耳目之欲

有急之日民不知戰至乃廣延賞募奉以厚秩
發遽奔救天下騷然方伯刺史拱手坐聽自無
經略唯望朝廷遣軍此皆忘戰之害不教之失
也今移民實內浚治城隍族居聚處課其騎射
長吏簡試差品能不甲科上第漸就優別明其
勳才表言州郡如此則屯部有常不遷其業內
護老弱外通官塗朋曹素定同憂等樂情由
習親藝因事著晝戰見皃足相識夜戰聞聲足
相救斯教戰之一隅先哲之遺術論者必以古

城荒毁難可脩復今不謂頓便加功整麗如舊
但欲先定民營其閭術墉壑存者因而即之其
有毁缺權時柵斷足以禦彼輕兵防遏游騎假
以方將漸就只立車牛之賦課仗之宜攻守所
資軍國之要今因民所利導而率之耕農之器
爲府庫之寶田蠶之埌兼城之用千家總倍旅
之兵萬户具全軍之衆兵强而敵不戒國富而
民不勞比於優復隊伍坐食廩糧者不可同年而
校矣今承平來久邊令弛縱弓簳利鐵既不都

斷往歲棄甲垂二十年課其所住理應消壞謂宜申明舊科嚴加禁塞諸商賈往來幢隊挾藏者皆以軍法治之又界上嚴立關候杜廢閒蹊城保之境諸所課仗並加雕鐫別造程式若有遺鏃亡刃及私爲竊盜者皆可立驗於事爲長又鉅野湖澤廣大南通洙泗北連青齊有舊縣城正在澤內宜立式脩復舊堵利其埭遏給輕艦百艘寇若入境引艦出戰左右隨宜應接據其師津毀其航漕此以利制車運我所長亦

微徹敵之要也承天素好弈棊頗用廢事太祖賜以局子承天奉表陳謝上荅局子之賜何必非張武之金邪承天又能彈箏上又賜銀裝箏一面承天與尚書左丞謝元素不相善二人競伺二臺之違累相糾奏太尉江夏王義恭歲給資費錢三千萬布五萬匹米七萬斛義恭素奢侈用常不充二十一年逆就尚書換明年資費而舊制出錢二十萬布五百匹以上並應奏聞元輒命議以錢二百萬給太尉事發覺元乃

使令史取僕射孟顗命元時新除太尉諮議參軍未拜爲承天所糾上大怒遣元長歸田里禁錮終身元時又舉承天賣茭四百七十束與官屬求貴價承天坐白衣領職元字有宗陳郡陽夏人臨川內史靈運從祖弟也以才學見知卒於禁錮二十四年承天遷廷尉未拜上欲以爲吏部已受密旨承天宣漏之坐免官卒於家年七十八先是禮論有八百卷承天刪減并合以類相從凡爲三百卷并前傳雜論篡文論並傳於世又故定元嘉歷語在律歷志

史臣曰治邊之術前世言之詳矣夫戎夷狡黠飄迅難虞必宜完其嶂塞謹其烽柝使來逕可防去塗易梗然後乃能禁暴止姦養威攘寇漢世棄秦舊迹嚴塞以限外夷吳魏交戰亦以江淮爲疆場莫不先憑地險卻保民和且守且耕伺隙乘釁高祖受命王略未遠雖綿河作守而兵孤援闊盛衰既兆用啓戎心蓋由王業始基經創多闕先內後外以至於此乎自茲以降分青

置境無圍守之宜闕耕戰之略恃寇不來遂無其備周漢二策在宋頓亡遂致胡馬橫行曾無藩落之固使士民跼蒼天蹐厚地繫虜俘囚而無所控告哀哉承天安邊論博而篤矣載之云爾

列傳第二十四　宋書六十四

列傳第二十五　宋書六十五

吉翰
劉道產
杜驥
申恬

臣沈約新撰

吉翰字休文馮翊池陽人也初爲龍驤將軍道憐參軍隨府轉征虜左軍參軍員外散騎侍郎隨道憐北征廣固賜爵建城縣五等男轉道憐驃騎中兵參軍從事中郎爲將佐十餘年清謹剛正甚爲高祖所知賞永初三年轉道憐太尉司馬太祖元嘉元年出督梁南秦二州諸軍事龍驤將軍西戎校尉梁南秦二州刺史三年仇池氐楊興平遣使歸順并兒弟爲質翰遣始平太守龐諮據武興仇池大帥楊玄遣弟難當率衆距諮又遣將強鹿皮向白水諮擊破難當等並退走其年從督益寧二州梁之巴西梓潼宕渠南漢中秦州之安固懷寧六郡諸軍事益

州刺史將軍如故在益州著美績甚得方伯之體論者稱之六年以老疾徵還除彭城王義康司徒司馬加輔國將軍時太祖經略河南以輸爲持節監司雝幷三州諸軍事司州刺史持節將軍如故會前鋒諸軍到彥之等敗退明年復爲司徒司馬將軍如故其年又假節監徐兗二州豫州之梁郡諸軍事徐州刺史將軍如故時有死罪囚典籤意欲活之因輸入閤齋呈其事輸省訖語令且去明可便呈明旦典籤不敢復

入呼之乃來取昨所呈事視訖謂之曰卿意當欲宥此囚死命昨於齋坐見其事亦有心活之但此囚罪重不可全貸既欲加恩卿便當代任其罪因命左右收典籤付獄殺之原此囚生命其刑政如此其下畏服莫敢犯禁明年卒官時年六十追贈征虜將軍持節監刺史如故

劉道產彭城呂人太尉咨議參軍簡之子也簡之事在弟子康祖傳道產初爲輔國參軍無錫令在縣有能名高祖版爲中軍行參軍又爲道憐驃騎參軍襲父爵晉安縣五等侯廣州群盜因刺史謝道欣死爲寇攻沒州城道憐加道產振武將軍南討會始興謙之已平廣州道產未至而反元年除寧遠將軍巴西梓潼二郡太守郡人黃公生任肅之張石之等竝護縱餘燼與姻親侯攬羅奧等招引白水氐規欲爲亂道產誅公生等二十一家宥其餘黨還爲彭城王義康驃騎中兵參軍元嘉三年督梁南秦二州諸軍事寧遠將軍西戎校尉梁南秦二州刺史

在州有惠化關中流民前後出漢川歸之者甚多六年道產表置隴西宋康二郡以領之七年徵爲後軍將軍明年遷竟陵王義宣左將軍咨議參軍仍爲持節督雝梁南秦三州荊州之南陽竟陵順陽襄陽新野隨六郡諸軍事寧遠將軍寧蠻校尉雝州刺史襄陽太守善於臨民在雝部政績尤著蠻夷前後叛戾不受化者竝皆順服悉出緣沔爲居百姓樂業民戶豐贍由此有襄陽樂歌自道產始也十三年進號輔國將

軍十九年卒追贈征虜將軍謚曰襄侯道產惠澤被於西土及喪還諸蠻皆備衰絰號哭追送至于沔口荆州刺史衡陽王義季啓太祖曰故輔國將軍劉道產患背癰疾遂不救道產自鎮漢南境接凶寇政績既著威懷兼舉年時猶可方宣其用奄至殞没傷怨特深伏惟聖懷愍惜兼至長子延孫別有傳延孫弟延熈因延孫之廕大明中爲司徒右長史黄門郎臨海義興太守泰始初與四方同反伏誅道產弟道錫巴西梓潼二郡太守元嘉十八年爲氐寇所攻道錫保城退敵太祖嘉之下詔曰前者兵寇攻逼邊情波駭廣威將軍巴西梓潼二郡太守劉道錫將率文武盡心固守保全之績厥效可書可冠軍咨議參軍前建威將軍晋壽太守申坦孤城弱衆厲志致果死傷參半壯氣不衰雖力屈陷没在誠宜甄可建威將軍巴西梓潼二郡太守初氐寇至城內衆寡道錫募吏民守城復租布二十年及賊退朝議賊雖攻城一戰便走聽依

本要於事爲優右衛將軍沈演之丹楊尹羊玄保後軍長史范曄並謂宜隨功勞裁量不可全用本誓多者不得過十年從之二十一年遷揚烈將軍廣州刺史二十七年坐貪縱過度自杖治中荀齊文垂死乘轝出城行與阿尼同載爲有司所糾值赦明年散徵又以赦後餘贓收下廷尉被宥病卒

杜驥字度世京兆杜陵人也高祖預晋征南將軍曾祖耽避難河西因仕張氏苻堅平凉州父祖始還關中兄坦頗涉史傳高祖征長安席卷隨從南還太祖元嘉中任遇甚厚歷後軍將軍龍驤將軍青冀二州刺史南平王鑠右將軍司馬晚度北人朝廷常以傖荒遇之雖復人才可施每爲清塗所隔坦以此慨然嘗與太祖言及史籍上曰金日磾忠孝淳深漢朝莫及恨今世無復如此輩人坦曰日磾之美誠如聖詔假使生乎今世養馬不暇豈辦見知上變色曰卿何量朝廷之薄也坦曰請以臣言

之臣本中華高族亡曾祖晉氏喪亂播遷涼
土世葉相承不殞其舊直以南度不早便以荒
傖賜隔日磾胡人身爲牧圉便超入內侍齒列
名賢聖朝雖復拔才臣恐未必能也上嘿然坦
土舊法問疾必遣子弟驥年十三父使候同郡
韋華華子玄有高名見而異之以女妻焉桂
陽公義眞鎮長安辟爲州主簿後爲義眞
車騎行參軍員外散騎侍郎江夏王義恭撫軍
刑獄參軍尚書都官郎長沙王義欣後軍録事

參軍元嘉七年隨到彥之入河南加建武將軍
索虜撤河南戍悉歸河北彥之使驥守洛陽洛
陽城不治既久又無粮食及彥之敗退驥欲棄
城走慮爲太祖所誅初高祖平西洛致鍾虡舊
器南還一大鍾隊沒洛水至是太祖遣將姚聳夫
領千五百人迎致之時聳夫政率所領牽鍾於
洛水驥乃誑之曰虜既南渡洛城勢弱今脩理
城池並已堅固軍粮又足所乏者人耳君率衆見
就共守此城大功既立取鍾無晚聳夫信之率

所領就驥既至見城不可守又無粮食於是引
衆去驥亦委城南奔白太祖曰本欲以死固守姚
聳夫及城便走人情沮敗不可復禁上大怒使
建威將軍鄭順之殺聳夫於壽陽聳夫吳興
武康人勇果有氣力宋世偏裨小將莫及始隨
到彥之北伐與虜遇從聳夫手斬託跋燾叔父
英文特勤首燾以馬百匹贖之以驥爲通直郎
射聲校尉世祖征虜諮議參軍十七年出督青
冀二州徐州之東莞東安二郡諸軍事寧遠將

軍青冀二州刺史在任八年惠化著於齊土自
義熙至于宋末刺史唯羊穆之及驥爲吏民所
稱詠二十四年徵左軍將軍兄坦代爲刺史北土
以爲榮焉坦長子琬爲員外散騎侍郎太祖嘗
有函詔敕坦琬輒開視信未發又追取之敕函
已發大相推檢丞都答云諸郎開視上遣主書
詰責驥答曰開函是臣第四子季文伏待刑坐
上特原不問二十七年卒時年六十四長子長
文早卒第五子幼文薄於行太宗初以軍功爲

驍騎將軍封邵陽縣男食邑三百戶尋坐巧佞
奪爵後以發太尉廬江王禕謀反事拜黄門侍
郎出爲輔國將軍梁南秦二州刺史廢帝元徽
中爲散騎常侍幼文所莅貪横家累千金女伎
數十人絲竹晝夜不絶與沈勃孫超之居止接近
常相從　並與阮佃夫厚善佃夫死廢帝深疾
之帝微行夜出輒在幼文門墻之間聽其弦管積
久轉不能平於是自率宿衛兵誅幼文勃超之
等幼文兄叔文爲長水校尉及諸子姪在京邑

方鎮者並誅唯幼文兄季文弟希文等數人
逃亡得免

申恬字公休魏郡魏人也曾祖鍾爲石虎司徒
高祖平廣固恬父宣宣從父兄永皆得歸國並
以幹用見知永歷青兗二州刺史高祖踐阼拜
太中大夫宣太祖元嘉初亦歷兗青二州刺史
恬兄謨與朱脩之守滑臺爲虜所没後得叛還
元嘉中爲竟陵太守恬初爲驃騎道憐長兼參
軍高祖踐阼拜東宮殿中將軍度還臺直省十

載不請休息轉員外散騎侍郎出爲綏遠將
軍下邳太守轉在北海加寧遠將軍所至皆有
政績又爲北譙梁二郡太守將軍如故郡境邊
接任榛屢被寇抄恬到密知賊來仍伏兵要害
出其不意悉皆禽殄元嘉十二年遷督魯東平
濟北三郡軍事太山太守將軍如故威惠兼著
吏民便之臨川王義慶鎮江陵爲平西中兵參
軍河東太守衡陽王義季代義慶又度安西府
加寧朔將軍召拜太子屯騎校尉毋憂去職二

十一年冀州移鎮歷下以恬督冀州青州之濟
南樂安太原三郡諸軍事揚烈將軍冀州刺史
明年加濟南太守時又遷換諸郡守恬上表曰
伏聞朝恩當加臣濟南太守仰惟優旨荒心散
越臣殃咎之餘遭蒙踰忝寵私罔已復兼今授
豈其愚迷所能上荅臣近至止即履行所統究
其形宜河濟之間應置戍扞其中四處急須脩
立甇口故城又是要所宜移太原委以邊事緣
山諸遷並得除省防衛綏懷利便非一呂綽誠

效益著深同臣意百姓聞者咸皆附説急有同異二三求宜但房紹之莅郡經年君民粗狎改以帶臣有　求事遠牽太原於民爲苦而覓口之計復成交互人情非樂容有不安疆場威刑患不閑廣若得依先劃分公私允緝上從之詔有司曰恬所陳當是事宜近諸除授可悉停北虜入寇恬摧擊之爲虜所破被徵還都二十七年起爲通直常侍是歲索虜南寇其武昌王向青州遣恬援東陽因與輔國司馬齊郡太守龐

秀之保城固守蕭斌遣青州別駕解榮之率垣護之還援恬等仍傍南山得入賊朝來脅城日晚輒退城内乃出車北門外環塹爲營欲挑戰賊不敢逼停五日東過抄略清河郡及驛道南數千家從東安東莞出下邳下邳太守垣閬閉城距守保全二千餘家虜退以恬爲寧朔將軍山陽太守善於治民所莅有績世祖踐阼遷青州刺史將軍如故尋加督徐州之東莞東安二郡諸軍事明年又督冀州齊地連歲興

兵百姓凋弊恬初防衛邊境勸課農桑二三年間遂皆優實性清約頻處州郡妻子不免飢寒世以此稱之進號輔國將軍孝建二年遷督豫州軍事寧朔將軍豫州刺史明年疾病徵還於道卒時年六十九死之日家無遺財子寔南譙郡太守子謨早卒謨子元嗣海陵廣陵太守元嗣弟謙太始初以軍功歷軍校官至輔國將軍臨川内史永子坦自巴西梓潼遷梁南秦二州刺史元嘉二十六年爲世祖鎮軍諮議參軍

與王玄謨圍滑臺不剋免官青州刺史蕭斌板行建威將軍濟南平原二郡太守復攻碻磝敗退下歷城蕭思話起義討元凶假坦輔國將軍爲前鋒世祖至新亭坦亦進剋京城孝建初爲太子右衛率寧朔將軍徐州刺史大明元年虜寇兗州世祖遣太子衛率薛安都新除東陽太守沈法系北討至兗州虜已去坦建議任榛亡命屢犯邊民軍出無功宜因此翦撲上從之亡命先已聞知舉村逃走安都與法系坐白衣領職

坦棄市群臣爲之請莫能得將行刑始興公沈慶之入市抱坦慟哭曰卿無罪爲朝廷所枉誅我入市亦當不久市官以白上乃原生命繫尚方尋被有復爲驍騎將軍病卒子令孫前廢帝景和中爲永嘉王子仁左軍司馬廣陵太守太宗以爲寧朔將軍徐州刺史討薛安都行至淮陽即與安都合弟闡時爲濟陰太守戍睢陵城奉順不同安都安都攻圍不能克會令孫至遣往睢陵令說闡降闡既降殺之令孫亦見殺先是清河崔諲亦以將吏見知高祖永初末爲振威將軍東萊太守少帝初亡命司馬靈期司馬順之千餘人圍東萊諲擊之斬靈期等三十級太祖元嘉中至青州刺史

史臣曰漢之良吏居官者或長子孫孫曹之世善職者亦二三十載皆敷政以盡民和興讓以存簡久及晚代風烈漸衰非才有起伏蓋所遭之時異也劉道產之在漢南歷年踰十惠化流於樊沔頗有前世遺風故能樹績垂名斯爲美矣

列傳第二十五　宋書六十五

列傳第二十六　　宋書六十

臣沈約新撰

王敬弘

何尚之

王敬弘琅邪臨沂人也與高祖　　故稱字曾祖
廙晉驃騎將軍祖胡之司州刺史父茂之晉陵太
守敬弘少有清尚起家本國左常侍衛軍參軍
性恬靜樂山水為天門太守敬弘妻桓玄姊也敬
弘之郡玄時為荊州遣信要令過敬弘至巴陵謂

人曰靈寶見要正當欲與其姊集聚耳我不能為
桓氏贅壻乃遣別船送妻往江陵妻在桓氏彌年不
迎山郡無事恣其遊適累日不回意甚好之轉桓
偉安西長史南平太守去官居作唐縣界玄輔政
及篡位屢召不下高祖以為車騎從事中郎徐州
治中從事史征西將軍道規諮議參軍時府主簿
宗協亦有高趣道規並以事外相期嘗共酣飲致醉
敬弘因醉失禮為外司所白道規即更引還重申
初讌召為中書侍郎始攜家累自作唐還京邑久

之轉黃門侍郎不拜仍除太尉從事中郎出為
吳興太守舊居餘杭縣悅是舉也尋徵為侍中
高祖西討司馬休之敬弘奉使慰勞通事令史
潘尚於道疾病敬弘單船送還都存亡不測有
司奏免官詔可未及釋朝服值赦復官宋國初
建為度支尚書遷太常高祖受命補宣訓衛尉
加散騎常侍永初三年轉吏部尚書常侍如故
敬弘每被除召即便祗奉既到宜退旋復解官
高祖嘉其志不苟違也復除廬陵王師加散騎

常侍自陳無德不可師範令王固讓不拜又除
祕書監金紫光祿大夫加散騎常侍本州中正
又不就太祖即位又以為散騎常侍金紫光祿
大夫領江夏王師元嘉三年為尚書僕射關署
文案初不省讀嘗豫聽訟上問以疑獄敬弘不
對上變色問左右何故不以訊牒副僕射敬弘
曰臣乃得訊牒讀之政自不解上甚不悅六年
遷尚書令敬弘固讓表求還東上不能奪改授
侍中特進左光祿大夫給親信二十人讓侍中特

進求減親信之半不許及東歸車駕幸冶亭餞
送十二年徵爲太子少傅敬弘詣京師上表曰
伏見詔書以臣爲太子少傅承命震惶喜懼交
悸臣抱疾東荒志絕榮觀不悟聖恩猥復加寵
東宮之重四海瞻望非臣薄德所可居之今內
外英秀應選者多且板築之下豈無高逸而近
私愚朽汙辱清朝嗚呼微臣永非復大之一物
矣所以牽曳闕下者實瞻望聖顏貪繫表之
旨臣如此而歸夕死無恨詔不許表疏屢上終以

不拜東歸上時不豫自力見焉十六年以爲左光
祿大夫開府儀同三司侍中如故又詣京師上
表曰臣比自啓聞謂誠心已達天鑒玄邈未蒙在
宥不敢宴處牽曳載馳臣聞君子行道忘其爲
身三復斯言若可庶勉顧惜惛耄志與願違禮
年七十老而傳家家道猶然況於在國伏願陛
下矜臣西夕愍臣一至特迴聖恩賜反其所則天
道下濟愚心盡矣竟不拜東歸二十三年重申
前命又表曰臣躬耕南澧不求聞達先帝拔臣

於蠻荊之域賜以國士之遇陛下嗣徽特蒙眷
齒由是感激委質聖朝雖懷犬馬之誠遂無塵
露之益年向九十生理殆盡永絕天光淪沒丘
壑謹冒奉表傷心久之明年薨於餘杭之舍亭
山時年八十追贈本官順帝昇明二年詔曰夫
塗祕蘭幽貞芳載越徽猷沈遠懋禮彌昭故侍
中左光祿大夫開府儀同三司敬弘神韻沖簡
識寓標峻德敷象魏道藹丘園高挹榮冕凝
心塵外清光粹範振俗淳風兼以累朝延賞聲

華在詠而嘉篆闕文猷策韜裏尚想遺芬興
懷寢寤便可詳定輝謚式旌追典於是謚爲文
貞公敬弘形狀短小而坐起端方桓玄謂之彈棊
八勢所居舍亭山林澗環周備登臨之美時人
謂之王東山太祖嘗問爲政得失敬弘對曰天
下有道庶人不議上高其言左右常使二老婢
戴五條五辮著青紋袴襦飾以朱粉女適尚書
僕射何尚之弟述之敬弘嘗往何氏看女值尚之
不在寄齋中臥俄頃尚之還敬弘使二婢守閤不

聽尚之入云正熱不堪相見君可且去尚之於
是移於它室子恢之被召爲祕書郎敬弘爲求
奉朝請與恢之書曰祕書有限故有競朝請無
限故無競吾欲使汝處於不競之地太祖嘉而
許之敬弘見兒孫歲中不過一再相見見輒克
日恢之嘗請假還東定省敬弘克日見之至日
輒不果假日將盡恢之乞求奉辭敬弘呼前既
至閤復不見恢之於閤外拜辭流涕而去恢之
至新安太守中大夫恢之弟瓚之世祖大明中

吏部尚書金紫光禄大夫謚曰貞子瓚之弟昇之都
官尚書昇之子延之昇明末爲尚書左僕射江州刺史
何尚之字彥德廬江灊人也曾祖準高尚不應
徵辟祖恢南康太守父叔度恭謹有行業姨適
沛郡劉璩與叔度母情愛甚篤叔度母蚤卒奉
姨有若所生姨亡朔望必往致哀并設祭奠食
並珍新躬自臨視若朔望應有公事則先遣送
祭皆手自料簡流涕對之公事畢即往致哀以
此爲常至三年服竟義熙五年吳興武康縣民

王延祖爲劫父睦以告官新制凡劫身斬刑家
人棄市睦既自告於法有疑時叔度爲尚書議
曰設法止姦本於情理非一人爲劫闔門應刑
所以罪及同產欲開其相告以出爲惡之身睦
父子之至容可悉共逃亡而割其天屬還相縛
送螫毒在手解腕求全於情可愍理亦宜宥使
凶人不容於家逃刑無所乃大絕根源也睦既
糾送則餘人無應復告並全之後爲金紫光禄
大夫吳郡太守加秩中二千石太保王弘稱其

清身潔己元嘉八年卒尚之少時頗輕薄好摴
蒲既長折節蹈道以操立見稱爲陳郡謝混所
知與之遊處家貧起爲臨津令高祖領征南將
軍補府主簿從征長安以公事免還都因患勞
疾積年飲婦人乳乃得差以從征之勞賜爵都
鄉侯少帝即位爲廬陵王義真車騎諮議參軍
義真與司徒徐羨之尚書令傅亮等不協每有
不平之言尚之諫戒不納義真被廢入爲中書侍
郎太祖即位出爲臨川內史入爲黃門侍郎尚

書吏部郎左衛將軍父憂去職服闋復爲左衛領太子中庶子尚之雅好文義從容賞會甚爲太祖所知十二年遷侍中中庶子如故尋改領游擊將軍十三年彭城王義康欲以司徒左長史劉斌爲丹陽尹上不許乃以尚之爲尹立宅南郭外置玄學聚生徒東海徐秀廬江何曇黃回潁川荀子華太原孫宗昌王延秀魯郡孔惠宣並慕道來遊謂之南學女適劉湛子黮而湛與尚之意好不篤湛欲領丹陽乃徙尚

之爲祠部尚書領國子祭酒尚之甚不平湛誅遷吏部尚書時左衛將軍范曄任參機密尚之察其意趣異常白太祖宜出爲廣州若在內釁成不得不加以鈇鉞屢誅大臣有虧皇化上曰始誅劉湛等方欲超昇後進曄事跡未彰便豫相黜斥萬方將謂卿等不能容才以我爲信受讒說但使共知如此不憂致大變也曄後謀反伏誅上嘉其先見國子學建領國子祭酒又領建平王師乃徙中書令中護軍二十三年遷

尚書右僕射加散騎常侍是歲造玄武湖上欲於湖中立方丈蓬萊瀛洲三神山尚之固諫乃止時又造華林園並盛暑役人工尚之又諫宜加休息上不許曰小人常自暴背此不足爲勞時上行幸還多侵夕尚之又表諫曰萬乘宜重其尊不可輕此聖心所鑒豈假臣啓輿駕比出還多冒夜群情傾側實有未寧清道而動帝王成則古今深誡安不忘危若值汲黯辛毗必將犯顏切諫但臣等碌碌每存順嘿耳伏願少採愚誠

思垂省察不以人廢適可以慰四海之望亦優詔納之先是患貨重鑄四銖錢民間頗盜鑄多翦鑿古錢以取銅上患之二十四年錄尚書江夏王義恭建議以一大錢當兩以防翦鑿議者多同尚之議曰伏覽明命欲改錢制不勞採鑄其利自倍實救弊之弘算增貨之良術求之管淺猶有未譬夫泉貝之興以估貨爲本事存交易豈假數多數少則幣輕數多則物重多少雖異濟用不殊況復以一當兩徒崇虛價者邪凡創

制改法宜從民情未有違衆矯物而可久也泉
布廢興驟議前代赤仄白金俄而罷息六貨憒
亂民泣於市良由事不畫一難用遵行自非急
病權時宜守久長之業煩政曲雜致遠常泥且
貨偏則民病故先王立井田以一之使富不淫侈貧
不過匱雖茲法久廢不可頓施要宜而近粗相
放擬若今制遂行富人貲貨自倍貧者彌增
其困懼非所以欲均之意又錢之形或大小多品
直云大錢則未知其格若止於四銖五銖則文

皆古篆既非下走所識加或漫滅尤難分明公
私交亂爭訟必起此最是其深疑者也命旨兼
慮翦鑿日多以至消盡鄙意復謂殆無此嫌民
巧雖密要有蹤跡且用錢貨銅事可尋檢直由
屬所怠縱糾察不精致使立制以來發覺者寡
今雖有懸金之名竟無酬與之實若申明舊科
禽獲即報畏法希賞不日自定矣愚者之議智
者擇焉猥參訪逮敢不輸盡吏部尚書庾炳之
侍中太子左衛率蕭思話中護軍趙伯符御

史中丞何承天太常郗敬叔並同尚之議中領
軍沈演之以爲龜貝行於上古泉刀興自有周
皆所以阜財通利實國富民者也歷代雖遠
資用彌便但採鑄久廢兼喪亂累仍糜散湮滅
何可勝計晉遷江南疆境未廓或土習其風錢
不普用其數本少爲患尚輕今王略開廣聲教
遐暨金鏹所布爰逮荒服昔所不及悉已流行
之矣用彌曠而貨愈狹加復競竊翦鑿銷毀
滋繁刑禁雖重姦避方密遂使歲月增貴貧室

日蹙暨作肆力之氓徒勤不足以贍誠由貨貴
物賤常調未革弗思釐改爲弊轉深斯實親
敎之良時通變之嘉會愚謂若以大錢當兩則
國傳難朽之寶家贏一倍之利不俟加憲巧源
自絕施一令而衆美兼無興造之費莫盛於茲
矣上從演之議遂以一錢當兩行之經時公私非
便乃罷五年遷左僕射領汝陰王師常侍如故
二十八年轉尚書令領太子詹事二十九年致
仕於方山著退居賦以明所守而議者咸謂尚

之不能固志太子左衛率袁淑與尚之書曰昨遣修問承丈人已晦志山田雖曰年禮宜遵亦事難斯貴俾踈班邴魏通美於前策龔貢山衞淪慙乎曩篇規迫休告雪滌素懷草尋幽之歡畢　玄之適但淑逸操偏迴野性夢滯果致沖寂必沈樂忘歸然而已議塗聞者謂丈人徽明未耗興業方籍儻能屈事康道降節殉務令南瀨之操淑此行求決矣望眷有積約日無說尚之宅在南澗寺側故書云南瀨毛詩所

謂于以採蘋南澗之瀕也詔書敦勸上又與江夏王義恭詔曰今朝賢無多且羊孟尚不得告謝尚之任遇有殊便未宜申許邪義恭荅曰尚之清忠貞固歷事唯允雖年在懸車而體獨克壯未相申許下情所同尚之復攝職羊即羊玄保孟即孟顗字彥重本昌安人兄昶貴盛顗不就徵辟昶死後起家爲東陽太守遂歷吳郡會稽丹陽三郡侍中僕射太子詹事復爲會稽太守卒官贈左光祿大夫子劭尚太祖第十六女南郡公主女

適彭城王義康巴陵哀王休若尚之既還任事士待之愈隆是時復遣軍北伐資給戎旅悉以委之元凶弒立進位司空領尚書令時三方興義將佐家在都邑劭悉欲誅之尚之誘說百端並得免世祖即位復爲尚書令領吏部遷侍中左光祿大夫領護軍將軍尋辭護軍加特進復以本官領尚書令丞相南郡王義宣車騎將軍臧質反義宣司馬竺超民臧質長史陸展兄弟並應從誅尚之上言曰刑罰得失治亂所由聖賢留

心不可不慎竺超民爲賊既遁走一夫可禽若反覆昧利即當取之非唯免愆亦可要不義之賞而超民曾無此意微足觀過知仁且爲官保全城府謹守庫藏端坐待縛今戮及兄弟與向始末無論者復成何異陸展盡質復灼然便同之巨逆於事爲重臣豫蒙顧待自殊凡隸苟有所懷不敢自默超民坐者由此得原時欲分荊州置郢州議其所居江夏王義恭以爲宜在巴陵尚之議曰夏口在荊江之中正對沔口通接梁攻

寔爲津要由來舊鎭根基不易今分取江夏武陵天門竟陵隨五郡爲一州鎭在夏口既有見城浦大容舫竟陵出道取荊州雖水路與去江夏不異諸郡至夏口皆從流並爲利便湘州所領十一郡其巴陵邊帶長江去夏口密邇既分湘中乃更成大亦可割巴陵屬新州於事爲允上從其議荊揚二州戶口半天下江左以來揚州根本委荊以閫外至是並分欲以削臣下之權而荊揚並因此虛耗尚之建言復合二州上不許大

明二年以爲左光祿開府儀同三司侍中如故尚之在家常著鹿皮帽及拜開府天子臨軒百僚陪位沈慶之於殿廷戲之曰今日何不著鹿皮冠慶之累辭爵命朝廷敦勸甚篤尚之謂曰主上虛懷側席詎宜固辭慶之曰沈公不効何公去而復還也尚之有愧色愛尚文義老而不休與太常顏延之論議往反傳於世立身簡約車服率素妻亡不娶又無姬妾秉衡當朝畏遠權柄親戚故舊一無薦舉既以致怨亦以此見稱

復以本官領中書令四年疾篤詔遣侍中沈懷文黃門侍郎王釗問疾薨于位時年七十九追贈司空侍中中書令如故謚曰簡穆公子偃別有傳尚之弟悠之義興太守侍中太常與瑯邪王徽相善悠之卒徽與偃書曰吾與義興直根相知之晚每惟君子知我若夫嘉我小善矜余不能唯賢叔耳悠之弟愉之新安太守愉之弟翌之都官尚書悠之子顗之尚太祖第四女臨海惠公主太宗世官至通直常侍

史臣曰江左以來樹根本於揚越任推轂於荊楚揚土自廬蠡以北臨海而極大江荊部則包括湘沅跨巫山而掩鄧塞民戶境域過半於天下晉世幼主在位政歸輔臣荊揚司牧事同二陝宋室受命權不能移二州之重咸歸密戚是以義宣藉西楚彊富因十載之基嫌隙既樹遂規問鼎而建郢分揚矯枉過直藩城既剖盜實人單閫外之寄於斯而盡若長君南面威刑自出至親在外事不患彊若運經盛衰時艱主弱雖

近臣懐禍止有外憚呂宗不競寔由齊楚興喪之源於斯尤著尚之言弁合可謂識治也矣

列傳第二十六　宋書六十六

列傳第二十七　宋書六十七

謝靈運　臣沈約新撰

謝靈運陳郡陽夏人也祖玄晉車騎將軍父瑍生而不慧爲祕書郎蚤亡靈運幼便穎悟玄甚異之謂親知曰我乃生瑍瑍那得生靈運靈運少好學博覽羣書文章之美江左莫逮從叔混特知愛之襲封康樂公食邑二千戶以國公例除員外散騎侍郎不就爲琅邪王大司馬行參軍性奢豪車服鮮麗衣裳器物多改舊制世共宗之咸稱謝康樂也撫軍將軍劉毅鎮姑孰以爲記室參軍毅鎮江陵又以爲衛軍從事中郎毅伏誅高祖版爲太尉參軍入爲祕書丞坐事免高祖伐長安驃騎將軍道憐居守版爲諮議參軍轉中書侍郎又爲世子中軍咨議黃門侍郎奉使慰勞高祖於彭城作撰征賦其序曰蓋聞昏明殊位貞晦異道雖景度回革亂多治寡是故升平難於恒運剥喪易以横流皇晉

河汾來遷吳楚數歷九世年踰十紀西秦無一
援之望東周有三辱之憤可為積禍纏釁固以
久矣況廼陵塋幽翳情敬莫遂日月推薄帝心
彌遠慶靈將升時來不爽相國宋公得一居貞
回乾運軸内匡寰表外清遐陬每以區宇未統
側席盈慮值天祚攸興昧弱授機龜筮元謀符
瑞景徵於是仰祗俯協順天從兆興止戈之師
躬暫勞之討以義熙十有二年五月丁酉敬戒
九伐申命六軍治兵于京畿次師于汳上靈檣

千艘雷輜萬乘羽騎盈塗飛旍蔽日別命羣帥
誨謨惠策法奇於三略義秘於六韜所以鉤棘
未曜殞前禽於金墉威弧始彀走鈠隼於滑臺
曾不踰月二方獻捷宏功懋德獨絕古今天子
感東山之劬勞慶格天之光大明發興於鑒寐
使臣遵于原隰余攝官承乏謬充殊役皇華愧
於先雅靡盬頖於征人以仲冬就行分春反命
途經九守路踰千里沿江亂淮遡薄泗汳詳觀
城邑周覽丘墳眷言古迹其懷已多昔皇祖作

藩受命淮徐道固苞桑勳由仁積年月多歷市
朝已改永為洪業纏懷清曆於是采訪故老尋
履往迹而遠感深慨痛心殞涕遂寫集聞見作
賦撰征俾事運遷謝託此不朽其詞曰
系烈山之洪緒承火正之明光立熙載於唐后
申譜事於周王疇庸命而順位錫寶珪以徽疆
歷尚代而平顯降中葉以繁昌業服道而德徽
風行世而化揚捘前蹤以永冀省輶質以遠傷
睠謀始于睿恭違用舍於行藏庇常善之罔棄

憑曲成之不遺昭在幽而偕煦賞彌久而愈私
顧睨草之薄弱仰青春之葳蕤引蔓穎於松上
擢纖枝於蘭逵施隆貸而有渥報消塵而無期
歡太階之休明穆皇道之緝熙惟王建國辨方
定隅内外既正華夷有殊惟昔小雅逮于班書
戎蠻孔熾是殛是誅所以宣王用棘於獫狁高
帝方事於匈奴然侵鎬至涇自塞及平闕郊伺
鄙 慕攜王之矯虔階喪亂之未寧竊彊
秦之三輔陷隆周之兩京嶢崤澠以制險據繞霤而作

扃家永懷於故壤國願言於先塋俟太平之曠
期屬應運之聖明坤寄通於四瀆乾假照於三辰
水潤土以顯比火炎天而同人惟上相之叡哲當草
昧而經綸摠九流以貞觀協五才而平分時來之
機悟先於介石納隍之誠一援於生民龜筮允
臧人鬼同情順天行誅司典詳刑樹牙選徒秉
鉞抗旍弧矢盤楚孝之心智戈棘單吳子之精
靈迅三翼以魚麗裹兩服以鴈逝陣未列於都
甸威已振於秦薊灑嚴霜於渭城被和風於洛

汭就終古以比獻考墳冊而莫契昔西怨於東
徂今北伐而南悲豈朝野之恒情動萬乘之幽
思歌零雨於豳風興采薇於周詩慶金墉之凱
定眷戎車之遷時佇千里而感遠涉弦望而懷
期詔微臣以勞問奉王命於河湄夕飲餞以俶
裝且出宿而言辭歲既晏而繫慮日將邁而戀
乖闕敬恭於桑梓謝履長於庭階冒沈雲之晻
藹迎素雪之紛霏凌結澌而凝清風矜籟以揚
哀情在本而易阜物雖末而難懷眷余勤以就

路苦夏來其城頹爾乃經雉門啓浮梁眺鍾巖
越查塘覽永嘉之紊維尋建武之緝綱于時內
慢神器外侮戎狄君子横流庶萌分析主晉有
祀福祿來格明兩降覽三七辭厄元誕德以膺
緯感肇回光於陽宅明思服於下武興繼代以消
逆簡文因心以秉道故沖用而刑厝孝武捨己
以杖賢亦寧外而治內觀日化而就損庶雍熙
之可對閔隆安之致寇傷龜玉之毀碎漏妖凶
於滄洲纏釁難而盈紀時焉依於晉鄭國有蹙

於百里賴英謨之經營弘兼濟以忘己主寡內
而緩虞澄海外以清滓至如昏祲蔽景鼎祚傾
基黍離有歎鴻鴈無期瞻天命之貞符秉順動
而屢機率駿民之思效普邦國而同歸盪積靈
之穢氛啓披陰之光暉反平陵之杳藹復七廟
之依俙務役簡而農勸每勞賞而忠甄變時雍
於祖宗　掃逋醜於漢渚滌僭逆
於岷山羈巢處於西木引阜飲於源淵惠要藝
而思趯援冠弁而來處視治城而北屬懷文獻

之收揚匪元首之康哉孰股肱之惟良譬觀曲
而識節似綴組以成章業彌纏而彌微事愈有
而莫傷次石頭之雙岸究孫氏之初基幸漢庶
之漏網憑江介以抗維初鵲起於富春果鯨躍
於川湄匝三世而國盛歷五僞而宗夷察成敗
之相仍猶脣亡而齒寒載十二而謂紀豈蜀滅
而吳安衆咸昧於謀兆羊獨悟於理端請廣武
以誨情樹襄陽以作藩捨建業其如遺泝萬里
而誰難疾魯荒之詖辭惡京陵之譖言責當朝

之憚貶對異籍而興歎敦怙寵而判違敵既勍
而國圮彼問鼎而何階必先賊於君子原性分之
異託雖殊塗而歸美或卷舒以愚智或治亂其
如矢謝昧迹而託規卒安身以全里周顯節而
犯逆抱正情而喪已薄四望而尤眄歎王路之中
鯁蠢于越之妖燼敢凌蹈於五嶺崩雙嶽於中
流擬凶威於荆郢隱雷霆於帝坐飛芒鏃於
宮省于時朝有遷都之議人無守死之志師旅
痛於久勤城墉闕於素備安危勢在不侔衆寡

形於見事於赫淵謀研其神策緩戀待機追
奔躡迹遇雷池而振曜次彭蠡而殲猴穆京甸
以清晏撤多壘而寧役造白石之祠壇懟三豎
之無君踐掖庭以幽辱凌祧社而火焚愍文康
之罪已嘉忠武之立勳道有屈於災蝕功無謝
於如仁訊落星之饗旅索舊棲於吳餘迹階圮
而不見橫榛卉以荒除彼生成之樂辰亦猶今
之在余慨齊吟於爽鳩悲唐歌於山樞弔僞孫
於徐首率君臣以奉疆時運師以伐罪偏投書

於武王迄西北之落紐之東南以振綱誠鉅平之
先覺實中興之後祥據左史之攸徵胡影迹之
可量過江乘而責始知遇雄之無謀厭紫微之宏
凱甘陵波而遠遊越雲夢而南泝臨浙河而東浮
轂連弩於川上候蛟龍於中流爰薄方輿迺屆歐
陽入夫江都之域次乎廣陵之鄉易千里之曼曼
泝江流之湯湯洊赤圻以經復越三門而起漲眷
北路以興思看東山而怡目林叢薄路逶迤石參
差山盤曲水激瀨而駿奔日映石而知旭審兼照

之無偏怨歸流之難濯羨輕鮘之涵泳觀翔鷗
之落啄在飛沈其順從顧微躬而緬邈於是抑
懷蕩慮揚攉易難利涉以吉天險以艱千敵伊
阻在國斯便勾踐行霸於琅邪夫差爭長於黃
川葛相發歎而思正曹后愧心於千魂登高堞以
詳覽知吳濞之衰盛戒東南之逆氣成劉后之
駭聖藉鹽鐵之殷阜臨淮楚之剽輕盛几杖而
弭心怒抵局而遂爭忿爰盎之扶禍惜徒傷於
家令鼂條侯之忠毅將七國之陵正褒漢藩之治

二三十　宋書傳二十七　八　黃鎮

民竝訪賢以招明侯文辯其誰在曰鄒陽與枚生
據忠辭於吳朝執義說於梁庭敷高才於兔園
雖正言而免刑闕里既已千載深儒流於末學欽
仲舒之晬容遵縫掖於前躅對園圃而不闚下
帷幙而論屬相端非之兩驕遭弘偃之雙慝恨有
道之無時步險塗以側足聞宣武之大閱反師旅
於此壓自皇運之都東始昌業以濟難抗素旄於
秦嶺揚朱旗於巴川懼帝系之墜緒故黜昏而崇
賢喜亦收功以垂世嗟在嗣而覆旃德非陟而繼宰

壹踰禹其必顛造步兵而長想欽人傳之遺武
思嘉遁之餘風紹素履之落緒民志應而願稅
國屯難而思撫譬乘舟之待楫象提釣之假緡
揔出入於和就兼仁用於默語弘九流以攝四維
復先陵而清舊宇却西州之成功指東山之歸
子惜圖南之啓運恨鵬翼之未舉發津潭而迥
邁逗白馬以憩舲貫射陽而望邗瀟濟通淮而
薄甬城城坡陁兮淮驚波平原遠兮路交過面
蕪野兮悲橋梓遡急流兮苦積沙亘夏千里而撫

宋書傳二十七　九　夫

山緬百谷而有居被宿莽以迷徑覩生煙而知墟
　謂信美其可娛身少長於樂土實長數
　具瘁值歲寒之窮節視曾雲
於荒餘
之崔巍聆悲飈之掩眉彌晝夜以滯淫怨凝陰
之方結望新晴於落日起明光於躋月眷轉蓬
之辭根悼朔鴈之赴越披微物而疚情此思心其
可說問傜役其幾時駭閱景於輿沒感日歸於
采薇子來思於雨雪豈初征之懼對兾鶴鳴之
在垤　踰宿鶩吾楫於邳鄉奚車止以

事夏阯左相以輔湯綿三代而享邑厠戚土之
一臣嗟仲幾之寵侮遂捨存以徵亡喜薛宰之善
對美士彌之能綱升曲垣之逶迤訪淮陰之所都
原入跨之達恥俟遭時以遠圖捨西楚以擇木追
南漢以定謨亂孟津而魏滅攀井陘而趙徂播
靈威於齊橫振餘猛於龍且觀讓通而告狶昌
始智而終愚迄沂上而停枻登高圯而不進石幽
期而知賢貝張揣而示信本文成之素心要王子
於雲仞豈無累於清霄直有槩於貞吝始熙

績於武關卒敷功於皇亂處夷險以解挫弘憂
虞以時順矜若華之翳晷哀飛蓼之落駿傷粒
食而興念眷逸翮而思振戾臣山而東顧美相公
之前代嗟殘虐之將麋熾餘燹於海濟驅鮐稚
於淮曲暴鰥孤於泗濱訖未命　雲萇靈武
之北闕惟授首之在晨當盛暑而選徒晝嚴威
以振響漸温澤而沾腴既雲撤於朐城遂席卷
於齊都景褰四關其奚阻道一變而是登傷炎季
之崩弛長逆布以滔天假父子以詐愛借兄弟以

僞恩相魏武以譎狂究謨奮於東藩桴未譟於
東郛身已馘於樓門審貢牧於前說證所作於
舊徐聆泗川之浮磬翫夷水之蠙珠草漸苞於
熾壤桐孤幹於嶧隅慨禹迹於尚世惠遺文於
夏書紛征邁之淹留彌懷古於舊章商伯文於
故服咸徵名於彭殤眺靈壁之曾峯投吕縣之
迅梁想蹈水之行歌雖齊汩其何傷啓仲尼之
嘉問告性命以依方豈苟然於迂論聆寓言於
達莊於是濫石橋登戲臺策馬鈞渚息轡城隅

永感四山零淚雙渠怨物華之推驛慨舟壑之
遞遷謂徂歲之攸忽闊結幽思之方根感皇祖之
徽德受識冲而量淵降俊明以鏡鑑迴風猷以
昭宣道既底於國難惠有覃於黎元士頌歌於
政教民謠詠於渥恩兼採芑之致美協漢廣之
發言彊虎氏之博翼灑雲網於所禁驅黔萌以
蘊崇取園陵而湮沈錫殘落於河西序淪胥於
漢陰攻方城而折侚偶譙熊賴其誰任世闕才而
貽亂時得賢而興治救祖考之邦壞在幽人而

枉志體飛書之遠情悟槁師之通識追明達之高覽契古今而同事拔淵謨於潛機騁神鋒於雲旆驅斥澤而風靡贓坑谷而鳥竄中華免夫左衽江表此焉緩帶既剋黜於肥六又作鎮於彭沛晏皇塗於國內震天威於河外掃東齊而已寧指西崤而將泰值兼均而代謝寔大業之興廢心無忝於樂生事有像於燕惠挹明哲之不伐奉宏勳而是稅捐七州以爰來歸五湖以投袂屈盛績於平生申遠期於暮歲訪曩載於宋

鄙採陽秋於魯經晉申好於東吳鄭憑感於南荆故反師於曹門將以塞於夷庚納五叛以長寇伐三邑以侵彭美西鉏之忠辭快韓厥之奇兵追項王之故臺迹霸楚之遺端挺宏志於總角奮英勢於弱冠氣蓋天而倒日力拔山而傾湍始飈起於勾越中電激於衡關興偏慮於攸吝忘即易於所難忌陳錦而莫照思反鄉而有歎且夫殺義害嬰而憾豈疑繅賢不筴夫位誰時造理屈而愈閑方怨天而懷悲對駿騅以發憤傷

虞誅於末詞陟亞父之故營諒謀始之非託遭衰嬴之崩綱值威炎之結絡迄皓首於阜陵猶謬覺於然諾視一人於三傑豈在己之庸弱置豐沛而不舉故自同於俎鑊發下口而遊歷迄西山而弭轡覩終古之幽憤懷元王之沖粹丁戰國之權爭方括心於道肆學浮丘以就德友三儒以成類潔流始於初源累仁基於前美撥楚族之休咎傳芳素於來祀彊見譽於清虛德致稱於千里或避寵以辭姻或遺榮而不仕政

直言以安身駭絶才以喪己驅信道之成終表昧世之虧始悟介焉之已壅則不俟於終日既防萌於未著雖念德其何益爾乃孟陬發節雷隱蟄驚散葉荑柯芳蘤飾萌麥萋萋於旄丘柳依依於高城相睢鳩之集河觀鳴鹿之食苹沂泗遠兮清川急秋冬近兮緒風襲風流蕙兮水增瀾誦愁衿兮鑑感顏愁盈根而蘊際感發條而成端嗟我行之彌日待征邁而言旋荷慶雲之優渥周雙七於此季陶逸豫於京甸遑險難

於行川轉歸弦而眷戀望脩櫓而流連顧蘭鄰之遄清遲華鑾之凱旋穆淳風於六合溥洪澤於八埏須賢愚於大小順規矩於方圓固四民之獲所宜稅稷於萊田苦邯鄲之難步庶行迷之易痊長守朴以終稔亦拙者之政焉仍除宋國黄門侍郎遷相國從事中郎世子左衛率坐輒殺門生免官高祖受命降公爵爲侯食邑五百戶起爲散騎常侍轉太子左衛率靈運爲性褊激多愆禮度朝廷唯以文義處之不以應實

相許自謂才能宜參權要既不見知常懷憤憤廬陵王義真少好文籍與靈運情款異常少帝即位權在大臣靈運構扇異同非毀執政司徒徐羨之等患之出爲永嘉太守郡有名山水靈運素所愛好出守既不得志遂肆意游遨徧歷諸縣動踰旬朔民間聽訟不復關懷所至輒爲詩詠以致其意焉在郡一周稱疾去職從弟晦曜弘微等竝與書止之不從靈運父祖竝葬始寧縣并有故宅及墅遂移籍會稽脩營別業傍山

帶江盡幽居之美與隱士王弘之孔淳之等縱放爲娛有終焉之志每有一詩至都邑貴賤莫不競寫宿昔之間士庶皆徧遠近欽慕名動京師作山居賦并自注以言其事曰古巢居穴處曰巖棲棟宇居山曰山居在林野曰丘園在郊郭曰城傍四者不同可以理推言心也黄屋實不殊於汾陽即事也山居良有異乎市廛抱疾就閑順從性情敢率所樂而以作賦楊子雲云詩人之賦麗以則文體宜兼以成其美今所賦既非京都宮觀

遊獵聲色之盛而敘山野草木水石穀稼之事才乏昔人心放俗外詠於文則可勉而就之求麗邈以遠矣覽者廢張左之艷辭尋臺皓之深意去飾取素儻值其心耳意實言表而書不盡遺迹索意託之有賞其辭曰謝子臥疾山頂覽古人遺書與其意合悠然而笑曰夫道可重故物爲輕理宜存故事斯忘古今不能革質文咸其常合宮非縉雲之館衢室豈放勛之堂邁深心於鼎湖送高情於汾陽嗟文成之却粒願追

松以遠遊嘉陶朱之鼓棹迺語種以免憂判身
名之有辨權榮素其無留孰如牽犬之路既寡
聽鶴之塗何由哉理以相得爲適古人遺書與其意合所以爲笑孫權亦謂周瑜公瑾與孤意合夫能重道則輕物存理則忘事古今質文可謂不同而此處不異縉雲放勛不以天居爲所樂故合宮徵室皆非淹留鼎湖汾陽乃是所居之文成張良卻粹棄人間事從赤松子遊陶朱范蠡臨去之際亦語文種云云謂二賢既權榮素故身名有判也牽犬李斯之歎聽鶴陸機領成都衆大敗後云思聞華亭鶴唳不可復得若夫巢穴以風露貽患則大壯以棟宇袪弊宮
室以瑤琁致美則白賁以丘園殊世惟上　於巖
壑幸兼善而罔滯雖非市朝而寒暑均也雖是

築構而飭朴兩逝易云上古穴居周處後世聖人易之以宮室上棟下宇以蔽風雨蓋取諸大壯琁堂自是素故曰白賁最是上爻也此堂世異矣謂巖壑道深於丘園而不爲巢穴斯免得寒暑之適雖是築搆無妨非朝市云云昔仲長願言流水高山
應璩作書邙阜洛川勢有偏側地闕周員銅陵
之奧卓氏充鈲槻之端金谷之麗石子致音徽之
觀徒形域之薈蔚惜事異於栖盤至若鳳叢二
臺雲夢青丘漳渠淇園橘林長洲雖千乘之
珍苑孰嘉遯之所遊且山川之未備亦何議於兼
求仲長子云欲使居有良田廣宅在高山流川之畔溝池自環竹木周布場圃在前果園在後應璩與程

文信書云故求道田在關之西南臨洛水北據邙山託崇峨以爲宅因茂林以爲蔭謂二家山居不得周員之美揚雄蜀都云銅陵而卓王孫採山鑄銅故漢書貨殖傳云卓氏之臨邛公擅山川揚雄方言梁益之閒裁木爲器曰鈲裂帛爲衣曰槻金谷石季倫之別廬在河南界有山川林木池沼水碓其鎮下邳時過遊賦詩一代盛集謂二地雖珍麗然制作非栖盤之意也鳳臺秦穆公時秦女所居以致簫史叢臺趙之崇館張衡謂趙築叢臺於前楚建章華於後楚之雲夢大中　居長飲賦楚靈王遊雲夢之中息於荊臺之上前方淮之水左洞庭之波右顧彭蠡之濤南望巫山之阿遂造章華之臺亦見諸史淮南青丘齊之海外皆獵所司馬相如云秋田乎青丘徬徨乎海外漳渠史起爲魏文侯所起溉水之所淇園衛之竹園在淇水之澳詩人所載橘林蜀之園林揚子雲蜀都賦亦云橘林左太沖謂戶有橘柚之園長洲吳之苑囿左亦謂長洲之茂苑因江海洲渚以爲苑囿　故　表此園之珍靜千乘讌嬉之所非　總止之　且山川亦不能兼茂隨地勢所遇耳覽明達之撫運乘機緘而理

默指歲暮而歸休詠宏徽於刊勤狹三閭之喪江
矜望諸之去國選自然之神麗盡高棲之意得余祖車騎建大功淮肥江左得免橫流之禍後及太傅既薨建圖已輟於是便求解駕東歸以避君側之亂廢興隱顯當是賢達之心故選神麗之所以申高棲之意經始山川實基於此仰前哲之遺訓俯性
情之所便奉微軀以宴息保自事以乘閑愧班
生之夙悟慙尚子之晚研年與疾而偕來志乘
拙而俱旋謝平生於知遊棲清曠於山川謂經始此山遺訓於後也性情各有所便山居是其宜也易云向晦入宴息莊周云自事其心此二是其所處班嗣本不染世故曰夙悟尚平未能去累故曰晚研想遲二人更以年衰疾至志寡求拙曰事并可山居曰與知遊別故曰謝平生

說山川故回棲清曠其居也左湖右江往渚還汀面山背
阜東阻西傾抱含吸吐款跨紆縈緜聯邪亘側
直齊平枚乘曰左江右湖其樂無有此吳客說楚公子之詞當謂江都之野彼雖有江
湖而乏山巖此憶江湖左右與之同而山嶽形勢池城所無也往渚還汀謂四面有水面山背
阜亦謂東西有山便是四水之裏也抱含吐吸謂中央復有川款跨紆縈謂邊背相連帶迂回
處謂之邪亘平正處謂之側直近東則上田下湖西谿南谷石
堘石滆閔硎黃竹決飛泉於百仞森高薄於千
麓寫長源於遠江派深毖於近瀆上田在下湖之水口名爲
田口下湖在田之下下處並有名山川西谿南谷分流谷郭水映入田口西谿水出寧縣西谷

郭是近山之最高峯者西溪便是背入西谿之裏得石堘以石爲阻故謂爲堘石滆在西
谿之東從縣南入九里兩面峻峭數十丈水自上飛下比至外谿封墱十數里皆飛流迅激左
右巖壁緣竹閔硎在石滆之東谿逶迤下注良田黃竹與其連南界莆中也近南則
會以雙流縈以三洲表裏回游離合山川嶀崩
飛於東峭槃傍薄於西阡拂青林而激波揮白
沙而生漣雙流謂剡江及小江此二水同會於山南便合流注下三洲在二水之口
排沙積岸成此洲漲表裏合是其貌狀也嶀者謂回江岑在其山居之南界有石跳出將崩江
中行者莫不駭慄槃者是縣故治之所在江之用槃石竟渚並帶青林而連白沙也近
西則楊賓接峯唐皇連縱室壁帶谿曾孤臨江

竹緣浦以被綠石照澗而映紅月隱山而成陰木鳴柯以起風
楊中元賔並小江之近處與山相接也唐皇便從北出室石室在小江口南岸壁小江北岸並在楊中之下壁高四十丈色赤故曰
照澗而映紅曾山之西孤山水南王子所經始並臨江皆被以綠竹山高月隱便謂爲陰鳥集柯鳴便謂爲風也近北則
二巫結湖兩智通沼橫石判盡休周分表引脩隄之逶迤吐
泉流之浩溔山㠊下而回澤瀨石上而開道大小巫湖中隔一山外智周回
在西圻北邊浦出江並是美處義熙中王穆之居大巫湖經始處所猶在兩智皆長溪外智出山之後四五里許裏智亦隔一
山出新堘橫山野舍之北面常石野舍之西北巫湖舊唐故曰脩隄長谿甚遠故曰泉流常石㠊故曰下㠊而回澤
裏智漫石數里水從上過故曰瀨石上而開道休山東北周里山在休之南並是北邊遠東則天台桐栢
方石太平二韭四明五奧三菁表神異於緯牒驗感應於慶

靈凌石橋之莓苔越楢谿之紆縈天台桐栢七縣餘地南帶海二韭四明五奧皆相連
接奇地所無高於五嶽便是海中三山之流韭以菜爲名四明方石四面自然開窻也五奧者曇濟道人蔡氏郗氏謝氏
陳氏各有一奧皆相掎角並是奇地三菁太平之北太平天台之始方石直上萬丈下有長谿亦是縉雲之流云此諸山
並見圖緯神仙所居往來要徑石橋過楢谿人跡之艱不復過此也遠南則松箴棲雞唐嵫
漫石崪嵊對嶺䑆孟分隔入極浦而邅回迷不知其所適
上嶔崎而蒙籠下深沉而澆激棲雞在保口之上別浦入其中周回甚深四山
之裏松箴在棲雞之上緣江唐嵫入太平水路上有瀑布數百丈漫石在唐嵫下郗景興經始精舍亦是名山
之流崪嵊與分界去山八十里故曰遠南前嶺鳥道正當五十里高左右所無就下地形高乃當不稱遠望䑆
山甚奇謂白爍尖者最高下有良田王敬弘經始精舍曇濟道人住孟山名曰孟埭芋署之嵺田清

溪秀竹迴開巨石有趣之極此中多諸浦澗傍依茂林迷不知所通嶔崎深沈處處皆然不但一處遠
西則

遠北則長江永歸巨海延納崐
漲緬曠島嶼綢沓山縱橫以布護水迴沈而縈
浥信荒極之綿眇究風波之睽合江從山北流窮上虞界謂之三
江口便是大海老子謂海爲百谷王以其善處下也海人謂孤山爲崐薄洲有山謂之島嶼即洲也漲者沙始
起將欲成嶼縱橫無常於一處迴沈相縈擾也大荒東極故爲荒極風波不恒爲睽合也徒觀其
南術之　生𡾊　成衍　岸測深相渚

知淺洪濤滿則曾石沒清瀾減則沈沙顯及風
興濤作水勢奔壯于歲春秋在月朔望湯湯驚
波滔滔駭浪電激雷崩飛流灑漾凌絕壁而起岑
橫中流而連薄始迅轉而騰天終倒底而見谷此
楚貳心醉於吳客河靈懷慙於海若南術是其臨江舊宅
門前對江三轉曾山路窮四江對岸西面常石此二山之間西南角岸孤山此二山皆是狹處故曰生𡾊
勇門以南上便大闊故曰成衍岸高測深渚下知淺也江中有孤石沈沙隨水增減春秋朔望是其盛時
故枚乘云楚太子有疾吳客問之舉秋濤之美得以瘳病太子國之儲貳故曰楚貳河靈河伯居河所謂河靈
懼於海若事見莊周秋水篇　爾其舊居曩宅今園枌

槿尚援基井具存曲術周乎前後直陌矗其東西
豈伊臨谿而傍沼迺抱阜而帶山考封域之靈異實
茲境之最然葺駢梁於巖麓棲孤棟於江源敞南
戶以對遠嶺闢東窗以矚近田田連岡而盈疇嶺枕
水而通阡葺室在宅裏山之東麓東窗矚田兼見江山之美三間故謂之駢梁門前一棟枕𡾊
上存江之嶺南對江山遠嶺此二館屬望殆無優劣也阡陌縱橫塍埒交經導
渠引流脈散溝并蔚蔚豐秋苾苾香秔送夏蚤秀
迎秋晚成兼有陵陸麻麥粟菽候時覘節遞藝遞
熟供粒食與飲謝工商與衡牧生何待於多資理取

足於滿腹許由云偃鼠飲河不過滿腹謂人生食足則歡有餘何待多須邪工商衡牧似多須
者若少私寡欲充命則足但非田無以立耳自園之田自田之湖泛濫川上
緬邈水區濬瀷澗而窈窕除菰洲之紆餘毖溫泉於
春流馳寒波而秋徂風生浪於蘭渚日倒景於椒塗
飛漸榭於中沚取水月之歡娛旦延陰而物清夕棲
芬而氣斂顧情交之永絕覲雲客之暫如此皆湖中之美
但患言不盡意萬不寫一耳諸澗出源入湖故曰濬瀷澗長是以窈窕除菰作洲洲言所以紆餘
也水草則萍藻薀菼雚蒲芹蓀兼菰蘋蘩蕝荇
菱蓮雖備物之偕美獨扶渠之華鮮播綠葉之鬱

或含紅敷之繽翻怨清香之難留矜盛容之易闌必充給而後搴豈蕙草之空殘卷敂弦之逸曲感江南之哀歎秦箏倡而溯游往唐上奏而舊愛還搴出離騷敂弦是采菱歌江南是相和曲云江南采蓮秦箏倡蒹葭篇唐上奏蒲生詩皆感物致賦鳬藻蘋蘩苕亦有詩人之詠不復具敘本草所載山澤不一靁桐是別和緩是悉參核六根五華九實二冬並稱而殊性三建異形而同出水香送秋而擢蒨林蘭近雪而揚猗卷栢萬代而不殞伏苓千歲而方知映紅葩於綠蔕茂素蕤於紫枝既住年而增靈亦驅妖而斥疵本草所出藥處於今不復依隨

土所生耳此境出藥甚多靁公桐君古之采藥醫緩古之良工故曰別悉參核者雙核桃杏人也六根者薊七根五茄根葛根野葛根根也五華者堇華莞華擬華蜀華旋覆華也九實者連前實槐實栢實兔絲實女貞實蛇木實蔓荊實蓡實也二冬者天門麥門冬三建者附天子雄烏頭水香蘭草林蘭支子卷栢伏苓並皆仙物凡此眾藥事悉見於神農其竹則二箭殊葉四苦齊味水石別谷巨細各彙既脩竦而便娟亦蕭森而蓊蔚露夕沾而悽陰風朝振而清氣亙捎雲以拂杪臨碧潭而挺翠蔑上林與淇澳驗東南之所遺企山陽之游踐遲鸞鷖之棲託憶崑園之悲調慨伶倫之哀籥衛女行而思歸詠楚客放而防露作二箭一者苦箭大葉一者

笄箭細葉四苦青苦白苦紫苦黄苦水竹依水生甚細密吳中以為宅援石竹本科叢大以充屋榱巨者竿挺之屬細者無箐之流也脩竦便娟蕭森蓊蔚皆竹貞也上林關中之禁苑淇澳衛地之竹園方此皆不如東南會稽之竹箭唯此地最富焉山陽竹林之游鸑鷟棲食之所崑山之竹任為笛黄帝時伶倫斷其厚均者吹之為黄鍾之宮衛女思歸作竹竿之詩楚人放逐東方朔感江潭而作七諫其木則松栢檀櫟桐榆檿柘穀楝楸梓檉樗剛柔性異貞脆質殊卑高沃堉各隨所如榦合抱以隱岑杪千仞而排虛凌岡上而喬竦蔭澗下而扶疏沿長谷以傾柯攢積石以插衡華映水而增光氣結風而回敷當嚴勁而葱倩承和煦而芬腴送墜葉於秋晏遲含萼於春初皆木之類選其美者載之山脊曰岡

岡之間下長谷積石各隨其方離騷云青春者謝白日昭只詩云萼不韡韡也植物既載動類亦繁飛泳騎透胡可根源觀貞相音備削山川寒燠順節隨宜匪敦草木竹植物魚鳥獸動物獸有相種有騰者有走者走者騁騰者透謂種類既繁不可根源但觀其貞狀相其音聲則知小川之好興節隨宜自然之數非可敦戒也魚則鱫鱧鮒鱮鱒鯇鰱鯿魴鮪魦鱖鱨鯉鯔鱣鰨采雜色錦爛雲鮮唼藻戲浪汎苻流淵或鼓鰓而湍躍或掉尾而波旋鱸鮆乘時以入浦鱤鯢沿瀨以出泉鱫音優鱧音禮鮒音附鱮音敘鱒音寸袞反鯇音晥鰱音連鯿音毖仙反魴音房鮪音痏魦音沙鱖音居綴反鱨音上羊反鯔音比之反鱣音竹尒反皆說文字林音詩云錦衾有爛故云錦爛鱸鮆一時魚鱤音感鯢音迅皆出谿中曰上恒以爲鱠鳥

則鵾鴻鶂鵠鶖鷺鴇鵂雞鵻繡質鶬鸐綬章晨鳧朝
集時鷮山梁海鳥違風朔禽避涼鶯生歸北霜降客
南接響雲漢侶宿江潭聆清哇以下聽載王子而上
參濤回涉以弁翰映明壑而自耽 鵾音昆鴻音洪鶂音左傳云六鶂退
飛字如此鵠音下篤反鶖音秋鷺音路鴇音保鶬音相唐公之馬與此鳥色同故謂爲鷫音相鷞音鷫鳥
見張茂先博物志鷮音翟亦雉之美者此四鳥並美采質鳧音符野鴨也常待晨而飛鷸音巳消反長尾
雉也論語云山梁雌雉時哉時哉海鳥爰居臧文仲不知其鳥以爲神也事見左傳朔禽雁也寒月轉往
衡陽禮記霜始降雁來賓歲莫云歲北向政是陽初生時鶯生歸北霜降客南山映水自翫其羽儀者
山上則猨猑狸貛犴獌猰猛山下則熊羆豺虎羱鹿

麡麖擲飛枝於窮崖踔空絕於深硎蹲谷底而長嘯
攀木杪而哀鳴 猨音袁猑音渾狸力之反貛音火丸反犴音五旦反獌音曼似貍而長
狼之屬一曰貙猰音安黠反猛音弋生反貍之黃黑者一曰似豹豺音在皆反羱音元野羊大角麢音鬼
瓜反麖音京能踔擲虎長嘯猨哀鳴聲可翫 緡綸不投罝羅不披磻弋靡
用蹄筌誰施鑑虎狼之有仁傷遂欲之無崖顧弱齡
而涉道悟好生之咸宜率所由以及物諒不遠之在斯
撫鷗鯈而悅豫杜機心於林池 八種皆是魚獵之具自少不殺至乎白首故在
山中中而此歡永廢莊周云虎狼仁獸豈不父子相親世云虎狼暴虐者政以其如禽獸而人物不自悟其毒
害而言虎狼可疾之甚苟其遂欲豈復崖限自弱齡奉法故得免殺生之事苟此悟萬物好生之理易云不遠

復無祇悔庶秉此得以入道莊周云海人有機心鷗鳥舞而不下今無害彼之心各
說豫於林池也 敬承聖誥恭窺前經山野昭曠聚
落羶腥故大慈之弘誓拯羣物之淪傾豈
寓地而空言必有貸以善成欽鹿野之華
苑羨靈鷲之名山企堅固之貞林希菴羅
之芳園雖綷容之緬邈謂哀音之恒存建
招提於幽峯冀振錫之息肩庶鐙王之贈
席想香積之惠餐事在而思通理匪絕而
可温 賈誼弔屈云恭承嘉惠數承亦此之流聚落是墟邑謂歌哭諍訟有諸諠

諱不及山野爲僧居止也經教欲令在山中皆有成文老子云善貸且善成此道惠
物也鹿苑說四真諦處靈鷲山說般若法華處堅固林說泥洹處菴羅園說不思議
處今旁林蘛園制苑仿佛在昔依然託想雖綷容緬邈哀音若存也招提謂僧不能
常住者可持作坐處也所謂息肩鐙王香積事出維摩經論語云溫故知新理既不
絕更空復溫則可待爲己之日用也 爰初經略杖策孤征入
澗水涉登嶺山行陵頂不息窮泉不停櫛
風沐雨犯露乘星研其淺思罄其短規非
龜非筮擇良選奇翦榛開逕尋石覓崖四
山周回雙流逶迤面南嶺建經臺倚北阜築講

堂傍危峯立禪室臨浚流列僧房對百年之高
本納萬代之芬芳抱終古之泉源美膏液之清
長謝麗塔於郊郭殊世間於城傍欣見素以抱
樸果甘露於道場云初經略躬自履行備諸苦辛也謦其淺短無假於龜筮貧者既不以豐爲美所以即安茅茨而已是以謝郊郭而殊城傍然清虛寂漠實是得道之所也苦節之
僧明發懷抱事紹人徒心通世表是遊是憩倚石
構草寒暑有移至業莫矯觀三世以其夢撫六
度以取道乘恬知以寂泊含和理之窈窕指東山
以冥期實西方之潛兆雖一日以千載猶恨相遇

之不早謂曇降法流二法師也二公辭恩愛棄妻子輕舉入山外緣都絕魚肉不入口糞掃必在體物見之絕歎而法師處之夷然詩人西發不勝造道者其亦如此往石門瀑布中路高棲之游昔告離之始期生東山沒存西方相遇之欣實以一日爲千載猶慨恨不早賤物重己棄世希靈駭
彼促年愛是長生冀浮丘之誘接望安期之招
迎甘松桂之苦味夷皮褐以頹形羨蟬蛻之匪
日撫雲蜺其若鶩陵名山而屢憩過巖室而
披情雖未階於至道且緬絕於世纓指松菌而興
言良未齊於殤彭此一言敘仙學者雖未及佛道之高然出於世表矣浮丘公是王子喬師安期先生是馬明生師二事出列仙傳洞眞經云今學仙者亦明師以自發悟故不辭苦味頹形也莊周云和以天兒見者崖也數經歷名山遇余巖室故寓其情性且獲長生方之松菌殤彭邈然有間也

山作水役
不以一牧資待各徒隨節競逐陟嶺刊木除榛
伐竹抽筍自篁擿箬於谷揚勝所拮秋冬藟
獲野有蔓草獵涉蘡薁亦醞山清介爾景福苦
以木成甘以檣熟慕椹高林剝芨巖椒掘蒨
陽崖擿鮮陰摽晝見搴茅宵見索綯芟菰翦
蒲以薦以茭既坭既埏品收不一其灰咸各有律
六月采蜜八月撲栗備物爲繁略載靡悉此一章謂是山作及水役採拾諸事也然漁獵之事皆不載楊楊桃也山間謂之木子藟音壘蘡字出字林詩人云六

月食鬱及薁獵涉字出爾雅木木酒味甘檣檣酒味甘血至美蒹以療病檣治癰核木治瘦冷椹音甚味似菰菜而勝刊木而作之謂之慕芨音及採以爲紙蒨音倩採以爲渫擗音擘採以爲飲採蜜撲栗各隨其月也
若迺南北兩居水通陸阻觀風瞻雲方知厥所兩居謂南北兩處各有居止峯崿阻絕水道通耳觀風瞻雲然後方知其處所南山則夾渠二田
周嶺三苑九泉別澗五谷異巘羣峯參差出其
間連岫複陸成其坂衆流溉灌以環近諸堤擁
抑以接遠遠堤兼陌近流開湍淩阜泛波水往步
還還迴往匝枉渚員巒呈美表趣胡可勝單杭
北頂以葺館瞰南峯以啓軒羅曾崖於戶裏列

鐼瀾於窻前因丹霞以赬楣附碧雲以翠椽
視奔星之俯馳顧 之未牽鶂鴻翻翥而
莫及何但燕雀之翩翾沈泉傍出潺湲於東檐
桀壁對跱硿礲於西霤脩竹葳蕤以翳薈灌木
森沈以蒙茂蘿曼延以攀援花芬薰而媚秀日
月投光於柯間風露披清於嵔岫夏涼寒燠隨
時取適階基回互橑櫨乘隔此焉卜寢翫水弄
石邇卽回眺終歲罔斁傷美物之遂化怨浮齡
之如借眇遯逸於人羣長寄心於雲霓 南山是開創卜居之

處也從江樓步路跨越山嶺緜亘田野或升或降當三里
許塗路所經見也則喬木茂竹緣畛彌阜横波疎石側道
飛流以爲寓目之美觀及至所居之處自西山開道迄于東
山二里有餘南悉連嶺疊鄣青翠相接雲煙霄路殆無倪
際從逕入谷凡有三口方壁西南石門世 南 池東南皆
別載其事緣路初入行於竹逕半路闊以竹渠澗既入東
南傍山渠展轉幽奇異處同美路北東西路因山爲鄣正
北狹處踐湖爲池南山相對皆有崖巖東北枕壑下則清
川如鏡傾柯盤石被隩映渚西巖帶林去潭可二十丈許
葺基構宇在 林之中水衛石階開窻對山仰眺曾峯俯
鏡濬壑 巖半嶺復有一樓迴望周眺既得遠趣還顧西
館望對窻戶緣崖下者密竹蒙逕從北直南悉是竹園東
西百丈南北百五十五丈北倚近峯南眺遠嶺四山周回
溪澗交過水石林竹之美巖岫隈曲之好備盡之矣刋翦
開築此焉居處細趣密翫非可具記故較言
大勢耳越山列其表側傍緬爲異觀也 因以小湖
鄰於其隈衆流所湊萬泉所回氿濫異形首毖

終肥別有山水路邈緬歸 氿濫肥毖皆是泉名事見於詩云此萬泉所湊各有
形勢 求歸其路迺界北山棧道傾虧蹬閣連卷復
有水逕繚繞回圓瀰瀰平湖泓泓澄淵孤岸竦秀
長洲芊緜既瞻既眺曠矣悠然及其二川合流
異源同口赴隘入險俱會山首瀨排沙以積丘峯
倚渚以起阜石傾瀾而稍巖木映波而結藪逕南
漘以橫前轉北崖而掩後隱叢灌故悉晨暮託
星宿以知左右 往反經過自非巖澗便是水逕洲島相對皆有趣也 山川澗
石州岸草木既標異於前章亦列同於後牘山

匪砠而是岵川有清而無濁石傍林而插巖泉協
澗而下谷淵轉渚而散芳岸靡沙而映竹草迎
冬而結葩樹凌霜而振綠向陽則在寒而納煦面
陰則當暑而含雪連岡則積嶺以隱嶙舉峯則
羣竦以巇嶬浮泉飛流以寫空沈波潛溢於洞
穴凡此皆異所而咸善殊節而俱悅 土山載石曰砠山有林曰
岵此章謂山川衆美亦不必有故總敘其最居山之後事亦皆有尋求也 春秋有待朝夕
須資既耕以飯亦桑貿衣藝菜當肴採藥救
頹自外何事順性靡違法音晨聽放生夕歸研

書賞理敷文奏懷凡厥意謂揚較以揮且列于

言誡特此推謂寒待綿纊暑待絺綌朝夕飡飲設此諸業以待之藥以療疾又在其外事之相推自不得不然至於聽講放生研書敷文皆其所好韓非有揚較班固亦云揚較古今其義一也左思曰爲左右揚比較而陳之北山二園南山三苑百果備列乍近乍

遠羅行布株迎早候晚猗蔚溪澗森疎崖巘杏

壇㮈園橘林栗圃桃李多品梨棗殊所杜杷

林檎帶谷映渚椹梅流芬於回巒椑柿被實於

長浦莊周云漁父見孔子杏壇之上維摩詰經㮈樹園楊雄蜀都賦云橘林左太沖亦云戶有橘柚之園桃李所殖甚多棗梨事出共河濟之間淮潁諸處故云殊所也畦町所藝含蕊

大二三九 小一五十二　宋書傳二十七　三十　以

藉芳蓼蕺葵薺葑菲蘇薑綠荾春節以懷露

白薤感時而負霜寒葱摽倩以陵陰春藿吐苕

以近陽葑菲見詩柏舟中管子曰北伐山戎得寒葱庾闡云寒葱挺園灌蔬自供不待外求者也

弱質難恒頹齡易喪撫鬢生悲視顏自傷承

清府之有術冀在衰之可壯尋名山之奇藥越

靈波而憩轅採石上之地黃摘竹下之天門摭曾

嶺之細辛拔幽澗之溪蓀訪鍾乳於洞穴訊丹

陽於紅泉此皆住年之藥即近山之所出有采拾欲以消病也安居二時冬夏

三月遠僧有來近衆無闕法鼓朗響頌偈清發

散華霏蕤流香飛越析曠劫之微言說像法之遺旨

乘此心之一豪濟彼生之萬理啓善趣於南倡歸清

暢於北机非獨愜於予情諒僉感於君子山中兮清寂

羣紛兮自絕周聽兮匪多得理兮俱悅寒風兮搔屑

面陽兮常熱炎光兮隆熾對陰兮霜雪愒曾臺兮陟

雲根坐澗下兮越風穴在茲城而諧賞傳古今之不滅衆僧冬夏二時坐謂之安居輒九十日衆遠近聚萃法鼓頌偈華香四種是齋講之事析說是齋講之議乘此之心可濟彼之生南倡者都講北机者法師山中靜寂實是講說之處兼有林木可隨寒暑恒得清和以爲適也好生

之篤以我而觀懼命之盡吝景之懽分一往之仁心拔萬族

五ㄱ二　宋書傳二十七　三十一　才

之險難招驚魂於殆化收危形於將闌漾水性於江流吸

雲物於天端覩騰翰之頡頏視鼓鰓之往還馳騁者儻能

狂愈猜害者或可理攀云物皆好生但以我而觀便可知彼之情吝景懼命是好生事也能放生者但有一往之仁心便可拔萬族之險難水性雲物各尋其生老子云馳騁田獵令人心發狂猜害者恒以忍害爲心見放生之理或可得悟也哲人不存懷抱誰質糟粕猶在啓縢

剖袠見柱下之經二覩濠上之篇七承未散之全樸救已

頹於道術嗟夫六藝以宣聖教九流以判賢徒國史以

載前紀家傳以申世模篇章以陳美刺論難以覈有無

兵技醫日龜筴筮夢之法風角冢宅算數律曆之書或

平生之所流覽並於今而棄諸驗前識之喪道抱一德而不渝〔莊周云輪扁語齊桓公公之所讀書聖人之糟粕滕者金滕之流也柱下老子濠上莊子二七是篇數也云此二書最有理過此以往皆是聖人之教獨往者所棄〕伊昔齠齓實愛斯文援紙握管會性通神詩以言志賦以敷陳箴銘誄頌咸各有倫爰暨山棲彌歷年紀幸多暇日自求諸己研精靜慮貞觀厥美懷秋成章含笑奏理〔謂少好文章及山棲以來別緣沉闊尋慮文詠以盡暇日之適便可得通神會性以永終朝〕若迺乘攝持之告評養達之篇畏絕迹之不遠懼行地之多艱均上皇之自昝忌下衰之在斯揆吾心於高人落賓名於聖賢廢藏

景於崆峒許遁音於箕山愚假駒以表谷涓隱巖以搴芳　萊庇蒙以織畚皓棲商而頤志卿僊茂而斂詞鄭別谷而永逝梁去霸而之會　高居唐而胥宇臺依崖而穴墀咸自得以窮年眇貞思於所遺〔老子云善攝生者莊子云謂之不善持生又云養生有無崖達生者不務生之所無奈何絕迹上皇下衰賓名義亦皆出莊周廣成子在崆峒之上黃帝之師也許由隱於箕山堯以天下讓而不取愚公居于欲卑齊桓公逐鹿入山見之涓子隱於宕山好餌术告伯陽琴心三篇庚桑偏得老子之道居畏壘之山楚狂接輿楚王聞其賢使使者賷之於是遂游諸名山在蜀峨眉山上徐無鬼巖棲魏庚勞之問先生一〕

〔若山林矣乃肯見寡人無鬼問君組嗜欲屏好惡則耳目寐矣常采茅栗老萊子耕於蒙山之陽著書十五篇言道家之事織畚為蒙四皓避秦亂入商洛深山漢祖召不能出司馬長卿高才而處世不樂預公卿大事〕

〔遠與弟子別於山阿終身不反梁伯鸞隱霸陵山中耕織以自娛後徙入會稽山臺孝威居武安山下依崖為土室采藥自給高文通居西唐山從容自娛也〕暨其窈窕幽深寂漠虛遠事與情乖理與形反既耳目之靡端豈足跡之所踐蘊終古於三季俟通明於五眼權近慮以停筆抑淺知而絕簡〔謂此既非人跡所求更待三明五通然後可踐賴耳故停筆絕簡不復多云冀夫賞音悟夫此旨也〕太祖登祚誅徐羨之等徵為祕書監再召不起上使光祿大夫范

泰與靈運書敦獎之乃出就職使整理祕閣書補足闕文以晉氏一代自始至終竟無一家之史令靈運撰晉書粗立條流書見任遇靈運意不平多稱疾不朝直穿池植援種竹樹堇驅課公役無復期度出郭遊行或一日百六七十里經旬不歸既無表聞又不請急上不欲傷大臣諷旨令自解靈運乃上表陳疾上賜假東歸將行上書勸伐河北曰自中原喪亂百有餘年流離寇戎湮沒殊類先帝聰明神武哀濟羣生將欲盪定趙魏大

同文軌使久凋反於正化偏俗歸於華風
運謝事乖理違願絕仰德抱悲恨存生
盡況陵塋未幾凶虜伺隙預在有識誰
不憤歎而景平執事並非其才且遘紛
京師豈應託付遂使孤城窮陷莫肯極
忠烈因朔漠緜河三千翻爲寇有晚遣
鎮戍皆先朝之所開拓一旦淪亡此國
恥空雪被於近事者也又北境自染逆
虜窮苦備罹徵調賦斂靡有止已所求

二百八十五 宋書傳二十七 三十四

不獲輒致誅殞身禍家破闔門比屋此亦
仁者所爲傷心者也咸云西虜舍末遠師
隴外東虜乘虛呼可掩襲西軍既反得
據關中長圍咸陽還路已絕雖遣救援
停住河東遂乃遠討大城欲爲首尾而
西寇深山重阻根本自固徒棄巢窟未
足相拯師老於外國虛於內時來之會
莫復過此觀兵耀威實在茲日若相持
未已或生事變忽值新起之衆則異於今

苟乖其時難爲經略雖兵食倍多則萬全無必
矣又歷觀前代類以兼弱爲本古今聖德未之
或殊豈不以天時人事理數相得興亡之度定期
居然故古人云既見天殃又見人災乃可以謀昔
魏氏之疆平定荊冀乃乘袁劉之弱晉世之盛
拓開吳蜀亦因葛陸之衰此皆前世成事著於
史策者也自羌平之後天下亦謂虜當俱滅
長驅滑臺席卷下城奪氣喪魄指日就盡但
長安違律潼關失守用緩天誅假延歲月日來

宋書傳二十七 三十五 夫

至今十有二載是謂一紀曩有前言況五胡代
數齊世虜期餘命盡於來年自相攻伐兩取其
困卞莊之形驗之今役仰望聖澤有若渴飢注心
南雲爲日已久來蘇之冀實歸聖明此而弗乘
後則未兆即日府藏誠無兼儲然凡造大事待國
富兵彊不必乘會貴於我爲易貴在得時器械既
充衆力粗足方於前後乃當有優常議損益又
證冀州已數百萬有餘田賦之沃著自貢典先才
經創基趾猶存澄流引源桑麻蔽野彊富之

實昭然可知爲國長久之計孰若一往之費邪或
懲關西之敗而謂河北難守二境形勢表裏不
同關西雜居種類不一昔在前漢屯軍霸上通
火甘泉況乃遠戍之軍值新故交代之際者乎
河北悉是舊戶差無雜人連嶺判阻三關作隘
若遊騎長驅則沙漠風靡若嚴兵守塞則冀
方山固昔隴西傷破鼂錯興言匈奴慢侮賈誼
憤歎方於今日皆爲賒矣晉武中主耳值孫皓
虐亂天祚其德亦由鉅平奉策荀賈折謀故

能業崇當年區于一統況今陛下聰明聖哲天
下歸仁文德與武功並震霜威共素風俱舉協
以宰輔賢明諸王美令岳牧宣烈虎臣盈朝而
天或遠命亦同敵不滅刻伊頓虜假日而已哉
伏惟深機志務久定神謨臣卑賤側陋竄景巖
穴實仰希太平之道傾覩岱宗之封雖乏相如
之筆庶免史談之憤以此謝病京叩萬無恨矣
久欲上陳懼在觸罝蒙賜恩假暫違禁省消
渴十年常慮朝露抱此愚志昧死以聞靈運

以疾東歸而遊娛宴集以夜續晝復爲御史中
丞傅隆所奏坐以免官是歲元嘉五年靈運既
東還與族弟惠連東海何長瑜潁川荀雍太山
羊璿之以文章賞會共爲山澤之游時人謂之
四友惠連幼有才悟而輕薄不爲父方明所知
靈運去永嘉還始寧時方明爲會稽郡靈運嘗
自始寧至會稽造方明過視惠連大相知賞時
長瑜教惠連讀書亦在郡內靈運又以爲絕
倫謂方明曰阿連才悟如此而尊作常見遇之

何長瑜當今仲宣而飴以下客之食尊既不能禮
賢宜以長瑜還靈運靈運載之而去荀雍字道
雍官至員外散騎郎璿之字曜璠臨川內史爲司
空竟陵王誕所遇誕敗坐誅長瑜文才之美亞
於惠連雍璿之不及也臨川王義慶招集文士
長瑜自國侍郎至平西記室參軍嘗於江陵
寄書與宗人何勗以韻語序義慶州府僚佐
云陸展染鬢髮欲以媚側室青青不解久星星
行復出如此者五六句而輕薄少年遂演而廣之

凡厥人士並爲題目皆加劇言苦句其文流行義
慶大怒白太祖除爲廣州所統曾城令及義慶
薨朝士詣第叙哀何勗謂袁淑曰長瑜便可還
也淑曰國新喪宗英未宜便以流人爲念廬陵
王紹鎮尋陽以長瑜爲南中郎行參軍掌記之
任行至板橋遇暴風溺死靈運因父祖之資生
業甚厚奴僮既衆義故門生數百鑿山浚湖
功役無已尋山陟嶺必造幽峻巖嶂千重莫不
備盡登躡常著木履上山則去前齒下山去其

後齒嘗自始寧南山伐木開逕直至臨海從者
數百人臨海太守王琇驚駭謂爲山賊徐知是靈
運乃安又要琇更進琇不肯靈運贈琇詩曰邦
君難地嶮旅客易山行在會稽亦多徒衆驚動
縣邑太守孟顗事佛精懇而爲靈運所輕嘗
謂顗曰得道應須慧業文人生天當在靈運前
成佛必在靈運後顗深恨此言會稽東郭有回
踵湖靈運求決以爲田太祖令州郡履行此湖去
郭近水物所出百姓惜之顗堅執不與靈運既不

得回踵又求始寧岯崲湖爲田顗又固執靈運
謂顗非存利民正慮決湖多害生命言論毁傷
之與顗遂構讎隙因靈運横恣百姓驚擾乃表
其異志發兵自防露板上言靈運馳出京都詣
闕上表曰臣自抱疾歸山于今三載居非郊郭事
乖人間幽棲窮巖外緣兩絶守分養命庶畢餘
年忽以去月二十八日得會稽太守臣顗二十七日
疏云比日異論噂𠴲此雖相了百姓不許寂默今
微爲其防披疏駭惋不解所由便星言奔馳歸

骨陛下及經山陰防衛彰赫彭排馬槍斷截衢
巷偵邏縱横戈甲竟道不知微臣罪爲何事及
見顗雖曰見亮而裝防如此唯有罔懼臣昔忝近
近侍豫蒙天恩若其罪迹炳明文字有證非但顯
戮司敗以正國典普天之下自無容身之地今
虛聲爲罪何酷如之夫自古讒謗聖賢不免然
致謗之來要有由趣或輕死重氣結黨聚羣或
勇冠鄉邦劒客馳逐未聞俎豆之學欲爲逆節
之罪山棲之士而構陵上之釁今影迹無端假謗

空設縱古之酷未之或有匪忝其生實悲其痛誠復內省不疚而抱理莫申是以牽曳疾病束骸歸欵仰憑陛下天鑒曲臨則死之日猶生之年也臣憂怖彌日羸疾發動尸存恍惚不知所陳太祖知其見誣不罪也不欲使東歸以爲臨川內史秩中二千石在郡遊放不異永嘉爲有司所糾司徒遣使隨州從事鄭望生收靈運靈運執錄望生興兵叛逸遂有逆志爲詩曰韓亡子房奮秦帝魯連恥本自江海人忠義感君子追討

禽之送廷尉治罪廷尉奏靈運率部衆反叛論正斬刑上愛其才欲免官而已彭城王義康堅執謂不宜恕乃詔曰靈運罪釁累仍誠合盡法但謝玄勳參微管宜宥及後嗣可降死一等徙付廣州其後秦郡府將宗齊受至除口行達桃墟村見有七人下路亂語疑非常人還告郡縣遣兵隨齊受掩討遂共格戰悉禽付獄其一人姓趙名欽山陽縣人云同村薛道雙先與謝康樂共事以去九月初道雙因同村成國報欽云先作臨川郡犯事徒送廣州謝給錢令買弓箭刀楯等物使道雙要合鄉里健兒於三江口篡取謝若得者如意之後功勞是同遂合部黨要謝不及既還飢饉緣路爲劫盜有司又奏依法收治太祖詔於廣州行棄市刑臨死作詩曰龔勝無餘生李業有終盡嵇公理既迫霍生命亦殞悽悽凌霜葉網網衝風菌邂逅竟幾何脩短非所愍送心自覺前斯痛久已忍恨我君子志不獲巖上泯詩所稱龔勝李業猶前詩子房魯連之意也

時元嘉十年年四十九所著文章傳於世子鳳蚤卒

史臣曰民稟天地之靈含五常之德剛柔迭用喜愠分情夫志動於中則歌詠外發六義所因四始攸繫升降謳謠紛披風什雖虞夏以還文不覩稟氣懷靈理無或異然則歌詠所興宜自生民始也周室既衰風流彌著屈平宋玉導清源於前賈誼相如振芳塵於後英辭潤金石高義薄雲天自兹以降情志愈廣王襃劉向揚

班崔蔡之徒異軌同奔遞相師祖雖清辭麗曲時發乎篇而蕪音累氣固亦多矣若夫平子艶發文以情變絕唱高蹤久無嗣響至于建安曹氏基命二祖陳王咸蓄盛藻甫乃以情緯文以文被質自漢至魏四百餘年辭人才子文體三變相如巧為形似之言班固長於情理之說子建仲宣以氣質為體並標能擅美獨映當時是以一世之士各相慕習原其飈流所始莫不同祖風騷徒以賞好異情故意製相詭降及元康潘陸特

秀律異班賈體變曹王縟旨星稠繁文綺合綴平臺之逸響採南皮之高韻遺風餘烈事極江右有晉中興玄風獨振為學窮於柱下博物止乎七篇馳騁文辭義單乎此自建武暨乎義熙歷載將百雖綴響聯辭波屬雲委莫不寄言上德託意玄珠遒麗之辭無聞焉爾仲文始革孫許之風叔源大變太元之氣爰逮宋氏顏謝騰聲靈運之興會標舉延年之體裁明密並方軌前秀垂範後昆若夫敷衽論心商榷前藻工拙之數如有可言夫五色相宣八音協暢由乎玄黃律呂各適物宜欲使宮羽相變低昂互節若前有浮聲則後須切響一簡之內音韻盡殊兩句之中輕重悉異妙達此旨始可言文至於先士茂製諷高歷賞子建函京之作仲宣霸岸之篇子荊零雨之章正長朔風之句並直舉胸情非傍詩史正以音律調韻取高前式自騷人以來此秘未覩至於高言妙句音韻天成皆闇與理合匪由思至張蔡曹王曾無先覺潘陸謝顏

去之彌遠世之知音者有以得之知此言之非謬如曰不然請待來哲

列傳第二十七　宋書六十七

列傳第二十八　宋書六十八

臣沈約　新撰

武二王

彭城王義康

南郡王義宣

彭城王義康年十二宋臺除督豫司雍并四州諸軍事冠軍將軍豫州刺史時高祖自壽陽被徵入輔留義康代鎮壽陽又領司州刺史進督徐州之鍾離荆州之義陽諸軍事永初元年封

彭城王食邑三千戶進號右將軍二年徙監南豫豫司雍并五州諸軍事南豫州刺史將軍如故三年　使持節都督南徐兖二州揚州之晉陵諸軍事南徐州刺史將軍如故太祖即位增邑二千戶進號驃騎將軍加散騎常侍給鼓吹一部尋加開府儀同三司元嘉三年改授都督荆湘雍梁益南北秦八州諸軍事荆州刺史給班劒三十人持節常侍將軍如故義康少而聰察及居方任職事修理六年司徒王弘表義康宜還入輔徵侍中都督揚南徐兖三州諸軍事司徒録尚書事領平北將軍南徐州刺史持節如故二府竝置佐領兵與王弘共輔朝政弘既多疾且每事推謙自是內外衆務一斷之義康太子詹事劉湛有經國才義康昔在豫州湛為長史既素經情款至是意委特隆人物雅俗舉動事宜莫不咨訪之故前後在藩多有善政為遠近所稱九年弘薨又領揚州刺史其年太妃薨解侍中辭班劒十二年又領太子太傅復加

侍中班劒義康性好吏職銳意文案糾剔是非莫不精盡既專總朝權事決自己生殺大事以録命斷之凡所陳奏入無不可方伯以下竝委義康授用由是朝野輻湊勢傾天下義康亦自強不息無有懈倦府門每旦常有數百乘車雖復位卑人微皆被引接又聰識過人一聞必記常所暫遇終生不忘稠人廣席每標所憶以示聰明人物益以此推服之愛惜官爵未嘗以階級私人凡朝士有才用者皆引入己府無施及

忤旨即度爲臺官自下樂爲竭力不敢欺負
太祖有虛勞疾寢頓積年每意所想便覺心中
痛裂屬纊者相係義康醫藥盡心衛奉湯藥飲
食非口所嘗不進或連夕不寐彌日不解衣內
外衆事皆專決施行十六年進位大將軍領司
徒辟召掾屬義康素無術學闇於大體自謂兄
弟至親不復存君臣形迹率心逕行曾無猜防
私置僮部六千餘人不以言臺四方獻饋皆以
上品薦義康而以次者供御上嘗冬月噉甘歎

其形味並劣義康在坐曰今年甘殊有佳者遣
人還東府取甘大供御者三寸尚書僕射殷景
仁爲太祖所寵與太子詹事劉湛素善而意好
晚衰湛常欲因宰輔之權以傾之景仁爲太祖
所保持義康屢言不見用湛愈憤南陽劉斌湛
之宗也有涉俗才用爲義康所知自司徒右長
史擢爲左長史從事中郎琅邪王履主簿沛郡
劉敬文祭酒魯郡孔胤秀並以傾側自入見太
祖疾篤皆謂宜立長君上疾嘗危殆使義康具

顧命詔義康還省流涕以告湛及殷景仁湛曰
天下艱難詎是幼主所御義康景仁並不荅而
胤秀等輒就尚書議曹索晉咸康末立康帝舊
事義康不知也及太祖疾豫微聞之而斌等既
爲義康所寵又威權盡在宰相常欲傾移朝廷
使神器有歸遂結爲朋黨伺察省禁若有盡忠
奉國不與己同志者必構造愆釁加以罪黜每
採拾景仁短長或虛造異同以告湛自是主相
之勢分內外之難結矣義康欲以斌爲丹陽尹

言次啓太祖陳其家貧上覺其旨義康未卒上
曰以爲吳郡後會稽太守羊玄保求還義康又
欲以斌代之又啓太祖曰羊玄保欲還不審以
誰爲會稽上時未有所倉卒曰我已用王鴻自
十六年秋不復幸東府上以嫌隙既成將致大
禍十七年十月乃收劉湛付廷尉伏誅又誅斌
及大將軍錄事參軍劉敬文賊曹參軍孔邵秀
中兵參軍邢懷明主簿孔胤秀丹陽丞孔文秀
司空從事中郎司馬亮烏程令盛曇泰等徙尚

書庫部郎何默子餘姚令韓景之永興令顏遙
之湛弟黃門侍郎素斌弟給事中溫於廣州王
履廢於家劉秀始以書記見任漸預機密文秀
邵皆其兄也司馬亮孔氏中表並由劉秀而進
懷明曇泰為義康所遇默子景之遙之劉湛黨
也其日勅義康入宿留止中書省其夕分收湛
等青州刺史杜驥勒兵殿內以備非常遣人宣
旨告以湛等罪釁義康上表遜位曰臣幼荷國
靈爵遇踰等陛下推恩睦親以隆棠棣愛忘其

鄙寵授遂崇任揔內外位兼台輔不能正身率
下以肅庶僚暱近失所漸不自覺致令毀譽違
實賞罰謬加由臣才弱任重以及傾撓今雖罪
人即戮王猷載靜養釁貽垢實由於臣鞠躬慄
悚若墮谿壑有何心顏而安斯寵輒解所職待
罪私第改授都督江州諸軍事江州刺史持節
侍中將軍如故出鎮豫章停省十餘日桂陽侯
義融新喻侯義宗祕書監徐湛之往來慰視於
省奉辭便下渚上唯對之慟哭餘無所言上又

遣沙門釋慧琳視之義康曰弟子有還理不慧
琳曰恨公不讀數百卷書征虜司馬蕭斌昔為
義康所暱劉斌等害其寵譖斥之乃以斌為諮
議參軍領豫章太守事無大小皆以委之司徒
主簿謝綜素為義康所狎以為記室參軍左右
愛念者並聽隨從至豫章辭州見許增督廣交
二州湘州之始興諸軍事資奉優厚信賜相係
朝廷大事皆報示之義康未敗東府聽事前井
水忽涌溢野雉江鷗並飛入所住齋前龍驤參

軍巴東扶令育詣闕上表曰蓋聞哲王不逆切
旨之諫以博聞為道人臣不忌殲夷之罰以盡
言為忠是故周昌極諫漢唐面折孝惠所以克
固儲嗣魏尚所以復任雲中彼二臣豈好逆主
干時犯顏違色者哉又爰盎之諫孝文曰淮南
王若道遇死則陛下有殺弟之名柰何文帝不
用追悔無及臣草萊微臣竊不自揆敢抱葵藿
傾陽之心仰慕周易匪躬之志故不遠六千里
願言命侶謹貢丹愚希垂察納伏惟陛下躬執

大象首出萬物王化咸通三才必理闢大人之
路開大道之門搜殊逸于巖穴招奇英於側陋
窮谷無白駒之倡喬岳無遺寶之嗟豈特羅飛
翮于晉天綱沈鱗於溟海況於彭城王義康先
朝之愛子陛下之次弟哉一旦黜削遠送南垂
恩絶于內形隔於遠躬離明主身放聖世草萊
黔首皆爲陛下痛之臣追惟景平元嘉之釁幾
於危殆三公託以興廢之定密懷不臣之計台
輔伺隙於京甸强楚窺窬於上流或顯逆而陵

三百三十　宋書傳二十八　七　鄭桂

主有生之所惴恐神祇之所忿忌也賴宗社靈
長廟筭流遠灑滌塵埃殲馘醜類氛霧時靖四
門載清當爾之時義康豈不預參皇謀均此休
否哉且陛下舊楚形勝非親勿居遂以驃騎之
號任以藩夏之重撫政南郢綏民遏寇播皇宋
之澤以洽幽荒陛下之潤被之九有豈直南荆
之民沾渥而已焉遂召之以宰輔又寄之以和
味旣居三事又牧徐揚所以幽顯齊歡人神同
抃莫不言陛下授之爲得義康受之爲是也今

如何信疑貌之似闕兄弟之恩乎若有迷謬之
愆可責之罪正可數之以善惡道之以義方且
廬陵王往事足以知今此乃陛下前車之殷鑒
後乘之靈龜也夫曾子之不殺忠臣之篤譬三
告而猶織仁王之令範故詩云無信人之言人
實不信又云兄弟雖鬩不廢親也尚書曰克明
俊德以親九族九族旣睦可以親百姓兄弟安
可棄乎臣伏願陛下上尋往代黜廢之禍下惟
近者讒言之釁庶廬陵王旣申冤魂於后土彭城

三百卅四　宋書傳二十八　八　張明

王亦弭疑愆於宋京豈徒皇代當今之計蓋乃
良史萬代之美也且謟諛難辨見非易顯禍始
禍先古人所畏故愛身之士自爲己計莫不結
舌杜口孰肯冒忌干主哉臣以頑昧獨獻微管
所以勤勤懇懇必訴丹誠者實恐義康年窮命盡
奄忽于南遂令陛下有棄弟之責臣雖微賤竊
爲陛下羞之況書言記事史官能屈典謨而諱
哉脱如臣慮陛下恨之何益揚子雲曰獲福之
大莫先於和穆遘禍之深莫過於內難每服斯

言以爲讐飛矧今覩王室大事豈得韜筆默爾
而已哉臣將恐天下風靡離間是懼遂令宇內
遷觀民庶華心欲致康哉實爲難也陛下徒云
惡枝之宜伐豈悟伐柯之傷樹乃往古之所悲
當今所宜改也陛下若蕩以平聽屏此猜情垂
訊芻蕘之謀曲察狂瞽之計一發非意之詔遠訪
博古之士速召義康返于京甸兄弟協和君臣
緝穆息宇內之讒絕多言之路如是則四海之
望塞讒說之道消矣何必司徒公揚州牧然後

可以安彭城王哉若臣所啓違憲於國爲非請
即伏誅以謝陛下雖復分形赴鑊裹體具屍始
願所甘豈不幸甚表奏即收付建康獄賜死會
稽長公主於兄弟爲長太祖至所親敬義康南
上後久之上嘗就主宴集甚懽主起再拜稽顙
悲不自勝上不曉其意自起扶之主曰車子歲
暮必不爲陛下所容今特請其生命因慟哭上
流涕舉手指蔣山曰必無此慮若違今誓便負
初寧陵即封所飲酒賜義康并書曰會稽姊飲

宴憶弟所餘酒今封送車子義康小字也二十二
年太子詹事范曄等謀反事逮義康事在曄
傳有司上曰義康昔擅國權恣心凌上結朋樹黨苞
納凶邪重疊彰著事合明罰特遭陛下仁愛深
至敦惜周親封社不削爵寵無虧四海之心朝野
之議咸謂皇德雖厚實撓典刑而義康曾不思
此大造之德自出南服詭飾情貌外示知懼內
實不悛窮好極欲干請無度聖慈含弘每不折
舊矜釋屢加恩疇已往而陰敦行李方啓交通

之謀潛資左右以要死士之命崎嶇伺隙不忘
窺窬時猶隱忍罰止僕侍狂疾之性永不懲革
兇心遂成悖謀仍構遠投群醜千里相結再議
宗社重關鼎祚賴陛下至誠感神宋曆方永故
姦事昭露罪人斯得周公上聖不辭同氣之刑
漢文仁明無隱從兄之惡況義康豐深二叔謀
過淮南背親反道自棄天地臣等參議請下有司
削義康王爵收付廷尉法獄治罪詔特宥大辟
於是免義康及子泉陵侯允女始寧豐城益陽

興平四縣主爲庶人絶屬籍徙付安成郡以寧
朔將軍沈邵爲安成公相領兵防守義康在安
成讀書見淮南厲王長事廢書歎曰前代乃有
此我得罪爲宜也二十四年豫章胡誕世前吳
平令袁惲等謀反襲殺豫章太守桓隆南昌令
諸葛智之聚衆據郡復欲奉戴義康太尉録尚
書江夏王義恭等奏曰投畀之言義著雅篇流
殛之教事在書典庶人義康負釁深重罪不容
戮聖仁不忍屢加遲回宥其大辟賜還近甸斯

乃至愛發天超邈終古曾不遇愆甘引而讒言
同衆很悖徼幸每形辭色內宣家人外動民聽
不逞之族因以生心胡誕世假竊名號搆成凶
逆杜漸除微古今所務況禍機驟發庸可忽乎
臣等參議宜徙廣州遠郡放之邊表庶有防絶
奏可仍以安成公相沈邵爲廣州事未行值邵
病卒索虜來寇瓜步天下擾動上慮異志者或
奉義康爲亂世祖時鎮彭城累啓宜爲之所太
子及尚書左僕射何尚之並以爲言二十八年正

月遣中書舍人嚴龍齎藥賜死義康不肯服藥
曰佛教自殺不復得人身便隨宜見處分乃以
被揜殺之時年四十三以侯禮葬安成六子允
肱珣昭方曇辯允初封泉陵縣侯食邑七百戶
昭方並早夭允等留安成元凶得志遣殺之世
祖大明四年義康女玉秀等露板辭曰父凶臧
無狀孤負天明存荷優養沒蒙加禮明爵羽山
未足勑法烏鳥微心昧死上訴乞反葬舊塋靡
骨鄉壤詔聽并加資給前廢帝永光元年太宰

江夏王義恭表曰臣聞忝祖遠之猶慼慮親降
霆省序義重令戚故嚴道疾終嗣啓方字阜陵
愆屏身遲晚恩竊惟故庶人劉義康昔昧斷回
自貽非命沈魂漏籍垂誡來典運革三朝歲盈
三紀天地改朔日月再升陶形賦氣咸蒙更始
義康妻息漂沒早違盛化衆女孤弱永淪黜首
即情原釁本非已招感事哀煢俯增傷咽敢緣
陛下聖化融泰春澤覃被慈育羣生仁被泉
草實希洗宥還齒帝宗則施及陳荄榮施汚

壞臣特憑國私冒以誠表塵觸靈威伏紙悲悸
詔曰太宰表如此公緣情追遠覽以憎慨省淮楚
推恩胙流支胤抑法弘親古今成準使以公表付外
依旨奉行故泉陵侯允橫罹凶虐可特爲置後太宗
泰始四年復絕屬籍還爲庶人
南郡王義宣生而舌短澀於言論元嘉元年年十二封
竟陵王食邑五千戶仍拜左將軍鎮石頭七年遷使
持節都督徐兗青冀幽五州諸軍事徐州刺史將軍
如故猶戍石頭八年又改都督南兗兗州刺史當

鎮山陽未行明年遷中書監進號中軍將軍加
散騎常侍給鼓吹一部時竟陵羣蠻充斥役刻
民散改封南譙王又領石頭戍事十三年出都
督江州豫州之西陽晉熙新蔡三郡諸軍事鎮
南將軍江州刺史初高祖以荊州上流形勝地
廣兵彊遺詔諸子次第居之謝晦平後以授彭
城王義康義康入相次江夏王義恭又以臨
川王義慶宗室令望且臨川武烈王有大
功於社稷義慶又居之其後應在義宣

上以義宣人才素短不堪居上流十六年以衡陽
王義季代義慶而以義宣代義季爲南徐州刺
史都督南徐州軍事征北將軍持節如故加散
騎常侍而會稽公主每以爲言上遲回久之二十
一年乃以義宣都督荊雍益梁寧南北秦七州
諸軍事車騎將軍荊州刺史持節常侍如故先
賜中詔曰師護以在西久比表求還出內左右自
是經國常理亦何必其應於一往今欲聽許以
汝代之護雖無殊績潔己節用通懷期物不恣

群下此信未易非唯聲著西土朝野以爲美談
在彼已有次第爲士庶所安論者乃謂未議遷
之今之回換更在欲爲汝耳汝與護年時一輩
各有美物議亦不有少劣若今向事脫一減之
者既於西夏交有巨礙遷代之譏必歸責於吾
矣復當爲護怨非但一誚而已也如此則公私俱
損爲不可不先共善詳此事亦易勉耳無爲
使人動生評論也師護義季小字也義宣至鎮
勤自課厲政事修理白晳美鬚眉長七尺五寸

膂帶十圍多畜嬪媵後房千餘尼媼數百男女
三十人崇飾綺麗費用殷廣進位司空改侍中
領南蠻校尉二十七年索虜南侵義宣慮寇至
欲奔上明及虜退太祖詔之曰善脩民務不須
營潛逃計也三十年遷司徒中軍將軍揚州刺
史侍中如故未及就徵值元凶弒立以義宣爲
中書監太尉領司徒侍中如故義宣聞之即時
起兵徵聚甲卒傳檄近遠會世祖入討義宣遣
參軍徐遺寶率衆三千助爲前鋒世祖即位以

義宣爲中書監都督揚豫二州刺史加羽葆鼓
吹給班劒四十人持節侍中如故改封南郡王
食邑萬戶進謚義宣所生爲獻太妃封次子宜
陽侯愷爲南譙王食邑千戶義宣固辭內任及
愷王爵於是改授都督荆湘雍益梁寧南北秦
八州諸軍事荆相二州刺史持節侍中丞相如
故降愷爲宜陽縣王義宣將佐以下竝加賞秩
長史張暢事在本傳諮議參軍蔡超專掌書記
并參謀除尚書吏部郎仍爲丞相諮議參軍南

郡內史封汝南縣侯食邑千戶司馬竺超民爲
黃門侍郎仍除丞相司馬南平內史其餘各有
差義宣在鎮十年兵彊財富既首創大義威名
著天下凡所求欲無不必從朝廷所下制度意
所不同者一不遵承嘗獻世祖酒先自酌飲封
送所餘其不識大體如此初臧質陰有異志以
義宣凡弱易可傾移欲假手爲亂以成其姦自
襄陽往江陵見義宣便盡禮事在質傳及至江
州每密信說義宣以爲有大才負大功挾震主

之威自古尠有全者宜在人前發有處分且萬
物莫不係心於公整衆入朝內外孰不欣戴不
待一旦受禍悔無所及義宣陰納質言而世祖
閨庭無禮與義宣諸女淫亂義宣因此發怒密
治舟甲克孝建元年秋冬舉兵報豫州刺史魯
爽兗州刺史徐遺寶使同爽狂酒失旨其季正
月便反遣府戶曹送版以義宣補天子并送天
子羽儀遺寶亦勒兵向彭城義宣及質狼狽起
兵二月二十六日加都督中外諸軍事置左右

長史司馬使僚佐悉稱名遣傳奉表曰臣聞博
陸毗漢獲疑宣后昌國翼燕見猜惠王常謂異
姓震主嫌隙易構葭莩淳戚昭亮可期臣雖庸
懦少希忠謹值巨逆滔天忘家殉國雖曆筭有
歸微績不樹竭誠盡愚貫之幽顯而微疑莫監
積毀日聞投杼之聲紛紜溢聽諒緣姦臣交亂
成是貝錦夫澆俗之季少貞節之臣冰霜競至
靡後彫之木並寢處凶世甘榮僞朝皆纓冕之
所棄投畀之所取至乃位超昔寵任參大政惡

直醜勳妄生邪說疑惑明主誣罔視聽又南從
郡僚勞不足紀横叨天功以爲己力同弊相扇
圖傾宗社臧質去歲忠節勳高古賢魯爽協同
大義志契金石此等猜毀必欲禍陷昔汲黯尚
存劉安寢志孔父既逝華督縱逆臣雖不武績
著艱難復肆讒狡規見誘召宗祀之危綴旒非
所臣託體皇基連暉日月王室顛墜咎在微躬
敢忘抵鼠之忌甘受犯墉之責輒徵召甲卒分命
衆藩使忠勤申憤義夫効力戮此凶醜謝愆闕

廷則進不負七廟之靈退無愧二朝之遇臨表
感愧辭不自宣上詔荅曰皇帝敬問朕以不天
招罹屯難家國阽危翦焉將及所以身先八百
雪清冤恥遠憑高筭下共濟艱難遂登寡闇嗣
奉洪祀尊戚酬勳寔表心事粃政闕職所顧匡
拯而嘉言蔑聞末德先著勤王之績未終毀冕
之圖已及臧質險躁無行見棄人倫以此不識志
在問鼎凶意將逞先借附從扇誘欺熾成此亂
階如使群逆並濟衆邪競逐將恐瞻烏之命未

識所止搆怨連禍孰知其極公明有不照背本
崇姦迷昵讒醜還謀社稷雖履霜有日諠議糾
紛朕以至道無私杜過疑議信理推誠暴於遐
邇不虞物變難籌醜言遂驗是用悼心失圖忽
忘寢食今便親御六師廣命羣牧告靈誓衆直
造柴桑梟轘元惡以謝天下然後警蹕清江觴
鑾郢路投戈襲袞面東規勗有宋不造家禍仍
纏昔歲事寧方承遠訓冀以虛薄永弭厥艱豈
謂曾未朞稔復覩斯舋二祖之業將墜于淵仰

瞻鴻基但深感慟太傅江夏王義恭又與義宣
書曰頃聞之道路云云負背叛致之有由謂不
然之言絕於智者之耳忽見來表將興晉陽之
甲驚愕駭惋未譬所由若主幼臣強政移冢宰
或時昏下縱在上畏逼然後賢藩忠構覩難赴
機未聞聖主御世百辟順執稱兵於言興之初
扶危於既安之日以此取濟竊爲大弟憂之昔
歲二凶構逆四海同奮弟協宣忠孝奉戴明主
元功感德既已昭著皇朝欽嘉又亦優渥丞相

位極人臣江左罕授門兩王舉世希有表倍推
誠彰於見事出納之宜唯意所欲褒外進益方
者後命一旦棄之可謂運也吾等荷先帝慈育
得及人群思報厚恩昊天罔極竭力盡誠猶懼
無補奈何妄聽邪說輕造禍難國靡流言遠歸
愆於二叔世無鼂錯仍襲轍於七藩棄漢蒼之
令範遵齊冏之敗跡往時仲堪假兵靈寶旋害
其族孝伯授之劉牢忠誠逝踵皆是異代之成事
當今之殷鑒也臧質少無美行弟所具悉憑恃

末戚並有微勳承之推遷遂超倫伍藉西楚彊
力圖濟其私凶謀若果恐非復池中物魯宗父
子世爲國寇太祖方弘遐略故爽等均雍齒之
封今據有五州虎兕出於匣是須爲劉淵耳徐
遺寶是垣護之婦弟前因護之歸於吾苦求北
出不樂遠西近聲若桐湖陸示遣劉雍其意見可
雍是徐冲舅適有密信誓言倒戈自虜侵境以來
公私彫弊安以撫之庶可寧靜弟復隨而擾亂
吾恐邊鄙皆爲禾黍宜遠尋高祖創業艱難近

念家國比者禍釁時息兵戈共安社稷責躬謝
誅除險佞追保前勳傳美竹帛昔梁孝悔罪景
帝垂恩阜質改過肅宗降澤忠焉之誨聊希往
言禍福之機明者是察主上神武英斷群風如
林忠臣發憤虎士投袂雄騎布野舳艫蓋川吾
以不才忝權節鉞總督群帥首戒戎先指晨電
舉式清南服所以積行緩期冀弟不遠而悟如
其遂溺姦說者天實爲之臨書慨懣不識次第
義宣移檄諸州郡加進號位遣參軍劉諶之尹

周之等率軍下就臧質雍州刺史朱脩之起兵
奉順義宣二月十一日率衆十萬發自江津舳
艫數百里是日大風船乘覆没僅得入中夏口
以第八子慆爲輔國將軍留鎮江陵遣魯秀朱
曇韶萬餘人北討朱脩之秀初至江陵見義宣
旣出拊膺曰阿兄誤人事乃與癡人共作賊今
年敗矣義宣至尋陽與質俱下質爲前鋒至雒
頭聞徐遺寶敗魯爽於小峴授首相視失色世
祖使鎮北大將軍沈慶之送爽首示義宣并與
書僕荷任一方而釁生所統近聊率輕師指往
翦撲軍鋒裁交賊爽授首公情契異常或欲相
見及其可識指送相呈義宣質並駭懼上先遣
豫州刺史王玄謨舟師頓梁山洲内東西兩岸
爲卻月城營柵甚固義宣屢與玄謨書要令降
玄謨書報曰頻奉二誨伏對戰駭先在彭泗聞
諸將皆云必有今日之事以鄙意量謂無此理
去年九月故遣參軍先僧瑗脩書表心并容陳
入相之計欲使周旦之美復見於今豈意理數

難推果至於此咎因幸會蒙國士之顧思報厚
德甘起泉壤豈謂一旦事與願違公崇長姦回
自放西服信邪細之説忽大節之重溺流放之
志滅君親之恩狎玩極寵越希非覬祖宗世祀
自圖顛覆瞋目行事未有如斯之甚者也乃復
枉覃書檄遠示見招此則丹心微款未亮於高
鑑赤城幽志虛感於平日環念周回始悟知己
之爲難也公但念提職在咎不思善教有本徒
見徐魯去就未知俠義有人豈不憯哉有臣則
欲其忠誘人而導諸逆君子忠恕其如是乎苟
不忠恕則擇木之翰有所不集矣夫挑妻者愛
其易求妻則敬其難若承命如響將焉用之原
殼存與無禮必及竊恐荆郢之士已當潛貳其
懷非皇都陋臣秉義不徙公雖心迷迹往猶願
勉建良圖抑撫軍忠壯慷慨亮誠有素新亭之
勲莫與爲等而妄信姦虛坐相貶謫不亦惑哉
幸承人乏夙誠前驅精甲已次近路鎮軍駱驛
繼發太傅驃騎董元戎乘輿親御六師威靈

遐振人百其氣慕義如林舟騎雲回赫弈千里
飄屬轒秉銳與執事周旋授命當仁理無所讓
夫君道既盡民禮亦絶執筆裁答感慨交懷撫
軍柳元景據姑熟爲大統偏帥鄭琨武念戍南
浦質遥入梁山去玄謨一里許結營義宣屯蕪湖
五月十九日西南風猛質乘風順流攻玄謨西
壘冗從僕射胡子友等戰失利棄壘渡就玄謨
質又遣將龐法起數千兵從洲外趨南浦仍使
自後掩玄謨與琨念相遇法起戰大敗赴水死

略盡二十一日義宣至梁山質上出軍東岸攻玄
謨玄謨分遣游擊將軍垣護之竟陵太守薛安
都等出壘奮擊大敗質軍軍人一時投水護之
等因風縱火焚其舟乘風勢猛盛烟爓覆江義
宣時屯西岸延火燒營殆盡諸將乘風火之勢
縱兵攻之衆一時奔潰義宣與質相失各單舸
迸走東人士庶並歸順西人與義宣相隨者船
舸猶有百餘女先適臧質子過尋陽入城取女
載以西奔至江夏聞巴陵有軍被抄斷回入遥

口步向江陵衆散且盡左右唯十許人腳痛不
復能行就民僦露車自載無復食緣道求告至
江陵郭外遣人報竺超民超民具羽儀兵衆迎
之時外猶自如舊帶甲尚萬餘人義宣既入城
仍出聽事見客左右翟靈寶誡使撫慰衆賓以
臧質違指授之宜用致失利今治兵繕甲更爲
後圖昔漢高百敗終成大業而義宣忘靈寶之
言誤云項羽千敗衆咸掩口而笑魯秀竺超民
等猶爲之爪牙欲收合餘燼更圖一決而義宣

惛墊無復神守入內不復出左右腹心相率奔
叛魯秀北走義宣不復自立欲隨秀去乃於內
戎服縢囊盛糧帶佩刀攜息慆及所愛妾五人
皆著男子服相隨城內擾亂白刃交橫義宣大
懼落馬仍使步地超民送城外更以馬與之超
民因還守城義宣冀及秀望諸將送北入虜既
失秀所在未出郭將士逃散盡唯餘慆及五妾
兩黃門而已夜還向城入南郡空廨無牀席地至旦
遣黃門報超民超民遣故車一乘載送刺姦義宣止

止獄戶坐地歎曰臧質老奴誤我始與五妾俱
入獄五妾尋被遣出義宣號泣語獄吏曰常日
非苦今日分別始是苦大司馬江夏王義恭諸
公王八座與荊州刺史朱脩之書曰義宣反道
叛恩自陷極逆大義滅親古今同准無將之誅
猶或囚殺況醜文悖志宣灼遐邇鋒指絳闕兵
纏近郊疊逼憂深日主旰食賴朝略震明祖宗
靈慶罪人斯得七廟弗隳僉司刑定罰典辟攸在
而皇慈遠下愍其愚迷抑法申情屢奏不省人
宋書傳二十八　二十五　王桂
神悚遑省心震惕義宣自絕於天理無容受社
稷之慮臣子責深便宜專行大戮以紓國難但
加諸斧鉞有傷聖仁示以弘恩使自爲所上全
天德下一洪憲惡臨書悲慨不復多云書未達脩
之至江陵已於獄盡焉時年四十世祖聽還葬
義宣子悰愷恢憬悅悛惇慆伯寶業悉達法導
僧喜慧正慧知明彌虜妙覺寶明凡十八人愷
恢悅惇並於江寧墓所賜死悛悉達早卒餘並
與義宣俱爲朱脩之所殺蔡超及諮議參軍顏

樂之徐壽之等諸同惡並伏誅超濟陽考城人
父茂之侍廬陵王義真讀書官至彭城王義康
驃騎從事中郎始興太守超少有才學初爲兗
州主簿時令百官舉才超與前始寧令同郡江
淳之前征南參軍會稽賀道養並爲興安侯義
賓所表薦竺超民青州刺史竺夔子也恢字景
度既嫡長少而辯慧義宣甚愛重之年十一拜
南譙王世子除給事中義宣爲荊州常停都邑
太祖欲令還西乃以爲河東太守加寧朔將軍
三百三十三　宋書傳二十八　二十六　亨
頃之徵爲黃門侍郎元凶弒立恢爲侍中義宣
起義劭收恢及弟愷悅悰憬悛繫手外散騎郎
沈煥防守之煥密有歸順意謂恢等曰禍福與
諸郎同之願勿憂及臧質自白下上趨廣莫門
劭令煥殺恢等煥乃解其桎梏率所領數十人
與恢等向廣莫門欲出門者岠之煥曰臧公已
至凶人走矣此司空諸郎並能爲諸君得富貴
非徒免禍而已勿相留亦值質至因以得出恢
至新亭即除侍中俄還侍中散騎常侍西中郎將

湘州刺史義宣并領湘州轉恢侍中領衞尉晉
氏過江不置城門校尉及衞尉官孝武欲重城
禁故復置衞尉卿衞尉之置自恢始也轉右衞
將軍侍中如故義宣舉兵反恢與兄弟姊妹一時
逃亡恢藏江寧民陳銑家有告之者錄付廷尉
恢子善藏與恢俱死愷字景穆生而養於宮內
寵均皇子十歲封宜陽縣侯仍爲建威將軍南
彭城沛二郡太守遷步兵校尉轉黃門侍郎太
子中庶子領長水校尉元凶以愷爲散騎常侍

世祖以爲祕書監未拜遷輔國將軍南彭城下
邳二郡太守其年轉五兵尚書進爵爲王義宣
反問至愷於尚書寺內著婦人衣乘問訊車投
臨汝公孟詡詡於妻室內爲地窟藏之事覺收
付廷尉詡伏誅恢封臨武縣侯年十八卒謚曰悼
侯悰封湘南縣侯憬封邵陽縣侯徐遺寶字石
雋高平金鄉人初以新亭戰功爲輔國將軍衞
軍司馬河東太守不之官遷兗州刺史將軍如
故戍湖陸封益陽縣侯食邑二千五百戶義宣

既沒遣使以遺寶爲征虜將軍徐州刺史率軍
出瓜步遺寶遣長史劉雝之襲彭城寧朔司馬
明胤擊破之更遣高平太守王玄楷與雝之役
逼彭城時徐州刺史蕭思話未之鎮因詔安北
司馬夏侯祖權率五百人馳往助胤既至擊玄
楷斬之雝之還湖陸遺寶復遣士人檀休祖應
玄楷聞敗亦潰散遺寶棄城奔魯爽爽敗逃東
海郡界土人斬送之傳首京邑夏侯祖權譙人
也以功封祁陽縣子食邑四百戶大明中爲建

武將軍兗州刺史卒官謚曰烈子
史臣曰襄陽龐公謂劉表曰若使周公與管蔡
處茅屋之下食藜藿之羹豈有若斯之難夫天
倫由子共氣分形寵愛之分雖同富貴之情則
異也追味尚長之言以爲太息

列傳第二十八　宋書六十八

臣沈　約　新撰

劉湛

范曄

劉湛字弘仁南陽涅陽人也祖耽父柳並晉左光祿大夫開府儀同三司湛出繼伯父淡襲封安衆縣五等男少有局力不尚浮華博涉史傳諳前世舊典弱年便有宰世情常自比管夷吾諸葛亮不爲文章不喜談議本州辟主簿不就

除著作佐郎又不拜高祖爲太尉行參軍賞遇甚厚高祖領鎮西將軍荆州刺史以湛爲功曹仍補治中別駕從事史復爲太尉參軍世子征虜西中郎主簿父柳亡於江州州府送故甚豐一無所受時論稱之服終除秘書丞出爲相國參軍謝晦王弘並稱其有器幹高祖入受晉命以第四子義康爲冠軍將軍豫州刺史留鎮壽陽以湛爲長史梁郡太守義康弱年未親政府州軍事悉委湛府進號右將軍仍隨府轉義康以本號徙爲南豫州湛改領歷陽太守爲人剛嚴用法姦吏犯贓百錢以上皆殺之自下莫不震肅廬陵王義眞出爲車騎將軍南豫州刺史湛又爲長史太守如故義眞時居高祖憂使帳下備膳湛禁之義眞乃使左右索魚肉珍羞於齋內別立廚帳會湛入因命臑酒炙車螯湛正色曰公當今不宜有此設義眞曰旦甚寒一盌酒亦何傷長史事同一家望不爲異酒既至湛因起曰既不能以禮自處又不能以禮處人景平元

年召入拜尚書吏部郎遷右衞將軍出督廣交二州諸軍事建威將軍平越中郎將廣州刺史嫡母憂去職服闋爲侍中撫軍將軍江夏王義恭鎮江陵以湛爲使持節南蠻校尉領撫軍長史行府州事時王弘輔政而王華王曇首任事居中湛自謂才能不後之不願外出是行也謂爲弘等所斥意甚不平常曰二王若非代邸之舊無以至此可謂遭遇風雲湛負其志氣常慕汲黯崔琰爲人故名長子曰黯字長孺第二子

曰璞字季珪璞於江陵病卒湛求自送喪還都
義恭亦爲之陳請太祖答義恭曰吾亦得湛啓
事爲之酸懷乃不欲苟違所請但汝弱年新涉
庶務八州殷曠專斷事重疇諮委仗不可不
得其人量算二三未獲便相順許今答湛啓權
停彼葬頃朝臣零落相係寄懷轉寡湛實國
器吾乃欲引其令還直以西夏任重要且停此
事耳汝慶賞黜罰豫關失得者必宜悉相委寄
義恭性甚狷隘年又漸長欲專政事每爲湛所

裁主佐之間嫌隙遂構太祖聞之密遣使詰讓
義恭并使深加諧緝義恭具陳湛無居下之禮
又自以年長未得行意雖奉詔旨頗有怨言上
友于素篤欲加酬順乃詔之曰事至於此甚爲
可歎當今之才委授已爾宜盡相弥縫取其可
取棄其可棄汝疏云泯然無際如此甚佳彼多
猜不可令萬一覺也汝年已長漸更事物且群
情矚望不以幼昧相期何由故如十歲時動止
諮問但當今所專必是小事耳亦恐量此輕重

未必盡得彼之疑怨兼或由此邪先是王華既
亡曇首又卒領軍將軍殷景仁以時賢零落白
太祖徵湛八年召爲太子詹事加給事中本州
大中正與景仁竝被任遇湛常云今世宰相何
難此政可當我南陽郡漢世功曹耳明年景仁
轉尚書僕射領選護軍將軍湛代爲領軍將軍
十二年又領詹事湛與景仁素款又以其建議
徵之甚相感說及俱被時遇猜隙漸生以景仁
專管內任謂爲間己時彭城王義康專秉朝權

而湛昔爲上佐遂以舊情委心自結欲因宰相
之力以回主心傾黜景仁獨當時務義康屢構
之於太祖其事不行義康寮屬及湛諸附隸潛
相約勒無敢歷殷氏門者湛黨劉敬文父成未
悟其機詣景仁求郡敬文遽往謝湛曰老父悖
耄遂就殷鐵干祿由敬文闇淺上負生成合門
慚懼無地自處敬文之姦諂無愧如此義康擅
勢專朝威傾內外湛愈推崇之無復人臣之禮
上稍不能平湛初入朝委任甚重日夕引接恩

禮綱繆善論治道并諳前世故事敘致銓理聽者忘疲每入雲龍門御者便解駕左右及羽儀隨意分散不夕不出以此爲常及至晚節驅煽義康凌轢朝廷上意雖內離而接遇不改上嘗謂所親曰劉班初自西還吾與語常看日早晚慮其當去比入吾亦看日早晚慮其不去湛小字班虎故云班也遷丹楊尹金紫光祿大夫加散騎常侍詹事如故十七年所生母亡時上與義康形迹既乖釁難將結湛亦知無復全地及

至丁艱謂所親曰今年必敗常日正賴口舌爭之故得推遷耳今既窮毒無復此望禍至其能久乎十月詔曰劉湛階藉門蔭少叨榮位往佐歷陽姦詖夙著謝晦之難潛使密告求心即事久宜誅屏朕所以棄罪略瑕庶收後効寵秩優泰踰越倫匹而凶忍忌克剛愎靡厭無君之心觸遇斯發遂乃合黨連群構扇同異附下蔽上專弄威權薦子樹親互爲表裏邪附者榮暱九族乘理者推陷必至旋觀姦慝爲日已

久猶欲弘納遵養冀或悛革自遹以來淩縱滋甚悖言懟容罔所顧忌陰謀潛計睥睨兩宮豈唯彰暴國都固亦達于四海比年七曜違度震蝕表災侵陽之徵事符幽顯搢紳含憤義夫興歎昔齊魯不綱禍傾邦國昭宣電斷漢祚方延便收付廷尉肅明刑典於獄伏誅時年四十九子黯大將軍從事中郎黯及二弟亮儼並從誅湛弟素黃門侍郎徙廣州湛初被收歎曰便是亂邪仍又曰不言無我應亂殺我自是亂法

耳入獄見素曰乃復及汝邪相勸爲惡惡不可爲相勸爲善正見今日如何湛生女輒殺之爲士流所怪

范曄字蔚宗順陽人車騎將軍泰少子也母如廁産之額爲塼所傷故以塼爲小字出繼從伯弘之襲封武興縣五等侯少好學博涉經史善爲文章能隸書曉音律年十七州辟主簿不就高祖相國掾彭城王義康冠軍參軍隨府轉右軍參軍入補尚書外兵郎出爲荊州別駕從

事史尋召爲祕書丞父憂去職服終爲征南大將軍檀道濟司馬領新蔡太守道濟北征曅憚行辭以脚疾上不許使由水道統載器仗部伍軍還爲司徒從事中郎頃之遷尚書吏部郎元嘉元年冬彭城大妃薨將葬祖夕僚故並集東府曅弟廣淵時爲司徒祭酒其日在直曅與司徒左西屬王深宿廣淵許夜中酣飲開北牖聽挽歌爲樂義康大怒左遷曅宣城太守不得志乃删衆家後漢書爲一家之作在郡數年遷長

沙王義欣鎮軍長史加寧朔將軍兄暠爲宜都太守嫡母隨暠在官十六年母亡報之以疾曅不時奔赴及行又攜妓妾自隨爲御史中丞劉損所奏太祖愛其才不罪也服闋爲始興王濬後軍長史領南下邳太守及濬爲揚州未親政事悉以委曅曅尋遷左衛將軍太子詹事曅長不滿七尺肥黑禿眉鬚善彈琵琶能爲新聲上欲聞之屢諷以微旨曅僞若不曉終不肯爲上彈上嘗宴飲歡適謂曅曰我欲歌卿可彈曅乃奉旨上

歌既畢曅亦止弦初魯國孔熙先博學有縱横才志文史星筭無不兼善爲員外散騎侍郎不爲時所知久不得調初熙先父默之爲廣州刺史以贓貨得罪下廷尉大將軍彭城王義康保持之故得免及義康被黜熙先密懷報效欲要朝廷大臣未知誰可動者以曅意志不滿欲引之而熙先素不爲曅所重無因進說曅外甥謝綜雅爲曅所知熙先嘗經相識乃傾身事綜與之結厚熙先藉嶺南遺財家甚富足始與綜諸

弟共博故爲拙行以物輸之綜等諸年少既屢得物遂日夕往來情意稍款綜乃引熙先與曅爲數曅又與戲熙先故爲不敵前後輸曅物甚多曅既利其財寶又愛其文藝熙先素有詞辯盡心事之曅遂相與異常申莫逆之好始以微言動曅曅不回熙先乃極辭譬說曅素有閨庭論議朝野所知故門胄雖華而國家不與姻娶熙先因以此激之曰丈人若謂朝廷相待厚者何故不與丈人婚爲是門戶不得邪人作

犬豕相遇而丈人欲爲之死不亦惑乎曅默然
不答其意乃定時曅與沈演之並爲上所知待
每被見多同曅若先至必待演之俱入演之先至嘗
獨被引曅又以此爲怨曅累經義康府佐見待素厚
及宣城之授意好乖離綜爲義康大將軍記室
參軍隨鎮豫章綜還申義康意於曅求解晚隙
復敦往好曅既有逆謀欲探時旨乃言於上曰
臣歷觀前史二漢故事諸蕃王政以訞詛幸災
便正大逆之罰況義康姦心釁跡彰著遐邇而

至今無恙臣竊惑焉且大梗常存將重階亂骨
肉之際人所難言臣受恩深重故冒犯披露上
不納熙先素善天文云太祖必以非道晏駕當
由骨肉相殘江州應出天子以爲義康當之綜
父述亦爲義康所遇綜弟約又是義康女夫故
太祖使綜隨從南上既爲熙先所獎說亦有酬
報之心廣州人周靈甫有家兵部曲熙先以六
十萬錢與之使於廣州合兵靈甫一去不反大
將軍府史仲承祖義康舊所信念屢銜命下都

亦潛結腹心規有異志聞熙先有誠密相結納
丹楊尹徐湛之素爲義康所愛雖爲舅甥恩過
子弟承祖因此結事湛之告以密計承祖南下
申義康意於蕭思話及曅云本欲與蕭結婚恨
始意不果與范本情不薄中間相失傍人爲之
耳有法略道人先爲義康所供養粗被知待又
有王國寺法淨尼亦出入義康家內皆感激舊
恩規相拯拔並與熙先往來使法略罷道本姓
孫改名景玄以爲臧質寧遠參軍熙先善於治

病兼能診脉法靜尼妹夫許耀領隊在臺宿衛
殿省嘗有病因法靜尼就熙先乞治爲合湯一
劑耀疾即損耀自往酬謝因成周旋熙先以耀
膽幹可施深相待結因告逆謀耀許爲內應豫
章胡遵世藩之子也與法略甚款亦密相酬和
法靜尼南上熙先遣婢採藻隨之付以牋書陳
說圖讖法靜還義康餉熙先銅匕銅鑷袍段棊
奩等物熙先慮事泄酖採藻殺之湛之又謂曅
等臧質見與異常歲內當還已報質悉攜門生

義故其亦當解人此匕日故應得健兒數百質與
蕭思話款密當仗要之二人並受大將軍眷遇
必無異同思話三州義故衆力亦不減質郡中
文武及合諸興偵邏亦當不減千人不憂兵力
不足但當勿失機耳乃略相署置湛之爲撫軍
將軍揚州刺史曅中軍將軍南徐州刺史熙先
左衛將軍其餘皆有選擬凡素所不善及不附
義康者又有別簿並入死目熙先使弟休先爲
檄文曰夫休否相乘道無恒泰狂狡肆逆明哲

是殛故小白有一匡之勳重耳有翼戴之德自
景平肇始皇室多故大行皇帝天誕英姿聰明
叡哲拔自藩國嗣位統天憂勞萬機垂心庶務
是以邦內安逸四海同風而比年以來姧豎亂
政刑罰乖淫陰陽違舛致使釁起蕭墻危禍萃
集賊臣趙伯符積怨含毒遂縱姧凶肆兵犯蹕
禍流儲宰崇樹非類傾墜皇基罪百浞澆過十
玄羿開闢以來未聞斯比率土叨心華夷泣血
咸懷亡身之誠同思糜軀之報湛之曅與行中

領軍蕭思話行護軍將軍臧質行左衛將軍孔
熙先建威將軍孔休先忠貫白日誠著幽顯義
痛其心事傷其目投命奮戈萬殞莫顧即日
斬伯符首及其黨與雖豺狼即戮王道惟新而
普天無主群萌莫繼彭城王體自高祖聖明在
躬德格天地勳溢區宇世路威夷勿用南服龍
潛鳳栖于茲六稔蒼生饑德億兆渴化豈唯東
征有鴟鴞之歌陝西有勿翦之思哉靈祇告徵
祥之應讖記表帝者之符上答天心下愜民望

正位辰極非王而誰今遣行護軍將軍臧質等
齎皇帝璽綬星馳奉迎百官備禮駱驛繼進並
命群帥鎮戍　常若干撓義徒有犯無貸昔年
使反湛之奉賜手敕逆誡禍亂預覩斯萌令宜
示朝賢共拯危溺無斷謀事失於後機遂使聖
躬濫酷大變奄集哀恨崩裂撫心摧哽不知何
地可以厝身輒督厲尫頓死而後已熙先以既
爲大事宜須義康意旨曅乃作義康與湛之書
宣示同黨曰吾凡人短才生長富貴任情用己

有過不聞與物無恒喜怒違實致使小人多怨士類不歸禍敗已成猶不覺悟退加尋省方知自招刻肌刻骨何所復補然至於盡心奉上誠貫幽顯拳拳謹慎惟恐不及乃可恃寵驕盈實不敢故為欺罔也豈苞藏逆心以招灰滅所以推誠自信不復防護異同率意信心不顧萬物議論遂致讒巧潛構衆惡歸集甲姧險好利負吾事深乙凶愚不齒扇長無賴丙丁趨走小子唯知諂進伺求長短共造虛說致令禍陷骨肉

誅戮無辜凡在過釁竟有何徵而刑罰所加同之元惡傷和枉理感徹天地吾雖幽逼日苦命在漏刻義慨之士時有音信每知天文人事及外間物情土崩瓦解必在朝夕是為釁起群賢濫延國家夙夜憤踊心腹交戰朝之君子及士庶白異懷義秉理者寧可不識時運之會而坐待橫流邪除君側之惡非唯一代況此等狂亂罪孰終古所無加之翦戮易於摧朽邪可以吾意宣示衆賢若能同心奮發族裂逆黨豈非功均翊業重造宋室乎但兵凶戰危或致侵濫若有一豪犯順誅及九族處分之要委之群賢皆當謹奉朝廷動止聞啓往日嫌怨一時豁然後吾當謝曄北闕就戮有司苟安社稷暝目無恨勉之勉之二十二年九月征北將軍衡陽王義季右將軍南平王鑠出鎮上於武帳岡祖道曄等期以其日為亂而差互不得發於十一月徐湛之上表曰臣與范曄本無素舊中忝門下與之鄰省屢來見就故漸成周旋比年以來意

態轉見傾動險忌富貴情深自謂任遇未高遂生怨望非唯攻伐朝士譏謗聖時乃上議朝廷下及藩輔驅扇同異恣口肆心如此之事已具上簡近員外散騎侍郎孔熙先忽令大將軍府吏仲承祖騰曄及謝綜等意欲收合不逞規有所建以臣昔蒙義康接盼又去歲群小為臣妄生風塵謂必嫌懼深見勸誘兼云人情樂亂機不可失讖緯天文並有徵驗曄尋自來復具陳此并說臣論議轉惡全身為難即以啓聞被敕

使相酬引究其情狀於是悉出檄書選事及同
惡人名手墨翰跡謹封上呈凶悖之甚古今罕
比由臣闇於交士聞此逆謀臨啓震惶荒情無
措詔曰湛之表如此良可駭惋曄素無行檢少
負瑕釁但以才藝可施故收其所長頻加榮爵
遂參清顯而險利之性有過谿壑不識恩遇猶
怨憤每存容養冀能悛革不謂同惡相濟狂悖
至此便可收掩依法窮詰其夜先呼曄及朝臣
集華林東閤止於客省先已於外收綜及熙先

兄弟竝皆款服于時上在延賢堂遣使問曄曰
以卿觕有文翰故相任擢名爵期懷於例非少
亦知卿意難厭滿正是無理怨望驅扇朋黨而
已云何乃有異謀曄倉卒怖懼不即首款上重
遣問曰卿與謝綜徐湛之孔熙先謀逆竝已答
款猶尚未死徵據見存何不依實曄對曰今宗
室磐石蕃嶽張跱設使竊發僥倖方鎮便來討
伐幾何而不誅夷且臣位任過重一階兩級自然
必至如何以滅族易此古人云左手據天下之

圖右手刎其喉愚夫不爲臣雖凡下朝廷許其
觕有所及以理而察臣不容有此上復遣問曰
熙先近在華林門外寧欲面辨之乎曄辭窮乃
曰熙先苟誣引臣臣當如何熙先聞曄不服笑
謂殿中將軍沈邵之曰凡諸處分符檄書疏皆
范曄所造及治定云何於今方作如此抵蹋邪
上示以墨迹曄乃具陳本末曰久欲上聞逆謀
未著又冀其事消弭故推遷至今負國罪重分
甘誅戮其夜上使尚書僕射何尚之視之問曰

卿事何得至此曄曰君謂是何尚之曰卿自應
解曄曰外人傳庾尚書見憎計與之無惡謀逆
之事聞孔熙先說此輕其小兒不以經意今忽受
責方覺爲罪君方以道佐世使天下無冤弟就
死之後猶望君照此心也明日仗士送曄付廷
尉入獄問徐丹楊所在然後知爲湛之所發熙
先望風吐款辭氣不橈上奇其才遣人慰勞之
曰以卿之才而滯於集書省理應有異志此乃
我負卿也又詰責前吏部尚書何尚之曰使孔

熙先季將三十作散騎郎那不作賊熙先於獄
中上書曰囚小人猖狂識無遠概徒狗意氣之
小感不料逆順之大方與第二弟休先首爲姧
謀干犯國憲雖膾脯醢無補尤戾陛下大明含
弘量苞天海録其一介之節猥垂優逮之詔恩
非望始没有遺榮終古以來未有斯比夫盜馬
絶纓之臣懷璧投書之士其行至賤其過至微
由識不世之恩以盡軀命之報卒能立功齊魏
致勳秦楚囚雖身陷禍逆名節俱喪然少也忼

慨竊慕烈士之遺風但墜崖之木事絶升躋覆
盆之水理乖收汲方當身膏鈇鉞詒誡方來若
使魂而有靈結草無遠然區區丹抱不負夙心
貪及視息少得申暢自惟性愛羣書心解數術
智之所周力之所至莫不窮攬究其幽微考論
既往誠多審驗謹略陳所知條牒如故别狀願
且勿遺棄存之中書若囚死之後或可追存庶
九泉之下少塞釁責所陳竝天文占候讖上有
骨肉相殘之禍其言深切曄在獄與綜及熙先

異處乃稱疾求移考堂欲近綜等見聽與綜等
果得隔壁遥問綜曰始被收時疑誰所告綜云
不知曄曰乃是徐童童徐湛之小名仙童也在
獄爲詩曰禍福本無兆性命歸有極必至定前
期誰能延一息在生已可知來緣憧無識好醜
共一丘何足異枉直豈論東陵上寧辨首山側
雖無嵇生琴庶同夏侯色寄言生存子此路行
復即曄本意謂入獄便死而上窮治其獄遂經
二旬曄更有生望獄吏因戲之曰外傳詹事或

當長繫曄聞之驚喜綜熙先笑之曰詹事當可
共疇事時無不攘袂瞋目及在西池射堂上躍
馬顧盼自以爲一世之雄而今擾攘紛紜畏死
乃爾設令今時賜以性命人臣圖主何顔可以
生存曄謂衞獄將曰惜哉薶如此人將曰不忠
之人亦何足惜曄曰大將言是也將出市曄最
在前於獄門顧謂綜曰今日次第當以位邪綜
曰賊帥爲先在道語笑初無暫止至市問綜曰
時欲至未綜曰勢不復久曄既食又苦勸綜綜

曰此異病篤何事彊飯曅家人悉至市監刑職
司問須相見不曅問綜曰家人以來幸得相見
將不暫別綜曰別與不別亦何所存來必當號
泣正足亂人意曅曰號泣何關人向見道邊親
故相贈送亦殊勝不見吾意故欲相見於是呼
前曅妻先下撫其子回罵曅曰君不爲百歲阿
家不感天子恩遇身死固不足塞罪奈何枉殺
子孫曅乾笑云罪至而已曅所生母泣曰主上
念汝無極汝曾不能感恩又不念我老今日奈何

仍以手擊曅頸及頰曅顏色不怍妻云罪人阿
家莫念妹及妓妾來別曅悲涕流漣綜曰舅
殊不同夏侯色曅收淚而止綜母以子弟自蹈
逆亂獨不出視曅語綜曰姊今不來勝人多也
曅轉醉子藹亦醉取地土及果皮以擲曅呼
曅爲別駕數十聲曅問曰汝恚我邪藹曰今日
何緣復恚但父子同死不能不悲耳曅常謂死
者神滅欲著無鬼論至是與徐湛之書云當相
地下其謬亂如此又語人寄語何僕射天下

決無佛鬼若有靈自當相報收曅家樂器服玩
並皆珍麗妓妾亦盛飾母住止單陋唯有一廚
盛樵薪弟子冬無被叔父單布衣曅及子藹遙
叔蔓孔熙先及弟休先景先思先熙先子桂甫
桂甫子白民謝綜及弟約仲承祖許曜諸所連
及並伏誅曅時年四十八曅兄弟子父已亡者
及謝綜弟緯徙廣州藹子魯連吳興昭公主外
孫請全生命亦得遠徙世祖即位得還曅性精
微有思致觸類多善衣裳器服莫不增損制度

世人皆法學之撰和香方其序之曰麝本多忌過
分必害沈實易和盈斤無傷零藿虛燥詹唐
黏濕甘松蘇合安息鬱金㮈多和羅之屬並
被珍於外國無取於中土又棗膏昏鈍甲煎淺
俗非唯無助於馨烈乃當彌增於尤疾也此序
所言悉以比類明士麝本多忌比庾炳之零藿
虛燥比何尚之詹唐黏濕比沈演之棗膏昏鈍
比羊玄保甲煎淺俗比徐湛之甘松蘇合比慧
琳道人沈實易和以自比也曅獄中與諸甥姪

書以自序曰吾狂釁覆滅豈復可言汝等皆當
以罪人棄之然平生行己在懷猶應可尋至於
能不意中所解汝等或不悉知吾少懶學問晚
成人年三十許政始有向耳自爾以來轉為心
化推老將至者亦當未已也往往有微解言乃
不能自盡為性不尋注書心氣惡小苦思便憒
閑口機又不調利以此無談功至於所通解處
皆自得之於胸懷耳文章轉進但才少思難所
以每於操筆其所成篇殆無全稱者常恥作文

士文患其事盡於形情急於藻義牽其旨韻移
其意雖時有能者大較多不免此累政可類工
巧圖繢竟無得也常謂情志所託故當以意為
主以文傳意以意為主則其旨必見以文傳意
則其詞不流然後抽其芬芳振其金石耳此中
情性旨趣千條百品屈曲有成理自謂頗識其
數嘗為人言多不能賞意或異故也性別宮商
識清濁斯自然也觀古今文人多不全了此處
縱有會此者不必從根本中來言之皆有實證

非為空談年少中謝莊最有其分手筆差易文
不拘韻故也吾思乃無定方特能濟難適輕重
所稟之分猶當未盡但多公家之言少於事外
遠致以此為恨亦由無意於文名故也本未關
史書政恒覺其不可解耳既造後漢轉得統緒
詳觀古今著述及評論殆少可意者班氏最有
高名既任情無例不可甲乙辨後贊於理近無
所得唯志可推耳博贍可不及之整理未必愧
也吾雜傳論皆有精意深旨既有裁味故約其

詞句至於循吏以下及六夷諸序論筆勢縱放
實天下之奇作其中合者往往不減過秦篇嘗
共比方班氏所作非但不愧之而已欲徧作諸
志前漢所有者悉令備雖事不必多且使見文
得盡又欲因事就卷內發論以正一代得失意
復未果贊自是吾文之傑思殆無一字空設奇
變不窮同合異體乃自不知所以稱之此書行
故應有賞音者紀傳例為舉其大略耳諸細意甚
多自古體大而思精未有此也恐世人不能盡

之多貴古賤今所以稱情狂言耳吾於音樂聽功不及自揮但所精非雅聲爲可恨然至於一絶處亦復何異邪其中體趣言之不盡弦外之意虚響之音不知所從而來雖少許處而旨態無極亦嘗以授人士庶中未有一豪似者此永不傳矣吾書雖小小有意筆勢不快餘竟不成就每愧此名曄自序並實故存之藹幼而整潔衣服竟歲未嘗有塵點死時年二十曄少時兄晏常云此兒進利終破門戸終如晏言

史臣曰古之人云利令智昏甚矣利害之相傾劉湛識用才能實苞經國之略豈不知移弟爲臣則君臣之道用變兄成主則兄弟之義殊乎而義康數懷姧計苟相崇說與夫推長戟而犯魏闕亦何以異哉

列傳第二十九

列傳第三十　宋書七十

袁淑

臣沈　約　新撰

袁淑字陽源陳郡陽夏人丹陽尹豹少子也少有風氣年數歲伯湛謂家人曰此非凡兒至十餘歲爲姑夫王弘所賞不爲章句之學而博涉多通好屬文辭采遒豔縱横有才辯本州命主簿著作佐郎太子舍人並不就彭城王義康命爲軍司祭酒義康不好文學雖外相

禮接意好甚疎劉湛淑從母兄也欲其附己而淑不以爲意由是大相乖失以久疾免官補衡陽王義季右軍主簿遷太子洗馬以脚疾不拜衛軍臨川王義慶雅好文章請爲諮議參軍頃之遷司徒左西屬出爲宣城太守入補中書侍郎以母憂去職服闋爲太子中庶子元嘉二十六年遷尚書吏部郎其秋大舉北伐淑侍坐從容曰今當鳴鑾中岳席卷趙魏檢玉岱宗今其時也臣逢千載之會願上封禪書一篇太

祖笑曰盛德之事我何足以當之出為始興王征北長史南東海太守淑始到府濬引見謂曰不意舅遂垂屈佐淑答曰朝廷遣下官本以光公府望還為御史中丞時索虜南侵遂至瓜步太祖使百官議防禦之術淑上議曰臣聞函車之獸離山必斃絕波之鱗宕流則枯竭寇遺醜趨致畿甸蟻萃螽集聞已崩殪天險巖曠地限深遐故全魏戢其圖盛晉輟其議情屈力殫氣挫勇竭諒不虞於來臨本無怵

於能濟矣乃者燮定攜遠阻違授律由將有弛拙故士少鬬志圍潰之衆匪寇傾淪攻制之師空自班散濟西勁騎急戰競旅淮上訓卒簡備靡旗是由綏整寡衷戎昭多昧遂使栲潞入患泉伊來擾紛殄姬風泯毒禹績騰書有渭陰之迫懸烽均咸陽之警然而切揣虛實伏匿先彰校索後能譎詭既顯綿地千里彌行阻深表裏躓硋後先介逼搶陵衍之習競湍沙之利今虹見萍生土膏泉動津陸陷溢

痁禍洊興蒭萁稾已單米粟莫係水寓栫帶進必傾霣河隘扁固退亦墮塗滅所謂栖烏於烈火之上養魚於叢棘之中或謂損緩江右寬繕淮内竊謂拯扼闔城舊史為允棄遠凉土前言稱非限此要荒猶弗委割況聯被京國咫尺神甸數州摧掃列邑殲痍山淵反覆草木塗地今丘賦千乘井筭萬集肩摩倍於長安締袂百於臨淄什一而籍寔慊祇願履畝以稅既協農和戶競戰心人含銳志皆欲贏糧請奮釋緯秉

城謂宜懸金鑄印要壯果之士重幣甘辭招推決之將舉薦板築之下抽登臺皂之間賞以焚書報之以相爵餓而昭才貿闕畀能閒至戎貪而無謀肆而不整迷乎向背之次謬於合散之宜犯軍志之極害觸兵家之甚諱咸畜憤矣僉策戰矣稱願影從謠言繙命宜選敢悍數千騖行潛掩偃旗裹甲鉗馬銜枚檜稽而起晨壓壘未陣旌譟亂舉火鼓四臨使景不暇移塵不及起無不禽鍛獸讋冰解霧散掃洗哨類

漂鹵浮山如有決罣漏網逡窠逗穴命淮汝戈
船過其還逕宄部勁卒梗其歸塗必剪元雄懸
首麾下乃將隻輪不反戰輜無旋矢於是信臣
騰威武士繕力緹組接陰鞞析聯響若其僞遁
羸張出沒無際楚言漢旆顯默如神固已日月
蔽虧川谷蕩貲負塞殘孼阻山爐當冀收險竊
命憑城借土則當因威席卷乘機芟勦泗汴秀
士旦星流電燭徐阜嚴兵雨湊雲集歷亂桑溪之
北搖潰澣海以南絕其心根勿使能植銜索之

枯幾何不盡蠹是由涸澤而漁焚林而狩若浚風
之儛輕箨擇杲日之拂浮霜既而尉洽荷掠之餘
望吊綱悲之鬼然後天行樞運猋舉煙升青蓋
西巡翠華　經啓州野滌一軫策俾高闕再
勒燕然後銘方乃奠山沉河創禮輯策闡燿炎
昊之遺則貫軼商夏之舊文今衆賈拳勇而將
術踈怯意者稔泰日積承平歲久邑無驚赴之
急家緩饑戰之勤閫閾訓之禮簡參屬之飾且
亦薦採之法庸末甄斁若乃邦造里選擢論深

切躬探盡幽斬帶尋遠設有沉明能照俊偉
自宜誠感泉雨流通金石氣憑飛責知窮直起
審邪正順逆之數達昏明益損之宜能睽合民
心愚叡物性登丹墀而敷策躡青蒲而揚
謀上說扆鑒下弭素言足以安民紓國救災
恤患則宜拔過寵貴之上褒升戚舊之右别其
旂章榮其班祿出得專譽使不盡秉命降席折
節同廣武之請設壇致禮均淮陰之援必有要
盟之功竊符之捷夷夜商暴很內外侮棄始附之

衆分茂無序蟲以威利勢必攜離首順之徒
靡然自及今淶繹故典瀝土纓綏翦羽焉幽播折
首凶狡是猶眇者願明痿之思步動商邁會
功終易感劫晉在於善覘全鄭實寄良諜多
縱反間汩惑心耳發險易之前抵興喪之術衝
其猜伏拂其嫌嗜汩以連率之貴餌以析壞之
資罄筆端之用展辭鋒之鋭振辯則堅圍可
解馳羽而巖邑易傾必府萬南土崩枝幹瓦裂
故燕樂相悔項范交疑矣或乃言約功深事邇

應廣齊圍反駕趙養還君孟輿誦之道畢能
事之効臣幸得出內層禁游心明代澤與身泰
恩隨年行無以逢迎昌運潤飾鴻法今塗有遺
鏃蠆未息蜂敢思涼識少酬閎施但坐幕奔踐之
略免冑不能致果竊覩都護之邊論屬國之
兵謨綠晁之抗辭杜耿之言事咸去及經之棘猶
闕上竿燭邪之敬裁收下策自恥懦木智不綜
微敢露昧見無會昭採淑憙爲誇誕每爲時
人所嘲始興王濬嘗送錢三萬餉淑一宿復遣

追取謂使人謬誤欲以戲淑淑與濬書曰委司
直之視館敢寓書於上國之宮尹日者猥枉泉
賦降委弊邑弊邑敬事是遑無或違貳懼非
郊贈之禮覲饗之資不虞君王惠之於是也
是有懵焉弗圖旦夕發咫尺之記籍左右而
請以爲是有授失旨爰速先幣曾是附庸臣
委末學孤聞者如之何勿疑且亦聞之前志
曰七年之中一與一奪義士猶或非之況密邇
旬次何其裒益之亟也藉恐二三諸侯有以

觀大國之政是用敢布心腹弊室弱生砥節清
廉好是潔直以不邪之故而貧聞天下寧有昧
夫嗟金者哉不腆供賦束馬先璧以俟命唯執
事所以圖之遷太子左衛率元凶將爲弒逆其
夜淑在直二更許呼淑及蕭斌等流涕謂曰
主上信讒將見罪廢省內無過不能受枉明
旦便當行大事望相與勠力淑及斌並曰自古
無此願加善思劭怒變色左右皆動斌懼乃曰
臣昔忝伏事常思效節況憂迫如此輒當竭

身奉令淑叱之曰卿便謂殿下眞有是邪殿下
幼時嘗患風或是疾動耳劭愈怒因問曰事
當克不淑曰居不疑之地何患不克但既克之
後爲天地之所不容大禍亦旋至耳願急息之
劭左右引淑等袴褶又就主衣取錦截三尺爲
一段又中破分斌淑及左右使以縛袴淑出環
省繞牀行至四更乃寢劭將出已與蕭斌同載
呼淑甚急淑眠終不起劭停車奉化門催之相
續徐起至車後劭使登車又辭不上劭因命左右

與手刃見殺於奉化門外時年四十六劭即位追贈太常賻賵甚厚世祖即位使顏延之為詔曰夫輕道重義亟聞其教世弊國危希遇其人自非達義之至識正之深者孰能抗心衛主遺身固節者哉故太子左衛率淑文辯優洽秉尚貞慤當要逼之切意色不橈厲辭道逆氣震凶黨虐刃交至取斃不移古之懷忠隕難未云出其右者興言嗟悼無廢乎心宜在加禮永旌宋有臣焉可贈侍中太尉謚曰忠憲公又詔曰袁淑以身殉義忠烈邈古遺孤在疚特所矜懷可厚加賜卹以慰存亡淑及徐湛之江湛王僧綽卜天與四家於是長給稟祿文集傳於世子幾敳稜凝摽敳世祖步兵校尉凝太宗世御史中丞出為晉陵太守太宗初與四方同反兵敗歸降以補劉湛冠軍府主簿淑諸子並早卒

史臣曰天長地久人道則異於斯蕣華朝露未足以言也其間夭遽曾何足云宜任心去留不以存沒嬰心徒以靈化悠遠生不再來雖夭行路嶮而未之斯遇謂七尺常存百年可保也所以據洪圖而輕天下悋寸陰而敗尺璧若乃義重乎生空炳前誥投軀殉主世罕其人若無陽源之節丹青何貴焉尔

列傳第三十 宋書七十

列傳第三十一　宋書七十一

臣沈約新撰

徐湛之

江湛

王僧綽

徐湛之字孝源東海郯人司徒羨之兄孫吳郡太守佩之弟子也祖欽之祕書監父逵之尚高祖長女會稽公主為振威將軍彭城沛二郡太守高祖諸子並幼以逵之姻戚將大任之欲

先令立功及討司馬休之使統軍為前鋒配以精兵利器事剋當即授荊州休之遣魯宗之子軌擊破之於陣見害追贈中書侍郎湛之幼孤為高祖所愛常與江夏王義恭寢食不離於側永初三年詔曰永興公主一門嫡長早罹辛苦外孫湛之特所鍾愛且致節之胤情實兼常可封枝江縣侯食邑五百戶年數歲與弟淳之共車行牛奔車壞左右馳來赴之湛之先令取弟衆咸歎其幼而有識及長頗涉大義善自特持事祖母及母並以孝謹聞元嘉二年除著作佐郎員外散騎侍郎並不就六年東宮始建起家補太子洗馬轉國子博士遷奮威將軍南彭城沛二郡太守徙黃門侍郎祖母年老辭以朝直不拜復授二郡加輔國將軍遷祕書監領右軍將軍轉侍中加驍騎將軍復為祕書監加散騎常侍驍騎如故會稽公主身居長嫡為太祖所禮家事大小必咨而後行西征謝晦使公主留止臺內總攝六宮忽有不得意輒號哭上甚憚

之初高祖微時貧陋過甚嘗自新洲伐荻有納布衫襖等衣皆敬皇后手自作高祖既貴以此衣付公主曰後世若有驕奢不節者可以此衣示之湛之為大將軍彭城王義宣所愛與劉湛等頗相附協及劉湛得罪事連湛之太祖大怒將致大辟湛之憂懼無計以告公主公主即日入宮既見太祖因號哭下牀不復施臣妾之禮以錦囊盛高祖納衣擲地以示上曰汝家本貧賤此是我母為汝父作此納衣今日有一頓飽食便欲殘害我兒子上亦號哭湛之由此得

全也遷中護軍未拜又遷太子詹事尋加侍中
湛之善於尺牘音辭流暢貴戚豪家產業甚
厚室宇園池貴遊莫及伎樂之妙冠絕一時門
生千餘人皆三吳富人之子姿質端妍衣服鮮
麗每出入行遊塗巷盈滿泥雨日悉以後車載之
太祖嫌其侈縱每以爲言時安成公何勗无忌
之子也臨汝公孟靈休昶之子也並各奢豪與
湛之共以肴膳器服車馬相尚京邑爲之語曰安
成食臨汝飾湛之二事之美兼於何孟勗官至

宋書傳三十一　三　王

侍中追謚荒公靈休善彈棊官至祕書監湛
之遷冠軍將軍丹陽尹進號征虜將軍加散騎
常侍以公主憂不拜過葬復授前職湛之表
啓固辭又詣廷尉受罪上詔獄官勿得受然後就
命固辭常侍許之二十二年范曄等謀逆湛之
始與之同後發其事所陳多不盡爲曄等款辭
所連乃詣廷尉歸罪上慰遣令還郡湛之上表
曰賊臣范曄孔熙先等連結謀逆法靜尼宣分
往還與大將軍臣義康共相脣齒備於鞫對伏

尋仲承祖始達熙先等意便極言姦狀而臣
兒女近情不識大體上聞之初不務指斥紙翰
所載尤復漫略者實以凶計既表逆事歸露
又仰緣聖慈不欲窮盡故言勢依違未敢縷陳
情旨無隱已昭天鑒及羣凶收禽各有所列曄
等口辭多見誣謗承祖醜言紛紜特甚乃云臣
與義康宿有密契在省之言期以爲定潛通姦
意報示天文末云熙先縣指必同以誑於羣或以
智勇見稱或以愚懦爲目既美其信懷奇覆驗

宋書傳三十一　四

其動止必啓凡諸詭妄還自違伐多舉事端不
究源統賷傳之信無有主名所徵之人又已死沒
首尾乖互自爲矛楯即臣誘引之辭以爲始謀
之證衛臣糾告並見怨咎縱肆狂言必見禍陷伏
自探省亦復有由昔義康南出之始敕臣入相伴
慰晨夕覲對經踰旬日逆圖成謀雖無顯然對
容異意頗形言旨遺臣利刃期以際會臣苦相諫
譬深加距塞以爲怨憤所至不足爲慮便以關啓
懼成虛妄思量反覆實經愚心非爲納受曲相

敵匿又令申情范曅釋中間之憾致懷蕭思話
恨婚意未申謂此僥幸亦不宜達陛下敢惜天
倫彰於四海藩禁優簡親理咸通又昔蒙眷顧
不容自絕音翰信命時相往來或言少意多旨
深文淺辭色之間往往難測臣每懼異聞皆略
而不答惟心無邪悖故不稍以自嫌懷懷丹實
具如此啓至於法靜所傳及熙先等謀知實不
早見關之日便即以聞雖晷光幽燭曲昭窮款
裁以正義無所逃刑東敝北闕請罪司寇乾施

含宥未加治考中旨頻降制使還往仰荷恩私
哀惶失守臣殃積罪深丁羅酷罰久應屏弃永
謝人理況姦謀所染忠孝頓闕智防愚淺闇於
禍萌士類未明其心羣庶謂之同惡朝野側目
衆議沸騰專信讎隙之辭不復稍相申體臣
雖駑下情非木石豈不知醜點難嬰伏劒爲易
而靦然視息忍此餘生實非苟吝微命假延漏
刻誠以負戾灰滅貽惡方來貪及視息少自披
訴冀幽誠丹款儻或昭然雖復身膏草土九泉

無恨顯居官次玷穢朝班　顏何地可以自處乞
蒙隳放伏待鈇鑕上優詔不許二十四年服闋
轉中書令領太子詹事出爲前軍將軍南
兗州刺史善於爲政威惠並行廣陵城舊有
高樓湛之更加脩整南望鍾山城北有陂澤水
物豐盛湛之更起風亭月觀吹臺琴室果竹繁
茂花藥成行招集文士盡遊玩之適一時之盛
也時有沙門釋惠休善屬文辭采綺豔湛
之與之甚厚世祖命使還俗本姓湯位至揚州

從事史二十六年復入爲丹陽尹領太子詹
事將軍如故二十七年索虜至瓜步湛之領兵
置佐與皇太子分守石頭二十八年春魯爽
兄弟率部曲歸順爽等魯軌子也湛之以爲
廟筭遠圖特所獎納不敢苟申私怨乞屏居
田里不許轉尚書僕射領護軍將軍時尚書令
何尚之以湛之國戚任遇隆重欲以朝政推之凡
諸辭訴一不料省湛之亦以職官記及令文尚
書令敷奏出內事無不總令缺則僕射總任又

以事歸尚之互相推委御史中丞袁淑並奏免官詔
曰令僕治務所寄不共求體當而互相推委糾之
是也然故事殘舛所以致茲疑執特無所問時詳
正之乃使湛之與尚之並受辭訴尚之雖爲令
而朝事悉歸湛之初劉湛伏誅殷景仁卒太祖
委任沈演之庾炳之范曄等後又有江湛何瑀
之曄誅炳之免演之瑀之並卒至是江湛爲吏
部尚書與湛之並居權要世謂之江徐焉上每
有疾湛之輒入侍醫藥二凶巫蠱事發上欲廢

劭賜濬死而世祖不見寵故累出外蕃不得停
京輦南平王鑠建平王宏並爲上所愛而鑠妃
卽湛妹勸上立之元嘉末徵鑠自壽陽入朝既
至又失旨欲立宏嫌其非次是以議久不決與
湛之屛人共言論或連日累夕每夜常使湛之
自秉燭繞壁檢行慮有竊聽者劭入弑之旦其
夕上與湛之屛人語至曉猶未滅燭湛之驚起
趣北戶未及開見害時年四十四世祖卽位追
贈司空加散騎常侍本官如故謚曰忠烈公又

詔曰徐湛之江湛王僧綽門戶荼酷遺孤流寓
言念既往感痛兼深可令歸居本宅厚加恤賜
於是三家長給廩三子聿之謙之爲元凶所殺
恒之嗣矦尚太祖第十五女南陽公主蚤卒無
子聿之子孝嗣紹封齊受禪國除

江湛字徽淵濟陽考城人湘州刺史夷子也居喪以
孝聞愛好文義喜彈碁鼓琴兼明筭術初爲著作
佐郎遷彭城王義康司徒行參軍南譙王義宣左軍
功曹復爲義康司徒主簿太子中舍人司空檀

道濟爲子求湛妹婚不許義康有命又不從時
人重其立志義康欲引與日夕湛固求外出乃
以爲武陵內史還爲司徒從事中郎遷太子中
庶子尚書吏部郎隨王誕爲北中郎將南徐州
刺史以湛爲長史南東海太守政事委之元嘉
二十五年徵爲侍中任以機密領本州大中正
遷左衞將軍時改選學職以太尉江夏王義恭
領國子祭酒湛及侍中何攸之領博士二十七
年轉吏部尚書家甚貧約不營財利餉饋盈門

一無所受無兼衣餘食嘗爲上所召值穌衣稱疾經日衣成然後赴牛餓馭人求草湛良久曰可與飲在選職頗有刻覈之譏而公平無私不受請謁論者以此稱焉上大舉北伐舉朝爲不可唯湛贊成之索虜至瓜步領軍將軍劉遵考率軍出江上以湛兼領軍軍事處分一以委焉虜遣使求婚上召太子劭以下集議衆並謂宜許湛曰戎狄無信許之無益劭怒謂湛曰今三王在阨詎宜苟執異議聲色甚厲坐散俱出劭

使班劍及左右推之殆將側倒劭又謂上曰北伐敗辱數州淪破獨有斬江湛可以謝天下上曰北伐自我意江湛但不異耳劭後燕集未嘗命湛常謂上曰江湛佞人不宜親也上乃爲劭長子偉之娉湛第三女欲以和之上將廢劭使湛具詔草劭之入弑也湛直上省聞叫譟之聲乃匿傍小屋中劭遣收之舍吏紿云不在此兵士即殺舍吏乃得湛之湛之據窗受害意色不橈時年四十六湛五子恁恕懋愻法壽皆見殺

初湛家數見怪異未敗少日所眠牀忽有數升血世祖即位追贈左光禄大夫開府儀同三司加散騎常侍本官如故謚曰忠簡公長子恁尚太祖第九女淮陽長公主爲著作佐郎

王僧綽琅邪臨沂人左光禄大夫曇首子也幼有大成之度弱年衆以國器許之好學有理思練悉朝典年十三太祖引見下拜便流涕哽咽上亦悲不自勝襲封豫章縣侯尚太祖長女東陽獻公主初爲江夏王義恭司徒參軍轉始興

王文學秘書丞司徒左長史太子中庶子元嘉二十六年徙尚書吏部郎參掌大選究識流品諳悉人物拔才舉能咸得其分二十八年遷侍中任以機密僧綽沈深有局度不以才能高人先是父曇首與王華並爲太祖所任華子嗣人才既劣位遇亦輕僧綽嘗謂中書侍郎蔡興宗曰弟名位應與新建齊超至今日蓋由姻戚所致也新建者嗣之封也及爲侍中時年二十九始興王濬嘗問其年僧綽自嫌蚤達逡巡良久

乃答其謙虚自退若此元嘉末太祖頗以後事爲念以其年少方欲大相付託朝政小大皆與參焉從兄徽清介士也懼其太盛勸令損抑僧綽乃求吴郡及廣州上並不許會二凶巫蠱事泄上獨先召僧綽具言之及將廢立使尋求前朝舊典劭於東宮夜饗將士僧綽密以啓聞上又令撰漢魏以來廢諸王故事撰畢送與江湛徐湛之湛之欲立隨王誕江湛欲立南平王鑠太祖欲立建平王宏議久不決誕妃即湛之女

鑠妃即湛妹太祖謂僧綽曰諸人各爲身計便無與國家同憂者僧綽曰建立之事仰由聖懷臣謂唯宜速斷不可稽緩當斷不斷反受其亂願以義割恩略小不忍不爾便應坦懷如初無煩疑論淮南云以石投水吴越之善没取之事機雖密易致宣廣不可使難生慮表取笑千載上曰卿可謂能斷大事此事重不可不殷勤三思且庶人始亡人將謂我無復慈愛之道僧綽曰臣恐千載之後言陛下唯能裁弟不能裁兒

上默然江湛同侍坐出閤謂僧綽曰卿向言將不太傷切直僧綽曰弟亦恨君不直及劭弑逆江湛在尚書上省聞變歎曰不用僧綽言以至於此劭既立轉爲吏部尚書委以事任事在二凶傳頃之劭料檢太祖巾箱及江湛家書疏得僧綽所啓饗士并廢諸王事乃收害焉時年三十一因此陷北第諸王侯以爲僧綽有異志并殺僧綽門客太學博士賈匪之奉朝請司馬文穎建平國常侍司馬仲秀等世祖即位追贈散

騎常侍金紫光禄大夫謚曰愍侯初太社西空地一區吴時丁奉宅孫晧流徙其家江左初爲周顗蘇峻宅其後爲袁悦宅又爲章武王司馬秀宅皆以凶終後給臧壽亦頗遇喪禍故世稱爲凶地僧綽常以正達自居謂宅無吉凶請以爲第始就造築未及居而敗子儉嗣昇明末爲齊國尚書右僕射

史臣曰甚矣宋氏之家難也雖釁所鍾親地兼極雖復傾天滅道迹非嫌路而灾隙内兆邪蠱

外興天性既離愛敬同盡探雀請熊非無前釁猜防之道有未足乎世祖弱年輕躁夙無朝寵累任邊外未嘗居中當璧之重將由愛立臣主回疑事無蚤斷若使守器以長命不待賢則密禍自銷危機可免聖哲之訓豈欺我哉昔山濤舉羊祜爲太子太傅蓋欲以後事委之而羊公短世僧綽綢繆主心將任以國重而宮車晏駕二臣並以道德謙沖名高兩代胙未中年功謝成日惜矣哉

宋書七十一

列傳第三十二　宋書七十二

臣沈　約　新撰

文九王

文帝十九男元皇后生劭潘淑妃生濬路淑媛生孝武帝吳淑儀生南平王鑠高脩儀生廬陵昭王紹殷脩華生竟陵王誕曹婕妤生建平宣簡王宏陳脩容生東海王禕謝容華生晉熙王昶江脩儀生武昌王渾沈婕妤生明帝楊脩儀生建安王休仁邢美人生晉平王休祐蔡美人生海陵王休茂董美人生鄱陽哀王休業顏美人生臨慶沖王休倩陳美人生新野懷王夷甫荀美人生桂陽王休範羅美人生巴陵哀王休若劭濬誕禕渾休茂休範別有傳紹出繼廬陵孝獻王義眞

南平穆王鑠字休玄文帝第四子也元嘉十七年都督湘州諸軍事冠軍將軍湘州刺史不之鎮領石頭戍事二十二年遷使持節都督南豫豫司雍秦幷六州諸軍事南豫州刺史時太祖

方事外略乃罷南豫併壽陽即鑠為豫州刺史尋領安蠻校尉給鼓吹一部二十六年進號平西將軍讓不拜索虜大帥託跋燾南侵陳頓遂圍汝南懸瓠城行汝南太守陳憲保城自固賊晝夜攻圍之憲且守且戰矢石無時不交虜多作高樓施弩以射城內飛矢雨下城中負戶以汲又毀佛浮圖取金像以為大鉤施之衝車端以牽樓堞城內有一沙門頗有機思輒設奇以應之賊多作蝦蟆車以塡塹因薄攻城憲

督厲將士固女墻而戰賊之死者屍與城等遂登屍以陵城短兵相接憲銳氣愈奮戰士無不一當百殺傷萬計汝水為之不流相拒四十餘日鑠遣安蠻司馬劉康祖與寧朔將軍臧質救之虜燒攻具走二十七年大舉北伐諸蕃竝出師鑠遣中兵參軍胡盛之出汝南上蔡向長社長社戍主魯爽委城奔走既克長社遣幢主王陽兒張略等進據小索偽豫州刺史僕蘭於大索率步騎二千攻陽兒陽兒擊大破之到坦

之等進向大索勞楊氏鄭德玄張和各起義以應坦之僕蘭奔虎牢會王陽兒等至即據大索因向虎牢鑠又遣安蠻司馬劉康祖繼坦之虜永昌王宜勤仁庫眞救虎牢坦之敗走虜乘勝逕進於尉氏津逢康祖康祖戰敗見殺賊進逼壽陽因東過與燾會於江上二十八年夏虜荊州刺史魯爽及弟秀等率部曲詣鑠歸順其年七月鑠所生吳淑儀薨鑠歸京師葬畢還攝本任時江夏王義恭領兗州刺史鎮盱眙丁母憂還

京師上以兗土彫荒罷南兗併南徐州當別置淮南都督住盱眙開創屯田應接遠近欲以授鑠既而改授散騎常侍撫軍將軍領兵戍石頭元凶弒立以為中軍將軍護軍常侍如故世祖入討劭屯兵京邑使鑠巡行撫勞劭還立南兗以鑠為使持節都督南兗徐兗青冀幽六州諸軍事征虜將軍開府儀同三司南兗州刺史常侍如故柳元景至新亭劭親自攻之挾鑠自隨江夏王義恭南奔使鑠守東府以腹心防之進授

侍中驃騎將軍録尚書事餘如故邵迎蔣侯
神於宫内䟽世祖年諱厭祝祈請假授位號使
鑠造策文及義軍入宫鑠與濬俱歸世祖濬
即伏法上迎鑠入營當時倉卒失國璽事寧更
鑄給之進侍中司空領兵置佐以國哀未闋讓
侍中鑠素不推事世祖又爲元凶所任上乃以藥
内食中毒殺之時年二十三追贈侍中司徒三
子敬猷敬淵敬先敬猷嗣官至黄門郎敬淵初
封安南縣侯官至後軍將軍敬先繼廬陵王紹

前廢帝景和末召鑠妃江氏入宫使左右於前
逼迫之江氏不受命謂曰若不從當殺汝三子
江氏猶不肯於是遣使於第殺敬猷敬淵敬先
鞭江氏一百其夕廢帝亦殞太宗即位追贈敬
猷侍中謚曰懷王追贈敬淵黄門侍郎謚曰悼
侯改封孝武帝第十八子臨賀王子産字孝仁
爲南平王繼鑠後未拜被殺泰始五年立晋平
王休祐第七子宣曜爲南平王繼鑠休祐死宣
曜被廢還本後廢帝元徽元年立衡陽恭王嶷

第二子伯玉爲南平王繼鑠後官至給事中昇
明二年謀反誅國除
建平宣簡王宏字休度文帝第七子也早喪
母元嘉二十一年年十一封建平王食邑二千
戸少而閑素篤好文籍太祖寵愛殊常爲立
第於鷄籠山盡山水之美建平國職高他國一
階二十四年爲中護軍領石頭戍事出爲征
虜將軍江州刺史二十八年徵爲中書令領驍
騎將軍元凶弑立以宏爲左將軍丹楊尹又以

爲散騎常侍鎮軍將軍江州刺史世祖入討
劭録宏殿内世祖先嘗以　手板與宏宏遣左
右親信周法道齎手板詣世祖事平以爲尚書
左僕射使奉迎太后還加冠軍將軍中書監僕
射如故臧質爲逆宏以仗士五十人入六門爲
人謙儉周慎禮賢接士明曉政事上甚信仗之
時普責百官讜言宏議曰臣聞建國之道咸殊
興王之政不一至於開諫致寧防口取禍固前
正同軌後主共則秦殷之敗語戮刺亡周漢之

盛誘升箴顯陛下以至德神臨垂精思治進儒
禮而崇寛教哀獄法而黜嚴刑表忠行而舉貞
節辟處士而求賢異修廢官而出滯賞撤天膳
而重農食禁貴遊而弛権酤通山澤而易關
梁固已海内仰道天下知德今復開不諱之塗
辨直辭之路四海希風普天幸甚舉蒙採問敢
不悉心謹條鄙見置陳如左辭理違謬伏用震
讋夫用兵之道自古所愼頃于戈未戢戰備宜修
而卒不素練兵非夙習且戎衛之職多非其才

或以資厚素加或以禄薄帶帖或寵由權門恩
自私假既無將領虛尸榮禄至於邊城舉燧羽
驛交馳而望其擐甲推鋒立功閫外譬緣木求
魚不可得矣常謂臨難命師皆出倉卒驅烏合
之衆隷造次之主貌疎情乖有若胡越豈能使
其同力拔危濟難故奔北相望覆敗繼有今欲
改選將校皆得其人分臺見將各以配給領護
二軍爲其總統令撫養士卒仗恩信先加農隙
校獵以習其事三令五申以齊其心使動止應

規進退中律然後畜鋭觀釁因時而動權敵陷
堅折衝于外孫子曰視卒如赤子故可與之共
死所以張拳効爭先之心吮癰致必盡之命豈
不由恩著者士輕其生令明者卒畢其分考心
迹事如或有在妄陳膚知追懼乖謬轉嘗書
令加散騎常侍將軍如故給鼓吹一部尋進號
衛將軍中書監尚書令如故宏少而多病大明
二年疾動求解尚書令以本號開府儀同三司
加散騎常侍中書監如故未拜其年薨時年二

十五追贈侍中司徒中書監如故給班劒二十
人上痛悼甚至每朔望輒出臨靈自爲墓誌銘
并序與東揚州刺史顏竣詔曰宏夙情業尚素
心令績雖年未及壯願言兼申謂天道可倚輔
仁無妄雖寢患淹時慮不至禍豈圖祐善虛設
一旦永謝驚惋摧慟五内交殞平生未遠舉目
如昨而賞對遊娱緬同千載哀酷纏綿實增痛
切卿情均休戚重以周旋乖坼少時奄成今古
聞問傷惋當何可言五年益諸弟國各千戶先

薨者不在其例唯宏追益子景素少愛文義有
父風大明四年爲寧朔將軍南濟陰太守徙歷
陽南譙二郡太守將軍如故中書侍郎不拜監
南豫豫二州諸軍事輔國將軍南豫州刺史又
不拜太宗初太子中庶子領步兵校尉太子左
衛率加給事中冠軍將軍南兗州刺史丹楊尹
吳興太守使持節監湘州諸軍事湘州刺史將
軍並如故進號左將軍泰始六年都督荆湘雍益
梁寧南北秦八州諸軍事左將軍荆州刺史持

節如故徵爲散騎常侍後將軍太常未拜授使
持節都督南徐南兗兗徐青冀六州諸軍事鎮軍
將軍南徐州刺史桂陽王休範爲逆景素雖纂集
兵衆以赴朝廷爲名而陰懷兩端及事平進號
鎮北將軍齊王爲南兗州景素解都督時太祖
諸子盡殂衆孫唯景素爲長建安王休祐諸
子並廢徙無在朝者景素好文章書籍招集
才義之士傾身禮接以收名譽由是朝野翕然
莫不屬意焉而後廢帝狂凶失道内外皆謂景

素宜當神器唯廢帝所生陳氏親戚疾忌之而
楊運長阮佃夫並太宗舊隸貪幼少以久其權
慮景素立不見容於長主深相忌憚元徽三年
景素防閤將軍王季符失景素旨怨恨因單騎
奔京邑告運長佃夫云景素欲反運長等便欲
遣軍討之齊王及衛將軍袁粲以下並保持之
謂爲不然也景素亦馳遣世子延齡還都具自
申理運長等乃徙季符於梁州又奪景素征北
將軍開府儀同三司自是廢帝狂悖日甚朝野

並屬心景素陳氏及運長等彌相猜疑景素因
此稍爲自防之計與司馬廬江何季穆錄事參
軍陳郡殷瀰記室參軍濟陽蔡履中兵參軍
略陽垣慶延左右賀文超等謀之以參軍沈顒
毌丘文子左暄州西曹王潭等爲爪牙季穆薦
從弟豫之爲參軍景素遣豫之潭文超等去來
京邑多與金帛要結才力之士由是冠軍將軍黃
回游擊將軍高道慶輔國將軍曹欣之前軍韓道
清長水校尉郭蘭之羽林監垣祗祖並皆響附

其餘武人失職不得志者莫不歸之時廢帝單馬獨出遊走郊野曹欣之謀據石頭韓道清郭蘭之欲說齊王使同若不同者圖之候廢帝出行因衆作難事克奉景素景素每禁駐之未欲怱怱舉動運長密遣傖人周天賜僞投景素勸爲異計景素知爲運長所遣即斬之遣司馬孫謙送首還臺元徽四年七月垣祗祖率數百人奔景素云京邑已潰亂勸令速入景素信之即便舉兵負戈至者數千人運長等常疑景素有

異志及聞祗祖叛走便纂嚴備辦齊王出屯玄武湖冠軍將軍任農夫黃回左軍將軍李安民各領步軍右軍將軍張保率水軍並北討冠軍將軍南豫州刺史段佛榮爲都統其餘衆軍相繼進冠軍將軍齊王世子鎮東府城齊王知黃回有異圖故使安民佛榮俱行以防之景素欲斷據竹里以拒臺軍垣慶延祗祖沈顒等曰今天時旱熱臺軍遠來疲困引之使至以逸待勞可一戰而克也殷瀰等固爭不能農夫等既至

放火燒市邑而垣慶延等各相顧望並無鬭志景素本乏威略恇擾不知所爲時張保水軍泊西渚景素左右勇士數十人並荊楚快手自相要結擊水軍應時摧陷斬張保而諸將不相應赴復爲臺軍所破臺軍既薄城池顒先衆叛走垣祗祖次之其餘諸軍相係奔敗左暄驍果有膽力欲爲景素盡節而所配兵力甚弱猶力戰不退於萬歲樓下橫射臺軍不能禁然後退散右衞殿中將軍張倪奴前軍將軍周盤龍攻陷

京城倪奴禽景素斬之時年二十五即葬京口垣慶延祗祖左暄賀文超並伏誅殷瀰蔡履徙梁州何季穆先遷官故不及禍其餘皆逃亡值赦得免景素既敗曹欣之反告韓道清郭蘭之之謀道清等並誅黃回高道慶等齊王撫之如舊景素子延齡及二少子並從誅其年冬封長沙成王義欣子顒第三子恬爲秭歸縣侯食邑千戶繼宏後順帝昇明二年卒國除張倪奴以禽景素功封筑陽縣侯食邑千戶景素敗後故

記室參軍王𤖨故主簿何昌寓並上書訟景素之寃齊受禪建元初故景素秀才劉璡又上書曰臣聞曾子孝於其親而沈乎水介生忠於其主而焚於火何則仁也不必可依信也不必可恃昔者墨翟議雲梯於荊臺之下宋人逐之東叔爲衛軍隱難於晉公子殪之李牧北逝殭胡之旗南拒全秦之卒趙左不圖其功賜以利劍陳蕃白首固義忘生事主漢靈不明其忠卒被刑戮彼數子者皆身栖青雲之上而困於泥塵

之裏誠以危行不容於衰世孤立聚尤於衆人加讒諂蜩螗其中謗隙蜂飛而至故也臣聞浸潤之行骨肉離絶疑似一至君臣易心此中山所以歔欷秦樂孟博所以慷慨囊頭者也臣每惟故舉將宋建平王之禍悲徹骨髓氣凝霜霰今琁鼎啓運人神改物生罪尚宥死寃必申臣誠不忍王之負謗而不雪故敢明言其理臣聞孝悌爲志者不以犯上曾子不逆薪而爨知其不爲暴也秦仁獲麑知其可爲傅也臣聞王之

事獻太妃也朝夕不違養甘苦不見色帳下進珍饌太妃未食王投箸輟飯太妃起居有不安王傍行蓬鬢臣聞求忠臣者於孝子之門安有孝如王而不忠者乎其可明一也當泰始元徽中王公貴人無謁景寧陵者王獨抗情而行不以趨時捨義出鎮入朝必俛拜陵所王尚不弃先君豈背今君乎其可明二也王博聞而容衆與諫而愛士與人言呴呴若有傷聞人之善譽而進之見人之惡掩而誨之李蔚之蓬廬之寒

素也王枉駕而訊之何季穆等宣簡王之舊也王提挈以升之王虛已以厚天下之士尚不欲傷一人之心何乃親戚圖相葅膾乎其可明三也臣昔以法曹參軍奉訊於聽朝之末王每斷獄降聲辭和顏色以待士女之訟時見夏伯以童子縲紲王愴然改貌用不加刑徐州嘗歲飢王散秩粟俸帛以繼民之乏躬理冤疑咸息繇務所在皆有愛於民臣聞善人國之紀也安有仁於民庶而虐其宗國者乎其可明四也王脩身

潔行言無近雜內去聲酌之娛外無田弋之好每所臨踐不加穿築直衛不繁第宅無改荊州高齋刻楹柏構王廢而不處昔朝廷欲賜王東陵甲第又辭而不當兩宮所遺珍玩塵於笥篋無它嬖私不耽內寵姬嬙數人皆詔令所賜王身食不踰一肉器用尾素時有獻鏤玉器王顧謂何昌寓曰我持此安所用哉乃謝而反之王恭己蹈義若此其可明五也王之在荊州也時獻太妃初薨宋明帝新棄天下京畿諸王又相

繼非命王乃徵入為太常楚下人士竝勸勿下王謂為臣而距先皇之命不忠為子不奉親之窀穸不孝於是棄西州之重而匍伏北闕王若志欲偃彊傲應高枕江漢何為屈折而受制於人乎其可明六也王名高海內義重太山耆幼懷仁士庶慕德故從昏者忌明同枉者毀正搊弦為鉤張一作百行坐欻嘘皆生風塵會王季符須臯流謗事會讒人之心權醜相扇鴟梟奮翼王雖遘愍離凶而誠分彌款散情中孚揮席

滿素虞玩之銜使歸旋世子入質京邑續解徐州請身東第後求會稽降階外撫虞玩殷煥實為詮譯誠心殷勤備留聖聽王若倘張跋扈何事若斯其可明七也自是以後日同殊論者梧之衰德既彰羣小之姦慝彌廣下盈其毒上不可依時長王竝見誅鋤公卿如蹈虎尾衆人翕翕莫不佳仰於王廟闇諸人同謀異志王心不從利忠不背本孰周天賜而斬之以距王王空與等遣司馬孫謙歸款朝廷王若欲擬非覬寧當

如此乎其可明八也又是年五月以後道路皆謂阮佃夫等欲潛圖宮禁因兵北襲而黃回高道慶等傳構其事武人獎亂更相恐脅至六月而京師徵賦車徒將講衆北壘都鄙疑駭僉言釁作垣衹祖因民情囂蕩揚聲北奔紿辭惑衆窮亂極禍會州人自都還說掖門已閉殊不知臺中安不王既素籍異論謂為信然收率疲弱志在投散冰炭在懷但恐遲後何圖兵以順出翻為逆動乎夫往來之人諠譁幻惑皆出羣載

非從徐州起也且臺以六月晦夜無何呼北兵已至皆登陴抽刄而朱方七月朔猶緩帶從容其晚聞哀都變亂始乃鳩兵簡甲耳王豈先造禍哉其可刪九矣王聞京室有難坐不安食不甘言及太后未嘗不交巾掩泣又臨危之際撫檻而嘆曰吾恐三才於斯絕矣玆豈不誠在本朝以天下爲憂乎自非深忠遠槩孰能身滅之不恤獨眷眷國家安危哉其可刪十也夫王起兵之日止在臣救昏難放殛姦盜非它故也請

較言之當時君臣之道治亂云何楊運長阮佃夫爲有辠邪爲無辠邪若其無辠何故爲戮若其有辠討之何辜王豈不知君親之無將乎顧以救火之家豈遑先白丈人非不恭也徒以運屬陵喪智力無所用之蹉跌傾覆此乃時也豈謂反手果燓今日王亾明日宋亾王何負於社稷何媿於天下哉臣聞武王克商未及下車而封王子之墓漢高定天下過大梁躡䕠代脩信陵之祀存望諸之裔晉世受命亦追王陵之寃而詔其孫爲郎夫比干殷辛之罪人也無忌魏之疑臣也樂毅燕之逃將也彥雲齊之賊而晉害也適逢聖明之君革運創制昭功誠蕩嫌怨請議以天下之善也或殊世而相明故四賢咸濟其令問三后馳光於萬葉君子榮其輝小人服其義今陛下尊英雄之高軌振逸世之奇聲何至仍衰世之異議以掩賢人之名哉若王之中外不明終始蹈德臣懼方今之人不復爲善矣且世之興衰何代無有今齊苗

裔萬世之後其能無汚隆乎苟前良可廢何以勸後之能者伏願上同周漢西晉之如彼下爲來胤垂範之如此儻能降明詔笺枉道使往王得洗謗議拯寘魂賜以王禮反葬則民之從義猶若回風之卷草也臣聞鶴鳴臯垤則降陰吐雨騰蛇聳躍而沈雲鬱冥但傷臣言輕落毛身如橫芥神高聽邈終焉莫省直欲內不負心庶將來知王之意耳又不省至今上即位乃下詔曰宋建平王劉景素名父之子少敦清尚

雖末路失圖而原心有本年流運改宜弘優澤可聽以王禮還葬舊墓

晉熙王昶字休道文帝第九子也元嘉二十二年年十歲封義陽王食邑二千戶二十七年爲輔國將軍南彭城下邳二郡太守元凶弒立加散騎常侍世祖踐祚遷太常出爲東中郎將會稽太守尋監會稽東陽臨海永嘉新安五郡諸軍事孝建元年立東揚州郡昶爲刺史東中郎將如故進號後將軍大明元年徵爲祕書監領

驍騎將軍加散騎常侍遷中軍將軍南彭城下邳二郡太守又出爲都督江州郢州之西陽豫州之新蔡晉熙二郡諸軍事前將軍江州刺史三年徵爲護軍將軍給鼓吹一部增邑千戶轉中書令中軍將軍尋以本號開府儀同三司加散騎常侍太常從世祖南巡坐斥皇太后龍舟免開府尋又以加授前廢帝即位出爲使持節都督徐兗南兗青冀幽六州豫州之梁郡諸軍事征北將軍徐州刺史加散騎常侍開府如故

昶輕訬褊急不能祗事世祖大明中常被嫌責民間喧然常云昶當有異志永光景和中此聲轉甚廢帝既誅群公彌縱狂悖常語左右曰我即大位來遂未常戒嚴使人邑邑江夏王義恭誅後昶表入朝遣典籤蘧法生銜使帝謂法生曰義陽太宰謀反我正欲討之今知求還甚善又屢詰問法生義陽謀反何故不啓法生懼禍叛走還彭城帝因此北討親率衆過江法生既至昶即聚衆起兵統內諸郡竝不受命斬昶使

將佐文武悉懷異心昶知其不捷乃夜與數十騎開門北奔索虜棄母妻唯攜愛妾一人作丈夫服亦騎馬自隨昶家還都二妾各生一子時太宗已即位名長者曰思遠小者曰懷遠尋竝卒追封懷遠爲池陽縣侯食邑千戶泰始六年以第六皇子燮字仲綏繼昶改昶封爲晉熙王燮襲爵食邑三千戶太宗既以燮繼昶乃下詔曰夫虎狼護子猴玃負孫毒性薄情亦有仁愛故識念氣類尚均羣品況在人倫可

忘天屬晉熙太妃謝氏沈刻無親物理罕比征北公雖孝道無替而遭此不慈自少及長闕恩鞠之 乃至休不克莫關寒溫不訪晨昏屏塞定省靡因事無違忤動致誚責毒句發口人所難聞加惡備苦過於雠隙遂事憤於宗姻義傷於行路公故妃郗氏婦禮無違逢此嚴酷遂以憂卒用夭盛年又謝氏食則豐珍衣則文麗奉己之餘播覃羣下而諸孫纊不溫體食不充飢付於姆妳之手縱以任軍之路遇其所生弃

若糞土繼縷比於重囚窮困過於下使誠皇規方遠沙塞將一公脩短不諱亦難豫圖兼妾安累弱一弟領王防閑之道人理斯急朕所以詔第六子燮奉公爲胤欲以毗整一門爲公繼紹但謝氏待骨肉至親尚相弃蔑況以義合免苦爲難患萌防漸危機須斷便可還其本家削絕蕃秩先是改謝氏爲射氏時主幼時艱宗室寡弱元徽元年燮年四歲以爲使持節監郢州豫州之西陽司州之義陽二郡諸軍事征虜將

軍郢州刺史以黃門郎王奐爲長史總府州之任明年太尉江州刺史桂陽王休範舉兵逼朝廷燮遣中兵參軍馮景祖襲尋陽休範留中兵參軍毛惠連州別駕程罕之居守開門詣景祖降進燮號安西將軍加督江州諸軍事復捉所生謝氏爲晉熙國太妃四年又進燮鎮西將軍加鼓吹一部順帝即位徵爲使持節都督揚南徐二州諸軍事撫軍將軍揚州刺史先是齊世子爲燮安西長史行府州事時亦被徵爲左衞

將軍與燮俱下會荊州刺史沈攸之舉兵反世子因奉燮鎮尋陽之盆城據中流爲內外形援攸之平燮還京邑齊王爲南徐州燮解督南徐進督南豫江州諸軍事進號中軍將軍開府儀同三司遷司徒齊受禪解司徒降封隆安縣侯食邑千五百戶謀反賜死

始安王休仁文帝第十二子也元嘉二十九年年十歲立爲建安王食邑二千戶孝建三年爲秘書監領步兵校尉尋都督南兗徐二州諸軍

事冠軍將軍南兗州刺史大明元年入爲侍中
領右軍將軍四年出爲湘州刺史加散騎常侍
加號平南將軍八年遷使持節督江州南豫州
之晉熙新蔡郢州之西陽三郡諸軍事安南將
軍江州刺史未拜徙爲散騎常侍太常又不拜
仍爲護軍將軍常侍如故前廢帝永光元年遷
領軍將軍常侍如故景和元年又遷使持節都
督雍梁南北秦四州諸軍事安西將軍寧蠻校
尉雍州刺史未之任留散騎常侍護軍將軍又

加特進左光祿大夫給鼓吹一部時廢帝狂悖
無道誅害羣公忌憚諸父並囚之殿內毆捶陵
曳無復人理休仁及太宗山陽王休祐形體並
肥壯帝乃以竹籠盛而稱之以太宗尤肥號爲
豬王號休仁爲殺王休祐爲賊王以三王年長
尤所畏憚故常錄以自近不離左右東海王禕
凡劣號爲驢王桂陽王休範巴陵王休若年少
故並得從容嘗以木槽盛飯內諸雜食攪令和
合掘地爲坑穽實之以泥水裸太宗內坑中和

槽食置前令太宗以口就槽中食用之爲歡笑欲
害太宗及休仁休祐前後以十數休仁多計數
每以笑調佞諛悅之故得推遷常於休仁前使
左右淫逼休仁所生楊太妃左右並不得已順
命以至右衛將軍劉道隆道隆歡以奉旨盡諸醜狀
時廷尉劉矇妾孕臨月迎入後宮冀其生男欲
立爲太子太宗嘗忤旨帝怒乃倮之縛其手脚
以杖貫手脚內使人擔付太官曰即日屠豬休仁
笑謂帝曰豬今日未應死帝問其故休仁曰待

皇太子生殺豬取其肝肺帝意乃解曰且付廷
尉一宿出之帝將南遊荊湘二州明旦欲殺諸父
便發其夕太宗克定禍難殞帝於華林園休仁
即日推崇太宗便執臣禮明旦休仁出住東府
時南平盧陵敬先兄弟爲廢帝所害猶未殯
殮休仁休祐同載臨之開帷歡笑奏鼓吹往反
時人咸非焉先是廢帝進休仁爲驃騎大將軍
開府儀同三司常侍如故未拜太宗令書以爲
使持節侍中都督揚南徐二州諸軍事司徒尚

書令揚州刺史加班劍二十人給三望十五乘
時劉道隆爲護軍休仁請求解職曰臣不得與
此人同朝上乃賜道隆死尋諸方逆命休仁都
督征討諸軍事增班劍三十人出據虎檻進據
赭圻尋領太子太傅總統諸軍隨宜應接中
流平定休仁之力也初行與蘇侯神結爲兄弟
以求神助及事平太宗與休仁書曰此段殊得
蘇侯兄弟力增休仁邑四千戸固辭乃受千戸
上流雖平薛安都據彭城招引索虜復都督

北討諸軍事又增邑三千戸不受時豫州刺史
殷琰據壽陽未平晉平王休祐先督征討諸
軍事休祐出領江陵休仁代督西討諸軍事泰
始五年進都督豫司二州休仁年與太宗隣亞
俱好文籍素相愛友及廢帝世同經危難太宗
又資其權譎之力泰初初四方逆命兵至近畿
休仁親當矢石大勳克建任總百揆親寄甚隆
朝野四方莫不輻湊上漸不悅休仁悟其旨其
冬表解揚州見許六年進位太尉領司徒固讓

又加漆輪車劍履太宗末年多忌諱猜害稍
甚休仁轉不自安及殺晉平王休祐憂懼彌切
其年上疾篤與楊運長等爲身後之計慮諸弟
彊盛太子幼弱將來不安運長又慮帝晏駕後
休仁一旦居周公之地其輩不得秉權彌贊
成之上疾嘗暴甚內外莫不屬意於休仁主
書以下皆往東府休仁所親信豫自結納其或
直不得出者皆恐懼上既宿懷此意至是又聞
物情向之乃召休仁入見既而又謂曰夕可停

尚書下省宿明可早來其夜遣人齎藥賜休仁
死時年三十九上寢疾久內外隔絕慮人情有
同異自力乘轝出端門休仁死後乃詔曰夫無
將之誅諒維通典知咎自引寔是有偏介劉休仁
地屬密親位居台重朕友寄特深寵秩兼茂
不能弘贊國猷裨宣政道而自處相任妄生猜
嫌側納羣小之說內懷不逞之志晦景藏迹無
事陽愚因近疾患沉篤內外憂悚休仁規逼禁
兵謀爲亂逆朕曲推天倫未忍明法申詔誥礪

辨戮事原休仁勲恩懼罪遂自引決追尋悲痛
情不自勝思屈法科以申矜悼可宥其二子并
全封爵但家國多虞釁起台輔永尋既往感
慨追深有司奏曰臣聞明罰無親情屈於司綱
國典有經威申於義滅是以梁趙之誅跣出稱
過來言之罰克入致動謹案劉休仁苞藏禍迹
事蔽於天明寬亂匿沉姦情宣於民聽自以屬居
戚近早延恩睦異禮殊義望越常均往歲授鉞
南討本非才命啓行濃湖特以親攝仰遵廟略

三百二十四 宋書傳三十二 二十六 石云

俯藉衆効屬承泰運竊附成勲而亟叨天功
多自臧伐既聖明御寓躬覽萬機百司有紀官
方無越而休仁矜勲怙貴自謂應揔朝權遂妄
生疑難深自猜外故司空晉平剌王休祐少無
令業長滋貪暴莅任陝荊毒流西夏編戶嗟
散列邑彫虛聖澤含弘未明正憲亟與休仁論
其愆迹辭意既密不宜傳廣遂飾容旨反相
勸激休祐以休仁位居朝右任遇優崇必能爲
已力援故深相黨結休祐於是輸金薦寶承顏

接意造厀之閒必論朝政遂無日不俱行無時
不同宿聲酣聚集密語清閑休仁含姦扇惑善
於計數說休祐使外託專慎之法密行貪詐之
心謂朝廷不覺人莫之悟休祐遂乃外積怨懼
內協禍心既得贊激凶慝轉熾與休仁共爲姦
謀潛伺機隙圖造釁變規肆凶狡休仁致殞倉
卒寔維天誅而晉平國太妃妾邢不能追懲子
惡上感曲恩受懷不逞巫蠱祝詛休仁因聖躬
不和猥謀姦逆滅道反常莫斯爲甚殄肆朝市

[illegible] 宋書傳三十二 二十七

庶申國刑而法綱未加自引厥命天慈矜厚減
法崇恩賜全二息及其爵封斯誠弘風曠德實
絕通古然非所以棄惡流釁懲懼亂臣者也臣
等參議謂宜追降休仁爲庶人絕其屬籍見息
悉徙遠郡休祐愆謀始露亦宜裁黜徙削之科
一同舊準收邢付獄依法窮治詔曰邢匹婦狂
愚不足與計休仁知釁自引情有追傷可特爲
降始安縣王食邑千户并停伯融等流徙聽襲
封爵伯猷先紹江夏國令還本賜爵鄉侯上既

殺休仁慮人情驚動與諸方鎮及諸大臣詔曰
休仁致殞卿未具悉事之始末今疏以相示休
祐貪恣非政法網之所不容昔漢梁孝王淮南
厲王無它釁悖正以越漢制度耳況休祐吞嚼
聚歛爲西數州之蝗取與鄙虐無復人情屢得
王景文褚淵沈攸之等啓陳其辠惡轉不可容
吾篤兄弟之恩不欲致之以法且每恨大明兄
弟情薄親見休祐屯苦之時始得寛寧彌不忍
問所以改授徐州冀其去朝廷近必應能自悛

革及拜徐州未及之任便徽動萬端暴濁愈甚
旣每爲民蠹不可復全休仁身粗有知解兼爲
宰相又吾與其兄弟情昵特復異常頻與休仁
論休祐釁狀休祐以休仁爲吾所親必應知吾
意又云休仁言對能爲損益遂多與財賂深相
結事乃覆必同宿行必共車休仁性軟易感說
遂成纏綣共爲一家是吾所吐密言一時倒寫
吾與休仁少小異常唯虛心信之初不措疑雖
爾猶慮清閑之時非意脫有閫者吾近向休祐

推情戒訓嚴切休祐雯不復致疑休祐死後吾
將其內外左右問以情狀方知言語漏泄并具
之由彌日懊惋心神萎孰休仁又說休祐云汝
但作佞此法自足安我常秉許爲家從來頗得
此力但試用看有驗不休祐從之於是大有獻
奉言多乖實積惡旣不可恕自休祐殞亡之始
休仁款曲共知休仁旣無辠釁主相本若一體
吾之推意初無有閒休祐貪愚爲天下所疾致
殞之本爲民除患兄弟無復多人彌應思弟不

感益相親信休祐平生狼抗無賴吾慮休仁往
哭或生祟禍且吾爾日本辦仗往哭晚定不
行吾所以爲設方便呼入在省而休仁得吾
召入大自驚疑遂入辭楊太妃顔色狀意
甚與常異旣至省楊太妃驟遣監子去來
參察從此日生嫌懼而吾之推情初不疑
覺從休祐死後吾再幸休仁第飮醼極日
排閤入內初無猜防休仁坐生嫌畏一日
吾春中多期射雉每休仁淸閑多往雉場

中或敕使陪輦及不行日多不見之每值賫
休仁輒語左右云我已復得今一日及在房內
見諸妓妾恒語我去不知朝夕見底若一旦死
去作鬼亦不取汝取汝正足亂人耳休祐死時
日已三晡吾射雉始從雉場出休仁從騎在右
伏野中吾遣人召之稱云腹痛不堪騎馬爾時
諸王車皆停在朱雀門裏日旣暝不暇遠呼車
吾衣書車近在離門裏敕呼來下油幢絡擬以
載之吾由來諳悉其體有冷患聞腹痛知必

是冷乃敕太醫上省送供御高梁薑飲以賜之休
仁得飲忽大驚告左右稱敗今日了左右答曰此
飲是御師名封題休仁乃令左右先飲竟猶不甚
信乃僶俛噬之裁進一合許妾先嫌貳事事如是
由來十日五日一就問太妃自休祐死後每吾詔必
先至楊太妃問如分別狀休仁由來自營府國
興生文書二月中史承祖齎文書呈之忽語承
祖云我得成許那何煩將來吾虛心如舊不復
見信旣懷不安大自嫌恐惟以情理不容復有

善心休仁旣經南討與宿衛將帥經習狎共事
相識者布滿外內常日出入於廂下經過與諸相
識將帥都不交言及吾前者積日失適休仁出
入殿省諸衛主帥裁相悉者無不和顏厚相撫
勞尒時吾旣甚惡意不欲見外人悠悠所傳互
言差劇休仁規欲聞知方便使呂雲度道人及勞
彥遠屢求啓聞覘吾起居及其所啓皆非急事
吾意亦不厝疑吾與休仁親情實異年少以來
恒相追隨情向大趣亦往往多同難否之日每

共契闊休仁南討爲都統旣有勳績狀之於心
亦何極已但休仁於吾望旣不輕小人無知亦
多挾背向旣生猜貳不復自寧夫禍難之由皆
意所不悟如其意趣人莫能測事不獲已反覆
思惟不得不有近日處分夫於兄弟之情不能
無厚薄休祐之亡雖復悼念猶可以理割遣及
休仁之殞悲慼特深千念不能已已舉言傷心
事之細碎旣不可曲載詔文恐物不必即解
兼欲存其兒子不欲窮法爲詔之辭不得不云

有兵謀非事實也故相報卿知上與休仁素厚至於相害慮在後嗣不安休仁既死痛悼甚至謂人曰我與建安年時相鄰少便狎從景和泰始之間勳誠實重事計交切不得不相除痛念之至不能自已今有一事不如與諸侯共說懽適之方於今盡矣因流涕不自勝子伯融妃殷氏所生殷氏吴興太守沖女也范陽祖翻有醫術姿皃又美殷氏有疾翻入視脈說之遂通好事泄遣還家賜死伯融歷南豫州刺史琅邪臨

淮二郡太守寧朔將軍廣州刺史不之職廢徙丹楊縣後廢帝元徽元年還京邑襲封始興王弟伯猷初出繼江夏愍王伯禽封江夏王邑二千户休仁死後還本與伯融俱徙丹楊縣後廢帝元徽元年賜爵都鄉侯建平王景素爲逆楊運長等畏忌宗室稱詔賜伯融等死伯融時年十九伯猷年十一

晋平剌王休祐文帝第十三子也孝建三年年十一封山陽王食邑二千户大明元年爲散騎常侍領長水校尉尋遷東楊州刺史未拜徙湘州刺史加號征虜將軍四年還爲秘書監領右軍將軍增邑千户遷侍中又遷左中郎將都官尚書又爲秘書監領驍騎將軍出爲使持節都督豫司二州南豫州之梁郡諸軍事右將軍豫州刺史景和元年入朝進號鎮西大將軍仍遷散騎常侍鎮軍大將軍開府儀同三司太宗定亂以爲使持節都督荊湘雍益梁寧南北秦八州諸軍事驃騎大將軍荊州刺史開府常侍如

故又改都督江郢雍湘五州江州刺史又改都督江南豫司州南豫州刺史改都督豫江司三州豫州刺史時豫州刺史殷琰據壽陽反叛休祐出鎮歷陽督劉勔等討琰琰未平勔築長圍守之休祐復徙都督荊湘雍益梁寧南北秦八州諸軍事荊州刺史持節常侍將軍開府並如故增封二千户受五百户以山陽荒敝改封晋平王休祐素無才能彊梁自用大明之世年少未得自專至是貪淫好財色在荊州裒刻所在多

營財貨以短錢一百賦民田登就求白米一斛米
粒皆令徹白若有破折者悉刪簡不受民間糴
此米一升一百至時又不受米評米責錢凡諸
求利皆悉如此百姓嗷然不復堪命泰始六
年徵爲都督南徐南兗徐兗青冀六州諸軍事
南徐州刺史加侍中持節將軍如故上以休祐
貪虐不可莅民留之京邑遣上佐行府州事休
祐很戾彊梁前後忤上非一在荊州時左右苑
景達善彈棊上召之休祐留不遣上怒詰責之

曰汝剛戾如此豈爲下之義積不能平且慮休
祐將來難制欲方便除之七年二月車駕於巖
山射雉有一雉不肯入場日暮將反令休祐射
之語云不得雉勿歸休祐時從在黃麾內左右
從者並在部伍後休祐便馳去上遣左右數人隨
之上既還前驅淸道休祐人從悉分散不復相
得上因遣壽寂之等諸將追之日已欲闇與休
祐相及逼令墜馬休祐素勇壯有氣力奮拳
左右排擊莫得近有一人後引陰因頓地即共

毆拉殺之乃遣人馳白上行唱驃騎落馬上曰
驃騎體大落馬殊不易即遣御醫絡驛相係頃
之休祐左右人至久已絕去車腳輿以還第時
年二十七追贈司空持節侍中都督刺史如故
給班劍二十人三望車一乘時巴陵王休若在
江陵其日即馳信報休若曰吾與驃騎南山射
雉驃騎馬驚與直閣夏文秀馬相蹹文秀墮地
驃騎失鞚馬驚觸松樹墮地落硎中時頓悶不
識人故馳報弟其年五月追免休祐爲庶人長

子士蕁早卒次子宣翊爲世子爲寧朔將軍湘
州刺史未拜免廢次士弘繼鄱陽哀王休業襲
封被廢還本次宣彥封原豐縣侯爲寧朔將軍
彭城太守未拜免廢次宣諒次宣曜出繼南平
穆王鑠封被廢還本次宣景次宣梵次宣覺次
宣受次宣則次宣直次宣季凡十三子並徙晉
平郡太宗尋病見休祐爲祟乃遣前中書舍
人劉休至晉平撫慰宣翊等上遂崩後廢帝元
徽元年聽宣翊等還都順帝昇明三年謀反並

賜死

鄱陽哀王休業文帝第十五子也孝建二年年十一封鄱陽王食邑二千戶三年薨追贈太常大明六年以山陽王休祐次子士弘嗣封被廢還本國除

臨慶沖王休倩文帝第十六子也孝建元年年九歲疾篤封東平王食邑二千戶未拜薨大明七年立第二十七皇子子嗣爲東平王紹休倩後太宗泰始二年還本國絕六年以第五皇子

智丹爲東平王繼休倩未拜薨其年追改休倩爲臨慶王以臨賀郡爲臨慶國立第八皇子躋爲臨慶王食邑二千戶繼休倩後明年還本國休倩太祖所愛故前後屢加紹門嗣

新野懷王夷父文帝第十七子也元嘉二十九年薨時年六歲太宗泰始五年追加封謚

巴陵哀王休若文帝第十九子也孝建三年年九歲封巴陵王食邑二千戶大明二年爲冠軍將軍南琅邪臨淮二郡太守徙南彭城下邳二

郡太守將軍如故四年出爲都督徐州諸軍事刺史將軍如故增督豫州之梁郡增邑千戶明年徵爲散騎常侍左右郎將吳興太守復徵爲散騎常侍太常未拜前廢帝永光元年遷左衛將軍太宗泰始元年遷散騎常侍中書令領衛尉未拜復爲左衛將軍常侍衛尉如故又未拜出爲使持節都督會稽東陽永嘉臨海新安五郡諸軍事領安東將軍會稽太守率衆東討進督吳吳興晉陵三郡尋加散騎常侍進號衛

將軍給鼓吹一部又進督晉安、□二郡諸軍事二年遷雍梁南北秦西州荊州之竟陵隨二郡諸軍事寧蠻校尉雍州刺史持節常侍將軍如故增邑二千戶受三百戶前在會稽錄事參軍陳郡謝沈以諂佞事休若多受賄賂時內外戒嚴普著袴褶沈居母喪被起聲樂酣飲不異吉人衣冠既無殊異並不知沈居喪嘗自稱孤子衆乃駭愕休若坐與沈褻黷致有姦私降號鎮西將軍又進衛將軍典籤夏寶期事休若無禮繫獄啓太宗殺之慮不被許啓未報輙於獄行刑信反果錮送而實期已死上大怒與休若書曰孝建大明中汝敢行此邪休若母加杖三百降號左將軍貶使持節都督爲監行雍州刺史使寧蠻校尉削封五百户四年遷使持節都督湘州諸軍事行湘州刺史如故六年荆州刺史晉平王休祐入以休若監荆州事進號征南將軍湘州刺史仍爲都督荆湘雍益梁寧南北秦八州諸軍事征西將軍荆州刺史持節如

故尋加散騎常侍又進號征西大將軍開府儀同三司七年晉平王休祐被殺建安王休仁見疑京邑譌言云有至貴之表太宗以言報之休若内甚憂懼會被徵代休祐爲都督南徐南兖徐兖青冀六州諸軍事征北大將軍南徐州刺史持節常侍開府如故休若腹心將佐咸謂還朝必有大禍中兵參軍京兆王敬先固陳不宜入勸割據荆楚以距朝廷休若僞許之敬先既出執録馳使白太宗敬先坐誅死休若至京口

建安王休仁又見害益懷危慮上以休若和善能諧緝物情慮將來傾幼主欲遣使殺之慮不奉詔徵入朝又恐猜駭乃僞遷休若爲都督江郢司廣交豫州之西陽新蔡晉熙湘州之始興四郡諸軍事車騎大將軍江州刺史持節常侍開府如故徵還召拜手書殷勤使赴七月七日即於第賜死時年二十四贈侍中司空持節都督刺史如故給班劍二十人三望車一乘休若既死上與驃騎大將軍桂陽王休範書曰外間

有一師姓徐名紹之狀如狂病自云爲塗步郎所使去三月中忽云神語道巴陵王應作天子汝使巴陵王密知之於是師便訪不見休若左右人不能得東宫典書姓何者相識數去來師解神語東宫典書具道神語東宫典書答去我識巴陵閒一左右當爲汝向道數日東宫典書復來語師云我已爲汝語巴陵左右道因達巴陵巴陵具知云莫聲但聽又頃者史官奏天文占候頗云休若應挾異端神道芒昧

乃不可全信然前後相堆略亦不無髣髴且帖
肆聞自大明以來有若好之謠于今未止詔若
百重章句皆配以美辭美事諸不逞之徒咸
云必是休若休若且知道路有異音里巷有若
好之謠在西巳奇懼致王敬先吐猖狂之言近
休祐休仁被誅休若彌不自安又左右多是不
相當負罪之徒恒說以道路之言叩動之相與
唱云萬民之心屬在休若感激其意尋休若
從來心迹殊有可嫌劉亮問高次祖汝一應識

此人當給休若休若在東縱恣羣下無本末還
朝被貶爵位小退次祖被亮使歸過問訊大泣
語次祖云我東行是一段功在郡横爲君羣小
輩過失大被貶降我實憤怨不解劉輔國何
意不作次祖答云劉輔國蒙朝廷生成之恩豈
容有此理推此巳是有奇意吾使諸王在蕃
正令優游而巳本不以武事而休若在西廣召
弓馬健兒都不啓聞又戾道明等昔親爲賊
羅應萬死休若至西大信遇之乃潛將往不啓

京吾知汝意謂休若處奉因事事何如心迹
既不復可測因其還朝在第與書事事詰誚
於内許密自引分狀如暴疾致故差得於其名
位及見子悉得全也休若既是汝弟使其狼心
得申者汝得守冶城邊作太尉公邪非但事關
計亦於汝甚切汝可密白荀太妃令知廬江王
禕昔在西州故上云冶城邊也休若子沖始襲
封順帝昇明三年薨會齊受禪國除
史臣曰詩云不自我先不自我後古人畏亂世

也太宗晚途疑隙内成尋斧所加先自至戚晉
剌以獷暴摧軀巴哀由和良毗體保身之路
未知攸適昔之戒子慎勿爲善將遠有以乎

列傳第三十二　　宋書七十二

列傳第三十三　　宋書七十三

臣沈約新撰

顏延之

顏延之字延年琅邪臨沂人也曾祖含右光祿大夫祖約零陵太守父顯護軍司馬延之少孤貧居負郭室巷甚陋好讀書無所不覽文章之美冠絕當時飲酒不護細行年三十猶未婚妹適東莞劉憲之穆之子也穆之既與延之通家又聞其美將仕之先欲相見延之不往也後

將軍吳國內史劉柳以爲行參軍因轉主簿豫章公世子中軍行參軍義熙十二年高祖北伐有宋公之授府遣一使慶殊命參起居延之與同府王參軍俱奉使至洛陽道中作詩二首文辭藻麗爲謝晦傅亮所賞宋國建奉常鄭鮮之舉爲博士仍遷世子舍人高祖受命補太子舍人鴈門人周續之隱居廬山儒學著稱永初中徵詣京師開館以居之高祖親幸朝彥畢至延之官列猶卑引升上席上使問續之三義續

之雅仗辭辯延之每折以簡要既連挫續之上又使還自敷釋言約理暢莫不稱善徙尚書儀曹郎太子中舍人時尚書令傅亮自以文義之美一時莫及延之負其才辭不爲之下亮甚疾焉廬陵王義眞頗好辭義待接甚厚徐羨之等疑延之爲同異意甚不悅少帝即位以爲正員郎兼中書尋徙員外常侍出爲始安太守領軍將軍謝晦謂延之曰昔荀勗忌阮咸斥爲始平郡今卿又爲始安可謂二始黃門郎殷景仁

亦謂之曰所謂俗惡俊異世疵文雅延之之郡道經汨潭爲湘州刺史張紀祭屈原文以致其意曰恭承帝命建旟舊楚訪懷沙之淵得捐佩之浦弭節羅潭艤舟汨渚敬祭楚三閭大夫屈君之靈蘭薰而摧玉貞則折物忌堅方人諱明潔曰若先生逢辰之缺溫風怠時飛霜急節嬴芊遘紛昭懷不端謀折儀尚貞蔑椒蘭身絕郢闕迹遍湘干比物荃蓀連類龍鸞聲溢金石志華日月如彼樹芬實穎實發望汨心歆

瞻羅思越籍用可塵昭忠難闕元嘉三年羨之
等誅徵爲中書侍郎尋轉太子中庶子頃之領
步兵校尉賞遇甚厚延之好酒踈誕不能斟酌
當世見劉湛殷景仁專當要任意有不平常云
天下之務當與天下共之豈一人之智所能獨了
辭甚激揚每犯權要謂湛曰吾名器不外當由
作卿家吏湛深恨焉言於彭城王義康出爲永
嘉太守延之甚怨憤乃作五君詠以述竹林七賢
山濤王戎以貴顯被黜詠嵇康曰鸞翮有時鎩

龍性誰能馴詠阮籍曰物故可不論塗窮能無
慟詠阮咸曰屢薦不入官一麾乃出守詠劉伶曰
韜精日沉飲誰知非荒宴此四句蓋自序也湛
及義康以其辭旨不遜大怒時延之已拜欲黜
爲遠郡太祖與義康詔曰降延之爲小邦不政
有謂其在都邑豈動物情罪過彰著亦士庶共
悉直欲選代令思愆里閭猶復不悛當驅往東
土乃志難恕自可隨事錄治殷劉意咸無異也
乃以光祿勳車仲遠代之延之與仲遠世素不

協屛居里巷不豫人間者七載中書令王球名
公子遺務事外延之慕焉球亦愛其材情好甚
款延之居常罄匱球輒贍之晉恭思皇后葬應
須百官湛之取義熙元年除身以延之兼持邑
吏送札延之醉投札於地曰顏延之未能事生焉
能事死閑居無事爲庭誥之文今刪其繁辭存
其正著于篇曰庭誥者施於閨庭之內謂不遠也
吾年居秋方慮先草木故遽以未聞誥爾在庭
若立履之方規鑒之明已列通人之規不復續論

今所載咸其素畜本乎生靈而致之心用夫選言
務一不尚煩密而至於備議者蓋以網諸情非
古語曰得鳥者羅之一目而一目之羅無時得鳥
矣此其積意之方道者識之公情者德之私公
通可以使神明加饗私塞不能令妻子移心是
以昔之善爲士者必捐情反道合公屛私尋尺
之身而以天地爲心數紀之壽常以金石爲量
觀夫古先垂戒長老餘論雖用細制每以不朽
見銘繕築末迹咸以可久承志況樹德立義收

族長家而不思經遠乎曰身行不足遺之後人欲
求子孝必先慈將責弟悌務爲友雖孝不待慈
而慈固植孝悌非期友而友亦立悌夫和之不備
或應以不和猶信不足焉必有不信儻知恩意
相生情理相出可使家有參柴人皆由損夫內
居德本外夷民譽言高一世處之逾嘿器重一時
體之兹沖不以所能干衆不以所長議物淵泰
入道與天爲人者士之上也若不能遺聲欲人出
己知柄在虛求不可校得敬慕謙通畏避矜踞

思廣監擇從其遠猷文理精出而言稱未達論
問宣茂而不以居身此其亞也若乃聞實之爲
貴以辯畫所克見聲之取榮謂爭奪可獲言
不出於戶牖自以爲道義久立才未信於僕妾
而曰我有以過人於是感苟銳之志馳傾觖之望
豈悟已挂有識之裁入修家之誡乎記所云千人
所指無病自死者也行近於此者吾不願聞之
矣凡有知能預有文論不練之庶士校之羣言通
才所歸前流所與焉得以成名乎若呻吟於牆

室之內喧嚻於黨輩之間竊議以迷寡聞媟語
以敵要說是短筭所出而非長見所上適值尊
明臨座稠覽博論而言不入於高聽人見棄於衆
視則慌若迷塗失偶黶如深夜撤燭銜聲茹氣
腆嘿而歸豈識向之夸慢祇足以成今之沮喪邪
此固少壯之廢爾其戒之夫以怨誹爲心者未有
達無心救得喪多見誚耳此蓋臧獲之爲豈識
量之爲事哉是以德聲令氣愈上每高忿言懟
議每下愈發有尚於君子者寧可不務勉邪雖

曰恒人情不能素盡故當以遠理勝之么筭除之
豈可不務自異而取陷庸品乎富厚貧薄事之
懸也以富厚之身親貧薄之人非可一時處然昔
有守之無怨安之不悶者蓋有理存焉夫既有
富厚必有貧薄豈其證然時乃天道若人厚富
是理無貧薄然乎必不然也若謂富厚在我則
宜貧薄在人可乎又不可矣道在不然義在不
可而橫意去就謬生希幸以爲未達至分蠶溫
農飽民生之本躬稼難就上以僕役爲資當施

其情願庀其衣食定其當治遞其優劇出之休饗後之捶責雖有勸恤之勤而無霑曝之苦務前公稅以遠吏讓無急傍費以息流議量時發斂視歲穰儉省贍以奉己損散以及人此用天之善御生之得也率下多方見情爲上立長多術晦明爲懿雖及僕妾情見則事通雖在畎畝明晦則功博若奪其常然役其煩務使威烈雷霆猶不禁其欲雖棄其大用窮其細瑕或明灼日月將不勝甚邪故曰屛焉則羞的焉則闇是以

禮道尚優法意從刻優則人自爲厚刻則物相爲薄耕收誠鄙此用不忒所謂野陋而不以居心也含生之氓同祖一氣等級相傾遂成差品遂使業習移其天識世服沒其性靈至夫願欲情嗜宜無間殊或役人而養給然是非大意不可侮也隅奧有竈齊侯蔑寒犬馬有秩管燕輕饑若能服溫厚而知穿弊之苦明周之德厭滋旨而識寡嗛之急仁恕之功豈與夫比肌膚於草石方手足於飛走者同其意用哉訓愼其濫惠戒

其偏罰濫則無以爲罰惠偏則不如無惠雖爾眇末猶扁庸保之上事思反己動類念物則其情得而人心塞矣抃博蒲塞會衆之事諧調哂謔適坐之方然失敬致侮皆此之由方其剋瞻彌喪端儼況遭非鄙慮將醜折豈若拒其容而簡其事靜其氣而遠其意使言必諍厭賓友清耳咲不傾撫左右悅目非鄙無因而生侵侮何從而入此亦持德之管籥爾其謹哉嫌惑疑心誠亦難分豈唯厚貌蔽智之明深情怯剛之斷而

已哉必使猜怨愚賢則顰咲入戾期變犬馬則步顧成妖況動容竊斧束裝濫金又何足論是以前王作典明愼議獄而僭濫易意朱公論璧光澤相如而倍薄異價此言雖大可以戒小遊道雖廣交義爲長得在可久失在輕絕久由相敬絕由相狎愛之勿勞當扶其正性忠而勿誨必藏其枉情輔以藝業會以文辭使親不可褻疏不可間每存大德無挾小怨率此往也足以相終酒酌之設可樂而不可嗜嗜而非病者希病

而遂眚者幾既眚既病將蔑其正若存其正性紓其妄發其唯善成乎聲樂之會可簡而不可違違而不背者鮮矣背而非弊者反矣既弊既背將受其殿必能通其礙而節其流意可為和中矣善施者唯發自人心乃出天則與不待積取無謀實竝散千金誠不可能贍人之急雖乏必先使施如王丹愛如杜林亦可與言交矣浮華怪飭滅質之具奇服麗食棄素之方動人勸慕傾人顧盻可以遠識奪難用近欲從若覩其淫

怪知生之無心為見奇麗能致諸非務則不抑自貴不禁自止夫數相者必有之術既闡之術人又驗之吾身理可得而論也人者兆氣二德稟體五常二德有奇偶五常有勝殺及其為人寧無叶沴亦猶生有好醜死有夭壽人皆知其懸天至於丁年乖遇中身迂合者豈可易地哉是以君子道命愈難識道愈堅古人恥以身為溪壑者屏欲之謂也欲者性之煩濁氣之蒿蒸故其為害則熏心智耗真情傷人和犯天性雖生

必有之而生之德猶火含煙而妨火桂懷蠹而殘桂然則火勝則煙滅蠹收則桂折故性明者欲簡嗜繁者氣惛去明即惛難以主一言其以中外羣聖建言所黜儒道眾智發論是除然有之者不患深故藥之者恒苦術淺所以毀道多而義寡頓盡誠難每指可易能易每指亦明之末廉嗜之性不同故畏慕之情或異從事於人者無一人我之心不以己之所善謀人為有明矣不以人之所務失我能有守矣己所謂然而彼

定不能弃某之敝悅彼之可而忘我不可學顛之弊將求去弊者念通怍介而已流言謗議有道所不免況在闕薄難用筭防接應之方言怨所聚有一于此何處逃毀苟能反悔在我而無責於人必有達鑒昭其情遠識迹其事日省吾躬月料吾志寬嘿以居潔靜以期神道必在何恤人言喭曰富則盛貧則病矣貧之病也不唯形色麤䶣黶黑或亦神心沮廢豈但交友疎棄

必有家人誚讓非廉深識遠者何能不移其植故欲蠲憂患莫若懷古懷古之志當自同古人見通則憂淺意遠則怨浮昔琴歌於編蓬之中者用此道也夫信不逆彰義必出隱交賴相盡明有相照一面見旨則情固丘岳一言中志則意入淵泉以此事上水火可蹈以此託友金石可弊豈待充其榮實乃將議報厚之篚筐然後圖終如或與立茂思無忽禄利者受之易易則人之所榮蠶穡者就之艱艱則物之所鄙艱易既有勤倦之情榮鄙又間向背之意此二塗所爲反也以勞定國以功施人則役徒屬而擅豐麗自埋於民自事其生則督妻子而趨耕織必使陵侮不作懸企不萌所謂賢鄙處宜華野同泰人以有惜爲質非假嚴刑有恒爲德不慕厚貴有惜者以理葬有恒者與物終世有位去則情盡斯無惜矣又有務謝則心移斯不恒矣又非徒若此而已或見人休事則勤蘄結納及聞否論則處彰離貳附會以從風隱竊以成釁朝

吐面譽暮行背毀昔同稽款今猶叛戾斯爲甚矣又非唯若此而已或憑人惠訓藉人成立與人餘論依人揚聲曲存稟仰甘赴塵軌衰没畏遠忌聞影迹又蒙之毀之無度心短彼能私樹己拙自崇恒輩罔顧高識有人至此實蠹大倫每思防避無通閭伍覩驚異之事或無涉傳遭卒迫之變反思安順若異從己發將尸謗人迫而又迕愈使失度能夷異如裴楷處逼如裴遐可稱深士乎喜怒者有性所不能無常起於褊量而止於弘識然喜過則不重怒過則不威能以恬漠爲體寬愉爲器者大喜蕩心微抑則定甚怒煩性小忍即歇動無愆容舉無失度則物將自懸人將自止習之所變亦大矣豈唯蒸性染身乃將移智易慮故曰與善人居如入芷蘭之室久而不知其芬與之化矣與不善人居如入鮑魚之肆久而不知其臭與之變矣是以古人慎所與處唯夫金真玉粹者乃能盡而不汙爾故曰丹可滅而不能使無赤石可毀而不可使無堅苟無丹石之性必慎

浸染之由能以懷道爲人必存從理之心道可懷
而理可從則不議貧議所樂爾或云貧何由樂
此未求道意道者瞻富貴同貧賤理固得而自
我喪之未爲通議苟議不喪夫何不樂或曰溫
飽之貴所以榮生饑寒在躬空曰從道取諸其
身將非篤論此又通理所用凡生之具豈閒定實
或以膏腴天性有以菽藿登年中散云所足與
不由外是以稱體而食貧歲愈嗛豈累腹而炊豐
家餘食非粒實息耗意有盈虛爾況心得復

劣身獲仁富明白入素氣志如神雖十旬九飯不
能令饑業席三屬不能爲寒豈不信然且以己
爲度者無以自通彼量渾四游而幹五緯天道
弘也振河海而載山川地道厚也一情紀而合
流貫人靈茂也昔之通乎此數者不爲剖判之
行必廣其風度無挾私殊博其交道唯懷曲異
故望塵請友則義士輕身一遇拜親則仁人投分
此倫序通允禮俗平一上獲其用下得其和世
務雖移前休未遠人之適主吾將反本三人至

生覺有之識幼壯驟過衰耗驚及其間夭鬱既
難勝言假獲存遂又云無幾柔麗之身亟委土
木剛清之才遽爲丘壤回遑顧慕雖數紀之中
爾以此持榮曾不可留以此服道亦何能平進
退我生遊觀所達得貴爲人將在含理含理之貴
惟神與交幸有心靈義無自惡偶信天德逝不上
慙欲使人沈來化志符往哲勿謂是賒日鑿斯
密著通此意吾將忘老如固不然其誰與歸值
懷所撰略布衆脩若備舉情見顧未書一賸

身之經別在田家節政奉終之紀自著燕居畢
義劉湛誅起延之爲始興王濬後軍諮議參軍
御史中丞在任縱容無所舉奏遷國子祭酒司
徒左長史坐啓買人田不肯還直尚書左丞荀
赤松奏之曰求田問舍前賢所鄙延之唯利是
視輕冒陳聞依傍詔恩拒捍餘直垂及周年猶
不畢了昧利苟得無所顧忌延之昔坐事屏斥
復蒙抽進而曾不悛革怨誹無已交遊闒茸沈
迷麴蘖橫興譏謗詆毀朝士仰竊過榮增憤薄

之性私恃顧盼成彊梁之心外示寡求內懷奔
競干祿祈遷不知極已預讌班觴肆罵上席山
海含容每存遵養愛兼彫蟲未忍遐棄而驕
放不節日月彌著臣聞聲問過情孟軻所恥
況聲非外來問由已出雖心智薄劣而高自比擬
客氣虛張曾無愧畏豈可復弼亮五教增曜
台階請以延之訟田不實妄干天聽以彊凌弱
免所居官詔特復爲祕書監光祿勳太常時沙
門釋慧琳以才學爲太祖所賞愛每召見常

外獨榻延之甚疾焉因醉白上曰昔同子參乘
袁絲正色此三台之坐豈可使刑餘居之上變
色延之性既褊激兼有酒過肆意直言曾無
遏隱故論者多不知云居身清約不營財利布
衣蔬食獨酌郊野當其爲適傍若無人二十九年
上表自陳曰臣聞行百里者半於九十言其末
路之難也愚心常謂爲虛方今乃知其信臣延
之人薄寵厚宿塵國言而雩劾無從榮牒增廣
曆盡身彫日叨官次雖容載有塗而妨穢滋積

早欲啓請餘算屛蔽醜老但時制行及歸慕無
賒是以腆冒愆非簡息干黷耗歇難支質用有
限自去夏侵暑入此秋變頭齒眩疼根痼漸劇
手足冷痺左胛尤甚素不能食頃向減半本猶
賴服比倦悸晚年疾所催顧景引日臣班叨首
卿位尸封典肅祗朝校尚恧匪任而陵廟衆事
有以疾怠宮府覲慰轉闕躬親息奐庸微過
宰近邑回澤爰降寳加將監乞解所職隨就
藥養伏願聖慈特垂矜許稟恩明世負報冥暮

仰企端闈上戀罔極不許明年致事元凶弒立
以爲光祿大夫先是子竣爲世祖南中郎諮議
參軍及義師入討竣參定密謀兼造書檄劭召
延之示以檄文問曰此筆誰所造延之曰竣之筆
也又問何以知之延之曰竣筆體臣不容不識劭
又曰言辭何至乃爾延之曰竣尚不顧老父何
能爲陛下劭意乃釋由是得免世祖登阼以爲
金紫光祿大夫領湘東王師子竣既貴重權傾
一朝凡所資供延之一無所受器服不改宅宇如

舊常乘羸牛笨車逢竣鹵簿即屏往道側又好
騎馬遨游里巷遇知舊輒據鞍索酒得酒必頹
然自得常語竣曰平生不喜見要人今不幸見
汝竣起宅謂曰善爲之無令後人笑汝拙也表
解師職加給親信三十人孝建三年卒時年七
十三追贈散騎常侍特進金紫光禄大夫如故
謚曰憲子延之與陳郡謝靈運俱以詞彩齊名
自潘岳陸機之後文士莫及也江左稱顔謝焉
所著並傳於世竣别有傳竣弟測亦以文章見
知官至江夏王傳義恭大司徒録事參軍蚤卒
太宗即位詔曰延之昔師訓朕躬情契兼款前
記室參軍濟陽太守奐伏勤蕃朝綢繆恩舊可
擢爲中書侍郎奐延之第三子也

史臣曰出身事主雖義在忘私至於君親兩旣
事無同濟爲子爲臣各隨其時可也若夫馳文
道路軍政恒儀成敗所因非繫乎此而據筆數
辠陵犇犯逆餘彼慈親垂之虎吻以此爲忠無
聞前誥夫自忍其親必將忍人之親自忘其孝

期以申人之孝 子放鹿斷可識矣記云八十
者一子不從政九十者家不從政豈不以年薄
桑榆憂患將及雖有職王朝許以辭事況顛沛
之道慮在未測者乎自非延年之[illegible]允而義感
夫豈或免

列傳第三十三　宋書七十三

列傳第三十四　　宋書七十四

臣沈　約　新撰

臧質

魯爽

沈攸之

臧質字含文東莞莒人父熹字義和武敬皇后
弟也與兄燾並好經籍隆安初兵革屢起熹乃
習騎射志在立功嘗至溧陽溧陽令阮崇與熹
共獵值虎突圍獵徒並奔散熹直前射之應弦
而倒高祖入京城熹族子穆斬桓脩進至京邑
桓玄奔走高祖使熹入宮收圖書器物封閉府
庫有金飾樂器高祖問熹卿得無欲此乎熹正
色曰皇上幽逼播越非所將軍首建大義劬勞
王家雖復不肖無情於樂高祖笑曰聊以戲卿
爾行參高祖鎮軍事員外散騎侍郎重參鎮軍
軍事領東海太守以義功封始興縣五等侯又
參高祖車騎中軍軍事高祖將征廣固議者多
不同熹從容言曰公若凌威北境拯其塗炭寧

一六合未爲無期高祖曰卿言是也及行熹求
從不許以爲建威將軍臨海太守郡經兵寇百
不存一熹綏緝綱紀招聚流散歸之者千餘家
孫季高海道襲廣州路由臨海熹資給發遣得
以無乏徵拜散騎常侍母憂去職頃之討劉毅
起爲寧朔將軍從征事平高祖遣朱齡石統大
衆伐蜀命熹奇兵出中水以本號領建平巴東
二郡太守蜀主譙縱遣大將譙撫之萬餘人屯
牛脾又遣譙小苟重兵塞打鼻熹至牛脾撫之
戰敗退走追斬之小苟聞撫之死即便奔散成
都既平熹遇疾義熙九年卒於蜀郡牛脾縣時
年三十九追贈光祿勳質少好鷹犬善蒱博意
錢之戲長六尺七寸出面露口禿頂拳髮年未
二十高祖以爲世子中軍行參軍永初元年爲
員外散騎侍郎從班例也母憂去職服闋爲江
夏王義恭撫軍以輕薄無檢爲太祖所知徙爲
給事中會稽宣長公主每爲之言乃出爲建平太
守甚得蠻楚心南蠻校尉劉湛還朝稱爲良守

遷寧遠將軍歷陽太守仍遷竟陵江夏內史復
爲建武將軍巴東建平二郡太守吏民便之質
年始出三十屢居名郡涉獵史籍尺牘便敏既
有氣幹好言兵權太祖謂可大任欲以爲益州事
未行徵爲使持節都督徐兗二州諸軍事寧遠
將軍徐兗二州刺史在鎮奢費爵命無章爲有
司所糾遇赦與范曄徐湛之等厚善曄謀反量
質必與之同會事發復爲建威將軍義興太守
元嘉二十六年太祖謁京陵質朝丹徒與何勗

檀和之並功臣子時共上禮太祖設燕盡歡賜
布千匹二十七年春遷南譙王義宣司馬寧朔
將軍南平內史未之職會索虜大帥拓跋燾圍
汝南汝南戍主陳憲固守告急太祖遣質輕往
壽陽即統彼軍與安蠻司馬劉康祖等救憲虜
退走因使質伐汝南西境刀壁等山蠻大破之
獲萬餘口遷太子左衛率坐前伐蠻枉殺隊主
嚴祖又納面首生口不以送臺免官是時上大
舉北討質白衣與驃騎司馬王方回等率軍出

許洛安北司馬王玄謨攻滑臺不拔質請乘驛代
將太祖不許虜侵徐豫拓跋燾率大衆數十萬
遂向彭城以質爲輔國將軍假節置佐率萬人
北救始至盱眙燾已過淮冗從僕射胡崇之領
質府司馬崇之副太子積弩將軍毛熙祚亦受
統於質盱眙城東有高山質慮虜據之使崇
之澄之二軍營於山上質營城南虜攻崇之澄
之二營崇之等力戰不敵衆散並爲虜所殺虜
又攻熙祚熙祚所領悉北府精兵幢主李灌率

厲將士殺賊甚多隊主周胤之外監楊方生又
率射賊賊垂退會熙祚被創死軍遂散亂其日
質案兵不敢救故二營一時覆沒初仇池之平
也以崇之爲龍驤將軍北秦州刺史宋百頃行
至濁水爲索虜所客舉軍敗散崇之及將佐以下
皆爲虜所執後得叛還至是又爲虜所敗焉熙
祚司州刺史脩之兄子也崇之熙祚並贈正員
郎澄之事在祖父燾傳三營既敗其夕質軍亦
奔散棄輜重器甲單七百人投盱眙盱眙太守沈

璞完爲守戰之備城內有實力三千質大喜因共守虜初南出後無資粮唯以百姓爲命及過淮食平越石鼈二屯穀至是抄掠無所人馬饑困聞盱眙有積粟欲以爲歸路之資既破崇之等一攻城不拔便引衆南向城內增修守備莫不完嚴二十八年正月初燾自廣陵北返便悉力攻盱眙就質求酒質封溲便與之燾怒甚築長圍一夜便合開攻道趣城東北運東山土石塡之虜又恐城內水路遁走乃引大船欲於君山作

浮橋以絕淮道城內乘艦逆戰大破之明旦賊更方舫爲桁桁上各嚴兵自衞城內更擊不能禁遂於君山立桁水陸路並斷燾與質書曰吾今所遣鬬兵盡非我國人城東北是丁零與胡南是三秦氐羌設使丁零死者正可減常山趙郡賊胡死正減并州賊氐羌死正減關中賊卿若殺丁零胡無不利質荅書曰省示具悉姦懷爾自恃四脚屢犯國疆諸如此事不可具說王玄謨退於東梁坦散於西爾謂何以不聞童謠

言邪虜馬飲江水佛狸死卯年此期未至以二軍開飲江之徑爾冥期使然非復人事寡人受命相滅期之白登師行未遠爾自送死豈容復令生全饗有桑乾哉但爾往攻此城假令寡人不能殺爾爾由我而死爾若有幸得爲亂兵所殺爾若不幸則生相鏁縛載以一驢直送都市我本不圖全若天地無靈力屈於爾韲之粉之屠之裂之如此未足謝本朝爾識智及衆力豈能勝苻堅邪頃年展爾陸梁者是爾未飲江太歲

未卯故爾斛蘭昔深入彭城值少日雨隻馬不返爾豈憶邪即時春雨已降四方大衆始就雲集爾但安意攻城莫走糧食闕乏者告之當出廩相飴得所送劒刀欲令我揮之爾身邪甚苦人附反各自努力無煩多云是時虜中童謠曰軺車北來如穿雉不意虜馬飲江水虜主北歸石濟死虜欲渡江天不從故質荅引燾大怒乃作鐵床於其上施鐵鑱云破城得質當坐之此上質又與虜衆書曰示詔虜中諸士庶狸伐見

與書如別等正朔之民何爲力自取如此大丈夫
豈可不知轉禍爲福邪今寫臺格如別書自思
之時購斬燾封開國縣侯食邑一萬戶賜布絹
各萬匹虜以鉤車鉤垣樓城內繫以彄絙數百
人叫喚引之車不能退既夜以木桶盛人懸出
城外截鉤能獲之明日又以衝車攻城城土堅
密每至頹落不過數升虜乃肉薄登城分番
相代墜而復升莫有退者殺傷萬計虜死者
與城平又射殺高梁王如此三旬死者過半燾

聞彭城斷其歸路京邑遣水軍自海入淮且疾
疫死者甚衆二月二日乃解圍遁走上嘉質功
以爲使持節監雍梁南北秦四州諸軍事冠軍
將軍寧蠻校尉雍州刺史封開國子食邑五百
戶明年太祖又北伐使質率所統見力向潼關
質頓兵近郊不肯時發獨遣司馬柳元景屯兵
境上不時進軍質又顧戀嬖妾棄營單馬還
城散用臺庫見錢六七百萬爲有司所糾上不
問世元凶弑立以質爲丹陽尹加征虜將軍質

家遣門生師顗報質具太祖崩問質跣顗所言
馳告司空義宣又遣州祭酒從事田穎起銜命
報世祖率衆五千馳下討逆自陽口進江陵義
宣質諸子在都邑聞質舉義並逃亡劭欲相
慰悅乃下書曰臧敦等無因自駭急便竄逸迷
昧過甚良可怪歎質國戚勳臣忠誠篤亮方當
顯位賛翼京輦而子弟波迸傷其乃懷可遣宣
譬令還咸復本位劭尋錄得敦使大將軍義恭
行訓杖三十厚給賜之義宣得質報即日舉兵

馳信報世祖板進質號征北將軍質遲起尋陽
與世祖同下世祖至新亭即位以質爲都督江
州諸軍事車騎將軍開府儀同三司江州刺史
加散騎常侍持節如故使質率所領自白下步
上直至廣莫門門者不守薛安都程天祚等亦
自南掖門入與質同會太極殿生禽元凶仍使
質留守朝堂甲仗百人自防封始興郡公食邑三
千戶之鎭舫千餘乘部伍前後百餘里六平乘
並施龍子幡時世祖自攬威柄而質以少主遇

之是事專行多所求欲及至尋陽刑政慶賞不
復諮禀朝廷盆口鈎圻米輒散用之臺符屢加
檢詰質漸猜懼自謂人才足爲一世英傑始聞
國禍便有異圖以義宣凡闇易可制勒欲外相
推奉以成其志及至江陵便致拜稱名質於義
宣雖爲兄弟而年大近十歲義宣驚曰君何
意拜弟質曰事中宜然時義宣已推崇世祖
故其計不行質每慮事泄及至新亭又拜江夏
王義恭義恭愕然問質所以質曰天下屯危禮

異常日前在荆州亦拜司空會義宣有憾於世
祖事在義宣傳質因此密信説誘陳朝廷得失
又謂震主之威不可持久主相勢均事不兩立
今專據閫外地勝兵彊持疑不決則後機致禍
質女爲義宣子採妻謂質無復異同納其説且
義宣腹心將佐蔡超民之徒咸有富貴之情願
義宣得欲倚質威名以成其業又勸獎義宣義
宣時未受丞相質子敦爲黄門侍郎奉詔敦勸
道經尋陽質令敦具更譬説并言世祖短長義

宣乃意定馳報豫州刺史魯爽期孝建元年秋
同舉爽失旨即便起兵遣人至京邑報弟瑜瑜
席卷奔叛瑜弟弘爲質府佐世祖遣報質質於
是執臺使狼狽舉兵上表曰臣聞執藥隨親非
情謀於甘苦揮斤斬毒豈忘痛於肌膚蓋以先
疑後順忠焉必往忍小存大雖愛必從丞相臣
義宣冑哲台鉉拊聲聯服定主勤王之業勳越
平齊晉宗戚懿親之寄望崇於魯衛而惡直
醜正寔繁有黨或染凶作僞疾害元功或藉勞

挾寵乘威縱戾自知愆深釁重必貽剿戮乃成
紫毀朱交間忠輔崇樹私徒招聚羣惡舍舊愛
老無一而存豈不由凶醜相扇志肆讒惑陛下
垂慈狎達不稍惟疑遂令負戾席圖蔽於流議
投杼市虎成於十夫鑒古揆今實懷危逼故投
袂樊葉立節於本朝揮戈晉陽務清于君側臣
誠庸懦奉教前朝雖忝緇衣好賢之美敢希巷
伯惡惡之情固已籍風聽而宵憤撫短策而馳
念况乃宏命爰格誠係宗社今奉旨前邁星言

啓行臣本凡瑣少無遠槩因緣際會遂班槐鼎
素望既盈愜心實足豈應徼功非冀更希異寵
直以蔓草難除去惡宜速是以無顧夷險慮不
及身仰恃天眷察亮丹款苟血誠不照甘心罪
戮伏願陛下先鑒元輔匪躬茂節未録庸瑣奉
國微誠不遂淟涊之情以失四海之望昭戮馬
劍顯肆市朝則結旌向國全鋒凱歸九流凝序
三光平耀斯則仰説宗廟俯愜兆民裁表感慨
涕言無已加魯弘輔國將軍下戍大雷馳報義

宣義宣遣諮議參軍劉諶之萬人就弘世祖遣
撫軍將軍柳元景統豫州刺史王玄謨等水軍
屯梁山洲内兩岸築偃月壘水陸待之殿中將
軍沈靈賜領百舸破其前軍於南陵生禽軍主
徐慶安軍副王僧質至梁山亦夾陣兩岸元景
檄書宣告曰夫革道應運基命之洪符嗣業興
邦紹曆之明筭自非瑞積神衷德充民極孰能
外臨寳位景屬天居大宋啓期理高中世皇根
帝葉永流無彊夷陂遞來遘兹凶難國禍冤深

人綱彜滅主上聖略聰武孝感通神義蘊蒼本
哀動精緯躬幸南郢親掃大逆道援横流德模
靈造三光重照七廟載興臧質少負疵釁衣冠
不齒昧利誣天著於觸事受任述職不以宣効
爲心專方莅民惟以侵剥爲務官自賄至族以
貨傾是以康周陷覆命屠宗冤達蒼旻郭伯
西門遺出自皂隷寵越州朝往莅東守簪爵三
千卒卒西討竊侔取黜荷恩彭泗貪虐以逞阮
彝邊張忽若草芥傾竭倉庾割没軍糧作牧漢

南公盜府蓄矯易文簿董行欺妄及受命北伐
憚役緩期師出有辰顧懷私愛匹馬棄衆宵行
獨返遂復携嬪擁姬淫宴軍幕孔苑之變顯於
逆辭凡此諸釁皆彰著於憲簡振曝於觀聽去
歲義舉雖豫誠款而淹留西楚私相崇載奉書
懸在晷刻虞莫之軍曾無遺矢重關自開僞衆
已潰質猶復盤桓衢巷後騎陳師勞不足甄定
於朝議而虛張功伐扇動怨辭自謂斯舉勳莫

己若初踐殿守忘犬馬之情奔趣帑藏傾天
府山海弘量苞荒藏疾録其一介之心掩其不逞
之釁遂爵首元等職班盛級優榮溢寵莫與
爲疇自恣醜薄罔知涯涘干謁陳聞曾無紀極
請樂窮太子之英求器盡官府之選徐司空匪
躬王室遭罹凶禍質與之少長親交兼常曾無
撫孤之仁惟聞陵侮之酷尺田寸寶靡有孑遺
及受命南徂臨路滋甚逼奪妻嬪略市金帛怨
動京邑醜聞都鄙棄逐舊故委蔑忠勤魯尚期

尹周之徒心腹所倚泣訴於御筵表同連子敬
之疇爪牙所杖一逝而不反雖上旨頻煩屢求
勞牒質但稱伐在己不逮僚隷託咎朝廷歸罪
有司國士解心有識莫附何文敬趨走廝養天
性愚狡質迷其姦謟寔懷委杖遂外擅威刑內
遊房室質生與釁俱不可詳究擢髮數罪曾何
足言丞相威重位尊任居分陝宗國倚賴實兼
恒情而不及謙沖之塗弗見逆順之訓敝同郤至
理乖范燮遂乃遠忽世祀近受欺構杖納姦蹤

還謀社稷日者宴安上流坐觀成敗示遣疲卒
衆裁三千戎馬不供軍糧靡獻皇朝直以親秩
之重酬寵兼極近漸別子禮越常均苟識無所
守功弗由己必爲義不全終於敗德今茲放命
恨心於本推諸昔歲迹是誠非矣且家國夷險
情事異常豫是臣子孰不星赴而翫寇忘哀曾
無奔搜面蕃七稔惠政蔑聞重贓深掠縱欲已
甚姬妾百房尼僧千計敗道傷俗悖亂人神民
怨盈塗國謗彌歲又賊劭未禽凶威猶彊將毀

其私墳戮其諸子圖成駭機垂賴義舉捷期云
速不日告平釋怨毒之心解倒懸之急論恩叙
德造育爲重援人自助棄人快讒怙亂疑功未
聞其比僕以不肖過蒙榮私荷佩升越光絕倫
伍家本北邊志存慷慨常甘投生以殉艱棘惟
恩思難激氣衝襟故以眺三湘而永慨望九江而
遐憤若使身死國康誓在殞命況仰禀聖略俯
鞠義徒萬全之形愚夫所照夫薛竟陵控率突
騎陸道步馳檀石衛申右率垣游擊整勒銳師

飛輪構路王豫州方舟繕甲久已前驅僕訓卒
利兵凌波電進沈鎮軍蕭安南接舳連旌首尾
風合驃騎竟陵王懿親令譽問望攸歸大司馬
江夏王道略明遠徽猷茂世並旆鉞臨塗雲驅
齊引羣兵競邁祕駕徐啓八鑾搖響五牛舒旆
千乘雷動萬舳雲回騰威發號星流漢轉以上
臨下易於轉員加以三謀協從七緯告慶幽顯
同心昭然易覩諸君或世荷恩幸或身聞教義
當知君臣大節誓不可犯冠屨至譁難用倒設

屨安奉順聲泰事全孰與附逆居危身害名醜
慈親垂白受戮弱子嬰孩就誅所以有詔遲回
未震雷霆者正爲諸君身拘寇手或懷乃心吉
凶由人無謂爲遠今而不變後悔何及授檄之
日心馳賊庭義宣亦相次係至江夏王與義宣
書曰昔桓玄借兵於仲堪有似今日義宣由此
與質相疑質進計曰今以萬人取南州則梁山
中絕萬人綴玄謨必不敢動質浮舟外江直向
石頭此上略也義宣將從之腹心劉諶之曰質

求前驅此志難測不如盡銳攻梁山事剋然後
長驅萬安之計也質遣將尹周之攻胡子反柳
叔政於西壘時子反渡東岸就玄謨計事聞賊
至馳歸周之攻壘甚急劉季之水軍殊死戰賊
勢盛求救於玄謨玄謨不遣崔勳之固爭乃遣
勳之救之比至城已陷勳之戰死季之收衆而
退子反叔政奔還東岸玄謨斬子反軍副李文
仲質欲仍攻東城義宣黨顏樂之說義宣曰質若
復拔東城則大功盡歸之矣宜遣麾下自行義

宣遣劉諶之就質陳軍城南玄謨留羸弱守城
悉精兵出戰薛安都騎軍前出垣護之督諸將
繼之戰良久賊陣小拔騎得入劉季之宗越又
陷其西北衆軍乘之乃大潰因風放火船艦悉
見焚燒延及西岸質求義宣欲一計事密已出
走矣質不知所爲亦走衆悉降散質至尋陽焚
燒府舍載妓妾西奔使所寵何文敬領兵居前
至西陽西陽太守魯方平質之黨也至是懷貳誑
文敬曰傳詔宣敕唯捕元惡一人餘並無所問文

敬棄衆而走質先以妹夫羊沖爲武昌郡質往投之旣至沖已爲郡丞胡庇之所殺無所歸乃入南湖逃竄無食摘蓮噉之追兵至窘急以荷覆頭自沈於水出鼻軍主鄭俱兒望見射之中心兵刃亂至腸胃纏縈水草隊主裘應斬質首傳京都時年五十五録尚書江夏王臣義恭左僕射臣宏等奏曰臧質底棄下才而藉遇深重窮愚悖常構煽凶逆變至滔天志圖泯夏違恩叛德辠過恒科梟首之憲有國通典懲戾思永

去惡宜深臣等參議須辜日限意使依漢王莽事劁漆其頭首藏于武庫庶爲鑑戒昭示將來詔可質初下義宣以質子敦爲征虜將軍雝州刺史質留子敞爲監軍將敦自隨至是竝爲武昌郡所執送敦官至黃門郎敦弟敷司徒屬敷弟敞太子洗馬敞弟數敦子仲璋質之二子二孫未有名同誅質之起兵也豫章太守任薈之臨川内史劉懷之鄱陽太守杜仲儒竝爲盡力發遣郡丁幷送糧運伏誅任薈之字處茂樂安

人也歷世祖南平王鑠撫軍右軍司馬長史行事太祖稱之曰望雖不足才能有餘杜仲儒杜驥兄子也豫章望蔡子相孫沖之起義招質質遣將郭會膚史山夫討之爲沖之所破世祖發詔以爲尚書都官曹郎中沖之太原中都人晉秘書監盛曾孫也官至右軍將軍巴東太守後事在劉琬傳沈靈賜以破質前軍於南陵功封南平縣男食邑三百戶贈崔勳之通直郎大司馬參軍劉天賜亦梁山戰亾追贈給事中

魯爽小名女生扶風郿人也祖宗之字彦仁晉孝武太元末自鄉里出襄陽歷官至南郡太守義熙元年起義襲僞雝州刺史祖蔚進向江陵以功爲輔國將軍雍州刺史封霄城縣侯食邑千五百戶桓謙苟林逼江陵宗之率衆馳赴事在臨川烈武王道規傳進號平北將軍高祖討劉毅與宗之同會江陵進號鎮北將軍封南陽郡公食邑二千五百戶子軌一名象齒爽之父也便弓馬筋力絶人爲竟陵太守宗之自以非

高祖舊隸屢建大功有自疑之心會司馬休之見討猜懼遂與休之北奔善於撫御士民皆爲盡力衛送出境盡室入羌頃之病卒高祖定長安軌爲寧南將軍荆州刺史襄陽公鎮長社世祖鎮襄陽軌遣親人程整奉書規欲歸順自拔致誠以啓殺劉康祖徐湛之父故不歸太祖累遣招納許以爲司州刺史奭少有武藝虜主拓跋燾知之常置左右元嘉二十六年軌死奭爲寧南將軍荆州刺史襄陽公鎮長社幼染殊俗

無復華風麤中使酒數有過失燾將誅之奭有七弟秀小字天念頗有意略才力過奭燾以充宿衛甚知待之僞高梁王阿叔泥爲芮芮所圍甚急使秀往救燾自率大衆繼其後燾未及至秀已擊破之拔阿叔泥而反燾壯其功以爲中書郎封廣陵侯或告燾鄴民欲據城反復遣檢察并燒石虎殘宮殿秀常乘驛往反是時病還遲爲燾所詰讓秀復恐懼燾尋南寇因從渡河先是程天祚爲虜所没燾引置左右與秀

寬勸令歸降秀納之天祚廣平人爲殿中將軍有武力元嘉二十七年助戍彭城會世祖遣府劉泰之輕軍襲虜於汝陽天祚督戰戰敗被罰爲虜所獲天祚妙善針術燾深加愛賞或與輿常不離於側封爲南安公燾北還蕃天祚因其沈醉僞若受使督切後軍者所至輕罰天祚爲燾所愛羣虜並畏之莫敢問因得逃歸後爲山陽太守太宗初與四方同反事在薛安都傳燾始南行遣奭隨永昌王庫仁眞向壽陽與

弟瑜共破劉祖於尉武仍至瓜步始得與秀定歸南之謀燾還至湖陸奭等請曰奴與南有讎每兵來常慮禍及墳墓乞共迎喪還葬國都虜羣下於其主稱奴猶中國稱臣也燾許之長社戍虜有六七百人奭譎之曰南更有軍可遣三百騎往界上參聽騎去奭率腹心夜擊餘虜盡殺之馳入虎牢奭唯第三弟在北餘家屬悉自隨率部曲及願從合千餘家奔汝南遣秀從許昌還壽陽奉辭於南平王鑠曰奭秀得罪

朝負釁三世生長絶域遠身胡虜兄弟闔門淪
點僞授殞命不可還國無因近係南雲傾屬東
日益猶褰人思步首者顒朙嵩霍咫尺江河匪
遠夷庚壁塞隔同天地痛心疾首晝慨宵悲虜
主倡狂豺豕其志虐徧華戎怨結幽顯自貽
旋軍亾殪過半昏酣沈湎恣性肆身爽秀等因
民之憤籍將旋之願齊契義奮梟馘醜徒馮恃
皇威肅清逋穢牢洛諸城指期克定規以涓塵
微雪夙負方當東骸北闕待戮司寇懦節未申

宋書傳三十四　六二

伏心邊表朙大王殿下以徽茂居蕃文武兼姿
遠邇欽傾承風聞德願垂援拯以慰虔望老弱
百口先遣歸庇逼逼丹心仰希懷遠謹遣同義
潁川聶元初奉詞陳聞鑠馳驛以聞上大說下
詔曰僞寧南將軍魯爽中書郎魯秀志榦削到
忠誠夂著撫茲福先闔門效款招集義銳梟翦
褁醜肅定邊城獻馘象魏雖宣孟之去翟歸晉
穰當之出胡入漢方之此日曾何足云朕實嘉
之㝡即授任遑其忠略爽可督司州陳留東郡

濟陰濮陽五郡諸軍事征虜將軍司州刺史秀
可輔國將軍管陽潁川二郡太守其諸子弟及
同契士庶委征虜府以時申言詳加酬敘爽至
汝南加督豫州之義陽宋安二郡軍事領義陽
内史將軍刺史如故秀參右將軍南平王鑠軍
事汝陰内史將軍如故餘弟姪竝授官爵賞賜
資給甚厚爽北鎮義陽北來部曲凡六千八百
八十三人是歲二十八年也虜毀其墳墓明年
四月入朝時燾已死上更謀經略五月遣爽秀

宋書傳三十四　六二

程天祚等率步騎幷荆州軍甲士四萬出許洛
八月虜長社戍主永平公禿髮幡乃同棄城走
進向大索戍戍主僞豫州刺史跋僕蘭曰爽勇
而無防我今出城必輕來據之設伏檀山必可
禽也爽果夜進秀諫不止馳往繼之比曉虜騎
夾發賴秀縱兵力戰虜乃退還虎牢爽因進攻
之本期舟師入河斷其水門王玄謨攻碻磝不
拔敗退水軍不至爽亦收衆南還轉鬭數百里
至曲彊虜候其饑疲盡銳來攻爽身自奮

擊虜乃退走二十年元凶弑逆南譙王義宣起兵
入討爽即受命率部曲至襄陽與雍州刺史臧
質俱詣江陵義宣進爽號平北將軍領巴陵太
守度支校尉本官如故留爽停江陵事平以爽
爲使持節督豫司雍秦并五州諸軍事左將
軍豫州刺史爽至壽陽便曲意賓客爵命士人
蓄仗聚馬如寇將至元凶之爲逆也秀在京師
謂秀曰我爲卿誅徐湛之矢方相委任以爲右
軍將軍配精兵五千使攻新亭壘將戰秀命打

退軍鼓因此歸順世祖即位以爲左軍將軍出
督司州豫州之新蔡汝南汝陽潁川義陽弋陽
六郡諸軍事輔國將軍司州刺史領汝南太守
爽與義宣及質相結已久義宣亦欲資其勇力
情契甚至孝建元年二月義宣報爽秋當同舉
爽在酒乖謬即日便起兵馳信報弟瑜將家奔
叛皆得西歸爽使其衆載黃標稱建平元年竊
造法服登壇自號疑長史韋處穆中兵參軍楊
元駒治中庾騰之不與己同殺之義宣質聞爽

已處分便狼狽反進爽號征北將軍爽於是送
所造輿服詣江陵版義宣及臧質等並起征北府
戶曹版文曰丞相劉補天子名義宣車騎臧今
補丞相名質平西朱今補車騎名脩之皆版到
奉行義宣駭愕爽所送法物並留竟陵縣不聽
進爽直出歷陽自采石濟軍與質水陸俱下爽
遣弟瑜守蒙龍歷陽太守張幼緒請擊瑜世祖
配以兵力遣左軍將薛安都步騎爲前驅别遣
水軍入淵分路並會安都進次大峴爽已立營

世祖以賊彊壘固未可輕拔使量宜進止幼緒
便引軍退還下獄尋遣驍騎將軍垣護之代幼
緒據歷陽鎮軍將軍沈慶之係安都進軍與爽
相遇於小峴爽親自前將戰而飲酒過醉安都
刺爽倒馬左右范雙斬首傳送京都瑜亦爲部
下所斬送進平壽陽子弟並伏誅義宣初舉兵
召秀加節進號征虜將軍當繼誕之俱下雍州
刺史朱脩之起兵奉順尋遣秀擊脩之王玄謨
聞之喜曰魯秀不來臧質易與耳秀至襄陽

大敗而反會益州刺史劉秀之遣軍襲擊破之義宣還江陵秀與共北走衆叛且盡秀向城上射之中箭赴水死軍人宗敬叔康僧念斬首傳京邑贈韋處穆揚元駒給事中庚騰之員外散騎侍郎爽初南歸秀以爽武人不閑吏職白太祖請處穆爲長史以輔爽太祖以補司馬後轉長史云

沈攸之字仲達吳興武康人司空慶之從父兄子也父叔仁爲衡陽王義季征西長史兼行參

三十二　宋傳三十四　二十五　秦

軍領隊又隨義季鎮彭城度征北府攸之少孤貧元嘉二十七年索虜南寇三吳民丁攸之亦被發既至京都詣領軍將劉遵考求補白丁隊主遵考謂之曰君形陋不堪隊主因隨慶之征討二十九年征西陽蠻始補隊主巴口建義南中郎府板長史兼行參軍新亭之戰身被重創事寧爲太尉行參軍封平洛縣五等侯隨府轉大司馬行參軍晉世京邑二岸揚州舊置都部從事分掌二縣非違永初以後罷省孝建三年復置其職攸之掌北岸會稽孔璪掌南岸後又罷攸之遷員外散騎侍郎又隨慶之征廣陵屢有功被箭破骨世祖以其善戰配以仇池步矟事平當加厚賞爲慶之所抑遷太子旅賁中郎攸之甚恨之七年遭母憂葬畢起爲龍驤將軍武康令前廢帝景和元年除豫章王子尚車騎中兵參軍直閤與宗越譚金等並爲廢帝所寵誅戮羣公攸之等皆爲之用命封東興縣侯食邑五百戶尋遷右軍將軍增邑百戶太宗即

宋傳三十四　二十六　求裕

位以例削封宗越譚金等謀反攸之復召入直閤除東海太守未拜會四方反叛南賊已次近道以攸之爲寧朔將軍尋陽太守率軍據虎檻時王玄謨爲大統未發前鋒有五軍在虎檻五軍後又絡驛繼至每夜各立姓號不相稟受攸之謂軍吏曰今衆軍姓號不同若有耕夫漁父夜相呵叱便致駭亂取敗之道也乃就一軍請號衆咸從之殷孝祖爲前鋒都督而大失人情攸之內撫將士外諧羣帥衆並倚賴之時南賊前

鋒鍾沖之薛常寶等屯據赭圻劭孝祖率衆
軍攻之爲流矢所中死軍主范潛率五百人投
賊人情震駭並謂攸之宜代孝祖爲統時建安
王休仁屯虎檻揔統衆軍聞孝祖死遣寧朔將
軍江方興龍驤將軍劉靈遺各率三千人赴赭
圻攸之以爲孝祖既死賊有乘勝之心明日若不
更攻則示之以弱方興名位相亞必不爲已下軍
政不一致敗之由乃率諸軍主詣方興謂之曰四
方並反國家所保無復百里之地唯有劭孝祖
傷　宋列傳三十四　二十七　啓世業
爲朝廷所委賴鋒鏑裁交輿尸而反文武喪氣
朝野危心事之濟否唯在明旦一戰戰若不捷則
大事去矣詰朝之事諸人咸謂吾應統之自卜
懦薄幹略不辦及卿今輒相推爲統但當相與
勠力爾方興甚悅攸之既出諸軍主並尤之攸
之曰卿忘廉藺寇賈之事邪吾本以濟國活家
豈計彼此之升降且我能下彼彼必不能下共
濟艱難豈可自厝同異明旦進戰自寅訖午大
破賊於赭圻城外追奔至姥山分遣水軍乘勢

逃討又破其水軍拔胡白二城尋假攸之節進
號輔國將軍代孝祖督前鋒諸軍事薛常寶
在赭圻食盡南賊大帥劉胡屯濃湖以囊盛米
繫流查及船腹陽覆船順風流下以餉赭圻攸
之疑其有異遣人取船及流查大得囊米攸之
從子懷寶爲賊將帥在赭圻遣親人楊公讚齎
密書招誘攸之攸之斬公讚封懷寶書呈太宗
尋剋赭圻遷使持節督雍梁南北秦四州郢州
之竟陵諸軍事冠軍將軍領率蠻校尉雍州
宋傳三十四　二十八
刺史袁顗復率大衆來入鵲尾相持既久軍主
農興世越鵲尾上據錢溪劉胡自攻之攸之率
諸將率濃湖遣人傳唱錢溪已平衆並懼攸之
曰不然若錢溪實敗萬人中應有逃亡得還者
必是彼戰失利唱空聲以惑衆耳勒等中不得
妄動錢溪信尋至果大破賊攸之悉以錢溪所
送胡軍耳鼻示之顗駭懼急追胡還攸之諸軍
悉力進攻多所斬獲日暮引歸鵲尾食盡遣千
人在南陵迎米爲臺軍所破燒其資實胡於是

棄衆而奔頡亦叛走藉圻濃湖之平也賊軍委
棄資財珍貨殷積諸軍各競收斂以彊弱爲少
多唯攸之張興世約勒所部不犯秋毫諸將以
此多之攸之進平尋陽徙監郢州諸軍事前將
軍郢州刺史持節如故不拜遷中領軍封貞陽
縣公食邑二千戶時四方皆已平定徐州刺史
薛安都據彭城請降上雖相酬許而辭旨簡略
攸之前將軍置佐吏假節與鎮軍將軍張永以
重兵徵安都安都懼要引索虜索虜引大衆援

毀　宋列傳三十四　二十九　曹鼎

之攸之等米船在呂梁又遣軍主王穆之上民口
穆之穆之爲虜攻覆米船又破運車於武原攸之等
引退爲虜所乘又值寒雪士衆墮指十二三留長
水校尉王玄載守下邳積射將軍沈韶守宿預
睢陵淮陽亦置戍攸之還淮陰免官以公領職
復求進討上不聽入朝面陳又不許復歸淮陰
三年六月自率運送米下邳并鑿四周深塹遣
龍驤將軍垣護之領民口還淮陰時軍主陳顯
達當領千兵守下邳攸之留待顯達至虜遣清

泗間人詐告攸之云安都欲降求軍迎接攸之
副吳喜納其說咸謂宜遣千人參之既而來者
轉多喜所執彌固攸之乃集來者告之語曰薛
徐州早宜還朝今能爾深副本望但遣子弟一人
來便當遣大軍相接君諸人既有志心若能與薛
子弟俱來者皆即假君以本鄉縣唯意所欲如
其不爾無爲空勞往還自此一去不反其年秋太
宗復令攸之進圍彭城攸之以清泗既乾糧運
不繼固執以爲非宜往反者七上大怒詔攸之曰

鞠　宋傳三十四　三十　金嵩

卿春中求伐彭城吾恐軍士疲勞且去冬奔散
人心未宜復用不許卿所啓今便不肯爲吾行
邪卿若不行便可使吳喜獨去攸之懼乃奉旨
進軍行至遲墟上悔追軍令反攸之還至下邳
而陳顯達於睢口爲虜所破龍驤將軍姜產之
司徒參軍高遵世戰沒虜追攸之甚急因交戰
被稍創會暮引軍入顯達壘夕衆散八月十八日
也攸之棄衆南奔初吳興丘幼弼丘隆先沈誕
沈榮守吳陸道量並以文記之才隨攸之及張

永北討求一奔攸之再敗幼弱等並皆陷没攸之之還淮陰以爲持節假冠軍將軍行南兖州刺史追贈姜產之左軍將軍高遵世屯騎校尉四年徵攸之爲吳興太守辭不拜乃除左衛將軍領太子中庶子五年出爲持節監郢州諸軍郢州刺史爲政刻暴或鞭士大夫上佐以下有忤意輒面加詈辱將吏一人亡叛同籍符伍充代者十餘人而曉達吏事自强不息士民畏憚人莫敢欺聞有虎輒自圍捕往無不得一日或得兩三若

遇暮不獲禽則宿昔圍守須曉自出賦斂嚴苦徵發無度繕治船舸營造器甲自至夏口便有異圖六年進監豫州之西陽司州之義陽二郡軍事進號鎮軍將軍泰豫元年太宗崩攸之與蔡興宗在外蕃同豫顧命進號安西將軍加散騎常侍給鼓吹一部未拜會巴西民李承明反執太守張澹蜀土騷擾時荆州刺史建平王景素被徵新除荆州刺史蔡興宗未之鎮乃遣攸之權行荆州事攸之既至會承明已平乃以攸

之都督荆湘雍益梁寧南北秦八州諸軍事鎮西將軍荆州刺史持節常侍如故至荆州政治如在夏口營造舟甲常如敵至時幼主在位羣公當朝攸之漸懷不臣之迹朝廷制度無所遵奉江州刺史桂陽王休範密有異志以微旨動攸之使道士陳公昭作天公書一函題云沈丞相送付攸之門者攸之不開書推得公昭送之朝廷後廢帝元徽二年休範舉兵襲京邑攸之謂僚佐曰桂陽今反朝廷必聲云與攸之同若

不顧沛勤王必增朝野之惑於是遣軍主孫同沈懷奧興軍馳下受郢州刺史晉熙王燮節度同等始過夏口會休範平還進攸之號征西大將軍開府儀同三司固讓開府攸之自擅閫外朝廷疑憚之累欲徵入慮不受命乃止羣公稱皇太后令遣中使問攸之曰久勞于外宜還京輦然任寄之重換代殊爲未易還止之宜一以相委欲以觀察其意攸之答曰荷國重恩名器至此自惟凡陋本無廊廟之姿至如戍防一蕃撲討蠻

蜓可彊充斯任雖自上如此豈敢厝心去留歸還之事伏聽朝旨朝廷逾慴憚徵議遂息四年建平王景素據京城反攸之復應朝廷景素尋平初元嘉中巴東建平二郡軍府富實與江夏竟陵武陵並爲名郡世祖於江夏置郢州郡罷軍府竟陵武陵亦並殘壞巴東建平爲峽中蠻所破至是民人流散存者無幾其年春攸之遣軍入峽討蠻帥田五郡等及景素反攸之急追峽中軍巴東太守劉攘兵建平太守劉道欣並疑

攸之自有異志阻兵斷峽不聽軍下時攘兵元子天賜爲荆州西曹攸之遣天賜譬說之令其解甲一無所問攘兵見天賜知景素實反乃釋甲謝愆攸之待之如故後以攘兵爲府司馬劉道欣堅守建平攘兵譬說不回乃與伐蠻軍攻之破建平斬道欣甚直閤高道慶家在江陵攸之初至州道慶時在家牒其親戚十餘人求州從事西曹攸之爲用三人道慶大怒自入州取教毀之而去及還都不詣攸之別道慶至都云攸

之聚衆繕甲姦逆不久楊運長等常相疑畏乃與道慶密遣刺客齎廢帝手詔以金餅賜攸之州府佐吏進其階級時有象三頭至江陵城北數里攸之自出格殺之忽有流矢集攸之馬障泥其後刺客事發廢帝既殞順帝即位進攸之號車騎大將軍開府儀同三司加班劍二十人遣攸之長子司徒左長史元琰齎廢帝刳斮之具以示攸之元琰既至江陵攸之便有異志腹心議有不同故其事不果其年十一月乃發兵反叛

攸之素蓄士馬資用豐積至是戰士十萬鐵馬二千遣使要雍州刺史張敬兒梁州刺史范伯年司州刺史姚道和湘州行事庾佩玉巴陵內史王文和等敬兒文和斬其使馳表以聞伯年道和佩玉懷兩端密相應和十二月十二日攸之遣其輔國將軍中兵參軍督前鋒軍事孫同寧朔將軍中兵參軍武寶龍驤將軍騎兵參軍朱君拔寧朔將軍沈慧真龍驤將軍中兵參軍王道起又遣司馬冠軍將軍劉攘兵率

寧朔將軍外兵參軍公孫方平龍驤將軍騎兵
參軍朱靈寶龍驤將軍騎兵參軍沈僧敬龍驤
將軍高茂又遣輔國將軍中兵參軍王靈秀輔
國將軍中兵參軍丁珍東寧朔將軍中兵參
軍王珍之寧朔將軍外兵參軍楊景穆相繼俱下
攸之自率輔國將軍錄事參軍兼司馬武茂宗輔
國將軍中兵參軍沈韶寧朔將軍中兵參軍皇甫
賢寧朔將軍中兵參軍胡欽之龍驤將軍中兵參
軍東門道順閏十月四日至夏口攸之將發江陵使

沙門釋僧粲筮之曰不至京邑當自郢州回還意甚
不悅初江津有雲氣狀如塵霧從西北來正蓋軍
上至沌口云當聞訖安西艘泊黃金浦既登岸郢城
出軍鼙之攸之聞齊王世子據盆口震懾不敢下
因攻郢城時齊王輔政遣衆軍西討尚書符征西府
曰尊冠賤履君臣之位奉順忌逆成敗斯兆未
有憑凌我郊圻侵軼我河縣而不焚師殪甲靡
旗亂轍者也沈攸之少長庸賤擢自閭伍邀百戰
之運乘一捷之功鐫山裂地腰金拖紫窮貴於

國極富於家擁旄番伯便無北面之禮受督志
屏即有專征之釁橘柚不薦璆瑎罕入箕賦深
斂毒被南郢枉繩矯墨害著西荊饕餮其心谿
壑其性從始至終訟壯得老今送驅迫妖黨繕
集厓卒結釁外城逃死中甸是而可忍孰不可
懷今遣新除使持節督郢州之義陽諸軍事平
西將軍郢州刺史聞喜縣開國侯黃回員外散
騎常侍冠軍驍騎將軍南臨淮太守重安縣開
國子軍主王敬則輔國將軍屯騎校尉長壽縣

開國男王宜與輔國將軍南高平太守軍主陳
承叔輔國將軍左軍將軍南濮陽太守葛陽縣
開國男軍主彭文之龍驤將軍驃騎行參軍軍
主召孚精甲二萬前鋒雲騰又遣散騎常侍領
游擊將軍湘南縣開國男新除使持節督湘州
諸軍事征虜將軍湘州刺史軍主呂安國屯騎
校尉寧朔將軍崔慧景輔國將軍軍主任候伯
輔國將軍驍騎將軍軍主蕭順之輔國將軍游
擊將軍軍主垣崇祖寧朔將軍虎賁中郎將軍

主尹略屯騎校尉南城令曹虎頭舳艫二萬駱
驛繼邁又遣輔國將軍後軍將軍右軍中兵參
軍事軍主苟元賓寧朔將軍撫軍中兵參軍事
軍主郭文孝龍驤將軍撫軍中兵參軍事軍主
程隱雋輕艓一萬截其津要新除持節督廣交
越寧湘州之廣興諸軍事領平越中郎將征虜
將軍廣州刺史統馬軍主沌陽縣開國子周盤
龍輔國將軍後軍統馬軍主張文憘龍驤將軍
軍主薛道淵冠軍將軍游擊將軍并州刺史南

清河太守太原公軍主王敕勳龍驤將軍射聲
校尉王洪軌龍驤將軍宂從僕射軍主成買等
鐵馬五千龍驤後隊凡此諸帥莫不勇力動天
勁志駕日接衝抜距鷹瞵鶚視顧眄則前後風生
喑嗚則左右電起以此攻城何城不克以此赴敵
何隊能堅然後鑾戎薄臨龍虎百萬六軍齊軌五
輅舒旆丹艦發照素甲生波樓煩白羽役輩成岳
漁陽墨騎浴鐵為羣芝艾同焚悔將何及符到之
日華加三省其鋒隊　壁之主驅逼寇手之人若

有投命軍門一無所問或能因罪立績終不爾
欺斬裾射玦唯功是與能斬送攸之首封三千
戶縣公賜布絹各五千匹信如河海皎然無貳
飛火軍攝文書千里驛行齊王出頓新亭馳檄
數攸之罪惡曰夫彎弓射天未見能至揮戈擊
地多力安施何則逆順之勢定殊禍福之驗易
原也是以違乎天者鬼神不能使其成會乎人
者聖哲不能令其毀故劉濞賴七國連兵之勢
隗囂恃跨河據隴之資毋丘儉伐其踰海越島

之功諸葛誕矜其待士愛民之德彼四子者皆
當世雄傑以犯順取禍覆窟傾巢為豎子笑
況乎行陳凡才斗筲小器而懷問鼎之志敢搆
無君之逆哉逆賊沈攸之出自萊畝寂寥累世
故司空沈公從父宗蔭愛之若子卵翼吹噓得
升官秩廢帝昏悖猜畏柱臣攸之貪競乘機凶
忍趨利躬行反噬請銜誅旨又攸之與譚金童
太壹等並受寵任朝為牙爪同功共體世號三侯
當時親昵情過管鮑遭仰革運凶黨懼戮攸之

狡猾用數圖全賣禍既殺從父又害良朋雖呂布販君鄽寄賣友方之斯人未足爲酷此其不信不義言詐翻覆諸夏之所未有夷狄之所不爲也泰始開闢網漏吞舟略其凶險取其搏噬故得階亂獲全因禍保福攸之空淺躁而無謀濃湖前挫本非已力及北伐彭泗望賊宵奔重討下邳一鼓而遁再鄙王師又應肆法先帝英聖量深河海宥其回谿之敗冀收曲崤之捷故得推遷幸會頓升崇顯內端戎禁外臨方牧聖

靈鼎湖遠頒顧命託寄崇深義感金石而攸之知奉國諱喜見于容普天同哀已以爲慶此其樂禍幸災大逆之辠一也又攸之累登蕃兵自郢遷荊晉熙殿下以皇弟代鎮地尊望重攸之肆情陵侮斷割候迎料擇士馬簡筭器甲精器銳士竝取自隨郢城所留十不遺一專擅略虜罔顧國典此其苞藏禍志不恭不虔大逆之罪二也又攸之踐荊以來恒用姦數既欲發兵宜有因假遂乃蹙迫群蠻騷擾山谷揚聲討伐盡

户發上蟻聚郭邑伺國盛衰從來積年永不解甲遂使四野百縣路無男人耕田載租皆驅女弱自古酷虐未聞有此其侮蔑朝廷大逆之罪三也去昝桂陽奇兵　起京師內奰宗廟阽危攸之任居上流兵彊地廣救援顛沛寔宜悉力國家倒懸方思身慮威遣弱卒三千竝皆羸老使就郢州禀受節度欲令判否之日委辠晉熙何其平日輈張實輕周邵爾時恭謹虛重皇威此其伏慝藏詐持疑兩端大逆之辠四也又攸

之累據方州跋扈滋甚招誘輕狡往者咸納羈絆行侶過境必留仕子窮困不得歸其鄉商人畢命無由還其土叛亡入境輒加擁護逋逃出界必遣窮追此其大逆之辠五也又攸之自任專恣恃行慘酷視吏若讎遇民如草芟太半之賦暴參夷之刑鞭捶國士全用虜法一人逃亡闔宗補代毒徧嬰孩虐加斑白獄囚恒滿市血常流男不得耕女不得織奔馳道路號哭動天皇朝赦令初不遵奉欲殺欲擊故曠蕩之澤長

隔彼州此其無君陵上大逆之皐六也蒼梧狂
凶釁深桀紂猜貳外蕃鴟目西顧留其長息元
琰以爲交質父子分張彌積季稔賴社稷靈長
獨夫遄戮攸之豫稟心靈宜同歡幸遂迷惑顛
倒深相嗟惜舉言哀桀揚聲吠堯此其不辨是
非罔識善惡違情背理大逆之皐七也廢昏立
明先代盛典交廣先到梁秦蚤及而攸之密通
內畿川塗弗遠驛書至止晏若不聞未遣章表
奄積旬朔防風後至夏典所誅此其大逆之皐

八也昇明肇曆恩深澤遠申其父子之情矜其
骨肉之恩馳遣元琰銜使西歸並加崇授寵貴
重疊元琰達西便應反命攸之得此集聚蒙誰
之恩不荷盛德反生讎釁此其大逆之皐九也
攸之以谿壑之性含梟鴆之腸直置天壤已稱
醜穢況乃舉兵內侮逞肆姦回斯寔惡熟皐成
之辰決癰潰疽之日幕府過荷朝寄義百常憤
董司元戎龔行天罰今皇上聖明將相仁厚約
法三章輕刑緩賦年登歲阜家給人足上有惠

和之澤下無樂亂之心攸之不識天時妄圖姦
逆舉無名之師驅怨讎之黨是以朝野審其易
取含識判其成禽熊羆厲爪蓄攫鬭之心虎豹
摩牙起呑噬之憤鼓怒則冰原激電奮發則霜
野奔靁以此定亂豈移晷刻雖復衆徒擾陸舉
郡阻川何足以抗沸海之濤當燒山之焰彼土
士民罹毒日久逃竄無路常所惘然今復相逼
起接鋒刃交戰之日蘭艾難分土崩倒戈宜爲
蚤計無使一人迷昧而九族就禍也弘宥之典

有如皎日攸之盡銳攻郢州行事柳世隆隨宜
距應屢摧破之攸之與武陵王贊牋曰江陵一
總八州地居形勝鎮撫之重宜以上歸本欲仰
移節蓋改臨荆部所以未具上聞者欲待至止
面自咨申不圖重關擊柝覲接莫由若使臣朝之
誠終蔽於聖察襲遠之舉近擬於郢都則無以謝
鬬士之心何用塞義夫之志儻不犯關陵漢期一
接奉若夫斬蛟陷石之卒裂骼卷鐵之將煙騰飆
迅喬或驚動左右苟不獲巳敢不先布下情又曰

下官位重分陝富兼金穴子弟勝衣爵命已及親黨辨蕺抽序便加耳倦絃歌口厭粱肉布衣若此復欲何求豈不知俛眉苟安保養餘齒何爲不計百口甘冒危難誠感歷朝之遇欲報之於皇室爾昧理之徒謂下官懷無厭之願既貫誠於白日不復明心於殿下若使天必喪道忠節不立政復闔門碎滅百死無恨但高祖王業艱難太祖劬勞日昃卜世不盡七百之期宗社巳成他人之有家國之事未審於聖心何如攸之

遣中兵參軍公孫方平馬步三千向武昌太守臧渙棄郡投西陽太守王毓奔于盆口方平因據西陽建寧太守張謨率二守千人攻之方平破走攸之攻郢城久不決衆心離沮昇明二年正月十九日夜劉攘兵燒營入降郢城衆於是離散不可復制將曉攸之斬劉天賜率大衆過江至魯山諸軍因此散走還向江陵未百餘里聞城巳爲雍州刺史張敬兒所據無所歸乃與第三子中書侍郎文和至華容界爲封人所斬

送攸之初下留元琰守江陵張敬兒剋城元琰逃走第五子幼和幼和弟靈和元琰子法先懿子文和子法徵幼和子法茂並爲敬兒所禽伏誅初文和尚齊王女義興憲公主公主早薨有二女至是齊王迎還第内今皇帝即位聽攸之及諸子喪還葬墓攸之第二子懿太子洗馬先攸之卒攸之弟登之新安太守去職在家爲吳興太守沈文秀所收斬登之弟雍之鄱陽太守先攸之卒詔以雍之孫僧照爲義興公主後雍之與攸

之異生諸弟中最和謹尤見親愛攸之性儉吝子弟不得妄用財物唯恣雍之所須輒取齋中服飾分與親舊以此爲常雍之弟榮之尚書庫部郎亦先攸之卒攸之晚好讀書手不釋卷史漢事多所諳憶常歎曰早知窮達有命恨不十年讀書及攻郢城夜遇風浪米船沉没倉曹參軍崔靈鳳女幼適柳世隆子攸之正色謂曰當今軍糧要急而卿不以在意將由與城内婚姻邪靈鳳荅曰樂廣有言下官豈以五男易一女攸之

歡然意解初攸之招集才力之士隨郡人雙泰眞有幹力召不肯來後泰眞至江陵賣買有以告攸之者攸之因留之補隊副厚加料理泰眞無得志少日叛走攸之遣二十人被甲追之逐討甚急泰眞殺數人餘者不敢近欲過家將母去事迫不獲單身走入蠻追者既失之録其母而去泰眞既失母乃出自歸攸之不罪曰此孝子也賜錢一萬轉補隊主其矯情任笲皆如此初攸之賤時與吳郡孫超之全景文共乘小船出

京都三人共上引埭有一人止而相之曰君三人皆當至方伯攸之曰豈有三人俱有此 相相者曰骨法如此若有不驗便是相書誤耳其後攸之爲郢荆二州超之廣州景文豫州刺史攸之初至郢州有順流之志府主簿宗儼之勸攻郢城功曹臧寅以爲攻守勢異非旬日所拔若不時舉挫鋭損威今順流長驅計日可捷既傾根本則郢城豈能自固攸之不從既敗諸將帥皆奔散惟寅曰我委質事人豈可苟免我之不負公猶

公之不負朝廷也乃投水死寅字士若東莞莒人也先是攸之在郢州州從事輒與府録事鞭攸之免從事官而更鞭録事五十謂人曰州官鞭府職誠非體要由小人凌侮士大夫倉曹參軍事邊榮爲府録事所辱攸之自爲榮鞭殺録事攸之自江陵下以榮爲留府司馬守城張敬兒將至人或說之使詣敬兒降榮曰受沈公厚恩共如此大事一朝緩急便改易本心不能行也城敗見敬兒敬兒問曰邊公何不早來榮

曰沈公見留守城而委城求活所不忍也本不蘄生何須見問敬兒曰死何難得命斬之歡笑而去容無異色太山程邕之者素依隨榮至是抱持榮曰與邊公周遊不忍見邊公前死乞見殺兵不得行戮以告敬兒敬兒曰求死甚易何爲不許先殺邕之然後及榮三軍莫不垂泣曰奈何一日殺二義士比之臧洪及陳容榮金城人也廢帝之殞也攸之欲起兵問其知星人葛珂之珂之曰自古起兵皆候太白太白見則成伏

則敗沓桂陽以太白伏時舉兵一戰授首此近世明驗今蕭公廢昏立明政值太白時此與天合也且太白尋出東方東方利用兵西方不利故攸之止不反及後舉兵珂之又曰今歲星守南斗其國不可伐攸之不從凡同逆丁珍東孫同裴茂仲武宗儼之並伏誅攸之表檄文疏皆儼之詞也臧渙詣盆城自歸今皇帝命斬之餘同惡或爲亂軍所殺或遇赦得原

史臣曰臧質雖貪虐夙樹問望多闕奉義治流本無吞噬之志也徒欲以幼君弱政期之於世祖據有中流嗣桓庾之業旣主異穆哀臣皆代黨雖禮秩外厚而疑防內深功高位重終非自安之地至於陵天犯順其出於此乎攸之伺隙西郢秊逾十載擅命專威無君已積及天厭宋道鼎運將離不識代德之紀獨迷樂推之數公休旣覆其族攸之亦屠厥身夫以釁亂自終固異代如一也

列傳第三十四　宋書七十四

列傳第三十五　宋書七十五

臣沈約新撰

王僧達
顔竣

王僧達琅邪臨沂人太保弘少子兄錫質訥乏風采太祖聞僧達蚤慧召見於德陽殿問其書學及家事應對閑敏上甚知之妻以臨川王義慶女少好學善屬文年未二十以爲始興王濬後軍參軍遷太子舍人坐屬疾於楊列橋觀鬬鴨爲有司所糾原不問性好鷹犬與閭里少年相馳逐又躬自屠牛義慶聞如此令周旋沙門慧觀造而觀之僧達陳書滿席與論文義慧觀酬答不暇深相稱美與錫不協訴家貧求郡太祖欲以爲秦郡吏部郎庾炳之曰王弘子旣不宜作秦郡僧達亦不堪莅民乃止尋遷太子洗馬母憂去職兄錫罷臨海郡還送故及奉祿百萬以上僧達一夕令奴輩取無復所餘服闋爲宣城太守性好游獵而山郡無事僧達肆意馳

騁或三五日不歸受辭訟多在獵所民或相逢不識問府君所在僧達曰近在後元嘉二十八年春索虜寇逼都邑危懼僧達求入衞京師見許賊退又除宣城太守頃之徙任義興三十年元凶弑立世祖入討普檄諸州郡又符郡發兵僧達未知所從客說之曰方今釁逆滔天古今未有爲君計莫若承義師之檄移告傍郡使工言之士明示禍福苟在其心誰不響應此策上也如其不能可躬率向義之徒詳擇水陸之便致身南歸亦其次也僧達乃自候道南奔逢世祖於鵲頭即命爲長史加征虜將軍初世祖發尋陽沈慶之謂人曰王僧達必來赴義人問其所以慶之曰虜馬飲江王出赴難見在先帝前議論開張執意明決以此言之其至必也上即位以爲尚書右僕射尋出爲使持節南蠻校尉加征虜將軍時南郡王義宣求留江陵南蠻不解不成行仍補護軍將軍僧達自負才地謂當時莫及上初踐阼即居端右一二年間便望宰

宋書傳三十五　二

相及爲護軍不得志乃啓求徐州曰臣衰索餘生逢辰藉業先帝追念功臣睠及遺賤飾短捐陋布策稠采從官委褐十有一載早憑慶泰脫親戚明而有志於學無獨見之敏有務在身無偏鑒之識固不足建言世治備辨時宜竊以天恩不可終報尸素難可久處故猖狂蕪謬每陳所懷陛下孝誠發衷義順動物自龍飛以來實應九服同歡三光再朗而臣假視巷里借聽民謠黎氓未締其感遠近風議不獲稍進臣所用夙宵疾首寤寐疚心者也臣取之前載譬之於今當漢文之時可謂藉已成之業據既安之運重以布衣菲食憂勤治道而賈誼披露悃誠猶有歎哭之諫況今承顛沛萬機惟始恩未及普信未遑周臣又聞前達有言天下重器也一安不可卒危一危亦不可卒安陛下神思淵通亦當鑒之聖慮竊謂今之務惟在萬有爲己家國同憂允彼庶心從民之欲民有咨癏之聲君表納隍之志下有愆弊之苦上無後豫

宋傳三十五　三

之情又應官酌其才爵疇其望與失不賞豈失不刑至若樞任重司藩扞要鎮治亂攸寄動靜所歸百度惟新或可因而弗革事在適宜無或定其出處天下多才在所用之臣非惟寄觀世路謬識其難即之於身詳見其弊何者臣雖得免牆面書不入於學伍行無悳夙自無近於才能直以蔭託門世夙列榮齒且近雖奔迸江路歸命南闕竟何功效可以書賞而頻出內寵陛下綢繆數旬之中累發明詔自非才略有素聲

實相任豈可聞而弗驚履而無懼固宜退省身分識恩之厚不知報荅當在何期夫見危致命死而後已皆殷勤前誥重其忘生臣感先聖格言思在必効之地使生獲其志死得其所如使臣享厚祿居重榮衣狐坐熊而無事於世者固所不能安也今四夷猶警國未忘戰獫狁凶詭尤宜裁防閑者天兵未獲已肆其輕漢之心恐戎狄貪婪猶懷匪遜脫以神州暫擾中夏兵飢容或遊魂塞內重窺邊壘且高秋在節胡馬興

威宜圖其易蚤為之所臣每一日三省志在報效遠近小大覬其所安受效偏方得司者則慮之所辨情有不疑若首統軍政董勤天兵既才所不周實誠亦非願陛下矜諒已厚願復曲體此心護軍之任臣不敢處彭城軍府即時過立且臣本在驅馳非希崇顯輕智小號足以自安願垂鑑恕特賜申奬則內外榮荷存沒銘分上不許僧達三啓固陳上甚不說以為征虜將軍吳郡太守朞歲五遷僧達彌不得意吳郭西臺

寺多富沙門僧達求須不稱意乃遣主簿顧曠率門義劫寺內沙門竺法瑤得數百萬荊江反叛加僧達置佐領兵臺符聽置千人而輒立三十隊隊八十人又立宅於吳多役公力坐免官初僧達為太子洗馬在東宮愛念軍人朱靈寶及出為宣城靈寶已長僧達作列死亡寄宣城左永之籍注以為已子改名元序啓太祖以為武陵國典衛令又以補竟陵國典書令建平國中將軍孝建元年春事發又加禁錮上表陳謝云

不能因依左右傾意權貴上愈怒僧達族子確
年少美姿容僧達與之私款確叔父休爲永嘉
太守當將確之郡僧達欲逼留之確知其意避
不復往僧達大怒潛於所住屋後作大坑欲誘
確來別因殺而埋之從弟僧虔知其謀禁呵乃
止御史中丞劉瑀奏請收治上不許孝建三年
除太常意尤不悅頃之上表解職曰臣自審庸
短少闕官情兼宿抱重疾年月稍甚生平素念
願閑衡廬先朝追遠之恩早見榮齒曩者以親

貧須養僶俛從祿解褐後府十有餘旬俄還舍
人殆不朝直實無緣坐閱宸寵尸爵家庭情計
二三屢經聞啓終獲允亮賜反初服還遂私未用
又擢爲洗馬意旨優隆其今且拜許有郡缺當
務處置會琅邪遷改即蒙敕往反神翰慈誘
殷勤令裝成即自隨靈寶往年淪覆長溪因彼
散失仰感沉恩俯銘浮寵臣釁積禍并仍丁艱罰
聊及視息即蒙逮問具啓以奉營情事負舉猥
多賜莅宣城極其窮蹙仲春移任方冬便值虜

南侵臣忝同肺腑情爲義動苦求還都侍衛輦
轂至止之日戎旗已搴在郡雖淺而貧得分了
方拂農衣還事耕牧宣城民庶詣闕見請爾時
敕亾從兄僧綽宣見留之旨闇疾寡任野心素
積仍附啓苦乞且旋任還務未期亾兄臣錫奄
見棄背啓解奔赴賜帶郡還都曾未淹積復除
義興臣自天飛海沫豈假鱗翼徒思横施輿日
而深自處官以來未嘗有涓豪之積羸疾闇衰
又無人一諾而性狎林水偏愛禽魚議其所託

動弗治要故收崖斂分無忘俄頃寔由有待難
供上裝未辦東郡奉輕西郊祿重具陳懇欵
執初願置乞江湘遠郡一二年中庶反耕之日
糧藥有寄即蒙亮許當賜矜擢遭逢厄運天也
崩離世蒙聖朝門情之顧及在臣身復荷殊識
義雖君臣恩猶父子臣誠庸蔽心過草木奉諱
之日不覺捐身單軀弱嗣千里共氣繼罹凶塗
動臨危盡生微朝露不察如絲信順所扶得獲
全濟再見天地重覩三光于時兄子僧亮等幽

寤甑逆盡室獄尸山川嶮岨吉凶路塞攸悠遠之
恩誰能勿勞嘗膽濡足是其公願分心挂腹實
亦私苦幸屬聖武剋復大業宇宙廓清四表
靖晏臣父子叔姪同獲泰辰造情追尋歸骨之
本欲以死明心誤有餘辰情願已展避逆向順
終古常節智力無效有何勳庸而頻煩恩榮動
踰分次但忽病之日不敢固辭故吞訴於鵠渚
歛愧於新亭及元凶既殄人神獲乂端右之授
即具陳請天慈優渥每越常倫南蠻護軍旬

月私授臣三省非分必致孤負居常輕任尚懼
網墨況參要內職承寵外戲其取覆折不假
識見故披誠啓訴表䟽相屬或乞輕高就卑或
願以閑易要言誓致苦播於辭牘誠知固陋當
觸明科去歲往年累犯刑禁理無申可罪有
恒典虛穢朝序慙累家業臣甘其終物議其
盡陛下棄其身瑕矜其貴賤迂略法憲曲相全
養臣一至之感口此何忘利伊恩升加以今岳當時
震驚收足失所本忘閑情不敢聞命內慮於已

外訪於親以爲天地之仁施不期報再造之恩
不可妄屬故洗拂灰壤登沐膏露上虧聖澤下
愛生辰合芳離蜺遐邇改觀但倫榮託幸忽移
此歲自見妨長轉不可寧宜其沈放志事俱盡
伏願陛下承太始之德加成物之恩及臣狂蔽
未至得於榮次自引聖朝厚終始之惠孤臣保
不泯之澤夫讓功爲高臣無功而讓專素爲義
臣榮枈已積以是求退誠亦可愍又妻子爲居
更無餘累婢僕十餘粗有田入歲時是課足繼

朝昏兼比日眩瞀更甚風虛漸劇湊理合閑榮
衛惛底心氣忡弱神志衰散念此根疵不支歲
月公私誠願穵蒙諒許乞徊餘辰以終瑣運白
水皎日不足爲譬願垂矜鑒哀申此請僧達文
旨抑揚詔付門下侍中何偃以其詞不遜啓付
南臺又坐免官頃之除江夏王義恭太傅長史
臨淮太守又徙太宰長史太守如故大明元年
遷左衛將軍領太子中庶子以歸順功封寧陵
縣五等侯二年遷中書令先是南彭城蕃縣民

高闍沙門釋曇摽道方等共相誑惑自言有鬼
神龍鳳之瑞常聞簫鼓音與秣陵民藍宏期等
謀爲亂又要結殿中將軍苗允員外散騎侍郎
嚴欣之司空參軍闞千纂太宰府將程農王恬
等謀剋二年八月一日夜起兵攻宮門晨掩太宰
江夏王義恭分兵襲殺諸大臣以闍爲天子事
發覺凡黨與死者數十人僧達屢經狂逆上
以其終無悛心因高闍事陷之下詔曰王僧達
餘慶所鍾早登榮觀輕險無行暴於世談値國

道中艱盡室願效甄其薄誠貰其瑕釁爵遍外
内身窮榮寵曾無在泮食椹懷音乃協規西楚
志擾東區公行剽掠顯奪凶黨倚結群惡誣亂
視聽朕每容隱思加蕩雪曾無犬馬感恩之志而
炎火成燎原之勢涓流兆江河之形遂孱齒高
闍契規蘇寶搜詳妖圖覘察象緯逮賊長臨
梟餘黨䞧鞫咸布辭獄牒宣言虛市猶欲隱
忍法爲情屈小醜紛紜人翦方甚矯構風塵志希
非覬固已達諸公卿彰于朝野朕焉得輕宗社
之重行匹夫之仁殛山誅邪聖典所同戮諷翦
律漢法攸尚便可收付廷尉肅正刑書故太保
華容文昭公弘契闊歷朝綢繆眷遇豈容忘兹
勳德忽其世祀門爵國姻一不貶絶於獄賜死
時年三十六子道琰徙新安郡前廢帝即位得
還京邑後廢帝元徽中爲廬陵國内史未至郡
卒蘇寶者名寶生本寒門有文義之美元嘉中
立國子學爲毛詩助教爲太祖所知官至南臺
侍御史江寧令坐知高闍反不即啓聞與闍共

伏誅
顔竣字士遜琅邪臨沂人光禄大夫延之子也
太祖問延之卿諸子誰有卿風對曰竣得臣筆
測得臣文㚟得臣義躍得臣酒竣初爲太學博
士太子舍人出爲世祖撫軍主簿甚被愛遇竣
亦盡心補益元嘉中上不欲諸王各立朋黨將
召竣補尚書郎吏部尚書江湛以爲竣在府有
稱不宜回改上乃止遂隨府轉安北鎮軍北中
郎府主簿二十八年虜自彭城北歸復求互市

竣議曰愚以爲與虜和親無益已然之明效何
以言其然夷狄之欲侵暴正苦力之不足耳未
嘗拘制信義用輟其謀笞季江上之役乃是和
親之所招歷稔交聘遂求國婚朝廷羈縻之義
依違不絕旣積歲月漸不可誣獸心無厭重以
忿怒故至於深入幸今因兵交之後華戎隔判
若言互市則復開曩敝之萌議者不過言互市
之利在得馬今棄此所重得彼下駟千匹以上
尚不足言況所得之數裁不十百邪一相交關

卒難閉絕寇負力玩勝驕黠已甚雖云互市實
覘國情多贍其求則桀慠罔已通而爲節則必
生邊虞不如塞其端漸杜其觖望內修德化外
經邊事保境以觀其釁於事爲長初沙門釋僧
含粗有學義謂竣曰貧道粗見讖記當有眞人
應符名稱次第屬在殿下竣在彭城嘗向親人
叙之言遂宣布聞於太祖時元凶巫蠱事已發
故上不加推治世祖鎮尋陽遷南中郎記室參
軍三十年春以父延之致仕固求解職不許賜

假未發而太祖崩問至世祖舉兵入討轉諮議
參軍領錄事任總外內并造檄書世祖發尋陽
便有疾領錄事自沈慶之以下竝不堪相見唯
竣出入卧內斷決軍機時世祖屢經危篤不任
咨禀凡厥衆事竣皆專斷施行世祖踐阼以爲
侍中俄遷左衞將軍加散騎常侍辭常侍見許
封建城縣侯食邑二千戶孝建元年轉吏部尚
書領驍騎將軍留心選舉自彊不息任遇旣隆
奏無不可其後謝莊代竣領選意多不行竣容

皃嚴毅莊風姿甚美賓客喧譁常歡笑答之時
人爲之語曰顏竣嗔而與人官謝莊笑而不與
人官南郡王義宣臧質等反以竣兼領軍義宣
質諸子藏匿建康秣陵湖熟江寧縣界世祖大
怒免丹陽尹褚湛之官收四縣官長以竣爲丹
楊尹加散騎常侍先是竣未有子而大司馬江
夏王義恭諸子爲元凶所殺至是竝各產男上
自爲制名名義恭子爲伯禽以比魯公伯禽周
公旦之子也名竣子爲辟彊以比漢侍中張良

之子先是元嘉中鑄四銖錢輪郭形制與五銖同用費損無利故百姓不盜鑄及世祖即位又鑄孝建四銖三年尚書右丞徐爰議曰貴貨利民載自五政開鑄流圜法成九府民富國實教立化光及時移俗易則通變適用是以周漢俶遷隨世輕重降及後代財豐用足因條前寶無復改創年歷既遠喪亂屢經堙焚剪毀日月銷減貨薄民貧公私俱困不有革造將之大乏謂應式遵古典收銅繕鑄納贖刊刑著在往策今

宜以銅鑄刑隨罰為品詔可鑄錢形式薄小輪郭不成於是民間盜鑄者雲起雜以鉛錫並不牢固又剪鑿古錢以取其銅錢轉薄小稍違官式雖重制嚴刑民吏官長坐死免者相係而盜鑄彌甚百物踊貴民人患苦之乃立品格薄小無輪郭者悉加禁斷始興郡公沈慶之立議曰昔秦幣過重高祖是患普令民鑄改造榆莢而貨輕物重又復乖時太宗放鑄賈誼致譏誠以采山術存銅多利重耕戰之器曩時所用四民

競造為害或多而孝文弗納民鑄遂行故能朽貫盈府天下殷富況今耕戰不用采鑄廢久鎔冶所資多因成器功艱利薄絕吳鄧之資農民不習無釋耒之患方今中興開運聖化惟新雖復偃甲銷戈而倉庫未實公私所乏唯錢而已愚謂宜聽民鑄錢郡縣開置錢署樂鑄之家皆居署內平其雜式去其雜偽官斂輪郭藏之以為永寶去春所禁新品一時施用今鑄悉依此格萬稅三千嚴檢盜鑄并禁剪鑿數年之間公

私豐贍銅盡事息姦偽自止且禁鑄則銅轉成器開鑄則器化為財翦華利用於事為益上下其事公卿太宰江夏王義恭議曰伏見沈慶之議聽民私鑄樂鑄之室皆入署居平其準式去其雜偽愚謂百姓不樂與官相關由來甚久又多是人士益不願入署凡盜鑄為利利在偽雜偽雜既禁樂入必寡云斂取輪郭藏為永寶愚謂上之所貴下必從之百姓聞官斂輪郭輪郭之價百倍大小對易誰肯為之彊制使換則

狀似逼奪又去春所禁新品一時施用愚謂此
條在可開許又云今鑄宜依此格萬稅三千又
云嚴檢盜鑄不得更造愚謂禁制之設非惟亘
睇利犯憲羣庶常情不患制輕患在目犯今入
署必萬輸三千私鑄無十三之稅逐利犯禁居
然不斷又云銅盡事息姦僞自禁愚謂赤縣內
銅非可卒盡比及銅盡姦僞已積又云禁鑄則
銅轉成器開鑄則器化爲財然頃所患患於
形式不均加以翦鑿　鉛錫衆𫔶耳越若止

於盜鑄銅者亦無須苦禁竣議曰泉貨利用近
古所同輕重之議定於漢世魏晉以降未之能
改誠以物貨既均改之僞生故也世代漸久弊運
頓至因革之道宜有其術今云開署放鑄誠所
欣同但慮採山事絕器用日耗銅既轉少器亦
彌貴設器直一千則鑄之減半爲之無利雖令
不行又云去春所禁一時施用是欲使天下豐
財若細物必行而不從公鑄利已既深情僞無
極私鑄翦鑿盡不可禁五銖半兩之屬不盈一

年必至於盡財貨未贍大錢已竭數歲之間悉
爲塵土豈可令取弊之道基於皇代今百姓之
貨雖爲轉少而市井之民未有嗟怨此新禁初
行品式未一須臾自止不足以垂聖慮唯府藏空
匱實爲重憂今縱行細錢官無益賦之理百姓
雖贍無解官乏唯簡費去華設在節儉求贍
之道莫此爲貴然錢有定限而消失無方剪鑄
雖息終致窮盡者也應官開取銅之署絕器用
之塗定其品式日月漸鑄歲久之後不爲世益
耳時議者又以銅轉難得欲鑄二銖錢竣又議

曰議者將爲官藏空虛宜更改鑄天下銅少宜
減錢式以救交弊賑國紓民愚以爲不然今鑄二
銖恣行新細於官無解於乏而人姦巧大興天
下之貨將靡碎至盡空立嚴禁而利深難絕不
過一二年間其弊不可復救其甚不可一也今
鎔鑄有頓得一二億理縱復得此必待彌年歲
暮稅登財幣暫革日用之費不贍數月雖權
徵助何解乏邪徒使姦民意騁而貽厥愆謀此

又甚不可二也民懲大錢之改兼畏近日新禁市
井之間必生喧擾遠利未聞切患猥及富商得
志貧民困窘此又甚不可三也若使交益深重
尚不可行況又未見其利而衆弊如此失筭當
時取誚百代乎前廢帝即位鑄二銖錢形式轉
細官錢每出民間即模効之而大小厚薄皆不
及也無輪郭不磨鑢如今之剪鑿者謂之耒子
景和元年沈慶之啓通私鑄由是錢貨亂敗一
千錢長不盈三寸大小稱此謂之鵝眼錢劣於

此者謂之綖環錢入水不沉隨手破碎市井不
復料數十萬錢不盈一掬斗米一萬商貨不行
太宗初唯禁鵝眼綖環其餘皆通用復禁民
鑄官署亦廢工尋復並斷唯用古錢竣自散騎
常侍丹陽尹加中書令丹陽尹如故表讓中書
令曰虛竊國靈坐招禁要聞命慙惶形魂震越
臣東州凡鄙生微於時長自閭閻不窺官轍門
無富貴志絕華伍直以委身龍藩卹飢寒交切先
朝陶均庶品不遺愚賤得免耕稅之勤廁仕進

之末陛下盛德居藩總攬英異越以不才超塵
清軌奉躬歷稔勞效莫書仰恃曲成之仁畢願
守宰之秩豈期天地中闕穀憂啓聖倚附興運
擢景神塗雲飛海涑冠絕倫等曾未三朞殊命
八萃詳料賞典則臣不應科贍言勤良則臣與
侔貴方欲論款皇朝降階盛序微已國言少徹
身謫而制書猥下爵樹彌隆臣小人也不及遠
謀寵利之來何能居約徒以上瀆天朗下汨彝
議災謫之興懼必在邇今之過授以先微身苟

曰非據危辱將及十手所指諭等膏肓所以寤
寐競遽維縈若疾者也伏願陛下察其丹誠矜
其疾願絕會收恩以全愚分則造化之施方茲
爲薄見許時歲旱民饑竣上言禁餳一月息米
近萬斛復代謝莊爲吏部尚書領太子左衛率
未拜丁憂起爲右將軍丹楊尹如故竣藉蕃朝
之舊極陳得失上自即吉之後多所興造竣諫
爭懇切無所回避上意甚不說多不見從竣自
謂才足幹時恩舊莫比當贊務居中永執朝政

而所陳多不被納疑上欲疏之乃求外出以占
時旨大明元年以爲東揚州刺史將軍如故所
求既許便憂懼無計至州又丁母艱不許去職
聽送喪還都恩待猶厚竣彌不自安每對親故
頗懷怨憤又言朝事違謬人主得失及王僧達
被誅謂爲竣所讒構臨死陳竣前後忿懟每懷
言不見從僧達所言頗有相符據上乃使御史
中丞庾徽之奏之曰臣聞人臣之奉主毀家光
國竭情無私若乃無禮陵人怙富卑上是以王

叔作戒子晳爲戮未有背本塞原好利忘義而
得自容盛世溷亂清流者也右將軍東揚州刺
史建城縣開國侯顏竣因附風雲謬蒙翼長天
地更造拔以非次聖朝親攬萬務一歸而窺覘國
柄潛圖秉執受任選曹驅扇滋甚出尹京輦形
勢彌放傳詔犯憲舊須啓聞而竣以通譁忤己
輒加鞭辱罔顧威靈莫此爲甚嚴詔屢發當官
責效竣權恣不行怨懟彌起懷挾姦數苞藏陰
慝預聞中旨罔不宣露罰則委上恩必歸己苟

遇之門即加謗辱受譴之室曲相哀撫翻戾朝
紀狡惑視聽脅懼上宰激動閭閻未上慮閒内懷
猜懼僞請東牧以卜天旨既獲出蕃怨詈方肆
反脣腹誹方之已輕且時有啓奏必協姦私宣
示親朋動作羣小前冬母亡詔賜還葬事畢不
去盤桓經時方構閒勳貴造立同異又表示危
懼深營身觀曲訪大臣慮不全立遂以己被斥
外國道將顛覆積懷抱惡窮辭色兼行闚於
家早負世議逮身居崇寵奉兼萬金榮以夸親

祿不充養宿憾毋弟恃貴輒戮天倫怨毒親交
震駭凡所莅任皆闕政刑輒開丹楊庫物貸借
吏下多假資禮解爲門生充朝滿野殆將千計
驕放自下妨公害私取監解見錢以供帳下賓旅
酣歌不異平月街談道說非復風聲竣代都文
吏特荷天私棄瑕錄用豫參要重勞無汗馬賞
班河山出內寵靈踰越倫伍山川之性日月彌滋
溪壑之心在盈彌奓虎寃狼貪未足爲譬今皇
明開耀品物咸亨傷俗點化寔唯害焉宜加顯

盛化請以見事免竣所居官下太常削
爵土須事御收付廷尉法獄辠上未欲便加大
戮且止免官竣頻啓謝罪并乞性命上愈怒詔
荅曰憲司所奏非宿昔所以相期卿受榮遇故
當極此訕訐怨憤已孤本望乃復過煩思慮懼
不自全豈爲下事上誠節之至邪及竟陵王誕
爲逆因此陷之召御史中丞庾徽之於前爲奏
奏成詔曰竣孤負恩養乃可至此於獄賜死妻
息宥之以遠子辟強徙送交州又於道殺之竣
文集行於世

史臣曰世祖弱歲臨蕃涵道未廣披胷解帶義
止賓僚及運鍾傾陂身危慮切擢膽抽肝猶患
言未盡也至於馮玉負扆威行萬物欲有必從
事無暫失既而憂歡異日甘苦變心主挾今情
臣追昔款宋昌之報上賞已行同舟之慮下望
愈結嫌怨既前誅責自起竣之取釁於世蓋由
此乎爲人臣者若能事主而捐其私立功而忘
其報雖求顛陷不可得也

宋書七十五

列傳第三十六　宋書七十六

臣沈　約　新撰

朱脩之
宗慤
王玄謨

朱脩之字恭祖義興平氏人也曾祖燾晉平西將
軍祖序豫州刺史父諶益州刺史脩之自州主簿
遷司徒從事中郎文帝謂曰卿曾祖昔爲王導
丞相中郎卿今又爲王弘中郎可謂不忝爾祖

矣後隨到彦之北伐彦之自河南回留脩之戍滑
臺爲虜所圍數月粮盡將士熏鼠食之遂陷
於虜初脩之母聞其被圍既久常憂之忽一旦乳
汁驚出母號泣告家人曰吾今已老忽復有乳
汁斯不祥矣吾兒其不利乎後問至脩之果以
此日陷沒託跋燾嘉其守節以爲侍中妻以宗
室女脩之潛謀南歸妻疑之每流涕問其意脩之
鄭嘉其義竟不告也後鮮卑馮弘稱燕王治黃
龍城託跋燾伐之脩之與同沒人邢懷明並從又

有徐卓者復欲率南人竊發事泄被誅脩之懷明懼奔馮弘弘不禮留一年會宋使傳詔至脩之名位素顯傳詔見即拜之彼國敬傳詔謂爲天子邊人見其致敬於脩之乃始加禮時魏屢伐弘或說弘遣脩之歸求救遂遣之泛海至東萊遇猛風柂折垂以長索船乃復正海師望見飛鳥知其近岸須臾至東萊元嘉九年至京邑以爲黃門侍郎累遷江夏內史雍州刺史劉道產卒羣蠻大動脩之爲征西司馬討蠻失利孝武初

爲寧蠻校尉雍州刺史加都督脩之在政寬簡士衆悅附及荊州刺史南郡王義宣反檄脩之舉兵脩之僞與之同而遣使陳誠於帝帝嘉之以爲荊州刺史加都督義宣聞脩之不與己同乃以魯秀爲雍州刺史擊襄陽脩之命斷馬鞍山道秀不得前乃退及義宣敗於梁山單舟南走脩之率衆南定遺寇時竺超民執義宣脩之至乃殺之以功封南昌縣侯脩之治身清約凡所贈貺一無所受有餉或受之而旋與佐吏賭之終

不入己唯以撫納羣蠻爲務徵爲左民尚書轉領軍將軍去鎮秋毫不犯計在州然油及牛馬穀草以私錢十六萬償之然性儉剋少恩情姊在鄉里飢寒不立脩之未嘗供贍嘗往視姊姊欲激之爲設菜羹麤飯脩之曰此乃貧家好食致飽而去先是新野庾彥達爲益州刺史攜姊之鎮分祿秩之半以供贍之西土稱焉脩之後墜車折腳辭尚書領崇憲太僕仍加特進金紫光祿大夫以腳疾不堪獨行特給扶侍卒贈侍中特進

如故謚貞侯

宗慤字元幹南陽人也叔父炳高尚不仕慤年少時炳問其志慤曰願乘長風破萬里浪炳曰汝不富貴即破我家矣兄泌娶妻始入門夜被劫慤年十四挺身拒賊賊十餘人皆披散不得入室時天下無事士人並以文義爲業炳素高節諸子羣從皆好學而慤獨任氣好武故不爲鄉曲所稱江夏王義恭爲征北將軍南兗州刺史慤隨鎮廣陵時從兄綺爲征北府主簿

綺嘗入直而給吏牛泰與綺妾私通慤殺泰綺壯其意不責也元嘉二十二年伐林邑慤自奮請行義恭舉慤有膽勇乃除震武將軍爲安西參軍蕭景憲軍副隨交州刺史檀和之圍區粟城林邑遣將范毗沙達來救區粟和之遣偏軍拒之爲賊所敗又遣慤慤乃分軍爲數道偃旗潛進討破之拔區粟入象浦林邑王范陽邁傾國來拒以具裝被象前後無際士卒不能當慤曰吾聞師子威服百獸乃製其形與

象相禦象果驚奔衆因潰散遂克林邑收其異寶雜物不可勝計慤一無所取衣櫛蕭然文帝甚嘉之後爲隨郡太守雍州蠻屢爲寇建威將軍沈慶之率慤及柳元景等諸將分道攻之羣蠻大潰又南新郡蠻帥田彥生率部曲反叛焚燒郡城屯據白楊山元景攻之未能下慤率其所領先登衆軍隨之羣蠻由是畏服三十年孝武伐元凶以慤爲南中郎諮議參軍領中兵孝武即位以爲左衛將軍封洮陽侯功次柳元景孝建中累遷豫州刺史監五州諸軍事先是鄉人庾業家甚富豪方丈之膳以待賓客而慤至設以菜葅粟飯謂客曰宗軍人慣噉麤食慤致飽而去至是業爲慤長史帶梁郡慤待之甚厚不以前事爲嫌大明三年竟陵王誕據廣陵反慤表求赴討乘驛詣都面受節度上停輿慰勉慤聳躍數十左右顧盼上壯之及行隸車騎大將軍沈慶之初誕誑其衆云宗慤助我及慤至躍馬繞城呼曰我宗

慤也事平入爲左衛將軍五年從獵墮馬脚折不堪朝直以爲光祿大夫加金紫慤有佳牛堪進御官買不肯賣坐免官明年復職廢帝即位爲寧蠻校尉雍州刺史加都督卒贈征西將軍謚曰肅侯太始二年詔以慤配食孝武廟子羅雲卒子元寶嗣

王玄謨字彥德太原祁人也六世祖宏河東太守綿竹侯以從叔司徒允之難棄官北居新興仍爲新興鴈門太守其自敘云爾祖牢仕慕容氏爲

上谷太守陷慕容德居青州父秀早卒玄謨幼
而不羣世父蕤有知人鑒常笑曰此兒氣槩高亮
有太尉彥雲之風武帝臨徐州辟爲從事史與
語異之少帝末謝晦爲荆州請爲南蠻行參軍
武昌太守晦敗以非大帥見原元嘉中補長沙
王義欣鎮軍中兵將軍領汝陰太守時虜攻陷
滑臺執朱脩之以歸玄謨上䟽曰王途始開隨復
淪塞非惟天時抑亦人事虎牢滑臺豈惟將之不
良抑亦本之不固本之不固皆由民憚遠役臣請

以西陽之魯晉陽襄陽之南鄉發甲卒分爲兩道
直趣淆澠征士無遠徭之思吏士有屢休之歌若
欲以東國之衆經營牢洛道途既遠獨克實難玄
謨每陳北侵之策上謂殷景仁曰聞王玄謨陳說
使人有封狼居意後爲興安侯義賓輔國司馬
彭城太守義賓薨玄謨上表以彭城要兼水陸
請以皇子撫臨州事乃以孝武出鎮及大舉北征
以玄謨爲寧朔將軍前鋒入河受輔國將軍蕭
斌節度玄謨向碻磝戍主奔走遂圍滑臺積旬

不克虜主託跋燾率大衆號百萬鞞鼓之聲震
動天地玄謨軍衆亦盛器械甚精而玄謨專依
所見多行殺戮初圍城城內多茅屋衆求以火箭
燒之玄謨恐損亡軍實不從城中即撤壞之空
地以爲窟室及魏救將至衆請發車爲營又不
從將士多離怨又營貨利一匹布責人八百梨
以此倍失人心及託跋燾軍至乃奔退麾下散
亡略盡蕭斌將斬之沈慶之固諫曰佛貍威震
天下控弦百萬豈玄謨所能當且殺戰將以自弱

非良計也斌乃止初玄謨始將見殺夢人告曰誦
觀音經千遍則免既覺誦之得千遍明日將刑
誦之不輟忽傳呼停刑遣代守碻磝江夏王義恭
爲征討都督以爲碻磝不可守召令還爲魏軍所
追大破之流矢中臂二十八年正月還至歷城義
恭與玄謨書曰聞因敗爲成臂上金瘡得非金印
之徵也元凶弒立以玄謨爲益州刺史孝武伐逆玄
謨遣濟南太守垣護之將兵赴義事平除徐州
刺史加都督及南郡王義宣與江州刺史臧質

反朝庭假玄謨輔國將軍拜豫州刺史與柳元景南討軍屯梁山夾岸築偃月壘水陸待之義宣遣劉諶之就臧質陳軍城南玄謨留老弱守城悉精兵接戰賊遂大潰加都督前將軍封曲江縣侯中軍司馬劉沖之白孝武言玄謨在梁山與義宣通謀上意不能明使有司奏玄謨多取寶貨其虛張戰簿與徐州刺史垣護之並免官尋復爲豫州刺史淮上亡命司馬黑石推立夏侯方進爲主改姓李名弘以惑衆玄謨討斬之遷寧

蠻校尉雍州刺史加都督雍土多僑寓玄謨請土斷流民當時百姓不願屬籍罷之其年玄謨又令九品以上租使貧富相通境內莫不嗟怨民間訛言玄謨欲反時柳元景當權元景弟僧景爲新城太守以元景之勢制令南陽順陽上庸新城諸郡並發兵討玄謨玄謨令內外晏然以解衆惑馳啓孝武具陳本末帝知其虛馳遣主書吳喜公撫慰之又答曰梁山風塵初不介意君臣之際過足相保聊復爲笑伸卿眉頭玄

謨性嚴未嘗妄笑時人言玄謨眉頭未曾伸故帝以此戲之後爲金紫光祿大夫領太常及建明堂以本官領起部尚書又領北選孝武狎侮羣臣隨其狀貌各有比類多鬚者謂之羊顏師伯缺齒號之曰齴劉秀之儉吝呼爲老慳黃門侍郎宗靈秀體肥拜起不便每至集會多所賜與欲其瞻謝傾踣以爲歡笑又刻木作靈秀父光祿勳叔獻像送其家廳事柳元景垣護之並北人而玄謨獨受老傖之目凡所稱謂四方書疏亦如之嘗爲玄

謨作四時詩曰菫荼供春膳粟漿充夏飡䏑醬調秋菜白醝解冬寒又寵一崐崘奴子名白主常在左右令以杖擊羣臣自柳元景以下皆罹其毒玄謨尋遷平北將軍徐州刺史加都督時北土飢饉乃散私穀十萬斛牛千頭以振之轉領軍將軍孝武崩與柳元景等俱受顧命以外監事委玄謨時朝政多門玄謨以嚴直不容徙青冀二州刺史加都督少帝既誅顏師伯柳元景等狂悖益甚以領軍徵玄謨子姪咸勸稱疾玄謨

曰吾受先帝厚恩豈可畏禍苟免遂行及至屢表諫諍又流涕請緩刑去殺以安元元少帝大怒明帝即位禮遇甚優時四方反叛以玄謨爲大統領水軍南討以脚疾聽乘輿出入尋除大將軍江州刺史副司徒建安王於赭圻賜以諸葛亮筩袖鎧頃之爲左光禄大夫開府儀同三司領護軍遷南豫州刺史加都督玄謨性嚴剋少恩而將軍宗越御下更苛酷軍士謂之語曰寧作五年徒不逢王玄謨玄謨猶自可宗越更殺我年八十一薨謚曰莊公子深早

卒子續嗣

史臣曰脩之宗慤皆以將帥之材懷廉絜之操有足稱焉玄謨雖苛剋少恩然觀其大節亦足爲美當少帝失道多所殺戮而能冒履不測傾心輔弼斯可謂忘身徇國者歟

列傳第三十六　宋書七十一

列傳第三十七　宋書七十七

柳元景
顏師伯
沈慶之

臣沈約新撰

柳元景字孝仁河東解人也曾祖卓自本郡遷於襄陽官至汝南太守祖恬西河太守父憑馮翊太守元景少便弓馬數隨父伐蠻以勇稱寡言有器質荆州刺史謝晦聞其名要之未及往

而晦敗雍州刺史劉道產深愛其能元景時居父憂未得加命會荆州刺史江夏王義恭召之道產謂曰久見屈今貴王有召難輒相留乖意以爲惘惘服闋補江夏王國中軍將軍遷殿中將軍復爲義恭司空行參軍隨府轉司徒太尉城局參軍太祖見又嘉之先是劉道產在雍州有惠化遠蠻悉歸懷皆出緣沔爲村落戶口殷盛及道產死羣蠻大爲寇暴世祖西鎮襄陽義恭以元景爲將帥即以爲廣威將軍隨郡太守

旣至而蠻斷驛道欲來攻郡郡内少糧器杖又乏元景設方略得六七百人分五百人屯驛道或曰蠻將逼城不宜分衆元景曰蠻聞郡遣重戍豈悟城内兵少且表裏合功於計爲長會蠻垂至乃使驛道爲備潛出其後戒曰火舉馳進前後俱發蠻衆驚擾投鄖水死者千餘人斬獲數百郡境肅然無復寇抄朱脩之討蠻元景又與之俱後又副沈慶之征鄖山進克太陽除世祖安北府中兵參軍隨王誕鎮襄陽爲後軍中

兵參軍及朝廷大舉北討使諸鎮各出軍二十七年八月誕遣振威將軍尹顯祖出貲谷奮武將軍魯方平建武將軍薛安都略陽太守龐法起入盧氏廣威將軍田義仁入魯陽加元景建威將軍總統羣帥後軍外兵參軍龐季明年巳七十三秦之冠族羌人多附之求入長安招懷關陜乃自貲谷入盧氏盧氏人趙難納之弘農強門先有内附意故委季明投之十月魯方平薛安都龐法起進次白亭時元景猶未發法起

率方平安都諸軍前入自脩陽亭出熊耳山季明進達高門木城值永昌王入弘農乃回還盧氏據險自固頃之招盧氏少年進入宜陽苟公谷以扇動義心元景以其月率軍繼進閏月法起安都方平諸軍入盧氏斬縣令李封以趙難爲盧氏令加奮武將軍難驅率義徒以爲衆軍鄉導法起等度鐵嶺山次開方口季明出自本城與法起相會元景大軍次曰口以前鋒深入懸軍無繼馳遣尹顯祖入盧氏以爲軍援元景

以軍食不足難可曠日相持乃束馬懸車引軍上百丈崖出溫谷以入盧氏法起諸軍進次方伯自去弘農城五里賊遣兵二千餘人覘候法起縱兵夾射之賊騎退走諸軍造攻具進兵城下僞弘農太守李初古拔嬰城自固法起安都方平諸軍鼓譟以陵城季明趙難竝率義徒相繼而進衝車四臨數道俱攻士皆殊死戰莫不奮勇爭先時初古拔父子據南門督其處距戰弘農人之在城内者三千餘人於北樓豎白幡

或射無全箭安都軍副譚金薛係孝率衆先登
生禽李初古拔父子二人魯方平入南門生禽
僞郡丞百姓皆安堵元景引軍度熊耳山安都
頓軍弘農法起進據潼關季明率方平趙難軍
向陝西七里谷殿中將軍鄧盛幢主劉駱亂使
人入荒田招宜陽人劉寬糾率合義徒二千餘
人共攻金門塢屠之殺戍主李買得古拔子也
爲虜永昌王長史勇冠戎類永昌聞其死若失
左右手誕又遣長流行參軍姚範領三千人向

弘農受元景節度十一月元景率衆至弘農營
於開方口仍以元景爲弘農太守置吏佐初安
都留住弘農而諸軍已進陝元景既到謂安都
曰無爲坐守空城而令龐公深入此非計也宜
急進軍可與顯祖并兵就之吾須督租畢尋後
引也衆並造陝下卽入郭城列營於城内以逼
之竝大造攻具賊城臨河爲固恃險自守季
明安都方平顯祖趙難諸軍頻三攻未拔虜
洛州刺史地河公張是提衆二萬度崤來

救安都方平各列陣城南以待之顯祖勒精卒
以爲後拄季明率高明宜陽義兵當南門而陣
趙難領盧氏樂從少年與季明爲掎角賊兵大
合輕騎挑戰安都瞋目橫矛單騎突陣四向奮
擊左右皆辟易不能當殺傷不可勝數於是衆
軍並鼓譟俱前士皆殊死戰虜初縱突騎衆軍
患之安都怒甚乃脫兜鍪解所帶鎧唯著絳
納兩當衫馬亦去具裝馳奔以入賊陣猛氣咆
㘞所向無前當其鋒者無不應刃而倒賊忿之夾
射不能中如是者數四每一入衆無不披靡初元

景令將魯元保守函谷關賊衆既盛元保不能
自固乃率所領作函箱陣多列旗幟緣險而還
正會安都諸軍與賊交戰三虜郎將見元保軍
從山下以爲元景大衆至日且暮賊於是奔退
騎多得入城賊之將至也方平遣驛騎告元景時
軍糧盡各餘數日食元景方督義租并驢馬
以爲運糧之計而方平信至元景遣軍副柳元
怙簡步騎二千以赴陝急卷甲兼行一宿而至

詰朝賊衆又出列陳於城外方平諸軍並成列
安都并領馬軍方平悉勒步卒左右犄角之餘
諸義軍並於城西南列陳方平謂安都曰今就
敵在前堅城在後是吾取死之日卿若不進我
當斬卿我若不進卿當斬我也安都曰善卿言
是也我豈惜身命乎遂合戰時元怙方至悉偃
旗鼓士馬皆銜枚潛師伏甲而進賊未之覺也
方平等方與虜交鋒而元怙勒衆從城南門函
道直出北向結陳旌旗甚盛鼓譟而前出賊不

意虜衆大駭元怙與幢主宗越率手下猛騎以
衝賊陳一軍皆馳之安都方平等督諸軍一時
齊奮士卒無不用命安都不堪其憤橫矛直前
出入賊陳殺傷者甚多流血凝肘矛折易之復
入軍副譚金率騎從而奔之自詰旦而戰至于
日昃虜衆大潰斬張是提又斬三千餘級投河
赴塹死者甚衆面縛軍門者二千餘人元景輕
騎晨至虜兵之面縛者多河內人元景詰之曰
汝等怨王澤不浹請命無所今並爲虜盡力便

是本無善心順附者存拯從惡者誅滅欲知王
師正如此爾皆曰虐虜見驅後出赤族以騎蹙
步未戰先死此親將軍所見非敢背中國也諸
將欲盡殺之元景以爲不可曰今王旗北掃當
令仁聲先路乃悉釋而遣之家在關裏者符守
關諸軍聽出皆稱萬歲而去誕以崤陝既定其
地宜撫以弘農劉寬虯行東弘農太守給元景
鼓吹一部法起率衆次于潼關先是建義將軍
華山太守劉槐糾合義兵攻關城拔之力少不

固頃之又集衆以應王師法起次潼關槐亦至
賊關城戍主婁須望旗奔潰虜衆溺於河者甚
衆法起與槐即據潼關虜蒲城鎮遣僞帥何難
於封陵自列三營以擬法起法起長驅入關行
王檀故壘虜謂直向長安何難率衆欲濟河以
截軍後法起回軍臨河縱兵射之賊退散關中
諸義徒並處處鋒起四山羌胡咸皆請奮誕又
遣揚武將軍康元撫領二千人出上洛受元景
節度援方平於函谷元景去賊衆向關時軍中

食盡元景回據白楊嶺賊定未至更下山進弘農入湖關口虜蒲阪戍主沃州刺史杜道生率衆二萬至閺鄉水去湖關一百二十里元景募精勇一千人夜斫賊營迷失道天曉而反道生率手下驍銳縱兵射之鋒刃既交虜又奔散時北討諸軍王玄謨等敗退虜遂深入太祖以元景不宜獨進且令班師元景乃率諸將自湖關度白楊嶺出于長洲安都斷後宗越副之法起自潼關向商城與元景會季明亦從胡谷南歸

並有功而入士馬旌旗甚盛誕登城望之以鞍下馬迎元景除寧朔將軍京兆廣平二郡太守於樊城立府舍率所領居之統行北蠻事龐季明爲定蠻長薛安都爲後軍行參軍魯方平爲寧蠻參軍臧質爲雍州除元景爲冠軍司馬襄陽太守將軍如故魯爽向虎牢復使元景率安都等北出至關城關城棄戍走即據之元景至洪關欲進與安都濟河攻杜道生於蒲阪會爽退復還再出北討威著於境外又使率所領進西陽

會伐五水蠻世祖入討元凶以爲諮議參軍領中兵加冠軍將軍太守如故配萬人爲前鋒宗慤薛安都等十三軍皆隷焉元景與朝士書曰國禍冤深凶人肆逆民神崩憤若無天地南中郎親率義師剪討元惡司徒臧冠軍並同大舉舳艫千里購賞之利備之元景不武忝任行間揔勒精勇先鋒道路勢乘上流衆兼百倍諸賢弃世忠義身爲國良皆受遇先朝荷榮日久而拘逼寇廷莫由申効想聞今問悲慶兼常大行届道廓

清惟始企遲面對展雪哀情時義軍船率小陋慮水戰不敵至蕪湖元景大喜倍道兼行聞石頭出戰艦乃於江寧步上於板橋立柵以自固進據陰山遣薛安都率馬軍至南岸元景潛至新亭依山建壘東西據險世祖復遣龍驤將軍行參軍程天祚率衆赴之天祚又於東南據高丘屯砦柵凡歸順來奔者皆勸元景速進元景曰不然理順難恃同惡相濟輕進無防實啓寇心當倚我之不可勝豈幸寇之不攻哉元景營壘未

立爲龍驤將軍詹叔兒覘知之勸劭出戰不許經日乃水陸出軍劭自登朱雀門督戰軍至瓦官寺與義軍游邏相逢游邏退走賊遂薄壘劭以元景壘塹未立可得平地決戰既至柴柵已堅倉卒無攻具便使肉薄攻之元景宿令軍中曰鼓繁氣易衰叫數力易竭但各銜枚疾戰一聽吾營鼓音賊步將魯秀王羅漢劉簡之騎將常伯與等及其士卒皆殊死戰劉簡之先攻西南頻得燒草舫略病人程天祚柴未立亦爲所

摧王羅漢等攻壘北門賊艦亦至元景水陸受敵意氣彌彊麾下勇士悉遣出戰左右唯留數人宣傳分軍助程天祚天祚還得固柴因此破賊元景察賊衰竭乃命開壘鼓譟以奔之賊衆大潰透淮死者甚多劭更率餘衆自來攻壘復大破之其所殺傷過於前戰劭手斬退者不能禁奔還宮僅以身免蕭斌被創簡之收兵而止陳猶未散元景復出薄之乃走競投死馬澗澗爲之滿斬簡之及軍主姚叔藝王江寶朱明智

諸葛邈之等水軍主褚湛之副劉道存並來歸順上至新亭即位以元景爲侍中領左衛將軍轉使持節監雍梁南北秦四州荊州之竟陵隨三郡諸軍事前將軍寧蠻校尉雍州刺史上在巴口問元景事平何所欲對曰若有過恩願還鄉里故有此授初臧質起義以南譙王義宣闇弱易制欲相推奉潛報元景使率所領西還元景即以質書呈世祖語其使曰臧冠軍當是未知殿下義舉爾方應伐逆不容西還質以此恨

之及元景爲雍州刺史質慮其爲荊江後患建議爪牙不宜遠出上重違其言更以元景爲護軍將軍領石頭戍事不拜徙領軍將軍加散騎常侍曲江縣公食邑三千戶孝建元年正月魯爽反遣左衛將軍王玄謨討之加元景撫軍假節置佐後玄謨復以爲都督雍梁南北秦四州荊州之竟陵隨二郡諸軍事撫軍將軍領寧蠻校尉雍州刺史持節如故臧質義宣並反玄謨南據梁山夾江爲壘垣護之薛安都渡據歷陽

元景出屯采石玄謩聞賊盛遣司馬管法濟求益兵上使元景進屯姑熟元景使將武念前進質遣將龐法起襲姑熟值念至擊破之法起單船走質攻陷玄謩西壘玄謩使垣護之告元景曰今餘東岸萬人賊軍數倍強弱不敵謂宜還就節下協力當之元景謂護之曰師有常刑不可先退賊衆雖多猜而不整今當卷甲赴之護之曰逆徒皆云南州三萬人而麾下裁十分之一若往造賊虛實立見則賊氣成矣元景納其言

三〇三十 宋書傳三十七 十二 竹

悉遣精兵助玄謩以羸弱居守所遣軍多張旗幟梁山望之如數萬人皆曰京師兵悉至於是克捷上遣丹陽尹顏竣宣旨慰勞與沈慶之俱以本號開府儀同三司封晉安郡公邑如故先固讓開府儀同復爲領軍太子詹事加侍中尋轉驃騎將軍本州大中正領軍侍中如故大明二年復加開府儀同三司又固讓明年遷尚書令太子詹事侍中中正如故以封在嶺南秋輸艱遠改封巴東郡公五年又命左光祿大夫開

府儀同三司侍中令中正如故又讓開府乃與沈慶之俱依晉密陵侯鄭袤不受司空故事事在慶之傳六年進司空侍中令中正如故又固讓乃授侍中驃騎將軍南兗州刺史留衞京師世祖晏駕與太宰江夏王義恭尚書僕射顏師伯竝受遺詔輔幼主遷尚書令領丹陽尹侍中將軍如故給班劒二十人固辭班劒元景起自將帥及當朝理務雖非所長而有弘雅之美時在朝勳要多事產業唯元景獨無所營南岸有

三〇三十五 宋書傳三十七 十三 [illegible]

數十畝菜園守園人賣得錢二萬送還宅元景曰我立此園種菜以供家中啖爾乃復賣菜以取錢奪百姓之利邪以錢乞守園人世祖嚴暴異常元景雖荷寵遇恒慮及禍太宰江夏王義恭及諸大臣莫不重足屏氣未嘗敢私往來世祖崩義恭元景等竝相謂曰今日始免橫死義恭與義陽等諸王元景與顏師伯等常相馳逐聲樂酣酒以夜繼晝前廢帝少有凶德内不能平殺戴法興後悖情轉露義恭元景等憂懼無計乃與師伯等

謀廢帝立義恭日夜聚謀而持疑不能速決
永光年夏元景遷使持節督南豫之宣城諸軍
事即本號開府儀同三司南豫州刺史侍中令如
故未拜發覺帝親率宿衛兵自出討之先稱
詔召元景左右奔告兵刃非常元景知禍至整
朝服乘車應召出門庭弟車騎司馬叔仁戎服
率左右壯士數十人欲拒命元景苦禁之既出
巷軍士大至下車受戮容色恬然時年六十長
子慶宗有幹力而情性不倫世祖使元景送還

襄陽於道中賜死次子嗣宗豫章王子尚車騎
從事中郎嗣宗弟紹宗共宗孝宗文宗仲宗成
宗季宗叔仁弟衛軍諮議參軍僧珍等諸弟姪
在京邑及襄陽從死者數十人元景少子承及
嗣宗子纂並在孕獲全太宗即位令曰故侍中
尚書令驃騎大將軍巴東郡開國公新除開府
儀同三司南豫州刺史元景風度弘簡體局深
沉正義亮先時恭素範物幽明道盡則首贊孝
圖盛運開曆則毗燮皇化方任孚漢轄業懋殷衡

而鋒豺肆濫顯加禍毒冤動勳烈悲深朝貫朕
承七廟之靈纂臨寶業情典既申痛悼彌軫宜
崇賁徽冊以旌忠懿可追贈使持節都督南豫
江三州諸軍事太尉侍中刺史國公如故給班
劒三十人羽葆鼓吹一部謚曰忠烈公叔仁爲
梁州刺史黄門郎以破臧質功封宜陽侯食邑
八百戶元景從兄元怙大明末代叔仁爲梁州
與晉安王子勛同逆事敗歸降元景從父弟先
宗大明初爲竟陵王誕司空參軍誕作亂殺之

追贈黄門侍郎元景從祖弟光世先留鄉里索
虜以爲折衝將軍河北太守封西陵男光世姊
夫僞司徒崔浩虜之相也元嘉二十七年虜主
拓跋燾南寇汝潁浩密有異圖光世要河北義
士爲浩應浩謀泄被誅河東大姓坐連謀夷滅
者甚衆光世南奔得免太祖以爲振武將軍前
廢帝景和中左將軍直閤太宗定亂光世參謀
以爲右衛將軍封開國縣侯食邑千戶既而四
方反叛同閤宗越譚金又誅光世乃北奔薛安

都安都使守下邳城及安都招引索虜光世率
衆歸降太宗宥之以爲順陽太守子欣尉謀反
光世賜死顔師伯字長淵琅邪臨沂人東揚州
刺史竣族兄也父邵剛正有局力爲謝晦所知
晦爲領軍以爲司馬廢立之際與之參謀晦鎭
江陵請爲咨議參軍領録事軍府之務悉委焉
邵慮晦將有禍求爲竟陵太守未及之郡値晦
見討晦與邵謀起兵距朝廷邵飲藥死師伯少
孤貧涉獵書傳頗解聲樂劉道産爲雍州以爲

輔國行參軍弟師仲妻臧質女也質爲徐州辟師
伯爲主簿衡陽王義季代質爲徐州質薦師伯於
義季義季即命爲征西行參軍興安侯義賓代義
季世祖代義賓仍爲輔國安北行參軍王景文時
爲咨議參軍愛其諧敏進之世祖師伯因求杖節
乃以爲徐州主簿善於附會大被知遇及去鎭師
伯以主簿送故世祖鎭尋陽啓太祖請爲南中郎
府主簿太祖不許謂典籤曰中郎府主簿那得用
顔師伯世祖啓爲長流正佐太祖又曰朝廷不

能除之郎可自板亦不宜署長流世祖乃板爲參軍
事署刑獄及入討元凶轉主簿世祖踐阼以爲黃門
侍郎隨王誕驃騎長史南郡太守改爲驃騎大將軍長
史南濮陽太守御史中丞臧質反出爲寧遠將軍東
陽太守領兵置佐以備東道事寧復爲黃門侍郎
領步兵校尉改領前軍將軍徙御史中丞遷侍中上
以伐逆寧亂事資群謀大明元年下詔曰昔歲國難
方結疑懦者衆故散騎常侍太子右率龐秀之履嶮
能貞首暢義節用使校狀先聞軍備夙固醜逆時

殄頗有力焉追念厥誠無忘于懷侍中祭酒顔師伯
侍中領射聲校尉袁愍孫豫章太守王謙之太子前
中庶子領右衛率張淹爰始入討預參義謀契闊
大難宜蒙殊報秀之可封樂安縣伯食邑六百戶師
伯平都縣子愍孫興平縣子謙之石陽縣子淹廣晉
縣子食邑各五百戶師伯遷右衛將軍母憂去職
二年起爲持節督青冀二州徐州之東安東莞兖
州之濟北三郡諸軍事輔國將軍青冀二州刺史
其年索虜拓跋濬遣僞散騎常侍鎭西將

軍清水公拾賁敕文率衆寇清口清口戍主振威將軍傅乾愛率前員外將軍周盤龍等擊大破之世祖遣虎賁主龐孟虯積射將軍殷孝祖等赴討受師伯節度師伯遣中兵參軍苟思達與孟虯合力行達沙橋虜窟瓌公五軍公等馬步數萬迎軍拒戰孟虯等奮擊盡日孟虯手斬五軍公虜於是大奔孝祖又斬窟瓌公赴水死者千計虜又遣河南公黒水公濟州公青州刺史張懷之等屯據濟岸師伯又遣中兵參軍江

方興就傅乾愛擊破之斬河南公樹蘭等虜別帥它門又遣萬餘人攻清口戍城乾愛方興出城拒戰即斬它門餘衆奔走虜清水公又率二萬人復來逼城乾愛等出戰又破之追奔至赤龍門殺賊甚衆上嘉其功詔曰虜驅率犬羊規暴邊塞輔國將軍青冀二州刺史師伯宣略命師合變應機濟戍奮怒一月四捷支軍異部騁勇齊效頻梟名王大殲羣醜朕用嘉嘆良深于懷可遣使慰勞并符輔國府詳考攻最以時言

上苟思達龐孟虯等又遣虜至杜梁虜衆多四面俱合平南參軍童太一及苟思達等竝單騎出盪應手披靡孟虯等繼至虜乃散走透河死者甚多既而虜更合衆大至孟虯等又破之世祖又遣司空參軍天生助師伯張懷之據糜溝城師伯遣天生等破之懷之出城逆戰天生率軍主劉懷珍白衣客朱士義殿中將軍孟繼祖等擊之懷之敗走入城僅以身免繼祖於陳遇害追贈郡守又虜隴西王等屯據申城背齊向

河三面險固天生又率衆攻之朱士義等貫甲先登賊赴河死者無筭即日陷城虜天水公又攻樂安城建威將軍平原樂安二郡太守分武都與卜天生等拒擊大破之虜乃奔退追戰克捷直至清口虜攻圍傅乾愛乾愛隨方拒對孝祖等既至虜撤圍遁走師伯進號征虜將軍三年竟陵王誕反師伯遣長史嵇玄敬率五千人赴難四年徵爲侍中領右軍將軍親幸隆密羣臣莫二遷吏部尚書右軍如故上不欲威柄在

人親監庶務前後領選者唯奉行文書師伯專情獨斷奏無不可還侍中領右衛將軍七年補尚書右僕射時分置二選陳郡謝莊琅邪王曇生並爲吏部尚書師伯子舉周旋寒人張奇爲公車令上以奇資品不當使兼市買丞以蔡道惠代之令史潘道栖褚道惠顏禕之元從夫任濟之石道兒黃難周公選等抑道惠敕使奇先到公車不施行奇兼市買丞事師伯坐以子領職莊曇生免官道栖道惠棄市禕之等六人鞭

杖一百師伯尋領太子中庶子雖被黜挫受任如初世祖臨崩師伯受遺詔輔幼主尚書中事專以委之廢帝即位復還即眞領衞尉師伯居權日久天下輻輳游其門者爵位莫不踰分多納貨賄家產豐積伎妾聲樂盡天下之選園池第宅冠絕當時驕奢淫恣爲衣冠所嫉又遷尚書右僕射領丹楊尹廢帝欲親朝政發詔轉師伯爲左僕射加散騎常侍以吏部尚書王景文爲右僕射奪其京尹又分臺任師伯至是始懼

尋與太宰江夏王義恭柳元景同誅時年四十七六子並幼皆見殺弟師仲中書郎晉陵太守師叔司徒主簿南康相太宗即位詔曰故散騎常侍僕射領丹陽尹平都縣子師伯夙逢代運豫班榮賞遭罹厄會隕命淫刑宗嗣殄絕良用矜悼但其心瀆貨宜貶贈典可紹封社以尉冤䰟謚曰荒子師仲子幹繼封齊受禪國除

沈慶之字弘先吳興武康人也兄敞之爲趙倫之征虜參軍監南陽郡擊蠻有功遂即眞慶之

少有志力孫恩之亂也遣人寇武康慶之未冠隨鄉族擊之由是以勇聞荒擾之後鄉邑流散慶之躬耕壟畝勤苦自立年三十未知名往襄陽省兄倫之見而賞之倫之子伯符時爲竟陵太守倫之命伯符版爲寧遠中兵參軍竟陵蠻屢爲寇慶之爲設規略每擊破之伯符由此致將帥之稱伯符去郡又別討西陵蠻不與慶之相隨無功而反宋初二年慶之除殿中員外將軍又隨伯符隸到彥之北伐伯符病歸仍隸檀

道濟道濟還白太祖稱慶之忠謹曉兵上使領隊防東掖門稍得引接出入禁省出戍錢唐新城及還領淮陵太守領軍將軍劉湛之知之欲相引接謂之曰卿在省年月久比當相論慶之正色曰下官在省十年自應得轉不復以此仰累尋轉正員將軍及湛之被收之夕上開門召慶之慶之戎服履韤縛絝入上見而驚曰卿何意乃爾急裝慶之曰夜半喚隊主不容緩服遣收吳郡太守劉斌殺之遷始興王濬後軍行參

軍員外散騎侍郎元嘉十九年雍州刺史劉道產卒羣蠻大動征西司馬朱脩之討蠻失利以慶之爲建威將軍率衆助脩之脩之失律下獄慶之專軍進討大破緣沔諸蠻禽生口七千人進征湖陽又獲萬餘口遷廣陵王誕北中郎中兵參軍領南東平太守又爲世祖撫軍中兵參軍世祖以本號爲雍州隨府西上時蠻寇大甚水陸梗礙世祖停大隄不得進分軍遣慶之掩討大破之降者二萬口世祖至鎭而驛道蠻反

殺深式還慶之又討之王玄謨領荆州王方回領臺軍並會平定諸山獲七萬餘口郧山蠻最彊盛魯宗之屢討不能克慶之剪定之禽三萬餘口還京師復爲廣陵王誕北中郎中兵參軍加建威將軍南濟陰太守雍州蠻又爲寇慶之以將軍太守復與隨王誕入沔既至襄陽率後軍中兵參軍柳元景隨郡太守宗愨振威將軍劉顒司空參軍魯尚期安北參軍顧彬馬文恭左軍中兵參軍蕭景嗣前青州別駕崔目連安

蠻參軍劉雍之奮威將軍王景式等二萬餘人伐沔北諸山蠻宗愨自新安道入太洪山元景從均水據五水嶺文恭出蔡陽口取赤係鳴景式由延山下向赤圻阪目連尚期諸軍八道俱進慶之取五渠頓破隝以爲衆軍節度前後伐蠻皆山下安營以迫之故蠻得據山爲阻於矢石有用以是屢無功慶之乃會諸軍於茹丘山下謂衆曰今若緣山列旆以攻之則士馬必損去歲蠻田大稔積穀重巖未有饑弊卒難禽剪

今令諸軍各率所領以營于山上出其不意諸蠻必恐恐而乗之可不戰而獲也於是諸軍竝斬山開道不與蠻戰鼓譟上山衝其腹心先據險要諸蠻震擾因其懼而圍之莫不奔潰自冬至春因糧蠻穀頃之南新郡蠻帥田彦生率部曲十封六千餘人反叛攻圍郡城慶之遣元景率五千人赴之軍未至郡已被破焚燒城内倉儲及廨舍蕩盡并驅略降戶屯據白楊山元景追之至山下衆軍悉集圍山數重宗慤率其所

領先登衆軍齊力急攻大破威震諸山羣蠻皆稽顙慶之患頭風好著狐皮帽羣蠻惡之號曰蒼頭公每見慶之軍輒畏懼曰蒼頭公已復來矣慶之引軍自茹丘山出檢城大破諸山斬首三千級虜生蠻二萬八千餘口降蠻二萬五千口牛馬七百餘頭米粟九萬餘斛隨王誕築納降受俘二城於白楚慶之復率衆軍討幸諸山犬羊蠻緣險築重城施門櫓甚峻山多木石積以爲礧立部曲建旌旗樹長帥鐵馬成羣慶之

連營山中開門相通又命諸軍各穿池於營内朝夕不外汲兼以防蠻之火頃之風甚蠻夜下山人提一炬以燒營營内多幔屋及草菴火至輒以池水灌滅諸軍多出弓弩夾射之蠻散走慶之令諸軍斬山開道攻之而山高路險暑雨方盛乃置東岡蜀山宜民西柴黄徼上夌六戍而還蠻被圍守日久竝饑乏自後稍出歸降慶之前後所獲蠻竝移京邑以爲營戶二十七年遷太子步兵校尉其年太祖將北討慶之諫曰

馬步不敵爲日已久矣請舍遠事且以檀到言之道濟再行無功彦之失利而返今料王玄謨等未踰兩將六軍之盛不過往時將恐重辱王師難以得志上曰小醜竊據河南脩復王師再屈自别有以亦由道濟養寇自資彦之中塗疾動虜所恃唯馬夏水浩汗河水流通泛舟北指則碻磝必走滑臺小戍易可覆拔克此二戍館穀弔民虎牢洛陽自然不固比及冬間城守相接虜馬過河便成禽也慶之又固陳不可丹楊

尹徐湛之吏部尚書江湛並在坐上使湛之等
難慶之慶之曰治國譬如治家耕當問奴織當
訪婢陛下今欲伐國而與白面書生輩謀之事
何由濟上大笑及北討慶之副玄謨向碻磝戍
主棄城走玄謨圍滑臺慶之與蕭斌留碻磝仍
領斌輔國司馬玄謨攻滑臺積旬不拔虜主拓
跋燾率大衆南向斌遣慶之率五千人救玄謨
慶之曰玄謨兵疲衆老虜寇已逼各軍營萬人乃
可進耳少軍輕往必無益也斌固遣令去會玄謨

退斌將斬之慶之固諫乃止太祖後問何故諫斌
殺玄謨對曰諸將奔退莫不懼辜自歸而死將至
逃散且大兵至未宜自弱故以攻爲便耳蕭斌以
前驅敗績欲死固碻磝慶之曰夫深入寇境規求
所欲退敗如此何可久住今青冀虛弱而坐守窮
城若虜衆東過清東非國家有也碻磝孤絕復作
朱脩之滑臺耳會詔使至不許退諸將並謂宜留
斌復問計於慶之慶之曰閫外之事將所得專詔
從遠來事勢已異節下有一范增而不能用空議

何施斌及坐者並笑曰沈公乃更學問慶之厲聲
曰衆人雖見古今不如下官耳學也玄謨自以退
敗求戍碻磝斌乃還歷城申坦垣護之共據清口
慶之乘驛馳歸未至上驛詔止之使還救玄謨
會虜已至彭城不得向北太尉江夏王義恭留
領府中兵參軍拓跋燾至鄒山義恭遣慶之率
三千拒之慶之以爲虜衆彊往必見禽不肯行
太祖後謂之曰河上處分皆合事宜惟恨不棄碻

磝耳卿在左右久偏解我意正復違詔濟事亦
無嫌也二十七年使慶之自彭城徙流民數千
家於瓜步征北參軍程天祚徙江西流民於南
州亦如之二十九年復更北伐慶之固諫不從以
立議不同不使北出是時亡命司馬黑石廬江叛
吏夏侯方進在西陽五水誑動羣蠻自淮汝至于江
沔咸罹其患十月遣慶之督諸將討之詔豫
荆雍並遣軍受慶之節度三十年正月世祖出
次五洲揔統羣帥慶之從巴水出至五洲諮受
軍略會世祖典籤董元嗣自京師還陳元凶弒

逆世祖遣慶之還山引諸軍慶之謂腹心曰蕭
斌婦人不足數其餘將帥並是所悉皆易與耳
東宮同惡不過三十人此外屈逼必不爲用今
輔順討逆不憂不濟也衆軍既集假慶之征
虜將軍武昌內史領府司馬世祖還至尋陽慶
之及柳元景等並以天下無主勸世祖即大位不
許賊欲遣慶之門生錢無忌齎書說慶之解甲
慶之執无忌白世祖世祖踐阼以慶之爲領軍將
軍加散騎常侍尋出爲使持節督南兖豫徐

兖四州諸軍事鎮軍將軍南兖州刺史常侍如
故鎮盱眙上伐逆定亂思將帥之功下詔曰朕以不
天有生罔二泣血千里志復深逆鞠旅伐罪義氣
雲踴群帥仗節指難如歸故曾未積旬宗社載
穆遂以眇身猥纂大統永念茂庸思崇徽錫新
除使持節散騎常侍都督南兖豫徐兖四州諸
軍事鎮軍將軍南兖州刺史沈慶之新除散騎
常侍領軍將軍柳元景新除散騎常侍右衛將
軍宗慤督兖州諸軍事輔國將軍兖州刺史徐

遺寶寧朔將軍始興太守沈法系驃騎諮議參
軍顧彬之或盡誠謀初宣綜戎略或受命元帥一
戰寧亂或稟奇軍統協規效捷偏師奉律勢振
東南皆忠國忘身義高前烈功載民聽誠簡朕
心定賞策勳茲焉攸在宜列土開邑永蕃皇家
慶之可封南昌縣公元景曲江縣公並食邑三千
戶慤洮陽縣侯食邑二千戶遺寶益陽縣侯食
邑一千五百戶法系平固縣侯彬之陽新縣侯並
食邑千戶又特臨軒召拜又使慶之自盱眙還鎮

廣陵孝建元年正月魯爽反上遣左衛將軍
王玄謨討之軍泝淮向壽陽揔統諸將尋聞荊
江二州並反徵慶之入朝率所領屯武帳岡甲仗
五十人入六門魯爽先遣弟瑜進據蒙蘢歷
陽太守張幼緒率軍討瑜值爽至衆散而反乃
遣慶之濟江討爽爽聞慶之至連營稍退自
留斷後慶之與薛安都等進與爽戰安都臨陣
斬爽進慶之號鎮北大將軍進督青冀幽三州
給鼓吹一部前軍破賊轉伍等後至追躡曆尋

與柳元景俱開府儀同三司辭改封始興郡公戶邑如故慶之以年滿七十固請辭事上嘉其意許之以爲侍中左光祿大夫開府儀同三司又固讓上不許表疏數十上又面陳曰張良名賢漢高猶許其退臣有何用必爲聖朝所須乃至稽顙自陳言輒泣涕上不能奪聽以郡公罷就第月給錢十萬米百斛衛史五十人大明元年又申前命復固辭三年司空竟陵王誕據廣陵反復以慶之爲使持節都督南兗徐兗三州諸軍

事車騎大將軍開府儀同三司南兗州刺史率衆討之至歐陽誕遣客慶之宗人沈道愍齎書說慶之餉以玉鐶刀慶之遣道愍反數以罪惡慶之至城下誕登樓謂之曰沈君白首之年何爲來慶之曰朝廷以君狂愚不足勞少壯故使僕來耳上慮誕北奔使慶之斷其走路慶之移營白土去城十八里又進新亭誕果出走不得去還城事在誕傳慶之進營洛橋西焚其東門值雨不克慶之兒子僧榮時爲兗州刺

史鎮瑕丘遣子懷明率數百騎詣受慶之節度慶之塞壍造攻道立行樓土山并諸攻具時夏雨不得攻城上使御史中丞庾徽之奏免慶之官以激之詔無所問誕餉慶之食提挈者百餘人出自北門慶之不問悉焚之誕於城上授函表倩慶之爲送慶之曰我奉詔討賊不得爲汝送表汝必欲歸死朝廷自應開門遣使吾爲汝送護之每攻城輒身先士卒上戒之曰卿爲統任當令處分有方何蒙楯城下身受矢石邪脫有傷挫爲

損不少自四月至于七月乃屠城斬誕進慶之司空又固讓於是與柳元景並依晉密陵侯鄭袤故事朝會慶之位次司空元景在從公之上給卹吏五十人門施行馬四年西陽五水蠻復爲寇慶之以郡公統諸軍討之攻戰經年皆悉平定獲生口數萬人居清明門外有宅四所室宇甚麗又有園舍在婁湖慶之一夜攜子孫徙居之以宅還官悉移親戚中表於婁湖列門同閈焉廣開田園之業每指地示人曰錢盡在此中

身享大國家素富厚產業累萬金奴僮千計再獻錢千萬穀萬斛以始興優近求改封南海郡不許妓妾數十人竝美容工藝慶之優游無事盡意歡愉非朝賀不出門每從遊幸及校獵據鞍陵厲不異少壯太子妃上世祖金鏤匕箸及杅杓上以賜慶之曰卿辛勤匪殊歡宴宜等且觴酌之賜宜以大夫爲先也上嘗歡飲普令羣臣賦詩慶之手不知書眼不識字上逼令作詩慶之曰臣不知書請口受師伯上即令

顏師伯執筆慶之口授之曰微命值多幸得逢時運昌朽老筋力盡徒步還南崗辭榮此聖世何媿張子房上甚悅衆坐稱其辭意之美世祖晏駕慶之與柳元景等竝受顧命遺詔若有大軍旅及征討悉使委慶之前廢帝即位加慶之几杖給三望車一乘慶之每朝賀常乘猪鼻無幰車左右從者不過三五人騎馬履行園田政一人視馬而已每農桑劇月或時無人過之者不知三公也及加三望車謂人曰我每遊

履田園有時人與馬成三無人則與馬成二今乘此車安所之乎及几杖竝固讓廢帝狂悖無道衆竝勸慶之廢立及柳元景等連謀以告慶之慶之與江夏王義恭素不厚發其事帝誅義恭元景等以慶之爲侍中太尉封次子中書郎文季建安縣侯食邑千戶義陽王昶反慶之從帝度江總統衆軍少子文耀年十餘歲善騎射帝愛之又封永陽縣侯食邑千户帝凶暴日甚慶之猶盡言諫爭帝意稍不說及誅何邁慮慶

之不同量其必至乃閉清谿諸橋以絕之慶之果往不得度而還帝乃遣慶之從子攸之齎藥賜慶之死時年八十是年初慶之夢有人以兩匹絹與之謂曰此絹足度謂人曰老子今年不免兩匹八十尺也足度無盈餘矣及死賜與甚厚追贈侍中太尉如故給鸞輅轀輬車前後羽葆鼓吹謚曰忠武公未及葬帝敗太宗即位追贈侍中司空謚曰襄公長子文叔歷中書黃門郎景和末爲侍中慶之之死也不肯飲藥

攸之以被揜殺之文叔密取藥藏録或勸文叔
逃避文叔見帝斷截江夏王義恭支體慮奔
亡之日帝怒容致義恭之變乃飲藥自殺子
秘書郎昭明亦自縊死太始七年改封蒼梧郡
公元年還復先封時改始興爲廣興昭明子曇
亮龍襲廣興郡公齊受禪國除慶之弟劭之
元嘉中爲廬陵王紹南中郎行參軍討建安
揭陽諸賊病卒兄子僧榮敞之之子也孝建
初爲安成相荆江反叛發兵拒臧質質遣其

安成相臧眇之討僧榮擊破之大明中爲兗
州刺史景和中徵爲黃門郎未還卒子懷
明太宗泰始初居父憂起爲建威將軍東征
南討有功封吳興縣子食邑四百戶歷位黃
門侍郎再爲南兗州刺史元徽初丁母艱去
職桂陽王休範爲逆起爲冠軍將軍統水軍
防固石頭朱雀失守懷明委軍奔走頃之憂
卒慶之從弟法系字體先亦有將用初爲趙
伯符將佐後隨慶之征五水蠻世祖伐逆以爲

南中郎參軍加寧朔將軍領三千人前發與柳
元景旦至新亭元景居中營宗慤居西營法系
居東營東營據岡賊攻元景法系臨射之所殺
甚衆法系整外樹悉伐之令倒賊劭來攻緣樹
以進彭排多開隙選善射手的發無不中死者
交横事平以爲寧朔將軍始興太守討蕭簡於
廣州聞臺軍將至簡誑其衆曰臺軍是賊劭所
遣竝信之前征北參軍顧邁被賊徙在城内善
天文云荆江有大兵城内由此固守初世祖先

遣鄧琬圍簡唯治一攻道法系至曰宜四面竝
攻若守一道何時可拔琬慮功不在已不從法
系曰更相申五十日日盡又不克乃從之八道
俱攻一日即拔斬蕭簡廣州平封庫藏付鄧琬
而還官至驍騎將軍尋陽太守新安王子鸞北
郎司馬劭之子文秀別有傳慶之羣從姻戚由
之在列位者數十人

史臣曰張釋之云用法一偏天下獄皆隨輕重
縣衡於上四海共稟其平法亂於朝民無所措

手足師伯籍寵代臣勢震朝野傾意厮臺情以貨結自選部至于局曹莫不從風而靡曲徇私請因停詔敕天震霄怒仆者相望師伯任用無改而王謝免職君子謂是舉也豈徒失政刑而已哉

列傳第三十七　　宋書七十七

列傳第三十八　　宋書七十八

臣沈　約　新撰

蕭思話

劉延孫

蕭思話南蘭陵人孝懿皇后弟子也父源之字君流歷中書黃門郎徐兗二州刺史冠軍將軍南琅邪太守永初九年卒追贈前將軍思話年十許歲未知書以博誕遨遊爲事好騎屋棟打細腰鼓侵暴鄰曲莫不患毒之自此折節數年中遂有令譽好書史善彈琴能騎射高祖一見便以國器許之年十八除琅邪王大司馬行參軍轉相國參軍父憂去職服闋拜羽林監領石頭戍事襲爵封陽縣侯轉宣威將軍彭城沛二郡太守涉獵書傳頗能隸書解音律便弓馬元嘉三年謝晦爲荆州欲請爲司馬思話拒之五年遷中書侍郎仍督青州徐州之東莞諸軍事振武將軍青州刺史時年二十七亡命司馬朗之元之可之兄弟聚黨於東莞發干縣謀爲冠

亂思話遣北海太守蕭汪之討斬之餘黨悉平八年除竟陵王義宣左軍司馬南沛郡太守未及就徵索虜南寇檀道濟北伐既而迴師思話懼虜大至乃棄鎮奔平昌思話先使參軍劉振之戍下邳聞思話奔亦委城走虜定不至而東陽積聚已爲百姓所焚由是徵下廷尉仍繫尚方初在青州常所用銅斗覆在藥廚下得二死雀思話曰斗覆而雙雀殞其不祥乎既而被繫九年仇池大饑益梁州豐稔梁州刺史甄法護

在任失和氐帥楊難當因此寇漢中乃自徙中起思話督梁南秦二州諸軍事橫野將軍梁南秦二州刺史晚行聞法護已委鎮北奔西城遣司馬建威將軍南漢中太守蕭諱五百人前進又遣西戎長史蕭汪之係之諱緣路收合士衆得精兵千人十年正月進據磝頭難當焚掠漢中引衆西還留其輔國將軍梁秦二州刺史趙溫守梁州魏興太守薛健據黃金諱進屯磝頭遣陰平太守蕭坦赴黃金薛健副姜寶據鐵城

鐵城與黃金相對去一里所樹塞道坦進攻二戍拔之二月趙溫又率薛健及其寧朔將軍馮翼太守蒲早子來攻坦營坦奮擊大破之坦被創賊退保西水諱司馬錫文祖進據黃金蕭汪之步騎五百相繼而至平西將軍臨川王義慶遣龍驤將軍裴方明三千人赴諱等進黃金早子健等退保下桃思話先遣行參軍王靈濟率偏軍出洋川因向南城僞陵江將軍趙英堅守險靈濟擊破之生禽英南城空虛因資無所復引

軍還與諱合三月諱率衆軍進據峨公固難當遣人子和率趙溫蒲蚤子及左衞將軍呂平寧朔將軍司馬飛龍步騎萬餘跨漢津結柴其間立浮橋悉力攻諱合圍數十重短兵接戰弓矢無復用賊悉衣犀革戈矛所不能加諱乃截矟長數尺以大斧椎之一矟輒貫十餘賊賊不能當因大敗燒柴奔走退據大桃閏月諱及方明臺軍至龍驤將軍楊平與幢主殿中將軍梁坦直入角弩追之賊又敗走殺傷虜獲甚多漢

中平悉收没地置戍葭萌水先是桓玄篡晉以桓布爲梁州布敗走氐楊盛據有漢中刺史范元之傅歆悉治魏興唯得魏興上庸新城三郡其後索邈爲刺史氐乃治南城爲賊所焚燒不可固即思話遷鎮南城加節進號寧朔將軍徵諱爲太子屯騎校尉法護中山無極人過江寓居南郡弟法崇元嘉十年自少府爲益州刺史法護委鎮之罪統府所收於獄賜死太祖以法崇受任一方令獄官言法護病卒太祖使思話上平

定漢中本末下之史官十四年遷使持節臨川王義慶平西長史南蠻校尉太祖賜以弓琴手敕曰丈人頃何所作事務之暇故以琴書爲娛耳所得不曰義邪眷想常不忘情想亦同之前得此琴云是舊物亦有名京邑今以相借因是戴顒意於彈撫響韻殊勝直爾嘉也并往桑弓一張材理乃快先所常用既久廢射又多病略不能制之便成老公令人歎息良材美器宜在盡用之地丈人真無所與讓也十六年衡陽王

義季哀義慶又除安西長史餘如故十九年徵爲侍中領前軍將軍未就徵復先職明年遷持節監雍州梁南北秦四州荆州之南陽竟陵順陽襄陽新野隨六郡諸軍事寧蠻校尉雍州刺史襄陽太守二十二年除侍中領太子右率二十四年改領左衛將軍嘗從太祖登鍾山北嶺中道有盤石清泉上使於石上彈琴因賜以銀鍾酒謂曰相賞有松石間意又領南徐州大中正明年復監雍梁南北秦州荆州之竟陵隨

二郡諸軍事右將軍寧蠻校尉雍州刺史如故二十六年徵爲吏部尚書詔思話曰沈尚書暴病不救其體業貞審立朝盡公年時尚可方相委任奄忽不永痛悼特深銓管要機通塞所寄丈人才用體國二三惟允思話以去州無復事力倩府軍身九人太祖戲之曰丈人終不爲田父於里閭何應無人使邪未拜二十七年遷護軍將軍是年春虜攻懸瓠太祖將大舉北討朝士僉同莫或異議思話固諫不從乃領精甲三千

助鎮彭城虜退即代世祖爲持節監徐兖青冀
四州豫州之梁郡諸軍事撫軍將軍兖徐二州
刺史二十九年統揚武將軍冀州刺史張永衆
軍圍碻磝初鎮軍諮議參軍申坦與王玄謨圍
滑臺不克免官青州刺史蕭斌板坦行建威將
軍濟南平原二郡太守守歷城令任仲仁又爲坦
副並前鋒入河五月發沿口永司馬崔訓建武
將軍齊郡太守胡景世率青州軍來會七月思
話及衆軍並至碻磝治三攻道太祖遣員外散

騎侍郎徐爰宣旨督戰張永胡景世當東攻道
申坦任仲仁西攻道崔訓南攻道賊夜地道出燒
崔訓樓及蝦蟇車又燒胡景世樓及攻具尋又毀
崔訓攻道城不可拔思話馳來退師攻城凡十八
日解圍還歷下崔訓以樓見燒又不能固攻道
被誅碻磝永坦並繫獄詔曰得撫軍將軍思話
啓事碻磝不拔士卒疲勞且班師清濟更圖進
討此鎮山川嚴阻控臨河朔形勝之要擅名自
古宜除其授以允望實思話可解徐州爲冀州

餘如故鼓城文武復量分配即鎮歷城尋爲江
夏王義恭所奏免官元凶弒立以爲使持節監
徐青兖冀四州豫州之梁郡諸軍事徐兖二州
刺史將軍如故思話即率部曲還彭城起義以
應世祖遣使奉牋曰下官近在歷下始奉國諱
所承使人不知關陝既還在路漸有所聞猶謂
人倫無容有此私懷感慨未敢在言奉被今教
果出處表重增哀惋不能自勝此實天地所不
覆載人神所不容忍率土民氓莫不憤咽況下

官蒙荷榮渥義兼常志此月五日被驛使追命
騎還朝切齒拊心輒已鍾疾雖百口在都一非
所顧正欲遣啓受規略會奉今旨悲懼兼情伏
承司徒英圖電發殿下神武霜斷臧質忠義並
到不謀同時仗順沿流席卷江甸前驅風邁已
應在近下官復練始集遣輔國將軍申坦龍驤
將軍梁坦二軍分配精甲五千申坦爲統便以
即日水陸齊下下官悉率文武駱驛繼發憑威
策懦勢同振朽開泰有期悲欣交集世祖至新

亭迴亦進克京口上即位徵爲散騎常侍尚書左僕射固辭不受拜改爲中書令丹楊尹常侍如故時京邑多有劫掠二旬中十七發引咎陳遜不許明年出爲使持節都督徐兗青冀幽五州豫州之梁郡諸軍事安北將軍徐州刺史加鼓吹一部未行而江州刺史臧質反復以爲使持節都督江州豫州之西陽晉熙新蔡三郡諸軍事江州刺史事平分荆江豫三州置郢州復都督郢湘二州諸軍事鎮西將軍郢州刺史持節常侍如故鎮夏口孝建二年卒時年五十追贈征西將軍開府儀同三司持節常侍都督刺史如故謚曰穆侯思話宗戚令望蚤見任待凡歷州十二杖節監都督九焉所至雖無皦皦清節亦無穢黷之累愛才好士人多歸之長子惠開嗣別有傳次子惠明亦有世譽歷黃門郎御史中丞司徒左長史吳興太守後廢帝元徽末卒官第四子惠基順帝昇明末爲侍中源之從父弟摹之丹陽尹追贈征虜將軍子斌亦爲太祖所

遇彭城王義康鎮豫章以爲大將軍諮議參軍豫章太守歷南蠻校尉侍中輔國將軍青冀二州刺史元嘉二十七年統王玄謨等衆軍北伐斌遣將軍崔猛攻虜青州刺史張淮之於樂安淮之棄城走先是猛與斌參軍傅融分取樂安及碻磝樂安水道不通先并定碻磝至是又克樂安既而攻圍滑臺不拔斌追還歷下事在王玄謨傳二十八年亡命司馬順則詐稱晉室近屬自號齊王聚衆據梁鄒城又有沙門自稱司馬百年號安定王亡命秦凱之祖元明等各據村屯以應順則初梁鄒戍主宣威將軍樂安渤海二郡太守崔勳之出州故順則因虛竊據勳之司馬曹敬會拒戰不敵出走斌即遣勳之率行建威將軍濟南平原二郡太守申坦長流參軍羅文昌等諸軍討順則攻之不克勳之等始謂城內出於逼附軍至即應奔迸而並爲賊堅守殺傷官軍甚多斌又遣府司馬建武將軍齊郡太守龐秀之総諸軍祖元明又據安丘城斌更

遣振武將軍劉武之及軍主劉回精兵千人討司馬百年斬之順則既失據衆稍離阻文昌遣道連僞投賊賊信納之潛以官賞格示永城内賊黨李繼叔等並有歸順心道連謀泄爲賊所殺繼叔踰城出降賊黨於是大離乃四面進攻衝車所衝輒三五丈崩落時南門樓上擲下一級弁垂繩鈎取外人外人上賊並放仗云向已斬順則所投首是也秦凱之走河北斌坐滑臺退敗免官久之復起爲南平王鑠右軍長史其後事

迹在二凶傳斌弟簡歷位長沙内史廣陵王誕爲廣州未之鎮以簡爲安南諮議參軍南海太守行府州事東海王禕代誕簡仍爲前軍諮議太守如故世祖入討元凶遣輔國將軍南海太守劉玩討簡固守經時城陷伏誅斌簡諸子並誅滅龐秀之河南人也以斌故吏賊劭甚加信委以爲遊擊將軍奔世祖於新亭時劭諸將未有降者唯秀之先至事平以爲梁州刺史秀之子弟爲劭所殺者將十人而酣讌不廢坐免官後又

爲徐州刺史太子右衛率孝建元年卒追贈本官加散騎常侍子彌之順帝昇明末廣興公相秀之弟況之太宗世亦爲始興相

劉延孫彭城呂人雝州刺史道産子也初爲徐州主簿舉秀才彭城王義康司徒行參軍尚書都官郎爲錢唐令世祖撫軍廣陵王誕北中郎中兵參軍南清河太守世祖爲徐州補治中從事史時索虜圍縣瓠分軍送所掠民口在汝陽太祖詔世祖遣軍襲之議者舉延孫爲元帥固

辭無將用舉劉泰之自代泰之既行太祖大怒免延孫官爲世祖鎮軍北中郎中兵參軍南中郎咨議參軍領録事世祖伐逆府缺上佐轉補長史尋陽太守行留府事世祖即位以爲侍中領前軍將軍下詔曰朕藉羣能之力雪莫大之恥以眇眇之身託于王公之上思所以策勳樹良永寧世烈新除侍中領前軍將軍延孫率懷忠敏器局沈正協贊義初誠力俱盡左衛將軍竣立志開亮理思清要茂策忠謨經綸惟始俾

積基更造感有勤焉宜顯授龜社大啓邦家延孫可封東昌縣矦竣建城縣矦食邑各二千户其年侍中攺領衛尉孝建元年遷丹楊尹臧質反叛上深以東土爲憂出爲冠軍將軍吴興太守置佐史事平徴爲尚書右僕射領徐州大中正遣至江陵分判枉直行其誅賞三年又出爲南兖州刺史加散騎常侍仍徙爲使持節監雝梁南北秦四州郢州之竟陵隨二郡諸軍事鎮軍將軍寧蠻校尉雝州刺史以疾不行畱爲侍

中護軍又領徐州大中正素有勞患其年增篤詔遣黄門侍郎宣旨問疾大明元年除金紫光禄大夫領太子詹事中正如故其年又出爲鎮軍將軍南徐州刺史先是高祖遺詔京口要地去都邑密邇自非宗室近戚不得居之延孫與帝室雖同是彭城人别屬吕縣劉氏居彭城縣者又分爲三里帝室居綏輿里左將軍劉懷肅居安上里豫州刺史劉懷武居叢亭里及吕縣凡四劉雖同出楚元王由來不序昭穆延孫於

帝室本非同宗不應有此授時司空竟陵王誕爲徐州上深相畏忌不欲使居京口遷之於廣陵廣陵與京口對岸欲使腹心爲徐州據京口以防誕故以南陵授延孫而與之合族使諸王序親三年南兖州刺史竟陵王誕有辠不受徵延孫馳遣中兵參軍杜幼文率兵起討既至誕巳閉城自守乃還誕遣使劉公泰齎書要之延孫斬公泰送首京邑復遣幼文率軍渡江受沈慶之節度其年進號車騎將軍加散騎常侍給

鼓吹一部五年詔延孫曰舊京樹親由來常準卿前出所有别議今此防久弭當以還授小兒徵延孫爲侍中尚書左僕射領護軍將軍延孫疾病不任拜起上使於五城受封版乘船自青谿至平昌門仍入尚書下舍又欲以代朱脩之爲荆州事未行明年卒時年五十二上甚惜之下詔曰故侍中尚書左僕射領護軍將軍東昌縣開國矦延孫風局簡正體識沈明綢繆心膂自藩升朝契闊唯舊幾將二紀靈業中圯則首贊出

圖義令既舉則往均蕭冠器允棟幹勳實佐時
及累司馬兩宮出內尹牧惠政茂課著自民聽
忠謨令節簡乎朕心方賚釆台階永毗國道奄
至薨殞震慟兼深考終定典宜盡哀敬可贈
司徒給班劒二十人侍中僕射侯如故有司奏謚
忠穆詔爲文穆又詔曰故司徒文穆公延孫居
身寡約家素貧虛毎念清美良深悽歎葬送
資調固當闕乏可賜錢三十萬米千斛子質嗣
太宗泰始中有罪國除延孫弟延熙義興太
守在孔覬傳

史臣曰延孫援欵藩日固出頹衰矣風飈局力
又無等級可言而隆名盛寵必擇而後授何哉
良以休運甫開沈疾方被雖宿恩內積而安私
外簡夫侮因事狎敬由近疎疎必相思狎必相
厭厭思一殊榮禮自隔遂得爲一世宗臣蓋由
此也子曰事君數斯疏矣然乎然乎

列傳第三十八　宋書七十八

列傳三十九　宋書七十九

臣沈　約　新撰

文五王

竟陵王誕
廬江王禕
武昌王渾
海陵王休茂
桂陽王休範

竟陵王誕字休文文帝第六子也元嘉二十年
年十一封廣陵王食邑二千戶二十一年監南兗
州諸軍事北中郎將南兗州刺史出鎮廣陵尋
以本號徙南徐州刺史二十六年出爲都督雍梁
南北秦四州荊州之竟陵隨二郡諸軍事後將
軍雍州刺史以廣陵彫弊改封隨郡王上欲大
舉北討以襄陽外接關河欲廣其資力乃罷
江州軍府文武悉配雍州湘州入臺稅租雜物
悉給襄陽及大舉北伐命諸蕃並出師莫不
奔敗唯誕中兵參軍柳元景先克弘農關陝

三城多獲首級關洛震動事在元景傳會諸
方並敗退故元景引還徵誕還京師遷都督廣
交二州諸軍事安南將軍廣州刺史當鎮始興
未行改授都督會稽東陽新安臨海永嘉五郡
諸軍事安東將軍會稽太守給鼓吹一部元凶
弒立以揚州浙江西屬司隸校尉浙江東五郡立
會州以誕爲刺史世祖入討遣沈慶之兄子僧榮
間報誕又遣寧朔將軍顧彬之自曾顯東入受
誕遣參軍劉季之與彬之并勢自頓西陵以爲

後繼劭遣將華欽庾導東討與彬之弟相逢於
曲阿之奔牛塘路甚狹左右皆悉入菰葑彬之軍
人多以償籃展於菰葑中夾射之欽等大敗事平
徵誕爲持節都督荆湘雍益寧梁南北秦八州
諸軍事衛將軍開府儀同三司荆州刺史誕以
位號正與濬同惡之請求回改乃進號驃騎將
軍加班劍二十人餘如故南譙王義宣不肯就徵
以誕爲侍中驃騎大將軍揚州刺史開府如故
改封竟陵王食邑五千戶顧彬之以奔牛之功

封陽新縣侯食邑千戶季之零陽縣侯食邑五
百戶明年義宣舉兵反有荆江兖豫四州之力勢
震天下上即位日淺朝野大懼上欲奉乘輿法
物以迎義宣誕固執不可然後處分誕節仗士
五十人出入六門上流平定誕之力也初討元凶
與上同舉兵有奔牛之捷至是又有殊勳上性
多猜頗相疑憚而誕造立第舍窮極工巧園池
之美冠於一時多聚才力之士實之第內精甲利
器莫非上品上意愈不平建平二年乃出爲使

持節都督南徐兖二州諸軍事太子太傅南徐
州刺史侍中如故上以京口去都密邇猶疑之
大明元年秋又出爲都督南兖南徐兖青冀幽
六州諸軍事南兖州刺史餘如故誕既見猜亦
潛爲之備至廣陵因索虜寇邊修治城隍聚
糧治仗嫌隙既著道路常云誕反三年建康
民陳文紹上書曰私門有幸亡大姑元嘉中蒙
入臺六宮薄命早亡先朝賜贈美人又聽大姑
二女出入問訊父饒司空誕取以爲府史恒使入

山圖畫道路勤劇備至不敢有辭不復聽歸消息斷絕姑二女去年冒啓歸訴蒙陛下聖恩賜敕解饒吏名誕見符至大怒喚饒入交問汝欲死邪訴臺求解饒即答官比不聽通家信消息斷絕若是姊爲啓聞所不知誕因問饒汝那得入臺饒被問依實啓答既出誕主衣莊慶畫師王強語饒汝今年敗汝姊誤汝官云小人輩敢持臺家逼我饒因叛走歸誕即遣王強將數人逐突入家內縛録將還廣陵至京口客舍乃殄死

井中託云饒懼辠自殺抱痛懷冤冒死歸訴吴郡民劉成又詣闕上書告誕謀反稱息道龍昔伏事誕親見姦狀又見誕在石頭城內修乘輿法物習倡警蹕道龍私獨憂懼向伴侶言之語頗漏泄誕使大吏令監內執道龍道龍逸走誕怒鞭殺監又捕殺道龍又豫章民陳談之上書訴枉稱弟詠之昔蒙誕采録隨從歷鎮大駕南下爲誕奉送牋書經涉危險時得上聞聖明登阼恩澤周普回改小人使命微勤賜署臺位詠

之恒見誕與左右小人莊慶傅元祀潛圖姦逆言詞醜悖每云天下方是我家有汝等不憂不富貴又常䟽陛下年紀姓諱往巫鄭師憐家祝詛詠之既聞此語又不見其事恐一旦事發橫羅其辠密以告建康右尉黄宣達并有啓聞希以自免元祀弟知詠之與宣達來往自嫌言語漏泄即具以告誕誕大怒令左右飲詠之酒逼使大醉因言詠之乘酒罵詈遂被害自顧冤枉事有可哀其年四月上乃使有司奏曰臣聞神

極尊明大儀所以貞觀皇天峻邈玄化所以幽宣故能經緯毗俗大庇黔首庶道被八紘不遺䟽賤之賞威格天區豈漏親貴之罰此不刊之鴻則古今之恒訓謹按元嘉之末天綱崩撓人神哀憤含生喪氣司空竟陵王誕義兼臣子任居藩維進不能泣血提戈忘身徇節退不能閉關拒險焚符斬使遂至拜受僞爵欣承榮寵沈淪姦逆肆于昏放以妻故司空臣湛之女誅亡餘類單舟遄邁被猖千里事哀行路賊忍無親

莫此爲甚故山陰傳僧祐誠亮國朝義均休戚
重門峻衛不能拒折簡之使巖險千里不能庇
匹夫之身乃更助虐馮凶抽兵勒刃遂使頓仆
牢穽死不旋踵妻子播流庭筵莫立見之者流
涕聞之者含嘆及神鋒首路欃槍東指風卷四
嶽電埽三江誕猶持疑兩端陰規進退陛下頻
遣書徼告譬殷勤方改姦圖末乃奉順分遣弱
旅來塞符文宴安所莅身不越境悖禮忘情不
顧物議彎弧躍馬務是畋游致奔牛有崩碎之

陳新亭無獨克之術假威義銳乞命皇旅竟有
何勞而論功伐既蕆禓廓清大明升曜幽顯宅
心遠邇雲集誕忽星行之悲違開泰之慶遲回
顧望淹踰旬朔逆黨陳叔兒等泉寶鉅億貲貨
不貲誕收藉所得不歸天府辭稱天軍實入私
室又太官東傳舊有獻御喪亂既平猶加斷遏
珍羞庶品回充私贍於號諱之辰遽甘滋之品
當惟新之始絶苞苴之貢忠孝兩忘敬愛俱盡
乃徵引巫史潛考圖緯自謂體應符相富貴可

期悖意醜言不可勝載遂復遙𧫒朝廷占求官
爵侮蔑宗室詆毀公卿不義不昵人道將盡苟
任神州方懷姦慝每闚向宸御妄生規幸多樹
淫祀顯肆萩詛遂在石頭潛修法物傳警稱蹕
擬則天行皆已駭暴觀聽彰布朝野昔內難甫
寧珍瑋散佚有御刀利刃擅價諸夏天府禁器
歷代所珍誕密加購賞頓藏私室賊義宣初平
餘黨逃命誕含縱罔忌私竊招納名工納巧悉
匿私第又引義宣故將衆與爲己腹心事既彰

露猶執欺罔公文面啓矯稱舊隸加以營手制
館僭擬天居引石徵材專擅興發驅迫士族役
同輿皁殫木土之姿窮吞并之勢故會稽宣長
公主受遇二祖禮級尊崇臣湛之亡身徇國追
榮典軍誕以廣托宅宇地妨蕤植輒逼遣孤
頓相驅徙遂令神主宵遷改卜委巷宗戚含
傷行路掩涕又緣谿兩道積代通衢誕拓宇
開垣擅斷其一致使徑塗擁隔川陸阻礙神
怒民怨毒徧幽顯故丞相臨川烈武王臣道

規名德茂親勳光常策異禮殊榮受自先旨
者嗣王臣義慶受任西夏靈寢暫移先帝親枉
鑾輿拜辭路左恩冠終古事絕常班誕又以廟
居宅前固請毀換詔旨不許怨懟彌地有靦面
目犲狼爲性規牧江都希廣兵力天德尚弘甫
申所請仍謂應住東府宜爲中台貪冒無厭人
莫與比雖聖慈全救每垂容納而虐戾不悛姦
詖彌甚受命還鎮猜怨愈深忠規正諫必加鴆
毒謟讟膚躁是與比周又矯稱符敕設牓開募
事發辭寢委罪自下及錄事徐靈壽以常署受
坐將就囚執𥂕韓近恭中護軍遣吏夏嗣伯密
相屬請求寬桎梏且王僧達臨刑之啟事高闇
即戮之辭皆稱潛驛往來遥相要契醜聲穢問
宣著遐邇含識能言孰不憤歎又獲吳郡民劉
成豫章民陳談之建康民陳文紹等並如訴狀
則姦情猜志歲月增積昔周德初升公旦有流
言之釁魯道方泰季子斷逵泉之誅近則淮
厲覆車於前義康襲軏於後變發柴奇禍成

范謝亦皆以義奪親情爲憲屈況乃上悖天經
下誣政道結釁於無妄之辰希幸於文明之日皇
穹所不覆厚土所不容夫無禮之誡臣子所宜
服膺干紀之刑有國所應慎守臣等參議宜下
有司絕誕屬籍削爵土收付廷尉法獄治罪諸
所連坐別下考論伏願遠尋宗周之重近監興
亡之由割恩棄私俯順羣議則上世靈根於茲
克固鴻勳盛烈永永無窮陛下如復隱忍未垂
三思則覆皇基於七百擠生民於塗炭此臣等
所以夙夜危懼不敢避鈇鉞之誅者也上不許
有司又固請乃貶爵爲侯遣令之國上將誅誕
以義興太守垣閬爲兗州刺史配以羽林禁兵遣
給事中戴明寶隨閬襲誕使閬以之鎮爲名
閬至廣陵誕未悟也明寶夜報誕典籤蔣成
使明晨開門爲內應成以告府舍人許宗之宗
之奔入告誕誕驚起呼左右及素所畜養數百
人執蔣成勒兵自衛明旦將曉明寶與閬率精
兵數百人卒至明而門不開誕已列兵登陴自

在門上斬蔣成焚兵籍赦作部徒繫囚開門遣
腹心率壯士擊明寶等破之閬即遇害明寶奔
逃自海陵界得還上乃遣車騎大將軍沈慶之
率大衆討誕誕焚燒郭邑驅居民百姓悉使入
城分遣書檄要結近遠時山陽內史梁曠家在
廣陵誕執其妻子遣使要曠曠斬使拒之誕
怒滅其家誕奉表投之城外曰往年元凶禍逆
陛下入討臣背凶赴順可謂常節及丞相構難
臧魯協從朝野恍惚感懷憂懼陛下欲百官羽

儀星馳推奉臣前後固執方賜允俞社稷獲全
是誰之力陛下接遇慇懃累加榮寵驃騎揚州
旬月移授恩秩頻加復賜徐兖仰屈皇儲遠相
餞送臣遇之感感此何忘庶希偕老永相娛
慰豈謂陛下信用讒言遂令無名小人來相掩
襲不任枉酷即加誅翦雀鼠貪生仰違詔勑今
親勒部曲鎮扞徐兖先經何福同生皇家今有
何愆便成胡越陵鋒奮戈萬沒豈顧盪定以
期冀在旦夕右軍宣蘭爰及武昌皆以無罪並

遇枉酷臣有何過復致於此陛下宮帷之醜豈
可三緘臨紙悲塞不知所言世祖忿誕左右腹
心同籍朞親並誅之死者以千數或有家人已
死方自城內叛出者車駕出頓宣武堂內外纂
嚴慶之進廣陵誕橦主韓道元來降豫州刺史
宗慤徐州刺史劉道隆率衆來會誕中兵參軍
柳光宗參軍何康之劉元邁橦主索智朗謀開
城北門歸順未期而康之所鎮隊主石貝子先
衆出奔康之懼事泄夜與智明斬關而出誕禽

光宗殺之光宗柳元景從弟也康之母在城內
亦爲誕所殺誕見衆軍大集欲棄城北走留中
兵參軍申靈賜居守自將騎步數百人親信並
隨聲云出戰邪趨海陵道誕將周豐生馳告慶
之慶之遣龍驤將軍武念追躡誕行十餘里衆
並不欲去請誕還城誕曰我還卿能爲我盡
力不衆皆曰願盡力左右揚承伯牽誕馬曰
死生且還保城欲持此安之速還尚得入不
然敗矣慶之所遣將戴寶之單騎前至刺誕

殆獲誕懼乃馳還武念去誕遠未及至故誕得
向城既至曰城上白鬚非沈公邪左右曰申中兵
誕乃入以靈賜爲驃騎府録事參軍王璵之
爲中軍長史世子景粹爲中軍將軍州別駕
范義爲中軍長史其餘府州文武皆加秩先是
右衛將軍垣護之左軍將軍崔道固屯騎校尉
龐孟蚪太子旅賁中郎將郟孝祖破索虜還至
廣陵上並使受慶之節度司州刺史劉季之誕
故佐也驍果有膂力梁山之役又有戰功增邑

五百戶在州貪殘司馬翟弘業諫爭甚苦季之
積忿置毒藥食中殺之少年時宗慤共蒲戲曾
手侮加慤慤深銜恨至是慤爲豫州刺史都督
司州季之慮慤爲禍乃委官間道欲歸朝廷
會誕反季之至盱眙盱眙太守鄭瑗以季之素
爲誕所遇疑其同逆因邀道殺之送首詣道隆
時誕亦遣間信要季之及季之首至沈慶之送
以示誕季之缺齒垣護之亦缺誕謂衆曰此垣
護之頭非劉季之也太宗初即位鄭瑗爲山陽

王休祐驃騎中兵參軍　州刺史殷琰與晉安
王子勛同逆休祐遣瑗及左右邢龍符說琰琰
不受鄭氏壽陽強族瑗即使琰鎮軍子勛責
琰舉兵遲晚琰欲自解釋乃殺龍符送首瑗固
爭不能得及壽陽城降瑗隨輩同出龍符兄
僧愍時在城外謂瑗構殺龍符輒殺瑗即爲劉
勔所録後見原僧愍壽擊虜於淮西戰死此四
人者並由橫殺旋受身禍論者以爲有天道焉誕
檣主公孫安期率兵隊出降誕初閉城拒使記

室參軍賀弼固諫再三誕怒抽刃向之乃止或
勸弼出降弼曰公舉兵向朝廷此事既不可從
荷公厚恩又義無違背唯當死明心耳乃服藥
自殺弼字仲輔會稽山陰人也有文才贈車騎
將軍山陽海陵二郡太守長史如故幢主王璵
之賞募數百人從東門出攻龍驤將軍程天祚
營斷其弩弦天祚擊破之即走還城誕又加申
靈賜南徐州刺史軍主馬元子踰城歸順追及
殺之乃於城內建列丘壇歃誓誕將歃血其所署

輔國將軍孟玉秀曰陛下親欵羣臣皆稱萬歲
初誕使黃門呂曇濟與左右素所信者將世子
景粹藏於民間謂曰事若濟斯命全脫如其不
免可深埋之分以金寶齎送出門並各散走唯
曇濟不去攜負景粹十餘日乃爲沈慶之所捕
得斬之誕所署平南將軍虞季充又出降書上
使慶之於桑里置烽火三所誕又遣千餘人自北
門攻強弩將軍苟思達營龍驤將軍宗越擊
破之開東門掩攻劉道隆營復爲郯孝祖及貟

三百二十四　宋書傳三十九　十四　方至

外散騎侍郎沈攸之所破誕及加申靈賜左長
史王與之右長史范義左司馬將軍孟玉秀右
司馬右將軍范義毋妻子並在城內有勸義出
降義曰我人吏也且豈能作何康活邪義字明
休濟陽考城人也早有世譽五月十九日夜有
流星大如斗杅尾長十餘丈從西北來墜城內
是謂天狗占曰天狗所墜下有伏尸流血誕又
遣二百人出東門攻劉道產營別遣疑兵二百
人出北門沈攸之於東門奮短兵接戰大破之門

者又爲苟思達所破誕又遣數百人出東門攻
寧朔司馬劉勔營攸之又破之廣陵城舊不開
南門云開南門者不利其主至誕乃開焉彭城
邵領宗在城內陰結死士欲襲誕先欲布誠於
慶之乃說誕求爲間諜見許領宗既出致誠畢
復還城內事泄誕鞭二百考問不服遂支解之
上追送章二紐其一曰竟陵縣開國侯食邑一
千戶募賞禽誕其二曰建興縣開國男三百戶
募賞先登若克外城舉一烽克內城舉兩烽禽

宋書傳三十九　十五　章虎

誕舉三烽上又遣屯騎校尉譚金前虎賁中郎
將鄭景玄率羽林兵隸慶之誕復遣三百人自
南門攻劉勔土山爲勔所破慶之塡塹治攻道
值夏雨不得攻城上每璽書催督之前後相繼
及晴冉怒使太史擇發日將自濟江太宰江夏
王義恭上表諫曰誕素無才略畜養又寡自拒
王命士庶離散城內之糧器械不足徒賴免兵
倉頭三四百人造次相附恩然夙結巨始短慮謂
旬可殄而假息流遷七十餘日上將受律羣蕃

兵峙銳卒精旅動以萬計大威所震未有成功
臣雖凡怯猶懷憤踊陛下入翦封豕出討長虵
兵不血刃再興七百而蕞爾小醜遂延晷漏致
皇赫斯怒將動乘輿此實臣下素食駑鈍之責
行留百司莫不仰慙俯愧今盛暑被甲日費
千金天威一麾孰不幸甚臣伏尋晉文王征淮
南淹師出二百日方能制寇今誕糇糧垂竭背
逆者多慶之等轉悟遲重之非漸見乘機之利
且成旨頻降必應旦夕夷殄愚忌又以廣陵近

宋書傳三十九　十六　章忠

人信易達雖爲江水約示不難且覩理者寡闇
塞者衆忽見雲旗移次京都既當祗悚四方
之志必有未達臣愚伏重思計今寧不當計小
醜省生命以安遐邇之情又以長江險闊風波
難期王者尚不乘危況乃汎不測之水昔魏文
濟江遂有遺州之名今雖先天不違動干休慶
龍舟所幸理必利涉然居安慮危不可不懼私
誠款款冒啓赤心追用悚汗不自宣盡七月二
日慶之率衆軍進攻剋其外城乘勝而進又剋

小城誕聞軍入與申靈賜走趨後園隊主沈
胤之義征客周滿胡思祖馳至誕執玉鐶刀與
左右數人散走胤之等追及誕於橋上誕舉刀
自衞胤之傷誕面因墜水引出殺之傳首京邑
時年二十七因葬廣陵貶姓留氏同黨悉誅殺
城內男京觀死者數千女口爲軍賞誕母殷妻
徐並自殺追贈殷長寧園淑妃嘉梁曠誠節擢
爲後將軍封周滿山陽縣侯食邑四百五十戶
胤之耒陽子食邑三百五十戶胡思祖高平縣男食

宋書傳三十九　十七

邑三百戶臨川內史羊璿之以先協附誕伏誅誕
爲南徐州刺史在京夜大風飛落屋瓦城門又
牀倒覆誕心惡之及遷鎮廣陵入城衝風暴起
揚塵晝晦又中夜閑坐有赤光照室見者莫不
怪愕左右侍直眠中夢人告之曰官須髮爲稍
毦既覺已失髻矣如此者數十人誕甚怪懼大
明二年發民築治廣陵城誕循行有人干輿揚
聲大罵曰大兵尋至何以辛苦百姓誕執之問
其本末荅曰姓夷名孫家在海陵天公去年與

道佛共議欲除此間民人道佛苦諫得止大禍
將至何不立六愼門誕問六愼門云何荅曰古時
有言禍不入六愼門誕以其言狂悖殺之又五
音士忽狂易見鬼驚怖啼哭曰外軍圍城城上
張白布帆誕執錄二十餘日乃赦之城陷之日
雲霧晦暝白虹臨北門亘屬城內八年前廢帝
即位義陽王昶爲征北將軍徐州刺史道經廣
陵上表曰竊聞淮南中霧眷求遺緒楚英流
殛愛存丘墓並難結兩臣義開二主法雖事斷

禮或情申伏見故賊劉誕稱戈犯節自貽逆命
膏斧嬰戮在憲已彰但尋屬忝皇枝位叨列
辟一以罪終魂骸莫赦生均宗籍死同匹豎
旅窆委雜封樹不修今歲月愈邁愆流疊往
踐境興懷感事傷目陛下繼明升運感與惟新
大德方臨哀矜未及夫欒布哭市義犯雷霆田
叔鉗赭志於夷戮況在天倫何獨無感伏願稽
若前准降申丹志乞薄改褊榯微表窀穸則朽
骨知榮窮泉識荷臨紙哽慟辭不自宣詔曰征

北表如此省以慨然誕及妻女並可以庶人禮葬
并置守衛太宗泰始四年又更改葬祭以少牢
廬江王禕字休秀文帝第八子也元嘉二十二
年年十歲封東海王食邑二千戶二十六年以
爲侍中後軍將軍領石頭戍事遷冠軍將軍
南彭城下邳二郡太守散騎常侍領戍如故出
爲會稽太守將軍如故二十九年遷使持節都
督廣交二州荊州之始興臨安二郡諸軍事車
騎將軍平越中郎將廣州刺史元凶弑立進號

安南將軍未之鎮世祖踐阼復爲會稽太守加
撫軍將軍明年徵爲秘書監加散騎常侍尋
出爲撫軍將軍江州刺史進號平南將軍置吏
大明二年徵爲散騎常侍中書令領驍騎將軍
給鼓吹一部常侍如故又出爲南豫州刺史常侍
將軍如故以本號開府儀同三司領國子祭酒
常侍如故五年詔曰昔韓衛異姓宗周之明憲
三封殊級柱晉之令典唯皇家創典盡弘斯義
朕應天命光宅四海思所以憲章前式崇建懿

親永垂畫一箸于甲令諸弟國封竝可增益千
户七年進司空常侍祭酒如故前廢帝即位加
中書監太宗踐阼進太尉加侍中中書監給班
劒二十人改封廬江王太祖諸子禕尤凡劣諸
兄弟蚩鄙之南平王鑠蚤薨鑠子敬淵婚禕往
視之白世祖借伎世祖答曰婚禮不舉樂且敬
淵等孤苦倍非宜也至是太宗與建安王休仁
詔曰人既不比數西方公汝便為諸王之長時
禕住西州故謂之西方公也泰始五年河東柳

欣慰謀反欲立禕禕與相訓和欣慰要結征北
咨議參軍杜幼文左軍參軍宋祖珍前鄱令王
隆伯等禕使左右徐虎兒以金合一枚餉幼文
銅鉢二枚餉祖珍隆伯幼文具奏其事上乃下
詔曰昔周室既盛二叔流言漢祚方隆七蕃逆
叛斯寔事彰往代難與自古雖聖賢御寓寓內
紓患太尉廬江王藉慶皇枝蚤升寵樹幼無立
德長缺修聲淡薄親情厚結行路狎昵羣細
䟽濫人士自朕撥亂定宇受命應天實尚敦

睦克敦友于故崇殊爵超居上台而公常懷不
平表於事迹公若德深望重宜膺大統朕初平
暴亂豈敢當璧自然推符奉璽天祚有歸且
朕雖居尊極不敢自恃宗室之事無不諮公不
虞志欲難滿妄生窺怨積慝在衿遂謀社稷曩
者四方遘禍兵斥畿甸搢紳憂惶親賢同憤
唯公獨幸厥灾深抃時難晝則從禽遊肆夜則
縱酒弦歌側耳視陰企賊休問司徒休仁等並
各令弟事兼家國推鋒履險各伐一方蒙霜踐

棘辛勤已甚況身被矢石否泰難虞悠悠之人
尚有信分公未曾有一函之使遺半紙之書志
棄五弟以餌鋒賊自謂身非勳烈義不參謀必
期凶逆道申以圖輔相及皇威既震羣凶肅蕩
九有同慶萬國含欣而公容氣更沮下帷晦迹
每覘天察宿懷協左道呪詛禱請謹事邪巫
常被髮跣足稽首北極遂圖畫朕躬勒以名字
或加之矢刃或烹之鼎鑊公在江州得一漢女云
知吉凶能行厭呪大設供養朝夕拜伏衣裝嚴

整敬事如神令其祝詛孝武并及崇憲祈皇室危弱統天稱巳巫稱神旨必得如願後事發覺委皐所生徵幸啟嘔僅得自免近又有道士張寶爲公見信事既彰露肆之于法公不知懃懼猶加營理遣左右二人主掌殯舍顯行邪志罔顧吏司又挾閻豎陳道明交關不逞傳驛音意投金散寶以爲信誓又使府史徐虎兒招引邊將要結禁旅規害台輔圖犯宫掖公受性不仁才非治用昔忝江州無稱被徵前莅會稽以皐左黜公稽古寡聞嚴而無理言不暢寒暑惠不及帷房朝野所輕搢紳同侮豈堪輔相之地寧任莅民之職非唯一朝有自來矣大明之世迄于永光公常留中未嘗外撫何以在今方起嫌怨公少即長人情無哀戚侍拜長寧從祀宗廟顏無戚狀淚不垂臉兄弟長幼靡有愛心昔因孝武御筵置酒心誠不篤于時義陽念遇本薄遣公此譖益被猜嫌朕當時狠狽不暇自理賴崇憲太后譬解百端少蒙申亮得免殃青景和

狂主醜毒橫流初誅宰輔豺志方扇於建章宫召朕兄弟逼酒使醉公因酒勢遂肆苦言云朕及休仁與太宰親數往必清閑贈貺豐厚朕當時惶駭五内崩墜于其語次劣得小止往又經在尋陽長公主第兄弟共集忽中坐忿怒厲色見指以朕行止出入每不能固若得稱心規肆忿憾惟公此旨番欲見滅而天道受善朕獲南面不長惡逆挫公毒心自大明積費國弊民凋加景和奢虐府藏罄盡朕在位甫爾卹義具贍仍值終阻蜂起日耗萬金公卿庶民傾產歸獻積受台奉貲畜優廣朕踐阼之初公請故太宰東傳餘錢見入數百萬内不充養外不助國散賜諂諛偏惠趨隷推心考行事類斯比搴小交構遂生異圖籍籍之義轉盈民口公若地居衡寄任專八柄德育於民勳高於物勢不自安於事爲可公既才均櫟木牽以曲全因高無民得守虚靜而坐作凶咎自　深纍由朕誠感無素爰至於此求尋多難惋慨實深凡人所行各有

本志朕博愛尚仁爲日已久尚能含垢恕辠箸
于觸事豈容於公不相隱忍但禍萌易漸去惡
宜疾負何之重寧得坐觀且蔓草難除燎火須
撲狡扇之徒宜時誅翦巳詔司戮肅正典刑公
身居戚長情禮兼至準之常科顧有惻怛宜少
申國憲以弔不臧今以淮南宣城歷陽三郡還
立南豫州降公爲車騎將軍開府儀同三司南
豫州刺史削邑千戶侍中王如故出鎮宣城上
遣腹心楊運長鎮兵防衛同黨柳欣慰徐虎兒

陳道明龕敬之閭丘邈之樊平祖孟敬祖竝伏
誅明年六月上又令有司奏褘忿懟有怨言請
免官削爵土付宛陵縣獄依法窮治不許乃遣
大鴻臚持節兼宗正爲副奉詔責褘逼令自殺
時年三十五即葬宣城子充明輔國將軍南彭
城東莞二郡太守廢徙新安歙縣後廢帝即位
聽還京邑順帝昇明二年卒時年二十八無子
武昌王渾字休淵文帝第十子也元嘉二十四
年年九歲封汝陰王食邑二千户爲後軍將軍

加散騎常侍索虜南寇破汝陰郡徙渾爲武
昌王少而凶戾嘗出石頭怨左右人援防身
刀斫之元凶弒立以爲中書令山陵夕羸身
露頭往散騎省戲因彎弓射通直郎周朗中
其枕以爲笑樂世祖即位授征虜將軍南彭
城東海二郡太守出鎮京口孝建元年遷使
持節監雍梁南北秦四州荊州之竟陵隨二
郡諸軍事寧蠻校尉雍州刺史將軍如故渾
至鎮與左右人作文檄自號楚王號年爲永

光元年備置百官以爲戲笑長史王翼之得
其手迹封呈世祖上使有司奏免爲庶人下
太常絕其屬籍徙付始安郡上遣員外散騎
侍郎戴明寶詰渾曰我與汝親則同氣義則
君臣遣任西蕃以同盤石云何一旦反欲見圖
文檄處分事迹炳然不忠不義乃可至此豈
唯天道助順逆志難克如其凶圖獲逞天下
誰當相容前事不遠足爲鑑戒加以頻歲
釁難非起外人唯應相與厲精以固七

百姓忽復構此良可悲惋國雖有典我亦何忍極
法好自將養以保松喬之壽逼令自殺卽葬襄陽
時年十七大明四年聽還葬母江太妃墓次太宗卽
位追封爲武昌縣侯王翼之字季弼琅邪臨沂人
晉黄門侍郎徽之孫世官至御史中丞會稽太守
廣州刺史謚曰肅子
海陵王休茂文帝第十四子也孝建二年年十封海
陵王食邑二千戶大明二年以爲使持節都督雍梁
南北秦四州郢州之竟陵隨二郡諸軍事北中郎將

寧蠻校尉雍州刺史進號左將軍增邑千戶時司馬
庾深之行府事休茂性急疾欲自專深之及主帥每
禁之常懷忿怒左右張伯超至所親愛多罪過主
帥常加呵責伯超懼罪謂休茂曰主帥密疏官罪過
欲以啓聞如此恐無好休茂曰爲何計伯超曰唯當
殺行事及主帥且舉兵自衛此去都數千里縱大事
不成不失入虜中爲王休茂從之夜挾伯超及左
右黄靈期蔡捷世滕稷之王寶龍來承道彭叔
兒魏公子陳伯兒張駟奴揚興劉保余雙等率

夾轂隊於城內殺典籤揚慶出金城殺司馬庾
深之典籤戴雙集徵兵衆建牙馳檄使佐吏
上車騎大將軍開府儀同三司加黄鉞侍讀博
士荀詵諫爭見殺伯超專任軍政殺害自己休
茂左右曹萬期挺身斫休茂破創走見殺休茂
出城行營諮議參軍沈暢之等率衆閉門拒
之休茂馳還不得入義成太守薛繼考爲休茂
盡力攻城殺傷甚衆暢之不能自固遂得入城
斬暢之及同謀數十人其日參軍尹玄慶起義

攻休茂生禽之將出中門斬首時年十七母妻
皆自殺同黨悉伏誅城中撓亂無相統領時尚
書右僕射劉秀之弟恭之爲休茂中兵參軍
衆共推行府州事繼考以兵脅恭之使作啓事
云立義自乘驛還都上以爲永嘉王子仁北中
郎諮議參軍河南太守封冠軍縣侯食邑四百
戶尋事泄伏誅恭之坐繫尚方以玄慶爲射聲
校尉有司奏絕休茂屬籍貶姓爲留上不許卽
葬襄陽庾深之字彥靜新野人也以事先朝見

知元嘉二十九年自輔國長史爲長沙內史南
郡王義宣爲荆湘二州加深之寧朔將軍督湘
川七郡明年義宣爲逆深之據巴陵拒休茂司
馬見害之且子孫亦死追贈深之冠軍將軍雍
州刺史荀詵爲員外散騎侍郎曹萬期始平太守
桂陽王休範文帝第十八子也孝建三年年九
歲封順陽王食邑二千戶大明元年改封桂陽
王爲冠軍將軍南彭城下邳太守三年出爲江
州刺史尋加征虜將軍邑千戶入爲祕書監領

宋書傳三十九　二十八

前軍將軍七年遷左衛將軍加給事中前廢帝
永元元年轉中護軍領崇憲衛尉太宗定亂以
爲使持節都督南徐徐南兖兖四州諸軍事鎮
北將軍南徐州刺史給鼓吹一部時薛安都據
彭城反叛遣從子索兒南侵休範進據廣陵
督北討諸軍事加南兖州刺史進征北大將軍
加散騎常侍還京口解兖州增邑二千戶受五
百戶泰始五年徵爲中書監中軍將軍揚州刺
史常侍如故明年出爲使持節都督江郢司

廣交五州豫州之西陽新蔡晉熙湘州之始興
四郡諸軍事征南大將軍江州刺史尋加開府
儀同三司未拜改授都督南徐徐南兖兖青冀
六州諸軍事驃騎大將軍南徐州刺史持節常侍
開府如故未拜以驃騎大將軍還爲江州進督
越州諸軍事給三望車一乘太宗遺詔進位司
空改常侍爲侍中加班劒三十人休範素凡訥
少知解不爲諸兄所齒遇太宗常指左右人謂
王景文曰休範人才不及此以我弟故生便富

三[illegible]四　宋書傳三十九　二十九

貴釋氏願生王家良有以也及太宗晚年晉平
王休祐以狼戾致禍建安王休仁以權逼不見
容巴陵王休若素得人情又以貲害唯休範
謹澁無才能不爲物所向故得自保而常懷
憂懼恒慮禍及太宗晏駕主幼時艱素族
當權近習秉政休範自謂宗戚莫二應居宰
輔事既不至怨憤彌結招引勇士繕治器械行
人經過尋陽者莫不降意折節重加問遺
留則傾身接引厚相資給於是遠近同

如歸朝廷知其有異志密相防禦雖未表形迹
而疊難已成毋荀太妃薨葬廬山以示不還之
志解侍中時夏口闕鎮朝議以居尋陽上流欲
樹置腹心重其兵力元徽元年乃以第五皇弟
晉熙王燮爲郢州刺史長史王奐行府州事配
以資力出鎮夏口慮爲休範所撥留自太洑去
不過尋陽休範大怒欲舉兵襲朝廷密與典
籤新蔡人許公輿謀之表治城池修起樓堞多
解榜板擬以備用其年進位太尉明年五月遂

舉兵反虜發百姓船乘使軍隊稱力請受付以
榜解板合手裝治二三日間便悉整辦率衆二
萬鐵騎數百匹發自尋陽晝夜取道書與袁
粲褚淵劉秉曰夫治政任賢宜親疎相輔得其
經緯則結繩可及失其規矩則危亡可期漢承
戰國之餘傷周室衰殄立磐石之宗而致七國
之亂魏革漢典創於前失遂使諸王絕朝聘之
禮是以根疎葉枯政移異族今宗室衰微自昔
未有泰寧之世足以爲辟言孤子忝枝皇族預聞

興毀雖欲忘言其可得乎高祖武皇帝升歟三
光滌紛四表太祖文皇帝欽明冠古資乾承曆
秉鉞西服鳴鑾東京搜賢選能納奇賞異孝
武皇帝岐嶷天縱先機雷發陵波靜亂宏業中
興儲嗣不腆遂貽禍難于時建安王以家難頻
遘宜立長主明皇帝恢朗淵懿仁潤含遠奉戴
南面允合天人而太尉以年長居卑怨心形色
柳欣慰等規行不軌事迹披猖驃騎以忤顏失
旨應對不順在藩刻削怨結人鬼先帝明於號

令豈枉法爲親二王之疊實自由己但司徒巴
陵王勞謙爲國中流事難有不世之勳奉時如
天事兄猶父非唯令友信爲國器唐叔之忠而
受管蔡之罪親戚哀憤行路嗟歎土地籍光潔
德厭民望並無于罪受斃譏邪先帝務於友于
留心親戚去昔事平之後面受詔誨禮則君臣
樂則兄弟升級賜賞動不移年撫慰孜孜恒如
不足豈容一旦閒牆致此禍害良有由也先帝
寢疾彌年體疲膳少雖神照無虧而慮有失

德補闕拾遺責在左右于時出入卧内唯有運長
道隆羣細無狀因疾遺禍見上不和知無瘳拯
慮晏駕之日長王作輔奪其寵柄不得自專
是以内假帝旨外託朝議諛辭詭貌萬類千端
升進姦回屠斥賢哲外矯天則内誣人鬼是以
星紀違常義殺失度昔魏顆擇命春秋美之
秦穆殉良詩有明刺臣子之節得失必書不及
臣諫猶以爲罪交間蒼蠅驅扇禍戮爵以貨
重才由貨輕先帝舊人無罪黜落薦致鄉親
三百十五　宋書傳三十九　三十二　祥
徧布朝省諂諛親狎者飛榮玉除靜立貞粹
者柴門生草事先關已雖非必行若不諮詢雖
是必抑海内遠近人誰不知未解執事不加斧斤
鉞遂致先帝有殺弟之名醜聲遺於君父格
以古義豈得爲忠先帝崩殂若無天地理痛常
情便應赴泣但兄弟枉酷已陷讒細孤子已下
復觸姦機是以望陵墳而摧裂想鑾旂而抽
慟雖復才違寄寵而地屬負荷顧命之辰曾
不見及分崩之際詔出兩豎天誘其衷得居乎

外若受制群邪則玉石同碎矣以宇宙之基一
旦受制卑瑣劉氏家國使小人處分終古以來
未有斯酷昔石顯曹節方今爲優而望之仲
舉由以致斃至於遭逢醜慝豈有古今者乎諸
賢胄籍冠冕世歷忠貞位非因恩樹勳豈寵結
憂國勤王社稷之鎮豈可合縱讒凶坐觀傾
覆自惟宋室未殞得以推移者正内賴諸賢防
勸姦軌外有孤子跨據中流而人非金石何能
支久走一虧落則本根莫庇當今主上沖幼宜
三百十五　宋傳三十九　三十三　祥
明典章征虜之鎮不見慰省逆旅往來尚有顧
眄骨肉何讎逼使離隔禽獸之心橫生疑貳
經由此者每加約截同惡相求有若市賈以孤
子知其情狀恒恐以此乘之鉗勒州郡過見防
禦近遣西南二使統内宣傳不容恐懼即遣啓
并有別書若以孤子有過便應鳴鼓見伐如其
不爾宜令各有所歸與殺不辜憲有常辟三公
之使無罪而斬鄙雖不肖天子之季父卑小主
者敢不如是乎孤子承奉今上如事先朝夙宵

恭謹散心雲日晦望表驛相從江衢有何虧違
頓至於此既已甘心其可再乎如往來所說以
孤子納士爲尤此輩懼其身罪豈爲國計在昔
四豪列國公子猶博引廣納門客三千況孤子
位居鼎司捍衛畿甸且今與昔異咸所知也狡
虜陵掠江淮侵逼主上年穉宗室衰微邪僭用
命親賢結舌疆場嬰塗炭之苦征夫有勤役之
勞瓜時不代齊猶致禍況長淮戍卒歷年怨思
不務拓遠強邊而先事國君親戚以此求心何

事非亂又以繕治盆壘復致嚻聲自晉宋之災
積貯百萬孤子到鎮曾不數千里且修城池整
郭邑爲治常理復何足致嫌邪若以中流清蕩
則任農夫不應實力強兵作鎮姑孰俱防寇害
豈得獨嫌於此昔成王之明而爲流言致惑若
使金縢不開則周公無以自保樂毅歸趙不忍
謀燕況孤子禮則君臣恩猶父子者乎所以枕
戈泣血祗以兄弟之讎爾觀其不逞之意豈可
限量設使遂其虐志諸君欲安坐得乎脣亡齒

寒理不難見桂蠹必除人邪必翦枉突徙薪何
勞多力望便執録二豎以謝冤魂則先帝不失
順悌之名宋世無枉筆之史此州地居形要路
枕九江控弦跨馬越關而至重氣輕死排藪競
出練甲照水總戈成林剿此纖隸何患不克但
千鈞之弩不爲鼷鼠發機欲使薰蕕內辨晉陽
外息爾功有所歸不亦可乎便當投命有司謝
罪天闕同奉溫清齊心庶事伊霍之任非君而
誰周邵之職頗以自許左提右挈無愧古人昔

平勃剛斷產禄蚤誅張溫𧼯趄文臺扼腕事之
樞機得失俄頃往車今轍庶無惑焉近持此意
申之沈攸其憤難不解諸王致此既知禍原銳
然奮發蓄兵厲卒以俟同舉張興世發都日受
制凶黨揚飆直逝遂不見遇孤子近遣信申述
姦禍方大惆惋追恨前迷比者信使每申勤款
王奐佐郢兵權在握歷督屠狂朝野嗟痛猶
父之怨寧可與之比肩孤子此舉增其忼慨
義之所勸其應猶響諸君或未得此意故先

告懷徙倚一隅遲及委問孤子哀疾疪毀窮盡無日庶規史鰌死不忘本臨紙荒哽言不詮第大雷戍主杜道欣馳下告變道欣至一宿休範已至新林朝廷震動平南將軍齊王出次新亭壘領軍將軍劉勔前兖州刺史沈懷明據石頭征北將軍張永屯白下衞將軍袁粲中軍褚淵尚書左僕射劉秉等入衞殿省時事起倉卒不暇得更處分開南北二武庫隨將士意取休範於新林步上及新亭壘自臨城南於臨滄

上以數十人自衞屯騎校尉黃回見其可乘乃僞往請降幷宣齊王意旨休範大悅以二子德宣德嗣付回與爲質至即斬之回與越騎校尉張敬兒直前斬休範首持還左右並奔散初休範自新林分遣同黨杜耳丁文豪杜墨蠡等直向朱雀門休範雖死墨蠡等不相知聞王道隆率羽林兵在朱雀門內聞賊至急召劉勔勔自石頭來赴仍進桁南戰敗死之墨蠡等乘勝直入朱雀門王道隆爲亂兵所殺墨蠡等唱

云遣隊主陳靈寶送首詣臺道逢賊棄首於水挺身得達雖唱云已平而無以爲據衆愈疑惑張永棄衆於白下沈懷明於石頭奔散撫軍典籤茅恬開東府納賊墨蠡遥至杜姥宅中書舍人孫千齡開　明門出降宮省恇擾無復固志時庫藏賞賜已盡皇太后太妃剔取宮內金銀器物以充用羽林監陳顯達率所領於杜姥宅與墨蠡戰破之至宣陽御道諸賊一時奔散斬墨蠡文豪及同黨姜伯玉柳仲虔任天助

等許公輿走還新茶村民斬送之晉熙王燮自夏口遣軍平尋陽德嗣弟青牛智藏並伏誅詔建康秣陵二縣收斂諸軍死者幷殺賊屍並加藏埋

史臣曰語有之投鼠而忌器信矣阮佃夫王道隆專用主命臣行君道識義之徒咸思戮以馬劒休範馳兵象魏矢及君屋忠臣義士莫不銜膽爭先夫以邪附君猶或自免況於仗正順以爭主哉

列傳第三十九　宋書七十七

列傳第四十　宋書八十

臣沈約　新撰

孝武十四王

孝武帝二十八男文穆皇后生廢帝子業豫章王子尚陳淑媛生晉安王子勛阮容華生安陸王子綏徐昭容生皇子子深何淑儀生松滋侯子房史昭華生臨海王子頊殷貴妃生始平孝敬王子鸞次永嘉王子仁與皇子子深同生何婕妤生皇子子鳳謝昭容生始安王子眞江

婕妤生皇子子玄史昭儀生邵陵王子元次齊敬王子羽與始平孝敬王子鸞同生江美人生皇子子衡楊婕妤生淮南王子孟次皇子子況與皇子子玄同生次南平王子産與永嘉王子仁同生次晉陵孝王子雲次皇子子文竝與始平孝敬王子鸞同生次廬陵王子輿與淮南王子孟同生次南海哀王子師與始平孝敬王子鸞同生淮陽思王子霄與皇子子玄同生次皇子子雍與始安王子眞同生次皇子子趨與

皇子子鳳同生次皇子子期與皇子子衡同生次東平王子嗣與始安王子眞同生杜容華生皇子子悅安陸王子綏南平王子産廬陵王子輿並出繼皇子子深子鳳子玄子衡子況子文子雍未封早夭子趨子期子悅未封爲明帝所殺

豫章王子尚字孝師孝武帝第二子也孝建三年年六歲封西陽王食邑二千戶西都督南徐兗二州諸軍事北中郎將南兗州刺史其年

遷揚州刺史大明二年加撫軍將軍三年浙江西立王畿以浙江東爲揚州命王子尚都督揚州江州之鄱陽晉安建安三郡諸軍事揚州刺史將軍如故給鼓吹一部五年改封豫章王戶邑如先領會稽太守七年加使持節進號車騎將軍其年又加散騎常侍以本號開府儀同三司時東土大旱鄞縣多曝田世祖使子尚上表至鄞縣勸農又立左學召生徒置儒林祭酒一人學生師敬位比州治中文學祭酒一人比西曹勸學從事二人比祭酒從事前廢帝即位罷王畿復舊徵子尚都督揚南徐二州諸軍事領尚書令解督東揚州餘如故初孝建中世祖以子尚太子母弟上甚留心後新安王子鸞以母幸見愛子尚之寵稍衰既長人才凡劣凶慝有廢帝風太宗殞廢帝稱太皇后令曰子尚頑凶極悖行乖天理楚玉婬亂縱慝義絕人經並可於第賜盡子尚時年十六楚玉山陰公主也廢帝改封爲會稽郡長公主食湯沐

邑二千戶給鼓吹一部加班劍二十人未及拜受而廢帝敗楚玉肆情淫縱以尚書吏部郎褚淵貌美請自侍十日廢帝許之淵雖承旨而行以死自固楚玉不能制也

晉安王子勛字孝德孝武帝第三子也大明四年年五歲封晉安王食邑二千戶仍都督南兗州徐州之東海諸軍事征虜將軍南兗州刺史七年改督江州南豫州之晉熙新蔡郢州之西陽三郡諸軍事前將軍江州刺史八年還使

持節都督雍梁南北秦四州郢州之竟陵隨二郡諸軍事鎮軍將軍寧蠻校尉雍州刺史未拜而世祖崩以鎮軍將軍還爲江州本官如故眼患風爲世祖所不愛景和元年加使持節時廢帝任凶多所誅害前撫軍諮議參軍何邁少好武頗招集才力之士邁先尚太祖女新蔡公主帝詐云主薨殺宮人代之顯加殯葬而納主於後宮深忌邁邁慮禍及謀因帝出行爲變迎立子勛事泄帝自率宿衛兵誅邁使

八座奏子勛與邁通謀又手詔子勛曰何邁殺我立汝汝自計孰若孝武邪可自爲其所遣左右朱景雲送藥賜子勛死景雲至盆口停不進遣信使報長史鄧琬琬等因奉子勛起兵以廢立爲名太宗定亂進子勛號車騎將軍開府儀同三司琬等不受命傳檄京邑泰始二年正月七日奉子勛爲帝即僞位於尋陽城年號義嘉元年備置百官四方並響應威震天下是歲四方貢計並詣尋陽遣左衛將軍孫沖之等下據赭圻又遣豫州刺史劉胡率大衆來屯鵲尾又遣安北將軍袁顗總統衆軍臺軍屯據前鋒斷顗等糧援胡遣將攻之大敗於是焚營遁走顗聞胡去亦棄衆南奔沈攸之諸軍至尋陽誅子勛及其母同逆皆夷滅子勛死時年十一即葬尋陽廬山

松滋侯子房字孝良孝武帝第六子也大明四年年五歲封尋陽王食邑二千户仍爲冠軍將軍淮南宣城二郡太守五年遷豫州刺史將軍

淮南太守如故六年改領宣城太守七年進號右將軍解宣城餘如故前廢帝永光元年遷東揚州刺史將軍如故景和元年罷東揚州子房以本號督會稽東陽新安臨海永嘉五郡諸軍事會稽太守太宗即位改督爲都督進號安東將軍太守如故又徵爲撫軍領太常長史孔顗不受命舉兵反應晉安王子勛即僞位進子房號車騎將軍開府儀同三司三吳晉陵並受命於顗太宗遣衞將軍巴陵王休若督諸將吳喜

等東討戰無不捷以次平定上虞令王晏起兵殺顗因子房送還京都上宥之貶爲松滋縣侯食邑千户司徒建安王休仁以子房兄弟終爲禍難勸上除之乃下詔曰不虞之釁著自終古情爲法屈聖達是遵朕埽織定傾再全寶業遠惟鴻基猥當負何思弘治道務盡敦睦而妖豎遘扇妄造異圖自西南阻兵東夏侵斥都邸羣凶晏相脣齒路休之兄弟專作謀主規與禍亂令舍人嚴龍覘覦宫省以羽林出討宿衛單罄

候隙伺間將謀竊發劉祇在蕃規相應援通言兆寇引令過淮頃休範濟江潛欲拒捍賴卜祚靈長姦回弗遂陰慝已露宜盡憲辟寔以方難未夷曲加遵養今王化帖泰宜辨忠邪消流不壅燎火難滅便可委之有司肅正刑典松滋侯子房等淪陷逆徒協同醜悖遂與籛帥羣小潛通南釁連結祇等還圖朕躬雖咎戾已彰在法無宥猶子之情良所未忍可廢爲庶人徙付遠郡於是並赦之子房時年十一路休之等以崇憲太后既崩自慮將來不立不自安劉祇在南兗州有志爲逆嚴龍太祖元嘉中已爲中書舍人南臺御史世祖又以爲舍人甚見委信景和泰始之際至越騎校尉右軍將軍至是懷異端故及於誅

臨海王子頊字孝列孝武帝第七子也大明四年年五歲封歷陽王食邑二千户仍爲冠軍將軍吴興太守五年改封臨海王户邑如先其年遷使持節都督廣交二州湘州之始興始安臨

賀三郡諸軍事征虜將軍平越中郎將廣州刺史未之鎮徙荆州刺史將軍如故八年進號前將軍前廢帝即位以本號都督荆湘雍益梁寧南北秦八州諸軍事刺史如故明帝即位解督雍州以爲鎮軍將軍丹楊尹尋留本任進督雍州又進號平西將軍長史孔道存不受命舉兵反以應晉安王子勛子勛即僞位進號衞將軍開府儀同三司鵲尾奔敗吴喜張興世等軍至子頊賜死時年十一葬巴陵

始平孝敬王子鸞字孝羽孝武帝第八子也大明四年年五歲封襄陽王食邑二千户仍爲東中郎將吳郡太守其年改封新安王户邑如先五年遷北中郎將南徐州刺史領南琅邪太守母殷淑儀寵傾後宫子鸞愛冠諸子凡爲上所盼遇者莫不入子鸞之府國及爲南徐州又割吳郡以屬之六年丁母憂追進淑儀爲貴妃班亞皇后謚曰宣葬給轀輬車虎賁班劍鑾輅九旒黄屋左纛前後部羽葆鼓吹上自臨南掖門臨

過喪車悲不自勝左右莫不感動上痛愛不已擬漢武李夫人賦其詞曰朕以亾事棄日閲覽前王詞苑見李夫人賦悽其有懷亦以嗟詠久之因感而會焉巡靈周之殘冊畧鴻漢之遺篆弔新宫之奄映嗟璧臺之蕪踐賦流波以謠思詔河濟以崇典雖媛德之有載竟滯悲其何遣訪物運之榮落訊雲霜之舒卷念桂枝之秋霣惜瑶華之春翦桂枝折兮沿歲傾瑶華碎兮思聯情形殿兮素塵積翠帟兮紫苔生寶羅暍

兮春幌垂珍簟空兮夏幬扃秋臺惻兮碧煙凝冬宫列兮朱火青流律有終深心無歇徙倚雲日裴回風月思玉步於鳳墀想金聲於鸞闕竭方池而飛傷損園淵而流咽端夤朝之晨罷泛輦路之晚清轔南陸踝閶闔襟北津警承明面縞館之酸素造松帳之葱青俛衆儷而慟興撫藐女而悲生雖哀終其已切將何慰於爾靈存飛棨於景路没申藻於服車垂葆旒於昭術竦鸞劍於清都朝有儷於徵準禮無替於粹圖闕

瑶光之密陛宫虚梁之餘陰俟玉羊之晨照正金雞之夕臨升雲馨以引思鏘鴻鍾以節音文七星於霜野旗二燿於寒林中雲枝之夭秀寓坎泉之曾岑屈封嬴之自古申反周乎在今遣雙靈兮達孝思附孤魂兮展慈心伊鞠報之必至諒顯晦之同深予棄西楚之齊化略東門之遙袵淪漣兩拍之傷奄抑七萃之箴又諷有司曰典禮云天子有后有夫人檀弓云舜葬蒼梧二妃不從昏義云后立六宫有三夫人然則三

妃則三夫人也后之有三妃猶天子之有三公
也按周禮三公八命諸侯七命三公既尊於列
國諸侯三妃亦貴於庶邦夫人據春秋傳仲子
非魯惠公之元嫡尚得考彼別宮今貴妃蓋天
秩之崇班理應剏立新廟尚書左丞徐爰之又
議宣貴妃既加殊命禮絕五宮考之古典顯有
成據廟堂克構宜選將作大匠卿葬畢詔子鸞
攝職以本官兼司徒進號撫軍司徒給鼓吹一
部禮儀竝依正公又加都督南徐州諸軍事

八年加中書令領司徒前廢帝即位解中書
令領司徒加持節之鎮帝素疾子鸞有寵既
誅群公乃遣使賜死時年十歲子鸞臨死謂
左右曰願身不復生王家同生弟妹竝死仍
葬京口太宗即位詔曰夫紓冤申痛雖往必
追緣情惻愛感事彌遠故使持節都督南
徐州諸軍事撫軍將軍南徐州刺史新安王
子鸞夙表成器蚤延殊寵方樹美業克光蕃
維而凶心肆忌奄羅橫禍興言永傷有兼常

懷宜旌天秀以雪沈魂可贈使持節侍中都督
南徐兗二州諸軍事司徒南徐州刺史王如故第
十二皇女第二皇子子師俱嬰謬酷有增酸悼
皇女可贈縣公主子師復先封爲南海王竝加
徽謚又曰哀枉追遠仁道所弘興滅繼絕盛典
斯貴朕務古思治恩禮必敦異族猶敦況在近
戚故新除使持節侍中都督南徐兗二州諸
軍事司徒南徐州刺史新安王子鸞年雖沖
弱性識早茂鍾慈世祖冠寵列蕃值景和凶虐

橫羅酷禍國亂無主冤祀莫寄尋念痛悼夙
軫于懷可以建平王景素息延年爲嗣追改子
鸞封爲始平王食邑千戶改葬秣陵縣龍山延
年字德沖泰始四年薨時年四歲謚曰沖王
明年復以長沙王纂子延之爲始平王紹子鸞
後順帝昇明三年薨國除
永嘉王子仁字孝和孝武帝第九子也大明五
年年五歲監雍梁南北秦四州郢州之竟陵隨
一郡諸軍事北中郎將寧蠻校尉雍州刺史

封永嘉王食邑二千戶仍遷東中郎將吳郡太
守六年又遷丹陽尹七年兼衛尉前廢帝即位
加征虜將軍領衛尉丹陽尹如故尋出爲左將
軍南兗州刺史景和元年遷南徐州刺史將軍
如故泰始元年又遷中軍將軍領太常未拜徙護
軍將軍四方平定以爲使持節都督湘廣交三
州諸軍事平南將軍湘州刺史太宗遣主書趙
扶公宣旨於子仁曰汝一家門戶不建幾覆社
稷天未亡宋景命集我上流迷愚相扇四海同

惡若非我脩德御天下三祖基業一朝墜地汝
輩便應淪於異族之手我昔兄弟近二十人零
落相繼存者無幾唯司徒年長令德作輔皇
家門戶所憑唯我與司徒二人而已尚未能厭
百姓姦心餘諸王亦未堪贊治我惟有太子一
人司徒世子年又幼弱桂陽巴陵並未有繼體
正賴汝輩兄弟相倚爲彊庶使天下不敢闚覘
王室汝輩始十餘歲裁知俛仰當今諸舍細弱
殆不免人輕陵若非我爲主劉氏不辦今日汝

諸兄弟沖眇爲羣凶所逼誤遂與百姓還圖骨
肉於汝在心不得無愧即日四海就寧恩化方始
方今處汝湘州汝年漸長足知善惡當每思刻
厲奉朝廷爲心爵秩自然與年俱進我垂猶子
之情著於萬物汝亦當知好憶我敕旨時司徒
建安王休仁南討猶未還旣還白上以將來非社
稷計宜並爲之所未拜賜死時年十歲
始安王子真字孝貞孝武帝第十一子大明五
年年五歲封始安王食邑二千戶仍爲輔國將

軍吳興太守七年遷使持節監廣交二州始興
始安臨賀三郡諸軍事平越中郎將廣州刺史
將軍如故不之鎮還征虜將軍南彭城太守領
石頭戍事景和元年爲丹陽尹將軍如故尋復
爲南兗州刺史將軍如故泰始二年遷左將軍
丹陽尹未拜賜死時年十歲
邵陵王子元字孝善孝武帝第十三子也大明
六年年五歲封邵陵王食邑二千戶八年以爲度
支校尉秦南沛二郡太守仍爲冠軍將軍南琅

邪泰山二郡太守景和元年出爲湘州刺史將軍
如故未之鎭至尋陽値晉安王子勛爲逆留不
之鎭進號撫軍將軍事平賜死時年九歲
齊敬王子羽字孝英孝武帝第十四子也大明
二年生三年卒追加封謚
淮南王子孟字孝光孝武帝第十六子也大明
七年年五歲封淮南王食邑二千戶時世祖改豫
州之南梁郡爲淮南國罷南豫州之淮南郡并
宣城前廢帝即位二郡並復舊子孟仍國名

度食淮南郡景和元年爲冠軍將軍南琅邪
彭城二郡太守泰始二年改封安成王戶邑如先
未拜賜死時年八歲
晉陵孝王子雲字孝舉孝武帝第十九子也
大明六年年四歲封晉陵王食邑二千戶未拜
其年薨
南海哀王子師字孝友孝武帝第二十二子也大
明七年年四歲封南海王食邑二千戶未拜景和
元年爲前廢帝所害時年六歲太宗即位

追謚
淮陽思王子霄字孝雲孝武帝第二十三子也
大明五年生八年薨追加封謚
東平王子嗣字孝叔孝武帝第二十七子也大
明七年生仍封東平王食邑二千戶繼東平沖
王休倩休倩母顏性理嚴酷泰始二年子嗣所
生母景寧園昭容謝上表曰故東平沖王休倩
託茲璿極岐嶷夙表降年弗永遺胤莫傳孝武
皇帝救妾子臣子嗣出繼爲後既承國祀方奉

烝嘗庶覃遐慶式延于遠而妾顏訓養非恩撫
導乖理情關引進義違負螟昔世祖平日詭申
慈愛崩背未幾眞性便發猶逼畏崇憲少欲藏
奄自茲以後專縱嚴酷寔顯布宗戚宣灼宮闈
用傷人倫爰惻行路妾夭屬冥至感切實深伏
願乾渥廣臨曲垂照賜復改命還依本屬則妾
母子雖隕之辰猶生之願許之其年賜死時年
四歲
武陵王贊字仲敷明帝第九子也泰始六年

生其年詔曰世祖孝武皇帝雖侍尊憤惠勳狹政弛樂飲無厭食事因於寧泰任威縱費義緣於務寡恭故以積怨動天流殃亂嗣景和肇豈義嘉成禍世祖繼體陷憲無遺昔皇家中圮含生懼滅賴英孝感奮掃雪冤恥勳續墜壓拯慈窮泯繼絕追遠禮訓攸尚況既帝且兄而缺斯典今以第九子智隨奉世祖爲子武陵郡大明之世事均代邦可封智隨武陵王食邑五千戶尋世祖一門女累不少既無聲壟揔義須防閑諸

侯雖不得祖稱天子而事有一家之切且歸寧有所疢疾相營得失是任閨房有稟朕應天在位恩深九族庶此足申追睦之懷敷愛之旨後廢帝元徽四年出爲使持節督南徐兗青冀五州諸軍事北中郎將南徐 州刺史順帝昇明元年遷持節督郢州司州之義陽諸軍事前將軍郢州刺史二年爲沈攸之所圍徙都督荊湘雍益梁寧南北秦八州諸軍事安西將軍荊州刺史持節如故攸之平乃之鎮其年薨時年九歲國除

史臣曰晉安諸王提挈羣下以成其暴亂遂至九域沸騰難結天下而世祖之胤亦殲焉彊不知弱義在於此也

列傳卷第四十　　宋書八十

列傳第四十一　宋書八十一

臣沈約　新撰

劉秀之

顧琛

顧覬之

劉秀之字道寶東莞莒人司徒劉穆之從兄子也世居京口祖爽尚書都官郎山陰令父仲道高祖克京城以補建武參軍與孟昶留守事定以為餘姚令卒官秀之少孤貧有志操十許歲時與諸兒戲於前渚忽有大蛇來勢甚猛莫不顛沛驚呼秀之獨不動衆並異焉東海何承天雅相知器以女妻之兄欽之為朱齡石右軍參軍隨齡石敗沒秀之哀戚不歡宴者十年景平二年除駙馬都尉奉朝請家貧求為廣陵郡丞仍除撫軍江夏王義恭平北彭城王義康行參軍出為無錫陽羨烏程令並著能名元嘉十六年遷建康令除尚書中兵郎重除建康性纖密善糾擿微隱政甚有聲吏部尚書沈演之每稱

之於太祖世祖鎮襄陽以為撫軍錄事參軍襄陽令襄陽有六門堰良田數千頃堰久決壞公私廢業世祖遣秀之脩復雍部由是大豐改領廣平太守二十五年除督梁南北秦三州諸軍事寧遠將軍西戎校尉梁南秦二州刺史時漢川飢儉境內騷然秀之善於為政躬自儉約先是漢川悉以絹為貨秀之限令用錢百姓至今受其利二十七年大舉北伐遣輔國將軍楊文德巴梓潼二郡太守劉弘宗受秀之節度震蕩汧隴秀之遣建武將軍錫千秋二千人向子午谷南口府司馬竺宗之三千人向駱谷南口威遠將軍梁尋千人向斜谷南口氐賊楊高為寇秀之討之斬高兄弟元凶弒逆秀之聞問即日起兵求率衆赴襄陽司空南譙王義宣不許事寧遷使持節督益寧二州諸軍事寧朔將軍益州刺史折留俸祿二百八十萬付梁州鎮庫此外蕭然梁益二州土境豐富前後刺史莫不營聚蓄多者致萬金所攜賓寮並京邑貧士出為郡

縣皆以苟得自資秀之爲治整肅以身率下遠
近安悅焉南譙王義宣據荆州爲逆遣參軍王
曜徵兵於秀之秀之即日斬曜戒嚴遣中兵參
軍韋山松萬人襲江陵出峽竝一超民遣將席天
生逆之山松一戰即梟其首進至江陵爲魯爽
所敗山松見殺其年進號征虜將軍改督爲監
持節刺史如故以起義功封康樂縣侯食邑六
百戶明年遷監郢州諸軍事郢州刺史將軍如
故未就大明元年徵爲右衛將軍明年遷丹陽

尹先是秀之從叔穆之爲丹陽與子弟於廳事
上飲宴秀之亦與焉廳事柱有一穿穆之謂子
弟及秀之曰汝等試以栗遥擲此柱若能入穿
後必得此郡穆之諸子竝不能中唯秀之獨入
焉時賒市百姓物不還錢市道嗟怨秀之以爲
非宜陳之甚切雖納其言竟不從用廣陵王誕
爲逆秀之入守東城其年遷尚書右僕射四年
改定制令疑民殺長吏科議者謂值赦宜加徙
送秀之以爲律文雖不顯民殺官長之旨若值

赦但止徙送便與悠悠殺人曾無一異民敬官
長比之父母行害之身雖遇赦謂宜長付尚方
窮其天命家口令補兵從之明年領太子右衛
率五年雍州刺史海陵王休茂反爲土人所誅
遣秀之以本官慰勞分別善惡事畢還都出爲
使持節散騎常侍都督雍梁南北秦四州郢州
之竟陵隨二郡諸軍事安北將軍寧蠻校尉雍
州刺史上車駕幸新亭視秀之發引將徵爲左
僕射事未行八年卒時年六十八上甚痛惜之

詔曰秀之識局明遠才應通暢誠著蕃朝績宣
累獄往歲臣逆交構首義萬里及職司端尹贊
戎兩宮嘉謀徽譽寔彰朝野漢南法繁民嘆屬
佇良牧故暫輟心膂外弘風規出未踰朞德庇
西服詳考古烈旅觀終始淳心忠槩無以尚茲
方式亮皇猷入衛根本奄至薨逝震慟于朕心
生榮之典未窮寵數哀終之禮宜盡崇飾兼履
謙守約封社弗廣與言悼往益增痛恨可贈侍
中司空持節都督刺史校尉如故并增封邑爲

千戶謚爲忠成公秀之野率無風采而心力堅正上以其莅官清潔家無餘財賜錢二十萬布三百匹子景遠嗣官至前軍將軍景遠卒子儁齊受禪國除秀之弟粹之晉陵太守

顧琛字弘瑋吳郡吳人也曾祖和晉司空祖履之父惔並爲司徒左西掾琛謹確不尚浮華起家州從事駙馬都尉奉朝請少帝景平中太皇太后崩除大匠丞彭城王義康右軍驃騎參軍晉陵令司徒參軍尚書庫部郎本邑中正元嘉

七年太祖遣到彥之經略河南大敗悉委棄兵甲武庫爲之空虛後太祖宴會有荒外歸化人在坐上問琛庫中仗猶有幾許琛詭荅有十萬人仗舊武庫仗秘不言多少上既發問追悔失言及琛詭對上甚喜尚書寺門有制八座以下門生隨入者各有差不得雜以人士琛以宗人顧碩頭寄尚書張茂度門名而與碩頭同席坐明年坐遣出免中正凡尚書官大罪則免小罪則遣出遣出者百日無代人聽還本職琛仍爲彭城

王義康所請補司徒録事參軍山陰令復爲司徒録事遷少府十五年出爲義興太守初義康請琛入府欲委以腹心琛不能承事劉湛故尋見斥外十九年徙東陽太守欲使琛防守大將軍彭城王義康固辭忤旨廢黜還家積年二十七年索虜南至瓜步權假琛建威將軍尋除東海王禕冠軍司馬行會稽郡事隨王誕代禕復爲誕安東司馬元凶弑立分會稽五郡置會州以誕爲刺史即琛爲會稽太守加五品將軍置

將佐誕起義加冠軍將軍事平遷吳興太守孝建元年徵爲五兵尚書未拜復爲寧朔將軍吳郡太守以起義功封永新縣五等侯大明元年吳縣令張闓坐居母喪無禮下廷尉錢唐令沈文秀判劾違謬應坐被彈琛宣言於衆闓被劾之始屢相申明又云當啓文秀留縣世祖聞之大怒謂琛賣惡歸上免官琛母老仍停家琛及前西陽太守張牧並司空竟陵王誕故佐誕待琛等素厚三年誕據廣陵反遣客陸延稔齎書

板琛爲征南將軍牧爲安東將軍琛子前尚書郎寶素爲諮議參軍寶素弟前司空參軍寶先爲從事中郎牧兄前吳郡丞濟爲冠軍將軍從弟前司空主簿晏爲諮議參軍時世祖以琛素結事誕或有異志遣使就吳郡太守王曇生誅琛父子會延稔先至琛等即執斬之遣二子送延稔首啓世祖曰劉誕猖狂遂構釁逆凡在含齒莫不駭惋臣等預荷國恩特百常憤怨以今月二十四日中獲賊誕疏欲見邀誘臣即 共執

錄僞使并得誕與撫軍長史沈懷文揚州別駕孔道存撫軍中兵參軍孔璪前司兵參軍孔桓之前司空主簿張晏書具列本郡太守王曇生臣即日便應星馳歸骨輦轂臣母年老身在侍養輒遣息寶素寶先束骸詣闕世祖所遣誅琛使其日亦至僅而獲免上嘉之召琛出以爲西陽王子尚撫軍司馬牧爲撫軍中兵參軍琛母孔氏時年百餘歲晉安帝隆安初琅邪王廞於吳中爲亂以女爲貞烈將軍悉以女人爲官屬

以孔氏爲司馬及孫恩亂後東土飢荒人相食孔氏散家糧以賑邑里得活者甚衆生子皆以孔爲名焉琛仍爲吳興太守明年坐郡民多翦錢及盜鑄免官六年起爲大司農都官尚書新安王子鸞北中郎司馬東海太守行南徐州事隨府轉撫軍司馬太守如故前廢帝即位復爲吳郡太守太宗泰始初與四方同反兵敗奉母奔會稽臺軍既至歸降寶素與琛相失自殺琛尋丁母憂服闋起爲員外常侍中散大夫後廢

帝元徽三年卒時年八十六寶先大明中爲尚書水部郎先是琛爲左丞荀萬秋所劾及寶先爲郎萬秋猶在職自陳不拜世祖詔曰敕違糾慢憲司之職若理有不公自當更有釐正而自頃劾無輕重輒致私絕此風難長主者嚴爲其科寶先蓋依附世准不足問先是宋世江東貴達者會稽孔季恭季恭子靈符吳興丘淵之及琛吳音不變淵之字思玄吳興烏程人也太祖從高祖北伐留彭城爲冠軍將軍徐州刺史淵

之爲長史太祖即位以舊恩歷顯官侍中都官尚書吳郡太守卒於太常追贈光禄大夫

顧覬之字偉仁吳郡吳人也高祖謙字公讓晉平原内史陸機姊夫祖崇大司農父黄老司徒左西掾覬之初爲郡主簿謝晦爲荆州以爲南蠻功曹仍爲晦衞軍參軍晦愛其雅素深相知待王弘辟爲揚州主簿仍爲弘衞軍參軍鹽官令衡陽王義季右軍主簿尚書都官郎護軍司馬時大將軍彭城王義康秉權殷劉之隙已著

覬之不欲與殷景仁久接事乃辭脚疾自免歸在家每夜常於牀上行脚家人竊異之而莫曉其後義康徙廢朝廷多以異同受禍復爲東遷山陰令山陰民戶三萬海内劇邑前後官長晝夜不得休事猶不舉覬之理繁以約縣用無事晝日垂簾門階閑寂自宋世爲山陰務簡而績修莫能尚也還爲揚州治中從事史廣陵王誕廬陵王紹北中郎左司馬揚州别駕從事史尚書吏部郎嘗於太祖坐論江左人物言及顧榮

袁淑謂覬之曰卿南人怯懦豈作賊覬之正色曰卿乃復以忠義笑人淑有愧色元凶弑立朝士無不移任唯覬之不徙官世祖即位遷御史中丞孝建元年出爲義陽王昶東中郎長史寧朔將軍行會稽郡事尋徵爲右衞將軍領本邑中正明年出爲湘州刺史善於莅民治甚有績大明元年徵守度支尚書領本州中正二年轉吏部尚書四年致仕不許時沛郡相縣唐賜往比邨朱起母彭家飲酒還因得病吐蠱蟲十餘

枚臨死語妻張死後刳腹出病後張手自破視五藏悉糜碎郡縣以張忍行刳剖賜子副又不禁駐事起赦前法不能決律傷死人四歲刑妻傷夫五歲刑子不孝父母棄市並非科例三公郎劉勰議賜妻痛往遵言兒識謝及理考事原心非存忍害謂宜哀矜覬之議曰法移路尸猶爲不道況在妻子而忍行凡人所不行不宜曲通小情當以大理爲斷謂副爲不孝張同不道詔如覬之議加左軍將軍出爲吳郡太守八年

復爲吏部尚書加給事中未拜欲以爲會稽不
果還爲吳郡太守幸臣戴法興權傾人主而覬
之未嘗降意左光祿大夫蔡興宗與覬之善嫌
其風節過峻覬之曰辛毗有云孫劉不過使吾
不爲三公耳及世祖晏駕法興遂以覬之爲光
祿大夫加金章紫綬太宗泰始初四方同反覬
之家尋陽尋陽王子房加以位號覬之不受曰
禮年六十不服戎以其筋力衰謝非復軍旅之
日況年將八十殘生無幾守盡家門不敢聞命

孔覬等不能奪時普天叛逆莫或自免唯覬之
心迹清全獨無所與太宗甚嘉之東土既平以
爲左將軍吳郡太守加散騎常侍泰始二年復
爲相州刺史常侍將軍如故三年卒時年七十
六追贈鎮軍將軍常侍刺史如故謚曰簡子覬
之家門雍睦爲州鄉所重五子約緝綽縝緄綽
私財甚豐鄉里士庶多負其責覬之每禁之不
能止及後爲吳郡誘綽曰我常不許汝出責定
思貧薄亦不可居民間與汝交關有幾許不盡

及我在郡爲汝督之將來豈可得凡諸券書皆
何在綽大喜悉出諸文券一大廚與覬之覬之
悉焚燒宣語遠近負三郎責皆不須還凡券書
悉燒之矣綽懊歎彌日覬之常謂秉命有定分
非智力所移唯應恭己守道信天任運而闇者
不達妄求僥倖徒虧雅道無關得喪乃以其意
命弟子愿著定命論其辭曰仲尼云道之將行
命也道之將廢命也丘明又稱天之所支不可
壞天之所壞不可支卜商亦曰死生有命富貴

在天孟軻則以不遇魯侯爲辭斯則運命奇偶
生數離合有自來矣馬遷劉向揚雄班固之徒
著書立言咸以爲首世之論者多有不同嘗試
申之曰夫生之資氣清濁異源命之稟數盈虛
乖致是以心貌詭貿性運舛殊故有邪正昏明
之差脩夭榮枯之序皆理定於萬古之前事徵
於千代之外冲神寂鑒一以貫之至乃卜相末
技巫史賤術猶能豫題興亡逆表成敗禍福指
期識照不能徙吉凶素著威衞不能防若夏垠

宅生於帝宮豈繦殘傷之祟漢臣衍貸於天府
寧免饑斃之魂且又善惡之理雖詳而禍福之
驗常昧逆順之體誠分而吉凶之効常隱智絡
天地猶羅沈痛之災明照日月必嬰深臣之難
增信積德離患於長飢席義枕仁徼禍於促筭
何則理運茍其必至聖明其猶病諸況乃蕞迹
流惑之徒投心顓蒙之域而欲役慮以揣利害
策情以筭窮通其爲重傷豈不惑甚是以通人
君子閑泰其神沖綏其度不矯俗以延聲不依

世以期榮審乎無假自求多福榮辱脩夭夫何
爲哉問曰夫書稱惠迪貽吉易載履信逢祐前
哲餘議亦以將迎有會淪塞無兆宣攝有方夭
閼無命善游銷魂於深梁工騎燼生於曠野明
珠招駭於闇至蟠木取悅於先容是以罕樂以
陽施長世景惠以陰德遐紀彭竇以繕衛延命
盈忌以荒湎促齡陳張稱台鼎之崇嚴辛衍宰
司之盛若乃遊惡蹈凶覬逆踐禍宣昭史策易
以研正至如神仙所序天竺所書事雖難徵理

未易詰留滯傾光思聞通裁對曰子可謂扶繩
而辨循刻而議若乃宣攝有方豈非吉運所屬
將迎有會實亦凶數自挺若夫陽施陰德長世
遐年揆厥所原孰往非命研復來旨雖校往說
起予惟商未識所異資生稟運參差萬殊逆順
吉凶理數不一原夫飡椒非養生之術咀劍豈
衛性之經命之所延人肉其骨而含嚼膏粱時
或嬰患深澗乖徼寵之津空谷絕探榮之轍運
之所集物稊其枯而俯仰竿牘終然離沮爾乃

蹻跖橫行曾原窘步湯周延世詡邑絕緒吉凶
徵應糾纆若茲畢萬保軀窋出賤殘領梁野之言
豈不或妄穀南魯北甘此促生彭翁竇叟將以
何術晉平趙欲淫放已該漢主魏相奚獨傷夭
同異若斯是非孰正至如雷濱凝分挫志遠圖
棘津陰拱振功高世樊生沖矯鐈旌善之文華
子高抗銘徽非之策皆士衡所云同川而異歸
者也殊塗均致寔繁有徵即理易推在言可略
昔兩都全盛六合殷昌霧集貴寵之間雲動權

豪之術鈞賀貽談豈唯陳張而已觀夫二子才未越衆而此以藉榮揮價彼獨擯景淪聲通否之運斷可知矣嚴辛不安時任命而委罪亮直亦地脉之徒歟若神仙所序顯明脩習齊彊燕平厥驗未箸李覃董芬其効安在喬松之侶雲飛天居夷列之徒風行水息良由理數懸挺實乃鍾茲景命天竺遺文星華方策因造前定果報指期貧豪莫差脩夭無爽有允瑣辭無惑鄙說統而言之孰往非命冥期前定各從所歸

善惡無所矯其趨愚智焉能殊其理若乃得議其工失蚩其拙操之則慄舍之則悲斯固淡情於近累豈不貽誚於通識間曰清論光心英辯溢目求諸鄙懷良有未盡若動止皆運險易自天理定前期靡非闇至玉門犁丘徽識弗免豈非聖愚齊致仁虐同功昏明之用將何施而可對曰夫聖人懷虛以涵育凝明以洞照惟虛也故無往而不通惟明也故無來而不燭迴海流金弗染溫涼之岨巖兵猛兕無累爪刃之災忘

生而生愈全遺神而神彌暢若玉門犁丘蓋同迹於人故同人有患然而均心於天亦均天無害大賢則體備形器慮盡藏假靜默以居否深拱以違礙皆數在清全故鍾茲妙識是以稟仲尼之道不在奔車之上齎伯夷之運不處覆舟之下若乃越難趨險逡巡弗獲履危踐機僥倖從事愚之所司聖亦何爲及中下之流馳心妄動是非紛幹倚伏移貿故北宮意逆而功順東門心晦而迹明宜應遺筮而逢吉張松協數而

遘禍且智防有紀患累無方蘭乃糾狗逐而華子奔腐鼠遺而虞氏滅匣猴逸而林木殘横珠亡而池水竭凡厥條流曲難詳備偶形役思其効安徵豈若澡雪靈府洗練神宅據道爲心依德爲慮使迹窮則義斯暢身泰則理兼通豈不美哉何必遺此而取彼問曰夫建極開化樹聲貽則典防之興由來尚矣必乃幽符懸兆冥數指期善惡前徵是非素定名教之道不亦幾乎息哉對曰天生蒸民樹之物則敎義所稟豈非

冥數何則形氣之具必有待而存顓蒙之倫豈無因而立必假纖紈以安生藉粱麥以延祀資信禮以繕性秉廉義以劾情聖人聰明深懿履道測化通體天地同情日月仰觀俯察撫運裁風於是乎昭日星之紀正霜雨之度張雲霞之明衍風露之渥浮舟翼滯騰駕振幽又乃甄理三才辨綜五德弘鋪七體之端宣昭八經之緒是以時雍在運羣方自通抱德煬和全真保性故信食相資代為脣齒富教相假遞成輔車今

弛棄纖紈損絕粱麥必云徼生委命豈不已曉其迷至乎湮斥廉義屏黜信禮責以祈存推數遂乃未辨其惑連類若斯乖妄滋甚然則教義之道生運所資寵辱榮枯常由此作斯固命中之一物非所以為難也問曰循復前旨既以理命縣兆生數冥期研覆後文又云依杖名教帥循訓範若藉數任天則放情蕩思拘訓馴範則防慮檢衷函矢殊用矛戈異適雙美之談豈能兩遂對曰夫性運乖舛心皃詭殊請布末懷畧

言其要若乃吉命所鍾縱情蹈道訓性而順因心則靈凶數所挺率由踐逆聞言不信長惡無悛此愚智不移聲訓所遺者也其有見善如不及從諫如順流是則命待教全運須化立譬以良醫之室病者所存至如澄神清魂平心實氣無妄之痾勿藥有喜所謂縱情蹈道無假隱括若膏肓之疾長桑不治體府之病陽慶弗理此則率由踐逆自絕調御至乃趙儲之命宜永須扁鵲而後全齊后之數必延待文摯而後濟亦

猶運鍾循獎彝範所興善惡無主唯運所集而異膏梁方丈沈疾弗顧瑤碧盈尺阽危弗存夫靜躁之容造次必於是曲直之性顛沛不可移是以夷惠均聖而異方遵竦齊通而殊事雖復鉗桎羿奡思服巢許之情擀勸曾史言膺蹻跖之慮不然之事斷可知也必幽符鑽仰冥數脩習雖存陵惰其可得乎故運屬波流勢無防慮命徼山立理無放情用殊函矢雙美奚躋談異矛戈兩濟何傷問曰夫君臣恩深師資義固所以

霧棨塗施提飾荷聲故刳心流腸捐生以亢節火妻灰子灑名以償義若幽期天兆則明敗可遺冥數自實則感効宜絕豈其然乎對曰論之所明原本以爲理難之所疑即末以爲用蓋隂閉之巧不傳萌漸之調長絕故知妄言賞理古人所難吾所謂命固以綿絡古今彌貫終始爰及君臣父子師友夫妻皆天數冥合神運玄至逮乎睽愛離會既命之所甄昏爽順戾亦運之所漸爾乃松柳異質蕣荼殊性故疾風知勁草

嚴霜識貞木何異忠孝之質資行夙昭至於刻志酬生題誠復施殉節投命馴義忘己亦由石雖可毀堅不可銷丹雖可磨赤不可滅因斯而言君臣師資既幽期自實心力感効亦冥數天兆夫獨何怪哉愿字子恭父淵之散騎侍郎愿好學有文辭於世大明中舉秀才對策稱旨擢爲著作佐郎太子舍人早卒

史臣曰孝建啓基西楚放命難連淮濟勢盛江服朱脩之著節漢南劉秀之推鋒萬里並誠載艱忠惟帝念而踰峴之鋒戰有獨克出陜之師舟無隻反雖霜霰並時而計功則異也及定終之命等數相懸蓋由義結蕃朝故恩有厚薄雖故舊不遺聞之前訓隆名爽實亦無取焉

列傳第四十一　　宋書八十一

臣沈　約　新撰

周朗

沈懷文

周朗字義利汝南安成人也祖文黃門侍郎父淳宋初貴達官至侍中太常兄嶠尚高祖第四女宣城德公主二女適建平王宏廬江王禕以貴戚顯官元嘉末爲吳興太守賊劭弑立隨王誕舉義於會稽劭加嶠冠軍將軍誕檄又至嶠素

懦怯回惑不知所從爲府司馬丘珍孫所殺朝廷明其本心國婚如故朗少而愛奇雅有風氣與嶠志趣不同嶠甚疾之初爲南平王鑠冠軍行參軍太子舍人司徒主簿坐請急不待對除名又爲江夏王義恭太尉參軍元嘉二十七年春朗議當遣義恭出鎮彭城爲北討大統朗聞之解職及義恭出鎮府主簿羊希從行與朗書戲之勸令獻奇進策朗報書曰羊生足下豈當適使人進哉何卿才之更茂也宅生結意可復佳耳

屬華比綵何更工邪視已反覆慰亦無已觀諸紙上方審卿復逢知已動以何術而能每降恩明豈不爲足下欣邪然更憂不知卿死所處耳夫匈奴之不誅有日皇居之亡辱舊矣天下孰不憤心悲腸以忿胡人之患靡衣媮食以望國家之師自智士鉗口雄人蓄氣不得議圖邊之事者良淹歲紀今天子以炎軒之德冢輔以姬呂之賢故赫然發怒將以匈奴釁旗惻然動仁欲使餘氓被惠及取士之令朝發宰士暮登英豪

調兵之詔夕行主公且升雄俊延賢人者固非一日況復加此焉夫天下之士砥行磨名欲不辱其志氣選奇蓄異將進善於所天非但有建國之謀不及安民之論不與至反以孝潔生議於鄉曲忠烈起謗於君寀身不絓王臣之籙名不厠通人之班顛倒國門湮銷丘里者自數十年以往豈一人哉若吾身無他伎而出值明君變官望主歲增恩價竟不能柔心飾帶取重左右校於向士則榮已多料於今識則笑亦廣而足下方復

廣吾以馳志之時求予以安邊之術何足下不知言
也若以賢未登則今之登賢如此以才應進則
吾之非才若是豈可欲以殞海之鼇望鼓鯤於
豎鱗之肆墜風之羽覬振翮於軒毳之間其不
能俱陪淥水並負青天可無待於明見若乃闕
奇謀深智之術無悅主狎俗之能亦不可復稍
爲卿說但觀以上國再毀之臣望府一逐之吏
當復是天下才否此皆足下所親知吾雖疲冗
亦甞聽君子之餘論豈敢忘之凡士之置身有

三耳一則雲戶岫寢欒危桂棨秫芝浮霜翦
松沈雪憐肌蓄髓竇氣愛蒐非但土石侯卿
腐鴆梁錦竇廼竝意天后睍目羽人次則刳心
掃智剖命驅生橫議於雲臺之下切辭於宣室
之上衍王德而批民患進貞白而酖姦猜委玉
入而齊聲禮揭金出而烹勍寇使車軌一風甸
道共德令功日濟而已無跡道日富而君難名
致諸侯斂手天子改觀其末則饜粘而出望旃
而入結寃兩宫之下鼓袖六王之間俛眉脅肩言

天下之道德瞋目扼腕陳從橫於四海理有泰則
止而進調覺迮則反而還閑居違官交造頓罷
捐慕遺憂夷毀銷譽呼吟翦以補其氣繕爵以輔
其生凡此三者皆志士仁人之所行非吾之所能
也若吾幸病不及死役不至身蓬藜既滿方杜
長者之轍穀稼是諮自絕世豪之顧塵生牀帷
苔積堦月又檐中山木時華月深池上海草歲
榮白蔓且室閒軒左幸有陳書十篋席隅奥
右頗得宿酒數壺按絃拭徽讎方校石時復陳局

露初眞爵星晚驩然不覺是羲軒後也近春田
三頃秋園五畦若此無災山裝可具候振歛之罷
侯封勤之畢當敬觀邠酆肅尋伊鄗傍眺燕
隴邪履遼衞覛我周之軫迹弔他賢之憂矣當
其少涉未休此欲但理實詭固物好交加或徵勢
而笑其言或觀謀而害其意夫楊朱以此猶見
嗤於梁人況才減楊子之器物甚魏君之意者
哉若如漢宗之言李廣此固許天下之有才文
知天下之時非也豈若黨巷閭里之閒邑見貞

士之遭遇便謂是臧獲庸人之徒耳士固願呈心於其主露奇於所歸卿相末事也若廣者何用侯爲至迺復有致謁於爲亂之日被訕於害正之徒心奇而無由露事直而變爲枉豈不痛哉豈不痛哉若足下可謂冠負日月籍踐淵海心支身首無不逼照今復出入燕河交關姬衛整笏振豪已議於帷蓆之上提鞭鳴劒復呵於軍場之間身超每深恩之所集心動必明主之所亮可不直議正身輔人君之過誤明目張膽謀軍家之得

失操志勇之將薦俊正之士此迺足下之所以報也不爾便擐甲脩戈徘徊左右衛君王之身當馬首之鏑關必固之壘交死進之戰使身分而主豫寇滅而兵全此亦報之次也如是則繫匈奴於北闕無日矣亡但默默窺寵而坐謂子有心敢書薄意凱之辭意倜儻類皆如此復起爲通直郎世祖即位除建平王宏中軍録事參軍時普責百官讜言凱上書曰昔仲尼有言治天下若寘諸掌豈徒言哉方策之政息舉在人

蓋當世之君不爲之耳況乃運鍾澆暮世膺亂餘重以宫廟遭不更之酷江服被未有之痛千里連死萬井共泣而秦漢餘敝尚行於今魏晋遺謬猶布於民是而望國安於今化崇於古卻行及前之言積薪待然之譬臣不知所以方然陛下既基之以孝又申之以仁民所疾苦敢不略薦凡治者何哉爲教而已今教衰已久民不知則又隨以刑逐之豈爲政之道歟欲爲教者宜二十五家選一長百家置一師男子十三至

十七皆令學經十八至二十盡使脩武訓以書記圖律忠孝仁義之禮廉讓勤恭之則授以兵經戰略軍部舟騎之容挽彊擊刺之法官長皆月至學所以課其能習經者五年有立則言之司徒用武者三年善蓺亦升之司馬若七年而經不明五年而勇不達則更求其言政置謀迹其心術行履復不足取者雖公卿子孫長歸農畝終身不得爲吏其國學則宜詳考占數部定子史令書不煩行習無靡力凡學雖凶荒不宜

廢也農桑者實民之命爲國之本有一不足則禮節不興若重之宜罷金錢以穀帛爲賞罰然愚民不達其權議者好增其異凡自淮以北萬匹爲市從江以南千斛爲貨亦不患其難也今且聽市至千錢以還者用錢餘皆用絹布及米其不中度者坐之如此則墾田自廣民資必繁盜鑄者罷人死必息又田非膠水皆播麥菽地堪滋養悉藝紵麻蔭巷緣藩必樹桑柘列庭接宇唯植竹栗若此令既行而善其事者庶民則

敘之以爵有司亦從而加賞若田在草間木物不植則撻之而伐其餘樹在所以次坐之又取稅之法宜計人爲輸不應以貲云何使富者不盡貧者不蠲乃令桑長一尺圍以爲價田進一畝度以爲錢屋不得瓦皆責貲實民以此樹不敢種土畏妄墾棟焚榱露不敢加泥豈有剝善害民禁衣惡食若此苦者方今若重斯農則宜務削茲法凡爲國不患威之不立患恩之不下不患土之不廣患民之不育自華夷爭殺戎夏

競威破國則積屍竟邑屠將則覆軍滿野海內遺生蓋不餘半重以急政嚴刑天災歲疫貧者但供吏死者弗望薶鰥居有不願娶生子每不敢舉又戍淹徭久妻老嗣絕及孀奔所孕皆復不收是殺人之日有數途生人之歲無一理不知復百年間將盡以草木爲世邪此最是驚心悲魂慟哭太息者法雖有禁殺子之科設蚤娶之令然觸刑罪忍悼痛而爲之豈不有酷甚處邪今宜家寬其役戶減其稅女子十五不嫁家

人坐之特雉可以娉妻妾大布可以事舅姑若待足而行則有司加糾凡宮中女隸必擇不復字者庶家內役皆令各有所配要使天下不得有終獨之生無子之老所謂十年存育十年教訓如此則二十年間長戶勝兵必數倍矣又亡者亂郊饉人盈甸皆是不爲其存計而任之遷流故饑寒一至慈母不能保其子欲其不爲寇盜豈可得邪既御之使然復止之以殺彼於有司何酷至是且草樹既死皮葉皆枯是其

粱肉盡矣冰霜已厚苫蓋難資是其衣裘敗
矣比至陽春生其餘幾今自江以南在所皆穫有食
之處須官興役宜募遠近能食五十口一年者
賞爵一級不過千家故近食十萬口矣使其受
食者悉令就佃淮南多其長帥給其糧種凡公
私遊手歲發佐農令堤湖盡脩原陸並起仍量
家立社計地設閭檢其出入督其游惰須待大
熟可移之復舊淮以北悉使南過江東旅客盡
令西歸故毒之在體必割其緩處函渭靈區闐

爲荒窟伊洛神基蔚成茂草豈可不懷歟歷
下泗間何足獨戀議者必以爲胡衰不足避而不
知我之病甚於胡矣若謂民之既徙狄必就之
若其來從我之願也胡若能來必非其種不過
山東雜漢則是國家由來所欲覆育既華得
坐實戎空自遠其爲來利固善也今空守孤城
徒費財役亦行見淮北必非境服有矣不亦重
辱喪哉使虜但發輕騎三千更互出入春來犯
麥秋至侵禾水陸漕輸居然復絕於賊不勞而

邊已困不至二年卒散民盡可蹻足而待也設使
胡滅則中州必有興者決不能有奉土地率民人
以歸國家矣誠如此則徐齊終逼亦不可守且夫
戰守之法當恃人之不敢攻頃年兵之所以敗
皆反此也今人知不以羊追狼蟹捕鼠而令重
車弱卒與肥馬悍胡相逐其不能濟固宜矣漢
之中年能事胡者以馬多也胡之後服漢者亦
以馬少也既兵不可去車騎應蓄今宜募天下
使養馬一匹者蠲一人役三疋者除一人爲吏自

此以進階賞有差邊亭徼驛一無發動又將
者將求其死也自能執干戈幸而不亡筋力
盡於戎役其於望上者固已深矣重有澄風
掃霧之勤驅波滌塵之力此所自矜尤復爲甚
近所功賞人知其濫然似頗謬虛實怨怒寔是
衆垂臂而反脣者往往爲部耦語而呼望者
處處成羣凡武人意氣特易崩沮設一旦有變
則向之怨者爲敵也今宜國財與之共竭府粟
與之同罄去者應遣遺派加寵爵發所在祿之將

秩未充餘資宜關他事負輦長不應與唯可教
以蒐狩之禮習以鉦鼓之節若假勇以進務黜
其身老至而罷賞延於嗣又緣淮城壘皆宜與
復使烽鼓相達兵食相連若邊民請師皆宜莫
許遠夷貢至止於報答語以國家之未暇示以
何事而非君須內教既立徐料寇形辨騎卒四
十萬而國中不擾取穀支二十歲而遠邑不驚
然後越淮窮河蹻隴出漠亦何適而不可又教
之不敦一至於是今士大夫以下父母在而兄弟

異計十家而七矣庶人父子殊產亦八家而五
矣凡甚者乃危亡不相知飢寒不相卹又嫉謗
讒害其間不可稱數宜明其禁以華其風先有
善於家者即務其賞自今不改則沒其財又
三年之喪天下之達喪以其哀並衰出故制同
外與日久均痛故愈遲齊與漢氏節其臣則
可矣薄其子則亂也去何使衰苴之容盡鳴
號之音息夫佩玉啓櫝深情拂忍覓珠視朝不
亦甚乎凡法有變於古而刻於情則莫能順

焉至乎敗於禮而安於身必遂而奉之何乃厚於
惡薄於善歟今陛下以大孝始基宜反斯謬且
朝享臨御當近自身始妃主典制宜漸加矯正凡
舉天下以奉一君何患不給或帝有集皂之陋
后有帛布之鄙亦無取焉且一體炫金不及伯
兩一歲美衣不過數襲而必收寶連櫝集服
累笥目豈常視身未時親是為櫝帶寶笥著
衣空散國家之財徒奔天下之貨而主以此情禮
妃以此傲家是何糜蠹之劇惑鄙之甚遠至婢

豎皆無定科一婢之身重婢以使一豎之家列豎
以役瓦金皮繡漿酒藿肉者故不可稱紀至有列
軿以遊遨飾兵以驅叱不亦重甚哉若禁行賜薄
不容致此且細作始并以為儉節而市造華怪
即傳於民如此則遷也非罷也凡天下得治者以
實而治天下者常虛民之耳目既不可誑治之
盈耗立亦隨之故凡厥庶民制度日侈商販之室
飾等王侯傭賣之身製均妃后凡一袖之大足
斷為兩一裾之長可分為二見車馬不辨貴賤

視冠服不知尊卑尚方今造一物小民明已睎睨官中朝制一衣庶家晚已裁學侈麗之原實先宮闈又妃主所賜不限高卑自今以去宜為節目金魄翠玉錦繡縠羅奇色異章小民既不得服在上亦不得賜若工人復造奇伎淫器則皆焚之而重其罪又置官者將以燮天平氣贊地成功防姦御難治煩理劇使官稱事立人稱官置無空樹散位繁進宂人今高卑貿實大小反稱名之不定是謂官邪而世廢姬公之制俗傳

秦人之法惡明君之典好闇主之事其憎聖愛愚何其甚矣今則宜先省事從而并官置位以周典為式變名以適時為用秦漢末制何足取也當使德厚者位尊位尊者祿重能薄者官賤官賤者秩輕纓冕紱佩稱官以服車騎容衛當職以施又寄土州郡宜通廢罷舊地民戶應更置立豈具邦而有徐邑揚境而宅兗民上淆辰紀下亂職甸其地如朱方者不宜置州土如江都者應更建邑又民少者易理君近者易歸凡

吏皆宜每詳其能每厚其秩為縣不得復用恩家之貧為郡不得復選勢族之老又王侯識未堪務不應彊仕須合冠而啓封能政而議爵且帝子未官人誰謂賤但宜詳置賓友選擇正人亦何必列長史參軍別駕從事然後為貴哉又世有先後業有難易明帝能令其兒不匹光武之子馬貴人能使其家不比陰后之族盛矣哉此於後世不可忘也至當與抑碎首之忿陛殿延辟戟之威此亦復不可忘也內外之政實不

可雜若妃主為人請官者其人宜終身不得為官若請罪者亦終身不得赦罪凡天下所須者才而才誠難知也有深居而言寡則蘊學而無由知有卑處而事隔則懷奇而無由進或復見忌於親故或亦遭讒於貴黨其欲致車右而動御席語天下而辯治亂焉可得哉漫言舉賢則斯人固未得矣宜使世之所稱通經達史辯詞精數吏能將謀偏術小道者使獵纓危劍博求其用制內外與官之官遠近及仕之類令各以

所能而造其室降情以誘之卑身以安之然後
察其擢脣吻樹頰胲動精神發意氣語之所至
意之所執不過數四間不亦盡可知哉若忠孝
廉清之比彊正惇柔之倫難以檢格立不可須
吏定宜使鄉部求其行守宰察其能竟皆見之
於選貴呈之於相主然後處其職宜定其位用
如此故應愚鄙盡捐賢明悉舉矣又俗好以毀
洗人不知察其所以致毀以譽進人不知測其
所以致譽毀徒皆鄙則宜擢其毀者譽黨悉庸

則宜退其舉者如此則毀譽不妄善惡分矣又
旣謂之才則不宜以階級限不應以年齒齊凡
貴者好疑人少不知其少於人矣老者亦輕人
少不知其不及少矣自釋氏流教其來有源淵
檢精測固非深矣舒引容潤旣亦廣矣然習慧
者日替其僞束誡者月繁其過遂至糜散錦帛
侈飾車從復假粗醫術託雜卜數延妹滿室置
酒浹堂寄夫託妻者不無殺子乞兒者繼有而
猶倚靈假像背親傲君欺費疾老震損宮邑是

乃外刑之所不容戮內教之所不悔罪而橫天
地之間莫不紆察人不得然豈其鬼歟今宜申
嚴佛律裨重國令其疵惡顯著者悉皆能遣除
則隨其藝行各爲之條使禪義經誦人能其一
食不過蔬衣不出布若應更度者則令先習義
行本其神心必能草腐人天竦精以往者雖侯
王家子亦不宜拘凡鬼道惑衆妖巫破俗觸木
而言怪者不可數寓采而稱神者非可算其原
本是亂男女合飲食因之而以祈祝從之而以

報請是亂不誅爲害未息凡一苑始立一神初
興淫風輒以之而甚今僞隄以比置園百里峻
山以右居靈十房糜財敗俗其可稱限又針藥
之術世寡復修診脈之伎人鮮能達民因是益
徵於鬼遂棄於醫重令耗惑不反死夭復半今
太醫宜男女習教在所應遣吏受業如此故當
愈於媚神之愚徵正湊理之敝矣凡無世不有
言事未時不有令下然而升平不至昏危是
繼何哉蓋設令之本非實也又病言不出於

誅臣事不便於貴黨輕者抵訾訶駭重者死壓窮擯故西京有方調之誅東郡有黨錮之戮陛下若欲申常令循末典則羣臣在焉若欲改舊章興王道則微臣存矣敢昧死以陳唯陛下察之書奏忤旨自解去職又除太子中舍人出爲廬陵内史郡後荒蕪頻有野獸母薛氏欲見獵朗乃合圍縱火令母觀之火逸燒郡廨朗悉以秩米起屋償所燒之限稱疾去官遂爲州司所糾還都謝世祖曰州司舉臣愆失多有不允

臣在郡虎三食人蟲鼠犯稼以此二事上負陛下上變色曰州司不允或可有之蟲虎之災寧關卿小物朗尋丁母艱有孝性每哭必慟其餘頗不依居喪常節大明四年上使有司奏其居喪無禮請加收治詔曰朗悖禮利口宜令翦戮微物不足亂典刑特鏁付邊郡於是傳送寧州於道殺之時年三十六子仁昭順帝昇明末爲南海太守

沈懷文字思明吳興武康人也祖寂晉光祿勳父宣新安太守懷文少好玄理善爲文章嘗爲楚昭王二妃詩見稱於世初州辟從事轉西曹江夏王義恭司空行參軍隨府轉司徒參軍事東閤祭酒丁父憂新安郡送故豐厚奉終禮畢餘悉班之親戚一無所留太祖聞而嘉之賜奴婢六人服闋除尚書殿中郎隱士雷次宗被徵居鍾山後南還廬岳何尚之設祖道文義之士畢集爲連句詩懷文所作尤美辭高一座以公事例免同輩皆失官懷文　留隨王誕鎮

襄陽出爲後軍主簿與諮議參軍謝莊共掌辭令領義成太守元嘉二十八年誕當爲廣州欲以懷文爲南府記室先除通直郎懷文固辭南行上不悅弟懷遠納東陽公主養女王鸚鵡爲妾元凶行巫蠱鸚鵡預之事泄懷文因此失調爲治書侍御史元凶弒立以爲中書侍郎世祖入討劭呼之使作符檄懷文固辭劭大怒投筆於地曰當今艱難卿欲避事邪旨色甚切值殷沖在坐申救得免託疾落馬間行奔新亭

以爲竟陵王誕衛軍記室參軍新興太守又爲誕驃騎録事參軍淮南太守時國哀未釋誕欲起内齋懷文以爲不可乃止尋轉揚州治中從事史時議省録尚書懷文以爲非宜上議曰昔天官正紀六典序職載師掌均七府成務所以翼平辰衡經贊邦極故總屬之原著夫官典和統之要昭乎國言夏因虞禮有深冡司之則周承殷法無損掌邦之儀用乃調佐王均緝亮帝度而式憲之軌弘正漢庭述章之範崇明魏室

雖條録之名立稱於中代總鑿之實不從於自古比代相沿歷朝罔貳及乎爵以事變級以時改皆興替之道無害國章八統元任靡或省革按台輔之職三曰禮典以和邦國以統百官四曰政典以平邦國以正百官鄭康成云冡宰之於庶僚無所不總也考乎茲義備於典文詳古準今不宜虛廢不從遷别駕從事史江夏王義恭遷西陽王子尚爲揚州居職如故時熒惑守南斗上乃廢西州舊館使子尚移居東城以厭

之懷文曰天道示變宜應之以德今雖空西州恐無益也不從而州竟廢矣大明二年遷尚書吏部郎時朝議欲依古制置王畿揚州移治會稽猶以星變故也懷文曰周制封畿漢置司隸各因時宜非存相反安民寧國其揆一也苟民心所安天亦從之未必改今追古乃致平壹神州舊壤歷代相承異於邊州或罷或置既物情不說容虧化本又不從三年子尚移鎮會稽遷撫軍長史行府州事時囚繫甚多動經年月懷

文到任訊五郡九百三十六獄衆咸稱平入爲侍中寵待隆密將以爲會稽其事不行竟陵王誕據廣陵反及城陷士庶皆裸身鞭面然後加刑聚所殺人首於石頭南岸謂之髑髏山懷文陳其不可上不納揚州移會稽上忿浙江東人情不和欲貶其勞禄唯西州舊人不改懷文曰揚州徙治既乖民情一州兩格尤失大體臣謂不宜有異上又不從懷文與顏竣周朗素善竣以失旨見誅朗亦以忤意得罪上謂懷文曰竣

若知我殺之亦當不敢如此懷文默然嘗以歲夕與謝莊王景文顔師伯被敕入省未及進景文因言次稱竣朗人才之美懷文與相訓和師伯後因語次白上敘景文等此言懷文屢經犯忤至此上倍不說上又壞諸郡士族以充將吏並不服役至悉逃亡加以嚴制不能禁乃改用軍法得便斬之莫不奔竄山湖聚爲盜賊懷文又以爲言齋庫上絹年調鉅萬匹綿亦稱此期限嚴峻民間買絹一匹至二三千綿一兩亦三

四百貧者賣妻兒甚者或自縊死懷文具陳民困由是綿絹薄有所減俄復舊子尚諸皇子皆置邸舍逐什一之利爲患徧天下懷文又言之曰列肆販賣古人所非故卜式明不雨之由弘羊受致旱之責若以用度不充頓止爲難者故宜量加減省不聽孝建以來抑黜諸弟廣陵平後復欲更峻其科懷文曰漢明不使其子比光武之子前史以爲美談陛下既明管蔡之誅願崇唐衛之寄及海陵王休茂誅欲遂前議太宰

江夏王義恭探得密旨先發議端懷文因謂不可由是得息時游幸無度太后及六宮常乘副車在後懷文與王景文每陳不宜亟出後同從坐松樹下風雨甚驟景文曰卿可以言矣懷文曰獨言無係宜相與陳之江智淵臥草側亦謂言之爲善俄而被召俱入雉場懷文曰風雨如此非聖躬所宜冒景文又曰懷文所啓宜從智淵未及有言上方注弩作色曰卿欲效顔竣邪何以恒知人事又曰顔竣小子恨不得鞭其面

上每宴集在坐者咸令沈醉懷文素不飲酒又不好戲調上謂故欲異己謝莊嘗誡懷文曰卿每與人異亦何可久懷文曰吾少來如此豈可一朝而變非欲異物性所得耳五年乃出爲晉安王子勛征虜長史廣陵太守明年坐朝正事畢被遣還北以女病求申臨辭又乞停三日訖猶不去爲有司所糾免官禁錮十年既被免買宅欲還東上大怒收付廷尉賜死時年五十四三子淡淵沖弟懷遠爲始興王濬征北長流參

軍深見親待坐納王鸚鵡爲妾世祖從之廣州
使廣州刺史宗慤於南殺之會南郡王義宣反
懷遠頗閑文筆慤起義使造檄書并銜命至始
興與始興相沈法系論起義事事平慤具爲陳
請由此見原終世祖世不得還懷文雖親要屢
請終不許前廢帝世流徙者竝聽歸本官至武
康令撰南越志及懷文文集竝傳於世
史臣曰昔婁敬戍卒委輅而遷帝都馮唐老賤
片詞以悟明主素無王公卿士之貴非有積譽

取信之資徒以一言合旨仰感萬乘自此山壑
草萊之人布衣韋帶之士莫不踵闕縣書煙霏
霧集自漢至魏此風未爽暨于晉氏浮僞成俗
人懷獨善仕貴遺務降及宋祖思反前失雖菲
薄捐華抑揚名教而闢聰之路未啓采言之制
不弘至於賤隸卑臣義合朝算徒以事非已出
知允莫從昔之開之若彼今之塞之若此非爲
徐樂嚴安偏富漢世東方主父獨闕宋時蓋由
用與不用也徒置乞言之旨空下不諱之令慕

古飾情義非側席丈士因斯各存炫藻周朗辯
博之言多切治要而意在摛詞文實忤主文詞
之爲累一至此乎

列傳第四十二　　宋書八十二

列傳第四十三　宋書八十三

臣沈　約　新撰

宗越

吳喜

黄回

宗越南陽葉人也本河南人晉亂徙南陽宛縣又土斷屬葉本爲南陽次門安北將軍趙倫之鎮襄陽襄陽多雜姓倫之使長史范覬之條次氏族辨其高卑覬之點越爲役門出身補郡吏父爲蠻所殺殺其父者嘗出郡越於市中刺殺之太守夏侯穆嘉其意擢爲隊主蠻有爲寇盜者常使越討伐往輒有功家貧無以市馬常刀楯步出單身挺戰衆莫能當每一捷郡將輒賞錢五千因此得市馬後被召出州爲隊主世祖鎮襄陽以爲揚武將軍領臺隊元嘉二十四年啓太祖求復次門移戶屬冠軍縣許之二十七年隨柳元景北伐領馬幢隸柳元怙有戰功事在元景傳還補後軍參軍督護隨王誕

戲之曰汝何人遂得我府四字越答曰佛貍未死不憂不得咨議參軍誕大笑隨元景伐西陽蠻因值建義轉南中郎長兼行參軍新亭有戰功世祖即位以爲江夏王義恭大司馬行參軍濟陽太守尋加龍驤將軍臧質魯爽反越率軍據歷陽爽遣將軍鄭德玄前據大峴德玄分偏師楊胡興劉蜀馬步三千進攻歷陽越以步騎五百於城西十餘里拒戰大破斬胡興蜀等爽平又率所領進梁山拒質質敗走越戰功居多因追奔至江陵時荆州刺史朱脩之未至越多所誅戮又逼略南郡王義宣子女坐免官繫尚方尋被宥復本官追論前功封筑陽縣子食邑四伯戶遷西陽王子尚撫軍中兵參軍將軍如故大明三年轉長水校尉竟陵王誕據廣陵反越領馬軍隸沈慶之攻誕及城陷世祖使悉殺城內男丁越受旨行誅躬臨其事莫不先加捶撻或有鞭其面者欣欣然若有所得所殺凡數千人四年改封始安縣子戶邑如先八年

遷新安王子鸞撫軍中兵參軍加輔國將軍其年督司州豫州之汝南新蔡汝陽潁川四郡諸軍事寧朔將軍司州刺史尋領汝南新蔡二郡太守前廢帝景和元年召爲遊擊將軍直閤頃之領南濟陰太守進爵爲侯增邑二百戶又加冠軍將軍改領南東海太守游擊如故帝凶暴無道而越及譚金童太壹並爲之用命誅戮羣公及何邁等莫不盡心竭力故帝憑其爪牙無所忌憚賜與越等美女金帛充

牣其家越等武人麤彊識不及遠咸一往意氣皆無復二心帝將欲南巡明旦便發其夕悉聽越等出外宿太宗因此定亂明晨越等並入上撫接甚厚越改領南濟陰太守本官如故越等既爲廢帝盡力慮太宗不能容之上接待雖厚內並懷懼上亦不欲使其居中從容謂之曰卿等遭離暴朝勤勞日夕苦樂宜更應得自養之地兵馬大郡隨卿等所擇越等素已自疑及聞此旨皆相顧失色因謀作難以

告沈攸之攸之具白太宗即日收越等下獄死越時年五十八越善立營陣每數萬人止頓越自騎馬前行使軍人隨其後馬止營合未嘗參差及沈攸之代殷孝祖爲南討前鋒時孝祖新死衆並懼攸之歎曰宗公可惜故有勝人處而御衆嚴酷好行刑誅睚眦之間動用軍法時王玄謨御下亦少恩將士爲之語曰寧作五年徒不逐王玄謨玄謨尚可宗越殺我譚金荒中傖人也在荒中時與薛安都有舊後出

新野居牛門村及安都歸國金常隨征討自北入峭陝及巴口建義恒副安都排堅陷陣氣力兼人平元凶及梁山破臧質每有戰功稍至建平王宏中軍參軍事加建武將軍尋轉龍驤將軍南下邳太守參軍如故孝建三年遷屯騎校尉直閤領南清河太守景和元年前廢帝誅羣公金等並爲之用帝下詔曰屯騎校尉南清河太守譚金彊弩將軍童太壹車騎中兵參軍沈攸之誠略沈果忠幹勇鷙消蕩

氣翳首制鯨凶宜裂河山以酬勳義金可封平
都縣男太壹宜陽縣男攸之東興縣男食邑
各三百戶金遷驍騎將軍增邑百戶太壹東莞
人也自彊弩遷左軍將軍增邑百戶金太壹竝
與宗越俱死越州里劉胡武念佼長生蔡那曹
欣之竝以將帥顯劉胡事在鄧琬傳武念新
野人也本三五門出身郡將蕭思話爲雍州
遣土人龐道符統六門田念爲道符隨身隊
主後大府以念有健名且家富有馬召出爲

將世祖臨雍州念領隊奉迎時沔中蠻反世
祖之鎮緣道討伐部伍至太堤巖洲蠻數千
人忽至乘高矢射雨下念馳赴奮擊應時摧
退即擢爲參軍督護其後每軍旅常有戰功
世祖孝建中爲建威將軍桂陽太守竟陵王
誕反念以江夏王義恭太宰參軍龍驤將軍
隸沈慶之攻廣陵城誕出城走既而復還念追
之不及坐免官復以爲冗從僕射出爲龍驤
將軍南陽太守前廢帝景和中爲右軍將軍

直閤封開國縣男食邑三百戶太宗初即位四
方反叛遣念乘驛還雍州綏尉西土因以爲南
陽太守念既至人情竝向之劉胡遣腹心數騎
詐詣念降於坐縛念袁顗斬之送首詣晉安王
子勛念黨袁處珍逃亡至壽陽爲逆黨劉順所
得考楚備至秉義不移後得叛奔劉勔太宗嘉
之以爲奉朝請追贈念冠軍將軍南陽新野二
郡太守封綏安縣侯食邑四百戶泰始四年綏
安縣省改封邵陵縣佼長生廣平人也出身爲

縣將大府以其有膂力召爲府將朱脩之拒魯
秀於峴南長生有戰功稍見任使太宗初爲建
安王休仁司徒中兵參軍加寧朔將軍南討有
功封遷陵縣侯食邑八百戶後爲張悅寧遠司馬
寧蠻校尉太始五年卒追贈征虜將軍雍州刺史蔡
那南陽冠軍人也家素富而那兄局善接待賓客
至無少多皆資給之以此爲郡縣所優異蠲異調役
那始爲建福戍主漸至大府將佐太宗初爲建安王
休仁司徒中兵參軍南討那子弟皆在襄陽爲劉

胡所執胡毎戰輒懸之城外那進戰愈猛以功封平陽縣侯食邑五百戶稍至劉韞撫軍司馬寧蠻校尉加寧朔將軍泰豫元年以本號爲益州刺史宋寧太守未拜卒追贈輔師將軍餘如故諡曰平侯曹欣之新野人也積勤勞後廢帝元徽初爲軍主以平桂陽王休範功封新市縣子食邑五百戶爲左軍驍騎將軍加輔國將軍元徽四年以本號爲徐州刺史鍾離太守進號冠軍將軍順帝昇明二年徵爲散騎常侍驍騎

將軍三年卒

吳喜吳興臨安人也本名喜公太宗滅爲喜初出身爲領軍府白衣吏少知書領軍將軍沈演之使寫起居注所寫既畢闇誦略皆上口演之嘗作讓表未奏失本喜經一見即便寫赴無所漏脫演之甚知之因此涉獵史漢頗見古今演之門生朱重民入爲主書薦喜爲主書書史進爲主圖令史太祖嘗求圖書喜開卷倒進之太祖怒遣出會太子步兵校尉沈慶之征蠻啓太祖請喜自隨使命去來爲世祖所知賞世祖於巴口建義喜遇病不堪隨慶之下事平世祖以喜爲主書稍見親遇擢爲諸王學官令左右尚方令河東太守殿中御史大明中黟歙二縣有亡命數千人攻破縣邑殺害官長豫章王子尚爲揚州在會稽再遣爲主帥領三千人水陸討伐遂再往失利世祖遣喜將數十人至二縣誘說羣賊賊即日歸降太宗初即位四方反叛東兵尤急喜請得精兵三百致死於東上大說

即假建武將軍簡羽林勇士配之議者以喜刀筆主者不嘗爲將不可遣中書舍人巢尚之曰喜昔隨沈慶之屢經軍旅性既勇決又習戰陳若能任之必有成績諸人紛紛皆是不別才耳喜乃率貟外散騎侍郎笠超之殿中將軍杜敬眞馬步東討既至未世得庚業劉延熙書送尋陽王子房檄文與喜書曰知統戎旅已次近路卿所在箸名今日何爲立忠於彼邪想便倒戈共受河山之賞喜報書曰前驅之人忽獲來翰

披尋狂惑良深悵駭聖主以神武撥亂德盛勳高羣逆交扇滅在晷刻君等勲義之烈世荷國恩事愧鳴鴞不懷食椹今練勤所部星言進邁相見在近不復多陳喜孝武世見驅使常充使命性寬厚所至人並懷之及東討百姓聞吳河東來便望風降散故喜所至克捷事在孔覬傳遷步兵校尉將軍如故封竟陵縣侯食邑千户東土平定又率所領南討遷輔國將軍尋陽太守南賊退走喜追討平定荆州遷前軍將軍增

邑三百户泰始四年改封東興縣侯户邑如先仍除使持節督交州廣州之鬱林寧浦二郡諸軍事輔國將軍交州刺史不行又除右軍將軍淮陵太守假輔師將軍兼太子左衛率五年轉驍騎將軍假號太守兼率如故其年虜寇豫州喜統諸軍出討大破虜於荆亭僞長社公遁走戍主帛乞奴歸降軍還復以本位兼左衛將軍六年又率軍向豫州拒索虜加節督豫州諸軍事假冠軍將軍驍騎太守如故明年還京都初喜東征白太宗得尋陽王子房及諸賊帥即於東梟斬東土既平喜見南賊方熾慮後翻覆受禍乃生送子房還都凡諸大主帥顧深王曇生之徒皆被全活上以喜新立大功不問也而内密銜之及平荆州恣意剽虜贓私萬計又嘗對賓客言漢高魏武本是何人上聞之益不説其後誅壽寂之喜内懼因啓乞中散大夫上尤疑駭至是會上有疾爲身後之慮以喜素得人情疑其將來不能事幼主乃賜死時年四十五喜

將死之日上召入内殿與共言謔酬接甚款既出賜以名饌并金銀御器敕將命者勿使食器宿喜家上素多忌諱不欲令食器停凶禍之室故也喜未死一日上與劉勔張興世齊王詔曰吳喜出自卑寒少被驅使利口任詐輕狡萬端自元嘉以來便充刀筆小役賣弄威恩苟取物情處處交結皆爲黨與衆中常以正直爲詞而内實阿媚每仗計數運其佞巧甘言説色曲以事人不忠不平彰於觸事從來作諸署主意

所不協者亘見罪委頓之以示清直而餘人
恣意爲非一不撿問故甚得物情昔大明中
黟歙二縣有亡命數千人攻破縣邑殺害官
長劉子向在會稽冊遣爲主帥領三千精甲
水陸討伐冊往失利孝武以喜將數十人至二
縣說誘羣賊賊即歸降詭數幻惑乃能如此
故每豫驅馳窮諸狡慝及泰始初東討正
有三百人直造三吴凡冊經薄戰而自破岡以
東至海十郡無不清蕩百姓聞吴河東來便

望風自退若非積取三吴人情何以得弭伏如
此其統軍寬慢無章放恣諸將無所裁檢故
部曲爲之致力觀其意趣止在賊平之後應
力爲國計喜初東征發都指天畫地云得劉
子房即當屏除表標等皆加斬戮使略無生
口既平之後緩兵施恩納罪人之貨誘諸賊帥
令各逃藏受賂得物不可稱紀聽諸賊帥假
稱爲降而擁衛子房遂得生歸朝庭收羅
羣逆皆作爪牙撫接優密過於義士推此

意正是聞南賊大盛殷孝祖戰亡人情大惡慮
逆徒得志規以自免喜善爲姦變每以計數
自將於朝廷時三吴首獻慶捷於南賊則不
殺其黨頓著陰誠當云東人恇怯望風自散
皆是彼無處分非其苦相逼迫保全子房及
顧琛等足表丹誠進退二塗可以無患南賊
未平唯以軍糧爲急西南及北道斷不通東
土新平商運稀簡朝廷乃至鬻官賣爵以救
灾困斗斛收斂猶有不充喜在赭圻軍主者

頓偷一百三十斛米初不問罪諸軍主皆云
宜治喜不獲已正與三十鞭又不責備凡所
曲意類皆如此喜至荊州公私殷富錢物無
復孑遺喜秉兵威之盛誅求推檢凡所課責
既無定科又嚴令驅蹙皆使立辦所使之人
莫非姦猾因公行私迫脅在所入官之物侵
竊過半納資請託不知厭已西難既殄便應
還朝而解故槃停託云扞蜀實由貨易交關
事未回展又遣人入蠻矯詔慰勞賧伐所得一

以入私又遣部下將吏兼因土地富人往襄陽或蜀漢屬託郡縣侵官害民興生求利千端萬緒從西還大艑小艒爰及草舫錢米布絹無船不滿自喜以下迨至小將人人重載莫不兼資喜本小人多被使役經由水陸州郡殆徧所至之處輒結物情妄竊善稱聲滿天下密懷姦惡人莫之知喜軍中諸將非劫便賊唯云賊何須殺但取之必得其用雖復言贏弱亦言健兒可惜天下未平但令以

功贖罪處遇料理反勝勞人此輩所感唯喜莫云恩由朝廷凶惡不革恒出醜聲勞人義士相與歎息並云我等不愛性命擊擒此賊朝廷不肯殺去反與我齊今天下若更有賊我不復能擊也此等既隨喜行多無功効或隱在衆後或在幔屋中眠賊既破散與勞人同受爵賞既被詰問辭白百端云此輩既見原宥擊賊有功那得不依例加賞褚淵往南選諸將卒喜爲軍中經爲賊者

就淵求官倍於義士淵以喜最前獻捷名位已通又爲統副難相違拒是以得官受賞反多義人義人雖忿喜不平又懷其寬弛往歲竺超之聞四方反叛人情畏賊無敢求爲朝廷行者乃慨然攘步隨喜出征爲其軍副身經臨敵自東還失喜意說超之多酒不堪驅使遂相委棄高敬祖年雖少宿氣力實健其有處分爲軍中所稱喜薄其衆老云無所施正以二人忠清與巳異行超之爲人乃多飲酒計喜軍中主帥豈

無飲酒者特是不利超之故以酒致言耳敬祖既無餘事直云年老託爲乞郡潛相遣斥其餘主帥並貪濁諂媚之流皆提攜東西不相離捨喜聞天壤間有罪人死或應繫者必啓以入軍皆得官爵厚被處遇應入死之人緣巳得活非唯得活又復如意人非木石何能不感設今喜攻喜門此輩誰不致力但是喜不敢生心耳喜黨中人皆是喜身爪牙豈關於國喜自得軍號以來多置吏佐是人加板無復限極爲兄弟子姪及其

同堂群從乞東名縣連城四五皆灼然巧盜侵官
奪私亡命罪人州郡不得討崎嶇蔽匿必也黨
護臺州符旨殆不復行船車牛犢應爲公家
所假借者託之於喜吏司便不敢問它縣奴婢
入界便略百姓牛犢輒牽殺噉州郡應及役者
竝入喜家喜兄茹公等悉下取錢盈村滿里諸
吳姻親就人間徵求無復紀極百姓嗷然人人
悉苦喜具知此初不禁呵索惠子罪不甚江
僉既已被恩得免憲辟小小忤意輒加刑斬張

三ㄱ卅　宋傳四十三　十五　徐沭

悅賊中大帥逼迫歸降沈攸之錄付喜云殺活
當由朝廷將帥征伐既有常體自應執歸之
有司喜即便打鏁解襦與箸對膝圍棊仍造
重義私惠招物觸事如斯張靈度凶愚小人
背叛之首喜在西輒恕其罪私將下都與之
周旋情若同體狼子野心獨懷毒性遂與黎
欣尉等謀立劉禕吾使喜錄之而喜密報令
去去未得遠爲建康所錄喜非有國親惡乃
至於是初從西反圖兼右丞貪因事物以行私

詐吾患其諂曲抑而不許從此怨懟意用不平
喜西救汝陰縱肆兵將掠暴居民姦人婦女逼
奪雞犬虜略縱橫緣路官長莫敢呵問脫誤
有縛錄一人喜輒大怒百姓呼嗟人人失望近段
佛榮求還乃欲用喜代之西人聞其當來皆欲
叛走云吳軍中人皆是生劫若作刺史吾等豈
有活路既無他計正當叛投虜耳夫伐罪弔民
用清國道豈有殘虐無辜剝奪爲務害政妨
國罔上附下罪釁若此而可以容臧文仲有云見

三·卌　宋傳四十三　十六　盛

有善於其君如孝子之養父母見有惡於君若鷹
鸇之逐鳥雀耿弇不以賊遺君父前史以爲美
談而喜軍中五千人皆親經反逆攜養左右豈
有奉上之心喜意志張大每稱漢高魏武本是
何人近忽通啓求解軍任乞中散大夫喜是何人
乃敢作此舉止且當今邊疆未寧正是喜輸
蹄領之日若以自處之宜當節儉廉慎靜掃閑
門不與外物交關專心奉上何得以其蛙螭高自
比擬當是自顧愆釁事宣遐邇又見壽寂之

流徙施僞林被擊物惡傷類內懷憂恐故興此計圖欲自安朝廷之士及大臣藩鎮喜殆無所畏者畏者唯吾一人耳人生脩短不可豫量若吾壽百年世間無喜何所虧損若使吾四月中疾患不得治力天下豈可有喜一人尋喜心迹不可奉守文之主豈可遭國家間隙有可乘之會邪世人多云時可畏國政嚴歷觀有天下御億兆杖威齊衆何代不然故上古象刑民淳不犯後聖懲僞易以刻墨唐堯至仁不赦四凶之

罪漢高大度而急三傑之誅且太公爲治先華士之刑宣尼作宰肆少正之戮自昔力安社稷功濟蒼生班劒引前笳鼓陪後不能保此者歷代無數養之以福十分有一耳至若喜之深罪其得免乎夫富之與貴雖以功績致之必由道德守之故善始者未足稱奇令終者乃可重耳凡置官養士本在利國當其爲利愛之如赤子及其爲害畏之若仇讎豈暇遠尋初功而應忍受終敝耳將之爲用譬如餌藥當人羸冷資散

石以全身及熱勢發動去堅積以止患豈憶始時之益不計後日之損存前者之賞抑當今之罰非忘其功勢不獲已耳喜罪釁山積志意難容雖有功效不足自補交爲國患焉得不除且欲防微杜漸憂在未萌不欲方幅露其罪惡明當嚴詔切之令自爲其所卿諸人將相大臣股肱所寄賞罰事重應與卿等論之卿意竝謂云何及喜死發詔賻賜子徽民襲爵齊受禪國

除

黃回竟陵郡軍人也出身充郡府雜役稍至傳敎臧質爲郡轉齋帥及去職將回自隨質爲雍州回復爲齋帥質討元凶回隨從有功免軍戶質在江州擢領白直隊主隨質於梁山敗走向豫章爲臺軍主謝承祖所錄付江州作部遇赦得原回因下都於宣陽門與人相打詐稱江夏王義恭馬客鞭二百付右尚方會中書舍人戴明寶被繫差回爲戶伯性便辟勤緊奉事明寶竭盡心力明寶尋得原赦委任如

初啓免回以領隨身隊統知宅及江西墅事性有功藝觸類多能明寶甚寵任之回拳捷果勁勇力兼人在江西與諸楚子相結屢爲劫盜會大宗初即位四方反叛明寶啓大宗使回募江西楚人得快射手八百假回寧朔將軍軍主隸劉勔西討於死虎破杜叔寶軍除山陽王休祐驃騎行參軍龍驤將軍攻合肥破之累遷至將校以功封葛陽縣男食邑二百戶後廢帝元徽初桂陽王休範爲逆回

以屯騎校尉領軍隸齊王於新亭創詐降之計事在休範傳回見休範可乘謂張敬兒曰卿可取之我誓不殺諸王敬兒即日斬休範事平轉回驍騎將軍加輔師將軍進爵爲侯改封閬喜縣增邑千戶四年遷冠軍將軍南琅邪濟陽二郡太守建平王景素反回又率軍前討假節城平之日回軍先入又以景素讓張倪奴回增邑五百戶進號征虜將軍加散騎常侍太守如故明年遷右衛將軍常侍如

故沈攸之反以回爲使持節督郢州司州之義陽諸軍事平西將軍郢州刺史給鼓吹一部率衆出新亭爲前驅未發而袁粲據石頭爲亂回與新亭諸將帥任候伯彭文之王宜興孫曇瓘等謀應粲粲事發候伯等並乘船赴石頭唯曇瓘先至得入候伯等至而粲巳平回本期詰旦率所領從御道直向臺門攻齊王於朝堂事既不果齊王撫之如舊回與宜興素不協慮或反告因其不從處分斬之宜興吳興人也

形狀短小而果勁有膽力少年時爲劫不須伴郡討逐圍繞數十重終莫能擒太宗泰始中爲將在壽陽間擊索虜每以少制多挺身深入無所畏憚虜衆值宜興皆引避不敢當稍至寧朔將軍羽林監以平建平王景素功封長壽縣男食邑三百戶至是爲屯騎校尉加輔國將軍回進軍未至郢州而沈攸之敗走回至鎮進號鎮西將軍改督爲都督回不樂停郢州固求南兗遂率部曲輒還改封安陸郡公增邑

二千户并前三千七百户改都督南兗徐兗青
冀五州諸軍事鎮北將軍南兗州刺史加散騎
常侍持節如故齊王以回終爲禍亂乃上表曰
黃回出自厮伍本無信行仰值泰始謬被驅馳
階藉風雲累叨顯伍及沈攸之作逆事切戎機
臣闇於知人冀其搏噬遣統前鋒竟不接刃軍
至郢城乘威迫脅陵掠所加必先尊貴武陵王
馬器服咸被虜奪城內文武剝剔靡遺及至還
都縱恣彌甚先朝御服猶有二輿弓劒遺思尚

在軍府回遂悋求以擬私用僭侮無猒罔顧天
極又廣納逋亡多受劫盜親信此等並爲爪牙
觀其凶狡憂在不測惡積辠著非可含忍應加
剿除以明國憲尋其釁狀寔宜極法但嘗經將
帥微有塵露辠疑從輕事炳前策請在降減特
原餘嗣臣過何隆寄言必罄誠謹陳管穴式遵
弘典伏願聖明特垂允鑒臣思不出位誠昧甄
才追言旣往伏增慙悚詔曰黃回擢自凡豎夙
負瑕釁貫以憲綱收其搏噬雖勤效累著而屠

懷千紀新亭背叛投拜寇場異規旣扇廁律幾
殆幸得張敬兒提戈直奮元惡受戮及景素結
逆履霜歲久乃密通音譯潛送器械氛沴克霽
狡謀方顯每存容掩冀能悛革故裂茅升爵均
榮勳寵凶詖有本險慝滋深構誘敬兒志相攻
陷悖圖未遂很戾彌甚近軍次郢鎮劫逼府主
兼挾私計多所徵索主局咨疑便加搥楚專肆
暴慢罔顧彝則齊牧西蕃徽賁惟厚曾不知感
猶懷忿怨李安民述任河濟星管未周貪據襟

要苦祈回奪黷謁弗已叨侈無度遂請求御輿
僭擬私飾又招萃賊黨初不啓聞傷風蠹化莫
此之甚宜明繩裁肅正刑書便收付廷尉依法
窮治回死時年五十二子僧念尚書左民郎竟
陵相未發從誅回旣貴祗事戴明寶甚謹言必
自名每至明寶許屏人獨進未嘗敢坐躬至帳
下及入內料檢有無隨乏供送以此爲常先是
王藴爲湘州潁川庾佩玉爲藴寧朔府長史長
沙內史藴去職南中郎將湘州刺史南陽王翽

未之任攉以佩玉行府州事先遣中兵參軍臨湘令韓幼宗領軍戍防湘川與佩玉共事不美及沈攸之爲逆佩玉幼宗各不相信幼宗密圖佩玉知其謀襲殺幼宗回至郢州遣輔國將軍任候伯行湘州事候伯以佩玉兩端輒殺之湘州刺史呂安國之鎮齊王使安國誅候伯彭文之太山人也以軍功稍至龍驤將軍討建平王景素功封葛陽縣男食邑三百户順帝初爲輔國將軍左軍將軍南濮陽太守直閤領右細仗

盪主沈攸之平後齊王收之下獄賜死孫曇瓘吳郡富陽人也驍果有氣力以軍功稍進至是爲寧朔將軍越州刺史於石頭叛走逃竄經時後於秣陵縣禽獲伏誅回同時爲將者臨淮任農夫沛郡周寧民南郡高道慶並以武用顯農夫稍至彊弩將軍太宗初以東討功封廣晉縣子食邑五百戶東土平定仍又南討增邑二百戶歷射聲校尉左軍將軍時桂陽王休範在江州有異志朝廷慮其下以農夫爲輔師將軍淮南太守戍姑孰以防之休範尋率衆向京邑奄至近道農夫棄戍還都休範平以戰功改封孱陵縣侯增邑千户并前千七百户出爲輔師將軍豫州刺史尋進號冠軍將軍明年入爲驍騎將軍加通直散騎常侍前世加官唯散騎常侍無通直員外之文太宗以來多因軍功至大位資輕加常侍者往往通直員外焉五年加征虜將軍改通直爲散騎常侍驍騎如故其年卒追贈左將軍常侍如故謚曰貞肅侯伯即農夫弟

也周寧民於鄉里起義討薛安都亦以軍功至軍校泰始初封贛縣男食邑三百戶官至寧朔將軍徐州刺史鍾離太守高道慶亦至軍校驍游以平桂陽王休範功封樂安縣男食邑三百戶建平王景素反道慶領軍北討而與景素通謀及事平自啓求增邑五百戶詔加二百并前五百戶道慶凶險暴橫求欲無已有失其意輒加捶拉往往有死者朝廷畏之如虎狼齊王與袁粲等議收付廷尉賜死

史臣曰夫豎人匹夫濟其身業非世乱莫由也以乱世之情用於治日其得不亡亦爲幸矣

四十三　宋書八十三

列傳第四十四　宋書八十四

臣沈約　新撰

鄧琬

袁顗

孔覬

鄧琬字元琬豫章南昌人也高祖混曾祖玄並爲晉尚書吏部郎祖潛之鎮南長史父胤之世祖征虜長史吏部郎彭城王義康大將軍長史豫章太守光祿勳琬初爲州西曹主簿南譙王義宣征北行參軍轉參軍事又隨府轉車騎參軍仍轉府主簿江州治中從事史世祖起義版琬爲輔國將軍南海太守率軍伐蕭簡於廣州攻圍踰年乃克以臧質反爲江州刺史宗慤所執值赦原琬弟璩與臧質同逆質敗從誅琬弟環亦坐誅琬在遠又有功免死遠徙仍停廣州久之得還除給事中尚書庫部郎都水使者丹陽丞本州大中正大明七年車駕幸歷陽追思在藩之舊下詔曰故光祿勳前征虜長史

鄧僞之體局沈隱累任著績朕昔當藩重首見
佐務心力款盡弗忘于懷往歲息壤凶悖自取
誅翦沿恩及琬特免釁戮今可擢爲給事黄門
侍郎以旌僞之宿誠明年出爲晉安王子勛鎭
軍長史尋陽内史行江州事前廢帝狂悖無道
以太祖世祖並第數居三以登極位子勛次第
既同深搆嫌隙因何邁之謀乃遣使齎藥賜子
勛死使至子勛典籤謝道遇齋帥潘欣之侍書
褚靈嗣等馳以告琬泣涕請計琬曰身南土寒

士蒙先帝殊恩以愛子見託豈得惜門戶百口
其當以死報効幼主昏暴社稷危殆雖曰天子
事猶獨夫今便指率文武直造京邑與羣公卿
士廢昏立明景和元年十一月十九日稱子勛
教即日戒嚴子勛戎服出聽事集僚佐使潘欣
之口宣旨曰少主昏狂悖戾並是諸君所見聞
顧命重臣悉皆誅戮驅逼王公幽辱太后不逞
之徒共成其釁京師諸王並見囚逼委厄虎口
思奮莫因身義兼家國豈可坐視橫流今便欲

舉九江之衆馳檄近遠以謀王室於諸君何如
四座未答録事參軍陶亮曰少主昏狂醜毒已
積伊霍行之於古殿下當之於今鄙州士子世
習忠節況屬千載之會請効死前驅衆並奉旨文武
普進位一階轉亮爲諮議參軍事領中兵加寧
朔將軍總統軍事功曹張沈爲諮議參軍統作
舟艦參軍事顧昭之沈伯玉荀道林等參管書
記南陽太守沈懷寶岷山太守薛常寶之郡始
至尋陽與新蔡太守韋希真並爲諮議參軍領

中兵及彭澤令陳紹宗並爲將帥初廢帝使荆
州録送前軍長史荆州行事張悅下至盆口琬
稱子勛命釋其桎梏迎以所乘之車以爲司馬
加征虜將軍加琬冠軍將軍二人共掌内外衆
事遣將軍俞伯奇率五百人出斷大雷禁絶商
旅及公私使命遣使上諸郡民丁收斂器械十
日之内得甲士五千人出頓大雷於兩岸築壘
巴東建平二郡太守孫沖之之郡始至孤石琬
以沖之爲子勛諮議參軍領中兵加輔國將軍

與陶亮並統前軍使記室參軍荀道林造檄文馳告遠近會太宗定亂進子勛號車騎將軍開府儀同三司令書至諸佐吏並喜造琬曰暴亂旣除殿下又開黃閣實爲公私大慶琬以子勛次第居三又以尋陽起事有符世祖理必萬克乃取令書投地曰殿下當開端門黃閤是吾徒事耳衆並駭愕琬與陶亮等繕治器甲徵兵四方郢州刺史安陸王子綏荆州刺史臨海王子頊會稽太守尋陽王子房雍州刺史袁顗梁州

刺史柳元怙益州刺史蕭惠開廣州刺史袁曇遠徐州刺史薛安都青州刺史沈文秀冀州刺史崔道固湘州行事何惠文吳郡太守顧琛吳興太守王曇生晉陵太守袁標義興太守劉延熙並同叛逆先是廢帝以邵陵王子元爲冠軍將軍湘州刺史中兵參軍沈仲玉爲道路行事至鵲頭聞尋陽兵起停住白太宗進止之宜太宗以子勛起兵本在幼主雖疑其不即解甲不欲先彰同異救令進道信未報琬聞子元停鵲

頭不進遣數百人劫迎之乃建牙於桑尾傳檄京師曰陽六數艱雲雷相襲高宗受歷時乘雲轡頓於促路文祖定祥係昭睿化翦於中年二凶縱禍三綱理滅宗主俛首姑息逆朝枕戈無聞偷榮有秩孝武皇帝釋位泣血糾義入討投袂戎首親戮鯨鯢九服還輝兩儀更造而穹旻不惠棄離萬國皇運重否嗣王荒淫孤以不才任居藩長大懼宗稷殲覆待日故招徒楚郢飛檄京甸志遵前典黜幽陟明庶七廟復安海昏有

紹豈圖宋未悔禍弒亂奄臻遂矯害明茂篡竊天寶反道效尤蔑我皇德于我昭穆寡我兄弟恣鴟鴞之心路倫頡之志覆移鼎祚誣罔天人藐孤同氣猶有十三聖靈何辜而當乏饗昔隆周弛御晉鄭是依盛漢中陵居章抗節支苗輕屬猶或忘驅況孤忝惟臣子情地兼切號感一隅心與事痛是用飲血衽金誓復宗祀今遣輔國將軍諮議參軍領中直兵孫沖之龍驤將軍陳紹宗率螭虎之士組甲二萬泛流電發逕取白下龍

驤將軍領中直兵薛常寶建威將軍領中直兵
洸懷寶長戟萬刃羽騎千羣徑出南州直造朱
雀寧朔將軍諮議領中直兵陶亮龍驤將軍焦
度捴中黃之旅梟雄三萬風掩江介雲臨石頭
建威將軍張洌龍驤將軍何休明提育獲之徒
勁悍之卒邪趨金陵北指閶闔龍驤將軍張係
伯龍驤將軍陳慶勒輕銳五千彊弩一萬飛鋒
班瀆齊會西明冠軍將軍尋陽內史鄧琬撮湘
雍之兵勇敢四萬授律緫威飆集京邑征虜將

軍領府司馬張悅蒼兕千艘水軍五萬大董羣
校絡繹繼道冠軍將軍豫章內史劉衍寧朔將
軍武昌太守劉弼寧朔將軍西陽太守謝稚建
威將軍領中直兵晉熙太守閻湛之皆掃境勝
兵薦誠請効後將軍郢州刺史安陸王子綏懷
恩纏慕鞠旅先辰冠軍將軍湘州刺史邵陵王
子元席飄陵波整衆遄至前將軍荊州刺史臨
海王子頊練甲陝西獻徒萬數輔國將軍冠軍
長史長沙內史何惠文見拔先皇誠深投袂冠

軍將軍雍州刺史袁顗不謀同契雷發漢南建
武將軍順陽太守劉道憲懷忠抱慨不遠三千
梁益青徐兗豫吳會皆容介歸誠誓言爲表裏
孤親緫烝徒十有餘萬白羽咽川霜鋒照野金
聲振谷鳴鼙聒天凡諸將帥皆忠無匿情智無
遺計果榦剛鷙謀略多奇水陸長驅數道並進
發舟踰險背水爭先以此衆戰孰能斯禦推此
義銳滄海可堙諸君或荷寵前朝感恩舊日或
弈世貞淳見危授命而逼迫寇手効節莫由今

大軍密邇形援已接見幾而作豈俟終日便宜
轉禍趣福因變立功夫旦奭與三監並特金霍
與上官共主邪正粗雜何世無之但績亮則名
播姦騁則道消耳紀季入齊陳平歸漢身尊譽
遠明哲是哀成範全規殷監匪遠若玩咎惟休
告舍罔悟則誅及五族有殄無遺軍科爵賞信
如皦日巫山既燎芝艾共烟幸遵良途無守毀
轍檄到宣告咸使聞知購太宗萬戶侯布絹二
萬匹金銀五百斤其餘各有差太宗遣荊州典

鐵邵宰乘驛還江陵經過襄陽表顗馳書報琬
勸勿解甲并奉表勸子勛即位郢州承子勛初
檄及聞太宗定大事即解甲下標繼聞尋陽不
息而顗又響應郢府行事錄事參軍荀卞之大懼
慮爲琬所咎責即遣諮議領中兵參軍鄭景玄
率軍馳下并送軍糧琬乃稱說符瑞造乘輿御
服云松滋縣生豹自來柴桑縣送竹有來奉天
子字又云青龍見東淮白鹿出西岡令顧照之
撰爲瑞命記立宗廟設壇場矯作崇憲太后璽

宋書傳四十四　八　圭

令羣僚上僞號於子勛泰始二年正月七日即位
於尋陽城改景和二年爲義嘉元年以安陸王
子綏爲司徒驃騎將軍揚州刺史尋陽王子房
車騎將軍臨海王子頊衞將軍並開府儀同三
司邵陵王子元撫軍將軍其日雲雨晦合行禮
忘稱萬歲取子勛所乘車除脚以爲輦罷易僞殿
之西其夕有鳩棲其中鷄集其櫨又有禾九穗鶖集
城上子綏拜司徒日雷電晦冥震其黄閤柱鴟
尾墮地又有鴟棲其帳上以鄧琬爲左將軍尚

書右僕射張悅領軍將軍吏部尚書征虜將軍
如故進袁顗號安北將軍加尚書左僕射臨川
內史張淹爲侍中府主簿顧昭之武昌太守劉
弼並爲黄門侍郎廬江太守王子仲委郡奔尋
陽亦爲黄門侍郎鄱陽內史丘景先廬陵內史
殷損西陽太守謝稺後軍府記室參軍孫詵長
沙內史孔靈產參軍事沈伯玉荀道林並爲中書
侍郎荀卞之爲尚書左丞府主簿顧汝爲右丞府
主簿蕭寶欣爲通直郎琬大息粹悅息洵並正

宋書傳四十四　九

員郎粹領衛尉洵弟澍司徒主簿建武將軍領
軍主晉熙太守閻湛之加寧朔將軍廬陵內史
王僧胤爲祕書丞桂陽太守劉卷爲尚書殿中
郎諸靈嗣潘欣之沈光祖中書通事舍人餘諸
州郡並加爵號琬性鄙闇貪吝過甚財貨酒食
皆身自量校至是父子並賣官鬻爵使婢僕出
市道販賣酣歌博弈日夜不休大自矜遇賓客
到門者歷旬不得前內事悉委褚靈嗣等三人
羣小横恣競爲威福士庶忿怨內外離心矣太

宋遣散騎常侍領軍將軍王玄謨領水軍南討
吳興太守張永爲其後繼又遣寧朔將軍尋陽
內史沈攸之寧朔將軍江方興龍驤將軍劉靈
遺率衆屯虎檻時東賊甚急張永江方興回軍
東討尚書下符曰夫晦明遞運崇替相沿帝宋
之基爰繇心業維永聖祖重光氤氳上業狂昏承祀
國維以豢毒流九縣嚚暴穢三靈搢紳戮辱黔庶
塗炭人神同憤朝野泣血聖上明睿在躬膺符
握曜眷懷家國夙夜劬勞懼社稷湮蕪彝倫左
衽天威雷發氛沴冰消殄凶讎門不俟鳴條之
旅殲虐牧野無勞孟津之鉞華夷即晏景緯還
光鏗鏘聞於管絃翺翔被於冠冕同軌仰化異
域懷風劉子勛昏世稱兵義同翦惡明朝不戢
同識邪正窺窬畿甸逼遏兩江陵上無君暴於
遐邇王赫斯怒輿言討違命彼上將治兵薄伐
今遣寧朔將軍尋陽內史沈攸之輕銳七千飛
舟先邁龍驤將軍劉靈遺羽林虎旅連鋒繼造
假節督南討前鋒諸軍事冠軍將軍兗州刺史

殷孝祖驅濟河勁卒電擊雷動使持節車騎將
軍江州刺史曲江縣開國侯王玄謨參徒五萬董
統前師使持節侍中司徒揚州刺史建安王休
仁擁神州之衆揔督羣帥龍驤將軍劉勔寧朔
將軍劉懷珍步騎五千直指大雷寧朔將軍郴
倫司州刺史龐孟虬淮潁突騎邪趣西陽使持
節驃騎大將軍豫州刺史山陽王休祐揔勒步
師連旗百萬河舟代馬巡騖江濆越棘吳鉤交
曜鐵服茄鼓動坤維金甲震雲漢犄角相望水

陸俱發冠軍將軍武念率雍司之銳巳據樊沔
徐州刺史申令孫提彭宋剽勇陵塗炎猋奮皇上
當親馭六師降臨江服旌旆掩雲舳艫咽海昔
吳楚連衡燕淮勁悍壓擾區內聲沸秦中霧散
埃滅豈非先鑒而嬰彼孤城以待該天之網迫
此烏合以抗絡寓之師雲羅四掩霜鋒交集猶
勁飆之拂細草烈火之掃寒原燋卷之形昭然
已著朝廷惻愍我僚吏哀矜我士民並亦何辜
拘誤迷黨故加宣示令得自新如其淪惑不改

抵冒王威同焚旣至雖悔奚補奉詔以四王幼
弱不幸陷難兵交之日不得妄加侵犯若有逼
損誅翦無貸左右主帥嚴相衛奉詿誤之罪一
無所問琬遣孫沖之率陳紹宗胡靈秀薛常寳
張繼伯焦度等前鋒一萬來據赭圻沖之於道
與子勛書曰舟檝已辦器械亦整三軍踊躍人
爭效命便欲沿流挂颿直取白下願速遣陶亮
衆軍兼行相接分據新亭南洲則一麾定矣乃
加沖之左衞將軍以陶亮爲右衞將軍統諸州

兵俱下郢州軍主鄭景玄荊州軍主劉亮湘州
軍主何昌梁州軍主柳登雍州軍主宗庶等合
二萬人一時俱下亮本無幹略聞建安王休仁
自上殷孝祖又至不敢進屯軍雒洲時琬遣閻
湛之來寇廬江臺軍主龍驤將軍段佛榮受命
討之更使佛榮領鐵騎一千回軍南討三月三
日水陸攻赭圻亮等率衆來救殷孝祖爲流矢
所中死軍主朱輔之申謙之張靈符竝失利輔之
副正員將軍皇甫仲遠謙之副虎賁中郎將徐

稚寳竝沒孝祖支軍主范潛率五百人投亮時
東軍已捷江方興復還虎檻建安王休仁遣方
興劉靈遺各領三千人助赭圻以方興領孝祖
軍沈攸之代孝祖爲前鋒都督沖之謂陶亮曰
孝祖梟將一戰便死天下事定矣不須復戰便
當直取京都亮不從太宗遣員外散騎侍郎王
道隆至赭圻督戰孝祖死之明日建安王休仁
又遣軍主郭季之馬步三千就攸之攸之乃率
季之及輔國將軍步兵校尉杜幼文寧朔將軍

屯騎校尉垣恭祖龍驤將軍朱輔之員外散騎
侍郎高遵世馬軍主龍驤將軍頓生段佛榮等
三萬人詰旦進戰奮擊大破之斬獲數千追奔
至姥山而反沖之等於湖白口築二城爲軍主
張興世所拔陶亮聞湖白二城陷沒大懼急呼
沖之還鵲尾留薛常寳代沖之守赭圻先於姥
山及諸岡分立營砦若亦悉敗還共保濃湖濃湖
郎在鵲尾時軍旅大起國用不足募民上米二
百斛錢五萬雜穀五百斛同賜荒縣除上米三

百斛錢八萬雜穀千斛同賜五品正令史滿報若
欲署四品在家亦聽上米四百斛錢十二萬雜穀
一千三百斛同賜四品令史滿報若欲署三品
在家亦聽上米五百斛錢十五萬雜穀一千五
百斛同賜三品令史滿報若欲署內監在家亦
聽上米七百斛錢二十萬雜穀二千斛同賜荒
郡除若欲署諸王國三令在家亦聽琬又遣輔
國將軍豫州刺史劉胡率衆三萬鐵騎二千來
屯鵲尾胡宿將屢有戰功素多狡詐爲衆推伏

攸之等甚憚之時胡鄉人蔡那佼長生張敬兒
各領軍隸攸之在赭圻胡以書招之那等並拒
絕胡因要那等共語陳說平生那等詰讓說令
歸順胡回軍入鵲尾無他權略輔國將軍吳喜
平定三吳率所領五千人并運資實至于赭圻
於戰鳥山築壘分遣千人乘輕舸二百與佼長
生爲游軍薛常寶粮盡告胡求援三月二十九
日胡率步卒一萬夜斫山開道以布囊運米來
餉赭圻平旦至城下猶隔小塹未能得入沈攸

之率衆軍攻之軍主郭秀之荀僧韶幢主韓欣
宗等率衆三千爲攸之勢援胡發所由橋道僧
韶等接楯行戰復橋得渡軍主劉沙彌輕騎深
入至胡麾下遂見殺攸之策馬陷陳回還爲追
騎所刺馬軍主段佛榮武保救之得免並殊死
戰多所傷殺胡衆大敗捨糧棄甲緣山道走乘
勝追之斬獲甚衆胡被瘡僅得還營常寶惶
懼無計遣信告胡欲突圍奔出四月四日胡自
率數千人迎之常寶等開城突圍走攸之率輔

國將軍沈懷明軍主周普孫江方興申謙之等
諸軍悉力擊之吳喜率衆來赴爲胡別軍所圍
甚急有人來捉喜馬將蔡保以刀斫之斷手然
後得免正貟將軍幢主卜伯宗江夏國侍郎幢主
張渙力戰沒陳伯宗益州刺史天與子也攸之喜
等苦戰移日常寶張繼伯胡靈秀焦度等皆被
重瘡走還胡軍赭圻城陷斬僞寧朔將軍南陽
太守沈懷寶僞奉朝請領中舍人督戰謝道遇
納降數千陳紹宗單舸奔西岸與其部曲俱還

鵲尾建安王休仁自虎檻進據赭圻劉胡遣陳
紹宗陳慶率輕艓二百大艦五十出鵲外挑戰
吴喜張興世佼長生等擊之喜支軍主吴獻之
飛舸衝突所向摧陷斬獲及投水死甚多追至
鵲裏而還太宗慮胡等或於步路向京邑使寧
朔將軍廣德令王蘊千人防魯顯時胡等兵衆
彊盛遠近疑惑太宗欲綏慰人情遣吏部尚書
褚淵至虎檻選用將帥以下申謙之杜幼文因
此求黄門郎沈懷明劉亮求中書郎建安王休

仁即使褚淵擬選上不許曰忠臣殉國不謀其報
臨難以干朝典豈臣下之節邪始安内史王
職之建安内史趙道生安成太守劉襲並舉郡
奉順琬遣龍驤將軍廖琰率數千人并發廬陵
白丁攻襲襲與郡丞檀玢拒戰大敗玢臨陳見
殺襲棄郡走據嶮自守琰虜掠而退襲復出據
郡時齊王率衆東北征討而齊王世子爲南康
贛令琬遣使收世子世子腹心蕭欣祖桓康等
數十人奉世子長子奔竄草澤召募得百餘人

攻郡出世子世子自號寧朔將軍與南康相沈
用之前南海太守何曇直晉康太守劉紹祖北
地傅浩東莞童禽等據郡起義琬徵始興相殷
孚孚爲御史中丞并令率郡人俱下孚衆盛世子
避之於揭陽山琬遣武昌戴凱之爲南康相世
子率衆攻之凱之戰敗遁走世子遣幢主檀文
起千人戍西昌與襲相應琬又遣廖琰與其中
兵參軍胡昭等築壘於西昌堅壁相守琬召豫
章太守劉衍以爲右將軍中護軍殷孚代爲豫

章太守督上流五郡以防龍襲等衡陽内史王應
之率郡文武五百許人起義兵襲何慧文於長
沙徑至城下慧文率左右出城與戰應之勇氣
奮發斅手殺數人遂與慧文交手戰斫慧文八創
慧文斫應之斷足遂殺之時湘東國侍郎虞洽
爲太宗督國秩在湘東勸太守顔躍發兵應朝
廷躍不從洽乃投桂陽收募得數百人還欲攻
躍躍懼求和許之有衆二千時琬徵慧文率衆
下尋陽發長沙已行數百里聞洽起兵乃回還

攻洽洽尋戰敗奔走殷孚既去始興以郡五官掾譚伯初留知郡事士人劉嗣祖等斬伯初據郡起義琬遣始興太守韋希眞鷹揚將軍楊弘之領衆一千討嗣祖嗣祖亦遣衆出南康與齊王世子合希眞等以義徒彊盛住廬陵不敢進廣州刺史袁曇遠聞始興起義遣將李萬周陳伯紹率衆討嗣祖嗣祖遣兵戍湞陽萬周亦築壘相守嗣祖遣人詐萬周曰尋陽已平臺遣劉勔爲廣州垂至萬周信之便回還襲番禺夜

以長梯入城曇遠怯弱無防聞萬周反便徒跣出奔萬周追斬之於城內交州刺史檀翼被代還至廣州資貨鉅萬萬周誣以爲逆襲而殺之遂劫掠公私銀帛籍略袁檀珍寶悉以自入袁顗悉雍州之衆來赴尋陽時孔道存爲衛軍長史行荊州事琬以黃門侍郎劉道憲代之以道存爲侍中行雍州事柳元景之誅也元景弟子世隆爲上庸太守民吏共藏匿之顗起兵召世隆不至顗既下世隆乃合率蠻宋二千餘人起

義於上庸來襲襄陽道存遣將五式民康元隆等迎擊於萬山世隆大敗還郡自守沈攸之等與劉胡相持久不決上又遣彊弩將軍任農夫振武將軍武會倉冗從僕射全景文軍主劉伯符等領兵繼至攸之繕治船舸材板不周計無所出會琬送五千片榜供胡軍用俄而風潮奔迅榜捍突柵出江胡等力不能制自檣船艦殺沒數十人赴流而下來泊攸之等營於是材板大足琬進袁顗都督征討諸軍事給鼓吹一部

六月十八日顗率樓船千艘來入鵲尾張興世建議越鵲尾上據錢溪斷其糧道胡累攻之不能剋事在興世傳劉亮率所領至胡砦下胡遣其副孫犀及張靈蕉度鐵騎五匹越磵取亮不能得犀回馬去亮使左右善射者夾射之墮馬斬犀首張繼伯副馬可率所領來降劉亮營砦深入賊地袁顗畏憚之曰賊入我肝臟裏何由得活劉胡率輕舸四百由鵲頭內路欲攻錢溪既而謂其長史王念叔曰吾少習步戰未閑水

鬭若步戰恒在數萬人中水戰在一舸之上一舸
舸各進不復相關正在三十人中取此非萬全
之計吾不爲也乃託瘧疾住鵲頭不進遣龍驤
將軍陳慶領三百舸向錢溪戒慶不須戰張興
世武會倉吾之所悉自當走耳陳慶至錢溪不
敢越錢溪於梅根立砦胡別遣將王起領百舸
攻興世興世擊大破之胡率其餘舸馳還謂顗
曰興世營砦已立不可卒攻昨日小戰未足爲
損陳慶已與南陵大雷諸軍兵遏其上大軍在

此鵲頭諸將又斷其下流已墮圍中不足復慮
顗怒胡不戰謂曰糧運鯁塞當如此何胡曰彼
尚得泝流越我而上此運何以不得沿流越彼
而下邪顗更使胡率步卒二萬鐵馬一千往攻
興世休仁因此命沈攸之吳喜佼長生劉靈遺
劉伯符等進攻濃湖造皮艦十乘拔其營柵苦
戰移日大破之顗被攻既急馳信召胡令還張
興世既據錢溪江路阻斷胡軍乏食琬大送資
糧畏興世不敢下胡遣將迎之爲錢溪所破資

實覆沒都盡燒米三十萬斛胡衆駭懼胡副張
喜來降說胡欲叛八月二十四日胡誑顗云更率
步騎二萬上取興世兼下大雷餘糧令顗悉虔
馬配之其夜委顗奔走徑趣梅根先令薛常寶
辦船舸悉撥南陵諸軍燒大雷諸城而走顗聞
胡走亦棄衆西奔至青林見殺胡率數百舸二
萬人向尋陽報子勛詐云袁顗已降軍皆散唯
已率所領獨反宜速處分爲一戰之資當停據
盆城誓死不貳乃於江外夜取沔口琬聞胡去

惶擾無復計呼褚靈嗣等謀之並不知所出唯
云更集兵力加賞五階或云三階者張悅始發
兄子浩喪乃稱疾呼琬計事令左右伏甲帳後
戒之若聞索酒便出琬既至悅曰卿首唱此謀
今事已急計將安出琬曰正當斬晉安王封府
庫以謝罪耳悅曰今日寧可賣殿下求活邪因
呼求酒再呼左右震慴不能應第二子洵提刀
走出餘人續至即斬琬琬死時年六十時中護
軍劉順在座驚起抱悅左右人欲殺之悅顧曰

無關護軍乃止潘欣之聞琬死勒兵而至恍使
人語之曰鄧琬謀反即已梟戮欣之乃回還取
琬兒並殺之恍因單舸齎琬首馳下詣建安王
休仁命蔡那子道淵以父為太宗効力被繫作
部因亂脫鏁入城執子勛因之沈攸之諸軍至
江州斬子勛於桑尾牙下傳首京都劉順及餘
同逆並伏誅吳喜張興世進向荊州沈懷明向
郢州劉亮張敬兒向雍州孫超之向湘州沈思
仁任農夫向豫章所至皆平定劉胡走入沔衆

稍散比至石城裁餘數騎竟陵郡丞陳懷眞寔
子也聞胡經過率數十人斷道邀之胡人馬既
疲自度不免因隨懷眞入城告渴與之酒胡飲
酒畢引佩刀自刺不死斬首送京邑張興世弟
　產追胡未至石城數十里逢送胡首信將還
竟陵殺懷眞竊有其功郢州行事張沈僞竟陵
太守岳景先聞敗變形為沙門逃走追擒伏誅
荊州聞濃湖平議欲更遣軍與郢州合勢又欲
斷據巴陵經日不決乃遣將趙道始於江津築

壘任演戍沙橋諸門津要皆有屯兵人情轉離
將士漸逃散更議奉子頊奔益州就蕭惠開與
籤阮道預邵宰不同曰近奉別詔諸藩若改迷
歸順者悉復本爵且任叔兒已斷白帝楊僧嗣
據梁州雖復欲西豈可得至道預邵宰即與劉
道憲解遣白丁遣使歸罪荊州治中宗景土人
姚儉等勒兵入城殺道憲預記室參軍鮑昭劫
掠府庫無復孑遺執子頊以降初鄧琬徵兵巴
東巴東太守羅寶稱辭以郡接凶蠻兵力不足

分巴東人任叔兒聚徒起義遣信要寶稱寶稱
持疑未決暴疾死叔兒乃自號輔國將軍引兵
據白帝殺寶稱二子阻守三陜蕭惠開遣費欣
壽等五千人攻叔兒叔兒與戰大破之斬欣壽
子頊又遣中兵參軍何康之領宜都太守討叔
兒軍至陜口爲夷帥向子通所破挺身走還叔
兒遂圍白帝孔道存知尋陽已平遣使歸順尋
聞柳世隆劉亮當至衆悉奔逃道存及三子同
時自殺何慧文始謀同逆其母禁之不從母乃

携女歸江陵遽嫁之慧文才兼將吏幹略有施雖害王應之上特加原宥吳喜宣旨赦之慧文已旣陷逆節手害忠義天網雖復恢恢何面目以見天下之士和藥將飲門生覆之乃不食而死顏躍慮虞治還都說其始時同逆客使人殺之初淮南定陵人賈襲宗本縣已爲劉胡所得率二十人投沈攸之攸之言之建安王休仁休仁版爲司徒參軍督護使還鄉里招集爲胡所禽以火炙之問臺軍消息一無所言瞋目謂胡

曰君稱兵內侮窺覦神器未聞奇謀遠略而爲炮烙之刑僕本以身奉義死亦何有胡乃斬之前軍典籤范道興志不同逆爲琬所誅其餘奉順見害者竝爲上所愍詔曰前鎮軍參軍督護范道興朕之舊隸經從比藩徒役南讖遭離命會抱恩固節受害羣凶言念純誠良有憫愴可贈員外散騎侍郎南城令鮑法度後軍典籤馮次民永新令應生新建令庫延寶上饒令黃難等違逆識順同被誅滅言念旣往宜在追榮可贈生

奉朝請法度南臺御史次民延寶難並員外將軍有司奏寧朔將軍督豫州之梁郡諸軍事豫州刺史領南梁郡太守竟陵張興世都統水軍屢戰剋捷仍進斷賊上流錢溪貴口苦戰平定凶逆今封南平郡作唐縣開國侯食邑一千戶寧朔將軍參司徒中直兵軍事廣平夜長生同統水軍屢戰及興世上據錢溪長生獨距賊衝要功次興世今封武陵郡遷陵縣開國侯食邑八百戶寧朔將軍試守西陽太守吳興全景文

尚書比部郎吳縣孫超之假輔國將軍右衛將軍南彭城劉亮等三人並經晉陵苦戰景文超之仍又比討破釜水軍斷賊糧運及經葛冢石梁二處破賊亮南伐經大戰又最處險劇景文今封西陽郡孝寧縣超之封長沙郡羅縣亮封順陽縣並開國侯食邑各六百戶假輔國將軍驃騎司馬劉靈遺寧朔將軍右軍蔡那寧朔將軍屯騎校尉段佛榮等三人統治攻道並經苦戰靈遺今封新野郡新野縣那封始平郡平陽

縣佛榮封湘東郡臨蒸縣並開國伯食邑各五百戶假輔國將軍左軍呉興沈懷明龍驤將軍積射將軍東平周盤龍司徒參軍南彭城李安民等三人懷明經晉陵破賊又水軍南伐統治攻道盤龍雖不統軍並經大戰先登陷陳安民又隨張興世過斷錢溪別統軍貴口破賊令封懷明建安郡吳興縣盤龍封晉安郡晉安縣安民封建安郡邵武縣並開國子食邑各四百戶假輔國將軍游擊將軍彭城杜幼文龍驤將軍羽

林監太原王穆之龍驤將軍羽林監濟北頓生龍驤將軍羽林監沛郡周普孫首外散騎侍郎朱重恩等五人幼文經晉陵破賊在軍統攻道南伐濃湖普孫副沈攸之都統衆軍穆之生重恩並南伐有功今封幼文邵陵郡邵陽縣穆之封衡陽郡衡山縣生封始平郡武功縣普孫封順陽郡清水縣重恩封南海郡龍川縣並開國男食邑各三百戶江方興以戰功爲太子左衛率賊未平病卒追封武當縣侯食邑五百戶方

興濟陽考城人衣冠之舊也龍驤將軍虎賁中郎將董凱之隨張興世破胡白城先登封河隆縣子食邑四百戶軍主張靈符東南征討有功封上饒縣男食邑三百戶前征北長兼行參軍楊覆以貴口有功封綏城縣男食邑二百戶追贈虞治檀玢給事中以李萬周爲步兵校尉陳懷真以斬劉胡功追封永豐縣男食邑三百戶劉胡南陽涅陽人也本名坳胡以其顔面坳黑似胡故以爲名及長以坳胡難道單呼爲胡出

身郡將捷口善處分稍至隊主討伐諸蠻往無不捷蠻甚畏憚之太祖元嘉二十八年爲振威將軍率步騎三千討上如南山就溪蠻大破之孝建元年朱脩之爲雍州以胡爲西外兵參軍寧朔將軍建昌太守擊魯爽有功除建武將軍東平陽平二郡太守入爲江夏王義恭太宰參軍加龍驤將軍前廢帝景和中建安王休仁嘗爲雍州以胡爲休仁安西中兵參軍馮翊太守將軍如故仍轉諮議參軍太宗即位除越騎校尉

至今畏之小兒啼語之云劉胡來便止段佛
榮京兆人也泰始五年自游擊將軍爲輔師將
軍豫州刺史莅任清謹爲西土所安後廢帝元
徽二年徵爲散騎常侍領長水校尉明年遷衛
尉領右軍將軍未拜復出爲冠軍將軍南豫州
刺史歷陽太守四年卒追贈前將軍改封雲杜
縣謚曰烈侯劉靈遺襄陽人也元徽元年自輔
師將軍淮南太守爲南豫州刺史歷陽太守將
軍如故明年徵爲散騎常侍領步兵校尉南蘭

陵太守病卒謚曰壯侯

袁顗字景章陳郡陽夏人太尉淑兄子也父洵
吳郡太守顗初爲豫州主簿舉秀才不行後補
始興王濬後軍行參軍著作佐郎廬陵王紹南
中郎主簿世祖征虜撫軍主簿廬江太守尚書
都官郎江夏王義恭驃騎記室參軍汝陰王文
學太子洗馬時顗父爲吳郡顗隨父在官值元
凶弒立安東將軍隨王誕舉兵入討板顗爲諮
議參軍事寧除正員郎晉陵太守遭父憂服闋

爲中書侍郎又除晉陵太守襲封南昌縣五等子
大明二年除東海王褘平南司馬尋陽太守行
江州事復爲義陽王昶前軍司馬太守如故昶
尋罷府司馬職解加寧朔將軍改太守爲內史
復爲尋陽王子房冠軍司馬將軍如故行淮南
宣城二郡事五年召爲太子中庶子御史中丞
領本州大中正七年遷侍中明年除晉安王子
勛鎮軍長史襄陽太守加輔國將軍未行復爲
永嘉王子仁左軍長史廣陵太守將軍如故未

拜復爲侍中領前軍將軍大明末新安王子鸞
以母嬖有盛寵太子在東宮多過失上微有廢
太子立子鸞之意從容頗言之顗盛稱太子好
學有日新之美世祖又以沈慶之才用不多言
論頗相蚩毀顗又陳慶之忠勤有幹略堪當
重任由是前廢帝深感顗慶之亦懷其德景
和元年誅群公欲引進顗任以朝政遷爲吏部
尚書又下詔曰宗社多故釁因冢司景命未淪
神祚再乂自非忠謀密契豈伊剋殄侍中祭遷

領前軍將軍新除吏部尚書顗游擊將軍領著作郎兼尚書左丞徐爰誠心內款參聞嘉策匡贊之効寔監朕懷宜甄茅社以獎義槩顗可封新隆縣子爰可封吳平縣子食邑各五百戶俄而意趣乖異寵待頓衰始令顗與沈慶之徐爰參知選事尋復反以爲罪使有司糾奏坐白衣領職從幸湖熟往反數日不被喚召顗慮及禍詭辭求出沈慶之爲顗固陳乃見許除建安王休仁安西長史襄陽太守加冠軍將軍休仁不行

嘉靖十年　宋書傳四十四　三十　孟三

即以顗爲使持節督雍梁南北秦四州郢州之竟陵隨二郡諸軍事領寧蠻校尉雍州刺史將軍如故顗舅蔡興宗謂之曰襄陽星惡豈可冒邪顗曰白刃交前不救流矢事有緩急故也今者之行本願生出虎口且天道遼遠何必皆驗如其有徵當脩德以禳之耳於是狼狽上路恒慮見追行至尋陽喜曰今始免矣與鄧琬款狎相過常請閒必盡日窮夜顗與琬人地本殊衆知其有異志矣既至襄陽便與劉胡繕脩兵

械纂集士卒會太宗定大事進顗號右將軍以荊州典籤邵宰乘驛還江陵道由襄陽顗反意已定而糧仗未足且欲奉表於太宗顗子祕書丞戩曰一奉表疏便爲彼臣以臣伐君於義不可顗從之顗詐云被太皇太后令使其起兵便建牙馳檄奉表勸晉安王子勛即大位與琬書使勿解甲子勛即位進顗號安北將軍加尚書左僕射太宗使朝士與顗書曰夫夷陂相因興革遞數或多難而固其國或殷憂而啓聖明此

弘治四年　宋書傳四十四　三十一　監生姜滄

既著於前史亦彰於聞見王室不造昏凶肆虐神鼎將淪宗稷幾泯幸天未亡宋乾曆有歸主上體自聖文繼明作睿而厄均牖里屯踰夏臺既天地俱憤義勇同奮剋殄鯨鯢三靈更造應天順民爰集寶命四海屬息肩之歡華戎見來蘇之泰吾等獲免刀鋸僅全首領復身奉惟新命承亨運綏帶談笑擊壤聖世汝雖劬勞于外跡阻京師然心期所寄江漢何遠自九江告變皆謂鄧氏狂惑比日國言藉藉頗塵吾子道

路之議豈其或然聞此之日能無駭愕凶人反
道敗德日夜滋深昵近狡慝取謀豺虎非惟毒
流外物惡積中朝乃欲毀陵邑虐崇室燒宗廟
鹵御物然後蕩覆京都必使蘭蕕俱盡苟自非聖
上廟弃靈圖俛眉遜避維持內外擁衛臣下則
赤縣爲戎百姓其魚矣此事此理寧可孰念既
天道輔順謳歌有奉高祖之孫文皇之子德洞
九幽功貫三曜匡拯家國提疏黔首若不子民
南面將使神器何歸而君羣下構慝妄生窺覦成

軫感燕貫高亂趙讒人罔極自古有之汝中京
冠冕儒雅世襲多見前載縣鑒忠邪何遠遺郎
中之清軌近忘太尉之純槩相與或羣從舅甥
或姻婭周款一旦胡越能無悵恨若疑誑所至
邪說無窮汝當誓言衆奮戈前翦此朝食若自延過
聽迷塗未遠聖上臨物以仁接下以愛豈直雍
齒先封乃當射鉤見相矣當由力窘跡屈丹誠
未亮邪跂予南服寤寐延首若反棹沿流歸誠
鳳闕錫珪開寓非爾而誰吾等並過荷曲慈復

叨非服紆金拖玉政觀逢門入奉舜禹之渥出
見義唐之化雍容揄揚信白駒空谷之時也奈
何毀擲先基自蹈凶戾山門蕭瑟松庭誰埽言
念楚路豈不思父母之邦幸納惡石以蠲美疹
裁書表意爾其圖之時尚書右僕射蔡興宗是
顗舅領軍將軍袁粲是顗從父弟故書云羣從
舅甥也子勛徵顗下尋陽遣侍中孔道存行雍
州事顗乃率衆馳下使子戩領家累俱還時劉
胡屯鵲尾久不決泰始二年夏加顗都督征討諸

軍事給鼓吹一部率樓船千艘戰士二萬來入
鵲尾顗本無將略性又恇橈在軍中未嘗戎服
語不及戰陳唯賦詩談義而已不能撫接諸將
劉胡每論事酬對甚簡由此大失人情胡常切
齒恚恨胡以南軍未至軍士匱之就顗換襄陽
之資顗答曰都下兩宅未成亦應經理不可損
徹又信往來之言京師米貴斗至數百以爲不
勞攻伐行自離散於是擁甲以待之太宗使顗
舊門生徐碩奉手詔譬顗曰卿歷觀古今驗之

與疆何嘗可恃自朕踐阼塗路梗塞卿無忠奉表未經為臣今追蹤竇融猶未為晚也及劉胡叛走不告顗顗至夜方知大怒罵曰今年為小子所誤呼取飛鷰馬謂其衆曰我當自出追之因又遁走至鵲頭與戍主薛伯珍及其所領數千人步取青林欲向尋陽夜止山間宿殺馬以勞將士顗顧謂伯珍曰我舉八州以謀王室未一戰而散豈非天邪非不能死豈欲草間求活望一至尋陽謝罪主上然後自刎耳因慷慨叱左右

索節無復應者及旦伯珍請以間言乃斬顗首詣錢溪馬軍主襄陽俞湛之湛之因斬伯珍併送首以為己功顗死時年四十七太宗忿顗違叛流尸於江弟子彖微服求訪四十一日乃得密致喪瘞於石頭後岡與一舊奴躬共負土後廢帝即位方得改葬顗子戩為偽黃門侍郎加輔國將軍戍盆城尋陽敗戩棄城走討禽伏誅

孔覬字思遠會稽山陰人太常琳之孫也父邈揚州治中覬少骨梗有風力以是非為己任口

吃好讀書早知名初舉揚州秀才補主簿長沙王義欣鎮軍功曹衡陽王義季安西主簿戶曹參軍領南義陽太守轉署記室奉牋固辭曰記室之局實惟華要自非文行秀敏莫或居之覬遜業之與無聞於鄉部情遊之賤有編於疲農直山淵藪引用不遐棄故得扞風儔潤憑附彌年今日之命非所敢冒昔之學優藝富猶尚斯難況覬能薄質魯亦何容易覬聞居方辨物君人所以官方陳力就列自下所以奉上覬雖不

敏常服斯言今寵藉惟舊舉非尚德恐無以提衡一隅允塞視聽者也伏願天明照其心請乞改今局授以閑曹則鳧鶴從方所憂去矣又曰夫以記室之要宜須通才敏思加性情勤密者覬學不綜貫性又疏惰何可以屬知祕記秉筆文闈假吹之尤方斯非濫覬少淪常檢本無遠植榮進之願何能忘懷若實有螢爝增暉光景固其騰聲之日飛藻之辰也豈敢自求從容保其淡逸伏願矜其魯拙業之有地則曲成之施終

始優淳義季子不能奪遂得免召爲通直郎太子
中舍人建平王主簿秘書丞中書侍郎隨王誕安
東諮議參軍領記室黄門侍郎建平王宏中軍
長史復爲黄門臨海太守初晉世散騎常侍選
望甚重與侍中不異其後職任閑散用人漸輕
孝建三年世祖欲重其選詔曰散騎職爲近侍
事居規納是任之本實惟親要而頃選常侍陵
遲未允宜簡授時良永真清轍於是吏部尚書
顏竣奏曰常侍華選職任俟才新除臨海太守

宋書傳四十四　三十六　乂孚華

孔覬意業貞隱素司徒長史王彧懷尚清理並任
爲散騎常侍世祖不欲威權在下其後分吏部
尚書置二人以輕其任侍中蔡興宗謂人曰選
曹要重常侍閑淡改之以名而不以實雖主意
欲爲輕重人心豈可變邪既而常侍之選復卑
選部之貴不異覬領本州大中正大明元年改
太子中庶子領翊軍校尉轉祕書監欲以爲吏
部郎不果遷廷尉卿御史中丞坐鞭令史爲有
司所糾原不問六年除義興太守未之任爲尋

陽王子房冠軍長史 加寧朔將軍行淮南宣城
二郡事其年復除安陸王子綏冠軍長史江夏
內史復隨府轉後軍長史如故爲人使酒仗氣
每醉輒彌日不醒僚類之間多所凌忽尤不能
曲意權幸莫不畏而疾之不治產業居常貧罄
無有豐約未嘗關懷爲二府長史典籤諸事不
呼不敢前不令去不敢去雖醉日居多而明曉
政事醒時判決未嘗有壅衆咸云孔公一月二
十九日醉勝他人二十九日醒也世祖每欲引見

三、卅四　宋傳四十四　三十七

先遣人覘其醉醒性真素不尚矯飾遇得寶玩
服用不疑而他物麤敗終不改易時吳郡顧覬
之亦尚儉素衣裘器服皆擇其陋者宋世言清
約稱此二人覬弟道存從弟徽頗營產業二弟
請假東還覬出渚迎之輜重十餘船皆是綿絹
紙席之屬覬見之偽喜謂曰我比困乏得此甚
要因命上置岸側既而正色謂道存等曰汝輩
忝預士流何至還東作賈客邪命左右取火燒
之燒盡乃去先是庾徽之爲御史中丞性豪麗

服玩甚華顛代之衣冠器用莫不麗率蘭臺令
史竝三吳富人咸有輕之之意覬蓬首緩帶風
貞清嚴□重迹屏氣莫敢欺犯庾徵之字景猷
潁川鄢陵人也自中丞出為新安王子鸞北中
郎長史帶東海太守卒官八年覬自郢州行真
徵為右衛將軍未拜徙司徒左長史道存代覬
為後軍長史江夏內史時東土大旱都邑米貴
一斗將百錢道存慮覬甚乏遣吏載五百斛米
餉之覬呼吏謂之曰我在彼三載去官之日不

三百二十四　宋書列傳四十四　廿八

辦有路糧三郎至彼未幾那能便得此米邪可
載米還彼吏曰自古以來無有載米上水者都
下米貴乞於此貨之不聽吏乃載米而去永光
元年遷侍中未拜復為江夏王義恭太宰長史
復出為尋陽王子房右軍長史加輔國將軍行
會稽郡事太宗即位召覬為太子詹事遣故佐
平西司馬庾業為右軍司馬代覬行會稽郡事
時上流反叛上遣都水使者孔璪入東慰勞璪
至說覬以廢帝侈費倉儲耗盡都下罄匱資用

已竭今南北竝起遠近離叛若擁五郡之銳招
動三吳事無不克覬然其言遂發兵馳檄覬子
長公璪二子淹玄竝在都馳信密報泰始二年
正月竝叛逃東歸遺書要吳郡太守顧琛琛以
母年篤老又家遍京邑與長子寶素謀議未叛
少子寶先時為山陰令馳書報琛以南師已近
朝廷孤弱不時順從必有覆滅之禍顗前鋒軍
已渡浙江琛遂據郡同反吳興太守王曇生義
興太守劉延熙晉陵太守袁標一時響應庾業

三十四　宋書列傳四十四　廿九

既東太宗以代延熙為義興加建威將軍以
延熙為巴陵王休若鎮東長史業至長唐湖即
與延熙合太宗遣建威將軍沈懷明東討尚書
張永係進□東將軍巴陵王休若董統東討諸
軍事移檄東土曰蓋聞釁集有兆禍至無門倚
伏之來實惟人致故貫盈述貪亂終殄宗祀昌憲
構氛旋潤斧鉞斯則昭章記牒炯戒今古者也
自國步時艱三綱道盡神歇靈繹璿業綴旒皇
上仁雄集瑞英嗣應歷鳳儀標昇龍煇電舉盪

穢紫樞不俟鳴條之誓凝政中寓不肆漂杵之威是以墜緒再造虧天重構幽明裁紀標配斯光而羣凶恣虐協扇童孺蕞爾東垂復淪醜迹邪田從惡蜂動蟻附聖圖霆發神威四臨羽馹所届義旅雲屬欃鉞所麾逆徒氷泮勝負之效皎然已顯司徒建安王英猷冠世董率元戎驃騎山陽王風略夙昭撫厲中陳或振霜江蠡或騰焱荊河金甲燭天庭嚚聲震海浦前將軍吳興太守張永東南標秀協贊戎機建威將軍沈

懷明鎮東中兵參軍劉亮武衛將軍壽寂之霜鋭五千能騰虎步龍驤將軍王穆之龍驤將軍頓生鐵騎連羣風驅電邁右軍將軍齊王射聲校尉姚道和樓艦千艘覆川蓋汜左軍垣恭祖步兵校尉杜幼文冗從僕射全景文員外散騎侍郎孫超之並率虎旅駱驛雲赴殿中將軍杜敬眞殿中將軍陸攸之建武將軍吳喜甲楯一萬分趣義輿子猳承人之總司戎統聳劒東馳中憤海曲歔氣則白日盡晦刷馬則清江倒

流以此伐叛何勍不勦以此柔服何順不懷聡彼羣迷弗辨堯桀螳蜫微命擬雷霆之衝巳枯之葉當霜飆之隊尺豎所爲寒心匹婦所爲歎息夫因禍提慶資敗爲成前監不忘後事明筮若能相率歸順投兵効款則福鍾當年祉覃來裔孰如身轘宗屠鬼餒魂泣者哉詳鏡安危自求多福購生禽覬千五百戶開國縣侯生擒孫千戶開國縣侯斬送者半當時將士多是東人父兄子弟皆已附逆上因送軍普加宣示曰朕方務德簡刑使四罪不

相及助順同逆者一以所從爲斷卿等當深達此懷勿以親戚爲慮也衆於是大悅觀所遣孫曇瓘等軍頓晉陵九里部陳甚盛懷明至奔牛所領寡弱乃築壘自固張永至曲阿未知懷明安否百姓驚擾將士咸欲離散永退還延陵就休若諸將帥咸勸退保破岡其日大寒風雪甚猛塘埭決壞衆無固心休若宣令敢有言退者斬衆小定乃築壘息甲尋得懷明書賊定未進軍主劉亮又繼至兵力轉加人情乃安時永世

人令孔景宣復反柵縣西江峴山斷遏津徑劉延
熙加其寧朔將軍杜敬真陸攸之溧陽令劉休
文攻景宣別砦斬其中兵參軍史覽之等十五
人永世人徐崇之率鄉里起義攻縣斬縣令吳
喜至板崇之領縣事太宗嘉休文等誠效除休
文寧朔將軍縣如故崇之殿中將軍行永世縣
事並賜侯爵喜敬真及員外散騎侍郎竺超之
等至國山縣界遇東軍於虎檻村擊大破之自
國山進屯吳城去義興十五里劉延熙遣楊玄孫

矯之沈靈秀黃泰四軍拒吳喜喜等兵力甚弱
衆亦寡勢懸交戰盡日臨陳斬玄孫黃泰餘衆一
時奔散喜因進義興南郭外延熙屯軍南射堂喜
遣步騎擊之即退還水北乃柵斷長橋保郡自
守喜築壘與之相持庚業於長塘湖口夾岸築
城有衆七千餘人器甲甚盛與延熙遙相犄角
沈懷明張永與晉陵軍相持久不決太宗每遣
軍輒多所求須不時上道外監朱幼舉司徒參
軍督護任農夫驍果有膽力性又簡率資給甚

易乃以千人配之使助東討時庚業兵盛農夫於延
陵出長唐雖云千兵至者裁四百未至數十里遣人
參候云賊築城猶未合農夫率廣武將軍高崇之求
興令徐崇之馳往攻之因其城壘未立農夫親持刀
楯赴城入陳大破之庚業棄城走義興先是龍驤將
軍阮佃夫募得蜀人數百多壯勇便戰皆著犀皮鎧
執短兵本應就佃夫向晉陵未發會農夫須人分以
配之及戰每先登東人並畏憚又怪其形飾殊異舊
傳狐獠食人每見之輒奔走農夫收其船杖與高志

之進義興援吳喜二月一日喜乃度水攻郡分兵擊
諸壘柵農夫雖至衆力尚少兵勢不敵喜乃與數騎
登高東西指麾若招引四面俱進者東軍大駭諸營
一時奔散唯龍驤將軍孔叡一柵未拔喜以殺傷者
多乃開圍緩之其夜庚業孔叡相率奔走義興平
劉延熙投水死有人告之乃斬尸傳首京邑義興諸
縣唯綏安令巢遼秉節不移不受偽爵時齊王率
軍東討與張永劉亮林紹文沈懷明等於晉陵九里
西結營與東軍相持義興軍既爲吳喜等所破奔

散者多投晉陵東軍震恐上又遣積射將軍江方興南臺御史王道隆至晉陵視賊形勢賊帥孫曇瓘程捍宗陳景遠凡有五城互相連帶捍宗城猶未固其月三日道隆與齊王張永共議捍宗城既未立可以籍手上副聖旨下成衆氣道隆便率所領急攻之俄頃城陷斬捍宗首劉亮果勁便刀楯朝士先不相悉上亦弗聞唯尚書左丞徐爰知之白太宗稱其驍敢至是毎戰以刀楯直盪往輒陷決張永嫌其過銳不令居

前賊連柵周亘塘道迫狹將士力不得展亮乃負楯而進直入重柵衆軍因之即皆摧破袁標遣千人繼至齊王與永等乘勝馳擊又大破之屠其兩城曇瓘率衆數百鼓譟而至標又遣千人繼之衆軍駭懼將欲散矣江方興率勇士迎射之應弦倒者相繼曇瓘因此敗走吳喜軍至義鄉僞輔國將軍車騎司馬孔璪屯吳興南亭太守王曇生詣璪所事會信還云臺軍已近璪大懼墮牀曰懸賞所購唯我而已今不遽走將

爲人禽左右聞之並各散走璪與曇生焚燒倉庫東奔錢塘喜至吳興頻置郡城倉廩遇雨不然無所損失初曇生遣寧朔將軍沈靈寵率八千人向黃鵠嶠欲候道出蕪湖迎接南軍廣德令王藴發兵據嶮靈寵不得進乜住故鄣曇生既走靈寵乃與弟靈昭軍副姚天霞率偏裨以下十七軍歸順太宗嘉之擢爲鎮東參軍事因率所領東討喜分遣軍主沈思仁吳係公追躡璪等陸攸之任農夫自東遷進向吳郡臺遣

軍主張靈符即晉陵其月四日齊王急攻之其夜孫曇瓘陳景遠一時奔潰諸軍至晉陵袁標棄郡東走晉陵既平吳中震動吳興軍又將至顧琛與子寶素攜其老母泛海奔會稽海鹽令王孚邀討不及太宗以四郡平定留吳喜統全景文沈懷明劉亮孫超之壽寂之等東平會稽追齊王張永姚道和林幼文垣恭祖張靈符北討王穆之頓生江方興南伐其月九日喜等至錢唐錢唐令顧昱及孔璪王曇生等奔渡江東

喜仍進軍柳浦諸暨令傅琰將家歸順喜遣鎮
北參軍沈思仁彊弩將軍任農夫龍驤將軍高
志之南臺御史阮佃夫揚武將軍盧僧澤等率
軍向黄山浦東軍據岸結砦農夫等攻破之乘
風舉帆直趣定山破其大帥孫會之於陳斬首
自定山進向魚浦戍主孔叡率千餘人據壘拒
戰佃夫使隊主關法炬射殺樓上弩手叡衆驚
駭思仁縱兵攻之斬其軍主孔奴於是敗散其
月十九日吳喜使劉亮由鹽官海渡直指同浦

壽寂之濟自漁浦邪趣永興喜自柳浦渡趣西
陵西陵諸軍皆悉散潰斬庾業顧法直吳恭傳
首京都東軍主卜道濟督戰許天賜請降庾業
新野人也父彥達以幹局爲太祖所知爲益州
刺史世祖世官至豫章太守太常卿劉亮全景
文孫超之進次永興同市遇覬所遣陸孝伯孔
豫兩軍與戰破之斬孝伯豫首會稽聞西軍稍
近將士多奔亡覬不能復制二十日上虞令王
晏起兵攻郡覬以東西交逼憂遽不知所爲其

夕率千餘人聲云東討實趣石瀆先已具船海
浦值湖涸不得去衆叛都盡門生載以小船竄
于嵊山村僞車騎從事中郎張綏先遣人於錢
唐詣吳喜歸誠及覬走綏開封倉庫以待王師二
十一日晏至郡入自北門囚綏付作部其夜殺
之執尋陽王子房於別署縱兵大掠府庫空盡
若邪林民錄送僞龍驤將軍車騎中兵參軍軍
主孔叡將斬之叡曰吾年已過立未霑官伍蒙
知己之顧以身許之今日就死亦何所恨含笑

就戮孔璪叛投門生陸林夫林夫斬首送之二
十二日嵊山民縛覬送詣晏晏謂之曰此事孔
璪之爲無豫卿事可作首辭當相爲申上覬曰
江東處分莫不由身委罪求活便是君輩行意
耳晏乃斬之東閤外臨死求酒曰此是平生所
好時年五十一顧琛王曇生袁標等並詣喜歸
罪喜皆宥之琛子寶素與父相失自縊死東軍
主凡七十六人於陣斬十七人其餘皆原宥初
遣庾業向會稽追使奉朝請孫長度送仗與之

弁令召募行逵晉陵表標就其求仗長度不與
爲標所殺追贈給事中先是鄧琬遣臨川內史
張淹自南路出東陽淹遣龍驤將軍桂逞征西
行參軍劉越緒屯據定陽縣巴陵王休若遣沈
思仁討之思仁遣軍主崔公烈攻其營斬幢主
朱伯符首桂逞劉越緒諸軍並奔逸晉安太守
劉瞻據郡同逆建安內史趙道生起義討之衆
徒未合七月思仁遣軍主姚宏祖鮑伯奮應寄
生等討破瞻斬之於羅江縣鄧琬先遣新安太

宋書傳四十四　四十八

守陽伯子及軍主任獻子襲黟縣縣令吳茹公
固守力不敵棄城走伯子等屯據縣城茹公與
臺軍主丘敬文李靈賜蕭柏壽等攻圍彌時八
月乃剋斬伯子獻子首張淹屯軍上饒縣聞劉
胡敗軍副鄱陽太守費曇欲圖之詐云得鄧琬
信急宜諮論欲因此斬淹淹素事佛方禮佛不
得時進曇復詐云捕虎借大鼓及仗士二百人
淹信而與之曇因率衆入山饗士約誓揚言虎
走城西鳴鼓大呼直來趣城城門守衛悉委仗
觀之曇率衆突入淹正禮佛聞難走出因斬首

史臣曰自江左以來舉干戈以圖宗國十有一
焉其能克振者四而已矣元皇外守虛器政由
王氏蘇峻事雖暫申旋受屠磔桓玄宣武之子
運屬橫流世祖仗順入討民無異望其餘皆潦
穎夷宗作械於後何哉夫勝敗之數寔由衆心
社廟尊嚴民情所係安以義動猶或稱難況長
戟指闕志在陵暴者乎泰始交爭逆順未辨太
宗身剿侍亂事惟拯溺國道屯詖宜立長君太

宋書列傳四十四　四十九

祖之昭義無不可子勛體自世祖家運已絕當
壁之命屬有所歸曲直二塗未知攸適徒以據
有神甸擅資天府宗稷之重威臨四方以中制
外故能式清區宇夫帝王所居目以衆大之號
名曰京師其義趣遠有以也

列傳第四十四　宋書八十四

列傳第四十五　　宋書八十五

臣沈　約　新撰

謝莊

王景文

謝莊字希逸陳郡陽夏人太常弘微子也年七歲能屬文通論語及長韶令美容儀太祖見而異之謂尚書僕射殷景仁領軍將軍劉湛曰藍田出玉豈虛也哉初爲始興王濬後軍法曹行參軍轉太子舍人廬陵王文學太子洗馬中舍

人廬陵王紹南中郎諮議參軍又轉隨王誕後軍諮議並領記室分左氏經傳隨國立篇製木方丈圖山川土地各有分理離之則州別郡殊合之則寓內爲一元嘉二十七年索虜寇彭城虜遣尚書李孝伯來使與鎮軍長史張暢共語孝伯訪問莊及王微其名聲遠布如此二十九年除太子中庶子時南平王鑠獻赤鸚鵡普詔羣臣爲賦太子左衛率袁淑文冠當時作賦畢齎以示莊莊賦亦竟淑見而歎曰江

東無我卿當獨秀我若無卿亦一時之傑也遂隱其賦元凶弒立轉司徒左長史世祖入討密送檄書與莊令加改治宣布莊遣腹心門生具慶奉啓事密詣世祖曰賊劭自絕於天裂冠毀冕窮弒極逆開闢未聞四海泣血幽明同憤奉三月二十七日檄聖迹昭然伏讀感慶天祚王室叡哲重光殿下文明在岳神武居陝肅將乾威龔行天罰滌社稷之仇雪華夷之恥使弛墜之構更獲締造垢辱之甿復得明目伏承所命

柳元景司馬文恭宗慤沈慶之等精甲十萬已次近道殿下親董銳旅授律繼進荊鄢之師岷漢之衆舳艫萬里旌旆虧天九土冥符羣后畢會今獨夫醜類曾不盈旅自相暴殄省闥橫流百僚屏氣道路以目檄至輒布之京邑朝野同欣里頌塗歌室家相慶莫不望景聳魂瞻雲佇足先帝以日月之光照臨區寓風澤所漸無幽不洽況下官世荷寵靈叨恩踰量謝病私門幸免虎口雖志在投報其路無由今

大軍近次永清無遠欣悲踊躍不知所裁世祖踐阼除侍中時索虜求通互市上詔羣臣博議莊議曰臣愚以爲獯獫棄義唯利是視關市之請或以覘國順之示弱無明柔遠距而觀釁有足表彊且漢文和親豈止彭陽之寇武帝修約不廢馬邑之謀故有餘則經略不足則閉關何爲屈冠帶之邦通引弓之俗樹無益之軌招塵黷之風交易爽議既應深杜和約詭論尤宜固絕臣庸管多蔽豈識國儀恩誘降逮敢不披盡

時驃騎將軍竟陵王誕當爲荊州徵丞相荊州刺史南郡王義宣入輔義宣固辭不入而誕便克日下船莊以丞相既無入志驃騎發便有期如似欲相逼切於事不便世祖乃申誕發日義宣竟亦不下上始踐阼欲宣弘風則下節儉詔書事在孝武本紀莊慮此制不行又言曰詔云貴戚競利興貨廛肆者悉皆禁制此實允愜民聽其中若有犯違則應依制裁糾若廢法申恩便爲令有所屈此　處分伏願深思無緣明詔既下而聲實乖爽臣愚謂大臣在祿位者尤不宜與民爭利不審可得在此詔不拔葵去織實宜深弘孝建元年遷左衞將軍初世祖嘗賜莊寶劒莊以與豫州刺史魯爽送別爽後反叛世祖因宴集問劒所在答曰昔以與魯爽別竊爲陛下杜郵之賜上甚說當時以爲知言于時搜才路陿乃上表曰臣聞功照千里非特燭車之珍德柔鄰國豈徒祕璧之貴故詩稱殄悴誓述榮懷用能道臻無積化至恭己伏惟陛下膺慶集

圖締寓開縣夕爽選政昃旦調風采言廝輿觀謠仄遠斯實辰階告平頌聲方製臣竊惟隆陂所漸治亂之由何嘗不興資得才替因失士故楚書以善人爲寶虞典以則哲爲難進選之軌既弛中代登造之律未闡當今必欲崇本康務庇民濟俗匪更沾濡奚取九成升曆中陽英賢起於徐沛受籙白水茂異出於荊宛寧二都智之所產七隩才之所集實遇與不遇用與不用耳今大道光亨萬務俟德而九服

之曠九流之艱提鈞懸衡委之選部一人之鑒
易限而天下之才難原以易限之鑒鏡難原之
才使國罔遺授野無滯器其可得乎昔公叔與
僎同升管仲取臣於盜趙文非親士蘇嗣祁奚
豈諂讎比子茹茅以彙作範前經舉爾所知
式昭往牒且自古任薦賞罰弘明成子舉三
哲而身致魏輔應侯任二士而己捐秦相臼季
稱冀缺而疇以田采張敦進陳湯而坐以褫爵
此先事之盛准亦後王之彝鑒如臣愚見宜

普命大臣各舉所知以付尚書依分銓用若任
得其才擧主延賞有不稱職宜及其坐重者免
黜輕者左遷被舉之身加以禁錮年數多少隨
愆議制若犯大辟則任者刑論又政平訟理莫
先親民親民之要寔歸守宰故黃霸治潁川累
稔杜畿居河東歷載或就加恩秩或入崇輝
寵今莅民之職自非公私必應代換者宜遵
六年之制進獲章明庸惰退得民不勤擾如
此則下無淳謗之愆上靡棄能之累考績之風

載泰楢薪之歌克昌臣生屬亨路身漸鴻猷
遂得奉詔左右陳愚於側敢露蒭言懼氛恒典
有詔莊表如此可付外詳議事不行其年拜吏
部尚書莊素多疾不願居選部與大司馬江夏
王義恭牋自陳曰下官凡人非有達槩異識俗
外之志實因羸疾常恐奄忽故少來無意於
人間豈當有心於崇達邪頃年乗事回薄遂
果饕非次既足貽誚明時又亦取愧朋友前以
聖道初開未遑引退及此諸夏事寧方陳微

請款志未伸仍荷今授被恩之始具披寸心非
惟在己知尢實懼塵穢彝序稟生多病天
下所悉兩脅癖疾殆與生俱一月發動不減兩
三每至一惡痛來逼心氣餘如綖利患數年遂
成痼疾吸吸惙惙常如行尸恒居死病而不復
道者豈是疾痊直以荷恩深重思答殊施牽課
尫瘵以綜所忝眼患五月來便不復得夜坐恒
閑帷避風日晝夜惛憒爲此不復得朝謁諸王
慶弔親舊唯被敕見不容停耳此段不堪見賓

已數十日持此苦生而使銓綜九流應對無方
之訴實由聖慈罔已然當之信自苦劇莽堪
事任而體氣休健承寵異之遇處自效之塗豈
苟欲思閑辭事邪家素貧弊宅舍未立兒息
不免饑寒而安之若命寧復是能忘微祿正以
復有切於此處故無復他願耳今之所希唯在
小閑下官微命於天下至輕在己不能不重屢
經披請未蒙哀恕長由誠淺辭訥不足上感家
世無年亡高祖四十曾祖三十二亡祖四十七

下官新歲便三十五加以疾患如此當復幾時
見聖世就其中煎懷若此實在可矜前時曾啓
願三吳敕旨云都不須復議外出莫非過恩然亦
是下官生運不應見一閑逸今不敢復言此
當付之來生耳但得保餘年無復物務必得養
痾此便是志願永畢在衡門下有所懷動止必
聞亦無假居職患於不能裨補萬一耳識淺才
常贏疾如此孤負主上擢授之恩私心實自哀
愧入年便當更申前請以死自固但庸近所許

恐未能仰徹公恩盼弘深粗照誠懇願侍坐言
次賜垂拯助則苦誠至志庶獲哀允若不蒙降
祐下官當於何希冀邪仰恃愍察願不垂怪
三年坐辭疾多免官大明元年起為都官尚書
奏改定刑獄曰臣聞明慎用刑獄存姬典哀矜
折獄實暉呂命罪疑從輕既前王之格範寧失
弗經亦列聖之恒訓用能化致升平道臻恭己
逮漢文傷不辜之罰除相坐之令孝宣倍深文
之吏立鞫訊之法當是時也號令刑存陛下踐

位親臨聽訟億兆相賀以為無冤民矣而比囹
圄未虛頌聲尚缺臣竊謂五聽之慈弗宣於宰
物三宥之澤未洽於民謠頃年軍旅餘弊劫掠
猶繁監司討獲多非其實或規免咎不慮國患
楚對之下鮮不誣濫身遭鈇鑕之誅家嬰孥戮
之痛比伍同閈莫不及罪是則一人罰謬坐者
數十昔齊女告天臨淄臺殞孝婦冤戮東海
愆陽此皆符變靈祇初感景緯臣近兼訊見
重囚八人旋觀其初死有餘罪詳察其理實

並無辜恐此等不少誠可怵惕也舊官長竟囚
畢郡遣督郵案驗仍就施刑督郵賤吏非能異
於官長有案驗之名而無研究之實愚謂此制
宜革自今入重之囚縣考正畢以事言郡并送
囚身委二千石親臨覈辯必收聲吞釁然後就
戮若二千石不能決乃度廷尉神州統外移之
刺史刺史有疑亦歸臺獄必令死者不怨生者
無恨庶殲棺之謗輟歎於終古兩造之察流詠
於方今臣學闇申韓才寡治術輕陳庸管懼乖

國憲上時親覽朝政常慮權移臣下以吏部尚
書選舉所由欲輕其勢力二年下詔曰八柄馭
下以爵爲先九德咸事政典居首銓衡治樞興
替攸寄頃世以來轉失厥序徒秉國鈞終貽
權謗今南北多士勳勤彌積物情善否實繫斯任
官人之詠雖聖克允則哲之美粤帝所難加澆季在俗
讓議成風以一人之識當群品之請望沈浮自得庸可
致乎吏部尚書可依郎分置并詳省閑曹又別詔太
宰江夏王義恭曰分選詔旦出在朝論者亦有同異

誠知循常甚易然舊生疑但吏部尚書由來
與錄共選良以一人之識不辦洽通兼與奪
威權不宜專一故也前述宣先旨敬從來奏省
錄作則永貽後昆自此選舉之要唯由元凱
一人若通塞乖衷而訴達者尠且違令與物
理至隔閡前王盛主猶或難之況在寡闇尤
見其短又選官裁病即嗟誚滿道人之四體
會盈有虛旬日之閒便至恐詈況實有假託
不由寢頓者邪一請不前貧苦交困則兩邊致

患互不相體校之以實並有可哀若職置二人
則無此弊兼選曹樞要歷代斯重人經此職
便成貴塗已心外議咸不自限故范曄魯爽
舉兵滅門以此言之實由榮厚勢驅殺繫所
至設可擬議此授唯有數人本積歲月稍加
引進而理無前期多生處表或嬰艱抱疾事
至回移官人之任決不可闕一來一去向人已周
非有黜責已貴難裁既成妨長實之無所臧
衰遞襲便是一段世臣相處之方臣主生疑

所以彌覺此職宜在降階監令端右足處時望無人則闕異於九流今但直銓選部有減前資物情好精橫立別解本旨向意終不外宣唯有從郎分置視聽自改選既輕先民情已變有堪其任大展遷回兼常之宜以時稍進本職非復重官可得不須帶帖數過居之盡無詒怪自中分荆揚子時便有意於此正訝改革不少容生駭惑爾來多年欲至歲下處分會何偃致故應有親人故近因此施行本意詔文不得委悉故

復紙墨具陳於是置吏部尚書二人省五兵尚書莊及度支尚書顧顗之並補選職遷右衞將軍加給事中時河南獻舞馬詔羣臣為賦莊所上其詞曰天子馭三光總萬寓挹雲經之留憲裁河書之遺矩是以德澤上昭天下漏泉符瑞之慶咸屬榮懷之應必躔月晷呈祥乾維效氣賦景河房承靈天駟陵原郊而瀐影躍采淵而泳質辭水空而南儀去輪臺而東泊乘玉塞而歸寶奄芝庭而獻祕及其養安騏校進駕龍

消輝大叡於國阜昔上襄於帝閑超益野而踰綠地軼茄蘭池而轢紫燕五王聃其術十氏懵其玄東門豈或狀西河不能傳既秣苞以均性又佩蘅以崇躅卷雄神於綺文蓄奔容於帷燭蘊籋雲之銳景戢追電之逸足方疊鎔於丹縞亦聯規於朱駮觀其雙璧應範三封中圖玄骨滿燕室虛陽理竟潛策紆汗飛赭沫流朱至於肆夏已升采齊既薦始徘徊而龍俛終沃若而鸞盻迎調露於飛鍾赴承雲於鸞籥寫秦垌之彌

塵狀吴門之曳練窮虞庭之蹈蹀究遺野之環袪若夫躡實之態未卷凌遠之氣方攄歷岱野而過碣石跨滄流而軼姑餘朝送日於西坂夕歸風於北都尋瓊宫於倏瞬望銀臺於須臾若乃日宣重光德星昭衍國稱梁岱佇蹕史言壇場望踐鄗上之瑞彰江間之禎闡榮鏡之運既臻會昌之曆已辨感五緐之程符鑒羣后之薦典聖主將有事於東嶽禮也於是順斗極乘次躔戒懸日於昭旦命月題於上年騑騑翼翼泛

脩風而浮慶煙肅肅雍雍引八神而詔九仙下
齊郊而掩配林集霄篽而降祊田蒲軒次蟻瑄
璧承鑾金縢絃發玉牒斯刊盛節之義洽外中
之禮殫億兆悅精祇歡聆萬歲於曾岫燭神光
於紫壇是以鼙鞞之蹈撫埃之舞相與而歌曰
聳朝蓋兮泛晨霞靈之來兮雲漢華山有壽
兮松有茂柞神極兮睨皇家然後悟聖朝之績
號慶榮之列比盛乎天地爭明乎日月茂實冠
於胥庭鴻名邁於勛發業底於告成道臻乎報

謁巍巍乎蕩蕩乎民無得而稱焉又使莊作舞
馬歌令樂府歌之五年又為侍中領前軍將軍
于時世祖出行夜還敕開門莊居守以棨信或
虛執不奉旨須墨詔乃開上後因酒讌從容曰
卿欲效郅君章邪對曰臣聞蒐巡有度郊祀有
節盤于遊田著之前誡陛下今蒙犯塵露晨往
宵歸容恐不逞之徒妄生矯詐臣是以伏須神
筆乃敢開門耳改領游擊將軍又領本州大中
正晉安王子勛征虜長史廣陵太守加冠軍將

軍改為江夏王義恭太宰長史將軍如故六年
又為吏部尚書領國子博士坐選公車令張奇
免官事在顏師伯傳時北中郎將新安王子鸞
有盛寵欲令招引才望乃使子鸞板莊為長史
府尋進號撫軍仍除長史臨淮太守未拜又除
吳郡太守莊多疾不樂去京師復除前職前廢
帝即位以為金紫光祿大夫初世祖寵姬殷貴
妃薨莊為誄云贊軌堯門引漢昭帝母趙婕好
堯母門事廢帝在東宮銜之至是遣人詰責莊

曰卿昔作殷貴妃誄頗知有東宮不將誅之或
說帝曰死是人之所同政復一往之苦不足為
深困莊少長富貴今且繫之尚方使知天下苦
劇然後殺之未晚也帝然其言繫於左尚方太
宗定亂得出及即位以莊為散騎常侍光祿大
夫加金章紫綬領尋陽王師頃之轉中書令常
侍王師如故尋加金紫光祿大夫給親信二十人
本官並如故泰始二年卒時年四十六追贈右
光祿大夫常侍如故謚曰憲子所著文章四百

餘首行於世長子颺晉平太守女爲順帝皇后
追贈金紫光祿大夫
王景文琅邪臨沂人也名與明帝諱同祖穆臨
海太守伯父智以簡貴有高名高祖甚重之常
云見王智使人思仲祖與劉穆之謀討劉毅而
智在焉它日穆之白高祖曰伐國重事也公云
何乃使王智知高祖笑曰此人高簡豈聞此輩
論議其見知如此爲太尉咨議參軍從征長安
留爲桂陽公義真安西將軍司馬天水太守還

爲宋國五兵尚書晉陵太守加秩中二千石封
建陵縣五等子追贈太常父僧朗亦以謹實見
知元嘉中爲侍中勤於朝直未嘗違惰太祖嘉
之以爲湘州刺史世祖大明末爲尚書左僕射
太宗初以后父爲特進左光祿大夫又進開府
儀同三司固讓乃加侍中特進尋薨追贈開府
謚曰元公景文出繼智幼爲從叔球所知美風
姿好言理少與陳郡謝莊齊名太祖甚相欽重
故爲太宗娶景文妹而以景文名與太宗同高

祖第五女新安公主先適太原王景深離絶當
以適景文固辭以疾故不成婚起家太子太傅
主簿轉太子舍人襲爵建陵子出爲江夏王義
恭始興王濬征北後軍二府主簿武陵王文學
世祖撫軍記室參軍南廣平太守轉諮議參
軍仍度安北鎮軍府出爲宣城太守元凶弑立
以爲黃門侍郎未及就世祖入討景文遣間使
歸款以父在都邑不獲致身及事平頗見嫌責
猶以舊恩除南平王鑠司空長史不拜出爲東

陽太守入爲御史中丞秘書監領越騎校尉不拜
遷司徒左長史上以散騎常侍舊與侍中俱
掌獻替欲高其選以景文及會稽孔覬俱南
北之望並以補之尋復爲左長史坐姊墓開不
臨赴免官大明二年復爲秘書監太子右御率
侍中五年出爲安陸王子綏冠軍長史輔國將
軍江夏內史行郢州事又徵爲侍中領射聲校
尉右衛將軍加給事中太子中庶子右衛如故
坐與奉朝請毛法因蒲戲得錢百二十萬白兵

領職尋復爲侍中領中庶子未拜前廢帝嗣位
徙祕書監侍中如故以父老自解出爲江夏王
義恭太宰長史輔國將軍南平太守永光初爲
吏部尚書景和元年遷右僕射太宗即位加領
左衛將軍時六軍戒嚴景文仗士三十人入六門
諸將咸云平殄小賊易於拾遺景文曰敵固無
小蜂蠆有毒何可輕乎諸軍當臨事而懼好謀
而成先爲不可勝乃制勝之術耳尋遷丹陽尹
僕射如故遭父憂起爲冠軍將軍尚書左僕射

丹陽尹固辭僕射改授散騎常侍中書令中軍
將軍尹如故又辭不拜仍出爲使持節散騎常
侍都督江州郢州之西陽豫州之新蔡晉熙三
郡諸軍事安南將軍江州刺史讓常侍服闋乃
受太宗翦除暴主又平四方欲引朝望以佐大
業乃下詔曰夫良圖宣國賞崇彝命殊績顯
朝策勤王府安南將軍江州刺史景文風度淹
粹理懷清暢體兼望實識備夷岨寶曆方啓
密贊義機妖徒干紀預毗廟略宜登茅社永傳

厥祚朕澄氛寧極實資多士疏爵疇庸寔膺
徽列尚書右僕射領衛尉興宗識懷詳正思局
通敏吏部尚書領太子左衛率淵器情閑茂風
業韶遠並謀參軍政績亮時艱拓宇開邑寔允
勲典景文可封江安縣侯食邑八百戶興宗可
始昌縣伯淵可南城縣伯食邑五百戶景文固
讓不許乃受五百戶進號鎮南將軍尋給鼓吹
一部後以江州當徙鎮南昌領豫章太守餘如
故州不果遷領之徽爲尚書左僕射領吏部揚

州刺史加太子詹事常侍如故不願還朝求爲
湘州刺史不許時又謂景文在江州不能潔己
景文與上幸臣王道龍書曰吾雖寡於行己庶
不負心既愧殊效誓不上欺明主竊聞有爲其
貝錦者云營生乃至巨萬素無此能一旦忽致
異術必非平理唯乞平心精檢若此言不虛便
宜肆諸市朝以正風俗脫其妄作當賜思困昧
之由吾踰忝轉深足以致謗念此驚懼何能自
測區區所懷不顧致之風容貸吾自了不作偷猶

如不作賊故以寄白想為申啓景文屢辭內授上手詔譬之曰尚書左僕射卿已經此任東宮詹事用人雖美職次正可比中書令耳庶姓作揚州徐干木王休元殷鐵並處之不辭卿清令才望何愧休元毗贊中興豈謝干木綢繆相與何後殷鐵邪司徒以宰相不應帶神州遠遵先旨京口鄉基義重密邇畿內又不得不用驃騎陝西任要由來用宗室驃騎既去巴陵理應居之中流雖曰閑地控帶三江通接荊郢經塗之要

由來有重鎭如此則揚州自成闕刺史卿若有辭更不知誰應處之此選大備與公卿疇懷非聊爾也固辭詹事徙領中書令常侍僕射揚州如故又進中書監領太子太傅常侍揚州如故景文固辭太傅上遣新除尚書右僕射褚淵宣旨以古來比例六事詰難之不得已乃受拜時太子及諸皇子並小上稍為身後之計諸將帥吳喜壽寂之之徒慮其不能奉幼主並殺之而景文外戚貴盛張永累經軍旅又疑其將來難

信乃自為謡言曰一士不可親弓長射殺人士王字弓長張字也景文彌懼乃自陳求解揚州曰臣凡猥下劣方圓無算特逢聖私頻叨不次乘非其任理宜覆折雖加恭謹無補横至夙夜憔戰無地容處六月中得臣外甥女殷恒妻蔡疏欲令其兒啓聞乞祿求臣署入云凡外人通啓先經臣署于時驚怖即欲封疏上呈更思此家落漠庶非通謗且廣聽察幸無復所聞比日忽得兗州都送迎西曹解季遜板云是臣屬既不識

此人即問郗顒方知虛託此十七日晚得征南參軍事謝儼口信云臣使人略奪其婢臣遣李武之問儼元由苔云使人謬誤誤之與實雖所不知聞此之日唯有憂駭臣之所知便有此三變臣所不覺尤不可思若守爵散輩寧當招此誠由闇拙非復可防自竊州任倏已七月無德而祿其殃將至且傳職清峻亢禮儲極以臣凡走豈可暫安荷恩懼罪不敢執固焦魂褫氣憂迫失常況臣鬆醜人羣病絕力劾職朝點列顧

無與等獨息易駭慙懼難持伏願薄回矜愍全
臣身計大夫之俸足以自周久懷欣羨未敢干
請仰希慈宥照臣款誠上詔荅曰去五月中吾
病始差未堪勞役使卿等看選牒署竟請敕
施行此非密事外問不容都不聞然傳事好訛
由來常患殷恒妻匹婦耳閨閤之内傳聞事復
作一兩倍落漠兼謂卿是親故希卿署不必云
選事獨關卿也恒妻雖是傳聞之僻大都非可
吉人駭異且舉元薦凱咸由疇諮可謂唐堯不明下

干其政邪悠悠好詐貴人及在事者屬卿偶不
悉耳多是其周旋門生輩作其屬託貴人及在
事者永無由知非徒止於京師乃至州郡縣中或
有詐作書疏灼然有文迹者諸舍人右丞輩及
親近驅使人慮有作其名載禁物求停檢校彊
賣俵物與官仍求交直或屬人求乞州郡資禮
希蠲呼召及虜發船車並啓班下在所有即駐
録但卿貴人不容有此啓由來有是何故獨驚
之居貴要但問心若爲耳大明之世巢徐二載

位不過執戟權亢人主顔師伯白衣僕射橫行
尚書中令袁粲作僕射領選而人往往不知有
粲粲遷爲令居之不疑令既省録令便居昔之
録任置省事及幹童並依録格粲作令來亦不
異爲僕射人情向粲淡淡然亦復不改常以此
居貴位要任當有致憂兢理不卿今雖作揚州
太子傅位雖貴而不關朝政可安不懼差於粲
也想卿虚心受榮而不爲累貴高有危殆之懼
卑賤有溝壑之憂張單雙災木雁兩失有心於

避禍不如無心於任運夫千仞之木既摧於斧
斤一寸之草亦瘁於踐蹋高崖之脩幹與深谷之
淺條存亡之要巨細一揆耳晉畢萬七戰皆獲死
於牖下蜀相費禕從容坐談斃於刺客故甘心
於履危未必逢禍縱意於處安不必全福但貴
者自惜故每憂其身賤者自輕故易忘其巳然
爲教者每誡貴不誡賤言其貴滿好自恃也凡
名位貴達人以在懷泰則觸人改容不則行路
嗟愕至如賤者否泰不足以動人存亡不足以

絓數死於溝瀆死於塗路者天地之間亦復何限人不以係意耳以此而推貴何必難處賤何必易安但人生也自應畢慎爲道行已用心務思謹惜若乃吉凶大期正應委之理運遭隨參差莫不由命也既非聖人不能見吉凶之先正是依俙於理言可行而爲之耳得吉者是其命吉遇不吉者是其命凶以近事論之景和之世晉平庶人從壽陽歸亂朝人皆爲之戰慄而乃遇中興之運袁顗圖避禍於襄陽當時皆羨之

謂爲陵霄駕鳳遂與義嘉同滅駱宰見幼主語人云越王長頸鳥喙可與共憂不可與共樂范蠡去而全身文種留而遇禍今主上口頸頗有越王之狀我在尚書中久不去必危遂求南江小縣諸都令史住京師者皆遭中興之慶人人賞爵級宰值義嘉染罪金木纏身性命幾絕卿耳眼所聞見安危在運何可預圖邪時上既有疾而諸弟並已見殺唯桂陽王休範人才本劣不見疑出爲江州刺史慮一旦晏駕皇后臨朝

則景文自然成宰相門族彊盛藉元舅之重歲暮不爲純臣泰豫元年春上疾篤乃遣使送藥賜景文死手詔曰與卿周旋欲全卿門戶故有此處分死時年六十追贈車騎將軍開府儀同三司常侍中書監刺史如故諡曰懿侯長子絢字長素年七歲讀論語至周監於二代外祖何尚之戲之曰耶耶乎文哉絢即答曰草翁風必偃少以敏惠見知及長篤志好學官至祕書丞年二十四先景文卒諡曰恭世子子嵒襲封齊

受禪國除景文兄子蘊字彥深父楷太中大夫人才凡劣故蘊不爲群從所禮常懷恥慨家貧爲廣德令會太宗初即位四方叛逆蘊遂感激爲將假寧朔將軍建安王休仁司徒參軍令如故景文甚不悅語之曰阿益汝必破我門戶阿益者蘊小字也事寧封吉陽縣男食邑三百戶爲中書黃門郎晉陵義興太守所莅並貪縱在義興應見收治以太后故止免官廢帝元徽初復爲黃門郎東陽太守未之郡值桂陽王休

軌逼京邑蘊領兵於朱雀門戰敗被創事平除
侍中出爲寧朔將軍湘州刺史蘊輕躁薄於行
業時沈攸之爲荊州刺史密有異志蘊與之結
厚及齊王輔朝政蘊攸之便連謀爲亂會遭母
憂還都停巴陵十餘日更與攸之成謀時齊王
世子爲郢州行事蘊至郢州謂世子必下慰之
欲因此爲變據夏口與荊州連橫世子覺其意
稱疾不往又嚴兵自衛蘊計不得行乃下及攸
之爲逆蘊密與司徒袁粲等結謀事在粲傳事

敗走鬬場追禽斬於秣陵市景文第子爭大明
末爲海鹽令泰始初天下反叛唯爭獨不同道
官至司徒記室參軍

史臣曰王景文弱年立譽聲芳籍甚榮貴之來
匪由勢至若泰始之朝身非外戚與袁粲羣公
方驂竝路傾覆之災庶幾可免庾元規之讓中
書令義在此乎

列傳第四十五　宋書八十五

列傳第四十六　宋書八十六

臣沈　約　新撰

殷孝祖
劉勔

殷孝祖陳郡長平人也曾祖羨晉光祿勳父祖
竝不達孝祖少誕節好酒色有氣幹太祖元嘉
末為奉朝請員外散騎侍郎世祖以其有武用
除奮武將軍濟北太守入為積射將軍大明初
索虜寇青州上遣孝祖北援受刺史顏師伯節

度累與虜戰頻大破之事在師伯傳還授太子
旅賁中郎將加龍驤將軍竟陵王誕據廣陵為
逆孝祖隷沈慶之攻誕又有戰功遷西陽王子
尚撫軍寧朔將軍南濟陰太守出為盱眙太守
將軍如故還為虎賁中郎將仍除寧朔將軍陽
平東平二郡太守又遷濟南南郡將軍如故前
廢帝景和元年以本號督兗州諸軍事兗州刺
史太宗初即位四方反叛孝祖外甥司徒參軍
潁川葛僧韶建議銜命徵孝祖入朝上遣之時

徐州刺史薛安都遣薛索兒等屯據津逕僧部間行得至說孝祖曰景和凶狂開闢未有朝野危極假命漏刻主上聖德天挺神武在躬曾不浹辰夷凶翦暴更造天地未足為言國亂朝危宜立長主公卿百辟人無異議泰平之隆非旦則夕而羣小相煽構造無端貪利幼弱競懷希望使天道助逆羣凶事申則主幼時艱權柄不一兵難互起豈有自容之地舅少有立功之志長以氣節成名若便能控濟義勇

還奉朝廷非唯匡主靜亂乃可以垂名竹帛孝祖具問朝廷消息僧韶隨方訓譬并陳兵甲精彊主上欲委以前驅之任孝祖即日棄妻子率文武二千人隨僧韶還都時普天同逆朝廷唯保丹陽一郡而永世縣尋又反叛義興賊垂至延陵內外憂危咸欲奔散孝祖忽至衆力不少並傖楚壯士人情於是大安進孝祖號冠軍假節督前鋒諸軍事遣向虎檻拒對南賊御仗先有諸葛亮筩袖鎧帽二十五石弩射之

不能入上悉以賜孝祖孝祖負其誠節凌轢諸將臺軍有父子兄弟在南者孝祖並欲推治由是人情乖離莫樂為用進使持節都督兖州青冀幽四州諸軍事撫軍將軍刺史如故時賊據赭圻孝祖將進攻之與大統王玄謨別悲不自勝衆並駭怪泰始二年三月三日與賊合戰常以鼓蓋自隨軍中人相謂曰殷統軍可謂死矣今與賊交鋒而以羽儀自標顯若善射者十士攢射欲不斃得乎是日於陣為矢所中

死時年五十二追贈散騎常侍征北將軍持節都督如故封秭歸縣侯食邑千戶四年追改封建安縣謚曰忠侯孝祖子悉為薛安都所殺以從兄子慧達繼封齊受禪國除

劉勔字伯猷彭城人也祖懷義始興太守父穎之汝南新蔡二郡太守征林邑遇疾卒勔少有志節兼好文義家貧為廣州增城令廣州刺史劉道錫引為揚烈府主簿元嘉二十七年索虜南侵道錫遣勔奉使詣京都太祖引見之酬對

稱旨除寧遠將軍綏遠太守元嘉末蕭簡據廣州爲亂勔起義討之燒其南門廣州刺史宗慤又命爲軍府主簿以功封大亭侯除員外散騎侍郎孝建初荆江反叛宗慤以勔行寧朔將軍湘東內史領軍出安陸會事平以本號爲晉康太守又從鬱林太守大明初還都徐州刺史劉道隆請爲寧朔司馬竟陵王誕據廣陵爲逆勔隨道隆受沈慶之節度事平封金城縣五等侯除西陽王子尚撫軍入直閤先是遣費沈

伐陳檀不克乃除勔龍驤將軍西江督護鬱林太守勔既至率軍進討隨宜翦定大致名馬并獻珊瑚連理樹上甚悅還除新安王子鸞撫軍中兵參軍遭母憂不拜前廢帝即位起爲振威將軍屯騎校尉入直閤太宗即位加寧朔將軍校尉如故江州刺史晉安王子勛爲逆四方響應勔以本官領建平王景素輔國司馬進據梁山會豫州刺史殷琰反叛徵勔還都假輔國將軍率衆討琰甲仗三十人入六門復兼山陽王

休祐驃騎司馬餘如故破琰將劉順於宛唐杜叔寶於横塘事在琰傳除輔國將軍山陽王休祐驃騎諮議參軍梁郡太守假節不拜琰嬰城固守自始春至于末冬薛道摽龐孟虯並向壽陽勔內攻外禦戰無不捷善撫將帥以寬厚爲衆所依將軍王廣之求勔所自乘馬諸將帥並忿廣之叨冒勸勔以法裁之勔歡笑即時解馬與廣之復除使持節督廣交二州諸軍事平越中郎廣州刺史將軍如故不拜及琰開門請

降勔約令三軍不得妄動城內士民秋毫無所失百姓感悅咸曰來蘇百姓生爲立碑改督益寧二州諸軍事益州刺史持節將軍如故又不拜還京都拜太子左衞率封鄱陽縣侯食邑千戶琰初求救索虜虜大衆屯據汝南太始三年以勔爲征虜將軍督西討前鋒諸軍事假節置佐本官如故先是常奇珍據汝南與琰爲逆琰降因據戍降虜事在琰傳至是引虜西河公長社公攻圍輔國將軍汝陰太守張景遠

景遠與軍主楊文萇拒擊大破之景遠尋病卒
太宗嘉其効追贈冠軍將軍豫州刺史追封含
洭縣男食邑三百戶以文萇代爲汝陰太守除勔
右衛將軍仍以爲使持節都督豫司二州諸軍
事征虜將軍豫州刺史餘如故四年除侍中領
射聲校尉又不受進號右將軍其年 缺 遣汝陽
司馬趙懷仁步騎五百寇武津縣勔遣龍驤將
軍曲元德輕兵進討虜衆驚散虜子都公閼
于拔又率三百人防運車 缺 千兩於汝陽臺

宋傳四十六　六

東水上結營元德單騎直入斬拔首因進攻汝
陽臺即陷外壘獲車一千三百乘斬首一百五
十級勔又使司徒參軍孫臺瓘督弋陽以西
會虜寇義陽臺瓘大破之虜又上其北豫州租有
車二千兩勔招集荒人邀擊於許昌虜衆奔散焚
燒米穀淮西人賈元友上書言太宗勸北攻懸瓠
可收陳郡南頓汝南新蔡四郡之地上以其所
陳示勔使具條答勔對曰元友稱虜主幼弱姦
偽競起內外規亂天亡有期臣以爲獯醜侵縱

乘藉王境盤據州郡百姓殘亡去冬衆軍失耕今
春連城圍逼國家復境之略實有不遑滅虜未
及元友又云有七千餘家穀米豐積可供二萬
人數年資儲臣又以爲二萬人歲食米四十八
萬斛五年合須米二百四十萬斛既理不容有
恐事難稱言元友又云虜於懸瓠開驛保虜已
先據若不足恃此不須 缺 俱是攻城便應先圖
懸瓠何更越先取鄢以受腹背之災且七千餘
家豐積而虜猶當遠運爲糧是威不制民民

宋傳四十六　七　蘇

非異計元友又云虜欲水陸運糧以救軍命可
襲之機在於今日臣又以爲開立驛道據守堅
城觀其形候不似感弱可乘之機恐爲難驗元
友又云四郡民人遭虜二十七年之毒皆欲雪讎
報恥伏待朝威臣又以爲垣式寶等受國重
恩今猶驅略車營翻還就賊蓋是戀本之情
深非報怨之宜何可輕試元友又云請救荆雍
兩州遣二千精兵從義陽依西山北下直據鄢
城臣又以爲鄢城是賊驛路要戍且經變接險

數百里中裹糧潛進方出平地攻賊堅城自古
名將未有能以此濟者假其剋捷不知足南抗
懸瓠北捍長社與不且賊擁據數城水陸通便
而今使官以二千斷其資運於事爲難元友又
云虜圍逼汝陰遊魂二歲爲張景遠所挫不敢
渡淮臣又以爲景遠兵力寡弱不能自固遠遣
救援方得少剋今定是爲賊所畏不景遠前所
摧傷裁至數百虜步騎四萬猶不敢前而今
必勸國家以輕兵遠討指掌可克言理相背

莫復過此元友又云龍山雉水魯奴王景直等
並受朝爵馬步萬餘進討之宜唯須敕命臣
以爲魯奴與虜交關彌歷年世去歲送誠朝
廷誓欲立功自蒙榮爵便即逃遁殊類姦猾
豈易闇期兼王景直是一三命部曲不過數十
人既不可言又未足恃萬餘之言似不近實元
友又云四郡恨怨此非類車營連結廢田二載
生業已盡賊無所資糧儲已罄斷其運道最
是要略臣又以斷運須兵兵應資食而當此

過縣勢二百里中使兵食兼足何處求辦臣竊尋元
嘉以來傖荒遠人多干國議負儋歸闕皆勸討虜
魯爽誕説實挫國威徒失兵力虛費金寶凡此之徒每
規近說從來信納皆詒後悔界上之人唯視彊弱王
師至境必壺漿候塗裁見退軍便抄截蜂起首領
回師何嘗不爲河畔所弊太宗納之元友議遂
寢勔與常珍奇書勸令反虜珍奇乃與子超越
羽林監垣式寶於譙殺虜子都公費拔等凡三
千餘人勔馳驛以聞太宗大喜以珍奇爲使持

節都督司北豫二州諸軍事平北將軍司州刺
史汝南新蔡縣侯食邑千戶超越輔國將軍北
豫州刺史潁川汝陽闕二字三郡太守安陽縣男
式寶輔國將軍陳南頓二郡太守眞陽縣男食
邑三百戶珍奇爲虜所攻引軍南出虜追擊破
之珍奇走依山得至壽陽超越式寶爲人所殺
五年汝陰太守楊文萇又頻破虜於荆亭及戍
西詔進勔號平西將軍豫州刺史餘如故不拜
其年徵拜散騎常侍中領軍勔以世路糾紛有

懷止足求東陽郡上以勔啓徧示朝臣自尚書僕射袁粲以下莫不稱贊咸謂宜許上曰巴陵建平二王並有獨往之志若世道寧晏皆當申其所請勔經始鍾嶺之南以爲棲息聚石蓄水彷彿丘中朝士愛素者多往游之六年改常侍爲侍中其年南兗州刺史齊王出鎭淮陰以勔爲使持節都督南徐兗青冀(闕)五州諸軍事平北將軍侍中中領軍如故出鎭廣陵固辭侍中軍號許之以爲假平北將軍七年解都督假號

并節太宗臨崩顧命以守尚書右僕射中領軍如故給鼓吹一部廢帝即位加兵五百人元徽初月犯右執法太白犯上將或勸勔解職勔曰吾執心行己無愧幽明若才輕任重災眚必及天道寥微避豈得免桂陽王休範爲亂奄至京邑加勔使持節領軍置佐史鎭扞石頭既而賊衆屯朱雀航南右軍王道隆率宿衛向朱雀聞賊已至急信召勔勔至命閉航道隆不聽催勔渡航進戰率所領於桁南戰敗臨陳死之時年五十七事平詔曰夫義寔天經忠惟人則冢素流采金石宣煇自非識洞情靈理感生極豈有捐驅衛主舍命臣朝者哉故持節鎭軍將軍守尚書右僕射中領軍鄱陽縣開國侯勔思懷亮粹體業淹明弘勳樹績譽洽華野綢繆顧託契闊屯夷方倚謀猷翌康帝道逆藩竊禍逼擾京甸援桴誓旅奉律行師身與事滅名隨操遠朕用傷悼震慟于厥心昔王允秉誠卞壼峻節均風往德歸茂先軌泉途就永寃逝無追思崇徽策式光惇史可贈散騎常侍司空本官侯

如故謚曰忠昭公子俊嗣順帝昇明末爲廣州刺史齊受禪國除勔弟瓚大始中爲寧朔將軍交州刺史於道遇病卒先有都鄉侯爵謚曰質侯

史臣曰吳漢平蜀城內流血露踝而其後無聞於漢陸抗定西陵步氏禍及嬰孩而機雲爲戮上國劉勔克壽春士民無遺匊委粒之歎莫不扶

老攜幼歌唱而出重圍美矣

臣沈約新撰

蕭惠開

殷琰

蕭惠開南蘭陵人征西將軍思話子也初名慧開後改慧爲惠少有風氣涉獵文史家雖貴戚而居服簡素初爲祕書郎著作並名家年少惠開意趣與人多不同比肩或三年不共語外祖光祿大夫沛郡劉成戒之曰汝恩戚家子當應

將迎時俗緝外內之歡如汝自業將無小傷多異以取天下之疾患邪惠開曰人間宜相緝和甚如慈旨但不幸耿介恥見作凡人畫龍未成故遂至於多忤耳轉太子舍人與汝南周朗同官友善以偏奇相尚轉尚書水部郎始興王濬征北府主簿南徐州治中從事史從汝陰王友又爲南徐州別駕中書侍郎江夏王義恭大將軍大司馬從事中郎孝建元年自太子中庶子轉黃門侍郎與侍中何偃爭積射將軍徐冲之

事偃任遇甚隆惠開不爲之屈偃怒使門下推彈之惠開乃上表解職曰陛下未照臣愚故引參近侍臣以職事非長故委能何偃凡諸當不不敢參議竊見積射將軍徐沖之爲偃命所黜臣愚懷謂有可申故聊設微異偃恃恩使貴欲使人靡二情便訶脅主者手定文案割落臣議專載巳辭雖天照廣臨竟未見察臣理違顏咫尺致茲壅濫則臣之受劾蓋何足悲但不順侍中臣有其咎當而行之不知何過且議之不允

未有彈科省心撫天了知在宥臣不能謝愆右職改意重臣刺骨鑠金將在朝夕乞解所忝保拙私庭時偃寵方隆由此忤旨別敕有司以屬疾多免惠開官思話素恭謹操行與惠開不同常以其峻異每加嫌責及見惠開自解表自歎曰兒子不幸與周朗周旋理應如此杖之二百尋重除中庶子丁父艱居喪有孝性家素事佛凡爲父起四寺南岸南岡下名曰禪岡寺曲阿舊鄉宅名曰禪鄉寺京口墓亭名曰禪亭寺所

封封陽縣名曰禪封寺謂國僚曰封秩蓋鮮而兄弟甚多若使全關一人則在我所讓若使人人等分又事可悲恥寺衆既立自宜悉供僧衆由此國秩不復下均服除除司徒左長史大明二年出爲海陵王休茂北中郎長史寧朔將軍襄陽太守行雍州州府事善於爲政威行禁止襲封封陽縣侯還爲新安王子鸞冠軍長史行吳郡事惠開妹當適桂陽王休範女又當適世祖子發遣之資應須二千萬乃以爲豫章內史

聽其肆意聚納由是在郡著貪暴之聲入爲尚書吏部郎不拜徙御史中丞世祖與劉秀之詔曰今以蕭惠開爲憲司冀當稱職但一往服領巳自殊有所震及在任百僚畏憚之八年入爲侍中詔曰惠開前在憲司奉法直繩不阿權戚朕甚嘉之可更授御史中丞毋憂去職起爲持節督青冀二州諸軍事輔國將軍青冀二州刺史不行改督益寧二州刺史持節將軍如故惠開素有大意至蜀欲廣樹經略善於述事對賓

僚及士人說牧牂牁越嶲以爲内地綏討蠻濮闢地徵租聞其言者以爲大功可立太宗即位進號冠軍將軍又進平西將軍改督爲都督晉安王子勛反惠開乃集將佐謂之曰湘東太祖之昭晉安世祖之穆其於當璧並無不可但景和雖昏本是世祖之嗣不任社稷其次猶多吾奉武文之靈兼荷世祖之眷今便當投袂萬里推奉九江乃遣巴郡太守費欣壽領二千人東下爲巴東人任叔兒起義所邀欣壽敗没陜口道

不復通更遣州治中程法度領三千人步出梁州又爲氐賊楊僧嗣所斷先是惠開爲治多任刑誅蜀土咸懷猜怨及聞欣壽没法度又不得前晉原一部遂反於是諸郡悉應之並來圍城城内東兵不過二千凡蜀人惠開疑之皆悉遣出子勛尋平蜀人並欲屠城以望厚賞惠開每遣軍出戰未嘗不捷前後所摧破殺傷不可勝計外衆逾合勝兵者十餘萬人時天下已平太宗以蜀土險遠赦其誅責遣惠開弟惠基步道

使蜀具宣朝旨惠基既至涪而蜀人志在屠城不欲使王命遠達遏留惠基不聽進惠基率部曲破其渠帥馬興懷等然後得前惠開奉旨歸順城圍得解時太宗遣惠開宗人寶首水路慰勞益州寶首欲以平蜀爲功更獎説蜀人於是處處蜂起凡諸離散者一時還合渠帥趙燕句文章等與寶首屯軍于上去成都六十里衆號二十萬人惠開欲遣擊之將佐咸曰攻破蜀賊誠不爲難但慰勞使至未獲奉受而遣兵相距

何以自明本心惠開曰今水陸四斷表啓路絶寶首或相誣陷謂我不奉朝旨我之欲戰本在通使使若得通則誠心達矣乃作啓事具陳事情使腹心二人帶啓戒之曰須賊破路開使躍馬馳去遣永寧太守蕭惠訓别駕費欣業萬兵並進與戰大破之生禽寶首囚於成都縣獄所遣使至上使執送寶首除惠開晉平王休祐驃騎長史南郡太守不拜泰始四年還至京師初惠開府録事參軍到希微負蜀人債將百萬爲

責主所制未得俱還惠開與希微共事不厚以爲隨其同上不能攜接得還意恥之廐中凡有馬六十匹悉以乞希微償責其意趣不常皆如是先劉瑀爲益州張悅代之瑀去任凡所攜將佐有不樂反者必逼制將還語人曰隨我上豈可爲張悅作西門客邪惠開自蜀還資財二千餘萬悉散施道路一無所留五年又除桂陽王休範征北長史南東海太守其年會稽太守蔡興宗之郡而惠開自京口請假還都相逢於曲

阿惠開先與興宗名位略同又經情款自以負釁摧屈慮興宗不能詣已戒勒部下蔡會稽部伍若借問慎不得答惠開素嚴自下莫敢違犯興宗見惠開舟力甚盛不知爲誰遣人歷舫訊惠開有舫十餘事力二三百人皆低頭直去無一人答者復爲晉平王休祐驃騎長史太守如故六年除少府加給事中惠開素剛至是益不得志寺內所住齋前有嚮種花草甚美惠開悉剗除別種白楊樹每謂人曰人生不得行胸懷雖壽百歲猶爲夭也發病歐血吐如肝肺者甚多除巴陵王休若征西長史寧朔將軍南郡太守未拜七年卒時年四十九子亂嗣齊受禪國除惠開與諸弟並不睦惠基使益州遂不相見與同產弟惠明亦著嫌隙云

殷琰陳郡長平人也父道鸞衡陽王義季右軍長史琰少爲太祖所知見遇與琅邪王景文相埒初爲江夏王義恭征北行參軍始興王濬後軍主簿出爲鄱陽晉熙太守豫州治中從事史

廬陵內史臧質反棄郡奔北皖琰性有計數欲進退保全故不還都邑事平坐繫尚方頃之被宥除海陵王國郎中令不拜臨海王子頊爲冠軍將軍吳興太守以琰爲錄事參軍行郡事復爲豫州別駕太宰戶曹屬丹楊丞尚書左丞少府尋陽王子房冠軍司馬行南豫州隨府轉右軍司馬又徙巴陵王休若左軍司馬前廢帝永光元年除黃門侍郎出爲山陽王休祐右軍長史南梁郡太守休祐入朝琰仍行府州事太宗

泰始元年以休祐為荆州欲以吏部郎張岱為
豫州刺史會晉安王子勛反即以琰督豫司二
州南豫州之梁郡諸軍事建武將軍豫州刺史
以西汝陰太守龐道隆為琰長史殿中將軍劉
順為司馬順勸琰同子勛琰家累在京邑意欲奉
順而士人前右軍參軍杜叔寶前陳南頓二郡太
守皇甫道烈道烈從弟前馬頭太守景度前汝
南潁川二郡太守龐天生前雎陽令夏侯季子
等並勸琰同逆琰素無部曲門義不過數人

無以自立受制於叔寶等太宗遣冗從僕射柳
倫領軍助驃騎大將軍山陽王休祐又遣中兵
參軍鄭瑗說琰令還二人至即與叔寶合叔寶
者杜坦之子既土豪鄉望內外諸軍事並專之
弋陽太守卜天生據郡同逆斷梁州獻馬得百
餘匹邊城令宿僧護起義斬天生傳首京邑
太宗嘉之以為龍驤將軍封建興縣侯食邑三
百戶時綏戎將軍汝南新蔡二郡太守周矜起
義於懸瓠收兵得千餘人袁顗遣信誘矜司馬

汝南人常珍奇以金鈴為信珍奇即日斬矜送
首詣顗顗以珍奇為汝南新蔡二郡太守太宗
追贈矜本官以義陽內史龐孟虬為司州刺史
領隨郡太守孟虬不受命起兵同子勛子勛召
孟虬出尋陽而以孟虬子定光行義陽郡事太
宗知琰逼迫士人事不獲已猶欲羈縻之以琰
兄前中書郎瑗為司徒右長史子邈為山陽王
休祐驃騎參軍子勛遣使以琰為輔國將軍梁
郡太守後又加豫州假節督南豫數郡杜叔寶

求琰上佐龐道隆慮其為禍乃請奉表使尋陽
琰即以叔寶為長史梁郡太守休祐步入朝家
內猶分停壽陽琰資給供贍事盡豐厚二年正
月太宗遣輔國將軍劉勔率寧朔將軍呂安國
西討休祐出鎮歷陽為諸軍摠統時徐州刺史
薛安都亦據彭城反募能生禽琰安都封千戶
縣侯賜布絹各二千匹二月勔進軍小峴初合
肥戍主南汝陰太守薛元寶委郡奔子勛前太守
朱輔之據城歸順琰遣攻輔之輔之敗走琰以

前右軍參軍裴季爲南汝陰太守季又歸順太
宗即而授之琰所用象縣令許道蓮亦率二百
人歸降太宗以爲馬頭太守三月上又遣寧朔
將軍劉懷珍段僧愛龍驤將軍姜産之馬步三
軍助勔討琰義軍主黃回募江西楚人千餘斬
子勛所置馬頭太守王廣元以回爲龍驤將軍
淮西人前奉朝請鄭黑率子弟部曲及淮右郡
起義於陳郡城有衆一萬太宗以爲司州刺史
後虜寇淮西戰敗見殺追贈冠軍將軍是月劉

順柳倫皇甫道烈龐天生等馬步八千人東據
宛唐去壽陽三百里勔率衆軍並進去順數里
立營在道遇雨旦始至壘塹未立順欲擊之時
琰所遣諸軍並受節度而以皇甫道烈土豪柳
倫臺之所遣順本卑微不宜統督唯二軍不受
命至是道烈倫不同順不能獨進乃止既而勔
營壘漸立不可復攻因相持守四月勔錄事參
軍王起前部賊曹參軍甄澹等五人委勔奔順
順因此出軍攻勔順幢主樊僧整與臺馬軍主

驃騎中兵參軍段僧愛交矟鬬僧整刺僧愛殺
之追贈屯騎校尉僧愛勇冠三軍軍中並懼太
宗又遣太尉司馬垣閎率軍來會步兵校尉龐
沈之助裴季戍合肥初淮南人周伯符說休祐
求起義兵休祐不許固請乃遣之杖策單行至
安豐收得八百餘人於淮西爲遊兵珍奇所置
弋陽太守郭確遣將軍郭慈孫擊伯符於金丘
琰又遣中兵參軍趙叔寶助之慈孫等爲伯符
所敗並投水死太宗以伯符爲驃騎參軍叔寶

本謂臺軍停住歷陽不辦進順等至無不瓦解
唯齎一月日糧既與勔相持軍食盡報叔寶送
食叔寶乃發車千五百乘載米餉順自以五千
精兵防送之勔聞之軍副呂安國曰劉順精甲
八千而我衆不能居半相持既久彊弱勢殊苟
復推遷則無以自立所賴在彼糧將竭我食有
餘耳若使叔寶米至非唯難可復圖我亦不能
持久今唯有間道襲其　車出彼不意若能制
之將不戰走矣勔以爲然乃以疲弱守營簡選

千百精手配安國及軍主黃回等間路出順後
於橫塘抄之安國始行計叔寶尋至止齎二日
熟食食盡叔寶不至將士並欲還安國曰卿等旦
已一食今晚米車不容不至若其不至夜去不晚叔寶
果至以米車爲函箱陣叔寶於外爲遊軍幢主
楊仲懷領五百人居前與安國回等相會仲懷
部曲並欲退就叔寶并力擊安國仲懷曰賊至
不擊復欲何待且統軍在後政三二里間比吾
交手何憂不至即便前戰回所領並淮南楚子

天下精兵衆力既倍合戰便破之於陣殺仲懷仲懷
所領五百人死盡叔寶至而仲懷及士卒伏尸
蔽野回等欲乘勝擊之安國曰彼將自走不假
復擊退軍三十里止宿夜遣騎參候叔寶果棄
米車奔走安國即復夜往燒米車驅牛二千餘
頭而還劉順聞米車見燒叔寶又走五月一日
夜衆潰奔還壽陽仍走淮西就常珍奇勔於是
方軌而進叔寶斂居民及散卒嬰城自守勔與
諸軍分營城外黃回立航渡肥水叔寶遣馬步

三千欲破航并柵斷小峴埭回擊大破之焚其
船柵休祐與琰書曰君本文弱素無武幹是遠
近所悉且名器清顯不應復有分外希覬近者
之事當是劫於凶豎不能守節今大軍長驅已
造城下勢孤援絶禍敗交至顧昔情款猶有惻
然聖上垂天地之仁開不世之澤好生惡殺遐
邇所聞顧琛王曇生等皆軍敗逆走拔草乞活
尚蒙恩恕晏處私門今神鋒所臨前無横陳況
窮城弱衆殘傷之餘而欲自固乎若開門歸順

自可不失富貴將佐小大並保榮爵何故苟困
士民自求齏膾身膏斧鑕妻息并盡老兄垂白
東市受刑邪幸自思之信言不爽有如皎日上
又遣王道隆齎詔宥琰罪勔又與琰書曰昔景
和凶悖行絶人倫昏虐險穢誅諍杜塞遂殘毀
陵廟芟刈百僚縱毒窮凶靡有紀極子時人神
回遑莫能自保中内士庶咸顒一匡予職在直
衛目所備覩主上神機天發指麾克定横流塗
炭一朝太平扶危拯急實冠終古而四方持疑

成此乖逆資斧所臨每從偃簡足下以衣冠華胄信槩夙昭附戾從違猶見容養賢兄長史階升清列賢子參軍亦塞國網間者進軍宛唐計由劉順退衆閉城當時未了過蒙朝恩謬充將帥叨承風素情有依然今皇威遠申三方慶弱勝敗之勢皎然可覽王御史昨至主上敦驃騎教賢兄賢子書令悉遣送百代以來未有弘恩曲宥乃至於此且朝廷方宣示大義惟新王道何容摽虛辭於士女失國信於一州以足下明

識淵見想必不俟終日如其孤背亭毒弗忌屠陷者便當窮兵肆武究法極刑將恐貴門無復祭祀之主墳壟乏埽灑之望進謝忠臣退慙孝子名實兩喪没有餘責扶力略白幸加研覽琰本無反心事由力屈叔寶等有降意前後屢遣送誠款而衆心持疑莫能相一故歸順之計每多愆塞嬰城愈固弋陽西山蠻田益之起義攻郭確於弋陽以益之爲輔國將軍督弋陽西山事六月勔築長圍始合田益之率蠻衆萬餘人

攻龐定光於義陽定光遣從兄文生拒之爲益之所破見殺遂圍其城定光求救於子勛子勛以定光父孟虯爲司州刺史率精兵五千救義陽并解壽陽之圍常珍奇又自懸瓠遣三千人援定光屯軍柳水益之不戰望風奔散孟虯乘勝進軍向壽陽初常珍奇遣周當垣式寶率數百人送仗與琰式寶驍勇絕衆因留守北門乃率所領開門掩襲勔入其營勔逃避得免式寶得勔衣帽而去勔於是乃豎長圍治攻道於東

南角并填塹東南角有高樓隊主趙法進計曰外若進攻必先攻樓樓穨落既傷將士又使人情沮壞不如先自毀之從其言勔用草苐苞土擲以塞塹擲者如雲城内乃以火箭射之草未及燃後土續至一二日塹便欲滿趙法進復獻計以鐵珠子灌之珠子流滑悉緣隙得入草於是火燃二日間草盡塹中土不過二三寸勔乃作大蝦蟇車載土牛皮蒙之三百人推以塞塹琰戶曹參軍虞挹之造礌車擊之以石車悉破

壞初廬江太守王子仲棄郡奔尋陽廬江人起
義休祐遣員外散騎侍郎陸悠之助之劉胡遣
其輔國將軍薛道標渡江煽動羣蠻規自廬江
掩襲歷陽悠之衆弱退保譙城司徒建安王休
仁遣參軍沈靈寵馳據廬江道標後一日方至
悠之自譙城來會因與道標相持七月龐孟虯
至弋陽劭遣呂安國垣閎龍驤將軍陳顯達驃
騎參軍孟次陽拒之孟虯軍副呂興壽與安國
有舊率所領降安國進軍破孟虯於蓼潭義軍

主陳胤又破之於汝水孟虯走向義陽義陽已
爲王玄謨子曇善起義所據乃逃於蠻中淮西
人鄭叔舉起義擊常珍奇以爲北豫州刺史八
月皇甫道烈柳倫等二十一人聞孟虯敗竝開
門出降劭因此又與琰書曰柳倫來奔具相申
述方承足下迹纏穢亂心秉忠誠悃默窮愁不
親戎政去冬開天之始愚迷者多如足下流比
進非社稷宗臣退無顧命寄託朝廷既不偏相
嫌責足下亦復無所獨愧程天祚已舉城歸順

龐孟虯又繼迹奔亡　胡困於錢溪袁顗欲戰
不得推理揆勢亦安能久且南方初起連州十
六擁徒百萬仲春以來無戰不北摧陷殄滅十
無一二南憑袁顗弱卒北恃足下孤城以茲定
業恐萬無一理方今國網疎略示舉宏維比日
相白想亦已具矣且倫等皆是足下腹心牙爪
所以攜手相捨非有怨恨也了知事不可濟禍
害已及故耳夫擁數千烏合抗天下之兵傾覆
之狀豈不易曉假令六蔽之人猶當不爲其事

況復足下少祖名教疾沒世無稱者邪所以復
有此白者實惜華州重鎮鞠爲茂草兼傷貴門
一日屠滅足下若能封府庫開四門宣語文武
示以禍福先遣咫尺之書表達誠欵然後素車
白馬來詣轅門若令足下髮膚不全兒姪彫耗
者皇天后土實聞此言至辭不華寧復多白薛
道標猶在廬江劉胡又分兵揚聲向壽陽及合
肥劭遣許道蓮馳赴合肥助裴季文又遣黃回
孟次陽及屯騎校尉段佛榮武衛將軍王廣之

縱之道標率其黨薛元寶等攻合肥勔所遣諸軍未至爲道標所陷季文及武衛將軍棄慶祖力戰死之勔馳遣垣閎揔統諸軍攻合肥是月劉胡敗走尋陽平定太宗遣叔寶從父弟季文至琰城下與叔寶語說四方已定勸令時降叔寶曰我乃信汝恐爲人所誑耳叔寶閉絕子勛敗問有傳者即殺之時琰子邈東在京邑繫建康太宗送邈與琰令說南賊已平之問自建康出便防送就道議者以爲宜聽邈與伯父琰

三百四　宋書傳四十七　十八

私相見不爾無以解城内之惑不從邈至叔寶等果疑守備方固十月薛道標突圍與十餘騎走奔淮西投常珍奇薛元寶歸降先是晉熙太守閻湛之據郡同逆至是沈靈寵自廬江攻之湛之未知尋陽已敗固守不降靈寵乃取諸將破劉胡文書置車中攻城僞敗棄車而走湛之得書大駭其夜奔逃十一月常珍奇乞降慮不見納又求救於索虜太宗即以珍奇爲司州刺史領汝南新蔡二郡太守虜亦遣僞帥張窮奇騎萬

匹救之十二月虜至汝南珍奇開門納虜淮西七縣民並連營南奔劉順之亦棄虜歸順南賊降者太宗並送琰城下令與城内交言由是人情沮喪琰將降先送休祐内人出城然後開門時琰有疾以板自輿與諸將帥面縛請罪勔並撫宥無所誅戮自將帥以下財物資貨皆以還之纖毫無所失虜騎救琰至師水聞城陷乃破義陽殺掠數千人而去垣式寶尋復反叛投常珍奇以平琰功劉懷珍封艾縣侯食邑四百戶

三二十　宋書傳四十七　十九

垣閎樂鄉縣侯孟次陽攸縣子王廣之蒲圻縣子陳顯達彭澤縣子呂安國鍾武縣子食邑各三百戶黃回葛陽縣男食邑二百戶送琰及僞節還京都父之爲王景文鎮南諮議參軍兼少府泰豫元年除少府加給事中後廢帝元徽元年卒時年五十九琰性和雅靜素寡嗜欲蹈前世舊事事兄甚謹小心以名行見稱在壽陽被攻圍積時爲城内所懷附揚州刺史王景文征西將軍蔡興宗司空王褚淵並與之友善云

史臣曰夫求忠臣必於孝子之門蓋以類得之也昔啓方說主迹表遺親鄧攸淳行愛兼猶子雖禀分參差情紀難一而均薄等厚未之或偏惠開親禮雖篤弟隙尤著方寸之内孝友異情險於山川有驗於此也

列傳第四十七　宋書八十七

列傳第四十八　宋書八十八

薛安都　沈文秀　崔道固

臣沈約新撰

薛安都河東汾陰人也世爲強族同姓有三千家父廣爲宗豪高祖定關河以爲上黨太守安都少以勇聞身長七尺八寸便弓馬索虜使助秦州刺史北賀汩擊反胡白龍子滅之由是爲僞雍秦二州都統州各有刺史都揔統其事元嘉二十一年索虜主拓跋燾擊芮芮大敗安都與宗人薛永宗起義永宗營汾曲安都襲得弘農會北地人蓋吳起兵遂連衡相應燾自率衆擊永宗滅其族進擊蓋吳安都料衆寡不敵率壯士辛靈度等棄弘農歸國太祖延見之求北還構扇河陝招聚義衆上許之給錦百疋雜繒三百疋復襲弘農虜已增戍城不可克見蓋吳又死乃退還上洛世祖鎭襄陽板爲揚武將軍北弘

農太守虜漸強盛安都乃歸襄陽從叔沈亦同歸國官至綏遠將軍新野太守二十七年隨王誕版安都爲建武將軍隨柳元景向關陝率步騎居前所向克捷事在元景傳軍還誕版爲後軍行參軍二十九年除始興王濬征北行參軍加建武將軍魯爽向虎牢安都復隨元景北出即據關城期俱濟河取蒲坂會爽退安都復率所領隨元景引還仍伐西陽五水蠻世祖伐逆轉參軍事加寧朔將軍領馬軍與柳元景俱發

四月十四日至朱雀航橫矛瞋目叱賊將皇甫安民等曰賊弑君父何心事之世祖踐阼除右軍將軍五月四日率所領騎爲前鋒直入殿庭賊尚有數百人一時奔散以功封南鄉縣男食邑五百戶安都後征關陝至日口夢仰頭視天正見天門開謂左右曰汝見天門開不至是歎曰夢天開乃中興之象邪從弟道生亦以軍功爲大司馬參軍犯罪爲秣陵令庾淑之所鞭安都大怒乃乘馬從數十人令左右執稍往殺

淑之行至朱雀航逢柳元景元景遥問薛公何處去安都躍馬至車後曰小子庾淑之鞭我從弟今指往刺殺之元景慮其不可駐乃給之曰小子無宜適卿往與手甚快安都既回馬復追呼之別宜與卿有所論令下馬入車既入車因責讓之曰卿從弟服章言論與寒細不異雖復人士庾淑之亦何由得知且人身犯罪理應加罰卿爲朝廷勳臣宜崇奉法憲云何放恣輒欲於都邑殺人非唯科律所不容主上亦無辭以相宥

因載之俱歸安都乃止其年以憚直免官孝建元年復除左軍將軍二月魯爽反叛遣安都及宂從僕射胡子反龍驤將軍宗越率步騎據歷陽爽遣將鄭德玄戍大峴德玄使前鋒楊胡與輕兵向歷陽安都遣宗越及歷陽太守程天祚逆擊破之斬胡與及其軍副德玄復使其司馬梁嚴屯峴東安都幢主周文恭晨往偵候因而襲之悉禽賊未敢進世祖詔安都留三百人守歷陽疫還採石遷輔國將軍竟陵內史四月魯

奐使弟瑜率三千人出小峴奐尋以大衆阻大峴又遣安都步騎八千度江與歷陽太守張幼緒等討奐安都軍副建武將軍譚金率數十騎挑戰斬其偏帥幼緒恇怯輒引軍退還安都復還歷陽臧質父不至世祖復遣沈慶之濟江督統諸軍奐軍食少引退慶之使安都率輕騎追之四月丙戌及奐於小峴奐自與腹心壯騎斷後譚金先薄之不能入安都望見奐便躍馬大呼直往刺之應手而倒左右范雙斬奐首奐累世

三フ二十 宋書列傳四十八 四

梟猛生習戰陳咸云萬人敵安都單騎直入斬之而反時人皆云關羽之斬顏良不是過也進爵為侯增邑五百戶并前千戶時王玄謨距南郡王義宣臧質於梁山安都復領騎為支軍賊有水步營在蕪湖安都遣將呂興壽率數十騎襲之賊衆驚亂斬首及赴水死者甚衆義宣遣將劉湛及譚金攻玄謨玄謨命衆軍擊之使安都引騎出賊陳右譚金三歷賊陳乘其隙縱騎突之諸將係進是朝賊馬軍發蕪湖欲來

會戰望安都騎甚盛隱山不敢出賊陣東南猶堅安都橫擊陷之賊遂大潰安都隊主劉元儒於艦中斬湛首轉太子左衛率大明元年虜向無鹽東平太守劉胡出戰失利二月遣安都領馬軍北討東陽太守沈法系水軍向彭城並受徐州刺史申垣節度上戒之曰賊若可及便盡力殄之若度已回可過河耀威而反時虜已去垣求回軍討任榛見許安都當向左城左城去滑臺二百餘里安都以去虜鎮近軍少不宜分行至

弘治四年 宋書傳四十八 五 監生 劉子與

東坊城遇任榛三騎討擒其一餘兩騎得走任榛聞知皆得逃散時天旱水泉多竭人馬疲困不能遠追安都法系並白衣領職垣繫尚方任榛大抵在任城界積世逋叛所聚所在皆棘榛深密難為用師故能久自保燕虜為民患安都明年復職改封武昌縣侯加散騎常侍七年又加征虜將軍為太子左衛率十年終世祖世不轉前廢帝即位遷右衛將軍加給事中永光元年出為使持節督兗州諸軍事前將軍兗州刺史景

和元年代義陽王昶督徐州豫州之梁郡諸軍事平北將軍徐州刺史太宗即位進號安北將軍給鼓吹一部安都不受命舉兵同晉安王子勛初安都從子索兒前廢帝景和中爲前軍將軍直閤從誅諸公封武安縣男食邑三百戶太宗即位以爲左將軍直閤如故安都將爲逆遣密信報之又遣數百人至瓜步迎接時右衛將軍柳光世亦與安都通謀泰始二年正月索兒光世竝在省安都信催令速去二人俱自省逃

出攜安都諸子及家累席卷北奔青州刺史沈文秀冀州刺史崔道固竝皆同反文秀遣劉彌之張靈慶崔僧琁三軍道固遣子景徽傅靈越領衆竝應安都彌之等南出下邳靈越自太山道向彭城時濟陰太守申闡據睢陵城起義索兒率靈越等攻之安都使同黨裴祖隆守下邳城彌之等至下邳改計歸順因進軍攻祖隆僧琁不同率所領歸安都索兒聞彌之有異志舍睢陵馳赴下邳彌之等未戰潰散竝爲索兒所

執見殺時太宗以申令孫爲徐州代安都令孫進據淮陽密有反志遣人告索兒曰欲相從順而百口在都可進軍見攻若戰敗被執家人可得免禍索兒乃遣靈越向淮陽令孫出城爲相距之形既而奔散北投索兒索兒使令孫說闡令降闡既降索兒執闡及令孫竝殺之索兒因引軍渡淮軍糧不給掠奪百姓穀食太宗遣齊王率前將軍張永寧朔將軍垣山寶王寬員外散騎侍郎張寘震蕭順之龍驤將軍張季和黃元亨

文王等諸軍北討其年五月軍次平原索兒等率馬步五千列陳距戰擊大破之索兒又虜掠民穀固守石梁齊王又率鎭北參軍趙曇之呂湛之擊之索兒軍無資實所資野掠既見攻逼無以自守於是奔散又追破之於葛家白鵠索兒走向樂平縣界爲申令孫子孝叔所斬安都子道智大將范雙走向合肥詣南汝陰太守裴季降時武衛將軍王廣之領軍隸劉勔攻殷琰於壽陽傳靈越奔逃爲廣之軍人所生禽廣

聲曰我傳靈越也汝得賊何不即殺生送詣勔
勔躬自慰勞詰其叛逆對曰九州唱義豈獨在
我勔又問四方阻逆無戰不禽主上皆加以曠
蕩即其才用卿何不早歸天闕乃逃命草間乎
靈越荅曰薛公舉兵淮北威震天下不能專任
智勇委付子姪致敗之由實在於此然事之始
未備皆參豫人生歸於一死實無面求活勔壯
其意送還京師太宗欲加原宥靈越辭對如一
終不回改乃殺之靈越清河人也時輔國將軍

山陽內史程天祚據郡同安都攻圍彌時然後
歸順子勔平定安都遣別駕從事史畢衆愛下
邳太守王煥等奉啓書詣太宗歸欵曰臣庸隸
荒萌偷生上國過蒙世祖孝武皇帝過常之恩
犬馬有心實感恩遇是以晉安始唱投誠孤往
不期生榮實存死報今天命大歸羣迷改屬輒
率領所部束骸待誅違拒之罪伏聽湯鑊索兒
之死也安都使柳光世守下邳至是亦率所領
歸降太宗以四方已平欲示威於淮外遣張永

沈攸之以重軍迎之安都謂既已歸順不應遣
重兵懼不免罪乃遣信要引索虜三年正月索
虜遣博陵公尉遲苟人城陽公孔伯恭二萬騎
救之永等引退安都開門納虜虜即授安都徐
州刺史河東公四年三月召還桑乾五年死於
虜中時年六十初安都起兵長史蘭陵繆寄欲
圖之見殺安都未向桑乾前軍將軍裴祖隆謀
殺苟人舉彭城歸順事泄見誅員外散騎侍郎
孫耿之擊索兒戰死及劉彌之張靈慶皆戰敗

見殺竝爲太宗所哀追贈儀光祿勳祖隆寧朔
將軍兗州刺史耿之羽林監彌之輔國將軍青
州刺史靈慶寧朔將軍冀州刺史安都子伯令
環龍亡命梁雎二州之間三年率亡命數千人
襲廣平執太守劉冥虬攻順陽克之略有義成
扶風置立守宰雎州刺史巴陵王休若遣南陽
太守張敬兒新野太守劉攘兵擊破之竝禽先
是東安東莞二郡太守張讜守團城在彭城東
北始同安都末亦歸順太宗以爲東徐州刺史

復爲虜所没
沈文秀字仲遠吳興武康人司空慶之弟子也父劭之南中郎行參軍文秀初爲郡主簿功曹史慶之貴後文秀起家爲東海王禕撫軍行參軍又度義陽王昶東中郎府東遷錢唐令西陽王子尚撫軍參軍武康令尚書庫部郎本邑中正建康令坐爲尋陽王鞭殺私奴免官加杖一百尋復官前廢帝即位爲建安王休仁安南錄事參軍射聲校尉景和元年遷督青州之東莞

東安二郡諸軍事建威將軍青州刺史時帝狂悖無道內外憂危文秀將之鎮部曲出屯白下說慶之曰主上狂暴如此土崩將至而一門受其寵任萬物皆謂與之同心且此人性情無常猜忌特甚將來之禍事又難測今因此衆力圖之易於反掌千載一時萬不可失慶之不從文秀固請非一言輒流涕終不回文秀既行慶之果爲帝所殺慶之死後帝遣直閤江方興領兵誅文秀方興未至太宗已定亂馳驛駐之方興

既至爲文秀所執尋見釋遣還京師時晉安王子勛據尋陽反叛六師外討徵兵於文秀文秀遣劉彌之張靈慶崔僧琁三軍赴朝廷時徐州刺史薛安都已同子勛遣使報文秀以四方齊舉勸令同逆文秀即令彌之等回應安都彌之等尋歸順事在安都傳彌之青州强姓門族甚多諸宗從相合率奔北海據城以拒文秀平原樂安二郡太守王玄默據琅邪清河廣川二郡太守王玄邈據盤陽城高陽勃海二郡太守劉

乘民據臨濟城並起義文秀司馬房文慶謀應之爲文秀所殺文秀遣軍主解彥士攻北海陷之乘民從弟伯宗合率鄉兵復克北海因率所領向青州所治東陽城文秀拒之伯宗戰敗被創弟天愛扶持將去伯宗曰丈夫當死戰場以身殉國安能歸死兒女手中乎弟可速去無爲兩亡乃見殺追贈龍驤將軍長廣太守太宗遣青州刺史明僧暠東莞東安二郡太守李靈謙率軍伐文秀玄邈乘民僧暠等並進軍攻城每戰輒

爲文秀所破離而復合如此者十餘泰始二年八月尋陽平定太守遣尚書度支郎崔元孫慰勞諸義軍隨僧暠戰敗見殺追贈寧朔將軍冀州刺史上遣文秀弟文炳詔文秀曰皇帝前問督青州徐州之東莞東安二郡諸軍事建威將軍青州刺史朕去歲撥亂功振普天於卿一門特有殊澤卿得延命至今誰之力邪何故背國負恩遠同逆豎今天下已定四方寧壹卿獨守窮城何所歸奉且卿百口在都兼有墳墓想情非

木石猶或顧懷故指遣文炳具相宣示凡諸逆即親爲戎首一不加辜文炳所具卿獨何人而能自立便可速率部曲同到軍門別詔有司一無所問如其不爾國有常刑非惟戮及弟息亦當夷卿墳壟既以謝齊土百姓亦以勞將士之心故有今詔三年二月文秀歸命請罪即安本任先是冀州刺史崔道固亦據歷城同逆爲土人起義所攻與文秀俱遣信引虜虜遣將慕容輿白曜率大衆援之文秀已受朝命乃乘虜無

備縱兵掩擊殺傷甚多虜乃進軍圍城文秀善於撫御將士咸爲盡力每與虜戰輒摧破之掩擊營砦往無不捷太宗進文秀號輔國將軍其年八月虜蜀郡公拔式等馬步數萬人入西郭直至城下文秀使輔國將軍垣諶擊破之九月又逼城東十月進攻南郭文秀使員外散騎侍郎黃彌之等邀擊斬獲數千四年又進文秀號右將軍封新城縣侯食邑五百戶虜青州刺史王隆顯於安丘縣又爲軍主高崇仁所破死者

數百人虜圍青州積久太宗所遣救兵並不敢進乃以文秀弟征北中兵參軍文靜爲輔國將軍統高密北海平昌長廣東萊五郡軍事海道救青州文靜至東萊之不其城爲虜所斷遏不得進因保城自守又爲虜所攻屢戰輒剋太宗加其東青州刺史四年不其城爲虜所陷文靜見殺文秀被圍三載外無援軍士卒爲之用命無離叛者日夜戰鬭甲冑生蟣蝨五年正月二十四日遂爲虜所陷城敗之日解釋戎衣緩服

靜坐命左右取所持節虜既入兵刃交至問曰青州刺史沈文秀何在文秀厲聲曰身是因執之牽出聽事前剥取衣服時白曜在城西南角樓裸縛文秀至曜前執之者令拜文秀曰各二國大臣無相拜之禮曜命還其衣爲設酒食鏁送桑乾其餘爲亂兵所殺死者甚衆太宗先遣尚書功論郎何如眞選青州文武亦爲虜所殺文秀在桑乾凡十九年齊之永明四年病死時年六十一

崔道固清河人也世祖世以幹用見知歷太子屯騎校尉左軍將軍大明三年出爲齊北海二郡太守民焦恭破古冢得玉鎧道固檢得獻之執繫恭入爲新安王子鸞北中郎諮議參軍永嘉王子仁左軍司馬景和元年出爲寧朔將軍冀州刺史鎮歷城泰始二年進號輔國將軍又進號征虜將軍時徐州刺史薛安都同逆上即還道固本號爲徐州代之道固不受命遣子景微軍主傅靈越率衆赴安都既而爲土人起義所攻屢戰失利閉門自守會四方平定上遣使宣慰道固奉詔歸順先是與沈文秀共引虜虜既至固守距之因被圍逼虜每進輙爲道固所摧三年以爲都督冀青兗幽并五州諸軍事前將軍冀州刺史加節又進號平北將軍其年爲虜所陷被送桑乾死於虜中

史臣曰春秋列國大夫得罪皆先致其邑而後去唯邾莒三臣書以叛人之目蓋重地也安都勤王之略義闕於藩屏以地外奔罪同於三叛

詩云誰生厲階至今爲梗其此之謂乎

列傳第四十八　宋書八十八

列傳第四十九　宋書八十九

臣沈約　新撰

袁粲

袁粲字景倩陳郡陽夏人太尉淑兄子也父濯楊州秀才蚤卒祖母哀其幼孤名之曰愍孫伯叔並當世榮顯而愍孫饑寒不足母琅邪王氏太尉長史誕之女也躬事績紡以供朝夕愍孫少好學有清才有欲與從兄顗婚者伯父洵即顗父曰顗不堪政可與愍孫婚耳時愍孫在坐

流涕起出蚤以操立志行見知初爲揚州從事世祖安北鎮軍北中郎行參軍侍中郎主簿世祖伐逆轉記室參軍及即位除尚書吏部郎太子右衛率侍中孝建元年世祖率羣臣並於中興寺八關齋中食竟愍孫别與黄門郎張淹更進魚肉食尚書令何尚之奉法素謹密以白世祖世祖使御史中丞王謙之糾奏並免官二年起爲廷尉太子中庶子領右軍將軍出爲輔國將軍西陽王子尚北中郎長史廣陵太守行兖州事仍爲永嘉王子仁冠軍長史將軍太守如故大明元年復爲侍中領射聲校尉封興平縣子食邑五百户事在顔師伯傳三年坐納山陰民丁彖文貨舉爲會稽郡孝廉免官尋爲西陽王子尚撫軍長史又爲中庶子領左軍將軍四年出補豫章太守加秩中二千石五年復還爲侍中領長水校尉遷左衛將軍加給事中七年轉吏部尚書左衛如故其年皇太子冠上臨宴東宫愍孫勸顔師伯酒師伯不飲愍孫因相

裁辱師伯見寵於上上常嫌愍孫以寒素凌之因此發怒出爲海陵太守前廢帝即位除御史中丞不拜復爲吏部尚書永光元年徙右衛將軍加給事中景和元年復入爲侍中領驍騎將軍太宗泰始元年轉司徒左長史冠軍將軍南東海太守愍孫清整有風操自遇甚厚常著妙德先生傳以續嵇康高士傳以自況曰有妙德先生陳國人也氣志淵虛姿神清映性孝履順栖冲業簡有舜之遺風先生幼夙多疾性疎嬾

無所營尚然九流百氏之言雕龍談天之藝皆泛識其大歸而不以成名家貧嘗仕非其好也混其聲迹晦其心用故深交或迕俗察罔識所處席門常掩三逕裁通雖揚子寂漠嚴叟沈冥不是過也脩道遂志終無得而稱焉又嘗謂周旋人曰昔有一國國中一水號曰狂泉國人飲此水無不狂唯國君穿井而汲獨得無恙國人既竝狂反謂國主之不狂爲狂於是聚謀共執國主療其狂疾火艾鍼藥莫不必具國主不任

其苦於是到泉所酌水飲之飲畢便狂君臣大小其狂若一衆乃歡然我既不狂難以獨立比亦欲試飲此水愍孫幼慕荀奉倩之爲人白世祖求改名爲粲不許至是言於太宗乃改爲粲字景倩焉二年遷領軍將軍仗士三十人入六門其年徙中書令領太子詹事增封三百戶固辭不受三年轉尚書僕射尋領吏部五年加中書令又領丹陽尹六年上於華林園茅堂講周易粲爲執經又知東宮事徙爲右僕射七年領

太子詹事僕射如故未拜遷尚書令丹陽尹如故坐前選武衛將軍江柳爲江州刺史柳有罪降爲守尚書令太宗臨崩粲與褚淵劉勔竝受顧命加班劍二十人給鼓吹一部後廢帝即位加兵五百人帝未親朝政下詔曰比元序愆度留重爓暑有傷秋稼方貽民瘼朕以眇疚未弘政道囹圄尚繁枉滯猶積晨兢夕厲每惻于懷尚書令可與執法以下就訊衆獄使冤訟洗遂痾弊昭蘇頒下州郡咸令無壅元徽元年丁母

憂葬竟攝令親職加衛將軍不受敦逼備至中使相望粲終不受性至孝居喪毀甚祖日及祥變常發詔衛軍斷客二年桂陽王休範爲逆粲扶曳入殿詔加兵自隨府置佐史時兵難危急賊已至南掖門諸將意沮咸莫能奮粲慷慨謂諸將帥曰寇賊已逼而衆情離沮孤子受先帝顧託本以死報今日當與褚護軍同死社稷因命左右被馬辭色哀壯於是陳顯達等感激出戰賊即平　殄事寧授中書監即本號開府儀同

三司領司徒以揚州解爲府固不肯移三年徙尚書令衛軍開府如故並固辭服終乃受加侍中進爵爲侯又不受時粲與齊王褚淵劉秉入直平決萬機時謂之四貴粲閑默寡言不肯當事主書每往諮決或高詠對之時立一意則衆莫能改宅宇平素器物取給好飲酒善吟諷獨酌園庭以此自適居負南郭時杖策獨遊素寡往來門無雜客及受遺當權四方輻湊閑居高臥一無所接談客文士所見不過一兩人順帝

即位遷中書監司徒侍中如故時齊王居東府故使粲鎮石頭粲素靜退每有朝命多不即從逼切不得已然後方就及詔移石頭即便順旨有周旋人解望氣謂粲曰石頭氣甚乖往必有禍粲不答又給油絡通幰車仗士五十人入殿時齊王功高德重天命有歸粲自以身受顧託不欲事二姓密有異圖丹陽尹劉秉宋代宗室前湘州刺史王蘊太后兄子素好武事並慮不見容於齊王皆與粲相結將帥黃回任候伯孫

曇瓘王宜興彭文之卜伯興等並與粲合昇明元年荆州刺史沈攸之舉兵齊王自詣粲粲稱疾不見粲宗人通直郎袁達以爲不宜示異同粲曰彼若以主幼時艱與桂陽時不異劫我入臺便無辭以拒一如此不復得出矣時齊王入屯朝堂秉從父弟領軍將軍韞入直門下省伯興爲直閤黃回諸將皆率軍出新亭粲謀克日矯太后令使韞伯興率宿衛兵攻齊王於朝堂回率軍來應秉候伯等並赴石頭本期夜發其

日秉恇擾不知所爲晡後便束裝未暗載婦女席卷就粲由此事洩先是齊王遣將薛淵蘇烈王天生等領兵戍石頭云以助粲實禦之也又令腹心王敬則爲直閤與伯興共總禁兵王蘊聞秉已奔歎曰今年事敗矣時齊王使蘊募人已得數百乃狼狽率部曲向石頭本期開南門時已暗夜薛淵等據門射之蘊謂粲已敗即便散走齊王以報敬則率所領收蘊殺之并誅伯興又遣軍主戴僧靜向石頭助薛淵自倉門得

入時粲與秉等列兵登東門僧靜分兵攻府西門粲與秉欲還赴府既下城列燭自照僧靜挺身暗往粲子最覺有異人以身衛粲僧靜直前斬之父子俱殞左右各分散粲死時年五十八任候伯等其夜並乘輕舸自新亭赴石頭聞粲敗乃馳還其後並誅秉事在宗室傳齊永明元年詔曰昔魏矜袁紹㠯給丘墳晉亮兩王榮覃餘裔斯蓋懷舊流仁原心興宥二代弘義前載美談袁粲劉秉並與先朝同獎宗室沈攸之於

宋書列傳四十九　七

京和之世特有乃心雖末節不終而始誠可録歲月彌往宜沾優隆粲秉前年改葬塋兆未脩材官可爲經略粗合周禮攸之及其諸子喪柩在西可符荊州以時致送還反舊墓在所營葬事

史臣曰闢運刱基非機㷖變無以通其務世及繼體非忠貞無以守其業闢運之君千載一有世及之主無乏於時（闕二字）須機變之用短資忠貞之路長也故漢室（闕二字）文舉[illegible]不屈曹氏魏鼎將移夏侯義不北面若悉以二子為心則兩代宜不亡矣袁粲清標簡貴任屬負圖朝野之望雖隆然未以大節許也及其赴危亡審存滅豈所謂義重於生乎雖不達天命而其道有足懷者昔王經被旌於晉世粲等亦改瘞於聖朝盛代同符美矣

列傳第四十九　宋書八十九

嘉靖十年刊　宋書傳四十九　八

列傳第五十　宋書九十

臣沈約新撰

明四王

明帝十二子陳貴妃生後廢帝謝脩儀生皇子法良陳昭華生順帝徐婕好生第四皇子鄭脩容生皇子智井次晉熙王燮與皇子法良同生泉美人生邵陵殤王友次江夏王躋與第四皇子同生徐良人生武陵王贊杜脩華生隨陽王翽次新興王嵩與武陵王贊同生又泉美人生始建王禧智井燮贊並出繼法良未封第四皇子未有名早夭

邵陵殤王友字仲賢明帝第七子也後廢帝元徽二年太尉江州刺史桂陽王休範反誅皇室寡弱友年五歲出為使持節督江州豫州之西陽新蔡晉熙三郡諸軍事南中郎將江州刺史封邵陵王食邑二千戶府州文案及臣吏不諱有無之有順帝即位進號左將軍改督為都督昇明二年徙都督南豫豫司三州諸軍事安南將軍南豫州刺史歷陽太守三年薨無子國除

隨陽王翽字仲儀明帝第十子也元徽四年年六歲封南陽王食邑二千戶昇明元年為使持節督郢州司州之義陽諸軍事西中郎將郢州刺史未拜徙督湘州諸軍事南中郎將湘州刺史持節如故未之鎮進號前將軍二年以南陽荒遠改封隨陽王以本號停京師齊受禪降封舞陰縣公食邑千五百戶謀反賜死

新興王嵩字仲岳明帝第十一子元徽四年年六歲封新興王食邑二千戶齊受禪降封定襄縣公食邑千五百戶謀反賜死

始建王禧字仲安明帝第十二子也元徽四年年六歲封始建王食邑三千戶齊受禪降封荔封縣公食邑千五百戶謀反賜死

史臣曰太宗負螟之慮螽斯非巳出枝葉不茂豈能庇其本根族服于周斯為幸矣

列傳第五十　宋書九十

列傳第五十一　宋書九十一

臣沈約新撰

孝義

易曰立人之道曰仁與義夫仁義者合君親之至理實忠孝之所資雖義發因心情非外感然企及之旨聖哲詒言至於風漓化薄禮違道喪忠不樹國孝亦衍家而一世之民權利相引仕以勢招榮非行立乏翱翔之感棄舍生之分霜露未改大痛已忘於心名節不變戎車遽爲其首斯並軌訓之理未弘汲引之塗多闕若夫情發於天行成乎己捐軀舍命濟主安親雖乖理闇主匪由勸賞而宰世之人曾微誘激乃至事隱閭閻無聞視聽故可以昭被圖篆百不一焉今采綴湮落以備闕文云尒

龔穎遂寧人也少好學益州刺史毛璩辟爲勸學從事璩爲譙縱所殺故佐吏並逃亡穎號哭奔赴殯送以禮縱後設宴延穎不獲已而至樂奏穎流涕起曰北面事人亡不能死何忍聞舉

樂蹈跡逆亂乎縱大將譙道福引出將斬之道福母則穎姑跣出救之故得免縱既僭號備禮徵又不至乃收穎付獄脅以兵刃執志彌堅終無回改至于蜀平遂不屈節其後刺史至輒加辟引歷府參軍州別駕從事史太祖元嘉二十四年刺史陸徵上表曰臣聞運纏明夷則艱貞之節顯時屬棟撓則獨立之操彰昔之元興皇綱弛紊譙縱乘釁肆虐巴庸害殺前益州刺史毛璩竊據蜀土涪岷士庶怵迫受職璩故吏龔穎獨秉身貞白抗志不撓殯送舊君哀敬盡禮全操九載不染僞朝縱雖殘凶猶重義槩遂延以旌命劫以兵威穎忠誠奮發辭色方壯雖桎梏在身賤危愈信其節白刃臨頸見死不更其守若王蠋之抗辭燕軍同周苛之肆詈楚王方之於穎蔑以加焉誠當今之忠壯振古之遺烈而名未登於王府爵猶齒於卿曹斯實邊氓遠土所爲於邑臣過叨恩私宣風萬里志存砥竭有懷必聞故率愚懇舉其所知追懼紕妄伏

增懷棄顯遂不被朝命終於家

劉瑜歷陽人也七歲喪父事母至孝年五十二又喪母三年不進鹽酪號泣晝夜不絕聲勤身運力以營葬事服除後二十餘年布衣蔬食言輒流涕常居墓側未嘗暫違太祖元嘉初卒

賈恩會稽諸暨人也少有志行為鄉曲所推重元嘉三年母亡居喪過禮未葬為鄰火所逼恩及妻桓氏號哭奔救鄰近赴助棺櫬得免恩及桓俱見燒死有司奏改其里為孝義里蠲租布三世追贈天水部顯親縣左尉

郭世道會稽永興人也生而失母父更娶世道事父及後母孝道淳備年十四又喪父居喪過禮殆不勝喪家貧無產業傭力以養繼母婦生一男夫妻共議曰勤身供養力猶不足若養此兒則所費者大乃垂泣瘞之母亡負土成墳親戚或共賻助微有所受葬畢傭賃倍還先直服除後哀戚思慕終身如喪者以為追遠之思無時去心故未嘗釋衣帢仁厚之風行於鄉黨

鄰村小大莫有呼其名者嘗與人共於山陰市貨物誤得一千錢當時不覺分背方悟請其伴求以此錢追還本主伴大笑不答世道以己錢充數送還之錢主驚歎以半直與世道世道委之而去元嘉四年遣大使巡行天下散騎常侍袁愉表其淳行太祖嘉之敕郡牓表閭門蠲其稅調改所居獨楓里為孝行焉太守孟顗察孝廉不就子原平字長泰又稟至行養親必己力性閑木功傭賃以給供養性謙虛每為人作匠

取散夫價主人設食原平自以家貧父母不辦有肴味唯餐鹽飯而已若家或無食則虛中竟日義不獨飽要須日暮作畢受直歸家於里中買糴然後舉爨父抱篤疾彌年原平衣不解帶口不嘗鹽菜者跨積寒暑又未嘗睡臥父亡哭踊慟絕數日方蘇以為奉終之義情禮所畢營壙凶功不欲假人本雖智巧而不解作墓乃訪邑中有營墓者助人運力經時展勤久乃閑練又自賣十夫以供衆費窀穸之事儉而當禮性

無術學因心自然葬畢詣所買主執役無懈與諸奴分務每讓逸取勞主人不忍使每遣之原平服勤未曾暫替所餘私夫傭賃養母有餘聚以自贖本性智巧既學構冢尤善其事每至吉歲求者盈門原平所赴必自貧始既取賤價又以夫日助之父喪既終自起兩間小屋以爲祠堂每至節歲烝嘗於此數日中哀思絕飲粥父服除後不復食魚肉於母前示有所噉在私室未曾妄嘗自此迄終三十餘載高陽許瑶之居

在永興罷建安郡丞還家以緜一斤遺原平原平不受送而復反者前後數十瑶之乃自往曰今歲過寒而建安緜好以此奉尊上下耳原平乃拜而受之及母終毁瘠彌甚僅乃免喪墓前有數十畝田不屬原平每至農月耕者恒裸袒原平不欲使人慢其墳墓乃販質家貲貴買此田三農之月輒束帶垂泣躬自耕墾每出市賣物人問幾錢裁言其半如此積時邑人皆共識悉輒加本價與之彼此相讓欲買者稍稍減價

要使微賤然後取直居宅下濕遶宅爲溝以通淤水宅上種少竹春月夜有盜其筍者原平偶起見之盜者奔走墜溝原平自以不能廣施至使此人顛沛乃於所植竹處溝上立小橋令足通行又采筍置籬外鄰曲慙愧無復取者太祖崩原平號哭致慟日食麥料一枚如此五日人或問之曰誰非王民何獨如此原平泣而答曰吾家見異先朝蒙褒贊之賞不能報恩私心感慟耳又以種瓜爲業世祖大明七年大旱瓜瀆

不復通船縣官劉僧秀愍其窮老下瀆水與之原平曰普天大旱百姓俱困豈可減溉田之水以通運瓜之船乃步從他道往錢唐貨賣每行來見人牽埭未過輒迅檝助之已自引船不假旁力若自船已渡後人未及當停住須待以此爲常嘗於縣南郭鳳埭助人引船遇有相鬬者爲吏所錄聞者逃散唯原平獨住吏執以送縣縣令新到未相諳悉將加嚴罰原平解衣就罪義無一言左右小大咸稽顙請救然後得免由

來不謁官長自此以後乃脩民敬太守王僧朗察孝廉不就太守蔡興宗臨郡深加貴異以私米饋原平及山陰朱百年妻教曰秩年之貺著自國書餼貧之典有聞甲令況高柴窮老萊婦屯暮者哉求興郭原平世禀孝德洞業儲靈深仁絕操追風曠古棲貞處約華耇方嚴山陰朱百年道終物表妻孔耋齒孀居窶迫殘日欽風撫事嗟慨滿懷可以帳下米各餉百斛原平固讓頻煩誓死不受人或問曰府君嘉君淳行愍君

弘治四年　宋書傳五十一　七　監生劉子璵

貧老故加此贍豈宜必辭原平曰府君若以吾義行邪則無一介之善不可濫荷此賜若以其貧老邪耋齒甚多屢空比室非吾一人而已終不肯納百年妻亦辭不受會稽貴重望計及望孝盛族出身不減祕著太宗泰始七年興宗欲舉山陰孔仲智長子爲望計原平次息爲望孝仲智會土高門原平一邦至行欲以相敵會太宗別敕用人故二選並寢泰豫元年興宗徵還京師表其殊行宜舉拔顯選以勸風俗舉爲太學博士會興宗薨事不行明年元徽元年卒於家原平少長交物無忤辭於人與其居處者數十年未嘗見喜愠之色三子一弟並有門行長子伯林舉孝廉次子靈馥儒林祭酒皆不就

嚴世期會稽山陰人也好施慕善出自天然同里張邁三人妻各產子時歲飢儉慮不相存欲棄而不舉世期聞之馳往拯救分食解衣以贍其乏三子並得成長同縣俞陽妻莊年九十莊女蘭七十並各老病單孤無所依世期衣飴之三

弘治四年　宋書傳五十一　八　監生刘升宇

十餘年死並殯塟宗親嚴弘鄉人潘伯等十五人荒年並餓死露骸不收世期買棺器殯埋存育孩幼山陰令何曼之表言之元嘉四年有司奏牓門曰義行嚴氏之閭復其身徭役蠲租稅十年

吳逵吳興烏程人也經荒飢饉係以疾疫父母兄弟嫂及羣從小功之親男女死者十三人逵時病困鄰里以葦席裹之埋於村側既而逵疾得瘳親屬皆盡唯逵夫妻獲全家徒壁立冬

無被袴晝則庸賃夜則伐木燒塼此誠無有懈倦逵夜行遇虎虎輒下道避之朞年中成七墓葬十三棺鄰里嘉其志義葬日悉出赴助送終之事亦儉而周禮逵時逆取鄰人夫直葬畢衆悉以施之逵一無所受皆傭力報答焉太守張崇之三加禮命太守王韶之擢補功曹史逵以門寒固辭不就舉爲孝廉

潘綜吳興烏程人也孫恩之亂妖黨攻破村邑綜與父驃共走避賊驃年老行遲賊轉逼驃語綜我不能去汝走可脫幸勿俱死驃困乏坐地綜迎賊叩頭曰父年老乞賜生命賊至驃亦請賊曰兒年少自能走今爲老子不走去老子不惜死乞活此兒賊因斫驃綜抱父於腹下賊斫綜頭面凡四創綜當時悶絕有一賊從傍來相謂曰卿欲舉大事此兒以死救父云何可殺殺孝子不祥賊良久乃止父子並得免綜鄉人祕書監丘繼祖廷尉沈赤黔以綜異行廉補左民令史除遂昌長歲滿還家太守王韶之臨郡發

日前被符孝廉之選必審其人雖四科難該文質寡備必能孝義邁俗拔萃著聞者便足以顯應明敭允將符旨烏程潘綜守死孝道全親濟難烏程吳逵義行純至列墳成行感精誠內淳休聲外著可並察孝廉并列上州臺陳其行跡及將行設祖道贈以四言詩曰東寶惟金南木有喬發輝曾崖竦幹重霄美哉茲土世載英髦育翮幽林養音九皋其一唐后明敭漢宗蒲輪我皇降鑑思樂懷人羣臣競薦舊章惟新余亦奚貢曰義與仁其二仁義伊在惟吳惟潘心積純孝事著艱難投死如歸淑問若蘭吳實履仁心力偕單固此苦節易彼歲寒霜雪雖厚松栢丸丸其三人亦有言無善不彰二子徽猷彌久彌芳拔叢出類景行朝陽誰謂道遐弘之則光咨爾庶士無然怠荒其四江華奉贄慶祿是荷姜詩入貢漢朝咨嗟勗哉行人敬爾休嘉俾是下國眹暉京華其五伊余朽駘竊服懼盜無能禮樂豈暇聲教順彼康夷懿德是好聊綴

所懷以贈二孝其元嘉四年有司奏改其里爲純孝里蠲租布三世

張進之永嘉安固人也爲郡大族少有志行歷郡五官主簿永寧安固二縣領校尉家世富足經荒年散其財救贍鄉里遂以貧罄全濟者甚多進之爲太守王味之吏味之有罪當見收逃避投進之家供奉經時盡其誠力以本村淺近移入池溪味之墮水沈沒進之投水拯救相與沈淪危而得免時刼掠充斥每入村

抄暴至進之門輒相約勒不得侵犯其信義所感如此元嘉初詔在所蠲其縣役孫恩之亂永嘉太守司馬逸之被害妻子並死兵寇之際莫敢收藏郡吏俞僉以家財買棺斂逸之等六喪送致還都葬畢乃歸鄉里元嘉中老病卒

王彭盱眙直瀆人也少喪母元嘉初父又喪亡家貧力弱無以營葬兄弟二人晝則傭力夜則號感鄉里並哀之乃各出夫力助作塼塼須水而天旱穿井數十丈泉不出墓處去淮五里荷擔遠汲困而不周彭號天自訴如此積日一旦大霧霧歇塼竈前忽生泉水鄉隣助之者並嗟歎神異縣邑近遠悉往觀之葬事既竟水便自竭元嘉九年太守劉伯龍依事表言改其里爲通靈里蠲租布三世

蔣恭義興臨津人也元嘉中晉陵蔣崇平爲刼見禽云與恭妻弟吳晞張爲侶晞張先行不在本村遇水妻息五口避水移寄恭家討録晞張不獲收恭及兄協付獄治罪恭協並款舍住晞

張家口而不知刼情恭列晞張妻息是婦之親親今有罪恭身甘分求遣兄協協列協是戶主延制所由有罪之日關協而已求遣弟恭兄弟二人爭求受罪郡縣不能判依事上詳州議之曰禮讓者以義爲先自厚者以利爲上末世俗薄靡不自私伏膺聖教猶或不逮況在野夫未達詁訓而能互發天倫之憂甘受莫測之罪若斯情義實爲殊特蔑尔恭協而能行之茲乃終古之所希盛世之嘉事二子乘舟無以過此豈宜

愆執憲文加以罪戮且縣張封筒遠行他界為
劫造釁自外贓不還家所寓村伍容有不知不合加
罪勤縣遣之還復民伍乃除恭義成令協義恪令
徐耕晉陵延陵人也自令史除平原令元嘉二十
一年大旱民飢耕詣縣陳辭曰今年亢旱禾稼
不登氓黎飢餒採掇存命聖上哀矜已垂存拯
但饉罄來久困殆者衆米穀轉貴糴索無所方
涉春夏日月悠長不有微救永無濟理不惟凡
璅敢憂身外鹿鳴之求思同野草氣類之感

能不傷心民糴得少米資供朝夕志欲自竭
義存分飡今以千斛助官賑貸此境連年不
熟今歲尤甚晉陵境特為偏祐此郡雖弊猶有
富室承陂之家處處而是並皆保熟所失蓋微陳
積之穀皆有巨萬旱之所弊寔是鐘貧民溫富之
家各有財寶謂此等並宜助官得過儉月所
損至輕所濟甚重今敢自勵為勸造之端實
願掘水揚塵崇益山海縣為言上當時議者以
耕比漢卜式詔書褒美酬以縣令大明八年東土

飢旱東海嚴成東莞王道蓋各以穀五百斛助
官賑䘏
孫法宗吳興人也父遇亂被害尸骸不收母兄
並餓死法宗年小流迸至年十六方得還單身
勤苦霜行草宿營辦棺槨造立冢墓葬送母
兄儉而有禮以父喪不測於部境之內尋求枯骨
刺血以灌之如此者十餘年不獲乃縗絰終身不娶
饋遺無所受世祖初揚州辟為文學從事不就
范叔孫吳郡錢唐人也少而仁厚固窮濟急

同里范法先父母兄弟七人同時疫死唯餘
法先病又危篤喪尸經月不收叔孫悉備棺
器親為殯埋又同里施淵夫疾病父母死不殯
又同里范苗父子並亡又同里危敬宗家口六人
俱得病二人喪沒親鄰畏遠莫敢營視叔孫
並殯葬躬卹病者並皆得全鄉曲貴其義行莫
有呼其名者世祖孝建初除竟陵王國中軍將
軍不就義興吳國夫亦有義讓之美人有竊其
稻者乃引還為設酒食以米送之

卜天與吳興餘杭人也父名祖有勇幹徐赤將爲餘杭令祖依隨之赤將死高祖聞其有幹乃召補隊主從征伐封關中侯歷二縣令天與善射引力兼倍容貌嚴正笑不解顏太祖以其舊將子使教皇子射居累年以白衣領東掖防閤隊元嘉二十七年臧質救懸瓠劉興祖守白石並率所領隨之虜退罷還領輦後第一隊撫卹士卒甚得衆心二十九年以爲廣威將軍領左細仗兼帶營祿元凶入弒事變倉卒舊將羅訓

徐罕皆望風屈附天與不暇被甲執刀持弓疾呼左右出戰徐罕曰殿下入汝欲何爲天與罵曰殿下常來云何即時方作此語只汝是賊手射賊劭於東堂幾中逆徒擊之臂斷倒地乃見殺其隊將張泓之朱道欽陳滿與天與同出拒戰並死世祖即位詔曰日者逆豎犯蹕釁變卒起廣威將軍關中侯卜天與提戈赴難挺身奮節斬殪凶黨而旋受虐刃勇冠當時義侔古烈興言追悼傷痛于心宜加甄贈以旌忠節可贈龍驤將軍益州刺史謚曰壯侯車駕臨哭泓之等各贈郡守給天與家長稟子伯宗殿中將軍太宗泰始初領幢擊南賊於赭圻戰沒伯宗弟伯興官至前將軍南平昌太守直閤領細杖主順帝昇明元年與袁粲同謀伏誅天與弟天生少爲隊將十人同火屋後有一大阬廣二丈餘十人共跳之皆渡唯天生墜阬天生乃取實中苦竹剡其端使利交橫布阬内更呼等類共跳並畏懼不敢天生曰我向已不渡今者必墜此阬

中丈夫跳此不渡亦何須活乃復跳之往反十餘曾無留礙衆並歎服以兄死節爲世祖所留心稍至西陽王子尚撫軍參軍加龍驤將軍隸沈慶之攻廣陵城天生推車塞塹率數百人先登西北角徑至城上賊爲重柵斷攻道苦戰移日不拔乃還詔曰天生始受戎任甫造寇壘而投輪越塹率果先騰驍壯之氣嘉歎無已可且賜布千匹以厲衆校大明末爲弋陽太守太宗泰始初與殷琰同逆邊城令宿僧

護起義討斬之
許昭先義興人也叔父肇之坐事繫獄七年不
判子姪二十許人昭先家最貧薄專獨料訴無
日在家餉饋肇之莫非珍新家產既盡賣宅以
充之肇之諸子倦怠昭先無有懈息如是七載
尚書沈演之嘉其操行肇之事由此得釋昭先
舅夫妻並疫病死亡家貧無以送昭先賣衣物
以營殯葬舅子三人並幼贍護皆得成長昭先
父母皆老病家無僮役竭力致養甘旨必從宗

黨嘉其孝行雍州刺史劉真道板為征虜參
軍昭先以親老不就本邑補主簿昭先以叔未
仕又固辭元嘉初西陽董陽五世同財為鄉邑
所美會稽姚吟事親至孝孝建初揚州辟文學
從事不就
余齊民晉陵晉陵人也少有孝行為邑書吏父
殖大明二年在家病亡家人以父病報之信未至
齊民謂人曰比者肉痛心煩有若割截居常遑
駭必有異故信尋至便歸四百餘里一日而至

至門方詳父死號踊慟絕良久乃蘇問母父所
遺言母曰汝父臨終恨不見汝曰相見何難於
是號叫殯所須臾便絕州郡上言有司奏曰收
賢旌善萬代無殊心至自太古今豈異齊民至
性由中情非外感淳情凝至深心天徹旣許遺
旨一慟頓亡雖迹異參柴而誠均丘趙方今聖
務彪被移華夏寧具乃風淳以禮治本惟孝
靈祥歸應其道先彰齊民越自珉隸行貫生品
旌閭表墓允出在茲改其里為孝義里蠲租布

賜其母穀百斛
孫棘彭城彭城人也世祖大明五年發三五丁
弟薩應充行坐違期不至依制軍法人身付獄
未及結竟棘詣郡辭不忍令當一門之苦乞以
身代薩薩又辭列門戶不建罪應至此狂愚犯
法實是薩身自應依法受戮兄弟少孤薩三
歲失父一生恃賴唯在長兄兄雖可垂愍有何
心處世太守張岱疑其不實以棘薩各置一處語
棘云已為諸詳聽其相代棘顏色甚悅答云得

爾旦則爲不死又語薩亦欣然曰死自分甘但令兄免薩有何恨棘妻許又寄語屬棘君當門戶豈可委罪小郎且大家臨亡以小郎屬君竟未妻娶家道不立君已有二兒死復何恨岱依事表上世祖詔曰棘薩旺隸節行可甄特原罪州加辟命并賜許帛二十匹先是新蔡徐元妻許年二十一喪夫子甄年三歲父攬愍其年少以更適同縣張買許自誓不行父逼載送買許自經氣絕家人奔赴良久乃蘇買知不可奪

夜送還攬許歸徐氏養元父季元嘉中年八十餘卒太宗泰始二年長城奚慶思殺同縣錢仲期仲期子延慶屬役在都聞父死馳還於庚浦埭逢慶思手刃殺之自繫烏程縣獄吳興太守郗顒表不加罪許之

何子平廬江灊人也曾祖楷晉侍中祖友會稽王道子驃騎諮議參軍父子先建安太守子平世居會稽少有志行見稱於鄉曲事母至孝揚州辟從事史月俸得白米輒貨市粟麥人或問曰所利無幾何足爲煩子平曰尊老在東不辦常得生米何心獨饗白粲每有贈鮮肴者若不可寄致其家則不肯受母本側庶籍注失實年未及養而籍年已滿便去職歸家時鎮軍將軍顧覬之爲州上綱謂曰尊上年實未八十親故所知州中差有微祿當啓相留子平曰公家正取信黃籍籍年既至便應扶侍私庭何容以實年未滿苟冒榮利且歸養之願又切微情覬之又勸令以母老求縣子平曰實未及養何假

以希祿覬之益重之既歸家竭身運力以給供養元嘉三十年元凶弒逆安東將軍隨王誕入討以爲行參軍子平以凶逆滅理普天同奮故廢己受職事寧自解又除奉朝請不就末除吳郡海虞令縣祿唯以養母一身而妻子不犯一毫人或疑其儉薄子平曰希祿本在養親不在爲己問者慙而退母喪去官哀毀踰禮每至哭踊頓絕方蘇值大明末東土飢荒繼以師旅八年不得營葬晝夜號絕擗踊不闋俄頃叫慕之

音常如袒括之日冬不衣絮暑避清凉日以數
合米爲粥不進鹽菜所居屋敗不蔽雨日兒子伯
與採伐茅竹欲爲葺治子平不肯曰我情事未
申天地一罪人耳屋何宜覆蔡興宗爲會稽太
守甚加旌賞泰始六年爲營冢槨子平居喪毀
甚因瘠踰久及至免喪支體殆不相屬幼持操
檢敦厲名行雖處闇室如接大賓學義堅明
處之以默安貧守善不求榮進好退之士彌以
貴之順帝昇明元年卒時年六十

史臣曰漢世士務治身故忠孝成俗至乎乘軒
服冕非此莫由晋宋以來風衰義缺刻身厲行
事薄膏腴若夫孝立閨庭忠被史策多發溝畎
之中非出衣簪之下以此而言聲教不亦卿大
夫之耻乎

列傳第五十一　宋書九十一

列傳第五十二　宋書九十二

臣沈約新撰

良吏

高祖起自匹庶知民事艱難及登庸作宰留心
吏職而王略外舉未遑內務奉師之費日耗千
金播兹寬簡雖所未暇而紬華屏欲以儉抑身
左右無幸謁之私閨房無文綺之飾故能戎車
歲駕邦甸不擾太祖幼而寬仁入纂大業及難
興陝方六戎薄伐命將動師經略司兗費由府

實役不及民自此區寓宴安方內無事三十年
間氓庶蕃息奉上供徭止於歲賦晨出莫歸自
事而已守宰之職以六朞爲斷雖没世不徙未
及曩時而民有所係吏無苟得家給人足即事
雖難轉死溝渠於時可免凡百戶之鄉有市之
邑謌謠舞蹈觸處成羣蓋宋世之極盛也暨元
嘉二十七年北狄南侵戎役大起傾資掃蓄猶
有未供於是深賦厚斂天下騷動自兹至于孝
建兵連不息以區區之江東地方不至數千里

戶不盈百萬薦之以師旅因之以凶荒宋氏之盛自此衰矣晉世諸帝多處內房朝宴所臨東西二堂而已孝武末年清暑方構高祖受命無所改作所居唯稱西殿不制嘉名太祖因之亦有合殿之稱及世祖承統制度奢廣犬馬餘菽粟土木衣綈繡追陋前規更造正光玉燭紫極諸殿雕欒綺節珠窗網戶嬖女幸臣賜傾府藏竭四海不供其欲單民命未快其心太宗繼阼彌篤浮侈恩不卹下以至橫流莅民之官遷變

歲屬竈不得黔席未暖蒲密之化事未易階豈徒吏不及古民偽於昔蓋由為上所擾致治莫從今採其風迹粗著者以為良吏篇云

王鎮之字伯重琅邪臨沂人徵士弘之兄也曾祖廙晉驃騎將軍祖耆之中書郎父隨之上虞令鎮之初為琅邪王衛軍行參軍出補剡上虞令並有能名內史謝輶請為山陰令復有殊績遷衛軍參軍本國郎中令加寧朔將軍桓玄輔晉以為大將軍錄事參軍時三吳飢荒遣鎮之

銜命賑卹而會稽內史王愉不奉符旨鎮之依事糾奏愉子綏玄之外甥當時貴盛鎮之為所排抑以母老求補安成太守及玄敗玄將苻宏寇亂郡境鎮之拒戰彌年子弟五人並臨陣見殺母憂去職在官清潔妻子無以自給乃棄家致喪還上虞舊墓畢為子標之求安復令隨子之官服闋為征西道規司馬南平太守徐道覆逼江陵加鎮之建威將軍統檀道濟到彥之等討道覆以不經將帥固辭不見聽既而前軍失

利白衣領職尋復本官以討道覆功封華容縣五等男徵廷尉晉穆帝何皇后山陵領將作大匠遷御史中丞秉正不撓百寮憚之出為使持節都督交廣二州諸軍事建威將軍平越中郎將廣州刺史高祖謂人曰王鎮之少著清績必將繼美吳隱之嶺南之弊非此不康也在鎮不受俸祿蕭然無所營去官之日不異始至高祖初建相國府以為諮議參軍領錄事善於吏職嚴而不殘遷宋臺祠部尚書高祖踐阼鎮之以

脚患自陳出爲輔國將軍琅邪太守遷宣訓衛尉領本州大中正永初三年卒官時年六十六

弟弘之在隱逸傳

杜慧度交阯朱䳒人也本屬京兆曾祖元爲寧浦太守遂居交阯父瑗字道言仕州府爲日南九德交阯太守初九眞太守李遜父子勇壯有權力威制交土聞刺史縢遯之當至分遣二子斷遏水陸津要瑗收衆斬遜州境獲寧除龍驤將軍遯之在州十餘年與林邑累相攻伐遯之

將北還林邑王范胡達攻破日南九德九眞三郡遂圍州城時遯之去已遠瑗與第三子玄之悉力固守多設權策累戰大破之追討於九眞日南連捷故胡達走還林邑乃以瑗爲龍驤將軍交州刺史義旗進號冠軍將軍盧循竊據廣州遣使通好瑗斬之義熈六年年八十四卒追贈右將軍本官如故慧度瑗第五子也初爲州主簿流民督護遷九眞太守瑗卒府州綱佐以交土接寇不宜曠職共推慧度行州府事辭不

就七年除使持節督交州諸軍事廣武將軍交州刺史詔書未至其年春盧循襲破合浦徑向交州慧度乃率文武六千人距循於石碕交戰禽循長史孫建之循雖敗餘黨猶有三千人皆習練兵事李子遜李弈李脫等奔竄石碕盤結俚獠各有部曲循知弈等與杜氏有怨遣使招之弈等引諸俚帥衆五六千人受循節度六月庚子循晨造南津命三軍入城乃食慧度悉出宗族私財以充勸賞弟交阯太守慧期九眞太守章

民竝督率水步軍慧度自登高艦合戰放火箭雉尾炬步軍夾兩岸射之循衆艦俱然一時散潰循中箭赴水死斬循及父嘏并循二子親屬録事參軍阮靜中兵參軍羅農夫李脫等傳首京邑封慧度龍編縣侯食邑千户高祖踐阼進號輔國將軍其年率文武萬人南討林邑所殺過半前後被抄略悉得還本林邑乞降輸生口大象金銀古貝等乃釋之遣長史江悠奉表獻捷慧度布衣蔬食儉約質素能彈琴頗好莊老禁

斷濟祀崇脩學校歲荒民饑則以私祿賑給爲
政纖密有如治家由是威惠沾洽姦盜不起乃
至城門不夜閉道不拾遺少帝景平元年卒時
年五十追贈左將軍以慧度長子員外散騎侍
郎弘文爲振威將軍刺史初高祖北征關洛慧
度板弘文爲鷹揚將軍流民督護配兵三千北
係大軍行至廣州關洛已平乃歸統府板弘文
行九真太守及繼父爲刺史亦以寬和得衆襲
爵龍編侯太祖元嘉四年以廷尉王徽爲交州

刺史弘文就徵會得重疾牽以就路親舊見其
患篤勸表待病瘉弘文曰吾世荷皇恩杖節三
世常欲投軀帝庭以報所荷況親被徵命而可
宴然者乎如其顛沛此乃命也弘文母既年老
見弘文輿疾就路不忍分別相與俱行到廣州
遂卒臨死遣弟弘猷詣京朝廷甚哀之

徐豁字萬同東莞姑幕人也中散大夫廣兄子
父邈晉太子左衛率豁晉安帝隆安末爲太學
博士桓玄輔政爲中外都督豁議致敬唯內外
武官太宰司徒並非軍職則琅邪王不應加敬
玄諷中丞免豁官玄敗以爲祕書郎尚書倉部
郎右軍何無忌功曹仍爲鎮南參軍又祠部永
世令建武司馬中軍參軍尚書左丞永初初爲
徐羨之鎮軍司馬尚書左丞山陰令歷二丞三
邑精練明理爲一世所推元嘉初爲始興太守
三年遣大使巡行四方并使郡縣各言損益豁
因此表陳三事其一曰郡大田武吏年滿十六
便課米六十斛十五以下至十三皆課米三十斛

一戶內隨丁多少悉皆輸米且十三歲兒未堪
田作或是單迥無相兼通年及應輸便自逃逸
既遏接蠻俚去就益易或乃斷截支體産子不
養戶口歲減寔此之由謂宜更量課限使得存
立今若減其米課雖有交損考之將來理有深
益其二曰郡領銀民三百餘戶鑿坑採砂皆二
三丈功役既苦不顧崩壓一歲之中每有死者
官司檢切猶致逋違老少相隨永絶農業千有
餘口皆資他食豈唯一夫不耕或受其饑而已

所以歲有不稔便以致甚困尋臺邸用米不異於銀謂宜准銀課米即事爲便其三曰中宿縣俚民課銀一子丁輸南稱半兩尋此縣自不出銀又俚民皆巢居鳥語不閑貨易之宜每至買銀爲損已甚又稱兩受入易生姦巧山俚愚怯不辨自申官所課甚輕民以所輸爲劇今若聽計丁課米公私兼利在郡著績太祖嘉之下詔曰始興太守豁潔已退食恪居在官政事脩理惠澤沾被近嶺南荒獘郡境尤甚拯䘏有方濟厥饑饉雖古之良守蔑以尚焉宜蒙褒賁以旌清績可賜絹二百匹穀千斛五年以爲持節督廣交二州諸軍事寧遠將軍平越中郎將廣州刺史未拜卒時年五十一太祖又下詔曰豁廉清勤恪著稱所司故擢授南服申其才志不幸喪殞朕甚悼之可賜錢十萬布百匹以營葬事

陸徽字休猷吳郡吳人也郡辟命主簿仍除衛軍車騎二府參軍揚州主簿王弘衛將軍主簿除尚書都官郎出補建康令清平無私爲太祖

所善遷司徒左西掾元嘉十四年爲始興太守明年仍除使持節交廣二州諸軍事綏遠將軍平越中郎將廣州刺史清名亞王鎮之爲士民所愛詠上表薦士曰臣聞陵雪褎穎貞柯必振尊風賞流清原斯挹是以衣囊揮譽於西京折轅延高於東帝伏見廣州別駕從事史朱萬嗣年五十三字少豫理業沖夷秉操純白行稱私庭能著官政雖氏非世祿宦無通資而隨牒南服位極僚首九綜州綱三端府職頻掌蕃機屢績符守年暨知命廉尚愈高冰心與貪流爭激霜情與晚節彌茂歷宰金山家無寶鏤之飾連組珠海室靡瑙珥之珍確然守志不求聞達實足以澄革汙吏洗鏡貪氓臣謬忝司牧任専萬里雖情祇慎擢才闕豪露敢罄愚陋舉其所知如得提名禮闈抗迹朝省搏嶺表之清風負氷宇之潔望則恩融一臣而施光萬物敢緣天澤雲行時德雨施每甄外州榮加遠國是以獻其瞽言希垂聽瞻光二十一年徵以爲南平王鑠冠

軍司馬長沙內史行湘州府事母憂去職張尋趙廣爲亂於益州兵寇之餘政荒民擾二十三年乃追徵爲持節督益寧二州諸軍事寧朔將軍益州刺史隱卹有方威惠兼著寇盜靜息民物殷阜蜀土安說至今稱之二十九年卒時年六十二身亡之日家無餘財太祖甚痛惜之詔曰徽厲志廉潔歷任恪勤奉公盡誠克己無倦褒榮未申不幸夙殞言念在懷以爲傷恨可贈輔國將軍本官如故賜錢十萬米二百斛謚曰簡子子叡正員外郎弟展臧質車騎長史尋陽太守質敗從誅

阮長之字茂景陳留尉氏人也祖思曠金紫光祿大夫父普驃騎咨議參軍長之年十五喪父有孝性哀感傍人服除蔬食者猶積載閑居篤學未嘗有惰容初爲諸府參軍除員外散騎侍郎母老求補襄垣令督郵無禮鞭之去職尋補盧陵王義眞車騎行正參軍平越長史東莞太守入爲尚書殿中郎出爲武昌太守時王弘爲

江州雅相知重引爲車騎從事中郎入爲太子中舍人中書侍郎以母老固辭朝直補彭城王義康平北咨議參軍元嘉九年遷臨川內史以南土卑濕母年老非所宜辭不就十一年復除臨海太守至郡少時而母亡葬畢不勝憂十四年卒時年五十九時郡縣田祿芒種爲斷此前去官者則一年秩祿皆入前人此後去官者則一年秩祿皆入後人始以元嘉末改此科計月分祿長之去武昌郡代人未至以芒種後一日解印綬初發京師親故或以器物贈別得便緘錄後歸悉以還之在中書省直夜往鄰省誤著屐出閤依事自列門下門下以闇夜人不知不受列長之固遣送之曰一生不侮闇室前後所莅官皆有風政爲後人所思宋世言善治者咸稱之子師門原鄉令

江秉之字玄叔濟陽考城人也祖逌晉太常父纂給事中秉之少孤弟妹七人並皆幼穉撫育姻娶罄其心力初爲劉穆之丹楊前軍府參軍

高祖督徐州轉主簿仍爲世子中軍參軍宋受
禪隨例爲員外散騎侍郎補太子詹事丞少帝
即位入爲尚書都官郎出爲永世烏程令以善政
著名東土徵建康令爲治嚴察京邑肅然殷景
仁爲領軍請爲司馬復出爲山陰令民戶三萬
政事煩擾訟諍殷積階庭常數百人秉之御繁
以簡常得無事宋世唯顧覬之亦以省務著績
其餘雖復刑政循理而未能簡事以在縣有能
遷補新安太守元嘉十二年轉在臨海並以簡約

見稱所得祿秩悉散之親故妻子常飢寒人有
勸其營田者秉之正色曰食祿之家豈可與農
人競利在郡作書案一枚及去官留以付庫十
七年卒時年六十子徽尚書都官郎吳令元凶
殺徐湛之徽以黨與見誅子謐昇明末爲尚書
吏部郎元嘉初太祖遣大使巡行四方兼散騎
常侍孔默之王歆之等上言宣威將軍陳南頓
二郡太守李元德清勤均平姦盜止息彭城內
史魏恭子廉恪脩慎在公忘私安約守儉久而

彌固前宋縣令成浦治政寬濟遺詠在民前鮦
陽令李熙國在事有方民思其政山桑令何道
自少清廉白首彌厲應加褒賚以勸于後乃進
元德號寧朔將軍恭子賜絹五十匹穀五百斛
浦熙國道各賜絹三十匹穀二百斛

王歆之字叔道河東人也曾祖愆期有名晉世
官至南蠻校尉祖尋之光祿大夫父肇之豫章
公相歆之被遇於太祖歷顯官左民尚書光祿
大夫卒官元嘉九年豫州刺史長沙王義欣上

言所統威遠將軍北譙梁二郡太守關中侯申
季歷自奉職邦畿于茲五年信惠並宣威化兼
著外清姦暴內輯民黎役賦均平閭井齊肅綏
穆初附招攜荒遠郊境之外仰澤懷風爵賞之
授績能是顯宜升階秩以崇獎勸進號寧朔將
軍其後晉壽太守郭啓玄亦有清節卒官元嘉
二十八年詔曰故綏遠將軍晉壽太守郭啓玄
往銜命虜庭秉意不屈受任白水盡勤靡懈公
奉私餼纖　納布衣蔬食飭躬惟儉故超授

顯邦以甄廉績而介誠苦節終始匪貳身死之日妻子凍餒志操殊俗良可哀悼可賜其家穀五百斛時有北地傅僧祐潁川陳珉高平張祐竝以吏才見知僧祐事在臧燾傳珉爲吳令善發姦伏境內以爲神明祐祖父湛晉孝武世以才學爲中書侍郎光祿勳祐歷臨安武康錢塘令竝著能名宋世言長吏者以三人爲首元嘉中高平太守潘詞有清節子亮爲昌慮令亦著廉名大明中爲徐州刺史劉道隆所表世祖世

吳郡陸法眞歷官有清節嘗爲劉秀之安北錄事參軍太山羊希與安北諮議參軍孫詵書曰足下同僚似有陸錄事者此生東南名地又張玄外孫持身至清雅有志節年高官下秉操不衰計當日夕相與申意太宗初爲南海太守卒官太宗世琅邪王悦亦莅官清正見知悦字少明晉右將軍羲之曾孫也父靖之官至司徒左長史靖之爲劉穆之所厚就穆之求侍中如此非一穆之曰卿若不求从自得也遂不果悦泰始中爲黃門郎御史中丞上以其廉介賜良田五頃遷尚書吏部郎侍中在門下盡其心力五年卒官追贈太常初悦爲侍中檢校御府太官太醫諸署得姦巧甚多及悦死衆咸謂諸署祝阻之上乃收典掌者十餘人桎梏云送淮陰密令渡瓜步江投之中流

史臣曰夫善政之於民猶良工之於埴也用功寡而成器多漢世戶口殷盛刑務簡闊郡縣治民無所橫擾勸賞威刑事多專斷尺一詔書希

經邦邑龔黃之化易以有成降及晚代情僞繁起民減昔時務多前世立績垂風艱易百倍若以上古之化治此世之民今吏之良撫前代之俗則武城弦歌將有未暇淮陽卧治如或可勉未必今才陋古蓋化有淳薄也

列傳第五十二　宋書九十二

列傳第五十三　　宋書九十三

隱逸　　臣沈約　新撰

易曰天地閉賢人隱又曰遯世無悶又曰高尚其事又曰幽人貞吉論語作者七人表以逸民之稱又曰子路遇荷蓧丈人孔子曰隱者也又曰賢者避地其次避言又曰虞仲夷逸隱居放言品目參差稱謂非一請試言之夫隱之爲言迹不外見道不可知之謂也若夫千載寂寥聖人

不出則大賢自晦降夷凡品止於全身遠害非必穴處巖栖雖藏往得二鄰亞宗極而舉世莫窺萬物不覩若此人者豈肯洗耳潁濱皦皦然顯出俗之志乎遯世避世即賢人也夫何適非世而有避世之因固知義惟晦道非曰藏身至於巢父之名即是見稱之號號曰裒公由有可傳之迹此蓋荷蓧之隱而非賢人之隱也賢人之隱義深於自晦荷蓧之隱事止於違人論迹既殊源心亦異也身與運閉無可知之情雞黍宿賓示高世之美運閉故隱爲隱之跡不見違人故隱用致隱者之目身隱故稱隱者道隱故曰賢人或曰隱者之異乎隱既聞其說賢者之同於賢未知所異應之曰隱身之於晦道名同而義殊賢人之於賢者事窮於亞聖以此爲言如或可辨若乃高尚之與作者三避之與幽人及逸民隱居皆獨往之稱雖復漢陰之氏不傳河上之名不顯莫不激貪厲俗秉自異之姿猶負揭日月鳴建鼓而趨也陳郡袁淑集古來無

名高士以爲眞隱傳格以斯談去眞遠矣賢人在世事不可誣今爲隱逸篇虛置賢隱之位其餘夷心俗表者蓋逸而非隱云

戴顒字仲若譙郡銍人也父逵兄勃並隱遯有高名顒年十六遭父憂幾於毀滅因此長抱羸患以父不仕復脩其業父善琴書顒並傳之凡諸音律皆能揮手會稽剡縣多名山故世居剡下顒及兄勃並受琴於父父沒所傳之聲不忍復奏各造新弄勃五部顒十五部顒又制長弄

一部竝傳於世中書令王綏常攜賓客造之勃等方進豆粥綏曰聞卿善琴試欲一聽不答綏恨而去桐廬縣又多名山兄弟復共游之因留居止勃疾患醫藥不給顒謂勃曰顒隨兄得閑非有心於默語兄今疾篤無可營療顒當干祿以自濟耳乃告時求海虞令事垂行而勃卒乃止桐廬僻遠難以養疾乃出居吳下吳下士人共爲築室聚石引水植林開澗少時繁密有若自然乃述莊周大旨著消搖論注禮記中庸篇

三吳將守及郡內衣冠要其同游野澤堪行便往不爲矯介衆論以此多之高祖命爲太尉行參軍琅邪王司馬屬竝不就宋國初建令曰前太尉參軍戴顒辟士韋玄秉操幽遁守志不渝宜加旌引以弘止退竝可散騎侍郎在通直不起太祖元嘉二年詔曰新除通直散騎侍郎戴顒太子舍人宗炳竝志託丘園自求衡蓽恬靜之操久而不渝顒可國子博士炳可通直散騎侍郎東宮初建又徵太子中庶子十五年徵散騎

常侍竝不就衡陽王義季鎮京口長史張邵與顒姻通迎來止黃鵠山山北有竹林精舍林澗甚美顒憩于此澗義季亟從之遊顒服其野服不改常度爲義季鼓琴竝新聲變曲其三調游絃廣陵止息之流皆與世異太祖每欲見之嘗謂黃門侍郎張敷曰吾東巡之日當讌戴公山也以其好音長給正聲伎一部顒合何嘗白鵠二聲以爲一調號爲淸曠自漢世始有佛像形制未工逵特善其事顒亦參焉宋世子鑄丈六

銅像於瓦官寺既成面恨瘦工人不能治乃迎顒看之顒曰非面瘦乃臂胛肥耳既錯減臂胛瘦患即除無不歎服焉十八年卒時年六十四無子景陽山成顒已亡矣上歎曰恨不得使戴顒觀之

宗炳字少文南陽涅陽人也祖承宜都太守父繇之湘鄉令母同郡師氏聰辯有學義教授諸子炳居喪過禮爲鄉閭所稱刺史殷仲堪桓玄竝辟主簿舉秀才不就高祖誅劉毅領荊州問

毅府咨議參軍申永曰今日何施而可永曰除其宿釁倍其惠澤貫敘門次顯擢才能如此而已高祖納之辟炳爲主簿不起問其故答曰棲丘飲谷三十餘年高祖善其對妙善琴書精於言理每游山水往輒忘歸征西長史王敬弘每從之未嘗不彌日也乃下入廬山就釋慧遠考尋文義兄臧爲南平太守逼與俱還乃於江陵三湖立宅閑居無事高祖召爲太尉參軍不就二兄蚤卒孤累甚多家貧無以相贍頗營稼穡

高祖數致餼賚其後子弟從祿乃悉不復受高祖開府辟召下書曰吾忝大寵思延賢彥而兔罝潛處考槃未臻側席丘園良增虛佇南陽宗炳鴈門周續之竝植操幽棲無悶巾褐可下辟召以禮屈之於是竝辟太尉掾皆不起宋受禪徵爲太子舍人元嘉初又徵通直郎東宮建徵爲太子中舍人庶子竝不應妻羅氏亦有高情與炳協趣羅氏沒炳哀之過甚既而輟哭尋理悲情頓釋謂沙門釋慧堅曰死生之分未易可達三復至教方能遣哀衡陽王義季在荊州親至炳室與之歡讌命爲咨議參軍不起好山水愛遠遊西陟荊巫南登衡岳因而結宇衡山欲懷尚平之志有疾還江陵歎曰老疾俱至名山恐難徧覩唯當澄懷觀道卧以游之凡所游履皆圖之於室謂人曰撫琴動操欲令衆山皆響古有金石弄爲諸桓所重桓氏亡其聲遂絕唯炳傳焉太祖遣樂師楊觀就炳受之炳外弟師覺授亦有素業以琴書自娛臨川王義慶辟爲

祭酒主簿竝不就乃表薦之會病卒元嘉二十年炳卒時年六十九衡陽王義季與司徒江夏王義恭書曰宗居士不救所病其清履肥素終始可嘉爲之惻愴不能已已子朔南譙王義宣車騎參軍次綺江夏王義恭司空主簿次昭郢州治中次說正員郎

周續之字道祖鴈門廣武人也其先過江居豫章建昌縣續之年八歲喪母哀戚過於成人奉兄如事父豫章太守范甯於郡立學招集生徒

遠方至者甚衆續之年十二詣甯受業居學數年通五經并緯候名冠同門號曰顏子旣而閑居讀老易入廬山事沙門釋慧遠時彭城劉遺民遁迹廬山陶淵明亦不應徵命謂之尋陽三隱以爲身不可遣餘累宜絶遂終身不娶妻布衣蔬食劉毅鎮姑孰命爲撫軍徵太學博士竝不就江州刺史每相招請續之不尚節峻頗從之游常以嵇康高士傳得出處之義因爲之注高祖之北討世子居守迎續之館于安樂寺延

入講禮月餘復還山江州刺史劉柳薦之高祖曰臣聞恢燿和肆必在兼城之寶翼亮崇本宜紆高世之逸是以渭濱佐周聖德廣運商洛匡漢英業乃昌伏惟明公道邁振古應天繼期游外暢於冥內體遠形于應近雖汾陽之舉輟駕於時𦫼明揚之旨潛感於穹谷矣竊見處士鴈門周續之清真貞素思學鉤深弱冠獨往心無近事性之所遣榮華與饑寒俱落情之所慕巖澤與琴書共遠加以仁心内發義懷外亮留愛昆弟誠著桃李若升之宰府必鼎味斯和濯纓儒官亦王猷遐緝藏文不知失在降賢言偃得人功由升士願照其丹款不以人廢言俄而辟爲太尉掾不就高祖北伐還鎮彭城遣使迎之禮賜甚厚每稱之曰心無偏吝眞高士也尋復南還高祖踐祚復召之乃盡室俱下上爲開館東郭外招集生徒乘輿降幸幷見諸生問續之禮記傲不可長與我九齡射於矍圃三義辨析精奧稱爲該通續之素患風痺不復堪講乃移病

鍾山景平元年卒時年四十七通毛詩六義及禮論公羊傳皆傳於世無子兄子景遠有續之風太宗泰始中爲晉安内史未之郡卒

王弘之字方平琅邪臨沂人宣訓衛尉鎮之弟也少孤貧爲外祖徵士何准所撫育從叔獻之及太原王恭竝貴重之晉安帝隆安中爲琅邪王中軍參軍遷司徒主簿家貧而性好山水求爲烏程令尋以病歸桓玄輔晉桓謙以爲衛軍參軍時琅邪殷仲文還姑孰祖送傾朝謙要弘

之同行答曰凡祖離送别必在有情下官與殷風馬不接無緣扈從謙貴其言每隨兄鎭之之安成郡弘之解職同行荆州刺史桓偉請爲南蠻長史義熙初何無忌又請爲右軍司馬高祖命爲徐州治中從事史除員外散騎常侍竝不就家在會稽上虞從兄敬弘爲吏部尚書奏曰聖明司契載德惟新垂鑑仄微表揚隱介黙語仰風荒遐傾首前員外散騎常侍琅邪王弘之恬漠丘園放心居逸前衛將軍參軍武昌郭希

林素履純潔嗣徽前武竝擊壤聖朝未蒙表飾宜加旌聘賁于丘園以彰止遜之美以祛動求之累臣愚謂弘之可太子庶子希林可著作郎即徵弘之爲庶子不就太祖即位敬弘爲左僕射又陳弘之高行表於初筮苦節彰於暮年今内外晏然當脩太平之化宜招空谷以敦沖退之美元嘉四年徵爲通直散騎常侍又不就敬弘嘗解貂裘與之即着以采藥性好釣上虞江有一處名三石頭弘之常垂綸於此經過者不

識之或問漁師得魚賣不弘之曰亦自不得得亦不賣日夕載魚入上虞郭經親故門各以一兩頭置門内而去始寧汰川有佳山水弘之又依巖築室謝靈運顔延之竝相欽重靈運與廬陵王義眞牋曰會境既豐山水是以江左嘉遁竝多居之但季世慕榮幽棲者寡或復才爲時求弗獲從志至若王弘之拂衣歸耕踰歷三紀孔淳之隱約窮岫自始迄今阮萬齡辭事就閑纂成先業浙河之外棲遲山澤如斯而已既遠

同羲唐亦激貪厲競殿下愛素好古常若布衣每意昔聞虛想巖穴若遺一介有以相存眞可謂千載盛美也弘之四年卒時年六十三顔延之欲爲作誄書與弘之子曇生曰君家高世之節有識歸重豫染豪翰所應載述況僕託慕末風竊以敘德爲事但恨短筆不足書美誄竟不就曇生好文義以謙和見稱歷顯位吏部尚書太常卿大明末爲吳興太守太宗初四方同逆戰敗奔會稽歸降被宥終於中散大夫

阮萬齡陳留尉氏人也祖思曠左光祿大夫父寧黃門侍郎萬齡少知名自通直郎爲孟昶建威長史時袁豹江夷相係爲昶司馬時人謂昶府有三素望萬齡家在會稽剡縣頗有素情永初末自侍中解職東歸徵爲祕書監加給事中不就尋除左民尚書復起應命遷太常出爲湘州刺史在州無政績還爲東陽太守又被免復爲散騎常侍金紫光祿大夫元嘉二十五年卒時年七十二

孔淳之字彦深魯郡魯人也祖惔尚書祠部郎父粲祕書監徵不就淳之少有高尚愛好墳籍爲太原王恭所稱居會稽剡縣性好山水每有所游必窮其幽峻或旬日忘歸嘗游山遇沙門釋法崇因留共止遂停三載法崇歎曰緬想人外三十年矣今乃傾蓋于茲不覺老之將至也及淳之還反不告以姓除著作佐郎太尉參軍並不就居喪至孝廬于墓側服闋與徵士戴顒王弘之及王敬弘等共爲人外之游敬弘以女適淳之子尚會稽太守謝方明苦要入郡終不肯往茅室蓬戶庭草蕪逕唯牀上有數卷書元嘉初復徵爲散騎侍郎乃逃于上虞縣界家人莫知所之弟默之爲廣州刺史出都與別司徒王弘要淳之集冶城即日命駕東歸遂不顧也元嘉七年卒時年五十九默之儒學注穀梁春秋默之子熙先事在范曄傳

劉凝之字志安小名長年南郡枝江人也父期公衡陽太守兄盛公高尚不仕凝之慕老萊嚴子陵爲人推家財與弟及兄子立屋於野外非其力不食州里

重其德行州三禮辟西曹主簿舉秀才不就妻梁州刺史郭銓女也遣送豐麗凝之悉散之親屬妻亦能不慕榮華與凝之共安儉苦夫妻共乘薄笨車出市買易周用之外輒以施人爲村里所誣一年三輸公調求輒與之有人嘗認其所著屐笑曰僕著之已敗今家中覓新者備君也此人後田中得所失屐送還之不肯復取元嘉初徵爲祕書郎不就臨川王義慶衡陽王義季鎮江陵並遣使存問凝之答書頓首稱僕不脩民禮人或譏焉凝之曰昔老萊向楚王稱僕嚴陵亦

抗禮光武未聞巢許稱臣堯舜時戴顒與衡陽
王義季書亦稱僕荆州年饑義季慮凝之餒斃
餉錢十萬凝之大喜將錢至市門觀有饑色者
悉分與之俄頃立盡性好山水一旦攜妻子泛
江湖隱居衡山之陽登高嶺絕人迹爲小屋居
之采藥服食妻子皆從其志元嘉二十五年卒
時年五十九
龔祈字孟道武陵漢壽人也從祖玄之父黎民
竝不應徵辟祈年十四鄉黨舉爲州迎西曹不

行謝晦臨州命爲主簿彭城王義康舉秀才除
奉朝請臨川王義慶平西參軍皆不就風姿端
雅容止可觀中書郎范述見而嘆曰此荆楚仙
人也衡陽王義季臨荆州發教以祈及劉凝之
師覺授不應徵召辟其三子祈又徵太子舍人
不起時或賦詩言不及世事元嘉十七年卒時
年四十二
翟法賜尋陽柴桑人也曾祖湯湯子莊莊子矯
竝高尚不仕逃避徵辟矯生法賜少守家業立

屋於廬山頂喪親後便不復還家不食五穀以
獸皮結草爲衣雖鄉親中表莫得見也州辟主
簿舉秀才右參軍著作佐郎員外散騎侍郎竝
不就後家人至石室尋求因復遠徙違避徵聘
遁跡幽深尋陽太守鄧文子表曰奉詔書徵郡
民新除著作佐郎南陽翟法賜補員外散騎侍
郎法賜隱跡廬山于今四世栖身幽巖人罕見
者如當逼以王憲束以嚴科馳山獵草以期禽
獲慮致顛殞有傷盛化乃止後卒於巖石之間

不知年月
陶潛字淵明或云淵明字元亮尋陽柴桑人也
曾祖侃晉大司馬潛少有高趣嘗著五柳先生
傳以自況曰先生不知何許人不詳姓字宅邊
有五柳樹因以爲號焉閑靜少言不慕榮利好
讀書不求甚解每有會意欣然忘食性嗜酒而
家貧不能恒得親舊知其如此或置酒招之造
飲輒盡期在必醉既醉而退曾不吝情去留環
堵蕭然不蔽風日裋褐穿結簞瓢屢空晏如

也嘗著文章自娛頗示己志忘懷得失以此自
終其自序如此時人謂之實録親老家貧起爲
州祭酒不堪吏職少日自解歸州召主簿不就
躬耕自資遂抱羸疾復爲鎮軍建威參軍謂親
朋曰聊欲弦歌以爲三逕之資可乎執事者聞
之以爲彭澤令公田悉令吏種秫稻妻子固請
種秔乃使二頃五十畝種秫五十畝種秔郡遣
督郵至縣吏白應束帶見之潛嘆曰我不能爲
五斗米折腰向鄉里小人即日解印綬去職賦

歸去來其詞曰歸去來兮園田荒蕪胡不歸既
自以心爲形役奚惆悵而獨悲悟已往之不諫
知來者之可追寔迷塗其未遠覺今是而昨非
舟超遥以輕颺風飄飄而吹衣問征夫以前路
恨晨光之希微乃瞻衡宇載欣載奔僮僕歡迎
稚子候門三逕就荒松菊猶存攜幼入室有酒
停尊引壺觴而自酌眄庭柯以怡顔倚南窻而
寄傲審容膝之易安園日涉而成趣門雖設而
常關策扶老以流憩時矯首而遐觀雲無心以

出岫鳥勌飛而知還景翳翳其將入撫孤松以
盤桓歸去來兮請息交而絶遊世與我以相遺
復駕言兮焉求説親戚之情話樂琴書以消憂
農人告余以上春將有事于西疇或命巾車或
棹扁舟既窈窕以窮壑亦崎嶇而經丘木欣欣
以向榮泉涓涓而始流善萬物之得時感吾生
之行休已矣乎寓形宇内復幾時奚不委心任
去留胡爲遑遑欲何之富貴非吾願帝鄉不可
期懷良辰以孤往或植杖而耘耔登東臯以舒

嘯臨清流而賦詩聊乘化以歸盡樂夫天命復
奚疑義熙末徵著作佐郎不就江州刺史王弘
欲識之不能致也潛嘗往廬山弘令潛故人龐
通之齎酒具於半道栗里要之潛有脚疾使一
門生二兒轝籃輿既至欣然便共飲酌俄頃弘
至亦無忤也先是顔延之爲劉柳後軍功曹在
尋陽與潛情款後爲始安郡經過日日造潛
每往必酣飲致醉臨去留二萬錢與潛潛悉
送酒家稍就取酒嘗九月九日無酒出宅邊菊

叢中坐久值弘送酒至即便就酌醉而後歸潛不解音聲而畜素琴一張無絃每有酒適輒撫弄以寄其意貴賤造之者有酒輒設潛若先醉便語客我醉欲眠卿可去其真率如此郡將候潛值其酒熟取頭上葛巾漉酒畢還復著之潛弱年薄宦不潔去就之迹自以曾祖晉世宰輔恥復屈身後代自高祖王業漸隆不復肯仕所著文章皆題其年月義熙以前則書晉氏年號自永初以來唯云甲子而已與子書以言其志

并為訓戒曰天地賦命有往必終自古賢聖誰能獨免子夏言曰死生有命富貴在天四友之人親受音旨發斯談者豈非窮達不可妄求壽夭永無外請故邪吾年過五十而窮苦荼毒家貧弊東西遊走性剛才拙與物多忤自量為己必貽俗患僶俛辭世使汝幼而飢寒耳常感孺仲賢妻之言敗絮自擁何慚兒子此既一事矣但恨鄰靡二仲室無萊婦抱茲苦心良獨罔罔少年來好書偶愛閑靜開卷有得便欣然忘食

見樹木交蔭時鳥變聲亦復歡爾有喜嘗言五六月北窗下臥遇涼風暫至自謂是羲皇上人意淺識陋日月遂往緬求在昔眇然如何疾患以來漸就衰損親舊不遺每以藥石見救自恐大分將有限也恨汝輩稚小家貧無役柴水之勞何時可免念之在心若何可言然雖不同生當思四海皆弟兄之義鮑叔敬仲分財無猜歸生伍舉班荊道舊遂能以敗為成因喪立功他人尚爾況共父之人哉潁川韓元長漢末名士身處卿佐八十而終兄弟同居至于沒齒濟北氾稚

春晉時操行人也七世同財家人無怨色詩云高山仰止景行行止汝其慎哉吾復何言又為命子詩以貽之曰悠悠我祖爰自陶唐邈為虞賓歷世垂光御龍勤夏豕韋翼商穆穆司徒厥族以昌紛紜戰國漠漠衰周鳳隱于林幽人在丘逸虬撓雲奔鯨駭流天集有漢眷予愍侯於赫愍侯運當攀龍撫劒夙邁顯茲武功參誓山河啟土開封亹亹丞相允迪前蹤渾渾長源蔚蔚

洪河羣川載導衆條載羅時有默語運固隆汙
在我中晉業融長沙桓桓長沙伊勳伊德天子
疇我專征南國功遂辭歸臨寵不惑孰謂斯心
而可近得肅矣我祖慎終如始直方二臺惠和
千里於皇仁考淡焉虛止寄迹夙運冥茲慍喜
嗟余寡陋瞻望靡及領慚華鬢負景隻立三千
之罪無後其急我誠念哉呱聞爾泣卜云嘉日
占爾良時名爾曰儼字爾求思温恭朝夕念茲
在茲尚想孔伋庶其企而厲夜生子遽而求火

凡百有心奚待于我既見其生實欲其可人亦
有言斯情無假日居月諸漸免于孩福不虛至
禍亦易來夙興夜寐願爾斯才爾之不才亦已
焉哉潛元嘉四年卒時年六十三
宗或之字叔粲南陽涅陽人炳從父弟也蚤孤
事兄恭謹家貧好學雖文義不逮炳而眞澹過
之州辟主簿舉秀才不就公私餽遺一無所受
高祖受禪徵著作佐郎不至元嘉初大使陸子
眞觀采風俗三詣或之每辭疾不見也告人

曰我布衣草萊之人少長壟畝何枉軒冕之客
子眞還表薦之徵員外散騎侍郎又不就元嘉
八年卒時年五十
沈道虔吳興武康人也少仁愛好老易居縣北
石山下孫恩亂後飢荒縣令庾肅之迎出縣南
廢頭里為立小宅臨溪有山水之玩時復還石
山精廬與諸孤兄子共釜庾之資困不改節受
琴於戴逵王敬弘深敬之郡州府凡十二命皆不就
有人竊其園菜者還見之乃自逃隱待竊者取

足去後乃出人拔其屋後筍令人止之曰惜此
筍欲令成林更有佳者相與乃令人買大筍
送與之盜者慚不取道虔使置其門內而還
常以捃拾自資同捃者爭穟道虔諫之不止
悉以其所得與之爭者愧恧後每爭輒云勿令
居士知冬月無複衣戴顒聞而迎之為作衣服
并與錢一萬既還分身上衣及錢悉供諸兄弟
子無衣者鄉里年少相率受學道虔常無食無
以立學從武康令孔欣之厚相資給受業者咸

得有成太祖聞之遣使存問賜錢三萬米二百
斛悉以嫁娶孤兄子徵員外散騎侍郎不就累
世事佛推父祖舊宅爲寺至四月八日每請像
請像之日輒舉家感慟焉道虔年老菜食恒無
經日之資而琴書爲樂孜孜不倦太祖敕郡縣
今隨時資給元嘉二十六年卒時年八十二子
慧鋒脩父業辟從事皆不就
郭希林武昌武昌人也曾祖翻晉世高尚不仕
希林少守家業徵州主簿秀才衞參軍竝不就

元嘉初吏部尚書王敬弘舉王弘之爲太子庶
子希林爲著作佐郎後又徵員外散騎侍郎竝
不就十年卒時年四十七子蒙亦隱居不仕泰
始中郢州刺史蔡興宗辟爲主簿不就
雷次宗字仲倫豫章南昌人也少入廬山事沙
門釋慧遠篤志好學尤明三禮毛詩隱退不交
世務本州辟從事員外散騎侍郎徵竝不就與
子姪書以言所守曰夫生之脩短咸有定分定
分之外不可以智力求但當於所稟之中順而

勿率耳吾少嬰羸患事鍾養疾爲性好閑志棲
物表故雖在童穉之年已懷遠迹之意暨于弱
冠遂託業廬山逮事釋和尚于時師友淵源務
訓弘道外慕等夷內懷悱發於是洗氣神明玩
心墳典勉志勤躬夜以繼日爰有山水之好悟
言之歡實足以通理輔性成夫亹亹之業樂以
忘憂不知朝日之晏矣自游道餐風二十餘載
淵匠既傾良朋凋索續以釁逆違天備嘗荼蓼
疇昔誠願頓盡一朝心慮荒散情意衰損故遂

與汝曹歸耕壟畔山居谷飲人理久絕日月不
處勿復十年犬馬之齒已踰知命崦嵫將迫前
涂幾何實遠想尚子五岳之舉近謝居室瑣瑣
之勤及今耄未至惛衰不及頓尚可厲志於所
期縱心於所託棲誠來生之津梁專氣莫年之
攝養玩歲日於良辰偷餘樂於將除在心所期
盡於此矣汝等年各成長冠娶已畢脩惜衞泌
吾復何憂但願守全所志以保令終耳自今以
往家事大小一勿見關子平之言可以爲法元

嘉十五年徵次宗至京師開館於雞籠山聚徒教授置生百餘人會稽朱膺之頴川庾蔚之竝以儒學監總諸生時國子學未立上留心藝術使丹楊尹何尚之立玄學太子率更令何承天立史學司徒參軍謝元立文學凡四學竝建車駕數幸次宗學館資給甚厚又除給事中不就久之還廬山公卿以下竝設祖道二十五年詔曰前新除給事中雷次宗篤尚希古經行明脩自絶招命守志隱約宜加升引以旌退素可散

騎侍郎後又徵詣京邑爲築室於鍾山西巖下謂之招隱館使爲皇太子諸王講喪服經次宗不入公門乃使自華林東門入延賢堂就業二十五年卒於鍾山時年六十三太祖與江夏王義恭書道次宗亡義恭答曰雷次宗不救所疾甚可痛念其幽棲窮藪自賓聖朝克己復禮始終若一伏惟天慈弘被亦垂矜愍子肅之頗傳其業官至豫章郡丞

朱百年會稽山陰人也祖愷之晉右衛將軍父濤揚州主簿百年少有高情親亡服闋攜妻孔氏入會稽南山以伐樵採箬爲業以樵箬置道頭輒爲行人所取明旦以復如此人稍怪之積久方知是朱隱士所賣須者隨其所堪多少留錢取樵箬而去或遇寒雪樵箬不售無以自資輒自搒船送妻還孔氏天晴復迎之有時出山陰爲妻買繒綵三五尺好飲酒遇醉或失之頗能言理時爲詩詠往往有高勝之言郡命功曹州辟從事舉秀才竝不就隱迹避人唯與同

縣孔覬友善覬亦嗜酒相得輒酣對飲盡懽百年家素貧母以冬月亡衣竝無絮自此不衣綿帛嘗寒時就覬宿衣悉裌布飲酒醉眠覬以卧具覆之百年不覺也既覺引卧具去體謂覬曰綿定奇温因流涕悲慟覬亦爲之傷感除太子舍人不就顔峻爲東揚州發教餉百年穀五百斛不受時山陰又有寒人姚吟亦有高趣爲衣冠所重義陽王昶臨州辟爲文學從事不起峻餉吟米二百斛吟亦辭之百年孝建元年卒山

中時年八十七蔡興宗爲會稽太守餉百年妻米百斛百年妻遣婢詣郡門奉辭固讓時人美之以比梁鴻妻

王素字休業琅邪臨沂人也高祖翹之晉光祿大夫素少有志行家貧母老初爲廬陵國侍郎母憂去職服闋廬陵王紹爲江州親舊勸素修完舊居素不荅乃輕身往東陽隱居不仕頗營田園之資得以自立愛好文義不以人俗累懷世祖即位欲搜揚隱退下詔曰濟世成務咸達

隱微軌俗興讓必表清節朕昧旦求善思惇薄風琅邪王素會稽朱百年竝廉約貞遠與物無競自足畎畝志在不移宜加褒引以光難進竝可太子舍人大明中太宰江夏王義恭開府辟召辟素爲倉曹屬太宗泰始六年又召爲太子中舍人竝不就素既屢被徵辟聲譽甚高山中有蚿蟲聲清長聽之使人不厭而其形甚醜素乃爲蚿賦以自況七年卒時年五十四時又有宋平劉睦之汝南州韶吳郡褚伯玉亦隱身求志睦之居交州除武平太守不拜韶字伯和黃門侍郎文孫也築室湖孰之方山徵員外散騎侍郎征北行參軍不起伯玉居剡縣瀑布山三十餘載楊州辟議曹從事不就

關康之字伯愉河東楊人世居京口寓屬南平昌少而篤學姿狀豐偉下邳趙繹以文義見稱康之與之友善特進顏延之見而知之晉陵顧悅之難王弼易義四十餘條康之申王難顧遠有情理又爲毛詩義經籍疑滯多所論釋甞就

沙門支僧納學妙盡其能竟陵王義宣自京口遷鎮江陵要康之同行距不應命元嘉中太祖聞康之有學義除武昌國中軍將軍蠲除租稅江夏王義恭廣陵王誕臨南徐州辟爲從事西曹竝不就棄絕人事守志閑居弟雙之爲臧質車騎參軍與質俱下至赭圻病卒瘞於水濱康之其春得疾困篤小差牽以迎喪因得虛勞病寢頓二十餘年時有間日輒卧論文義世祖即位遣大使陸子真巡行天下使反薦康之業履

恒貞操緼清固行信閭黨譽延邦邑棲志希古操不可渝宜加徵聘以潔風軌不見省太宗泰始初與平原明僧紹俱徵爲通直郎又辭以疾順帝昇明元年卒時年六十三

史臣曰夫獨往之人皆稟偏介之性不能摧志屈道借譽期通若使值見信之主逢時來之運豈其放情江海取逸丘樊蓋不得已而然故也且巖壑閑遠水石清華雖復崇門八襲高城萬雉莫不蓄壤開泉髣髴林澤故知松山桂渚非

止素玩碧澗清潭翻成麗矚挂冠東都夫何難之有哉

列傳第五十三　宋書九十三

列傳第五十四　宋書九十四

臣沈　約　新撰

恩倖

夫君子小人類物之稱蹈道則爲君子違之則爲小人屠釣卑事也版築賤役也太公起爲周師傅說去爲殷相非論公侯之世鼎食之資明揚幽仄唯才是與逮于二漢茲道未革胡廣累世農夫伯始致位公相黃憲牛醫之子叔度名重京師且任子居朝咸有職業雖七葉珥貂見

崇西漢而侍中身奉奏　又分掌御服東方朔爲黃門侍郎執戟殿下郡縣掾史竝出豪家負戈宿衛皆由勢族非若晚代分爲二塗者也漢末喪亂魏武始基軍中倉卒權立九品蓋以論人才優劣非爲世族高卑因此相沿遂爲成法自魏至晉莫之能改州都郡正以才品人而舉世人才升降蓋寡徒以馮藉世資用相陵駕都正俗士斟酌時宜品目少多隨事俯仰劉毅所云下品無高門上品無賤族者也歲月遷譌斯

風漸篤凡厥衣冠莫非二品自此以還遂成卑
庶周漢之道以智役愚臺隸參差用成等級魏
晉以來以貴役賤士庶之科較然有辨夫人君
南面九重奥絶陪奉朝夕義隔卿士階闥之任
宜有司存既而恩以倖生信由恩固無可憚之
姿有易親之色孝建泰始主威獨運官置百司
權不外假而刑政糾雜理難徧通耳目所寄事
歸近習賞罰之要是謂國權出内王命由其掌
握於是方塗結軌輻湊同奔人主謂其身卑位

薄以爲權不得重曾不知鼠憑社貴狐藉虎威
外無逼主之嫌内有專用之功勢傾天下未之
或悟挾朋樹黨政以賄成鈇鉞創痏構於筵笫
之曲服冕乘軒出乎言笑之下南金北毳來悉
方艚素縑丹魄至皆兼兩西京許史蓋不足云晉
朝王庾未或能比及太宗晚運慮經盛衰權幸之
徒慴憚宗戚欲使幼主孤立永竊國權構造同異興
樹禍隙帝弟宗王相繼屠剿民忘宋德雖非一塗
寳祚夙傾實由於此嗚呼漢書有恩澤侯表又有

佞倖傳今採其名列以爲恩倖篇云
戴法興會稽山陰人也家貧父碩子販紵爲業
法興二兄延壽延興並脩立延壽善書法興好
學山陰有陳載者家富有錢三千萬鄉人咸
云戴碩子三兒敵陳載三千萬錢法興少賣葛
於山陰市後爲吏傳署入爲尚書倉部令史大
將軍彭城王義康於尚書中覓了了令史得法
興等五人以法興爲記室令史義康敗仍爲世
祖征虜撫軍記室掾上爲江州仍補南中郎典

籤上於巴口建義法興與典籤戴明寳蔡閑
俱轉參軍督護上即位並爲南臺侍御史同
兼中書通事舍人法興等專管内務權重當
時孝建元年加建武將軍南魯郡太守解舍人
侍太子於東宮大明二年三典籤並以南下預
密謀封法興吴昌縣男明寳湘鄉縣男閑高
昌縣男食邑各三百戶閑時已卒追加爵封法
興轉員外散騎侍郎給事中太子旅賁中郎將
太守如故世祖親覽朝政不任大臣而腹心耳目不

得無所委寄法興頗知古今素見親待雖出侍
東宮而意任隆密魯郡巢尚之人士之末元嘉
中侍始興王濬讀書亦涉獵文史爲上所知孝
建初補東海國侍郎仍兼中書通事舍人凡
選授遷轉誅賞大處分上皆與法興尚之參懷
內外諸雜事多委明寶上性嚴暴睚眦之間動
至罪戮尚之每臨事解釋多得全免殿省甚賴
之而法興明寶大通人事多納貨賄凡所薦達
言無不行天下輻湊門外成市家產並累千金

明寶驕縱尤甚長子敬爲揚州從事與上爭
買御物六宮嘗出行敬盛服騎馬於車左右馳
驟去來上大怒賜敬死繫明寶上方尋被原釋
委任如初世祖崩前廢帝即位法興遷越騎校
尉時太宰江夏王義恭錄尚書事任同總己而
法興尚之執權日久威行內外義恭積相畏服
至是懾憚尤甚廢帝未親萬機凡詔勅施爲
悉決法興之手尚書中事無大小專斷之顏師伯
義恭守空名而已廢帝年已漸長凶志轉成欲

有所爲法興每相禁制每謂帝曰官所爲如
此欲作營陽耶帝意稍不能平所愛幸閹人
華願兒有盛寵賜與金帛無算法興常加裁
減願兒甚恨之帝常使願兒出入市里察聽風
謠而道路之言謂法興爲眞天子帝爲應天子
願兒因此告帝曰外間云宮中有兩天子官是
一人戴法興是一人官在深宮中人物不相接法
興與太宰顏柳一體吸習往來門客恒有數百
內外士庶莫不畏服之法興是孝武左右復久

在宮闈今將他人作一家深恐此坐席非復官許
帝遂發怒免法興官遣還田里仍復徙付遠
郡尋又於家賜死時年五十二法興臨死封閉
庫藏使家人謹錄鑰牡死一宿又殺其二子截
法興棺焚之籍沒財物法興能爲文章頗行
於世死後帝敕巢尚之曰吾纂承洪基君臨
萬國推心勳舊著於遐邇不謂戴法興恃遇負
恩專作威福冒憲黷貨號令自由積釁累愆
遂至於此卿等忠勤在事吾乃具悉但道路之

言異同紛糾非惟人情駭愕亦玄象違度委付之旨良失本懷吾今自親覽萬機留心庶事卿等宜竭誠盡力以副所期尚之時爲新安王子鸞撫軍中兵參軍淮陵太守乃解舍人轉爲撫軍谘議參軍太守如故太宗泰始二年詔曰故越騎校尉吳昌縣開國男戴法興昔從孝武誠勲左右入定社稷預誓河山及出侍東儲竭盡心力嬰害凶悖朕甚愍之可追復削注還其封爵有司奏以法興孫靈珍襲封又詔曰法興小

人專權豪恣雖虐主所害義由國討不宜復貪人之封封爵可停太宗初復以尚之兼中書通事舍人南清河太守二年遷中書侍郎太守如故未拜改除前軍將軍太守如故侍太子於東宮晉安王子勛平後以軍守管內封邵陵縣男食邑四百戶固辭不受轉黄門侍郎出爲新安太守病卒

戴明寶南東海丹徒人也亦歷員外散騎侍郎給事中世祖世帶南清河太守前廢帝即阼權任悉歸法興而明寶輕矣以爲宣威將軍南東莞太守景和末增邑百戶太宗初天下反叛軍務煩擾以明寶舊人屢經戎事復委任之以前軍將軍事平遷宣威將軍晉陵太守進爵爲侯增邑四百戶泰始三年坐參掌戎事多納賄貨削增封官爵繫尚方尋被宥復爲安陸太守加寧朔將軍游擊驍騎將軍武陵內史宣城太守順帝驃騎司馬昇明初年老拜太中大夫病卒

武陵國典書令董元嗣與法興明寶等俱爲世

祖南中郎典籤元嘉三十年奉使還都值元凶弑立遣元嗣南還報上以徐湛之等反上時在巴口元嗣具言弑狀上遣元嗣下都奉表於劭既而上舉義兵劭責元嗣元嗣答曰始下未有反謀劭不信備加考掠不服遂死世祖事克追贈員外散騎侍郎使文士蘇寶生爲之誄焉大明中又有奚顯度者南東海剡人也官至員外散騎侍郎世祖常使主領人功而苛虐無道動加捶撲暑雨寒雪不聽暫休人不堪命或有自

經死者人役聞配顯度如就刑戮時建康縣考囚或用方材壓頷及踝脛民間謠曰寧得建康壓頷不能受奚度拍又相戲曰勿反顧付奚度其酷暴如此前廢帝嘗戲云顯度刻虐爲百姓所疾比當除之左右因倡諾即日宣旨殺焉時人比之孫皓殺岑昏

徐爰字長玉南琅邪開陽人也本名瑗後以與傅亮父同名改爲爰初爲晉琅邪王大司馬府中典軍從北征微密有意理爲高祖所知少帝

在東宮入侍左右太祖初又見親任歷治吏勞遂至殿中侍御史元嘉十二年轉南臺侍御史始興王濬後軍復侍太子於東宮遷員外散騎侍郎太祖每出軍行師常懸授兵略二十九年重遣王玄謨等北伐配爰五百人隨軍向碻磝銜中旨臨時宣示世祖至新亭大將軍江夏王義恭南奔爰時在殿內誑劭追義恭因得南走時世祖將即大位軍府造次不曉朝章爰素諳其事既至莫不喜說以兼太常丞撰立儀

注孝建初補尚書水部郎轉爲殿中郎兼右丞孝建三年索虜寇邊詔問群臣防禦之策爰議曰詔旨虜犯邊塞水陸迢遠孤城危棘復不可置臣以戎虜猖狂狡焉滋廣列卒擬候伺覘間隙不勞大舉終莫永寧然連於千里費固巨萬而中興造創資儲未積是齊斧徘徊朔氣稽掃今皇運洪休靈威遐暢蠢爾遺燼懼在誅翦思肆蜂蠆以表有餘雖不敢深入濟沛或能草竊邊塞羽林輕長太倉遙阻救援之日勢不相及

且當使緣邊諸戍練卒嚴城凡諸督統聚糧蓄田籌計資力足相抗擬小鎮告警大督電赴塢壁邀斷州郡犄角儻有自送可使匹馬不反詔旨胡騎倏忽抄暴無漸出耕見虜野粒資寇比及少年軍實無擬江東根本不可俱竭宜立何方可以相贍臣以爲方鎮所資實宜且田且守若使堅壁而春墾輟耕清野而秋登莫擬私無生業公成虛罄遠引根本二三非宜救之之術唯在盡力防衛來必拒戰去則邀躡據險保隘易

爲首尾胡馬既退則民豐廩實比及三載可以
長驅詔旨賊之所向本無前謀兵之所進亦無定
所比歲戎戎倉庫多虛先事聚衆則消費粮粟
敵至倉卒又無以相應臣以爲推鋒前討大須
資力據本應末不俟多衆今寇無傾國豕突
列城勢足脣齒養卒得勇所任得才臨事而
懼應機無失豈煩空聚兵衆以待未然詔旨戎
狄貪婪唯利是視不挫凶圖姧志歲結臣以爲
不擊則必侵掠侵掠不已則民失農桑農桑不

收則王戎不立爲立之方擊之爲要詔旨若令
邊地歲驚公私失業經費困於遙輸遠圖決
無遂事寢弊贊略逆應有方臣以爲威虜之
方在於積粟塞下若使邊民失業列鎮寡儲
非唯無以遠圖亦不能制其侵抄今當使小戎
制其始寇大鎮赴其入境一被毒手便自吹虀
鳥逝矣尋即眞遷左丞先是元嘉中使著作
郎何承天草創國史世祖初又使奉朝請山謙
之南臺御史蘇寶生踵成之六年又以爰領著

作郎使終其業爰雖因前作而專爲一家之書
上表曰臣聞虞史炳圖原光被之美夏載昭策
先隨山之勤天飛雖王德所至終陟固有資田
躍神宗始於俾乂上日兆於納揆其在殷頌長
發玄王受命作周寔雅雖伯考行之盛則振古
之弘軌降逮二漢亦同茲義基帝刱乎豐郊紹
祚本於昆邑魏以武命國志晉以宣啓陽秋明
黃初非更姓之本太始爲造物之末又近代之
令準式遠之鴻規典謨緬邈紀傳成準善惡具

書成敗畢記然餘分紫色滔天泯夏親所芟夷
而不序於始傳涉聖卓紹煙起雲騰非所誅滅
而顯冠乎首述豈不以事先歸之前錄功偕著
之後撰伏惟皇宋承金行之澆季鍾經綸之屯
極攙玄光以鳳翔秉神符而龍擧剗定鯨鯢天
人佇屬晉祿數終上帝臨宋便應奄膺紘寓對
越神工而恭服勤於二分讓德邁於不嗣其爲
巍巍蕩蕩赫赫明明歷觀逖聞莫或斯等宜依
衛書改文登舟變號起元義熙爲王業之始載

序宣力爲功臣之斷其僞玄篡竊同於新莽雖靈武克殄自詳之晉録及犯命干紀受戮霸朝雖揖禪之前皆著之宋策國典體大方垂不朽請外詳議伏須遵承於是内外博議太宰江夏王義恭等三十五人同爰議宜以義熙元年爲斷散騎常侍巴陵王休若尚書金部郎檀道鸞二人謂宜以元興三年爲始太學博士虞龢謂宜以開國爲宋公元年詔曰項籍聖公編録二漢前史已有成列桓玄傳宜在宋典餘如爰議

七年爰遷游擊將軍其年世祖南巡權以本官兼尚書左丞車駕還宮罷明年又兼左丞著作兼如故世祖崩營景寧陵爰以本官兼將作大匠爰便僻善事人能得人主微旨頗涉書傳尤悉朝儀元嘉初便入侍左右預參顧問既長於附會又飾以典文故爲太祖所任遇大明世委寄尤重朝廷大禮儀注非爰議不行雖復當時碩學所解過人者既不敢立異議所言亦不見從世祖崩公除後晉安王子勛侍讀博士咨爰宜習業與不爰荅居喪讀喪禮習業何嫌少日始安王子真博士又諮爰爰曰小功廢業三年喪何容讀書其專斷乖謬皆如此前廢帝凶暴無道殿省舊人多見罪黜唯爰巧於將迎始終無迕誅羣公後以爰爲黃門侍郎領射聲校尉著作如故封吳平縣子食邑五百戶寵待隆密羣臣莫二帝每出行常與沈慶之山陰公主同輦爰亦預焉太宗即位例削封以黃門侍郎改領長水校尉兼尚書左丞明年除太中大夫著

作並如故爰秉權日久上昔在藩素所不説及景和世屈辱卑約爰禮敬甚簡益銜之泰始三年詔曰夫事君無禮教道弗容訕上銜己人倫所棄太中大夫徐爰拔迹廝猥推席驟逢遂官參時望門伍豪族遷位轉榮莫非超荷而諂側輕險與性自俱利口讒妄自少及長奉公在事蠆毫豪簽聞初無愧濫常有闚進先朝賞以匆輩之中粗有學解故得漸蒙驅策出入兩宮太初僞立盡心佞事義師已震方得南奔及孝武居

統唯極諂諛附會承旨尊恣厥性致使治政苛
縱興造乖法損德害民皆由此暨景和悖險深
相贊協苟取偷存罔顧節義任筭設數承合人
主啟嶇嶔矯所志必從故歷事七朝白首全貴
自以體含德厚識鑑機先迷塗遂深罔知革悟
朕撥亂反正勳濟天下靈祇助順群逆必夷況
爰恩養而無輸效遂內挾異心著於形迹陽愚
杜口罔所陳聞惰事緩文庶申詭略當今朝列
賢彥國無佞邪而秉心弗純累蠹時政以其自

告之辰用賜歸老之職榮禮優崇寧非甄過不
謂潛怨斥外進競不已勤言託意觸遇斯發小
人之情雖所先照猶許其當改未忍加法遂恃
朕仁弘必永容貸昨因觴宴肆意譏毀謂制詔
所為皆資傳說又宰輔無斷朝要非才恃老與
舊慢戾斯甚此邊難未靜安衆以惠戎略是務
政綱從簡故得使此小物乘寬自縱乃合投畀
豺虎以清王猷但朽頹將盡不足窮法可特原
罪徙付交州爰既行又詔曰八議緩罪舊在一
條五刑所抵耆必加貸徐爰前後釁迹理無可
申廢棄海壖足允國憲但蚤蒙朕識曲矜愚朽
既經大宥思沾殊渥可特除廣州統內郡有司
奏以為宋隆太守除命既下爰已至交州值刺
史張牧病卒土人李長仁為亂悉誅北來流寓
無或免者長仁素聞爰名以智計誑誘故得無
患久之聽還仍除南康郡丞太宗崩還京都以
爰為南濟陰太守後除中散大夫元徽三年卒
時年八十二

阮佃夫會稽諸暨人也元嘉中出身為臺小史
太宗初出閤選為主衣世祖召還左右補內監
永光中太宗又請為世子師甚見信待景和末
太宗被拘於殿內住在祕書省為帝所疑大禍
將至惶懼計無所出佃夫與王道隆李道兒及
帝左右琅邪淳于文祖謀共廢立時直閤將軍
柳光世亦與帝左右蘭陵繆方盛丹楊周登之
有密謀未知所奉登之與太宗有舊方盛等乃
使登之結佃夫佃夫大說先是帝立皇后普暫

徽諸王奄人太宗左右錢藍生亦在其例事畢
未被遣密使藍生候帝虛事泄藍生不欲自出
帝動止輒以告淳于文祖令文祖報佃夫景和
元年十一月二十九日晡時帝出幸華林園建
安王休仁山陽王休祐山陰公主竝侍側太宗
猶在祕書省不被召益憂懼佃夫以告外監典
事東陽朱幼又告主衣吳興壽寂之細鎧主南
彭城姜產之產之又語所領細鎧將臨淮王敬
則幼又告中書舍人戴明寶竝響應明寶幼欲

取其日向曉佃夫等勸取開鼓後幼豫約勒內
外使錢藍生密報建安王休仁等時帝欲南巡
腹心直閤將軍宋越等其夕竝聽出外裝束唯
有隊主樊僧整防華林閤是柳光世鄉人光世
要之僧整即受命姜產之又要隊副陽平聶慶
及所領壯士會稽富靈符吳郡俞道龍丹楊宋
逵之陽平田嗣竝聚於慶省佃夫慮力少不濟
更欲招合壽寂之曰謀廣或泄不煩多人時巫
覡云後堂有鬼其夕帝於竹林堂前與巫共射

之建安王休仁等山陰主竝從帝素不說寂之
見輒切齒寂之既與佃夫成謀又慮禍至抽刀
前入姜產之隨其後淳于文祖繆方盛周登之
富靈符聶慶田嗣王敬則俞道龍宋逵之又
繼進休仁聞行聲甚疾謂休祐曰事作矣相隨
奔景陽山帝見寂之至引弓射之不中乃走寂
之追而殞之事定宣令宿衛曰湘東王受太后
令除狂主今已平定太宗即位論功行賞壽寂
之封應城縣侯食邑千戶姜產之汝南縣侯佃

夫建城縣侯食邑八百戶王道隆吳平縣侯
淳于文祖陽城縣侯食邑各五百戶李道兒
新塗縣侯繆方盛劉陽縣侯周登之曲陵縣
侯食邑各四百戶富靈符惠懷縣子聶慶建
陽縣子田嗣將樂縣子王敬則重安縣子俞
道龍茶陵縣子宋逵之零陵縣子食邑各三
百戶佃夫遷南臺侍御史薛索兒渡淮爲寇
山陽太守程天祚又反佃夫與諸軍討之破
索兒降天祚遷龍驤將軍司徒參軍率所領南

助赭圻轉太子步兵校尉南魯郡太守侍太子於東宮泰始四年以破薛索兒功增封二百戶并前千戶以本官兼游擊將軍假寧朔將軍與輔國將軍兼驍騎將軍孟次陽與二衞參員直次陽字崇基平昌安丘人也太始初為山陰王休祐驃騎參軍薛安都子道摽攻合肥次陽擊破之以功封攸縣子食邑三百戶歷右軍驃騎將軍六年出為輔師將軍兗州刺史戍淮陰立北兗州自此始也進號冠軍將軍元徽四年卒

時佃夫王道隆楊運長竝執權柄亞於人主巢戴大明之世方之蔑如也嘗值正旦應合朔尚書奏遷元會佃夫曰元正慶會國之大禮何不遷合朔日邪其不稽古如此大通貨賄凡事非重賂不行人有餉絹二百匹嫌少不荅書宅舍園池諸王邸第莫及妓女數十藝貌冠絕當時金玉錦繡之飾宮掖不逮也每製一衣造一物京邑莫不法效焉於宅內開瀆東出十許里塘岸整潔汎輕舟奏女樂中書舍人劉休嘗詣之值佃夫出行中路相逢要休同反就席便命施設一時珍羞莫不畢備凡諸火劑竝皆始熟如此者數十種佃夫嘗作數十人饌以待賓客故造次便辦類皆如此雖晉世王石不能過也泰始初軍功既多爵秩無序佃夫僕從附隸皆受不次之位捉車人虎賁中郎傍馬者員外郎朝士貴賤莫不自結而矜傲無所降意入其室者唯吳興沈勃吳郡張澹數人而已泰豫元年除寧朔將軍淮南太守遷驍騎將軍尋加淮陵太守太

宗晏駕後廢帝即位佃夫權任轉重兼中書通事舍人加給事中輔國將軍餘如故欲用張澹為武陵郡衞將軍袁粲以下皆不同而佃夫稱敕施行粲等不敢執元徽三年遷黃門侍郎領右軍將軍太守如故明年改領驍騎將軍其年遷使持節督南豫州諸軍事冠軍將軍南豫州刺史歷陽太守猶管內任以平建平王景素功增邑五百戶時廢帝猖狂好出游走始出宮猶整羽儀引隊仗俄而棄部伍單騎

與數人相隨或出郊野或入市廛內外莫不懼憂
佃夫密與直閤將軍申伯宗步兵校尉朱幼于天寶
謀共廢帝立安成王五年春帝欲往江乘射雉
帝每北出常留隊仗在樂遊苑前棄之而去
佃夫欲稱太后令喚隊仗還閉城門分人守石頭
東府遣人執帝廢之自爲揚州刺史輔政與幼
等已成謀會帝不成向江乘故其事不行于
天寶因以其謀告帝帝乃收佃夫幼伯宗於光
祿外部賜死佃夫幼罪止身其餘無所問佃夫

時年五十一幼泰始初爲外監配張永諸軍征
討有濟辦之能遂官涉二品爲奉朝請南高
平太守封安浦縣侯食邑二百戶
于天寶其先胡人預竹林堂功元徽中自陳功
勞求加封爵乃封爲鄂縣子食邑二百戶發
佃夫之謀以爲清河太守右軍將軍昇明元
年出爲山陽太守齊王以其反覆賜死
壽寂之泰始初以軍功增邑二百戶爲羽林
監遷太子屯騎校尉尋加寧朔將軍南太

山太守多納貨賄請謁無窮有一不從切齒罵
詈常云利刀在手何憂不辦鞭尉吏斫邏將七
年爲有司所奏徙送越州行至豫章謀欲逃叛
乃殺之
姜產之泰始初以軍功增邑二百户爲晉平王
休祐驃騎中兵參軍龍驤將軍南濟陰太守三
年北伐與虜戰軍敗見殺追贈左軍將軍太守
如故
李道兒臨淮人本爲湘東王師稍至湘東國學

官令太宗即位稍進至員外散騎侍郎淮陵太
守泰始二年兼中書通事舍人轉給事中四年
病卒
王道隆吳興烏程人兄道迄涉學善書形皃又
美吳興太守王韶之謂人曰有子弟如王道迄
無所少始興王濬以爲世子師以書補中書令
史道隆亦知書爲主書書吏漸至主書世祖使
傳命失旨遣出不聽復入六門太宗鎮彭城以
補典籤署內監及即位爲南臺侍御史稍至員

外散騎侍郎南蘭陵太守泰始二年兼中書通事舍人以破晉陵功增邑百戶并前六百戶五年出侍東宮復兼中書通事舍人後廢帝即位自太子翊軍校尉遷右軍將軍太守兼舍人如故道隆爲太宗所委過於佃夫和謹自保不妄毀傷人執權既久家産豐積豪麗雖不及佃夫而精整過之元徽二年太尉桂陽王休範奄至新亭佃夫留守殿內而道隆領羽林精兵向朱雀門時賊已至航南道

隆忽召鎮軍將軍劉勔於石頭勔至命開航道隆怒曰賊至但當急擊寧可開航自弱邪勔不敢復言催勔進戰勔度航便敗賊乘勝逕進道隆棄衆走向臺所乘馬連蹷踣不肯前遂爲賊兵及見殺事平車駕臨哭贈輔國將軍益州刺史子法貞嗣齊受禪國除

楊運長宣城懷安人初爲宣城郡吏太守范曅解吏名素善射太宗初爲皇子出運長爲射師性謹慤爲太宗所委信及即位親遇甚厚與佃夫道隆李道兒等並執權要稍至員外散騎侍郎南平昌太守泰始七年出侍東宮後廢帝即位與佃夫俱兼通事舍人加龍驤將軍轉給事中以平桂陽王休範功封南城縣子食邑八百戶元徽三年自安成王車騎中兵參軍遷後軍將軍兼舍人如故運長質木廉正治身甚清不事園宅不受餉遺而凡鄙無識知唯與寒人潘智徐文盛厚善動止施爲必與二人量議文盛爲奉朝請預平桂陽王休範封廣晉縣男食

邑四百戶順帝即位出運長爲寧朔將軍宣城太守尋去郡還家沈攸之反運長有異志齊王遣驃騎司馬崔文仲討誅之

史臣曰竭忠盡節仕子恒圖隨方致用明君盛典舊非本舊因新以成舊者也狎非先狎因踈以成狎者也而任隔踈情殊塗一致權歸近狎異世同規雖復漢高之簡易光武之謹厚猶豐沛多顯白水先華況世祖之泥滯鄙近太宗之拘攣愛習欲不紛惑牀笫豈可得哉

列傳第五十四　　宋書九十四

列傳第五十五　　宋書九十五

臣沈　約　新撰

索虜

索頭虜姓託跋氏其先漢將李陵後也陵降匈奴有數百千種各立名號索頭亦其一也晉初索頭種有部落數萬家在雲中惠帝末并州刺史嬴公司馬騰於晉陽爲匈奴所圍索頭單于猗駞遣軍助騰懷帝永嘉三年駞弟盧率部落自雲中入鴈門就并州刺史劉琨求樓煩等五縣

琨不能制且欲倚盧爲援乃上言盧兄駞有救騰之功舊勳宜録請移五縣民於新興以其地處之琨又表封盧爲代郡公愍帝初又進盧爲代王增食常山郡其後盧國內大亂盧死子又幼弱部落分散盧孫什翼犍勇壯衆復附之號上洛公北有沙漠南據陰山衆數十萬其後爲苻堅所破執還長安後聽北歸犍死子開字涉珪代立先是鮮卑慕容垂僭號中山晉孝武太元二十一年垂死開率十萬騎圍中山明

年四月剋之遂王有中州自稱曰魏號年天賜
九年治代郡桑乾縣之平城立學官置尚書曹
開頗有學問曉天文其俗以四月祠天六月末
率大衆至陰山謂之却霜陰山去平城六百里
深遠饒樹木霜雪未嘗釋蓋欲以暖氣却寒也
死則潛埋無墳壟處所至於葬送皆虛設棺柩
立冢槨生時車馬器用皆燒之以送亡者開暴
虐好殺民不堪命先是有神巫誡開當有暴
禍唯誅清河殺萬民乃可以免開乃滅清河

一郡常手自殺人欲令其數滿萬或乘小輦手
自執劒擊檐輦人腦一人死一人代每一行死
者數十夜恒變易寢處人莫得知唯愛妾名
萬人知其處萬人與開子清河王私通慮事覺
欲殺開令萬人爲內應夜伺開獨處殺之開臨
死曰清河萬人之言乃汝等也是歲安帝義熙
五年開次子齊王嗣字木末執清河王對之號
哭曰人生所重者父云何反逆逼令自殺嗣代
立謚開道武皇帝十三年高祖西伐長安嗣

先娶姚興女乃遣十萬騎屯結河北以救之大爲
高祖所破事在朱超石等傳於是遣使求和自
是使命歲通高祖遣殿中將軍沈範索季孫
報使反命已至河未濟嗣聞高祖崩問追報範
等絕和親太祖即位方遣範等歸永初三年十
月嗣自率衆至方城遣鄭兵將軍揚州刺史山
陽公達奚斤吳兵將軍廣州刺史蒼梧公公孫
表尚書滑稽領步騎二萬餘人於滑臺西南
東燕縣界石濟南渡輜重弱累自隨滑臺戍

主寧遠將軍東郡太守王景度馳告冠軍將
軍司州刺史毛德祖戍虎牢遣司馬翟廣率
參軍龐諮上黨太守劉談之等步騎三千拒之
軍次卷縣土樓虜徙營滑臺城東二里造攻具
日往脅城德祖以滑臺戍人少使翟廣募軍中
壯士遣寧遠將軍劉芳之率領助景度守芳之
將八千餘人突得入城德祖又遣討虜將軍弘農
太守竇應明領五百人建武將軍竇霸領二百
五十人並以水軍相繼發咸受翟廣節度初亡命

司馬楚之等常藏竄陳留郡界虜既南渡馳相
要結驅扇壃埸大爲民患德祖遣長社令王法政
率五百人據邵陵將劉憐領二百騎至雍丘以防
之楚之於白馬縣襲憐爲憐所破會臺送軍資
至憐往迎之而酸棗民王玉知憐南馳以告虜虜
將滑稽領千乘襲倉垣兵吏悉踰城散走陳留
太守嚴慢爲虜所獲虜即用王玉爲陳留太守
給兵守倉垣十一月虜悉力攻滑臺城城東北
崩壞王景度出奔景度司馬陽瓚堅守不動衆

宋書傳五十五　四　王付

潰抗節不降爲虜所殺竇應明擊虜輜重於石
濟破之殺賊五百餘人斬其戍主　連内頭張索
兒等應明自石濟赴滑臺聞城已沒遂進屯尹
卯竇霸馳就翟廣虜既剋滑臺并力向廣等
力不敵引退轉鬭而前二日一夜裁行十許里虜
步軍續至廣等矢盡力竭大敗廣霸談之等各
單身迸還虜乘勝遂至虎牢德祖出步騎欲
擊之虜退屯土樓又退還滑臺長安魏昌藍田
三縣民居在虎牢下德祖皆使入城虜別遣黑

矟公率三千人至河陽欲南渡取金墉德祖遣振威
將軍河陰令竇晃五百人戍小壘緱氏令王瑜四百
人據監倉鞏令臣琛五百人固小平參軍督護張
季五百人屯牛蘭又遣將領馬隊與洛陽令楊毅
合二百騎緣河上下隨機赴接十二月虜置守
於洛川小壘德祖遣翟廣馳往擊之虜退走廣
安五守防脩治城塢復還虎牢豫州刺史劉粹
遣治中高道瑾領步騎五百據項又遣司馬徐
瓊繼之臺遣將輔伯遣姚珍杜坦梁靈寶等水

宋書傳五十五　五　王付

步諸軍續進徐州刺史王仲德率軍次湖陸黑
矟公遣長史將千人逼竇晃楊毅晃等逆擊禽
之生獲二百人其後鄭兵將軍五千騎掩襲晃
等黑矟渡與并力四面攻壘晃等力少衆散晃
毅皆被重創虜將安平公鵝青二軍七千人南
渡於碻磝東下至泗瀆口去尹卯百許里兗州刺
史徐琰委軍鎮走於是太山諸郡並失守鄭兵
與公孫表及宋兵將軍交州刺史交阯侯普幾
万五千騎復向虎牢於城東南五里結營分步

騎自成皋開向虎牢外郭西門德祖逆擊殺傷
百餘人虜退還保營鎮北將軍檀道濟率水軍
北救車騎將軍盧陵王義眞遣龍驤將軍沈叔
貍三千人就豫州刺史劉粹量宜赴援少帝景
平元年正月鄭兵分軍向洛攻小壘小壘守將竇
晃拒戰陷沒河南太守王涓之棄金墉出奔自
虜分軍向洛德祖每戰輒破之嗣自率大衆至
鄴鄭兵旣剋金墉復還虎牢德祖於城內穴城
入七丈二道出城外又分作六道出虜陣後募

敢死之士四百人參軍范道基率二百人爲前
驅參軍郭王符劉規等以二百人爲後係出賊
圍外掩襲其後虜陣擾亂斬首數百級焚燒
攻具虜雖退散隨復更合虜又遣楚兵將軍
徐州刺史安平公涉歸幡能健越兵將軍青州
刺史臨菑侯薛道千陳兵將軍淮州刺史壽
張子張模東擊青州所向城邑皆奔走冠軍
將軍青州刺史竺夔鎮東陽城聞虜將至斂
衆固守龍驤將軍濟南太守垣苗率二府郡又

武奔就夔與將士盟誓居民不入城者使移
就山阻燒除禾稼令虜至無所資虜衆向青州
前後濟河凡六萬騎三月三萬騎前追脅城內
文武一千五百人而半是羌蠻流雜人情駭懼
竺夔夜遣司馬車宗領五百人出城掩擊虜衆
披退間二日虜步騎悉至繞城四圍列陣十餘
里至晡退還安水結營去城二十里大治攻具日
日分步騎常來逼城夔夜使殿中將軍竺宗之
參軍賈元龍等領百人於楊水口兩岸設伏虜

將阿伏斤領三百人晨渡水兩岸伏發虜騎四
迸殺傷數十人梟阿伏斤首虜又進營水南去
城西北四里嗣自鄴遣兵益虎牢增圍急攻鄭
兵於虎牢率步騎三千攻潁川太守李元德於
許昌車騎將軍王玄謨領千人助元德守與元
德俱散敗虜即用潁川人庾龍爲潁川太守領
騎五百并發民丁以戍城德祖出軍擊公孫表
大戰從朝至晡殺虜數百會鄭兵軍從許昌還
合圍德祖大敗失甲士千餘人退還固城嗣又

於鄴遣萬餘人從白沙口過河於濮陽城南寨泉築壘朝議以項城去虜不遠非輕軍所抗使劉粹召高道瑾還壽若沈叔狸已追亦宜且追粹以虜攻虎牢未復南向若便攝軍捨項城則淮西諸郡無所憑依沈叔狸已頓肥口又不宜便退時李元德率散卒二百人至項劉粹便助高道瑾戍請宥其奔敗之罪朝議並許之檀道濟至彭城以青司二州並急而所領不多不足分赴青州道近竺夔兵弱先救青州竺夔遣人出

城作東西南塹虜於城北三百餘步鑿長圍夔遣參軍閻茂等領善射五十人依墻射虜虜騎數百馳來圍墻墻內納射固墻死戰虜下馬步進短兵接城上弓弩俱發虜乃披散虜遂填外塹引高樓四所蝦蟇車二十乘置長圍內夔先鑿城北作三地道令通外塹復鑿裏塹內去城二丈作子塹遣三百餘人出地道欲燒虜攻具時回風轉爛火不得燃虜兵矢擯下士卒多傷斂衆還入虜填三塹盡平唯餘子塹蝦蟇車所

不及虜以橦攻城夔募人力於城上係大磨石堆之又出於子塹中用大麻絙張骨骨攻車近城從地道中多人力挽令折虜復於城南掘長圍進攻逾急夔能持重垣苗有膽幹故能堅守移時然被攻日久城轉毀壞戰士多死傷餘衆困乏且暮且陷檀道濟王仲德兼行赴之劉粹遣李元德襲許昌庚龍奔迸將宋晃追躡斬龍首元德因苗綏撫并上租粮虜恍勃大肥率三千餘騎破高平郡所統高平方與任城金鄉抗

父等五縣殺略二千餘家殺其男子驅虜女弱兗州刺史鄭順之戍湖陸以兵卒不敢出冠軍將軍申宣戍彭城去高平二百餘里懼虜至移郭外居民并諸營署悉入小城嗣又遣并州刺史伊樓拔助鄭兵攻虎牢填塞兩塹德祖隨方抗拒頗殺虜而將士稍零落四月壬申虜聞道濟將至焚燒器械棄青州走竺夔上言東陽城被攻毀壞不可守移鎮長廣之不期城下以固守以功進號前將軍封建陵縣男食邑四百戶

虆字祖季東莞人也官至金紫光禄大夫嗣率大衆至虎牢停三日自督攻城不能下回軍向洛陽留三千人益鄭兵停洛數日渡河北歸虜安平公等諸軍從青州退還逕趨滑臺檀道濟王仲德步軍乏粮追虜不及道濟於泰山分遣仲德向尹卯道濟停軍湖陸仲德未至尹卯聞虜已遠還就道濟共裝治水軍虜安平公諸軍就滑臺西就鄭兵共攻虎牢被圍二百日無日不戰德祖勁兵戰死殆盡而虜增兵轉多虜撞

外城德祖於内更築三重仍舊爲四賊撞三城巳毁一保一城晝夜相拒將士眼皆生創死者太半德祖恩德素結衆無離心德祖昔在北與虜將公孫表有舊表有權略德祖患之乃與交通音問密遣人説鄭兵云表與之連謀每益表書輒多所治定表以書示鄭兵鄭兵倍疑之言於嗣誅表虜衆盛檀道濟諸救軍竝不敢進劉粹據項城沈俚屯高橋二十一日虜作地道偷城内井井深四十丈山勢峻峭不可得

防至其月二十三日人馬渴乏飢疫體皆乾燥被創者不復出血虜因急攻遂尅虎牢自德祖及翟廣竇霸凡諸將佐及郡守在城内者皆見囚執唯上黨太守劉談之參軍范道基將二百人突圍南還城將潰將士欲扶德祖出奔德祖曰我與此城并命義不使此城亡而身在也嗣重其固守之節勅衆軍生致之故得不死司空徐羨之尚書傳亮領軍將軍謝晦表曰去年逆虜縱肆陵暴河南司州刺史臣德祖竭誠

盡力抗對強寇孤城獨守將涉朞年救師淹緩舉城淪没聖懷垂悼遠近嗟傷陛下殷憂諒闇委政自下臣等謀猷淺蔽託付無成遂令致節之臣抱忠傾覆將士殲辱王略虧挫上墜先規下貽國恥稽之朝典無所辭責雖有司撓筆未加准繩豈宜尸禄昧安殊寵乞蒙屛固以申國法不許德祖滎陽南武陽人也晉末自鄉里南歸初爲冠軍參軍輔國將軍道規爲荆州德祖爲之將佐復爲高祖太尉參軍高祖北伐

以爲王鎭惡龍驤司馬加建武將軍爲鎭惡前
鋒斬賊寧朔將軍趙玄石於栢谷破弘農大
守尹雅於梨城又破賊大帥姚難於涇水斬其
鎭北將軍姚強鎭惡尅立大功蓋德祖之力
也長安平定以爲龍驤將軍扶風太守仍遷秦
州刺史將軍如故時佛佛虜爲寇復以德祖爲
王鎭惡征虜司馬尋復爲桂陽公義真安西參
軍南安太守將軍如故復徙馮翊太守高祖東
還以德祖督司州之河東平陽二郡諸軍輔國

將軍河東太守代并州刺史劉遵考戍蒲坂長
安不守合部曲還彭城除世子中兵參軍將軍
如故又除督司州之河東平陽河北雍州之京兆
豫州之潁川兗州之陳留九郡軍事滎陽太守
將軍如故又加京兆太守高祖踐祚進號冠軍
論前後功封觀陽縣男食邑四百戶又除督司
雍并三州豫州之潁川兗州之陳留諸軍事司
州刺史將軍如故太祖元嘉六年死於虜中時
年六十五世祖大明元年以德祖弟子熙祚第

三息詡之紹德祖封虜既尅虎牢留兵居守餘
衆悉北歸少帝曰故寧遠司馬濮陽太守陽瓚
滑臺之逼厲誠固守投命均節在危無撓古之
忠烈無以加之可追贈給事中并存卹遺孤以
尉存亡尚書令傅亮議瓚家在彭城宜即以臺
絹二百匹粟三百斛賜給文士顏延之爲誄焉龍
驤將軍兗州刺史徐琰東陽太守王景度並坐
失守鉗髠居作琰五歲景度四歲時宣威將軍
潁川太守李元德戍許昌仍除滎陽太守督二

郡軍事其年十一月虜遣軍并招集亡命攻逼
許昌城以土人劉遠爲滎陽太守李元德欲出
戰兵杖少至夜悉排女牆散潰元德復奔還項
城虜又圍汝陽太守王公度將十餘騎突圍
奔項城虜又破邵陵縣殘害二千餘家盡殺
其男丁驅略婦女一萬二千口劉粹遣將姚聳夫
率軍助守項城又遣司馬徐瓊五百人繼之虜
掘破許昌城又毀壞鍾離城以立疆界而還嗣
死謚曰明元皇帝子燾字佛貍代立母杜氏

冀州人入其宫内生燾燾年十五六不爲嗣所知遇之如僕隸嗣初立慕容氏女爲后又娶姚興女竝無子故燾得立壯健有筋力勇於戰鬬忍虐好殺夷宋畏之攻城臨敵皆親貫甲胄元嘉五年使大將吐伐斤西伐長安生禽赫連昌中山王安定封昌爲公以妹妻之昌弟赫連定在隴上吐伐斤乘勝以騎三萬討定定設伏於隴山彈箏谷破之斬吐伐斤盡坑其衆定率衆東還後剋長安燾又自攻不剋乃分軍戍大

城而還燾常使昌侍左右常共單馬逐鹿深入山澗昌素有勇名諸將咸謂昌不可親燾曰天命有在亦何所懼親遇如初復攻長安剋之定西走爲吐谷渾慕璝所禽赫連氏有名衛臣者種落在朔方塞外部落千餘戶朔方以西西至上郡東西千餘里漢世徙謫民居之土地良沃苻堅時衛臣入塞寄田春來秋去堅雲中護軍賈雍掠其田者獲生口馬牛羊堅悉以還之衛臣感恩遂稱臣入居塞內其後漸強盛衛臣死

子佛佛驍猛有謀筭遠近雜種皆附之姚興與相抗興覆軍喪衆前後非一關中爲之傷殘高祖入長安佛佛震懾不敢動高祖東還即入寇北地安西將軍義眞之歸也佛佛遣子昌破之青泥俘囚諸將帥遂有關中自稱尊號號年曰眞興元年京兆人韋玄隱居養志有高名姚興備禮徵不起高祖辟爲相國掾宋臺通直郎又竝不就佛佛召爲太子庶子玄應命佛佛大怒曰姚興及劉公相徵召竝不起我有命即至當以

我殊類不可理其故耶殺之元嘉二年佛佛死昌立至是爲燾所兼燾西定隴右東滅黃龍海東諸國竝遣朝貢太祖踐祚便有志北略七年三月詔曰河南中國多故湮沒非所遺黎荼炭每用矜懷今民和年豐方隅無事宜時經理以固壃埸可簡甲卒五萬給右將軍到彥之統安北將軍王仲德兗州刺史竺靈秀舟師入河驍騎將軍段宏精騎八千直指虎牢豫州刺史劉德武勁勇一萬以相犄角後將軍長沙王義欣可

權假節率見力三萬監征討諸軍事便速備辦月內悉發先遣殿中將軍田奇銜命告燾河南舊是宋土中爲彼所侵今當脩復舊境不關河北燾大怒謂奇曰我生頭髮未燥便聞河南是我家地此豈可得河南必進軍今權當斂戍相避須冬行地淨河冰合自更取之後將軍長沙王義欣出鎮彭城總統羣帥告司兗二州曰夫王者之兵以義德相濟非徒壃理土地恢廣經略將以大庇蒼生保全黎庶是以蒙踐霜雪踰

宋書百傳五五　十六　仲

歷險難匡國寧民肅清四表昔我高祖武皇帝誕膺明命受造區夏內夷篡逆外寧寇亂靈武紛紜雷動風舉響軼龍堆聲浮雲朔陵天振地拔山蕩海於是華域肅清謳歌允集王綱帝典煥哉惟文太和烟煴流澤洋溢中葉諒闇委政冢宰醜虜乘釁侵侮上國遂令司兗良民復蹈非所周鄭遺黎重隔王化聖皇踐祚重光開朗明哲柔遠以隆中興遐夷慕義雲騰波涌方將蹈德履信被越龍文增修業統作規于後勤施

洽於三方惠和雍於北狄夫養鳥獸者除其猵獺育禽者去其豺狼故智士研其慮勇夫厲其節嘉謀動蒼天精氣貫辰緯莫府忝任卑承廟算翦爪明衣誓不顧命提吳楚之勁卒總八州之銳士紅旗絳天素甲奪日虎步中原龍超河渚興雲散雨慰大旱之思弔民伐罪積後已之情師以順動何征而不克況乎遵養者昧緩復境土而已哉昔淮泗初開狡徒縱逸王旅入關羣豎飆扇襄邑之戰素旗授首半城之役伏尸蔽野

宋書百傳五五　十七　林

支解體分羽翼摧挫加以搆難西虜結怨黃龍控弦憯滅首尾逼畏蜂屯蟻聚假息旦夕豈復能超蹈長河以當堂堂之陳哉夫順從貴速歸德惡晚賞俟先附威加後服是以秦趙羈旅披榛委誠施紱乘軒剖符州郡慕容姚泓恃強作禍提挈萬里卒嬰鈇鉞皆目前之誠驗往世之所知也聖上明發愛恤以道懷二州士民若能審決安危翻然革面率其支黨歸投軍門者當表言天臺隨才敘用如其迷心不悛寘鼠首巢穴長

圍既周臨衝四至雖欲壺漿厥篚其可得乎幸
加三思詳擇利害彥之進軍虜悉斂河南一戍
歸河北太祖以前征虜司馬南廣平太守尹沖
爲督司雍并三州豫州之穎川兖州之陳留二郡
諸軍事奮威將軍司州刺史戍虎牢十一月虜
大衆南渡河彥之敗退洛陽滑臺虎牢
諸城竝爲虜所沒尹沖及司馬滎陽太
守崔模抗節不降投塹死沖字子順
天水冀人也先爲姚興吏部郎與興

子廣平公弼結黨欲傾興太子泓泓立沖與弟
弘俱逃叛南歸至是追贈前將軍太祖與江夏
王義恭書曰尹沖誠節志槩繼蹤古烈以爲傷
惋不能已已上以滑臺戰守彌時遂至陷沒
乃作詩曰逆虜亂疆埸邊將嬰寇仇堅城效貞
節攻戰無暫休覆瀋不可拾離機難復收勢
謝歸塗單於焉見幽囚烈烈制邑守舍命蹈前
脩忠臣表年暮貞柯見嚴秋楚莊投袂起終
然報強讎去病辭高館卒獲舒國憂戎事諒

未殄民患焉得瘳撫劒懷感激志氣若雲浮
願想凌扶搖弭旆拂中州爪牙申威靈帷幄
騁良籌華裔混殊風率土浹王猷惆悵懼遷逝
北顧涕交流其後燾又遣使通好幷求婚姻太
祖每依違之十七年燾號太平眞君元年十九
年虜鎮東將軍武昌王宜勤庫莫提移書益梁
二州往伐仇池侵其附屬而移書越詣徐州曰
我大魏之興德配二儀與造化竝立夏殷以前
功業尚矣周秦以來赫赫堂堂垂耀先代逮我

烈祖重之聖明應運龍飛廓清燕趙聖朝承王
業之資奮神武之略遠定三秦西及蔥嶺東平
遼碣海隅服從北暨鍾山萬國納貢威風所扇
想彼朝野備聞威德往者劉石苻姚遞據三郡
司馬琅邪保守揚越綿綿連連綿歷年紀數窮
運改宋氏受終仍晉之舊遠通聘享故我朝庭
解甲息心東南之略是爲不欲違先故之大信
也而彼方君臣苞藏禍心屢爲邊寇去庚午年
密結赫連侵我牢洛致師徒喪敗舉軍囚俘我

朝廷仁弘不窮人之非不遂人之過與彼交和前好無改昔南秦王楊玄識達天運於大化未及之前度越赫連遠歸忠款玄既即世弟難當忠節愈固上請納女連婚宸極任土貢珍自比内郡漢南白雉登俎御羞朝庭嘉之授以專征之任不圖彼朝計壇場之小疵不相關移竊興師旅亡我賔屬難當將其妻子及其同義告敗闕下聖朝憮然顧謂羣臣曰彼之違信背和與牢洛爲三一之爲甚其可再乎是若可忍孰

不可忍是以分命吾等磬聲之臣助難當報復使持節侍中都督雍秦三州諸軍事安西將軍建興公吐奚愛弼率南秦王楊難當自祁山南出直衝建安令南秦自遣信臣招集舊户使持節侍中都督雍梁益四州諸軍事安西將軍啓開府儀同三司淮陰公皮豹子員外散騎常侍平南將軍南益州刺史建德公庫拔阿浴河引出斜谷阸白馬之險散騎常侍安南將軍雍州刺史南平公娥後延出自駱谷直截漢水冠軍

將軍南蠻校尉荆州刺史建平公宗要使持節員外散騎常侍冠軍將軍梁州刺史順陽公劉買德平遠將軍永安侯若干内亦千出自子午東襲梁漢使持節侍中都督荆梁南雍三州諸軍事領護南蠻校尉征南大將軍開府儀同三司荆州刺史故晉譙王司馬文思寧遠將軍荆州刺史襄陽公魯軌南趨荆州使持節都督洛豫州及河内諸軍事鎮南大將軍開府儀同三司淮南王直勤它大翰爲其後繼使持節侍中都督梁益寧三州諸軍

事領護西戎校尉鎮西大將軍開府儀同三司揚州刺史晉琅邪王司馬楚之南趣壽春使持節侍中都督揚豫兗徐四州諸軍事征南將軍徐兗二州刺史東安公刁雝東趣廣陵南至京口使持節侍中都督青兗徐三州諸軍事征東將軍青徐二州刺史東海公故晉元顯子司馬天助直趣濟南十道並進連營五千步騎百萬隱隱桓桓以此屠城何城不潰以此奮擊何堅不摧邵陵踐土區區齊晉尚能克勝強楚以致一匡況大魏以沙漠之

突騎兼咸夏之勁卒哉若衆軍就臨將令南海北汎江湖南溢高岸墊爲浦澤深谷積爲丘陵晉餘黎民將雲集霧聚仇池之師嶔嶇山谷之中何能自固彼之所謂肆忿於目前之小得以至於敗亡之大失也昔信陵君濟窮鳩之危義士歸之故我朝廷欲救難當投命之誠爲此舉動既而愛惜前好猶復沈吟多殺生生在之一亡十仁者之所不爲吾等別愛後自馳檄相譬書若攝兵還反復南秦之國則諸軍同罷好穆如初若距我義言很愎

遂往敗國亡身必成噬齊之悔望所列上彼朝惠以報告徐州答移曰知以楊難當投命告敗比之窮鳩欲動衆以相存拯救危恤難有國者之所用心雖然移書之言亦已過矣何者楊氏先世以來受晉爵號脩職守藩爲我西服十載之中再造逆亂號年建義倡狂妄作爲臣不忠宜加誅討又知難當稱臣彼國宜是顧畏首尾兩屬求全果是純臣服事於魏何宜與人和親而聽臣下縱逸昔景平之末國祚中微彼乘我內難侵我司兖是以

七年治兵義在經略三師涉河秋豪不犯但崇此信誓不負約言耳彼伺我軍仍相掩襲俘我甲士翦我邊民是彼有兩曲我有二直也司馬楚之思亡命竄伏魯軌刁雍寔爲蠆尾而擁其逋逃開其壇場元顯無學焉得天助謬稱假託何足以云又譏竊興師旅不相關移若如來言又非所受黃龍國主受我正朔且渠茂虔父子歸款彼皆殘滅俘馘豈有先言況仇池奉晉十世事宋三葉九伐所加何傷於彼僕聞師曲爲老義作亂雄言貴稱情不在夸大移書本詣梁益而謬來鄗府大人不遠

幸無過談二十年燾以國授其太子下書曰朕承祖宗重光之緒思闡洪基恢隆萬世自經營天下平暴除逆掃清不順武功既昭而文教未闡非所以崇太　平之治也今者域內安逸百姓富昌軍國異容宜定制度爲萬世之法夫陰陽有往復四時有代序授子任賢安全相附所以休息疲勞式固長久成其祿福古今不易之典也諸朕功臣勤勞日久皆當致仕歸第雍容高爵頤神養壽朝請隨時饗宴朕前論道陳謀而已不須復親有司

苦劇之職其今皇太子嗣理万機揔統百揆更舉
賢良以被列職皆取後進明能廣啓選才之路
擇人授任而黜陟之故孔子曰後生可畏焉知
來者之不如今主者明為科制宣勑施行於是
王公以下上書太子皆稱臣首尾與表同唯用
白紙為異是歲燾伐芮芮虜大敗而還死者十
六七不聽死家發哀犯者誅之二十三年虜安
南平南府又移書兖州以南國僑置州不依城
土多濫北境名號又欲遊獵具區兖州荅移曰夫

皇極肇建寔膺神明之符生民初載實稟沖和
之氣故司牧之功宣於上代仁義之道興自諸
華在昔有晉混一區宇九譯承風遐戎嚮附永
嘉失御天綱圮裂石容苻姚遞秉非據或捿息
趙魏或保聚邠岐我皇宋屬當歸曆受終晉氏
北臨河濟西盡咸汧弔民伐罪流澤五都魏爾
時祗德悔　思用和輯交通使命以祈天衷來移
所謂分壃畫境其惡久定者也俄而不恒其信
虔我國憂侵牢及洛至于清濟往歲入河且欲

綏理舊城是以頓兵南濟秋毫無犯軍師不能
奉遵廟筭保有成功回旆之日重失司兖來移
云不因土立州招引亡命夫古有分土而無分
民德之休明四方繈負昔周道方隆靈臺初構
民之附化八十萬家彼不思弘善政而恐人之
棄己縱威肆虐老弱無遺詳觀今古略聽輿誦
未有窮凶以延期安忍而懷衆者也若必宜因
土立州則彼立徐揚豈有其地往年貴主獻書
云強者為雄斯則棄德任力逆行倒施有一於

此何以能振復加欲遊獵具區觀化南國今治
道方融遠人必至開館飾邸則有司存來歲元
辰天人協慶鸞旗省方東巡稽嶺若欲邀恩
宜赴玆會懷德貴蚤無或後期又稱馳獵積年
野無飛伏此邦解網舍前矜蝡育斅七澤八藪
禽獸豐碩虞侯蒐筭義非所憺三代肆覲其
典雖歎呼韓入漢厥儀猶全饋餼之秋毋存豐
厚先是虜中謠言滅虜者吳也燾甚惡之二十三
年北地瀘水人蓋吳年二十九於杏城天台舉

兵及虜諸戎夷普並響應有衆十餘萬壽聞吳反惡其名累遣軍擊之輒敗吳上表歸順曰自靈祚南遷禍纏神土二京失統豺狼縱毒蒼元蹈犬噬之悲舊都哀荼蓼之痛臣以庸鄙杖義因機乘寇虜天亡之期藉二州思奮之憤故創迹天台爰暨咸雍義風一鼓率土響同威聲既張士卒効勇師不崇朝羣狡震裂殄逆鱗於函關掃凶迹於秦土非仰協宋靈俯允羣願焉能若斯者哉今平城遺虐連兵大壇東西狼顧威形

莫接長安孤危河洛不戌平陽二蕃世連土宇擁率部落控弦五萬東屯潼塞任質軍門私署安西將軍常山白廣平鍊甲高平進師汧隴北漠護軍結駟連騎提戈載驅胡蘭洛生等部曲數千擬擊偽鎮闔境顒顒仰望皇澤伏願陛下給一旅之衆北臨河陝賜臣威儀兼給戎械進可以厭捍凶寇覆其巢窟退可以宣國威武鎮御舊京使中都有鳴鸞之響荒餘懷來蘇之德謹遣使人趙綰驗表丹誠壽遣軍屢敗乃自率

大衆攻之吳又上表曰臣聞天無貳日地無貳主昔中都失統九域分崩羣凶丘列於天邑飛鴟鴞目於四海先皇慈懷内發愍及戎荒翦偽羌於長安雪黎民之荼炭政教既被民始寧蘇天未忘難禍亂仍起獫狁侏張侵暴中國使長安爲豺狼之墟鄴洛爲蜂蛇之藪縱毒生民虔流兆庶士女能言莫不歎憤傾首東望仰希拯接咸同旱苗之待天澤赤子之望慈親臣仰恩天時以義伐暴輒東西結連南北樹黨五州同

盟迭相要契仰馮威靈千里雲集翦廓除榛莽以待王師義夫始臻莫不兎解虜主二月四日傾資倒庫與臣連營接刃交鋒無日不戰獲賊過半伏屍蔽野伏願特遣偏師賜垂拯接若天威既震足使姦虜潰亡遺民小大咸蒙生造太祖詔曰北地蓋吳起衆秦川華戎響附奮其義勇頻煩克捷屢遣表疏遠效忠款志梟逆虜以立勳績宜加爵號褒獎乃誠可以爲使持節都督關隴諸軍事安西將軍雍州刺史北地郡

公使雍梁遣軍界上以相援接燾攻吴大小數
十戰不能剋太祖遣使送雍秦二州所統郡及
金紫以下諸將印合二百二十一紐與吴使隨
宜假授署各反叛吴自攻之爲流矢所中死吴
弟吾生率餘衆入木面山皆尋破散其年太
原民顏白鹿私行入荒爲虜所録相州刺史欲
殺之白鹿詐云青州刺史杜驥使其歸誠相州
刺史送白鹿至桑乾燾喜曰我外家也使其司
徒崔浩作書與驥使司徒祭酒王琦齎書隨

白鹿南歸遣從弟高梁王以重軍延驥入太原
界攻冀州刺史申恬於歷城恬擊破之杜驥遣
其寧朔府司馬夏侯祖歡中兵參軍吉淵馳往
赴援虜破略太原得四千餘口牛六千餘頭尋
又寇兖青冀三州遂及清東殺略甚衆太祖思
弘經略詔羣臣曰吾少覽篇籍頗愛文義遊玄
翫采未能息卷自纓紼世務情兼家國徒存日
昃終有慙德而區宇未一師饉代有永言斯瘼
彌干其慮加疲疾稍增志隨時往屬思之功與

事而廢殘虐遊魂齊民塗炭乃眷北顧無忘
弘拯思總羣謀掃清逋逆感慨之來遂成短韻
卿等體國情深亦當義篤其懷也詩曰季父
鑒禍先辛生識機始崇替非無徵興廢要有以
自昔淪中畿僭盜百祀不覩南雲陰但見胡
風起亂極治必形塗泰由積否方欲滌遺氛矧
乃穢邊鄙眷言悼斯民納隍良在己逝將振宏
羅一麾同文軌時乎豈再來河清難久俟駘駟
安局步騏驥志千里梁傳畜義心伊相抱深恥

賞契將誰寄要之二三子無令齊晉朝取愧鄒
魯士時壃埸之民多相侵盜二十五年虜寧南
將軍豫州刺史北井侯若庫辰樹蘭移書豫州
曰僕以不德荷國榮寵受任邊州經理民物宜
播政化鷹揚萬里雖盡節奉命未能令上化下
布而下情上達也比者以來邊民擾動互有反
逆無復爲害自取誅夷死亡之餘雉菟逃竄南
入宋界聚合逆黨頻爲寇掠殺害良民略取資
財大爲民患此之界局與彼通連兩民之居烟火相

接來往不絕情僞繁興是以南姦北入北姦南叛以類推之日月彌甚姦宄之人數得侵盜之利雖加重法可不禁止僕常申令境局料其姦源而彼國牧守縱不禁御是以遂至滋蔓寇擾壃埸譬猶蚤虱疥癬雖爲小痾令人終歲不安當今上國和通南北好合唯邊境民庶要約不明自古列國封壃有畔各自禁斷無復相侵如是可以保之長久垂之永世故上表臺閣馳書明曉自今以後魏宋二境宜使人迹不過自

非聘使行人無得南北邊境之民烟火相望鷄狗之聲相聞至老死不相往來不亦善乎又能此亡彼歸彼亡此致則自我國家所望於仁者之邦也右將軍豫州刺史南平王鑠答移曰知以邊氓擾動多有叛逆欲杜絕姦宄兩息民患又欲送送奔亡禁其來往申告嘉貺實獲厥心但彼和好以來矢言每缺侵軼之弊屢違義舉任情背畔專肆暴略豈唯竊犯王黎乃害及行使頃誅討蠻髦事止畿服或有狐奔鼠竄逃

首北境而輙便苞納待之若舊資其粮仗縱爲寇賊往歲擅興戎旅禍加孩耄罔顧善隣之約不惟壃域之限來示所云彼並行之雖豐辭盈觀即事違實興嫌長亂寔彼之由反以爲言將違躬厚之義壃埸之民有自來矣且相期有素本不介懷若於本欲消姦弭暴永存匪石宜先謹封守斥遣諸亡驚蹄逸鏃不妄入境則邊城之下外戶不閉王制嚴明豈當獨負來信若亡命奔越侵盜彼民斯固刑之所取無勞遠及

自荷閫外思闡皇猷每申勑守宰務敦義讓往誠未布能不愧怍當重約示以副至懷二十七年燾自率步騎十萬寇汝南初燾欲爲邊寇聲云獵於梁川太祖慮其侵犯淮泗遣敕邊戍小寇至則堅守拒之大衆來則拔民戶歸壽陽諸戍偵候不明虜奄來入境宣威將軍陳南頓二郡太守鄭琨綏遠將軍汝南潁川二郡太守郭道隱並棄城奔走虜掠抄淮西六郡殺戮甚多攻圍懸瓠城城內戰士不滿千人先是汝南新

蔡二郡太守徐遵之去郡南平王鑠時鎮壽陽遣左軍行參軍陳憲行郡事憲嬰城固守燾盡銳以攻之憲自登郭城督戰起樓臨城飛矢雨集衝車攻破南城憲於內更築杆城立柵以補之虜肉薄攻城死者甚衆憲將士死傷亦過半燾唯恐壽陽有救兵不以彭城爲慮燾遣從弟永昌王庫仁眞步騎萬餘將所略六郡口北屯汝陽時世祖鎮彭城太祖遣隊主吳香鑪乘驛敕世祖遣千騎齎三日粮襲之世祖發百

里內馬得千五百匹衆議舉別駕劉延孫爲元帥延孫辭不肯行舉參軍劉泰之自代世祖以問司馬王玄謨長史張暢暢等並贊成之乃分爲五軍以泰之爲元帥與安北騎兵行參軍垣謙之田曹行參軍臧肇之集曹行參軍尹定武陵國左常侍杜幼文五人各領其一謙之領泰之軍嗣殿中將軍程天祚督戰至譙城更簡閱人馬得精騎千一百匹直向汝陽虜不意奇兵從北來大營在汝陽北去城三里許泰之等至

虜都不覺馳入襲之殺三千餘人燒其輜重營內有數區氈屋屋中皆有帳器仗甚精食具皆是金銀帳內諸大主帥悉殺之諸亡口悉得東走大呼云官軍痛與手虜衆一時奔散因追之行已經日人馬疲倦引還汝南城內有虜一幢馬步可五百登城望知泰之無後繼又有別帥鉅鹿公餘嵩自虎牢至因引出擊泰之泰之軍未食且戰已疲勞結陣未及定垣謙之先退因是驚亂棄仗奔走行迷道趨溺水水

深岸高人馬悉走水爭渡泰之獨不去曰喪敗如此何面復還下馬坐地爲虜所殺肇之溺水死天祚爲虜所執謙之定幼文及將士免者九百餘人馬至者四百匹世祖降安北之號爲鎮軍將軍玄謨延孫免官暢免所領沛郡謙之伏誅定幼文付尚方燾初聞汝陽敗又傳彭城有係軍大懼謂其衆曰但聞淮南遣軍乃復有奇兵出今年將墮人計中即燒攻具欲走會泰之死問續至乃停壽陽遣劉康祖救懸

瓠壽熙亦遣任城公拒康祖與戰破之斬任城壽熙
攻城四十二日不拔死者甚多任城又死康祖
救軍漸進乃委罪大將多所斬戮倍道奔走太
祖嘉憲固守詔曰右軍行參軍行汝南新蔡二
郡軍事陳憲盡力捍禦全城摧寇忠敢之効
宜加顯擢可龍驤將軍汝南新蔡二郡太守又
以布萬匹委憲分賜汝南城內文武吏民戰守
勤勞者壽熙雖不剋懸瓠而虜掠甚多南師屢
無功爲壽熙所輕侮與太祖書曰彼前使閒諜

詃略對人竊聞朱脩之申謨近復得胡崇之敗
軍之將國有常刑乃皆用爲方州虞我之隙以
自慰慶得我普鍾蔡一豎子何所損益無異得
我畢國之民厚加奉養禽我卑將衞拔非其
身各便鏁腰苦役以辱之觀此所行足知彼之
大趣辨校以來非一朝一夕也頃關中蓋吳返
逆扇動隴右氐羌彼復使人就而誘勸之丈夫
遺以弓矢婦人遺以環釧是曹正欲譎誑取賂
豈有遠相順從爲大丈夫之法何不自來取之

而以貨詃引誘我邊民募往者復除七年是賞
姧人也我今來至此土所得多少孰與彼前後
得我民戶邪彼今若欲保全社稷存劉氏血食
者當割江以北輸之攝守南度如此釋江南使彼
居之不然可善敕方鎮刺史守宰嚴供張之具
來秋當往取揚州大勢已至終不相縱頃者往
索真珠璫略不相與今所馘截髑髏可當幾
許珠璫也彼往日北通芮芮西結赫連蒙遜吐
谷渾東連馮弘高麗凡此數國我皆滅之以此

而觀彼豈能獨立芮芮吳提以死其子菟害真
襲其凶迹以今年二月復死我今北征先除有
足之寇彼若不從命來秋當復往取以彼無足
故不先致討諸方已定不復相釋我往之日彼
作何方計爲塹城自守爲築垣以自鄣也彼土
小雨水便迫掖彼能水中射我也我顯然往取
揚州否彼翳翳行竊步也彼來偵諜我已禽之
放還其人目所盡見委曲善問之彼前使裴方
明取仇池既得疾其勇功不能容有臣如此尚

殺之鳥得與我校邪彼非敵也彼常願欲共我
一過交戰我亦不癡復不是苻堅何時與彼交
戰晝則遣騎圍繞夜則離彼百里宿去彼人民
好降我者驅來不好者盡刺殺之近有穀米我
都噉盡彼軍復欲食噉何物能過十日邪彼吳
人正有所營伎我亦知彼情離彼百里止宿雖
彼軍三里安邏使首尾相次募人裁五十里天
自明去此募人頭何得不輸我也彼謂我攻城
日當掘塹圍守欲出來斫營我亦不近城圍彼

正築隄引水灌城取之彼揚州城南北門有兩
江水此二水引用自可如人意也知彼公時舊
臣都已殺盡彼臣若在年幾雖老猶有智策今
已殺盡豈不天資我也取彼亦須我兵刃此有
能祝婆羅門使鬼縛彼送來也此後復求通和
聞太祖有北伐意又與書曰彼此和好居民連
接爲日已久而彼無厭誘我邊民其有往者復
之七年去春南巡因省我民即使驅還自天地
啓闢已來爭天下者非唯我二人而已今聞彼

自來設能至中山及桑乾川隨意而行來亦不
迎去亦不送若厭其區宇者可來平城居我往
揚州住且可博其土地傖人謂換易爲博彼年
已五十未嘗出戶雖自力而來如三歲嬰兒復
何知我鮮卑常馬背中領上生活更無餘物可
以相與今送獵白鹿馬十二匹并氈藥等物彼
來馬力不足可乘之道里來遠或不服水土藥
自可療其年大舉北討下詔曰虜近雖摧挫獸
心靡革驅逼遺氓復規竊暴比得河朔秦雍華

戎表疏歸誠困棘跂望綏拯潛相糾結以候王
師并陳芮芮此春因其來掠掩襲巢窟種落畜
牧所亡太半連歲相持于今未解又猜虐互發
親黨誅殘根本危敝自相殘殄芮芮間使適至
所說並符遠輸誠款誓爲掎角遐邇注情既宜
赴獎且水雨豐澍舟檝流通經略之會實在茲
日可遣寧朔將軍王玄謨率太子步兵校尉
沈慶之鎮軍咨議參軍申坦等戈船一萬前
驅入河使持節督青冀幽三州徐州之東安

東莞二郡諸軍事輔國將軍青冀二州刺史胥城侯蕭斌推三齊之鋒爲之統師持節都督徐兗青冀幽五州豫州之梁郡諸軍事鎮軍將軍徐兗二州刺史武陵王駿揔四州之衆水陸竝驅太子左衛率始興縣五等侯臧質勤東宮禁兵統驍騎將軍安復縣開國侯王方回建武將軍安蠻司馬新康縣開國男劉康祖右軍參軍事梁坦步騎十萬逕造許洛使持節督豫司雍秦幷五州諸軍事右將軍豫州刺史領安蠻校

尉南平王鑠悉荆河之師方軌繼進東西齊舉宜有董一使持節侍中都督揚南徐二州諸軍事太尉領司徒録尚書太子太傅國子祭酒江夏王義恭德望兼崇風略遐被即可三府文武幷被以中儀精卒出次徐方爲衆軍節度別府司空府使所督諸鎮各遣虎旅數道爭先督梁南北秦三州諸軍事綏遠將軍西戎校尉梁南北秦三州刺史秀之統輔國將軍楊文德宣武將軍巴西梓潼二郡太守劉弘宗連旗深入震

盪汧隴護軍將軍封陽縣開國侯蕭思話部龍驤將軍枝坦寧遠將軍竟陵太守南城縣開國侯劉德願籍荆雍之勁攬羣師之鋭宜由武關稜威震蕩指授之宜委司空義宣議量是歲軍旅大起王公妃主及朝士牧守各獻金帛等物以助國用下及富室小民亦有獻私財至數十萬者又以兵力不足尚書左僕射何尚之參議發南兗州三五民丁父祖伯叔兄弟仕州居職從事及仕北徐兗爲皇弟皇子從事庶姓主簿諸皇

弟皇子府參軍督護國三令以上相府舍者不在發例其餘悉倩暫行征符到十日裝束緣江五郡集廣陵緣淮三郡集盱眙又募天下弩手不問所從若有馬步衆藝武力之士應科者皆加厚賞有司又奏軍用不充揚南徐兗江四州富有之民家資滿五千萬僧尼滿二千萬者竝四分換一過此率討事息即還歷城建武府司馬申元吉率馬步　餘人向碻磝取泗瀆口虜碻磝戍主濟州刺史王買德憑城拒戰元吉

破之買德棄城走獲奴婢一百四十口馬二百餘匹驢騾二百牛羊各千餘頭氈七百領麄細車三百五十乘地倉四十二所粟五十餘萬斛城内居民私儲又二十萬斛虜田五穀三百頃鐵三萬斤大小鐵器九千餘口餘器仗雜物稱此玄謨攻滑臺不剋燾自率大衆渡河玄謨敗走燾從弟永昌王庫仁真發關西兵趨汝潁從弟高梁王阿斗埿自青州道燾自碻磝並南出諸鎮悉斂民保城其十一月至鄒山鄒山戍主宣

威將軍魯陽平二郡太守崔耶利敗沒燾登鄒山見秦始皇刻石使人排倒之遣楚王樹洛真南康侯杜道儁進軍清西至蕭城步尼公進軍清東至留城世祖遣參軍馬文恭至蕭城江夏王義恭遣軍主嵇玄敬至留城並爲覘候蕭城虜偃旗挺文恭斥候不明卒與相遇乃捨沛趣南山東至山而虜圍合文恭戰敗僅以身免玄敬亦與留城虜相值幢主華欽繼其後虜望玄敬後有軍引去趨苞橋至欲渡清西沛縣民

燒苞橋夜於林中擊鼓虜謂官軍大至爭渡苞水水深溺死殆半先是燾遣員外散騎侍郎王老壽乘驛就太祖乞黃甘太祖餉甘十簿甘蔗千挺幷就求馬曰自頃歲成民阜朝野無虞春末當東巡吳會以盡游豫臨滄海探禹穴陟姑蘇之臺搜長洲之苑舟檝雖盛寡於良駟想能惠以逸足令及此行老壽反命未出境虜兵深入乃錄還虜又破尉武戍執戍主左軍長兼行參軍王羅漢先是南平王鑠以三百人配羅漢

出戍而尉武東北有小壘因據之或曰賊盛不足自固南依卑林寇至易以免羅漢以受命來此不可輒去是日虜攻之矢盡力屈遂沒虜法獲生將付其三郎大帥連鎖鎖頸後羅漢夜斷三郎頭抱鎖亡走得入盱眙城永昌王破劉康祖於尉武引衆向壽陽自青岡屯孫叔敖冢脅壽陽城又焚掠馬頭鍾離南平王鑠保城固守燾自彭城南出十二月於盱眙渡淮破胡崇之等軍留尚書韓元興數千人守盱眙自率大衆南

向中書郎魯秀出廣陵高梁王阿斗渥出山
陽永昌王於壽陽出横江凡所經過莫不殘害
燾至瓜步壞民屋宇及伐蒹葦於滁口造箄筏
聲欲渡江太祖大具水軍為防禦之備初領軍
將軍劉遵考率軍向彭城至小澗虜已斷道召
還與左軍將軍尹弘守横江少府劉興祖守白
下建威將軍黄門侍郎蕭元邕守裨洲羽林左
監孟宗嗣守新洲上建武將軍秦容守新洲下
征北中兵參軍事向柳守貴洲司馬到元度守

蒜山諮議參軍沈曇慶守北固尚書褚湛之先
行京陵仍守西津徐州從事史蕭尚之守練壁
征北參軍管法祖守譙山徐州從事武仲河守
博落尚書左丞劉伯龍守採石尋遷建武將軍
淮南太守仍摠守事遊邏上接于湖下至蔡洲
陳艦列營周亘江畔自採石至于暨陽六七百里
船艦蓋江旗甲星燭皇太子出戍石頭城前將
軍徐湛之守石頭倉城都水使者樂詢尚書水
部郎劉淵之並以裝治失旨付建康乘輿數幸

石頭及莫府山觀望形勢購能斬佛狸伐頭者
封八千戶開國縣公賞布絹各萬匹金銀各百
斤斬其子及弟偽相大軍主封四百戶開國縣
侯布絹各五千疋自此以下各有差又募人賫
冶葛酒置空村中欲以毒虜竟不能傷燾鑿瓜
步山為盤道於其頂設氈屋燾不飲河南水以駱
駝負河北水自隨一駱駝負三十斗遣使餉太
祖駱駝名馬求和請婚上遣奉朝請田奇餉以
珍羞異味燾得黄甘即噉之并大進酃酒左右

有耳語者疑食中有毒燾不答以手指天而
以孫兒示奇曰至此非唯欲為功名實是貪結
姻援若能酬酢自今不復相犯秋毫又求嫁女
與世祖二十八年正月朔燾會於山上并及土
人會竟掠民戶燒邑屋而去虜初緣江舉烽火
尹弘曰六夷如此必走正月二日果退初太祖
聞虜寇逆焚燒廣陵城府船乘使廣陵南沛
二郡太守劉懷之率人民一時渡江虜以海陵
多陂澤不敢往山陽太守蕭僧珍亦斂居民

及流奔百姓悉入城臺送糧仗給盱眙賊逼分留山陽又有數萬人攻具當往滑臺亦留付郡城內垂萬家戰士五千餘人有白米陂去郡數里僧珍逆下諸處水注令滿須賊至決以灌之虜既至不敢停引去自廣陵還因攻盱眙盡銳攻城三十日不能剋乃燒攻具退走燾凡破南兗徐兗豫青冀六州殺略不可稱計而其士馬死傷過半國人並尤之是歲燾病死謚爲太武皇帝初燾有六子長子晃字天真爲太子次

曰晉王燾所住屠蘇爲疾雷擊屠蘇倒見厭殆死左右皆號泣晉王不悲燾怒賜死次曰秦王烏弈肝與晃對掌國事晃疾之譖其貪暴燾鞭之二百遣鎮枹罕次曰燕王次曰吳王名可博真次曰楚王名樹洛真燾至汝南瓜步晃私遣取諸營鹵獲甚衆燾歸聞知大加搜檢晃懼謀殺燾燾乃詐死使其近習召晃迎喪於道執之及國罩以鐵籠尋殺之以烏弈肝有武用以爲太子會燾死使嬖人宗愛立博真爲後

宗愛博真恐爲弈肝所危矯殺之而自立號年承平博真懦弱不爲國人所附晃子濬字烏雷直懃素爲燾所愛燕王謂國人曰博真非正不宜立直懃嫡孫應立耳乃殺博真及宗愛而立濬爲主號年爲正平先是虜寧南將軍魯爽兄弟率衆歸順二十九年太祖更遣張永王玄謨及爽等北伐青州刺史劉興祖建議伐河北曰河南阻飢野無所掠脫意外固守非旬月可拔稽留大衆轉輸方勞伐罪弔民事存急速今僞

帥始死兼逼暑時國內猜擾不暇遠赴關內之衆裁足自守愚謂宜長驅中山據其關要冀州已北民人尚豐兼麥已向熟資因爲易向義之徒必應響赴若中州震動黃河以南自當消潰臣城守之外可有二千人今更發三千兵假別駕崔勳之振威將軍領所發隊并二州望族從蓋柳津直衝中山申坦率歷城之衆可有二千騎驛俱進較略二軍可七千許人既入其心腹調租發車以充軍用若前驅乘勝張永及河南

衆軍便宜一時濟河使聲實兼舉愚計謬允宜竝建司牧撫柔初附定州刺史取大嶺冀州刺史向井陘幷州刺史屯雁門幽州刺史塞軍都相州刺史備大行因事指麾隨宜加授畏威欣寵人百其懷濟河之日請大統版假常念將率憚於深遠勳之等慷慨之誠誓必死效若能成功清一可待若不克捷不爲大傷竝催促裝束伏聽敕旨上意止存河南不納玄謨攻碻磝不克退還世祖即位索虜求互市江夏王義恭竟陵

王誕建平王宏何尚之何偃以爲宜許柳元景王玄謨顏竣謝莊檀和之褚湛之以爲不宜許時遂通之大明二年虜寇青州爲刺史顏師伯所破退走前廢帝永光元年濬死謚文成皇帝子弘之字第豆胤代立景和中北討徐州刺史義陽王昶昶單騎奔虜太宗泰始初江州刺史晉安王子勛爲逆四方反徐州刺史薛安都青州刺史沈文秀冀州刺史歷城鎮主崔道固等亦各舉兵虜謀欲納昶下書曰易稱利用行師書云

龔行天罰必觀時而後施因機而後舉故夏伐有扈四海以平晉定吴會萬方以壹今宗室衰微凶難洊起國有殺君之逆邦罹崩離之難起自蕭墻釁流合境僞使持節散騎常侍都督徐南北兖青冀幽七州豫州之梁郡諸軍事征北將軍儀同三司徐州刺史義陽王昶踵微子之蹤蹈項伯之迹知機體運歸欵闕庭朕錫以顯爵班同親舊昶弟湘東王進不能扶危定傾退不能降身高謝阻兵安忍篡位自立旣無闔

閭靜亂之功而有無知悖禮之釁忌棄三正慢易天常覆敗之徵旣兆危亡之應已著僞江州刺史晉安王復稱大號自立一隅荆郢二州刺史安陸臨海王劉子綏子頊大擅威令不相祗伏徐州刺史彭城鎮主薛安都青州刺史沈文秀冀州刺史歷城鎮主崔道固等皆彼之要藩懼及禍難擁衆獨據各無定主仰觀天象俯察人謀六軍變伐之期率土同軌之日朕承休烈屬當泰運思播靈武廓寧九服豈可得臨萬乘

之機違時來之遇而不討其餘逆振其艱患哉
今可分命諸軍以行九伐使持節征東大將軍
安定王直懃伐伏玄侍中尚書左僕射安西大
將軍平北公直懃美晨散騎常侍殿中尚書平
北將軍山陽公呂羅漢領隴右之衆五萬沿漢
而東直指襄陽使持節征南大將軍勃海王直
懃天賜侍中尚書令安東大將軍始平王直懃
渴言侯散騎常侍殿中尚書令安西將軍西陽
王直懃蓋戶千領幽冀之衆七萬濵海而南直
三百卅 宋書傳五十五 四十八 何宗七
指東陽使持節征南將軍京兆王直懃子侍中
司徒安南大將軍新建王獨孤侯尼須散騎常
侍西平公韓道人領江雍之衆八萬出洛陽直
至壽陽使持節征南大將軍宜陽王直懃新成
侍中太尉征東大將軍直懃駕頭拔羽直征東
將軍北平公拔敦及義陽王劉昶領定相之衆十
萬出濟兗直造彭城與諸軍剋期同到會于秣
陵納昶反國定其社稷使荆陽沾德義之風江
漢被來蘇之惠邊壃將吏不得因宋衰亂有所

侵損以傷我國家存救之義主者明宣所部咸使
聞知稱朕意焉既而晉安王子勛事平太宗遣
張永沈攸之北討薛安都大懼遣使引虜虜遣
萬騎救之永攸之敗退虜攻青冀二州竝剋執
沈文秀崔道固又下書朕承天序臨御兆民思
闡皇風以隆治道而荆吳僭傲跨跱一方天降
其殃以罰有罪篡弒發於蕭墻毒害嬰於羣
庶徐州刺史薛安都司州刺史常珍奇深體逆
順歸誠獻欵遭難已久飢饉荐臻或以糊口之
大三百卅一 宋書傳五十五 四十九 畢信
功私力竊盜或不識王命藏竄山藪或爲囚徒
先被執繫元元之命甚可哀愍其曲赦淮北三
州之民自天安二年正月三十日壬寅昧爽以
前諸犯死罪以下繫囚見徒一切原遣唯子
殺父母孫殺祖父母弟殺兄妻殺夫奴殺主不
從赦例若亡命山澤百日不首復其初罪今陽
春之初東作方興三州之民各安其業以就農
桑有饑窮不自存通其市糴之路鎮統之主
懃加慰納遵用輕典以莅新化若綏導失中

令民逃亡加罪無縱其普宣下咸使聞知朕意焉
此後虜復和親信餉歲至朝庭亦厚相報答泰
豫元年虜狹石鎮主白虎公安陽鎮主莫索公
貞陽鎮主鵞落生襄陽王桓天生等引山蠻
馬步二萬餘人攻圍義陽縣義陽戍司州刺
史王贍遣從弟司空行參軍思遠撫軍行參
軍王叔瑜擊大破之虜退走自索虜破慕容
蠻馬二萬餘人攻圍義陽據有中國而芮芮虜
有其故地蓋漢世匈奴之北庭也芮芮一號大

檀又號檀檀亦匈奴別種自西路通京師三萬
餘里僭稱大號部衆殷強歲時遣使詣京師
與中國亢禮西域諸國焉耆鄯善龜茲姑墨
東道諸國並役屬之無城郭逐水草畜牧以氈
帳爲居隨所遷徙其土地深山則當夏積雪平
地則極望數千里野無青草地氣寒涼馬牛齕
枯噉雪自然肥健國政踈簡不識文書刻木以
記事其後漸知書契至今頗有學者去北海
千餘里與丁零相接常南擊索虜世爲仇讎

故朝庭每羈縻之其東有槃槃國趙昌國渡流
沙萬里又有栗特國太祖世並奉表貢獻栗特
大明中遣使獻生師子火浣布汗血馬道中遇
寇失之

史臣曰久矣匈奴之與中國並也自漢氏以前
綿跨年世紛梗外區驚震中㝢周無上筭漢
收下策魏代分離種落遷散數十年閒外郡無
風塵之警邊城早開晚閉胡馬不敢南臨至于
晉始姧黠漸著密邇畿封窺候壃埸侵民略畜

者無歲月而闕焉元康以後風雅雖喪五胡遞
襲翦覆諸華及涉珪以鐵馬長驅席卷趙魏
負其衆力遂與上國爭衡矣高祖宏圖盛略欲
以苞括宇宙爲念逮于懸旗清洛飲馬長涇北
狄岬銳挫鋒閉重嶮而自固于時戎車外動王
命相屬裳冕委蛇軺軒繼路舊老懷思古之
情行人或爲之殞涕自是關河響動表裏寧
壹宮車甫晏戎心外駭覆我牢滑翦我伊瀍
是以太祖忿之開定司兗而兵無勝略棄師隕

衆委甲横原捐州豆水荆吳鋭卒迯氣未擄偏
城孤將衡冤就虜遂虜境延寇僅保清東自是
兵摧勢弱邊隙稍廣壯騎陵突鳴鏑日至芻牧
年傷禾麥歲犯小則囚虜吏民大則俘執長守
羽書繼塗奔命相屬青徐兖冀之間蕭然矣
而自木末以來益有賢才狡筭妙識兵權深通
戰術屬鞬凌厲氣冠百夫故能威服華甸志雄
羣虜至於狸伐纂僞彌煽凶威英圖武略事
駕前古雖冒頓之鷙勇石之驍強不能及也

遂西吞河右東舉龍碣揔括戎荒地兼萬里雖
裂土分區不及魏晉而華氓戎落衆力兼倍至
乃連騎百萬南向而斥神華胡旆映江穹帳遵
渚京邑荷檐士女喧惶天子内鎮羣心外御羣
寇役竭民徭費殫府實舉天下以攘之而力猶
未足也既而虜縱歸師殲累邦邑剪我淮州俘
我江縣喋喋黔首跼高天蹐厚地而無所控告
強者爲轉屍弱者爲繫虜自江淮至于清濟
戶口數十萬自免湖澤者百不一焉村井空荒

無復鳴鷄吠犬時歲惟暮春桑麥始茂故老遺
氓還號舊落桓山之響未足稱哀六州蕩然無
復餘蔓殘構至於乳鷰赴時銜泥靡託一枝
之間連窠十數春雨裁至增巢已傾雖事舛吳
宮而殲亡匪異甚矣哉覆敗之至於此也太祖
懲禍未深復興外略頓兵堅城棄甲河上是我
有再敗敵有三勝也自此以後通互市納和親
而侵疆軼戍于歲連屬逮泰始搆紛邊將外
叛致夷引寇亡我四州高祖劬勞日昃思一區宇

旍旗卷舒僅而後克後主守文刑德不樹一舉
而弃司兖再舉而喪徐方華服蕭條鞠爲茂草
豈直天時抑由人事夫地勢有便習用兵有短
長胡負駿足而平原悉車騎之地南習水鬭江
湖固舟檝之鄉代馬胡駒出自冀北梗柟豫章
植乎中土蓋天地所以分區域也若謂氈裘之
民可以決勝於荆越必不可矣而曰樓船之夫
可以爭鋒於燕冀豈或可乎虞詡所謂走不逐
飛蓋以我徒而彼騎也因此而推勝負殆可以一

言蔽之

列傳第五十五　宋書九十五

列傳第五十六　宋書九十六

臣沈　約　新撰

鮮卑吐谷渾

阿柴虜吐谷渾遼東鮮卑也父弈洛韓有二子長曰吐谷渾少曰若洛廆若洛廆別爲慕容氏渾庶長廆正嫡父在時分七百戶與渾渾與廆二部俱牧馬馬鬬相傷廆怒遣信謂渾曰先公處分與兄異部牧馬何不相遠而致鬬爭相傷渾曰馬是畜生食草飲水春氣發動所以致鬬鬬在於馬而怒及人邪永別甚易今當去汝萬里於是擁馬西行日移一頓頓八十里經數頓廆悔悟深自咎責遣舊父老及長史乙那樓追渾令還渾曰我乃祖以來樹德遼右又卜筮之言先公有二子福胙並流子孫我是卑庶理無並大今以馬致別殆天所啓諸君試擁馬令東馬若還東我當相隨去樓喜拜曰處可寒虜言處可寒宋言爾官家也即使所從二千騎共遮馬令回不盈三百步欻然悲鳴突走聲若頹山如

是者十餘輩一向一遠樓力屈又跪曰可寒此非復人事渾謂其部落曰我兄弟子孫並應昌盛廆當傳子及曾孫玄孫其間可百餘年我乃玄孫間始當顯耳於是遂西附陰山遭晉亂遂得上隴後廆追思渾作阿干之歌鮮卑呼兄爲阿干廆子孫竊號以此歌爲輦後大曲渾旣上隴出罕开西零西零今之西平郡罕开今枹罕縣自枹罕以東千餘里曁甘松西至河南南界昴城龍涸自洮水西南極白蘭數千里中逐水草廬帳居以肉酪爲糧西北諸雜種謂之爲阿柴虜渾年七十二死有子六十人長吐延嗣吐延身長七尺八寸勇力過人性刻暴爲昴城羌酋姜聰所刺劍猶在體呼子葉延語其大將絕拔渥曰吾氣絕棺斂訖便遠去保白蘭白蘭地旣嶮遠又土俗懦弱易爲控御葉延小意乃欲授與餘人恐倉卒終不能相制今以葉延付汝汝竭股肱之力以輔之孺子得立吾無恨矣抽劍而死嗣位十三年年三十五有子十二人葉延少而勇果

年十歲縛草爲人號曰姜聰每旦輒射之射中則喜不中則號叫泣涕其母曰讎賊諸將已屠膾之汝年小何煩朝朝自苦如此葉延嗚咽不自勝荅母曰誠知無益然葉延罔極之心不勝其痛耳性至孝母病三日不能食葉延亦不食頗視書傳自謂曾祖弈洛韓始封昌黎公曰吾爲公孫之子案禮公孫之子得氏王父字命姓爲吐谷渾氏嗣立二十三年年四十三有子四人長子碎奚立碎奚性純謹三弟專權碎奚不能制諸大將共誅之碎奚憂哀不復攝事遂立子視連爲世子委之事號曰莫賀郎莫賀宋言父也碎奚遂以憂死在位二十五年年四十二有子六人子視連以父憂卒不遊娛不酣宴在位十五年年四十二有子二人長曰視羆次烏紇提視羆嗣立十一年年四十二子樹洛干等並小弟烏紇提立紇提立八年年三十五視羆子樹洛干立自稱車騎將軍義熙初也樹洛干死弟阿犲自稱驃騎將軍譙縱亂蜀阿犲遣其從子西彊公

吐谷渾敕來泥拓土至龍涸平康少帝景平中阿犲遣使上表獻方物詔曰吐谷渾阿犲介在遐表慕義可嘉宜有寵任今酬其來款可督塞表諸軍事安西將軍沙州刺史澆河公未及拜受太祖元嘉三年又詔加除命未至而阿犲死弟慕璝立六年表曰大宋應運四海宅心臣亡兄阿犲慕義天朝款情素著去年七月五日謁者董湛至宣傳明詔顯授榮爵而臣私門不幸亡兄見背臣以懦弱負荷後任然天恩所報本

在臣門若更反覆懼停信命輒拜受寵任奉遵上旨伏願詳慮更授章策七年詔曰吐谷渾慕璝兄弟慕義至誠可嘉宜授策爵以甄忠款可督塞表諸軍事征西將軍沙州刺史隴西公先是晉末金城東允街縣胡人乞伏乾歸擁部衆據洮河罕幵自號隴西公乾歸死子熾磐立遣使詣晉朝歸順以爲使持節都督河西諸軍事平西將軍公如故高祖即位進號安西大將軍熾磐死子茂蔓立慕璝前後屢遣軍擊茂蔓率

部落東奔隴右慕璝據有其地是歲赫連定於長安爲索虜拓跋燾所攻擁秦戶口十餘萬西次罕幵欲向涼州慕璝距擊大破之生擒定燾遣使求慕璝以定與之九年慕璝遣司馬趙叙奉貢獻并言二萬人捷太祖加其使持節散騎常侍都督西秦河沙三州諸軍事征西大將軍西秦河二州刺史領護羌校尉進爵隴西王弟慕延爲平東將軍慕璝兄樹洛干子拾寅爲平北將軍阿豺子煒代鎮軍將軍詔慕璝南國將

士昔沒在佛佛者並悉致慕璝遣送朱昕之等五十五戶一百五十四人慕璝死弟慕延立遣使奉表十五年除慕延使持節散騎常侍都督西秦河沙三州諸軍事領西大將軍領護羌校尉西秦河二州刺史隴西王十六年改封河南王其年以拾虔弟拾寅爲平西將軍慕延庶長子繁暱爲撫軍將軍慕延嫡子瑍爲左將軍河南王世子十九年追贈阿豺本號安西秦沙三州諸軍事沙州刺史領護羌校尉隴西王索虜拓

跋扈遣軍擊慕延大破之慕延率部落西奔白蘭攻破于闐國慮虜復至二十七年遣使上表云若不自固者欲率部曲入龍涸越巂門并求牽車獻烏丸帽女國金酒器胡王金釧等物太祖賜以牽車若虜至不自立聽入越巂虜竟不至也慕延死拾寅自立二十九年以拾寅爲使持節督西秦河沙三州諸軍事安西將軍領護羌校尉西秦河二州刺史河南王拾寅東破索虜加開府儀同三司世祖大明五年拾寅遣使

獻善舞馬四角羊皇太子王公以下上舞馬歌者二十七首太宗泰始三年進號征西大將軍五年拾寅奉表獻方物以弟拾皮爲平西將軍金城公前廢帝又進號車騎大將軍其國西有黃沙南北一百二十里東西七十里不生草木沙州因此爲號屈眞川有鹽池甘谷嶺北有雀鼠同穴或在山嶺或在平地雀色白鼠色黃地生黃紫花草便有雀鼠穴白蘭土出黃金銅鐵其國雖隨水草大抵治慕賀川

史臣曰吐谷渾逐草依泉擅彊塞表毛衣肉食取資佃畜而錦組繒紈見珍殊俗徒以商譯往來故禮同北面自昔哲王雖存柔遠要荒回隔禮文弗被大不過子義著春秋晉宋垂典不脩古則遂爵班上等秩擬台光辮髮稱賀非尚簪冕言語不通寧敷衮職雖復苞篚歲臻事惟賈道金罽氈毦非用斯急送迓煩擾獲不如亡若令肅愼年朝越常歲饗固不容以異見書取高前策聖人謂之荒服此言蓋有以也

列傳第五十六　宋書九十六

列傳第五十七　宋書九十七

臣沈　約　新撰

夷蠻

南夷西南夷大抵在交州之南及西南居大海中洲上相去或三五千里遠者二三萬里乘舶舉帆道里不可詳知外國諸夷雖言里數非定實也

南夷林邑國高祖永初二年林邑王范陽邁遣使貢獻即加除授太祖元嘉初侵暴日南九德

諸郡交州刺史杜弘文建牙聚衆欲討之聞有代乃止七年陽邁遣使自陳與交州不睦求蒙恕宥八年又遣樓船百餘寇九德入四會浦口交州刺史阮彌之遣隊主相道生三千人赴討攻區粟城不尅引還林邑欲伐交州借兵於扶南王扶南不從十年陽邁遣使上表獻方物求領交州詔答以道遠不許十二十五十六十八年頻遣貢獻而寇盜不已所貢亦陋薄太祖忿其違傲二十三年使龍驤將軍交州刺史檀和之伐之遣太尉府振武將軍宗慤受和之節度和之遣府司馬蕭景憲爲前鋒慤仍領景憲軍副陽邁聞將見討遣使上表求還所略日南民戶奉獻國珍太祖詔和之陽邁果有款誠許其歸順其年二月軍至朱梧戍遣府戶曹參軍日南太守姜仲基前部賊曹參軍蟜弘民隨傳詔畢願高精奴等宣揚恩旨陽邁執仲基精奴等二十八人遣弘民反命外言歸款猜防愈嚴景憲等乃進軍向區粟城陽邁遣大帥范

扶龍大戍區粟又遣水步軍徑至景憲破其外救盡銳攻城五月尅之斬扶龍大首獲金銀雜物不可勝計乘勝追討即尅林邑陽邁父子並挺身奔逃所獲珍異皆是未名之寶上嘉將帥之功詔曰林邑介恃遐險久稽王誅龍驤將軍交州刺史檀和之忠果到列思略經濟禀命攻討萬里推鋒法命肅齊文武畢力潔已奉公以身率下故能立勳海外震服殊俗宜加褒飾參管近侍可黃門侍郎領越騎校尉行建武將軍

龍驤司馬蕭簡景憲協贊軍首勤捷顯著揔勤前驅剋殄巢穴必能威服荒夷撫懷民庶可持節督交州廣州之鬱林寧浦二郡諸軍事建威將軍交州刺史龍驤司馬童林之九眞太守傅蔚祖戰死並贈給事中世祖孝建二年林邑又遣長史范龍跋奉使貢獻除龍跋揚武將軍大明二年林邑王范神成又遣長史范流奉表獻金銀器及香布諸物太宗泰豫元年又遣使獻方物初檀和之被徵至豫章值豫章民胡

誕世等反因討平之并論林邑功封杜縣子食邑四百戶和之高平金鄉人檀憑子也太祖元嘉二十七年自太子左衛率爲世祖鎭軍司馬輔國將軍彭城太守元凶弑立以爲西中郎將雍州刺史世祖入討加輔國將軍統豫州戍事因出南奔世祖即位以爲右衛將軍孝建二年除輔國將軍豫州刺史不行復爲右衛加散騎常侍三年出爲南兗州刺史坐酣飲黷貨迎獄中女子入內免官禁錮其年卒追贈左將軍謚

曰襄子廣州諸山並俚獠種類繁熾前後屢爲侵暴歷世患苦之世祖大明中合浦大帥陳檀歸順拜龍驤將軍四年檀表乞官軍征討未附乃以檀爲高興太守將軍如故遣前朱提太守費沈龍驤將軍武期率衆南伐并通朱崖道並無功輒殺檀而反沈下獄死

扶南國太祖元嘉十一十二十五年國王持黎跋摩遣使奉獻

西南夷訶羅陁國元嘉七年遣使奉表曰伏承

聖王信重三寶興立塔寺周滿國界城郭莊嚴清淨無穢四衢交通廣博平坦臺殿羅列狀若衆山莊嚴微妙猶如天宮聖王出時四兵具足道從無數以爲守衛都人士女麗服光飾市廛豐富珍賄無量王法清整無相侵奪學徒遊集三乘競進敷演正法雲布雨潤四海流通萬國交會長江眇漫清淨深廣有生咸資莫能銷穢陰陽調和災厲不行誰有斯美大宋揚都聖王無倫臨覆上國有大慈悲子育萬物平等忍辱

怨親無二濟乏周窮無所藏積靡不照達如日
之明無不受樂猶如淨月宰輔賢良群臣貞絜
盡忠奉主心無異想伏惟皇帝是我真主臣是
訶羅陁國主名曰堅鎧今敬稽首聖王足下惟
願大王知我此心久矣非適今也山海阻遠無
緣自達今故遣使表此丹誠所遣二人一名毗
紉一名婆田令到天子足下堅鎧微蔑誰能知
者是故今遣二人表此微心此情既果雖死猶
生仰惟大國藩守曠遠我即邊方藩守之一

上國臣民普蒙慈澤願垂恩逮等彼僕臣臣國
先時人衆殷盛不爲諸國所見陵迫今轉衰弱
鄰國競侵伏願聖王遠垂覆護并市易往反不
爲禁閉若見哀念願時遣還令此諸國不見輕
侮亦令大王名聲普聞扶危救弱正是今日今
遣二人是臣同心有所宣啓誠實可信願勑廣
州時遣舶還不令所在有所陵奪願自今以後賜
年年奉使今奉微物願垂哀納
呵羅單國治闍婆洲元嘉七年遣使獻金剛指

鐶赤鸚鵡鳥天竺國白疊古貝葉波國古貝等
物十年呵羅單國王毗沙跋摩奉表曰常勝天
子陛下諸佛世尊常樂安隱三達六通爲世間
道是名如來應供正覺遺形舍利造諸塔像莊
嚴國土如須彌山村邑聚落次第羅匝城郭館
宇如忉利天宮宮殿高廣樓閣莊嚴四兵具足
能伏怨敵國土豐樂無諸患難奉承先王正法治
化人民良善慶無不利處雪山陰雪水流注百
川洋溢八味清淨周匝屈曲順趣大海一切衆

生咸得受用於諸國土殊勝第一是名震旦大
宋揚都承嗣常勝大王之業德合天心仁廕四
海聖智周備化無不順雖人是天護世降生功
德寶藏大悲救世爲我尊主常勝天子是故至
誠五體敬禮呵羅單國王毗沙跋摩稽首問訊
冥後爲子所簒奪十三年又上表曰大吉天子
足下離淫怒癡哀愍群生想好具足天龍神等恭
也供養世尊威德身光明照如水中月如日初
間自是家普照十方其白如雪亦如月光清

淨如華顔色照曜威儀殊勝諸天龍神之所恭
敬以正法寶梵行衆僧莊嚴國土人民熾盛安
隱快樂城閣高峻如乾他山衆多勇士守護此
城樓閣莊嚴道巷平正箸種種衣猶如天服於
一切國爲最殊勝吉楊州城無憂天主愍念群
生安樂民人律儀清淨慈心深廣正法治化共
養三寶名稱遠至一切並聞民人樂見如月初
生譬如梵王世界之主一切人天恭敬作禮呵
羅單跋摩以頂禮足猶如現前以體布地如殿

陛道供養恭敬如奉世尊以頂著地曲躬問訊
忝承先業嘉慶無量忽爲惡子所見爭奪遂失
本國今唯一心歸誠天子以自存命今遣毗紉
問訊大家意欲自往歸誠宣訴復畏大海風波
不達今命得存亦由毗紉此人忠志其恩難報
此是大家國今爲惡子所奪而見驅擯意頗忿
惋規欲雪復伏願大家聽毗紉買諸鎧仗袍襖
及馬願爲料理毗紉使得時還前遣闍邪仙婆
羅訶蒙大家厚賜悉惡子奪去啓大家使知今

奉薄獻願垂納受此後又遣使二十六年太祖
詔曰訶羅單媻皇媻達三國頻越遐海款化納
貢遠誠宜甄可竝加除授乃遣使策命之曰惟
爾慕義款化效誠荒遐恩之所洽殊遠必甄用
敷典章顯茲策授爾其欽奉凝命永固厥職可
不愼歟二十九年又遣長史媻和沙彌獻方物
媻皇國元嘉二十六年國王舍利媻羅跋摩遣
使獻方物四十一種太祖策命之爲媻皇國王
曰惟爾仰政邊城率貢來庭皇澤凱被無幽不

洽宜班典策授茲嘉命爾其祗順禮度式保厥
終可不愼歟二十八年復貢獻世祖孝建三年
又遣長史竺那媻智奉表獻方物以那媻智爲
振威將軍大明三年獻赤白鸚鵡大明八年太
宗泰始二年又遣使貢獻太宗以其長史竺
須羅達前長史振威將軍竺那媻智竝爲龍
驤將軍

媻達國元嘉二十六年國王舍利不陵伽跋摩
遣使獻方物太祖策命之爲婆達國王曰惟爾

仰化懷誠馳慕聲教皇風遐暨荒服來款是用
加茲顯策式甄義順尒其祗順憲典永終休福
可不慎歟二十六年二十八年復遣使獻方物
闍婆婆達國元嘉十二年國王師黎婆達陁阿
羅跋摩遣使奉表曰宋國大主大吉天子足下
敬禮一切種智安隱天人師降伏四魔成等正
覺轉尊法輪度脫衆生教化已周入于涅槃舍
利流布起无量塔衆寶莊嚴如須彌山經法流
布如日照明無量淨僧猶如列宿國界廣大民

人衆多宮殿城郭如忉利天宮名大宋揚州大
國大吉天子安處其中紹繼先聖王有四海閻
浮提內莫不來服悉以慈水普飲一切我雖在
遠亦霑靈潤是以雖隔巨海常遙臣屬願照
至誠垂哀納受若蒙聽許當年遣信若有所須惟
命是獻伏願信受不生異想今遣使主佛大陁婆
副使葛抵奉宣微誠稽首敬禮大吉天子足下
陁婆所啓願見信受諸有所請唯願賜聽今奉
微物以表微心

師子國元嘉五年國王刹利摩訶南奉表曰謹
白大宋明主雖山海殊隔而音信時通伏承皇
帝道德高遠覆載同於天地明照齊乎日月四
海之外無往不伏方國諸王莫不遣信奉獻以
表歸德之誠或泛海三年陸行千日畏威懷德
無遠不至我先王以來唯以脩德爲正不嚴而
治奉事三寶道濟天下欣人爲善慶若在己欲
與天子共弘正法以度難化故託四道人遣二
白衣送牙臺像以爲信誓信還願垂音告至

十二年又復遣使奉獻
天竺迦毗黎國元嘉五年國王月愛遣使奉表曰
伏聞彼國據江傍海山川周固衆妙悉備莊嚴
清淨猶如化城宮殿莊嚴街巷平坦人民充滿
歡娛安樂聖王出遊四海隨從聖明仁愛不害
衆生萬邦歸仰國富如海國中衆生奉順正法
大王仁聖化之以道慈施群生無所遺惜帝修
淨戒軌道不及無上法船濟諸沈溺群寮百官
受樂無怨諸天擁護萬神侍衛天魔降伏莫不

歸化王身端嚴如日初出仁澤普潤猶如大雲
聖賢承業如日月天於彼眞丹最爲殊勝臣之
所住名迦毗河東際于海其城四邊悉紫紺石
首羅天護令國安隱國王相承未甞斷絶國中人
民率皆修善諸國來集共遵道法諸寺舍中皆
七寶形像衆妙供具如先王法臣自修檢不犯
道禁臣名月愛棄世王種惟願大王聖體和善
群臣百官悉自安隱今以此國群臣吏民山川
珍寶一切歸屬五體歸誠大王足下山海遐隔

無由朝覲宗仰之至遣使下承使主父名天魔
悉達使主名尼陁達此人由來良善忠信是故
今遣奉使表誠大王若有所須珍奇異物悉當
奉送此之境土便是王國王之法令治國善道
悉當承用願二國信使往來不絶此反使還願
賜一使具宣聖命備勑所宜款至之誠望不空
反所白如是願加哀愍奉獻金剛指環摩勒金
環諸寶物赤白鸚鵡各一頭太宗泰始二年又
遣使貢獻以其使主竺扶大竺阿彌並爲建威將

軍元嘉十八年蘇摩黎國王那鄰那羅跋摩遣
使獻方物世祖孝建二年斤陁利國王釋婆羅
那隣陁遣長史竺留陁及多獻金銀寶器後廢
帝元徽元年婆黎國遣使貢獻凡此諸國皆事
佛道佛道自後漢明帝法始東流自此以來其
教稍廣自帝王至于民庶莫不歸心經誥充積
訓義深遠別爲一家之學焉元嘉十二年丹陽
尹蕭摹之奏曰佛化被于中國已歷四代形像
塔寺所在千數進可以繫心退足以招勸而自

頃以來情敬浮末不以精誠爲至更以奢競爲
重舊宇頹弛曾莫之修而各務造新以相姱尚
甲第顯宅於兹殆盡材竹銅綵糜損無極無關
神祇有累人事建中越制宜加裁檢不爲之防
流道未息請自今以後有欲鑄銅像者悉詣臺
自聞興造塔寺精舍皆先詣在所二千石通辭
郡依事列言本州須許報然後就功其有輒造
寺舍者皆依不承用詔書律銅宅林苑悉没入
官詔可又沙汰沙門罷道者數百人世祖大明

二年有曇標道人與羌人高闍謀反上因是下
詔曰佛法訛替沙門混雜未足扶濟鴻教而專
成逋藪加姦心頻發凶狀屢聞敗亂風俗人神
交怨可付所在精加沙汰後有違犯嚴加誅坐
於是設諸條禁自非誡行精苦並使還俗而諸
寺尼出入宮掖交關妃后此制竟不能行先是
晉世庾冰始創議欲使沙門敬王者後桓玄復
述其義並不果行大明六年世祖使有司奏曰
臣聞邃宇崇居非期宏峻拳跪槃伏非止敬恭

將以施張四維締制八寓故雖儒法枝派名墨
條分至於崇親嚴上厥繇靡爽唯浮圖爲教逷
自龍堆反經提傳訓遐事遠練生瑩識恒俗稱
難宗旨緬謝微言淪膈拘文蔽道在末彌扇遂
乃陵越典度偃倨尊戚失隨方之眇迹迷制化
之淵義夫佛法以謙儉自牧忠虔爲道不輕比
丘遭道人斯拜目連桑門過長則禮寍有屈膝
四輩而簡體二親稽顙耆臘而直體萬乘者哉
故成康創議元興載述而事屈偏黨道挫餘分

今鴻源遙洗群流仰鏡九仙晝賓百神聳職而
畿輦之内舍弗臣之氓階席之間延抗禮之客
懼非所以澄一風範詳示景則者也臣等參議
以爲沙門接見比當盡虔禮敬之容依其本俗
則朝徽有序乘方兼遂矣詔可前廢帝初復舊
世祖寵姬殷貴妃薨爲之立寺貴妃子子鸞封
新安王故以新安爲寺號前廢帝殺子鸞乃毀
廢新安寺驅斥僧徒尋又毀中興天寶諸寺太
宗定亂下令曰先帝建中興及新安諸寺所以

長世垂範弘宣盛化頃遇昏虐法像殘毀師徒
奔迸甚以矜懷妙訓淵謨有扶名教可招集舊
僧普各還本並使材官隨宜修復宋世名僧有
道生道生彭城人也父爲廣武令生出家爲沙
門法大弟子幼而聰悟年十五便能講經及長
有異解立頓悟義時人推服之元嘉十一年卒
於廬山沙門慧琳爲之誄慧琳者秦郡秦縣人
姓劉氏少出家住治城寺有才章兼外内之學
爲廬陵王義真所知嘗著均善論其詞曰有白

學先生以爲中國聖人經綸百世其德弘矣智
周萬變天人之理盡矣道無隱旨敎罔遺筌聰
叡廸哲何負於殊論哉有黑學道士陋之謂不
照幽冥之途弗及來生之化雖尚虛心未能虛
事不逮西域之深也於是白學訪其所以不逮
云尒白曰釋氏所論之空與老氏所言之空無同
異乎黑曰異釋氏即物爲空空物爲一老氏有
無兩行空有爲異安得同乎白曰釋氏空物物信
空邪黑曰然空又空不翅於空矣白曰三儀靈
三·芴　宋傳五十七　十五
長於宇宙萬品盈生於天地孰是空哉黑曰空
其自性之有不害因假之體也今構羣材以成
大廈罔專寢之實積一豪以致合抱無擅木之
體有生莫儀項之留太山蔑累息之固興滅無
常因緣無主所空在於性理所難據於事用
吾以爲悞矣白曰所言實相空者其如是乎黑
曰然白曰浮變之理交於目前視聽者之所同
了邪解之以登道場重之以輕異學誠未見其
淵深黑曰斯理若近求之實遠夫情之所重者

虛事之可重者實今虛其眞實離其浮僞愛欲
之惑不得不去愛去而道場不登者吾不知所以
相曉也白曰今析豪空樹無　垂蔭之茂離材
虛室不損輪奐之美明無常增其偈蔭之情陳
若偏篤其競辰之慮貝錦以繁采發輝和羹以
鹽梅致旨齊侯追爽鳩之樂燕王無延年之術
恐和合之辯危脆之教正足戀其嗜好之欲無
以傾其愛競之惑也黑曰斯固理絕於諸華墳
素莫之及也白曰山高累卑之辭川樹積小之
三芴　宋傳五十七　十六　馬
詠舟壑火傳之談堅白唐肆之論蓋盈於中國
矣非理之奧故不舉以爲教本耳子固以遺情
遺累虛心爲道而據事剖析者更由指掌之間
乎黑曰周孔爲教正及一世不見來生無窮之
緣積善不過子孫之慶累惡不過餘殃之罰報
效止於榮祿誅責極於窮賤視聽之外漠然不
知良可悲矣釋迦闡無窮之業拔重關之險陶
方寸之慮宇宙不足盈其明設一慈之救羣生
不足勝其化叙地獄則民懼其罪敷天堂則物

歡其福堦泥洹以長歸乘法身以遐覽神變無
不周靈澤靡不覃先覺翻翔於上世後悟騰翥
而不絕坎井之局何以識大方之家乎白曰固
能大其言矣今効神光無徑寸之明驗靈變罔
纖介之異勤誠者不覩善救之貌篤學者弗剋
陵虛之實徒稱無量之壽孰見期頤之叟咨嗟
金剛之固安覩不朽之質苟於事不符宜尋立
言之指遺其所寄之說也且要天堂以就善曷
若服義而蹈道懼地獄以敕身孰與從理以端

三百卅三 宋傳五十七 十七 馬

心禮拜以求免罪不由祗肅之意施一以激百
倍弗乘無㥀之情美泥洹之樂生躭逸之慮贊
法身之妙肇好奇之心近欲未弭遠利又興雖
言菩薩無欲羣生固以有欲矣甫救交敝之氐
永開利競之俗澄神反道其可得乎黑曰不然
若不示以來生之欲何以權其當生之滯物情
不能頓至故積漸以誘之奪此俄頃要彼無窮
若弗勤春稼秋穡何期端坐井底而息意庶慮
者長淪於九泉之下矣白曰異哉何所務之乖

也道在無欲而以有欲要之北行求郢西征索越方
長迷於幽都永謬滯於昧谷遼遼閩楚其可見乎
所謂積漸者日損之謂也當先遺其所輕然後忘
其所重使利欲日去淳白自生耳豈得以少要多
以麁易妙俯仰之閒非利不動利之所蕩其有極哉
乃 青眩媚綵之目土木夸好壯之心興靡費之道
單九服之財樹無用之事割羣生之急致營造之計
成私樹之權務勸化之業結師黨之勢苦節以要
厲精之譽護法以展陵競之情悲矣夫道其安

三百卅四 宋傳五十七 十八 吳

寄乎是以周孔敦俗弗關視聽之外老莊陶風謹
守性分而已黑曰三遊本於仁義盜跖資於五善
聖跡之敝豈有內外且黃老之家符章之僞水祝
之誣不可勝論子安於彼駭於此玩於濁水違於清
淵耳 白曰有跡不能不敝有術不能無僞此乃
聖人所以桎梏也今所惜在作法於貪遂以成
俗不正其敝反以爲高耳至若淫妄之徒世自
近鄙源流蔑然因不足論黑曰釋氏之教專救
夷俗便無取於諸華邪白曰曷爲其然爲則開

端宜懷屬緒愛物去殺尚施周人息心遺榮華
之願大士布兼濟之念仁義玄一者何以尚之
惜乎幽旨不亮末流爲累耳黒曰子之論善殆
同矣便事盡於生乎白曰幽冥之理固不極於
人事矣周孔疑而不辨釋迦辨而不實將宜廢
其顯晦之跡存其所要之旨請嘗言之夫道之
以仁義者服理以從化帥之以勸戒者循利而
遷善故甘辭興於有欲而滅於悟理淡説行於
天解而息於貪僞是以示來生者蔽虧於道釋

不得已杜幽閒者冥符於姬孔閉其兆由斯論
之言之者未必遠知之者未必得不知者未必
失但知六度與五教並行信順與慈悲齊立耳
殊塗而同歸者不得守其發輪之轍也論行於
世舊僧謂其貶黜釋氏欲加擯斥大祖見論賞
之元嘉中遂參權要朝廷大事皆與議焉賓客
輻湊門車常有數十兩四方贈賂相係勢傾一
時注孝經及莊子逍遥篇文論傳於世又有慧
嚴慧議道人並住東安寺學行精整爲道俗所

推時闘場寺多禪僧京師爲之語曰闘場禪師
窟東安談義林世祖大明四年於中興寺設齋
有一異僧衆莫之識問其名答言名明慧從天
安寺來忽然不見天下無此寺名乃改中興曰
天安寺大明中外國沙門摩訶衍苦節有精理
於京都多出新經勝鬘經尤見重内學
東夷高句驪國今治漢之遼東郡高句驪王高
璉晋安帝義熙九年遣長史高翼奉表獻赭白
馬以璉爲使持節都督營州諸軍事征東將軍

高句驪王樂浪公高祖踐阼詔曰使持節都督
營州諸軍事征東將軍高句驪王樂浪公璉使
持節督百濟諸軍事鎮東將軍百濟王映並
執義海外遠修貢職惟新告始宜荷國休璉可
征東大將軍映可鎮東大將軍持節都督王公
如故三年加璉散騎常侍增督平州諸軍事少
帝景平二年璉遣長史馬婁等詣闕獻方物遣
使慰勞之曰皇帝問使持節散騎常侍都督營
平二州諸軍事征東大將軍高句驪王樂浪公

篡戎東服庸績繼軌厥惠既彰款誠亦著踰遼越海納貢本朝朕以不德忝承鴻緒永懷先蹤思覃遺澤今遣謁者朱邵伯副謁者王邵子等宣旨慰勞其茂康惠政永隆厥功式昭往命稱朕意焉先是鮮卑慕容寶治中山為索虜所破東走黃龍義熙初寶弟熙為其下馮跋所殺跋自立為主自號燕王以其治黃龍城故謂之黃龍國跋死子弘立屢為索虜所攻不能下太祖世每歲遣使獻方物元嘉十二年賜加除授十五年

復為索虜所攻弘敗走奔高驪北豐城表求迎接太祖遣使王白駒趙次興迎之并令高驪料理資遣璉不欲使弘南乃遣將孫漱高仇等襲殺之白駒等率所領七千餘人掩討漱等生禽漱殺高仇等二人璉以白駒等專殺遣使執送之上以遠國不欲違其意白駒等下獄見原璉每歲遣使十六年太祖欲北討詔璉送馬璉獻馬八百匹世祖孝建二年璉遣長史董騰奉表慰國哀再周并獻方物大明三年又獻肅慎氏

楛矢石砮七年詔曰使持節散騎常侍督平營二州諸軍事征東大將軍高句驪王樂浪公璉世事忠義作藩海外誠係本朝志剪殘險通譯沙表克宣王猷宜加褒進以旌純節可車騎大將軍開府儀同三司持節常侍都督王公如故太宗泰始後廢帝元徽中貢獻不絕

百濟國本與高驪俱在遼東之東千餘里其後高驪略有遼東百濟略有遼西百濟所治謂之晉平郡晉平縣義熙十二年以百濟王餘映為

使持節都督百濟諸軍事鎮東將軍百濟王高祖踐祚進號鎮東大將軍少帝景平二年映遣長史張威詣闕貢獻元嘉二年太祖詔之曰皇帝問使持節都督百濟諸軍事鎮東大將軍百濟王累葉忠順越海效誠遠王纂戎聿修先業慕義既彰厥懷赤款浮桴驪水獻賝執贄故嗣位方任以藩東服勉勗所莅無墜前蹤今遣兼謁者閭丘恩子兼副謁者丁敬子等宣旨慰勞稱朕意其後每歲遣使奉表獻方物七年百濟

王餘毗復脩貢職以映爵號授之二十七年毗上書獻方物私假臺使馮野夫西河太守表求易林式占腰弩太祖竝與之毗死子慶代立世祖大明元年遣使求除授詔許二年慶遣使上表曰臣國累葉偏受殊恩文武良輔世蒙朝爵行冠軍將軍右賢王餘紀等十一人忠勤宜在顯進伏願垂愍竝聽賜除仍以行冠軍將軍右賢王餘紀爲冠軍將軍以行征虜將軍左賢王餘昆行征虜將軍餘暈竝爲征虜將軍以行輔

三・三十　宋書列傳五十七　二十三

國將軍餘都餘乂竝爲輔國將軍以行龍驤將軍沐衿餘爵竝爲龍驤將軍以行寧朔將軍餘流麋貴竝爲寧朔將軍以行建武將軍于西餘婁竝爲建武將軍太宗泰始七年又遣使貢獻

倭國在高驪東南大海中世修貢職高祖永初二年詔曰倭讚萬里修貢遠誠宜甄可賜除授太祖元嘉二年讚又遣司馬曹達奉表獻方物讚死弟珍立遣使貢獻自稱使持節都督倭百濟新羅任那秦韓慕韓六國諸軍事安東大將軍倭國王表求除正詔除安東將軍倭國王珍又求除正倭隋等十三人平西征虜冠軍輔國將軍號詔竝聽二十年倭國王濟遣使奉獻復以爲安東將軍倭國王二十八年加使持節都督倭新羅任那加羅秦韓慕韓六國諸軍事安東將軍如故幷除所上二十三人軍郡濟死世子興遣使貢獻世祖大明六年詔曰倭王世子興奕世載忠作藩外海稟化寧境恭修貢職新嗣邊業宜授爵號可安東將軍倭國王興死弟

三・卅　宋書列傳五十七　二十四

武立自稱使持節都督倭百濟新羅任那加羅秦韓慕韓七國諸軍事安東大將軍倭國王順帝昇明二年遣使上表曰封國偏遠作藩于外自昔祖禰躬擐甲冑跋涉山川不遑寧處東征毛人五十五國西服衆夷六十六國渡平海北九十五國王道融泰廓土遐畿累葉朝宗不愆于歲臣雖下愚忝胤先緒驅率所統歸崇天極道逕百濟裝治船舫而句驪無道圖欲見吞掠抄邊隸虔劉不已每致稽滯以失良風雖曰進

路或通或不臣亡考濟實忿寇讎壅塞天路控弦百萬義聲感激方欲大舉奄喪父兄使垂成之功不獲一簣居在諒闇不動兵甲是以偃息未捷至今欲練甲治兵申父兄之志義士虎賁文武效功白刃交前亦所不顧若以帝德覆載摧此彊敵克靖方難無替前功竊自假開府義同三司其餘咸假授以勸忠節詔除武使持節都督倭新羅任那加羅秦韓慕韓六國諸軍事安東大將軍倭王

荆雍州蠻盤瓠之後也分建種落布在諸郡縣荆州置南蠻雍州置寧蠻校尉以領之世祖初罷南蠻併大府而寧蠻如故蠻民順附者一户輸穀數斛其餘無雜調而宋民賦役嚴苦貧者不復堪命多逃亡入蠻蠻無傜役彊者又不供官税結黨連羣動有數百千人州郡力弱則起爲盜賊種類稍多户口不可知也所在多深險居武陵者有雄谿樠谿辰谿酉谿舞谿謂之五谿蠻而宜都天門巴東建平江北諸郡蠻所居皆深山重阻人跡罕至焉前世以來屢爲民患少帝景平二年宜都蠻帥石寧等一百二十三人詣闕上獻太祖元嘉六年建平蠻張雍之等五十人七年宜都蠻田生等一百一十三人竝詣闕獻見其後沔中蠻大動行旅殆絶天門漊中令宗矯之徭賦過重蠻不堪命十八年蠻田向求等爲寇破漊中虜略百姓荆州刺史衡陽王義季遣行參軍曹孫念討破之獲生口五百餘人免矯之官二十四年南郡臨沮當陽蠻反縛臨沮令傅僧驎荆州刺史南譙

王義宣遣中兵參軍王諶討破之先是雍州刺史劉道產善撫諸蠻前後不附官者莫不順服皆引出平土多緣沔爲居及道產亡蠻又反叛及世祖出爲雍州羣蠻斷道擊大破之臺遣軍主沈慶之連年討蠻所向皆平殄事在慶之傳二十八年正月龍山雉水蠻寇抄涅陽縣南陽太守朱雲韶遣軍討之失利殺傷三百餘人雲韶又遣二千人係之蠻乃散走是歲湼水諸蠻因險爲寇雍州刺史隨王誕遣使説之曰頃威懷所

被單自遐遠順化者寵祿逆命者無遺此亦尒所知也聖朝今普天肆眚許以自新便宜各還舊居安堵復業改過革心於是乎始先是蠻帥魯奴子擁龍山屢爲邊患魯軌在長社奴子歸之軌言於虜主以爲四山王軌子爽歸國奴子亦求內附隨王誕又遣軍討沔北諸蠻龔濁山如口蜀松三柴剋之又圍外錢柏義諸柴蠻悉力距戰軍以具裝馬夾射大破之斬首二百級獲生蠻千口牛馬八十頭世祖大明中建平蠻

向光侯寇暴峽川巴東太守王濟荊州刺史朱修之遣軍討之光侯走清江清江去巴東千餘里時巴東建平宜都天門四郡蠻爲寇諸郡民戶流散百不存一太宗順帝世尤甚雖遣攻伐終不能禁荊州爲之虛敝大明中桂陽蠻反殺荔令晏珍之臨賀蠻反殺關建令邢伯兒振武將軍蕭沖之討之獲少費多抵罪

豫州蠻廩君後也盤瓠及廩君事並具前史西陽有巴水蘄水希水赤亭水西歸水謂之五水蠻所在並深岨種落熾盛歷世爲盜賊北接淮汝南極江漢地方數千里元嘉二十八年西陽蠻殺南川令劉臺并其家口二十九年新蔡蠻二千餘人破大雷戍略公私船舫悉引入湖有亡命司馬黑石在蠻中共爲寇盜太祖遣太子步兵校尉沈慶之率江荊雍豫諸州軍討之世祖大明四年又遣慶之討西陽蠻大剋獲而反司馬黑石徒黨三人其一人名智黑石號曰太公以爲謀主一人名安陽號譙王一人名續之

號梁王蠻文小羅等討禽續之爲蠻世財所篡小羅等相率斬世財父子六人豫州刺史王玄謨遣殿中將軍郭元封慰勞諸蠻使縛送亡命蠻乃執智黑石安陽二人送詣玄謨世祖使於壽陽斬之世宗初即位四方反叛及南賊敗於鵲尾西陽蠻田益之田義之成邪財田光興等起義攻郢州剋之以益之爲輔國將軍都統四山軍又以蠻戶立宋安光城二郡以義之爲宋安太守光興爲龍驤將軍光城太守封益之

邊城縣王食邑四百一十一户成邪財陽城縣王食邑三千户益之徵爲虎賁中郎將將軍如故順帝昇明初又轉射聲校尉冠軍將軍成邪財死子婆思襲爵爲輔國將軍武騎常侍晉熙蠻梅式生亦起義斬晉熙太守閻湛之晉安王子勛典籤沈光明祖封高山矦食所統牛岡下柴二村三十户

史臣曰漢世西譯遐通兼途累萬跨頭痛之山越繩度之險生行死徑身往魂歸晉氏南移河隴夐隔戎夷梗路外域天斷若夫大秦天竺逈出西溟二漢銜役特艱斯路而商貨所資或出交部汎海陵波因風遠至又重峻參差氏衆非一殊名詭號種别類殊山琛水寶由兹自出通犀翠羽之珍蛇珠火布之異千名萬品並世主之所虚心故舟舶繼路商使交屬太祖以南琛不至遠命師旅泉浦之捷威震滄溟未名之寶入充府實夫四夷孔熾患深自古蠻獠殊雜種衆特繁依深傍岨充積畿甸咫尺華氓易興狡毒略財據土歲月滋深自元嘉將半寇慝彌廣遂盤結數州搖亂邦邑於是命將出師恣行誅討自江漢以北廬江以南搜山盪谷窮兵罄武繫頸囚俘蓋以數百萬計至於孩年耋齒執訊所遺將卒申好殺之憤干戈窮酸慘之用雖云積怨爲報亦甚張奐所云流血于野傷和致災斯固仁者之言矣

列傳第五十七　宋書九十七

列傳第五十八　宋書九十八

臣沈約新撰

氐胡

略陽清水氐楊氏秦漢以來世居隴右爲豪族漢獻帝建安中有楊騰者爲部落大帥騰子駒勇健多計略始徙仇池仇池地方百頃因以百頃爲號四面斗絶高平地方二十餘里羊腸蟠道三十六回山上豐水泉煑土成鹽駒後有名千萬者魏拜爲百頃氐王千萬子孫名飛龍漸

彊盛晉武假征西將軍還居略陽無子養外甥令狐氏子爲子名戊搜晉惠帝元康六年避齊萬年之亂率部落四千家還保百頃自號輔國將軍右賢王關中士奔流者多依之戊搜延納撫接欲去者則衛護資遣之愍帝以爲驃騎將軍左賢王時南陽王保在上邽又以戊搜子難敵爲征南將軍建興五年戊搜卒難敵襲位與堅頭分部曲難敵號左賢王屯下辯堅頭號右賢王屯河池元帝太興四年劉曜伐難敵與堅頭俱奔晉壽臣於李雄曜退復還仇池成帝咸和九年難敵卒子毅立自號使持節龍驤將軍左賢王下辯公以堅頭子槃爲使持節冠軍將軍右賢王河池公咸康元年遣使稱藩於晉以毅爲征南槃征東將軍三年毅族兄初襲殺毅幷有其衆自立爲仇池公臣於石虎後遣使稱藩於穆帝永和三年以初爲使持節征南將軍雍州刺史平羌校尉仇池公初子國爲鎮東將軍武都太守十年改封初天水公十一年毅小

弟宋奴使姑子梁式王因侍直手刃殺初子國率左右誅式王及宋奴復自立征西將軍桓溫表國爲鎮北將軍秦州刺史平羌校尉國子安爲振威將軍武都太守十二年國從父楊俊復殺國自立安奔苻生俊遣使歸順升平三年以俊爲平西將軍平羌校尉仇池公四年俊卒子世立復以爲冠軍將軍平羌校尉武都太守仇池公海西公太和三年遷征西將軍秦州刺史以世弟統爲寧東將軍武都太守五年世卒統廢

世子纂自立纂一名德聚黨殺統遣使詣簡文
帝自陳後以纂爲平羌校尉秦州刺史仇池公
咸安元年苻堅遣楊安苻雅等討纂克之徙其
民於關中空百頃之地纂後爲楊安所殺宋奴
之死也二子佛奴佛狗奔逃關中苻堅以佛奴
爲右將軍佛狗爲撫夷護軍後以女妻佛奴子
定以定爲尚書領軍將軍孝武帝太元八年苻
堅敗於淮南關中擾亂定盡力奉堅堅死乃將
家奔隴右徙治歷城城在西縣界去仇池百二

十里置倉儲於百頃招合夷晉得千餘家自號
龍驤將軍平羌校尉仇池公稱蕃於晉孝武帝
孝武帝即以其自號假之求割天水之西縣武
都之上祿爲仇池郡見許十五年又以定爲輔
國將軍秦州刺史定巳自署征西將軍又進持
節都督隴右諸軍事輔國大將軍開府儀同三
司校尉刺史如故其年進平天水略陽郡遂有
秦州之地自號西王至十九年攻隴西虜乞佛
乾歸定軍敗見殺無子佛狗子盛先爲監國守

仇池襲位自號使持節征西將軍秦州刺史平
羌校尉仇池公謚定爲武王分諸四山氐羌爲
二十部護軍各爲鎭戍不置郡縣安帝隆安三年遣
使稱蕃奉獻方物安帝以盛爲輔國將軍平羌
校尉仇池公元興三年桓玄輔晉進盛平北將
軍涼州刺史西戎校尉義熙元年姚興伐盛盛
懼遣子難當爲質與遣將王敏攻城因梁州別
駕呂瑩求救於盛盛遣軍次濜口敏退以盛爲
都督隴右諸軍事征西大將軍開府儀同三司

時益州刺史毛璩討桓玄所置梁州刺史桓希
敗走漢中空虛盛遣兄子平南將軍撫守漢中
三年又假盛使持節北秦州刺史盛又遣將苻
宣行梁州刺史代撫九年梁州刺史索邈鎭南
城寧乃還高祖踐阼進盛車騎大將軍加侍中
永初三年改封武都王以長子玄爲武都王世
子加號前將軍難當爲冠軍將軍撫爲安南將
軍盛嗣位三十年太祖元嘉二年六月卒時年
六十二私謚曰惠文王玄字黃眉自號使

持節都督隴右諸軍事征西大將軍開府儀同
三司平羌校尉秦州刺史武都王雖爲蕃臣猶
奉義熙之號善待士爲流舊所懷安南將軍撫
有文武智略玄不能容三年因其子殺人幷誅
之明帝即以玄爲使持節征西將軍平羌校
尉北秦州刺史武都王乃改義熙之號奉元嘉
正朔初盛謂玄曰吾年已老當爲晉臣汝善事
宋帝故玄奉焉追贈盛驃騎大將軍餘如故六
年六月玄卒私謚曰孝昭王弟難當廢玄子保

宗名羌奴而自立號使持節都督雍涼諸軍事秦
州刺史平羌校尉武都王太祖以爲冠軍將軍秦
州刺史武都王九年進號征西將軍加持節都
督校尉之號難當拜保宗爲鎮南將軍鎮宕
昌以次子順爲鎮東將軍秦州刺史守上邽保
宗謀襲難當事泄收繫之先是四方流民有許
穆之郝恢之二人投難當並改姓爲司馬穆之自
云名飛龍恢之自云名康之云是晉室近戚康
之尋爲人所殺十年難當以益州刺史劉道濟

失蜀土人情以兵力資飛龍使入蜀爲寇道濟
擊斬之時梁州刺史甄法護刑法不理太祖遣
刺史蕭思話代任難當因思話未至法護將軍
下舉兵襲梁州破白馬獲晉昌太守張範法護
遣參軍魯安期沈法慧等拒之並各奔退難當
又遣建忠將軍趙進攻葭萌獲晉壽太守范延
朗其年十一月法護委鎮奔洋川難當遂有漢
中之地以氐苻粟持爲梁州刺史又以其凶悍
殺之以司馬趙温代爲梁州十年正月思話使

司馬蕭諱先驅進討所向剋捷遂平梁州事在
思話傳四月難當遣使奉表謝罪曰臣聞生成
之德含氣同係而榮悴殊塗遭遇異兆至於恩
降自然誠無答謝夫以狂聖道隔猶存克念
之誠況君親莫二不期自感者哉每思自竭奉
遵光訓丹誠未諒大謗已臻梁州刺史甄法護
誣臣遣司馬飛龍擾亂西蜀諸所譖引言非一
事長塗萬里無路自明風塵之聲日有滋甚
與其迹生寧就清滅文武同憤制不自由遣參

軍姚道賢齎書詣梁州刺史蕭思話尋續又遣
詣臺歸罪道賢至西城爲守兵所殺行李蔽擁
日月莫照法護恇擾望風奔逃臣即回軍秋毫
無犯權留少守以俟會通其後數旬官軍尋至
守兵單弱懼不自免續遣輕兵共相迎接值秦
流民懷土及本行將旣旋不容禁制由臣約防
無素以致斯闕臣本歷代守蕃世荷殊寵王化
始基順天委命要名期義不在今日豈可假託
妖妄毁敗成功如此之形灼然易見仰恃聖明必

垂鑒察但臣微心不達迹違忠順至乃聲聞朝
庭勞煩師旅負辱之深罪當誅責遠隔遐荒
告謝無地謹遣兼長史齊亮聽命有司并奉送
所授第十一符策伏待天旨太祖以其邊裔下
詔曰楊難當表如此悔謝前愆可特恕宥并特
還章節十二年難當釋保守遣鎭童亭保宗奔
索虜主拓跋燾以爲都督隴西諸軍事征西大
將軍開府儀同三司平羌校尉南秦王遣襲上
邽難當子順失守退以爲雍州刺史守下辯十

三年三月難當自立爲大秦王號年曰建義立
妻爲王后世子爲太子置百官具擬天朝然猶
奉朝庭貢獻不絕十七年其國大旱多災異降
大秦王復爲武都王十八年十月傾國南寇規
有蜀土慮漢中軍出遣建忠將軍苻沖出東洛
以防之梁州刺史劉道眞擊斬沖十一月難當
剋葭萌獲晉壽太守申坦遂圍涪城巴西太守
劉道錫嬰城固守難當攻之十餘日不剋乃還
十九年正月太祖遣龍驤將軍裴方明太子左

積弩將軍劉康祖後軍參軍梁坦甲士三千人
又發荊雍二州兵討難當受劉道眞節度五月
方明等至漢中長驅而進道眞到武興攻僞建
忠將軍苻隆剋之安西參軍韋俊建武將軍姜
道盛別向下辯道眞又遣司馬夏侯穆季西取
白水難當子雍州刺史順建忠將軍楊亮拒之
竝望風奔走閏月方明至蘭皋難當鎭北將軍
苻義德建節將軍苻弘祖萬餘人列陣拒戰方
明擊破之斬弘祖殺二千餘人義德遁去天水

任愈之率部曲歸順難當世子撫軍大將軍和據修城方明又遣軍率愈之攻和大破之於是難當將妻子奔索虜死于虜中安西參軍魯尚期追難當出寒峽生禽建節將軍楊保熾安昌侯楊虎頭初難當遣第二子虎爲鎮南將軍益州刺史守陰平聞父走逃還至下辯方明使子肅之要之生禽虎傳送京師斬于建康市仇池平以輔國司馬胡崇之爲龍驤將軍秦州刺史平羌校尉守仇池索虜拓跋燾遣安西大將軍

吐奚弼平北將軍拓跋齊等二万人邀崇之二十年二月崇之至濁水去仇池八十里遇齊等戰敗没餘衆奔還漢中三月前鎮東司馬苻達征西從事中郎任朏等舉義立保宗弟文德爲主拓跋齊聞兵起遁走達追擊斬齊因據白崖分平諸戍文德自號使持節都督秦河涼三州諸軍事征西大將軍秦河涼三州牧平羌校尉仇池公遣露板馳告朝廷太祖詔曰近者校尉仇池公表虜縱逸寇竊仇池將士挫傷民萌塗

炭眷言西顧矜慨在懷楊文德世篤忠順誠感家國糾率義徒奄殄凶醜鋒旗所向殲潰無遺氛祲澄清蕃境寧一念功惟事良有欣嘉便可遣使慰勞宣示朝旨并勑梁州刺史申坦隨宜應援又詔曰顯録勳効蓋惟國典施賞務速無或踰時楊文德志氣果到文武兼全乘機潛奮殊功仍集告捷歸誠獻俘萬里朝無蹔土樹難自肅休烈昭著朕甚嘉焉楊氏世祖西勞方忠累葉宜紹先緒膺受寵榮可使持節散騎常侍

都督北秦雍二州諸軍事征西大將軍平羌校尉北秦州刺史封武都王任朏祖父岐伯父祚父綜並仕楊氏爲諸議從事中郎朏有志幹文德以爲左司馬文德既受朝命進戍葭蘆城二十五年爲索虜所攻奔于漢中時世祖鎮襄陽執文德歸之于京師以失守免官削爵土二十七年王師北討起文德爲輔國將軍率軍自漢中西入搖動汧隴文德宗人楊高率陰平平武羣氐據唐魯橋以距文德文德水陸俱攻大破之

衆並奔散高遁走奔羌文德追之至黎印嶺高單身投羌仇阿弱家追斬之陰平平武悉平又遣文德伐啖提氐不剋梁州刺史劉秀之執送荆州使文德從祖兄頭戍茄蘆荆州刺史南郡王義宣反文德不同見殺世祖追贈征虜將軍秦州刺史孝建二年以保宗子元和爲征虜將軍以頭爲輔國將軍元和既楊氏正統羣氐欲相宗推年小才弱不能綏御所部頭母妻子弟並爲索虜所執頭至誠奉順無所顧懷朝廷既不

正元和號位部落未有定主雍州刺史王誕上表曰被勑令臣遣使與楊元和楊頭相聞并致信餉即遣中軍行參軍呂智宗齎書并信等亦自遣使隨智宗及頭語智宗頃破家爲國母妻子弟并墜没虜中不顧孝道陳力邊捍竭忠盡誠未爲朝廷所識若以元和承統宜授王爵若以其年小未堪大任則應別有所委頃來公私紛紜華戎交構皆此之由臣伏尋頭元嘉以來實有忠誠於國弃親遣愛誠在可嘉氐羌負遠

又與虜咫尺急之則反緩之則怨觀頭使人言語不敢便望仇池公所希政在西秦州假節而已如臣愚見蕃捍漢川使無虜患頭實有力四千戶荒州殆不足吝元和小弱若未可專委復數年之後必堪嗣業用之不難若才用不稱則應歸頭若茄蘆不守漢川亦無立理上不許其後元和爲武都王治白水不能自立復走奔索虜元和從弟僧嗣復自立還戍茄蘆以爲寧朔將軍仇池太守太宗太始二年詔曰僧嗣遠守西疆

世篤忠款宜加旌顯以甄義槩可冠軍將軍北秦州刺史武都王太守如故三年加持節都督北秦雍二州諸軍事進號征西將軍校尉刺史如故僧嗣卒從弟文度復自立泰豫元年以爲龍驤將軍略陽太守封武都王又改龍驤爲寧朔將軍後廢帝元徽四年加督北秦州諸軍事平羌校尉北秦州刺史將軍如故文度遣弟龍驤將軍文弘伐仇池破戍兵於蘭皐順帝昇明元年詔曰茂賞有章寔昭國度疇庸斯炳載宣史

冊督北秦州諸軍事寧朔將軍平羌校尉北秦州刺史武都王文度門乘輝寵世榮邊邑忠果旣亮才勁兼彰龍驤將軍楊文弘肅協成規躬提桴鼓申稜百頃席卷蘭皐功烈之美並足嘉歎宜膺爵授以酬勳緒文度可使持節都督北秦雍二州諸軍事征西將軍刺史校尉悉如故文弘輔國將軍略陽太守其年虜破茄蘆文度見殺追贈本官加散騎常侍以文弘督北秦州諸軍事平羌校尉北秦州刺史襲封武都王將軍如故退治武興

大且渠蒙遜張掖臨松盧水胡人也匈奴有左且渠右且渠之官蒙遜之先爲此職羌之酋豪曰大故且渠以位爲氏而以大冠之世居盧水爲酋豪蒙遜高祖暉仲歸曾祖遮皆雄健有勇名祖祁復延封狄地王父法弘襲爵府氏以爲中田護軍蒙遜代父領部曲有勇略多計數爲諸胡所推服呂光自王於涼州使蒙遜自領營人配箱直又以蒙遜叔父羅仇爲西平太守安帝隆安三年春呂光遣子鎭東將軍纂率羅仇伐抱罕虜乞佛乾歸爲乾歸所敗光委罪羅仇殺之四月蒙遜求還葬羅仇因聚万餘人叛光殺臨松護軍屯金山五月光揮纂擊破蒙遜將六七人逃山中家戶悉亡散時蒙遜兄男成將兵西守晉昌聞蒙遜反引軍還殺酒泉太守疊滕推建康太守段業爲主業自號龍驤大將軍涼州牧建康公以男成爲輔國將軍男成及晉昌太守王德圍張掖剋之業因據張掖蒙遜率部曲投業業以蒙遜爲鎭西將軍臨池太守王德爲酒泉太守尋又以蒙遜領張掖太守三年四月業使蒙遜將萬人攻光弟子純於西郡經旬不剋乃引水灌城窘急乞降執之以歸時王德叛業自稱河州刺史業使蒙遜西討德焚城將部曲走投晉昌太守唐瑤蒙遜追德至沙頭大破之虜其妻子部落而還轉西安太守將軍如故四年五月蒙遜與男成謀殺業男成不許蒙遜反譖男成於業業殺男成蒙遜乃謂其部曲曰

叚公無道枉殺輔國吾爲輔國報讎遂舉兵攻張掖殺叚業自稱車騎大將軍建號永安元年是月敦煌太守李暠亦起兵自號冠軍大將軍西胡校尉沙州刺史太守如故稱庚子元年與蒙遜相抗其冬暠遣唐瑤及鷹揚將軍宋繇攻酒泉獲太守大且渠益生蒙遜從叔也呂光死子纂立元年爲從弟隆所篡姚興攻涼州隆稱臣請降蒙遜亦遣使詣興以爲鎮西將軍沙州刺史西海侯二年二月蒙遜與西平虜禿髮

傉檀共攻涼州爲隆所破十月傉檀復攻隆三年三月隆以蒙遜傉檀交逼遣弟超詣姚興求迎七月興遣將齊難迎隆隆說難襲蒙遜蒙遜懼遣弟爲質獻寶貨於難乃止以武衛將軍王尚行涼州刺史而還義熙元年正月李暠改稱大將軍大都督涼州牧護羌校尉涼公五月移據酒泉姚興假傉檀涼州刺史代王尚屯姑臧二年九月蒙遜襲李暠至安彌去城六十里暠乃覺引軍出戰大敗退還閉城自守蒙遜亦歸

六年蒙遜攻破傉檀傉檀走屯樂都武威人焦朗入姑臧自號驃騎大將軍臣于李暠八年蒙遜攻焦朗殺之據姑臧自號大都督大將軍河西王改稱玄始元年立子正德爲世子十三年五月李暠死子歆立六月歆伐蒙遜至建康蒙遜拒之歆退走追到西支間蒙遜大敗死者四千餘人乃收餘衆增築建康城置兵戍而還十四年蒙遜遣使詣晉奉表稱蕃以蒙遜爲涼州刺史高祖踐阼以歆爲使持節都督高昌敦煌

晉昌酒泉西海玉門堪泉七郡諸軍事護羌校尉征西大將軍酒泉公永初元年七月蒙遜東略浩亹李歆乘虛攻張掖蒙遜回軍西歸歆退走追至臨澤斬歆兄弟三人進攻酒泉剋之歆弟敦煌太守恂據郡自稱大將軍十月蒙遜遣世子正德攻恂不下三年正月蒙遜自往築長堤引水灌城數十日又不下三月恂武衛將軍宋承廣武將軍弘舉城降恂自殺李氏由是遂亡於是鄯善王比龍入朝西域三十六國皆稱

臣貢獻高祖以蒙遜爲使持節散騎常侍都督涼州諸軍事鎮軍大將軍開府儀同三司涼州刺史張掖公十二月晉昌太守唐契反復遣正德攻契景平元年三月克之契奔伊吾八月芮芮來抄蒙遜遣正德距之正德輕騎進戰軍敗見殺乃以次子興國爲世子是歲進蒙遜侍中都督涼秦河沙四州諸軍事驃騎大將軍領護匈奴中郎將西夷校尉涼州牧河西王開府持節如故太祖元嘉元年抱罕虜乞佛熾槃出貂

三〇二十 宋書列傳五十八 十七

渠谷攻河西白草嶺臨松郡皆沒執蒙遜從弟成都從子日蹄頗羅等而去三年改驃騎爲車騎世子興國遣使奉表請周易及子集諸書太祖並賜之合四百七十五卷蒙遜又就司徒王弘求搜神記弘寫與之六年蒙遜征抱罕時乞佛熾槃死矣子茂蔓大破蒙遜生禽興國殺三千餘人蒙遜贖興國送穀三十萬斛竟不遣蒙遜乃立興國母弟菩提爲世子朝廷未知也七年以興國爲冠軍將軍河西王世子其年夏四月

西虜赫連定爲索虜拓跋燾所破奔上邽十一月茂蔓聞定敗將家戶及興國東征欲移居上邽八年正月至南安定率衆禦茂蔓大破之殺茂蔓執興國而還四月定避拓跋燾欲渡河西擊蒙遜五月率部曲至治城峽口渡河濟未半爲吐谷渾慕璝所邀見獲興國被創數日死九年以菩提爲冠軍將軍河西王世子十年四月蒙遜卒時年六十六私謚曰武宣王菩提年幼蒙遜第三子茂虔時爲酒泉太守衆議惟茂虔

其 宋传五十八 十八 求补

爲主襲蒙遜位號十一年茂虔上表曰臣聞功以濟物爲高非竹帛無以述德名以當實爲美非謚號無以休終先臣蒙遜西復涼城澤憯崐裔芟夷群暴清灑漚夏既運鍾有道備大宋之宗臣爵班九伏享惟永之丕祚功名昭著剋固貞節考終由正而請名之路無階懿跡雖弘而述叙之美有缺臣子痛感咸用不安謹案謚法剋定禍亂曰武善聞周達曰宣先臣廓清河外勳光天府標牓稱迹實兼斯義輒上謚爲武

宣王若允天聽垂之史筆則幽顯荷榮始終無恨詔曰使持節侍中都督秦河沙涼四州諸軍事車騎大將軍開府儀同三司領護匈奴中郎將西夷校尉涼州牧河西王蒙遜才兼文武勳濟西服爰自万里款誠夙著方仗忠果翼宣遠略奄至薨殞悽悼于懷便遣使弔祭并加顯謚嗣子茂虔纂戎前軌乃心彌彰宜蒙寵授紹茲蕃業可持節散騎常侍都督涼秦河沙四州諸軍事征西大將軍領護匈奴中郎將西夷校尉

大三卅　宋傳五十八　十九　壽

涼州刺史河西王河西人趙畋善歷筭十四年茂虔奉表獻方物并獻周生子十三卷時務論十二卷三國總略二十卷俗問十一卷十三州志十卷文檢六卷四科傳四卷燉煌實録十卷涼書十卷漢皇德傳二十五卷亡典七卷魏駮九卷謝艾集八卷古今字二卷乘丘先生三卷周髀一卷皇帝王歷三合紀一卷趙畋傳并甲寅元歷一卷孔子讚一卷合一百五十四卷茂虔又求晉趙起居注諸雜書數十件太祖賜之

十六年閏八月拓跋燾攻涼州茂虔兄子万年爲虜内應茂虔見執茂虔弟安彌縣侯无諱先爲征西將軍沙州刺史都督建康以西諸軍事酒泉太守第六弟武興縣侯儀德爲征東將軍秦州刺史都督丹嶺以西諸軍事張掖太守燾旣獲茂虔遣軍擊儀德棄城奔無諱於是無諱儀德擁家户西就從弟敦煌太守唐兒燾使將守武威酒泉張掖而還十七年正月無諱使唐兒守敦煌自與儀德伐酒泉三月剋之攻張

大三卅四　宋傳五十八　二十　陳壽刊

掖臨松得四万餘户還據酒泉十八年五月唐兒反無諱留從弟天周守酒泉復與儀德討唐兒唐兒將万餘人出戰大敗執唐兒殺之復據敦煌七月拓跋燾遣軍圍酒泉十月城中饑万餘口皆餓死天周殺妻以食戰士食盡城乃陷執天周至平城殺之于時虜兵甚盛無諱衆饑懼不自立欲引衆西行十一月遣弟安周五千人伐鄯善堅守不下十九年四月無諱自率万餘家棄敦煌西就安周未至而鄯善王比龍將四千

餘家走因據鄯善初唐契自晉昌奔伊吾是年攻高昌高昌城主闞爽告急八月無諱留從子豐周守鄯善自將家戶赴之未至而芮芮遣軍救高昌殺唐契部曲奔無諱九月無諱遣將衞尞夜襲高昌爽奔芮芮無諱復據高昌遣常侍氾儁奉表使京師獻方物太祖詔曰往年狡虜縱逸侵害涼土西河王茂虔遂至不守淪陷寇逆累世篤誠以爲矜悼次弟無諱克紹遺業保據方隅外結鄰國内輯民庶係心闕庭踐修貢

職宜加朝命以褒篤勳可持節散騎常侍都督涼河沙三州諸軍事征西大將軍領護匈奴中郎將西夷校尉涼州刺史河西王無諱卒弟安周立二十一年詔曰故征西大將軍河西王無諱弟安周才略沈到世篤忠欵統承遺業民衆歸懷雖亡士喪師孤立異所而能招率殘寡攘寇自今宜加榮授垂軌先烈可使持節散騎常侍都督涼河沙三州諸軍事領西域戊巳校尉涼州刺史河西王世祖大明三年安周奉獻方物

史臣曰氐藉世業之資胡因倔起之衆結根百頃跨有河西雖戎夷猾夏自擅荒服而財力雄富頗尚禮文楊氏兵精地險境接華漢伺隙邊關首鼠疆埸遂西入白馬東出黃金乘晉燾之捷搆圍浯之釁規吞黑水志傾井絡邾郢之勢方危樊鄧之心屢駭天子聽朝不怡有懷辛李之將而齊之宣皇率偏旅數百定命先驅推鋒直指勢踰風電雲徹席卷致屆南城逐北追奔全勝萬里皆敵人裹骨輿屍越至險而自寘其

餘皆膏身山野委骸川澤既而裴劉二將藉其威聲故使濁水靡旗蘭皐失嶮氐族轉徙奔亡遺燼不滅者若綖梁土獲乂以迄于今由此而言功烈可謂盛矣

列傳第五十八　　宋書九十八

列傳第五十九　宋書九十九

臣沈　約　新撰

二凶

元凶劭字休遠文帝長子也帝即位後生劭時上猶在諒闇故祕之三年閏正月方云劭生自前代以來未有人君即位後皇后生太子唯殷帝乙既踐阼正妃生紂至是又有劭焉體元居正上甚喜說年六歲拜爲皇太子中庶子二率入直永福省更築宮制度嚴麗年十二出居東

宮納黃門侍郎殷淳女爲妃十三加元服好讀史傳尤愛弓馬及長美須眉大眼方口長七尺四寸親覽宮事延接賓客意之所欲上必從之東宮置兵與羽林等十七年劭拜京陵大將軍彭城王義康竟陵王誕尚書桂陽侯義融竝從司空江夏王義恭自江都來會京口二十七年上將北伐劭與蕭思話固諫不從索虜至瓜步京邑震駭劭出鎮石頭總統水軍善於撫御上登石頭城有憂色劭曰不斬江湛徐湛之

無以謝天下上曰北伐自我意不關二人也上時務在本業勸課耕桑使宮內皆蠶欲以諷厲天下有女巫嚴道育本吳興人自言通靈能役使鬼物夫爲劫坐沒入奚官劭姊東陽公主應閤婢王鸚鵡白公主云道育通靈有異術主乃白上託云善蠶求召入見許道育既入自言服食主及劭竝信惑之始興王濬素佞事劭與劭竝多過失慮上知使道育祈請欲令過不上聞道育輒去自上天陳請必不泄露劭等敬事號曰天師後遂爲巫蠱以玉人爲上形像埋

於含章殿前初東陽主有奴陳天與鸚鵡養以爲子而與之淫通鸚鵡天與及寧州所獻黃門慶國竝預巫蠱事劭以天與補隊主東陽主薨鸚鵡應出嫁劭慮言語難密與濬謀之時吳興沈懷遠爲濬府佐見待異常乃嫁鸚鵡與懷遠爲妾不以啓上慮後事泄因臨賀公主微言之上後知天與領隊遣閹人奚承祖詰讓劭曰臨賀公主南第先有一下人欲嫁又聞此下人養

他人奴爲兒而汝用爲隊主抽拔何乃速汝閒
用主副並是奴邪欲嫁置何處劭荅曰南第昔
屬天興求將驅使臣荅曰伍那可得若能擊賊
者可入隊當時蓋戲言耳都不復憶後天興道
上通辭乞位追存往爲者不忍食言呼視見
其形容粗健堪充驅使脫尒使監禮兼隊副
此用人雖取勞舊亦參用有氣幹者謹條牒人
名上呈下人欲嫁者猶未有處時鸚鵡已嫁懷
遠矣劭懼馳書告濬并使報臨賀主上若問

嫁處當言未有定所濬荅書曰奉令伏深惶
怖啓此事多日今始來問當是有感發之者未
測源由耳計臨賀故當不應翻覆言語自生寒
熱也此姥由來挾兩端難可孤保正爾自問臨
賀冀得審實也其若見問當作依違荅之天
興先署佞人府位不審監上當無此簿領耳急
宜犍之殿下已見王未宜依此具令嚴自躬上
啓聞彼人若爲不已正可保其餘命或是大慶
之漸凡劭濬相與書疏類如此所言皆爲名號

謂上爲彼人或以爲其人以太尉江夏王義恭爲
佞人東陽主第在西掖門外故云南第王即鸚
鵡姓躬上啓聞者令道育上天白天神也鸚鵡
旣適懷遠慮與天興私通事泄請劭殺之劭密
使人害天興慶國謂宣傳往來唯有二人天興
旣死慮將見及乃具以其事白上上驚惋即遣
收鸚鵡封藉其家得劭濬書數百紙皆咒咀巫
蠱之言得所埋上形像於宮内道育叛亡討捕
不得上大怒窮治其事分遣中使入東諸郡搜

討遂不獲上語責劭濬劭濬惶懼無辭唯陳謝而已
道育變服爲尼逃匿東宮濬往京口又載以自隨
或出止民張旿家江夏王義恭自盱眙還朝上以
巫蠱告之曰常見典籍有此謂之書傳空言不
意遂所親覩劭雖所行失道未必便亡社稷南
面之日非復我及汝事汝兒子多將來遇此不
幸耳先是二十八年彗星起畢昴入太微掃帝
座端門滅翼軫二十九年熒惑逆行守氐自十
一月霖雨連雪太陽罕曜三十年正月大風飛

霰且雷上憂有竊發輒加劭兵衆東宮實甲萬
人車駕出行劭入守使將白直隊自隨其年二月
濬自京口入朝當鎮江陵復載道育還東宮欲
將西上有告上云京口民張旿家有一尼服食
出入征北内似是嚴道育上初不信試使掩録
得其二婢云道育隨征北還都上謂劭濬已當斥
遣道育而猶與往來惆悵惋駭乃使京口以船
送道育二婢須至檢覈廢劭賜濬死以語濬母
潘淑妃淑妃具以告濬濬馳報劭劭因是異謀

每夜輒饗將士或親自行酒密與腹心隊主陳
叔兒詹叔兒齋帥張超之任建之謀之道育婢
將至其月二十一日夜詐上詔云魯秀謀反汝
可平明守闕率衆入因使超之等集素所畜養
兵士二千餘人皆使被甲召内外幢隊主副豫加部
勒云有所討宿召前中庶子右軍長史蕭斌夜
呼斌及左衛率袁淑中舍人殷仲素左積弩將
軍王正見竝入宮告以大事自起拜斌等因流涕
衆竝驚愕語在淑傳明旦未開鼓劭以朱服加

戎服上乘畫輪車與蕭斌同載衛從如常入朝
之儀守門開從萬春門入舊制東宮隊不得入
城劭與門衛云受敕有所收討令後隊速來張
超之等數十人馳入雲龍東中華門及齋閤拔
刃徑上合殿上其夜與尚書僕射徐湛之屏人
語至旦燭猶未滅直衛兵尚寢超之手行弒逆
并殺湛之劭進至合殿中閤太祖已崩出坐東
堂蕭斌執刀侍直呼中書舍人顧嘏嘏震懼不
時出既至問曰欲共見廢何不蚤啓未及答即

於前斬之遣人於崇禮闥殺吏部尚書江湛太
祖左細杖主卜天與攻劭於東堂見殺又使人
從東閤入殺潘淑妃又殺太祖親信左右數十
人急召始興王濬率衆屯中堂又召太尉江夏
王義恭尚書令何尚之劭即僞位爲書曰徐湛
之江湛弒逆無狀吾勒兵入殿已無所及號惋
崩衂肝心破裂今罪人斯得元凶克殄可大赦
天下改元嘉三十年爲太初元年文武竝賜位
二等諸科一依丁卯初使蕭斌作詔斌辭以不

文乃使侍中王僧綽爲之使改元爲太初劭素
與道育所定斌曰舊踰年改元劭以問僧綽僧
綽曰晉惠帝即位便改號劭喜而從之百僚至
者裁數十人劭便遽即位即位畢稱疾還入永
福省然後遷大行皇帝升太極前殿是日以蕭
斌爲散騎常侍尚書僕射領軍將軍何尚之爲
司空前右衛率檀和之戍石頭侍中營道侯義
綦爲征虜將軍晉陵南下邳二郡太守鎮京城尚
書殷仲景爲侍中中護軍大行皇帝大歛劭辭

疾不敢出先給諸王及諸處兵杖悉收還武庫
殺徐湛之江湛親黨新除始興內史荀赤松新
除尚書左丞臧凝之山陰令傅僧祐吳令江徽
前征北行參軍諸葛詡右衛司馬江文綱以殷
仲素爲黃門侍郎王正見爲左軍將軍張超之及
諸同逆聞人文子徐興祖詹叔兒陳叔兒任建之
等並將校以下龍驤將軍帶郡各賜錢二十萬遣
人謂魯秀曰徐湛之常欲相危我已爲卿除之
矣使秀與屯騎校尉龐秀之對掌軍隊以侍中

王僧綽爲吏部尚書司徒左長史何偃爲侍中
成服日劭登殿臨靈號慟不自持博訪公卿詢
求治道薄賦輕繇損諸遊費田苑山澤有可弛
者假與貧民三月遣大使分行四方分浙以東五
郡爲會州省揚州立司隸校尉以殷冲補之以
大將軍江夏王義恭爲太保司徒南譙王義宣
爲太尉衛將軍荊州刺史始興王濬進號驃騎將
軍王僧綽以先預廢立見誅長沙王瑾瑾弟楷
臨川王燁桂陽侯覬新諭侯球並以宿恨下獄

死禮官希旨謚太祖不敢盡美稱上謚曰中宗
景皇帝以雍州刺史臧質爲丹陽尹進世祖
號征南將軍加散騎常侍撫軍將軍南平王鑠
中軍將軍會稽太守隨王誕會州刺史江夏王
義恭以太保領大宗師諮稟之科依晉扶風王
故事世祖及南譙王義宣隨王誕諸方鎮並舉
義兵劭聞義師大起悉聚諸王及大臣於城內
移江夏王義恭住尚書下舍義恭諸子住侍中
下省自永初元年以前相國府入齋傳教給使

免軍戶屬南彭城薛縣卽下書以中流起兵嘗
親率六師觀變江介悉召下番將吏加三吳太
守軍號置佐領兵四月立妾殷氏爲皇后世祖檄
京邑曰夫運不常隆代有莫大之釁爰自上葉
或因多難以成福或階昏虐以兆亂咸由君臣
義合理悖恩離故堅冰之遘每鍾澆水末有以
道御世敎化明厚而當梟鏡反噬難發天屬
者也先帝聖德在位功格區宇明照萬國道
洽無垠風之所被荒隅變識仁之所動木石開

心而賊劭乘藉冢嫡夙蒙寵樹正位東朝禮絕君
后凶慢之情發於齠齔猜忍之心成於幾立賊
濬險躁無行自幼而長交相倚附共逞姦回先
旨以王室不造家難亟結故含蔽容隱不彰其
釁慕訓誘啓告冀能革音何悟狂慝不悛同惡
相濟肇亂巫蠱終行弒逆聖躬離荼毒之痛
社稷有翦墜之哀四海崩心人神泣血生民以
來未聞斯禍奉諱驚號肝腦塗地煩冤腷臆
容身無所大將軍諸王幽閑窮省存亡未測徐

僕射江尙書袁左率皆當世標秀一時忠貞或
正色立朝或聞逆弗順竝橫分階闥懸首都市
宗黨夷滅豈伊一姓禍毒所流未知其極昔周
道告難齊晉勤王漢曆中圮虛牟立節異姓未
屬猶或亡軀況幕府職同昔人義兼臣子所以
枕戈嘗膽苟全視息志梟元凶少雪仇恥今命
冠軍將軍領諮議中直兵柳元景寧朔將軍領
中直兵馬文恭等統勁卒三萬風馳徑造石頭
分趨白下輔國將軍領諮議中直兵宗慤等勒

甲楯二萬征虜將軍領司馬武昌內史沈慶之
等領壯勇五萬相尋就路支軍別統或焚舟
破釜步自姑熟或迅檝蕪湖入據雲陽凡此諸
帥皆英果權奇智略深贍名震中土勳暢遐
疆幕府親董精悍一十餘萬授律枕戈駱驛繼
邁司徒叡哲淵謨赫然震發徵甲八州電起荆
郢冠軍將軍臧質忠烈協舉靁動漢陰冠軍將
軍朱脩之誠節亮款悉力請奮荆雝百萬稍次
近塗蜀漢之卒續已出境又安東將軍誕平

西將軍遵考前撫軍將軍蕭思話征虜將軍魯爽前寧朔將軍王玄謨竝密信俱到不契同期傳檄三吳馳軍京邑遠近俱發揚旍萬里樓艦騰川則滄江霧咽銳甲赴野則林薄摧根謀臣智士雄夫毅卒畜志須時懷憤待用先聖靈澤結在民心逆順大數冥發天理無父之國天下無之羽檄既馳華夷響會以此衆戰誰能抗禦以此義動何往不捷况逆醜無親人鬼所背計其同惡不盈一旅崇極羣小是與比周哲人

君子必加積忌傾海注螢頹山壓卵商周之勢曾何足云諸君或奕世貞賢身缺皇渥或勳烈肺腑休否攸同拘逼凶勢俛眉寇手含憤茹慼不可爲心大軍近次威聲已接便宜因變立功洗雪滓累若事有不獲能背逆歸順亦其次也如有守迷遂往黨一凶類刑茲無赦戮及五宗賞罰之科信如日月原火一燎異物同灰幸求多福無貽後悔書到宣告咸使聞知劭自謂素習武事語朝士曰卿等但助我理文書勿措意戎陳若有寇難吾當自出唯恐賊虜不敢動耳司隸校尉殷沖掌綜文符左衛將軍尹弘配衣軍旅蕭斌總衆事中外戒嚴防守世祖子於侍中下省南譙王義宣諸子於太倉空屋劭使濬與世祖書曰聞弟忽起狂檄阻兵反噬縉紳憤歎義夫激怒古來陵上內侮誰不夷滅弟洞覽墳籍豈不斯具今主上天縱英聖靈武宏發自登宸極威澤兼宣人懷甘死之志物競舍生之節弟蒙眷遇著自少長東宮之懽其來如

昨而信惑姦邪忘茲恩友此之不義人鬼同疾今水步諸軍悉已備辦上親御六師太保又乘鉞臨統吾與烏羊相尋即道所以淹霆緩電者猶冀弟迷而知返耳故略示懷言不盡意主上聖恩每厚法師今在殿內住想弟欲知消息故及烏羊者南平王鑠法師世祖世子小名也劭欲殺三鎮士庶家口江夏王義恭何尚之說之曰凡舉大事者不顧家口且多是驅逼今忽誅其餘累正足堅彼意耳劭謂爲然乃下書一無

所問使褚湛之戍石頭劉思孝鎮東府濬及蕭斌勸劭勒水軍自上決戰若不爾則保據梁山江夏王義恭慮義兵倉卒船舫陋小不宜水戰乃進策曰賊諱小年未習軍旅遠來疲弊宜以逸待之今遠出梁山則京都空弱東軍乘虛容能爲患若分力兩赴則兵散勢離不如養銳待期坐而觀釁劭善其義蕭斌厲色曰南中郎二十年少業能建如此大事豈復可量三方同惡勢據上流沈慶之甚練軍事柳元景宗

慤屢嘗立功形勢如此實非小敵唯宜及人情尚可決力一戰端坐臺城何由得久主相咸無戰意此自天也劭不納疑朝廷舊臣悉不爲己用厚接王羅漢魯秀悉以兵事委之多賜珍玩美色以悅其意羅漢先爲南平王鑠右軍參軍劭以其有將用故以心膂委焉或勸劭保石頭城者劭曰昔人所以固石頭俟諸侯勤王耳我若守此誰當見救唯應力戰決之不然不剋日日自出行軍慰勞將士親督都水治船艦焚南岸驅百姓家悉渡水北使有司奏立子偉之爲皇太子以褚湛之爲後將軍丹陽尹置佐史驃騎將軍始興王濬爲侍中中書監司徒錄尚書六條事中軍將軍南平王鑠爲使持節都督南兗兗青徐冀五州諸軍事征北將軍開府儀同三司南兗州刺史新除左將軍丹陽尹建平王宏爲散騎常侍鎮軍將軍江州刺史龐秀之自石頭先衆南奔人情由是大震以征虜將軍營道侯義綦即本號爲湘州刺史輔國將軍檀和

之爲西中郎將雍州刺史十九日義軍至新林劭登石頭烽火樓望之二十一日義軍至新亭時魯秀屯白石劭召秀與王羅漢共屯朱雀門蕭斌統步軍褚湛之統水軍二十二日使蕭斌率魯秀王羅漢等精兵萬人攻新亭壘劭登朱雀門躬自督率將士懷劭重賞皆爲之力戰將克而秀斂軍遽止爲柳元景等所乘故大敗劭又率腹心同惡自來攻壘元景復破之劭走還朱雀門蕭斌臂爲流矢所中褚湛之攜二子與

檀和之同共歸順劭駭懼走還臺城其夜魯秀
又南奔時江夏王義恭謀據石頭會劭已令濬
及蕭斌備守劭並焚京都軍籍置立郡縣悉屬
司隸爲民以前軍將軍輔國將軍王羅漢爲左
衛將軍輔國如故左軍王正見爲太子左衛率
二十五日義恭單馬南奔自東掖門出於冶渚
過淮東掖門隊主吳道興是臧質門人冶渚軍
主原稱孫是世祖故吏義恭得免劭遣騎追討
騎至冶渚義恭始得渡淮義恭佐史義故二千

餘人隨從南奔多爲追兵所殺遣濬殺義恭
諸子以輦迎蔣侯神像於宮内啓顙乞恩拜
爲大司馬封鍾山郡王食邑萬户加節鉞蘇
侯爲驃騎將軍使南平王鑠爲祝文罪狀世
祖加濬使持節都督南徐會二州諸軍事領
太子太傅南徐州刺史給班劒二十人征北
將軍南兗州刺史南平王鑠進號驃騎將軍
與濬並録尚書事二十七日臨軒拜息偉之爲
太子百官皆戎服劭獨衮衣下書大赦天下

唯世祖劉義恭義宣誕不在原例餘黨一無
所問先遣太保參軍庾道員外散騎侍郎朱和
之又遣殿中將軍燕欽東拒誕五月世祖所遣
參軍顧彬之及誕前軍並至曲阿與道相遇與
戰大破之劭遣人焚燒都水西裝及左尚方决
破柏崗方山埭以絶東軍又悉以上守家之丁
巷居者緣淮竪艢船爲樓多設大弩又使司
隷治中監琅耶郡事羊希柵斷班瀆白石諸水
口于時男丁既盡召婦女親役其月三日魯秀

等募勇士五百人攻大航鉤得一舶王羅漢
副揚恃德命使復航羅漢昏酣作伎聞官軍
已渡驚懼放仗歸降緣渚幢隊以次奔散器
仗鼓蓋充塞街衢是夜劭閉守六門於門内鑿
塹立柵以露車爲樓城内沸亂無復綱紀丹陽
尹尹弘前軍將軍孟宗嗣等下及將吏並踰
城出奔劭使詹叔兒燒輦及衮冕服蕭斌聞
大航不守惶窘不知所爲宣令所統皆使解
甲自石頭遣息約詣闕請罪尋戴白幡來

降即於軍門伏誅四日太尉江夏王義恭登朱
雀門總羣帥遣魯秀薛安都程天祚等直趣
宣陽門劭軍主徐興祖羅訓虞丘要兒等率衆
來降劭先遣龍驤將軍陳叔兒東討事急召
還是日始入建陽門遥見官軍所領並棄仗走
劭腹心白直諸同逆先屯閶闔門外並走還入殿
天祚與安都副譚金因而乘之即得俱入安都
及軍主武念宋越等相繼進臧質大軍從廣
莫門入同會太極殿前即斬太子左衛率王正

見建平東海等七王並號哭俱出劭穿西垣入
武庫井中隊副高禽執之濬率左右數十人
與南平王鑠於西明門出俱共南奔於越城遇
江夏王義恭濬下馬曰南中郎今何所作義
恭曰四海無統百司固請上已俯順羣心君臨
萬國又曰虎頭來得無晚乎義恭曰殊當恨晚
又曰故當不死耶義恭曰可詣行闕請罪又
曰未審猶能賜一職自効不義恭又曰此未可
量勒與俱歸於道斬首濬字休明將産之夕

有伏烏鳴於屋上元嘉十三年年八歲封始興
王十六年都督湘州諸軍事後將軍湘州刺史
仍遷使持節都督南豫豫司雍并五州諸軍
事南豫州刺史將軍如故十七年爲揚州刺史
將軍如故置佐領兵十九年罷府二十一年加
散騎常侍進號中軍將軍明年濬上言所統
吴興郡衿帶重山地多汙澤泉流歸集疏決遲
壅時雨未過已至漂沒或方春輟耕或開秋沈
稼田家徒苦防遏無方彼邦奧區地沃民阜一

歲稱稔則穰被京城時或水潦則數郡爲災
頃年以來儉多豐寡雖賑賚周給傾耗國儲
公私之弊方在未已州民姚嶠比通便宜以爲
二吴晉陵義興四郡同注太湖而松江滬瀆壅
噎不利故處處涌溢浸漬成災欲從武康紵
溪開漕谷湖直出海口一百餘里穿渠浛必
無閡滯自去踐行量度二十許載去十一年
大水已詣前刺史臣義康欲陳此計即遣主
簿盛曇泰隨嶠周行互生疑難議遂寢息

既事關大利宜加研盡遣議曹從事史虞
長孫與吳興太守孔山士同共履行准望地勢
格評高下其川源由歷莫不踐校圖畫形便
詳加笇考如所較量決謂可立尋四郡同患
非獨吳興若此洽獲通列邦蒙益不有蹔勞
無由永晏然興創事大圖始當難今欲且開
小漕觀試流勢輙差烏程武康東遷三縣近
民即時營作若宜更增廣尋更列言昔鄭
國敵將史起畢忠一開其說萬世為利嶠之

所建雖則芻蕘如或非妄庶幾可立從之功
竟不立二十三年給鼓吹一部二十六年出為
使持節都督南徐兗二州諸軍事征北將軍
開府儀同三司南徐兗二州刺史常侍如故二
十八年遣濬率衆城瓜步山解南兗州三十年
徙都督荊雍益梁寧南北秦七州諸軍事衛
將軍開府儀同三司荊州刺史領護南蠻校尉
持節常侍如故濬少好文籍姿質端妍母潘
淑妃有盛寵時六宮無主潘專總內政濬人才

既美母又至愛太祖甚留心建平王宏侍中王
僧綽中書侍郎蔡興宗並以文義往復初元皇
后性忌以潘氏見幸遂以恚恨致崩故劭深疾
潘氏及濬濬慮將來受禍乃曲意事劭劭與
之遂善多有過失屢為上所詰讓憂懼乃與
劭共為巫蠱及出鎮京口聽將揚州文武二千
人自隨優遊外藩甚為得意在外經年又失南
兗於是復願還朝廬陵王紹以疾患解揚州時
江夏王義恭外鎮濬謂州任自然歸已而上以

授南譙王義宣意甚不悅乃因員外散騎侍
郎徐爰求鎮江陵又求助於尚書僕射徐湛之
而尚書令何尚之等咸謂濬太子次弟不宜遠
出上以上流之重宜有至親故以授濬時濬入
朝遣還京為行留處分至京數日而巫蠱事發
時二十九年七月也上惋歎彌日謂潘淑妃曰
太子圖富貴更是一理虎頭復如此非復思慮
所及汝母子豈可一日無我耶濬小名虎頭使
左右朱法瑜密責讓濬辭甚哀切并賜書曰

鸚鵡事想汝已聞汝亦何至迷惑乃爾且沈懷
遠何人其詎能爲汝隱此耶故使法瑜口宣投
筆惋慨濬慙懼不知所答濬還京本暫去上
怒不聽歸其年十二月中書侍郎蔡興宗問
建平王宏曰歲無復幾征北何當至宏歎息
良久曰年内何必還在京以沈懷遠爲長流參
軍每夕輒開便門爲微行上聞殺其嬖人楊承
先明年正月荆州事方行二月濬還朝十四日
臨軒受拜其日藏嚴道育事發明旦濬入謝

上容色非常其夕即加詰問濬唯謝罪而已潘
淑妃抱持濬泣涕謂曰汝始呪咀事發猶冀刻
己思愆何意忽藏嚴道育耶上責汝深至我
叩頭乞恩意永不釋今日用活何爲可送藥
來當先自取盡不忍見汝禍敗濬奮衣而去
曰天下事尋自當判願小寬憂煎必不上累
劭入弑之旦濬在西州府舍人朱法瑜奔告濬
曰臺内叫喚宮門皆閉道上傳太子反未測
禍變所至濬陽驚曰今當奈何法瑜勸入

據石頭濬未得劭信不知事之濟不騷擾未知
所爲將軍王慶曰今宮内有變未知主上安危
預在臣子當投袂赴難憑城自守非臣節也
濬不聽乃從南門出徑向石頭文武從者千餘
人時南平王鑠守石頭兵士亦千餘人俄而劭
遣張超之馳馬召濬濬屏人問狀即戎服乘馬
而去朱法瑜固止濬濬不從出至中門王慶又
諫曰太子反逆天下怨憤明公但當堅閉城門
坐食積粟不過三日凶黨自離公情事如此今

豈宜去濬曰皇太子令敢有復言者斬既入見
劭勸殺荀赤松等劭謂濬曰潘淑妃遂爲亂兵所
害濬曰此是下情由來所願其悖逆乃如此及
劭將敗勸劭入海輦珍寶繒帛下船與劭書
曰船故未至今晚期當於此下物令畢願速
敕謝賜出船艦尼已入臺願與之明日決也
臣猶謂車駕應出此不爾無以鎮物情人情離
散故行計不果濬書所云尼即嚴道育也及劭
入井高禽於井中牽出之劭問禽曰天子何

在禽曰至尊近在新亭將劭至殿前臧質見之慟哭劭曰天地所不覆載丈人何爲見哭質因辨其逆狀答曰先朝當見枉廢不能作獄中囚問計於蕭斌斌見勸如此又語質曰可得爲啓乞遠徙不質答曰主上近在航南自當有處分縛劭於馬上防送軍門既至牙下據鞍顧望太尉江夏王義恭與諸王共臨視之義恭詰劭曰我背逆歸順有何大罪頓殺我家十二兒劭答曰殺諸弟此事負阿父江湛妻庾氏乘車罵

之龐秀之亦加誚讓劭厲聲曰汝輩復何煩爾先殺其四子謂南平王鑠曰此何有哉乃斬劭于牙下臨刑歎曰不圖宗室一至於此劭濬及劭四子偉之迪之彬之其一未有名濬三子長文長仁長道並梟首大航暴尸於市劭妻殷氏賜死於廷尉臨死謂獄丞江恪曰汝家骨肉相殘害何以枉殺天下無罪人恪曰受拜皇后非罪而何殷氏曰此權時耳當以鸚鵡爲后也濬妻褚氏丹陽尹湛之女湛之南奔之始即見離

絕故免於誅其餘子女妾媵並於獄賜死投劭濬尸首於江其餘同逆及王羅漢等皆伏誅張超之聞兵入逆走至合殿故基正於御床之所爲亂兵所殺割腸刳心臠剖其肉諸將生噉之焚其頭骨當時不見傳國璽問劭云在嚴道育處就取得之道育鸚鵡並都街鞭殺於石頭四望山下焚其尸揚灰于江毀劭東宮所住齋汙瀦其處封高禽新陽縣男食邑三百戶追贈潘淑妃長寧園夫人置守冢僞司隸校尉殷

沖丹陽尹尹弘並賜死沖爲劭草立符文又妃叔父也弘二月二十一日平旦入直至西掖門聞宮中有變率城內衆兵至閤道下及聞劭入惶怖通啓求受處分又爲劭簡配兵士盡其心力弘天水冀人司州刺史沖弟也爲太祖所委任元嘉中歷太子左右衛率左右衛將軍闕人官所署高下皆以委之

史臣曰甚矣哉宋氏之家難也自赫胥以降立號皇王統天南面未聞斯禍唯荆莒二國棄

夏即戎武靈胡服亦背華典戕賊之釁事起
肌膚而因心之重獨止此代難興天屬穢流床
第愛敬之道頓滅一時生民得無左衽亦爲幸矣

列傳第五十九　　宋書九十九

列傳第六十　　宋書一百

自序　　臣沈　約　新撰

昔少皞金天氏有裔子曰昧爲玄冥師生允格臺駘臺駘能業其官宣汾洮障大澤以處太原帝顓頊嘉之封諸汾川其後四國沈姒蓐黃沈子國今汝南平輿沈亭是也春秋之時列於盟會定公四年諸侯會召陵伐楚沈子不會晉使蔡伐沈滅之以沈子嘉歸其後因國爲氏自茲

以降譜諜罔存秦末有沈逞徵丞相不就漢初逞曾孫保封竹邑侯保子遵自本國遷居九江之壽春官至齊王太傅敷德侯遵子達驃騎將軍達子乾尚書令乾子弘南陽太守弘子勖河內守勖子奮御史中丞奮子恪將作大匠恪子謙尚書關內侯謙子靖濟陰太守靖子戎字威卿仕州爲從事說降劇賊尹良漢光武嘉其功封爲海昏縣侯辭不受因避地徙居會稽烏程縣之餘不鄉遂世家焉順帝永建元年分會稽

爲吳郡復爲吳郡人靈帝初平五年分烏程餘杭爲永安縣吳孫皓寶鼎二年分吳郡爲吳興郡復爲郡人雖邦邑屢改而築室不遷晉武帝平吳後太康二年改永安爲武康縣史臣七世祖延始居縣東鄉之博陸里餘烏邨王父從官京師義熙十一年高祖賜館于建康都亭里之運巷戎子鄧字聖通零陵太守致黃龍芝草之瑞第二子滸字仲高安平相少子景河間相演之慶之曇懷文其後也滸子鸞字建光少有

高名州舉茂才公府辟州別駕從事史時廣陵太守陸稠鸞之舅也以義烈政績顯名漢朝復以女妻鸞年二十三早卒子直字伯平州舉茂才亦有清名年二十八卒子儀字仲則少有至行兄瑜十歲儀九歲而父亡居喪過禮毀瘠過於成人外祖會稽盛孝章漢末名士也深加憂傷每撫慰之曰汝並黃中沖爽終成奇器何爲逾制自取殄滅邪三年禮畢殆至滅性故兄弟並以孝著瑜早卒儀篤學有雄才以儒素自業

時海內大亂兵革並起經術道弛士少全行而儀淳深隱默守道不移風操貞整不妄交納唯與族子仲山叔山及吳郡陸公紀友善州郡禮請二府交辟公車徵並不屈以壽終子憲字元禮左中郎新都都尉定陽侯才志顯於吳朝子矯字仲桓以節氣立名仕爲立武校尉偏將軍封列侯建威將軍新都太守孫皓時有將帥之稱吳平後爲鬱林長沙太守並不就太康末卒子陵字景高太傅東海王越辟爲從事元帝之爲

鎮東將軍命參軍事徐馥作亂殺吳興太守袁琇陵討平之子延字思長桓溫安西參軍潁川太守子賀字子寧桓沖南中郎參軍園衷眞於壽陽遇疾卒子警字世明惇篤有行業學通左氏春秋家世富殖財產累千金仕郡主簿後將軍謝安命爲參軍甚相敬重警內足於財爲東南豪士無仕進意謝病歸安固留不止乃謂警曰沈參軍卿有獨善之志不亦高乎警曰使君以道御物前所以懷德而至既無用佐時故遂

飲啄之願耳還家積載以素業自娛前將軍青
兗二州刺史王恭鎮京口與警有舊好復引爲參
軍手書慇懃苦相招致不得已而應之尋復
謝職子穆夫字彥和少好學亦通左氏春秋王
恭命爲前軍主簿與警書曰足下既執不拔
之志高臥東南故屈賢子共事非以吏職嬰之
也初錢唐人杜子恭通靈有道術東土豪家及
京邑貴望竝事之爲弟子執在三之敬警累世
事道亦敬事子恭子恭死門徒孫泰泰弟子恩

傳其業警復事之隆安三年恩於會稽作亂自
稱征東將軍三吳皆響應穆夫時在會稽恩以
爲前部參軍振武將軍餘姚令其年十二月二十
八日恩爲劉牢之所破輔國將軍高素於山陰
回踵埭執穆夫及僞吳郡太守陸瓌之吳興太
守丘尪竝見害函首送京邑事見隆安故事先
是宗人沈預素無士行爲警所疾至是警聞穆
夫預亂逃藏將免矣預以官告警及穆夫弟仲
夫任夫預夫佩夫竝遇害唯穆夫子淵子雲子

田子林子虔子獲全淵子字敬深少有志節隨
高祖克京城封繁畤縣五等侯參鎮軍車騎中
軍事又爲道規輔國征西參軍領寧蜀太守與
劉基共斬蔡猛於大薄還爲太尉參軍從征司
馬休之與徐逵之同沒時年三十五子正字元
直淹詳有器度美風姿善容止好老莊之學弱
冠州辟從事宗人光祿大夫演之稱之曰此宗
中千里駒也出爲始寧烏傷婁令母憂去職服
闋爲隨王誕後軍安南行參軍誕鎮會稽復參

安東軍事元嘉三十年元凶弒立分江東爲會
州以誕爲刺史誕將受命正說司馬顧琛曰國
家此禍開闢未聞今以江東義銳之衆爲天下
倡始若馳一介四方誰不響應以此雪朝庭寃
恥大明臣子之節豈可北面凶逆使殿下受其
僞寵琛曰江東忘戰日久士不習兵雖云逆順
不同然彊弱又異當須四方有義舉者然後應
之不爲晚也正曰天下若有無父之國則可矣苟
其不爾寧可自安讎恥而責義於餘方今正以

殺逆冤醜義不同戴舉兵之日豈求必全耶馮衍有言大漢之貴臣將不如荆齊之賤士乎況殿下義兼臣子事實家國者哉璟乃與正俱入說誕誕猶預未決會尋陽義兵起世祖使至誕乃加正寧朔將軍領軍繼劉季之誕入爲驃騎大將軍正爲中兵參軍遷長水校尉孝建元年移青州鎮歷城臨淄地空除寧朔將軍齊北海二郡太守委以全齊之任未拜二年卒時年四十三正生好樂厚自奉養既終之後家無餘

財淵子弟雲子元嘉中爲晉安太守雲子子煥字士蔚少爲駙馬都尉奉朝請元凶之入弑也煥時兼中庶子直坊逼從入臺劭既自立以爲羽林監辭不拜拜員外散騎侍郎使防南譙王義宣諸子事在義宣傳乃除丞相行參軍員外散騎侍郎南昌令有能名晉平王休祐驃騎中兵記室參軍同僚皆以諂進煥獨不項之記室參軍周敬祖等爲太宗所責得罪轉煥諮議參軍後廢帝元徽中以爲寧遠將軍交州刺史

未至鎮病卒時年四十五田子字敬光雲子弟也從高祖克京城進平京邑參鎮軍軍事封營道縣五等侯義熙五年高祖北伐鮮卑田子領偏師與龍驤將軍孟龍符爲前鋒慕容超屯臨朐以距大軍龍符戰沒田子力戰破之及盧循逼京邑高祖遣田子與建威將軍孫季高海道襲廣州加振武將軍循黨徐道覆還保始興田子復與右將軍劉藩同共攻討循尋還廣州圍季高田子慮季高孤危謂藩曰廣州城雖險固

本是賊之巢穴今循還圍之或有內變且季高衆力寡弱不能持久若使賊還據此凶勢復振下官與季高同履艱難汎滄海於萬死之中克平廣州豈可坐視危逼不相拯救於是率軍南還比至賊已收其散卒還圍廣州季高單守危迫聞田子忽至大喜田子乃背水結陳身率先士卒一戰破之於是推鋒追討又破循於蒼梧鬱林寧浦還至廣州而季高病死既兵荒之後山賊競出攻沒城郭殺害長吏田子隨宜討伐

旬日平殄刺史褚升度至乃還京師除太尉參
軍振武將軍淮陵內史賜爵都鄉侯復參世子
征虜軍事將軍內史如故八年從討劉毅十一
年復從討司馬休之領別軍與征虜將軍趙倫
之參征虜軍事振武將軍扶風太守十二年高
祖北伐田子與順陽太守傅弘之各領別軍從
武關入屯據青泥姚泓欲自禦大軍慮田子襲
其後欲先平田子然後傾國東出乃率步軍數
萬奄至青泥田子本爲疑兵所領裁數百欲擊

之傅弘之曰彼衆我寡難可與敵田子曰師貴
用奇不必在衆弘之猶固執田子曰衆寡相傾
勢不兩立若使賊圍既固人情喪沮事便去矣
及其未整薄之必克所謂先人有奪人之志也
便獨率所領鼓而進合圍數重田子撫慰士卒
曰諸君捐親戚棄墳墓出矢石之間正希今日
耳封侯之業其在此乎乃棄糧毀舍躬勒士卒
前後奮擊所向摧陷所領江東勇士便習短兵
鼓譟奔之賊衆一時潰散所殺萬餘人得泓僞

乘輿服御高祖表言曰參征虜軍事振武將軍
扶風太守沈田子率領勁銳背城電激身先士
卒勇冠戎陳奮寡對衆所向必摧自辰及未斬
馘千數泓喪旗棄衆奔還霸西咸陽空盡義徒
四合清蕩餘燼勢在跛踵天子慰勞高祖曰適
寇阻隘晏安假日舉斧函谷規延三誅羣師勤
王將離寒暑公躬秉鈇鉞稜威首塗戎輅載脂
則郊壘疊卷崤陝甫踐則潼塞開扃姚泓窘逼
棄城送死藍田偏師覆之霸川甲首成林俘獲

蔽野僞首奔迸華戎雲集積紀逋寇旦夕夷殄
長安既平高祖燕于文昌殿舉酒賜田子曰咸
陽之平卿之功也即以咸陽相賞田子謝曰咸
陽之平此實聖略所振武臣效節田子何力之
有即授咸陽始平二郡太守大軍既還桂陽公
義眞留鎮長安以田子爲安西中兵參軍龍驤
將軍始平太守時佛佛來寇田子與安西司馬
王鎮惡俱出北地禦之初高祖將還田子及傅
弘之等並以鎮惡家在關中不可保信屢言之

高祖高祖曰今留卿文武將士精兵萬人彼若欲爲不善正足自滅耳勿復多言及俱出北地論者謂鎮惡欲盡殺諸南人以數千人送義眞南還因據關中反叛田子與弘之謀矯高祖令誅之併力破佛佛佛安關中然後南還謝罪田子宗人沈敬仁驍果有勇力田子於弘之營內請鎮惡計事使敬仁於坐殺之率左右數十人自歸義眞長史王修收殺田子於長安稾倉門外是歲義熙十四年正月十五日也時年三十六

田子初以功應封因此事寢高祖表天子以田子卒發狂易不深罪也無子弟林子以第二子亮爲後亮字道明清操好學善屬文未弱冠州辟從事會稽太守孟顗在郡不法亮糾劾免官又言災異轉西曹主簿時三吳水淹穀貴民饑刺史彭城王義康使立議以救民急亮議以東土災荒民凋穀踊富民蓄米日成其價宜班下所在隱其虛實令積蓄之家聽留一年儲餘皆勒使糶貨爲制平價此所謂常道行於百世

權宜用於一時也又緣淮歲豐邑富地穰麥既已登黍粟行就可析其估賦仍就交市三吳饑民即以貸給使強壯轉運以贍老弱且酒有喉脣之利而非飡餌所資尤宜禁斷以息遊費即並施行世祖出鎮歷陽行參征虜軍事民有盜發冢者罪所近村民與符伍遭劫不赴救同坐亮議曰尋發冢之情事止竊盜徒以侵亡犯死故同之嚴科夫穿掘之侶必銜枚以晦其迹劫掠之黨必讙呼以威其事故赴凶赫者易應潛密者難且山原爲無人之鄉丘壟非恒塗所踐至

於防救不得比之村郭督實效名理與劫異則符伍之坐居宜降矣又結罰之科雖有同符伍之限而無遠近之斷夫冢無村界當以比近坐之若不域之以界則數步之內與十里之外便應同罹其責防民之禁不可頓去止非之憲宜當其律愚謂相去百步內赴告不時者一歲刑自此以外差不及罰又啓太祖陳府事曰伏見西府兵士或年幾八十而猶伏隸或年始七歲而

已從役衰耗之體氣用湮微兒弱之軀肌膚未實而使伏勤昏稚驚苦傾晚於理既薄爲益實輕書制休老以六十爲限役少以十五爲制若力不周務故當粗存優減詔曰前已令卿兄改革尋值遷回竟是不施行耶今更勑西府也時營創城府功課嚴促亮又陳之曰經始城宇莫非造創基築既廣夫課又嚴不計其勞苟務其速以歲月之事求不日之成比見役人未明上作閉鼓乃休呈課既多理有不逮至於息日拘

備關限方涉暑雨多有死病項日所承亦頗有逃逸竊惟此既內藩事殊外鎮撫莅之宜無繫早晚若得小寬其工課稍均其優劇徒隸既苦易以悅加考其卒功廢闕無幾臣聞不居其職不謀其事庖割有主尸不越樽豈臣踈小所當預議但臣泳恩感厚服義累世苟是所懷忘其常體詔答曰啓之甚佳此亦由來常患比屢勑之猶復如此甚爲無理近復令孟休宣旨想當不同卿比可密觀其優劇也始興王濬臨揚州

復爲主簿秣陵令善擿奸伏有非必禽太祖稱其能入爲尚書都官郎襄陽地接邊關江左來未有皇子重鎭元嘉二十二年世祖出爲撫軍將軍雍州刺史天子甚留心以舊宛比接二關咫尺崤陝蓋襄陽之北扞且表裏彊蠻盤帶疆埸以亮爲南陽太守加揚武將軍迫邊蠻畏服皆納賦調有數村狡猾亮悉誅之遣吏巡行諸縣孤寡老疾不能自存者皆就蠲養耆年老齒歲時有餼時儒學崇建亮開置庠序訓授生徒民

多發冢并婚嫁違法皆嚴爲條禁郡界有古時石堨蕪廢歲久亮籤世祖修治之曰施生興業首敎農畝立民崇政訓本播穡故能殷邦康俗禮節用成頃比洛侵蕪南宛彫毀獫狁肆凶犬夷充疆蓬蒿烽驛近虞郊鬧遂使沃衍弗井巨防莫修窘力輟耕闕於分地凶荒無待流冗及令禮化乎內威禁清外斯實去盜修畎昭農緒稼之時弘圖廣務拓土祈年之日殿下降心育物振民復古且方提封榛棘綏入殊荒竊見郡

境有舊石堨區野腴潤實爲神皐而蕪決稍積
久廢其利凡管所見謂宜創立昔文翁守官起
沃成產偉連撫民開輿增業惠昭二邦庸列兩
漢雖効政圖功下見所絶聯事惟忝憂同職同
缺

又修治馬人陂民獲其利在任四年遷南譙王
義宣司空中兵參軍詔曰陝西心膂湞才故授
卿此職隨王誕鎮襄陽復爲後軍中兵領義成
太守亮莅官清約爲太祖所嘉賜以車馬服玩

前後累積每遠方貢獻絶國勳器輒班賚焉又
賜書二千卷二十七年卒官時年四十七所著
詩賦頌讚三言誄哀辭祭告請雨文樂府挽歌
連珠教記白事牋表籤議一百八十九首林子
字敬士田子弟也少有大度年數歲隨王父在
京口王恭見而奇之曰此兒王子師之流也與衆
人共見遺寶咸爭趨之林子直去不顧年十
三遇家禍時雖逃竄而哀號晝夜不絶聲王母
謂之曰汝當忍死彊視何爲空自殄絶林子曰

家門酷橫無復假日之心直以至讎未復故且苟
存耳一門既陷妖黨兄弟並雁從誅逃伏草澤
常慮及禍而沈預家甚彊富志相陷滅林子
與諸兄晝藏夜出即貨所居宅營墓葬父祖
諸叔凡六喪儉而有禮時生業已盡老弱甚多東
土饑荒易子而食外迫國網內畏彊讎沈伏山
草無所投厝時孫恩屢出會稽諸將東討者相
續劉牢之高素之徒放縱其下虜暴縱橫獨高
祖軍政嚴明無所侵犯林子乃自歸曰妖賊擾

亂僕一門悉被驅逼父祖諸叔同罹禍難猶復
偷生天壤者正以仇讎未復親老漂寄耳今日
見將軍伐惡旌善是有道之師謹率老弱歸罪
請命因流涕哽咽三軍爲之感動高祖甚奇之
謂曰君既是國家罪人彊讎又在鄉里唯當見
隨還京可得無恙乃載以別船遂盡室移京口
高祖分宅給焉博覽衆書留心文義從高祖赴
京城進平都邑時年十八身長七尺五寸沈預
慮林子爲害常被甲持戈至是林子與兄田子

還東報讎五月夏節日至預正大集會子弟盈堂林子兄弟挺身直入斬預首男女無長幼悉屠之以預首祭父祖墓仍爲本郡所命殺又板爲冠軍參軍並不就林子以家門荼蓼無復仕心高祖敦逼至彌年不起及高祖爲揚州辟爲從事謂曰卿何由遂得不仕頃年相申欲令萬物見卿此心耳固辭不得已然後就職領建熙令封資中縣五等侯時年二十一義熙五年從伐鮮卑行參鎮軍軍事大軍於臨朐交戰賊遣

虎班突騎馳軍後林子率精勇東西奮擊皆大破之慕容超退守廣固復與劉敬宣攻其西隅廣固既平而盧循奄至初循之下也廣固未拔循潛遣使結林子及宗人叔長林子即密白高祖叔長不以聞反以循旨動林子叔長素驍果高祖以超未平隱之還至廣固乃誅叔長謂林子曰昔魏武在官渡汝兖之士多懷貳心唯李通獨斷大義古今一也循至蔡州貴遊之徒皆議遠徙唯林子請移家京邑高祖怪而問之對

曰耿純盡室從戎李典舉宗居魏林子雖才非古人實受恩深重高祖稱善久之林子時領別軍於石頭屢戰摧寇循每戰無功乃僞揚聲當悉衆於白石步上而設伏於南岸故大軍初起白石留林子與徐赤特斷拒查浦林子乃進計曰此言妖詐未必有實宜深爲之防高祖曰石頭城險且淮柵甚固留卿在後足以守之大軍既去賊果上赤特將擊之林子曰賊聲往白石而屢來挑戰其情狀可知矣賊養銳待期而吾

衆不盈二旅難以有功今距守此險足以自固若賊僞計不立大軍尋反君何患焉赤特曰今賊悉衆向白石留者必皆羸老以銳卒擊之無不破也便鼓譟而出賊伏兵齊發赤特軍果敗棄軍奔北岸林子率軍收赤特散兵進戰摧破之徐道覆乃更上銳卒沿塘數里林子策之曰賊沿塘結陣戰者不過一隊今我據其津而阨其要彼雖銳師數里不敢過而東必也於是乃斷塘而鬭久之會朱齡石救至與林子并勢賊

乃散走大軍至自白石殺赤將以殉以林子叅中軍軍事從征劉毅轉叅太尉軍事十一年復從討司馬休之高祖每征討林子輒摧鋒居前雖有營部至於宵夕輒勑還內侍賊黨郭亮之招集蠻衆屯據武陵武陵太守王鎮惡出奔林子率軍討之斬亮之於七里澗納鎮惡武陵既平復討魯軌於石城軌棄衆奔襄陽復追躡之襄陽既定權留守江陵十二年高祖領平北將軍林子以太尉叅軍復叅平北軍事其冬高

祖伐羌復叅征西軍事悉署三府中兵加建武將軍統軍爲前鋒從汴入河時襄邑降人董神虎有義兵千餘人高祖欲綏懷初附即板爲太尉叅軍加揚武將軍領兵從戎林子率神虎攻倉垣尅之神虎伐其功徑還襄邑林子軍次襄邑即殺神虎而撫其衆時僞建威將軍河北太守薛帛先據解縣林子至馳往襲之帛棄軍奔關中林子收其兵糧僞并州刺史河東太守尹昭據蒲坂林子於陝城與冠軍檀道濟同攻

蒲坂龍驤王鎮惡攻潼關姚泓聞大軍至遣僞東平公姚紹爭據潼關林子謂道濟曰今蒲坂城堅池深不可旬日而尅攻之則士卒傷守之則引日久不如棄之還援潼關且潼關天阻所謂形勝之地鎮惡孤軍勢危力屈若使姚紹據之則難圖也及其未至當幷力爭之若潼關事捷尹昭可不戰而復道濟從之既至紹舉關右之衆設重圍圍林子及道濟鎮惡等時懸師深入糧輸艱遠三軍疑阻莫有固志道濟議欲渡河

避其鋒或欲棄捐輜重還赴高祖林子按劒曰相公勳王志清六合許洛已平關右將定事之濟否所係前鋒今捨已捷之形棄垂成之業大軍尚遠賊衆方盛雖欲求還豈可復得下官受命前驅誓在盡命今日之事自爲將軍辦之然二三君子或同業艱難或荷恩罔極以此退撓亦何以見相公旗鼓耶塞井焚舍示無全志率麾下數百人犯其西北紹衆小靡乘其亂而薄之紹乃大潰俘虜以千數悉獲紹器械

資實時諸將破賊皆多其首級而林子獻捷書
至每以實聞高祖問其故林子曰夫王者之師
本有征無戰豈可復增張虜獲以自夸誕國淵
以事實見賞魏尚以盈級受罰此亦前事之師
表後乘之良轍也高祖曰乃所望於卿也初紹
退走還保定城留爲武衛將軍姚鸞精兵守嶮
林子銜枚夜襲即屠其城劓鸞而坑其衆高祖
賜書曰頻再破賊慶快無譬既屢摧破想不復
久耳紹復遣撫軍將軍姚讚將兵屯河上絕水

宋傳六十　二十

道讚壘塹未立林子邀擊連破之讚輕騎得脫
衆皆奔散紹又遣長史領軍將軍姚伯子寧朔
將軍安鸞護軍姚默騾平遠將軍河東太守唐
小方率衆三萬屯據九泉憑河固險以絕糧援高
祖以通津阻要兵糧所急復遣林子爭據河源
林子率太尉行參軍嚴綱竺靈秀卷甲進討累
戰大破之即斬伯子默騾小方三級所俘馘及
驢馬器械甚多所虜獲三千餘人悉以還紹
使知王師之弘兵糧兼儲三軍共取行而西矣

曰彼去國遠鬭其鋒不可當林子白高祖曰姚
紹氣蓋關右而力以勢屈外兵屢敗衰亡協兆
但恐凶命先盡不得以釁齊斧耳尋紹忿死可
謂天誅於是讚統後事鳩集餘衆復襲林子林
子率師禦之旗鼓未交一時披潰讚輕騎遁走
既連戰皆捷士馬旌旗甚盛高祖賜書勸勉并
致縑帛肴糧高祖至閿鄉姚泓掃境內之民屯
兵嶢柳時田子自武關北入屯軍藍田泓自率
大衆攻之高祖慮衆寡不敵遣林子步自秦嶺

宋書傳六十　二十一

以相接援比至泓已摧破兄弟復共追討泓乃
舉衆奔霸西田子欲窮追進取長安林子止之
曰往取長安如指掌耳復剋賊城便為獨平一
國不賞之功也田子乃止復參相國事總任如
前林子威聲遠聞三輔震動關中豪右望風
請附西州人李焉等並求立功孫姐羌雜夷及
姚泓親屬盡相率歸林子高祖以林子綏略有
方頻賜書褒美并令深慰納之長安既平殘
羌十餘萬口西奔隴上林子追討至寡婦水轉

闘達于槐里剋之俘獲萬計大軍東歸林子領
水軍於石門以爲聲援還至一郡高祖器其才智
不使出也故出仕以來便參管軍要自非戎軍所
指未嘗外典焉後太祖出鎮荊州議以林子及
謝晦爲蕃佐高祖曰吾不可頓無二人林子行
則晦不宜出乃以林子爲西中郎中兵參軍領
新興太守林子思議弘深有所陳畫高祖未嘗
不稱善大軍還至彭城林子以行役既久士有
歸心深陳事宜并言聖王所以戒慎祗肅非以

崇威立武寔乃經國長民宜廣建蕃屏崇嚴
宿衛高祖深相訓納俄而謝晦謀反高祖歎曰
林子之見何其明也太祖進號鎮西隨府轉加
建威將軍河東太守時高祖以二虜侵擾復欲
親戎林子固諫高祖答曰吾輒當不復自行高
祖踐阼以佐命功封漢壽縣伯食邑六百戶固
讓不許傳亮與林子書曰班爵疇勳歷代常
典封賞之發簡自帝心主上委寄之懷實參休
否誠心所期同國榮戚政復是卿諸人共弘建

内外耳足下雖存挹退豈得獨爲君子邪除府
咨議參軍將軍太守如故尋召暫下以中兵局
事副錄事參軍王華上以林子清公勤儉賞賜
重疊皆散於親故家無餘財未嘗問生產之事
中表孤貧悉歸焉遭母憂還東葬乘輿躬幸信
使相望葬畢詔曰軍國多務内外須才前鎮西
咨議建威將軍河東太守沈林子不得遂其情
事可輔國將軍起林子固辭不許賜墨詔朔望
不復還朝每軍國大事輒詢問焉時領軍將軍

謝晦任當國政晦每疾寧輒攝林子代之林子
居喪至孝高祖深相憂愍頃之有疾上以林子
孝性不欲使哭泣減損逼與入省日夕撫慰敕
諸公曰其至性過人卿等數慰視之小差乃出
上尋不豫被敕入侍醫藥會疾動還外永初三
年薨時年四十六羣公知上深相矜重恐以實
啓必有損慟每見呼問輒答疾病還家或有中
旨亦假爲其答高祖尋崩竟不知也賜東園秘
器朝服一具衣一襲錢二十萬布二百匹詔曰

故輔國將軍沈林子器懷眞審忠績兊著才志未遂傷悼在懷可追贈征虜將軍有司率常典也元嘉二十五年諡曰懷伯林子簡泰廉靖不交接世務義讓之美著於閨門雖在戎旅語不及軍事所著詩賦贊三言箴祭文樂府表牋書記白事啓事論老子一百二十一首太祖後讀林子集歎息曰此人作公應繼王太保子邵嗣邵字道輝美風姿涉獵文史襲爵駙馬都尉奉朝請太祖以舊恩召見入拜便流涕太祖亦悲

宋書列傳六十　二十四

不自勝會彊弩將軍缺上詔錄尚書彭城王義康曰沈邵人身不惡吾與林子周旋異常可以補選（事見宋文帝中詔）於是拜彊弩將軍出爲鍾離太守在郡有惠政夾淮人民慕其化遠近莫不投集郡先無市時江夏王義恭爲南兗州啓太祖置立焉（事見宋文帝中詔）義恭又啓太祖曰盱眙太守劉顯眞求自解說邵往莅任有績彰於民聽若重授盱眙足爲良二千石上不許曰其頤還經年方復作此流遷必當大罔罔也（事見宋文帝中詔）上

勅州辟邵弟亮邵以從弟正蚤孤乞移恩於正上嘉而許之在任六年入爲衡陽王義季右軍中兵參軍始興王濬初開後軍府又爲中兵義季在江陵安西府中兵久缺啓太祖求人上答曰稱意才難得沈邵雖未經軍事既是腹心作鍾離郡及在後軍府府中甚修理或欲遣之其事不果（事見宋文帝中詔）入爲通直郎時上多行幸還或侵夜邵啓事陳論即爲簡出前後密陳政要上皆納用之深相寵待晨夕兼侍每出游或敕

宋書列傳六十　二十五　羊

同輦時車駕祀南郊特詔邵兼侍中負璽代眞官陪乘大將軍彭城王義康出鎮豫章申謨爲中兵參軍掌城防之任廬陵王紹爲江州以邵爲南中郎府錄事參軍行府州事事未行會謨丁艱邵代謨爲大將軍中兵加寧朔將軍（事見宋文帝中詔）邵南行上遂相任委不復選代仍兼錄事領城局後義康被廢邵改爲廬陵王紹南中郎參軍將軍如故義康徙安成邵復以本號爲安成相在郡以寬和恩信爲南土

所懷郡民王孚有學業志行見稱州里邵莅任未幾而孚卒邵贈以孝廉板教曰前文學主簿王孚行絜業淳棄華息競志學修道老而彌篤方授右職不幸暴亡可假孝廉檄薦以特牲緬想延陵以遂本懷邵慰卹孤老勸課農桑前後累蒙賞賜邵疾病使命累續遣御醫上藥異味遠珍金帛衣裘相望不絕元嘉二十六年卒時年四十三上甚相痛悼子侃嗣官至山陽王休祐驃騎中兵參軍南沛郡太守侃卒子整

應襲爵齊受禪國除璞字道眞林子少子也童孺時神意閑審有異於衆太祖問林子聞君小兒器質不凡甚欲相識林子令璞進見太祖奇璞應對謂林子曰此非常兒年十許歲智度便有大成之姿好學不倦善屬文時有憶識之功尤練究萬事經耳過目人莫能欺之居家精理姻族資賴弱冠吳興太守王韶之再命不就張邵臨郡又命爲主簿除南平王左常侍太祖引見謂曰吾昔以弱年出蕃鄉家以親要見

輔今日之授以意在不薄王家之事一以相委勿以國官乖清塗爲罔罔也元嘉十七年始興王濬爲揚州刺史寵愛殊異以爲主簿時順陽范曄爲長史行州事曄性頗疎太祖召璞謂曰神畿之政既不易理濬以弱年臨州萬物皆屬耳目賞罰得失特宜詳慎范曄性疎必多不同卿腹心所寄當密以在意彼雖行事其實委卿也璞以任遇既深乃夙夜匪懈其有所懷輒以密啓每至施行必從中出曄正謂聖明留察故深更

恭慎而莫見其際也在職八年神州大治民無謗黷璞有力焉二十二年范曄坐事誅于時濬雖曰親覽州事一以付璞太祖從容謂始興王曰沈璞奉時無纖介之失在家有孝友之稱學優才贍文義可觀而沈深守靜不求名譽甚佳汝但應委之以事乃宜引與晤對濬既素加賞遇又敬奉此旨璞嘗作舊宮賦久而未畢濬與璞疏曰卿常有速藻舊宮何其淹耶想行就耳璞因事陳答辭義可觀濬重教曰卿沈思淹日

尚聊相敦逕白斐然遂兼紙翰昔曹植有言下
筆成章良謂逸才瞻藻誇其辭說以今況之方
知其信執省躊躇三復不已吾遠慚楚元門盈
申白之賓近愧梁孝庭列枚馬之客欣恧交至
諒唯深矣薄因未牘以代一面又與主簿顧邁孔
道存書曰沈璞淹思踰歲卿研慮數旬瓌麗之
美信同在昔向聊問之而還答累翰辭藻藍逸
致慰良多既欣股肱備此髦楚還慙予躬無德
而稱復裁少字宣志於璞聊因尺紙使卿等具

知厥心（此書真本猶存）濬年既長璞固求辭事上雖聽許
而意甚不悅以璞為濬始興國大農尋除秣陵
令時天下殷實四方輻輳京邑二縣號為難治
璞以清嚴制下端平待物姦吏斂手猾民知懼
其閭里少年博徒酒客或財利爭鬪妄相誣引
前後不能判者璞皆知其名姓及巧詐緣由探
擿是非各標證據或辨甲有以知乙或驗東而西
事自顯莫不厭伏以為有如神明以疾去職太祖厚加
存問賞賜甚厚濬出為南徐州謂璞曰濬既出蕃

卿故當臥而護之與濬詔曰沈璞累年主簿又經
國卿雖未嘗為行佐今欲當正參軍耶若爾正
當署餘曹兼房佳不爾便宜行佐正署中兵恐
於選體如不多耳（事書九宋帝十詔）乃為正佐俄遷宣威
將軍盱眙太守時王師北伐彭汴無虞璞以疆
埸對陣事未可測郡首淮隅道當衝要乃修城
壘浚重隍聚財石積糧米為不可勝之算衆咸
不同朝旨亦謂為過俄而賊大越逸索虜大帥
託跋燾自率步騎數十萬陵踐六州京邑為之

騷懼百守千城莫不奔駭腹心勸璞還京師璞
曰若賊大衆不盻小城故無所懼若肉薄來攻則
成禽也諸軍何嘗有數十萬人聚在一處而不
敗者昆陽合淝前事之明驗此是吾報國之秋
諸軍封侯之日衆既見璞神色不異老幼在焉
人情乃定收集得二千精手謂諸將曰足矣但恐
賊不過耳賊既濟淮諸軍將帥毛遐祚胡崇之
臧澄之等為虜所覆無不殄盡唯輔國將軍臧
質挺身走收散卒千餘人來向城衆謂璞曰若

不攻則無所事衆若其來也城中止可容見力
耳地狹人多鮮不爲患且敵衆我寡人所共知
雖云攻守不同故當粗量彊弱知難而退亦用
兵之要若以今衆能退敵完城者則全功在
我若宜避賊歸都會資舟檝則更相蹂踐正足
爲患今閉門勿受不亦可乎璞歎曰不然賊不
能登城爲諸君保之舟檝之計固已久息賊之
殘害古今之未有屠剝之刑衆所共見其中有
福者不過得驅還北國作奴婢耳彼雖烏合寧

不憚此耶所謂同舟而濟胡越不患異心也今
人多則退速人少則退遲吾寧欲專功緩賊乎
乃命開門納質質見城隍阻固人情輯和鮭米
豐盛器械山積大喜衆皆稱萬歲及賊至四面
蟻集攻城璞與質隨宜應拒攻守三旬殄其太
半燾乃遁走有議欲追之者璞曰今兵士不多
又非素附雖固守有餘未可以言戰也但可整
舟艫示若欲渡岸者以速其走計不須實行咸
以爲然臧質以璞城主使自上露板璞性謙虛

推功於質既不自上質露板亦不及焉太祖嘉
璞功遣中使深相褒美太祖又別詔曰近者
險急老弱殊當憂迫耶念卿爾時難爲心想百
姓流轉已還此遣部運尋至委卿量所贍濟也始
興王濬亦與璞書曰狡虜狂凶自送近服偽將
即斃酋長傷殘實天威所喪卿諸人忠勇之効
也吾忝過無素致境蕪民瘠負乘之愧允當其
責近乞退謝愆不蒙垂許故以報卿宣城太守
王僧達書與璞曰足下何如想館舍正安士馬

無恙離析有時音旨無日憂詠沈吟增其勞望
聞者獯獫扈橫掠剝邊鄙販絕塵垌介靡達
瞻江眄淮眇然千里吾聞涇陽棲棘伊滑荐遁
烏集絃絕患深自古承知迺昔寇苦城境勝胄
朝人食伍甲冑含烽鼓交警羽鏑驟合而足下砥
兵礪伍總厲豪彥師請一奮氓無貳情遂能固
孤城覆嚴對陷死地覿生光古之田孫何以尚
茲商驛始通粗知梗槩崇讚膽智嘉賀文猛
甚至甚至吾其近以戎暴橫斥規効情命收龜落

簪星舍京里既獲遄至胡馬卷迹支離霑德復
繼前緒行業之懽實協初慮但乖涂壼隔顧增
慨涕比恒疾卧憂委兼疊裁書送想無斁久懷
徽還淮南太守賞賜豐厚日夕讌見朝士有言
璞功者上曰臧質姻戚又年位在前盱眙元功當
以歸之沈璞每以謙自牧唯恐賞之居前此士
變之意也時中書郎缺尚書令何尚之領吏部
舉璞及謝莊陸展事不行事見文帝中詔凡中詔令悉在臺猶法書典書
也三十年元凶弒立璞乃號泣曰一門蒙殊常之

恩而逢若斯之運悠悠上天此何人哉日夜憂歎
以至動疾會二凶逼令送老弱還都璞性篤孝
尋聞尊老應幽執輒哽咽不自勝疾遂增篤不
堪遠迎世祖義軍至界首方得致身先是琅邪
顏竣欲與璞交不酬其意竣以致恨及世祖將
至都方有讒說以璞奉迎之晚橫罹世難時年
三十八所著賦頌讚祭文誄七弔四五言詩牋
表皆遇亂零失今所餘詩筆雜文凡二十首璞
有子曰 闕 伯玉字德潤虔子子也溫恭有行業

能爲文章少除世祖武陵國侍郎轉右常侍南
中郎行參軍自國入府以文義見知文章多見
世祖集世祖踐祚除員外散騎郎不拜左衛顏
竣請爲司馬出補句容令在縣有能名復爲江
夏王義恭太宰行參軍與奉朝請謝超宗何法
盛校書東宮復爲餘姚令還爲衛尉丞世祖舊
臣故佐並皆升顯伯玉自守私門朔望未嘗問
訊顏師伯戴法興等並有蕃邸之舊一不造問
由是官次不進上以伯玉容狀似畫圖仲尼像常

呼爲孔丘舊制車駕出行衛尉丞直門常戎服
張永謂伯玉曰此職乖卿志王景文亦與伯玉有
舊常陪輦出指伯玉白上孔丘奇形容上於是
特聽伯玉直門服玄衣出爲晉安王子勛前軍
行參軍侍子勛讀書隨府轉鎮軍行佐前廢帝
時王景文領選謂子勛典籤沈光祖曰鄧琬一旦
爲長史行事沈伯玉先帝在蕃闕佐今猶不改
民生定不應佳戴法興聞景文此言乃轉伯玉
爲參軍事子勛初起兵轉府功曹及即僞位以

爲中書侍郎初伯玉爲衛尉丞太宗爲衛尉共
事甚美及子勛敗伯玉下獄見原猶以在南無
誠被責除南臺御史尋轉武陵國詹事又轉大
農母老解職貧薄理盡閑卧一紀自非弔省親
舊不嘗出門司徒袁粲司空褚淵深相知賞選
爲永世令轉在永興皆有能名後廢帝元徽三
年卒時年五十七伯玉性至孝奉親有聞未嘗
妄取於人有物輒散之知故溫雅有風味和而
能辨與人共事皆爲深交弟仲玉泰始末爲寧

弘治四年 宋書傳六十 三十四 監生王泰

朔長史蜀郡太守益州刺史劉亮卒仲玉行府
州事巴西李承明爲亂仲玉遣司馬王天生討
平之廢帝詔以爲安成王撫軍中兵參軍加建
威將軍沈攸之請爲征西諮議未拜卒史臣年
十三而孤少頗好學雖棄日無功而伏膺不改常
以晉氏一代竟無全書年二十許便有撰述之意
泰始初征西將軍蔡興宗爲啓明帝有勑賜許
自此迄今年逾二十所撰之書凡一百二十卷條流
雖舉而採掇未周永明初遇盜失第五帙建元

四年未終被勑撰國史永明二年又兼著作
郎撰次起居注自茲王役無暇搜撰五年春又
被勑撰宋書六年二月畢功表上之曰臣約言
聞大禹刊木事炳虞書西伯戡黎功煥商典伏
惟皇基積峻帝烈弘深樹德往朝立勳前代若
不覩風唐世無以見帝嬀之美自非覩亂秦餘
何用知漢祖之業是以掌言未記爰動天情曲
詔史官追述大典臣實庸妄文史多闕以茲不才
對揚盛旨是用夕惕載懷忘其寢食者也臣約

弘治四年 宋書傳六十 三十五 監生王泰

頓首死罪竊惟宋氏南面承歷統天雖世窮八
主年減百載而兵車亟動國道屢屯垂文簡牘
事數繁廣若夫英主啟基名臣建績拯世夷難
之功配天光宅之運亦足以勤銘鍾鼎昭被方策
及虐后暴朝前王罕二國釁家禍曠古未書又
可以式規萬葉作鑒于後宋故著作郎何承天
始撰宋書草立紀傳止於武帝功臣篇牘未廣
其所撰志唯天文律歷自此外悉委奉朝請山
謙之謙之孝建初又被詔撰述尋值病亡仍使

南臺侍御史蘇寶生續造諸傳元嘉名臣皆其所撰寶生被誅大明中又命著作郎徐爰踵成前作爰因何蘇所述勒為一史起自義熙之初訖于大明之末至於臧質魯爽王僧達諸傳又皆孝武所造自永光以來至於禪讓十餘年內闕而不續一代典文始末未舉且事屬當時多非實録又立傳之方取捨乖衷進由時旨退傍世情垂之方來難以取信臣今謹更創立製成新史始自義熙肇號終於昇明三年桓玄譙縱盧

循馬魯之徒身為晉賊非關後代吳隱謝混郗僧施義止前朝不宜濫入宋典劉毅何無忌魏詠之檀憑之孟昶諸葛長民志在興復情非造宋今竝刊除歸之晉籍臣遠愧南董近謝遷固以閭閻小才述一代盛典屬辭比事望古慙良鞠躬跼蹐靦汗亡厝本紀列傳繕寫已畢合志表七十卷臣今謹奏呈所撰諸志須成續上謹條目錄詣省拜表奉上書以聞臣約誠惶誠恐頓首頓首死罪死罪

列傳第六十　　宋書一百